最高人民法院发布的
典型案例汇编

——— 2009—2024 年 ———

刑事卷

（上）

人民法院出版社 编

人民法院出版社

图书在版编目（CIP）数据

最高人民法院发布的典型案例汇编. 2009—2024年. 刑事卷 / 人民法院出版社编. -- 北京 : 人民法院出版社, 2024. 12. -- ISBN 978-7-5109-4309-6

Ⅰ. D920.5

中国国家版本馆CIP数据核字第2024LR2670号

最高人民法院发布的典型案例汇编（2009—2024年）刑事卷
人民法院出版社　编

责任编辑	王　婷
执行编辑	高　晖
出版发行	人民法院出版社
地　　址	北京市东城区东交民巷 27 号（100745）
电　　话	（010）67550673（责任编辑）　67550558（发行部查询）
	65223677（读者服务部）
客服 QQ	2092078039
网　　址	http://www.courtbook.com.cn
E—mail	courtpress@sohu.com
印　　刷	保定市中画美凯印刷有限公司
经　　销	新华书店
开　　本	787 毫米×1092 毫米　1/16
字　　数	1337 千字
印　　张	76.75
版　　次	2024 年 12 月第 1 版　2024 年 12 月第 1 次印刷
书　　号	ISBN 978－7－5109－4309－6
定　　价	238.00 元（上下册）

版权所有　侵权必究

编写说明

最高人民法院发布的典型案例以案例的形式将法律精神传播给社会大众，也是进一步彰显以公开促公正理念，切实推进司法公开工作的重要举措，具有十分重要的社会意义和参考价值，并具有重要的示范引导作用。

为方便各级人民法院、人民检察院以及律师等法律职业共同体和社会公众对典型案例的学习与使用，更好地发挥典型案例的价值和作用，人民法院出版社编辑出版了《最高人民法院发布的典型案例汇编（2009—2024年）》丛书。丛书收录了自2009年至2024年12月最高人民法院发布的2700余个典型案例，并对所收录案例进行全面梳理、系统整合。本丛书分为刑事卷、民事卷、商事卷、知识产权卷、民事诉讼卷、行政·国家赔偿·司法救助卷六卷。案例栏目有基本案情、裁判结果、典型意义等，通过对案情的简要介绍、裁判结果的法理评析、典型意义的权威阐释，体现了人民法院对各类型案件的法律适用标准，为各级法院法官审理类似案件提供示范参考依据，也对社会公众起到引导和教育作用。

本书具有以下几个特点：**一、全面系统**。本书收录了最高人民法院自2009年至2024年12月发布的对审判和执行工作具有示范参考意义的所有典型案例，包括刑事、民事、商事、知识产权、民事诉讼、行政、国家赔偿、司法救助等各领域。**二、权威准确**。本书所有案例来源于最高人民法院官方网站和《最高人民法院公报》，案例来源渠道权威。因属不同发布批次专题，个别案例存在重复情况，为完整地向读者呈现案例内容，书中均予以保留。**三、科学实用**。为方便读者快速查阅，我们对所收录案例按不同类别进行归类整合。读者在查阅时，根据案例公布时间即可找到所需内容。

因本书中收录的典型案例为最高人民法院2009年至2024年发布，时间跨度较大，案例所依据的法律、法规、司法解释条文有的已发生变化，书中不再逐一标注，特此说明。

本丛书是首次对最高人民法院发布的典型案例进行系统分类汇编的大型案例图书，收录的案例全面、权威、实用，有助于读者全面系统地了解最高人民法院发布的各类型典型案例，可为法学理论研究和司法审判实务工作者提供重要参考，并对司法实践具有重要的指导意义和实用价值。

编　者

2024年12月

总 目 录

一、总则 …………………………………………………………（ 1 ）
二、危害国家安全罪 ……………………………………………（ 22 ）
三、危害公共安全罪 ……………………………………………（ 23 ）
四、破坏社会主义市场经济秩序罪 ……………………………（ 77 ）
　　（一）生产、销售伪劣商品罪 ………………………………（ 77 ）
　　（二）走私罪 …………………………………………………（ 158 ）
　　（三）妨害对公司、企业的管理秩序罪 ……………………（ 161 ）
　　（四）破坏金融管理秩序罪 …………………………………（ 166 ）
　　（五）金融诈骗罪 ……………………………………………（ 199 ）
　　（六）危害税收征管罪 ………………………………………（ 219 ）
　　（七）侵犯知识产权罪 ………………………………………（ 229 ）
　　（八）扰乱市场秩序罪 ………………………………………（ 256 ）
五、侵犯公民人身权利、民主权利罪 …………………………（ 265 ）
　　（一）故意杀人罪 ……………………………………………（ 265 ）
　　（二）故意伤害罪 ……………………………………………（ 323 ）
　　（三）强奸罪 …………………………………………………（ 415 ）
　　（四）强制猥亵、侮辱罪 ……………………………………（ 453 ）
　　（五）猥亵儿童罪 ……………………………………………（ 457 ）
　　（六）非法拘禁罪 ……………………………………………（ 473 ）
　　（七）绑架罪 …………………………………………………（ 475 ）
　　（八）拐卖妇女、儿童罪 ……………………………………（ 478 ）
　　（九）强迫劳动罪 ……………………………………………（ 504 ）
　　（十）诽谤罪 …………………………………………………（ 505 ）
　　（十一）侵犯公民个人信息罪 ………………………………（ 510 ）
　　（十二）虐待罪 ………………………………………………（ 524 ）

（十三）虐待被监护、看护人罪 …………………………………（527）
　　（十四）遗弃罪 ……………………………………………………（530）
　　（十五）组织未成年人进行违反治安管理活动罪 ………………（532）
六、侵犯财产罪 …………………………………………………………（537）
　　（一）抢劫罪 ………………………………………………………（537）
　　（二）盗窃罪 ………………………………………………………（563）
　　（三）诈骗罪 ………………………………………………………（570）
　　（四）职务侵占罪 …………………………………………………（649）
　　（五）挪用资金罪 …………………………………………………（656）
　　（六）敲诈勒索罪 …………………………………………………（659）
　　（七）拒不支付劳动报酬罪 ………………………………………（660）
七、妨害社会管理秩序罪 ………………………………………………（668）
　　（一）扰乱公共秩序 ………………………………………………（668）
　　（二）妨害司法罪 …………………………………………………（744）
　　（三）妨害国（边）境管理罪 ……………………………………（824）
　　（四）妨害文物管理罪 ……………………………………………（827）
　　（五）危害公共卫生罪 ……………………………………………（844）
　　（六）破坏环境资源保护罪 ………………………………………（851）
　　（七）走私、贩卖、运输、制造毒品罪 …………………………（990）
　　（八）组织、强迫、引诱、容留、介绍卖淫罪 …………………（1111）
　　（九）制作、贩卖、传播淫秽物品罪 ……………………………（1116）
八、危害国防利益罪 ……………………………………………………（1132）
九、贪污贿赂罪 …………………………………………………………（1134）
十、渎职罪 ………………………………………………………………（1146）

目 录

（上册）

一、总　则

赵某减刑撤销案
　　——备案审查中发现之前减刑裁定确有错误，依法撤销减刑 ……… （ 1 ）
鲁某不予减刑案
　　——罪犯狱中窃取他犯财物受警告处分，不能认定确有悔改表现，
　　　依法不予减刑 …………………………………………………… （ 2 ）
管某某不予假释案
　　——对犯罪情节恶劣，有执行能力而不执行财产刑的故意伤害罪犯，
　　　依法不予假释 …………………………………………………… （ 3 ）
王某某不予假释案
　　——对虽有一定悔改表现，但犯罪性质恶劣，社会危害性较大的罪犯，
　　　依法从严控制假释 ……………………………………………… （ 4 ）
黄某依法收监案
　　——对暂予监外执行情形消失的罪犯，依法收监执行 ………… （ 5 ）
汪某甲正当防卫案
　　——正当防卫起因条件的把握 …………………………………… （ 6 ）
盛某某正当防卫案
　　——正当防卫时间条件、限度条件的把握 ……………………… （ 8 ）
陈某某正当防卫案
　　——正当防卫与相互斗殴的界分 ………………………………… （ 11 ）
杨某甲故意伤害、杨某乙正当防卫案
　　——准备工具防卫与准备工具斗殴的界分 ……………………… （ 13 ）
刘某某故意伤害案
　　——滥用防卫权行为的认定 ……………………………………… （ 16 ）

赵某正当防卫案
　　——"明显超过必要限度"的认定 ………………………………（ 18 ）
陈某甲正当防卫案
　　——特殊防卫的具体适用 …………………………………………（ 20 ）

二、危害国家安全罪

黄某某为境外刺探、非法提供国家秘密案 ……………………………（ 22 ）

三、危害公共安全罪

乐某某放火案 ……………………………………………………………（ 23 ）
何某某等放火烧毁庙宇案 ………………………………………………（ 24 ）
白某某失火案 ……………………………………………………………（ 25 ）
仰某某等三人森林失火刑事附带民事公益诉讼案 ……………………（ 26 ）
泽某甲失火案 ……………………………………………………………（ 27 ）
王某某祁连山森林草原失火刑事附带民事公益诉讼案 ………………（ 28 ）
李某某、羊某某失火、非法狩猎刑事附带民事公益诉讼案 …………（ 29 ）
王某某破坏易燃易爆设备案
　　——破坏正在使用的油气设备盗窃油气导致发生火灾构成破坏易燃
　　　易爆设备罪 ……………………………………………………（ 31 ）
"3·01"暴恐案 …………………………………………………………（ 32 ）
张某某宣扬恐怖主义、极端主义案 ……………………………………（ 33 ）
刘某某、孙某某非法买卖枪支案
　　——综合考虑案件情节确定涉气枪刑事案件的刑事责任 ………（ 33 ）
胡某某、丁某某投放危险物质案 ………………………………………（ 35 ）
蔡某投放危险物质案 ……………………………………………………（ 36 ）
黎某某以危险方法危害公共安全案 ……………………………………（ 37 ）
孙某某以危险方法危害公共安全案 ……………………………………（ 39 ）
刘某、奚某某、肖某、陈某某、刘某某以危险方法危害公共
　　安全案 ……………………………………………………………（ 40 ）
傅某某以危险方法危害公共安全案 ……………………………………（ 42 ）

陈某某以危险方法危害公共安全案
　　——吸毒后驾驶机动车危害公共安全，投案自首，依法惩处 ………（ 43 ）
李某某、李某甲、李某乙、苏某某、苏某甲、邓某某非法买卖、储存
　　爆炸物，非法采矿，重大劳动安全事故，不报安全事故，行贿案
　　（河北蔚县某煤矿"7.14"特别重大事故）…………………………（ 44 ）
张某某以危险方法危害公共安全案
　　——吸毒后驾驶机动车肇事并连续冲撞，系累犯，投案自首，依法
　　惩处 …………………………………………………………………（ 47 ）
李某某以危险方法危害公共安全案
　　——故意从高空向公共场所连续抛掷酒瓶和玻璃杯致人重伤构成以
　　危险方法危害公共安全罪 …………………………………………（ 48 ）
贵州省盘县甲煤矿"3·12"重大瓦斯爆炸事故
　　——印某某、印某甲、陆某、张某某、孔某某、封某某重大责任
　　事故案 ………………………………………………………………（ 50 ）
湖南省湘潭县某煤矿"1·5"特大火灾事故
　　——刘某某、刘某甲、楚某某重大劳动安全事故、非法采矿、单位
　　行贿案 ………………………………………………………………（ 52 ）
四川省泸州市甲煤矿重大瓦斯爆炸事故
　　——泸县甲煤业公司、罗某、李某某、胡某某、徐某某非法储存
　　爆炸物，罗某、李某某、胡某某、徐某某、谢某某、姜某某、
　　陈某某、杨某某、卢某某、张某某、陈某甲、周某重大责任
　　事故案 ………………………………………………………………（ 55 ）
岳某某、谢某某重大责任事故案
　　（黑龙江某矿业集团甲煤矿"11.21"特别重大事故）………………（ 59 ）
梁某某、邵某、杨某重大责任事故案
　　（江苏南京城市快速内环工程"11.26"事故）………………………（ 60 ）
李某某、卢某某、李某1重大责任事故案 ……………………………（ 61 ）
杨某某等重大责任事故、伪造国家机关证件、行贿案
　　——依法严惩生产安全事故首要责任人 …………………………（ 62 ）
李某、王某某、焦某某等强令违章冒险作业、重大责任事故案
　　——准确认定强令违章冒险作业罪 ………………………………（ 65 ）

祁某某重大责任事故案
　　——从严惩处生产安全事故首要责任人……………………（ 67 ）
高某某等危险作业案
　　——贯彻宽严相济刑事政策依法惩处违法经营存储危化品犯罪……（ 70 ）
李某某危险作业案
　　——关闭消防安全设备"现实危险"的把握标准………………（ 71 ）
赵某甲、赵某乙危险作业不起诉案
　　——矿山开采危险作业"现实危险"的把握标准………………（ 73 ）
吴某某危险作业案
　　——在生产、作业中违反安全管理规定导致出现重大事故险情或者
　　　　发生轻微事故属于危险作业罪中的"现实危险"……………（ 75 ）

四、破坏社会主义市场经济秩序罪

（一）生产、销售伪劣商品罪

黄某某、丁某、张某某等15人、深圳某国际货运代理有限公司销售
　　伪劣产品案……………………………………………………（ 77 ）
吴某某等销售伪劣产品案…………………………………………（ 78 ）
刘某某、刘某等生产、销售伪劣产品案…………………………（ 79 ）
李某某、孙某某生产、销售伪劣产品案…………………………（ 80 ）
孙某某、代某某销售伪劣产品案…………………………………（ 80 ）
叶某某、徐某某、谢某某生产、销售伪劣产品案………………（ 81 ）
胡某某、柯某某、陈某某等生产、销售伪劣产品、生产、销售不符合
　　卫生标准的食品案
　　——加工销售病死猪肉构成犯罪竞合适用较重罪名……………（ 82 ）
王某、徐某某、于某某等生产、销售伪劣产品案
　　——制售假冒进口抗肿瘤药按重罪被判刑………………………（ 84 ）
胡某某、周某、李某某等生产、销售伪劣产品、生产、销售假药案
　　——假药生产销售一条龙均获刑……………………………………（ 86 ）
王某某等生产、销售有毒食品，生产、销售伪劣产品案
　　——生产、销售"假白酒"案件……………………………………（ 88 ）

陈某某等生产、销售伪劣产品，非法经营，生产、销售不符合安全
标准的食品案
    ——非法经营"病死猪"肉案件 …………………………………（89）
李某某生产、销售伪劣产品案
    ——生产、销售伪劣食品添加剂案件 ……………………………（91）
袁某、程某某销售有毒、有害食品，销售伪劣产品案
    ——销售"地沟油"案件 ……………………………………………（92）
黄某、曾某某、刘某某销售伪劣产品案 ………………………………（93）
刘某某等人生产、销售伪劣（香油）产品、对非国家工作人员
  行贿案 ………………………………………………………………（95）
桑某生产销售伪劣产品案 ………………………………………………（96）
刘某、周某、刘某甲等生产、销售伪劣产品案 ………………………（98）
王某甲、王某乙、王某丙、毕某某等生产、销售伪劣产品案 ………（99）
酒泉某农业科技有限公司、王某某生产、销售伪劣产品案 …………（100）
张某等生产、销售伪劣产品案
    ——为非法牟利给待宰生猪打药注水 ……………………………（101）
上海某国际贸易有限公司及刘某某生产、销售伪劣产品案
    ——销售超过保质期的烘焙用乳制品200余吨 …………………（103）
申某某、王某某销售伪劣产品案
    ——未取得兽药经营资质销售不合格兽药 ………………………（104）
薛某某销售伪劣种子、卢某某销售伪劣产品案 ………………………（105）
闫某销售伪劣产品案
    ——将四价人乳头瘤病毒疫苗拆分后销售给受种者 ……………（106）
申某某等生产、销售伪劣产品案
    ——生产、销售用马肉、鸭肉等冒充的牛肉制品 ………………（107）
靳某销售伪劣产品案
    ——篡改生产日期销售过期奶制品，被依法追究刑事责任 ……（109）
申某某等生产、销售假药案 ……………………………………………（110）
饶某某生产、销售假药案
    ——出售药品包装供他人生产假药亦构成犯罪 …………………（111）

韦某某、张某某、何某某等销售假药案
　　——销售假狂犬疫苗致人死亡获重刑……………………（112）
杨某某等人生产、销售假药案……………………………………（114）
王某某销售假药案…………………………………………………（115）
蒋某某等人生产、销售假药案……………………………………（116）
牛某某等生产、销售假药案
　　——用针管灌装生理盐水假冒九价人乳头瘤病毒疫苗销售……（117）
高某等生产、销售假药案
　　——"黑作坊"将中药和西药混合研磨成粉冒充纯中药销售………（118）
北京某肿瘤药品有限公司销售假药案
　　——药品公司通过非法渠道采购并销售假药………………（119）
黄某某等生产、销售假药案
　　——使用辣椒油等非药品生产黄道益活络油等药品………（121）
张某某等生产、销售假药案
　　——用"冻干粉"假冒肉毒素销售………………………………（122）
朱某等生产、销售假药案
　　——将消毒产品冒充药品销售…………………………………（123）
郑某某、罗某某生产、销售有毒、有害食品案
　　——在牛血旺中添加甲醛保鲜获刑……………………………（124）
马某某生产、销售有毒、有害食品案
　　——在拉面汤料中添加罂粟籽粉获刑…………………………（125）
杨某销售有毒、有害食品案
　　——销售违规添加药物的保健食品获刑………………………（126）
张某某生产、销售不符合卫生标准的食品案
　　——滥用食品添加剂致人中毒获刑……………………………（127）
陶某某等生产、销售不符合安全标准的食品案…………………（128）
徐某某生产、销售不符合安全标准的食品案……………………（130）
谢某、李某某生产、销售不符合安全标准的食品案……………（131）
赵某某生产、销售有毒、有害食品案……………………………（133）
吐某生产、销售不符合安全标准的食品案………………………（134）
姚某某生产、销售有毒、有害的食品案…………………………（135）

麻某某生产销售有毒有害食品案 ………………………………（137）
邱某某生产、销售有毒、有害食品案 ……………………………（138）
张某甲、张某乙、农某某生产、销售有毒、有害食品案 ………（139）
张某某销售不符合安全标准的食品案 ……………………………（140）
张某某生产、销售有毒、有害食品案
　　——用工业甲醛清洗净水设备致桶装饮用水含有甲醛成分 …（141）
张某生产、销售不符合安全标准的食品案
　　——无证生产、销售不符合食品安全标准的鹌鹑蛋致百余人食源性
　　疾病 ………………………………………………………（143）
崔某等非法经营及陈某某等生产、销售有毒、有害食品案
　　——向食品生产企业销售工业明胶用于加工皮冻 ………（144）
曾某某生产、销售有毒、有害食品案
　　——减肥食品中非法添加西布曲明 ………………………（146）
付某某生产、销售有毒、有害食品案
　　——生产米粉过程中添加硼砂 ……………………………（147）
张某某、张某生产、销售有毒、有害食品案
　　——生产、销售腊肉过程中喷洒敌敌畏 …………………（148）
王某某、石某销售伪劣种子、非法经营案 ………………………（149）
孔某某销售伪劣化肥案 ……………………………………………（150）
于某某销售伪劣种子案 ……………………………………………（151）
王某某生产、销售伪劣农药案 ……………………………………（151）
罗某某销售伪劣化肥案 ……………………………………………（152）
李某某、项某某销售伪劣种子案 …………………………………（152）
张某某生产、销售伪劣农药案
　　——生产、销售伪劣农药造成农作物减产 ………………（153）
马某某等生产、销售伪劣种子案
　　——生产、销售伪劣种子造成农作物减产 ………………（154）
陆某某、李某某、赵某某销售伪劣种子案 ………………………（155）
魏某某销售伪劣种子案 ……………………………………………（157）

（二）走私罪

田某某、罗某等18人走私废物案 …………………………………（158）

赵某某、谭某某走私珍贵动物制品案 …………………………………………（159）
戴某走私珍贵动物制品案 ………………………………………………………（160）

（三）妨害对公司、企业的管理秩序罪

丹东某电气股份有限公司、温某某等欺诈发行股票、违规披露重要
　信息案
　　——欺诈发行股票，数额巨大；违规披露重要信息，严重损害股东
　　　利益 ……………………………………………………………………（161）
胡某等人非国家工作人员受贿案
　　——依法严惩金融领域商业贿赂犯罪保障私募基金行业长期健康
　　　发展 ……………………………………………………………………（163）

（四）破坏金融管理秩序罪

上海某珠宝公司、吴某某非法吸收公众存款（宣告无罪）案 ………（166）
鲁某非法吸收公众存款案
　　——以投资"养老项目"为名实施非法集资犯罪 ……………………（167）
苏某某等人非法吸收公众存款案
　　——私募基金管理人经登记、私募基金经备案或者部分备案的不影响
　　　对非法集资行为"非法性"的认定 …………………………………（169）
"昆明某有色金属交易所股份有限公司"非法吸收公众存款案
　　——借用合法经营形式实施非法集资犯罪 ……………………………（172）
江西某公司非法吸收公众存款执行案
　　——多措并举全力追赃挽损 ……………………………………………（173）
赵某某窃取、非法提供信用卡信息案 ……………………………………（175）
黄某某等非法经营、内幕交易、泄露内幕信息、单位行贿案 ………（176）
杜某某、刘某某内幕交易、泄露内幕信息案 ……………………………（178）
顾某某虚报注册资本、违规披露、不披露重要信息、挪用资金案 …（179）
某石化有限公司、吴某某操纵期货市场案 ………………………………（181）
丹东某电气股份有限公司、温某某等欺诈发行股票、违规披露重要
　信息案
　　——欺诈发行股票，违规披露重要信息 ………………………………（182）

张家港保税区某国际贸易有限公司、金某某等操纵期货市场案
　　——非法利用技术优势操纵期货市场 …………………………（184）
唐某某等操纵证券市场案
　　——不以成交为目的，频繁申报、撤单或者大额申报、撤单操纵证券
　　　市场，情节特别严重 ………………………………………………（186）
张家港保税区某国际贸易有限公司、金某献等操纵期货市场案
　　——非法利用技术优势操纵期货市场，情节特别严重……………（187）
周某某内幕交易案
　　——证券交易所人员从事内幕交易，情节特别严重………………（189）
顾某某内幕交易案
　　——非法获取证券交易内幕信息的知情人员从事内幕交易，情节特别
　　　严重 …………………………………………………………………（190）
陈某某内幕交易、泄露内幕信息案
　　——内幕交易、泄露内幕信息，情节特别严重……………………（192）
齐某、乔某某利用未公开信息交易案
　　——证券公司从业人员利用未公开信息交易，情节特别严重………（194）
某石化有限公司、吴某某操纵期货市场案
　　——以囤积现货影响期货行情等手段操纵期货市场………………（195）
袁某某洗钱案
　　——地下钱庄实施洗钱犯罪 …………………………………………（197）
周某某洗钱案
　　——跨境转移贪污公款实施洗钱犯罪 ………………………………（198）

（五）金融诈骗罪

唐某某集资诈骗案……………………………………………………………（199）
孙某某集资诈骗案……………………………………………………………（200）
吕某某集资诈骗案……………………………………………………………（201）
张某某集资诈骗案……………………………………………………………（201）
刘某某等集资诈骗、非法吸收公众存款案…………………………………（202）
张某信用卡诈骗案……………………………………………………………（204）
朱某某合同诈骗、信用卡诈骗案……………………………………………（205）

张某信用卡诈骗案……（206）
肖某某、陈某集资诈骗案
　　——以提供"养老服务"为名实施非法集资犯罪……（207）
沈某某集资诈骗、顾某某非法吸收公众存款案
　　——以宣称"以房养老"为名实施非法集资犯罪……（209）
"某宝"集资诈骗、非法吸收公众存款案
　　——借互联网金融名义实施非法集资犯罪……（211）
上海某集团集资诈骗案
　　——持牌私募机构以发行私募基金为名实施非法集资犯罪……（213）
沈阳某公司集资诈骗案
　　——以"养老投资"为名实施非法集资犯罪……（214）
甲集团、孟某、岑某集资诈骗案
　　——以发行销售私募基金为名，使用诈骗方法非法集资对集资款具有
　　　非法占有目的的，构成集资诈骗罪……（216）

（六）危害税收征管罪

北京某餐饮有限公司、陈某、宫某逃避追缴欠税案
　　——欠税人不讲诚信转移财产担刑责……（219）
石某某等骗取出口退税案
　　——"低值高报"骗取出口退税必严惩……（221）
镇江某科技公司、洪某某、周某等骗取出口退税、深圳某贸易公司
　　虚开增值税专用发票案
　　——依法惩治虚开增值税专用发票与骗取出口退税关联犯罪……（222）
金某某等虚开增值税专用发票案
　　——空壳公司虚开增值税专用发票应重点从严打击……（224）
上海某实业公司、张某某虚开增值税专用发票案
　　——依法惩治企业之间无真实交易，相互开具增值税专用发票行为……（225）
杨某虚开发票案
　　——虚开普通发票也可能构成犯罪……（226）
刘某某等3人出售非法制造的发票案……（227）
被告人张某等4人非法制造发票案……（228）

被告人曹某某等 11 人非法制造发票、出售非法制造的发票案 ……… （228）

（七）侵犯知识产权罪

郑某某、崔某某销售假冒注册商标的商品案……………………（229）
杨某某销售假冒注册商标的商品案………………………………（230）
金某某假冒注册商标案……………………………………………（231）
麦某某假冒注册商标案……………………………………………（231）
仇某某等假冒注册商标案…………………………………………（232）
宗某某等 28 人假冒注册商标罪刑事案…………………………（233）
微信朋友圈销售假冒注册商标的商品案…………………………（234）
厦门甲科技有限公司、厦门乙贸易有限公司、杨某某、杨某甲假冒
　注册商标罪、销售假冒注册商标的商品罪案
　　［福建省厦门市中级人民法院（2018）闽02刑终632号
　　刑事判决书］………………………………………………（235）
被告人卢某某销售假冒注册商标的商品罪…………………………（237）
李某某、巫某非法制造注册商标标识罪案
　　［广东省深圳市中级人民法院（2018）粤03刑终655号
　　刑事判决书］………………………………………………（237）
赛某某假冒注册商标案……………………………………………（238）
王某某侵犯著作权案………………………………………………（240）
被告人韦某某、钟某某侵犯著作权案………………………………（240）
被告人梁某某侵犯著作权案………………………………………（241）
王某某侵犯著作权案………………………………………………（242）
周某某等 7 人侵犯著作权罪案
　　［北京市第一中级人民法院（2014）一中刑终字第2516号
　　刑事裁定书］………………………………………………（243）
北京甲无限信息技术有限公司、于某侵犯著作权罪案
　　［上海浦东新区人民法院（2015）浦刑（知）初字第12号
　　刑事判决书］………………………………………………（244）
李某某等 9 人侵犯著作权罪案
　　［上海市高级人民法院（2020）沪刑终105号刑事裁定书］………（245）

陈某等侵犯著作权罪案

　　[（2019）沪03刑初127号，上海市第三中级人民法院] ………… （246）

梁某某、王某某等十五人侵犯著作权罪案

　　[上海市第三中级人民法院（2021）沪03刑初101号刑事判决书、

　　上海市杨浦区人民法院（2021）沪0110刑初826号刑事判决书] … （248）

马某甲、马某乙等侵犯著作权罪案

　　[江苏省扬州市中级人民法院（2020）苏10刑初11号

　　刑事判决书] ……………………………………………………… （249）

梁某某侵犯著作权罪案

　　[上海市第三中级人民法院（2021）沪03刑初101号

　　刑事判决书] ……………………………………………………… （250）

堀某侵犯商业秘密案 …………………………………………………… （251）

江西某电子科技有限公司、余某某等侵犯商业秘密罪刑事案 ………… （252）

汪某某侵犯商业秘密上诉案

　　[江苏省高级人民法院（2015）苏知刑终字第00012号

　　刑事判决书] ……………………………………………………… （253）

彭某侵犯商业秘密罪案 ………………………………………………… （254）

（八）扰乱市场秩序罪

李某某合同诈骗案 ……………………………………………………… （256）

被告单位龙海市某饲料预混有限公司、被告人蔡某某、黄某某等非法

　经营案

　　——饲料公司实施危害食品安全的上游犯罪获刑 ……………… （257）

张某某等非法经营案 …………………………………………………… （259）

范某非法经营案

　　——非法销售"瘦肉精"案件 ……………………………………… （260）

张某某非法经营、销售假药案 ………………………………………… （261）

王某某非法经营再审改判无罪案 ……………………………………… （262）

江苏某安全技术公司、柏某等提供虚假证明文件案

　　——依法惩治安全评价中介组织犯罪 …………………………… （263）

五、侵犯公民人身权利、民主权利罪

（一）故意杀人罪

吕某某故意杀人、拐卖儿童、黄某甲拐卖儿童案 …………………（265）
李某故意杀人案 ……………………………………………………（266）
黄某某故意杀人案 …………………………………………………（267）
李某某故意杀人案
　　——吸食毒品后产生错误认识，持刀杀死一人，罪行极其严重 ……（268）
杨某某故意杀人案
　　——因民间矛盾引发且有自首情节，但后果和罪行特别严重，依法
　　　从严惩处 ……………………………………………………（269）
石某故意杀人案
　　——吸食毒品后持刀行凶，致二人死亡、一人轻伤，罪行极其
　　　严重 ……………………………………………………………（270）
汤某某故意杀人案
　　——经常遭受家暴致死丈夫获刑 ……………………………（271）
肖某某故意杀人、故意伤害案
　　——长期实施家暴并杀人获死刑 ……………………………（272）
薛某某故意杀人案
　　——养女被养父长期性侵杀死养父获刑 ……………………（273）
王某某故意杀人案
　　——因怀疑治疗不当杀死医生，罪行极其严重 ……………（274）
王某某故意杀人案
　　——因不满治疗效果杀死主治医生，罪行极其严重 ………（275）
陈某甲故意杀人案 …………………………………………………（276）
乐某故意杀人案 ……………………………………………………（277）
廖某某故意杀人案 …………………………………………………（279）
俸某某故意杀人案 …………………………………………………（280）
龚某某故意杀人案
　　——吸食毒品后杀死同居女友和幼子，罪行极其严重 ……（281）

13

冯某某故意杀人、盗窃案…………………………………………（282）
王某某故意杀人案………………………………………………（283）
殷某某劫杀养父母案……………………………………………（284）
李某某、程某某故意杀人案……………………………………（285）
杨某某故意杀人案………………………………………………（286）
沐某某故意杀人案………………………………………………（287）
邓某故意杀人案…………………………………………………（288）
连某某故意杀人案
　　——因怀疑治疗不当杀死医生，罪行极其严重……………（289）
王某某故意杀人、故意伤害案
　　——吸毒后杀害养祖父母，并致养父受伤，罪行极其严重…（291）
靳某某故意杀人案………………………………………………（292）
冯某某故意杀人案………………………………………………（294）
马某故意杀人案…………………………………………………（295）
张某某故意杀人案………………………………………………（297）
杨某某杀老师案…………………………………………………（299）
王某某犯故意杀人罪，周某、李某犯聚众斗殴罪一案………（301）
施某某故意杀人案………………………………………………（303）
陈某某故意杀人案
　　——吸毒致幻后杀死无辜幼儿，罪行极其严重……………（304）
肖某故意杀人案
　　——吸毒后交通肇事，持刀捅刺执行公务的民警，致1人死亡、
　　1人轻伤，罪行极其严重……………………………………（305）
招某某邪教故意杀人案…………………………………………（307）
龚某某故意杀人案
　　——吸毒后持菜刀砍死2名未成年子女，罪行极其严重…（308）
杨某故意杀人案
　　——全国首例对未成年被害人跨省心理救助………………（309）
员某某故意杀人案………………………………………………（310）
孙某某故意杀人案………………………………………………（311）

张某故意杀人案
　　——有长期吸毒史，杀死无辜儿童，罪行极其严重……………（313）
王某甲故意杀人案
　　——家长公然持械闯入课堂杀害未成年小学生，应当依法严惩……（314）
沈某某故意杀人、容留他人吸毒案
　　——因吸毒致幻杀害亲属，依法惩处……………………………（315）
郑某故意杀人案
　　——吸毒致幻后杀死父母，罪行极其严重………………………（316）
陈某某故意杀人案
　　——家庭暴力犯罪中，饮酒等自陷行为导致限制刑事责任能力的，
　　　应依法惩处………………………………………………………（317）
姚某某故意杀人案
　　——受暴妇女因不堪忍受家庭暴力而杀死施暴人的，可认定为故意
　　　杀人"情节较轻"…………………………………………………（319）
韦某故意杀人案
　　——吸毒致幻杀害无辜群众，致三人死伤，罪行极其严重…………（321）

（二）故意伤害罪

李某某故意伤害案
　　——继母借"教育"之名打骂虐待继女……………………………（323）
邓某某故意伤害案
　　——长期对养女实施家暴获刑………………………………………（324）
刘某某故意伤害案
　　——因不满医生转院建议殴打医生致轻伤…………………………（325）
王某某故意伤害、虐待案……………………………………………………（326）
林某甲故意伤害案……………………………………………………………（327）
王某某故意伤害案……………………………………………………………（329）
刘某某故意伤害案……………………………………………………………（330）
徐某某故意伤害案……………………………………………………………（331）
林某某故意伤害案……………………………………………………………（332）
吴某某等校园枪击案…………………………………………………………（333）

莫某某等3名未成年人故意伤害案………………………………（334）
朱某某等故意伤害案……………………………………………（335）
姬某某故意伤害案………………………………………………（336）
高某、梁某、崔某某等12人故意伤害案………………………（337）
赵某某故意伤害案………………………………………………（338）
郭某某故意伤害案………………………………………………（339）
李某故意伤害案…………………………………………………（340）
许某某故意伤害案………………………………………………（341）
常某故意伤害案…………………………………………………（342）
曾某故意伤害案…………………………………………………（343）
刘某故意伤害案…………………………………………………（345）
刘某等故意伤害案………………………………………………（347）
安某某故意伤害案………………………………………………（349）
郄某某故意伤害案………………………………………………（351）
魏某某等人故意伤害案…………………………………………（353）
代某某、陈某、李某、冯某、麻某某犯故意伤害罪案…………（355）
许某某、冯某甲、冯某乙、闫某某、王某某故意伤害案………（356）
周某某故意伤害案………………………………………………（358）
刘某某故意伤害案………………………………………………（360）
燕某故意伤害案…………………………………………………（362）
王某某故意伤害案………………………………………………（363）
贾某某故意伤害案………………………………………………（364）
刘某某故意伤害案………………………………………………（365）
李某某故意伤害案………………………………………………（366）
冉某某故意伤害案………………………………………………（368）
焦某、何某某、刘某某故意伤害刑事附带民事诉讼案…………（369）
卢某某故意伤害案………………………………………………（371）
张某某、回某某、晏某某、史某某故意伤害案…………………（373）
赵某某故意伤害一案……………………………………………（376）
古某故意伤害罪一案……………………………………………（378）
冯某某故意伤害案………………………………………………（380）

在校学生焦某某、孙某某、乔某某、马某某4人故意伤害同学致其
　　死亡案 ……………………………………………………………（381）
龚某某、邹某某故意伤害案 ……………………………………（382）
高某犯故意伤害罪一案 …………………………………………（384）
廖某故意伤害案 …………………………………………………（385）
曾某某、樊某故意伤害案 ………………………………………（387）
王某某故意伤害案 ………………………………………………（389）
王某某犯故意伤害罪，段某某、陈某某、白某某犯聚众斗殴罪
　　一案 ………………………………………………………………（390）
张某某故意伤害案 ………………………………………………（393）
卢某某故意伤害案 ………………………………………………（394）
张某某故意伤害案 ………………………………………………（395）
刘某某、江某故意伤害案 ………………………………………（397）
哈某某故意伤害案 ………………………………………………（398）
许某某故意伤害案 ………………………………………………（399）
杨某某故意伤害案 ………………………………………………（401）
陈某故意伤害案 …………………………………………………（402）
卓某某故意伤害案 ………………………………………………（404）
黄某某、李某某、黄某甲、张某某故意伤害案 ………………（405）
翁某某故意伤害案 ………………………………………………（406）
李某某故意伤害案 ………………………………………………（407）
刘某故意伤害案
　　——探索推动设立未成年犯罪人前科封存制度 ……………（408）
李某某等故意伤害案 ……………………………………………（410）
李某、杨某故意伤害案
　　——管教子女并非实施家暴行为的理由，对子女实施家庭暴力当场
　　造成死亡的应认定为故意伤害罪 …………………………（411）
邱某某故意伤害案
　　——制止正在进行的家庭暴力行为，符合《刑法》规定的认定为
　　正当防卫，不负刑事责任 …………………………………（412）

（三）强奸罪

鲍某某强奸、猥亵儿童案
　　——利用教师身份侵害学生身心健康 ·················（415）
杨某某强奸案 ···（416）
吕某某强奸、抢劫、盗窃案 ·································（417）
高某某强奸案 ···（420）
张某某强奸案 ···（421）
刘某、周某强奸案 ··（422）
薄某某强奸案 ···（424）
张某某强奸、强制猥亵儿童案 ·······························（425）
刘某强奸案 ··（426）
刘某强奸案 ··（427）
马某甲、马某乙强奸案 ··（428）
杨某某强奸、猥亵妇女、盗窃案 ·····························（429）
华某某强奸、猥亵儿童案 ·····································（430）
战某某强奸案 ···（431）
李某某强奸、猥亵儿童案 ·····································（431）
董某强奸案 ··（433）
王某某强奸案 ···（434）
霍某某强奸案 ···（435）
李某甲强奸、抢夺、盗窃案 ··································（437）
黄某某强奸案 ···（439）
林某某强奸智力残疾人冯某某案 ·····························（441）
李某强奸案 ··（442）
庞某某等人约网友见面强奸案 ·······························（443）
杨某某假借迷信强奸案 ··（445）
韦某某强奸案 ···（446）
何某强奸、强迫卖淫、故意伤害被判死刑案 ················（447）
赵某某强奸被判死刑案 ··（448）
王某利用网络强奸被判死刑案 ·······························（449）

王某乙强奸案
　　——教唆、利用多名未成年人协助强奸众多未成年在校女学生的，
　　　应当依法严惩 ……………………………………………………（450）
林某某强奸、引诱他人吸毒、容留他人吸毒案
　　——引诱留守女童吸毒后强行奸淫，依法严惩 ……………………（451）
张某某强奸案
　　——教师强奸多名未成年女生被判处死刑 …………………………（452）

（四）强制猥亵、侮辱罪

严某强制猥亵妇女一案 ………………………………………………………（453）
林某某、楼某某强制侮辱妇女案 ……………………………………………（454）
潘某某强制猥亵案 ……………………………………………………………（456）

（五）猥亵儿童罪

关某某猥亵儿童案 ……………………………………………………………（457）
吴某某猥亵儿童案 ……………………………………………………………（458）
邹某某猥亵儿童案 ……………………………………………………………（459）
徐某某猥亵儿童案 ……………………………………………………………（460）
魏某某猥亵儿童案 ……………………………………………………………（461）
李某某猥亵儿童案 ……………………………………………………………（462）
林某某通过网约车猥亵儿童案 ………………………………………………（463）
乔某某以视频裸聊方式猥亵儿童案 …………………………………………（464）
王某以招收童星欺骗猥亵儿童案 ……………………………………………（465）
蒋某猥亵儿童案
　　——依法严惩通过网络实施的无身体接触的猥亵犯罪 ……………（466）
祁某猥亵儿童案
　　——小学教师性侵儿童被重判 ………………………………………（467）
张某某猥亵儿童案 ……………………………………………………………（469）
蒋某某猥亵儿童案 ……………………………………………………………（470）
李某某猥亵儿童案 ……………………………………………………………（471）

邹某某猥亵儿童案
——采取恶劣手段长期猥亵男童的，应当依法严惩……………（472）

（六）非法拘禁罪

赵某某等非法拘禁案……………………………………………（473）
邵某非法拘禁、强奸案…………………………………………（474）

（七）绑架罪

肖某某绑架、强奸案……………………………………………（475）
被告人叶某某等绑架案…………………………………………（477）

（八）拐卖妇女、儿童罪

邵某某拐卖妇女案………………………………………………（478）
蔡某某收买被拐卖的妇女案……………………………………（481）
蓝某某拐卖妇女、儿童案………………………………………（482）
杨某某、李某某等拐卖妇女案…………………………………（483）
马某某、熊某某拐卖妇女案……………………………………（484）
何某拐卖儿童案…………………………………………………（485）
李某某收买被拐卖的儿童案……………………………………（487）
肖某甲、肖某乙等拐卖儿童案…………………………………（488）
李某某等拐卖儿童案……………………………………………（490）
武某某、关某某拐卖儿童案……………………………………（491）
武某某拐卖儿童案………………………………………………（492）
孙某甲、张某乙等18名被告人拐卖儿童案……………………（493）
马某某拐卖儿童案………………………………………………（494）
孙某某拐卖儿童案………………………………………………（495）
邢某某拐卖儿童案………………………………………………（496）
王某某拐卖儿童案………………………………………………（497）
李某拐卖儿童、孙某某收买被拐卖的儿童案…………………（498）
被告人余某、高某拐卖儿童、被告人黄某某收买被拐卖的儿童案……（499）
卢某某拐骗儿童案………………………………………………（501）

彭某某、孟某某收买被拐卖的儿童案 …………………………………（502）

王某某收买被拐卖的妇女、非法拘禁、强奸案 ……………………（503）

（九）强迫劳动罪

范某等强迫劳动案 …………………………………………………（504）

（十）诽谤罪

吴某某诽谤案
——网上随意诽谤他人，社会影响恶劣的，依法应当适用公诉
程序 ……………………………………………………………（505）

常某某等侮辱案
——网络侮辱造成被害人自杀，社会影响恶劣的，依法应当适用公诉
程序 ……………………………………………………………（507）

王某某诉李某某侮辱案
——网上侮辱他人，情节严重的，构成侮辱罪 ……………………（508）

（十一）侵犯公民个人信息罪

杨某某、黄某某、吴某某诈骗，杨某某、黄某某侵犯公民个人
信息案 ………………………………………………………………（510）

邵某某等侵犯公民个人信息案
——非法出售户籍信息、手机定位、住宿记录等个人信息，构成侵犯
公民个人信息罪 ………………………………………………（511）

韩某甲、旷某某、韩某某等侵犯公民个人信息案
——非法查询征信信息牟利，构成侵犯公民个人信息罪 …………（512）

周某某等侵犯公民个人信息案
——非法购买学生信息出售牟利，构成侵犯公民个人信息罪 ………（513）

夏某某侵犯公民个人信息案
——非法买卖网购订单信息，构成侵犯公民个人信息罪 …………（514）

肖某、周某等侵犯公民个人信息案
——利用黑客手段窃取公民个人信息出售牟利，构成侵犯公民个人
信息罪 …………………………………………………………（515）

杜某某、杜某甲侵犯公民个人信息案
　　——通过互联网非法购买、交换、出售公民个人信息，构成侵犯公民
　　　个人信息罪 ··（516）
丁某某侵犯公民个人信息案
　　——非法提供近2000万条住宿记录供他人查询牟利，构成侵犯公民
　　　个人信息罪"情节特别严重" ···（517）
陈某某等7人诈骗、侵犯公民个人信息案 ································（518）
杜某某侵犯公民个人信息案 ··（519）
陈某等五人侵犯公民个人信息案 ···（520）
刘某某侵犯公民个人信息案
　　——购买并通过信息网络发布个人信息，情节严重的，构成侵犯公民
　　　个人信息罪 ··（522）
潘某某等三人侵犯公民个人信息案 ··（523）

（十二）虐待罪

朱某某虐待案 ···（524）
王某某虐待案 ···（526）

（十三）虐待被监护、看护人罪

王某、孙某某虐待被看护人案 ···（527）
马某虐待被看护人案
　　——对幼儿园虐童行为"零容忍" ···（529）

（十四）遗弃罪

王某某、杨某某遗弃案 ··（530）
韩某控告张某某遗弃案 ··（531）

（十五）组织未成年人进行违反治安管理活动罪

邓某某组织未成年人进行违反治安管理活动案
　　——组织指使未成年人入户盗窃 ···（532）
魏某某、张某某、康某某、宋某某组织未成年人进行违反治安管理
　　活动罪 ··（534）

（下册）

六、侵犯财产罪

（一）抢劫罪

黄某某抢劫案 ……………………………………………………（537）
赵某某等抢劫案
　　——抢劫致人死亡，后果和罪行极其严重，依法从严惩处 …………（538）
宁某抢劫案
　　——毒瘾发作后因无钱购毒而结伙抢劫，致一人死亡，罪行极其
　　　严重 ………………………………………………………………（539）
周某抢劫案（判后帮教少年犯）……………………………………（540）
王某抢劫案 ………………………………………………………（542）
金某某抢劫案 ……………………………………………………（543）
单某等抢劫案 ……………………………………………………（544）
何某、陈某某、卞某某抢劫案 ……………………………………（546）
方某某等抢劫案 …………………………………………………（547）
梁某抢劫案 ………………………………………………………（548）
董某某、宋某某抢劫案 ……………………………………………（549）
孙某某、宋某某、陶某某、李某某抢劫案 ………………………（550）
曹某抢劫案 ………………………………………………………（551）
钱某某、武某某、李某某抢劫案 …………………………………（552）
潘某某等12名被告人抢劫案 ………………………………………（553）
楚某某犯抢劫罪一案 ……………………………………………（556）
黄某某、魏某某抢劫案 ……………………………………………（558）
于某、叶某某、肖某抢劫被害人蒲某一案 ………………………（559）
李某某等抢劫案
　　——为获取毒资共谋抢劫，并利用未成年人犯罪，依法严惩 ………（561）

于某某抢劫案
　　——贯彻教育为主、惩罚为辅原则，最大限度教育、感化、挽救
　　　未成年被告人 …………………………………………………………（562）

（二）盗窃罪

钟某某盗窃案
　　——盗窃亲属财产后全额退赔并获谅解，依法从宽处理 ………………（563）
李某盗窃案 ……………………………………………………………………（564）
王某某盗窃案 …………………………………………………………………（565）
吴某某盗窃案 …………………………………………………………………（566）
王某盗窃案 ……………………………………………………………………（567）
陈某某盗窃、抢夺案 …………………………………………………………（568）
董某、马某某等人盗窃、柴某某、许某某掩饰、隐瞒犯罪所得案 ………（569）

（三）诈骗罪

黄某某诈骗案 …………………………………………………………………（570）
许某某诈骗案 …………………………………………………………………（571）
曾某某、余某某、陈某某诈骗案 ……………………………………………（573）
梁某某诈骗案 …………………………………………………………………（574）
黄某某诈骗案 …………………………………………………………………（575）
黄某某诈骗案 …………………………………………………………………（576）
黄某某、李某某、梁某某、李某甲诈骗案 …………………………………（578）
林某某诈骗案 …………………………………………………………………（580）
周某某等人虚构推荐优质股票诈骗案 ………………………………………（581）
谢某甲、谢某乙等人推销假冒保健产品诈骗案 ……………………………（582）
吴某某等人发送医保卡出现异常虚假语音信息诈骗案 ……………………（583）
曾某某等人以我国台湾地区居民为犯罪对象诈骗案 ………………………（584）
上官某某等人帮助诈骗团伙转取赃款诈骗案 ………………………………（586）
秦某某等人发送考试改分等虚假信息诈骗案 ………………………………（587）
羊某某开设虚假机票网站诈骗案 ……………………………………………（588）
陈某发布电视节目中奖虚假信息诈骗案 ……………………………………（589）

罗某甲、罗某乙假冒 QQ 好友诈骗案 …………………………………（590）
丘某某诈骗案 ……………………………………………………………（591）
戴某某等 32 人诈骗案 …………………………………………………（592）
吉某某等 14 人诈骗案 …………………………………………………（594）
陈某某、陈某甲、陈某乙诈骗案 ………………………………………（595）
林某、胡某某诈骗案 ……………………………………………………（596）
邓某某、龙某某、刘某某、刘某甲诈骗案 ……………………………（597）
刘某某提供虚假网络技术诈骗案 ………………………………………（599）
江某某网上虚假销售诈骗案 ……………………………………………（600）
张某某诈骗、单位行贿、挪用公款再审改判无罪案 …………………（601）
赵某某诈骗再审改判无罪案 ……………………………………………（602）
陈某某等 7 人诈骗案 ……………………………………………………（603）
李某某等 69 人诈骗案 …………………………………………………（605）
陈某等 9 人诈骗案 ………………………………………………………（606）
黄某某等九人诈骗案 ……………………………………………………（608）
童某某等 7 人诈骗案 ……………………………………………………（609）
朱某等人诈骗案 …………………………………………………………（611）
邵某某诈骗案 ……………………………………………………………（612）
杨某某诈骗案 ……………………………………………………………（613）
赵某某诈骗案 ……………………………………………………………（614）
曾某某诈骗案
　　——依法严惩医保骗保幕后组织者、职业骗保人 ………………（615）
靳某某、罗某某等诈骗案
　　——社区定点医保机构以虚开药品的方式骗取医保基金，数额特别
　　　巨大 ………………………………………………………………（617）
马某、郭某某诈骗案
　　——以"挂空床"的方式虚构医药费用，骗取医疗保障基金 ………（619）
金某、张某、高某、陶某某、顾某某诈骗案
　　——医疗机构以开具"大小处方"的方式虚增药品金额，套取药品
　　　差额 ………………………………………………………………（620）

25

赵某某诈骗案
　　——参保人员以超量购买药品后转卖的方式骗取医疗保障基金 ……（622）
刘某某诈骗案
　　——参保人员重复报销医疗费用，骗取医疗保障基金 …………（623）
陈某某诈骗案
　　——采用冒充专家诊疗、伪造体检报告、虚假宣传等手段针对老年人
　　实施保健食品诈骗 ……………………………………………（624）
贾某某诈骗案
　　——教育、感化、挽救失足少年 ………………………………（626）
徐某等人诈骗案
　　——以销售"养老产品"为名实施诈骗犯罪 ……………………（627）
李某某诈骗案
　　——以代办"养老保险"为名实施诈骗犯罪 ……………………（628）
李某某诈骗案
　　——以开展"养老帮扶"为名实施诈骗犯罪 ……………………（630）
易某某、连某某等38人诈骗、组织他人偷越国境、偷越国境、帮助
　　信息网络犯罪活动、掩饰、隐瞒犯罪所得案 …………………（631）
罗某、郑某某等21人诈骗案 …………………………………………（633）
施某某等12人诈骗案 …………………………………………………（634）
吴某某等5人诈骗案 ……………………………………………………（635）
黄某等3人诈骗案 ………………………………………………………（637）
赵某某等9人诈骗案 ……………………………………………………（638）
邓某某等6人诈骗、侵犯公民个人信息案 ……………………………（640）
谢某某、陈某某诈骗、偷越国（边）境、林某掩饰、隐瞒犯罪
　　所得案 …………………………………………………………（641）
向某某等24人诈骗、组织他人偷越国（边）境、偷越
　　国（边）境案 …………………………………………………（643）
曾某、钟某某、王某等67人诈骗、偷越国（边）境、帮助信息网络
　　犯罪活动、掩饰、隐瞒犯罪所得、引诱他人吸毒案 …………（644）
高某诈骗案 ……………………………………………………………（646）
杨某某诈骗、魏某掩饰、隐瞒犯罪所得案 ……………………………（648）

（四）职务侵占罪

麦某某职务侵占、挪用资金无罪案 …………………………………………（649）
九江某钢铁有限公司经理刘某职务侵占案 …………………………………（651）
郭某、王某职务侵占案
　　——利用职务便利截留私募基金财产归个人所有的构成职务
　　　侵占罪 ……………………………………………………………………（653）

（五）挪用资金罪

郭某挪用资金案
　　——根据私募基金不同形式，区分认定被挪用单位 ………………（656）

（六）敲诈勒索罪

施某通过裸贷敲诈勒索案 ……………………………………………………（659）

（七）拒不支付劳动报酬罪

袁某某拒不支付劳动报酬案 …………………………………………………（660）
付某某拒不支付劳动报酬案 …………………………………………………（661）
陈某某拒不支付劳动报酬案
　　——被执行人法定代表人拖欠73名公司职工14万余元工资后逃匿，
　　　被依法追究拒不支付劳动报酬罪，庭审期间自觉履行了法定
　　　义务 ………………………………………………………………………（663）
王某某拒不支付农民工工资案 ………………………………………………（664）
徐某某拒不支付劳动报酬案 …………………………………………………（666）

七、妨害社会管理秩序罪

（一）扰乱公共秩序

李某某妨害公务案
　　——被执行人采取暴力手段抗拒执行，并抢走执法记录仪，造成
　　　恶劣影响，被判处有期徒刑一年六个月 ……………………………（668）

陈某妨害公务案

　　——被执行人藏匿行踪拒不执行生效法律文书确定的义务，被传唤时
　　　暴力抗法，导致执行人员轻微伤，被依法追究刑事责任 ……………（669）

钟某某妨害公务案 ………………………………………………………………（670）

马某某买卖国家机关证件案 ……………………………………………………（671）

章某某、吕某某、张某某等组织考试作弊案

　　——在研究生招生考试中组织作弊，构成组织考试作弊罪
　　　"情节严重" ……………………………………………………………（672）

杜某某、马某某组织考试作弊案

　　——在公务员录用考试中组织作弊，构成组织考试作弊罪
　　　"情节严重" ……………………………………………………………（673）

段某、李某某等组织考试作弊案

　　——在法律规定的国家考试中组织三十人次以上作弊或者违法所得
　　　30万元以上，构成组织考试作弊罪"情节严重" ……………………（674）

李某某非法出售答案案

　　——非法出售法律规定的国家考试的答案，构成非法出售答案罪 …（675）

侯某某、虎某代替考试案

　　——代替他人和让他人代替自己参加研究生招生考试，均构成代替
　　　考试罪 ……………………………………………………………………（676）

王某某、翁某某等非法获取国家秘密、非法出售、提供试题、答案案

　　——非法获取属于国家秘密的试题、答案，而后向他人非法出售、
　　　提供试题、答案，应当数罪并罚 ………………………………………（677）

黄某某、陶某某等非法利用信息网络案

　　——发布有关销售管制物品的信息，情节严重的，构成非法利用信息
　　　网络罪 ……………………………………………………………………（678）

谭某某、张某等非法利用信息网络案

　　——为实施诈骗活动发布信息，情节严重的，构成非法利用信息
　　　网络罪 ……………………………………………………………………（679）

赵某帮助信息网络犯罪活动案

　　——为他人实施信息网络犯罪提供支付结算帮助，情节严重的，
　　　构成帮助信息网络犯罪活动罪 …………………………………………（680）

侯某某、刘某某等帮助信息网络犯罪活动案
　　——为他人实施信息网络犯罪提供开办银行卡帮助，情节严重的，
　　构成帮助信息网络犯罪活动罪 ………………………………………（681）
隆某某帮助信息网络犯罪活动案 …………………………………………（682）
薛某帮助信息网络犯罪活动案 ……………………………………………（683）
徐某某等四人破坏计算机信息系统案 ……………………………………（684）
李某某等聚众扰乱社会秩序案 ……………………………………………（686）
张某某编造虚假恐怖信息案 ………………………………………………（687）
潘某编造虚假恐怖信息案 …………………………………………………（688）
熊某编造虚假恐怖信息案 …………………………………………………（689）
孙某聚众斗殴案 ……………………………………………………………（689）
罗某某等7名未成年人聚众斗殴案 ………………………………………（690）
白某某等人故意伤害、聚众斗殴案 ………………………………………（692）
冯某某聚众斗殴案 …………………………………………………………（693）
黄某某、胡某某聚众斗殴案 ………………………………………………（694）
熊某某犯聚众斗殴罪案 ……………………………………………………（696）
杨某聚众斗殴案 ……………………………………………………………（698）
何某某、陆某某、卓某某聚众斗殴案 ……………………………………（699）
长汀三名未成年人聚众斗殴致人死亡案 …………………………………（700）
刘某某、肖某、王某、杨某聚众斗殴案 …………………………………（702）
卞某某等寻衅滋事案
　　——就诊时随意殴打医生、任意毁损财物，情节恶劣 ……………（703）
张某抢劫、寻衅滋事案 ……………………………………………………（704）
王某寻衅滋事、故意伤害案 ………………………………………………（705）
林某、陈某等寻衅滋事案 …………………………………………………（706）
黄某某等未成年犯罪团伙寻衅滋事案 ……………………………………（707）
王某某、赵某、丁某某、丁某甲寻衅滋事案 ……………………………（709）
王某寻衅滋事案
　　——多次到医院滋事并殴打、辱骂、恐吓医务人员，情节恶劣 …（710）
赵某某、艾某、牛某某寻衅滋事案 ………………………………………（711）
吴某某、郭某某、陈某、王某某、王某寻衅滋事案 ……………………（712）

范某某、袁某、郭某某寻衅滋事案……………………………（715）
王某寻衅滋事案……………………………………………………（716）
刘某寻衅滋事案……………………………………………………（718）
张某寻衅滋事案……………………………………………………（719）
毕某某等四人寻衅滋事案…………………………………………（720）
刘某寻衅滋事案……………………………………………………（722）
任某犯寻衅滋事罪一案……………………………………………（723）
官某某寻衅滋事案…………………………………………………（724）
黄某寻衅滋事案（江苏）…………………………………………（726）
曹某等寻衅滋事、非法变卖查封财产案（山东）………………（727）
张某等寻衅滋事、敲诈勒索、非法拘禁案
　　——依法严惩恶势力犯罪集团针对未成年人"套路贷"……（728）
朱某等寻衅滋事案
　　——依法惩治校园欺凌……………………………………（730）
李某某寻衅滋事案…………………………………………………（731）
曹某某寻衅滋事案…………………………………………………（732）
张某某开设赌场案…………………………………………………（733）
陈某某等聚众扰乱社会秩序案
　　——聚众扰乱医院秩序，情节严重，造成严重损失………（734）
赵某某等聚众扰乱社会秩序案
　　——聚众扰乱医院秩序，情节严重…………………………（735）
陆某某等12名未成年人参加黑社会性质组织案…………………（737）
宋某诬告陷害案（河南）…………………………………………（738）
人民陪审员参加七人合议庭审理林某某等人黑社会性质组织
　　犯罪案…………………………………………………………（739）
人民陪审员参加审理卢某某等人校园欺凌案……………………（741）
肖某侵害英雄烈士名誉、荣誉案
　　——在人数众多的微信群诋毁、侮辱英雄，构成侵害英雄烈士名誉、
　　荣誉罪…………………………………………………………（743）

（二）妨害司法罪

金某伪证案…………………………………………………………（744）

李某某与被执行人丁某某虚假诉讼案 …………………………………（745）
故意捏造债权债务关系和以物抵债协议，向人民法院提起民事诉讼，
　　致使人民法院开庭审理，干扰正常司法活动的，构成虚假
　　诉讼罪 ………………………………………………………………（746）
捏造事实骗取民事调解书，据此申请参与执行财产分配的，构成虚假
　　诉讼罪 ………………………………………………………………（748）
依法严厉打击"套路贷"虚假诉讼违法犯罪 ………………………（750）
法院工作人员利用职权与他人共同实施虚假诉讼犯罪的，从重
　　处罚 …………………………………………………………………（752）
律师多次为当事人出谋划策，共同伪造证据进行虚假诉讼并在民事
　　诉讼中担任代理人的，构成虚假诉讼共同犯罪 ………………（753）
周某某等虚假诉讼案
　　——通过虚假诉讼转移财产逃避履行债务 …………………（755）
刘某某、杨某某虚假诉讼案
　　——通过虚假诉讼阻碍执行被查封财产 ……………………（756）
胡某某、陶某某虚假诉讼案
　　——以捏造的事实提出执行异议和执行异议之诉 …………（758）
周某某虚假诉讼案
　　——虚构职工工资提起虚假诉讼逃避履行债务 ……………（759）
郑某等虚假诉讼案
　　——利用虚假诉讼申报虚假破产债权 ………………………（761）
周某某拒不执行判决、裁定案 ……………………………………（762）
李某某拒不执行判决、裁定案 ……………………………………（763）
陈某某、洪某某拒不执行判决、裁定案 …………………………（764）
黄某某拒不执行判决、裁定案
　　——被执行人拒不履行生效调解书，将银行存款转移至案外人名下，
　　　　致使案件无法执行，被依法追究拒不执行判决、裁定刑事
　　　　责任 ……………………………………………………………（765）
曾某某涉嫌拒不执行判决、裁定案
　　——被执行人在判决生效后转移财产，拒不履行赔偿义务，被以涉嫌
　　　　拒不执行判决、裁定罪移送立案侦查 ……………………（767）

31

王某某涉嫌拒不执行判决、裁定案
　　——被执行人隐匿法院查封的财产，被两次司法拘留后仍抗拒执行，
　　　被以涉嫌构成拒不执行判决、裁定罪移送追责……………………（768）
孙某某拒不执行判决、裁定案
　　——被执行人拒不履行判决确定的返还房屋义务，擅自将标的物拆毁，
　　　导致判决无法执行，被判处有期徒刑一年……………………………（770）
王某某拒不执行判决、裁定案
　　——被执行人与申请人协商后，将房产解封出售，但将所得款项挪作
　　　他用，导致判决无法执行，被判处有期徒刑一年………………………（771）
郭某某拒不执行判决、裁定案
　　——被执行人有200余万元的收入，却拒不履行21万元的法定义务，
　　　进入刑事追责程序后全部履行到位，被判处有期徒刑九个月 …（772）
李某拒不执行判决、裁定案
　　——被执行人转移名下存款并购置豪华汽车，不履行判决义务，
　　　被公安机关抓获后全部履行到位，被判处拘役六个月…………（773）
郝某某拒不执行判决、裁定案
　　——被执行人处置名下财产后予以转移、隐匿，逃避执行近十年，
　　　被立案侦查后全部履行到位，最终被判处有期徒刑二年，缓刑
　　　二年……………………………………………………………………………（774）
刘某拒不执行判决、裁定案
　　——被执行人转移财产至其亲友名下逃避执行，被移送侦查后将全部
　　　款项履行到位，被判处有期徒刑十个月，缓刑一年……………（776）
徐某某拒不执行判决、裁定案
　　——被执行人以办年审手续为由，将扣押车辆借出后拒不交还，致使
　　　案件无法执行，被抓获后履行了全部义务，被判处有期徒刑
　　　十个月，缓刑一年………………………………………………………（777）
王某某拒不执行判决、裁定案……………………………………………………（778）
杨某甲拒不执行判决、裁定案……………………………………………………（779）
朱某某拒不执行判决、裁定案……………………………………………………（781）
庞某某拒不执行判决、裁定案……………………………………………………（782）

郭某某拒不执行判决、裁定案
　　——被执行人拖欠数名农民工工资,两次拘留后仍拒不履行,被判处
　　　有期徒刑二年六个月 ………………………………………………（ 783 ）
罗某某拒不执行判决、裁定案
　　——被执行人已有占地150平方米三层楼房又新建占地200平方米
　　　四层楼房,却不履行15万余元的法定义务,被判处拘役
　　　五个月 ……………………………………………………………（ 784 ）
郭某某拒不执行判决、裁定自诉案 ……………………………………（ 785 ）
李某某拒不执行判决、裁定自诉案 ……………………………………（ 786 ）
刘某某拒不执行判决、裁定自诉案 ……………………………………（ 788 ）
杨某某、袁某某拒不执行判决、裁定自诉案 …………………………（ 789 ）
廖某某拒不执行判决、裁定自诉案 ……………………………………（ 791 ）
柯某某拒不执行判决、裁定自诉案 ……………………………………（ 792 ）
韩某某拒不执行判决、裁定案 …………………………………………（ 793 ）
蒋某某拒不执行判决、裁定公诉案
　　——被执行人躲避执行,转移财产,依法被判处有期徒刑六个月,
　　　缓刑一年 …………………………………………………………（ 794 ）
张某某拒不执行判决、裁定公诉案
　　——被执行人拒不迁出房屋,谩骂、殴打执行人员,鉴于有从轻情节,
　　　依法被判处拘役五个月零十日 …………………………………（ 795 ）
韩某某拒不执行判决、裁定公诉案
　　——被执行人阻碍人民法院对被执行财产进行处置,导致执行工作
　　　无法进行,被判处有期徒刑一年,缓刑一年 …………………（ 796 ）
王某某拒不执行判决、裁定公诉案
　　——被执行人有钱款可供执行,经两次司法拘留,仍拒不执行判决
　　　义务,被判处有期徒刑一年六个月,缓刑二年 ………………（ 797 ）
北京某建筑工程有限公司、郑某某拒不执行判决、裁定自诉案
　　——被执行人被纳入失信被执行人名单、法定代表人被限制高消费后,
　　　仍拒不履行给付义务,申请执行人依法提起自诉,后因双方达成
　　　执行和解而撤诉 …………………………………………………（ 798 ）

姜某某拒不执行判决、裁定案
　　——被执行人擅自处理法院查封财产，申请执行人提起刑事自诉，
　　　双方当庭达成和解协议并实际履行……………………………………（799）
杨某某拒不执行判决、裁定案
　　——被执行人拖欠农民工劳动报酬，有履行能力却拒不执行法院
　　　生效判决，依法应予以刑事处罚……………………………………（801）
陈某某拒不执行判决、裁定案
　　——被执行人有履行能力而拒不履行法院判决，执行法院以涉嫌拒执
　　　犯罪向公安机关移送后，被执行人即与申请执行人达成执行和解
　　　协议并当即履行完毕……………………………………………………（802）
曹某某拒不执行判决、裁定案………………………………………………（803）
施某某拒不执行判决、裁定案………………………………………………（804）
李某某拒不执行判决、裁定案………………………………………………（806）
林某某拒不执行判决、裁定案………………………………………………（807）
周某某拒不执行判决案………………………………………………………（808）
徐某某拒不执行判决、裁定案………………………………………………（809）
藏某某拒不执行判决、裁定案………………………………………………（810）
陈某、徐某某拒不执行判决、裁定案………………………………………（812）
重庆甲塑胶有限公司、刘某某拒不执行判决、裁定案……………………（813）
殷某某拒不执行判决、裁定罪自诉案………………………………………（814）
丁某某等人虚构债务被判拒执罪案…………………………………………（815）
韩某某等拒不执行判决、裁定案……………………………………………（816）
许某某非法处置查封、扣押、冻结财产案
　　——被执行人有履行能力，却转移财产逃避执行，被以涉嫌构成非法
　　　处置查封、扣押、冻结财产罪移送追究刑事责任…………………（817）
黄某非法处置查封财产案
　　——被执行人擅自转卖已查封的财产，导致判决无法执行，进入刑事
　　　追责程序后仍拒不履行，被判处有期徒刑一年六个月………………（818）
冯某某非法处置查封财产案
　　——被执行人法定代表人擅自将法院查封的财产变卖，且拒不交出变
　　　卖款，被判处有期徒刑十个月…………………………………………（820）

张某某非法处置查封的财产案
　　——被执行人擅自将诉讼保全查封的财产抵债给他人,妨害人民法院
　　生效判决的执行,被判处有期徒刑六个月 ……………………………（821）
肖某某非法处置查封的财产案 …………………………………………（822）
杨某某、蔡某掩饰、隐瞒犯罪所得案
　　——非法收购、销售医保骗保药品 ……………………………………（823）

（三）妨害国（边）境管理罪

潘某某组织他人偷越国（边）境案 ………………………………………（824）
林某某、蒋某某偷越国（边）境案 ………………………………………（826）

（四）妨害文物管理罪

鲁某、罗某某故意损毁文物案 …………………………………………（827）
张某某、王某某过失损毁文物案 …………………………………………（828）
霍某某等11人倒卖文物案 ………………………………………………（829）
姚某某等12人抢劫、盗掘古文化遗址、古墓葬、倒卖文物案 …………（831）
廖某某等三人盗掘古墓葬案 ………………………………………………（833）
王某等三人盗掘古墓葬刑事附带民事公益诉讼案 ……………………（834）
孙某某等15人盗掘古墓葬刑事附带民事公益诉讼案 …………………（835）
色某等五人盗掘古文化遗址、色某等三人盗窃文物案 …………………（837）
哇某某等六人盗掘古墓葬案 ………………………………………………（838）
焦某某等14人盗窃（文物）、掩饰、隐瞒犯罪所得案 …………………（839）
户某军、李某强等6人盗掘古文化遗址、古墓葬案 ……………………（841）
张某建等11人盗掘古墓葬案 ……………………………………………（842）
陈某强、董某师等盗掘古墓葬案 …………………………………………（843）

（五）危害公共卫生罪

于某非法行医案
　　——利用封建迷信开具含有毒物成分的药方致人死亡 ………………（844）
宋某某非法行医案
　　——无证从事医疗美容行为致人轻度残疾 ……………………………（845）

吴某某非法行医案
　　——非法实施应用人类辅助生殖技术行为致人轻伤 ……………（846）
许某某非法行医案
　　——长期无证从事口腔诊疗行为 ………………………………（847）
吴某某非法行医案
　　——明知他人没有行医资质仍将医院诊室对外承包致人死亡 ………（848）
宋某某非法进行节育手术案
　　——无证非法进行节育手术致人死亡 …………………………（850）

（六）破坏环境资源保护罪

某矿业集团股份有限公司某金铜矿重大环境污染事故案 ……………（851）
云南某工贸有限责任公司重大环境污染事故案 ………………………（852）
重庆甲化工有限公司等污染环境案 ……………………………………（853）
王某某污染环境案 ………………………………………………………（854）
樊某某、王某某、蔡某污染环境案 ……………………………………（855）
刘某某污染环境案
　　——排放含重金属的污染物严重超标，构成污染环境罪 …………（857）
田某某、厉某某污染环境案
　　——非法炼铅污染环境，判处有期徒刑四年半 …………………（857）
浙江甲染化有限公司等污染环境案
　　——18000 余吨精馏残液倾倒海塘，判处罚金 2000 万元 …………（858）
王某某等污染环境案
　　——居民区附近非法填埋生活垃圾，判处有期徒刑五年 …………（860）
湖州市某处置中心有限公司污染环境案
　　——危险废物处置企业非法处置危险废物，后果特别严重 ………（861）
某（河北）焦化有限公司污染环境案
　　——挥发酚超标直排大气，判处罚金 245 万元 ……………………（862）
白某某、吴某某污染环境案
　　——非法处置含矿物油的包装桶，构成污染环境罪 ………………（863）
浙江甲生化股份有限公司等污染环境案
　　——非法倾倒草甘膦母液 35000 余吨，判处罚金 7500 万元 ………（864）

宁夏回族自治区中卫市沙坡头区人民检察院诉宁夏某染化有限公司、
　　廉某某污染环境案 …………………………………………………（865）
十堰市某工贸有限公司、古某某污染环境案 ………………………（867）
某（南京）染料有限公司、王某某等污染环境案 …………………（869）
易某某等非法生产制毒物品、污染环境案 …………………………（871）
重庆某环保科技有限公司、程某等污染环境案 ……………………（872）
邓文某等污染环境案 …………………………………………………（873）
某精密螺丝（浙江）有限公司及被告人黄某等 12 人污染环境案 ……（875）
上海某金属制品有限公司及被告人应某达等 5 人污染环境案 ………（877）
上海某复合材料有限公司及被告人贡某国等 3 人污染环境案 ………（878）
贵州某化工有限责任公司及被告人张某文、赵某污染环境案 ………（879）
刘某义、黄某添、韦某榜等 17 人污染环境系列案 …………………（881）
被告人董某桥等 19 人污染环境案 …………………………………（883）
被告单位安徽某新能源材料股份有限公司、被告人吕某国等 7 人污染
　　环境案 ………………………………………………………………（884）
被告人姚某友等 14 人污染环境案 …………………………………（886）
被告人王某凡等 4 人污染环境案 ……………………………………（887）
湖北某科技有限公司、王某文等 4 人污染环境案 …………………（889）
成都某环卫工程有限公司、成都某亚克力塑胶有限公司、吕某体等
　　16 人污染环境案 ……………………………………………………（890）
被告人廖某云等 3 人污染环境案 ……………………………………（891）
浙江某化工有限公司、吴某某等 8 人污染环境案 …………………（893）
田某某、阮某某、吴某某污染环境案 ………………………………（894）
德清某保温材料有限公司、祁某某污染环境案 ……………………（895）
买某强等 6 人污染环境案 ……………………………………………（896）
重庆某医用输液瓶回收有限公司、关某岗、陈某林、李某芳等非法
　　处置医疗废物污染环境案 …………………………………………（897）
司徒某戌、司徒某协、陈某峰、李某贤等非法倾倒毒性工业固体危险
　　废物污染环境案 ……………………………………………………（899）
山西某生化药业有限公司、田某坡等人非法处置过期药品污染
　　环境案 ………………………………………………………………（900）

句容市后白镇某村民委员会、袁某政等非法掩埋废酸、废油脂等污染
　　环境案 ……………………………………………………………（901）
张某伟、张某盟、姜某、康某辉等非法倾倒废料污染环境案 …………（903）
陈某勤等焚烧电子垃圾污染环境案 ……………………………………（904）
朱某违规收纳、倾倒生活垃圾污染环境案 ……………………………（905）
郑某元等污染环境刑事附带民事公益诉讼案 …………………………（906）
杨某等3人污染环境案 …………………………………………………（908）
江苏省连云港市连云区人民检察院诉尹某某等人非法捕捞水产品刑事
　　附带民事诉讼案 …………………………………………………（909）
汤某等十二人非法捕捞水产品案 ………………………………………（911）
罗某某、邱某某、周某某非法捕捞水产品案 …………………………（912）
毛某彩等13人非法捕捞水产品案 ………………………………………（913）
文某非法捕捞水产品案 …………………………………………………（914）
唐某良等三人非法捕捞青海湖裸鲤刑事附带民事公益诉讼案 ………（915）
邱某非法捕捞水产品案 …………………………………………………（916）
王某某等非法捕捞刑事附带民事公益诉讼案 …………………………（918）
廖某某等非法捕捞刑事附带民事公益诉讼案 …………………………（919）
湖南省岳阳楼区人民检察院诉何某某等非法杀害珍贵、濒危野生
　　动物罪、非法狩猎罪刑事附带民事诉讼案 ……………………（921）
尼某非法收购、运输、出售珍贵、濒危野生动物制品案 ……………（924）
被告人卓某走私珍贵动物案 ……………………………………………（925）
黄某某非法制造枪支、非法猎捕、杀害珍贵、濒危野生动物、非法
　　持有枪支案
　　　——自制枪支猎杀果子狸、小灵猫等野生动物 ………………（926）
陈某某非法收购珍贵、濒危野生动物案
　　　——介绍他人非法收购穿山甲 …………………………………（927）
全某某等6人非法收购、运输、出售珍贵、濒危野生动物案 ………（928）
熊某辉等3人非法猎捕珍贵野生动物案 ………………………………（929）
马某文非法收购、运输、出售珍贵、濒危野生动物制品案 …………（930）
翟某涛等11人非法收购、运输、出售珍贵野生动物案 ………………（931）
孙某炎危害珍贵、濒危野生动物案 ……………………………………（932）

沈某发危害珍贵、濒危野生动物案……………………………………（934）
马某么非法捕杀国家重点保护的珍贵、濒危野生动物案……………（935）
吾某、夏某白危害高原珍贵、濒危野生动物案…………………………（936）
姜某危害珍贵、濒危野生动物刑事附带民事公益诉讼案……………（937）
李某华等11人危害珍贵、濒危野生动物刑事附带民事公益诉讼案…（939）
罗某福等5人危害珍贵濒危野生动物、非法狩猎、掩饰隐瞒犯罪
　　所得案………………………………………………………………（941）
韩某辉等22人非法狩猎案………………………………………………（942）
顾某、陈某官非法狩猎案…………………………………………………（943）
张某强非法制造枪支、非法狩猎案………………………………………（945）
福州市某石材有限公司、黄某某非法占用农用地案……………………（946）
北京某农业有限公司、胡某、马某非法占用农用地案…………………（947）
梁某东等人非法占用农用地案……………………………………………（949）
程某科非法占用农用地案…………………………………………………（950）
江阴市嘉某机械安装有限公司、章某非法占用农用地案………………（952）
季某辉、李某非法占用农用地案…………………………………………（953）
梁某某、梁某甲非法采矿案………………………………………………（954）
彭某某、彭某甲、吴某某非法采矿案……………………………………（955）
被告人赵某春等6人非法采矿案…………………………………………（956）
张某山等人非法采砂案……………………………………………………（957）
山西某能源投资集团有限公司、陈某志等人非法采煤案………………（959）
张某胜等人非法采石案……………………………………………………（960）
谢某俊等人非法开采砂金案………………………………………………（961）
缪某林、郭某晶非法开采稀土案…………………………………………（962）
宋某友非法采砂案…………………………………………………………（964）
王某等人非法开采泥炭土案………………………………………………（965）
王某章、康某川等人非法采砂案…………………………………………（966）
奇台县某服务部、林某斌非法开采金矿案………………………………（967）
严某洋、严某虎非法开采鹅卵石案………………………………………（969）
人民陪审员参加七人合议庭审理"3·07"长江特大非法采砂案……（970）

康定某水泥有限责任公司、四川省甘孜藏族自治州康定市某村民
　委员会及孟某安等八人非法采矿案……………………………（971）
郑某成、高某进、叶某东非法采矿案………………………………（973）
何某等非法采矿刑事附带民事公益诉讼案…………………………（974）
张某某非法采伐国家重点保护植物案………………………………（976）
伍某某等15人盗伐林木、滥伐林木、故意毁坏财物、妨害作证、强迫
　交易案…………………………………………………………（977）
刘某龙、张某君等15人盗伐林木案…………………………………（978）
田某阳、沈某贤危害国家重点保护植物案…………………………（979）
吝某富、颜某高妨害动植物防疫、检疫案…………………………（980）
阿某等盗伐林木刑事附带民事公益诉讼案…………………………（981）
陈某华滥伐林木案……………………………………………………（982）
杨某平等六人非法开采若尔盖湿地泥炭案…………………………（984）
王某民等6人滥伐林木、危害国家重点保护植物刑事附带民事公益
　诉讼案…………………………………………………………（985）
许某等非法占用红树林林地刑事附带民事公益诉讼案……………（986）
马某华刑事附带民事公益诉讼案……………………………………（988）

（七）走私、贩卖、运输、制造毒品罪

夏某军、何某全等制造毒品、非法持有枪支案……………………（990）
王某元、朱某峰等走私、运输毒品案………………………………（992）
刘某等贩卖、制造毒品案……………………………………………（994）
李某忠等贩卖毒品、非法持有枪支案………………………………（996）
张某、田某某、赵某、王某某贩卖毒品案（未成年人犯罪）………（997）
杨某、宋某林等贩卖毒品案…………………………………………（999）
姚某生等贩卖、制造毒品案…………………………………………（1000）
王某庆等贩卖、运输、制造毒品案…………………………………（1001）
练某雄等贩卖毒品案…………………………………………………（1002）
黎某华等贩卖毒品案…………………………………………………（1003）

刘某成等贩卖、运输毒品案
　　——多次组织艾滋病人运输毒品、多次利用未成年人贩卖毒品，罪行
　　　极其严重 ···（1005）
忽某武贩卖毒品案
　　——曾因贩卖毒品被判处重刑，刑罚执行完毕后又贩卖毒品，罪行
　　　极其严重 ···（1006）
王某情等非法买卖制毒物品案
　　——利用麻黄碱类复方制剂提炼制毒物品后进行贩卖，以非法买卖
　　　制毒物品罪定罪处罚 ··（1007）
席某龙等贩卖、制造毒品案
　　——利用麻黄碱类复方制剂提炼制毒物品后制造毒品，以制造毒品罪
　　　定罪处罚 ···（1008）
陈某东等贩卖、制造毒品案
　　——明知他人利用麻黄碱类复方制剂制造毒品，为其提供帮助，
　　　以制造毒品罪的共犯论处 ··（1009）
孙某等运输毒品案
　　——纠集他人运输毒品数量巨大，罪行极其严重 ······························（1011）
黄某中、王某等贩卖、运输毒品、非法持有枪支案
　　——黄某中系累犯，王某在涉嫌贩卖毒品被采取强制措施期间继续
　　　贩卖毒品，均罪行极其严重 ··（1012）
俞某、孙某贩卖、运输毒品案
　　——二人共同出资去外地贩运毒品，均系毒品再犯，孙某还系累犯，
　　　均依法严惩 ···（1013）
熊某平等贩卖、运输毒品案
　　——指使他人跨省贩卖、运输毒品数量巨大，罪行极其严重 ··········（1014）
肖某中等贩卖、运输、制造毒品案
　　——制造、运输毒品数量巨大，并贩卖毒品，罪行极其严重 ··········（1015）
杨某树等运输毒品案
　　——运输毒品数量大，且系累犯和毒品再犯，罪行极其严重 ··········（1017）
高某、潘某虎贩卖毒品案
　　——购得毒品后加价贩卖给吸毒人员，依法惩处 ·····························（1018）

41

郭某荣、郭某辉贩卖、运输毒品案 ………………………………………（1019）

陈某亮贩卖、运输毒品、于某库贩卖毒品案
　　——跨省贩卖、运输毒品，数量大，且均具有从重处罚情节，罪行
　　　极其严重 ……………………………………………………………（1020）

邓某贩卖、制造毒品、非法持有枪支、弹药、容留他人吸毒、黄某、
　黄某荣制造毒品、刘某贩卖毒品案
　　——制造、贩卖氯胺酮，数量大，罪行极其严重 ……………………（1021）

苏某洁贩卖毒品案
　　——多次零包贩卖毒品，且系累犯和毒品再犯，依法严惩 …………（1023）

唐某平走私、贩卖、运输毒品案
　　——跨国毒品犯罪，数量特别巨大，且系累犯，罪行极其严重 ……（1024）

洪某沿制造毒品案
　　——制造毒品数量巨大，并非法持有枪支、弹药，罪行极其严重 …（1025）

舒某坤贩卖毒品案
　　——假释考验期内大量贩卖毒品，且系毒品再犯，罪行极其严重 …（1027）

孙某贩卖毒品案
　　——通过网络贩卖毒品，并利用未成年人犯罪，依法严惩 …………（1028）

莫某友贩卖毒品案
　　——武装掩护毒品犯罪，依法严惩 ……………………………………（1030）

林某武贩卖毒品案
　　——多次零包贩卖毒品，且系累犯和毒品再犯，依法严惩 …………（1031）

李某愉贩卖、运输毒品案
　　——贩卖、运输毒品数量巨大，且系累犯和毒品再犯，罪行极其
　　　严重 ……………………………………………………………………（1033）

蔡某雄贩卖、制造毒品案
　　——伙同他人制造、贩卖毒品，数量特别巨大，罪行极其严重 ……（1034）

杨某水运输毒品案
　　——假释考验期内组织怀孕妇女运输毒品，数量特别巨大，且系毒品
　　　再犯，罪行极其严重 …………………………………………………（1036）

臧某贩卖毒品案
　　——通过互联网贩卖毒品数量大，且系毒品再犯，依法严惩 ………（1037）

於某军贩卖毒品案
　　——多次零包贩卖毒品，依法严惩 ···（1039）
杨某贩卖毒品案
　　——利用未成年人贩卖毒品，依法从重处罚 ·································（1040）
叶某甲通过网络向未成年人贩卖毒品案 ··（1041）
何某泽制造毒品案
　　——制造毒品数量巨大，罪行极其严重 ·······································（1042）
刘某贩卖、运输毒品案
　　——利用信息网络、通过快递方式贩卖、运输毒品数量大，且系
　　　　毒品再犯，罪行极其严重 ··（1043）
孙某芳走私、贩卖毒品案
　　——走私、贩卖国家管制的新精神活性物质，依法惩处 ·················（1045）
石某美贩卖毒品案
　　——贩卖毒品"神仙水"数量大，依法惩处 ·································（1046）
袁某国贩卖、运输毒品案
　　——为准确查明事实，通知侦查人员、鉴定人等出庭作证 ·············（1047）
吴某、吴某柱贩卖、运输、制造毒品案
　　——纠集多人制造、运输、贩卖毒品数量特别巨大，罪行极其
　　　　严重 ··（1048）
周某林运输毒品案
　　——伙同他人运输毒品数量特别巨大，且系累犯，罪行极其严重 ···（1050）
刘某等贩卖、制造毒品案
　　——制造、贩卖芬太尼等多种新型毒品，依法严惩 ······················（1051）
祝某走私、运输毒品案
　　——通过手机网络接受他人雇用，走私、运输毒品数量大 ············（1053）
卞某晨等贩卖毒品、非法利用信息网络案
　　——非法种植、贩卖大麻，非法利用网络论坛发布种植大麻等
　　　　信息 ··（1054）
刘某铄贩卖毒品案
　　——国家工作人员实施毒品犯罪，依法严惩 ·································（1056）

43

李某峰走私、贩卖、运输毒品、组织越狱案
　　——缓刑考验期内实施毒品犯罪，数量特别巨大，羁押期间组织越狱，
　　　罪行极其严重 ·· (1057)

唐某东制造毒品案
　　——纠集多人大量制造毒品，罪行极其严重，且系累犯 ················ (1058)

张某东等贩卖毒品案
　　——诊所医务人员向吸毒人员出售精神药品 ································ (1060)

谢某等贩卖毒品案
　　——利用网络联系订单，以比特币形式收取毒资，通过物流寄递
　　　毒品 ·· (1061)

陈某豪贩卖毒品案
　　——利用微信在酒吧等处多次出售新型毒品 ································ (1062)

王某贩卖、制造毒品案
　　——将新型毒品伪装成饮料销往多地娱乐场所 ······························ (1063)

陈某龙等贩卖毒品、以危险方法危害公共安全案
　　——为抗拒缉毒警察抓捕，驾车肆意冲撞，危害公共安全 ·············· (1065)

梁某景、黎某都制造毒品案
　　——纠集多人制造毒品，数量特别巨大，罪行极其严重 ··············· (1067)

冯某国运输毒品案
　　——暴力抗拒检查，持刀捅刺致执法人员重伤，且系累犯，罪行极其
　　　严重 ·· (1068)

邱某喜贩卖、运输毒品案
　　——通过非法手段获取他人犯罪线索并检举，不构成立功，且系毒品
　　　再犯，罪行极其严重 ·· (1070)

郑某涛等制造毒品、非法生产、买卖制毒物品案
　　——明知他人制造甲卡西酮而向其提供制毒原料；非法生产、买卖
　　　制毒物品，情节特别严重 ································ (1072)

万某能等贩卖毒品、洗钱案
　　——贩卖含有合成大麻素成分的电子烟油并"自洗钱"，依法数罪
　　　并罚 ·· (1074)

梁某立走私、贩卖毒品案
　　——多次走私大麻入境,并向多名吸毒人员贩卖,情节严重 ………（1076）
周某伟贩卖、运输毒品案
　　——利用"互联网+物流寄递"手段多次向吸毒人员贩卖麻精药品,
　　　情节严重 ………………………………………………………（1077）
何某安贩卖毒品案
　　——向吸毒人员贩卖氟胺酮,且系累犯,依法严惩 ……………（1079）
张某川走私、运输毒品案
　　——犯罪集团首要分子组织、指挥数十人走私、运输毒品,罪行极其
　　　严重 ………………………………………………………………（1080）
严某柱贩卖、制造毒品、董某震贩卖、运输毒品案
　　——组织多人制造新型毒品甲卡西酮,向社会大肆贩卖,罪行极其
　　　严重 ………………………………………………………………（1082）
阮某华贩卖、运输毒品案
　　——利用、教唆未成年人贩卖毒品,且系累犯,罪行极其严重 ……（1084）
蔡某雄、林某波贩卖、运输毒品案
　　——积极响应敦促投案自首通告,主动自境外回国自首,依法从轻
　　　处罚 ………………………………………………………………（1085）
韩某华走私、贩卖、运输毒品、强奸、传授犯罪方法、张某淼走私
　毒品、强奸案
　　——采用非接触式手段走私、贩运精神药品,情节严重;利用精神
　　　药品迷奸他人,依法数罪并罚 …………………………………（1087）
马某根等贩卖毒品案
　　——伪造资质骗购大量麻醉药品出售给贩毒人员,依法惩处 ………（1089）
夏某欢贩卖毒品案
　　——医务人员多次向吸贩毒人员贩卖精神药品牟利,情节严重 ……（1091）
纪某林贩卖毒品案
　　——违规购买精神药品出售给吸毒人员,依法严惩 ………………（1092）
鲁某平非法生产制毒物品案
　　——非法生产邻氯苯基环戊酮,情节特别严重,依法惩处 …………（1094）

曾某华等非法生产制毒物品案
　　——非法生产麻黄碱，情节特别严重，依法惩处 ………………（1095）
徐某福妙非法种植毒品原植物案
　　——非法种植罂粟数量较大，依法惩处 ……………………（1097）
吕某春等非法生产、买卖制毒物品案
　　——非法买卖溴代苯丙酮、生产麻黄素，情节特别严重 ……（1098）
马某云等非法生产、买卖、运输制毒物品案
　　——非法生产、买卖、运输制毒物品，情节特别严重 ………（1099）
吴某剡等非法生产制毒物品案
　　——组织多人非法生产制毒物品麻黄碱，情节特别严重 ……（1101）
邹某生引诱他人吸毒、盗窃案
　　——引诱他人吸毒并唆使他人共同盗窃，依法惩处 …………（1103）
张某国教唆他人吸毒案
　　——吸毒人员教唆他人吸毒，依法惩处 ………………………（1104）
高某容留他人吸毒案
　　——娱乐场所管理者容留多人吸食毒品，依法严惩 …………（1105）
利某青等容留他人吸毒案
　　——租赁娱乐场所容留多人吸毒，依法惩处 …………………（1106）
陈某胜容留他人吸毒案
　　——容留多名未成年人吸毒，依法严惩 ………………………（1108）
古某引诱、教唆他人吸毒、容留他人吸毒案
　　——引诱、教唆、容留未成年人吸毒，且系累犯，依法严惩 …（1109）

（八）组织、强迫、引诱、容留、介绍卖淫罪

王某佳强迫卖淫案 …………………………………………………（1111）
史某阳强迫卖淫罪 …………………………………………………（1112）
刘某强迫卖淫及收买被拐卖妇女案 ………………………………（1113）
刘某芳等介绍卖淫案 ………………………………………………（1114）

（九）制作、贩卖、传播淫秽物品罪

林某良、林某长、傅某孝制作、贩卖、传播淫秽物品牟利案 ……（1116）

唐某明制作、贩卖淫秽物品牟利案……………………………………（1117）
罗某、杨某、丁某、袁某传播淫秽物品牟利案……………………（1118）
陈某明复制淫秽物品牟利案…………………………………………（1119）
杨某传播淫秽物品牟利案……………………………………………（1120）
骆某衍、骆某顶传播淫秽物品牟利案………………………………（1121）
魏某巍、戚某厚传播淫秽物品牟利案………………………………（1121）
索某木、王某美、罗某东、郭某宁传播淫秽物品牟利案…………（1122）
陈某鹏、张某、张某1、陆某祥、安某成传播淫秽物品牟利案 ……（1124）
盛某松、程某、解某栓、解某、万某、杨东升、刘某传播淫秽物品
　　牟利案……………………………………………………………（1125）
苏某、邱某峰、沈某伟制作、贩卖淫秽物品牟利、猥亵儿童案……（1127）
王某林等传播淫秽物品案……………………………………………（1128）
郑某、戴某焱、刘某松、张某、何某组织淫秽表演案………………（1130）

八、危害国防利益罪

周某破坏军事设施案…………………………………………………（1132）
张某某破坏军事通信案………………………………………………（1132）
王某某过失损坏军事通信案…………………………………………（1133）

九、贪污贿赂罪

王某贪污案
　　——医疗保险局工作人员利用职务便利，采取虚报冒领等手段，套现
　　　国家医保资金………………………………………………………（1134）
蔡某辉受贿案……………………………………………………………（1135）
杨某昌行贿案
　　——依法严惩谋求黑恶势力"保护伞"行贿犯罪……………………（1136）
谭某云、吴某莲行贿案
　　——依法严惩巨额行贿犯罪…………………………………………（1137）
李某行贿、诈骗案
　　——依法严惩社会保障领域行贿犯罪………………………………（1138）

47

胡某亭行贿案
——依法严惩医药领域行贿犯罪 ……………………………………（1140）
宋某毅行贿、受贿案
——依法严惩组织人事领域行贿犯罪 ……………………………（1141）
杨某文行贿、偷越国（边）境案
——依法严惩向司法工作人员行贿犯罪坚决纠正行贿所获不正当
利益 …………………………………………………………………（1142）
高某梅行贿案
——加大对行贿犯罪所得的追缴力度 ……………………………（1143）
张某虹行贿、对非国家工作人员行贿案
——二审阶段依法追缴行贿犯罪所得 ……………………………（1145）

十、渎职罪

王某团、杨某、王某明玩忽职守案 ………………………………………（1146）
周某平玩忽职守案 …………………………………………………………（1147）

一、总 则

赵某减刑撤销案
——备案审查中发现之前减刑裁定确有错误,依法撤销减刑

《最高人民法院发布5起严格规范减刑、假释、暂予
监外执行典型案例》第1号
2015年7月29日

【基本案情】

罪犯赵某,男,原系重庆市万盛区安全生产监督管理局局长兼煤炭工业管理局局长、万盛区政协副主席(副厅级)。2010年9月8日重庆市高级人民法院以受贿罪、滥用职权罪,数罪并罚,判处赵某有期徒刑九年,并处没收个人财产人民币5万元,追缴其所退赃款人民币21万元。判决生效后,赵某于2010年10月13日被交付执行。刑期至2018年8月25日止。2012年5月29日重庆市第三中级人民法院作出裁定,认定赵某确有悔改表现,对其减去有期徒刑八个月。2012年6月13日执行机关以赵某服刑期间积极主动检举吴某、苏某某等人制造、贩卖毒品的违法犯罪线索,经办案单位查证属实,确有重大立功表现为由再次建议对其减刑。重庆市第三中级人民法院经审理认定赵某检举他人重大犯罪活动经查证属实,确有重大立功表现,遂于2012年7月3日作出(2012)渝三中法刑执字第2725号刑事裁定,对赵某减去有期徒刑一年零十一个月,刑期至2016年1月25日止。

2014年6月11日垫江监狱以罪犯赵某自上次减刑以来确有悔改表现为由,向重庆市第三中级人民法院提出减刑建议。重庆市第三中级人民法院受理后,依法将减刑建议书等有关材料进行公示,并公开开庭审理了本案。该院于2014年7月11日作出(2014)渝三中法刑执字第2485号刑事裁定,对赵某减去有期徒刑一年。

减刑裁定作出后,重庆市第三中级人民法院依法将该案向重庆市高级人民法院报备审查。重庆市高级人民法院经审查认为,重庆市第三中级人民法

院于 2014 年 7 月 11 日作出的（2014）渝三中法刑执字第 2485 号刑事裁定符合法律规定，但重庆市第三中级人民法院 2012 年 7 月 3 日作出的（2012）渝三中法刑执字第 2725 号刑事裁定中将罪犯赵某举报他人的行为认定为重大立功，并对其减去有期徒刑一年零十一个月确有错误。经查，赵某举报吴某、苏某某等人制毒贩毒之前，公安机关已经将吴某逮捕，故不能认定赵某有重大立功表现。

【裁判结果】

重庆市高级人民法院于 2014 年 12 月 31 日作出（2015）渝高法刑执字第 0073 号刑事裁定，撤销重庆市第三中级人民法院（2012）渝三中法刑执字第 2725 号刑事裁定。罪犯赵某刑期起止时间为：自 2009 年 8 月 26 日起至 2016 年 12 月 25 日止。

鲁某不予减刑案
——罪犯狱中窃取他犯财物受警告处分，不能认定确有
悔改表现，依法不予减刑

《最高人民法院发布 5 起严格规范减刑、假释、暂予
监外执行典型案例》第 2 号
2015 年 7 月 29 日

【基本案情】

罪犯鲁某，男，汉族，无业，原判认定其于 2007 年 2 月伙同他人携带凶器实施抢劫两起，并在抢劫过程中致使被害人崔某死亡，共抢劫现金 540 余元及价值 120 元的诺基亚手机一部。在共同犯罪中，鲁某系主犯；曾因犯盗窃罪被判处拘役三个月。2009 年 11 月 14 日郑州市中级人民法院以抢劫罪，判处鲁某死刑，缓期二年执行，剥夺政治权利终身，并处没收个人全部财产；赔偿附带民事诉讼原告人经济损失人民币 2 万元（已赔付 3000 元）。判决生效后交付执行。2012 年 11 月 23 日河南省高级人民法院裁定将鲁某的刑罚依法减为无期徒刑，剥夺政治权利终身。刑罚执行机关河南省第一监狱以鲁某自上次减刑以来确有悔改表现为由，再次提请对其减刑。河南省高级人民法

院于 2015 年 3 月 2 日立案后,依法将减刑建议书等材料向社会公示,并于 3 月 19 日公开开庭审理了本案。

河南省高级人民法院经审理查明,罪犯鲁某服刑期间获记功 2 次,又因多次窃取他犯财物,经教育仍屡教不改,于 2012 年 8 月 30 日被警告处分 1 次。

【裁判结果】

河南省高级人民法院认为,罪犯鲁某犯盗窃罪刑满释放后再次纠集他人两次实施抢劫犯罪并致一人死亡,且系主犯,主观恶性深,社会危害大,服刑期间虽积极参加劳动和教育改造,但多次盗窃他人财物,非法占有他人财物的恶习未革除,需要进一步接受教育和改造。综合其原判情况和改造表现,不能认定鲁某确有悔改表现。遂依法作出对鲁某不予减刑的裁定。

管某某不予假释案
——对犯罪情节恶劣,有执行能力而不执行财产刑的
故意伤害罪犯,依法不予假释

《最高人民法院发布 5 起严格规范减刑、假释、暂予
监外执行典型案例》第 3 号

2015 年 7 月 29 日

【基本案情】

罪犯管某某,男,无业,原判认定其与同案犯龙某等人案发前经常在贵州省黄平县境内打架斗殴、故意伤害他人,并在多地开设赌场,聚众赌博,发放高利贷等,系"恶势力"犯罪团伙成员,严重扰乱当地社会生活秩序,影响恶劣。管某某伙同龙某在非法拘禁被害人白某过程中,多次殴打被害人,致其颅脑损伤死亡,在共同犯罪中管某某系从犯。2011 年 10 月 9 日贵州省黄平县人民法院以故意伤害罪、赌博罪判处管某某有期徒刑六年,并处罚金人民币 1 万元。判决生效后交付执行。2015 年 1 月 15 日,执行机关贵州省铜仁监狱以管某某在服刑期间确有悔改表现为由,提请对其假释。贵州省铜仁市中级人民法院立案后,将管某某的基本情况通过互联网予以公示,并依法提

讯了该犯。

贵州省铜仁市中级人民法院经审理查明，罪犯管某某在考核期间共被评为改造积极分子2次，但原判并处罚金人民币1万元未履行。2013年1月1日至2014年12月31日期间，管某某两年内共计消费31590元，月消费超过1300元，明显高于一般狱内消费水平，应认定为有履行财产刑能力。

【裁判结果】

贵州省铜仁市中级人民法院认为，罪犯管某某虽在服刑期间改造表现较好，但其所犯罪行严重扰乱当地社会秩序，影响十分恶劣，且其确有财产刑履行能力而不履行。综合考量管某某的犯罪情节、性质和财产刑履行情况，其尚不符合假释条件，遂裁定对管某某不予假释。相关法律文书已通过互联网向社会公布。

王某某不予假释案
——对虽有一定悔改表现，但犯罪性质恶劣，社会危害性较大的罪犯，依法从严控制假释

《最高人民法院发布5起严格规范减刑、假释、暂予监外执行典型案例》第4号

2015年7月29日

【基本案情】

罪犯王某某，女，原判认定其以介绍工作为由骗取被害人信任，而后采取非法拘禁、暴力、胁迫等手段，强迫两被害人卖淫五次，后果严重。2009年11月25日山东省胶州市人民法院以强迫卖淫罪判处王某某有期徒刑十一年。判决生效后交付执行。济南市中级人民法院于2012年、2014年分别裁定对王某某减去有期徒刑一年零三个月和一年零五个月。2015年3月30日执行机关山东省女子监狱以王某某确有悔改表现为由，向济南市中级人民法院提出对其予以假释的建议。济南市中级人民法院立案后将假释建议书等材料通过互联网向社会公示，并组成合议庭依法审理了本案。

济南市中级人民法院经审理查明，罪犯王某某自上次减刑以来能认罪悔

罪，积极改造，受记功1次、表扬1次、嘉奖1次、2013年度被评为省级改造积极分子、2014年度被评为监狱级改造积极分子。

【裁判结果】

济南市中级人民法院认为，罪犯王某某在服刑期间虽有悔改表现，但其所犯罪行性质恶劣，其犯罪活动严重影响社会正常务工秩序，社会危害性较大，故在假释时应从严掌握。遂依法作出对王某某不予假释的裁定。相关法律文书已在中国裁判文书网公布。

黄某依法收监案
——对暂予监外执行情形消失的罪犯，依法收监执行

《最高人民法院发布5起严格规范减刑、假释、暂予监外执行典型案例》第5号

2015年7月29日

【基本案情】

罪犯黄某，男，原上海海某国际物流有限公司总经理，原审认定其利用职务便利，非法占有公共财物共计人民币113万余元。2013年3月29日上海市徐汇区人民法院以贪污罪判处黄某有期徒刑八年，并处没收个人财产人民币6万元。判决生效交付执行时，上海市监狱总医院鉴定黄某患有严重疾病，不宜收监执行刑罚。上海市徐汇区看守所建议对其暂予监外执行。徐汇区人民法院审查后对黄某作出暂予监外执行决定，执行期间自2013年4月9日起至2014年4月8日止。2014年4月，执行机关上海市闵行区司法局提出收监执行建议，检察机关闵行区人民检察院对黄某进行鉴定并出具了意见。

徐汇区人民法院经审理查明，罪犯黄某患肥厚型心肌病，经治疗，现病情较为稳定，心功能未达Ⅲ级且未见器质性心脏病导致的心律失常等临床体征变化，不符合《罪犯保外就医疾病伤残范围》的相关要求。

【裁判结果】

徐汇区人民法院认为，罪犯黄某暂予监外执行情形已消失，但刑期未满。

遂依法作出收监执行决定，及时将黄某收监执行剩余刑期。

汪某甲正当防卫案
——正当防卫起因条件的把握

《涉正当防卫典型案例》第一号
2020年9月3日

【基本案情】

被告人汪某甲与汪某某系邻居，双方曾因汪某某家建房产生矛盾，后经调解解决。2017年8月6日晚8时许，汪某某的女婿燕某某驾车与赵某、杨某某来到汪某甲家北门口，准备质问汪某甲。下车后，燕某某与赵某敲汪某甲家北门，汪某甲因不认识燕某某和赵某，遂询问二人有什么事，但燕某某等始终未表明身份，汪某甲拒绝开门。燕某某、赵某踹开纱门，闯入汪某甲家过道屋。汪某甲被突然开启的纱门打伤右脸，从过道屋西侧橱柜上拿起一铁质摩托车减震器，与燕某某、赵某厮打。汪某甲用摩托车减震器先后将燕某某和赵某头部打伤，致赵某轻伤一级、燕某某轻微伤。其间，汪某甲的妻子电话报警。

【处理结果】

河北省昌黎县人民法院判决认为：被害人燕某某、赵某等人于天黑时，未经允许，强行踹开纱门闯入被告人汪某甲家过道屋。在本人和家人的人身、财产安全受到不法侵害的情况下，汪某甲为制止不法侵害，将燕某某、赵某打伤，致一人轻伤一级、一人轻微伤的行为属于正当防卫，不负刑事责任。该判决已发生法律效力。

【典型意义】

根据《刑法》第二十条第一款的规定，正当防卫的前提是存在不法侵害，这是正当防卫的起因条件。司法适用中，要准确把握正当防卫的起因条件，既要防止对不法侵害作不当限缩，又要防止将以防卫为名行不法侵害之实的违法犯罪行为错误认定为防卫行为。

第一，准确把握不法侵害的范围。不法侵害既包括侵犯生命、健康权利的行为，也包括侵犯人身自由、公私财产等权利的行为；既包括针对本人的不法侵害，也包括危害国家、公共利益或者针对他人的不法侵害。要防止将不法侵害限缩为暴力侵害或者犯罪行为，进而排除对轻微暴力侵害或者非暴力侵害以及违法行为实行正当防卫。对于非法侵入他人住宅等不法侵害，可以实行防卫。本案中，燕某某、赵某与汪某甲并不相识，且不表明身份、天黑时强行踹开纱门闯入汪某甲家，该非法侵入住宅的行为不仅侵害了他人的居住安宁，而且已对他人的人身、财产造成严重威胁，应当认定为"不法侵害"，可以进行防卫。因此，汪某甲为制止不法侵害，随手拿起摩托车减震器，在双方厮打过程中将燕某某、赵某打伤，致一人轻伤一级、一人轻微伤的行为属于正当防卫。

第二，妥当认定因琐事引发的防卫行为。实践中，对于因琐事发生争执，引发打斗的案件，判断行为人的行为是否系防卫行为，较之一般案件更为困难，须妥当把握。特别是，不能认为因琐事发生争执、冲突，引发打斗的，就不再存在防卫的空间。双方因琐事发生冲突，冲突结束后，一方又实施不法侵害，对方还击，包括使用工具还击的，一般应当认定为防卫行为。本案中，汪某甲与汪某某系邻居，双方曾因汪某某家建房产生矛盾，但矛盾已经调解解决。此后，汪某某的女婿燕某某驾车与赵某、杨某某来到汪某甲家准备质问纠纷一事，进而实施了非法侵入住宅的行为。综合全案可以发现，汪某甲随手拿起摩托车减震器实施的还击行为，系为制止不法侵害，并无斗殴意图，故最终认定其还击行为属于正当防卫。

盛某某正当防卫案
——正当防卫时间条件、限度条件的把握

《涉正当防卫典型案例》第二号
2020年9月3日

【基本案情】

2018年7月30日,传销人员郭某(已判刑)以谈恋爱为名将盛某某骗至杭州市桐庐县。根据以"天津天狮"名义活动的传销组织安排,郭某等人接站后将盛某某诱至传销窝点。盛某某进入室内先在客厅休息,郭某、唐某某(已判刑)、成某某等传销人员多次欲将其骗入卧室,意图通过采取"洗脑"、恐吓、体罚、殴打等"抖新人"措施威逼其加入传销组织,盛某某发觉情况异常予以拒绝。后在多次请求离开被拒并遭唐某某等人逼近时,拿出随身携带的水果刀予以警告,同时提出愿交付随身携带的钱财以求离开,但仍遭拒绝。之后,事先躲藏的传销人员邓某某、郭某某、刘某某(已判刑)等人也先后来到客厅。成某某等人陆续向盛某某逼近,盛某某被逼后退,当成某某上前意图夺刀时,盛某某持刀挥刺,划伤成某某右手腕及左颈,刺中成某某左侧胸部,致心脏破裂。随后,盛某某放弃随身行李趁乱逃离现场。

当晚,传销人员将成某某送医治疗。医院对成某某伤口进行处治后,嘱咐其回当地医院进行康复治疗。同年8月4日,成某某出院,未遵医嘱继续进行康复治疗。同年8月11日,成某某在传销窝点突发昏迷经送医抢救无效于当晚死亡。经法医鉴定:成某某系左胸部遭受锐器刺戳作用致心脏破裂,在愈合过程中继续出血,最终引起心包填塞而死亡。

【处理结果】

公安机关以盛某某涉嫌故意伤害罪(防卫过当)向检察机关移送审查起诉。浙江省杭州市人民检察院认定盛某某的行为构成正当防卫,作出不起诉决定。

【典型意义】

通常认为，成立正当防卫，应当同时符合起因、时间、主观、对象、限度等五个条件。本案在诸多方面，对于正确把握正当防卫的成立条件具有指导和参考意义。

第一，关于正当防卫的起因条件。正当防卫的前提是存在不法侵害。不法侵害既包括侵犯生命、健康权利的行为，也包括侵犯人身自由、公私财产等权利的行为；既包括犯罪行为，也包括违法行为。就本案而言，本案案发开始时和案发过程中盛某某并不知道成某某、郭某等人是传销组织人员，也不了解他们的意图。在整个过程中，盛某某始终不能明确认识到自己陷入的是传销窝点，甚至以为对方要摘自己的器官，其感受到人身安全面临不法侵害是有事实根据的。而且，盛某某进入传销窝点后即被控制，随着成某某、郭某等人行为的持续，盛某某的恐惧感不断增强。盛某某到桐庐是和郭某初次见面，且进入郭某自称的住处后，盛某某提出上厕所、给家里人打电话，均被制止，此时其已经感觉到了危险。之后一名陌生男子不断劝盛某某进入里面房间，而里面又出来一名陌生男子，盛某某感觉到危险升级，拒绝他们靠近。而后房间内又出来三名陌生男子逼近，对盛某某而言，不断升级的危险不仅客观而且紧迫。盛某某拿出随身携带的刀具警告阻吓不法侵害人无效后，精神紧张状态进一步增强。传销人员不断逼近，成某某上前夺刀。从当时情境看，盛某某面临客观存在且威胁、危害程度不断升级的不法侵害，其行为符合正当防卫的起因条件。

第二，关于正当防卫的时间条件。正当防卫必须是针对正在进行的不法侵害。对于不法侵害已经形成现实、紧迫危险的，应当认定为不法侵害已经开始。本案中，传销组织得知盛某某来杭后，一边指令郭某前去接站诱进，一边准备实施以恐吓、体罚、殴打和长期拘禁等违法犯罪行为为主要内容的"抖新人"措施威逼盛某某加入传销组织，系正在进行的有组织侵害行为。盛某某进入案发现场后，即遭多人逼近实施拘禁，其遂拿出随身携带的水果刀，警告阻吓传销人员放其离开，而传销组织人员反而增加人手进一步逼近，侵害手段不断升级。由此可见，本案中的不法侵害已经开始、正在进行，且危险程度不断升级，符合正当防卫的时间条件。

第三，关于正当防卫的对象条件。正当防卫必须针对不法侵害人进行。

对于多人共同实施不法侵害的，既可以针对直接实施不法侵害的人进行防卫，也可以针对在现场共同实施不法侵害的人进行防卫。本案中，一群以"天津天狮"为名义的传销人员有组织地共同实施不法侵害。其中，成某某不仅参与围逼盛某某，而且当盛某某拿出随身携带的刀具警告时，还上前意图夺刀。此时，盛某某对其实施防卫，属于该种情境下一般人的正常反应，完全符合正当防卫的对象条件。

第四，关于正当防卫的限度条件。防卫是否"明显超过必要限度"，应当综合不法侵害的性质、手段、强度、危害程度和防卫的时机、手段、强度、损害后果等情节，考虑双方力量对比，立足防卫人防卫时所处情境，结合社会公众的一般认知作出判断。在判断不法侵害的危害程度时，不仅要考虑已经造成的损害，还要考虑造成进一步损害的紧迫危险性和现实可能性。本案中，多名传销组织人员对盛某某实施人身控制，盛某某在多次请求离开被拒并遭唐某某等人逼近时，拿出随身携带的水果刀予以警告，同时提出愿交付随身携带的钱财以求离开，但仍遭拒绝。其后，又有多名传销人员来到客厅。成某某等人陆续向盛某某逼近，并意图夺刀。此种情形下，盛某某持刀挥刺，划伤成某某右手腕及左颈，刺中成某某的左侧胸部，致心脏破裂。成某某受伤后经住院治疗，已经出院，但未遵医嘱继续进行康复治疗，导致心脏在愈合过程中继续出血，最终于出院一周后因心包填塞而死亡。考虑案发当场双方力量对比情况，特别是盛某某所面临的不法侵害的严重程度，同时考虑成某某的死亡过程和原因，应当认为盛某某的防卫行为没有明显超过必要限度，符合正当防卫的限度条件。

陈某某正当防卫案
—— 正当防卫与相互斗殴的界分

《涉正当防卫典型案例》第三号
2020 年 9 月 3 日

【基本案情】

2014 年 3 月 12 日晚,被告人陈某某和其妻子孙某某等水泥工在海南省三亚市某工地加班搅拌、运送混凝土。22 时许,被害人周某某、容某甲、容某乙(殁年 19 岁)和纪某某饮酒后,看到孙某某一人卸混凝土,便言语调戏孙某某。陈某某推着手推车过来装混凝土时,孙某某将被调戏的情况告诉陈某某。陈某某便生气地叫容某乙等人离开,但容某乙等人不予理会。此后,周某某摸了一下孙某某的大腿,陈某某遂与周某某等人发生争吵。周某某冲上去要打陈某某,陈某某也准备反击,孙某某和从不远处跑过来的刘某甲站在中间,将双方架开。周某某从工地上拿起一把铁铲(长约 2 米,木柄),冲向陈某某,但被孙某某拦住,周某某就把铁铲扔了,空手冲向陈某某。孙某某在劝架时被周某某推倒在地,哭了起来,陈某某准备上前去扶孙某某时,周某某、容某乙和纪某某先后冲过来对陈某某拳打脚踢,陈某某边退边用拳脚还击。接着,容某乙、纪某某从地上捡起钢管(长约 1 米,空心,直径约 4 厘米)冲上去打陈某某,在场的孙某某、刘某甲、容某甲都曾阻拦,容某甲阻拦周某某时被挣脱,纪某某被刘某甲抱着,但是一直挣扎往前冲。当纪某某和刘某甲挪动到陈某某身旁时,纪某某将刘某甲甩倒在地并持钢管朝陈某某的头部打去。因陈某某头戴黄色安全帽,钢管顺势滑下打到陈某某的左上臂。在此过程中,陈某某半蹲着用左手护住孙某某,右手拿出随身携带的一把折叠式单刃小刀(打开长约 15 厘米,刀刃长约 6 厘米)乱挥、乱捅,致容某乙、周某某、纪某某、刘某甲受伤。水泥工刘某乙闻讯拿着一把铲子和其他同事赶到现场,周某某、容某乙和纪某某见状便逃离现场,逃跑时还拿石头、酒瓶等物品对着陈某某砸过来。容某乙被陈某某持小刀捅伤后跑到工地的地下室里倒地,后因失血过多死亡。经鉴定,周某某的伤情属于轻伤二级;纪某某、刘某甲、陈某某的伤情均属于轻微伤。

【处理结果】

海南省三亚市城郊人民法院一审判决、三亚市中级人民法院二审裁定认为：被害人容某乙等人酒后滋事，调戏被告人陈某某的妻子，辱骂陈某某，不听劝阻，使用足以严重危及他人人身安全的凶器殴打陈某某。陈某某在被殴打时，持小刀还击，致容某乙死亡、周某某轻伤、纪某某轻微伤，属于正当防卫，依法不负刑事责任。

【典型意义】

第一，准确区分正当防卫与相互斗殴。正当防卫与相互斗殴在外观上具有相似性，但性质存在本质差异。对于因琐事发生争执，引发打斗的，在判断行为人的行为是互殴还是防卫时，要综合考量案发的起因、对冲突升级是否有过错、是否使用或者准备使用凶器、是否采用明显不相当的暴力、是否纠集他人参与打斗等客观情节，准确判断行为人的主观意图和行为性质。本案中，陈某某在其妻子孙某某被调戏、其被辱骂的情况下，面对冲上来欲对其殴打的周某某，陈某某也欲还击，被孙某某和刘某甲拦开。陈某某在扶劝架时被推倒在地的孙某某时，周某某、容某乙和纪某某先后冲过来对陈某某拳打脚踢，继而持械殴打陈某某。陈某某持刀捅伤被害人时，正是被容某乙等人持械殴打的紧迫期间。因此，陈某某是在其妻子被羞辱、自己被打后为维护自己与妻子的尊严、保护自己与妻子的人身安全，防止不法侵害而被动进行的还击，其行为属于防卫而非斗殴。

第二，准确把握特殊防卫的起因条件。本案还涉及特殊防卫适用的相关问题。有观点提出，从双方关系和起因、容某乙等人选择打击的部位及强度看，容某乙等人的行为不属于严重危及人身安全的暴力犯罪。根据《刑法》规定，不能要求只有在不法侵害已经对人身安全实际造成严重危害时才能进行特殊防卫，在不法侵害足以严重危及人身安全的情况下就可以进行特殊防卫。本案中，容某乙等人持械击打的是陈某某的头部，是人体的重要部位，在陈某某戴安全帽的情况下致头部轻微伤，钢管打到安全帽后滑到手臂，仍致手臂皮内、皮下出血，可见打击力度之大。在当时的情形下，陈某某只能根据对方的人数、所持的工具来判断自身所面临的处境。容某乙、纪某某、周某某三人都喝了酒，气势汹汹，并持足以严重危及他人重大人身安全的凶器,在场的孙某某、刘某甲都曾阻拦,但孙某某阻拦周某某、刘某甲阻拦纪某某时均被甩倒。而且,陈某某是半蹲着左手护住其妻孙某某、右手持小刀进行防卫的,这种姿势不是一种主动攻击的姿势,而是一种被动防御的姿势,且手持的是一把刀刃只有6厘米左右的小刀,只要对方不主动靠近攻击就不会被捅刺到。综上,应当认为本案符合特殊防卫的适用条件,陈某某的防卫行为造成不法侵害人伤亡的,不属于防卫过当,不负刑事责任。

第三,要准确把握正当防卫的对象条件。正当防卫必须针对不法侵害人进行。对于多人共同实施不法侵害的,既可以针对直接实施不法侵害的人进行防卫,也可以针对在现场共同实施不法侵害的人进行防卫。本案中,击打到陈某某头部的虽然只是纪某某,但容某乙当时也围在陈某某身边,手持钢管殴打陈某某,亦属于不法侵害人,陈某某可对其实行防卫。当时陈某某被围打,疲于应对,场面混乱。容某乙等人持足以严重危及他人人身安全的凶器主动攻击陈某某,严重侵犯陈某某、孙某某的人身权利。此时,陈某某用小刀刺、划正在对其围殴的容某乙等人,符合正当防卫的对象条件,属于正当防卫。

杨某甲故意伤害、杨某乙正当防卫案
——准备工具防卫与准备工具斗殴的界分

《涉正当防卫典型案例》第四号
2020年9月3日

【基本案情】

被告人杨某甲系被告人杨某乙胞弟,住处相邻。2016年2月28日中午1时许,杨某甲、杨某乙坐在杨某乙家门前聊天,因杨某乙摸了经过其身边的一条狼狗而遭到狗的主人彭某某(殁年45岁)指责,兄弟二人与彭某某发生口角。彭某某扬言要找人报复,杨某甲即回应"那你来打啊",后彭某某离开。杨某甲返回住所将一把单刃尖刀、一把折叠刀藏于身上。十分钟后,彭某某返回上述地点,其邀约的黄某、熊某某、王某持洋镐把跟在身后十余米。彭某某手指坐在自家门口的杨某乙,杨某乙未予理睬。彭某某接着走向杨某甲家门口,击打杨某甲面部一拳,杨某甲即持单刃尖刀刺向彭某某的胸腹部,黄某、熊某某、王某见状持洋镐把冲过去对杨某甲进行围殴，彭某某从熊某某处夺过洋镐把对杨某甲进行殴打，双方打斗至杨某甲家门外的马路边。熊某某拳击，彭某某、黄某、王某持洋镐把，四人继续围殴杨某甲，致其头部流血倒地。彭某某持洋镐把殴打杨某甲，洋镐把被打断，彭某某失去平衡倒地。杨某乙见杨某甲被打倒在地，便从家中取来一把双刃尖刀，冲向刚从地上站起来的彭某某，朝其胸部捅刺。杨某乙刺第二刀时，彭某某用左臂抵挡。后彭某某受伤逃离，杨某乙持刀追撵并将刀扔向彭某某未中，该刀掉落在地。黄某、熊某某、王某持洋镐把追打杨某乙，杨某乙捡起该刀边退边还击，杨某甲亦持随身携带的一把折叠刀参与还击。随后黄某、熊某某、王某逃离现场。经法医鉴定，被害人彭某某身有七处刀伤，且其系被他人以单刃锐器刺伤胸腹部造成胃破裂、肝破裂、血气胸致急性失血性休克死亡。另杨某甲、黄某、熊某某均受轻微伤。

【处理结果】

湖北省武汉市中级人民法院二审判决认为：被告人杨某甲持刀捅刺彭某某等人，属于制止正在进行的不法侵害，其行为具有防卫性质；其防卫行为是造成一人死亡、二人轻微伤的主要原因，明显超过必要限度造成重大损害，依法应负刑事责任，构成故意伤害罪。被告人杨某乙为了使他人的人身权利免受正在进行的不法侵害，而采取制止不法侵害的行为，对不法侵害人造成损害，属于正当防卫，不负刑事责任。杨某甲的行为系防卫过当，具有自首情节，依法应当减轻处罚。据此，以故意伤害罪判处被告人杨某甲有期徒刑四年，并宣告被告人杨某乙无罪。

【典型意义】

双方因琐事发生争执、冲突，引发打斗，特别是一方事先准备工具的，究竟是防卫行为还是相互斗殴，准确界分存在一定困难。司法适用中，要注意把握正当防卫的意图条件，准确界分防卫行为与相互斗殴、准备工具防卫与准备工具斗殴，以准确认定正当防卫、防卫过当。

第一，正当防卫必须出于免受不法侵害的正当动机。根据《刑法》第二十条第一款的规定，正当防卫的意图既包括使本人的人身、财产和其他权利免受不法侵害，也包括使国家、公共利益或者他人的人身、财产和其他权利免受不法侵害。本案中，彭某某返回现场用手指向杨某乙，面对挑衅，杨某乙未予理会。彭某某与杨某甲发生打斗时，杨某乙仍未参与。彭某某等四人持洋镐把围殴杨某甲并将其打倒在地，致其头部流血，双方力量明显悬殊，此时杨某乙持刀刺向彭某某。杨某乙的行为是为了制止杨某甲正在遭受的严重不法侵害，符合正当防卫的意图条件。彭某某被刺后逃离，黄某等人对杨某甲的攻击并未停止，杨某乙继续追赶彭某某的行为应认定为正当防卫。综上，杨某乙的行为系正当防卫，不负刑事责任。

　　第二，妥当界分准备工具防卫与准备工具斗殴。实践中，防卫行为在客观上也可能表现为双方相互打斗，具有互殴的形式与外观。二者界分的关键就在于行为人是具有防卫意图还是斗殴意图。本案中，彭某某与杨某甲兄弟二人并不相识，突发口角，彭某某扬言要找人报复时，杨某甲回应"那你来打啊"，该回应不能认定杨某甲系与彭某某相约打斗。行为人为防卫可能发生的不法侵害，准备防卫工具的，不必然影响正当防卫的认定。杨某甲在彭某某出言挑衅，并扬言报复后，准备刀具系出于防卫目的。彭某某带人持械返回现场，冲至杨某甲家门口拳击其面部，杨某甲才持刀刺向彭某某胸腹部，该行为是为了制止正在进行的不法侵害，应当认定为防卫行为。

　　第三，把握正当防卫的限度条件以准确认定防卫过当。根据《刑法》第二十条第二款的规定，防卫过当应当同时具备"明显超过必要限度"和"造成重大损害"两个条件，缺一不可。本案中，彭某某空手击打杨某甲面部，杨某甲此时并非面临严重的不法侵害，却持刀捅刺彭某某胸腹部等要害部位，杨某甲的防卫行为明显超过必要限度。杨某甲的防卫行为并非制止彭某某空手击打的不法侵害所必需，从损害后果看，彭某某要害部位多处致命刀伤系杨某甲所致，是其死亡的主要原因，杨某甲的防卫行为明显超过必要限度造成重大损害，属于防卫过当，构成故意伤害罪。具体而言，杨某甲对防卫行为明显超过必要限度造成重大损害主观上持故意，但对于造成死亡结果系过失，故对其防卫过当行为应当以故意伤害致人死亡作出评价。

　　第四，妥当把握防卫过当的刑罚裁量。根据《刑法》第二十条第二款的规定，防卫过当应当负刑事责任，但是应当减轻或者免除处罚。要综合考虑案件情况，特别是不法侵害人的过错，以确保刑罚裁量的准确和公正。本案中，杨某甲的防卫行为过当，构成故意伤害罪，对其减轻处罚，应当在三年以上十年以下有期徒刑的幅度内裁量刑罚。杨某甲明知他人报案，仍在案发现场等待，到案后能够如实供述主要犯罪事实，成立自首。综合考虑本案的犯罪事实、性质、情节和危害后果，以故意伤害罪判处杨某甲有期徒刑四年，符合社会公平正义观念，实现了法律效果与社会效果的有机统一。

刘某某故意伤害案
——滥用防卫权行为的认定

《涉正当防卫典型案例》第五号
2020 年 9 月 3 日

【基本案情】

被告人刘某某与黄某甲非婚生育四名子女。2016 年 10 月 1 日晚 9 时许，被告人刘某某与黄某甲因家庭、情感问题发生争吵，刘某某打了黄某甲两耳光。黄某甲来到其兄长黄某乙的水果店，告知黄某乙其被刘某某打了两耳光，让黄某乙出面调处其与刘某某分手、孩子抚养等问题。黄某乙于是叫上在水果店聊天的被害人李某某、毛某某、陈某某，由黄某甲带领，于当晚 10 时许来到刘某某的租住处。黄某乙质问刘某某，双方发生争吵。黄某乙、李某某各打了坐在床上的刘某某一耳光，刘某某随即从被子下拿出一把菜刀砍伤黄某乙头部，黄某乙逃离现场。李某某见状欲跑，刘某某拽住李某某，持菜刀向李某某头部连砍三刀。毛某某、陈某某、黄某甲随即上前劝阻刘某某，毛某某、陈某某抱住刘某某并夺下菜刀后紧随李某某跑下楼报警。经鉴定，黄某乙的伤情属于轻伤一级，李某某的伤情属于轻伤二级。

【处理结果】

广东省佛山市禅城区人民法院判决认为：正当防卫以存在现实的不法侵害为前提，对轻微不法侵害直接施以暴力予以反击，能否认定为正当防卫，应当结合具体案情评判。黄某乙、李某某各打被告人刘某某一耳光，显属发生在一般争吵中的轻微暴力。此种情况下，刘某某径直手持菜刀连砍他人头部，不应认定为防卫行为。综合案件具体情况，以故意伤害罪判处被告人刘某某有期徒刑一年。该判决已发生法律效力。

【典型意义】

根据《刑法》第二十条第一款的规定，正当防卫是针对正在进行的不法侵害，而采取的对不法侵害人造成损害的制止行为。司法适用中，既要依法维护公民的正当防卫权利，也要注意把握界限，防止滥用防卫权，特别是对于针对轻微不法侵害实施致人死伤的还击行为，要根据案件具体情况，准确认定是正当防卫、防卫过当还是一般违法犯罪行为。

第一，注意把握界限，防止权利滥用。本案中，黄某乙、李某某打刘某某耳光的行为，显属发生在一般争吵中的轻微暴力，有别于以给他人身体造成伤害为目的的攻击性不法侵害行为。因此，刘某某因家庭婚姻情感问题矛盾激化被打了两耳光便径直手持菜刀连砍他人头部，致人轻伤的行为，没有防卫意图，属于泄愤行为，不应当认定为防卫行为。

第二，注重查明前因后果，分清是非曲直。办理涉正当防卫案件，要根据整体案情，结合社会公众的一般认知，做到依法准确认定。要坚持法理情统一，确保案件的定性处理于法有据、于理应当、于情相容，符合人民群众的公平正义观念。对于因恋爱、婚姻、家庭、邻里纠纷等民间矛盾激化或者因劳动纠纷、管理失当等原因引发的不法侵害，特别是发生在亲友之间的，要求优先选择其他制止手段，而非径直选择致人死伤的还击行为，符合人民群众的公平正义观念，契合我国文化传统。对于相关案件，在认定是否属于正当防卫以及防卫过当时，要综合案件具体情况、特别是被害方有无过错以及过错大小进行判断。本案中，刘某某与黄某甲因家庭、情感问题发生争吵，刘某某打了黄某甲两耳光，这是引发后续黄某乙、李某某等实施上门质问争吵行为的直接原因。换言之，本案因家庭琐事引发，且刘某某具有重大过错。据此，法院对刘某某致人轻伤的行为，以故意伤害罪判处其有期徒刑一年，契合人民群众公平正义观念，实现了法律效果与社会效果的有机统一。

赵某正当防卫案
——"明显超过必要限度"的认定

《涉正当防卫典型案例》第六号

2020 年 9 月 3 日

【基本案情】

2018 年 12 月 26 日晚 11 时许,李某与在此前相识的女青年邹某一起饮酒后,一同到达福州市晋安区某公寓邹某的暂住处,二人在室内发生争吵,随后李某被邹某关在门外。李某强行踹门而入,谩骂殴打邹某,引来邻居围观。暂住在楼上的赵某闻声下楼查看,见李某把邹某摁在墙上并殴打其头部,即上前制止并从背后拉拽李某,致李某倒地。李某起身后欲殴打赵某,威胁要叫人"弄死你们",赵某随即将李某推倒在地,朝李某腹部踩一脚,又拿起凳子欲砸李某,被邹某劝阻住,后赵某离开现场。经鉴定,李某腹部横结肠破裂,伤情属于重伤二级;邹某面部挫伤,伤情属于轻微伤。

【处理结果】

公安机关以赵某涉嫌故意伤害罪立案侦查,侦查终结后,以赵某涉嫌过失致人重伤罪向检察机关移送审查起诉。福建省福州市晋安区人民检察院认定赵某防卫过当,对赵某作出相对不起诉决定。福州市检察院经审查认定赵某属于正当防卫,依法指令晋安区人民检察院对赵某作出绝对不起诉决定。

【典型意义】

根据《刑法》第二十条第二款的规定,防卫过当应当同时具备"明显超过必要限度"和"造成重大损害"两个条件,缺一不可。造成重大损害是指造成不法侵害人重伤、死亡,对此不难判断。实践中较难把握的是相关防卫行为是否明显超过必要限度,不少案件处理中存在认识分歧。司法适用中,要注意综合考虑案件具体情况,结合社会公众的一般认知,对防卫行为是否"明显超过必要限度"作出准确判断。

第一,防卫过当仍属于防卫行为,只是明显超过必要限度并造成重大损害。本案中，李某强行踹门进入他人住宅，将邹某摁在墙上殴打其头部，赵某闻声下楼查看，为了制止李某对邹某以强欺弱，出手相助，拉拽李某。赵某的行为属于为了使他人的人身权利免受正在进行的不法侵害，而采取的制止不法侵害的行为，符合正当防卫的起因条件、时间条件、对象条件和意图条件等要件，具有防卫性质。

第二，对防卫行为"明显超过必要限度"的判断，应当坚持综合考量原则。防卫是否"明显超过必要限度"，应当综合不法侵害的性质、手段、强度、危害程度和防卫的时机、手段、强度、损害后果等情节，考虑双方力量对比，立足防卫人防卫时所处情境，结合社会公众的一般认知作出判断。在判断不法侵害的危害程度时，不仅要考虑已经造成的损害，还要考虑造成进一步损害的紧迫危险性和现实可能性。不应当苛求防卫人必须采取与不法侵害基本相当的反击方式和强度，更不能机械地理解为反击行为与不法侵害行为的方式要对等，强度要精准。防卫行为虽然超过必要限度但并不明显的，不能认定为防卫过当。本案虽然造成了李某重伤二级的后果，但是，从赵某的行为手段、行为目的、行为过程、行为强度等具体情节来看，没有"明显超过必要限度"。赵某在阻止、拉拽李某的过程中，致李某倒地，在李某起身后欲殴打赵某，并用言语威胁的情况下，赵某随即将李某推倒在地，朝李某腹部踩一脚，导致李某横结肠破裂，属于重伤二级。从行为手段上看，双方都是赤手空拳，赵某的拉拽行为与李某的不法侵害行为基本相当。从赵某的行为过程来看，赵某制止李某的不法侵害行为是连续的，自然而然发生的，是在当时场景下的本能反应。李某倒地后，并未完全被制服，仍然存在起身后继续实施不法侵害的现实可能性。此时，赵某朝李某腹部踩一脚，其目的是阻止李某继续实施不法侵害，并没有泄愤报复等个人目的，应当认定为正当防卫。

陈某甲正当防卫案
——特殊防卫的具体适用

《涉正当防卫典型案例》第七号
2020年9月3日

【基本案情】

2009年1月25日凌晨2时许,被害人陈某某酒后来到被告人陈某甲家,用随身携带的一把菜刀敲击陈某甲家铁门,叫陈某甲出来打架。陈某甲的妻子下楼,佯称陈某甲不在家。陈某某继续敲击铁门,陈某甲便下楼打开铁门,陈某某遂用菜刀砍中陈某甲脸部,致陈某甲轻伤。陈某某再次砍向陈某甲时,被陈某甲挡开,菜刀掉在地上,陈某甲上前拳击陈某某的胸部等部位,二人在地上扭打。后陈某某因钝性物体作用胸部致心包、心脏破裂致失血性休克死亡。

【处理结果】

广东省普宁市人民法院一审判决、揭阳市中级人民法院二审裁定认为:陈某某无故持刀上门砍伤陈某甲,陈某甲为了使本人的人身免受正在进行的不法侵害,对正在进行的危害人身安全的暴力犯罪采取防卫行为,造成不法侵害人陈某某死亡的,不属于防卫过当,不负刑事责任。

【典型意义】

根据《刑法》第二十条第三款的规定,对正在进行行凶、杀人、抢劫、强奸、绑架以及其他严重危及人身安全的暴力犯罪,采取防卫行为,造成不法侵害人伤亡的,不属于防卫过当,不负刑事责任。司法适用中,要妥当把握特殊防卫的起因条件,准确理解和把握"行凶"。

第一,根据《刑法》规定,特殊防卫的起因条件限于正在进行的行凶、杀人、抢劫、强奸、绑架以及其他严重危及人身安全的暴力犯罪。与一般防卫不同,特殊防卫起因条件的实质在于不法侵害系"严重危及人身安全"的暴力犯罪。需要注意的是,行凶、杀人、抢劫、强奸、绑架等不法侵害必须严重危及人身安全且系暴力犯罪，才能实行特殊防卫；相关不法侵害没有严重危及人身安全的，应当适用一般防卫的法律规定。对于相关不法侵害是否严重危及人身安全，应当注意从不法侵害是否具有暴力性、是否严重危及人身安全、是否达到犯罪程度等方面作出判断。本案中，陈某某无故持菜刀凌晨上门砍伤陈某甲，属于使用致命性凶器实施的严重危及他人人身安全的不法侵害，应当认定为"行凶"，对此陈某甲可以实行特殊防卫。

第二，《刑法》第二十条第三款规定的"行凶"，可以是使用致命性凶器实施的严重危及他人人身安全的行为，也可以是以其他形式实施的严重危及他人人身安全的行为。不法侵害人的具体故意内容不确定，但根据侵害行为发生的时间、地点及不法侵害人持有凶器判断，暴力侵害行为足以严重危及人身安全的，防卫人可以实行特殊防卫。本案中，陈某某持菜刀砍中陈某甲脸部致其轻伤，陈某某再次砍向陈某甲时被其挡开，菜刀掉到地上。此时，要求陈某甲被菜刀砍伤后保持高度冷静，在将行凶者打倒之后，还要仔细判断行凶者有没有继续行凶的能力，这对于在黑夜之中高度惊恐的防卫人，是强人所难。因此，综合考虑案件的具体情况，应当认为在陈某某菜刀掉到地上之后仍然可以实行防卫。

第三，准确理解和把握正当防卫的刑法规定和立法精神，对于符合正当防卫认定条件的，坚决依法认定。实践中，受"人死为大"观念影响，在处理因防卫致人死亡的案件时，办案机关往往面临外部压力，存有心理顾虑，以致有的情况下将原本属于正当防卫的行为认定为防卫过当，甚至连防卫因素也不予认定。这是极端错误的。作为司法机关，严格依法办案是天职，决不能为了所谓的"息事宁人"牺牲法律原则。否则，既不利于维护法律的尊严，也不利于为全社会树立正确导向，对正当防卫人来说更是有失公正。对于确系正当防卫的案件，应当勇于担当，严格公正司法，坚决依法认定。实践证明，只有依法判决，才能赢得好的效果；只要依法判决，就能赢得好的效果。本案就是例证，依法宣判陈某甲不负刑事责任后，获得了社会公众的普遍肯定，弘扬了社会主义核心价值观，实现了法律效果与社会效果的有机统一。

二、危害国家安全罪

黄某某为境外刺探、非法提供国家秘密案

《全民国家安全教育典型案例及相关法律规定》第 1 号

2019 年 4 月 15 日

被告人黄某某通过 QQ 与一位境外人员结识，后多次按照对方要求到军港附近进行观测，采取望远镜观看、手机拍摄等方式，搜集军港内军舰信息，整编后传送给对方，以获取报酬。至案发，黄某某累计向境外人员报送信息 90 余次，收取报酬 5.4 万元。经鉴定，黄某某向境外人员提供的信息属 1 项机密级军事秘密。

法院认为，被告人黄某某无视国家法律，接受境外人员指使，积极为境外人员刺探、非法提供国家秘密，其行为已构成为境外刺探、非法提供国家秘密罪。依照《刑法》相关规定，对黄某某以为境外刺探、非法提供国家秘密罪判处有期徒刑五年，剥夺政治权利一年，并处没收个人财产人民币 5 万元。

三、危害公共安全罪

乐某某放火案

《最高人民法院发布 98 起未成年人审判工作典型案例》第 11 号

2014 年 11 月 24 日

【基本案情】

2010 年 11 月初,被告人乐某某多次至上海市嘉定区某地,用随身携带的打火机点燃毛豆秸、稻草等物,焚烧公民财物。其因形迹可疑被群众扭获至派出所,如实供述了其多次放火的事实。

【裁判结果】

上海市普陀区人民法院经审理认为,被告人乐某某在公共场所故意放火焚烧公私财物,危害公共安全,其行为已构成放火罪。因其实施放火尚未造成严重后果且犯罪时系未成年人且有自首情节,依法应减轻处罚。最终,被告人乐某某因放火罪被判处有期徒刑一年。

【案例评析】

该案在审理中开展了如下工作:一是悉心开展社会调查,知悉未成年犯性格特点、成长经历和家庭背景情况,为开展心理干预工作打好基础。承办法官调查发现,乐某某自幼父亲去世,后辍学在老家跟随年迈的奶奶一起生活。在老家因 3 次放火被法院判处刑罚且执行完毕后,跟随 3 个姑姑来到上海生活。但是在生活中由于缺少家人和长辈的关爱,乐某某的脾气变得日益暴躁及偏激,惹出不少事端。二是开展专业心理辅导,掌握未成年犯犯罪的心理原因,有针对性地开展帮教工作。针对乐某某的上述行为,承办法官委托专业心理测试机构对被告人进行了心理测评,具有心理咨询师资格的承办法官在案件审理前开始介入,多次到看守所与其谈话,从童年经历、成长挫折、认知矫正等角度对其进行了心理干预。在法庭教育阶段对其进行了心理疏导。判后服刑阶段，少年庭法官也持续跟踪，不定期地与乐某某进行交流，用关爱化解他内心的偏执。本案是少年审判引入心理干预的一起成功案例。

何某某等放火烧毁庙宇案

《最高人民法院发布98起未成年人审判工作典型案例》第41号

2014年11月24日

【基本案情】

未成年被告人何某某、何某甲、梁某某有分有合分别盗窃5座庙宇财物，并点燃物品后逃离现场，致使5庙宇不同程度焚毁。其中，何某某参与放火5起，造成经济损失共计人民币87000元；何某甲参与放火3起，造成经济损失共计人民币42000元，参与盗窃3起；梁某某参与放火1起，造成经济损失共计人民币42000元。

【裁判结果】

广东省顺德市人民法院以放火罪判处何某某有期徒刑三年，缓刑五年；以放火罪判处被告人梁某某有期徒刑一年零九个月，缓刑二年零六个月；被告人何某甲犯放火罪、盗窃罪两罪并罚，决定执行有期徒刑二年，缓刑三年，并处罚金人民币1000元。

【案例评析】

3人被判处缓刑后，主办法官与司法所工作人员多次共同对3人进行家访，及时安排3名有多年帮教经验的护航志愿者，对其进行跟踪帮教，取得了良好的效果。其中，何某甲在一家珠宝工厂上班，从事珠宝设计工作。进厂以后，从学徒开始做起，经过半年多的学习，目前已经能够独立设计珠宝，转为正式师傅，并开始领取工资。梁某某在一家职业技术学校旅游管理专业上学。

三、危害公共安全罪

白某某失火案

《最高人民法院发布人民法院服务保障新时代生态
文明建设典型案例》第 3 号
2018 年 6 月 4 日

【基本案情】

2016 年 3 月 1 日 14 时许，被告人白某某与杨某在宣汉县樊哙镇古凤村 2 组石渣湾干农活时，白某某欲将树枝和杂草烧灰作肥，遂从杨某处借来打火机点燃树枝和杂草，后由于风大引燃山林。白某某和杨某见状，边灭火边打电话报警，后在樊哙镇人民政府的组织下于当晚 11 时将山火扑灭。案发后，白某某主动到公安机关投案自首。经林业工程技术人员现场勘验，本次火灾共造成了 17 户村民山林受损，过火面积 9.21 公顷，烧毁林木 5526 株（其中幼树 2210 株），蓄积 74.601 立方米。

【裁判结果】

四川省宣汉县人民法院一审认为，被告人白某某过失引发火灾，并造成公民财产损失，危害了公共安全，应予惩处。案发后，白某某能主动投案自首，并取得了受灾村民的谅解，可从轻处罚。一审法院以失火罪判处白某某有期徒刑一年六个月，缓刑二年。一审判决已发生法律效力。

【典型意义】

本案系因野外焚烧树枝杂草引发的失火刑事案件。案发地位于西南地区的大巴山山区，由于山区群众法律意识淡薄，对森林火灾警惕性不高，防火观念不强，在林区农业耕作时常常野外用火焚烧秸秆、杂草等。与发生在城乡聚居区的失火案件不同，案发地森林资源丰富，珍稀野生动植物种类繁多，具有重要的生态价值和经济价值，一旦发生森林火灾，既威胁人民群众的生命财产安全，危害公共安全，又严重破坏森林资源和生态环境。本案判决警醒广大群众，不仅乱采滥伐、乱捕滥猎是破坏环境资源的违法行为，野外焚烧树枝杂草等行为导致森林火灾也可能构成犯罪。本案的依法审理有利于促使广大群众提高森林防火、安全用火意识，自觉做好生态资源保护和护林防火工作，维护森林资源安全。

仰某某等三人森林失火刑事附带民事公益诉讼案

《森林资源民事纠纷典型案例》案例 2
2022 年 6 月 14 日

【基本案情】

2019 年 9 月，仰某某兄妹三人携带火种、纸钱至江苏省连云港市某山上上坟烧纸。仰某某引火时不慎点燃周围落叶、灌木，三人扑灭了明火，但未继续观察也未向有关部门报告即离去。后暗火复燃导致大面积山林被烧，过火林地面积 2.4693 公顷，烧死树木 1138 株，过火杂竹林面积 1.4 公顷，受灾树木材积 23.78 立方米。火烧迹地林种为水土保持林，属于国家级重点生态公益林。经林业部门出具评估报告和修复方案，认定失火行为导致的森林生态效益期间损失为 39.3 万元，主要包括涵养水源、保育土壤、固碳释氧、积累营养物质、净化大气环境、森林防护、保护野生动物功能价值等；修复方案为栽植黑松 1500 株和朴树 500 株，营造混交林方式，验收时苗木保存率应达到 90% 以上，修复所需替代费用为 39.3 万元。案发后，仰某某于当日主动投案，三人共计交纳 43 万元作为生态环境效益损失赔偿金，并表示超出损失部分作为补植修复保证金。连云港经济技术开发区人民检察院以失火罪对仰某某提起公诉，同时对仰某某等三人提起附带民事公益诉讼。

【裁判结果】

江苏省灌南县人民法院一审认为，被告人仰某某因疏忽大意引发火灾，已构成失火罪，但犯罪后主动投案，如实供述，主动交纳生态环境效益损失费用，愿意通过补植等方式修复受损环境，依法从轻处罚。附带民事公益诉讼被告仰某某等三人作为完全民事行为能力人，应当知道使用明火祭拜可能引发森林火灾，其疏忽大意致使林地原有植被遭到严重破坏，应当对所造成的森林生态环境损害承担连带赔偿及修复责任。遂判处仰某某有期徒刑一年，缓刑二年；仰某某等三人连带赔偿生态环境效益损失39.3万元，于2021年10月31日前按照修复方案要求补植复种；如逾期未履行，连带赔偿生态修复费用39.3万元（已交纳的保证金予以抵扣）。宣判后，各方未上诉、抗诉，一审判决已发生法律效力。

【典型意义】

森林火灾对森林资源的危害极大，不仅在短时间内破坏大面积森林，造成严重财产损失和人身伤亡，还导致森林生态系统服务功能丧失。破坏森林资源案件的审理，除依法追究行为人法律责任外，核心是受损生态环境的修复。本案中，人民法院依据林业部门出具的专业意见，制定详细修复方案作为判决附件，明确被告在原地补植复绿的栽植品种、规格、数量、时间、养护期限和要求等，采取自然恢复和人工修复相结合措施，确保了森林修复的科学性、合理性和可操作性。被告在本案中自愿交纳生态环境损失赔偿金和补植修复保证金，人民法院将该情形作为从轻量刑情节，并确定在其不履行修复义务时将保证金用于支付森林生态环境修复费用，有效保障生态环境及时修复。本案巡回审判由上百家媒体报道，并经全国消防系统微信公众平台转载，通过"线上直播＋线下补植"方式，引导公众形成生态祭祀、安全用火的良好社会风尚。

泽某甲失火案

《最高人民法院发布生物多样性司法保护典型案例》案例8
2022年12月5日

【基本案情】

2020年2月12日，被告人泽某甲吸烟后对烟头处理不当，导致红原县瓦切镇发生草原大火，后经当地群众及应急管理部门组织，于2020年2月14日扑灭。经林业和草原部门认定，此次大火造成草原过火面积2119公顷。

【裁判结果】

四川省红原县人民法院一审认为，被告人泽某甲过失引起Ⅲ级草原火灾，过火面积达 2119 公顷，造成严重后果，危害公共安全，其行为构成失火罪，判处有期徒刑三年。宣判后，各方未上诉、抗诉，一审判决已发生法律效力。

【典型意义】

红原大草原是黄河上游的重要水源涵养地和动植物物种资源库，孕育了喜马拉雅山旱獭、藏狐、斑羚、猞猁等珍稀动物 200 余种，广产贝母、甘松、大黄、羌活、虫草等 500 余种中药材，被联合国教科文组织授予"中国湿地保护区"。维护草原生态平衡，对于坚持山水林田湖草沙一体化保护和系统治理具有重要意义。本案系因扔烟头引发的大面积草原火灾，对公共安全和生态环境造成了较为严重的后果。人民法院依法惩处危害草原防火安全的犯罪行为，坚守高原公平，维护云端正义，为提高全民防火意识，守护"中华水塔"生态环境，筑牢长江、黄河上游生态屏障，维护区域生物多样性提供了有力司法保障。

王某某祁连山森林草原失火刑事附带民事公益诉讼案

《最高人民法院发布青藏高原生态保护典型案例》案例 2

2023 年 5 月 5 日

【基本案情】

2022 年 5 月 16 日，被告人王某某在祁连山国家公园甘肃片区土林沟青泉一带，参加肃南县某村"祭泉"民俗活动时，使用随身携带的打火机点燃"煨桑"用品。活动结束后，王某某用石块将"煨桑"火种封盖，在未确定火种完全熄灭的情况下离开，致使火种引燃周边干草引发火灾。经鉴定，过火总面积 121.69 亩，其中乔木林地 35.43 亩、天然牧草地 86.26 亩，火灾共烧毁祁连圆柏 847 株、青海云杉 778 株、爬地柏 842 株、锦鸡儿 6930 丛，损失共计 468578 元。祁连山林区人民检察院以失火罪对王某某提起公诉，同时提起附带民事公益诉讼。

【裁判结果】

甘肃省祁连山林区法院一审认为，王某某因过失引发森林草原火灾，构成失火罪。其行为同时侵害国家林草资源，破坏自然生态，给国家和社会公共利益造成较大损害，依法应承担民事侵权责任。遂判处王某某有期徒刑九个月，缓刑一年六个月；王某某依据补植工程作业设计完成生态修复义务，逾期未按要求完成修复，承担生态修复费用98.67万元或按照后期评估数额承担相应费用。宣判后，各方未上诉、抗诉，一审判决已发生法律效力。

【典型意义】

祁连山绵亘于青藏高原东北边缘，是我国重要生态功能区，生态系统涵盖森林、草原、冰川、荒漠等，自然资源丰富，珍稀野生动植物种类繁多，在维系高原高寒生态系统质量和稳定性方面发挥着重要作用。本案系因野外用火不慎引发森林草原失火的刑事案件。人民法院在综合研判案件实际情况与当地生态条件的前提下，采纳专业机构意见，判决附带民事公益诉讼被告按照专业修复方案对遭受破坏的林草资源予以植被恢复。同时，考虑到祁连山区域内有多个民族居住生活，民族风俗各异，野外用火频次较高，人民法院前往案发地宣判，以案释法，警醒广大群众提高森林草原防火及安全用火意识，在传承民族风俗文化的同时，共同守护好赖以生存的绿色家园，取得了"挽救一个人，教育一群人，恢复一片绿"的良好效果。

李某某、羊某某失火、非法狩猎刑事附带民事公益诉讼案

《国家公园司法保护典型案例》案例6

2023年10月17日

【基本案情】

被告人李某某与羊某某相约到山林内熏蜂采摘野生蜂蜜，并将该过程录制视频用于蜂蜜出售。2021年4月1日，李某某、羊某某到海南热带雨林国家公园管护站内会合，并携带打火机、铁桶、摄像机等工具步行上山寻找蜂蜜。后李某某在点燃火把熏蜂过程中，不慎将蜂窝周围的茅草引燃。李某某一边扑火，一边喊羊某某帮忙救火。羊某某发现火势正在向其所在位置燃烧便逃离现场，李某某见状也逃离现场。经鉴定，本次森林火灾过火面积为90

亩（均为有林地），系一级保护林地（重点公益林），火烧林木的树种为松树和天然阔叶树。羊某某、李某某被抓获归案后，羊某某如实供述了公安机关尚未掌握的本人非法狩猎罪的犯罪行为。海南省人民检察院第二分院以李某某、羊某某犯失火罪，以羊某某另犯非法狩猎罪提起公诉；并对二人提起附带民事公益诉讼，诉请：羊某某、李某某按照生态环境修复方案共同对被毁损的90亩林地进行异地修复，或者连带承担修复费用26.7万元（通过支付费用或劳务代偿等方式履行），连带赔偿被毁林地生态环境受到损害至修复完成期间服务功能丧失造成的损失698736元、本案鉴定及修复方案编制费用3万元。

【裁判结果】

海南省第二中级人民法经审理认为，李某某、羊某某违反森林保护及森林防火法规，熏蜂采蜜造成森林火灾，使公私财产遭受重大损失，构成失火罪。羊某某违反狩猎法规，在禁猎区内使用禁用工具、方法进行狩猎，破坏野生动物资源，情节严重，构成非法狩猎罪。李某某、羊某某失火行为大量烧毁林木，对当地林业资源及生态环境造成严重损害，应承担相应的民事责任。遂判处羊某某数罪并罚，决定执行有期徒刑一年六个月，李某某有期徒刑一年二个月；判令李某某、羊某某连带承担异地修复费用26.7万元（通过支付费用或劳务代偿等方式履行）、生态服务功能损失鉴定及修复方案编制费用3万元，连带赔偿被毁林地生态环境受到损害至修复完成期间服务功能丧失造成的损失698736元。宣判后，各方未上诉、抗诉，一审判决已发生法律效力。

【典型意义】

本案系发生在海南热带雨林国家公园范围内的一起刑事附带民事公益诉讼案件。海南热带雨林国家公园面积占全国国土面积的比例不足0.046%，但拥有全国约20%的两栖类、33%的爬行类、38.6%的鸟类和20%的兽类野生动物资源，其中属于国家重点保护野生动物的有145种，属于海南省特有野生动物的有23种，有着极其重要的生物多样性价值。保护好海南热带雨林国家公园的良好生态环境，是人民法院环境资源审判工作的重要使命。本案中，人民法院依法严肃打击对热带雨林生态平衡有严重影响的失火、非法狩猎犯罪行为的同时，判令侵权人依法承担生态赔偿责任，践行了生态环境保护领域的最严法治原则。此外，考虑到被告经济困难，准许其通过劳务代偿的方式履行异地生态修复义务，既体现了司法对民生保障的关切，也有助于判决内容的实际履行，帮助被告改变其固有的"靠山吃山、靠海吃海"思想，有利于带动周边亲友转变生产生活方式，实现人与自然的和谐共生。

王某某破坏易燃易爆设备案
——破坏正在使用的油气设备盗窃油气导致发生火灾
构成破坏易燃易爆设备罪

《最高人民法院发布依法惩治危害公共安全犯罪典型案例》案例2
2024年4月2日

【基本案情】

2012年8月30日凌晨3时许，被告人王某某伙同赵某甲、赵某乙、毛某某（均已判刑）和刘某某（已在本案中死亡），携带管钳、胶管等工具，驾驶两辆面包车至天津市滨海新区津歧公路东侧大港油田采油一厂作业一区正在作业的港511K井，打开油井阀门接上胶管盗窃原油。其间，因油井释放的可燃气体浓度过大，刘某某启动面包车时引发火灾，造成油井开关控制柜、电缆、仪表和两辆盗油面包车被烧毁，刘某某全身被烧伤，后经医治无效死亡。经鉴定，被烧毁的电缆等物品共计价值6120元。王某某于2021年3月11日被抓获。

【裁判结果】

天津市滨海新区人民法院审理认为，被告人王某某伙同他人采用破坏性手段盗窃正在生产的油井中的原油，致1人死亡，造成严重后果，行为已构成破坏易燃易爆设备罪。王某某与多名同案犯事先就盗窃原油进行预谋，并共同实施盗窃原油行为，系主犯。王某某归案后如实供述自己罪行，构成坦白，依法可以从轻处罚；自愿认罪认罚，可以依法从宽处理。据此，于2021年6月3日作出判决，以破坏易燃易爆设备罪判处被告人王某某有期徒刑十年。一审宣判后无抗诉、上诉，判决已发生法律效力。

【典型意义】

近年来，盗窃油气、破坏油气设备违法犯罪行为时有发生，社会危害严重。此类行为直接危害公共安全，影响能源安全，人民法院要充分发挥审判职能作用，依法有效惩处打孔盗油、开井盗油、破坏油气田及输油气管道等油气设备违法犯罪行为，特别是对于在实施上述行为过程中引发火灾、爆炸等事故、造成严重后果的，更要依法予以严惩。行为人在实施盗窃油气等行为的过程中，采用切割、打孔、撬砸、拆卸手段破坏正在使用的油气设备，危害公共安全，或者采取开、关等手段破坏正在使用的油气设备，足以引发火灾、爆炸等危险，尚未造成严重后果的，依照《刑法》第一百一十八条的规定，以破坏易燃易爆设备罪定罪处罚；导致发生火灾、爆炸等，造成严重后果的，依照《刑法》第一百一十九条第一款的规定，处十年以上有期徒刑、无期徒刑或者死刑。盗窃油气或者正在使用的油气设备，不足以危害公共安全，但数额较大或者多次盗窃、携带凶器盗窃的，依照刑法第 264 条的规定，以盗窃罪定罪处罚。行为同时符合破坏易燃易爆设备罪和盗窃罪构成要件的，应当依照处罚较重的规定定罪处罚，以做到罚当其罪。

"3·01"暴恐案

《最高人民法院发布三起涉国家安全典型案例》第 1 号

2018 年 4 月 16 日

【基本案情】

2014 年 3 月 1 日，一伙暴徒在昆明火车站持刀砍杀无辜群众，造成 31 人死亡，141 人受伤，其中 40 人重伤。

【裁判结果】

法院经依法审理，以组织、领导恐怖组织罪和故意杀人罪数罪并罚判处依斯某、吐某、玉某死刑；以参加恐怖组织罪和故意杀人罪数罪并罚判处帕某无期徒刑。

张某某宣扬恐怖主义、极端主义案

《最高人民法院发布三起涉国家安全典型案例》第 2 号
2018 年 4 月 16 日

【基本案情】

2016 年年初，张某某通过手机移动上网下载暴力恐怖视频和图片。2016 年 2 月至 2016 年 10 月间，张某某先后将下载的部分暴力恐怖视频和图片上传至 QQ 空间，供他人浏览。

【裁判结果】

法院经依法审理，认定被告人张某某犯宣扬恐怖主义、极端主义罪，判处有期徒刑二年三个月，并处罚金人民币 5000 元。

刘某某、孙某某非法买卖枪支案
——综合考虑案件情节确定涉气枪刑事案件的刑事责任

《最高人民法院发布依法惩治危害公共安全犯罪典型案例》案例 3
2024 年 4 月 2 日

【基本案情】

2013 年 12 月，浙江省桐庐县男子张某某、方某某（均另案处理）欲开设真人 CS 野战俱乐部，通过他人介绍与北京市卖家被告人刘某某取得联系洽谈购买彩弹枪事宜。2014 年 12 月，张某某、方某某前往北京市向刘某某支付现金 3 万元，刘某某将 40 支彩弹枪成套散件邮寄给张某某，张某某将尾款 6 万元交由物流公司转交给刘某某。

2014 年 6 月，被告人孙某某欲为其与他人共同经营的黑龙江省齐齐哈尔市某拓展训练公司购买开展野外真人 CS 游戏所需枪支，经与共同经营人商议后，由共同经营人通过网络联系到刘某某，并前往北京市从刘某某处以 3.2 万元的价格购得 24 支彩弹枪成套散件及彩弹 5000 余发，通过物流途径发往齐齐哈尔市孙某某等人处。

经鉴定，涉案彩弹枪中，张某某和方某某购买的15支、孙某某等人购买的3支的枪口比动能在1.8焦耳/平方厘米以上，符合相关规定标准，认定为以压缩气体为动力的枪支，但枪口比动能总体较低；其余46支彩弹枪不能正常击发或枪口比动能小于1.8焦耳/平方厘米，不能认定为枪支。

【裁判结果】

黑龙江省齐齐哈尔市铁锋区人民法院经审理认为，被告人刘某某、孙某某的行为均构成非法买卖枪支罪，综合考虑各被告人的主观恶性、买卖枪支数量、用途、危害后果、认罪态度等，于2019年5月9日作出判决，对被告人刘某某以非法买卖枪支罪判处有期徒刑三年六个月；对被告人孙某某以非法买卖枪支罪判处有期徒刑一年，缓刑一年，并按照法定刑以下判处刑罚程序报请核准。最高人民法院经复核认为，原判对刘某某以非法买卖枪支罪判处有期徒刑罚三年六个月，不属于需要在法定刑以下判处刑罚报请核准的情形，且对孙某某所判刑罚过重，裁定不核准并撤销对被告人刘某某、孙某某的量刑，发回齐齐哈尔市铁锋区人民法院重新审判。齐齐哈尔市铁锋区人民法院经重新审理，于2022年5月30日作出判决，对被告人刘某某以非法买卖枪支罪判处有期徒刑三年六个月；对被告人孙某某以非法买卖枪支罪免予刑事处罚。一审宣判后无抗诉、上诉，判决已发生法律效力。

【典型意义】

枪支、弹药、爆炸物管理直接关系到社会公共安全和人民群众生命财产安全，一旦失管失控、被不法分子用于非法目的，将形成重大安全风险，造成严重社会危害。对于非法制造、买卖、运输、邮寄、储存、持有、私藏、走私枪支、弹药，以及非法制造、买卖、运输、邮寄、储存爆炸物行为，应当依照《刑法》和有关司法解释的规定，从严追究刑事责任。另一方面，审理涉枪支、弹药、爆炸物刑事案件也要兼顾案件各方面因素，贯彻宽严相济刑事政策要求，做到罚当其罪，确保案件裁判结果符合人民群众对公平正义的心理期待。对于非法制造、买卖、运输、邮寄、储存、持有、私藏、走私以压缩气体为动力且枪口比动能较低的枪支以及气枪铅弹行为，应当依照《刑法》和《最高人民法院、最高人民检察院关于涉以压缩气体为动力的枪支、气枪铅弹刑事案件定罪量刑问题的批复》的规定，综合考虑案件情节，综合评估社会危害性，坚持主客观相统一，决定是否追究刑事责任以及如何裁量刑罚，确保罪责刑相适应。另外，《最高人民法院、最高人民检察院关于涉以压缩气体为动力的枪支、气枪铅弹刑事案件定罪量刑问题的批复》对相关司法解释规定的非法制造、买卖、运输、邮寄、储存、持有、私藏、走私枪支、弹药犯罪的定罪量刑标准作了进一步细化完善。对于达到相关司法解释规定的相关犯罪"情节严重"或者"情节特别严重"的认定标准，依照该批复的规定不认定为"情节严重"或者"情节特别严重"的，不属于根据案件的特殊情况在法定刑以下判处刑罚的情形，不适用《刑法》第六十三条第二款规定的在法定刑以下判处刑罚核准程序。

胡某某、丁某某投放危险物质案

《最高人民法院公布四起环境污染犯罪典型案例》第 4 号

2013 年 6 月 18 日

【基本案情】

盐城市某化工有限公司系环保部门规定的"废水不外排"企业。被告人胡某某系某化工公司法定代表人，曾因犯虚开增值税专用发票罪于 2005 年 6 月 27 日被盐城市盐都区人民法院判处有期徒刑二年，缓刑三年。被告人丁某某系某化工公司生产负责人。2007 年 11 月底至 2009 年 2 月 16 日期间，被告人胡某某、丁某某在明知该公司生产过程中所产生的废水含有苯、酚类有毒物质的情况下，仍将大量废水排放至该公司北侧的五支河内，任其流经蟒蛇河污染盐城市区城西、越河自来水厂取水口，致盐城市区 20 多万居民饮用水停水长达 66 小时 40 分钟，造成直接经济损失人民币 543.21 万元。

【裁判结果】

盐城市盐都区人民法院一审判决、盐城市中级人民法院二审裁定认为，胡某某、丁某某明知其公司在生产过程中所产生的废水含有毒害性物质，仍然直接或间接地向其公司周边的河道大量排放，放任危害不特定多数人的生命、健康和公私财产安全结果的发生，使公私财产遭受重大损失，构成投放危险物质罪，且属共同犯罪。胡某某在共同犯罪中起主要作用，是主犯；丁某某在共同犯罪中起次要作用，是从犯。胡某某系在缓刑考验期限内犯新罪，依法应当撤销缓刑，予以数罪并罚。据此，撤销对被告人胡某某的缓刑宣告；被告人胡某某犯投放危险物质罪，判处有期徒刑十年，与其前罪所判处的刑罚并罚，决定执行有期徒刑十一年；被告人丁某某犯投放危险物质罪，判处有期徒刑六年。

蔡某投放危险物质案

《最高人民法院发布98起未成年人审判工作典型案例》第36号
2014年11月24日

【基本案情】

被告人蔡某，案发时已满14周岁未满15周岁。2009年9月17日下午，蔡某在其就读的中学操场上，将捡来的用于毒杀老鼠的有毒谷粒投放进正在操场进行体育锻炼的5名学生的饮水瓶内，导致3名学生中毒。第二天，蔡某投案自首，称他投放老鼠药是想毒死经常欺负他的同学谢某，但当时谢某不在操场上，所以采取这种方式毒害其他同学来出气，但只想让喝了水的同学出现拉肚子等中毒现象，并不想毒死人。经司法鉴定蔡某患有轻度精神发育迟滞。

【裁判结果】

广东省广州市越秀区人民法院经审理认定，被告人蔡某犯投放危险物质罪，判处有期徒刑九个月，缓刑一年二个月。广州市中院二审维持原判。

【案例评析】

本案的特色做法为挽救罪错未成年人走出一条新路子。一是聘请社会调查员开展全面的庭前调查。越秀区法院聘请了社会调查员对蔡某的家庭、学校、社区进行了全面的庭前调查，了解到蔡某自幼患有智力障碍，小学期间曾休学两年治疗，其父母长期在东莞打工和生活，蔡某从4岁开始由爷爷奶奶抚养，爷爷奶奶平时对其过度呵护。经过综合分析考虑，法院通知了蔡某的爷爷奶奶到庭对其进行感情疏导,较好地安抚了蔡某的紧张情绪,有效地配合法院进行庭审活动。二是引入心理干预机制,为案件审理提供科学依据并为判后帮教指明方向。越秀区法院委托了专业机构对蔡某进行心理评估与智力测评。《心理评估报告》显示,蔡某属中度精神发育迟滞,轻度的强迫症状,明显的敏感或多疑,观察力、思考力、判断力等认知能力发展落后,自我控制能力较弱,加之法律意识淡薄,易出现冲动行为。法院参考心理评估报告的测评情况,考虑到蔡某存在心理偏差、性格障碍或人格障碍,最终对其减轻处罚并适用缓刑。三是积极做好判后复学等延伸帮教工作。越秀区法院通过走访相关教育机构了解到,依被告人现有情形更适宜转入专业学校就读,在征得其家长的同意后,法院通过区教育局的大力协助,选定了一家省特殊教育实验基地、实行九年义务教育的智障儿童学校,并顺利将蔡某送入该校就读。

黎某某以危险方法危害公共安全案

《最高人民法院关于印发醉酒驾车犯罪法律适用问题
指导意见及相关典型案例的通知》第1号
2009年9月11日 法发〔2009〕47号

被告人黎某某,男,汉族,1964年4月30日生于广东省佛山市,初中文化,佛山市个体运输司机。1981年12月11日因犯抢劫罪、故意伤害罪被判处有期徒刑四年六个月。2006年9月17日因本案被刑事拘留,同月28日被逮捕。

2006年9月16日18时50分许,被告人黎某某大量饮酒后,驾驶车牌号为粤A1J3××的面包车由南向北行驶至广东省佛山市南海区盐步碧华村新路治安亭附近路段时,从后面将骑自行车的被害人李某某及其搭乘的儿子陈某某撞倒,致陈某某轻伤。撞人后,黎某某继续开车前行,撞坏治安亭前的铁闸及旁边的柱子,又掉头由北往南向穗盐路方向快速行驶,车轮被卡在路边花地上。被害人梁某某(系黎某某的好友)及其他村民上前救助伤者并劝阻黎某某,黎某某加大油门驾车冲出花地,碾过李某某后撞倒梁某某,致李某某、梁某某死亡。黎某某驾车驶出路面外被治安队员及民警抓获。经检验,黎某某案发时血液中检出乙醇成分，含量为369.9毫克/100毫升。

被告人黎某某在医院被约束至酒醒后，对作案具体过程无记忆，当得知自己撞死二人、撞伤一人时，十分懊悔。虽然其收入微薄，家庭生活困难，但仍多次表示要积极赔偿被害人亲属的经济损失。

广东省佛山市人民检察院指控被告人黎某某犯以危险方法危害公共安全罪，向佛山市中级人民法院提起公诉。佛山市中级人民法院于2007年2月7日以（2007）佛刑一初字第1号刑事附带民事判决，认定被告人黎某某犯以危险方法危害公共安全罪，判处死刑，剥夺政治权利终身。宣判后，黎某某提出上诉。广东省高级人民法院于2008年9月17日以（2007）粤高法刑一终字第131号刑事裁定，驳回上诉，维持原判，并依法报请最高人民法院核准。

最高人民法院复核认为，被告人黎某某酒后驾车撞倒他人后，仍继续驾驶，冲撞人群，其行为已构成以危险方法危害公共安全罪，黎某某醉酒驾车撞人，致二人死亡、一人轻伤，犯罪情节恶劣，后果特别严重，应依法惩处。鉴于黎某某是在严重醉酒状态下犯罪，属间接故意犯罪，与蓄意危害公共安全的直接故意犯罪有所不同；且其归案后认罪、悔罪态度较好，依法可不判处死刑。第一审判决、第二审裁定认为的事实清楚，证据确实、充分，定罪准确，审判程序合法，但量刑不当。依照《刑事诉讼法》第一百九十九条和《最高人民法院关于复核死刑案件若干问题的规定》第四条的规定，裁定不核准被告人黎某某死刑，撤销广东省高级人民法院（2007）粤高法刑一终字第131号刑事裁定，发回广东省高级人民法院重新审判。

广东省高级人民法院重审期间，与佛山市中级人民法院一同做了大量民事调解工作。被告人黎某某的亲属倾其所有，筹集15万元赔偿给被害方。

广东省高级人民法院审理认为，被告人黎某某醉酒驾车撞倒李某某所骑自行车后，尚知道驾驶车辆掉头行驶；在车轮被路边花地卡住的情况下，知道将车辆驾驶回路面，说明其案发时具有辨认和控制能力。黎某某撞人后，置被撞人员于不顾，也不顾在车前对其进行劝阻和救助伤者的众多村民，仍继续驾车企图离开现场，撞向已倒地的李某某和救助群众梁某某，致二人死亡，说明其主观上对在场人员伤亡的危害结果持放任态度，具有危害公共安全的间接故意。因此，其行为已构成以危险方法危害公共安全罪。黎某某犯罪情节恶劣，后果严重。但鉴于黎某某系间接故意犯罪，与蓄意危害公共安全的直接故意犯罪相比，主观恶性不是很深，人身危险性不是很大；犯罪时处于严重醉酒状态，辨认和控制能力有所减弱；归案后认罪、悔罪态度较好，积极赔偿了被害方的经济损失，依法可从轻处罚。据此，于2009年9月8日作出（2007）粤高法刑一终字第131-1号刑事判决，认定被告人黎某某犯以危险方法危害公共安全罪，判处无期徒刑，剥夺政治权利终身。

孙某某以危险方法危害公共安全案

《最高人民法院关于印发醉酒驾车犯罪法律适用问题
指导意见及相关典型案例的通知》第2号
2009年9月11日 法发〔2009〕47号

被告人孙某某，男，汉族，1979年5月9日出生于西藏自治区，高中文化，成都奔某电子信息技术有限公司员工。2008年12月15日被刑事拘留，同月26日被逮捕。

2008年5月，被告人孙某某购买一辆车牌号为川A43K××的别克轿车。之后，孙某某在未取得驾驶证的情况下长期驾驶该车，并多次违反交通法规。同年12月14日中午，孙某某与其父母为亲属祝寿，大量饮酒。当日17时许，孙某某驾驶其别克轿车行至四川省成都市成龙路"蓝谷地"路口时，从后面撞向与其同向行驶的车牌号为川A9T3××的一辆比亚迪轿车尾部。肇事后，孙某某继续驾车超限速行驶，行至成龙路"卓锦城"路段时，越过中心黄色双实线，先后与对面车道正常行驶的车牌号分别为川AUZ8××的长安奔奔轿车、川AK17××的长安奥拓轿车、川AVD2××的福特蒙迪欧轿车、川AMC3××的奇瑞QQ轿车等4辆轿车相撞，造成车牌号为川AUZ8××的长安奔奔轿车上的张某某、尹某某夫妇和金某某、张某甲夫妇死亡，代某某重伤，以及公私财产损失5万余元。经鉴定，孙某某驾驶的车辆碰撞前瞬间的行驶速度为134~138公里/小时；孙某某案发时血液中的乙醇含量为135.8毫克/100毫升。案发后，孙某某的亲属赔偿被害人经济损失11.4万元。

四川省成都市人民检察院指控被告人孙某某犯以危险方法危害公共安全罪，向成都市中级人民法院提起公诉。成都市中级人民法院于2009年7月22日以（2009）成刑初字第158号刑事判决，认定被告人孙某某犯以危险方法危害公共安全罪，判处死刑，剥夺政治权利终身。宣判后，孙某某提出上诉。

四川省高级人民法院审理期间，被告人孙某某之父孙某表示愿意代为赔偿被害人的经济损失，社会各界人士也积极捐款帮助赔偿。经法院主持调解，孙林代表孙某某与被害方达成民事赔偿协议，并在身患重病、家庭经济并不宽裕的情况下，积极筹款赔偿了被害方经济损失，取得被害方一定程度的谅解。

四川省高级人民法院审理认为，被告人孙某某无视交通法规和公共安全，在未取得驾驶证的情况下，长期驾驶机动车辆，多次违反交通法规，且在醉酒驾车发生交通事故后，继续驾车超限速行驶，冲撞车辆多辆，造成数人伤亡的严重后果，说明其主观上对危害结果的发生持放任态度，具有危害公共安全的间接故意，其行为已构成以危险方法危害公共安全罪。孙某某犯罪情节恶劣，后果严重。但鉴于孙某某是间接故意犯罪，不希望、也不积极追求危害后果发生，与直接故意驾车撞击车辆、行人的犯罪相比，主观恶性不是很深，人身危险性不是很大；犯罪时处于严重醉酒状态，其对自己行为的辨认和控制能力有所减弱；案发后，真诚悔罪，并通过亲属积极筹款赔偿被害方的经济损失，依法可从轻处罚。据此，四川省高级人民法院于2009年9月8日作出（2009）川刑终字第690号刑事判决，认定被告人孙某某犯以危险方法危害公共安全罪，判处无期徒刑，剥夺政治权利终身。

刘某、奚某某、肖某、陈某某、刘某某以危险方法危害公共安全案

《最高人民法院公布危害食品安全犯罪典型案例》第1号

2011年11月24日

【基本案情】

被告人刘某，男，1968年8月20日出生，汉族，个体工商户。

被告人奚某某，男，1983年10月26日出生，汉族，个体工商户。

被告人肖某，男，1968年5月25日出生，汉族，个体工商户。

被告人陈某某，化名刘建业，男，1974年11月10日出生，汉族，个体工商户。

被告人刘某某,女,1976年1月6日出生,汉族,个体工商户。

2007年初,被告人刘某与被告人奚某某在明知盐酸克仑特罗(俗称"瘦肉精")是国家法律禁止在饲料和动物饮用水中使用的药品,且使用盐酸克仑特罗饲养的生猪流入市场会对消费者身体健康、生命安全造成危害的情况下,为牟取暴利,二人商议:双方各投资5万元,刘某负责技术开发和生产,奚某某负责销售,利润均分。同年8、9月份,刘某在湖北省襄阳市谷城县研制出盐酸克仑特罗后,与奚某某带样品找到被告人陈某某、肖某对样品进行试验、推销。肖某和陈某某明知使用盐酸克仑特罗饲养的生猪流入市场后会对消费者身体健康、生命安全造成危害,却仍将刘某生产的盐酸克仑特罗出售给收猪经纪人试用,得知效果良好后,将信息反馈给刘某、奚某某。此后,刘某等人开始大量生产、销售盐酸克仑特罗。截至2011年3月,刘某共生产、销售盐酸克仑特罗2700余千克,销售金额640余万元。奚某某与刘某共同销售,以及从迟某某(另案处理)等人处购买后单独销售盐酸克仑特罗共1400余千克,销售金额440余万元。肖某从刘某处购买盐酸克仑特罗1300余千克并予以销售,销售金额300余万元。陈某某从刘某处购买盐酸克仑特罗600余千克,按照一定比例勾兑淀粉后销售,销售金额200余万元。被告人刘某某明知盐酸克仑特罗的危害,仍协助刘某从事购买原料和盐酸克仑特罗的生产、销售等活动。五名被告人生产、销售的盐酸克仑特罗被分布在8个不同省市的生猪养殖户用于饲养生猪,致使大量含有盐酸克仑特罗的猪肉流入市场,给广大消费者身体健康造成严重危害,并使公私财产遭受特别重大损失。

【裁判结果】

河南省焦作市中级人民法院一审判决、河南省高级人民法院二审裁定认为,被告人刘某、奚某某、肖某、陈某某、刘某某明知使用盐酸克仑特罗饲养生猪对人体的危害,被国家明令禁止,刘某、奚某某仍大量非法生产用于饲养生猪的盐酸克仑特罗并销售,肖某、陈某某积极参与试验,并将盐酸克仑特罗大量销售给生猪养殖户,刘某某协助刘某购买部分原料、帮助生产、销售盐酸克仑特罗,致使使用盐酸克仑特罗饲养的生猪大量流入市场,严重危害不特定多数人的生命、健康,致使公私财产遭受特别重大损失,社会危害极大,影响极其恶劣,五名被告人的行为均已构成以危险方法危害公共安全罪，系共同犯罪。刘某、奚某某、肖某、陈某某均系主犯，刘某某系从犯，且有重大立功表现，依法应当减轻处罚，依法判处被告人刘某死刑，缓期二年执行，剥夺政治权利终身；判处被告人奚某某无期徒刑，剥夺政治权利终身；判处被告人肖某有期徒刑十五年，剥夺政治权利五年；判处被告人陈某某有期徒刑十四年，剥夺政治权利三年；判处被告人刘某某有期徒刑九年。

傅某某以危险方法危害公共安全案

《最高人民法院公布五起涉毒犯罪典型案例》第 4 号

2011 年 6 月 21 日

【基本案情】

被告人傅某某，男，汉族，1986 年 12 月 26 日出生，保险公司业务员。

2010 年 5 月 26 日 20 时 30 分许，被告人傅某某驾驶一辆红色奔腾轿车从住处外出接朋友。途中，傅某某停车并在车内吸食随车携带的毒品氯胺酮，后继续驾车前行。当车行至一超市附近时，傅某某出现轻微头晕、亢奋等反应，但仍继续驾车前行。20 时 50 分许，傅某某停车后（未熄火），出现严重意识模糊、严重头晕等反应，并产生幻觉。随后，傅某某踩油门驾车前行，连续与两辆三轮车发生轻微碰撞。稍作停顿后，傅某某又踩油门驾车前行，与一辆行驶的三轮车迎面相撞，将三轮车主及多名行人撞倒在地，并将三轮车压于轿车左下方。停顿约 5 分钟后，傅某某又猛踩油门驾车顶着三轮车前行，在撞翻路边多家摊位，撞倒多名摊主和行人后，因车轮被台阶卡住而被迫停下。傅某某的驾车冲撞行为共造成 20 人受伤，其中 1 人重伤、4 人轻伤、15 人轻度伤，并造成共计 1.6 万余元的财产损失。傅某某被抓获后，公安人员从其所驾轿车内查获氯胺酮 2.33 克。

案发后，被告人傅某某认罪、悔罪，其家属与 25 名被害人达成调解协议。

【裁判结果】

法院认为，被告人傅某某吸食毒品产生幻觉后，驾驶机动车在人群密集路段肇事，后又继续驾车冲撞，致多人受伤，并造成他人财产受损，其行为已构成以危险方法危害公共安全罪，应依法惩处。鉴于傅某某归案后认罪态度较好，取得被害人的谅解，被害人的经济损失依法得到赔偿，对傅某某可酌情从轻处罚。据此，以以危险方法危害公共安全罪判处被告人傅某某有期徒刑五年。

陈某某以危险方法危害公共安全案
——吸毒后驾驶机动车危害公共安全，投案自首，依法惩处

《最高人民法院公布毒品犯罪及吸毒诱发次生
犯罪十大典型案例》第 10 号
2016 年 6 月 24 日

【基本案情】

被告人陈某某，男，汉族，1984 年 2 月 29 日出生，个体经营户。

2015 年 3 月 20 日，被告人陈某某驾车途中，在一高速公路服务区停车吸食毒品。当日 23 时许，陈某某驾车行至上海市曲阳路、中山北二路时，遇公安人员设卡例行检查。陈某某拒不接受检查，强行驾车闯卡逃逸，公安人员遂驾驶警车对其进行追截。陈某某驾车连续闯红灯、在非机动车道逆向快速行驶、碰撞道路隔离栏，并剐倒一名行人，在逃至广灵二路近广纪路口时被追截的警车碰撞仍不停车，在撞碎一面包房玻璃墙后弃车逃跑。次日，陈某某向公安机关投案。

【裁判结果】

本案由上海市虹口区人民法院审理。

法院认为，被告人陈某某吸食毒品后驾车违法行驶，危及不特定多数人的人身、财产安全，其行为已构成以危险方法危害公共安全罪。陈某某作案后主动投案，如实供述犯罪事实，构成自首，依法可从轻处罚。据此，依法对被告人陈某某判处有期徒刑三年六个月。

宣判后，在法定期限内没有上诉、抗诉，上述裁判已于 2015 年 9 月 18 日发生法律效力。

【典型意义】

吸食毒品严重危害吸毒人员身心健康。一些毒品因具有兴奋、致幻作用，吸食后会对吸毒人员的驾驶能力产生影响，使其出现感知错位、注意力无法集中、幻视幻听等症状。因此，吸毒后驾驶机动车，极易因驾驶行为失控而肇事肇祸。此类案件近年来已多次发生。本案就是一起吸毒后驾驶机动车危害公共安全的典型案例。被告人陈某某吸食毒品后驾车进入上海市区，遇检查而强行闯卡、连续违法，并撞击公共设施、剐蹭行人、毁坏他人财物，其行为严重影响交通安全，并对不特定多数人的人身、财产权益造成了损害。人民法院依法认定陈某某的行为构成以危险方法危害公共安全罪，但鉴于其有自首情节而对其从轻处罚，较好地体现了宽严相济刑事政策。

李某某、李某甲、李某乙、苏某某、苏某甲、邓某某非法买卖、储存爆炸物，非法采矿，重大劳动安全事故，不报安全事故，行贿案

（河北蔚县某煤矿"7.14"特别重大事故）

《最高人民法院发布危害生产安全犯罪典型案例》案例1
2012年1月10日

【基本案情】

被告人李某某，男，汉族，1971年5月30日出生，河北省蔚县南留庄镇东寨村党支部书记，蔚县某煤矿开采有限责任公司股东、某煤矿新立井投资人。

被告人李某甲，男，汉族，1963年1月28日出生，蔚县某煤矿开采有限责任公司法定代表人、股东，某煤矿新立井投资人。

被告人李某乙，男，汉族，1964年12月1日出生，蔚县某煤矿开采有限责任公司股东、某煤矿新立井投资人。

被告人苏某某，男，汉族，1953年10月19日出生，蔚县某二井煤矿矿长。

被告人苏某甲，男，汉族，1977年1月27日出生，蔚县某煤矿新立井经

营矿长。

被告人邓某某，男，汉族，1969年10月7日出生，蔚县某煤矿新立井包工队经理。

1. 关于非法买卖、储存爆炸物事实：因某煤矿新立井无合法手续，被告人李某某、李某甲等非法购买炸药、雷管用于生产。2008年3、4月份，被告人苏某某告知李某某需购买炸药、雷管，李某某安排苏某某通过魏某某（另案处理）联系非法购买炸药3吨、雷管3500枚。之后，李某某、苏某某又向刘某某（另案处理）非法购买炸药3吨、雷管5000枚。2008年7月14日9时30分，新立井井下非法存放的炸药自燃起火，造成34人死亡、1人失踪。

2. 关于非法采矿事实：2004年11月，被告人李某某、李某甲、李某乙未取得采矿许可证，在蔚县白草村乡西细庄井田东翼建成某煤矿新立井擅自采矿。其间，被政府相关部门责令停止采矿时采取伪造假协议等手段拒不执行。2007年至2008年，被告人苏某某、苏某甲分别担任新立井经营矿长；被告人邓某某在其兄邓某甲（另案处理）承包新立井采煤期间担任包工队经理，负责采煤和安全管理工作。经评估，新立井从2006年6月出煤至2008年7月期间共盗采煤炭11.46万吨，价值人民币2400.18万元。

3. 关于重大劳动安全事故事实：被告人李某某、李某甲、李某乙、苏某甲、邓某某明知新立井是独眼井，安全生产设施、安全生产条件均不符合国家规定，仍从事生产作业。2008年7月14日9时30分，该井井下存放的炸药在潮湿环境下热分解，形成自燃，燃烧产生大量一氧化碳、氮氧化合物等有毒有害物质，造成34人死亡、1人失踪，直接经济损失1924.38万元。

4. 关于不报安全事故事实：上述安全责任事故发生后，被告人李某某、李某甲、李某乙、苏某某、苏某甲等人未向有关部门上报，自行组织人员盲目施救，造成次生矿难事故。为隐瞒事故，又安排将其中28具死亡人员的尸体转移到河北省阳原县殡仪馆火化，并封闭事故井口，拆毁、转移井架等设备，破坏井下及地面事故现场，销毁新立井账本和技术资料等。

5. 关于行贿事实：2006年至2008年7月，被告人李某某、李某甲、李某乙为谋取不正当利益，分别多次向多名国家工作人员行贿，共计价值人民币76.13万元。

【裁判结果】

河北省张家口市中级人民法院一审判决、河北省高级人民法院复核裁定认为，被告人李某某、李某甲、苏某某等非法买卖、储存炸药、雷管，造成严重后果，情节严重，构成非法买卖、储存爆炸物罪；被告人李某某、李某甲、李某乙、苏某某、苏某甲、邓某某违反矿产资源法规，未取得采矿许可证擅自采矿，被责令停止开采而拒不执行，造成矿产资源严重破坏，构成非法采矿罪；被告人李某某、李某甲、李某乙明知矿井安全生产设施和安全生产条件不符合国家规定，仍然组织矿工进行井下生产作业，造成重大伤亡事故，情节特别恶劣，构成重大劳动安全事故罪；被告人李某某、李某甲、李某乙、苏某某、苏某甲在安全事故发生后，分工负责，相互配合，隐瞒事故真相，贻误事故抢救，情节特别严重，构成不报安全事故罪；被告人李某某、李某甲、李某乙为谋取不正当利益，共同或单独多次给予国家工作人员钱物，构成行贿罪；被告人李某某在非法买卖、储存爆炸物、非法采矿、重大劳动安全事故、不报安全事故、行贿犯罪中起主要作用，应承担主要责任。被告人李某甲在非法买卖、储存爆炸物罪具体实施中作用次于李某某，可依法从轻处罚；在其他犯罪中应承担主要责任。被告人李某乙、苏某某、苏某甲、邓某某在犯罪中地位、作用次于李某某、李某甲。被告人苏某甲有自首情节，依法从轻处罚。依法对被告人李某某以非法买卖、储存爆炸物罪判处死刑，缓期二年执行，剥夺政治权利终身；以非法采矿罪判处有期徒刑五年，并处罚金人民币1000万元；以重大劳动安全事故罪判处有期徒刑七年；以不报安全事故罪判处有期徒刑五年；以行贿罪判处有期徒刑二年，决定执行死刑，缓期二年执行，剥夺政治权利终身，并处罚金人民币1000万元。对被告人李某甲以非法买卖、储存爆炸物罪判处无期徒刑，剥夺政治权利终身；以非法采矿罪判处有期徒刑七年，并处罚金人民币1500万元；以重大劳动安全事故罪判处有期徒刑七年；以不报安全事故罪判处有期徒刑五年；以行贿罪判处有期徒刑三年，决定执行无期徒刑，剥夺政治权利终身，并处罚金人民币1500万元。对被告人苏某某、李某乙、苏某甲、邓某某数罪并罚或单处后，决定执行刑罚分别为有期徒刑十七年，剥夺政治权利三年，并处罚金人民币100万元；有期徒刑六年，并处罚金人民币500万元；有期徒刑三年，并处罚金人民币50万元；有期徒刑二年六个月，并处罚金人民币10万元。

张某某以危险方法危害公共安全案
——吸毒后驾驶机动车肇事并连续冲撞，系累犯，
投案自首，依法惩处

《最高人民法院发布毒品犯罪及涉毒次生犯罪十大典型案例》第 10 号

2017 年 6 月 20 日

【基本案情】

被告人张某某，男，汉族，1979 年 8 月 31 日出生，农民。2014 年 9 月 30 日因犯非法持有枪支罪被判处有期徒刑一年三个月，2015 年 9 月 18 日刑满释放。

2016 年 2 月 2 日 12 时许，被告人张某某吸毒后驾车在广东省广州市番禺区亚运大道超速行驶。其闯红灯直行时，与一辆马自达轿车发生碰撞。张某某驾车逃离现场，途中又接连与 4 辆汽车及 1 辆三轮摩托车相撞，造成乘坐三轮摩托车的吴某某、罗某某等 6 人受伤，多车损坏，其中吴某某、罗某某均受重伤。事发后张某某留在现场，后被到场的公安人员抓获。经交警部门认定，张某某承担连续发生的多起交通事故的全部责任。经鉴定，张某某血样中检出甲基苯丙胺、苯丙胺成分。

【裁判结果】

本案由广东省广州市番禺区人民法院一审，广州市中级人民法院二审。

法院认为，被告人张某某吸毒后驾车违章行驶，肇事后逃离途中又与多车相撞，危及不特定多数人的人身、财产安全，其行为已构成以危险方法危害公共安全罪。张某某的行为致 2 人重伤、多车损坏，犯罪后果严重，应依法惩处。张某某曾因故意犯罪被判处有期徒刑，在刑罚执行完毕后五年内又犯罪，系累犯，应依法从重处罚。张某某作案后主动投案，如实供述罪行，有自首情节，依法可从轻处罚。据此，依法对被告人张某某判处有期徒刑十年，剥夺政治权利三年。

上述裁判已于 2017 年 4 月 14 日发生法律效力。

【典型意义】

毒品多具有兴奋、致幻作用，吸食后会产生感知错位、注意力无法集中、幻视幻听等症状。因此，吸毒后驾驶机动车极易因上述症状而肇事肇祸，造成严重危害后果。本案就是一起吸毒后驾驶机动车危害公共安全，造成严重后果的典型案例。被告人张某某吸食毒品后驾车在市区超速行驶并闯红灯，说明吸毒已导致其驾驶能力异常。在与其他车辆发生碰撞后，张某某驾车逃离现场，途中又连续撞击多辆汽车和三轮摩托车，造成2人重伤、多车损坏的严重后果。人民法院根据张某某犯罪的事实、性质及其投案自首、又系累犯等具体情节，依法判处刑罚，较好地体现了罪刑相适应的刑法原则。

李某某以危险方法危害公共安全案
——故意从高空向公共场所连续抛掷酒瓶和玻璃杯致人重伤构成以危险方法危害公共安全罪

《最高人民法院发布依法惩治危害公共安全犯罪典型案例》案例1
2024年4月2日

【基本案情】

2017年5月18日14时许，被告人李某某受老乡的邀请，到重庆市沙坪坝区某小区21楼房屋内饮酒，该房屋客厅阳台外系重庆市某中学的操场。当日18时许，李某某因心情不好，故意将一个空啤酒瓶从客厅阳台丢到楼下操场上，啤酒瓶掉落到学校操场上后破碎，碎片反弹到正在学校操场上锻炼的一名学生的后背上。数分钟后，李某某又将一个带手柄玻璃杯从客厅阳台丢到楼下操场上，玻璃杯砸中正在学校操场上锻炼的学生叶某某（被害人，13岁）头部，致叶某某头部严重受伤，构成重伤二级。

【裁判结果】

重庆市沙坪坝区人民法院审理认为，被告人李某某从建筑物高层上先后将空啤酒瓶、玻璃杯扔向学校操场，危险性与刑法规定的放火、决水、爆炸、投放危险物质等行为相当，可能危害不特定人员的生命、健康以及公私财产安全，并实际造成了 1 人重伤的严重后果。李某某明知从 21 楼高层住房高空抛物是一种危险行为，且在抛掷啤酒瓶时已经看见楼下系学校操场、有学生正在操场上锻炼，为发泄情绪不计后果将空啤酒瓶和玻璃杯扔下，造成被害人重伤的严重后果，主观上具有故意心态，行为客观上存在造成更加严重危害后果的可能性，符合以危险方法危害公共安全罪的构成要件。李某某归案后坦白认罪，可以从轻处罚。据此，于 2018 年 2 月 1 日作出判决，以以危险方法危害公共安全罪判处被告人李某某有期徒刑十年。一审宣判后，李某某提出上诉。重庆市第一中级人民法院于同年 5 月 4 日作出裁定，驳回上诉，维持原判。

【典型意义】

对于高空抛物行为，应当根据行为人的主观动机、抛物场所、抛物的具体情况以及造成的危害后果等因素，全面考量行为的社会危害程度，准确判断行为性质，正确适用罪名，准确裁量刑罚。根据《刑法》第二百九十一条之二第一款的规定，从建筑物或者其他高空抛掷物品，情节严重的，构成高空抛物罪。该条第二款还规定，有前款行为，同时构成其他犯罪的，依照处罚较重的规定定罪处罚。实践中存在的绝大多数高空抛掷物品行为，虽然存在危害公共安全的可能性，但一般情况下不具有现实的危险性，且并未造成实际危害后果，有的虽然造成了财产损失等一定的危害后果，但后果并不严重，以高空抛物罪定罪处罚更加符合罪责刑相适应原则。但是，在个别情况下，行为人故意从建筑物或者其他高空向道路、广场、居民区等公共场所连续抛掷重物、刀具等物品，危害公共安全，致人重伤、死亡或者使公私财产遭受重大损失，此类行为已经对公共安全造成实际危害，应当依照《刑法》第二百九十一条之二第二款和第一百一十五条第一款的规定，以以危险方法危害公共安全罪定罪处罚。人民法院要始终坚持对放火、决水、爆炸、投放危险物质、以危险方法危害公共安全犯罪依法从严惩处总体原则，充分考虑行为人的行为性质、侵害对象、危害后果、主观恶性和人身危险性等各方面因素，准确认定刑事责任。

贵州省盘县甲煤矿"3·12"重大瓦斯爆炸事故
——印某某、印某甲、陆某、张某某、孔某某、
　　封某某重大责任事故案

《最高人民法院发布3起危害生产安全犯罪典型案例》第1号
2015年12月15日

【基本案情】

被告人印某某，男，汉族，1971年6月11日出生，贵州省盘县甲煤矿投资人。

被告人印某甲，男，汉族，1965年12月18日出生，盘县甲煤矿投资人。

被告人陆某，男，汉族，1971年8月25日出生，盘县甲煤矿承包人。

被告人张某某，男，汉族，1975年11月18日出生，盘县甲煤矿承包人。

被告人孔某某，男，汉族，1973年7月2日出生，盘县甲煤矿安全管理人。

被告人封某某，男，汉族，1964年2月1日出生，盘县甲煤矿技术员。

1999年，被告人印某某、印某甲兄弟与印某乙（另案处理）共同投资开办甲煤矿。因甲煤矿位于国家规划的松河矿区内，贵州省政府于2007年4月26日在《贵州日报》上公告关闭该煤矿，并注销了采矿权证。后经有关部门协调，甲煤矿与乙煤矿、丙煤矿整合为丁煤业复采四单元，并与某公司共同组建新公司。整合完成后，印某某、印某甲、印某乙各占甲煤矿三分之一的股份，印某某担任主要负责人，负责复采四单元的全面管理工作，印某甲负责后勤管理，印某乙不负责具体管理工作。为解决全省电煤供应紧张问题，并考虑到复采改造单元长期停产可能诱发安全隐患，2007年10月22日，盘县政府县长办公会议研究决定，同意甲煤矿作为丁煤业复采四单元的过渡生产系统恢复正常生产。2008年6月21日，为加强对复采改造煤矿的安全监管，盘县政府专题会议作出决定，暂时停止丁煤业复采单元过渡系统生产活动。2009年5月6日，盘县政府决定全面停止丁煤业复采单元过渡系统的一切生产活动。2010年以后，贵州省各级政府又多次出台规定，严禁煤矿边建设边生产，严厉打击擅自启封已关闭系统组织生产行为。

2008年7月21日，被告人印某某、印某甲明知丁煤业复采四单元老系统（即金某煤矿）是禁止开展生产的煤矿，仍将该矿发包给被告人张某某和陆某开采，并安排被告人孔某某和印某丙（另案处理）对煤矿进行安全管理，安排被告人封某某担任技术员，负责煤矿的巷道规划和图纸资料设计。张某某和陆某承包煤矿后招聘工人，并在安全管理不到位、不具备相应安全生产条件的情况下组织工人生产。其间，当地煤炭管理部门和安全监管部门多次对金某煤矿进行查处，严禁该煤矿开展生产，但张某某、陆某拒不执行监管决定。2011年3月9日，盘县安监局淤泥安监站发现金某煤矿非法生产，遂依法关闭并砌封了矿井口。当日，张某某、孔某某、封某某等人擅自组织工人启封矿井恢复生产。由于该矿井通风设施不符合规定，且未安装瓦斯抽放系统，安全监测监控系统损坏后一直未重新安装，造成瓦斯不断积聚。同年3月12日0时许，金某煤矿在生产过程中放炮时母线短路产生火花，导致发生重大瓦斯爆炸事故，造成19名工人死亡、15名工人受伤的严重后果。

【裁判结果】

贵州省盘县人民法院一审判决认为，被告人印某某、印某甲等人将共同投资开办的甲煤矿（丁煤业公司复采四单元）承包给被告人张某某和陆某开采，印某某负责煤矿全面管理工作，印某甲参与管理，印某某、印某甲安排被告人孔某某负责煤矿安全管理，实际上履行安全矿长职责，安排被告人封某某担任金某煤矿技术员，负责煤矿生产技术规划管理，六被告人明知金某煤矿被有关部门公告关闭并被注销采矿权证，又经煤炭管理部门和安监部门多次查处并严禁生产，仍在安全管理不到位、不具备安全生产条件的情况下违反法律、法规和企业规章制度的规定，组织工人生产，导致发生重大责任事故，其行为均已构成重大责任事故罪，且情节特别恶劣。张某某案发后主动向公安机关投案并如实供述罪行，具有自首情况，其余五被告人被抓获后如实供述罪行，且事故发生后金某煤矿及各被告人共同积极赔偿事故遇难者经济损失，可以从轻处罚。综上，以重大责任事故罪，分别判处被告人印某某有期徒刑六年六个月，被告人印某甲、孔某某、陆某有期徒刑四年六个月，被告人张某某有期徒刑四年，被告人封某某有期徒刑三年。

【典型意义】

被告人明知甲煤矿已被当地政府作出严禁开展生产的行政决定，且矿井口已被依法查封的情况下，拒不执行停产监管决定，擅自组织生产，对事故隐患未采取任何措施，导致发生特大责任事故，应当从重处罚。被告人印某某、印某甲作为金某煤矿投资人，虽然已将煤矿承包给他人，但二人仍负有管理职责，且安排人员担任煤矿安全管理人和技术人员，依法应当认定为重大责任事故罪的犯罪主体。

湖南省湘潭县某煤矿"1·5"特大火灾事故
——刘某某、刘某甲、楚某某重大劳动安全事故、
非法采矿、单位行贿案

《最高人民法院发布3起危害生产安全犯罪典型案例》第2号
2015年12月15日

【基本案情】

被告人刘某某，男，汉族，1962年12月6日出生，湖南省湘潭县某煤矿投资人、实际控制人之一。

被告人刘某甲，男，汉族，1973年11月29日出生，湘潭县某煤矿投资人、实际控制人之一。

被告人楚某某，男，汉族，1962年11月6日出生，湘潭县某煤矿投资人、实际控制人之一。

1. 非法采矿、重大劳动安全事故事实：2008年11月15日，被告人刘某某、刘某甲、楚某某共同承包了湖南省湘潭县某煤矿的采矿权。某煤矿采矿许可证核准的开采范围为约0.0362平方公里，深度为100～-124米，有限期为2008年4月至2009年4月。2009年1月13日，因某煤矿安全生产许可证、煤炭生产许可证均已过期，湘潭县煤监局下达停产通知；同年4月，因某煤矿采矿许可证到期，且存在越界开采行为，湘潭县国土资源局责令立即停产。但刘某某、刘某甲、楚某某多次采取封闭矿井、临时遣散工人等弄虚作假手段，故意逃避管理部门实施监督检查，拒不执行停产监管决定，长期以技改名义非法组织生产。至2010年1月，某煤矿东井已开采至-640米水平，中间井已拓至-420米水平，西井已采至-580米水平，严重超越采矿许可证核准的-124米水平。经湖南省国土资源厅鉴定，某煤矿2009年5月1日至

2009 年 12 月 25 日，计采原煤 29958.72 吨，破坏矿山资源价值 9046634.68 元。

2010 年 1 月 5 日 12 时 5 分，某煤矿中间井（又名新井）三道暗立井（位于 –155～–240 米之间）发生因电缆短路引发的火灾事故。事故当日有 85 人下井，事故发生后安全升井 51 人，遇难 34 人，造成直接经济损失 2962 万元。经鉴定，造成事故的直接原因是某煤矿中间井三道暗立井使用非阻燃电缆，吊箩向上提升时碰撞已损坏的电缆芯线，造成电缆相间短路引发火灾，产生大量有毒有害气体，且矿井超深越界非法开采，未形成完整的通风系统和安全出口，烟流扩散造成人员中毒死亡。被告人刘某某、刘某甲、楚某某作为某煤矿负有管理职责的共同投资人和实际控制人，未认真履行职责，在生产经营过程中未采取有效安全防范管理措施，对于某煤矿未采用铠装阻燃电缆、未按规定安装和使用检漏继电器、矿井暗立井内敷设大量可燃管线和物体、无独立通风系统、在矿井超深越界区域无安全出口和逃生通道、无防灭火系统、避灾自救设施不完善等安全隐患均负有责任。

2. 单位行贿事实：被告人刘某某、刘某甲、楚某某为了三人投资和实际控制的某煤矿逃避监管部门监督检查，谋取不正当利益，先后向湘潭县煤监局局长郭某某、湘潭县国土资源管理局主管副局长谭某某（均另案处理，已判刑）等人行贿共计 29 万元。另外，刘某某为给其投资的湘潭县某煤矿谋取不正当利益，先后向湘潭市煤炭工业行业管理办公室安全生产科科长刘某乙（另案处理，已判刑）等人行贿 51.5 万元。

【裁判结果】

湖南省湘潭县人民法院一审判决认为，被告人刘某某、刘某甲、楚某某作为某煤矿投资人和实际控制人，违反矿山资源法的规定，未取得采矿许可证即擅自采矿，情节特别严重，其行为均已构成非法采矿罪；在某煤矿安全生产设施及安全生产条件不符合国家规定的情况下组织生产，因而发生重大伤亡事故，情节特别恶劣，行为均已构成重大劳动安全事故罪；为给自己控制的煤矿谋取不正当利益和逃避监管，向国家机关工作人员行贿，情节严重，行为均已构成单位行贿罪，应依法并罚。刘某甲系累犯，依法应当从重处罚；刘某某、刘某甲、楚某某事故发生后均积极组织抢救，配合政府职能部门关闭整合当地其他违规开展生产的煤矿，并对事故遇难者家属进行了足额经济赔偿，可以酌情从轻处罚。综上，对被告人刘某某以重大劳动安全事故罪判处有期徒刑五年，以非法采矿罪判处有期徒刑六年，并处罚金人民币300万元，以单位行贿罪判处有期徒刑二年，决定执行有期徒刑九年，并处罚金人民币300万元；对被告人刘某甲以重大劳动安全事故罪判处有期徒刑四年，以非法采矿罪判处有期徒刑四年，并处罚金人民币300万元，以单位行贿罪判处有期徒刑一年，决定执行有期徒刑七年，并处罚金人民币300万元；对被告人楚某某以重大劳动安全事故罪判处有期徒刑四年，以非法采矿罪判处有期徒刑四年，并处罚金人民币300万元，以单位行贿罪判处有期徒刑一年，决定执行有期徒刑六年六个月，并处罚金人民币300万元。

一审宣判后，检察机关以一审判决对单位行贿部分事实认定错误、量刑畸轻为由提出抗诉；被告人刘某某、刘某甲、楚某某以不构成重大劳动安全事故罪和非法采矿罪为由提出上诉。

湖南省湘潭市中级人民法院二审裁定认为，一审判决认定被告人刘某某、刘某甲、楚某某行贿29万元有误，三人行贿数额应认定为34万元，但不足以影响量刑，依法驳回检察机关部分抗诉，驳回三被告人上诉，维持原判。

【典型意义】

安全生产许可证过期后从事生产经营活动，或者采用封闭矿井口、临时遣散工人等弄虚作假手段和行贿方法故意逃避、阻挠负有安全监督管理职责的部门实施监督检查的，均应当从重处罚。

四川省泸州市甲煤矿重大瓦斯爆炸事故
——泸县甲煤业公司、罗某、李某某、胡某某、徐某某
非法储存爆炸物，罗某、李某某、胡某某、徐某某、
谢某某、姜某某、陈某某、杨某某、卢某某、
张某某、陈某甲、周某重大责任事故案

《最高人民法院发布3起危害生产安全犯罪典型案例》第3号
2015年12月15日

【基本案情】

被告单位泸县甲煤业有限公司，又名甲煤矿。

被告人罗某，男，汉族，1981年8月29日出生，甲煤业公司出资人、法定代表人、执行董事。

被告人李某某，男，汉族，1955年4月8日出生，甲煤业公司出资人、实际控制人。

被告人胡某某，男，汉族，1968年5月10日出生，甲煤业公司行政矿长、矿长助理。

被告人徐某某，男，汉族，1969年7月9日出生，甲煤业公司安全副矿长。

被告人谢某某，男，汉族，1969年3月18日出生，甲煤业公司调度室主任。

被告人姜某某，男，汉族，1966年1月11日出生，甲煤业公司生产副矿长。

被告人陈某某，男，汉族，1965年5月24日出生，甲煤业公司技术副矿长。

被告人杨某某，男，汉族，1968年12月5日出生，甲煤业公司掘进副矿长。

被告人卢某某，男，汉族，1963年4月29日出生，甲煤业公司机电副矿长。

被告人张某某，男，汉族，1973年12月20日出生，2013年4月15日起

任甲煤业公司行政矿长。

被告人陈某甲，男，汉族，1962年7月18日出生，甲煤业公司夜班副矿长兼掘进队长。

被告人周某，男，汉族，1979年5月17日出生，甲煤业公司股东、监事。

1. 非法储存爆炸物事实：四川省泸县甲煤矿由被告人罗某、李某某共同经营，二人各占50%股份，罗某任法定代表人、执行董事。2012年9月，该矿更名为泸县甲煤业公司，因技改扩建未验收，相关证照尚未更换，甲煤矿和甲煤业公司两个证照同时使用。2013年3月，李某某将其股份变更登记在其女婿被告人周某名下，由周某任监事，李某某作为实际控制人之一，主要负责煤矿安全生产管理。甲煤业公司先后聘任被告人胡某某、张某某为行政矿长，其中胡某某2012年10月15日至2013年4月14日任行政矿长，4月15日后改任矿长助理；张某某2013年4月15日起任行政矿长。2013年3月15日，甲煤业公司任命被告人徐某某为安全副矿长、被告人谢某某为调度室主任、被告人姜某某为生产副矿长、被告人陈某某为技术副矿长、被告人杨某某为掘进副矿长、被告人卢某某为机电副矿长、被告人陈某甲为夜班副矿长兼掘进队长。

2011年9月，甲煤业公司与当地其余7家煤矿以乙矿业公司名义，共同买下原泸县某爆破公司一民用爆炸物品库房，并共同以乙矿业公司名义与某公司签订民用爆炸物品仓库委托管理合同，约定由某公司代为运输、储存、配送和回收8家煤矿生产所用民用爆炸物品。甲煤业公司为提高效率、降低成本，2012年年底未经有关部门审查、验收，由被告人李某某派人在井下建成用于储存、发放炸药、雷管的两个硐室。2013年3月，甲煤业公司技改扩建试运行后，未安排专人管理硐室，仅在早、中班轮班时指派一名兼职人员在硐室处发放炸药、雷管，剩余部分储存在硐室内。李某某明知爆炸物品不按规定回收存在安全隐患，仍指使工人将生产过程中未用完的爆炸物品自行存放；被告人罗某为掩盖本单位非法储存爆炸物的事实，与被告人胡某某一同指使库管员伪造爆炸物管理台账，逃避监管；胡某某和被告人徐某某无视自身岗位职责和相关法律法规规定，对本单位在井下建造硐室非法储存炸药、雷管和工人随意存放爆炸物不退库等行为未采取有效措施制止。2013年5月15日，甲煤业公司矿井被依法关闭时，在公安民警见证下，某公司工作人员从该矿井下共计回收非法储存的炸药 622.8 千克，雷管 1461 枚。

2. 重大责任事故事实：甲煤业公司原设计生产能力为 3 万吨，2009 年 12 月经四川省经委批复技改扩建为 9 万吨。2012 年 9 月，泸州市经信委批复矿井联合试运行，2013 年 3 月 25 日泸县安监局批复同意该矿复工复产，并于同年 4 月 7 日核准该矿 2121 采煤工作面和 4 个掘进工作面进行生产。在技改扩建期间，被告人李某某未经审批即安排被告人陈某某设计 3111 采煤工作面，安排被告人谢某某、姜某某等人组织工人布置 3111 采煤工作面，并伺机违规开采。同年 3 月中旬，李某某经召集被告人胡某某、徐某某、谢某某、姜某某、陈某某、杨某某、卢某某开会讨论，决定开采 3111 采煤工作面。并于会后共谋以提高采煤单价的方式鼓励工人到 3111 采煤工作面采煤，同时采取只中班生产、不发放作业人员定位识别卡、不安装瓦斯监控系统及传感器、遇检查时提前封闭巷道等手段逃避监管；被告人张某某、陈某甲发现 3111 采煤工作面非法开采并存在严重安全隐患的情况后，未采取有效措施予以制止；被告人周某作为该矿股东和监事，对 3111 工作面亦未尽到相应监管职责。

2013 年 5 月 11 日 14 时 15 分，甲煤业公司 3111 采煤工作面生产作业过程中因通风设施不完善，且未安装瓦斯监控系统及传感器，导致井下瓦斯积聚达到爆炸浓度的情况未得到有效监测，该工作面六支巷采煤作业点放炮残余炸药燃烧引起瓦斯爆炸，致使 28 名井下工人遇难，另有 18 名工人受伤，直接经济损失 2449 万余元。

【裁判结果】

四川省泸县人民法院一审判决认为，被告单位甲煤业公司违反法律法规规定，在生产矿井内设置爆炸物库房非法储存炸药、雷管，并允许工人在井下自存爆炸物，危害公共安全，情节严重，行为已构成非法储存爆炸物罪；被告人罗某、李某某、胡某某、徐某某均系单位直接负责的主管人员，依法应对单位非法储存爆炸物的犯罪行为承担刑事责任；胡某某系累犯，应依法从重处罚。被告人罗某、李某某、胡某某、徐某某、谢某某、姜某某、陈某某、杨某某、卢某某、张某某、陈某甲、周某在生产、作业过程中违反煤矿生产安全管理规定，未经审批违规作业，对存在的安全隐患未尽到监管职责，导致发生重大安全事故，情节特别恶劣，其行为均已构成重大责任事故罪，其中，罗某、李某某、胡某某、徐某某犯非法储存爆炸物罪和重大责任事故罪，应依法并罚。胡某某有多次故意犯罪前科，应酌情从重处罚。综合犯罪事实、情节以及社会危害后果，罗某、李某某虽有事故后积极抢救行为，李某某还有自首情节，但不足以从轻处罚；胡某某、徐某某、谢某某、姜某某、陈某某、杨某某、卢某某、张某某、陈某甲、周某等具有自首情节或者事故后积极抢救的从宽情节，均可酌情从轻处罚。综上，对被告单位甲煤业公司以非法储存爆炸物罪判处罚金人民币50万元；对被告人罗某、李某某以非法储存爆炸物罪判处有期徒刑十五年，以重大责任事故罪判处有期徒刑七年，决定执行有期徒刑二十年；对被告人徐某某以非法储存爆炸物罪判处有期徒刑十二年，以重大责任事故罪判处有期徒刑六年六个月，决定执行有期徒刑十七年；对被告人胡某某以非法储存爆炸物罪判处有期徒刑十一年，以重大责任事故罪判处有期徒刑六年六个月，决定执行有期徒刑十六年；对被告人谢某某、姜某某、陈某某以重大责任事故罪判处有期徒刑六年六个月；对被告人张某某以重大责任事故罪判处有期徒刑六年；对被告人杨某某、卢某某、陈某甲、周某以重大责任事故罪判处有期徒刑五年。

【典型意义】

被告人李某某作为甲煤业公司隐名股东和实际控制人之一，负责煤矿安全生产管理，应认定为重大责任事故罪的犯罪主体。被告人在煤矿技改扩建期间违规组织生产，不安装瓦斯监控系统及传感器等必要的安全监控和报警设备，采取不发放作业人员定位识别卡、检查前封闭巷道等弄虚作假手段故意逃避、阻挠负有安全监督管理职责的部门实施监督检查，应当从重处罚。

岳某某、谢某某重大责任事故案

（黑龙江某矿业集团甲煤矿"11.21"特别重大事故）

《最高人民法院发布危害生产安全犯罪典型案例》案例2

2012年1月10日

【基本案情】

被告人岳某某，男，汉族，1963年10月13日出生，黑龙江省某矿业集团股份有限公司鹤岗分公司甲煤矿矿长。

被告人谢某某，男，汉族，1960年6月14日出生，甲煤矿副矿长。

甲煤矿因未建立地面永久瓦斯抽放系统、安全生产许可证已过期且被暂扣。2009年1月13日至9月18日，黑龙江省煤矿监察局及其鹤滨监察分局7次责令新某煤矿停产整改，但甲煤矿拒不执行。甲煤矿三水平113工作面探煤巷施工中未按作业规程打超前钻探，违章作业。同年9月10日至10月18日，甲煤矿隐患排查会及矿务会三次将三水平113工作面未打超前钻探措施列为重大安全隐患，均确定负责"一通三防"工作的被告人谢某某（副矿长）为整改责任人，但谢某某未予整改，被告人岳某某（矿长）没有督促落实，负责全矿技术管理工作的总工程师董某某（已判刑）和负责安全监督检查工作的监察处长刘某某（已判刑）亦未要求隐患单位整改落实。二开拓区区长、副区长张某某、王某某（已判刑）继续在三水平113工作面违章施工作业。同年11月21日2时，三水平113工作面作业中发生煤与瓦斯突出事故，岳某某、谢某某现场指挥中未下令切断二水平电源，致使三水平113工作面突出的瓦斯进入二水平工作面，遇电火花后发生爆炸，造成108人死亡、133人受伤（其中重伤6人），直接经济损失5614.65万元。

【裁判结果】

黑龙江省鹤岗市兴山区人民法院判决认为，被告人岳某某、谢某某在生产中违反安全管理规定，发生重大伤亡事故，均已构成重大责任事故罪。被告人岳某某作为矿长，多次拒不执行煤矿监察部门停产整改指令，组织违法生产，对违章作业监管不力，在发生煤与瓦斯突出事故后，现场指挥中未下令切断瓦斯突出波及的二水平区域电源,造成特别重大事故,后果特别严重,应依法从重处罚。被告人谢某某作为主管"一通三防"副矿长,拒不执行煤矿监察部门停产整改指令而违法生产,在违法生产中,多次不履行打超前钻探、排除安全隐患职责,发生煤与瓦斯突出事故后,现场指挥中未下令切断瓦斯突出波及的二水平区域电源,造成特别重大事故,后果特别严重,应从重处罚。依法以重大责任事故罪分别判处被告人岳某某有期徒刑七年(与另案私分国有资产罪所判刑罚有期徒刑六个月并罚,决定执行有期徒刑七年,罚金人民币3万元),被告人谢某某有期徒刑七年。

宣判后,岳某某、谢某某均没有提起上诉,判决已生效。

梁某某、邵某、杨某重大责任事故案

(江苏南京城市快速内环工程"11.26"事故)

《最高人民法院发布危害生产安全犯罪典型案例》案例3

2012年1月10日

【基本案情】

被告人梁某某,男,汉族,1980年9月24日出生,中铁某局集团江苏工程有限公司南京市城市快速内环西线南延四标段项目部(以下简称内环项目部)常务副经理。

被告人邵某,男,汉族,1982年10月2日出生,内环项目部总工程师。

被告人杨某,男,汉族,1970年10月14日出生,南京某建设咨询有限公司南京市城市快速内环西线南延四标段专业监理工程师。

2010年11月,南京市城市快速内环西线南延工程四标段项目部五联钢箱梁吊装完毕后,被告人梁某某、邵某等人为赶工期、施工方便,擅自变更设计要求的施工程序,在钢箱梁支座未注浆锚固、两端压重混凝土未浇筑的情况下,安排施工人员进行桥面防撞墙施工。被告人杨某明知施工单位擅自改变施工程序,未能履行监理职责。2010年11月26日20时30分左右,在对B17-B18跨钢箱梁进行桥面防撞墙施工时,该钢箱梁发生倾覆坠落事故,造成正在桥面施工的工人吴某某等7人死亡、桥下工人林某某等3人受伤、直接经济损失700万元的严重后果。经调查认定,事故直接原因为:B17-B18

跨钢箱梁吊装完成后，钢箱梁支座未注浆锚栓，梁体与桥墩间无有效连接；钢箱梁两端未进行浇筑压重混凝土，钢箱梁梁体处于不稳定状况；当工人在桥面使用振捣浇筑外弦防撞墙混凝土时，产生了不利的偏心荷载，导致钢箱梁整体失衡倾覆。此为一起施工单位违反施工顺序、施工组织混乱，监理单位未认真履职，监督部门监管不到位，设计单位交底不细造成的生产安全责任事故。

【裁判结果】

江苏省南京市雨花台区人民法院一审判决、南京市中级人民法院二审裁定认为，被告人梁某某、邵某、杨某在施工和监理过程中，违反有关安全管理规定，发生重大伤亡事故，情节特别恶劣，其行为均已构成重大责任事故罪。考虑到三被告人事发后第一时间赶到现场，开展施救工作，积极配合调查；有自首情节，认罪、悔罪；事故系多因一果造成，各被告人责任较分散；案发后能积极赔偿被害人亲属的损失和做好安抚工作，部分被害人亲属出具了谅解书，依法以重大责任事故罪判处被告人梁某某有期徒刑三年；被告人邵某有期徒刑三年；被告人杨某有期徒刑三年，缓刑四年。

李某某、卢某某、李某1重大责任事故案

《最高人民法院发布五起因违法建设及相关行为被追究刑事责任典型案例》第1号

2017年2月14日

【基本案情】

2014年5月，被告人李某某将北京市西城区德内大街93号院的建设改造工程委托给无建筑资质条件的被告人卢某某，并要求卢某某违法建设地下室，深挖基坑。卢某某又指派无执业资格的被告人李某某负责施工现场管理、指挥等工作。其间，施工人员曾提出存在事故隐患，但李某某、卢某某未采取措施仍继续施工。2015年1月24日凌晨3时许，施工现场发生坍塌，造成部分道路塌陷、民房和办公楼毁损。经鉴定，直接经济损失为人民币5835234元。案发后，三被告人被抓获。

【裁判结果】

北京市西城区人民法院经审理认为，被告人李某某、卢某某、李某1在建设作业中违反有关安全管理规定，造成基坑坍塌，并导致相邻路面塌陷、房屋受损等严重后果，情节特别恶劣，危害了公共安全，应依法惩处。综合全案情况，以重大责任事故罪分别判处被告人李某某有期徒刑五年；被告人卢某某有期徒刑三年六个月；被告人李某1有期徒刑三年，缓刑三年。宣判后，被告人不服提出上诉。北京市第二中级人民法院裁定维持原判。

【典型意义】

近年来，未取得规划许可或者未按照规划许可进行违法建设的现象十分严重，相关部门屡禁不止。违法建设未经任何审查，往往存在抢建、野蛮施工、隐蔽施工等情形，施工条件恶劣，安全隐患很大，容易发生道路坍塌、房屋倒塌、人员伤亡等事故，不仅侵犯了公众合法权益，也是一种严重违反城乡规划法律法规的行为，情节严重的应当依法追究刑事责任。本案经媒体曝光，引发社会极大关注。人民法院依法对李某某等三人以重大责任事故罪惩处，对于有效遏制违法建设行为具有重要现实意义。

杨某某等重大责任事故、伪造国家机关证件、行贿案
—— 依法严惩生产安全事故首要责任人

《人民法院、检察机关依法惩治危害生产安全犯罪典型案例》案例1
2022年12月15日

【基本案情】

被告人杨某某，男，汉族，1955年2月23日出生，福建省泉州市鲤城区某旅馆经营者、实际控制人。

其他被告人身份情况略。

2012年，杨某某在未取得相关规划和建设手续的情况下，在福建省泉州市鲤城区开工建设四层钢结构建筑物，其间将项目以包工包料方式发包给无钢结构施工资质人员进行建设施工，并委托他人使用不合格建筑施工图纸和

伪造的《建筑工程施工许可证》骗取了公安机关消防设计备案手续。杨某某又于2016年下半年在未履行基本建设程序且未取得相关许可的情况下，以包工包料方式将建筑物发包给他人开展钢结构夹层施工，将建筑物违规增加夹层改建为七层。2017年11月，杨某某将建筑物四至六层出租给他人用于经营旅馆，并伙同他人采用伪造《消防安全检查合格证》和《不动产权证书》等方法违规办理了旅馆《特种行业许可证》。2020年1月中旬，杨某某雇佣工人装修建筑物一层店面，工人发现承重钢柱变形并告知杨某某，杨某某要求工人不得声张暂停施工，与施工承包人商定了加固方案，但因春节期间找不到工人而未加固，后于同年3月5日雇佣无资质人员违规对建筑物承重钢柱进行焊接加固。3月7日17时45分，旅馆承租人电话告知杨某某称旅馆大堂玻璃破裂，杨某某到场查看后离开。当日19时4分和19时6分，旅馆两名承租人先后赶到现场发现旅馆大堂墙面扣板出现裂缝且持续加剧，再次电话告知杨某某，杨某某19时11分到达现场查看，旅馆承租人叫人上楼通知疏散，但已错失逃生时机。19时14分建筑物瞬间坍塌，造成29人死亡、50人不同程度受伤，直接经济损失5794万元。经事故调查组调查认定，旅馆等事故单位及其实际控制人杨某某无视法律法规，违法违规建设施工，弄虚作假骗取行政许可，安全责任长期不落实，是事故发生的主要原因。

另查明，2012年至2019年间，杨某某在建设旅馆所在建筑物、办理建筑物相关消防备案、申办旅馆《特种行业许可证》等过程中，为谋取不正当利益，单独或者伙同他人给予国家工作人员以财物。

【处理结果】

福建省泉州市丰泽区人民检察院对杨某某以重大责任事故罪、伪造国家机关证件罪、行贿罪，对其他被告人分别以重大责任事故罪、提供虚假证明文件罪、伪造国家机关证件罪、伪造公司、企业印章罪提起公诉。泉州市丰泽区人民法院经审理认为，杨某某违反安全管理规定，在无合法建设手续的情况下雇佣无资质人员，违法违规建设、改建钢结构大楼，违法违规组织装修施工和焊接加固作业，导致发生重大伤亡事故，造成严重经济损失，行为已构成重大责任事故罪，情节特别恶劣；单独或者伙同他人共同伪造国家机关证件用于骗取消防备案及特种行业许可证审批，导致违规建设的建筑物安全隐患长期存在，严重侵犯国家机关信誉与公信力，最终造成本案严重后果，行为已构成伪造国家机关证件罪,情节严重;为谋取不正当利益,单独或者伙同他人给予国家工作人员以财物,致涉案建筑物、旅馆违法违规建设经营行为得以长期存在,最终发生坍塌,社会影响恶劣,其行为已构成行贿罪,情节严重,应依法数罪并罚。据此,依法对杨某某以伪造国家机关证件罪判处有期徒刑九年,并处罚金人民币200万元;以行贿罪判处有期徒刑八年,并处罚金人民币20万元;以重大责任事故罪判处有期徒刑七年,决定执行有期徒刑二十年,并处罚金人民币220万元。对其他被告人依法判处相应刑罚。一审宣判后,杨某某等被告人提出上诉。泉州市中级人民法院裁定驳回上诉,维持原判。

【典型意义】

一段时期以来,因为违法违规建设施工导致的用于经营活动的建筑物倒塌、坍塌事故时有发生,部分事故造成重大人员伤亡和高额财产损失,人民群众反映强烈。司法机关要加大对此类违法犯罪行为的打击力度,依法从严惩治建筑施工过程中存在的无证施工、随意改扩建、随意加层、擅自改变建筑物功能结构布局等违法违规行为,对于危及公共安全、构成犯罪的,要依法从严追究刑事责任。特别是对于导致建筑物倒塌、坍塌事故发生负有首要责任、行为构成重大责任事故罪等危害生产安全犯罪罪名的行为人,该顶格处刑的要在法定量刑幅度范围内顶格判处刑罚,充分体现从严惩处危害生产安全犯罪的总体政策,切实保障人民群众生命财产安全。

三、危害公共安全罪

李某、王某某、焦某某等强令违章冒险作业、重大责任事故案

——准确认定强令违章冒险作业罪

《人民法院、检察机关依法惩治危害生产安全犯罪典型案例》案例2

2022年12月15日

【基本案情】

被告人李某,男,汉族,1981年2月24日出生,江苏无锡某运输公司实际经营人和负责人。

被告人王某某,男,汉族,1983年6月13日出生,江苏无锡某运输公司驾驶员。

被告人焦某某,男,汉族,1972年10月13日出生,江苏无锡某运输公司驾驶员。

其他被告人身份情况略。

李某2014年9月成立江苏无锡某运输公司从事货物运输业务,担任公司实际经营人和负责人,全面负责公司经营管理。王某某2019年4月应聘成为该运输公司驾驶员,同年6月底与李某合伙购买苏BQ71××号重型半挂牵引车(牵引苏BG9××挂号重型平板半挂车),约定利润平分,王某某日常驾驶该车;焦某某2019年5月底应聘成为运输公司驾驶员,驾驶苏BX80××号重型半挂牵引车(牵引苏BZ0××挂号重型平板半挂车)。李某违反法律法规关于严禁超载的规定,在招聘驾驶员时明确告知对方称公司需要招聘能够"重载"(即严重超载)的驾驶员,驾驶员表示能够驾驶超载车辆才同意入职;在公司购买不含轮胎的货车后,通过找专人安装与车辆轮胎登记信息不一致且承重力更好的钢丝胎、加装用于给刹车和轮胎降温的水箱等方式,对公司货运车辆进行非法改装以提高承载力。经营期间,该运输公司车辆曾被运管部门查出多次超载运输,并曾因超载运输被交通运输管理部门约谈警告、因超载运输导致发生交通事故被判决承担民事赔偿责任,李某仍然指挥、管理驾驶员继续严重超载,且在部分驾驶员提出少超载一些货物时作出解聘驾驶员的管理决定。2019年10月10日,王某某、焦某某根据公司安排到码头装载

货物，焦某某当日下午驾驶苏 BX80××号重型半挂牵引车牵引苏 BZ0××挂号重型平板半挂车（核载质量 32 吨）装载 7 轧共重 157.985 吨的钢卷先离开码头，王某某随后驾驶苏 BQ71××号重型半挂牵引车牵引苏 BG9××挂号重型平板半挂车（核载质量 29 吨）装载 6 轧共重 160.855 吨的钢卷离开码头。当日 18 时许，焦某某、王某某驾车先后行驶通过 312 国道某路段上跨桥左侧车道时桥面发生侧翻，将桥下道路阻断。事故发生时焦某某刚驶离上跨桥桥面侧翻段，王某某正驾车通过上跨桥桥面侧翻段，车辆随侧翻桥面侧滑靠至桥面护栏，致王某某受伤。事故造成行驶在侧翻桥面路段上的车辆随桥面滑落，在桥面路段下方道路上行驶的车辆被砸压，导致 3 人死亡、9 辆机动车不同程度损坏。经鉴定，被毁桥梁价值约 2422567 元，受损 9 辆车辆损失共计 229015 元。经事故调查组调查认定，事故直接原因为，两辆重型平板半挂车严重超载、间距较近（荷载分布相对集中），偏心荷载引起的失稳效应远超桥梁上部结构稳定效应，造成桥梁支座系统失效，梁体和墩柱之间产生相对滑动和转动，从而导致梁体侧向滑移倾覆触地。事故发生后，焦某某向公安机关自动投案并如实供述了自己的罪行。

【处理结果】

江苏省无锡市锡山区人民检察院对李某以强令违章冒险作业罪，对王某某、焦某某和其他被告人以重大责任事故罪提起公诉。无锡市锡山区人民法院经审理认为，李某明知存在事故隐患、继续作业存在危险，仍然违反有关安全管理的规定，利用组织、指挥、管理职权强制他人违章作业，因而发生重大伤亡事故，其行为已构成强令违章冒险作业罪，情节特别恶劣；王某某、焦某某在生产、作业中违反有关安全管理的规定，因而发生重大伤亡事故，行为均构成重大责任事故罪，情节特别恶劣。李某已经发现事故隐患，经有关部门提出后仍不采取措施，酌情从重处罚；焦某某有自首情节，依法从轻处罚。据此，依照经 2006 年《中华人民共和国刑法修正案（六）》修正的《中华人民共和国刑法》第一百三十四条第二款的规定，以强令违章冒险作业罪判处李某有期徒刑七年；以重大责任事故罪分别判处王某某、焦某某有期徒刑三年六个月和有期徒刑三年三个月。对其他被告人依法判处相应刑罚。一审宣判后，李某、王某某、焦某某提出上诉，后李某、王某某在二审期间申请撤回上诉。无锡市中级人民法院裁定准许李某、王某某撤回上诉，对焦某某驳回上诉、维持原判。

【典型意义】

对生产、作业负有组织、指挥或者管理职责的人员出于追求高额利润等目的，明知存在事故隐患，违背生产、作业人员的主观意愿，强令生产、作业人员违章冒险作业，极易导致发生重大事故，社会危害性大，应当予以从严惩处。《刑法修正案（六）》增设的《刑法》第一百三十四条第二款规定了强令违章冒险作业罪，《最高人民法院、最高人民检察院关于办理危害生产安全刑事案件适用法律若干问题的解释》第五条对强令违章冒险作业罪的行为方式作了列举式规定。《刑法修正案（十一）》对《刑法》第一百三十四条第二款规定的行为进行了扩充，罪名修改为强令、组织他人违章冒险作业罪。实践中，对生产、作业负有组织、指挥或者管理职责的人员虽未采取威逼、胁迫、恐吓等手段，但利用自己的组织、指挥、管理职权强制他人违章作业的，也可以构成强令违章冒险作业罪（强令他人违章冒险作业罪）。对于受他人强令违章冒险作业的一线生产、作业人员，应当综合考虑其所受到强令的程度、各自行为对引发事故所起作用大小，依法确定刑事责任。

祁某某重大责任事故案
——从严惩处生产安全事故首要责任人

《最高人民法院发布依法惩治危害公共安全犯罪典型案例》案例4
2024年4月2日

【基本案情】

山西省襄汾县陶寺乡陈庄村西南陶云公路边的某饭店由被告人祁某某投资经营。1993年，祁某某在未取得集体土地建设用地审批手续的情况下，在其家庭承包的责任田上自建两层建筑物，后经多次违规扩建于2016年形成现有规制，包括南房上下二层五间、西平房二间、北房上下五间、南北房之间一层顶部由预制板搭建二层顶部由彩钢瓦搭建形成的双层空间，其中一层空间用于饭店经营（即宴会厅）、二层空间住人，总建筑面积达1157.05平方米。某饭店历次扩建均由无资质包工头按照祁某某的要求承建或由祁某某聘请亲朋好友自建，扩建活动无专业设计、无工程监理、无竣工验收、无相关资料、无维护记录。祁某某违法占用土地建设房屋期间，两次通过不正当手段取得未经审批的《集体土地建设使用证》，拒不执行原襄汾县国土资源局下达的处罚决定书和襄汾县人民法院下达的行政裁定书；将未经专业设计与施工、未经过竣工验收的农房用于从事经营活动，饭店开业以来存在证照逾期经营行为。

2020年8月29日，襄汾县陶寺乡安李村村民在某饭店举办寿宴，预定了25桌宴席。按照当地习俗，寿宴安排早、午两餐。早餐后，数十名村民在某饭店宴会厅内打牌、聊天或者在北楼后院看戏，等候午宴。当日9时40分许，因建筑结构整体性差，承重砖柱及北楼二层屋面荷载严重超载，某饭店宴会厅、北楼二层南半部分和钢结构采光顶棚突然发生坍塌，造成29人死亡、28人受伤，直接经济损失1164.35万元。经山西省人民政府批准组成事故调查组调查认定，某饭店"8·29"坍塌事故是一起因违法违规占地建设，且在无专业设计、无资质施工的情形下，多次盲目改造扩建，建筑物工程质量存在严重缺陷，导致在经营活动中部分建筑物坍塌的重大生产安全责任事故。事故直接原因为，某饭店建筑结构整体性差，经多次加建后，使宴会厅东北角承重砖柱Ⅲ长期处于高应力状态；北楼二层A区屋面预制板长期处于超荷载状态，在其上部高炉水渣保温层的持续压力下，发生脆性断裂，形成对宴会厅顶板的猛烈冲击，导致东北角承重砖柱Ⅲ崩塌，最终造成北楼二层南半部分和宴会厅整体坍塌。事故发生时，不排除当地八月份强降雨的影响。

【裁判结果】

山西省襄汾县人民法院审理认为，被告人祁某某作为发生坍塌事故的某饭店的实际投资人和经营者，在长达20余年的时间内先后对该饭店进行8次扩建，且均由无资质施工人员在无建筑审批、无专业设计、无工程监理、无竣工验收的情况下盲目扩建，在建筑物工程质量存在严重缺陷、对安全隐患未作全面评估的情况下用于从事经营活动，导致在经营过程中出现坍塌，造成重大安全事故，危害生产、作业安全，行为已构成重大责任事故罪。祁某某长期违规占地，多次违章扩建，且拒不执行国土资源管理部门的处罚决定，在饭店建筑存在事故隐患的状态下，未采取有效措施而经营使用，导致饭店建筑坍塌并造成重大事故后果，对事故发生负主要责任和首要责任，属于情节特别恶劣。祁某某多次违规建设且拒不执行有关部门处罚决定,给人民群众生命财产安全造成特别重大损失,社会影响特别恶劣。据此,于 2022 年 4 月 29 日作出判决,以重大责任事故罪判处被告人祁某某有期徒刑七年。一审宣判后无抗诉、上诉,判决已发生法律效力。

【典型意义】

　　安全生产事关人民群众生命财产安全,事关改革、发展和稳定工作大局。当前,我国安全生产形势总体稳定向好,但重点行业、重点领域安全生产形势依然严峻复杂,安全生产工作距离法律要求、距离改革发展目标和人民群众期待还有差距,重特大生产安全事故时有发生,一些重特大生产安全事故引发广泛关注,造成恶劣社会影响。人民法院要充分认识审理好危害生产安全刑事案件的重要意义,切实增强工作责任感和使命感,贯彻落实党政同责、一岗双责、齐抓共管、失职追责要求,坚持依法从严、区分责任、宽严相济总体原则,严格依法、积极稳妥审理好生产安全事故相关刑事案件。对于事故首要责任人、负有安全生产监督管理职责的部门关键岗位渎职责任人、故意提供虚假证明文件的中介组织关键责任人,以及在安全事故发生后授意、决定和积极实施不报、谎报事故情况行为等人员,要依照《刑法》和相关司法解释的规定予以从严惩处,从严掌握缓刑、免予刑事处罚的适用,通过案件审判推动安全生产责任制落到实处。对于事故发生后积极组织和参与救援、有效避免损失扩大,以及积极配合事故调查、尽力赔偿被害人经济损失的,可以从宽处理。要进一步发挥好刑事审判在创造良好安全生产环境、促进经济社会协调健康发展方面的积极作用,推动安全生产形势持续根本好转。

高某某等危险作业案
——贯彻宽严相济刑事政策依法惩处违法经营存储危化品犯罪

《人民法院、检察机关依法惩治危害生产安全犯罪典型案例》案例 4
2022 年 12 月 15 日

【基本案情】

被告人高某某，男，汉族，1984 年 10 月 30 日出生。

被不起诉人熊某某，男，汉族，1967 年 9 月 6 日出生。

被不起诉人熊甲，男，汉族，1987 年 3 月 19 日出生，系熊某某之子。

被不起诉人熊乙，男，汉族，1988 年 4 月 14 日出生，系熊某某之子。

2021 年 6 月起，高某某为谋取非法利益，在未经相关机关批准的情况下，通过熊某某租用熊乙位于贵州省贵阳市白云区沙文镇扁山村水淹组 136 号的自建房屋，擅自存储、销售汽油。后熊某某、熊甲和熊乙见有利可图，便购买高某某储存的汽油分装销售，赚取差价。同年 12 月 13 日 20 时许，高某某因操作不当引发汽油燃爆，导致高某某本人面部、四肢多处被烧伤，自有的别克轿车及存储汽油房屋局部被烧毁。

【处理结果】

贵州省贵阳市公安局白云分局以涉嫌危险作业罪对高某某、熊某某、熊甲、熊乙立案侦查，后移送贵阳市白云区人民检察院审查起诉。贵阳市白云区人民检察院经审查认为，高某某、熊某某、熊甲、熊乙违反安全管理规定，在未取得批准、许可的情况下，擅自从事危险物品经营、存储等高度危险的生产作业活动，并已引发事故，具有发生重大伤亡事故的现实危险，行为已符合危险作业罪的构成要件。熊某某、熊甲、熊乙三人参与犯罪时间较短，在犯罪中主要负责提供犯罪场所、协助分装销售汽油，系初犯，具有认罪认罚情节，犯罪情节轻微，对熊某某、熊甲、熊乙作出不起诉决定，以危险作业罪对高某某提起公诉。贵阳市白云区人民法院以危险作业罪判处高某某有期徒刑七个月。宣判后无上诉、抗诉，判决已生效。

【典型意义】

根据《危险化学品目录（2015版）》规定，汽油属于危险化学品。根据《危险化学品安全管理条例》第三十三条的规定，国家对危险化学品经营实行许可制度，未经许可，任何单位和个人不得经营危险化学品。销售、储存汽油均应取得相应证照，操作人员应当经过专业培训、规范操作，储存汽油应当具备相应条件。司法机关在办理具体案件过程中，对于行为人在未经专业培训、无经营资质、无专业设备、无安全储存条件、无应急处理能力情况下，在居民楼附近擅自从事危险物品生产、经营、储存等高度危险的生产作业活动，并由于不规范操作造成行为人本人重度烧伤、周围物品烧毁的后果的，综合考虑其行为方式、案发地点及危害后果，可以认定为《刑法》第一百三十四条之一危险作业罪中"具有发生重大伤亡事故或者其他严重后果的现实危险"。同时，应当注意区别对待，对于其他为行为人提供便利条件、参与分装赚取差价的人员，综合考虑其在共同犯罪中所起作用以及认罪认罚等情节，可以依法作出不起诉决定，体现宽严相济刑事政策。

李某某危险作业案
——关闭消防安全设备"现实危险"的把握标准

《人民法院、检察机关依法惩治危害生产安全犯罪典型案例》案例5

2022年12月15日

【基本案情】

被告人李某某，男，汉族，1975年10月9日出生，浙江省永康市某酒店用品有限公司（以下简称某公司）负责人。

2020年，某公司因安全生产需要，在油漆仓库、危废仓库等生产作业区域安装了可燃气体报警器。2021年10月以来，李某某在明知关闭可燃气体报警器会导致无法实时监测生产过程中释放的可燃气体浓度，安全生产存在重大隐患情况下，为节约生产开支而擅自予以关闭。2022年5月10日，某公司作业区域发生火灾。同年5月16日至17日，消防部门对某公司进行检查发现该公司存在擅自停用可燃气体报警装置等影响安全生产问题，且在上述关闭可燃气体报警器区域内发现存放有朗格牌清味底漆固化剂 10 桶、首邦漆 A2 固化剂 16 桶、首邦漆五分哑耐磨爽滑清面漆 16 桶等大量油漆、稀释剂，遂责令该公司立即整改，并将上述案件线索移送永康市公安局。经检验，上述清面漆、固化剂均系易燃液体，属于危险化学品。

【处理结果】

  浙江省永康市人民检察院依托数据应用平台通过大数据筛查发现，消防部门移送公安机关的李某某危险作业案一直未予立案。经进一步调取查阅相关案卷材料，永康市人民检察院认为李某某的行为已经涉嫌危险作业罪，依法要求公安机关说明不立案理由。永康市公安局经重新审查后决定立案侦查，立案次日再次对某公司现场检查发现，该公司虽然清理了仓库内的清面漆、固化剂等危险化学品，但可燃气体报警装置仍处于关闭状态。永康市公安局以李某某涉嫌危险作业罪移送永康市人民检察院审查起诉。

  永康市人民检察院经审查认为，李某某擅自关闭可燃气体报警器的行为，具有发生重大伤亡事故或其他严重后果的现实危险：一是关闭可燃气体报警装置存在重大安全隐患。《建筑设计防火规范》（2018 年版）明确，建筑内可能散发可燃气体、可燃蒸气的场所应设置可燃气体报警装置。本案现场虽按规定设置了可燃气体报警装置，但李某某在得知现场可燃气体浓度超标会引发报警装置报警后，为了节省生产开支，未及时采取措施降低现场可燃气体浓度，而是直接关闭停用报警装置，导致企业的生产安全面临重大隐患。二是"危险"具有现实性。涉案现场不仅堆放了 3 瓶瓶装液化天然气（其中 1 瓶处于使用状态），还堆放了大量油漆、固化剂等危险化学品以及数吨油漆渣等危废物，企业的车间喷漆中也会产生大量挥发性可燃气体，一旦遇到明火或者浓度达到一定临界值，将引发火灾或者爆炸事故。三是"危险"具有紧迫性。案发前，涉案厂区曾发生过火灾，客观上已经出现了"小事故"，之所以没有发生重大伤亡等严重后果，只是因为在发生重大险情的时段，喷漆车间已经连续几天停止作业，相关区域的可燃气体浓度恰好没有达到临界值，且发现及时得以迅速扑灭，属于由于偶然因素侥幸避免。经消防检查，当即明确提出企业存在"擅自停用可燃气体报警装置"等消防安全隐患，但李某某一直未予整改。永康市人民检察院以危险作业罪对李某某提起公诉。永康市人民法院以危险作业罪判处李某某有期徒刑八个月。宣判后无上诉、抗诉，判决已生效。

【典型意义】

根据《刑法》第一百三十四条之一规定,危险作业罪中"具有发生重大伤亡事故或者其他严重后果的现实危险",是指客观存在的、紧迫的危险,这种危险未及时消除、持续存在,将可能随时导致发生重大伤亡事故或者其他严重后果。司法实践中,是否属于"具有发生重大伤亡事故或者其他严重后果的现实危险",应当结合行业属性、行为对象、现场环境、违规行为严重程度、纠正整改措施的及时性和有效性等具体因素,进行综合判断。司法机关在办理具体案件过程中要准确把握立法原意,对于行为人关闭、破坏直接关系生产安全的监控、报警、防护、救生设备、设施,已经出现重大险情,或者发生了"小事故",由于偶然性的客观原因而未造成重大严重后果的情形,可以认定为"具有发生重大伤亡事故或者其他严重后果的现实危险"。

赵某甲、赵某乙危险作业不起诉案

——矿山开采危险作业"现实危险"的把握标准

《人民法院、检察机关依法惩治危害生产安全犯罪典型案例》案例6
2022年12月15日

【基本案情】

被不起诉人赵某甲,男,汉族,1992年8月28日出生,江西省玉山县某矿负责人。

被不起诉人赵某乙,男,汉族,1975年10月6日出生,江西省玉山县某矿管理人员。

2021年6月4日,江西省玉山县应急管理局对玉山县某矿开具现场处理措施决定书,收回同年6月6日到期的安全生产许可证,并责令其6月7日前封闭所有地表矿洞。6月12日下午,因矿洞水泵在雨季需要维护,为排出积水使矿点不被淹没,赵某乙经赵某甲同意后,安排王某某拆除封闭矿洞的水泥砖。6月13日16时许,王某某带领程某某、张某某至矿深150米处维修水泵。因矿洞违规使用木板隔断矿渣,在被水浸泡后木板出现霉变破损,致程某某在更换水泵过程中被矿渣围困受伤。经鉴定，程某某伤情评定为轻伤一级。

【处理结果】

江西省玉山县公安局以涉嫌危险作业罪对赵某甲、赵某乙立案侦查，后移送玉山县人民检察院审查起诉。玉山县人民检察院经审查认为，赵某甲、赵某乙的行为"具有发生重大伤亡事故或者其他严重后果的现实危险"，符合《刑法》第一百三十四条之一第三项之规定，构成危险作业罪。一是本案的"现实危险"具有高度危险性。本案中，涉案企业经营开采矿山作业，与金属冶炼、危险化学品等行业均属高危行业，其生产作业具有高度危险性。企业在安全生产许可证到期并被责令封闭所有地表矿洞的情况下仍强行进入矿洞作业，具有危及人身安全的现实危险。二是本案的"现实危险"具有现实紧迫性。涉案企业所属矿洞因雨季被长期浸泡，现场防护设施不符合规定出现霉变情形，在矿深150米处进行维修水泵的作业过程中，发生隔断木板破损、矿渣掉落致人身体损伤，因为开展及时有效救援，未发生重特大安全事故，具有现实危险。

玉山县人民检察院认真贯彻少捕慎诉慎押刑事司法政策，将依法惩罚犯罪与帮助民营企业挽回和减少损失相结合，在听取被害人及当地基层组织要求从宽处理的意见后，对涉案人员依法适用认罪认罚从宽程序。鉴于赵某甲、赵某乙案发后积极抢救伤员、取得被害人谅解，且具有自首情节，犯罪情节较轻，对二人作出相对不起诉决定。同时，针对该企业在生产经营过程中尚未全面排除的安全隐患，向当地应急管理局、自然资源局制发检察建议，联合有关部门对企业后续整改进行指导，督促企业配备合格的防坠保护装置、防护设施及用品、专业应急救援团队等，确保企业负责人及管理人员安全生产知识和管理能力考核合格。该企业在达到申领条件后重新办理了安全生产许可证。

【典型意义】

司法机关在办理具体案件过程中，对于涉及安全生产的事项未经依法批准或者许可，擅自从事矿山开采、金属冶炼、建筑施工等生产作业活动，已经发生安全事故，因开展有效救援尚未造成重大严重后果的情形，可以认定为《刑法》第一百三十四条之一危险作业罪中"具有发生重大伤亡事故或者其他严重后果的现实危险"。办案中,司法机关应当依法适用认罪认罚从宽制度,全面准确规范落实少捕慎诉慎押刑事司法政策,对于犯罪情节轻微不需要判处刑罚的危险作业犯罪,可以作出不起诉决定。同时,应当注意与应急管理、自然资源等部门加强行刑双向衔接,督促集中排查整治涉案企业风险隐患,推动溯源治理,实现"治罪"与"治理"并重。

吴某某危险作业案
——在生产、作业中违反安全管理规定导致出现重大事故险情或者发生轻微事故属于危险作业罪中的"现实危险"

《最高人民法院发布依法惩治危害公共安全犯罪典型案例》案例 5
2024 年 4 月 2 日

【基本案情】

2021 年 1 月,被告人吴某某购得浙岱渔 153×× 船并办理了渔业船舶所有权登记,吴某某为该船所有人并百分百占股。同年 8 月 2 日,浙江省岱山县海洋行政执法局会同岱山县岱东镇人民政府对浙岱渔 153×× 船进行开捕前登船检查,发现该船有船长 1 名(吴某某)、船副 1 名、助理船副 1 名和轮机长 1 名(实际船副和轮机长并不在该船作业,系由吴某某找来应付检查),职务船员已达到最低配备标准,但有 6 名船员未经专业培训、未取得船员证书,不符合出航条件,遂指令吴某某禁止离港并停业整改,但吴某某未予整改。8 月 7 日 15 时许,在船副和轮机长未实际登船作业、仅有吴某某和助理船副登船的情况下,吴某某驾驶浙岱渔 153×× 船搭载助理船副和 19 名船员(其中 7 人有船员证书,12 人无船员证书),擅自从岱山县南峰码头单船开航往长江口方向航行出海作业。当日 23 时 30 分许,因违规驾驶、操作不当及航道复杂、航线生疏等原因,浙岱渔 153×× 船在长江口深水航道北导堤附近发生触损侧翻沉没。事故发生后,吴某某等 21 人乘坐两只救生筏逃生,至 8 月 8 日 4 时许先后被东海救 102 船和嘉舟 9 船救起,船上人员全部获救。8 月 13 日,经公安机关电话通知,吴某某自行到案并如实供述了犯罪事实。

【裁判结果】

浙江省岱山县人民法院审理认为，涉案渔船上仅有船长和助理船副各 1 名，职务船员严重配备不足，属于有关行业标准规定的存在重大事故隐患的情形。相关职能部门发现案涉渔船存在重大事故隐患后，责令其禁止离港、停止作业并整改，被告人吴某某在接到职能部门行政命令后拒不整改，明知案涉渔船存在重大事故隐患，故意弄虚作假、逃避检查，导致案涉渔船在擅自出航后不久即发生船舶沉没事故，21 名人员落水深夜在大海上漂流，具有随时可能危及生命的现实危险，行为已构成危险作业罪。吴某某经公安机关电话通知后自行到案并如实供述自己罪行，依法构成自首，可以从轻处罚。据此，于 2022 年 11 月 10 日作出判决，以危险作业罪判处被告人吴某某有期徒刑八个月。一审宣判后，吴某某提出上诉。浙江省舟山市中级人民法院于 2023 年 1 月 17 日作出裁定，驳回上诉，维持原判。

【典型意义】

根据《刑法》第一百三十四条之一的规定，关闭、破坏直接关系生产安全的监控、报警、防护、救生设备、设施，或者篡改、隐瞒、销毁其相关数据、信息的，因存在重大事故隐患被依法责令停产停业、停止施工、停止使用有关设备、设施、场所或者立即采取排除危险的整改措施，而拒不执行的，或者涉及安全生产的事项未经依法批准或者许可，擅自从事矿山开采、金属冶炼、建筑施工，以及危险物品生产、经营、储存等高度危险的生产作业活动的，且"具有发生重大伤亡事故或者其他严重后果的现实危险的"，构成危险作业罪，目的是将特别危险、极易导致严重事故结果发生的重大事故隐患行为纳入刑事处罚范围，同时避免将一般的违反安全管理规定的行为作为犯罪处罚。危险作业罪中"具有发生重大伤亡事故或者其他严重后果的现实危险"包括以下两种情形：1. 导致出现重大事故险情，因为及时采取有效制止和处置措施、及时开展救援或者其他偶然性客观原因，未造成安全事故的；2. 导致发生安全事故，但尚不构成重大责任事故罪、重大劳动安全事故罪、危险物品肇事罪、工程重大安全事故罪、教育设施重大安全事故罪、消防责任事故罪等犯罪的。相关人员在生产、作业过程中要严格遵守有关安全管理的规定，绝不能存在侥幸心态，对于实施《刑法》第一百三十四条之一规定的三种行为之一，且具有发生重大伤亡事故或者其他严重后果的现实危险的，将被依法追究刑事责任。人民法院要贯彻落实安全第一、预防为主、综合治理的方针，有效运用刑事手段依法惩治危险作业行为，严防风险演变、隐患升级导致生产安全事故发生。

四、破坏社会主义市场经济秩序罪

（一）生产、销售伪劣商品罪

黄某某、丁某、张某某等15人、深圳某国际货运代理有限公司销售伪劣产品案

《最高人民法院发布六起侵犯知识产权和制售假冒伪劣商品典型案例》第1号

2010年12月9日

广东省东莞市中级人民法院经审理查明：2005年4月起，被告人黄某某、丁某先后在东莞市虎门镇、长安镇、深圳市平湖镇等地租用仓库，并先后雇用被告人罗某、车某某、陈某某、苏某某、陈某甲、陈某乙、车某甲等人，为他人出口假烟提供仓储、中转、联系订舱及报关等服务。被告人张某某、吴某某及汤某（另案处理）与黄某某、丁某商谈好出口假烟的费用后，受货主委托，联系安排将假烟从福建省云霄县、漳浦县等地运至上述仓库，并提供银行账户为货主中转支付费用给黄某某。丁某负责指使车某某等人将假烟卸至仓库或装入集装箱，并委托被告人方某某、卢某某以出口普通货物的名义办理报关手续，将假烟以船运方式运送至英国、德国、埃及、阿联酋等国家和地区销售。被告人吴某甲受雇在虎门镇怀德田心村马香工业园区仓库从事假烟的中转管理。经统计，2005年12月至2008年6月，黄某某、丁某参与中转假冒伪劣卷烟价值15361.8786万元；罗某、陈某某、车某某、苏某某经手涉案价值14916.9286万元；陈某甲、陈某乙、车某甲经手涉案价值分别

为11916.016万元、8780.866万元、769.716万元；张某某经手涉案价值3033.5726万元；吴某甲经手涉案价值68.6126万元；吴某某经手涉案价值57.75万元；卢某某经手涉案价值4979.85万元；方某经手涉案价值2220.625万元；被告人彭某某作为某公司法定代表人，2008年4月底，明知丁某委托订舱的货物是假烟的情况下，仍继续接受其委托帮助订舱，经手涉案价值1725.8万元。涉案假烟涉及BENSON&HEDGES、MARLBORO、SUPERKINGS、DAVIDOFF、BRINGI、MONTANA、ARDATH、CAMEL、DUNHILL、555、PALL MALL、FREE、BRISTOL、MORELLO、LUFFMAN、LAMBERT&BUTLER等假冒外国品牌的伪劣香烟及芙蓉王、白沙、中华等假冒国产品牌的伪劣香烟。

东莞市中级人民法院认定，本案各被告人均构成销售伪劣产品罪，其中黄某某、丁某系主犯，黄某某、罗某有立功情节。根据各被告人的犯罪情节，判处被告人黄某某有期徒刑十五年，并处罚金人民币500万元；判处被告人丁某有期徒刑十五年，并处罚金人民币200万元；判处被告人张某某有期徒刑十三年，并处罚金100万元；其余被告人分别被判处有期徒刑九年至一年零六个月不等，罚金70万元至2万元不等。宣判后，黄某某等9人不服，提出上诉。广东省高级人民法院经审理，依法驳回上诉，维持原判。

吴某某等销售伪劣产品案

《最高人民法院发布五件侵犯知识产权和制售假冒
伪劣商品典型案例》第5号
2011年1月16日

浙江省杭州市中级人民法院经审理查明：2009年1月，被告人吴某某、马某某、萧某某等人合谋在浙江省慈溪市设立运输假烟的中转站，3月将中转地点转移至义乌市。2009年2月至4月，吴某某、马某某、萧某某与被告人沈某某、陈某某、唐某某及受雇用人员马某甲、马某乙、马某丙等人，将从福建省运至中转站的假烟运输至杭州等地的下家处，共运输假烟28次，销售金额共计人民币786万元。吴某某、马某某参与全部28次的运输假烟活动。

杭州市中级人民法院认定，被告人吴某某等九人均构成销售伪劣产品罪，根据各被告人的犯罪情节及在共同犯罪中的地位作用,判处吴某某、马某某无期徒刑,剥夺政治权利终身,并处没收个人全部财产;其余各被告人分别被判处十五年至三年有期徒刑不等,并处罚金 150 万元至 6 万元不等。宣判后,吴某某、马某某、萧某某、马某乙、沈某某不服,提起上诉。浙江省高级人民法院经审理,依法驳回各上诉人的上诉,维持原判

刘某某、刘某等生产、销售伪劣产品案

《最高人民法院发布五件侵犯知识产权和制售假冒伪劣商品典型案例》第 2 号
2011 年 3 月 2 日

四川省成都市中级人民法院经审理查明:2009 年 10 月至 2010 年 3 月,被告人刘某某、刘某为牟取利益,先后组织被告人刘某甲、刘某乙,采取在玉米油中添加香精的方式,生产品名为"大丰香油"的产品,并冒充芝麻香油予以销售。至案发,刘某某、刘某共参与生产、销售假冒芝麻香油 87992.17 千克,销售金额共计人民币 1437953.4 元;刘某甲参与生产、销售假冒芝麻香油 45117.73 千克,销售金额共计人民币 722844.6 元;刘某乙参与生产、销售假冒芝麻香油 4950 千克,销售金额 80340 元。

成都市中级人民法院认为四被告人均构成生产、销售伪劣产品罪。刘某某、刘某系主犯,刘某甲、刘某乙系从犯,且均未参与销售利润分配;刘某甲构成自首,可对刘某甲减轻处罚,对刘某乙从轻处罚。成都市中级人民法院依法判处被告人刘某某有期徒刑十二年,并处罚金人民币 100 万元;判处被告人刘某有期徒刑十二年,并处罚金人民币 100 万元;判处被告人刘某甲有期徒刑三年,并处罚金人民币 50 万元;判处被告人刘某乙有期徒刑一年,并处罚金人民币 5 万元。宣判后,四被告人不服,提起上诉。四川省高级人民法院审理后,依法驳回上诉,维持原判。

李某某、孙某某生产、销售伪劣产品案

《最高人民法院发布五件侵犯知识产权和制售假冒伪劣商品典型案例》第 4 号

2011 年 3 月 2 日

江苏省丰县人民法院经审理查明：被告人李某某 2007 年注册成立徐州某肥业有限公司，在没有生产许可证的情况下，生产不合格"科棵旺"系列化肥，销售金额共计人民币 49 万余元。被告人孙某某明知"科棵旺"系列化肥为不合格产品，仍将 31 吨化肥予以销售，销售金额共计人民币 6 万余元。

丰县人民法院认为，被告人李某某、孙某某违反国家产品质量法规，故意在生产、销售活动中以不合格产品冒充合格产品，其行为分别构成生产、销售伪劣产品罪和销售伪劣产品罪（该行为尚未使生产遭受较大损失，不按生产、销售伪劣化肥罪处理）。鉴于二被告人具有自首情节，依法可以从轻处罚，丰县人民法院依法判处李某某有期徒刑四年，并处罚金人民币 25 万元；判处孙某某拘役四个月，缓刑八个月，并处罚金人民币 3 万元。宣判后，被告人李某某不服，提起上诉。徐州市中级人民法院审理后，依法驳回李某某的上诉，维持原判。

孙某某、代某某销售伪劣产品案

《最高人民法院公布危害食品安全犯罪典型案例》第 2 号

2011 年 11 月 24 日

【基本案情】

被告人孙某某，男，汉族，1958 年 3 月 10 日出生，无业。

被告人代某某，男，汉族，1952 年 12 月 4 日出生，原河北省张北县某乳业有限责任公司法定代表人。

2008 年 9 月至 10 月，被告人代某某将受"三鹿奶粉事件"影响而被客户退货的奶粉藏匿。2010 年 5 月，被告人孙某某联系代某某，表示要购买代某

某藏匿的奶粉，并因奶粉超过保质期要求更换包装。代某某将38吨奶粉更换外包装后销售给孙某某，销售金额共计42.56万元。孙某某将该奶粉以62.51万元的价格转售给他人。经鉴定，该38吨奶粉中三聚氰胺的含量严重超标。

【裁判结果】

河北省张北县人民法院一审、河北省张家口市中级人民法院二审裁定认为，被告人孙某某、代某某明知超过保质期的奶粉属伪劣产品，仍销售牟利，其行为均已构成销售伪劣产品罪。根据销售金额，判处被告人代某某有期徒刑七年，并处罚金85.12万元；判处被告人孙某某有期徒刑十年，并处罚金125.02万元。

叶某某、徐某某、谢某某生产、销售伪劣产品案

《最高人民法院公布危害食品安全犯罪典型案例》第3号

2011年11月24日

【基本案情】

被告人叶某某，男，汉族，1966年3月23日出生，原上海某食品有限公司法定代表人。

被告人徐某某，男，汉族，1963年10月4日出生，原上海某食品有限公司销售经理。

被告人谢某某，男，汉族，1966年10月10日出生，原上海某食品有限公司生产主管。

上海某食品有限公司（以下简称某公司）法定代表人叶某某为提高销量，在明知蒸煮类糕点使用"柠檬黄"不符合《食品添加剂使用卫生标准》的情况下，仍于2010年9月起，购进"柠檬黄"，安排生产主管、被告人谢某某组织工人大量生产添加"柠檬黄"的玉米面馒头。某公司销售经理、被告人徐某某将馒头销往多家超市。经鉴定，某公司所生产的玉米面馒头均检出"柠檬黄"成分，系不合格产品。2010年10月1日至2011年4月11日，某公司共生产并销售添加"柠檬黄"的玉米面馒头金额共计620927.02元。同期，某公司还回收售往超市的过期及即将过期的馒头，重新用作生产馒头的

原料，并以上市日期作为生产日期标注在产品包装上。

【裁判结果】

上海市宝山区人民法院一审、上海市第二中级人民法院二审裁定认为，某公司违反国家关于食品安全法律法规的禁止性规定，生产、销售添加"柠檬黄"的玉米面馒头，以不合格产品冒充合格产品，销售金额62万余元，被告人叶某某作为某公司的主管人员，被告人徐某某、谢某某作为某公司的直接责任人员，均已构成生产、销售伪劣产品罪。因某公司已被吊销营业执照，依法不再追究单位的刑事责任。叶某某系主犯；徐某某、谢某某系从犯，依法应当减轻处罚，徐某某、谢某某到案后能如实供述自己的罪行，依法可从轻处罚。法院依法判处被告人叶某某有期徒刑九年，并处罚金65万元；判处被告人徐某某有期徒刑五年，并处罚金20万元；判处被告人谢某某有期徒刑五年，并处罚金20万元。

胡某某、柯某某、陈某某等生产、销售伪劣产品、生产、销售不符合卫生标准的食品案
——加工销售病死猪肉构成犯罪竞合适用较重罪名

《最高人民法院发布十起危害食品、药品安全犯罪典型案例》第2号

2012年7月31日

【简要案情】

被告人胡某某，男，1968年5月5日出生，汉族，农民。

被告人柯某某，男，1970年6月3日出生，汉族，农民。

被告人陈某某，男，1968年7月30日出生，汉族，个体户。

被告人黄某某，男，1964年10月9日出生，汉族，农民。

被告人杨某某，男，1946年12月21日出生，汉族，农民。

被告人陈某甲，男，1957年10月27日出生，汉族，农民。

2010年10月，被告人胡某某承租林某某（另案处理）位于福建省福清市宏路街道南峰村废弃的养猪场，从事病死猪肉的加工、生产、销售活动。2011年1月，胡某某开始与被告人柯某某共同加工、生产、销售病死猪肉。

至 2011 年 3 月份，胡某某、柯某某将捡回来的及收购的共计百余吨的病死猪肉进行宰杀后加工成排骨、肉、猪皮、腊肠等，作为食品销往山东省、浙江省和福建省等一些地区，销售金额达人民币 54 万余元。其中，向被告人黄某某收购重约 2.5 吨的病死猪，向被告人杨某某收购重约 2.5 吨的病死猪，向被告人陈某甲收购重约 0.5 吨的病死猪。其间，被告人陈某某先后两次向胡某某、柯某某购买重约 11 吨的病死猪肉，支付货款 3 万元。2011 年 3 月 14 日，执法部门对胡某某、柯某某的加工、销售病死猪肉窝点进行执法检查，当场查获病死猪肉 5.93 吨。经检验，送检猪肉猪圆环 2 型病毒呈阳性。

2011 年 3 月 29 日，胡某某、柯某某再次到福清市上迳镇收购两大袋病死猪肉，运回加工窝点途中被公安机关查获。经检验，送检的样本高致病性猪蓝耳病病毒和猪繁殖与呼吸综合征病毒均呈阳性。

【裁判结果】

福清市人民法院判决、福州市中级人民法院裁定认为，被告人胡某某、柯某某明知病死的猪肉不能供人食用，食用后足以造成严重食物中毒事故或者其他严重食源性疾患，仍共同加工生产、销售病死猪肉，其行为已构成生产、销售不符合卫生标准的食品罪。同时，胡某某、柯某某将病死猪肉加工生产后作为合格猪肉销售，销售金额达 54 万余元，其行为亦构成生产、销售伪劣产品罪，依法应当以处罚较重的生产、销售伪劣产品罪定罪处罚。被告人陈某某、黄某某、杨某某、陈某甲明知是病死猪肉而予以销售，其行为构成生产、销售不符合卫生标准的食品罪。被告人陈某甲犯罪后自动投案，如实供述犯罪事实，系自首，依法予以从轻处罚。被告人陈某某、黄某某、杨某某到案后能如实供述犯罪事实，依法可予以从轻处罚。法院依法判决：被告人胡某某犯生产、销售伪劣产品罪，判处有期徒刑十一年六个月，剥夺政治权利一年，并处罚金人民币 100 万元；被告人柯某某犯生产、销售伪劣产品罪，判处有期徒刑十一年，剥夺政治权利一年，并处罚金人民币 100 万元；被告人陈某某犯生产、销售不符合卫生标准的食品罪，判处有期徒刑二年九个月，并处罚金人民币 5 万元；被告人黄某某犯生产、销售不符合卫生标准的食品罪，判处有期徒刑二年六个月，并处罚金人民币 1 万元；被告人杨某某犯生产、销售不符合卫生标准的食品罪，判处有期徒刑二年三个月，并处罚金人民币 1 万元；被告人陈某甲犯生产、销售不符合卫生标准的食品罪，判处有期徒刑一年三个月，并处罚金人民币 3000 元；作案工具予以没收，继续追缴各被告人的违法所得。

对本案各被告人的裁定已于 2012 年 4 月 9 日发生法律效力。

王某、徐某某、于某某等生产、销售伪劣产品案
——制售假冒进口抗肿瘤药按重罪被判刑

《最高人民法院发布十起危害食品、药品安全犯罪典型案例》第 8 号
2012 年 7 月 31 日

【简要案情】

被告人王某，男，1963 年 1 月 28 日出生，汉族，陕西某药品电子商务有限公司法定代表人。

被告人徐某某，男，1988 年 4 月 24 日出生，汉族，农民。

被告人于某某，男，1977 年 11 月 6 日出生，汉族，农民。

被告人张某某，男，1962 年 6 月 28 日出生，汉族，陕西某药品电子商务有限公司员工。

2004 年 5 月，被告人王某与其妻任某注册成立了陕西某医药科技有限公司，王某任法定代表人兼总经理。经营范围主要包括医药产品等的技术开发、咨询以及医疗器械的销售等。2007 年 9 月，公司名称变更为陕西某药品电子商务有限公司（以下简称某公司），经营范围增加了互联网药品信息服务。公司自成立起未取得国家药品经营许可和药品质量管理规范认证资质。2009 年 4 月，王某通过互联网与在北京专门经营假冒进口品牌抗肿瘤类药品的被告人徐某某取得联系，在明知徐某某没有从事药品经营资质，不能提供进口药品检验报告和进口药品注册证，且所提供进口抗肿瘤药品来源不清的情况下，向徐某某购买进口抗肿瘤类药品。徐某某将自制及部分来源不明的进口品牌抗肿瘤类药品销售给王某。2009 年 4 月 17 日至 2011 年 1 月 26 日，王某通过银行卡转账向徐某某支付货款共计人民币 1907660 元。2009 年 9 月，王某通过被告人于某某在互联网上发布的信息与其取得联系，从于某某处购买没有进口药品检验报告和进口药品注册证的进口品牌抗肿瘤药品。2009 年 9 月 14 日至 2010 年 1 月 20 日，王某通过银行卡转账向于某某支付货款共计人民币

480440元。王某通过某公司网站宣传，假冒恒某公司抗肿瘤药销售中心的名义对外销售抗肿瘤药品。被告人张某某明知某公司没有销售药品的资质，其亦非恒某公司的工作人员，仍帮助王某提取和安排发送药品。从某公司库房现场查获的进口品牌抗肿瘤药品经检验均被认定为假药。

【裁判结果】

西安市中级人民法院判决、陕西省高级人民法院裁定认为，被告人王某、徐某某、于某某、张某某为谋取非法利益，违反国家药品质量管理制度，置患者生命、健康于不顾，生产、销售假冒的进口抗肿瘤药品，其中，被告人王某销售假药，金额达238.8万元，被告人张某某帮助王某销售假药，其行为均已构成销售假药罪；被告人徐某某、于某某实施生产、销售假药行为，其中徐某某销售假药金额达190.76万元，于某某销售假药金额达48万余元，其行为均已构成生产、销售假药罪。各被告人所售药品均为抗肿瘤药品，主要以癌症患者为使用对象，大多数药品为注射剂药品、处方药，足以严重危害人体健康，犯罪情节恶劣。被告人王某、张某某的行为同时又构成销售伪劣产品罪；被告人徐某某、于某某的行为同时又构成生产、销售伪劣产品罪，依法应以处罚较重的罪名定罪处罚。张某某系从犯，依法对其减轻处罚。法院依法判决：被告人王某犯销售伪劣产品罪，判处有期徒刑十五年，并处罚金人民币300万元；被告人徐某某犯生产、销售伪劣产品罪，判处有期徒刑十一年八个月，并处罚金人民币200万元；被告人于某某犯生产、销售伪劣产品罪，判处有期徒刑六年，并处罚金人民币50万元；被告人张某某犯销售伪劣产品罪，判处有期徒刑一年六个月，并处罚金人民币15万元；各被告人违法所得依法追缴，上缴国库；查扣的药品依法予以没收销毁。

对本案各被告人的裁定已于2011年7月12日发生法律效力。

胡某某、周某、李某某等生产、销售伪劣产品、生产、销售假药案
——假药生产销售一条龙均获刑

《最高人民法院发布十起危害食品、药品安全犯罪典型案例》第 9 号

2012 年 7 月 31 日

【简要案情】

被告人周某，男，1983 年 1 月 7 日出生，汉族，农民。

被告人胡某某，男，1966 年 3 月 3 日出生，汉族，农民。

被告人李某某，男，1982 年 2 月 10 日出生，汉族，农民。

被告人纪某，男，1993 年 8 月 10 日出生，汉族，无业。

被告人刘某，男，1978 年 6 月 2 日出生，汉族，无业。

被告人王某某，男，1968 年 11 月 27 日出生，汉族，农民。

被告人罗某某，女，1970 年 2 月 25 日出生，汉族，农民。

被告人谢某某，男，1978 年 4 月 10 日出生，汉族，农民。

被告人倪某，男，1974 年 12 月 9 日出生，汉族，农民。

被告人肖某某，男，1967 年 8 月 5 日出生，汉族，农民。

2008 年 10 月至 2010 年 11 月，被告人胡某某在北京市通州区非法生产"精华洁癣宁""活胰糖平胶囊"等治疗牛皮癣、糖尿病的药物销售牟利，销售金额共计人民币 66.9 万余元。胡某某还指使胡某甲（另案处理）生产"精华洁癣宁""化癣康"等药物销售，销售金额达人民币 8.7 万余元。此外，胡某甲还与被告人肖某某共同生产上述药物。

2008 年 2 月至 2010 年 11 月，被告人周某为非法谋取非法利益，在明知胡某甲等人销售的"精华洁癣宁""化癣康"等药物系假药的情况下，大量采购并予以销售，销售金额达人民币 188.5 万余元。

2010 年 1 月，周某、胡某某以周某某（另案处理）的名义合伙成立北京某商贸有限公司，专门为制售假药提供取货、办理邮递、代收货款等业务。至 2010 年 11 月，销售假药金额达人民币 585.5 万余元。被告人李某某、纪某、刘某作为公司员工，明知北京某商贸有限公司销售假药而具体实施帮助

行为。被告人王某某、罗某某生产并通过北京某商贸有限公司销售"本草降糖胶囊"等药品，销售金额达人民币32.2万余元。被告人谢某某、倪某非法生产并通过北京某商贸有限公司销售"百草降压胶囊""祛风活骨王"等药品。

经鉴定，从北京某商贸有限公司仓库、胡某某、周某、王某某、罗某某、谢某某、倪某、肖某某、刘某、纪某、李某某等处查获的多种药品均应按假药论处。

【裁判结果】

北京市通州区人民法院判决认为，被告人胡某某、王某某、罗某某、谢某某、倪某生产、销售假药，其中，胡某某销售金额达661.1万元，王某某、罗某某销售金额达32.2万余元，其行为均已同时构成生产、销售假药罪和生产、销售伪劣产品罪，依法应以处罚较重的罪名定罪处罚。被告人周某、李某某、刘某、纪某明知是假药予以销售，其中周某销售金额达774万余元，李某某、刘某、纪某销售金额达585.5万余元，其行为均已同时构成销售假药罪和销售伪劣产品罪，依法应以处罚较重的罪名定罪处罚。被告人肖某某生产假药，足以严重危害人体健康，其行为构成生产假药罪。被告人胡某某、周某、李某某、纪某、刘某构成共同犯罪，其中胡某某、周某系主犯，李某某、纪某、刘某系从犯，依法应当减轻处罚，纪某犯罪时未满18周岁，依法应当减轻处罚。根据各被告人的犯罪事实、情节以及对社会的危害程度，依法判决：被告人胡某某犯生产、销售伪劣产品罪，判处有期徒刑十五年，并处罚金人民币400万元；被告人周某犯销售伪劣产品罪，判处有期徒刑十五年，并处罚金人民币400万元；被告人李某某犯销售伪劣产品罪，判处有期徒刑七年，并处罚金人民币150万元；被告人刘某犯销售伪劣产品罪，判处有期徒刑七年，并处罚金人民币150万元；被告人纪某犯销售伪劣产品罪，判处有期徒刑五年，并处罚金人民币100万元；被告人王某某犯生产、销售伪劣产品罪，判处有期徒刑三年六个月，并处罚金人民币20万元；被告人罗某某犯生产、销售伪劣产品罪，判处有期徒刑三年，并处罚金人民币18万元；被告人谢某某犯生产、销售假药罪，判处有期徒刑二年六个月，并处罚金人民币8万元；被告人倪某犯生产、销售假药罪，判处有期徒刑二年，并处罚金人民币5万元；被告人肖某某犯生产假药罪，判处有期徒刑一年六个月,并处罚金人民币4万元;扣押的作案工具、赃款及赃物予以没收。宣判后,各被告人未上诉,检察机关未抗诉,本判决已于2012年3月26日发生法律效力。

王某某等生产、销售有毒食品,生产、销售伪劣产品案
——生产、销售"假白酒"案件

《最高人民法院公布五起危害食品安全犯罪典型案例》第1号
2013年5月4日

【简要案情】

2002年,被告人王某某开始用食用酒精掺入自来水、苞谷酒、甜蜜素等原料勾兑白酒冒充苞谷酒销售牟利。2009年3月15日上午,王某某安排其雇员覃某某、唐某某驾车到宜都市"杨老板"(杨某某)处购买酒精。当日17时许,覃某某、唐某某来到杨某甲经营的湖北省宜都市某日化经营部,以2100元/吨的价格购买工业酒精(甲醇)3.74吨,并于当晚将酒精运回王某某的制酒作坊。王某某查看过磅单和其他单据后发现所购酒精系工业酒精的价格,与食用酒精的价格相差悬殊,但未核实原因。当晚,王某某指使被告人唐某用此次购买的工业酒精掺入自来水、苞谷酒、香精等原料勾兑成6000余千克"白酒"。从次日起至同月25日止,王某某及被告人覃某甲共销售该批"白酒"3448千克。当地众多居民饮用该"白酒"后中毒,并造成5人死亡、6人重伤、11人轻伤、2人轻微伤的严重后果。另查明,2004年以来,王某某生产食用酒精勾兑的"白酒",冒充苞谷酒销售共计185万余元;覃某甲参与生产、销售的金额为186万余元;唐某参与生产、销售的金额为179万余元。

【裁判结果】

湖北省宜昌市中级人民法院一审判决、湖北省高级人民法院二审裁定认为,王某某同时经营工业酒精燃料生意和勾兑白酒生意,对工业酒精和食用酒精的市场价格非常清楚。当其明知雇员以食用酒精一半的价格购回的酒精不可能为食用酒精的情况下,既未仔细询问雇员,也未向销售方核实,继续

用购回的工业酒精勾兑生产"白酒"出售,导致了多人伤亡的严重危害结果的发生,其行为已构成生产、销售有毒食品罪。王某某、覃某甲、唐某使用自来水、食用酒精与少量自酿苞谷酒勾兑"白酒"冒充苞谷酒销售,其行为已构成生产、销售伪劣产品罪。在生产、销售伪劣产品的共同犯罪中,王某某系主犯;覃某甲、唐某均系从犯,可依法减轻处罚;唐某实施部分犯罪行为时未满18周岁,可酌情从轻处罚。王某某主观上系间接故意,归案后能如实供述犯罪事实,并积极赔偿被害方经济损失,可作为酌定量刑情节予以考虑。据此,法院依法判决:被告人王某某犯生产、销售有毒食品罪,判处死刑,缓期二年执行,剥夺政治权利终身,并处罚金人民币1万元;犯生产、销售伪劣产品罪,判处其有期徒刑十二年,并处罚金人民币98万元,数罪并罚,决定执行死刑,缓期二年执行,剥夺政治权利终身,并处罚金人民币99万元。覃某甲犯生产、销售伪劣产品罪,判处有期徒刑三年,缓刑五年,并处罚金人民币99万元。唐某犯生产伪劣产品罪,判处有期徒刑二年,缓刑二年,并处罚金人民币96万元。

陈某某等生产、销售伪劣产品,非法经营,生产、销售不符合安全标准的食品案

——非法经营"病死猪"肉案件

《最高人民法院公布五起危害食品安全犯罪典型案例》第2号

2013年5月4日

【简要案情】

2010年11月起,被告人陈某甲到福建省莆田市收购病死猪,并以每月人民币2000元的报酬雇用被告人张某把病死猪运输到被告人陈某某租用的猪场,由被告人林某某进行屠宰后销售给被告人陈某某,总销售金额达30万余元,违法所得12万元。

陈某某收购病死猪肉后予以销售,销售金额达50万余元,违法所得20万元。其间,其每月以2000元至2500元的报酬雇用被告人李某、陈某甲押车、收账、运输。被告人周某、吴某夫妻从陈某某处购买病死猪肉制成香肠等销售,销售金额达7万余元,违法所得1.5万余元;被告人周某某从陈某

某处购买病死猪肉达3万余元并转售；被告人孙某某从陈某某处购买病死猪排骨并转售，销售金额达7000余元，违法所得1000元。2011年7月25日，警方在陈某某租用的猪场中查获尚未销售的病死猪肉2030千克。经鉴定，送检样品含有猪繁殖与呼吸综合征病毒和猪圆环病毒2型，"挥发性盐基氮"超标。

另查明，被告人陈某某曾因犯生产、销售伪劣产品罪和收购赃物罪，于2008年4月30日被判处有期徒刑十一个月，并处罚金人民币8.2万元。

【裁判结果】

福建省仙游县人民法院认为，被告人陈某某低价收购病死猪肉并转售；被告人陈某甲、林某某向他人收购病死猪屠宰后销售；被告人李某、陈某甲、张某明知陈某某、陈某甲生产、销售的是国家禁止经营的病死猪肉，仍为其提供运输等帮助，各被告人的行为均已构成生产、销售伪劣产品罪，生产、销售不符合安全标准的食品罪，非法经营罪，应择一重罪处断；被告人周某某、孙某某等明知是病死猪肉仍购买，加工后销售或直接销售，构成生产、销售不符合安全标准的食品罪。陈某某、陈某甲、林某某系主犯；李某、陈某甲、张某系从犯，应从轻或减轻处罚；陈某某系累犯，应从重处罚。据此，法院依法判决：被告人陈某某犯生产、销售伪劣产品罪，判处有期徒刑十二年，并处罚金人民币100万元；被告人陈某甲犯非法经营罪，判处有期徒刑十年，并处罚金人民币30万元；被告人林某某犯非法经营罪，判处有期徒刑九年，并处罚金人民币26万元；其余被告人分别以非法经营罪，生产、销售伪劣产品罪，生产、销售不符合安全标准的食品罪被判处四年至一年不等的有期徒刑，并处罚金。该判决已发生法律效力。

李某某生产、销售伪劣产品案
——生产、销售伪劣食品添加剂案件

《最高人民法院公布五起危害食品安全犯罪典型案例》第4号

2013年5月4日

【简要案情】

被告人李某某系被告单位上海某化工有限公司（以下简称某公司）法定代表人，被告人马某某、马某甲系公司工作人员。为牟取非法利益，2010年9月起，某公司低价购入河南省桐柏县某新型化工有限公司生产的落地级小苏打258.33吨、内蒙古某集团有限公司小苏打40吨及生产设备，同时定制标有食品添加剂碳酸氢钠小苏打编织袋5000只。将上述两种小苏打以8∶1的比例混合，并进行烘干、粉碎、包装后，分别销往浙江杭州、衢州等地，共计销售伪劣小苏打243吨，销售金额达人民币44.73万元。2011年5月24日，执法人员在生产现场查扣了成品3.35吨、原料27.7吨及生产设备。经鉴定，从案发现场扣押的食品添加剂碳酸氢钠成品为不合格产品。

【裁判结果】

上海市金山区人民法院认为，被告单位某公司在经营过程中，以不合格产品冒充合格的食品添加剂碳酸氢钠进行生产、销售，销售金额合计人民币44.73万元，其行为已构成生产、销售伪劣产品罪。被告人李某某系被告单位直接负责的主管人员，被告人马某某、马某甲系被告单位的直接责任人员，其行为均已构成生产、销售伪劣产品罪。被告人马某某、马某甲犯罪后自动投案，如实供述自己的罪行，构成自首，依法可以从轻处罚。被告人李某某到案后能够如实供述自己的罪行，依法可以从轻处罚。法院依法判决：被告单位某公司犯生产、销售伪劣产品罪，判处罚金人民币50万元；被告人李某某犯生产、销售伪劣产品罪，判处有期徒刑六年，并处罚金人民币15万元；被告人马某某犯生产、销售伪劣产品罪，判处有期徒刑四年，并处罚金人民币10万元；被告人马某甲犯生产、销售伪劣产品罪，判处有期徒刑三年，缓刑三年，并处罚金人民币10万元；扣押的作案工具予以没收。该判决已发生法律效力。

袁某、程某某销售有毒、有害食品，销售伪劣产品案
——销售"地沟油"案件

《最高人民法院公布五起危害食品安全犯罪典型案例》第5号

2013年5月4日

【简要案情】

2009年7月至2011年7月，被告人程某某明知柳某某（另案处理）经营的济南某生物科技有限公司、济南某生物能源有限公司生产的油脂是用餐厨废弃油加工而成的，仍向经营销售食用油的河南省郑州市庆丰粮油市场某粮油商行业主被告人袁某推销，多次为袁某和柳某某的交易牵线搭桥，从中赚取佣金。袁某明知上述情形，在程某某介绍下，大量购入上述两公司非法加工的油脂，为此支付货款共计人民币300万余元。袁某将其中价值295万余元的油脂灌装后零售给周边的工地食堂、夜排档、油条摊业主，或者加价销往新乡市、三门峡市等地的食用油经销企业。其余价值5万元的油脂售往武陟县某化工有限责任公司。

【裁判结果】

浙江省宁波市中级人民法院认为，被告人程某某明知是用餐厨废弃油加工而成的油脂，仍向被告人袁某推销，并居间介绍从中牟利；袁某明知程某某推销的是用餐厨废弃油加工而成的油脂，仍大量购入，冒充食用油销售给餐饮经营者、食用油经营企业等，二被告人的销售金额达295万余元，其行为均已构成销售有毒、有害食品罪。二被告人还以假充真、以次充好，将伪劣成品油销售给化工企业，销售金额达5万元，其行为又均已构成销售伪劣产品罪。二被告人犯数罪，依法应并罚。在共同犯罪中，袁某系主犯；程某某系从犯，依法应减轻处罚。袁某、程某某有认罪表现，可以从轻处罚。法院依法判决：被告人袁某犯销售有毒、有害食品罪，判处有期徒刑十五年，并处罚金人民币40万元；犯销售伪劣产品罪，判处有期徒刑六个月，并处罚金人民币3万元；决定执行有期徒刑十五年，并处罚金人民币43万元。被告

人程某某犯销售有毒、有害食品罪，判处有期徒刑八年，并处罚金人民币20万元；犯销售伪劣产品罪，判处有期徒刑六个月，并处罚金人民币3万元；决定执行有期徒刑八年，并处罚金人民币23万元；犯罪所得予以追缴。该判决已发生法律效力。

黄某、曾某某、刘某某销售伪劣产品案

《最高人民法院公布14起打击危害食品、药品安全
违法犯罪典型案例》第4号
2015年12月4日

【基本案情】

被告人黄某系柳州市某农资有限公司的法定代表人，该公司主要经营农药、种子、化肥等。被告人曾某某、刘某某系夫妻关系，2009年，夫妻二人在象州县马坪镇马坪新街5号注资成立象州某农资经营部，业主为曾某某，经营范围为农药、化肥及种子。平时由刘某某负责进货，由曾某某负责销售。2012年12月份，被告人黄某从郑州某农化产品有限公司购进"长制®"2%吡虫啉农药，在明知该农药适用于防治黄瓜蚜虫的情况下，其为了增加销量，扩大宣传该农药适用于防治甘蔗的害虫，并以每件370元的价格销售了202件的"长制®"2%吡虫啉农药给马某农资经营部，销售额74740元。马某农资经营部的被告人曾某某、刘某某从柳州某农资公司购进了202件的"长制®"2%吡虫啉农药后，其二人主观上均明知该农药的真实性能即防治黄瓜的蚜虫，但其为了增加销售量，将该农药销售给农户时宣传为适用于防治甘蔗的害虫，致使马坪镇大槽屯的秦某某等农户在购买该农药施用于防治甘蔗的害虫，但甘蔗的害虫没有被杀死，造成蔗农损失。经查，被告人曾某某、刘某某共销售了1512包，每包的售价是55元，总销售额83160元。经广西壮族自治区农药鉴定所鉴定，"长制®"2%吡虫啉农药系不合格产品。

【裁判结果】

象州县人民法院审理认为，被告人黄某、曾某某、刘某某明知"长制®"2%吡虫啉农药适用于黄瓜蚜虫的防治，但为了牟利，将该产品大肆宣传为防

治甘蔗的害虫，并销售给蔗农用于喷杀甘蔗的害虫，其行为属于以假充真，且销售金额均达五万元以上，均已触犯刑律，构成销售伪劣产品罪。被告人黄某作为自然人投资的柳州市某农资有限公司的法定代表人，应对该公司的销售金额负责。而被告人曾某某、刘某某在销售伪劣产品中，一人负责进货，一人负责销售，相互配合，属共同犯罪，且均为主犯，均应按其所参与的全部犯罪处罚。案发后，被告人黄某主动到公安机关投案，并如实供述了其销售伪劣产品的事实，是自首，依法可以从轻或者减轻处罚。被告人曾某某、刘某某归案后也能如实供述其销售伪劣产品的事实，当庭自愿认罪，依法均可对其从轻处罚。此外，案发后被告人曾某某、刘某某能退给蔗农农药款，有一定的悔罪表现，可对此二被告人酌情从轻处罚。故判决被告人黄某犯销售伪劣产品罪，判处罚金人民币 8 万元；被告人曾某某犯销售伪劣产品罪，判处罚金人民币 4 万元；被告人刘某某犯销售伪劣产品罪，判处罚金人民币 4 万元。

【典型意义】

民生案件与公民个人的生存发展和家庭的基本利益密切相关，我国司法机关历来十分重视涉及民生案件的宣判及执行。本案中，黄某、曾某某、刘某某明知"长制®"2%吡虫啉农药适用于黄瓜蚜虫的防治，但为了牟利，仍将该产品大肆宣传为防治甘蔗的害虫，并销售给蔗农用于喷杀甘蔗的害虫，最终影响甘蔗生长，给蔗农造成巨大损失，法院依法对此案进行宣判，给广大农药商予以法律震慑，鲜活的案例告诫其切不可为了一己私利，让农民遭受损失，自己走上违法犯罪道路。

四、破坏社会主义市场经济秩序罪

刘某某等人生产、销售伪劣（香油）产品、对非国家工作人员行贿案

《最高人民法院公布14起打击危害食品、药品安全
违法犯罪典型案例》第7号
2015年12月4日

【基本案情】

2006年，被告人刘某某、郭某某共同出资成立哈尔滨某调味品有限公司。二人为降低生产成本，谋取非法利益，从被告人薛某某处购入香油香精和粗制棉籽油后，指使被告人唐某某等人将香油香精、粗制棉籽油与色拉油勾兑成伪劣香油，或在香油中按一定比例掺入伪劣香油，经灌装、包装后销售，销售金额人民币1000余万元。2012年8月，刘某某在蜂蜜中掺入购买的麦芽糖浆，制成伪劣蜂蜜进行销售，销售金额人民币20余万元。刘某某为向某公司二厂、某公司饺子厂销售其生产的伪劣香油，指使他人按照销售数量向天手公司二厂采购员曹某、某公司饺子厂厂某某（另案处理）行贿4万余元。

【裁判结果】

绥化市中级人民法院一审判决认定被告人刘某某犯生产、销售伪劣产品罪，判处有期徒刑十五年，并处罚金人民币600万元，犯对非国家工作人员行贿罪，判处有期徒刑二年，决定执行有期徒刑十六年，并处罚金人民币600万元；被告人薛某某犯生产伪劣产品罪，判处有期徒刑八年，并处罚金人民币50万元；对被告人唐某某、郭某某以生产伪劣产品罪和销售伪劣产品罪分别判处刑罚。宣判后，刘某某、薛某某提出上诉。黑龙江省高级人民法院经审理，裁定驳回上诉，维持原判。

【典型意义】

本案是一起典型的生产、销售假冒伪劣产品犯罪案件。四被告人为牟取非法利益，在生产香油和蜂蜜过程中掺杂、掺假，以次充好、以假充真，将伪劣产品进行销售，涉案金额巨大，严重侵犯了国家对产品质量的监督管理

制度和消费者的合法权益。刘某某为谋取竞争优势，向非国家工作人员行贿，又侵犯了企业正常业务活动和公平竞争的交易秩序。此类犯罪行为的发生对企业产品质量诚信造成严重侵害，有损经济社会发展环境评价，必须依法严惩。

桑某生产销售伪劣产品案

《最高人民法院公布14起打击危害食品、药品安全
违法犯罪典型案例》第9号
2015年12月4日

【基本案情】

2007年11月下旬，被告人许某从昌吉市某公司职员芦某某处先后购进其声称是"303"的油葵种子。2008年春季，由徐某（因犯销售伪劣种子已被判处有期徒刑十一年）在布尔津县阔斯特克乡杰特阿尕什村销售该油葵种子，该村村民及邻村村民高某等21户被害人以直接或转让的方式，共在许某处购买其声称是"303"的油葵种子1683千克。21户被害人共种植2630亩油葵，支付种子款99885元。高某等被害农户在油葵生长期发现油葵发叉现象十分严重，遂联名向布尔津县种子站申请对其所种植的油葵种子进行鉴定。2008年9月6日，经专家鉴定，认定被害农户所种植的油葵种子是假种子。2008年9月25日，被害农户又申请专家进行田间实地估产鉴定，经专家鉴定，高某等被害农户所种植的油葵产量损失337000千克，共价值人民币1213200元。2009年5月21日，经新疆农林业司法鉴定所鉴定，高某等被害农户所种植的油葵产量损失339700千克，油葵单价为3.10元，共计价值人民币1053070元。其中，被告人桑某（徐某之妻）在该案中与徐某共同销售假冒303油葵种子445千克，销售金额达25070元，涉及被害农户因绝收、减产而遭受经济损失达344437.35元。

另查明，19名附带民事诉讼原告人已获得赔偿款516000元，其中被告人许某赔偿1万元，罪犯徐某赔偿16000元。

【裁判结果】

布尔津县人民法院一审判决和阿勒泰地区中级人民法院二审判决认为，被告人许某与罪犯徐某共同销售无标识的假冒"303"油葵种子，致使被害农户因减产而遭受1044700元特别重大的经济损失，严重破坏了国家对种子质量的监督管理制度，其行为直接危害了农业生产，已构成销售伪劣种子罪。公诉机关指控被告人许某的犯罪事实清楚，证据确实充分，指控罪名成立，本院予以支持。本案中，被告人桑某与许某共同销售假冒"303"油葵种子，被告人桑某参与销售假冒"303"油葵种子致使被害农户因减产而遭受344437.35元重大的经济损失，其行为已构成销售伪劣种子罪。公诉机关指控被告人桑某的犯罪事实清楚，证据确实充分，指控罪名成立，本院予以支持。被告人许某在共同犯罪中起主要作用，系主犯，应当按照其所参与的全部犯罪处罚。对其辩护人提出系从犯的辩护意见不予采纳。被告人许某在公安机关尚未发现其犯罪事实时，主动向公安机关投案自首，并如实供述犯罪事实，系自首，可从轻处罚。对其辩护人提出被告人许某系自首的辩护意见予以采纳。被告人许某已赔偿被害人损失10万元，具有一定悔罪表现，可酌情从轻处罚。被告人桑某在销售伪劣种子犯罪中起次要作用，系从犯，应当从轻处罚。被告人桑某主动赔偿被害人部分经济损失，具有一定悔罪表现，可酌情从轻处罚。根据本案被告人桑某的犯罪事实、犯罪性质、情节，适用缓刑不致再危害社会，对其可适用缓刑。据此，法院依法判决：被告人许某犯销售伪劣种子罪，判处有期徒刑七年，并处罚金98885.00元。被告人桑某犯销售伪劣种子罪，判处有期徒刑三年，缓刑四年，并处罚金25070元。假冒"303"油葵种子封样品予以没收。被告人许某于判决生效后就罪犯许某赔偿附带民事诉讼原告人高某等附带民事诉讼原告人损失489640元，承担连带赔偿责任。被告人桑某于判决生效后就罪犯许某赔偿上述附带民事诉讼原告人高某等油葵损失承担连带赔偿责任。被告人许某、桑某于判决生效后就罪犯许某赔偿附带民事诉讼原告人高某等19人鉴定费5000元、诉讼费7787.40元、交通费3000元承担连带赔偿责任。

【典型意义】

农业种子的质量好坏事关农民群众切身利益、更关系到农粮生产安全。

现在社会上出现少数不法之徒销售假冒伪劣种子的恶劣犯罪行径对农民群众生产积极性伤害极大，更有甚者造成农民家庭倾家荡产，影响恶劣。人民法院对此类犯罪行为一直以来始终坚持依法从严惩处，对实施此类犯罪的人员绝不姑息、采取高压态势形成震慑效应，做到除恶务尽，保护人民群众的合法权益，维护风清气正的法治环境。

刘某、周某、刘某甲等生产、销售伪劣产品案

《最高人民法院发布"农资打假"典型案例》案例二
2021 年 3 月 17 日

被告人刘某伙同被告人周某在河南省郑州市金水区设立"四川某动物药业有限公司"（未注册），专门从事生产、销售假兽药活动。2015 年 3 月初至案发前，刘某在郑州市金水区一美食广场租赁两间简易仓库，组织生产假兽药，雇佣被告人刘某甲为公司经理，具体负责假兽药的生产和销售；周某从他人处购买兽药原料后，交被告人杨某、袁某掌加工生产，即在兽药原料中随意添加葡萄糖等原料，制成十几种假兽药，假冒"阿莫西林、氟苯尼考、替米考星、盐酸多西环素、粘杆菌素"等兽药并粘贴"四川康威"或者"康威牧鑫"的商标，由周某和刘某甲负责，通过网络或者电话对外销售。周某在生产繁忙时，还曾指使其弟被告人周某甲帮助生产或者发货。被告人方某甲、范某甲明知刘某、周某等人生产、销售假兽药，为牟取利益，仍违反规定帮助其印制假兽药包装袋。经审计，自 2015 年 3 月 1 日至 2018 年 3 月 7 日，"四川某动物药业有限公司"总业绩（银行收入并物流公司代收货款）约为 1080.15 万元。经鉴定，涉案兽药为假兽药。刘某主动投案，如实供述自己的罪行，系自首。一、二审法院以生产、销售伪劣产品罪分别判处被告人刘某有期徒刑十五年，并处罚金人民币 500 万元；判处被告人周某有期徒刑十二年，并处罚金人民币 300 万元；判处被告人刘某甲有期徒刑九年，并处罚金人民币 40 万元；其余被告人亦被判处相应刑罚。

王某甲、王某乙、王某丙、毕某某等生产、销售伪劣产品案

《最高人民法院发布"农资打假"典型案例》案例三

2021年3月17日

2014年至2018年9月,被告人王某甲投资购买设备、原料、招聘工人,分别在山东省梁山县梁山镇独山村附近废旧厂房内、梁山县杨营镇侯寺村某养殖厂内、梁山县黑虎庙镇吴楼村某养殖厂内,伙同他人私自生产多家品牌的假农药并予以销售。其间,被告人王某乙提供银行卡帮助王某甲结算假农药款,偶尔接送工人上下班。被告人王某丙、毕某某等均参与了部分非法生产、销售假农药的犯罪。在犯罪中,毕某某在杨营镇、黑虎庙镇租赁两处厂房并负责管理该处工人,间或运输货物;王某丙运输假农药并办理托运手续、代收货款;被告人毕某甲、王某丁、杨某某、薛某某在杨营镇、黑虎庙镇两处厂房内帮助生产假农药。经查,王某甲和王某乙生产、销售假农药金额为218.99万余元;王某丙参与销售假农药金额为65.94万元;毕某某、毕某甲、杨某某、薛某某、王某丁参与生产的假农药销售金额为35万余元。毕某某、王某丙等自动投案,如实供述自己的罪行,均系自首。一、二审法院以生产、销售伪劣产品罪分别判处被告人王某甲有期徒刑十五年,并处罚金人民币90万元;判处被告人王某乙有期徒刑七年,并处罚金人民币10万元;判处被告人王某丙有期徒刑四年,并处罚金人民币6万元;判处被告人毕某某有期徒刑二年,并处罚金人民币3万元;其余被告人亦被判处相应刑罚。

最高人民法院刑一庭负责人指出,2020年经过全党全国各族人民的共同努力,我国脱贫攻坚战取得了全面胜利,现行标准下农村贫困人口全部脱贫。在向第二个百年奋斗目标迈进的历史关口,各级人民法院要充分认识到"农资打假"案件审判工作的重要性和紧迫性,继续保持对农资制假、售假犯罪的高压态势和打击力度,积极延伸审判职能,最大限度地保护农民利益,为巩固和拓展脱贫攻坚成果,全面推进乡村振兴,加快农业农村现代化提供有力司法保障。

酒泉某农业科技有限公司、王某某生产、销售伪劣产品案

《人民法院种业知识产权司法保护典型案例（第一批）》案例9
2021年9月7日

一审：甘肃省酒泉市肃州区人民法院（2020）甘0902刑初160号

【简要案情】

被告人王某某系酒泉某农业科技有限公司的法定代表人。2017年，该公司将自己繁育的种子及从他人处收购的辣椒籽进行加工、包装后，以"豫椒王"品种向甘肃省酒泉市肃州区种子管理站申请生产经营备案，后因质量问题未能申请成功。2018年12月，该公司将"豫椒王"辣椒种子销售给甘肃某生态农业发展有限公司3500罐，销售金额共计245万元。甘肃某慈生态农业发展有限公司将其中1626罐"豫椒王"辣椒种子委托酒泉市肃州区农户种植。2019年7月，农户种植该辣椒种子后出现大量杂株，辣椒产量和质量均受到严重影响。经鉴定，该辣椒种子的纯度为63.4%，纯度远低于国家标准95%和罐体标识96%，认定为劣种子。经测产，该辣椒平均亩产1783.2千克，其中形成商品价值的辣椒1382.2千克，远低于罐体标识的亩产3000千克至4000千克。案发后，王某某主动向公安机关投案。

【裁判结果】

甘肃省酒泉市肃州区人民法院经审理认为，被告单位酒泉某农业科技有限公司、被告人王某某以不合格产品冒充合格产品，销售金额245万元，其行为已构成生产、销售伪劣产品罪。王某某具有自首情节，依法可减轻处罚。王某某归案后认罪态度好，有悔罪表现，依法可酌情从轻处罚。据此，以生产、销售伪劣产品罪判处被告单位酒泉某农业科技有限公司罚金245万元；判处被告人王某某有期徒刑十一年，并处罚金123万元。

【典型意义】

近年来，涉及辣椒、花生等经济作物种子的犯罪案件日益增加，不仅关

系到农民增收的"钱袋子",也关系到人民群众的"菜篮子"。被告单位和被告人明知涉案辣椒种子质量不合格,在辣椒种子包装上虚假标注亩产、纯度等重要指标,以不合格种子冒充合格种子销售,并给相关企业和农户造成经济损失,对此类犯罪应依法从严惩处。实践中,生产、销售伪劣种子案件往往因受制于生产农时、土壤能力、种植水平、天气状况等复杂因素,很多案件难以对生产遭受的损失情况作出准确认定,也就难以以生产、销售伪劣种子罪追究被告人的刑事责任。本案中,经相关农业部门测产,造成辣椒减产除了涉案种子原因外,还存在农户移栽时间晚、种植密度大,以及天气影响等因素,因此办案机关未能对农户生产遭受损失情况作出认定。在此情况下,应依法适用生产、销售伪劣产品罪定罪处罚。

依照《种子法》第四十九条第三款的规定,质量低于国家规定标准或者标签标注指标的,是劣种子。依照《刑法》第一百四十条的规定,生产者、销售者以不合格产品冒充合格产品,销售金额五万元以上的,即构成生产、销售伪劣产品罪。其中,销售金额在两百万元以上的,应以生产、销售伪劣产品罪定罪,处十五年有期徒刑或者无期徒刑,并处销售金额百分之五十以上二倍以下罚金或者没收财产。人民法院综合考虑被告人具有自首情节和认罪悔罪表现,依法作出判决。

张某等生产、销售伪劣产品案
——为非法牟利给待宰生猪打药注水

《最高法、最高检联合发布危害食品安全刑事典型案例》案例3

2021年12月31日

【简要案情】

被告人张某系辽宁省沈阳市某肉业有限公司实际经营者。2017年8月,张某经人介绍结识被告人蒋某某,蒋某某称可通过给屠宰厂内待宰生猪打药注水,达到增加生猪出肉率的目的。张某为谋取非法利益,同意雇用蒋某某等人给其屠宰厂的待宰生猪打药注水,并约定每注水一头生猪向蒋某某支付报酬8元。2017年8月至2018年5月,蒋某某先后雇用被告人高某某等10余人到张某经营的肉业公司,通过给待宰生猪注射兽用肾上腺素和阿托品后再注水的方式达到非法获利目的，共计给 5.5 万余头待宰生猪打药注水。经审计鉴定，打药注水后的生猪及其肉制品销售金额达 8250 万余元。

【裁判结果】

辽宁省锦州市中级人民法院审理认为，被告人张某雇用他人给待宰生猪打药注水，使被打药注水的猪肉产品存在危及人身安全的食品安全风险，属于生产、销售不合格产品，其行为已构成生产、销售伪劣产品罪。张某销售金额达 200 万元以上，应处十五年有期徒刑或者无期徒刑，并处销售金额百分之五十以上二倍以下罚金或者没收财产。据此，以生产、销售伪劣产品罪判处被告人张某有期徒刑十五年，并处罚金人民币 4200 万元；其他被告人被判处有期徒刑七年至十五年不等刑期，并处罚金。

【典型意义】

当前，一些不法分子为了牟取非法利益，在生猪屠宰前给生猪注水的违法犯罪频发，导致大量注水肉流向百姓餐桌。更为恶劣的是，不法分子在注水的同时为了增强注水效果还同时给生猪打药。司法实践中，不法分子为了逃避打击，不断更新换代药物配方，目前常见多发的是使用肾上腺素和阿托品等允许使用的兽药，生猪注药后往往检测不出药物残留，导致对此类违法犯罪行为因取证难、鉴定难、定性难，影响了惩治效果。对此，《最高人民法院、最高人民检察院关于办理危害食品安全刑事案件适用法律若干问题的解释》第十七条第二款区分屠宰相关环节打药注水的不同情况，作出明确规定。对于给生猪等畜禽注入禁用药物的，以生产、销售有毒、有害食品罪定罪处罚；对于注入肾上腺素和阿托品等非禁用药物的，足以造成严重食物中毒事故或者其他严重食源性疾病的，以生产、销售不符合安全标准的食品罪定罪处罚；虽不足以造成严重食物中毒事故或者其他严重食源性疾病，但销售金额在五万元以上的，以生产、销售伪劣产品罪定罪处罚。本案中，被告人张某雇用人员向生猪注入肾上腺素和阿托品等非禁用药物，虽不能检测出药物残留，也应以生产、销售伪劣产品罪定罪处罚。

上海某国际贸易有限公司及刘某某生产、销售伪劣产品案
——销售超过保质期的烘焙用乳制品200余吨

《最高法、最高检联合发布危害食品安全刑事典型案例》案例4
2021年12月31日

【简要案情】

2016年1月,时任被告单位上海某国际有限公司法定代表人、总经理的被告人刘某某在得知公司部分奶粉、奶酪已经过期后,将该批奶粉、奶酪销售给尚某某经营的公司。2016年1月15日,上海某国际有限公司将存放公司仓库内的超过保质期的新西兰恒天然全脂奶粉8330袋(25千克/袋),以及超过保质期的新西兰恒天然切达奶酪269箱(20千克/箱)交付给尚某某(另案处理)经营的公司,销售金额共计295万余元。2016年4月,上述部分超过保质期的奶粉及全部奶酪被执法部门查获。

【裁判结果】

上海市第三中级人民法院审理认为,被告单位上海某国际有限公司及被告人刘某某为牟取非法利益,违反国家法律法规,以超过保质期的不合格产品冒充合格产品进行销售,销售金额达295万余元,其行为均构成销售伪劣产品罪,应依法惩处。据此,以销售伪劣产品罪分别判处被告单位上海某国际贸易有限公司罚金人民币300万元;被告人刘某某有期徒刑十五年,并处罚金人民币30万元。

【典型意义】

一些不法商家为了非法逐利,用超过保质期的食品原料、超过保质期的食品、回收食品生产食品,或者以更改生产日期、保质期、改换包装等方式继续出售超过保质期的食品、回收食品。此类行为因具有较高的食品安全风险,因而被《食品安全法》等法律法规明令禁止。但实践中仍屡禁不止,严重危害人民群众的饮食安全。对此,《最高人民法院、最高人民检察院关于办理危害食品安全刑事案件适用法律若干问题的解释》第十五条对此类犯罪惩

处作出明确规定。用超过保质期的食品原料、超过保质期的食品、回收食品生产的食品和超过保质期的食品、回收食品，因存在危及人身安全的不合理的危险，应认定为不合格产品。生产、销售上述食品，销售金额在五万元以上的，以生产、销售伪劣产品罪定罪处罚。同时构成生产、销售不符合安全标准的食品罪等其他犯罪的，依照处罚较重的规定定罪处罚。本案中，无证据证明被告单位和被告人构成其他犯罪，故以生产、销售伪劣产品罪定罪处罚。

申某某、王某某销售伪劣产品案
——未取得兽药经营资质销售不合格兽药

《维护农民利益　保障粮食安全　最高人民法院发布
"农资打假"典型案例》案例2
2022年3月18日

【简要案情】

被告人申某某，男，汉族，1979年3月5日出生，农民。

被告人王某某，男，汉族，1969年9月22日出生，农民。

被告人申某某、王某某均不具备兽药经营资质。2017年10月至2019年1月，王某某从不具备兽药生产、经营资质的林某某等人（另案处理）处，多次以明显低于市场价格购进甲磺酸加替杀星、阿莫西林等十余种兽药，将部分兽药销售给申某某，销售金额70余万元。申某某在明知该兽药可能为伪劣产品的情况下，将部分兽药销售给牛某、张某，销售金额104万余元。后牛某发现其所购兽药为不合格产品，要求申某某退款，申某某遂退还牛某货款16万元。经鉴定，申某某、王某某销售的兽药均为不合格产品。

【裁判结果】

法院经审理认为，被告人申某某、王某某以不合格的兽药冒充合格的兽药进行销售，销售金额分别达到104万余元和70余万元，其行为均已构成销售伪劣产品罪。申某某到案后如实供述自己的罪行，并积极退赔，可从轻处罚。王某某自动投案，并如实供述自己的罪行，具有自首情节，可以减轻处罚。据此，以销售伪劣产品罪分别判处被告人申某某有期徒刑七年，并处罚金人民币53万元；判处被告人王某某有期徒刑四年，并处罚金人民币35万元。

薛某某销售伪劣种子、卢某某销售伪劣产品案

《人民法院种业知识产权司法保护典型案例（第二批）》案例2
2022年4月1日

一审：安徽省蒙城县人民法院（2019）皖1622刑初141号

【基本案情】

2017年3月左右，被告人卢某某从山东、河南等地购买了大量未经审定的大豆种子，并将其包装成"农研一号"进行销售，其中以每桶38元的价格卖给被告人薛某某1500桶，以每桶36元的价格卖给周某某189桶，共计63804元。2017年3、4月，被告人薛某某在从卢某某处购买大豆种子后，又从山东购买了大量未经审定的大豆种子。被告人薛某某后将上述大豆种子卖给多名农户，销售金额共计148480元。经鉴定，多名农户大豆产量减产13521.15千克，损失价值55436元。经认定，卢某某、薛某某所销售的大豆种子均系不合格种子。案发后，薛某某赔偿部分农户经济损失279000元并取得谅解，卢某某赔偿部分农户经济损失83020元并取得谅解。

【裁判结果】

安徽省蒙城县人民法院审理后认为，被告人薛某某涉案行为构成销售伪劣种子罪，被告人卢某某涉案行为构成销售伪劣产品罪。薛某某、卢某某到案后如实供述犯罪事实，具有坦白情节，且当庭自愿认罪，依法可以从轻处罚。薛某某、卢某某积极赔偿受害农户经济损失并取得谅解，依法可以酌定从轻处罚。薛某某具有前科劣迹，依法对其可以酌定从重处罚。据此，对被告人薛某某以销售伪劣种子罪判处有期徒刑十个月，并处罚金人民币10万元；对被告人卢某某以销售伪劣产品罪判处有期徒刑六个月，并处罚金人民

币 5 万元。一审判决后，二被告人均未提起上诉。

【典型意义】

本案因认定卢某某构成销售伪劣种子罪证据不足，故根据《刑法》第一百四十九条的规定，人民法院对卢某某以销售伪劣产品罪定罪处罚，体现了不枉不纵、严惩犯罪的司法态度。审理过程中，人民法院通过释法说理，积极沟通，二被告人均主动赔偿农户经济损失并取得谅解。人民法院不仅判处二被告人监禁刑，还依法判处相应的罚金，严厉打击损害农民利益的犯罪分子，彰显了对危害民生的犯罪活动从严惩处的精神。

闫某销售伪劣产品案
——将四价人乳头瘤病毒疫苗拆分后销售给受种者

《危害药品安全犯罪典型案例》案例 2

2023 年 9 月 18 日

【简要案情】

2020 年 4 月至 2021 年 5 月，被告人闫某任吉林省敦化市某街道社区卫生服务中心计划免疫科科长，负责四价人乳头瘤病毒疫苗（俗称四价宫颈癌疫苗）的销售、接种和管理工作。闫某为获取非法利益，将由其本人负责销售、接种的 450 支四价人乳头瘤病毒疫苗（只能供给 150 名受种者受种，每名受种者受种 3 支、每支 0.5 毫升）以抽取原液的方式，将 1 支足量疫苗拆分成 2 支至 4 支疫苗，拆分后的疫苗每支约 0.1 毫升。之后，闫某以每人 2448 元的价格将拆分后的四价人乳头瘤病毒疫苗销售给 306 名受种者，销售金额共计 74 万余元。闫某将非法收取的疫苗款用于偿还贷款及日常花销。案发后，闫某上缴违法所得 70 余万元。

【裁判结果】

吉林省敦化市人民法院经审理认为，被告人闫某以非法获利为目的，将四价人乳头瘤病毒疫苗进行拆分，以不合格疫苗冒充合格疫苗销售给受种者，销售金额达 74 万余元，其行为已构成销售伪劣产品罪。闫某具有坦白情节，认罪认罚，并主动上缴部分违法所得。据此，以销售伪劣产品罪判处被告人闫某有期徒刑八年四个月，并处罚金人民币50万元。

【典型意义】

宫颈癌是严重威胁女性健康的恶性肿瘤，适龄女性接种人乳头瘤病毒疫苗是预防宫颈癌的有效措施，能够有效降低宫颈癌及癌前病变的发生率。人乳头瘤病毒疫苗属于非免疫规划疫苗，在我国尚未纳入国家免疫规划或医疗保险覆盖范围，按照自费自愿的原则接种。随着人民群众健康意识的提升，越来越多的适龄女性开始主动接种人乳头瘤病毒疫苗，一度造成市场上高价人乳头瘤病毒疫苗供不应求的现象。一些不法分子为牟取非法利益，生产、销售伪劣人乳头瘤病毒疫苗，严重影响疫苗的接种效果和人民群众的用药安全，必将受到法律的严厉制裁。

申某某等生产、销售伪劣产品案
——生产、销售用马肉、鸭肉等冒充的牛肉制品

《最高人民法院、最高人民检察院联合发布危害
食品安全犯罪典型案例》案例1
2023年11月28日

【简要案情】

2020年以来，被告人申某某实际控制河南某食品有限公司生产经营期间，委托被告人申某甲担任该公司总经理，并聘用刘某某等人生产、销售各种肉类加工产品。2020年4月，申某某出资组建电商部门，在多个电商平台开设店铺30余家，用于销售生产的肉类加工产品。此后，申某某组织人员购进马肉、鸭肉、鸡肉和猪肉，通过腌制、卤煮、烤制、晾晒等工艺制作成"手撕牛肉、风干牛肉、五香牛腿肉、五香牛腱子"等假冒牛肉制品，通过线下渠道和线上电商渠道销往全国各地。申某某等人生产、销售假冒牛肉制品，销售金额共计2690余万元。此外，申某某等人还生产、销售以大豆油添加香精、色素等冒充的假芝麻香油，销售金额共计180余万元。

【诉讼过程】

河南省安阳市人民检察院以生产、销售伪劣产品罪对被告人申某某等人提起公诉。经河南省安阳市中级人民法院一审、河南省高级人民法院二审，认定被告人申某某等人以假充真，生产、销售假牛肉制品、假芝麻香油，销售金额共计 2870 余万元，其行为已构成生产、销售伪劣产品罪。在共同犯罪中申某某、申某甲系主犯，其余被告人系从犯。据此，以生产、销售伪劣产品罪判处被告人申某某无期徒刑，剥夺政治权利终身，并处没收个人全部财产；以生产、销售伪劣产品罪分别判处被告人申某甲、刘某某等人有期徒刑十五年至二年不等刑期，并处罚金。

【典型意义】

近年来，一些不良商家用价格相对便宜的马肉、鸭肉等冒充牛肉制品牟取暴利。此类假牛肉制品通常出现在牛肉干、牛肉卷、牛肉丸、烧烤食材等产品中，加入牛肉味调味料后达到口味混淆的效果，严重危害食品安全、侵犯消费者权益。不法分子通过电商平台、直播带货销售更容易掩盖产品真实品质，严重扰乱食品安全监管秩序，同时增加了监管和打击难度。本案系利用网络实施的规模化、组织化、链条化犯罪，持续时间长、销售范围广、销售金额特别巨大，司法机关办理案件时注意区分主从犯，既有效打击犯罪，又体现宽严相济。该案也提醒广大消费者在通过电商平台、直播带货等购买食品时，要注意选择正规平台，充分了解商品品牌、成分、口碑评价等，如遭受欺诈要及时保存证据，依法投诉，通过法律手段维护自身合法权益。

靳某销售伪劣产品案
——篡改生产日期销售过期奶制品，被依法追究刑事责任

《最高人民法院发布涉未成年人食品安全司法保护典型案例》案例3
2024年3月15日

【基本案情】

2021年3月至2021年11月，被告人靳某为牟取非法利益，通过欧某大量收购超过保质期的奶制品，并利用其作为经销商的便利，在内部经销商网挑选可在市场售卖的批号，在某省某地设立加工窝点，组织贺某、贺某某、高某及吴某（均另案处理）等人通过喷涂篡改产品原生产日期和批号冒充新日期产品后，销往个别省份。经统计，靳某向经销商等销售过期奶制品，已销售金额272142元、未销售货值23498元。其中，扣押在案的部分产品经生产厂家比对认定为被篡改生产批号和日期产品，导致溯源不能。检察机关指控被告人靳某犯生产、销售伪劣产品罪。

【裁判结果】

法院经审理认为，被告人靳某结伙将他人生产的超过保质期的奶制品以更改生产日期、保质期、改换包装等方式销售牟取利益，已销售金额272142元、未销售货值23498元，其行为已构成销售伪劣产品罪。靳某在共同犯罪中起主要作用，系主犯。被告人靳某犯销售伪劣产品罪，判处有期徒刑三年三个月，并处罚金人民币20万元，违法所得予以没收。

【典型意义】

未成年人食品安全一直是社会关注的焦点。销售超过保质期的奶制品，具有较高的食品安全风险和社会危害性，为食品安全法所明令禁止，构成犯罪的，应依法追究刑事责任。本案被告人为牟取非法利益，利用身为奶制品经销商的便利，结伙收购、倒卖超过保质期的奶制品，涉案金额大，影响范围广，法院对其依法定罪判刑，体现了对危害儿童食品安全行为绝不姑息的态度，有利于规范涉未成年人食品经营活动，为未成年人成长提供食品安全

保障。

申某某等生产、销售假药案

《最高人民法院发布五件侵犯知识产权和制售假冒
伪劣商品典型案例》第 1 号
2011 年 3 月 2 日

江苏省南通市中级人民法院经审理查明：2007 年 3 月至 12 月，被告人申某某购买假冒上海某血液制品股份有限公司生产的"人血白蛋白"、假冒某生物制药有限公司生产的"人用狂犬病疫苗"，连同伙同其女婿刘某生产的假冒福某生物制药有限公司的"人用狂犬病疫苗"，销售给被告人赵某某，销售金额共计人民币 17665 元。赵某某明知所购"人血白蛋白""人用狂犬病疫苗"为假药的情况下，仍将该假药销售给被告人高某、郝某某（另案处理），销售金额共计人民币 25860 元。高某又将该假药销售给被告人佘某某、申某某（另案处理）、刘某（另案处理）、肖某某，销售金额共计人民币 145900 元。申某某将购得的假药销售给叶某某（另案处理）等人，被害人赵某某被狗咬后由叶某某注射涉案假"人用狂犬病疫苗"，后致狂犬病发作死亡。佘某某将购得的假药销售给李某某等人，导致假药被逐层销售给终端患者使用，多名患者注射涉案假"人血白蛋白"后，出现不同程度不良反应，其中五人经鉴定为重伤，一人为轻伤。

南通市中级人民法院依法以生产、销售假药罪判处被告人申某某死刑，缓期二年执行，剥夺政治权利终身，并处没收个人全部财产；以销售假药罪判处被告人赵某某无期徒刑，剥夺政治权利终身，并处没收个人全部财产；以销售假药罪判处被告人高某有期徒刑十五年，剥夺政治权利三年，并处罚金人民币 20 万元；以销售假药罪判处被告人佘某某有期徒刑十四年，剥夺政治权利二年，并处罚金人民币 15 万元；没收各被告人违法所得。宣判后，被告人赵某某提起上诉。江苏省高级人民法院审理后，依法驳回赵某某的上诉，维持原判。

饶某某生产、销售假药案
——出售药品包装供他人生产假药亦构成犯罪

《最高人民法院发布十起危害食品、药品安全犯罪典型案例》第 7 号
2012 年 7 月 31 日

【简要案情】

被告人饶某某，女，1968 年 4 月 27 日出生，汉族，浙江省某医院保洁工。

2011 年 5 月至 11 月上旬，被告人饶某某利用自己在浙江省某医院做保洁工的便利条件，明知他人生产、销售假药，仍从该医院病区配药房的垃圾箱内收集外观完整、整洁的泰能药品药盒，出售给王某某（另案处理），共计获利人民币 500 余元。

【裁判结果】

杭州市西湖区人民法院判决认为，被告人饶某某应当知道他人收购药品包装用于制售假药，其为谋取不法利益，违反医院严禁私下出售医疗废弃物的规定，收集药品外包装并出售，为制售假药者提供帮助，其行为已构成生产、销售假药罪，依法判处被告人饶某某有期徒刑十个月，并处罚金人民币 1000 元；非法所得人民币 500 元依法予以追缴，上缴国库。宣判后，被告人未上诉，检察机关未抗诉，本判决已于 2012 年 4 月 12 日发生法律效力。

韦某某、张某某、何某某等销售假药案
——销售假狂犬疫苗致人死亡获重刑

《最高人民法院发布十起危害食品、药品安全犯罪典型案例》第 10 号
2012 年 7 月 31 日

被告人张某某，男，1967 年 1 月 7 日出生，汉族，个体户。

被告人何某某，男，1978 年 7 月 25 日出生，汉族，工人。

被告人陈某某，女，1974 年 2 月 5 日出生，壮族，个体户。

被告人韦某某，男，1971 年 11 月 29 日出生，壮族，来宾市甲药业有限公司副总经理。

被告人余某某，男，1964 年 11 月 25 日出生，汉族，个体医师。

被告人蒙某，男，1982 年 9 月 9 日出生，壮族，来宾市乙药业有限公司业务员。

被告人黄某某，男 1983 年 11 月 18 日出生，壮族，来宾市甲药业有限公司业务员。

【简要案情】

2009 年 7 月至 11 月，被告人韦某某以广州市某生物药业有限公司的名义，将从他人处购买的批号为 20090726 等多个批次的假"人用狂犬疫苗"销售给来宾市北五乡卫生院、红河卫生院夏至分院、正龙乡卫生院、高安乡卫生院、五山乡卫生院，共计 100 余人份。2009 年 10 月 21 日下午，被害人叶某某（殁年 6 岁）被狗咬伤，其父叶某甲用肥皂水冲洗伤口后即将其送到来宾市兴宾区正龙乡卫生院治疗。该院于当日至 12 月 3 日按正规程序为叶某某接种了韦某某销售给卫生院的批号为 20090726 的假"人用狂犬疫苗"。后叶某某出现异常反应，于 12 月 9 日送南宁市第四人民医院抢救无效死亡。该医院诊断死亡原因为狂犬病。经查，2009 年 8 月至 12 月，被告人杨某（取保候审期间逃跑，中止审理）从陈某（另案处理）处购买假"人用狂犬疫苗"，加价后卖给被告人张某某。张某某加价后转卖给被告人何某某，何某某加价后转卖给被告人陈某某、余某某、蒙某和其他人。陈某某将假"人用狂犬疫

苗"转卖给韦某某，余某某将假"人用狂犬疫苗"转卖给他人，蒙某将假"人用狂犬疫苗"转卖给被告人黄某某，黄某某转卖给他人。

一审期间，被告人杨某、张某某、何某某、陈某某、韦某某补偿被害人家属20万元人民币。

【裁判结果】

来宾市中级人民法院、广西壮族自治区高级人民法院判决认为，被告人张某某、何某某、陈某某、韦某某、余某某、蒙某、黄某某销售假"人用狂犬疫苗"，足以严重危害人体健康，已构成销售假药罪。被害人叶某某死于狂犬病，其死亡与使用韦某某销售给正龙乡卫生院的批号为20090726的假"人用狂犬疫苗"有因果关系。韦某某虽向陈某某购买过假"人用狂犬疫苗"，但亦从他人处购买过，因此，认定韦某某销售给正龙乡卫生院的批号为20090726的假"人用狂犬疫苗"确系来源于被告人张某某、何某某、陈某某证据不足。张某某、何某某、陈某某、韦某某对被害人家属自愿补偿，有一定悔罪表现，可酌情从轻处罚。法院依法以销售假药罪对各被告人作出判决，判处被告人韦某某有期徒刑十五年，并处罚金人民币5万元；判处被告人张某某有期徒刑三年，并处罚金人民币3万元；判处被告人何某某有期徒刑三年，并处罚金人民币3万元；判处陈某某有期徒刑三年，并处罚金人民币8800百元；判处被告人余某某有期徒刑一年六个月，并处罚金人民币3万元；判处被告人蒙某有期徒刑一年六个月，并处罚金人民币3万元；判处被告人黄某某有期徒刑一年六个月，并处罚金人民币3万元；各被告人的违法所得没收上缴国库。

对本案各被告人的判决已于2012年1月12日发生法律效力。

杨某某等人生产、销售假药案

《最高人民法院、最高人民检察院通报4起生产
销售假药典型案例》第1号
2014年11月18日

【基本案情】

2008年6月，被告人杨某某在河南省渑池县城关镇一里河村注册成立渑池县某生物技术有限公司。2010年至2012年，杨某某作为该公司的法定代表人，伙同被告人杨某甲、杨某乙、马某某等人，在公司生产、经营期间，为谋取非法利益，未经有关部门批准，采用私自在其生产的中药中添加治疗糖尿病的格列苯脲、苯乙双瓜等西药的方法，大量生产胰复康、消糖康、百草清糖等黄精苦瓜胶囊系列产品，并利用网络虚假宣传药品疗效，在全国范围内招聘代理商，将生产的假药通过物流快递方式销往全国20多个省、市、自治区代理商及糖尿病患者，以银行转账、汇款等结算货款，销售金额达人民币183万余元。经检验，涉案黄精苦瓜胶囊产品中含有格列本脲、苯乙双瓜等化学成分，上述产品所标示的批准文号为虚假文号，应按假药查处。

【诉讼情况】

本案由河南省三门峡市渑池县公安局侦查终结后，移送渑池县人民检察院审查起诉。2013年5月21日，渑池县人民检察院以被告人杨某某、杨某甲、杨某乙、马某某生产、销售假药罪向渑池县人民法院提起公诉。

2013年9月9日，渑池县人民法院一审认为，被告人杨某某、杨某甲、杨某乙、马某某违反国家药品管理法规，生产、销售假药，且销售范围广，销售金额达人民币183万余元，属具有其他严重情节，其中被告人杨某某生产、销售假药，其行为构成生产、销售假药罪，被告人杨某乙生产假药，构成生产假药罪，被告人杨某甲、马某某销售假药，构成销售假药罪。依照《刑法》相关条款规定，判决被告人杨某某犯生产、销售假药罪，判处有期徒刑八年，并处罚金人民币10万元；杨某甲犯销售假药罪，判处有期徒刑三年六个月，并处罚金人民币5万元；杨某乙犯生产假药罪，判处有期徒刑二年

六个月，并处罚金人民币2万元；马某某犯销售假药罪，判处有期徒刑二年六个月，并处罚金人民币2万元。追缴以上各被告人违法所得人民币11万余元。

一审宣判后，杨某某、杨某甲、马某某提出上诉，河南省三门峡市中级人民法院二审裁定驳回上诉，维持原判。

王某某销售假药案

《最高人民法院、最高人民检察院通报4起生产
销售假药典型案例》第2号
2014年11月18日

【基本案情】

2011年7月至2013年3月间，被告人王某某在明知其向江西省新余市某生物科技有限公司购进的"999皮炎平""狼毒软膏""维达宁喷剂""丁桂儿脐贴""妇科金鸡凝胶""妇科千金凝胶"等药品系假药的情况下，仍将上述假药销售给泉州市泉港区界山镇某村第一卫生所、泉港区某村第三卫生所、泉港区界山镇某村第二卫生所、某村卫生所、惠安县某药店、某骨伤外科等卫生所和药店，销售金额为人民币5220元，从中非法获利人民币1950元。后被告人王某某主动回收部分假药并销毁。经药监部门认定，上述药品应按假药论处。

【诉讼情况】

本案由福建省泉州市公安局泉港分局侦查终结后，移送泉港区人民检察院审查起诉。2014年2月7日，泉港区人民检察院以被告人王某某犯销售假药罪向泉港区人民法院提起公诉。2014年2月27日，泉港区人民法院一审认为，被告人王某某违反药品管理法规，明知是假药仍予以销售，销售金额达人民币5220元，其行为已构成销售假药罪，判决被告人王某某犯销售假药罪，判处有期徒刑七个月，并处罚金人民币1.5万元；追缴违法所得人民币1950元。

一审宣判后，王某某未提出上诉，检察机关也未提出抗诉，判决已生效。

蒋某某等人生产、销售假药案

《最高人民法院、最高人民检察院通报4起生产
销售假药典型案例》第4号
2014年11月18日

【基本案情】

2010年11月至12月间,被告人蒋某某从张某(另案处理)处,购买假人用狂犬病疫苗1000盒,并将其中的200盒销售给被告人李某。被告人康某某明知是假药的情况下,仍然从李某处购买该200盒假人用狂犬病疫苗,后通过滕某某(另案处理)将该200盒假人用狂犬病疫苗销售给被告人李某某,李某某在明知系假药的情况下仍购买,并将该200盒假人用狂犬病疫苗中的10余盒给他人注射,110余盒销售给他人,其余的70余盒在案发后被李某某销毁。

2011年9月,蒋某某通过李某从安徽太和县被告人李某甲处购买生产假人用狂犬病疫苗所需要的纸质包装盒及配套的说明书和标签等物品,在安徽省蚌埠市二岗附近租赁房屋内伙同被告人郝某某等人,生产长春某生物科技股份有限公司生产的"万信"牌的假人用狂犬病疫苗6000余盒。

2012年3月,蒋某某又通过李某从浙江省温州市苍南县龙港镇的鲍某某(另案处理)处,购买生产假人用狂犬病疫苗所用的纸质包装盒及配套的塑料托壳、说明书、不干胶标签等物品,在其位于安徽省滁州市凤阳县凤凰城小区住处内,伙同被告人黄某某等人,生产长春某生物科技股份有限公司生产的"万信"牌的假人用狂犬病疫苗6000余盒。

【诉讼过程】

本案由江苏省徐州市丰县公安局侦查终结后,移送丰县人民检察院审查起诉。2013年1月21日,丰县人民检察院以蒋某某等人犯生产、销售假药罪向丰县人民法院提起公诉。2013年3月28日,丰县人民法院一审判决蒋某某犯生产、销售假药罪,判处有期徒刑五年,并处罚金人民币6万元;李某犯生产、销售假药罪,判处有期徒刑二年六个月,并处罚金人民币4万元;黄

某某犯生产假药罪，判处有期徒刑二年，并处罚金人民币3万元；李某甲犯生产假药罪，判处有期徒刑一年六个月，并处罚金人民币2万元；郝某某犯生产假药罪，判处有期徒刑一年四个月，并处罚金人民币2万元；康某某、李某某犯销售假药罪，均判处有期徒刑一年二个月，并处罚金人民币1万元。

一审判决后，被告人均未提出上诉，检察机关也未提出抗诉，判决已生效。

牛某某等生产、销售假药案
—— 用针管灌装生理盐水假冒九价人乳头瘤病毒疫苗销售

《最高人民法院发布药品安全典型案例》案例1

2022年4月28日

【简要案情】

2018年上半年，被告人牛某某在得知九价人乳头瘤病毒疫苗（以下简称九价疫苗）畅销之后，遂寻找与正品类似的包装、耗材及相关工艺，准备生产假冒产品。2018年7月至10月，牛某某通过他人先后购买针管、推杆、皮塞、针头等物品共计4万余套，并定制假冒九价疫苗所需的包装盒、说明书、标签等物品共计4.1万余套。其间，牛某某与同案被告人张某某在山东省单县以向针管内灌装生理盐水的方式生产假冒九价疫苗，再通过商标粘贴、托盘塑封等工艺，共生产假冒九价疫苗2.3万支。牛某某、张某某通过多个医美类微信群等渠道，对外销售上述假冒九价疫苗9004支，销售金额达120余万元。经苏州市药品检验检测研究中心检验，抽样送检的假冒九价疫苗内，所含液体成分与生理盐水基本一致。

【裁判结果】

法院经审理认为，被告人牛某某、张某某共同生产、销售假疫苗的行为均已构成生产、销售假药罪。牛某某、张某某生产、销售金额达120余万元，具有"其他特别严重情节"。生产、销售的假药属于注射剂疫苗，应当酌情从重处罚。在共同犯罪中，牛某某系主犯，张某某系从犯，对张某某予以从轻处罚。二被告人均认罪认罚。据此，以生产、销售假药罪判处被告人牛某某有期徒刑十五年，并处罚金人民币 150 万元；判处被告人张某某有期徒刑十三年，并处罚金人民币 100 万元。

【典型意义】

疫苗是为预防、控制疾病的发生、流行，用于人体免疫接种的预防性的生物制品，属于国家实行特殊管理的药品。疫苗包括免疫规划疫苗和非免疫规划疫苗，人乳头瘤病毒疫苗属于非免疫规划疫苗，由居民自愿接种，目前市面上有三种，包括二价、四价和九价，其中九价疫苗是可预防人乳头瘤病毒种类最多的疫苗，最佳接种年龄为 16 至 26 岁。本案中，二被告人以针管灌装生理盐水的方式生产、销售假冒九价人乳头瘤病毒疫苗，属于《中华人民共和国药品管理法》规定的"以非药品冒充药品"的情形，应认定为假药。此类犯罪不仅使消费者支付高价却无法得到相应的免疫效果，部分消费者还因此错过了最佳接种年龄和时机，社会危害严重，应依法严惩。对广大消费者而言，要到正规医疗机构接种疫苗，以确保疫苗接种的安全性和有效性。

高某等生产、销售假药案
—— "黑作坊"将中药和西药混合研磨成粉冒充纯中药销售

《最高人民法院发布药品安全典型案例》案例 2

2022 年 4 月 28 日

【简要案情】

2018 年至 2020 年 9 月，被告人高某为获取非法利益，在未取得药品生产许可证、药品经营许可证的情况下，在广东省普宁市南亨里其住所内，用中药材首乌、甘草、大茴和西药溴已新、土霉素片、复方甘草片、磷酸氢钙咀嚼片、醋酸泼尼松、马来酸氯苯那敏等按照一定比例混合研磨成粉，并雇用被告人李某将药粉分包、包装为成品。高某使用"特效咳喘灵"的假药名，编造该药粉为"祖传秘方""纯中药成分"，主治咳嗽、肺结核、哮喘、支气管炎，并以每包 25 元至 40 元的价格对外销售，销售金额共计 186 万余元。李某还从高某处低价购买上述假药并加价销售给被告人黄某等人。经江苏省淮安市市场监督管理局认定，涉案药品为假药。

【裁判结果】

法院经审理认为，被告人高某等人生产、销售假药的行为构成生产、销售假药罪。高某生产、销售金额达 186 万元，具有"其他特别严重情节"。据此，以生产、销售假药罪判处被告人高某有期徒刑十年九个月，并处罚金人民币 372 万元。其余被告人分别被判处一年六个月至十年三个月有期徒刑，并处罚金。

【典型意义】

近年来，一些不法分子利用公众对中药的信任，打着"祖传秘方""纯中药成分"的幌子，私自配制中药，有的还在中药中混入西药成分，冒充纯中药对外销售，不仅影响疾病的治疗效果，还给用药安全和人体健康带来重大隐患。《中华人民共和国药品管理法》规定，"以非药品冒充药品或者以他种药品冒充此种药品"的为假药。本案中，被告人高某在中药中掺入了多种西药并冒充纯中药销售，属于"以他种药品冒充此种药品"的情形，经地市级药品监督管理部门认定为假药，故以生产、销售假药罪定罪处罚。本案也提醒广大消费者，不要迷信"祖传秘方"等虚假宣传，应当通过正规渠道采购药品，保障用药安全。

北京某肿瘤药品有限公司销售假药案
—— 药品公司通过非法渠道采购并销售假药

《最高人民法院发布药品安全典型案例》案例 3
2022 年 4 月 28 日

【简要案情】

2018 年 8 月，被告单位北京某肿瘤药品有限公司通过非正规渠道低价采购药品"日达仙（注射用胸腺法新）"。被告人卢某、赵某、张某作为该公司直接负责的主管人员，被告人吴某、汪某作为公司负责销售的直接责任人员，在明知上述药品没有合法手续，系从非法渠道采购且采购价格低于正常价格的情况下，仍然以该单位的名义于 2018 年 9 月 7 日、11 日在北京市东城区分两次向被害人吴某某销售上述"日达仙（注射用胸腺法新）"共8盒，销售金额共计9600元。经中国食品药品检定研究院检验，涉案"日达仙（注射用胸腺法新）"按进口药品注册标准检验结果不符合规定，属于与国家药品标准不符。经北京市东城区市场监督管理局认定，涉案药品为假药。

【裁判结果】

法院经审理认为，被告单位北京某肿瘤药品有限公司销售假药的行为已构成销售假药罪。被告人卢某、赵某、张某作为该公司销售假药的直接负责的主管人员，被告人吴某、汪某作为该公司销售假药的其他直接责任人员，亦均构成销售假药罪。因涉案药品属于注射剂药品，应当酌情从重处罚。鉴于卢某、赵某有自首情节，且各被告人自愿认罪、悔罪，可依法从轻处罚。据此，以销售假药罪判处被告单位北京某肿瘤药品有限公司罚金人民币5万元，并对卢某等被告人均判处有期徒刑九个月零十五天，并处罚金人民币1万元。

【典型意义】

本案是一起有经营资质的正规药品企业销售假药的典型案件。为加强药品管理，保证药品质量，《中华人民共和国药品管理法》对药品生产、经营实行严格的许可制度，并要求药品经营企业在购进药品时，应当建立并执行进货检查验收制度，验明药品合格证明和其他标识，对不符合规定要求的，不得购进和销售。实践中，部分药品经营者向没有生产、经营许可证的个人、单位购进药品，不履行进货检查验收制度，使上游生产、销售假药的不法分子有机可乘。被告人卢某等为降低成本，违反《中华人民共和国药品管理法》的相关规定，低价通过非法渠道采购没有合法手续的药品，经检验为假药，具有销售假药罪的主观故意。本案涉案药品日达仙（注射用胸腺法新）属于注射剂药品，销售此类假药，严重侵害了公众的用药安全和生命健康，应依法惩处。

黄某某等生产、销售假药案
——使用辣椒油等非药品生产黄道益活络油等药品

《危害药品安全犯罪典型案例》案例 1

2023 年 9 月 18 日

【简要案情】

2019 年 12 月起，被告人黄某某通过网络从广东、江苏等地购买生产设备及药水、空瓶、瓶盖、标签等原材料，雇佣卢某某、柯某某、章某某、章某甲、林某某（均另案处理）等人在福建省莆田市使用辣椒油、热感剂等非药品灌装生产假冒黄道益活络油、双飞人药水、无比滴液体，后通过电商平台以明显低于正品的价格销售牟利，销售金额共计 639 万余元，获利 40 余万元。

2019 年 12 月至 2020 年 5 月，被告人柯某甲明知被告人黄某某生产、销售假药，仍与黄某某共同灌装、贴标、包装黄道益活络油，用自己的身份信息注册网店并负责客服工作，提供自己身份信息注册的支付宝账号用于黄某某购买原料以及销售假药收款，销售金额共计 308 万余元。

经莆田市市场监督管理局认定，涉案黄道益活络油、双飞人药水、无比滴（港版）、液体无比滴 S2a（日版）、液体无比滴婴儿（儿童版）5 个涉案产品均为假药。

【裁判结果】

福建省莆田市秀屿区人民法院、莆田市中级人民法院经审理认为，被告人黄某某、柯某甲生产、销售假药，情节特别严重，其行为均已构成生产、销售假药罪。柯某甲在与黄某某的共同犯罪中起次要和辅助作用，系从犯，结合其情节和作用，依法予以减轻处罚。黄某某、柯某甲均认罪认罚。据此，以生产、销售假药罪判处被告人黄某某有期徒刑十二年，并处罚金人民币 1100 万元；判处被告人柯某甲有期徒刑三年，并处罚金人民币 50 万元。

【典型意义】

互联网为人民群众购药提供了便利，同时也给药品监管和打击危害药品安全违法犯罪带来了新的挑战。违法犯罪分子通过互联网能够更容易地购买制售假药的设备、原材料，销售渠道也更加便捷，假药加工网点往往设置在出租屋等隐蔽场所，增加了监管和打击难度。被告人灌装假药后通过网店销售，在一年半的时间内销售金额即达 639 万余元，严重扰乱了药品监管秩序，危害人民群众用药安全，应依法严惩。本案也提醒广大消费者，要从正规的网络交易平台购买药品，以确保用药安全。

张某某等生产、销售假药案

——用"冻干粉"假冒肉毒素销售

《危害药品安全犯罪典型案例》案例 3

2023 年 9 月 18 日

【简要案情】

2016 年 11 月至 2017 年 1 月，被告人张某某、张某甲兄弟二人为非法获利，在广东省广州市将购买的裸瓶"冻干粉"改换包装后假冒不同品牌肉毒素（注射用 A 型肉毒毒素），以每支 15 元的价格多次向袁某某（另案处理）等人销售共计 13060 支。案发后，公安机关从二被告人处扣押涉案产品共计 25090 支。经查，二被告人生产、销售金额共计 57 万余元。经中国食品药品检定研究院检验，涉案产品均未检出 A 型肉毒毒素成分。

【裁判结果】

陕西省渭南市临渭区人民法院、渭南市中级人民法院经审理认为，被告人张某某、张某甲违反药品管理法规，生产、销售假药，情节特别严重，其行为均已构成生产、销售假药罪。据此，以生产、销售假药罪判处被告人张某某有期徒刑十二年，并处罚金人民币 70 万元；判处被告人张某甲有期徒刑十一年，并处罚金人民币 50 万元。

【典型意义】

近年来，医疗美容行业蓬勃发展，有效满足了人民群众对美好生活的向往，但随之也产生了虚假宣传、非法行医、假货频现等一系列行业乱象。注射用A型肉毒毒素，俗称"瘦脸针"，属于注射剂药品，也属于医疗用毒性药品，是国家实施特殊管理的药品。注射用A型肉毒毒素具有较好的除皱效果，在医疗美容行业中被广泛应用，同时也成为不法分子制假售假的重点目标。本案被告人用"冻干粉"冒充不同国家、不同品牌的注射用A型肉毒毒素，经检验，涉案产品均未检出A型肉毒毒素成分，应认定为假药。本案提醒广大消费者要在正规医疗美容机构进行医美服务，避免给自己造成不必要的伤害。

未某等生产、销售假药案
——将消毒产品冒充药品销售

《危害药品安全犯罪典型案例》案例5

2023年9月18日

【简要案情】

2019年1月至2021年5月，被告人未某、桑某某、袁某某共同出资成立杨某生物科技有限公司，在未取得药品相关批准证明文件的情况下，在河南省鹤壁市租赁厂房生产牙科类药品。三被告人按照配方（水、亮蓝素、冰片、薄荷香精、酒精、发泡剂）调制含漱液，并将药品"浓替硝唑含漱液"的名称、适用症、药理作用、用法用量、作用类别（明确标明"口腔科类非处方药品"）等信息标识在其生产的™"天天浓替硝唑含漱液"内外包装及说明书上，使用编造的"豫卫消证字（2017）第0158号"卫生许可证号和已注销的"某生物科技（濮阳）有限公司"及该公司地址作为厂名、厂址。涉案含漱液通过网店被销往安徽等全国各地，销售金额共计49万余元。经安徽省芜湖市食品药品检验中心检验，涉案含漱液中不含药品成分；经芜湖市市场监督管理局认定，涉案含漱液属于"非药品冒充药品"，系假药。

【裁判结果】

安徽省芜湖市湾沚区人民法院经审理认为，被告人未某、桑某某、袁某某生产、销售假药，情节特别严重，其行为均已构成生产、销售假药罪。袁某某具有自首情节，依法可以从轻或者减轻处罚。未某、桑某某具有坦白情节，依法可以从轻处罚。三被告人均自愿认罪认罚。据此，以生产、销售假药罪判处被告人未某有期徒刑六年六个月，并处罚金人民币34万元；判处被告人桑某某有期徒刑六年六个月，并处罚金人民币33万元；判处被告人袁某某有期徒刑六年，并处罚金人民币33万元。

【典型意义】

消毒产品与药品有严格的区别，消毒产品不是药品，没有治疗疾病的作用。《消毒管理办法》第三十一条第二款规定，消毒产品的标签（含说明书）和宣传内容必须真实，不得出现或暗示对疾病的治疗效果。目前，市场上有不法分子用消毒产品冒充药品，宣称有治疗效果，欺骗和误导消费者。甚至有不法分子在非消毒产品上擅自标识"消字号"，以消毒产品名义宣传疗效，冒充药品，严重侵害了消费者的合法权益。广大消费者购买药品，要注意审查药品的名称、药品生产批准文号及说明书等材料，对没有药品生产批准文号，或者药品名称及说明书反映的产品功能与批准文号不符的，要谨慎购买和使用。

郑某某、罗某某生产、销售有毒、有害食品案
——在牛血旺中添加甲醛保鲜获刑

《最高人民法院发布十起危害食品、药品安全犯罪典型案例》第1号

2012年7月31日

【简要案情】

被告人郑某某，男，1981年4月4日出生，汉族，农民。

被告人罗某某，男，1972年5月28日出生，汉族，农民。

2010年9月，被告人郑某某未经办理生产经营许可证，在重庆市九龙坡

区含谷镇租赁民房，开始加工生产食品牛血旺，并雇用被告人罗某某共同生产。在牛血旺的加工过程中，二被告人明知甲醛对人体有害仍然添加用于保鲜。至2011年3月17日案发，郑某某、罗某某累计加工生产含有甲醛的牛血旺25万千克，并销往当地各农贸市场，销售金额12.5万元。

【裁判结果】

重庆市九龙坡区人民法院判决认为，被告人郑某某、罗某某在生产、销售的牛血旺中掺入有毒、有害的非食品原料甲醛，其行为已构成生产、销售有毒、有害食品罪，依法判处被告人郑某某有期徒刑五年，并处罚金人民币25万元；判处被告人罗某某有期徒刑四年，并处罚金人民币18万元；扣押的作案工具予以没收；违法所得人民币3万元予以追缴。宣判后，被告人未上诉，检察机关未抗诉，本判决已于2011年6月8日发生法律效力。

马某某生产、销售有毒、有害食品案
——在拉面汤料中添加罂粟籽粉获刑

《最高人民法院发布十起危害食品、药品安全犯罪典型案例》第4号

2012年7月31日

【简要案情】

被告人马某某，男，1982年8月28日出生，回族，个体户。

2011年6月，被告人马某某购买碾磨成粉末状的罂粟籽，并掺入拉面汤调料内。6月8日起，马某某在位于银川市金凤区其经营的"某牛肉面馆"的拉面汤内加入掺有罂粟籽粉末的拉面汤调料，制作牛肉面销售，每碗牛肉面销售价格4~4.5元。至6月27日，该牛肉面馆因拉面汤中检出那可丁、罂粟碱、蒂巴因、可待因、吗啡成分而被银川市金凤区卫生和食品药品监督管理局查封。

【裁判结果】

银川市金凤区人民法院判决认为，被告人马某某明知罂粟籽系有毒、有害物质，禁止在食品中添加，为谋取利益，其仍将罂粟籽粉掺入食品中销售，

其行为已构成生产、销售有毒、有害食品罪。马某某认罪态度较好，可酌情对其从轻处罚。法院依法判处被告人马某某有期徒刑九个月，并处罚金人民币6000元；尚未使用的拉面汤调料予以没收。宣判后，被告人未上诉，检察机关未抗诉，本判决已于2012年2月2日发生法律效力。

杨某销售有毒、有害食品案
——销售违规添加药物的保健食品获刑

《最高人民法院发布十起危害食品、药品安全犯罪典型案例》第5号
2012年7月31日

【简要案情】

被告人杨某，女，1979年1月2日出生，汉族，上海某生物科技有限公司法定代表人。

2007年底至2008年初，被告人杨某开始通过实体门店及网店销售从广州等地购入的"田田雪牌清减润肠胶囊"等减肥保健食品。2011年3月9日，上海市闸北区食品药品监督管理局工作人员在杨某租赁的仓库当场查获"粒可瘦田田雪清减润肠胶囊""田田雪牌清减润肠胶囊（闪电强效瘦）""俏妹牌减肥胶囊"等八类减肥保健食品，共计51箱4089盒，并口头告知杨某上述保健食品中可能存在有毒、有害成分，在查封期间禁止再行销售。之后，杨某仍通过其网店继续销售上述减肥保健食品100余盒，直至案发。经检验，上述减肥保健食品中均含有国家明令禁止生产、销售和使用的"西布曲明"成分和违法添加的药物成分"酚酞"，上述八类减肥保健食品均属于有毒、有害食品。2011年4月25日，杨某主动到公安机关投案，并如实供述自己的犯罪事实。

【裁判结果】

上海市闸北区人民法院判决认为，被告人杨某在被执法人员告知其所售减肥保健食品中可能含有有毒、有害成分，禁止销售的情况下，仍予以销售，其行为属于销售明知掺有有毒、有害非食品原料食品的行为，构成销售有毒、有害食品罪。杨某具有自首情节，可依法从轻处罚。法院以销售有毒、有害

食品罪判处被告人杨某有期徒刑三年,并处罚金人民币1万元;违法所得及缴获的有毒、有害食品予以没收。宣判后,被告人未上诉,检察机关未抗诉,本判决已于2011年9月26日发生法律效力。

张某某生产、销售不符合卫生标准的食品案
——滥用食品添加剂致人中毒获刑

《最高人民法院发布十起危害食品、药品安全犯罪典型案例》第6号
2012年7月31日

【简要案情】

被告人张某某,男,1975年8月26日出生,汉族,无证个体商贩。

自2010年3月起,被告人张某某在未经工商登记和未取得食品卫生许可的情况下,在其位于上海市奉贤区金汇镇的暂住处加工生产生鸡肉串并销售牟利。在加工生产过程中,张某某明知作为食品添加剂的亚硝酸钠必须限量使用(最大限量值为0.15克/千克)的情况下,仍在生鸡肉串制作过程中过量添加,后多次销售给个体商贩许某某(另案处理)。2011年3月8日,许某某在奉贤区金汇镇西街农贸市场外将从张某某处购买的生鸡肉串炸熟后出售,四名儿童食用后出现亚硝酸盐(主要成分系亚硝酸钠)中毒症状并住院治疗。后经鉴定,从被告人张某某及许某某处查扣的生鸡肉串中亚硝酸盐含量严重超出国家标准限量。

【裁判结果】

上海市奉贤区人民法院判决、上海市第一中级人民法院裁定认为,被告人张某某未经工商登记和卫生许可,无证生产、销售食品,且在明知食品添加剂亚硝酸钠须按标准限量使用的情况下,在生产食品中过量使用并予以销售,致使多名儿童食用后中毒,对人体健康造成严重危害。其行为系在《刑法修正案(八)》施行之前实施,根据从旧兼从轻原则,对其适用1997年《刑法》第一百四十三条的规定,即被告人张某某的行为构成生产、销售不符合卫生标准的食品罪。张某某被抓获后能如实供述自己的犯罪事实,依法可以从轻处罚。综合被告人张某某的犯罪事实、情节、危害后果、认罪态度等,

判处张某某有期徒刑四年，并处罚金人民币 1000 元；查获的生鸡肉串及亚硝酸钠予以没收。

对本案被告人的裁定已于 2011 年 11 月 16 日发生法律效力。

陶某某等生产、销售不符合安全标准的食品案

《最高人民法院公布 14 起打击危害食品、药品安全
违法犯罪典型案例》第 2 号
2015 年 12 月 4 日

【基本案情】

2013 年以来，被告人周某某、李某某、文某某（另案处理）为牟取非法利益，在无经营资格且未经卫生检验检疫部门检疫的情况下，从南宁市周边县镇收购死因不明的或病死的猪，其中，周某某、李某某在南宁市兴宁区人民路某小区 431 号房内对上述收购来的猪进行切分并销售。被告人姚某某、唐某某则在南宁市兴宁区人民路某小区 247 号帮助文某某，将文某某收购来的死因不明或病死猪进行切分并销售。

2014 年 1 月 17 日，工商部门联合公安机关在南宁市兴宁区人民路某小区 431 号房内查获周某某、李某某收购的并在切分的疑似病死猪的猪肉 996 千克，在南宁市兴宁区人民路某小区 247 号房内查获文某某收购的并由姚某某、唐某某切分的疑似病死猪的猪肉 609 千克。并抓获被告人周某某、李某某、姚某某、唐某某。经鉴定，从两处查获的猪肉中检出伪狂犬病毒、猪繁殖和呼吸综合征（蓝耳病）病毒核酸、高致病性猪蓝耳病病毒核酸及猪圆环病毒呈阳性。

另查明，2011 年 12 月起，被告人陶某某、黄某某、陶某甲为牟取非法利益，先后从"肥英"、周某某、文某某处购买切分好的死因不明或病死猪的猪肉，由被告人陶某甲驾驶车辆将猪肉运回南宁市兴宁区燕子岭某小区 23 号陶某某等人租住的房屋内，三人共同将购回的猪肉加工制作成叉烧后销售至南宁市内的某桂林米粉店。经核算，仅 2013 年 10 月 28 日至 2014 年 1 月 25 日期间，销售给某米粉店的叉烧达 3351 千克，金额为 125735 元。

【裁判结果】

广西壮族自治区南宁市兴宁区人民法院经审理认为,被告人陶某某、周某某、黄某某、陶某甲、李某某、姚某某、唐某某购买死因不明或病、死猪进行加工,制作成食品对外销售。依照《最高人民法院、最高人民检察院关于办理危害食品安全刑事案件适用法律若干问题的解释》的规定,属于病死、死因不明或者检验检疫不合格的畜、禽、兽、水产动物及其肉类、肉类制品的,应当认定为《刑法》第一百四十三条规定的"足以造成严重食物中毒事故或者其他严重食源性疾病",构成生产、销售不符合安全标准的食品罪。故本案七被告人的行为均已触犯了《刑法》第一百四十三条之规定,构成生产、销售不符合安全标准的食品罪。据此,依照《刑法》有关规定,以生产、销售不符合安全标准的食品罪判处被告人陶某某有期徒刑五年,并处罚金人民币 20 万元;以生产、销售不符合安全标准的食品罪判处被告人陶某甲有期徒刑四年,并处罚金人民币 10 万元;以生产、销售不符合安全标准的食品罪判处被告人黄某某有期徒刑三年,并处罚金人民币 9 万元;以生产、销售不符合安全标准的食品罪判处被告人周某某有期徒刑三年,并处罚金人民币 9 万元;以生产、销售不符合安全标准的食品罪判处被告人李某某有期徒刑二年二个月,并处罚金人民币 5 万元;以生产、销售不符合安全标准的食品罪判处被告人姚某某有期徒刑二年,并处罚金人民币 3 万元;以生产、销售不符合安全标准的食品罪判处被告人唐某某有期徒刑二年,并处罚金人民币 3 万元。

【典型意义】

本案是一起社会影响广泛、涉及人民群众食品安全的案件。南宁市某桂林米粉店是有一定影响力的本地知名米粉品牌,米粉也是深受本地人民群众喜爱的食品。在食品安全问题多发,食品安全日益受到重视的今天,仍有不法分子为谋取不法利益,不顾国家对食品安全犯罪的高压政策,在食品生产过程中使用不合格原料或者掺入不法添加剂,赚昧心钱。人民法院综合考虑陶某某、陶某甲、黄某某、周某某、李某某、姚某某、唐某某生产、销售不符合安全标准的食品的犯罪事实、性质、情节和危害后果,对七人依法判处有期徒刑二至五年,并处罚金人民币 3 万元至 20 万元不等的刑罚,符合罪责刑相一致原则。

徐某某生产、销售不符合安全标准的食品案

《最高人民法院公布 14 起打击危害食品、药品安全
违法犯罪典型案例》第 3 号
2015 年 12 月 4 日

【基本案情】

被告人徐某某经营管理南宁市某桂林米粉店并负责食材的采购，徐某某在采购食材时未要求陶某某等人提供工商执照、食品流通证、健康证等相关证件，以明显低于市场价格从 2011 年年底开始长期低价从陶某某处订购使用病死或死因不明的猪肉制作的叉烧用于叉烧粉的制作及销售，将叉烧粉提供给顾客食用。经鉴定，2013 年 10 月 28 日至 2014 年 1 月 25 日期间，南宁市某桂林米粉店向陶某某处订购叉烧达 3351 千克，价值达 125735 元。被告人徐某某指示员工农某某在制作某米粉店的《餐饮单位食品原料进货验收台账》中填写虚假信息，以备南宁市食品药品监督管理部门的抽检。

【裁判结果】

广西壮族自治区南宁市兴宁区人民法院经审理认为，被告人徐某某购买死因不明或病死猪肉制作的叉烧用于叉烧粉的制作，销售给顾客食用，并具有其他严重情节，其行为触犯了《刑法》第一百四十三条之规定，构成生产、销售不符合安全标准的食品罪。据此，依照《刑法》有关规定，以生产、销售不符合安全标准的食品罪判处被告人徐某某有期徒刑五年，并处罚金人民币 20 万元。

【典型意义】

本案是一起社会影响广泛、涉及人民群众食品安全的案件。南宁市某桂林米粉店是有一定影响力的本地知名米粉品牌，米粉也是深受本地人民群众喜爱的食品。在食品安全问题多发，食品安全日益受到重视的今天，仍有不法分子为谋取不法利益，不顾国家对食品安全犯罪的高压政策，在食品生产

过程中使用不合格原料或者掺入不法添加剂，赚昧心钱。人民法院综合考虑徐某某生产、销售不符合安全标准的食品的犯罪事实、性质、情节和危害后果，对其依法判处有期徒刑五年，并处罚金人民币20万元，符合罪责刑相一致原则。

谢某、李某某生产、销售不符合安全标准的食品案

《最高人民法院公布14起打击危害食品、药品安全
违法犯罪典型案例》第5号

2015年12月4日

【基本案情】

2013年11月底至12月间，谢某、李某某受他人（另案处理）雇请，多次用货车从广东省化州市收购、运输死猪回玉林市玉州区仁东镇旺卢村的肉类加工场，由他人进行加工销售。2013年12月23日，李某某、谢某驾驶一辆货车到广东省化州市合江镇合江桥，收购了一批死因不明且未经动物卫生监督机构检疫的死猪。次日6时许，二人运输该批死猪（共5.57吨）返回玉林，途经玉林市玉州区秀水路时被公安民警查获。经检验，涉案死猪含伪狂犬病病毒和猪圆环病毒。

【裁判结果】

原审法院认为，谢某、李某某生产、销售不符合食品安全标准的食品，足以造成严重食物中毒事故或者其他严重食源性疾病，其行为已触犯刑律，构成生产、销售不符合安全标准的食品罪。谢某、李某某共同故意犯罪，属共同犯罪；在生产、销售不符合安全标准的食品共同犯罪中，谢某、李某某均起次要作用，是从犯，依法应当从轻处罚。谢某、李某某归案后，如实交代自己的罪行，是坦白，依法可以从轻处罚。据此，原审法院依照相关法律判决：一、被告人李某某犯生产、销售不符合安全标准的食品罪，判处有期徒刑二年六个月，并处罚金4万元；二、被告人谢某犯生产、销售不符合安全标准的食品罪，判处有期徒刑二年五个月，并处罚金4万元。

谢某上诉提出，在本案中其是受他人雇佣收购、运输死猪，是从犯，且

归案后认罪态度好，请求二审法院对其从宽处罚。二审玉林市中院认为，上诉人（原审被告人）谢某、原审被告人李某某生产、销售不符合食品安全标准的食品，足以造成严重食物中毒事故或者其他严重食源性疾病，其行为已触犯刑律，构成生产、销售不符合安全标准的食品罪。谢某、李某某共同故意犯罪，是共同犯罪；在生产、销售不符合安全标准的食品共同犯罪中，谢某、李某某均起次要作用，是从犯，依法应当从轻处罚。谢某、李某某归案后，如实交代自己的罪行，依法可以从轻处罚。综上，原审法院根据谢某、李某某犯罪的事实，犯罪的性质、情节及对于社会的危害程度依法所作的判决，认定事实清楚，证据确实、充分，定罪准确，量刑适当，适用法律正确，应予维持；谢某上诉理由不成立，依法予以驳回。遂于2015年6月作出终审裁定：驳回上诉，维持原判。

【典型意义】

国以民为本，民以食为天，食以安为先。食品药品安全水平是决定人民群众生活水平和幸福指数的重要指标之一。生活在一个能确保食品药品安全的环境里，是人民群众应有的权利和尊严，也是整个社会的底线。然而，近年来我国相继出现的地沟油、毒胶囊等事件，一次次地以各种方式挑战社会的底线，严重危害人民群众的身体健康和生命安全，严重影响国家形象，损害党和政府的公信力。人民法院充分发挥刑事审判职能作用，贯彻落实宽严相济刑事政策，依法从严惩处涉食品药品安全犯罪案件，切实保障了食品药品安全。

赵某某生产、销售有毒、有害食品案

《最高人民法院公布14起打击危害食品、药品安全
违法犯罪典型案例》第6号
2015年12月4日

【基本案情】

2010年至2014年间,被告人赵某某在苍梧县京南镇木播村枧尾组经营小作坊生产腐竹,将禁止添加到食品的非食品添加剂硼砂添加到生产的腐竹中,并予以销售。2014年4月25日,公安人员查获该小作坊并扣押了生产的腐竹及原料豆浆。经检验,所扣押的腐竹以及原料豆浆均检出硼砂成分。

【裁判结果】

苍梧县人民法院经审理认为,被告人赵某某违反国家食品管理法规,在生产的腐竹中掺入有毒、有害的非食品原料硼砂,并予以销售,其行为构成生产、销售有毒、有害食品罪。依照《刑法》有关规定,以生产、销售有毒、有害食品罪判处被告人赵某某有期徒刑一年,缓刑一年六个月,并处罚金人民币5000元。

【典型意义】

生产、销售有毒、有害食品案,此前对该类案件入刑标准很严格,主要看有没有造成食物中毒等较严重的后果才构成犯罪,《刑法修正案(八)》出台后,加重对生产、销售有毒、有害食品行为的处罚,只要有生产、销售有害食品行为便构罪,就应当追究刑事责任。此案中,尽管被告人添加的禁用食品添加剂的用量很小,没有造成严重后果。但食品生产者必须保障食品安全,避免悲剧发生。同时,作为广大消费者,要擦亮双眼,善于识别危害性食品,多了解食品安全相关知识及有关法律规定,对于食品危害行为要敢于说"不",共同营造良好的食品安全环境。

吐某生产、销售不符合安全标准的食品案

《最高人民法院公布 14 起打击危害食品、药品安全
违法犯罪典型案例》第 8 号
2015 年 12 月 4 日

【基本案情】

2012 年 1 月起，被告人吐某在没有办理相关手续的情况下，在泽普县泽普镇古勒巴格乡路口开设了"某快餐"，从事煮（烤）鸡肉销售生意。7 月 25 日，其存放在冰箱里的 15 只生鸡肉变质坏掉（腐烂）。被告人违反国家食品卫生管理规定，明知这坏掉的 15 只生鸡肉和冰箱里的其他鸡肉已变质（腐烂），还是把这些鸡肉煮（卤）（烤）好后销售给顾客。7 月 25 日早晨至 7 月 26 日 18 时，先后有 53 名顾客分别购买了变质腐烂的烤鸡 57 只，造成古某等 193 人食用后中毒，并造成古某和阿某 2 人中毒死亡。

经法医对尸体进行检验鉴定，认为死者古某和阿某因生前食用被伤寒沙门氏菌污染的食品（鸡肉），出现全身中毒症状，最终以水电解质紊乱，急性呼吸功能衰竭，经抢救无效而死亡。经喀什地区疾病预防控制中心检验检测，检查出被告人吐某和被害人中的托某、艾某等人体内都有伤寒沙门氏菌。

【裁判结果】

泽普县人民法院认为，被告人吐某无视国家法律和社会公德，在明知自己销售的烤鸡是不符合卫生标准的变质鸡肉，但仍然煮（卤）（烤）后进行销售，结果导致两人严重食物中毒死亡、193 人不同程度中毒的食品安全事件，造成特别严重的后果，严重侵犯了公民的人身权利，其行为构成生产、销售不符合安全标准的食品罪，应依法严惩，但被告人与附带民事诉讼原告人已达成民事赔偿调解协议，亦取得了被害方的谅解，并且有深刻的悔罪表现，因此，在考虑这些方面的基础上，对被告人在法定刑范围内，可以适当从轻处罚。公诉机关指控的犯罪事实及罪名能够成立，本院依法予以支持，并且可以采纳公诉机关的量刑建议。法院依法判决：被告人吐某犯生产、销售不符合安全标准食品罪，判处有期徒刑十一年，并处罚金 1 万元，剥夺政

治权利二年。该判决已经发生法律效力。

【典型意义】

民以食为天。食品、药品安全事关人民群众身体健康和生命安全,事关经济发展与社会和谐。近年来,我国一些重大、恶性食品安全事件接连不断,瘦肉精、毒奶粉、毒豆芽、地沟油、问题胶囊、病死猪肉等系列案件相继出现,显现出当前社会的食品安全形势不容乐观。面对这种形势,人民法院始终努力履行职能依法保护人民群众生命、财产安全,对涉及食品、药品安全的犯罪活动出重手、下重拳,坚决打掉不法分子的嚣张气焰,增强民生保障的责任感,彰显社会主义司法的震慑力和威慑力,弘扬社会正气。

姚某某生产、销售有毒、有害的食品案

《最高人民法院公布 14 起打击危害食品、药品安全
违法犯罪典型案例》第 10 号
2015 年 12 月 4 日

【基本案情】

2013 年 6 月份起,被告人姚某某在灵山县新圩镇元屋村委会细王坡村,开设了一个猪皮、鱿鱼的非法加工点。被告人姚某某从市场上收购回猪皮、鱿鱼作为生产原料,然后由其雇请的工人檀某某、梁某某,在加工猪皮、鱿鱼的过程中,使用非食品原料过氧化氢(俗称双氧水)进行浸泡,加工完成后,被告人姚某某再将猪皮、鱿鱼销售给顾客。2014 年 10 月 15 日上午,灵山县食品药品监督管理局执法人员查处了该猪皮、鱿鱼非法加工点,执法人员从现场查获干鱿鱼 147 千克;半成品猪皮 126 千克;成品猪皮 41 千克;一桶(过氧化氢)$H_2O_2/27.5\%$ 的可疑溶液 22.5 千克;一桶食用消毒剂(过氧化氢)35% 的可疑溶液 27 千克。经对被缴的可疑溶液抽样送到广西出入境检验检疫局检验检疫技术中心检验,检出过氧化氢成分分别为 34.5% 和 44.2%(检测依据:GB/T23499-2009)。

2014 年 10 月 17 日,灵山县食品药品监督管理局将案件移交灵山县公安局处理,公安机关立案侦查后,于 2014 年 10 月 23 日电话通知被告人姚某某

到指定地点接受调查，被告人姚某某按时到达，到案后如实交代其生产、销售有毒、有害食品的主要犯罪事实。当日，被告人姚某某被灵山县公安局刑事拘留。

另查明，被告人姚某某经营的猪皮、鱿鱼加工点没有办理食品生产许可证。被告人姚某某用于浸泡猪皮、鱿鱼的过氧化氢是从南宁市某化工有限责任公司玉林市分公司购进。

【裁判结果】

广西壮族自治区钦州市灵山县人民法院经审理认为，被告人姚某某为牟利，在生产、销售食品中掺入有毒、有害的非食品原料，持续时间较长，被告人的行为已触犯了《刑法》第一百四十四条的规定，构成生产、销售有毒、有害食品罪。公诉机关指控应当以生产、销售有毒、有害食品罪追究被告人姚某某的刑事责任成立。被告人姚某某在其犯罪行为已被公安机关发觉，但尚未被采取强制措施的情况下，按照公安机关指定的时间到指定的地点接受调查，可视为自动投案，到案后直至庭审过程中均如实供述其生产、销售有毒、有害食品的主要犯罪事实，属自首，依法可以对被告人姚某某从轻或减轻处罚。

关于被告人姚某某及其辩护人认为被告人姚某某犯罪情节轻微，被查获时已停止生产是犯罪中止，建议法院对被告人姚某某适用免予刑事处罚的意见。经查，被告人姚某某从2013年6月份起开始从事食品加工，至案发已有一年多，持续时间较长，销售的对象为不特定的多数人，被告人姚某某被抓当天不生产不能构成犯罪中止。因此，对被告人姚某某及其辩护人的上述意见，本院不予采纳。根据被告人姚某某的犯罪事实、性质、情节和对社会的危害程度，结合本案的具体案情，本院决定对被告人姚某某从轻处罚并适用缓刑，但在缓刑期限内禁止其从事食品生产。依照法律规定，以生产、销售有毒、有害食品罪判处被告人姚某某有期徒刑二年，缓刑三年，并处罚金人民币3万元；禁止被告人姚某某在缓刑考验期限内从事食品生产。宣判后，被告人姚某某没有上诉，公诉人没有抗诉，判决现已发生法律效力。

【典型意义】

食品安全问题是人民群众最为关心的一件事。鱿鱼、猪皮都是人民群众最为常吃的食品,这些常用食品的不合格对人身及家庭容易造成巨大精神伤害与痛苦,在社会上易引发恐慌情绪,危害极大,更是从严惩治的重点。在本案中,被告人姚某某生产的食品没有造成人身伤害,也没有大面积暴发,对其可以从轻处罚。其有自首情节,法院遂作出上述判决。

麻某某生产销售有毒有害食品案

《最高人民法院公布 14 起打击危害食品、药品安全
违法犯罪典型案例》第 11 号
2015 年 12 月 4 日

【基本案情】

2012 年 8 月起,被告人麻某某从广西百色市、宾阳县收购废弃固体牛油,销售给重庆某食品有限公司。为进一步精炼提高售价,2013 年 3 月某日,被告人麻某某委托广西某食品有限公司加工提炼牛油。同年 4 月中旬,麻某某雇车将 150 吨的牛油运至广西某食品有限公司的工厂进行加工。2013 年 5 月 24 日,办案民警从麻某某租用的仓库缴获牛油 57.9 吨,从广西某食品有限公司的工厂缴获牛油约 126 吨。经检验,查获的牛油不符合《食用动物油脂卫生标准》。

【裁判结果】

南宁市西乡塘区人民法院经审理认为,被告人麻某某利用非食品原料生产、加工食品并予以销售,其行为已构成生产、销售有毒、有害食品罪。但麻某某在利用非食品原料加工食品过程中尚未加工完成即被公安机关查处,是犯罪未遂,可以比照既遂犯从轻或者减轻处罚。麻某某归案后如实供述自己的罪行,可以从轻处罚。依照《刑法》有关规定,以生产、销售有毒、有害食品罪判处被告人麻某某有期徒刑二年,并处罚金人民币 5 万元。

【典型意义】

生产、销售有毒、有害食品罪对犯罪行为作出了严厉的规定,且在"史上最严厉食品安全法"出台实施的大背景下,犯罪行为依然屡禁不止。除了

有犯罪分子牟取暴利、投机取巧的心理，更与我国食品安全监管体系处罚力度较轻等有关。本案对被告人麻某某判处有期徒刑二年，并处罚金人民币5万元的处罚，彰显了我国司法机关依法严厉打击、遏制一切形式危害人们舌尖上的安全的决心。

邱某某生产、销售有毒、有害食品案

《最高人民法院公布14起打击危害食品、药品安全
违法犯罪典型案例》第12号
2015年12月4日

【基本案情】

2014年10月至今，被告人邱某某在昭平县昭平综合市场经营某面包店。2015年6月25日，昭平县食品药品监督管理局对该店生产、销售的面包、馒头进行抽检。同年7月2日，昭平县食品药品监督管理局工作人员将面包、馒头含铝的鉴定结论明确告知了邱某某（由邱某某母亲吴某某签字），并对其送达了《国家卫生计生委等5部门调整含铝食品添加剂使用规定的公告》（2014年第8号）（由邱某某母亲签字）。2015年7月3日，邱某某在明知告知事由后继续使用含铝的食品添加剂"泡打粉"生产包子，违反了国家卫计委等5部门公告中"膨化食品生产中不得使用含铝食品添加剂，小麦粉及其制品生产中不得使用硫酸铝钾"的规定，危害了消费者的身体健康。

【裁判结果】

广西贺州市昭平县人民法院认为，被告人邱某某在生产、销售的食品中掺入有毒、有害的非食品原料，其行为已触犯《刑法》第一百四十四条的规定，构成生产、销售有毒、有害食品罪。公诉机关指控被告人犯生产销售有毒、有害食品罪成立。被告人邱某某辩解其行为不构成犯罪，缺乏理据，本院不予采信。为打击刑事犯罪，维护社会秩序，根据被告人的犯罪事实、性质、情节和对社会的危害程度，依照《刑法》第一百四十四条、第五十二条、第五十三条及《最高人民法院关、最高人民检察院关于办理危害食品安全刑事案件适用法律若干问题的解释》第九条第一款、第二十条第三项之规定，

被告人邱某某犯生产、销售有毒、有害食品罪，判处有期徒刑八个月，并处罚金人民币 5000 元。

【典型意义】

长期以来，"泡打粉"是生产面包的必用食品添加剂，而且使用广泛。《国家卫生计生委等5部门调整含铝食品添加剂使用规定的公告》规定，自 2014 年 7 月 1 日起，"膨化食品生产中不得使用含铝食品添加剂，小麦粉及其制品生产中不得使用硫酸铝钾"。"泡打粉"就是含铝的食品添加剂。国家禁止使用"泡打粉"生产包子，如果再继续使用，就是犯罪行为，必须予以严厉打击。

张某甲、张某乙、农某某生产、销售有毒、有害食品案

《最高人民法院公布 14 起打击危害食品、药品安全
违法犯罪典型案例》第 13 号
2015 年 12 月 4 日

【基本案情】

2012 年 11 月以来，被告人张某甲、张某乙、农某某三人在南宁市良庆区银海大道景华路东××号左侧自建房内使用过氧化氢（俗称"双氧水"）加工牛百叶、牛肚等食品，加工好后由被告人张某甲销售至广西柳州、贺州等地及贵州省。2013 年 5 月 15 日公安人员从张某甲的加工点内查获到白色成品牛黄喉 1074.4 千克、白色半成品牛黄喉 334 千克、白色半成品牛百叶 243.1 千克、白色成品牛百叶 215.1 千克、白色成品牛肚 583 千克、白色半成品牛肚 321 千克、黑色成品牛百叶 218.7 千克、黑色半成品牛百叶 206.4 千克、原料牛百叶 150 千克、工业烧碱 10 千克及记账本（两本）等物品。经广西产品质量监督检验研究院对从被告人张某甲加工点提取的食品及加工用原料进行过氧化氢含量分析，其中编号 G13 - 002652 的牛百叶浸泡水、编号 G13 - 002654 的牛黄喉浸泡水不符合 GB2760 - 2011 要求，从编号 G13 - 002744 不明液体中检出过氧化氢。

【裁判结果】

广西壮族自治区南宁市良庆区人民法院审理认为，被告人张某甲、张某乙、农某某在生产、销售的食品中掺入有毒有害的非食品原料，其行为均已构成生产、销售有毒、有害食品罪。判处被告人张某甲有期徒刑九个月，并处罚金人民币5000元；判处被告人张某乙有期徒刑八个月，并处罚金人民币5000元；判处被告人农某某有期徒刑八个月，并处罚金人民币3000元。2014年1月9日，该院对本案当庭作出判决，目前判决已生效。

【典型意义】

双氧水学名过氧化氢，是一种化学药品，也是被禁食品添加剂之一。食品经过双氧水浸泡后，原有营养成分被破坏。食用这些食物对人体有害，可损伤胃黏膜，甚至致癌。被告人使用对人体有害并具有强烈刺激性气味的工业过氧化氢（俗称"双氧水"）与氢氧化钠（俗称"烧碱"）浸泡加工牛百叶、牛肚、黄喉等食物，并销售到广西区内各个市县的超市、餐馆以及烧烤、夜宵摊位。经过公开审理，根据案件查明的事实与经过质证的证据，最终案件的被告人的行为被认定构成生产、销售有毒、有害食品罪，被判处有期徒刑，并处罚金，有力地保障和维护了广大百姓的食品安全。

张某某销售不符合安全标准的食品案

《最高人民法院公布14起打击危害食品、药品安全
违法犯罪典型案例》第14号

2015年12月4日

【基本案情】

2011年的一天，被告人张某某为谋取利益，在卖猪肉回家途中的江边捡了一头死因不明的母猪，并将该死猪运输到浦北县张黄镇世聪广场卖给一不知名男人，得款100元。

2012年8月9日11时许，被告人张某某为谋取利益，在浦北县龙门镇岭岗湖路口桥底下捡了一头死因不明的小猪，将死猪运输到浦北县张黄镇贩卖，

在运输途中被公安机关抓获。经广西动物疫病预防控制中心检验，从查获的死猪中检出猪瘟病毒（一类动物疫病）、猪繁殖和呼吸综合征（蓝耳病）病毒核酸（二类动物疫病）。

【裁判结果】

广西壮族自治区浦北县人民法院经审理认为，被告人张某某为谋取利益，销售死因不明的畜类动物，其行为触犯了《刑法》第一百四十三条之规定，构成销售不符合安全标准的食品罪。公诉机关指控的罪名成立，本院予以支持，应当以销售不符合安全标准的食品罪追究其刑事责任。被告人张某某归案后如实供述自己的罪行，依法可以从轻处罚。依据《刑法》有关规定，以销售不符合安全标准的食品罪判处被告人张某某判处拘役三个月，并处罚金人民币 2000 元。张某某对一审判决服判。

【典型意义】

本案是在农村、特别是经济欠发达地区农村时有发生案件。本案的发生反映出一些人因收入低，存在贪图小便宜、漠视食品安全、法律观念淡薄的心理，自我管理水平也不高，对不符合安全标准的食品的处理方式方法不当，对非法销售不符合安全标准的食品行为的社会危害性认识不足。本案的依法审理，对于提高公民食品安全意识及遵纪守法意识，依法经营等具有重大意义。

张某某生产、销售有毒、有害食品案
——用工业甲醛清洗净水设备致桶装饮用水含有甲醛成分

《最高法、最高检联合发布危害食品安全刑事典型案例》案例 1
2021 年 12 月 31 日

【简要案情】

2014 年起，被告人张某某在未取得食品生产许可证的情况下，在山东省日照市经济技术开发区一封闭院落内，用购进的两套净水设备生产桶装饮用水（纯净水）并对外销售。2015 年 3 月 6 日，日照经济技术开发区市场监督管理局在执法检查时发现，张某某未取得食品生产许可证而生产、销售桶装饮用水，且所生产的桶装饮用水经检测菌落总数超标，遂对张某某作出行政处罚。此后，张某某仍继续非法生产、销售桶装饮用水。因其中一套净水设备不带杀菌消毒功能，张某某遂在生产过程中使用工业甲醛对净水设备进行清洗杀菌。2017年3月4日，日照经济技术开发区市场监督管理局根据群众举报，与市公安局日照经济技术开发区分局对张某某经营的水厂进行联合执法检查，在生产车间内提取1个甲醛溶液瓶。经鉴定，该甲醛溶液瓶内液体检出甲醛成分，含量为264350mg/L；该水厂水井内的原水未检出甲醛成分；抽检的两种桶装饮用水中甲醛含量分别为0.05mg/L和0.08mg/L。

【裁判结果】

山东省日照经济技术开发区人民法院审理认为，被告人张某某为谋取非法利益，未按规定取得食品生产许可即擅自生产、销售桶装饮用水，且在生产过程中用不符合食品安全标准的消毒剂清洗净水设备造成桶装饮用水掺入有毒、有害的非食品原料，其行为已构成生产、销售有毒、有害食品罪。鉴于本案未对人体健康造成严重危害后果，也不具有其他严重情节，应对张某某处五年以下有期徒刑，并处罚金。据此，以生产、销售有毒、有害食品罪判处被告人张某某有期徒刑二年，并处罚金人民币5万元。

【典型意义】

随着人们生活水平的提高，桶装饮用水走进千家万户，成为人们日常生活的必需品，因此桶装饮用水的质量直接关系到老百姓的健康安全。目前，因桶装饮用水市场高度分散，各种自产自销的小品牌充斥市场，且行业门槛和违法成本低，导致桶装饮用水质量良莠不齐。本案就是违法生产桶装饮用水乱象的一个缩影。工业甲醛俗称福尔马林，属于国务院卫生行政部门公布的《食品中可能违法添加的非食用物质名单》上的物质，被明令禁止用于食品生产，属于有毒、有害的非食品原料。被告人在未取得食品生产经营许可证的情况下违法生产桶装饮用水，并使用工业甲醛作为消毒剂清洗净水设备，造成桶装饮用水中掺入甲醛成分。为惩治此类使用不符合食品安全标准的洗涤剂、消毒剂造成食品被污染的危害行为，《最高人民法院、最高人民检察院关于办理危害食品安全刑事案件适用法律若干问题的解释》第十二条明确规定，在食品生产、销售、运输、贮存等过程中，使用不符合食品安全标准的食品包装材料、容器、洗涤剂、消毒剂，或者用于食品生产经营的工具、设备等，造成食品被污染，符合《刑法》第一百四十三条、第一百四十四条规定的，以生产、销售不符合安全标准的食品罪或者生产、销售有毒、有害食品罪定罪处罚。鉴于本案桶装饮用水中掺入有毒、有害的非食品原料，故以生产、销售有毒、有害食品罪定罪处罚。

张某生产、销售不符合安全标准的食品案
——无证生产、销售不符合食品安全标准的鹌鹑蛋致百余人食源性疾病

《最高法、最高检联合发布危害食品安全刑事典型案例》案例2
2021年12月31日

【简要案情】

2019年6月，被告人张某在未取得食品经营许可证、食品生产加工小作坊登记证等相关证件的情况下，租赁内蒙古自治区杭锦后旗陕坝镇某小区车库加工鹌鹑蛋，并通过流动摊点对外销售。因张某在生产、贮存、销售鹌鹑蛋的各个环节均不符合食品安全标准，导致食用该鹌鹑蛋的123人出现不同程度的食源性疾病，其中被害人周某某被鉴定为轻伤二级。经检测，张某生产、销售的熏鹌鹑蛋、无壳鹌鹑蛋、带壳鹌鹑蛋中大肠菌群、沙门氏菌检验结果均不符合食品安全国家标准。根据流行性病学调查、杭锦后旗医院采集粪便检验结论、杭锦后旗市场监督管理局事件调查和检验结论，认定此次事件为食用鹌鹑蛋引起的聚集性食源性疾病事件。

【裁判结果】

内蒙古自治区杭锦后旗人民法院审理认为，被告人张某违反食品安全管理法律法规，生产、销售不符合食品安全标准的食品，致使123人引发不同程度的食源性疾病，其行为构成生产、销售不符合安全标准的食品罪。张某的行为造成1人轻伤二级，应认定为"对人体健康造成严重危害"，处三年以上七年以下有期徒刑，并处罚金。张某经公安机关传唤到案后如实供述犯罪事实，构成自首，并积极赔偿被害人经济损失取得谅解。据此，以生产、销

售不符合安全标准的食品罪判决被告人张某有期徒刑四年，并处罚金人民币5000元。

【典型意义】

食品"三小行业"，即小作坊、小摊贩和小餐饮，在我国食品供应体系中发挥着重要的作用，以其多样的品种供给和灵活的经营模式，为人们提供了丰富便利的饮食服务。但与此同时，由于行业门槛低、流动性强、摊点分散、部分从业人员法律意识淡漠等原因，给执法监管造成较大难度，导致食品"三小行业"成为我国食品安全问题的重灾区。特别是大街小巷随处可见推车售卖的流动摊贩，无证经营情况突出，食品安全状况令人堪忧。本案被告人即属于无证经营的流动摊贩，其生产、贮存、销售食品的各个环节都不符合食品安全标准，造成123人食源性疾病，其中1人轻伤二级的严重后果，应依法予以惩处。

崔某等非法经营及陈某某等生产、销售有毒、有害食品案
——向食品生产企业销售工业明胶用于加工皮冻

《最高法、最高检联合发布危害食品安全刑事典型案例》案例5
2021年12月31日

【简要案情】

2012年至2016年5月，被告人崔某指使他人从河北省、山东省、山西省购进工业明胶642.25吨，购进款共计1188.88万元。崔某指使被告人殷某某等人在辽宁省沈阳市、黑龙江省哈尔滨市设立销售点，以提供给他人生产、销售食品为目的，将购进的工业明胶销往黑龙江省、北京市等地，销售数量640.85吨，销售金额达1608.29万余元，违法所得达420万余元。其中，被告人陈某某从崔某处购买工业明胶6025千克，将其中5970.23千克工业明胶用于生产皮冻并销售，销售金额达63万余元。被告人高某等13人分别从殷某某等人处购买工业明胶用于制作皮冻并销售，销售金额从1.8万余元至53万余元不等。

【裁判结果】

吉林省通化市人民法院审理认为,被告人崔某等人以提供给他人生产、销售食品为目的,违反国家规定,销售禁止用于食品生产、销售的非食品原料,其行为均已构成非法经营罪。被告人陈某某等人在生产、销售的食品中掺入有毒、有害的非食品原料,其行为均已构成生产、销售有毒、有害食品罪。崔某非法经营数额达1608万余元,应认定为"情节特别严重",处五年以上有期徒刑,并处违法所得一倍以上五倍以下罚金或者没收财产;陈某某等2人销售金额达50万元以上,应认定为"其他特别严重情节",处十年以上有期徒刑、无期徒刑或者死刑,并处罚金或者没收财产;另有4名被告人销售金额达20万元以上,2名被告人销售金额在10万元以上不满20万元,但生产、销售有毒、有害食品数量大,且持续时间长,均应认定为"其他严重情节"。据此,以非法经营罪分别判处被告人崔某有期徒刑十五年,并处罚金人民币1000万元;以生产、销售有毒、有害食品罪判处被告人陈某某有期徒刑十年,并处罚金人民币60万元。其他被告人被判处有期徒刑一年三个月至十二年不等刑期,并处罚金。

【典型意义】

实践中,大量危害食品安全犯罪都存在上下游不同参与者。只有既打市场,又打源头,才能有效遏制食品犯罪的发生。其中,生产、销售国家禁止用于食品生产、销售的非食品原料,是典型的危害食品安全的上游犯罪。而将这些禁用物质用于食品生产、销售的行为,则是典型的危害食品安全犯罪。工业明胶属于国务院卫生行政部门公布的《食品中可能违法添加的非食用物质名单》上的物质,被明令禁止用于食品生产。被告人崔某等人以提供给他人生产、销售食品为目的,销售工业明胶的行为,构成非法经营罪。被告人陈某某等人在皮冻生产过程中故意添加工业明胶的行为,构成生产、销售有毒、有害食品罪,均应依法从严惩处。

曾某某生产、销售有毒、有害食品案
——减肥食品中非法添加西布曲明

《最高人民法院、最高人民检察院联合发布危害
食品安全犯罪典型案例》案例 2
2023 年 11 月 28 日

【简要案情】

2020 年 8 月至 2021 年 3 月，被告人曾某某购买搅拌机、压片机等生产设备以及西布曲明、荷叶粉、麦芽糊精、胶囊壳等原料，伙同他人自行生产含有西布曲明等有毒、有害成分的减肥压片糖果等减肥产品，通过微信等渠道对外销售，生产、销售金额共计 40 余万元。案发后，公安人员从曾某某处查获各类减肥产品 10 万余粒、各类粉末 20 余袋及生产机器、胶囊填充板、电子秤、各类减肥产品外包装等。上述减肥产品及粉末中均检出西布曲明。

【诉讼过程】

上海铁路运输检察院以生产、销售有毒、有害食品罪对被告人曾某某提起公诉。上海铁路运输法院经审理认为，被告人曾某某在生产、销售的食品中掺入有毒、有害的非食品原料，其行为已构成生产、销售有毒、有害食品罪。曾某某认罪认罚。据此，以生产、销售有毒、有害食品罪判处被告人曾某某有期徒刑八年六个月，并处罚金人民币 200 万元。

【典型意义】

网络销售非法添加西布曲明等成分的减肥食品是常见高发的危害食品安全犯罪。西布曲明曾被用于减肥药，后国家药监局组织专家对西布曲明的安全性进行评估，发现使用西布曲明可能增加严重心脑血管风险，遂于 2010 年决定停止西布曲明制剂和原料药的生产、销售和使用。西布曲明被列入《保健食品中可能非法添加的物质名单》，属于国家禁止添加的"有毒、有害的非食品原料"。本案被告人在制售的减肥食品中非法添加西布曲明，其行为构成生产、销售有毒、有害食品罪。司法机关依法惩治此类犯罪时注重全链条打

击,本案即是司法机关在办理其他同类案件过程中,通过梳理电子数据、深挖物流和转账记录等方式,锁定生产、销售有毒、有害减肥食品的源头,并据此进一步深挖,成功追诉下级代理十余名,对该犯罪链形成"全覆盖式"打击。此外,针对不法分子借助网络平台销售有毒、有害减肥食品的情况,司法机关还延伸司法职能开展溯源治理,督促网络平台加强日常监督管理,不断净化网络消费环境。广大消费者在购买减肥食品时要谨慎辨识,特别是对宣传能够快速减肥的产品要提高警惕,切勿因盲目追求减肥效果而忽视对产品安全的关注。

付某某生产、销售有毒、有害食品案
——生产米粉过程中添加硼砂

《最高人民法院、最高人民检察院联合发布危害
食品安全犯罪典型案例》案例3
2023年11月28日

【简要案情】

被告人付某某系贵州省黄平县某米粉加工店经营者。2020年5月,付某某为增加米粉产量、延长保存时间,将硼砂添加到米浆中用于生产米粉,并以每千克0.6元的价格进行销售。同年9月1日,黄平县市场监督管理局对付某某生产的米粉进行抽检,结果显示米粉中含有硼酸。同年10月13日,黄平县市场监督管理局在付某某经营的米粉加工店内查获硼砂15.3千克。经查,2020年5月至9月,付某某售出添加硼砂的米粉共计0.9万余千克,销售金额共计2.2万余元。

【诉讼过程】

贵州省黄平县人民检察院以生产、销售有毒、有害食品罪对被告人付某某提起公诉。贵州省黄平县人民法院经审理认为,被告人付某某违反国家食品安全管理规定,在生产、销售的食品中掺入有毒、有害的非食品原料,其行为已构成生产、销售有毒、有害食品罪。付某某具有自首情节,依法可以从轻或减轻处罚。据此,以生产、销售有毒、有害食品罪判处被告人付某某

有期徒刑一年，并处罚金人民币 5 万元。

【典型意义】

米粉是深受广大消费者喜爱的特色食品，但个别不法商家为了让米粉延长保鲜期、保持韧性，在生产过程中非法添加硼砂等物质。硼砂是《食品中可能违法添加的非食用物质名单》明确禁止添加到食品中的物质，属于"有毒、有害的非食品原料"，长期食用添加硼砂的食品会对人体产生损害，特别是对人体生殖、发育和内分泌系统产生毒性影响。本案中，被告人付某某在米粉生产过程中添加硼砂的行为构成生产、销售有毒、有害食品罪。司法机关还邀请县市场监督管理局工作人员、餐饮业经营者、副食品经营者以及消费者代表、县人大代表、政协委员等旁听庭审，在释法说理的同时，为营造安全的食品消费环境凝聚合力，引导食品生产经营者知法守法，提升人民群众食品安全意识。

张某某、张某生产、销售有毒、有害食品案
——生产、销售腊肉过程中喷洒敌敌畏

《最高人民法院、最高人民检察院联合发布危害
食品安全犯罪典型案例》案例 4
2023 年 11 月 28 日

【简要案情】

2019 年至 2021 年 6 月，被告人张某某、张某在浙江省东阳市某菜市场销售腊肉，为灭虫而使用农药敌敌畏喷洒腊肉，共计销售喷洒敌敌畏的腊肉制品 35 千克，销售金额共计 2600 元。经浙江省金华市食品药品检验检测研究院检验，从扣押的腌肉样品中检测出敌敌畏，含量为 0.48 毫克/千克。

【诉讼过程】

浙江省东阳市人民检察院以生产、销售有毒、有害食品罪对被告人张某某、张某提起公诉。浙江省东阳市人民法院经审理认为，被告人张某某、张某在生产、销售的食品中掺入有毒、有害的非食品原料，其行为已构成生产、

销售有毒、有害食品罪。二被告人具有坦白情节，认罪认罚。据此，以生产、销售有毒、有害食品罪判处被告人张某某有期徒刑七个月，并处罚金人民币3000元；以生产、销售有毒、有害食品罪判处被告人张某有期徒刑六个月，并处罚金人民币3000元。

【典型意义】

一些不良商贩为防止腌制的腊肉生虫，在腊肉上喷洒敌敌畏等农药。敌敌畏是《食品中可能违法添加的非食用物质名单》明确禁止添加到食品中的物质，属于"有毒、有害的非食品原料"，在生产、销售的腊肉上喷洒敌敌畏，应当以生产、销售有毒、有害食品罪定罪处罚。司法机关在办案过程中充分运用公开听证、法庭教育、媒体宣传等多种形式，向广大消费者宣传食品安全常识，警示大众在农贸市场选购腌肉制品时选择拥有可追溯食品供应链的产品，做自身健康安全的第一责任人。

王某某、石某销售伪劣种子、非法经营案

《最高人民法院公布四起农资打假典型案例》第1号

2010年6月3日

北京市顺义区人民法院经审理查明：王某某于2003年6月成立北京某农业开发有限公司并担任法定代表人。在未取得农作物种子经营许可证以及超出林木种子经营许可证规定有效区域的情况下，王某某通过北京某公司以及该公司设在济南、南京、西安等地的分公司，从他处购买农作物种子和林木种子，并将所购种子换装、分装、自行繁育后进行包装或者直接以散装的形式对外销售。自2003年至2006年1月，王某某通过上述方式共销售水稻、小麦、豆类、高粱、玉米、谷子、棉花等七类种子共计人民币162万余元，销售葡萄苗共计人民币138万余元，销售其他种子共计人民币234万余元。

2003年9月至2006年1月期间，王某某多次从其他公司或者个人处购买棉花种，并安排人员对购买的棉种换包装成所谓的某系列"S80"棉花种或者将所购棉种经繁育后包装成"S80"棉花种，该棉种名称系王某某自己编撰，并未经过审定。2004年初，江苏省东台市农民陈某某与石某担任负责人的北

京某公司济南销售处联系购种事宜。石某在明知"S80"为假种子的情况下，仍向陈某某出售"S80"棉种共计1320袋，共计人民币29340元。陈某某将所购棉种除自己种植一部分外，其余大部分棉种均加价后向东台市多位棉花种植户销售。种植户种植后，发现"S80"棉花长势与品种标签上标注的不符，不适宜在东台市种植。经鉴定，当地共种植"S80"棉花种1800亩以上，损失金额人民币90多万元。

北京市顺义区人民法院以非法经营罪判处王某某有期徒刑四年，并处罚金人民币300万元，以销售伪劣种子罪，判处王某某有期徒刑十年，并处罚金人民币5万元，决定执行有期徒刑十三年，并处罚金人民币305万元；以销售伪劣种子罪，判处石某有期徒刑八年，并处罚金人民币5万元。宣判后，王某某、石某均不服，提出上诉。北京市第二中级人民法院经审理，依法驳回王某某、石某的上诉，维持原判。

孔某某销售伪劣化肥案

《最高人民法院公布四起农资打假典型案例》第2号
2010年6月3日

广东省东莞市第一人民法院经审理查明：2006年2月至2007年5月间，孔某某在明知其销售的"中化牌"氯化钾肥系伪劣化肥的情况下，仍以每吨人民币2000元至2200元不等的价格，将91吨伪劣"中化牌"氯化钾肥出售给佛山市三水区的香蕉种植户梁某某。梁某某将所购买的上述伪劣化肥用于其所承包的867亩香蕉地上，造成其所种植的香蕉出现蕉叶枯黄、蕉蕾断蕾、蕉苗坏死的现象，减产幅度约30%，经济损失人民币209万余元。

东莞市第一人民法院以销售伪劣化肥罪判处孔某某有期徒刑七年六个月，并处罚金人民币10万元。宣判后，孔某某不服，提出上诉。东莞市中级人民法院经审理，依法驳回孔某某的上诉，维持原判。

于某某销售伪劣种子案

《最高人民法院公布四起农资打假典型案例》第 3 号

2010 年 6 月 3 日

吉林省德惠市人民法院经审理查明：于某某在明知自己销售的掖单 19 玉米种系伪劣种子的情况下，仍于 2008 年 2、3 月间在德惠市销售该种子 24374 斤，致该市 600 余户农民因种植该玉米种而减产 117 万余公斤，经济损失人民币 175 万余元。

德惠市人民法院以销售伪劣种子罪判处于某某有期徒刑八年，并处罚金人民币 20 万元。宣判后，于某某不服，提出上诉。吉林省长春市中级人民法院经审理，依法驳回于某某的上诉，维持原判。

王某某生产、销售伪劣农药案

《最高人民法院公布四起农资打假典型案例》第 4 号

2010 年 6 月 3 日

陕西省西安市中级人民法院经审理认定：2008 年 3 月，王某某盗用西安某农药科技股份有限公司生产的"森草净"除草剂的农药登记号、生产批准证书号和产品执行标准，擅自组织生产名称为"园丁一号"的葡萄园专用除草剂，并伪造了检测报告。2008 年 3 月 25 日，王某某以 12 万元的价格向新疆丰某生物科技有限公司出售了 80 箱共 1000 公斤"园丁一号"葡萄园专用除草剂，丰某公司将其中的 60 箱出售给新疆维吾尔自治区石河子市、吐鲁番地区的部分葡萄种植户。种植户经使用后，出现了葡萄树叶片发黄、皱缩、果粒小、根系大量坏死等药害症状，导致葡萄严重减产甚至绝收，造成直接经济损失人民币 126 万余元。

西安市中级人民法院以生产、销售伪劣农药罪判处被告人王某某有期徒刑八年，并处罚金人民币 6 万元。宣判后，被告人王某某不服，提出上诉。陕西省高级人民法院经审理，依法驳回王某某的上诉，维持原判。

罗某某销售伪劣化肥案

《最高人民法院发布五件侵犯知识产权和制售假冒
伪劣商品典型案例》第 5 号
2011 年 3 月 2 日

  河南省滑县人民法院经审理查明：被告人罗某某在明知矿物元素增效剂需配合其他肥料一同使用，不能作为肥料单独使用的情况下，伙同他人将矿物元素增效剂作为肥料销售。2008 年 7 月 26 日，罗某某以南阳市宛城区某天然矿植物制品厂的名义与滑县某种植养殖农民专业合作社签订了 1000 吨的肥料供销合同，约定每吨单价 1350 元。履行过程中，实际供货 592 吨。经农户使用后，造成 6830 亩小麦减产，造成直接经济损失人民币 1836723 元。

  滑县人民法院以销售伪劣化肥罪，判处被告人罗某某有期徒刑十二年，并处罚金人民币 40 万元。宣判后，罗某某不服，提起上诉。南阳市中级人民法院审理后，依法驳回罗某某的上诉，维持原判。

李某某、项某某销售伪劣种子案

《最高人民法院发布"农资打假"典型案例》案例一
2021 年 3 月 17 日

  2017 年春，被告人李某某在吉林省将自己购进的原产地南方的商品花生米（外包装无任何标识），在无种子标签和使用说明、未到农业部门备案的情况下，假冒"四粒红"花生种子对外出售，其中销售给被告人项某某约 11 万千克，销售给李某某（另案处理）和徐某某、张某某、孙某某等人（均已另案判刑）共约 5.96 万千克。项某某明知从李某某处所购"种子"无正规标识，且缺乏"纯度、净度、水分、发芽率"等重要指标，为牟取利益，冒充"山东种子"或者"通榆四粒红"，一部分转售给徐某兵、另一部分由杨某某、郑某某、周某某、张某甲等人（均另案判刑）帮助销售给农民，李某某将所购假种子转售给付某（另案处理）。项某某、付某、徐某某、张某某、孙某某等人将该假种子销售给黑龙江省肇源县、吉林省通榆县和前郭尔罗斯蒙古族自治县共 322 户农户，销售金额共计约 238 万元，种植面积共计约 1450 公顷，均不同程度减产，造成经济损失共计约 1448 万元。经鉴定，涉案种子为假种子。一、二审法院以销售伪劣种子罪分别判处被告人李某某有期徒刑十五年，并处罚金人民币 120 万元；判处被告人项某某有期徒刑十年，并处罚金人民币 80 万元。

张某某生产、销售伪劣农药案
——生产、销售伪劣农药造成农作物减产

《维护农民利益　保障粮食安全　最高人民法院发布
"农资打假"典型案例》案例 1
2022 年 3 月 18 日

【简要案情】

被告人张某某，男，汉族，1965 年 3 月 6 日出生，大连某生物科技有限公司股东。

2009 年 8 月，被告人张某某与申某（另案处理）在辽宁省大连市注册成立大连某生物科技有限公司，并担任公司股东。2011 年 3 月份，张某某、申某联系杨某（另案处理）在位于河南省商丘市的农药厂内生产伪劣农药"菌三唑"（杀菌剂），由申某以大连某生物科技有限公司销售员的名义将该"菌三唑"共计 200 件（每件 300 包）销售给徐州市铜山区、沛县等地的经销商，销售金额 3.6 万余元。当地农户从经销商处购买上述农药给小麦喷洒后，出现长势不良或不出穗等情况，导致 600 余农户的 1600 余亩小麦减产 86 万余斤，经济损失达 86 万余元。经鉴定，上述农药"菌三唑"多菌灵含量 4.6%，硫磺含量 7.8%，为不合格产品。

【裁判结果】

法院经审理认为，被告人张某某伙同他人生产、销售不合格的农药，使生产遭受特别重大损失，其行为已构成生产、销售伪劣农药罪。张某某案发后能够主动退赔部分经济损失,可酌情从轻处罚。据此,以生产、销售伪劣农药罪判处被告人张某某有期徒刑七年六个月,并处罚金人民币 2 万元。

马某某等生产、销售伪劣种子案
——生产、销售伪劣种子造成农作物减产

《维护农民利益 保障粮食安全 最高人民法院发布
"农资打假"典型案例》案例 3
2022 年 3 月 18 日

【简要案情】

被告人马某某,男,汉族,1972 年 10 月 7 日出生,北京某农业技术研究所法定代表人。

被告人尹某某,男,汉族,1979 年 7 月 23 日出生,河北省承德某农业发展有限公司法定代表人。

被告人刘某某,男,汉族,1966 年 1 月 22 日出生,山东省平度市某种子经营部负责人。

2018 年底,被告人马某某在其担任法定代表人的北京某农业技术研究所没有农作物种子生产经营许可证的情况下,未经授权和委托,谎称自己为"德尔红 88"胡萝卜种子的中国区总代理,与被告人尹某某、刘某某分别在河北省围场县、山东省平度市召开推广会,向社会公开推广、销售该品种胡萝卜种子,并分别授权尹、刘二人为该种子在当地的销售代理。随后,马某某定制了黄色高罐"德尔红 88"的包装罐,并购买其他品种的胡萝卜种子进行灌装。马某某将上述情况告知尹某某、刘某某,分别以每罐 400 元、360 元的价格销售给尹某某、刘某某,销售金额 48.32 万元。尹某某、刘某某又分别以每罐 1100 元、900 元的价格加价销售给当地农户,销售金额分别为 30 余万元和 15 万元。农户种植后,先后出现大面积红苗、死苗的现象。经测产评估和鉴定,正规"德尔红 88"胡萝卜种子的亩产量为 5625 千克,马某某等人销售的胡萝卜种子测产亩产量仅为 3164～3535 千克,尹某某、刘某某所售种子分别造成 122 余万元和 42 余万元的损失。经鉴定,涉案胡萝卜种子 SSR 引物扩增出的指纹图谱与对照样品正规"德尔红 88"胡萝卜种子扩增出的 SSR

指纹图谱在 47 个位点上有 36 个位点带型不一致。案发后，尹某某、刘某某分别赔偿损失 109.4 万元、33 万元，退还部分种子款并取得谅解。

【裁判结果】

法院经审理认为，被告人马某某生产、销售伪劣种子，使生产遭受特别重大损失，其行为已构成生产、销售伪劣种子罪；被告人尹某某、刘某某销售伪劣种子，使生产遭受特别重大损失，其行为均已构成销售伪劣种子罪。马某某、尹某某归案后如实供述，具有坦白情节；刘某某自动投案，并如实供述所犯罪行，具有自首情节；尹某某、刘某某积极赔偿被害人损失，并得到被害人谅解。法院经综合考量，以生产、销售伪劣种子罪判处被告人马某某有期徒刑九年，并处罚金人民币 35 万元；以销售伪劣种子罪判处被告人尹某某有期徒刑七年，并处罚金人民币 25 万元；以销售伪劣种子罪判处被告人刘某某有期徒刑三年，并处罚金人民币 10 万元。

陆某某、李某某、赵某某销售伪劣种子案

《人民法院种业知识产权司法保护典型案例（第二批）》案例 1
2022 年 4 月 1 日

二审：河南省商丘市中级人民法院（2021）豫 14 刑终 285 号
一审：河南省永城市人民法院（2021）豫 1481 刑初 28 号

【基本案情】

2019 年 10 月至 11 月，被告人陆某某以牟利为目的，将其以 16720 元购买、用于做饲料和芽菜苗的 3800 千克豌豆，冒充"中豌九号"豌豆种，先后两次共计 20770 元销售给被告人赵某某。赵某某以牟利为目的，在明知是三无产品假种子的情况下，以 30660 元销售给被告人李某某。李某某以牟利为目的，在明知是三无产品假种子的情况下，冒充"中豌九号"种子以 42500 元销售给肖某某。该批假豌豆种被 5 农户购买后种植。经鉴定，造成农户损失 14 万余元。陆某某、李某某、赵某某分别获利 4050 元、11840 元、9890 元。案发后，肖某某赔偿 5 农户损失，陆某某归案后退赔 8 万元，由肖某某

赔付被害人。

【裁判结果】

河南省永城市人民法院一审认为，被告人陆某某、李某某、赵某某以假种子冒充真种子予以销售，使生产造成重大损失，其行为均已构成销售伪劣种子罪。陆某某、李某某、赵某某具有自首情节，依法可从轻或减轻处罚。陆某某主动退赔，酌情可从轻处罚。据此，分别以销售伪劣种子罪判处被告人陆某某有期徒刑二年六个月，并处罚金人民币2万元；被告人李某某有期徒刑二年十个月，并处罚金人民币3万元；被告人赵某某有期徒刑二年十个月，并处罚金人民币3万元；对被告人李某某违法所得11840元、被告人赵某某违法所得9890元予以追缴，上缴国库。被告人陆某某、李某某不服，提起上诉。河南省商丘市中级人民法院二审认为，被告人陆某某二审中虽又赔偿2万元，但拒不认罪，依法不应从轻处罚，故裁定驳回上诉，维持原判。

【典型意义】

种子质量和安全关乎农民收入、农业效益和农村稳定。人民法院通过依法处理"农资打假"案件，保持对农资制假、售假犯罪的高压态势和打击力度，最大限度保护农民利益。本案三被告人明知所售种子系三无产品的假种子依然销售，坑农害农，社会危害严重，本案的处理体现了人民法院充分发挥司法保障农民权益、服务经济发展的职能作用。

魏某某销售伪劣种子案

《最高人民法院发布第三批人民法院种业知识产权
司法保护典型案例》案例 15
2023 年 4 月 1 日

一审：河南省永城市人民法院（2021）豫 1481 刑初 126 号

【基本案情】

2019 年 11 月，陈某某（另案处理）、王某某（另案处理）分别通过江苏省宿迁市的刘某、安徽省萧县的刘某联系到被告人魏某某，向其购买"中豌 6 号"和"中豌 9 号"豌豆种。被告人魏某某明知是假种子，以"中豌 6 号" 2.6 元/千克、"中豌 9 号" 3.25 元/千克的价格通过物流将 6000 多千克豌豆种发运至河南省永城市。其中卖给王某某"中豌 6 号" 2800 千克、"中豌 9 号" 450 千克，卖给陈某某"中豌 6 号"和"中豌 9 号"各 1500 千克。王某某通过微信和银行转账的方式向被告人魏某某支付豌豆种款 33910 元，陈某某通过微信和银行转账的方式支付给刘某豌豆种款 47000 元。陈某某、王某某分别将该豌豆种销售给种植农户多人。播种后，禾苗出现抽丝多、开花晚、结荚少，导致减产或者绝收，经鉴定造成直接经济损失 479293 元。案发后，被告人魏某某赔偿被害人损失 285775 元，取得被害人谅解。

【裁判结果】

河南省永城市人民法院一审认为，魏某某明知是假种子，仍冒充合格种子进行销售，使生产遭受重大经济损失，其行为已构成销售伪劣种子罪。魏某某归案后能够如实供述犯罪事实，依法可从轻处罚；积极赔偿被害人损失，取得被害人谅解，依法可酌情从轻处罚。一审法院以销售伪劣种子罪，判处被告人魏某某有期徒刑四年六个月，并处罚金人民币 5 万元。一审判决后，被告人未上诉。

【典型意义】

本案是依法严惩销售伪劣种子的刑事案件。人民法院查明伪劣种子来源、成交价格,进行损失鉴定并说明鉴定方式方法,依法准确认定犯罪事实。在判处有期徒刑的同时,并处罚金,体现了严惩涉种子犯罪的鲜明态度。在打击犯罪的同时,人民法院积极帮助被害农户挽回损失,取得了有效维护品种权和净化种业市场秩序的良好法律效果。

(二)走私罪

田某某、罗某等18人走私废物案

《2019年度人民法院环境资源典型案例》第三号
2020年5月8日

【基本案情】

自2016年始,被告人田某某夫妇在缅甸小勐拉设立站点收购废塑料、废金属等物品,联系、安排被告人罗某等人驾驶空货车出入境,装运其经简单清洗加工后的废物拉至指定地点,然后联系、安排边民通过边境小道将废物走私运输至境内,再驳装到罗某等人货车上,最后由罗某等人将上述废物送给国内买家进行销售牟利。经查证,田某某、罗某等人走私、运输、倒运、购买废塑料913.40吨、废金属122.70吨、废电瓶2.47吨。

【裁判结果】

云南省西双版纳州中级人民法院一审认为,被告人田某某、罗某等人违反海关法规,逃避海关监管,将境外1038.57吨固体废物运输进境,从事倒运、购买等行为,情节特别严重,构成走私废物罪。判处被告人田某某、罗某等人有期徒刑九年至一年不等,并处罚金60万元至2万元不等。

【典型意义】

本案系跨越国边境走私废物案件。2018年1月起，中国全面禁止"洋垃圾"入境，大力推进固体废物进口管理制度改革，成效显著。但仍有部分企业、个人为谋取非法利益不惜铤而走险，"洋垃圾"非法入境问题时有发生。本案犯罪地点位于西双版纳国边境区域，被告人采取更为隐蔽的家庭小作坊式站点，通过边境小道违法走私固体废物入境后倒运、贩卖，增加了监管难度。人民法院充分利用刑罚手段，严厉打击走私、运输、倒卖"洋垃圾"等犯罪行为，彰显了将"洋垃圾"拒于国门之外的决心和力度，有利于强化国家固体废物进口管理制度，防治固体废物污染，促进国内固体废物无害化、资源化利用，有效维护国家生态环境安全和人民群众生命健康安全。

赵某某、谭某某走私珍贵动物制品案

《2019年度人民法院环境资源典型案例》第四号

2020年5月8日

【基本案情】

2017年，被告人赵某某在墨西哥购买鱼鳔后，欲通过不向海关申报的方式偷运入境。2018年1月，赵某某找通晓西班牙语的被告人谭某某帮助携带鱼鳔回国，并提供报酬。2018年1月22日，赵某某将其购买的63个鱼鳔放入谭某某行李箱内，二人乘坐航班回国，入境时被海关查获。经鉴定核算，上述鱼鳔系加利福尼亚湾石首鱼的鱼鳔，价值共计40.32万元。

【裁判结果】

广西壮族自治区桂林市中级人民法院一审认为，被告人赵某某、谭某某违反海关法规，逃避海关监管，共同走私国家禁止进出口的珍贵动物制品，其行为均已构成走私珍贵动物制品罪。被告人赵某某起主要作用，是主犯；谭某某起次要作用，是从犯。以走私珍贵动物制品罪判处被告人赵某某有期徒刑五年，并处罚金5万元；判处被告人谭某某有期徒刑二年，并处罚金3万元。

【典型意义】

本案系走私《濒危野生动植物种国际贸易公约》附录Ⅰ所列野生动物制品的刑事案件,也系国家海关总署督办的走私珍贵动物制品案件。加利福尼亚湾石首鱼系墨西哥加利福尼亚湾特有的鱼种,构成生物多样性的重要组成部分。近年来,因广被猎杀而濒危。本案中,人民法院依法认定案涉鱼鳔同时构成我国国家一级保护水生野生动物制品,彰显了积极履行国际公约义务,严厉打击濒危物种走私违法犯罪的决心。本案判决,对于惩治震慑犯罪分子,教育警示社会公众,自觉保护生态环境尤其是野生动植物资源,具有良好的示范作用。

戴某走私珍贵动物制品案

《最高人民法院发布生物多样性司法保护典型案例》案例2
2022年12月5日

【基本案情】

被告人戴某明知象牙系国家禁止进出口的珍贵动物制品,仍与外国人"阿南"协商,由"阿南"安排人员分两次将象牙绕关偷运入境。其中,2018年12月"阿南"安排人员将共计36段、重约291千克的象牙,绕关偷运至戴某处,戴某将之销售牟利。2019年2月,"阿南"安排人员以同样方式,将共计34段、重约272千克的象牙偷运入境至戴某处,后被公安机关当场查获并扣押。经鉴定,该34段象牙均为现生象(非洲象或亚洲象)象牙。戴某归案后,如实供述自己的犯罪事实。其走私象牙共计70段、重约563千克,价值23473520元。

【裁判结果】

江苏省南京市中级人民法院一审认为,被告人戴某明知象牙系国家禁止进出口的珍贵动物制品,仍自境外购买,并运输入境后销售牟利,构成走私珍贵动物制品罪,且情节特别严重。鉴于戴某归案后主动坦白,认罪认罚,故判处其有期徒刑十一年六个月,并处没收个人财产50万元,违法所得予以追缴，扣押在案的象牙等物品予以没收。宣判后，各方未上诉、抗诉，一审判决已发生法律效力。

【典型意义】

长期以来，国际象牙贸易猖獗，走私象牙犯罪活动屡禁不止。疯狂的盗猎导致野生象群数量持续锐减，在部分区域已呈濒危状态，野生象面临几十年内功能性灭绝之虞。我国是《生物多样性公约》缔约国，严厉打击象牙走私犯罪，全面停止商业性加工销售象牙及制品活动是我国对全世界作出的庄严承诺。本案中，被告人戴某将大量象牙绕关入境，既严重破坏国家对外贸易管制秩序，又对全球生物多样性构成极大威胁。人民法院通过依法惩治涉野生动物犯罪，斩断走私珍贵野生动物制品非法链条，充分展现我国在维护全球生物多样性和生态安全方面的大国担当。同时教育引导社会公众增强珍贵野生动物保护意识，摒弃购买、使用珍贵野生动物制品的行为，共同维护全球生态系统，守护我们赖以生存的地球家园。

（三）妨害对公司、企业的管理秩序罪

丹东某电气股份有限公司、温某某等欺诈发行股票、违规披露重要信息案
——欺诈发行股票，数额巨大；违规披露重要信息，严重损害股东利益

《最高人民法院发布 7 件人民法院依法惩处证券、期货犯罪典型案例》案例一
2020 年 9 月 24 日

【基本案情】

被告单位丹东某电气股份有限公司（以下简称某电气公司）。2016 年 7 月 5 日因本案被证监会责令整改，给予警告，并处以人民币 832 万元罚款。

被告人温某某，男，汉族，1961 年 3 月 30 日出生，原系某电气公司董事

长。2016 年 7 月 5 日因本案被证监会给予警告，并处以人民币 892 万元罚款。

被告人刘某某，男，汉族，1964 年 12 月 11 日出生，原系某电气公司财务总监。2016 年 7 月 5 日因本案被证监会给予警告，并处以人民币 60 万元罚款。

2011 年 3 月 30 日，被告单位某电气公司提出在创业板上市的申请因持续盈利能力不符合条件而被证监会驳回。2011 年至 2013 年 6 月，被告人温某某、刘某某合谋决定采取虚减应收账款、少计提坏账准备等手段，虚构有关财务数据，并在向证监会报送的首次公开发行股票并在创业板上市申请文件的定期财务报告中载入重大虚假内容。2014 年 1 月 3 日，证监会核准某电气公司在创业板上市。随后某电气公司在《首次公开发行股票并在创业板上市招股说明书》中亦载入了具有重大虚假内容的财务报告。2014 年 1 月 27 日，某电气公司股票在深圳证券交易所创业板挂牌上市，首次以每股发行价 16.31 元的价格向社会公众公开发行 1577.8 万股，共募集资金 2.57 亿元。

被告单位某电气公司上市后，被告人温某某、刘某某继续沿用前述手段进行财务造假，向公众披露了具有重大虚假内容的 2013 年年度报告、2014 年半年度报告、2014 年年度报告等重要信息。2017 年 7 月，深圳证券交易所决定某电气公司退市、摘牌，主承销商某证券股份有限公司先行赔付 1 万余名投资人的损失共计 2.36 亿余元。

【裁判结果】

本案由辽宁省丹东市中级人民法院审理。宣判后，在法定期限内没有上诉、抗诉，原判已发生法律效力。

法院认为，被告单位某电气公司、被告人温某某、刘某某的行为均构成欺诈发行股票罪；被告人温某某、刘某某的行为还构成违规披露重要信息罪，依法应当数罪并罚。温某某到案后如实供述自己的罪行，刘某某具有自首情节，依法可以从轻处罚。据此，依法以欺诈发行股票罪判处被告单位某电气股份有限公司罚金人民币 832 万元（已缴纳）；以欺诈发行股票罪、违规披露重要信息罪判处被告人温某某有期徒刑三年，并处罚金人民币 10 万元（已缴纳）；以欺诈发行股票罪、违规披露重要信息罪判处被告人刘某某有期徒刑二年，并处罚金人民币 8 万元（已履行）。

【典型意义】

本案是上市公司在申请上市前后连续财务造假而受到刑事处罚并被依法强制退市的典型案例。目前，我国正在推进以信息披露为核心的证券发行注册制。市场主体的诚信建设，事关资本市场长期健康发展。欺诈发行、财务造假等违法犯罪行为，严重挑战信息披露制度的严肃性，严重破坏市场诚信基础，严重损害投资者利益，是证券市场的"毒瘤"，必须坚决依法从严惩处。本案的正确处理，充分体现了对资本市场违法犯罪行为"零容忍"的态度和决心，对当前从严惩处资本市场财务造假、欺诈违法犯罪行为具有重要警示作用。《刑法修正案（十一）》将对欺诈发行股票、债券罪、违规披露、不披露重要信息罪刑法条文进行修改，进一步加大对这两类犯罪的惩罚力度，为注册制改革行稳致远、资本市场健康稳定发展提供更加有力的法律保障。

胡某等人非国家工作人员受贿案
——依法严惩金融领域商业贿赂犯罪保障私募基金行业长期健康发展

*《最高人民法院、最高人民检察院联合发布依法从严打击
私募基金犯罪典型案例》案例5*
2023年12月26日

【关键词】

私募基金　非国家工作人员受贿　工程承揽　合规经营

【基本案情】

被告人胡某系某（北京）投资管理有限公司（以下简称某公司，在基金业协会登记为私募股权、创业投资基金管理人）原首席运营官，被告人汪某某系某公司开发事业部成本总监、某中心项目招标采购部负责人，被告人杨某某、肖某，分别系某中心项目原总经理、副总经理。

2015年11月，某公司成立，之后设立私募基金"上海某投资中心"（以下简称"某投资"，在基金业协会备案），某资产、某投资分别出资人民币73亿元和人民币21亿元认购某投资基金份额成为基金合伙人，某公司以合伙人

身份任某投资管理人。募集资金用于收购某中心项目全部股权，投资建设大型地铁上盖配套综合体。某项目管理团队由某某安石委派，胡某作为某公司首席运营官对项目工程承揽有最终审批权，杨某某全面负责项目的运营管理工作，肖某负责项目开发、设计、成本、工程管理等工作，汪某某负责项目成本合约、结算办理等工作。

2016 年至 2019 年间，胡某、杨某某、肖某、汪某某利用担任某公司及某大项目管理人员的职务便利，为 A 公司承揽某大中心项目工程提供帮助，收受 A 公司下属公司经理李某某、韩某某（二人另案处理）给予的现金贿赂。其中，胡某收受人民币 40 万元、美元 4 万元；杨某某收受人民币 350 万元；肖某收受人民币 50 万元；汪某某收受人民币 80 万元、欧元 5 万元。胡某同意某大中心项目的二期、三期及玻璃幕墙建设由 A 公司中标，并指示杨某某对 A 公司投标事宜予以关照。杨某某、肖某、汪某某均为评标小组成员，杨某某作为评标小组组长，在项目招投标前向李某某等人透露了项目预算、成本以及参与询价的其他投标公司情况。肖某、汪某某在评标过程中均对 A 公司给予了支持。之后，A 公司顺利承揽上述项目。项目实施过程中，肖某、汪某某分别在工程建设、工程款项支付结算方面对 A 公司给予关照。

【刑事诉讼过程】

2021 年 6 月 7 日，北京市公安局西城分局以胡某、杨某某、肖某、汪某某涉嫌非国家工作人员受贿罪移送起诉。因案件重大复杂，北京市西城区人民检察院于 2021 年 7 月 7 日将本案报送北京市人民检察院第三分院审查起诉。2021 年 8 月 7 日、8 月 22 日，北京市人民检察院第三分院以汪某某、杨某某、胡某、肖某构成非国家工作人员受贿罪提起公诉。

2021 年 11 月 26 日，北京市第三中级人民法院作出一审判决，认定胡某、杨某某、肖某、汪某某犯非国家工作人员受贿罪，分别判处杨某某有期徒刑四年，汪某某有期徒刑三年，胡某、肖某有期徒刑一年，并处罚金人民币 10 万元至 30 万元不等，没收全部违法所得。各被告人均未提出上诉，判决已发生法律效力。

【典型意义】

1. 办理涉私募基金职务犯罪案件时，要结合私募基金投资运作特点准确把握犯罪主体和"利用职务便利"的范围。私募基金管理人代表投资者对私募基金投资项目行使重要决策权和管理权,具有职务便利的人员范围包括私募基金管理人的工作人员和受私募基金管理人委派至投资项目开展工作的人员。上述人员利用对投资项目的决策权、管理权等职务便利,索取或者非法收受他人财物,为他人谋取利益,数额较大的,应以非国家工作人员受贿罪追究刑事责任。本案中,胡某作为某公司首席运营官,以私募基金管理人的高级管理人员身份对某大中心项目招投标具有决策权,杨某某、肖某、汪某某作为受某公司委派执行某大中心项目建设管理事务的工作人员,对工程招投标和建设有具体管理的职权,四人收受钱款,利用上述职务便利为A公司项目投标和后续工程建设结算谋取利益,构成非国家工作人员受贿罪。

2. 依法严惩私募基金重大投资商业贿赂犯罪,维护社会公共利益,保障私募基金行业长期健康发展。实体经济和重大项目是大型私募基金的重点投资领域,工程建设领域特别是大型基础设施综合项目,关系城市发展和群众利益,其工程涉及面广、资金密集、时间周期长、利益环节多,在项目招标、工程承揽、资金结算等方面易形成"围猎"与被"围猎"的利益链,一旦发生腐败犯罪将严重破坏市场竞争规则和私募基金发展前景,侵害投资人利益,甚至可能危害工程质量引发安全事故。本案属于典型的大型私募基金投资城市重大基础设施建设过程中的商业贿赂犯罪,无论是对社会公共利益还是对私募基金投资发展均产生了极为恶劣的负面影响,司法机关依法严惩,全额追缴违法获利,具有重大警示震慑作用,充分彰显对金融领域商业贿赂"零容忍"的坚定态度。

（四）破坏金融管理秩序罪

上海某珠宝公司、吴某某非法吸收公众存款（宣告无罪）案

《依法平等保护民营企业家人身财产安全十大典型案例》第 10 号
2019 年 5 月 21 日

【案情简介】

上海某珠宝公司系一家在沪经营多年的民营企业。2010 年 6 月至 2011 年 10 月间，某珠宝公司法定代表人吴某某以投资或者经营需要资金周转等为由，通过出具借据或签订借款协议等方式，分别向涂某等十余位借款人借款共计 1.5 亿余元，其中大多承诺较高利息，部分提供房产抵押或珠宝质押。所借款项主要用于偿还他人的借款本息、支付公司运营支出等。至案发，吴某某和某某珠宝公司对上述款项尚未完全支付本息，故被公诉机关指控犯非法吸收公众存款罪。

上海市黄浦区人民法院经审理认为，首先，从宣传手段上看，吴某某借款方式为或当面或通过电话一对一向借款人提出借款，并约定利息和期限，既不存在通过媒体、推介会、传单、手机短信等途径向社会公开宣传的情形，亦无证据显示其要求借款对象为其募集、吸收资金或明知他人将其吸收资金的信息向社会公众扩散而予以放任的情形；其次，从借款对象上看，吴某某的借款对象绝大部分与其有特定的社会关系基础，范围相对固定、封闭，不具有开放性，并非随机选择或者随时可能变化的不特定对象。对于查明的出资中确有部分资金并非亲友自有而系转借而来的情况，但现有证据难以认定吴某某系明知亲友向他人吸收资金而予以放任，此外，其个别亲友转借的对象亦是个别特定对象，而非社会公众；再次，吴某某在向他人借款的过程中，存在并未约定利息或回报的情况，对部分借款还提供了房产、珠宝抵押，故吴某某的上述行为并不符合非法吸收公众存款罪的特征。

综上，一审法院认为，公诉机关指控被告单位上海某珠宝公司及被告人

吴某某犯非法吸收公众存款罪的证据不足，指控罪名不能成立。依照《刑事诉讼法》第一百九十五条第三项之规定，判决：一、被告单位上海某珠宝公司无罪；二、被告人吴某某无罪。一审宣判后，公诉机关提起抗诉。上海市第二中级人民法院经审理认为，原判认定事实和适用法律正确，所作判决并无不当，且诉讼程序合法，裁定驳回抗诉，维持原判。

【典型意义】

民间融资作为民营企业重要的融资渠道，在解决民营企业资金短缺困境的同时，也增加了民营企业经营和法律风险。司法实践中要严格把握民间融资与非法集资的界限，审慎对待由于民间融资引发的经济纠纷，防止刑事手段过度干预民营企业生产经营。本案通过审理依法认定被告人既未向社会公开宣传，借款对象亦非不特定人员，其借款融资行为不符合非法吸收公众存款罪的构成要件，依法应宣告无罪。当然，吴某某及某珠宝公司的借款行为虽未构成犯罪，但依法要承担相应的民事责任。借款人陆续通过诉讼、协商等方式，确保其债权的实现。

鲁某非法吸收公众存款案
——以投资"养老项目"为名实施非法集资犯罪

《人民法院重点打击六类养老诈骗犯罪典型案例》案例二
2022年8月24日

【基本案情】

被告人鲁某，男，汉族，1993年1月13日出生。

2016年4月，被告人鲁某和鲁某某（另案处理）注册成立乐平市某老年事业发展有限公司（以下简称某老年公司），鲁某为法定代表人。2016年8月至2017年11月，鲁某未经有关部门批准，借用某老年公司名义，通过发放宣传单、召开推介会等方式，公开宣传交费后可以享受老年公寓住房优惠，并承诺以高额福利消费卡、货币等方式返本付息，非法吸收51名老年人165万余元。所吸收资金被鲁某、鲁某某用于消费支出、提现支取或挪作他用。案发后，涉案公司账上余款、委托其他公司代管资金及老年公寓内物品折价转让费共 56 万余元退还集资参与人。

【裁判结果】

本案由江西省乐平市人民法院一审，江西省景德镇市中级人民法院二审。

法院认为，被告人鲁某违反国家金融管理法律规定，通过发宣传单、开推介会等途径公开宣传，并承诺在一定期限内还本付息，向社会不特定老年对象吸收资金，数额巨大，其行为已构成非法吸收公众存款罪。鲁某如实供述所犯罪行，愿意接受处罚，可以从轻处罚。案发后退缴了部分赃款，可作为量刑情节酌情考虑。据此，依法以非法吸收公众存款罪判处鲁某有期徒刑四年，并处罚金人民币 5 元；继续追缴鲁某尚未足额退赔的违法所得，退赔各集资参与人。

【典型意义】

本案是以投资"养老项目"为名侵害老年人合法权益的典型犯罪案件，该类犯罪主要表现为以开办养老院、购买养老公寓、入股养生基地等为由，以售后定期返点、高额分红为诱饵，诱骗老年人参与投资。开办养老院、养老公寓等"养老项目"关系到老年人晚年幸福生活，国家出台政策予以扶持，但一些"养老项目"监管还存在滞后，犯罪分子打着投资养老公寓、入股养生基地等幌子，诱骗老年人投资，骗取老年人钱财。被告人鲁某以承诺高额福利消费卡、货币等返本付息为幌子，引诱老年人投资某老年公司"养老公寓"项目，实施非法集资，最终造成 51 名老年人的"养老钱"遭受损失，部分老年人因基本生活无法得到保障而经常懊恼自责，诱发了各种疾病，身心健康受到极大摧残、破坏家庭和谐、社会稳定。人民法院针对发现的行业监管漏洞和风险隐患，向当地市场监督管理部门发送司法建议书，建议加强营业执照办理和企业日常经营活动监管，有力促进行业源头治理。人民法院提示老年人要谨慎投资高额返利项目，多与子女沟通商量，投资"养老项目"时要"三看一抵制"：一看"养老项目"是否有登记、备案，二看"养老项目"是否真实合法，三看"养老项目"收益是否符合市场规律；抵制高利诱惑，拒绝非法集资，捂紧"钱袋子"。

苏某某等人非法吸收公众存款案
——私募基金管理人经登记、私募基金经备案或者部分备案的不影响对非法集资行为"非法性"的认定

《最高人民法院、最高人民检察院联合发布依法从严打击私募基金犯罪典型案例》案例1

2023年12月26日

【关键词】

私募基金　非法性　非法吸收公众存款

【基本案情】

被告人苏某某，系深圳某财富管理有限公司（以下简称某财富公司）、深圳某基金管理有限公司（以下简称某基金公司）实际控制人，上述两家公司在中国证券投资基金业协会（以下简称基金业协会）登记为私募股权、创业投资基金管理人。被告人高某，系某财富公司副总裁、销售部负责人。被告人贺某，系某基金公司副总裁、业务部负责人。

2016年7月至2018年7月，苏某某以某财富公司、某基金公司作为私募基金管理人，先后成立深圳甲投资企业、深圳乙投资企业等有限合伙企业，以多个房地产开发项目为投资标的，隐瞒投资项目均为苏某某实际控制的公司开发或者与他人合作开发的实情，发行私募股权类基金产品5只（其中4只在基金业协会备案）。苏某某指使高某、贺某组织销售团队以口口相传、召开产品推介会，通过其他金融机构和私募基金公司、同行业从业人员帮助推销等多种方式向社会公开宣传私募基金产品，允许不合格投资者通过"拼单""代持"等方式突破私募基金投资人数和金额的限制，由苏某某实际控制的关联公司与投资者签订回购协议，并由苏某某个人提供无限连带责任担保，约定年利率10%至14.5%的回报，变相承诺保本付息。苏某某、高某、贺某等人通过上述方式共非法公开募集资金人民币5.999亿元。上述资金进入合伙企业募集账户后划转至苏某某控制的数个账户，各私募基金产品资金混同，由苏某某统一支配使用。其中，以募新还旧方式兑付本息1.5亿余元，用于

私募基金约定的投资项目1.3亿余元，用于苏某某开发的其他房地产项目1.2亿余元，用于购买建筑材料1.01亿余元，用于支付员工薪酬提成、公司运营成本及归还公司债务0.9亿余元。因资金链断裂，苏某某无法按期兑付本息。截至案发，投资人本金损失4.41亿余元。

【刑事诉讼过程】

2019年2月13日，广东省深圳市公安局福田分局对苏某某非法吸收公众存款案立案侦查。2019年8月30日、2020年7月27日，深圳市公安局福田分局先后以苏某某涉嫌非法吸收公众存款罪，高某、贺某涉嫌非法吸收公众存款罪向深圳市福田区人民检察院移送起诉。2020年3月11日、11月24日，深圳市福田区人民检察院先后以苏某某、高某、贺某构成非法吸收公众存款罪提起公诉。

2021年5月20日、9月1日，深圳市福田区人民法院分别作出一审判决，认定苏某某、高某、贺某犯非法吸收公众存款罪，对苏某某判处有期徒刑五年，并处罚金人民币30万元；对高某、贺某分别判处有期徒刑三年，并处罚金人民币10万元；继续追缴违法所得。三名被告人均未提出上诉，判决已发生法律效力。公安机关、司法机关共冻结涉案银行账户存款人民币687万余元，依法追缴被告人苏某某对他人享有的1600万元债权和35名投资人利息、分红、佣金、返点费等，判决生效后一并发还投资人。

【典型意义】

1. 私募基金管理人经登记、私募基金经备案或者部分备案，不影响对非法集资行为"非法性"的认定。根据《证券投资基金法》《私募投资基金监督管理条例》（本案依据《私募投资基金监督管理暂行办法》）规定，私募基金是指以非公开方式向投资者募集资金设立的投资基金，具有"非公开"和"向特定合格投资者募集"两个基本属性；私募基金不设行政审批，私募基金管理人应当向基金业协会申请登记，募集完毕后办理基金备案，经登记、备案不属于"经有关部门依法许可"向社会公众吸收资金。根据《商业银行法》规定，向不特定社会公众公开吸收存款是商业银行的专属业务，须经国务院银行业监督管理机构批准。违反上述规定，向不特定社会公众公开发行销售私募基金的，属于假借私募基金的合法经营形式，掩盖非法集资之实，既违反了私募基金管理法律规定，又违反了商业银行法的规定，无论是否经基金业协会登记、备案，均具有非法性。

2. 以私募基金为名非法集资的手段多样，实质上都是突破私募基金"私"的本质和投资风险自负的底线，以具有公开性、社会性和利诱性的方式非法募集资金。常用的手段有：通过网站、电话、微信、讲座、推介会、分析会、撒网式代销推荐等方式向不特定对象宣传，具有公开性；通过组织不合格投资者私下协议代持基金份额、允许"拼单团购"、将私募基金份额或者收益权进行拆分转让、同一融资项目设立多只私募基金等方式，降低合格投资者标准，规避投资者人数限制，具有社会性；除私募基金认购合同外，通过另行签订补充协议或者口头承诺回购、担保、年化收益率等方式，以预期利润为引诱，承诺还本付息或者给付回报，具有利诱性。发行销售私募基金的行为具备上述特征的，属于非法集资或者变相非法集资，应当依法追究刑事责任。

3. 是否具有非法占有目的，是区分非法吸收公众存款罪与集资诈骗罪的关键。私募股权类基金产品一般从事创业投资，以投资项目公司、企业的股权为标的，对于发行私募股权类基金产品符合非法集资犯罪"四性"特征，但大部分资金用于真实项目投资，没有抽逃、转移、隐匿、挥霍等情形的，可以不认定具有"以非法占有为目的"。本案中，苏某某等人以私募为名实施非法集资活动，募集资金除返本付息和维持运营外，主要用于约定房地产项目、其他房地产项目以及与项目相关的建筑材料采购，项目真实，依法认定不具有非法占有目的，以非法吸收公众存款罪追究刑事责任。

"昆明某有色金属交易所股份有限公司"非法吸收公众存款案
——借用合法经营形式实施非法集资犯罪

《人民法院依法惩治金融犯罪典型案例》案例 2

2022 年 9 月 22 日

【基本案情】

被告单位昆明某有色金属交易所股份有限公司（以下简称甲公司）。

被告单位云南某贵金属股份有限公司（以下简称乙公司）。

被告人单某某，男，汉族，1964 年 5 月 4 日出生。

其他被告单位、被告人身份情况，略。

2011 年 11 月至 2015 年 8 月间，被告单位甲公司董事长、总经理（总裁）单某某与主管人员郭某、王某经商议策划，违反国家金融管理法律规定，以稀有金属买卖融资融货为名推行"委托受托"业务，向社会公开宣传，承诺给付固定回报，诱使社会公众投资，变相吸收巨额公众存款。被告单位乙公司等 3 家公司及被告人钱某等人明知甲公司非法吸收公众存款而帮助其向社会公众吸收资金。甲公司非法吸收公众存款 1678 亿余元，涉及集资参与人 13 万余人，造成 338 亿余元无法偿还。此外，单某某、杨某某还在经营、管理甲公司期间，利用职务之便，单独或共同将公司财物占为己有。

【裁判结果】

本案由云南省昆明市中级人民法院一审，云南省高级人民法院二审。

法院认为，被告单位甲公司等 4 家公司、被告人单某某等 21 人违反国家金融管理法律规定，变相吸收公众存款，数额巨大，其行为均已构成非法吸收公众存款罪；单某某、杨某某利用职务便利，非法将本单位财物据为己有，数额巨大，其行为构成职务侵占罪，均应依法惩处。据此，以非法吸收公众存款罪判处甲公司罚金人民币 10 亿元，分别判处乙公司等 3 家被告单位罚金人民币 5 亿元、5000 万元和 500 万元；以非法吸收公众存款罪、职务侵占罪判处单某某有期徒刑十八年，并处没收个人财产人民币 5000 万元，罚金人民币 50 万元。对其他被告人分别依法追究相应刑事责任。查封、扣押、冻结的涉案财物依法处置，按比例发还集资参与人；违法所得继续予以追缴，不足部分责令继续退赔，并按同等原则发还集资参与人。

【典型意义】

本案是借用合法经营的形式实施非法集资犯罪的典型案例。本案中，作为合法设立的被告单位甲公司，以"稀有金属买卖融资融货"为名，推行"委托交割受托申报""受托委托"业务，将其打造为类金融交易所机构，伙同部分金属生产、销售实体企业在泛亚交易平台上制造虚假资金需求、营造交易火爆假象，借助大型网络媒介、电视电话、经济学者咨询会、户外广告，甚至在银行柜台展示等途径，包装成收益与金属涨跌无关、资金随进随出的类金融理财产品，诱使社会公众投资，形成大量资金沉淀，并控制、分配沉淀资金，实现变相吸收公众存款的目的，其行为符合非法吸收公众存款罪的构成要件，依法应当追究刑事责任。本案警示各类公司、企业要依法依规经营，切莫借用合法经营的形式实施违法犯罪活动，否则，必然受到法律的制裁。

江西某公司非法吸收公众存款执行案
——多措并举全力追赃挽损

《人民法院依法惩治金融犯罪典型案例》案例5
2022年9月22日

【基本案情】

被告单位江西某实业开发有限公司（以下简称某公司）。

被告人章某某，男，汉族，1971年9月18日出生。

被告人赵某，男，汉族，1987年5月21日出生。

其他被告人身份情况，略。

2011年5月起，被告单位某公司经法定代表人章某某决定，以预交"服务费用"享受更高养老服务折扣、赠送养老公寓免费居住时长、一次性获得年利返现等名义，以支付高息为固定回报的方式，向不特定公众非法吸收资金。截至案发，共向7800余人非法吸收资金9.4亿余元，造成集资参与人经济损失 5.2 亿余元。

本案由江西省南昌县人民法院一审，南昌市中级人民法院二审。依法以非法吸收公众存款罪分别判处某公司罚金人民币 100 万元；判处章某某有期徒刑八年，并处罚金人民币 40 万元；判处赵某等人有期徒刑五年至三年二个月，并处罚金人民币 30 万元至 20 万元不等。相关涉案财产、违法所得按集资参与人的集资比例返还集资参与人。

【执行情况】

该案刑事判决生效后，原审法院立案执行，涉案金额总计 5.2 亿余元。执行调查发现，该案集资参与人众多，涉老年人 4000 余人，诉求差异大；涉案财物复杂，部分财产存在租赁、无产权证明等情况，存在信息核实难、财产处置难、款物清退难等问题，受到社会广泛关注。原审法院紧紧依靠当地党委，在党委坚强领导和政府大力支持下，与公安、民政等部门形成合力，优化财产处置方案，稳步推进园区合作运营等工作，引入公证机构对资产处置过程进行全程监督。同时及时回应群众关切，每月定期约访集资参与人代表，及时通报财产处置进展情况。探索推出线上线下双轨登记模式，积极稳妥推进信息核实登记，为后续资金清退打下坚实基础。目前，涉案财产均已处置完毕，执行到位金额共计 2.71 亿余元，依法扣评估费、优先受偿权和唯一住房租金等，实际总清退金额 2.69 亿余元。已向 4944 人发放清退资金 2.6 亿余元，依法提存 900 余万元，清退比例为 51.8%。

【典型意义】

本案是人民法院在打击整治养老诈骗专项行动中全力追赃挽损的典型案例。本案中，人民法院紧紧依靠党委领导，综合运用执行措施，深入分析研判、科学谋划，妥善破解了财产处置、信息核实、资金清退等执行清退工作中的堵点难点，全力以赴为受损群众追赃挽损，最大程度挽回受害群众经济损失，最大限度维护老年人合法权益。彰显了人民法院坚持法治思维，切实维护人民群众利益的责任担当。探索推出的"线上线下双轨登记制"为涉众型财产执行清退工作中信息核实难题提供了可复制、可推广的经验。妥善化解涉众涉稳风险矛盾，实现政治效果、法律效果和社会效果的统一，有力地提升了人民群众的安全感、幸福感和获得感。

赵某某窃取、非法提供信用卡信息案

《最高人民法院发布98起未成年人审判工作典型案例》第8号

2014年11月24日

【基本案情】

被告人赵某某系南京某职校学生,酷爱网络技术,并加入有关QQ群向他人拜师学习,其间,结识施某某、岳某某。2011年4月至5月,被告人赵某某会同施某某,利用黑客技术攻破某购物网站,从中窃取了共计6000余条信用卡信息。后二人将信用卡信息提供给岳某某,并由施某某、岳某某出售给方某某等人。事后赵某某获利共计人民币2万余元。案外人持凭借上述信用卡信息伪造的信用卡在上海消费时被抓获。2011年9月28日,被告人赵某某被公安人员抓获。

【裁判结果】

上海市长宁区人民法院经审理认为,被告人赵某某伙同他人采用网络黑客技术攻击境外购物网站,窃取信用卡信息,并非法提供给他人使用,数量巨大,其行为已构成窃取、非法提供信用卡信息罪,依法应当承担刑事责任。被告人赵某某犯罪时已满16周岁不满18周岁,依法减轻处罚;到案后能如实供述,依法应当从轻处罚;在审理时能自愿认罪,酌定从轻处罚。被告人赵某某在犯罪后有积极悔罪表现,在观护帮教期间表现良好,得到所在学校的充分肯定,并继续自己的学业,宣告缓刑不致对其所居住社区有重大不良影响,可依法对其宣告缓刑。据此,长宁法院依法认定被告人赵某某犯窃取、非法提供信用卡信息罪,判处有期徒刑二年,缓刑二年,并处罚金人民币2千元;违法所得予以追缴。

判决生效后,长宁法院与南京市栖霞区公检法司召开联席会议,决定共同对该被告人探索进行该区第一例未成年人的轻罪封存,为其放下包袱继续学业打下良好基础。鉴于赵某某在网络方面学有所长但需要加强引导的情况,长宁法院法官又与上海市有关网络安全技术部门联手,多次赴南京对其进行帮教,引导其利用所学知识运用到网络安全技术服务上来。缓刑考验期间,长宁法院在上海有关部门支持下，安排其到上海某知名网络公司进行实习，帮助其不断提高技术水平。赵某某在缓刑考验期，发现国内知名网站存在安全漏洞，并提交报告至相关部门及时进行弥补，因此，两次获得中国网络安全协会颁发的奖励证书。目前，赵某某已顺利毕业，并与他人合作共同开办了一家网络安全公司。

【案例评析】

从本案来看，在判决后，长宁法院少年庭的法官继续做好判后帮教工作，与多个部门密切合作进行异地帮教。对赵某帮教工作的成功，是上海与异地社区矫正部门共同努力所取得的成果，同时也为少年审判中整合力量开展外来未成年人的帮教带来新的启示。本案被告人从一名少年黑客转变为一名网络卫士的成功转型，体现了对未成年人开展判后帮教工作的积极社会意义。

黄某某等非法经营、内幕交易、泄露内幕信息、单位行贿案

《最高人民法院发布内幕交易、泄露内幕信息犯罪典型案例》第1号
2012 年 5 月 22 日

被告人黄某某，男，汉族，1969 年 5 月 9 日出生，原某电器有限公司法定代表人、北京某房地产开发有限公司（以下简称某公司）法定代表人，北京某科技发展（控股）股份有限公司（以下简称某上市公司）董事。

被告人杜某，女，汉族，1972 年 10 月 25 日出生，原系北京某上市公司监事。

被告人许某某，男，汉族，1965 年 11 月 3 日出生，原系北京某上市公司董事长、总裁。

【基本案情】

1. 非法经营犯罪、单位行贿犯罪事实（略）

2. 内幕交易、泄露内幕信息犯罪事实

（1）2007 年 4 月，某上市公司拟与某公司进行资产置换，黄某某参与了该项重大资产置换的运作和决策。在该信息公告前，黄某某决定并指令他人

借用龙某等人的身份证,开立个人股票账户并由其直接控制。2007年4月27日至6月27日间,黄某某累计购入某股票976万余股,成交额共计人民币(以下币种均为人民币)9310万余元,账面收益348万余元。(2)2007年7、8月,某上市公司拟收购某公司全部股权进行重组。在该信息公告前,黄某某指使他人以曹某某等79人的身份证开立相关个人股票账户,并安排被告人杜某协助管理以上股票账户。2007年8月13日至9月28日间,黄某某指使杜某等人使用上述账户累计购入中关村股票1.04亿余股,成交额共计13.22亿余元,账面收益3.06亿余元。

其间,被告人许某某明知黄某某利用上述内幕信息进行某股票交易,仍接受黄某某的指令,指使许某甲在广东借用他人身份证开立个人股票账户或直接借用他人股票账户,于同年8月13日至9月28日间,累计购入某股票3166万余股,成交额共计4.14亿余元,账面收益9021万余元。

被告人许某某还将某上市公司拟重组的内幕信息故意泄露给其妻李某某及相某某等人。同年9月21日至25日,李某某买入某股票12万余股,成交额共计181万余元。

【裁判结果】

北京市第二中级人民法院认为,被告人黄某某等人作为证券交易内幕信息的知情人员,在涉及对证券交易价格有重大影响的信息尚未公开前,买入该证券,内幕交易成交额及账面收益均特别巨大,情节特别严重,黄某某与被告人杜某、许某某构成内幕交易罪的共同犯罪,许某某向他人泄露内幕信息,还构成泄露内幕信息罪,其中黄某某系主犯,杜某、许某某系从犯。据此,北京市第二中级人民法院根据被告人黄某某、杜某、许某某犯罪的事实、犯罪的性质、情节及对社会的危害程度,以被告人黄某某犯非法经营罪,判处有期徒刑八年,并处没收个人部分财产2亿元;犯内幕交易罪,判处有期徒刑九年,并处罚金6亿元;犯单位行贿罪,判处有期徒刑二年,决定执行有期徒刑十四年,并处罚金6亿元,没收个人部分财产2亿元。以被告人杜某犯内幕交易罪,判处有期徒刑三年六个月,并处罚金2亿元。以被告人许某某犯内幕交易、泄露内幕信息罪,判处有期徒刑三年,并处罚金1亿元;犯单位行贿罪,判处有期徒刑一年,决定执行有期徒刑三年,并处罚金1亿元。

杜某某、刘某某内幕交易、泄露内幕信息案

《最高人民法院发布内幕交易、泄露内幕信息犯罪典型案例》第 2 号

2012 年 5 月 22 日

【基本案情】

被告人杜某某，男，1956 年 11 月 29 日出生，原系某科技集团公司总会计师。

被告人刘某某，女，1958 年 4 月 29 日出生，系被告人杜某某之妻。

2009 年 3 月 23 日，杜某某与某集团财务部主任张某洲到下属的十四所等单位考察。十四所所长罗某、十四所副总经济师鲍某某向杜、张两人汇报了十四所准备收购南京地区股份制企业借壳上市的内容。3 月 29 日，杜某某回北京后，根据罗、鲍等人汇报的借壳公司的概况，通过互联网检索，得出唯一符合借壳条件的公司是某陶瓷公司。3 月 31 日，杜某某陪同中某集团领导参加十四所搬迁仪式期间，南京市政府领导就十四所收购重组事宜出面协调，使其确信十四所拟借壳公司为某陶瓷公司。次日回到北京后，杜某某将十四所欲重组某陶瓷公司的信息告知其妻刘某某，双方均同意购买某陶瓷股票。4 月 2 日，杜某某通过其个人账户买入 21000 股某陶瓷股票，后逐步将个人账户中的资金分别转入其所操控的亲属的股票交易账户。2009 年 4 月 2 日至 4 月 20 日间，杜某某单独操作买入某陶瓷股票累计 223000 股，交易金额 1542185.52 元，获利 2470351.38 元；杜某某、刘某某共同操作买入某陶瓷股票累计 137100 股，交易金额 966946.91 元，获利 1739692.46 元。

刘某某获悉信息后，还将某陶瓷公司计划重组的信息泄露给赵某某等人（均另案处理），赵某某等人先后买入某陶瓷股票累计 784641 股，获利 12019744.91 元。

【裁判结果】

江苏省无锡市中级人民法院认为，被告人杜某某因履行工作职责获取了内幕信息，系内幕信息知情人员；被告人刘某某从其配偶处获悉内幕信息，系非法获取内幕信息人员。在内幕信息尚未公开前，杜某某、刘某某从事与

该内幕信息有关的股票交易,且成交金额与获利数额均为巨大,二被告人构成内幕交易的共同犯罪。刘某某还将内幕信息泄露给他人,导致他人从事与该内幕信息有关的股票交易,且情节严重,还构成泄露内幕信息罪。杜某某在内幕交易共同犯罪中起主要作用,是主犯;刘某某起次要作用,是从犯,依法应当减轻处罚。鉴于杜某某、刘某某在案发后已退缴全部赃款,均可酌情从轻处罚。据此,江苏省无锡市中级人民法院以被告人杜某某犯内幕交易罪,判处有期徒刑六年,并处罚金425万元;以被告人刘某某犯内幕交易、泄露内幕信息罪判处有期徒刑三年,并处罚金425万元。

顾某某虚报注册资本、违规披露、不披露重要信息、挪用资金案

《依法平等保护民营企业家人身财产安全十大典型案例》第3号

2019年5月21日

【案情简介】

2005年7月,某系创始人顾某某因涉嫌虚假出资、虚假财务报表、挪用资产和职务侵占等罪名被警方拘捕。2008年1月30日,广东佛山市中院对某系掌门人顾某某案作出一审判决,顾某某因虚报注册资本罪、违规披露和不披露重要信息罪、挪用资金罪,决定执行有期徒刑十年,并处罚金人民币680万元。宣判后,顾某某提出上诉。2009年3月25日,广东省高级人民法院作出刑事裁定:驳回上诉,维持原判。顾某某刑满释放后,向最高人民法院提出申诉。2017年12月28日,最高人民法院公布人民法院依法再审三起重大涉产权案件,顾某某案将由最高人民法院第一巡回法庭提审。2018年6月13日,最高人民法院第一巡回法庭公开开庭审理原审被告人顾某某等虚报注册资本,违规披露、不披露重要信息,挪用资金再审一案。2019年4月10日,最高人民法院终审判决:撤销顾某某原判部分量刑,改判有期徒刑五年。

最高人民法院经再审认为,原审认定顾某某、刘某某、姜某某、张某某在申请顺德某公司变更登记过程中,使用虚假证明文件以6.6亿元不实货币置换无形资产出资的事实存在,但该行为系当地政府支持顺德某公司违规设立登记事项的延续,未造成严重后果,且相关法律在原审时已进行修改,使

本案以不实货币置换的超出法定上限的无形资产所占比例由原来的 55% 降低至 5%，故顾某某等人的行为情节显著轻微危害不大，不认为是犯罪；原审认定某电器在 2002 年至 2004 年间将虚增利润编入财会报告予以披露的事实存在，对其违法行为可依法予以行政处罚，但由于在案证据不足以证实某电器提供虚假财会报告的行为已造成刑法规定的"严重损害股东或者其他人利益"的后果，不应追究相关人员的刑事责任；原审认定顾某某、姜某某挪用扬州某客车 6300 万元给扬州某公司的事实不清，证据不足，且适用法律错误，不应按犯罪处理，但原审认定顾某某、张某挪用某电器 2.5 亿元和江西某公司 4000 万元归个人使用，进行营利活动的事实清楚，证据确实、充分，顾某某及其辩护人提出的科龙集团欠某系公司巨额资金的意见，与事实不符，不能成立。顾某某、张某的行为均已构成挪用资金罪，且挪用数额巨大。鉴于挪用资金时间较短，且未给单位造成重大经济损失，依法可对顾某某、张某从宽处罚。

【典型意义】

顾某某案再审改判，向全社会释放了产权司法保护的积极信号，把党中央关于加强产权司法保护的精神落到了实处，对于激发企业家创业创新动力，营造良好营商环境，促进经济社会持续健康发展，都具有十分重要的意义。本案中三个罪名的认定都体现了程序法治和证据裁判的基本要求，就是认定案件事实必须以证据为根据，认定事实的证据必须是合法收集的，必须是客观真实的。该案的再审促使社会各界更加关注产权的保护制度，关注良好的营商环境，关注企业的合法合规制度。同时为司法机关办理类似案件要坚持谦抑原则，要慎重启动程序，慎重采取强制措施在罪与非罪的把握边界上要更加严格，严格贯彻罪刑法定、疑罪从无、非法证据排除这些基本的原则，树立了典范。

某石化有限公司、吴某某操纵期货市场案

《人民法院助力全国统一大市场建设典型案例》案例 7
2022 年 7 月 25 日

【基本案情】

被告人吴某某时任被告单位某石化有限公司董事长、法定代表人。被告单位某石化有限公司经被告人吴某某召集会议决定,于 2016 年 5 月 24 日至 8 月 31 日间,利用其实际控制的 18 个账户通过以市场价大量连续买入开仓的手法,将资金优势转化为持仓优势。同时通过直接购买、代采代持、售后回购等方式大量囤积聚丙烯现货,制造聚丙烯需求旺盛氛围,以反作用影响期货市场,跨期货、现货市场操纵 PP16××价格。被告单位某石化有限公司违法所得共计人民币 4.36 亿余元,被告人吴某某违法所得共计人民币 487 万余元,涉案其他 11 个账户违法所得共计人民币 1 亿余元。案发后,被告单位某石化有限公司退缴违法所得。

【裁判结果】

辽宁省抚顺市中级人民法院认为,被告单位某石化有限公司通过囤积现货影响期货品种市场行情等手段操纵期货市场,情节特别严重,其行为已构成操纵期货市场罪;被告人吴某某系直接负责的主管人员,其行为亦构成操纵期货市场罪,均应依法惩处。被告单位某石化有限公司能够积极配合调查,并积极退缴违法所得,可以从轻处罚。被告人吴某某能够如实供述自己的罪行,构成坦白,可以依法从轻处罚。据此,依法以操纵期货市场罪对被告单位某石化有限公司判处罚金人民币 3 亿元,对被告人吴某某判处有期徒刑五年,并处罚金 500 万元;依法追缴被告单位某石化有限公司违法所得人民币 4 亿余元,依法追缴被告人吴某某违法所得 480 万余元,继续追缴涉案的其他 11 个账户违法所得。一审宣判后,被告单位某石化有限公司及被告人吴某某均提出上诉。辽宁省高级人民法院作出二审裁定,驳回上诉,维持原判。

【典型意义】

操纵证券、期货市场等犯罪，严重损害广大投资者合法权益，严重破坏证券、期货市场管理秩序，危害国家金融安全和资本市场健康稳定。本案中，被告单位通过直接采购、代采代持、售后回购等多种方式囤积现货，影响期货品种市场行情，并利用实际控制的多个期货账户，集中资金优势连续交易期货合约，操纵期货合约价格，情节特别严重，应依法严惩。法院根据被告单位、被告人的犯罪事实、性质、情节和社会危害程度，依法作出上述判决，充分贯彻宽严相济的刑事政策，也充分表明人民法院对金融领域犯罪"零容忍"的态度和立场，对增强资本市场各类主体和投资者法治意识、预防违法犯罪具有重要警示教育作用。

丹东某电气股份有限公司、温某某等欺诈发行股票、违规披露重要信息案

——欺诈发行股票，违规披露重要信息

《人民法院依法惩治金融犯罪典型案例》案例 6

2022 年 9 月 22 日

【基本案情】

被告单位丹东某电气股份有限公司（以下简称某电气公司）。2016 年 7 月 5 日因本案被证监会责令整改，给予警告，并处以人民币 832 万元罚款。

被告人温某某，男，汉族，1961 年 3 月 30 日出生，原系某电气公司董事长。2016 年 7 月 5 日因本案被证监会给予警告，并处以人民币 892 万元罚款。

被告人刘某某，男，汉族，1964 年 12 月 11 日出生，原系某电气公司财务总监。2016 年 7 月 5 日因本案被证监会给予警告，并处以人民币 60 万元罚款。

2011 年 3 月 30 日，被告单位某电气公司提出在创业板上市的申请因持续盈利能力不符合条件而被证监会驳回。2011 年至 2013 年 6 月，被告人温某某与被告人刘某某合谋决定采取虚减应收账款、少计坏账准备等手段，虚构有关财务数据，并在向证监会报送的首次公开发行股票并在创业板上市申请文

件的定期财务报告中载入重大虚假内容。2014年1月3日，证监会核准某电气公司在创业板上市。随后某电气公司在《首次公开发行股票并在创业板上市招股说明书》中亦载入了具有重大虚假内容的财务报告。2014年1月27日，某电气公司股票在深圳证券交易所创业板挂牌上市，首次以每股发行价16.31元的价格向社会公众公开发行1577.8万股，共募集资金2.57亿元。

被告单位某电气公司上市后，被告人温某某、刘某某继续沿用前述手段进行财务造假，向公众披露了具有重大虚假内容的2014年半年度报告、2014年年度报告等重要信息。2017年7月，深圳证券交易所决定某电气公司退市、摘牌，主承销商某证券股份有限公司先行赔付1万余名投资人的损失共计2.36亿余元。

【裁判结果】

本案由辽宁省丹东市中级人民法院审理。宣判后，在法定期限内没有上诉、抗诉，原判发生法律效力。

法院认为，被告单位某电气公司、被告人温某某、刘某某的行为均构成欺诈发行股票罪；温某某、刘某某的行为还构成违规披露重要信息罪，依法应当数罪并罚。温某某到案后如实供述自己的罪行，刘某某具有自首情节，依法可以从轻处罚。据此，依法以欺诈发行股票罪判处丹东某电气股份有限公司罚金人民币832万元；以欺诈发行股票罪、违规披露重要信息罪判处温某某有期徒刑三年，并处罚金人民币10万元；以欺诈发行股票罪、违规披露重要信息罪判处刘某某有期徒刑二年，并处罚金人民币8万元。

【典型意义】

本案是上市公司在申请上市前后连续财务造假而受到刑事处罚并被依法强制退市的典型案例。目前，我国正在推进以信息披露为核心的证券发行注册制。市场主体的诚信建设，事关资本市场健康稳定发展。欺诈发行、财务造假等违法犯罪行为，严重挑战信息披露制度的严肃性，严重破坏市场诚信基础，严重损害投资者利益，是证券市场的"毒瘤"，必须坚决依法从严惩处。本案的正确处理，充分体现了人民法院对资本市场违法犯罪行为"零容忍"的态度和决心，对当前从严惩处资本市场财务造假、欺诈发行违法犯罪行为具有重要警示作用。《刑法修正案（十一）》对欺诈发行股票、债券罪、违规披露、不披露重要信息罪作出修改，进一步加大对这两类犯罪的惩罚力度，为注册制改革行稳致远，资本市场健康稳定发展提供更加有力的法律保障。

张家港保税区某国际贸易有限公司、金某某等操纵期货市场案
——非法利用技术优势操纵期货市场

《人民法院依法惩治金融犯罪典型案例》案例 7.
2022 年 9 月 22 日

【基本案情】

被告单位张家港保税区某国际贸易有限公司（以下简称某公司）。

被告人金某某，男，汉族，1968 年 5 月 13 日出生。

被告人高某，女，汉族，1981 年 6 月 16 日出生。

被告人梁某某（美国国籍），男，1971 年 7 月 5 日出生。

被告单位某公司于 2012 年 9 月成立，后通过被告人金某某在某期货有限公司（以下简称某期货公司）开设期货账户。2013 年 6 月起至 2015 年 7 月间，某公司为逃避证券期货监管，通过被告人高某、金某某介绍，以租借或者收购方式，实际控制了 19 名自然人和 7 个法人期货账户，与某公司自有账户组成账户组，采用高频程序化交易方式从事股指期货合约交易。其间，某公司隐瞒实际控制某账户组、大量账户从事高频程序化交易等情况，规避中金所的监管措施，从而取得不正当交易优势；还伙同金某某等人，将自行研发的报单交易系统非法接入中金所交易系统，直接进行交易，从而非法取得额外交易速度优势。2015 年 6 月 1 日至 7 月 6 日间，某公司及高某、梁某某伙同金某某，利用以逃避期货公司资金和持仓验证等非法手段获取的交易速度优势，大量交易中证 500 股指期货主力合约、沪深 300 股指期货主力合约合计 377.44 万手，非法获利人民币 3.893 亿余元。此外，被告人金某某还利用职务便利侵占某期货公司资金 1348 万余元。

【裁判结果】

本案由上海市第一中级人民法院一审,上海市高级人民法院二审。

法院认为,被告单位某公司、被告人金某某、高某、梁某某的行为均构成操纵期货市场罪,且情节特别严重;金某某的行为还构成职务侵占罪,依法应当数罪并罚。鉴于某公司能认罪悔罪,依法可以酌情从轻处罚;高某、梁某某具有自首情节,认罪悔罪,依法可以减轻处罚,并适用缓刑;金某某两罪均具有自首情节,依法分别减轻处罚。据此,依法以操纵期货市场罪判处某公司罚金人民币3亿元,追缴违法所得人民币38930万元;判处高某有期徒刑三年,缓刑四年,并处罚金人民币100万元;判处梁某某有期徒刑二年六个月,缓刑三年,并处罚金人民币80万元;以操纵期货市场罪、职务侵占罪判处金某某有期徒刑五年,并处罚金人民币60万元。

【典型意义】

本案是新型操纵期货市场犯罪的典型案例,法律、司法解释对本案中操纵方法没有明确规定。本案中,被告单位某公司、被告人金某某等人违反有关规定,隐瞒实际控制某账户组、大量账户从事高频程序化交易等情况,规避中金所对风险控制的监管措施,将自行研发的报单交易系统非法接入中金所交易系统,利用以逃避期货公司资金和持仓验证等非法手段获取的交易速度优势,大量操纵股指期货交易,影响期货交易价格或者期货交易量,其行为符合操纵期货市场罪的构成要件。某公司的操纵行为严重破坏了股指期货市场的公平交易秩序和原则,与《刑法》规定的连续交易、自买自卖等操纵行为的本质相同,可以认定为"以其他方法操纵证券、期货市场的"情形。本案的正确处理,既符合《刑法》规定,也符合宽严相济的刑事政策,实现了法律效果和社会效果的统一。

唐某某等操纵证券市场案

——不以成交为目的,频繁申报、撤单或者大额申报、
撤单操纵证券市场,情节特别严重

《最高人民法院发布7件人民法院依法惩处证券、
期货犯罪典型案例》案例二
2020年9月24日

【基本案情】

被告人唐某某,男,汉族,1973年12月25日出生。

被告人唐某甲,男,汉族,1978年1月15日出生。

被告人唐某乙,男,汉族,1982年4月24日出生。

2012年5月至2013年1月,被告人唐某某伙同被告人唐某甲、唐某乙,利用实际控制的账户组,不以成交为目的,频繁申报、撤单或大额申报、撤单,影响股票交易价格与交易量,并进行与申报相反的交易。其间,先后利用控制账户组大额撤回申报买入"华资实业""京投银泰"股票,撤回买入量分别占各股票当日总申报买入量的50%以上,撤回申报额为0.9亿余元至3.5亿余元;撤回申报卖出"银基发展"股票,撤回卖出量占该股票当日总申报卖出量的50%以上,撤回申报额1.1亿余元,并通过实施与虚假申报相反的交易行为,违法所得共计2581.21万余元。唐某乙在明知唐某某存在操纵证券市场行为的情况下,仍接受唐某某的安排多次从事涉案股票交易。案发后,唐某某、唐某甲、唐某乙分别向公安机关投案。一审期间,唐某某检举揭发他人犯罪行为,经查证属实。

【裁判结果】

本案由上海市第一中级人民法院审理。宣判后,在法定期限内没有上诉、抗诉,原判已发生法律效力。

法院认为,被告人唐某某、唐某甲、唐某乙的行为均已构成操纵证券市场罪。其中:唐某某、唐某甲违法所得数额巨大,属于"情节特别严重",唐某乙属于"情节严重"。在共同犯罪中,唐某某系主犯,唐某甲、唐某乙系从

犯。唐某某、唐某甲、唐某乙均具有自首情节，唐某某具有立功表现。综合全案事实、情节，对唐某某、唐某甲减轻处罚；对唐某乙从轻处罚，并依法适用缓刑。据此，依法以操纵证券市场罪判处被告人唐某某有期徒刑三年六个月，并处罚金人民币2450万元；判处被告人唐某甲有期徒刑一年八个月，并处罚金人民币150万元；判处被告人唐某乙有期徒刑一年，缓刑一年，并处罚金人民币10万元。

【典型意义】

本案属于"恍骗交易操纵"（也称虚假申报操纵）的典型案例。"恍骗交易操纵"是指不以成交为目的，频繁申报、撤单或者大额申报、撤单，误导投资者作出投资决策，影响证券交易价格或者证券交易量，并进行与申报相反的交易或者谋取相关利益的行为。《最高人民法院、最高人民检察关于办理操纵证券、期货市场刑事案件适用法律若干问题的解释》第一条明确了"恍骗交易操纵"属于"以其他方法操纵证券、期货市场"的情形，并明确了"情节严重""情节特别严重"的认定标准。被告人唐某某、唐某甲利用控制账户组，共同实施"恍骗交易操纵"，违法所得数额巨大，应当认定为"情节特别严重"。本案的正确处理，充分体现了宽严相济的政策精神。

张家港保税区某国际贸易有限公司、金某献等操纵期货市场案

——非法利用技术优势操纵期货市场，情节特别严重

《最高人民法院发布7件人民法院依法惩处证券、
期货犯罪典型案例》案例三

2020年9月24日

【基本案情】

被告单位张家港保税区某国际贸易有限公司（以下简称某公司）。

被告人金某献，男，汉族，1968年5月13日出生，原系某期货有限公司技术总监。

被告人高某，女，汉族，1981年6月16日出生，原系某公司执行董事。

被告人梁某某（美国国籍），男，1971年7月5日出生，原系某公司业务拓展经理。

被告单位某公司于2012年9月成立，后通过被告人金某献在华某期货有限公司开设期货账户。2013年6月起至2015年7月间，某公司为逃避证券期货监管，通过被告人高某、金某献介绍，以租借或者收购方式，实际控制了19名自然人和7个法人期货账户，与某公司自有账户组成账户组，采用高频程序化交易方式从事股指期货合约交易。其间，某公司隐瞒实际控制某公司账户组、大量账户从事高频程序化交易等情况，规避中金所的监管措施，从而取得不正当交易优势；还伙同金某献等人，将自行研发的报单交易系统非法接入中金所交易系统，直接进行交易，从而非法取得额外交易速度优势。2015年6月1日至7月6日间，某公司及被告人高某、梁某某伙同金某献，利用以逃避期货公司资金和持仓验证等非法手段获取的交易速度优势，大量交易中证500股指期货主力合约、沪深300股指期货主力合约合计377.44万手，从中非法获利人民币3.893亿余元。

被告人金某献还利用职务便利侵占某期货有限公司资金1348万余元。

【裁判结果】

本案由上海市第一中级人民法院一审，上海市高级人民法院二审。

法院认为，被告单位某公司、被告人高某、梁某某、金某献的行为均构成操纵期货市场罪，且情节特别严重；金某献的行为还构成职务侵占罪，依法应当数罪并罚。鉴于某公司能认罪悔罪，依法可以酌情从轻处罚；高某、梁某某具有自首情节，能认罪悔罪，依法可以减轻处罚，并适用缓刑；金某献两罪均具有自首情节，依法分别减轻处罚。据此，依法以操纵期货市场罪判处被告单位某公司罚金人民币3亿元，追缴违法所得人民币38930万元；判处被告人高某判处有期徒刑三年，缓刑四年，并处罚金人民币100万元；判处被告人梁某某有期徒刑二年六个月，缓刑三年，并处罚金人民币80万元；对被告人金某献以操纵期货市场罪、职务侵占罪判处有期徒刑五年，并处罚金人民币60万元。

【典型意义】

本案是新型操纵期货市场的典型案例，法律、司法解释对本案中操纵方法没有明确规定。本案中，被告单位某公司、被告人金某献等人违反有关规定，隐瞒实际控制某公司账户组、大量账户从事高频程序化交易等情况，规避中金所对风险控制的监管措施，将自行研发的报单交易系统非法接入中金所交易系统，利用以逃避期货公司资金和持仓验证等非法手段获取的交易速度优势，大量操纵股指期货交易，影响期货交易价格或者期货交易量，其行为符合操纵期货市场罪的构成要件。某公司的操纵行为严重破坏了股指期货市场的公平交易秩序和原则，与《刑法》规定的连续交易、自买自卖等操纵行为的本质相同，可以认定为"以其他方法操纵证券、期货市场的"情形。本案的正确处理，既符合《刑法》规定，也符合宽严相济的刑事政策，实现了法律效果和社会效果的统一。

周某某内幕交易案
——证券交易所人员从事内幕交易，情节特别严重

《最高人民法院发布7件人民法院依法惩处证券、
期货犯罪典型案例》案例四
2020年9月24日

【基本案情】

被告人周某某，男，汉族，1973年7月14日出生，原系某证券交易所上市公司监管一部副总监。

2012年12月至2013年7月，被告人周某某利用其担任某证券交易所上市公司监管一部总监助理的职务便利，使用自己的工作账号和密码进入上海证券交易所《上市公司信息披露电子化系统》，浏览并获取上市公司提交审核的有关业绩增长、分红、重大合同等利好信息后，用办公室外网电脑，登录其实际控制的证券账户并买入相关股票15只，买入总金额共计852万余元，卖出总金额871万余元，非法获利17万余元。

【裁判结果】

本案由湖北省荆州市中级人民法院一审，湖北省高级人民法院二审。

法院认为，被告人周某某利用其职务便利，作为证券交易内幕信息知情

人，在涉及对证券交易价格有重大影响的信息尚未公开前买入该证券，于次日信息公告披露后卖出该证券，其行为已构成内幕交易罪，且情节特别严重，应依法惩处。周某某案发后坦白罪行，积极退赃，认罪悔罪，依法可以从轻处罚。据此，以内幕交易罪判处周某某有期徒刑五年，并处罚金人民币50万元。

【典型意义】

内幕交易违反证券市场公开、公平、公正的证券交易原则，严重扰乱证券市场秩序，损害广大投资者合法利益。根据证券法的规定，证券交易内幕信息的知情人员和非法获取内幕信息的人员，在内幕信息公开前，不得买卖该公司的证券，或者泄露该信息，或者建议他人买卖该证券。本案被告人周某某作为证券交易内幕信息知情人员，利用证券交易内幕信息从事内幕交易，证券交易成交额特别巨大，应当认定为"情节特别严重"。本案的正确处理，体现了从严惩处的精神，对证券交易所等证券监管人员从事内幕交易违法犯罪具有重要的警示作用。

顾某某内幕交易案

——非法获取证券交易内幕信息的知情人员
从事内幕交易，情节特别严重

《最高人民法院发布7件人民法院依法惩处证券、
期货犯罪典型案例》案例五

2020年9月24日

【基本案情】

被告人顾某某，男，汉族，1973年2月22日出生，原系江苏某软件科技有限公司总经理。

2015年12月28日至29日，北京某国际资讯有限公司（以下简称某网）的法定代表人郭某（另案处理）与上海某电子商务股份有限公司（以下简称上海某公司）董事长朱某某就某公司收购北京某科技有限公司有关"中关村在线"网站优质资产进行商议并达成初步意向，后又进行了多次磋商。2016

年2月25日，上海某公司发布重大事项停牌公告。同年4月27日，上海某公司发布公告，拟通过发行股份及支付现金方式购买知行锐景100%股权。郭某作为上述内幕信息的知情人员，于2015年底至2016年1月初，将"上海某公司拟收购某网优质资产"等内幕信息泄露给被告人顾某某。2016年1月至2月，顾某某通过潘某某证券账户买入上海某公司股票18余万股，成交金额766万余元，股票卖出后非法获利126万余元。

【裁判结果】

本案由上海市第二中级人民法院一审，上海市高级人民法院二审。

法院认为，被告人顾某某作为非法获取证券交易内幕信息的人员，其行为构成内幕交易罪，且情节特别严重，应依法惩处。考虑顾某某在检察机关提起公诉前能如实供述其主要犯罪事实，自愿认罪认罚，并退缴违法所得，依法可以从宽处罚。据此，依法以内幕交易罪判处被告人顾某某有期徒刑五年，并处罚金人民币130万元。

【典型意义】

本案是非法获取证券交易内幕信息的人员从事内幕交易的典型案例。《最高人民法院、最高人民检察关于办理内幕交易、泄露内幕交易刑事案件具体应用法律若干问题的解释》明确了"非法获取证券交易内幕信息的人员"的范围，并明确了内幕交易"情节严重""情节特别严重"的认定标准。本案中，顾某某作为非法获取证券交易内幕信息的人员，从内幕信息知情人员处非法获取内幕信息后，从事与该内幕信息有关的证券交易。根据上述司法解释的规定，本案证券交易成交额和违法所得数额均已达到"情节特别严重"的认定标准。本案的正确处理，充分体现了从严惩处的精神，警示广大股民从中吸取教训，千万不要打探内幕信息、从事内幕交易。

陈某某内幕交易、泄露内幕信息案
——内幕交易、泄露内幕信息，情节特别严重

《最高人民法院发布7件人民法院依法惩处证券、
期货犯罪典型案例》案例六
2020年9月24日

【基本案情】

被告人陈某某，男，汉族，1971年5月6日出生，原系安徽某税务师事务所有限责任公司负责人。

2013年11月至2014年9月，江苏某电器集团股份有限公司（以下简称某电器）进行重组事宜。2014年4月1日某电器股票停牌，同年9月10日某电器公告重大资产重组信息并复牌。薛某某（时任某投资管理有限责任公司负责人，另案处理）系某电器重组内幕信息的知情人员。2013年11月中旬至2014年3月31日，被告人陈某某多次联络、接触薛某某，并使用本人证券账户共买入某电器股票1022万余股，成交金额6919万余元。2014年9月19日和24日，陈某某将某电器股票全部抛售，非法获利1.03亿余元。在前述某电器重组内幕信息敏感期内，陈某某还将该信息泄露给同事明某、石某，明某买入某电器股票2900股，在股票停牌之前卖出，亏损2983.26元；石某买入某电器247100股，成交金额167万余元，在股票复牌后卖出，非法获利276万余元。

2014年7月至2015年2月，安徽某水泥股份有限公司（以下简称某股份）进行重组事宜。薛某某为某股份重组内幕信息的知情人员。2014年9月20日，被告人陈某某在合肥某酒店宴请薛某某等人时，获知某股份和浙江某家居合作的内幕信息，并于2014年9月22日、25日、26日买入某股份239万余股，成交金额2673万余元。2014年9月29日，某股份股票停牌。2015年2月6日某股份复牌，陈某某于复牌当日通过大宗交易方式将某股份股票全部卖出，亏损4万余元。在某股份重组的内幕信息敏感期内，陈某某将该信息泄露给明某、石某，明某买入某股份8万余股，成交金额99万余元，在股票复牌后卖出，非法获利208万余元；石某买入某股份11万股，成交金额

121万余元,在股票复牌后卖出,非法获利214万余元。

【裁判结果】

本案由安徽省蚌埠市中级人民法院一审,安徽省高级人民法院二审。

法院认为,被告人陈某某系非法获取证券交易内幕信息的人员,其在内幕信息尚未公开前,从事与内幕信息有关的股票交易;陈某某还将内幕信息泄露给他人,导致他人从事与该内幕信息有关的股票交易,其行为已构成内幕交易、泄露内幕信息罪,且情节特别严重。据此,以内幕交易、泄露内幕信息罪判处被告人陈某某有期徒刑七年,并处罚金1.5亿元。

【典型意义】

本案是内幕交易、泄露内幕信息的典型案例。根据《最高人民法院、最高人民检察关于办理内幕交易、泄露内幕交易刑事案件具体应用法律若干问题的解释》的规定,非法获取证券、期货内幕信息的人员包括三类:一是利用窃取、骗取、套取、窃听、利诱、刺探或者私下交易等手段获取内幕信息的;二是内幕信息知情人员的近亲属或者其他与内幕信息知情人员关系密切的人员获取内幕信息的;三是在内幕信息敏感期内,与内幕信息知情人员联络、接触并获取内幕信息的。本案中,被告人陈某某为了牟取非法利益,积极联系、接触证券交易内幕信息知情人,非法获取内幕信息,从事内幕交易,并泄露内幕信息导致他人从事内幕交易,情节特别严重,应依法严惩。

齐某、乔某某利用未公开信息交易案
——证券公司从业人员利用未公开信息交易，情节特别严重

《最高人民法院发布 7 件人民法院依法惩处证券、
期货犯罪典型案例》案例七
2020 年 9 月 24 日

【基本案情】

被告人齐某，女，汉族，1971 年 5 月 22 日出生，原系某证券股份有限公司首席投资官兼证券投资业务总部总经理。

被告人乔某某（被告人齐某的丈夫），汉族，1964 年 2 月 22 日出生，原系某证券有限公司上海瞿溪路证券营业部督导。

2009 年 2 月至 2015 年 4 月，被告人齐某在某证券股份有限公司（以下简称某证券）利用其负责某证券自营的 11001 和 11002 资金账户管理和股票投资决策的职务便利，掌握了上述账户股票投资决策、股票名称、交易时点、交易价格、交易数量等未公开信息，伙同被告人乔某某利用控制的证券账户，先于、同期于或稍晚于齐某管理的某证券上述自营资金账户买卖"永新股份""三爱富""金地集团"等相同股票 197 只，成交金额累计达 6.35 亿余元，非法获利累计 1657 万余元。

【裁判结果】

本案由上海第二中级人民法院审理。宣判后，在法定期限内没有上诉、抗诉，原判已发生法律效力。

法院认为，被告人齐某、乔某某的行为均已构成利用未公开信息交易罪，且情节特别严重，应依法惩处。在共同犯罪中，齐某系主犯，乔某某系从犯。齐某到案后能够如实供述自己的犯罪事实，自愿认罪认罚，依法可以从轻处罚。乔某某系从犯，且自愿认罪认罚，依法减轻处罚，并适用缓刑。据此，依法以利用未公开信息罪判处被告人齐某有期徒刑五年，并处罚金人民币 11604854.78 元；判处被告人乔某某有期徒刑三年，缓刑四年，并处罚金人民币 4973509.19 元。

【典型意义】

本案系证券公司工作人员利用未公开信息交易（俗称"老鼠仓"）的典型案例。近年来，在我国证券、期货交易活动中，某些金融机构从业人员利用职务便利获取金融机构股票投资等未公开信息，以自己名义，或假借他人名义，或者告知其亲属、朋友、关系户，先于、同期于或者稍晚于公司账户交易，然后用客户资金拉升到高位后自己率先卖出获得巨额非法利益，不仅对其任职单位的财产利益造成损害，而且严重破坏了公开、公平、公正的证券、期货市场原则，对资产管理和基金、证券、期货市场的健康发展产生负面影响，社会危害性日益凸显，应依法惩处。《最高人民法院、最高人民检察院关于办理利用未公开信息交易刑事案件适用法律若干问题的解释》明确了"情节严重""情节特别严重"的认定标准。本案审理期间，上述司法解释尚未施行。原审法院根据本案犯罪事实和刑法规定，认定被告人齐某、乔某某犯利用未公开信息交易罪，情节特别严重，并依法作出判决，符合上述司法解释的规定，充分体现了从严惩处"老鼠仓"犯罪的精神。

某石化有限公司、吴某某操纵期货市场案

——以囤积现货影响期货行情等手段操纵期货市场

《人民法院依法惩治金融犯罪典型案例》案例 8

2022 年 9 月 22 日

【基本案情】

被告单位某石化有限公司。

被告人吴某某，男，汉族，1970 年 9 月 8 日出生。

被告单位某石化有限公司经时任法定代表人、董事长被告人吴某某召集会议决定，于 2016 年 5 月 24 日至 8 月 31 日，利用其实际控制的 18 个账户通过以市场价大量连续买入开仓的手法，将资金优势转化为持仓优势。同时通过直接购买、代采代持、售后回购等方式大量囤积聚丙烯现货，制造聚丙烯需求旺盛氛围，以反作用影响期货市场，跨期货、现货市场操纵 PP16××价格。某石化有限公司违法所得共计人民币 4.36 亿余元，吴某某违法所得人民

币 487 万余元，涉案其他 11 个账户违法所得共计人民币 1 亿余元。案发后，某石化有限公司积极退缴违法所得。

【裁判结果】

本案由辽宁省抚顺市中级人民法院一审，辽宁省高级人民法院二审。

法院认为，被告单位某石化有限公司通过囤积现货影响期货品种市场行情等手段操纵期货市场，情节特别严重，其行为已构成操纵期货市场罪；被告人吴某某系直接负责的主管人员，其行为亦构成操纵期货市场罪，均应依法惩处。被告单位能够积极配合调查，并积极退缴违法所得，可以从轻处罚。吴某某能够如实供述自己的罪行，构成坦白，可以依法从轻处罚。据此，依法以操纵期货市场罪判处某石化有限公司罚金人民币 3 亿元，判处吴某某有期徒刑五年，并处罚金 500 万元；依法追缴某石化有限公司违法所得人民币 4 亿余元，依法追缴吴某某违法所得 480 万余元，对涉案其他 11 个账户的违法所得继续追缴。

【典型意义】

本案系以囤积现货影响期货行情等手段实施操纵期货市场犯罪的典型案例。《刑法》第一百八十二条第一款规定了多种常见操纵证券、期货市场的方法，《最高人民法院、最高人民检察院关于办理操纵证券、期货市场刑事案件适用法律若干问题的解释》第一条规定了七种其他操纵证券、期货市场的方法，"跨期、现货市场操纵"是其中之一。本案被告单位通过直接采购、代采代持、售后回购等多种方式囤积现货，影响期货品种市场行情，就属于"跨期、现货市场操纵"的情形。同时被告单位利用实际控制的多个期货账户，集中资金优势连续交易期货合约，操纵期货合约价格，违法所得数亿元，应认定为"情节特别严重"。法院根据本案的犯罪事实、性质、情节和社会危害程度，依法对被告单位、被告人定罪处罚，于法有据。这个案件的正确处理对增强资本市场各类主体和投资者的法治意识、规范和保障资本市场秩序具有重要警示教育作用。各类资本市场主体和广大投资者要敬畏市场、敬畏法治，共同维护证券、期货市场管理秩序和广大投资者合法权益，促进国家资本市场健康稳定发展。

袁某某洗钱案
——地下钱庄实施洗钱犯罪

《人民法院依法惩治金融犯罪典型案例》案例9
2022年9月22日

【基本案情】

被告人袁某某，男，汉族，1979年8月12日出生。

被告人袁某某未经国家有关主管部门批准，非法经营外汇兑换业务，在上游客户报价的基础上，加价与下游客户进行资金兑换，从中加收手续费赚取差价牟利。2018年5月至2020年5月期间，袁某某在明知曾某某等人（另案处理）从事走私犯罪的情况下，多次帮助曾某某等人将人民币兑换成美元。袁某某与曾某某等人通过微信群商谈好兑换汇率、兑换金额后，通过其控制的银行账户收取转入的人民币，扣除自己的获利后将剩余人民币转给上游客户指定的银行账户。上游客户收到转账后，通过香港的银行账户将非法兑换出的美元转入曾某某等人提供的香港收款账户中。经调查核实，袁某某为曾某某等人非法兑换外汇并将资金汇往境外，金额共计人民币约1.7亿元。

【裁判结果】

本案由广东省东莞市第一人民法院一审，广东省东莞市中级人民法院二审。

法院认为，被告人袁某某明知是走私犯罪的所得及其产生的收益，为掩饰、隐瞒其来源和性质，协助将资金汇往境外，情节严重，其行为已构成洗钱罪，依法应予惩处。据此，依法以洗钱罪判处袁某某有期徒刑六年，并处罚金人民币100万元。

【典型意义】

本案是地下钱庄实施洗钱犯罪的典型案件。近年来，随着国内外经济形势变化，恐怖主义犯罪国际化，走私犯罪和跨境毒品犯罪增加，以及我国加大对贪污贿赂犯罪的打击力度，涉地下钱庄刑事案件不断增多。地下钱庄已成为不法分子从事洗钱和转移资金的最主要通道,不但涉及经济金融领域的犯罪,还日益成为电信诈骗、网络赌博等犯罪活动转移赃款的渠道,成为贪污腐败分子和恐怖活动的"洗钱工具"和"帮凶",不但严重破坏市场管理秩序,而且严重危害国家经济金融安全和社会稳定,必须依法严惩。本案依法以洗钱罪对地下钱庄经营者追究刑事责任,充分体现对涉地下钱庄洗钱犯罪的严厉打击,更好发挥打财断血的作用。

周某某洗钱案
——跨境转移贪污公款实施洗钱犯罪

《人民法院依法惩治金融犯罪典型案例》案例 10

2022 年 9 月 22 日

【基本案情】

被告人周某某,男,汉族,1977 年 12 月 1 日出生。

2015 年 1 月至 2018 年 11 月期间,同案被告人倪某某(已判刑)教唆其姐姐倪某甲(另案处理)利用职务便利,持续从浙江省丽水市庆元县工业园区管委会及其下属的国有企业侵吞巨额公款。其间,被告人周某某在明知倪某某用于赌博的钱款为公款的情况下,仍通过提供自己的银行账户或联系赌场、地下钱庄提供银行账户,协助倪某某接收倪某甲贪污的公款,从国内转移到境外,金额合计人民币 8782 万余元。周某某在赌场为倪某某"洗码"获得"佣金"人民币 70 余万元。

【裁判结果】

本案由浙江省丽水市中级人民法院一审,浙江省高级人民法院二审。

法院认为,被告人周某某明知是贪污公款,仍协助将资金转移到境外,情节严重,其行为已构成洗钱罪。周某某在赌场为倪某某"洗码"所得"佣金"系违法所得,应予以追缴或退赔。据此,依法以洗钱罪判处被告人周某某有期徒刑八年,并处罚金人民币 900 万元。被告人的违法所得予以追缴,不足部分责令继续退赔。

【典型意义】

本案是通过地下钱庄跨境转移贪污的公款实施洗钱犯罪的典型案件。被告人周某某明知同案被告人倪某某用于赌博的资金来自于公款,为非法谋利,将自己在澳门赌场开设的账户提供给倪某某用于赌博,再通过提供自己银行账户或者联系赌场、地下钱庄提供银行账户,帮助倪某某接收倪某甲侵吞后汇入境外的公款,并与赌场对账确认,完成公款的跨境转移。在办理洗钱罪的上游犯罪案件时,要以"追踪资金"为重点,深挖洗钱犯罪线索,对洗钱犯罪同步跟进,落实"一案双查"工作机制,依法惩治洗钱犯罪和上游犯罪。在本案办理过程中,发现大量赃款流向境外,遂坚持"一案双查",深挖彻查职务犯罪背后的洗钱犯罪,并予以依法严惩,充分体现了从严打击洗钱犯罪的精神,不仅对维护良好的经济金融秩序起到积极作用,而且能够有效摧毁贪污贿赂犯罪等上游犯罪的利益链条,有效遏制上游犯罪的发生。

(五)金融诈骗罪

唐某某集资诈骗案

《最高人民法院发布四起集资诈骗犯罪典型案例》第 1 号

2010 年 6 月 17 日

安徽省亳州市中级人民法院经审理查明:被告人唐某某原系安徽省某科技开发有限公司董事长、法定代表人,曾因犯诈骗罪、脱逃罪被判处有期徒刑。2004 年 6 月至 2007 年 3 月,唐某某伙同他人以高额回报为诱饵,夸大、虚假宣传某公司养殖梅花鹿的经营状况,在安徽、河南、河北、山东、江西、江苏、北京 7 省市 116 县区,以某公司的名义先后与 49786 人(次)签订《联合种植养殖合同书》,非法集资人民币 9.73 亿余元,所得款项绝大部分被唐某某等人用于个人购车、购置房产、挥霍、转移隐匿以及支付先前集资的本息、发放高额集资业务奖励及业务提成等。至案发时止,尚有集资款人民币 3.33 亿余元无法归还,并导致一名被害人自杀。

亳州市中级人民法院以集资诈骗罪判处被告人唐某某死刑，剥夺政治权利终身，并处没收个人全部财产。宣判后，唐某某不服，提出上诉。安徽省高级人民法院经开庭审理，依法驳回唐某某的上诉，维持原判，并依法报请最高人民法院核准。

最高人民法院经复核认为，被告人唐某某以非法占有为目的，伙同他人采取虚构资金用途、隐瞒公司亏损状况的方式骗取他人钱财，其行为已构成集资诈骗罪，且诈骗数额特别巨大，给人民群众利益造成特别重大损失。唐某某策划、指挥集资诈骗活动，系主犯，并系累犯，犯罪情节特别恶劣，罪行极其严重，依法应予严惩。因此，依法核准安徽省高级人民法院维持第一审对被告人唐某某以集资诈骗罪判处死刑，剥夺政治权利终身，并处没收个人全部财产的刑事裁定。

孙某某集资诈骗案

《最高人民法院发布四起集资诈骗犯罪典型案例》第 2 号
2010 年 6 月 17 日

浙江省杭州市中级人民法院经审理查明：2006 年 12 月至 2007 年 11 月间，被告人孙某某以支付高额利息为诱饵，以杭州某度假区发明售寄行、杭州某投资管理有限公司某分公司等需要资金为由，并虚构投资拍电视剧需要资金等事实，在杭州市先后骗取刘某某等 28 名被害人集资款共计人民币 1466 万元，所得款项除少部分用于支付集资款利息外，大部分被孙某某用于赌博、还债、高利放贷及挥霍等。至案发时止，尚有集资款人民币 1299 万余元无法归还。

杭州市中级人民法院以集资诈骗罪判处被告人孙某某死刑，缓期二年执行，剥夺政治权利终身，并处没收个人全部财产。宣判后，孙某某服判，未提出上诉。浙江省高级人民法院经复核，依法核准对孙某某的上述判决。

吕某某集资诈骗案

《最高人民法院发布四起集资诈骗犯罪典型案例》第3号
2010年6月17日

浙江省丽水市中级人民法院经审理查明：2004年8月至2008年3月，被告人吕某某以支付高额利息为诱饵，虚构工程招投标、与他人合伙做外贸生意、投资基金等资金用途，采取出具借据、签订借款协议等方式，在浙江省丽水市莲都区、缙云县、青田县等地非法集资人民币2.6亿余元，所得款项除用于偿还前期集资款、支付高额利息外，其余部分被吕某某用于在澳门赌博、购买房产、汽车等个人挥霍。至案发时，尚有集资款人民币4038万余元无法归还。2008年4月24日，被告人吕某某向公安机关投案自首。

丽水市中级人民法院以集资诈骗罪判处被告人吕某某死刑，缓期二年执行，剥夺政治权利终身，并处没收个人全部财产。宣判后，吕某某不服，提出上诉。浙江省高级人民法院经审理，依法驳回吕某某的上诉，维持原判。

张某某集资诈骗案

《最高人民法院发布四起集资诈骗犯罪典型案例》第4号
2010年6月17日

广东省广州市中级人民法院经审理查明：1997年7月至2007年7月间，被告人张某某利用中国某保险股份有限公司广州市分公司保险代理人的身份，以到期返回本金及每月高额回报为诱饵，虚构险种，并私刻公司印章制作假保险单证，欺骗被害人胡某某等多人投保，收取上述人员"保险费"共计人民币2125万余元，骗取款项除用于支付被害人到期的高额利息外，其余部分被用于个人挥霍。至案发时止，尚有集资款人民币488万余元无法归还。

广州市中级人民法院以集资诈骗罪判处被告人张某某有期徒刑十二年，并处罚金人民币10万元。宣判后，张某某不服，提出上诉。广东省高级人民法院经审理，依法驳回张某某的上诉，维持原判。

刘某某等集资诈骗、非法吸收公众存款案

《最高人民法院公布 11 起诈骗犯罪典型案例》第 3 号

2015 年 12 月 4 日

【基本案情】

刘某某是云南某珠宝有限公司的实际控制人。2011 年 3 月、5 月、7 月，刘某某先后在泸州、南充、遂宁等地成立珠宝分公司，组织杨某某、相某某、李某、侯某某、刘某某等人，以开展玉器戴养业务为名，以高额回报"劳务费"为诱饵，以聘请部分人缘好有一定宣传号召能力的客户为"理财顾问"进行宣传等手段，并通过虚构翡翠戴养养生增值、公司资金雄厚、投资有保障无风险等假象，鼓动社会不特定人员，特别是中老年人积极缴纳资金。至案发共吸收资金人民币 6242.68 万元，扣除期间已返还"劳务费"和退合同款，尚欠集资款项人民币 5814.795 万元。刘某某等人将绝大部分资金用于还贷款、放高利贷、公司员工高额提成、公司日常开支运转、寻宝被骗等，致使大部分资金无法追回，不能返还，且公司无正常投资性盈利收入。案发后，遂宁、南充、泸州等地有 2060 人分别向公安机关报案。公安机关先后追回赃款人民币 1371 万元。

【裁判结果】

遂宁市中院一审判决：被告人刘某某犯集资诈骗罪，判处无期徒刑，剥夺政治权利终身，并处没收个人全部财产；被告人杨某某犯非法吸收公众存款罪，判处有期徒刑八年，并处罚金 30 万元；被告人侯某某犯非法吸收公众存款罪，判处有期徒刑四年，并处罚金 15 万元；被告人相某某犯非法吸收公众存款罪，判处有期徒刑三年，并处罚金 15 万元；被告人李某犯非法吸收公众存款罪，判处有期徒刑二年，并处罚金 10 万元；被告人刘某某犯非法吸收公众存款罪，判处有期徒刑二年，并处罚金 10 万元；对于各被告人的违法所得和扣押在案的涉案财物予以追缴，返还被害人。被告人刘某某、杨某某、相某某不服，提起上诉。四川省高院二审维持了遂宁中院的一审判决。

【典型意义】

近年来，社会财富的规模增大和正规金融的服务局限叠加影响，使民间融资的体量显著增加。而随着民间融资市场迅速活跃的，还有以非法集资等为代表的金融违法犯罪活动。

本案即是较为典型的非法集资类刑事案件，涉案金额大，达到6000多万元；受害人数多，涉及遂宁、南充、泸州多地数千人；该案吸收的大部分资金难以追回，造成的经济损失特别巨大，达4000余万元。由于受骗参与非法集资的以四十岁至六十岁年龄段中老年人居多，许多人毕生的积蓄一夜化为乌有，生活陷入困顿，引发受害群众集体上访，对遂宁、南充、泸州等地社会稳定造成极大危害。司法机关依法对刘某某等人的非法集资犯罪行为进行了严惩，为被害群众追回了部分损失。本案对于督促相关职能部门加大对非法集资的日常监管力度，加强对集资诈骗行为的社会舆论宣传引导，增强人民群众投资风险意识和辨别能力，保障人民群众财产安全，维护金融管理秩序和保障社会稳定具有重要意义。

2010年最高人民法院就发布了《关于审理非法集资刑事案件具体应用法律若干问题的解释》，其中较为明确地列举了构成非法吸收公众存款罪的4个条件和11种行为，列举了构成集资诈骗罪的11种行为和8种情形，在很大程度上能够帮助普通大众甄别非法集资行为。然而，社会法治意识淡漠、民众风险识别能力不足为非法集资违法犯罪活动提供了可乘之机。

加强法治宣传、执法监管和司法保障，以形成社会对非法集资等违法犯罪的围剿，是解决当前民间融资乱象的重要途径。希望通过对本案的镜鉴，有助于形成对非法集资的法治高压，和全社会参与的立体化防控体系建设。

张某信用卡诈骗案

《最高人民法院公布 11 起诈骗犯罪典型案例》第 5 号

2015 年 12 月 4 日

【基本案情】

2008 年 7 月，被告人张某以其本人名义向某银行怀化湖景支行申领了一张卡号为 62×××××××××××××的湖南公务员信用卡。2008 年 9 月 16 日至 26 日期间共透支本金 2 万元。被告人张某在透支超过规定期限后，经发卡银行多次催收仍旧拒不归还上述款项。截至 2014 年 6 月 1 日共欠银行本息 91423.52 元。案发后，截至 2014 年 12 月 15 日张某已陆续全部偿还透支款息共计 102029.66 元。

【裁判结果】

怀化市鹤城区人民法院经审理认为，被告人张某以非法占有为目的，使用信用卡恶意透支，数额较大，其行为已构成信用卡诈骗罪。张某归案后能如实供述自己的罪行，认罪态度较好，且在二审宣告前，张某已经偿还信用卡透支所欠全部本金和利息，犯罪情节轻微，依法可以对张某免予刑事处罚。据此，法院依法判决被告人张某犯信用卡诈骗罪，免予刑事处罚。

【典型意义】

信用卡透支实属常见现象，但如果超过规定期限、经银行两次催收后三个月内仍未归还，在刑法上被视为恶意透支，故意更改银行预留电话，逃避银行催收则被认定为具有法非占用的目的。本案的被告人张某具有非法占有的目的，使用信用卡恶意透支，达到数额较大，构成了信用卡诈骗罪。所以，保持良好的个人诚信，是使用信用卡的关键。

朱某某合同诈骗、信用卡诈骗案

《最高人民法院公布 11 起诈骗犯罪典型案例》第 6 号

2015 年 12 月 4 日

【基本案情】

2011 年至 2013 年，被告人朱某某以"朱某"名义办理身份证，利用该虚假身份注册成立"某建筑装饰工程有限公司"。在经营该公司期间，朱某某以朱某名义采取签订合同、出具欠条等方法，骗取郁某某、李某等人材料款、工程款共 505885 元。朱某某骗取款后逃匿。

2012 年 8 月 3 日、8 月 10 日，朱某某利用虚假的身份证、行车证、房产证等证件，在夏邑县农业银行、夏邑县邮政储蓄银行办理了信用卡，分别透支 199934.99 元、99992.89 元。至案发时，经发卡银行催要，上述透支款未归还。

【裁判结果】

河南省夏邑县法院判决：一、被告人朱某某犯合同诈骗罪，判处有期徒刑六年，并处罚金人民币 10 万元；犯信用卡诈骗罪，判处有期徒刑六年，并处罚金人民币 7 万元。二罪并罚，决定执行有期徒刑十一年，并处罚金人民币 17 万元。二、责令被告人朱某某退赔所骗取被害人的财产。

【典型意义】

本案朱某某以非法占有为目的，采取签订合同、出具欠条等方法，收受对方当事人给付的货物、预付款后逃匿。朱某某使用虚假的身份证明骗领信用卡，超过规定期限透支，经发卡银行催收后仍不归还，恶意透支，是典型的违反社会诚信的行为，对此类行为予以严惩，才能起到维护社会诚信、人民群众和谐生产生活的警示教育作用。

张某信用卡诈骗案

《最高人民法院公布 11 起诈骗犯罪典型案例》第 7 号
2015 年 12 月 4 日

【基本案情】

2013 年 5 月，被告人张某伙同他人事先预谋后，以虚假身份在上海某超市有限公司中山公园店应聘工作。其利用担任该超市收银员的身份趁顾客刷卡时利用读卡器盗取顾客的银行卡信息并偷记密码，并在广州利用盗取的信息制成伪卡。2013 年 9 月 18 日、19 日，被告人张某使用其中一张利用盗取受害人朱某某银行卡信息制作伪造的银行卡在陕西华阴市取现金 3.5 万元。当月 20 日晚，被告人张某使用另外一张利用盗取被害人篠崎某某（日本籍）银行卡信息制作伪造的银行卡在某银行安阳市文明大道支行取现金 2 万元，另转款 4 万元至张某所控制的银行卡上，随后张某又从其所控制的该银行卡上取走现金 2 万元。当张某在另一家某银行准备再次取钱时被抓获，从其身上搜出现金 71200 元、银行卡 8 张、不同姓名的身份证 7 张、口罩 4 个、帽子 1 个。案发后，公安机关追回赃款 71200 元，退还受害人朱某某 31200 元，退还篠崎某某 4 万元。另查明，张某因犯妨害信用卡管理罪，于 2011 年 8 月 15 日被温州市鹿城区人民法院判处有期徒刑十个月，并处罚金人民币 5 万元，2011 年 12 月 18 日刑满释放。公诉机关指控，被告人张某的行为属于伪造信用卡并使用的情形，构成信用卡诈骗罪，应予处罚。

【裁判结果】

河南省安阳市龙安区人民法院依照《刑法》第一百九十六条、第六十五条、第五十二条、第五十三条、第六十四条作出（2014）龙刑初字第 27 号刑事判决书，判决被告人张某犯信用卡诈骗罪，判处有期徒刑六年六个月，并处罚金人民币 6 万元。责令被告人张某退赔被害人朱某某人民币 3800 元，退赔被害人篠崎某某人民币 2 万元。一审宣判后，被告人未上诉，公诉机关未抗诉，判决已发生法律效力。

【典型意义】

张某信用卡诈骗案是一起将盗取的信用卡信息进行复制，再利用复制的伪卡盗取现金的信用卡诈骗案，是近年来信用卡诈骗案中出现的新型作案手段。该案例明确了盗窃信用卡信息又复制伪卡，使用伪卡盗取现金的行为，应按照信用卡诈骗罪定罪处罚。近年来，随着信息技术的快速发展和广泛应用，一方面给人们提供了高效便捷的生产生活方式，另一方面也给一些犯罪分子利用信息技术实施犯罪提供了便利条件。该案例既彰显了人民法院依法严惩利用信息技术实施犯罪的决心，同时也提醒人们要提高公民个人信息保护意识，维护好个人信息安全，不给犯罪分子以可乘之机。

肖某某、陈某集资诈骗案
——以提供"养老服务"为名实施非法集资犯罪

《人民法院重点打击六类养老诈骗犯罪典型案例》案例一

2022年8月24日

【基本案情】

被告人肖某某，男，汉族，1981年11月1日出生。

被告人陈某，男，汉族，1971年1月6日出生。

2016年6月，被告人肖某某、陈某与蔡某（已判刑）共谋以开展养老服务之名实施非法集资，先后成立自贡某养老服务有限公司、四川某养老服务有限公司，并在自贡市、内江市、攀枝花市等地设立分公司或营业网点。三人明知公司无融资资质，"养老基地"不可能建成使用，仍安排融资团队以养老服务名义，采取打电话、发传单、推介会、口口相传等方式，辅以发礼品、参观"养老基地"等手段，在自贡市等地公开集资，承诺支付每月1%~3%的固定收益、享有养老基地优先居住权和折扣及期满后返还本金，与集资参与人签订《预存消费协议》《预存合同》等，收取预存消费款，共吸收189名老年人562万余元。融资团队从集资款中提成45%~50%，其余除用于公司运转外，被肖某某、陈某和蔡某等人分赃。

【裁判结果】

本案由四川省自贡市自流井区人民法院一审,四川省自贡市中级人民法院二审。

法院认为,被告人肖某某、陈某伙同他人以非法占有为目的,以诈骗方法非法集资,数额特别巨大,其行为均已构成集资诈骗罪。肖某某、陈某在共同犯罪中起主要作用,系主犯,应当按照其所参与的或者组织、指挥的全部犯罪处罚。二人归案后如实供述主要犯罪事实,依法可以从轻处罚。据此,以集资诈骗罪判处肖某某有期徒刑十三年,并处罚金人民币20万元;判处陈某有期徒刑十二年六个月,并处罚金人民币20万元;责令肖某某、陈某退赔集资参与人经济损失。

【典型意义】

本案是以提供"养老服务"为名侵害老年人合法权益的典型犯罪案件,该类犯罪主要表现为以预售养老床位、虚构养老服务项目等名义,通过办理会员卡、明显超过床位供给能力承诺服务、预交养老服务费用等手段,诈骗老年人钱财。被告人肖某某、陈某利用老年人寻求养老保障的心理,承诺高息回报、享受床位优先居住权、入住打折等,诱骗老年人大额预存消费投资,实施非法集资。二被告人明知"养老基地"不可能建成使用,将集资款的45%~50%用于融资团队提成,并按比例分赃,集资款未用于投资建设"养老基地",具有明显的非法占有目的。一、二审法院以集资诈骗罪对二被告人定罪处罚,于法有据。人民法院提示广大老年人选择具有正规资质的养老服务机构,发现犯罪分子以"养老服务"进行非法集资的,要不听、不信、不参与,并及时向有关部门提供线索。同时,相关部门要规范养老服务行业准入,加强行业监管,保障养老服务行业健康发展,为广大老年人安享幸福晚年营造良好环境。

沈某某集资诈骗、顾某某非法吸收公众存款案
——以宣称"以房养老"为名实施非法集资犯罪

《人民法院重点打击六类养老诈骗犯罪典型案例》案例四

2022年8月24日

【基本案情】

被告人沈某某，男，汉族，1967年3月9日出生。

被告人顾某某，男，汉族，1958年7月25日出生。

2015年1月至2017年11月，被告人沈某某先后成立、收购上海某金融服务信息有限公司（以下简称甲公司）、上海某融资租赁有限公司（以下简称乙公司），以投资经营德国米拉山奶粉、长青发公司等项目为幌子，以承诺高息回报为诱饵，通过借款方式向社会公众募集资金。2016年下半年，沈某某推出"以房养老"项目，引诱投资客户将房产抵押给小额贷款公司获取抵押款，再将抵押款转投乙公司。被告人顾某某为获取好处费，明知沈某某通过甲公司、乙公司向社会不特定公众吸收资金，而引诱并帮助老年客户将房产抵押给小额贷款公司获取抵押款，再将抵押款转借给沈某某。截至案发，沈某某共计吸收资金2.98亿余元，造成集资参与人经济损失1.68亿余元。顾某某参与房产抵押17套，帮助沈某某吸收资金5450万元，未兑付总额5006万余元。顾某某投案后家属退缴2954万余元。

【裁判结果】

被告人沈某某集资诈骗案由上海市第二中级人民法院一审，宣判后，在法定期限内没有上诉、抗诉，原判已发生法律效力。被告人顾某某非法吸收公众存款案由上海市静安区人民法院一审，上海市第二中级人民法院二审。

法院认为，被告人沈某某与他人结伙以非法占有为目的，以诈骗方法非法集资，数额特别巨大，其行为已构成集资诈骗罪。被告人顾某某违反国家金融管理法律规定，非法吸收公众存款，数额巨大，其行为已构成非法吸收公众存款罪。顾某某在共同犯罪中起次要作用，系从犯，应从轻处罚。顾某某虽自动投案，但未如实供述所犯罪行，不构成自首。顾某某家属退回2954

万余元，可对顾某某从轻处罚。据此，依法以集资诈骗罪判处沈某某无期徒刑，剥夺政治权利终身，并处没收个人全部财产；违法所得予以追缴，不足部分责令继续退赔。以非法吸收公众存款罪判处顾某某有期徒刑三年四个月，并处罚金人民币5万元；责令顾某某退赔违法所得，连同已冻结的钱款，按比例发还各集资参与人。

【典型意义】

本案是以宣称"以房养老"为名侵害老年人合法权益的典型犯罪案件，该类犯罪主要表现为以"房本在家无用""不耽误自住或出租"等类似话术为借口，诱骗老年人签订房产抵押担保的借贷合同或相关协议，将抵押房屋获得的资金购买其推介的所谓理财产品，借助诉讼、仲裁、公证等手段，非法占有老年人房屋。"以房养老"作为解决人口老龄化问题，缓解社会及家庭养老压力的可行方式，引起了社会广泛关注。然而，很多不法分子打着国家政策的旗号，营造"养老恐慌"，利用老年人金融防范意识较差的特点，恶意设套，借"以房养老"实施非法集资。被告人沈某某、顾某某诱使老年人抵押房屋以获得资金，再购买所谓高收益理财产品，最终因理财公司资金链断裂，房屋被行使抵押权，老年人落得"钱房两空"。人民法院根据案件事实、情节以及二人在共同犯罪中的地位和作用，分别以集资诈骗罪、非法吸收公众存款罪对沈某某、顾某某定罪处罚，充分体现了宽严相济的刑事政策，罚当其罪。人民法院提示老年人增强金融风险防范意识，投资理财时不要盲目被高收益诱惑，同时子女也要关心、照顾老人，国家、社会、家庭和个人联动起来，最大限度挤压犯罪分子"行骗空间"，让养老诈骗无处遁形，守护老年人幸福晚年。

"某宝"集资诈骗、非法吸收公众存款案
——借互联网金融名义实施非法集资犯罪

《人民法院依法惩治金融犯罪典型案例》案例1
2022年9月22日

【基本案情】

被告单位安徽某控股集团。

被告单位某国际控股集团有限公司。

被告人丁某，男，汉族，1982年7月11日出生。

被告人丁某甲，男，汉族，1987年6月24日出生。

其他被告人身份情况，略。

被告单位安徽某控股集团、某国际控股集团有限公司于2014年6月至2015年12月间，在不具有银行业金融机构资质的前提下，利用"某宝"平台、某金融平台发布虚假融资租赁债权项目及个人债权项目，包装成"某年享""某丰裕"等若干理财产品进行销售，以承诺还本付息等为诱饵，通过电视台、网络、散发传单等途径向社会公开宣传，向115万余人非法吸收资金762亿余元。其中，大部分集资款被用于返还集资本息、收购线下销售公司等平台运营支出，或被挥霍以及用于其他违法犯罪活动，造成集资款损失380亿余元。此外，某国际控股集团有限公司、丁某等人还走私贵重金属、非法持有枪支、偷越国境。

【裁判结果】

本案由北京市第一中级人民法院一审，北京市高级人民法院二审。

法院认为，被告单位安徽某控股集团、某国际控股集团有限公司及被告人丁某、丁某甲、张某等10人以非法占有为目的，使用诈骗方法非法集资，其行为均已构成集资诈骗罪；被告人王某某等16人违反国家金融管理法律规定，变相吸收公众存款，其行为均已构成非法吸收公众存款罪。二被告单位以及丁某等被告人的非法集资行为，犯罪数额特别巨大，造成全国多地集资参与人巨额财产损失，严重扰乱国家金融管理秩序，犯罪情节、后果特别严

重，应依法惩处。据此，依法以集资诈骗罪、走私贵重金属罪判处被告单位某国际控股集团有限公司罚金人民币180300元；以集资诈骗罪判处安徽某控股集团罚金人民币1亿元；以集资诈骗罪、走私贵重金属罪、非法持有枪支罪、偷越国境罪判处丁某无期徒刑，剥夺政治权利终身，并处没收个人财产50万元，罚金人民币10001万元；以集资诈骗罪判处丁某甲无期徒刑，剥夺政治权利终身，并处罚金人民币7000万元。分别以集资诈骗罪、非法吸收公众存款罪、走私贵重金属罪、偷越国境罪，对张某等24人判处有期徒刑十五年至三年不等的刑罚，并处剥夺政治权利及罚金。在案扣押、冻结款项分别按比例发还集资参与人；在案查封、扣押的房产、车辆、股权、物品等变价后发还集资参与人，不足部分继续责令退赔并按照同等原则分别发还。

【典型意义】

本案是利用互联网金融模式实施非法集资犯罪的典型案例。被告单位安徽某控股集团、某国际控股集团有限公司打着"金融创新"的旗号，依托互联网金融平台，以互联网金融创新、虚拟货币投资、网络借贷等为幌子，以高额利息为诱饵，虚构融资租赁项目，持续采用借旧还新、自我担保等方式进行非法集资活动，是一个彻头彻尾的"庞氏骗局"。本案涉案数额特别巨大，涉及众多集资参与人，造成集资参与人巨额经济损失，严重损害投资者合法权益，严重危害国家金融安全，犯罪情节、后果特别严重，应依法严惩。法院以集资诈骗罪判处被告人丁某、丁某甲无期徒刑，并判处被告单位安徽某控股集团、某国际控股集团有限公司巨额罚金，充分体现了从严惩处的精神。

上海某集团集资诈骗案
——持牌私募机构以发行私募基金为名实施非法集资犯罪

《人民法院依法惩治金融犯罪典型案例》案例 3

2022 年 9 月 22 日

【基本案情】

被告单位上海某实业集团有限公司（以下简称某集团）。

被告人朱某某，男，汉族，1982 年 2 月 25 日出生。

被告人赵某某，男，汉族，1982 年 9 月 21 日出生。

其他被告人身份情况，略。

2014 年 9 月起，被告人朱某某、赵某某等人决定某集团开展融资业务，使用虚构投资标的、夸大投资项目价值、向社会公开宣传等方式，并以高收益、承诺到期还本付息等为诱饵，设计销售债权类、私募基金类等理财产品，向社会公众非法集资，并发新还旧，不断扩大资金规模，以维持资金链。至 2018 年 6 月，某集团非法集资 565 亿余元，案发时未兑付本金 218 亿余元。其间，某集团、朱某某、赵某某等人集中资金优势、持股或者持仓优势或者利用信息优势联合或连续买卖"大连电瓷"股票，并通过控制上市公司信息的生成或者控制信息披露的内容、时点、节奏，误导消费者作出投资决策，影响证券交易价格或者证券交易量，操纵证券市场，情节特别严重。

【裁判结果】

本案由上海市第二中级人民法院一审，上海市高级人民法院二审。

法院认为，被告单位某集团以非法占有为目的，使用诈骗方法非法集资，其行为已构成集资诈骗罪。被告人朱某某、赵某某等作为某集团直接负责的主管人员或其他直接责任人员，其行为均已构成集资诈骗罪；某集团、朱某某、赵某某的行为还构成操纵证券市场罪，且情节特别严重，应数罪并罚。据此，依法以集资诈骗罪、操纵证券市场罪判处某集团罚金人民币 21 亿元；以集资诈骗罪、操纵证券市场罪判处朱某某无期徒刑，剥夺政治权利终身，并处罚金人民币 1500 万元；以集资诈骗罪判处赵某某无期徒刑，剥夺政治权利终身，并处罚金人民币 800 万元。对其他被告人判处相应刑罚。被告单位某集团和各被告人的违法所得予以追缴，发还各被害人和被害单位，不足部分责令被告单位和各被告人继续退赔。

【典型意义】

本案是持牌私募机构以发行私募基金为名实施非法集资犯罪的典型案件。这些私募基金虽然名义上合规，但在"募、投、管、退"各环节实际上均不符合私募基金的管理规定和运行规律。例如，私募基金的销售过程实际存在变相公开宣传、承诺固定收益、变相提供担保、向不合格投资者销售、未履行风险告知义务等情形；在投资和管理环节，实质上存在自融、"资金池"运作、挪用私募基金财产、未按约定用途投资、投资项目虚假、管理人未履行管理义务以及披露虚假信息等情形；在基金退出环节上，普遍存在"发新还旧"、刚性兑付现象，还本付息并非依靠投资收益。这类私募基金型非法集资犯罪，在行为的"非法性、公开性、利诱性、社会性"认定过程中，与普通非法集资犯罪的认定有所不同，需要司法机关认真研判、甄别。同时，监管机构应当加强投资者教育和私募机构管理，投资者应当提高风险防范意识，掌握必要金融投资知识，积极维护自身合法权益。

沈阳某公司集资诈骗案

——以"养老投资"为名实施非法集资犯罪

《人民法院依法惩治金融犯罪典型案例》案例 4

2022 年 9 月 22 日

【基本案情】

被告人金某某，男，汉族，1976 年 10 月 18 日出生。

被告人梁某，男，汉族，1983 年 9 月 5 日出生。

被告人张某，男，汉族，1978 年 4 月 28 日出生。

2013 年 8 月，被告人金某某在沈阳市成立沈阳某商贸有限公司（以下简称某公司）。2015 年 10 月，金某某招揽被告人梁某、张某等人为公司高层管理人员，共同实施非法集资活动，以发放传单、讲课和开会等方式向公众宣传,谎称投资某公司即能在一定期限后获得高额回报,且能享受免费旅游等待遇,诱骗公众投资。至 2017 年 11 月,某公司在全国开设 1000 余家店铺,骗取 170 余万名集资参与人 62 亿余元,案发前返还 42 亿余元。

【裁判结果】

本案由辽宁省沈阳市中级人民法院一审,辽宁省高级人民法院二审。

法院认为,被告人金某某伙同梁某、张某等人以非法占有为目的,使用诈骗方法向社会公众非法集资,数额特别巨大,其行为均已构成集资诈骗罪。金某某、梁某、张某在共同犯罪中均系主犯,应予惩处。据此,依法以集资诈骗罪判处金某某无期徒刑,剥夺政治权利终身,并处没收个人全部财产;判处梁某有期徒刑十三年,剥夺政治权利三年,并处罚金人民币 50 万元;判处张某有期徒刑十二年,剥夺政治权利二年,并处罚金人民币 50 万元。

【典型意义】

本案系以"养老投资"为名实施养老诈骗犯罪的典型案例。近年来,随着老年人口数量不断增长,养老服务需求不断增加,一些不法分子以提供养老服务、投资养老项目、销售养老产品等名义,利用老年人网络知识不足、辨识能力不强等特点,采用投资理财高额回报手段设置陷阱、诱导投资,虚假宣传,实施养老诈骗犯罪,骗取老年人钱财。被告人金某某创建某公司,以会员投资返利为名,在全国 20 多个省市区设立 1000 多个门店,以欺诈方法针对老年人进行非法集资,集资参与人达 170 万余人,造成经济损失约 20 亿元,严重损害老年人合法权益,社会危害巨大。法院依法以集资诈骗罪分别对三名被告人判处十年以上有期徒刑、无期徒刑,充分表明了人民法院依法从严惩处养老诈骗犯罪、坚决维护老年人"养老钱"的鲜明态度和坚定决心。同时,提醒人民群众尤其是老年群体要谨慎投资,提高识骗防骗能力,避免陷入犯罪分子设置的圈套。

甲集团、孟某、岑某集资诈骗案

——以发行销售私募基金为名，使用诈骗方法非法集资对集资款具有非法占有目的的，构成集资诈骗罪

《最高人民法院、最高人民检察院联合发布依法从严打击私募基金犯罪典型案例》案例 2

2023 年 12 月 26 日

【关键词】

私募基金　集资诈骗　单位犯罪　追赃挽损

【基本案情】

被告单位甲供应链集团有限公司（以下简称甲集团）；被告人孟某，系甲集团法定代表人、董事长；被告人岑某，系甲集团总经理；被告人庄某，系甲集团副总经理（已死亡）。

2015 年 5 月，孟某注册成立甲集团。2015 年 11 月至 2020 年 6 月，甲集团及其直接负责的主管人员孟某、岑某、庄某，通过实际控制的上海某资产管理有限公司（以下简称乙公司）、上海某资产管理有限公司（以下简称丙公司）、深圳市某产业服务集团有限公司（以下简称丁集团）以及合作方北京某投资有限公司（以下简称戊公司）等 10 多家公司，采用自融自用的经营模式，围绕甲集团从事私募基金产品设计、发行、销售及投融资活动。

孟某、岑某、庄某指使乙公司、丙公司工作人员以投资甲集团实际控制的多家空壳公司股权为名，使用庄某伪造的财务数据、贸易合同设计内容虚假的私募基金产品，将单一融资项目拆分为数个基金产品，先后以乙公司、丙公司、戊公司为私募基金管理人，发行 39 只私募股权类基金产品。上述三家公司均在基金业协会登记为私募股权、创业投资基金管理人，39 只产品均在基金业协会备案。

相关基金产品由不具备私募基金销售资质的丁集团等 3 家丁系公司销售。孟某、岑某指使丁系公司工作人员以举办宣传会、召开金融论坛、峰会、酒会、随机拨打电话、在酒店公共区域摆放宣传资料等方式向社会公开宣传私

募基金产品，谎称由具有国资背景的甲控股集团有限公司出具担保函，以虚设的应收账款进行质押，变相承诺保本保息，超出备案金额、时间，滚动销售私募基金产品，累计非法募集资金人民币78.81亿余元。

募集资金转入空壳目标项目公司后，从托管账户违规汇集至甲集团账户形成资金池，由孟某、岑某任意支配使用。上述集资款中，兑付投资人本息42.5亿余元，支付销售佣金、员工工资、保证金17.1亿余元，转至孟某、岑某控制的个人账户及个人挥霍消费3.9亿余元，对外投资17.5亿余元。甲集团所投资的项目处于长期亏损状态，主要依靠募新还旧维持运转。截至案发，投资人本金损失38.22亿余元。

【刑事诉讼过程】

2019年8月15日，投资人薛某到上海市公安局浦东分局报案称其购买的乙公司、丙公司私募基金产品到期无法退出。同年10月14日，浦东分局以涉案私募基金均经中国证券基金业协会备案，没有犯罪事实为由作出不立案决定。上海市浦东新区人民检察院接立案监督线索后审查发现，涉案私募基金管理人和产品虽经登记、备案，但募集、发行和资金运作均违反私募基金管理法律规定，属于假借私募基金经营形式的非法集资行为。2020年4月10日，浦东新区人民检察院向上海市公安局浦东分局制发《要求说明不立案理由通知书》。2020年4月13日，上海市公安局浦东分局对本案立案侦查，同年11月3日以孟某、岑某、庄某涉嫌集资诈骗罪移送起诉。因案件重大复杂，2020年11月30日，浦东新区人民检察院将本案报送上海市人民检察院第一分院审查起诉。2021年6月9日，上海市人民检察院第一分院以甲集团、孟某、岑某、庄某构成集资诈骗罪提起公诉。案件办理期间，上海市人民检察院第一分院分别向中国银保监会青岛监管局、甲控股集团有限公司制发检察建议，就办案发现的私募基金托管银行未尽职履责、国有企业对外合作不规范等问题提出建议，两家单位积极落实整改并及时回复检察机关。

2022年11月30日，上海市第一中级人民法院作出一审判决，以集资诈骗罪判处甲集团罚金人民币1亿元，判处孟某、岑某无期徒刑，剥夺政治权利终身，并处没收个人全部财产。被告人庄某在法院审理过程中因病死亡，依法对其终止审理。孟某、岑某提出上诉。2023年3月13日，上海市高级人民法院作出终审裁定，驳回上诉，维持原判。公安机关、司法机关共冻结涉案银行账户存款人民币 6500 万余元，查封、扣押房产、土地使用权、公司股权数十处。判决生效后，上海市第一中级人民法院对查封、扣押资产依法组织拍卖，与银行存款一并发还投资人。

【典型意义】

1. 以发行销售私募基金为名，使用诈骗方法非法集资，对集资款具有非法占有目的的，构成集资诈骗罪。司法机关应以私募基金发行中约定的投资项目、底层资产是否真实，销售中是否提供虚假承诺等作为是否使用诈骗方法的审查重点；应以资金流转过程和最终去向作为是否具有非法占有目的的审查重点，包括募集资金是否用于私募基金约定投资项目，是否用于其他真实投资项目，是否存在极不负责任的投资，是否通过关联交易、暗箱操作等手段进行利益输送，是否以各种方式抽逃转移资金，是否用于个人大额消费和投资等。本案中，孟某等人虚构对外贸易项目、伪造财务资料发行内容虚假的私募基金，以虚假担保诱骗投资人投资，属于典型的使用诈骗方法募集资金；募集资金汇集于甲集团资金池，主要用于兑付本息、支付高额运营成本和个人占有挥霍，虽有 17 亿余元用于投资，但是与募集资金的规模明显不成比例，且投资项目前期均未经过充分的尽职调查，资金投入后也未对使用情况进行任何有效管理，对资金使用的决策极不负责任，应依法认定具有非法占有目的。

2. 准确认定犯罪主体，全面审查涉案财产，依法追赃挽损。私募基金非法集资案件涉及私募基金设计、管理、销售等多方主体，认定犯罪主体应以募集资金的支配与归属为核心，对于犯罪活动经私募基金管理人或其实际控制人决策实施，全部或者大部分违法所得归单位所有的，除单位设立后专门从事违法犯罪活动外，应依法认定为单位犯罪，追缴单位全部违法所得。私募股权类投资基金的涉案资金以股权投资形式流向其他公司的，追赃挽损的范围不限于犯罪单位的财物，对涉案私募基金在其他公司投资的股权，应在确认权属后依法予以追缴。本案中，10 多家关联公司围绕甲集团开展私募基金发行销售活动，募集资金归甲集团统一支配使用，司法机关依法认定甲集团为单位犯罪主体，对单位财产、流向空壳公司的财产以及投资项目财产全面追赃挽损。

3. 充分发挥司法职能作用，透过表象依法认定犯罪本质，保护投资者合法权益。私募基金是我国多层次资本市场的重要组成部分，在为投资者提供多样化的投资方式、推动新兴产业发展方面具有重要作用。但是，作为新兴金融产品，发展时间短，各方了解认识不够深入，容易出现利用私募名义实施的违法犯罪行为。司法机关要发挥好职能作用，穿透各种"伪装"认识行为本质，依法严惩私募基金犯罪，通过办案划明行业发展"底线""红线"，切实维护人民群众合法权益。本案中，司法机关主动作为，检察机关对"伪私募"立案监督、依法追诉，对相关单位制发检察建议，人民法院对被告单位和被告人依法从重处罚，最大限度为投资人追赃挽损，体现了对利用复杂金融产品实施涉众诈骗行为的严厉惩治，突出了保护人民群众财产安全的司法力度，警示告诫私募行业规范运营、健康发展。

（六）危害税收征管罪

北京某餐饮有限公司、陈某、宫某逃避追缴欠税案
——欠税人不讲诚信转移财产担刑责

《最高人民法院、最高人民检察院发布依法惩治
危害税收征管典型刑事案例》案例二
2024年3月18日

【基本案情】

被告人陈某、宫某于2006年共同出资成立北京某餐饮有限公司（以下简称某餐饮公司），陈某为法定代表人，宫某为监事，后分别于2007年、2012年成立第一分公司、第二分公司，陈某任负责人。2012年至2013年，某餐饮公司、第一分公司、第二分公司使用开票方为某超市等4家公司的假发票共计53张入账，在2012年度、2013年度企业所得税应纳税所得额中进行扣除，并向北京市顺义区国家税务局进行了企业所得税纳税申报。2014年7月，顺义区国家税务局稽查局对某餐饮公司开展税务稽查，后作出行政处理决定，认定该公司使用不符合规定的发票列支，调增2012年度、2013年度应纳税所得额共计369万余元，应补缴2012—2013年度企业所得税共计92万余元，并

缴纳滞纳金。被告人陈某、宫某在明知顺义区国家税务局对某餐饮公司进行税务稽查、作出税务处理决定并追缴税款的情况下，在第一分公司经营地址上成立甲餐饮公司，在第二分公司经营地址上成立乙餐饮公司，另开立新账户供二公司经营使用，并将第一分公司、第二分公司注销，同时，某餐饮公司也不再申领发票，公司账户于冻结后不再使用。通过以上方式，逃避顺义区国家税务局追缴税款，至案发时，尚有82万余元税款无法追缴。案发后，某餐饮公司补缴了欠缴的企业所得税税款及滞纳金共计130余万元。

【处理结果】

北京市顺义区人民检察院以某餐饮公司、陈某、宫某涉嫌逃避追缴欠税罪提起公诉。北京市顺义区人民法院认为，被告单位会计账簿混乱、记载不规范，在案证据无法认定存在实际发生的与取得收入有关的、合理的支出，应当根据税务处理决定书认定数额补缴税款。被告单位欠缴应纳税款，以转移、隐匿财产的方式，致使税务机关无法追缴欠缴的税款，数额超过刑法规定的一万元标准，已构成逃避追缴欠税罪。北京市顺义区人民法院以逃避追缴欠税罪判处被告单位某餐饮公司罚金人民币85万元；被告人陈某、宫某有期徒刑三年，缓刑三年，并处罚金人民币85万元。一审宣判后，被告人宫某提出上诉。北京市第三中级人民法院经审理，裁定驳回上诉，维持原判。

【典型意义】

欠税虽不构成犯罪，但欠税人有能力缴纳税款而采取转移、隐匿财产的方式，拒不缴纳税款，造成税务机关无法追缴其所欠税款的，既违反纳税义务，也违反诚信原则；造成无法追缴税款数额达到一万元以上的，依法构成逃避追缴欠税罪。本案中，被告单位和被告人通过注销纳税主体、设立新公司和开设新账户的方式，逃避缴纳欠缴的税款，数额达到十万元以上，依法应判处三年以上七年以下有期徒刑，并处欠缴税款一倍以上五倍以下罚金。人民法院依法判处被告单位和被告人刑罚，既有力维护了国家税收秩序，又维护了诚信经营的市场环境。

石某某等骗取出口退税案
—— "低值高报"骗取出口退税必严惩

《最高人民法院、最高人民检察院发布依法惩治
危害税收征管典型刑事案例》案例三
2024年3月18日

【基本案情】

2017年12月，被告人石某某注册成立铜陵某科技有限公司（以下简称甲公司）和铜陵某科技有限公司（以下简称乙公司）。其中，甲公司作为软件企业享受税收优惠政策。石某某通过其控制的上述两家公司，将单价0.7元购进的空白芯片，写入电流采样控制软件后，将价格虚抬至200元。2019年1月至8月，甲公司以销售电流采样控制芯片的名义，向乙公司虚假销售并虚开增值税专用发票。之后，石某某与同案被告人黄某某商定，由后者控制的湖北省赤壁市丙公司代理乙公司的电流采样控制模块出口事宜，以签订虚假采购合同形式，由乙公司将电流采样控制模块以230元左右的单价出售给丙公司，再由丙公司和黄某某在香港成立的丁公司签订虚假的电流采样控制模块采购合同，将电流采样控制模块出口至香港。石某某安排他人在香港接货后，将电流采样控制模块当作垃圾处理。货物出口后，石某某、黄某某等人筹集美元，回流资金，在丙公司完成结汇，由乙公司将增值税专用发票邮寄到丙公司，丙公司用上述虚开的增值税专用发票及出口报关材料向税务机关申请出口退税。2018年12月至2019年，丙公司共通过乙公司虚开的149份增值税专用发票，骗取出口退税款570余万元，在扣除代理出口及其他费用后，余款以货款形式回流至乙公司。经鉴定，甲公司生产的电流采样控制芯片市场价值1.32元，乙公司生产的电流采样控制模块市场价值7.31元。

【处理结果】

安徽省铜陵市郊区人民检察院以石某某等涉嫌骗取出口退税罪提起公诉。安徽省铜陵市郊区人民法院认为，被告人石某某等以假报出口的手段，骗取出口退税款570余万元，数额特别巨大，已构成骗取出口退税罪。安徽省铜

陵市郊区人民法院以骗取出口退税罪判处被告人石某某有期徒刑十一年，并处罚金人民币500万元；对同案被告人分别判处有期徒刑五年至六年，并处罚金。一审宣判后，被告人石某某等提出上诉。安徽省铜陵市中级人民法院经审理，判决维持对各被告人的定罪量刑。

【典型意义】

骗取出口退税罪是严重的危害税收征管犯罪之一。作为国际通行惯例，为了鼓励本国商品出口，增强国际竞争力，国家允许本国商品以不含税价格进入国际市场，即在货物出口后退还在国内生产和流通环节的已纳税款，避免国际双重课税。不法分子利用国家这一税收政策，以假报出口或者其他欺骗手段，将没有出口或者虽出口但不应退税的业务等伪装成应退税业务，骗取出口退税款。这种行为从本质上是非法占有国家财产的诈骗犯罪，危害严重，应依法从严惩处。行为人虽有出口，但其通过将低廉的产品虚抬价格，虚开增值税专用发票，以虚增的出口退税额骗取国家出口退税款，数额特别巨大，造成国家巨额财产损失，应依法从严打击。

镇江某科技公司、洪某某、周某等骗取出口退税、深圳某贸易公司虚开增值税专用发票案
——依法惩治虚开增值税专用发票与骗取出口退税关联犯罪

《最高人民法院、最高人民检察院发布依法惩治
危害税收征管典型刑事案例》案例四
2024年3月18日

【基本案情】

2014年至2017年8月，被告人洪某某、周某等人为骗取出口退税，由他人牵线联系到被告单位深圳某贸易公司，在深圳某贸易公司向广东某通信技术公司等上游手机供货商进货时，以周某控制的镇江某科技公司等4家公司名义与上游供货商签订虚假手机采购合同，提供虚假资金流水，采取票货分离的方式，将上游供货商本应开具给深圳某贸易公司的增值税专用发票开给周某控制的公司，从而取得虚假进项增值税专用发票，深圳某贸易公司则从

中收取高额开票费。同时，为取得用于出口退税的报关单证，洪某某控制的多家香港公司又与周某控制的公司签订虚假手机出口外贸合同，并通过借货配单方式，从他人手中租用"道具"手机冒充外贸合同中的手机进行虚假报关。最后，由周某控制的公司用上述单证手续向镇江市国家税务局虚假申报，累计骗取国家出口退税款7.2亿余元。

【处理结果】

江苏省镇江市人民检察院以洪某某、周某等人、镇江某科技公司等单位涉嫌骗取出口退税罪，深圳某贸易公司涉嫌虚开增值税专用发票罪提起公诉。江苏省镇江市中级人民法院以骗取出口退税罪判处被告单位镇江某科技公司罚金人民币1亿元；被告人洪某某有期徒刑十四年，并处罚金人民币72600万元；被告人周某有期徒刑九年，并处罚金人民币500万元；以虚开增值税专用发票罪判处被告单位深圳某贸易公司罚金人民币50万元；对同案被告人分别判处有期徒刑三年至十年，并处罚金。一审宣判后，周某等被告人和深圳某贸易公司提出上诉。江苏省高级人民法院经审理，裁定驳回上诉，维持原判。

【典型意义】

近年来，骗取出口退税犯罪呈产业化发展，造成国家巨额税款损失，对国家出口退税政策和出口贸易活动造成极其恶劣的影响。这类犯罪往往涉及虚开、配货、报关、地下钱庄、退税等多个犯罪链条，内部分工精细，且相对独立，相互勾结，呈现产业化、专业化、隐蔽化特点。本案中涉及"购税票、假出口、申报退税"三个团伙，各被告人、被告单位参与的时间、环节各不相同，应当依据其具体参与实施的犯罪行为分别定性处理。有真实交易的企业在生产经营活动中，为了赚取开票费，让上游企业将本该开具给自己的增值税专用发票开具给他人，应当认定构成虚开增值税专用发票罪。明知他人具有骗取出口退税的主观故意，仍然为其虚开增值税专用发票的，以骗取出口退税罪的共犯定罪处罚。同时，对于虚开骗税等多环节、多链条的犯罪行为，认定是否造成国家税款流失，不能根据单个环节判断，应当对整个链条进行综合分析。

金某某等虚开增值税专用发票案
——空壳公司虚开增值税专用发票应重点从严打击

《最高人民法院、最高人民检察院发布依法惩治
危害税收征管典型刑事案例》案例五
2024年3月18日

【基本案情】

2018年至案发前，被告人金某某雇用被告人陈某某、李某某、王某某等人，以他人名义注册或购买上海某商贸有限公司等近40家空壳公司。在无任何实际货物交易的情况下，金某某以向他人支付票面金额1.3%～2.2%开票费，通过票货分离、资金迂回走账等方式，接受山东、浙江等地多家公司虚开的增值税专用发票，价税合计3.8亿余元，税额4600余万元。之后，金某某又通过虚构货物购销业务，向山西、河北、上海等地企业虚开增值税专用发票，价税合计2.2亿余元，造成税款2700余万元被抵扣。

【处理结果】

浙江省天台县人民检察院以金某某等涉嫌虚开增值税专用发票罪提起公诉。浙江省天台县人民法院认为，被告人金某某在没有真实交易情况下，为他人虚开、让他人为自己虚开增值税专用发票，数额巨大；其他同案被告人明知金某某虚开增值税专用发票仍然参与其中，均已构成虚开增值税专用发票罪。浙江省天台县人民法院以虚开增值税专用发票罪判处被告人金某某有期徒刑十四年，并处罚金人民币45万元；对同案被告人分别判处有期徒刑三年至十三年六个月，并处罚金。一审宣判后，同案被告人提出上诉。浙江省台州市中级人民法院经审理，裁定驳回上诉，维持原判。

【典型意义】

增值税专用发票区别于其他普通发票的关键在于其可以凭票抵扣税款，这也是增值税专用发票的核心功能。不法分子利用增值税专用发票的该功能进行虚开抵扣，骗取国家税款，给国家财产造成损失，危害严重。因此，刑

法对虚开增值税专用发票罪规定了严厉的法定刑。《刑法》规定，结合虚开增值税专用发票罪的严重危害性，无论是为他人虚开，还是为自己虚开、让他人为自己、介绍他人虚开，只要是利用增值税专用发票抵扣税款的功能进行虚开，都属于虚开增值税专用发票行为。行为人通过设立空壳公司实施虚开增值税专用发票犯罪，是从严打击的重点。

上海某实业公司、张某某虚开增值税专用发票案
——依法惩治企业之间无真实交易，相互开具增值税专用发票行为

《最高人民法院、最高人民检察院发布依法惩治
危害税收征管典型刑事案例》案例六
2024年3月18日

【基本案情】

2017年8月，被告单位上海某实业公司负责人张某某在无实际业务往来的情况下，通过唐某某经营的上海某服饰有限公司为实业公司虚开增值税专用发票2份，价税合计22万余元，其中税额3万余元，均已申报抵扣。次月，张某某在无实际业务往来的情况下，以其实际控制的上海某针织制衣厂的名义为服饰公司回开相同税款的增值税专用发票用于抵扣税款。

2017年9月，张某某与实业公司业务员陆某在无实际业务往来的情况下，以支付开票费的方式，让河北某绒毛制品有限公司为实业公司虚开增值税专用发票4份，价税合计38万余元，其中税额5万余元，均已申报抵扣。

2017年9月至12月期间，张某某在经营实业公司、针织厂期间，在无实际业务往来的情况下，让针织厂为实业公司虚开增值税专用发票12份，价税合计101万余元，其中税额14万余元，均已申报抵扣。

案发后，实业公司已向税务机关补缴全部涉案税款。

【处理结果】

上海市松江区人民检察院以实业公司、张某某、陆某涉嫌虚开增值税专用发票罪提起公诉。上海市松江区人民法院以虚开增值税专用发票罪判处被告单位实业公司罚金人民币3万元；被告人张某某有期徒刑一年，缓刑一年；

被告人陆某拘役六个月，缓刑六个月。一审宣判后无抗诉、上诉，判决已发生法律效力。

【典型意义】

行为人之间互相开具或者循环开具增值税专用发票，销项税额与进项税额不能互相抵消，造成国家税款损失的，应当以虚开增值税专用发票罪追究刑事责任。对于出于虚增业绩等目的，实施对开、环开行为，没有造成国家税收损失的，不以虚开增值税专用发票犯罪论处，构成其他犯罪的，以相应犯罪追究刑事责任。在办理案件中，对于相互虚开增值税专用发票的行为认定，要注意把握"虚开并造成国家税款损失"的本质要点，从行为人主观上是否具有骗取税款的故意，客观上是否已缴纳税款、造成税款损失等方面，综合审查认定犯罪，严格区分违规和违法犯罪的界限。

杨某虚开发票案

——虚开普通发票也可能构成犯罪

《最高人民法院、最高人民检察院发布依法惩治
危害税收征管典型刑事案例》案例八
2024年3月18日

【基本案情】

2014年至2022年，被告人杨某以近亲属或他人名义，注册成立11家公司。在无实际经营业务的情况下，通过中间人刘某（另案处理）、傅某某（另案处理）等人介绍，采用虚假走账、资金回流等方式，利用11家公司对外虚开增值税普通发票，从中收取票面金额0.5%~1.5%的好处费，获利共计340万余元。经税务机关稽查，杨某通过上述11家公司对外虚开增值税普通发票14370份，累计票面金额12亿余元。

【处理结果】

天津市滨海新区人民检察院以杨某涉嫌虚开发票罪提起公诉。天津市滨海新区人民法院认为，被告人杨某违反国家税收征管及发票管理规定，在没

有实际经营活动的情况下，为他人虚开普通发票，已构成虚开发票罪，且情节特别严重。天津市滨海新区人民法院以虚开发票罪判处杨某有期徒刑六年，并处罚金人民币20万元。一审宣判后无抗诉、上诉，判决已发生法律效力。

【典型意义】

虽然普通发票与增值税专用发票相比，没有抵扣税款的功能，但其是会计核算的原始凭据，同时也是审计机关、税务机关执法检查的重要依据。发票的印制、领取、开具均有相关规定。不法分子为获取非法利益，从事虚开发票违法犯罪行为，为逃税、骗税、财务造假、贪污贿赂、挥霍公款、洗钱等违法犯罪提供了便利，严重扰乱市场经济秩序，助长腐败蔓延，败坏社会风气，具有严重的社会危害性。2011年《刑法修正案（八）》将虚开发票行为新增入罪，没有要求特定目的，也没有要求造成税款损失的危害结果，顺应了社会治理的需要。行为人通过设立多家空壳公司，从税务机关骗领发票后对外虚开，虚开发票数量和发票金额均特别巨大，情节特别严重，虽有坦白、自愿认罪认罚情节，法院仍判处其有期徒刑六年，体现了对虚开发票犯罪依法惩处的态度。

刘某某等3人出售非法制造的发票案

《最高人民法院发布三起发票犯罪典型案例》第一号
2010年8月24日

北京市海淀区人民法院经审理查明：2009年3月间，被告人刘某某向他人购买了6万余张伪造的航空电子客票行程单，并通过互联网，以每份人民币0.5元的价格向被告人李某某出售了300份。李某某又以人民币1500元的价格，向被告人南某某出售航空电子机票查询系统、航空电子机票行程单打印系统以及上述从刘某某处购得的300份航空电子客票行程单。2009年4月18日，南某某在向他人出售从李某某处购买的航空电子客票行程单时，被公安人员当场抓获。根据南某某的交代，公安人员将李某某、刘某某分别抓获，并在刘某某的住处查获伪造的航空电子客票行程单65324份。

海淀区人民法院以出售非法制造的发票罪，判处被告人刘某某有期徒刑五年,并处罚金人民币 10 万元;判处被告人李某某有期徒刑二年零六个月,并处罚金人民币 5 万元;判处被告人南某某有期徒刑二年,并处罚金人民币 5 万元。宣判后,被告人刘某某等不服,提出上诉。北京市第一中级人民法院经审理,依法驳回刘某某等人的上诉,维持原判。

被告人张某等 4 人非法制造发票案

《最高人民法院发布三起发票犯罪典型案例》第二号

2010 年 8 月 24 日

安徽省界首市人民法院经审理查明:2008 年 2 月至 2009 年 5 月间,被告人张某在界首市颍南办事处贾庄村等地租用民房,雇用被告人李某某、代某、刘某某等人非法印刷江苏省南京市、常州市以及浙江省宁波市等地的服务行业定额发票。2009 年 5 月 29 日,公安人员对张某等人非法制造发票的窝点进行搜查,现场查获成品假发票 13500 份、半成品假发票 137254 份及印刷假发票的设备一批。

界首市人民法院以非法制造发票罪,判处被告人张某有期徒刑五年,并处罚金人民币 10 万元;判处被告人李某某有期徒刑二年零六个月,并处罚金人民币 6 万元;判处被告人代某有期徒刑一年,缓刑二年,并处罚金人民币 5 万元;判处被告人刘某某有期徒刑六个月,缓刑一年,并处罚金人民币 5 万元。宣判后,被告人张某不服,提出上诉。安徽省阜阳市中级人民法院经审理,依法驳回张某的上诉,维持原判。

被告人曹某某等 11 人非法制造发票、出售非法制造的发票案

《最高人民法院发布三起发票犯罪典型案例》第三号

2010 年 8 月 24 日

上海市南汇区人民法院经审理查明:被告人曹某某曾因犯非法制造发票罪于 2006 年被判处有期徒刑三年,缓刑四年。在缓刑考验期间,曹某某纠集被告人董某某、曹某甲、曹某乙等人,在安徽省阜阳市临泉县于寨镇一出租

房内伪造上海市工商限额统一发票、国际航空旅客运输发票等各类发票，并将伪造的发票出售给被告人白某某等人，获利人民币 16 万元。白某某从曹某某处购买了伪造的发票后，又向被告人石某某、叶某某、石某甲、李某某、董某某、董某甲等人出售牟利。2008 年 4 月 19 日，公安人员在白某某租住的房屋内查获尚未出售的各类伪造发票 819652 份，在被告人石某某、叶某某、石某甲、李某某、董某某、董某甲处查获尚未出售的各类伪造发票共计 190698 份。

南汇区人民法院以非法制造、出售非法制造的发票罪，分别判处被告人曹某某、董某某、曹某甲、曹某乙等人六年九个月至二年八个月不等的有期徒刑，分别并处人民币 27 万元至 10 万元不等的罚金；以出售非法制造的发票罪，分别判处被告人白某某、石某某、叶某某、石某甲、李某某、董某某、董某甲等人四年九个月至二年一个月不等的有期徒刑，分别并处人民币 25 万元至 5 万元不等的罚金。宣判后，被告人曹某某等不服，提出上诉。上海市第一中级人民法院经审理，依法驳回曹某某等人的上诉，维持原判。

（七）侵犯知识产权罪

郑某某、崔某某销售假冒注册商标的商品案

《最高人民法院发布六起侵犯知识产权和制售假冒伪劣
商品典型案例》第 2 号
2010 年 12 月 9 日

山东省青岛市中级人民法院经审理查明：2007 年 7 月，被告人郑某某（韩国籍）将 9 万粒假冒美国甲公司注册商标的药品"万艾可"、美国乙公司注册商标的药品"希爱力"委托从事运输中介服务的被告人崔某某运到韩国销售。崔某某明知郑某某销售的系假冒注册商标的商品，仍帮助运输，并以货主名义将药品委托物流公司以女式针织内衣的名义通关。2007 年 7 月 13 日，上述货物在通关时因涉嫌伪报品名被中华人民共和国青岛大港海关查扣。经鉴定，每粒"万艾可""希爱力"药片的价格分别为人民币 107 元、123.75 元。

青岛市中级人民法院认定被告人郑某某、崔某某均构成销售假冒注册商标的商品罪,郑某某系主犯,但鉴于其系犯罪未遂,且在审理期间,通过亲属主动缴纳罚金,认罪态度较好,依法对其减轻处罚,判处郑某某有期徒刑二年,罚金50万元,并驱逐出境;被告人崔某某系从犯,且系犯罪未遂,依法对其减轻处罚,以销售假冒注册商标的商品罪判处崔某某有期徒刑一年零八个月,并处罚金20万元。宣判后,各被告人均未提起上诉,该判决已发生法律效力。

杨某某销售假冒注册商标的商品案

《最高人民法院发布六起侵犯知识产权和制售假冒伪劣商品典型案例》第3号

2010年12月9日

北京市朝阳区人民法院经审理查明:被告人杨某某于2007年5月起,在北京市朝阳区秀水市场地下三层一仓库内,存放带有LOUIS VUITTON、GUCCI、CHANEL注册商标标识的男女式包,用于销售牟利。2009年8月9日,公安人员从该仓库内查获各种带有LOUIS VUITTON、GUCCI、CHANEL注册商标标识的男女式包8425个,货值金额为人民币766990元。

朝阳区人民法院认定,被告人杨某某构成销售假冒注册商标的商品罪。鉴于其系犯罪未遂,且案发后具有认罪悔罪表现,依法对其从轻处罚,判处杨某某有期徒刑三年零六个月,罚金人民币1万元;没收假冒注册商标的包8425个。宣判后,杨某某不服判决,提出上诉。北京市第二中级人民法院经审理,依法驳回杨某某的上诉,维持原判。

金某某假冒注册商标案

《最高人民法院发布六起侵犯知识产权和制售假冒伪劣
商品典型案例》第 4 号
2010 年 12 月 9 日

福建省福州市晋安区人民法院经审理查明：2008 年 8 月 6 日起，被告人金某某伙同林某某（在逃）未经注册商标所有人授权许可，生产带有佳能、东芝、美能达、京瓷、施乐、理光、夏普、松下、震旦九种注册商标的碳粉并予以销售从中牟利，至 2009 年 3 月 4 日案发时，已销售的各类假冒注册商标的碳粉金额共 183566 元，尚有 1771 件假冒注册商标的碳粉未销售，其中 1769 件按照标价或者已查清的侵权产品的实际销售平均价格共计 112611 元。

晋安区人民法院以被告人金某某犯假冒注册商标罪，判处被告人金某某有期徒刑四年，并处罚金 15 万元。宣判后，金某某不服，提出上诉。福州市中级人民法院经审理，依法驳回金某某的上诉，维持原判。

麦某某假冒注册商标案

《最高人民法院发布五件侵犯知识产权和制售假冒伪劣
商品典型案例》第 3 号
2011 年 1 月 16 日

广东省中山市第一人民法院经审理查明：被告人麦某某未经"ZIPPO"注册商标所有人许可，在其经营的中山市东凤镇卡路金属制品厂加工"ZIPPO"打火机外壳等配件，并委托中山市小榄镇利良五金加工店在上述打火机配件上用激光印制"ZIPPO"等图文标识，后在其租赁的出租屋内将配件组装成成品并进行包装和存储。经中山市质量技术监督局检查，在上述三处共查获假冒注册商标"ZIPPO"的成品打火机 360 个，价值 72000 元，未包装的成品打火机 9750 个，价值 1852500 元，以及零配件、包装、生产工具一批。

中山市第一人民法院认定被告人麦某某构成假冒注册商标罪，且系累犯，应当从重处罚，依法判处麦某某有期徒刑五年，并处罚金人民币100万元。宣判后，麦某某不服，提起上诉。广东省中山市中级人民法院经审理，依法驳回麦某某的上诉，维持原判。

仇某某等假冒注册商标案

《最高人民法院发布五件侵犯知识产权和制售假冒伪劣商品典型案例》第4号

2011年1月16日

内蒙古自治区呼和浩特市中级人民法院经审理查明：2008年4月至7月间，被告人仇某某、崔某某、严某某、闫某某、黄某某未经注册商标所有人内蒙古甲实业集团股份有限公司（以下简称甲公司）许可，在河南省南乐县千口乡千口村内共同投资，合作生产假冒注册商标"巧乐滋"的雪糕产品共计117571件（箱），假冒注册商标"卡通人"（大布丁）的雪糕产品共计3947件（箱），非法经营数额共计人民币3119998元。五被告人的行为同时侵害了甲公司对上述两种产品的外观设计专利权。其间，仇某某与被告人闫某甲合作，在未经注册商标所有人内蒙古乙乳业（集团）股份有限公司（以下简称乙公司）许可的情况下，在河南省南乐县千口乡千口村加工生产假冒注册商标"绿色心情"的雪糕产品共计110855件（箱），非法经营数额共计人民币1773680元。二被告人的行为同时侵犯了乙公司对该产品的外观专利设计权。

呼和浩特市中级人民法院认定被告人仇某某、崔某某、严某某、闫某某、黄某某均构成假冒注册商标罪和假冒专利罪，依法择一重罪以假冒注册商标罪处罚。根据各被告人的犯罪情节及在共同犯罪中的地位作用，依法分别判处五年至二年六个月有期徒刑不等，并处人民币2446839元至311999.80元罚金不等。宣判后，各被告人均未提起上诉，本判决已发生法律效力。

宗某某等 28 人假冒注册商标罪刑事案

《最高人民法院公布八起知识产权司法保护典型案例》第 8 号

2013 年 10 月 22 日

【基本案情】

2007 年 11 月，被告人宗某某、黄某某共同出资成立油脂公司，自 2008 年 8、9 月至 2011 年 9 月 4 日期间，雇用多名工人在其公司内生产假冒"金龙鱼""鲁花"注册商标的食用油并销售，同时将购进的非法制造的"金龙鱼""鲁花"注册商标标识对外销售；在明知宗某某、黄某某生产的食用油系假冒的情况下，被告人陈某某等仍接受雇用，从事生产、销售，非法经营数额达人民币 19249759.5 元。2009 年底至 2011 年，被告人刘某某等人在明知宗某某油脂公司生产的"金龙鱼""鲁花"食用油系假冒注册商标的商品的情况下，仍多次购买并销售，涉案金额达数百万元人民币。

【裁判结果】

河南省高级人民法院二审认为，被告人宗某某、黄某某等人为进行违法犯罪活动而设立公司，并且以实施犯罪为主要活动，应以自然人犯罪而不是单位犯罪论处。被告人宗某某犯假冒注册商标罪、销售非法制造的注册商标标识罪，数罪并罚，判处执行有期徒刑十二年零六个月，并处罚金人民币 1050 万元；被告人黄某某犯假冒注册商标罪、销售非法制造的注册商标标识罪，数罪并罚，判处执行有期徒刑十一年零六个月，并处罚金人民币 1050 万元；被告人陈某某犯假冒注册商标罪和销售非法制造的注册商标标识罪，合并执行有期徒刑八年，并处罚金人民币 90 万元；被告人刘某某犯销售假冒注册商标的商品罪，判处有期徒刑四年零三个月，并处罚金人民币 97 万元；其他 24 名被告人也分别被判处了期限不等的有期徒刑和数量不等的罚金。

【典型意义】

该案是一起利用刑事手段打击侵犯知识产权犯罪、维护市场秩序和保护食品安全的典型案例。该案的犯罪数额之高、危害之深、影响之广、判处的罚金之高，在全国知识产权审判领域罕见。该案是河南法院系统实行知识产权审判"三合一"审理知识产权刑事案件的典型判例，体现了人民法院加大知识产权刑事司法保护力度、严厉打击侵犯知识产权犯罪的精神。审理法院综合运用各种刑罚手段，不仅坚决对犯罪分子定罪判刑，而且特别重视运用财产刑加大对侵犯知识产权犯罪的惩处力度，注重从经济上剥夺犯罪分子再犯罪的能力和条件。本案28名被告人全部依法被追究刑事责任，在判处被告人有期徒刑同时判处罚金刑，罚金总额高达人民币2704万元，有力地震慑了侵犯知识产权犯罪行为，净化了市场环境，维护了市场经济秩序。

微信朋友圈销售假冒注册商标的商品案

《最高人民法院发布十起关于弘扬社会主义核心
价值观典型案例》第4号
2016年8月22日

【基本案情】

被告人戚某、钱某系夫妻，2013年6月16日至2014年7月31日间通过微信软件等途径销售假冒注册商标的商品（手提包、皮带等），后又租用广东省韶关市区某大厦的房间存放假冒注册商标的商品待售。

2014年8月1日12时，公安机关将钱某抓获，并在其家中查获假冒注册商标的商品一批。同日16时许，戚某到公安机关投案，并带民警到市区某大厦存放假冒注册商标的商品的房间进行检查，在该房内查获假冒注册商标的商品一批。

经鉴定和审计，戚某、钱某销售的商品均为假冒注册商标的商品，销售金额为人民币77757元，其库存的假冒注册商标的商品价值人民币9570元。

【裁判结果】

广东省韶关市浈江区人民法院经审理认为，被告人戚某、钱某销售明知是假冒注册商标的商品，数额较大，其行为均已构成销售假冒注册商标的商品罪。戚某在犯罪过程中起主要作用，是主犯，钱某在作案过程中起辅助作用，是从犯。戚某在案发后自动投案，归案后能如实供述自己的犯罪事实，系自首。一审以销售假冒注册商标的商品罪分别判处二人有期徒刑七个月和六个月,均缓刑一年零六个月,并处罚金 1.5 万元。一审宣判后,二被告人均未提出上诉,现判决已生效。

【典型意义】

本案是一起通过微信朋友圈销售假冒注册商标的商品的典型案例。微信朋友圈原是相对私人的个人空间,然而越来越多的人加入微商,利用微信朋友圈等新平台售假者也越来越多。与传统侵犯知识产权犯罪案件相比,这类犯罪作案手段相对隐蔽,但传播面广及推广速度快,销售假冒注册商标的商品涉及面广,社会影响恶劣。目前,消费者权益保护法和《网络交易管理办法》在微信购物方面还没有明文规定,而且微商没有经过工商注册登记,相关法律法规还需要进一步完善。

厦门甲科技有限公司、厦门乙贸易有限公司、杨某某、杨某甲假冒注册商标罪、销售假冒注册商标的商品罪案

[福建省厦门市中级人民法院(2018)闽 02 刑终 632 号刑事判决书]

《最高人民法院办公厅关于印发 2019 年中国法院 10 大
知识产权案件和 50 件典型知识产权案例的通知》第十号
2020 年 4 月 7 日,法办〔2020〕99 号

【案情摘要】

厦门甲科技有限公司(简称甲公司)、厦门乙贸易有限公司(简称乙公司)购入假冒"SKF""FAG""NSK""NTN""INA""HRB""ZWZ""Koyo"等注册商标的轴承对外销售。二被告单位在未经前述注册商标权利人许可的情况下,使用激光打码一体机、角磨机、封口机等工具设备,擅自将与前述注册商标相同的商标标识打印在其购入的无商标标识的轴承上进行销售;还将购入的国产其他品牌轴承的商标抹除后,擅自将与前述注册商标相同的商标标识打印在轴承上进行销售。二被告单位未经注册商标所有人许可,在同一种商品上使用与其注册商标相同的商标,且假冒两种以上注册商标,非法经营数额达 285 万余元;还销售明知是假冒注册商标的商品,已销售金

额 206 万余元，未销售侵权产品的价值 151 万余元，数额巨大。杨某某、杨某甲系二被告单位直接负责的主管人员。厦门市思明区人民法院以假冒注册商标罪、销售假冒注册商标的商品罪分别判处甲公司、乙公司罚金 35 万元、230 万元，对杨某某、杨某甲分别判处有期徒刑五年、四年并处罚金。杨某某、杨某甲不服该判决提起上诉。厦门市中级人民法院审理本案的过程中，还受理被害单位某（中国）有限公司基于同一知识产权侵权行为对杨某某、杨某甲等提起的民事诉讼。杨某某、杨某甲与被害单位达成和解协议，并履行赔偿义务，被害单位撤回对民事案件起诉，并在刑事案件中对杨某某、杨某甲的侵权行为表示谅解。针对本案，厦门市中级人民法院认为，杨某甲具有自首、立功等法定从轻或减轻情节，杨某甲实施的是侵害财产性权益的犯罪，其在二审期间积极赔偿被害单位经济损失，取得被害单位谅解，降低了犯罪行为的社会危害性，具备酌定从轻处罚情节，并结合杨某甲的具体犯罪行为及其在共同犯罪中地位、作用等因素考量，决定对杨某甲依法减轻处罚。综合考量杨某甲的具体犯罪性质、犯罪情节、到案后的认罪、悔罪表现及人身危险性、对社区的影响等具体情况，厦门市中级人民法院二审认为杨某甲具备适用缓刑的条件，决定对其宣告缓刑，改判杨某甲犯假冒注册商标罪，判处有期徒刑二年，并处罚金 10 万元；犯销售假冒注册商标的商品罪，判处有期徒刑二年，并处罚金 10 万元；数罪并罚，决定执行有期徒刑三年，缓刑五年，并处罚金 20 万元；维持原审其他项判决。

【典型意义】

本案充分运用知识产权案件"三合一"审判机制，就同一侵权行为的事实认定和法律适用作出统一的司法判定，妥善处理了基于相同事实的刑事案件和民事案件，是知识产权案件"三合一"审判机制的鲜活运用，凸显了审理机制创新促进知识产权司法保护发展的成果。同时，本案二审法院对犯罪事实进行全面审查，并对共同犯罪中上诉人的地位作用、立功的构成以及数罪并罚适用缓刑时应综合考量的因素等法律问题进行了充分阐述，对于同类案件的裁判具有借鉴意义。

被告人卢某某销售假冒注册商标的商品罪

《最高人民法院发布五件侵犯知识产权和制售假冒
伪劣商品典型案例》第 3 号
2011 年 3 月 2 日

  黑龙江省哈尔滨市南岗区人民法院经审查查明：2010 年 4 月，被告人卢某某结识被害人明某某，谎称自己是某酒集团东北三省总代理，明某某遂向卢某某表示要购买 10 箱某酒。卢某某以每箱 2200 元的价格购进 10 箱（每箱 12 瓶）某牌 53 度假某酒，以每瓶 388 元的价格卖给明某某。事后，被害人李某某经明某某引荐，向卢某某购买某酒。卢某某以每瓶 580 元的价格将 20 箱假某酒卖给李某某。卢某某两次销售假冒某酒共计 185760 元，获利 119760 元。

  南岗区人民法院认为，被告人卢某某的行为构成销售假冒注册商标的商品罪，鉴于其认罪态度较好，并全部退赃，可酌情对其从轻处罚，依法判处卢某某有期徒刑一年，并处罚金 4 万元。一审宣判后，被告人卢某某未提起上诉，该判决已发生法律效力。

李某某、巫某非法制造注册商标标识罪案

[广东省深圳市中级人民法院（2018）粤 03 刑终 655 号刑事判决书]

《最高人民法院办公厅关于印发 2018 年中国法院 10 大
知识产权案件和 50 件典型知识产权案例的通知》第十号
2019 年 4 月 17 日，法办〔2019〕113 号

【案情摘要】

  涉案"HUAWEI""SAMSUNG"商标核定使用在第 9 类包括手机用液晶显示屏在内的商品上。经查明，2016 年 8 月起，被告人李某某、巫某等人未经商标权人授权，加工生产假冒"三星""华为"注册商标的手机玻璃面板，将排线贴附到手机盖板上。被告人李某某是该工厂的日常管理者，负责对工

厂的机器设备进行调试以及对员工进行管理。被告人巫某协助李某某管理工厂，每加工完成一个手机玻璃面板收取客户1~1.8元不等的加工费。2016年11月21日20时许，民警抓获被告人李某某、巫某，并当场查获假冒"三星"手机玻璃面板10100个、"华为"手机玻璃面板1200个、销售单据16张及送货单2本。按被害单位报价计，所缴获面板共计价值人民币648000元。广东省深圳市宝安区人民法院一审根据被害单位出具的价格说明，以非法经营数额作为量刑标准作出认定。深圳市中级人民法院二审对此予以纠正。认为在无法查明实际销售价格和市场中间价格的情况下，应按照刑法规定的销售伪造、擅自制造两种以上注册商标标识数量予以量刑处罚。二审法院据此判决李某某犯非法制造注册商标标识罪，判处有期徒刑二年，并处罚金人民币5万元；判决巫某犯非法制造注册商标标识罪，判处有期徒刑一年，并处罚金人民币6000元。

【典型意义】

本案涉及非法制造注册商标标识罪案件中经营数额认定的证据采信标准。明确了相关司法解释中关于市场中间价认定标准的适用，对涉知识产权犯罪中非法经营数额证据的认定标准具有示范性作用。

赛某某假冒注册商标案

《人民法院种业知识产权司法保护典型案例（第一批）》案例10
2021年9月7日

一审：河南省郑州市中级人民法院（2019）豫01刑初102号

【简要案情】

2017年11月至2019年2月，被告人赛某某雇用齐某某（另案处理）在河南省郑州市惠济区非法从事种子生产、销售。赛某某从甘肃等地购买玉米种子，并在未经注册商标所有人许可的情况下，安排齐某某等人用赛某某所购不同品牌的玉米种子包装袋分装后，分别销往河南、山东、安徽、湖北等地。2019年2月25日，公安机关查处赛某某位于河南省郑州市惠济区八堡村的制假窝点时，当场查获假冒北京某种业有限公司注册的"粒粒金"牌裕丰303、山西某种业有限公司注册的"太玉"牌太玉339、安徽某种业有限公司注册的"隆平高科"牌隆平206、山东某种业股份有限公司注册的"登海"牌登海605、北京某育种开发有限责任公司注册的"农科王"牌农科玉368等注册商标的玉米种子共计42袋，总价值共计85890元。

【裁判结果】

河南省郑州市中级人民法院经审理认为，被告人赛某某未经注册商标所有人许可，在同一商品上使用与其注册商标相同的商标，情节严重，其行为构成假冒注册商标罪。赛某某归案后能够认罪认罚。据此，以假冒注册商标罪判处被告人赛某某有期徒刑一年，并处罚金8000元。

【典型意义】

种子是农业发展的"芯片"，保护种子的注册商标等知识产权是维护种业健康发展、促进农业科技创新的重要保障。实践中，被告人假冒他人种子注册商标的犯罪，是种业领域典型的侵犯知识产权犯罪，应依法予以严惩。依照《刑法》第二百一十三条的规定，未经注册商标所有人许可，在同一种商品上使用与其注册商标相同的商标，情节严重的，以假冒注册商品罪定罪处罚。其中，非法经营数额在5万元以上不满25万元或者违法所得数额在3万元以上不满15万元的，以及假冒两种以上注册商标，非法经营数额在3万元以上不满15万元或者违法所得数额在2万元以上不满10万元的，应在三年以下有期徒刑，并处或者单处罚金的幅度内量刑。

该类刑事案件的审理，往往还涉及罪数认定问题。对于被告人既实施假冒他人注册商标犯罪，又销售该假冒注册商标的商品，构成犯罪的，以假冒注册商标罪定罪处罚；对于采用假冒注册商标的手段生产、销售伪劣产品，既触犯假冒注册商标罪，又触犯生产、销售伪劣产品罪的，按照处罚较重的犯罪定罪处罚。本案即便涉案种子经鉴定属于不合格产品，若以销售伪劣产品罪定罪，销售金额在5万元以上不满20万元的，应在二年以下有期徒刑或者拘役，并处或者单处销售金额百分之五十以上二倍以下罚金的幅度内量刑。故根据"择一重罪处罚"原则，本案应以假冒注册商标罪定罪处罚。

王某某侵犯著作权案

《最高人民法院发布六起侵犯知识产权和制售假冒伪劣
商品典型案例》第 6 号
2010 年 12 月 9 日

江苏省常熟市人民法院审理查明:被告人王某某自 2008 年 3 月起,未经批准在网络上设立"去听去听"音乐网(http://www.7t7t.com),提供音乐试听。其中有包括国际唱片业协会会员某唱片有限公司、SONY MUSIC ENTERTAMENT(HONG KONG)LIMITED、SONY MUSIC ENTERTAINMENT(TAIWAN)LTD、某国际音乐股份有限公司等享有版权的 677 首歌曲。上述在线试听的歌曲,王某某均没有合法权源。2009 年 3 月至 2009 年 6 月期间,王某某在该网站植入广告,并获取广告费用 12837.05 元。

常熟市人民法院认定,被告人王某某以营利为目的,未经著作权人许可,将他人享有著作权的音乐作品上传网络,为互联网用户提供试听等服务,情节严重,其行为构成侵犯著作权罪。鉴于王某某有自首情节及悔罪表现,依法可以从轻处罚,且判处缓刑不致再危害社会,对王某某判处有期徒刑六个月,缓刑一年,并处罚金 1.5 万元;追缴犯罪所得。宣判后,被告人王某某未提出上诉,检察机关未提出抗诉,该判决已发生法律效力。

被告人韦某某、钟某某侵犯著作权案

《最高人民法院发布五件侵犯知识产权和制售假冒伪劣
商品典型案例》第 1 号
2011 年 1 月 16 日

浙江省苍南县人民法院经审理查明:2010 年 3 月,被告人韦某某接受谢某某(另案处理)的委托,印制一批由上海测绘科学院编制、上海某出版社出版发行的"上海城区 2010 版交通图"。同年 3 月 12 日,韦某某委托浙江省平阳县某印刷厂印刷该批盗版地图,并提供印刷用纸和菲林片。某印刷厂法定代表人即被告人钟某某在无任何合法手续的情况下承接该笔业务,并印刷了 33000 余份"上海城区 2010 版交通图",获利 5000 余元。3 月 15 日,韦某某将该批印刷完毕的盗版地图运送至苍南县龙港镇某彩印厂准备折页加工时被查获。9 月 25 日,钟某某退出违法所得 5000 元。

苍南县人民法院认定被告人韦某某、钟某某构成侵犯著作权罪,依法判处韦某某有期徒刑三年二个月,并处罚金 1 万元;判处钟某某有期徒刑三年,缓刑四年,并处罚金 1 万元;没收涉案盗版地图 33000 份。一审宣判后,二被告人均未提起上诉,该判决已发生法律效力。

被告人梁某某侵犯著作权案

《最高人民法院发布五件侵犯知识产权和制售假冒伪劣
商品典型案例》第 2 号
2011 年 1 月 16 日

广西壮族自治区南宁市西乡塘区人民法院经审理查明:被告人梁某某在南宁市西乡塘区北湖村出资成立并经营南宁市某印刷厂。其以营利为目的,未经著作权人许可,复制他人享有著作权的图书 331739 册,经鉴定,价值人民币 848173 元。

西乡塘区人民法院认定梁某某构成侵犯著作权罪,依法判处有期徒刑四年六个月,并处罚金 50 万元;扣押的盗版书籍予以没收。宣判后,梁某某不服,提起上诉。广西壮族自治区南宁市中级人民法院经审理认为,原判定性准确,但梁某某所印刷的盗版书籍没有销售流入社会,尚未获得非法利益,社会危害相对较小,可酌情予以从轻处罚,依法改判梁某某有期徒刑三年六个月,并处罚金 50 万元。

王某某侵犯著作权案

《最高人民法院公布三起涉黄涉非犯罪典型案例》第 2 号

2012 年 9 月 25 日

【基本案情】

被告人王某某，男，汉族，1977 年 4 月 8 日出生，个体户。

2007 年底至今，被告人王某某陆续多次从河南新乡、河北保定、河间等地印刷、购进大量盗版教辅资料进行批发销售。2011 年 10 月 13 日，山西省太原市文化市场行政综合执法大队对王某某存放于太原市水峪村、港道村和学府街山西大学北门附近的三处库房进行集中收缴，当场查扣待销售的学生教辅资料 308403 册。经鉴定，其中 78044 册为侵权盗版教辅资料。

【裁判结果】

本案由山西省太原市迎泽区人民法院依法作出判决。

法院认为，被告人王某某以营利为目的，未经著作权人许可，复制发行其文字作品，情节特别严重，侵犯了国家的著作权管理制度，其行为已构成侵犯著作权罪。王某某作为侵权产品的持有人，侵权产品尚未销售即被查获，系犯罪未遂，可以比照既遂犯减轻处罚；王某某如实供述自己的罪行，可以从轻判处。据此，依法判决如下：被告人王某某犯侵犯著作权罪，判处有期徒刑二年，并处罚金人民币 25 万元。

周某某等 7 人侵犯著作权罪案

[北京市第一中级人民法院（2014）一中刑终字第 2516 号刑事裁定书]

《2014 年中国法院 10 大知识产权案件简介》第 10 号

2015 年 4 月 20 日

【案情摘要】

被告人周某某于 2008 年 8 月注册成立北京某科技有限公司，经营思路网站。思路网站下设门户网（网址 www.siluhd.com）、思路论坛（网址 bbs.siluhd.com），并以 HDstar 论坛（网址 www.hdstar.org）作为思路网站的内站。2009 年 1 月至 2013 年 4 月间，被告人周某某雇用被告人苏某某、曹某、贾某某、李某某等人，未经著作权人许可，以会员制方式，将他人享有著作权的大量影视、音乐等作品以种子形式上传至 HDstar 论坛，供 2.6 万余注册会员下载，在思路网站投放广告，并通过销售网站注册邀请码和 VIP 会员资格营利。被告人寇某某于 2012 年 5 月至 2013 年 4 月间，雇用被告人崔某等人，未经著作权人许可，复制他人享有著作权的电影至 4000 余份硬盘中，并通过淘宝网店予以销售。北京市海淀区人民法院一审认为，被告人周某某雇用被告人苏某某、曹某、李某某、贾某某以营利为目的，未经著作权人许可，通过信息网络传播他人作品，情节特别严重；被告人寇某某雇用被告人崔某以营利为目的，未经著作权人许可，复制发行他人作品，情节特别严重，上述被告人的行为均已构成侵犯著作权罪，应予惩处。法院根据各被告人在共同犯罪中的作用和认罪态度依法予以减轻、从轻处罚或者适用缓刑，分别判处各被告人有期徒刑一年至五年，并处罚金等。一审宣判后，被告人苏某某、寇某某提起上诉。北京市第一中级人民法院二审驳回上诉、维持原判。

【典型意义】

思路网号称"中国最大的数字高清门户网站"、国内最"顶尖"的蓝光高清网站。思路网管理层汇聚了多名 IT 精英，在案被告人均为大学文化程度。该网站刊载高清资讯和高清电影，表面上看是一个介绍蓝光技术的普通网站，但其链接到的"HDstar 论坛"却存有大量蓝光高清格式的盗版电影和电视剧资源可供付费下载,网络上的很多盗版高清影片片源均来自思路网。通过这种方式,思路网积累了大量的注册用户,成为国内最"著名"的盗版高清电影网站。该案判决对于打击互联网环境下著作权犯罪、保护知识产权具有重要作用。

北京甲无限信息技术有限公司、于某侵犯著作权罪案

[上海浦东新区人民法院(2015)浦刑(知)初字第12号刑事判决书]

《最高人民法院办公厅关于印发2017年中国法院10大知识产权案件和50件典型知识产权案例的通知》第10号

2018年4月16日,法办〔2018〕66号

【案情摘要】

被告单位北京甲无限信息技术有限公司(以下简称甲公司)系"某网"的经营者。该公司的法定代表人及技术负责人于某提出开发触屏版小说产品的方案,某网将WEB小说网页转码成WAP网页供移动用户阅读。公安机关扣押了甲公司的服务器硬盘,鉴定人员以此搭建出局域网环境下的"某网",发现可以搜索、阅读并下载小说。鉴定人员对从硬盘中下载的798本小说与乙公司享有著作权的同名小说进行了比对,确定相同字节数占总字节数70%以上的有588本。被告人及其辩护人提出,"某网"的开发设想系提供搜索及转码服务,而非内容服务,即在用户搜索并点击阅读时,对来源网页进行转码后临时复制到硬盘上形成缓存并提供给用户阅读,当用户离开阅读页面时自动删除该缓存。但根据鉴定确认的事实可知,"某网"在将其所谓"临时复制"的内容传输给触发"转码"的用户后,并未随即将相应内容从服务器硬盘中自动删除,被"复制"的小说内容仍可被其他用户再次利用,上述行为已明显超出转码技术的必要过程。据此可以认定,"某网"直接向网络用户提供了涉案文字作品。甲公司未经著作权人许可,通过"某网"传播他人享有著作权的文字作品500余部,情节严重,已构成侵犯著作权罪。于某作为甲公司直接负责的主管人员,亦应承担侵犯著作权罪的刑事责任。本案中,甲公司及于某具有自首和通过赔偿获得被害单位谅解的等酌情从轻处罚情节,法院综合考虑本案的犯罪情节、后果,依法判处单位罚金,判处于某缓刑及

罚金。宣判后，甲公司、于某均未提出上诉。

【典型意义】

转码技术是随着移动阅读逐渐普及产生的一项技术，本案是移动阅读网站不当使用转码技术构成侵犯著作权罪的案件。判决对"转码"技术实施的特点以及必要限度进行了详细阐释，从信息网络传播行为的本质出发，厘清了"转码"行为罪与非罪的界限。本案较好地展现了在技术飞速发展的时代背景下，知识产权司法保护在坚持技术中立的同时，如何结合技术事实认真厘清有关技术是否超越法律范围、侵犯他人合法权利的标准。对于以技术为挡箭牌，侵权情节严重，符合知识产权犯罪构成要件的行为，应依法给予刑事处罚。本案的裁判结果充分体现了人民法院处理科技进步带来的新型犯罪行为的司法智慧和司法能力，彰显了依法打击侵犯知识产权犯罪行为的力度和决心。

李某某等9人侵犯著作权罪案

[上海市高级人民法院（2020）沪刑终105号刑事裁定书]

《2020年中国法院10大知识产权案件和50件典型知识产权案例》
2021年4月16日，法办〔2021〕146号

【案情介绍】

"Great Wall of China"拼装玩具等47个系列663款产品系某公司（LEGO A/S）创作的美术作品，某公司根据该作品制作、生产了系列拼装玩具并在市场销售。李某某指使杜某某等人购买新款某公司系列玩具，通过拆解研究、电脑建模、复制图纸、委托他人开制模具等方式，专门复制某公司前述拼装积木玩具产品，并冠以"乐拼"品牌通过线上、线下等方式销售。上海市公安局在被告人李某某租赁的厂房内查获注塑模具88件、零配件68件、包装盒289411个、说明书175141件、销售出货单5万余张、复制某公司系列的"乐拼"玩具产品603875件。后经中国版权保护中心版权鉴定委员会鉴定，"乐拼"品牌玩具、图册与某公司的玩具、图册均基本相同，构成复制关系。上海市人民检察院第三分院对本案提起公诉。一、二审法院均认为，李某某

伙同闫某某、张某、王某某、吕某某、王某甲、余某某、李某等人以营利为目的,未经著作权人许可,复制发行某公司享有著作权的美术作品,非法经营数额达 33000 万余元,杜某某作为经销商之一,未经著作权人许可,发行某公司享有著作权的美术作品,非法经营数额达 621 万余元,情节均属特别严重,均已构成侵犯著作权罪。

【典型意义】

本案是加大知识产权刑事打击力度的典型案例。审理法院根据相关法律规定,依法判处主犯李某某有期徒刑六年,罚金人民币 9000 万元,对八名从犯判处有期徒刑四年六个月至三年不等,并处相应罚金,充分体现了人民法院加强刑事保护,严厉打击和震慑侵犯知识产权刑事犯罪的司法导向。

陈某等侵犯著作权罪案

［（2019）沪 03 刑初 127 号,上海市第三中级人民法院］

《互联网十大典型案例》第一号
2021 年 5 月 31 日

【基本案情】

2017 年 7 月至 2019 年 3 月,陈某受境外人员"野草"委托,招募林某、赖某、严某、杨某某、黄某某、吴某某、伍某某等人,组建"鸡组工作室"QQ 聊天群,通过远程登录境外服务器,从其他网站下载后转化格式,或者通过云盘分享等方式获取《流浪地球》等 2019 年春节档电影在内的影视作品 2425 部,再将远程服务器上的片源上传至云转码服务器进行切片、转码、添加赌博网站广告及水印、生成链接,后将上述链接发布至多个盗版影视资源网站,为"野草"更新维护上述盗版影视资源网站。其间,陈某收到"野草"提供的运营费用共计 1250 余万元,陈某个人获利约 50 万元,林某、赖某、严某、杨某某、黄某某、吴某某、伍某某等人获利 1.8 万元至 16.6 万元不等。人民法院依法判处陈某等八人有期徒刑,并处罚金,追缴违法所得。

【典型意义】

本案是境内外人员分工合作,以境外服务器为工具,专门针对热门影视作品,通过互联网实施跨境侵犯著作权罪的典型案例。人民法院在判决中对"信息网络传播行为"、海量侵权案件中"未经著作权人许可"作出了准确认定,对八名被告人均判处实刑并处追缴违法所得,特别是处以财产刑,彰显了我国严厉制裁涉网侵犯知识产权犯罪、严格保护知识产权的坚定决心。

【专家点评】

当下,借助网络的空间跨越性,犯罪分子大量采取境内外人员合作、行为分配或设施的远程控制等方式实施犯罪,隐蔽性加大,给查处、打击此类犯罪带来一定困难。本案就属于境内外人员分工合作,以境外服务器为工具,专门针对热门影视作品,通过互联网实施跨境侵犯著作权罪的典型案例,犯罪行为复杂,社会危害性大。《刑法修正案(十一)》生效之前,《刑法》第二百一十七条规定,以营利为目的,未经著作权人许可,复制发行其电影、电视等作品,违法所得数额较大或者有其他严重情节的,构成侵犯著作权罪。《最高人民法院、最高人民检察院关于办理侵犯知识产权刑事案件具体应用法律若干问题的解释》第十一条第三款规定,通过信息网络向公众传播他人电影、电视等作品的行为,应当视为刑法第二百一十七条规定的"复制发行"。而《刑法修正案(十一)》则明确将"通过信息网络向公众传播"作为本罪行为之一,这对该行为的刑事违法性进行了强调,对打击犯罪具有重要的意义。

(林维 中国社会科学院大学副校长,教授,博士生导师)

梁某某、王某某等十五人侵犯著作权罪案

[上海市第三中级人民法院（2021）沪03刑初101号刑事判决书、
上海市杨浦区人民法院（2021）沪0110刑初826号刑事判决书]

《最高人民法院发布2021年中国法院10大知识产权案件和
50件典型知识产权案例》案例10
2022年4月21日

【案情摘要】

自2018年起，被告人梁某某先后成立武汉甲科技有限公司、武汉乙科技有限公司，指使被告人王某某聘用被告人万某某等人作为技术、运营人员，开发、运营某网站及Android、IOS、Windows、MacOSX、TV等客户端；被告人梁某某又聘用被告人谢某某等人组织翻译人员，从境外网站下载未经授权的影视作品，翻译、制作、上传至相关服务器，通过所经营的某网站及相关客户端为用户提供免费在线观看和下载。经鉴定及审计，某网站及相关客户端内共有未授权影视作品32824部，会员数量共计683万余人。自2018年1月至案发，上述各渠道非法经营数额总计人民币1200余万元。上海市第三中级人民法院、上海市杨浦区人民法院认为，被告人梁某某、王某某等十五名被告人结伙，以营利为目的，未经著作权人许可，复制发行他人作品，属于有其他特别严重情节，其行为均已构成侵犯著作权罪。上海市第三中级人民法院判处主犯被告人梁某某有期徒刑三年六个月，并处罚金；上海市杨浦区人民法院判处被告人王某某等十四名从犯一年六个月至三年不等的有期徒刑，适用缓刑，并处罚金。一审判决后，十五名被告人均未上诉。

【典型意义】

本案影视作品众多且权利人分散，判决阐述了如何认定"未经授权"及未经授权影视作品的数量等法律适用问题，有力打击了侵犯著作权的犯罪行为。依法追究组织者及主要参与者的刑事责任，贯彻了宽严相济的刑事政策。

马某甲、马某乙等侵犯著作权罪案

[江苏省扬州市中级人民法院（2020）苏10刑初11号刑事判决书]

《最高人民法院发布电影知识产权保护典型案例》案例1

2023年11月3日

【基本案情】

2016年6月至2019年2月，被告人马某甲、马某乙、文某某、鲁某伙同他人以营利为目的，勾结影院工作人员非法获取电影母盘和密钥，利用高清设备翻拍、复制《流浪地球》《疯狂的外星人》等上百部电影，将盗录复制的影片销售给"影吧"经营者，从中谋取不正当利益。

【裁判结果】

江苏省扬州市中级人民法院经审理认为，被告人马某甲、马某乙、文某某、鲁某以营利为目的，未经著作权人许可，复制发行他人电影作品，共同实施制售盗版影片的行为，违法所得数额巨大且具有其他特别严重情节，均已构成侵犯著作权罪。对四被告人分别判处有期徒刑四年至六年，并处罚金人民币60万元至550万元，追缴违法所得。宣判后，各方未上诉、抗诉，一审判决已发生法律效力。

【典型意义】

本案是盗录传播院线电影行为构成侵犯著作权罪的典型案例。人民法院依法履行知识产权审判职责，严厉打击电影领域侵权盗版违法犯罪行为，对加强院线电影版权保护、促进影视产业健康发展具有重要意义。

梁某某侵犯著作权罪案

[上海市第三中级人民法院（2021）沪03刑初101号刑事判决书]

《最高人民法院发布电影知识产权保护典型案例》案例1
2023年11月3日

【基本案情】

自2018年起，被告人梁某某指使王某某等人开发、运营某网站及Android、IOS、Windows、MacOSX、TV等客户端，指使谢某某等人从境外网站下载未经授权的影视作品、翻译、制作、上传至相关服务器，通过所经营的某网站及相关客户端对用户提供在线观看和下载。某网站及相关客户端内共有未授权影视作品32824部，会员数量共计约683万人，非法经营数额人民币1200万余元。

【裁判结果】

上海市第三中级人民法院经审理认为，被告人梁某某以营利为目的，未经著作权人许可，复制发行他人作品，具有其他特别严重情节，已构成侵犯著作权罪，判处梁某某有期徒刑三年六个月，并处罚金人民币150万元，追缴违法所得。宣判后，各方未上诉、抗诉，一审判决已发生法律效力。

【典型意义】

本案影视作品众多且权利人分散，判决明确了侵犯著作权罪"未经授权"及侵权影视作品的数量认定等法律适用问题，依法追究组织者及主要参与者的刑事责任，严厉打击了严重侵犯电影著作权的犯罪行为。

堀某侵犯商业秘密案

《最高人民法院发布六起侵犯知识产权和制售假冒伪劣
商品典型案例》第 5 号
2010 年 12 月 9 日

四川省成都市中级人民法院经审理查明,1994 年 10 月,日本某株式会社与四川某工业(集团)公司共同投资成立中外合资企业成都甲公司,生产销售发动机用化油器及相关产品,二次空气阀是成都甲公司的主打产品。自 1999 年 5 月 21 日起到 2004 年 9 月 1 日止,被告人堀某(日本籍)、周某、刘某某、沈某在成都甲公司分别任总经理、技术部开发课开发系系长、生产部设备课制技系系长、堀某的日语翻译及相关工作。堀某在担任总经理期间,直接保管成都甲公司所主张构成商业秘密的相关图纸,周某、刘某某在任职期间均能接触到成都甲公司关于二次空气阀的图纸。2004 年 9 月,堀某被日本某株式会社调回日本,在回日本之前,堀某与被告人雷某某商谈另行设立江门某机电有限公司(以下简称乙公司),决定由雷某某出资并作为实际控制人并负责对产品销售,堀某向雷某某推荐成都甲公司员工周某、刘某某、沈某到乙公司任职。2004 年 9 月至 12 月,沈某、周某、刘某某先后从成都甲公司辞职,参与乙公司的筹备,并于乙公司注册成立后,在该公司任职。2005 年 5 月,乙公司开始生产销售二次空气阀。其间,堀某通过沈某要求尚未辞职的刘某某将成都甲公司的二次空气阀设备偷拍下来,通过电子邮件发送给堀某;周某让成都甲公司的技术员赵某某将二次空气阀相关零件邮寄到乙公司;堀某将在成都甲公司任职期间掌握的二次空气阀技术图纸复制给周某。周某根据上述资料在乙公司绘制出二次空气阀图纸。乙公司根据该图纸制造并销售二次空气阀 AV01 型 841084 台。

成都市中级人民法院认定,被告人堀某、雷某某、周某、刘某某、沈某违反成都甲公司有关保守商业秘密的要求,盗窃、披露、使用其所掌握的商业秘密,给成都甲公司造成 2355035.2 元的重大损失,其行为均构成侵犯商业秘密罪,依法对堀某判处有期徒刑二年零五个月,并处罚金 50 万元;判处雷某某、周某、刘某某有期徒刑二年,缓刑三年,并处罚金 40 万元;判处沈某有期徒刑一年，缓刑二年，并处罚金 10 万元。宣判后，堀某等人不服，提出上诉。四川省高级人民法院经审理，依法驳回各上诉人的上诉，维持原判。

江西某电子科技有限公司、余某某等侵犯商业秘密罪刑事案

《最高人民法院公布八起知识产权司法保护典型案例》第 7 号

2013 年 10 月 22 日

【基本案情】

被告人余某某、罗某某、肖某某、李某某原系珠海某公司员工，四人在日常工作中能够接触并掌握珠海某公司的品牌区、南美区、亚太区的客户资料以及 2010 年的销售量、销售金额及珠海某公司产品的成本价、警戒价、销售价等经营性信息，并负有保守珠海某公司商业秘密的义务。2011 年初，余某某与他人成立江西某公司，生产打印机用硒鼓等耗材产品，并成立中山某公司及香港某公司、美国某公司、欧洲某公司销售江西某公司产品。余某某、罗某某、肖某某、李某某等人将各自因工作关系掌握的珠海某公司的客户采购产品情况、销售价格体系、产品成本等信息私自带入江西某公司、中山某公司，以此制定了该两公司部分产品的美国价格体系、欧洲价格体系，并以低于珠海某公司的价格向原属于珠海某公司的部分客户销售相同型号的产品。经对江西某公司、中山某公司的财务资料和出口报关单审计，两公司共向原珠海某公司的 11 个客户销售与珠海某公司相同型号的产品金额共计 7659235.72 美元；按照珠海某公司相同型号产品的平均销售毛利润率计算，给珠海某公司造成的经济损失共计人民币 22705737.03 元（2011 年 5 月至 12 月的经济损失人民币 11319749.58 元；2012 年 1 月至 4 月的经济损失人民币 11385987.45 元）。

【裁判结果】

广东省珠海市中级人民法院二审认为，江西某公司、中山某公司、余某某、罗某某、肖某某、李某某的行为构成侵犯商业秘密罪，判处江西某公司罚金人民币 2140 万元；判处中山某公司罚金人民币 1420 万元；判处余某某有期徒刑六年，并处罚金人民币 100 万元；判处罗某某有期徒刑三年，并处

罚金人民币20万元；判处李某某有期徒刑二年，缓刑三年，并处罚金人民币10万元；判处肖某某有期徒刑二年，缓刑三年，并处罚金人民币10万元。

【典型意义】

本案系全国最大一宗侵犯经营信息类商业秘密刑事犯罪案件，人民法院判处的罚金总额高达3700万元，创商业秘密犯罪案件罚金数额全国之最。这是广东省法院系统实行知识产权审判"三合一"模式审理知识产权刑事案件的成功范例，突出了司法保护知识产权的整体性和有效性，充分体现了司法保护知识产权的主导作用。本案裁判无论是在罚金数额的计算还是自然人刑事责任的承担方面，都体现了严厉制裁侵犯知识产权犯罪行为的导向。

汪某某侵犯商业秘密上诉案

［江苏省高级人民法院（2015）苏知刑终字第00012号刑事判决书］

《最高人民法院办公厅关于印发2016年中国法院10大
知识产权案件和50件典型知识产权案例的通知》第10号
2017年4月13日，法办〔2017〕69号

【案情摘要】

江苏甲公司拥有非开挖水平定向钻机的相关技术。江苏甲公司与被告人汪某某签订劳动合同，并签有相关保密条款。2011年4月，被告人汪某某在江苏甲公司派其去武汉参加非开挖水平定向钻机展会期间，未办理正常离职手续离开江苏甲公司，并将其电脑上的技术图纸拷贝至U盘带到江苏某机械制造有限公司（以下简称乙公司），主要从事YQ3000－L型水平定向钻机的研发工作。2011年5月至2012年7月，乙公司陆续生产并对外销售三台YQ3000－L型水平定向钻机。江苏省盐城市人民检察院指控被告人汪某某犯侵犯商业秘密罪，盐城市中级人民法院于2013年11月20日作出（2013）盐知刑初字第0004号刑事判决书，以被告人汪某某犯侵犯商业秘密罪，判处其有期徒刑一年三个月，并处罚金人民币1万元。江苏省高级人民法院以部分事实不清，证据不足为由，发回重审。盐城市中级人民法院重审后判决被告人汪某某犯侵犯商业秘密罪，免予刑事处罚。江苏省高级人民法院二审认为，

对江苏甲公司涉案履带行走装置技术信息是否不为公众所知悉,以及江苏甲公司涉案损失数额是否在 50 万元以上的认定,根据现有证据,均存在一定疑点,尚不能满足刑事案件排除合理怀疑的证明标准,最终改判被告人无罪。

【典型意义】

本案较好体现了知识产权刑事案件定罪量刑证据应当确实充分,且案件事实已经排除合理怀疑的刑事证据裁判理念。二审法院依法坚持对鉴定报告内容进行实质性审查,纠正了仅对鉴定报告进行形式审查的认识误区。通过对财务鉴定报告的基础财务数据的审查,发现本案损失数额计算所依据的产品市场价格评估存在重大疑点。通过对司法技术鉴定所依据的技术资料的审查,发现第二次鉴定所依据的技术资料存在较大疑点。并在此基础上作出被告人无罪的判决。本案充分体现了在知识产权审判"三合一"改革试点工作推动下,审判、检察机关对知识产权刑事司法保护观念以及刑事证据裁判意识进一步统一。本案二审中,审判机关与检察机关依法履行职责,检察机关提出无罪建议,二审法院作出无罪判决,取得了较好的审理效果。本案的裁判结果充分体现出审理法院在依法打击各类侵犯知识产权犯罪行为的同时,在知识产权刑事案件审判中,坚持刑法谦抑性原则和刑事证据裁判标准的刑事司法理念。

彭某侵犯商业秘密罪案

《最高人民法院发布人民法院充分发挥审判职能作用保护产权和企业家合法权益典型案例》第 6 号

2018 年 1 月 30 日

【基本案情】

贵阳某科技公司在研发、生产、销售反渗透膜过程中形成了相应的商业秘密,并制定保密制度,与员工签订保密协议,明确对商品供销渠道、客户名单、价格等经营秘密及配方、工艺流程、图纸等技术秘密进行保护。公司高管叶某掌握供销渠道、客户名单、价格等经营秘密;赵某作为工艺研究工程师,是技术秘密 PS 溶液及 LP/ULPPVA 配制配方、工艺参数及配制作业流程的编制人；宋某任电气工程师，掌握刮膜、复膜图纸等技术秘密。三人均与公司签有保密协议。被告人彭某为公司的供应商，在得知公司的生产技术在国内处于领先水平，三人与公司签有保密协议情况下，与三人串通共同成立公司，依靠三人掌握的公司技术、配制配方、工艺参数、配制作业流程及客户渠道等商业秘密生产相关产品，造成贵阳某科技公司375.468万元的经济损失。

【裁判结果】

一审法院认定，被告人彭某伙同叶某等三人共同实施了侵犯他人商业秘密的行为，造成商业秘密的权利人重大经济损失，后果特别严重，其行为均已构成侵犯商业秘密罪。依照《刑法》第二百一十九条、《最高人民法院、最高人民检察院关于办理侵犯知识产权刑事案件具体应用法律若干问题的解释》第七条第二款等规定，判决被告人彭某有期徒刑四年，并处罚金人民币2万元。彭某不服上诉，二审法院作出（2016）黔刑终593号裁定，驳回上诉，维持原判。

【典型意义】

保护商业秘密　维护诚信经营公平竞争

商业秘密是企业的重要财产权利，关乎企业的竞争力，对企业的发展至关重要，甚至直接影响企业的生存发展。依法制裁侵犯商业秘密行为，是保护企业产权的重要方面，也是维护公平竞争，保障企业投资、创新、创业的重要措施。本案被告人恶意串通，违反保密义务，获取、使用企业的技术信息和经营信息等商业秘密，造成了权利人的重大损失，不仅构成民事侵权应当承担民事责任，而且因造成了严重后果，已经构成刑法规定的侵害商业秘密罪。人民法院依法判处被告人彭某有期徒刑四年，并处罚金，对侵害商业秘密的行为进行严厉惩处，通过刑事手段对商业秘密进行有力保护，有利于促进诚信经营，公平竞争，为企业经营发展营造良好的法治环境。

（八）扰乱市场秩序罪

李某某合同诈骗案

《最高人民法院公布11起诈骗犯罪典型案例》第1号
2015年12月4日

【基本案情】

2008年7月15日，曲靖市某公司法定代表人夏某某以该公司的名义与以昆明某公司名义从事业务的被告人李某某电话约定购买钢材后，夏某某按李某某的要求于同月20日从个人银行卡转账21万余元存入李某某个人银行卡账户，李某某收受货款后逃匿至柬埔寨。李某某归案后赔偿全部货款和经济损失费3万元并取得谅解。

【裁判结果】

鉴于李某某能如实供述罪行、积极赔偿被害人经济损失并取得谅解的悔罪表现，可从轻处罚。被告人李某某犯合同诈骗罪，判处有期徒刑三年，缓刑五年，并处罚金人民币5万元。

【典型意义】

本案是典型的合同诈骗案。合同诈骗罪是指以非法占有为目的，在签订、履行合同过程中，采取虚构事实或者隐瞒真相等欺骗手段，骗取对方当事人财物，数额较大的行为。随着我国市场经济的不断发展，利用签订合同骗取钱财的案件大有愈演愈烈之势，不仅侵犯了他人财产权，扰乱了市场秩序，而且与经济纠纷极难区分与识别，因而成为司法实践中的一个热点问题。

被告单位龙海市某饲料预混有限公司、被告人蔡某某、黄某某等非法经营案
——饲料公司实施危害食品安全的上游犯罪获刑

《最高人民法院发布十起危害食品、药品安全犯罪典型案例》第3号
2012年7月31日

【简要案情】

被告单位龙海市某饲料预混有限公司。

被告人蔡某某，男，1966年10月7日出生，汉族，龙海市某饲料预混有限公司总经理。

被告人黄某某，女，1964年1月5日出生，汉族，龙海市某饲料预混有限公司财务会计。

被告人蔡某甲，男，1960年2月16日出生，汉族，龙海市某饲料预混有限公司销售员。

被告人甘某某，女，1975年8月4日出生，汉族，龙海市某饲料预混有限公司出纳员。

被告人郭某某，女，1978年3月22日出生，汉族，龙海市某饲料预混有限公司发货员。

被告单位龙海市某饲料预混有限公司（以下简称某饲料公司）营养研发部于2008年生产出一种饲料添加剂，即核心料，某饲料公司将该核心料添加到该公司生产的绿宝18大猪预混料中进行销售。2010年10月，因添加了核心料的饲料被检出含有违禁成分，某饲料公司决定停止生产该核心料。后客户多次向某饲料公司总经理被告人蔡某某提出购买与绿宝18预混料喂养效果类似的饲料。2011年1月初，蔡某某就是否重新生产核心料的相关事宜召集被告人黄某某、甘某某开会。经商议，三被告人在明知核心料含有有毒有害违禁成分的情况下，仍决定由某饲料公司营养研发部重新生产该核心料，并确定核心料的价格为450元/千克。由蔡某某负责联系客户，黄某某掌握专门收取货款的银行账户，甘某某负责取款转账。会后，蔡某某雇用被告人蔡某甲、郭某某负责核心料的销售和中转发货，并告知对方核心料是未经国家批

准生产的饲料添加剂，不能公开销售，暗示核心料中含有国家禁止添加的物质。2011 年 1 月至 3 月，某饲料公司利用硝酸、甲醇、乙酯等化工原料，组织营养研发部工人以化学合成的方式生产核心料原粉，后掺入沸石灰稀释后用无任何标识的白色编织袋包装。其间，某饲料公司共销售核心料 3000 千克，销售金额 163 万元，非法获利 20 万元。经鉴定，某饲料公司销售的核心料中含有苯乙醇胺 A（克伦巴胺），属于国家明确规定禁止在饲料和动物饮用水中添加的物质。案发后，被告人甘某某、郭某某主动到公安机关投案并如实供述其涉嫌非法经营罪的事实。

【裁判结果】

岳阳市云溪区人民法院判决认为，被告单位龙海市某饲料预混有限公司违反国家规定，生产、销售国家明令禁止在饲料中添加的物质，销售金额达人民币 163 万元，扰乱市场秩序，情节特别严重，已构成非法经营罪。被告人蔡某某作为某饲料预混有限公司的直接负责的主管人员、被告人黄某某、蔡某甲、甘某某、郭某某作为其他直接责任人员应依法被追究刑事责任。其中，蔡某某对单位犯罪起主要决策作用，黄某某、蔡某甲、甘某某在犯罪中起主要作用，均系主犯；郭某某起次要作用，系从犯，依法应当从轻或者减轻处罚；甘某某、郭某某构成自首，依法可以从轻或者减轻处罚。法院依法以非法经营罪判处被告单位龙海市某饲料预混有限公司罚金人民币 100 万元；判处被告人蔡某某有期徒刑十二年，剥夺政治权利二年，并处罚金人民币 100 万元；判处被告人黄某某有期徒刑六年，并处罚金人民币 70 万元；判处被告人蔡某甲有期徒刑五年，并处罚金人民币 60 万元；判处被告人甘某某有期徒刑四年，并处罚金人民币 50 万元；判处被告人郭某某有期徒刑二年，并处罚金人民币 40 万元；追缴被告单位龙海市某饲料预混有限公司违法所得 163 万元，上缴国库。宣判后，被告单位及各被告人未上诉，检察机关未抗诉，本判决已于 2012 年 2 月 15 日发生法律效力。

张某某等非法经营案

《最高人民法院公布三起涉黄涉非犯罪典型案例》第 3 号

2012 年 9 月 25 日

【基本案情】

被告人张某某，男，汉族，1963 年 3 月 15 日出生，无业。

被告人徐某某，男，汉族，1968 年 7 月 17 日出生，无业。

被告人黎某某，女，汉族，1959 年 3 月 8 日出生，农民。

2009 年下半年，被告人张某某从同案人张某甲手中购进地下"六合彩"码书在湖北省当阳市零售。从 2011 年 2 月开始，张某某便从张某甲手中及广东省广州市、汕头市等地购进地下"六合彩"码书资料进行批发和零售，其中通过物流托运的方式向被告人徐某某、同案人黎某甲批发销售各类地下"六合彩"码书资料 22222 册，销售金额计 125725 元。

被告人徐某某及其妻黎某甲从 2008 年开始从湖南省平江县的老曾手中购进地下"六合彩"码书资料；2009 年下半年开始又从被告人张某某和汕头市等地通过物流运输购进地下"六合彩"码书资料，并于 2009 年购买了一辆面包车用于地下"六合彩"码书资料的运输。徐某某购进码书资料后，向被告人黎某某及湖北省通城县的黎某乙、李某某、李某乙、杨某某、湖北省咸宁的李某丙、崇阳、江西修水等地的人进行批发和零售，共计向上述人员批发和零售地下"六合彩"码书资料 65797 本、码报 500 份，销售金额计 181461.40 元。

2008 年下半年开始，被告人黎某某采取支付现金和赊账的方式，从被告人徐某某手中购进地下"六合彩"码书资料，在通城县隽水镇菜市场摆摊销售，销售金额计 65625 元。

【裁判结果】

本案由湖北省通城县人民法院依法作出判决。

法院认为，被告人张某某、徐某某、黎某某擅自销售非法出版物，情节严重，其行为侵犯了市场管理秩序，已构成非法经营罪。鉴于被告人徐某某、黎某某有悔罪表现，且主动缴纳了部分罚金，可酌情予以从轻处罚。据此，依法判决如下：被告人张某某犯非法经营罪，判处有期徒刑二年，并处罚金人民币 4 万元；被告人徐某某犯非法经营罪，判处有期徒刑二年，并处罚金人民币 6 万元；被告人黎某某犯非法经营罪，判处有期徒刑十个月，并处罚金人民币 2 万元。

范某非法经营案
——非法销售"瘦肉精"案件

《最高人民法院公布五起危害食品安全犯罪典型案例》第 3 号

2013 年 5 月 4 日

【简要案情】

2009 年以来，被告人范某为牟取暴利，从安徽省淮南市倪某某（另案处理）等人处多次购买盐酸克仑特罗（俗称"瘦肉精"）原粉，并在山东省梁山县等地将"瘦肉精"原粉与一定比例的石粉混合加工成袋装肉用动物饲料添加剂并销售。经层层转手，上述物品销售给牛羊养殖户，导致大量使用"瘦肉精"喂养的肉用牛羊流入各地市场。至 2011 年 9 月，被告人范某共购买"瘦肉精"原粉 25 千克勾兑后销售，销售金额达 200 万余元。

【裁判结果】

山东省利津县人民法院认为，被告人范某明知盐酸克仑特罗是国家禁止在饲料中使用的药品，为牟取暴利，用盐酸克仑特罗配制成饲料添加剂出售给养殖户，其行为构成非法经营罪，且情节特别严重，依法应予严惩。考虑到其归案后能如实供述自己的犯罪事实，可对其从轻处罚。据此，法院依法判决：被告人范某犯非法经营罪，判处有期徒刑十年，并处罚金人民币 30 万元。该判决已发生法律效力。

张某某非法经营、销售假药案

《最高人民法院、最高人民检察院通报 4 起生产
销售假药典型案例》第 3 号
2014 年 11 月 18 日

【基本案情】

2010 年起，被告人张某某在未取得《药品经营许可证》的情况下，从安徽某医药股份有限公司、安徽省六安市某医药有限公司、六安某医药有限公司、六安市某药业有限公司等购进药品后，在上海市浦东新区川沙新镇虹桥村 7 队吴家宅 5 号从事药品批发活动。2011 年 8 月 9 日，公安机关在上述地址抓获被告人张某某，当场查获 500 余种待销售药品。经鉴定，现场查获的药品价值人民币 78 万余元。

2011 年 5 月至 7 月间，张某某从他人处购得"人血白蛋白"及"人免疫球蛋白"后，销售"人血白蛋白" 2 瓶，销售"人免疫球蛋白" 5 瓶。2011 年 8 月 9 日，公安机关从张某某处查获尚未销售的"人血白蛋白" 6 瓶、"人免疫球蛋白" 35 瓶。经鉴定，上述"人血白蛋白""人免疫球蛋白"均系假药。

【诉讼情况】

本案由上海市公安局浦东分局侦查终结后，移送上海市浦东新区人民检察院审查起诉。2012 年 2 月 2 日，浦东新区人民检察院以被告人张某某犯非法经营罪、销售假药罪向浦东新区人民法院提起公诉。

2012 年 2 月 23 日，浦东新区人民法院一审认为，张某某违反国家药品管理法律法规的规定，未经有关国家药品监督管理部门许可，无证经营药品，扰乱市场秩序，情节特别严重，其行为已构成非法经营罪；张某某销售假药的行为又构成销售假药罪。判决张某某犯非法经营罪，判处有期徒刑五年，并处罚金人民币 15 万元；犯销售假药罪，判处有期徒刑一年三个月，并处罚金人民币 1 万元；决定执行有期徒刑五年十个月，并处罚金人民币 16 万元。查获的药品均予以没收。

一审宣判后，张某某未提出上诉，检察机关也未提出抗诉，判决已生效。

王某某非法经营再审改判无罪案

《人民法院助力全国统一大市场建设典型案例》案例 10

2022 年 7 月 25 日

【基本案情】

内蒙古自治区巴彦淖尔市临河区人民法院一审认定，2014 年 11 月 13 日至 2015 年 1 月 20 日，被告人王某某未办理粮食收购许可证，未经工商行政管理机关核准登记并颁发营业执照，违法收购玉米卖给粮库，非法经营数额 218288.6 元，非法获利 6000 元。一审法院认为，被告人王某某违反国家法律和行政法规规定，未经粮食主管部门许可及工商行政管理机关核准登记并颁发营业执照，非法收购玉米，非法经营数额 218288.6 元，数额较大，其行为构成非法经营罪。鉴于王某某案发后主动到公安机关投案自首，主动退缴全部违法所得，有悔罪表现，对其适用缓刑确实不致再危害社会，决定对王某某依法从轻处罚并适用缓刑。该院于 2016 年 4 月 15 日作出（2016）内 0802 刑初 54 号刑事判决，以王某某犯非法经营罪，判处其有期徒刑一年，缓刑二年，并处罚金人民币 2 万元。宣判后，王某某未上诉，检察机关未抗诉，判决发生法律效力。

王某某收购玉米被以非法经营罪判刑后，引起了舆论争议。最高人民法院主动对本案进行了复查，并依照《中华人民共和国刑事诉讼法》第二百四十三条第二款之规定作出再审决定，指令内蒙古自治区巴彦淖尔市中级人民法院对本案进行再审。

【裁判结果】

内蒙古自治区巴彦淖尔市中级人民法院再审认为，原判决认定的原审被告人王某某于 2014 年 11 月至 2015 年 1 月期间，没有办理粮食收购许可证及工商营业执照买卖玉米的事实清楚，其行为违反了当时的国家粮食流通管理有关规定，但尚未达到严重扰乱市场秩序的危害程度，不具备与《中华人民共和国刑法》第二百二十五条规定的非法经营罪相当的社会危害性和刑事处罚必要性，不构成非法经营罪。原审判决认定王某某构成非法经营罪适用法律错误。该院于 2017 年 2 月 14 日作出再审判决，撤销内蒙古自治区巴彦淖尔市临河区人民法院（2016）内 0802 刑初 54 号刑事判决，改判王某某无罪。

【典型意义】

本案由最高人民法院依职权主动指令再审，表明人民法院对公民权利的积极保护，并通过案件审理推动了相关法规的修订，2016 年 9 月 14 日国家粮食局印发《粮食收购资格审核管理办法》，规定农民、粮食经纪人、农贸市场粮食交易者等从事粮食收购活动，无须办理粮食收购资格。本案对破解地方粮食流通体制障碍，鼓励农民等多元市场主体入市收购粮食，推动解决一些地方粮食连年增产背景下农民"卖粮难"问题，切实保障农民利益和市场稳定，依法服务农业供给侧结构性改革都具有重要意义。本案入选"2017 年推动法治进程十大案件"。

江苏某安全技术公司、柏某等提供虚假证明文件案
——依法惩治安全评价中介组织犯罪

《人民法院、检察机关依法惩治危害生产安全犯罪典型案例》案例 3
2022 年 12 月 15 日

【基本案情】

被告单位江苏某安全技术有限公司（以下简称江苏某安全技术公司）。

被告人柏某，男，汉族，1982 年 4 月 25 日出生，江苏某安全技术公司安全评价师。

其他被告人身份情况，略。

江苏响水某化工公司是依法注册成立的化工企业，在生产过程中擅自改变工艺析出废水中的硝化废料，并对析出的硝化废料刻意隐瞒，大量、长期堆放于不具有安全贮存条件的煤棚、旧固废库等场所内。江苏某安全技术公司具有国家安全评价机构甲级资质，在接受该化工公司委托开展安全评价服务过程中，检查不全面、不深入，仅安排安全评价师柏某一人到公司现场调研甚至不安排任何人员进行现场调研即编制安全评价报告。柏某未对该化工

公司提供的硝化工艺流程进行跟踪核查，故意编制虚假报告，项目组其他成员均未实际履行现场调研等职责即在安全评价报告上签名，先后为该化工公司出具2013年和2016年安全评价报告、2016年重大危险源安全评估报告和2018年复产安全评价报告4份与实际情况严重不符的虚假安全评价报告，共计收取费用17万元，致使该化工公司存在的安全风险隐患未被及时发现和得到整改。2019年3月21日14时48分许，贮存在该化工公司旧固废库内的大量硝化废料因积热自燃发生爆炸，造成78人死亡、76人重伤、640人住院治疗，直接经济损失198635.07万元。经事故调查组调查认定，中介机构弄虚作假，出具虚假失实文件，导致事故企业硝化废料重大风险和事故隐患未能及时暴露，干扰误导了有关部门的监管工作，是事故发生的重要原因。事故发生后，柏某经电话通知自动到案并如实供述了自己的罪行。

【处理结果】

江苏省阜宁县人民检察院以提供虚假证明文件罪对江苏某安全技术公司和柏某等被告人提起公诉。阜宁县人民法院经审理认为，江苏某安全技术公司作为承担安全评价职责的中介组织，故意提供虚假证明文件，情节严重，行为构成提供虚假证明文件罪；柏某作为该公司提供虚假证明文件犯罪的其他直接责任人员，行为亦构成提供虚假证明文件罪。柏某有自首情节，依法从轻处罚。据此，依照1997年修订的《中华人民共和国刑法》第二百二十九条第一款的规定，以提供虚假证明文件罪判处江苏某安全技术公司罚金人民币30万元；判处柏某有期徒刑三年六个月，并处罚金人民币250000元。对其他被告人依法判处相应刑罚。一审宣判后，江苏某安全技术公司和柏某等被告人提出上诉。江苏省盐城市中级人民法院裁定驳回上诉、维持原判。

【典型意义】

随着市场经济的发展，中介组织发挥着越来越重要的作用。安全评价中介组织接受委托开展安全评价活动、出具安全评价报告，对生产经营单位能否获得安全生产监管部门的批准和许可、能否开展生产经营活动起到关键性作用，应当依法履行职责，出具真实客观的安全评价报告，否则可能承担刑事责任。司法机关对于安全评价中介组织及其工作人员提供虚假证明文件犯罪行为，在裁量刑罚时，应当综合考虑其行为手段、主观过错程度、对安全事故的发生所起作用大小以及获利情况、一贯表现等各方面因素，综合评估社会危害性，依照刑法规定妥当裁量刑罚，确保罪责刑相适应。

五、侵犯公民人身权利、民主权利罪

（一）故意杀人罪

吕某某故意杀人、拐卖儿童、黄某甲拐卖儿童案

《最高人民法院关于拐卖妇女儿童犯罪案件的三起典型案例》第1号
2010年8月31日

【基本案情】

被告人吕某某，男，汉族，1985年7月17日出生，农民。

被告人黄某甲，男，汉族，1965年9月5日出生，农民。1988年4月6日因犯盗窃罪被判处有期徒刑三年六个月，1991年1月7日刑满释放。

被告人吕某某、黄某甲为拐卖儿童牟利，密谋偷盗被害人黄某乙（殁年26岁）刚出生不足8个月的男婴黄某某，并商定如被发现就使用暴力抢走婴儿。后二人为此进行了踩点，并准备了撬门和行凶的匕首、啤酒瓶等物，黄某甲通过潘某某（同案被告人，已判刑）联系了买主。2008年9月2日3时许，黄某甲骑摩托车载吕某某到福建省南安市罗东镇罗溪村黄某乙家屋外，由黄某甲在屋外接应，吕某某潜入黄某乙和黄某某的卧室。黄某乙和黄某乙的奶奶戴某某（殁年75岁）发现后呼救。为制服被害人以抢走婴儿，吕某某持匕首先后捅刺黄某乙和戴某某，致黄某乙失血性休克死亡，戴某某因右颈静脉离断致失血性休克并脑功能障碍经送医院抢救无效死亡。后二被告人抢走男婴黄某某，将其以37000元价格卖出。

【裁判结果】

法院认为，被告人吕某某与黄某甲以出卖为目的，绑架儿童，其行为均

构成拐卖儿童罪;吕某某在实施绑架行为时,持刀捅刺,致两名被害人死亡,其行为构成故意杀人罪,且罪行极其严重,应数罪并罚。黄某甲所犯拐卖儿童罪造成两人死亡,罪行极其严重,但没有与吕某某共谋杀人,亦未具体实施杀人的行为。据此,依法以拐卖儿童罪判处黄某甲死刑,缓期二年执行;以故意杀人罪判处被告人吕某某死刑,以拐卖儿童罪判处其无期徒刑。经最高人民法院复核核准,罪犯吕某某已于日前被依法执行死刑。

李某故意杀人案

《最高人民法院公布五起涉毒犯罪典型案例》第 2 号

2011 年 6 月 21 日

【基本案情】

被告人李某,男,汉族,1983 年 9 月 23 日出生,农民。

2009 年 7 月 7 日晚,被告人李某吸食毒品后驾车时行为异常。当晚,李某的朋友唐某(被害人,男,殁年 31 岁)等人驾车前来将李某接走。次日凌晨 1 时 30 分许,车辆在行驶途中冲上绿化带撞树停下,李某下车殴打唐某,并从车上拿出单刃刀砍刺、切割唐某头部、胸腹部、腰部等部位数十刀,致唐某颅脑损伤合并失血性休克死亡。尔后,李某持刀拦截一辆轿车,驾车逃走,后撞上绿化带翻车,当其欲再次逃跑时被抓获。

【裁判结果】

法院认为,被告人李某故意非法剥夺他人生命,其行为已构成故意杀人罪。李某吸食毒品后持刀行凶,杀死一人,后为逃离现场又持刀拦截车辆,犯罪手段残忍,情节恶劣,社会危害大,罪行极其严重,应依法惩处。据此,以故意杀人罪判处并核准被告人李某死刑。

黄某某故意杀人案

《最高人民法院公布五起涉毒犯罪典型案例》第 3 号

2011 年 6 月 21 日

【基本案情】

被告人黄某某，男，汉族，1987 年 1 月 19 日出生，无业。

2009 年 8 月 1 日下午，被告人黄某某吞服一颗毒品"麻古"后，出现呕吐及神志不清等反应，被朋友安排至一招待所的房间内休息。次日凌晨 1 时许，黄某某将怀有身孕的妻子何某（被害人，殁年 24 岁）带到该房间休息时，产生杀妻念头，即用双手猛掐何某的颈部，后又掏出随身携带的匕首朝何某的颈部、背部等部位割、刺 20 余刀，致何某当场死亡。黄某某携刀欲逃离现场时，在招待所大厅内被群众当场抓获。

案发后，被告人黄某某认罪、悔罪。被害人亲属对黄某某表示谅解并请求对其从轻处罚。

【裁判结果】

法院认为，被告人黄某某故意非法剥夺他人生命，其行为已构成故意杀人罪。黄某某吸食毒品后，故意杀死怀有身孕的妻子，犯罪手段残忍，罪行严重，论罪应当判处死刑。鉴于本案发生在家庭内部，与发生在社会上的严重危害社会治安的故意杀人犯罪有所不同，且黄某某归案后认罪态度较好，取得被害人亲属的谅解，被害人亲属的经济损失依法得到赔偿，故对其判处死刑，可不立即执行。据此，以故意杀人罪判处被告人黄某某死刑，缓期二年执行。

李某某故意杀人案
——吸食毒品后产生错误认识，持刀杀死一人，罪行极其严重

《最高人民法院公布六起毒品犯罪及吸毒
诱发严重犯罪典型案例》第 3 号
2012 年 6 月 26 日

【基本案情】

被告人李某某，女，汉族，1986 年 12 月 8 日出生，夜总会服务员。

2009 年 12 月 31 日 5 时许，被告人李某某吸食氯胺酮后给朋友林某（男）打电话、发信息，林某未回复，李某某又与同事华某某（被害人，女，殁年 21 岁）联系，得知华某某在广东省阳江市江城区一酒吧包房与人饮酒。李某某怀疑华某某与林某在一起，认为华某某欲勾引林，遂产生杀死华某某之念。李某某携带菜刀来到华某某所在的酒吧包房，将华某某骗至卫生间，持菜刀向华某某的头、肩、臂等部位砍击 100 余刀，致其急性失血性休克死亡。李某某作案后用菜刀砍伤自己的左手腕，后被公安人员抓获。

【裁判结果】

本案由广东省阳江市中级人民法院一审，广东省高级人民法院二审。最高人民法院依法对被告人李某某故意杀人一案进行死刑复核。

法院认为，被告人李某某故意非法剥夺他人生命，其行为已构成故意杀人罪。李某某吸食毒品后误认为被害人勾引其朋友，持菜刀砍击被害人 100 余刀，致其当场死亡，犯罪情节恶劣，手段极其残忍，罪行极其严重，应依法惩处。据此，依法对被告人李某某判处并核准死刑。

罪犯李某某于 2012 年 6 月 21 日被依法执行死刑。

杨某某故意杀人案
—— 因民间矛盾引发且有自首情节，
但后果和罪行特别严重，依法从严惩处

《最高人民法院发布三起人民法院贯彻宽严相济
刑事政策典型案例》第 2 号
2013 年 2 月 27 日

【基本案情】

被告人杨某某，男，汉族，1965 年 10 月 20 日出生，农民。

2010 年 7 月 24 日 20 时许，被告人杨某某在其居住地甘肃省华亭县西华镇什民村三王沟社修整与张某某（男，殁年 36 岁）家相邻的便道时，与张某某、王某某（殁年 35 岁）夫妇发生争执。杨某某持镢头在张某某头部击打一下，将张某某打倒在地。王某某上前阻拦时，杨某某又持镢头在王某某头部击打一下，将王某某打倒在地，并持镢头在王某某身上乱打数下。而后，杨某某又持镢头闯入张某某家上房，将张某某之父张某甲（殁年 63 岁）、儿子张某乙（殁年 10 岁）用镢头打倒在地后逃回家中。王某某被打伤后在送往医院抢救途中死亡，张某某、张某甲、张某乙当场死亡。杨某某作案后让其弟杨某甲报案，公安人员到场将杨某某抓获。

【裁判结果】

本案由甘肃省平凉市中级人民法院一审，甘肃省高级人民法院二审。最高人民法院依法对被告人杨某某进行死刑复核。

法院认为，被告人杨某某不能正确处理邻里矛盾，持械故意非法剥夺他人生命，其行为已构成故意杀人罪。本案虽系民间矛盾引发，且杨某某具有自首情节，但杨某某持械连续击打被害人并致四人死亡，情节特别恶劣，后果和罪行特别严重，依法应予严惩。据此，对被告人杨某某判处并核准死刑。

石某故意杀人案
——吸食毒品后持刀行凶,致二人死亡、一人轻伤,罪行极其严重

《最高人民法院公布五起毒品犯罪及吸毒诱发的严重犯罪典型》第 4 号
2013 年 6 月 27 日

【基本案情】

被告人石某,男,苗族,1989 年 11 月 28 日出生,无业。

2011 年 5 月 7 日晚,被告人石某与女友廖某某(被害人,时年 21 岁)等人在广东省中山市一酒吧喝酒,其间石某吸食氯胺酮。次日 3 时许,石某到朋友游印某(被害人,男,殁年 21 岁)的租住处聊天,并打电话让已回住处的廖某某前往。后因游印某的女友易某某(被害人,殁年 20 岁)准备休息要求石某离开,石某与易某某发生争执。石某打了易某某一巴掌,并拿起房间桌上的菜刀,用刀背击打易某某头部。游印某见状上前责骂石某,石某又持菜刀先后砍击游印某、易某某,致二人大失血死亡。其间,廖某某出言劝阻,亦被石某持菜刀砍击数次,受轻伤。

【裁判结果】

法院认为,被告人石某故意非法剥夺他人生命的行为已构成故意杀人罪。石某饮酒、吸食毒品后,因琐事持刀行凶,致二人死亡、一人轻伤,犯罪情节特别恶劣,手段特别残忍,后果和罪行极其严重,应依法惩处。据此,依法对被告人石某判处并核准死刑。

罪犯石某已于 2013 年 5 月 15 日被依法执行死刑。

汤某某故意杀人案
——经常遭受家暴致死丈夫获刑

《最高人民法院发布十起司法干预家庭暴力典型案例》第8号
2014年2月27日

【基本案情】

被告人汤某某与被害人杨某某（殁年39岁）系夫妻。杨某某经常酗酒且酒后无故打骂汤某某。2002年4月15日17时许，杨某某醉酒后吵骂着进家，把几块木板放到同院居住的杨某甲、杨某乙父子家的墙脚处。为此，杨某乙和杨某某发生争执、拉扯。汤某某见状上前劝阻，杨某某即用手中的木棍追打汤某某。汤某某随手从柴堆上拿起一块柴，击打杨某某头部左侧，致杨某某倒地。杨某甲劝阻汤某某不要再打杨某某。汤某某因惧怕杨某某站起来后殴打自己，仍继续用柴块击打杨某某头部数下，致杨某某因钝器打击头部颅脑损伤死亡。案发后，村民由于同情汤某某，劝其不要投案，并帮助掩埋了杨某某的尸体。

【裁判结果】

法院经审理认为，被告人汤某某故意非法剥夺他人生命的行为已构成故意杀人罪。被害人杨某某因琐事与邻居发生争执和拉扯，因汤某某上前劝阻，杨某某即持木棍追打汤某某。汤某某持柴块将杨某某打倒在地后，不顾邻居劝阻，继续击打杨某某头部致其死亡，后果严重，应依法惩处。鉴于杨某某经常酒后实施家庭暴力，无故殴打汤某某，具有重大过错；汤某某在案发后能如实供述犯罪事实，认罪态度好；当地群众请求对汤某某从轻处罚。综上，对汤某某可酌情从轻处罚。据此，施甸县人民法院依法以故意杀人罪判处被告人汤某某有期徒刑十年。

肖某某故意杀人、故意伤害案
——长期实施家暴并杀人获死刑

《最高人民法院发布十起司法干预家庭暴力典型案例》第9号
2014年2月27日

【基本案情】

被告人肖某某和被害人肖某甲（殁年26岁）于1998年结婚并生育一女一子。2005年，肖某某怀疑肖某甲与他人有染，二人感情出现矛盾。2009年4月，肖某甲提出离婚，肖某某未同意。2010年5月22日，肖某某将在外打工的肖某甲强行带回家中，并打伤肖某甲。肖某甲的父母得知情况后报警，将肖某甲接回江西省星子县娘家居住。

2010年5月25日下午，肖某某与其表哥程某欲找肖某甲的父亲肖某谈谈。肖某拒绝与肖某某见面。肖某某遂购买了一把菜刀、一把水果刀以及黑色旅行包、手电筒等物品，欲杀死肖某甲。当日16时许，肖某某不顾程某劝阻，独自乘车来到肖某甲父亲家中，躲在屋外猪圈旁。23时许，肖某某进入肖某甲所住房间，持菜刀砍击肖某甲头部、脸部和手部数下，又用水果刀捅刺肖某甲前胸，致肖某甲开放性血气胸合并失血性、创伤性休克死亡。肖某某扔弃水果刀后逃离。肖某及其妻子李某听到肖某甲的呼救声后，即追赶上肖某某并与之发生搏斗，肖某某用菜刀砍伤肖某，用随身携带的墙纸刀划伤李某。后肖某某被接到报警赶来的公安民警抓获。

【裁判结果】

法院经审理认为，被告人肖某某故意非法剥夺他人生命的行为已构成故意杀人罪，故意伤害他人身体的行为又构成故意伤害罪，应依法数罪并罚。肖某某不能正确处理夫妻矛盾，因肖某甲提出离婚，即将肖某甲打伤，后又携带凶器至肖某甲家中将肖某甲杀死，将岳父、岳母刺伤，情节极其恶劣，后果极其严重，应依法惩处。据此，依法对被告人肖某某以故意杀人罪判处死刑，剥夺政治权利终身；以故意伤害罪判处有期徒刑二年，决定执行死刑，剥夺政治权利终身。经最高人民法院复核核准，罪犯肖某某已被执行死刑。

薛某某故意杀人案
——养女被养父长期性侵杀死养父获刑

《最高人民法院发布十起司法干预家庭暴力典型案例》第 10 号

2014 年 2 月 27 日

【基本案情】

被告人薛某某自幼被薛某甲（被害人，殁年 54 岁）收养。自 1999 年薛某某 11 岁起，薛某甲曾多次对薛某某强行实施奸淫。2004 年 3 月，薛某某因被薛某甲强奸导致怀孕，后引产。2005 年 1 月，薛某某与他人结婚。2007 年 11 月 11 日晚，薛某甲酒后将薛某某叫至其房间内，持刀威胁薛某某，要求发生性关系。薛某某谎称同意，趁机用绳子将薛某甲双手、双脚捆住，薛某某离开房间。次日 3 时许，薛某某返回房间，采取用扳手击打薛某甲头部等手段，致薛某甲颅脑损伤死亡。后薛某某将薛某甲的尸体浇油焚烧。

【裁判结果】

法院经审理认为，被告人薛某某故意非法剥夺他人生命的行为已构成故意杀人罪。薛某某持械击打被害人薛某甲头部致其死亡，后果严重，应依法惩处。鉴于薛某甲利用其养父身份，在薛某某还系幼女时即长期奸淫并导致薛某某怀孕引产，对薛某某的身心健康造成巨大伤害。在薛某某与他人结婚后，薛某甲仍持刀欲强行奸淫薛某某，具有重大过错；临漳县人民检察院认为，因薛某某自幼被薛某甲长期奸淫，薛某某为反抗而杀死薛某甲，故意杀人情节较轻，建议对薛某某适用缓刑；当地村委会及数百名群众以薛某某实施杀人行为实属忍无可忍，其家中又有两个年幼子女和一个呆傻养母需要照顾为由，联名请求对薛某某从轻处罚；临漳县妇女联合会建议，为挽救薛某某的家庭，减少社会不和谐因素，尽量从轻处罚；案发后薛某某认罪态度较好，有悔罪表现。综上，对被告人薛某某可从轻处罚。据此，临漳县人民法院依法以故意杀人罪判处被告人薛某某有期徒刑三年，缓刑五年。

王某某故意杀人案

——因怀疑治疗不当杀死医生，罪行极其严重

《最高人民法院公布涉医犯罪典型案例》第 1 号

2014 年 4 月 25 日

【基本案情】

被告人王某某，男，汉族，1950 年 12 月 24 日出生，退休职工。

2012 年 10 月 14 日，被告人王某某因患脑血栓病到天津中医药大学第一附属医院就医，该院针灸科主任医师康某某（被害人，女，殁年 46 岁）为其进行针灸治疗。王某某接受治疗后自感病痛没有缓解，反而有所加重，认为系康某某针灸所致，遂产生报复之念。同年 11 月 29 日 13 时许，王某某携带斧子到该院二楼康某某所在的针灸十四诊室，持斧子朝康某某的头面部猛砍数下，致康某某重度颅脑损伤死亡。王某某作案后从该诊室窗户跳下，受伤倒地，后被公安人员当场抓获。

【裁判结果】

本案由天津市第一中级人民法院一审，天津市高级人民法院二审。最高人民法院对本案进行了死刑复核。

法院经审理认为，被告人王某某故意非法剥夺他人生命，其行为已构成故意杀人罪。王某某无端怀疑其病症未缓解系医生治疗不当所致，蓄意行凶报复，持斧闯入医院杀死诊治医生，犯罪手段残忍，情节恶劣，罪行极其严重，应依法惩处。据此，依法对被告人王某某判处并核准死刑。

罪犯王某某已于 2014 年 4 月 22 日被依法执行死刑。

王某某故意杀人案
——因不满治疗效果杀死主治医生，罪行极其严重

《最高人民法院公布涉医犯罪典型案例》第 2 号

2014 年 4 月 25 日

【基本案情】

被告人王某某，男，汉族，1987 年 9 月 5 日出生，农民。

被告人王某某因患肺结核病，于 2011 年 7 月 27 日至 8 月 23 日在湖南省衡阳市第三人民医院（南院）住院治疗，入院时由十二病区主任陈某某接诊，后由陈某甲（被害人，女，殁年 33 岁）担任主治医生。住院期间，王某某对治疗效果不满，多次与陈某甲发生争执。出院后，王某某发现病情恶化，认为系陈某甲在治疗过程中停药、换药、减药所致，由此产生怨恨，决意报复陈某甲或陈某某。为此，王某某先后两次从其打工地广东省来到衡阳市伺机报复，但均因故未能实施。2012 年 4 月 28 日 14 时许，王某某携带事先准备的折叠刀来到该医院，戴上口罩进入第十二病区，见陈某甲独自在医生办公室，遂持刀捅刺其背部。陈某甲被刺后起身跑向办公室门口并跌倒在地，王某某又上前朝陈的颈部、胸部、背部等处捅刺 20 余刀，致陈某甲颈动脉破裂失血性休克死亡。

【裁判结果】

本案由湖南省衡阳市中级人民法院一审，湖南省高级人民法院二审。最高人民法院对本案进行了死刑复核。

法院经审理认为，被告人王某某故意非法剥夺他人生命，其行为已构成故意杀人罪。王某某因对住院期间的治疗效果不满，蓄意报复，持刀捅刺主治医生 20 余刀致人死亡，犯罪手段残忍，情节恶劣，罪行极其严重，应依法惩处。据此，依法对被告人王某某判处并核准死刑。

罪犯王某某已于 2014 年 4 月 21 日被依法执行死刑。

陈某甲故意杀人案

《最高人民法院公布五起依法惩治侵犯
儿童权益犯罪典型案例》第 1 号
2014 年 5 月 28 日

【基本案情】

被告人陈某甲因多次向前妻钟某某催讨欠款无果,心生不满,扬言要杀死由其抚养的亲生女儿陈某某(被害人,时年 5 岁)以威胁钟某某。2013 年 8 月 27 日 11 时许,陈某甲带陈某某乘坐摩托车外出,途中再次向钟某某催讨欠款未果,遂将陈某某手脚拎起,头部朝下,连续往柏油路面撞击数下。陈某某当场口吐白沫,不省人事。陈某甲见状顿感后悔,抱起陈某某乘坐摩托车来到霞浦县公安局水门派出所求救并投案。陈某某被民警送往医院抢救,因陈某某双侧额叶脑挫裂伤,硬膜外血肿,颅前窝、颅中窝、右侧额骨、左侧枕颞骨和右侧眼眶等多处骨折损伤,构成重伤,经抢救后脱离生命危险。

【裁判结果】

福建省霞浦县人民检察院以被告人陈某甲犯故意杀人罪提起公诉。霞浦县人民法院经审理认为,陈某甲因家庭纠纷杀害自己的未成年女儿,致其重伤,其行为已构成故意杀人罪。公诉机关指控的罪名成立。陈某甲在犯罪过程中,自动放弃犯罪并有效防止被害人死亡结果的发生,是犯罪中止;且其在犯罪后自动投案,并如实供述自己的罪行,是自首。根据被告人的犯罪事实、性质、情节以及对社会的危害程度,依照《刑法》规定,判决被告人陈某甲犯故意杀人罪,判处有期徒刑八年。

【典型意义】

本案是一起离异夫妻之间因为经济纠纷产生矛盾,而对未成年子女实施伤害的案件,属于典型的涉及家庭暴力刑事案件。根据当前的刑事政策,对于因恋爱、婚姻、家庭纠纷等民间矛盾激化引发的犯罪,一般酌情从宽处罚。在涉及家庭暴力的刑事案件中,虽然有的也属于"因恋爱、婚姻、家庭纠纷"

引发的犯罪，但在量刑时并非一概从宽，必须区分不同情形进行不同处理。比起成年的家庭成员，未成年人因为缺乏自我保护能力，遭受家庭暴力的伤害后果更加严重。司法对于未成年被害人，应当采取特别、优先的保护原则，对于针对未成年家庭成员实施暴力的被告人，根据案件具体情况，可以依法从严惩处。本案被告人陈某甲因与前妻存在经济纠纷未能解决，采取倒拎住女儿陈某某的手脚，使其头部撞击路面的手段，致使陈某某重伤。法院认定陈某甲的行为构成故意杀人罪，定罪准确。其法定刑本为死刑、无期徒刑或者十年以上有期徒刑，但因陈某甲具有犯罪中止情节，依法应当减轻处罚，同时又有自首情节，依法可以从轻处罚，故在三年以上十年以下有期徒刑的法定刑幅度内，判处被告人陈某甲有期徒刑八年，量刑适当。

在本案审理过程中，霞浦县人民法院考虑到被告人与被害人系父女，且被害人系未成年人，引入了心理咨询师对被害人进行心理辅导。同时，因本案受到社会广泛关注，庭审时邀请了人大代表、政协委员、群众代表、媒体代表旁听，并对庭审进行微博直播，其中涉及未成年人隐私的部分进行了技术处理。案件宣判后，法院及时与霞浦县关工委、妇联等部门沟通联系，妥善解决被害人以后的生活、学习及抚养权归属等问题。这些措施从实质上保护了未成年被害人的权益，有利于被害人走出阴影，健康成长。

乐某故意杀人案

《最高人民法院公布五起依法惩治侵犯
儿童权益犯罪典型案例》第 2 号
2014 年 5 月 28 日

【基本案情】

被告人乐某系非婚生子女，自幼由其祖父母抚养，16 岁左右离家独自生活，有多年吸毒史，曾因吸毒被行政处罚。2011 年 1 月乐某生育一女李某某（殁年 2 岁，生父不详）后，与李某甲同居。2012 年 3 月乐某再育一女李某（殁年 1 岁）。在李某甲于 2013 年 2 月 27 日因犯罪被羁押后，乐某依靠社区发放的救助和亲友、邻居的帮扶，抚养两个女儿。乐某因沉溺于毒品，疏于照料女儿。2013 年 4 月 17 日，因乐某离家数日，李某某由于饥饿独自跑出家门,社区干部及邻居发现后将两幼女送往医院救治,乐某于当日将两女接回。2013年4月底的一天下午,乐某将两幼女置于其住所的主卧室内,留下少量食物、饮水,用布条反复缠裹窗户锁扣并用尿不湿夹紧主卧室房门以防止小孩跑出,之后即离家不归。乐某离家后曾多次向当地有关部门索要救助金,领取后即用于在外吸食毒品、玩乐,直至案发仍未曾回家。6月21日,社区民警至乐某家探望时,通过锁匠打开房门后发现李某某、李某已死于主卧室内。经法医鉴定,两被害人无机械性损伤和常见毒物中毒致死的依据,不排除其因脱水、饥饿、疾病等因素衰竭死亡。6月21日,公安机关将乐某抓获归案。经司法鉴定,乐某系精神活性物质(毒品)所致精神障碍,作案时有完全刑事责任能力。

【裁判结果】

江苏省南京市人民检察院以被告人乐某犯故意杀人罪提起公诉。南京市中级人民法院经审理认为,被告人乐某身为两被害人的生母,对被害人负有法定的抚养义务。乐某明知二年幼的被害人无人抚养照料,其不尽抚养义务必将导致二被害人因缺少食物和饮水而死亡,但却仍然将二被害人置于封闭房间内,仅留少量食物和饮水,离家长达一个多月,不回家抚养照料二被害人,在外沉溺于吸食毒品、打游戏机和上网,从而导致二被害人因无人照料饥渴而死。乐某主观上具有放任被害人死亡的间接故意,客观上造成二被害人死亡的结果,其行为构成故意杀人罪。公诉机关指控被告人乐某的罪名成立。乐某在负有抚养义务、具备抚养能力的情况下,不履行抚养义务,造成二被害人死亡,情节特别恶劣,后果特别严重,鉴于被告人乐某审判时系怀孕的妇女,且归案后认罪态度较好,依照《刑法》规定,认定被告人乐某犯故意杀人罪,判处其无期徒刑,剥夺政治权利终身。

【典型意义】

本案即2013年媒体广为报道的"南京饿死两名女童案"。本案中,被告人乐某提出自幼未受到父母的关爱,未接受良好的教育,归案后认罪态度较好,请求法庭对其从轻处罚。本案的审理向社会昭示:抚育未成年子女不但是人类社会得以繁衍发展所必须遵循的最基本的人伦准则,更是每一位父母应尽的法定义务与责任,个人的文化、受教育程度、经济条件乃至境遇的不同，均不能成为逃避义务的理由。乐某的成长经历固然值得同情，但不能成为其不履行法定义务、漠视生命的借口，而本案的审理也反映出我们的社会应当进一步加强对儿童、老人等弱势群体的保护与救助。

廖某某故意杀人案

《最高人民法院公布五起依法惩治侵犯
儿童权益犯罪典型案例》第 3 号
2014 年 5 月 28 日

【基本案情】

被告人廖某某（时年 18 岁）与其男朋友交往期间怀孕，后二人分手。2012 年 2 月，廖某某到东莞市某厂打工。2012 年 7 月 8 日 1 时许，廖某某在该厂员工宿舍三楼冲凉房 2 号房内自然分娩产下一名男婴。后廖某某将该男婴遗弃在冲凉房地板上，未采取任何保护措施，独自回宿舍拿毛巾到冲凉房 4 号房将身上的血迹洗掉，然后回到宿舍睡觉。当日 15 时许，该男婴在冲凉房 2 号房被发现已死亡。公安人员接到报案后，赶到员工宿舍将廖某某抓获。

【裁判结果】

广东省东莞市第三人民法院经审理认为，被告人廖某某明知将初生婴儿遗弃在冲凉房内的行为可能导致婴儿死亡的结果，仍予以放任，最终致亲生婴儿死亡，其行为已构成故意杀人罪。公诉机关指控廖某某犯故意杀人罪的事实清楚，证据确实、充分，指控的罪名成立。廖某某归案后如实供述自己的罪行，依法可从轻处罚。依照《刑法》规定，认定被告人廖某某犯故意杀人罪，判处其有期徒刑三年。

【典型意义】

本案是一起少女未婚先孕产子后遗弃新生婴儿触犯故意杀人罪的典型案例。被告人廖某某怀孕后只身一人到外地打工，在工厂宿舍自然分娩婴儿后将其遗弃，致新生婴儿因未得到及时照料而死亡。廖某某的经历固然有值得同情的一面，但婴儿是无辜的，生命权利神圣不可侵犯。作为一名成年人，不论因何种原因生育子女,对新生婴儿均负有妥善照料的法定义务。否则,因漠视生命,应当作为而不作为,必将受到法律应有的制裁。

俸某某故意杀人案

《最高人民法院发布五起典型案例》第 1 号

2014 年 6 月 23 日

【基本案情】

2011 年 12 月 9 日,被告人俸某某与同村村民俸某甲(被害人,殁年 13 岁)、俸某乙(被害人,殁年 13 岁)相约到水坝处捉老鼠,后三人又在一起制作烤肉。其间,俸某某因琐事与俸某甲发生争吵,遂持长柄尖刀、铁锤先后捅刺、击打俸某甲和俸某乙,致俸某甲心脏被刺破,失血性休克死亡;致俸某乙失血性休克合并颅脑损伤死亡。俸某某就地挖坑将俸某甲、俸某乙的尸体掩埋。12 月 11 日,俸某某为转移视线,书写两封勒索信,分别放置于俸某甲、俸某乙家门口。

【裁判结果】

最高人民法院认为,被告人俸某某故意非法剥夺他人生命,其行为已构成故意杀人罪。俸某某因琐事持械杀死两名未成年人,犯罪手段残忍,情节特别恶劣,后果特别严重,属罪行极其严重,应依法惩处。第一审判决、第二审裁定认定的事实清楚,证据确实、充分,定罪准确,量刑适当。审判程序合法。依照《刑事诉讼法》规定,核准云南省高级人民法院维持第一审以故意杀人罪判处被告人俸某某死刑,剥夺政治权利终身的刑事裁定。

【典型意义】

近年来,侵犯未成年人权益的犯罪时有发生,有的罪行极其严重,并造成恶劣的社会影响。对于此类犯罪,全国法院始终坚持依法严厉打击,有力惩处犯罪分子,并通过案件审判提高全社会的法治意识和防范保护意识,进一步营造有利于未成年人健康成长的良好社会环境。本案中,被告人俸某某仅因琐事竟持尖刀、铁锤分别将两名年仅 13 岁的未成年人杀死,其犯罪手段残忍，情节特别恶劣，后果特别严重，属罪行极其严重。最高人民法院根据俸某某的罪行，依法核准其死刑，是完全正确的。

龚某某故意杀人案
——吸食毒品后杀死同居女友和幼子，罪行极其严重

《最高人民法院公布毒品犯罪及吸毒诱发的严重犯罪典型案例》第 5 号

2014 年 6 月 26 日

【基本案情】

被告人龚某某，男，汉族，1973 年 10 月 13 日出生，无业。

2007 年，被告人龚某某和被害人邓某（女，殁年 24 岁）相识后同居，2011 年生育一子龚某（被害人，殁年 4 个月）。2012 年 3 月 28 日晚，龚某某和他人在宾馆房间吸食甲基苯丙胺后，于 23 时许回到其租住处。次日 8 时许，龚某某和邓某因给龚某穿衣服等事发生争执，龚某某自感异常烦躁、亢奋，产生杀人而后快之念，遂持菜刀朝正在卫生间洗漱的邓某头、面、颈等处砍击数刀，又朝龚某头部砍击一刀，并抓起龚某扔在地上，致邓某、龚某因重度颅脑损伤死亡。

【裁判结果】

本案由湖南省永州市中级人民法院一审，湖南省高级人民法院二审。最高人民法院对本案进行了死刑复核。

法院认为，被告人龚某某故意非法剥夺他人生命，其行为已构成故意杀人罪。龚某某吸食毒品后仅因生活琐事便持刀行凶，砍击同居女友及年仅 4 个月大的幼子，致二人死亡，犯罪情节特别恶劣，手段特别残忍，后果和罪行极其严重，应依法惩处。据此，依法对被告人龚某某判处并核准死刑。

罪犯龚某某已于 2013 年 12 月 19 日被依法执行死刑。

冯某某故意杀人、盗窃案

《最高人民法院公布七起通过网络实施的侵犯妇女
未成年人等犯罪典型案例》第 1 号
2014 年 10 月 21 日

【基本案情】

被告人冯某某通过互联网与被害人张某某（女，殁年 24 岁）相识。2010 年 7 月 21 日，冯某某到张某某与被害人李某某（殁年 25 岁）合租的北京市丰台区芳城园某小区的一房间内，依约定与张某某玩 SM 游戏（性虐待游戏）。次日 0 时许，冯某某因琐事与张某某、李某某发生争执，遂持张某某屋内的菜刀及其随身携带的匕首，先后砍、刺二人颈部、胸背部及腹部数十刀，致二人急性失血性休克死亡。之后，冯某某将李某某 IBM 笔记本电脑一台、OBEE 牌手机一部、钱包一个及现金 1000 余元盗窃逃离现场。

【裁判结果】

北京市第二中级人民法院经审理认为，被告人冯某某与他人产生矛盾后，持刀杀死二人的行为已构成故意杀人罪；其在实施杀人行为后，窃取被害人数额较大财物的行为又构成盗窃罪，应依法并罚。依照《刑法》有关规定，北京市第二中级人民法院认定被告人冯某某犯故意杀人罪，判处死刑，剥夺政治权利终身；犯盗窃罪，判处有期徒刑六个月，并处罚金人民币 500 元，决定执行死刑，剥夺政治权利终身，并处罚金人民币 500 元。宣判后，被告人冯某某提出上诉。北京市高级人民法院经依法审理，裁定驳回上诉，维持原判，并依法报请最高人民法院核准。最高人民法院经依法复核，裁定核准被告人冯某某死刑。

【典型意义】

被害人张某某本系男性，去泰国做了变性手术后，以盈利为目的，在网络上开设性虐待游戏培训班及招募性虐游戏伙伴。被告人冯某某通过网络知道张某某招募性虐游戏伙伴后，即与张某某联系并自愿付款 1500 元，让张某某对其实施性虐待。游戏过程中，冯某某因害怕自己被捆绑后，张某某会将其杀害，二人因此发生争执，遂持刀捅死张某某及与张某某共同租房的被害人李某某。该案的审判，清晰地向社会传达了网络的虚拟性介入个人隐私生活的风险，希望广大网民对此要提高警惕，并培养健康、向上的兴趣爱好，避免惹火烧身。

王某某故意杀人案

《最高人民法院公布七起通过网络实施的侵犯妇女
未成年人等犯罪典型案例》第 3 号
2014 年 10 月 21 日

【基本案情】

2008 年初，被告人王某某与有夫之妇刘某（被害人，殁年 33 岁）通过网络聊天相识，后发展为情人关系。2009 年 7 月，王某某结识了新女友并致女友怀孕。2009 年 11 月，王某某与刘某相约见面后发生了性关系。次日王某某以女友怀孕为名向刘某借钱 5000 元，遭到刘某拒绝。王某某心生恼怒，先后用手掐、用毛巾勒刘某颈部，还用胶带封住刘某口鼻，致刘某机械性窒息死亡。王某某将刘某的尸体掩埋后，持刘某手机向刘某家人发短信诈骗钱财未果。

【裁判结果】

湖南省常德市中级人民法院经审理认为，被告人王某某因琐事采取掐、勒颈部等方式致被害人死亡，其行为构成故意杀人罪。王某某杀人手段残忍，后果严重，且杀人后向被害人亲属骗取钱财，主观恶性极大，犯罪情节恶劣，罪行极其严重，依法应予严惩。依照《刑法》有关规定，认定被告人王某某犯故意杀人罪，判处死刑，剥夺政治权利终身。宣判后，王某某提出上诉。湖南省高级人民法院经依法开庭审理，驳回上诉，维持原判，并依法报请最高人民法院核准。最高人民法院经依法复核，裁定核准被告人王某某死刑。

【典型意义】

迅速发展和广泛应用的互联网技术在现代生活中起着至关重要的作用。但是,网络也存在着虚拟性等弊端。据悉,国内某些流行网络社交软件的注册用户已达数亿人,在线用户也以千万计。现实生活中,不少人沉迷于网络交友,甚至将感情完全寄托在网络上结交的"情人"身上,被网络情人在网络上展示的"魅力"所迷惑,过于轻信他人。但是,当虚拟的网络与现实发生碰撞后,情人的真实面目最终暴露,很多人如梦初醒,悔不当初。本案被害人刘某系有夫之妇,通过网络聊天结识了被告人王某某,并与之发展为情人关系。至案发前,刘某与被告人已交往一年有余,但刘某仍未能真正了解、认清被告人的真实性情和人品,最终导致悲剧发生。希望此案能引起公众的警觉,不要被网络恋情所迷惑,网络交友要谨慎。

殷某某劫杀养父母案

《最高人民法院发布98起未成年人审判工作典型案例》第31号

2014年11月24日

【基本案情】

2011年7月7日晚上,17岁的殷某某和5名朋友娱乐消费了4000多元。由于不够钱买单,会所扣留了殷某某2名朋友,让殷某某出去筹钱赎人。殷某某随后向多名朋友求助,但仅借到1300多元,于是便纠集同伙黄某某和周某某,并准备了作案工具,预谋抢劫其养父母家钱财。次日21时许,3名被告人一起来到殷某某养父母住处,由殷某某叫开门后,3人入室控制并残忍地杀害了二被害人。随后,3人在房间内搜到4.7万余元及黄金首饰等财物后逃离现场。

【裁判结果】

广东省惠州市中级人民法院经审理,认定殷某某与另两名被告人均构成抢劫罪,且致两人死亡。殷某某犯罪时不满18周岁,依法从轻处罚,判处无期徒刑,剥夺政治权利终身,并处没收个人全部财产。被告人黄某某、周某某均判处死刑，缓期二年执行，剥夺政治权利终身，并处没收个人全部财产，同时限制减刑。

【案例评析】

　　17岁少年纠集同伙残忍劫杀养育自己17年的养父母，该案的发生引起了人们对家庭教育以及未成年人心理健康问题的思考。殷某某与养父母年龄差距过大，造成理解、沟通出现断层，由于养父母老来得子，溺爱的同时又管教严格，让殷某某太以自我为中心，加上抱养的身份，造成其心理上亲情的缺失，他需要从其他情感方面寻求满足。案发前殷某某经常夜不归宿，伙同朋友频繁出入娱乐场所，并负责朋友的所有花费，曾经4个月消费十几万元。其实，这就是内心亲情缺失的一种表现。从2011年6月底开始，两位老人开始限制其零用钱。殷某某的行为受到阻止，其情感上难以接受，自我意识占据主导，导致了悲剧发生。

李某某、程某某故意杀人案

《最高人民法院发布98起未成年人审判工作典型案例》第45号

2014年11月24日

【基本案情】

　　2011年12月20日凌晨3时许，被告人李某某、程某某遇到被害人杨某某，便预谋殴打杨某某。二人以偷商店为名，约杨某某一起进入一个偏僻巷子内，对其拳打脚踢，并用水泥块猛砸其身体。在杨某某哭喊求饶中，李某某又掏出随身携带的尖刀朝其腹部横切两刀，背部猛刺一刀，后二人逃离现场。杨某某经抢救无效死亡。2012年4月6日，李某某的父母向被害人之父赔偿了部分医疗费用。在审理过程中，河南省三门峡市中级人民法院根据《最高人民法院关于审理未成年人刑事案件的若干规定》的要求，对被告人李某某、程某某进行了社会调查，了解到二被告人过早辍学，混迹社会，整日沉溺于网络暴力影视、游戏，崇尚暴力，是非不分，追求刺激，最终走上犯罪道路。

【裁判结果】

三门峡市中级人民法院作出刑事判决，认定被告人李某某犯故意杀人罪，判处无期徒刑，剥夺政治权利终身；被告人程某某犯故意伤害罪，判处有期徒刑十年。宣判后，二被告人及其法定代理人均未提出上诉，公诉机关未提出抗诉，判决已生效。

【案例评析】

本案被告人程某某与被告人李某某预谋的内容是伤害被害人。但在实施过程中，李某某在被害人杨某某求饶时仍采取足以致人死亡的杀人行为，主观上有杀人的故意，行为上有杀人的举动，后果上致人死亡，法院认定李某某构成杀人罪。而程某某在行为中仍以教训被害人为目的，有殴打杨某某的故意，犯罪手段也以伤害为主，法院认定其构成故意伤害罪。

对于未成年人犯罪应当贯彻宽严相济政策，量刑时注意以宽缓为基调，但也要注意严厉措施的合理运用。对于少数主观恶性较深、社会危害性很大、人身危险性极强的实施严重暴力犯罪的未成年人，应当依法予以惩处，体现罚当其罪。

杨某某故意杀人案

《最高人民法院发布98起未成年人审判工作典型案例》第54号

2014年11月24日

【基本案情】

被告人杨某某与被害人刘某是河南省信阳市某高中同班同学。2011年10月27日上早读课时，杨某某认为刘某故意侮辱他，便产生了报复刘某的想法。当天中午，杨某某购买一把匕首，并于下午以玩网络游戏为名将刘某叫到学校操场西南角，趁刘某不备，用匕首对刘某身体连捅数刀，致其当场死亡。案发后，杨某某打电话报警。

在法庭审理过程中，杨某某的父母代其向被害人的父母赔偿了经济损失，达成附带民事诉讼赔偿协议。

【裁判结果】

河南省信阳市中级人民法院认定被告人杨某某犯故意杀人罪,判处其有期徒刑十二年六个月。判决已生效。

【案例评析】

未成年人实施犯罪后,容易滋生悲观失望的情绪。在本案审理过程中,法庭调查发现,被告人杨某某的父母均系教师,平日对孩子期望很高,但教育方式简单,加之学习压力较大,导致杨某某性格内向,思维偏执,自控力差,最终因同学一句玩笑话而失去理智,持刀杀人。案件起诉到法院后,杨某某一度自暴自弃,对法官的讯问、教育不配合。经过分析,法官认为,对杨某某进行帮教的重点是打开他的"心结"。因此,在庭审前,法官安排杨某某和他的父母进行"亲情会见",父母主动检讨了过去在教育方面的不当,转达了爷爷奶奶对杨某某的寄语,鼓励他认真反省,接受改造,早日回归家庭。法官适时对杨某某进行了法治教育和心理疏导,勉励他放下思想包袱,重新走好人生的道路。通过会见和教育,杨某某在审判庭上泣不成声,向被害人亲属真诚道歉,表示要认真改过,出狱后帮助被害人家属做一些劳务,得到被害人亲属的谅解,并做一个对社会有益的人。

沐某某故意杀人案

《最高人民法院发布涉家庭暴力犯罪典型案例》第 2 号
2015 年 3 月 4 日

【基本案情】

被告人沐某某经常酗酒后殴打父母、妻儿,因不堪忍受其暴行,父母搬离,妻子亦离家,留下其与女儿沐某甲(被害人,殁年 5 岁)共同生活。2014 年 2 月 2 日晚,沐某某认为沐某甲常在外面玩耍、难以管教,遂用绳子将沐某甲捆绑在家里的柱子上,并对沐某甲扇耳光、用绳子抽打。后沐某某将沐某甲松绑,见沐某甲又往外跑,遂用力拉扯沐某甲的衣袖,将沐某甲拽倒在地,随后又用木棒殴打,致沐某甲因钝性外力致颅脑损伤死亡。后沐某某将沐某甲的尸体用编织袋包裹并移至树林里掩埋。同月 11 日，沐某某到公安机关投案自首。

【裁判结果】

云南省曲靖市中级人民法院经审理认为，沐某某作为被害人的监护人，长期以来经常殴打被害人，案发当日多次对被害人进行殴打，致被害人死亡，后为掩盖罪行掩埋尸体，其行为已构成故意杀人罪。沐某某针对毫无反抗能力的儿童实施加害行为，情节恶劣，应依法严惩。鉴于沐某某有自首情节，可依法对其从轻处罚。依照《刑法》有关规定，以故意杀人罪判处被告人沐某某无期徒刑，剥夺政治权利终身。宣判后，在法定期限内没有上诉、抗诉，判决已发生法律效力。

【典型意义】

本案虽发生在家庭内部，但被告人常年对至亲之人实施家庭暴力，案发时又对年仅 5 岁的女儿施暴，且不加节制，案发后也不积极救助，终致被害人死亡，犯罪情节恶劣，后果极其严重，应从严惩处，但因其具备自首情节，故从轻判处无期徒刑，量刑适当。

本案系父亲殴打亲生女儿致死的恶性案件。年仅 5 岁的女童，本该生活于童话一般的世界，却一直在暴力的阴影中成长，直至最后殒命于自己父亲手中。这给我们所有家长敲响了警钟。我们在此提醒家长，千万不要殴打孩子，以免酿成悲剧而后悔莫及。

邓某故意杀人案

《最高人民法院发布涉家庭暴力犯罪典型案例》第 5 号
2015 年 3 月 4 日

【基本案情】

2012 年 7、8 月间，被告人邓某未婚先孕后，便离家到亲戚朋友处借住。同年 12 月下旬的一天上午，邓某在网吧上网时，突然感到腹痛，遂至网吧卫生间产下一名女婴。因担心被人发现，邓某将一团纸巾塞入女婴口中，将女婴弃于垃圾桶内，而后将垃圾桶移至难以被人发现的卫生间窗外的窗台上，致该女婴因机械性窒息死亡。

【裁判结果】

江苏省南京市中级人民法院经审理认为，邓某故意非法剥夺他人生命的行为已构成故意杀人罪。邓某犯罪时未满18周岁，归案后认罪态度好，有悔罪表现，可依法从轻处罚。依照《刑法》有关规定，以故意杀人罪判处被告人邓某有期徒刑三年。宣判后，在法定期限内没有上诉、抗诉，判决已发生法律效力。

【典型意义】

本案系少女因未婚先孕，遗弃自己刚出生的婴儿并致婴儿死亡的案例。被告人邓某因不敢让家人知道未婚先孕的情况，在隆冬之际生下女婴后，为达到不履行抚养义务的目的，将一团纸巾塞进新生儿口中，并将新生儿置于户外难以被人发现之处。从其主观上看，并不希望婴儿被他人发现后捡走或得到救治，而是积极追求新生儿死亡，最终造成婴儿被遗弃后死亡多日才被发现的严重后果，故邓某的行为构成故意杀人罪。鉴于邓某作案时未满18周岁，系新生儿的亲生母亲，且是在无助并不敢让家人知道的情况下选择的错误之举，故对其从轻判处有期徒刑三年。

连某某故意杀人案
——因怀疑治疗不当杀死医生，罪行极其严重

《最高人民法院发布四起涉医犯罪典型案例》第1号

2015年5月26日

【基本案情】

被告人连某某，男，汉族，1980年6月11日出生，农民。

2012年3月，被告人连某某因鼻部疾病，在浙江省温岭市第一人民医院就诊时接受了该医院耳鼻喉科医生蔡某某的手术治疗。此后，连某某认为手术效果不佳，多次到该医院复查、投诉，并要求再次手术未果。尽管期间连

某某多次到其他医院就诊,均诊断其鼻部无异常,但其仍对蔡某某和温岭市第一人民医院处理投诉事宜的耳鼻喉科医生王某某(被害人,殁年45岁)以及为其进行CT检查的医生林某某心生怨恨,预谋报复杀人。2013年10月25日8时许,连某某携带事先准备的木柄铁锤、尖刀,来到温岭市第一人民医院门诊大楼五楼耳鼻喉科门诊,见王某某、蔡某某分别在各自的诊室坐诊,遂进入王某某诊室,持铁锤击打王某某头部。因铁锤木把断裂,铁锤头掉落在地,连某某又掏出尖刀捅刺王某某,并追赶王某某至同楼层的口腔科门诊室处,连续捅刺王某某胸腹部、背部等处,还持刀捅刺劝阻其行凶的该医院医生王某甲(被害人,时年59岁)右腋下一刀,在摆脱王某甲阻拦后再次捅刺王某某胸部。随后,连某某持刀返回耳鼻喉科门诊寻找蔡某某,见蔡某某诊室房门已被锁住无法进入,便用尖刀刀柄敲碎诊室门玻璃后离开。接着,连某某持刀来到该医院放射科一楼CT室操作间寻找林某某,误将CT室医生江某某(被害人,时年39岁)认作林某某,即上前捅刺江某某胸腹部3刀。连某某被在场人员及闻讯赶来的保安当场抓获。王某某因被刺致心脏、肺动脉及肺破裂,经抢救无效于当日死亡;江某某的损伤构成重伤。

【裁判结果】

本案由浙江省台州市中级人民法院一审,浙江省高级人民法院二审。最高人民法院对本案进行了死刑复核。

法院经审理认为,被告人连某某因对医院的治疗效果和投诉处理事宜不满,到医院持械行凶,故意非法剥夺医生生命,致1人死亡、2人受伤,其行为已构成故意杀人罪。连某某犯罪性质特别恶劣,手段特别残忍,情节、后果特别严重,应依法惩处。据此,依法对被告人连某某判处并核准死刑。

王某某故意杀人、故意伤害案
——吸毒后杀害养祖父母，并致养父受伤，罪行极其严重

《最高人民法院发布5起毒品犯罪及吸毒诱发的
严重犯罪典型案例》第3号
2015年6月25日

【基本案情】

被告人王某某，男，汉族，1992年12月18日出生，无业。

被告人王某某自幼由养祖父王某甲（被害人，殁年80岁）、养祖母陈某某（被害人，殁年76岁）抚养长大，案发前长期吸食氯胺酮。2013年8月11日，王某某在福建省永春县某小区家中再次吸食氯胺酮。次日凌晨，王某某产生杀害王某甲、陈某某之念，遂从其卧室拿出一把双刃长剑到王某甲、陈某某的卧室，持剑朝熟睡中的王某甲、陈某某乱砍乱刺，致二被害人均因锐器刺破心脏而死亡。后王某某从窗户爬出跳至楼下，王某某的养父王某乙（被害人，时年51岁）闻讯赶到，王某某又持剑砍击王某乙，致王某乙受轻伤。

【裁判结果】

本案由福建省泉州市中级人民法院一审，福建省高级人民法院二审。最高人民法院对本案进行了死刑复核。

法院认为，被告人王某某持剑砍刺其养祖父母，致二人死亡，并持剑砍伤其养父，其行为已分别构成故意杀人罪、故意伤害罪。王某某吸食毒品后行凶杀人、伤人，致2人死亡、1人轻伤，犯罪情节恶劣，手段残忍，后果和罪行极其严重，应依法惩处。对王某某所犯数罪，应依法并罚。据此，依法对被告人王某某判处并核准死刑。

靳某某故意杀人案

《最高人民法院公布八起侵害未成年人合法权益典型案例》第 5 号

2015 年 8 月 31 日

【基本案情】

2013 年 5 月,被告人靳某某通过网上 QQ 聊天认识了被害人吴某某(女,殁年 12 岁),靳某某在聊天中谎称自己叫"王某"。同年 6 月 23 日,吴某某在 QQ 聊天中说自己不想上学了,到宁夏石嘴山市大武口区找工作,靳某某便让其到大武口锦林小区来找自己。当日 15 时许,靳某某自称是"王某"的叔叔,在大武口锦林一区门口接上吴某某。二人在锦林二区 6 号楼前的树林里聊天时,靳某某认为吴某某辱骂自己,便掐住吴某某的脖子并拧动,致其失去反抗能力。后又将吴某某抱至锦林二区某地下室,见其已没有呼吸,用文具小刀将吴某某尸体肢解后运至锦林小区附近的泄洪沟掩埋。2013 年 7 月 11 日,公安民警将靳某某抓获。经法医鉴定,吴某某系被扼颈致机械性窒息死亡,死后被分尸。

【裁判结果】

宁夏回族自治区石嘴山市中级人民法院经审理认为,被告人靳某某因琐事对被害人产生不满,采用扼颈的手段致被害人死亡,其行为已构成故意杀人罪。公诉机关指控被告人靳某某犯故意杀人罪事实清楚,证据确实、充分,指控罪名成立。被告人靳某某将被害人杀害后又将被害人尸体进行肢解掩埋,其犯罪手段极其残忍,犯罪情节极其恶劣,社会危害性极大,应依法予以严惩,且其有犯罪前科,应酌情从重处罚。被告人靳某某的犯罪行为给附带民事诉讼原告人吴某甲、海某某造成物质损失,依法应予赔偿。二附带民事诉讼原告人的诉讼请求中,其中有证据证实的丧葬费为 6270 元,符合法律规定,予以支持;其他诉讼请求不符合法律规定,不予支持。因被告人靳某某的亲属自愿赔偿被害人近亲属 2 万元,符合法律规定,应予以支持。依照《刑法》等有关规定,判决被告人靳某某犯故意杀人罪,判处死刑,剥夺政治权利终身;被告人靳某某赔偿附带民事诉讼原告人吴某甲、海某某物质损失 2

万元；驳回附带民事诉讼原告人吴某甲、海某某的其他诉讼请求；作案工具刀刃残片予以没收。宣判后，被告人靳某某不服，提出上诉。

宁夏回族自治区高级人民法院经依法开庭审理，裁定驳回上诉，维持原判，并依法报最高人民法院核准。最高人民法院经复核，核准宁夏回族自治区高级人民法院维持第一审以故意杀人罪判处被告人靳某某死刑，剥夺政治权利终身的刑事裁定。

【典型意义】

本案是一起通过网络聊天诱骗未成年少女并将其杀害的案件。被害人吴某某一家从宁夏南部山区移民到宁夏银川市，因为父母忙于生计，又没有文化，平时与吴某某沟通较少。吴某某因年纪小，自控能力差，迷恋上了QQ聊天，并通过QQ聊天认识了自称是"王某"叔叔的被告人靳某某，在QQ聊天中倾诉自己不想上学，想找工作，被靳某某诱骗到大武口区找工作，最终被被告人残忍杀害。被告人犯罪性质恶劣，手段残忍，情节、后果严重。判处被告人靳某某死刑，剥夺政治权利终身，量刑适当。

当今QQ聊天已成为大部分年轻人生活的一部分，拉近了人与人之间的时空距离，丰富了人们的业余文化生活。但是，在给人们生产生活带来便利的同时，也给不法之徒实施犯罪带来了可乘之机。一些人专门在网上利用QQ寻找侵害对象实施不法行为，其中，既有利用网络进行诈骗犯罪的，也有利用网络进行暴力犯罪的。涉世未深的未成年人，尤其容易被犯罪分子通过QQ等通信方式编造的谎言所欺骗、蒙蔽。本案被告人靳某某通过QQ结识年仅12岁的吴某某，取得吴某某轻信后，即与吴某某相约见面，最后以给吴某某找工作为由，将吴某某诱骗至其居住的小区并将吴某某杀害。该案的发生提醒广大的青少年，不能轻信通过网络结识陌生人，不能在网络上透漏个人信息，更不能孤身和网友见面，以免造成人身危险。同时，也提醒未成年人的父母，要引导和教育未成年子女正确利用网络，净化网络朋友圈，关注未成年人子女的社交圈，时刻注意防患于未然，确保未成年人的人身安全。

冯某某故意杀人案

《最高人民法院公布19起发生在校园内的刑事
犯罪典型案例（河北）》第1号
2015年9月18日

【基本案情】

被告人冯某某（1996年8月26日出生）与受害人史某（1996年5月5日出生）均是平山县某学校初三学生。二人曾于2012年1、2月搞过对象，分手后还有联系。被告人冯某某不想和史某相处，便产生了害死史某的想法。2012年6月5日早晨，冯某某与史某相约见面后，来到平山县平山镇东街村高某某家闲置的空房，二人聊了一会儿并约定第二天再次见面。2012年6月6日4时许，史某驾驶电动车来到平山镇锦绣花园南门，被告人冯某某携带事先准备好的一根铁棍同史某再次来到高某某家空房。二人见面后发生口角、互殴。被告人冯某某用事先准备好的铁棍对史某头面部多次打击，致史某死亡。经鉴定，史某系被他人用钝器打击头部致颅脑损伤死亡。2012年6月11日冯某某的父母带冯某某到平山县公安局投案。

【裁判结果】

河北省石家庄市中级人民法院经审理认为，被告人冯某某故意非法剥夺他人生命，其行为构成故意杀人罪。被告人冯某某犯罪时未满16周岁，依法应当从轻或减轻处罚。案发五天后，被告人冯某某在其父母带领下投案。到案后，冯某某对用铁棍将同学史某打死的主要犯罪事实供认不讳，应当认定被告人冯某某为自首，依法可以从轻或减轻处罚。被告人冯某某法定代理人已经赔偿被害人亲属，被害人亲属附带民事部分已经撤诉，对被告人冯某某可以酌定从轻处罚。依照《刑法》第二百三十二条、第十七条、第六十七条的规定，认定被告人冯某某犯故意杀人罪，判处有期徒刑十年。被告人未上诉，检察机关未抗诉，判决已发生法律效力。

【典型意义】

这是一起因早恋处理不当引起的严重刑事案件,也许本不该发生在两个花季少年身上,但现实是残酷无情的。被告人不想和被害人继续谈恋爱,为了摆脱被害人,不计后果,残忍地将被害人杀死,害人害己,最终走上犯罪道路。在这起案件中两个学生一个付出了生命的代价,另一个则在一生最美好的时期锒铛入狱,失去自由。案件对两个家庭造成了难以弥补的伤害。

青春期是每个人由儿童到成人期的过渡时期,是人一生中最美丽、最动人、最关键的一段经历。因为这个时期的孩子感到自己长大了、独立了、有思想了,但是对很多事情还没有足够的控制能力,尤其是感情,所以在这个时期不要卷入爱情的漩涡。因此,学校和家长应当引导学生将更多的精力用到学习知识增长才智的道路上。

我们每个中学的校规也都是禁止早恋的。早恋是不应该的,但是真的发生早恋了,该怎么办。我们不能一味地堵,更应该在疏导上下功夫。由于现在的种种客观原因,家庭、学校、教师乃至社会,关心学生的学习成绩多一些,对学生的心理需求关注相对较少,导致他们更倾向于从外界获得关爱的感觉,早恋就自然而然地发生了。比如,适当增加一些社会或者户外活动,家庭、学校、教师三方加强联动,加强对青春期学生的心理干预,及时引导才是治本之道。

马某故意杀人案

《最高人民法院公布19起发生在校园内的刑事
犯罪典型案例(河北)》第7号
2015年9月18日

【基本案情】

被告人马某在唐山市某区职教中心上学期间因多次遭同班同学田某某欺负,心生不满。2013年6月3日上午,被告人马某事先购买了折叠刀,当日11时许返回学校,在校内钳工实习车间的西北角找到田某某,用事先准备的折叠刀连续朝田某某胸、腹部扎刺数刀,致其心脏破裂、心脏功能障碍死亡。

案发后，被告人马某主动委托学校领导报案。在诉讼过程中，被告人家属与被害人亲属就民事赔偿达成和解协议，由被告人马某亲属赔偿被害人田某某亲属经济损失人民币8万元（已给付）。

【裁判结果】

唐山市丰南区人民法院经审理认为，被告人马某为泄愤报复，故意非法剥夺他人生命，其行为已构成故意杀人罪。但被告人马某作案后能够主动委托学校领导投案，并在现场等候公安机关出警，到案后如实供述犯罪事实，应认定有自首情节。且被告人马某犯罪时未满18周岁，能够积极赔偿被害人家属经济损失。综合以上情节，可依法和酌情对被告人马某从轻处罚。依照《刑法》等有关规定，认定被告人马某犯故意杀人罪，判处有期徒刑十二年。被告人未上诉，检察机关未抗诉，判决已发生法律效力。

【典型意义】

近年来，本来宁静的校园不再太平，暴力事件时有发生，本案是一起在校园故意杀人的恶性事件，被告人马某因法制观念淡薄、自控能力差，选择了用极端方式发泄不良情绪，发生惨案，给双方家庭以沉重的打击。在校园生活中，同学之间的交往难免有磕碰，尤其是在十六七岁青春萌动的年纪，易怒、易冲动的特质，易将矛盾升级，如果得不到有效的化解，易产生过激的行为。经调查分析，被告人马某性格内向，受挫后将困惑和痛苦积压于内心且长久无法释放，情绪爆发后实施了报复杀人的行为，无情地剥夺了他人的生命权。考虑到被告人马某具有法定和酌定从轻处罚情节，对其判处有期徒刑十二年，体现了罪责刑相适应的原则。

张某某故意杀人案

《最高人民法院公布8起发生在校园内的
刑事犯罪典型案例（北京）》第5号
2015年9月18日

【基本案情】

被告人张某某与被害人王某某均系北京市某职业学校实习基地学生。2013年4月15日，被告人张某某与被害人王某某在乘坐公交车上学时因琐事发生口角并互殴。当日，张某某购买了一把弹簧刀准备报复王某某。后经双方家长及学校老师介入，调解解决了此事。4月22日，张某某得知学校为此事要对其处分，担心处分会影响其今后参军，同时怀疑处分是因王某某四处扩散此事所致，遂对王某某怀恨在心，再次起意持刀报复王某某。次日9时许，张某某携带弹簧刀在该校实习基地操场找到王某某，二人再次发生冲突。其间，张某某持弹簧刀划刺王某某的脖子、右腹部等处数刀，刺破王某某的肝门静脉及肝固有动脉致其失血性休克死亡。张某某作案后，明知他人报案而在现场等待，于案发当日被抓获归案。后该职业学校向被害人家属给付了一定数额的抚慰款。

在一审法院审理期间，被告人张某某及其法定代理人与附带民事诉讼原告人就附带民事部分自愿达成调解协议，由张某某及其法定代理人一次性赔偿被害人父母各项经济损失23万元，被害人父母对被告人张某某予以谅解，并撤回对张某某及其法定代理人的附带民事部分起诉。

在法院审理过程中，某师范大学少年司法社会工作研究与服务中心向法庭提交了被告人张某某的情况调查报告：张某某情绪控制能力较差，容易冲动，且其法律意识淡薄，家庭教育存在一定不足。

【裁判结果】

北京市第二中级人民法院经审理认为，张某某无视国家法律，故意非法剥夺他人生命，并致人死亡，其行为已构成故意杀人罪。鉴于张某某犯罪时不满18周岁；明知他人报案而在现场等待，被抓捕时无拒捕行为，且如实供述犯罪事实，构成自首；积极赔偿被害人亲属经济损失并获得谅解，故依法对张某某从轻处罚。依照《刑法》有关规定，以故意杀人罪判处被告人张某某有期徒刑十二年。宣判后，张某某提出上诉。北京市高级人民法院经依法审理，裁定驳回上诉，维持原判。

【典型意义】

校园暴力案件中，被告人和被害人往往均为未成年人，此类案件在定罪量刑时，应坚持宽严相济的刑事政策和双向保护的司法原则：一方面，要坚决维护校园秩序，打击校园暴力，维护被害人及其家属的合法权益；另一方面，要严格依照《刑事诉讼法》有关未成年人刑事案件的特别程序，以及《刑法》关于未成年人犯罪的特殊规定，准确定罪量刑。本案中，虽然被告人犯罪时不满18周岁，具有自首情节，积极赔偿被害人亲属经济损失并获得谅解，但法院综合考虑本案的被害人也是一名未成年人，且被告人系持刀作案，实施犯罪的地点系有众多学生的学校操场等具体情节，并参考司法社工出具的被告人张某某的情况调查报告，依法对其从轻处罚而非减轻处罚，较好地贯彻了宽严相济的刑事政策和对未成年人的双向保护。

本案也是一起典型的未成年人因琐事发生口角，进而矛盾升级引发的校园暴力案件。未成年人的身心发育处于由不成熟向成熟的过渡时期，自尊心、好胜心明显增强，成长中常会遇到同学矛盾、学业受阻等各种压力和挫折，且难以对客观信息作出正确的选择和评价，如果得不到及时有效的引导和教育，心理上难免产生许多矛盾和冲突，甚至引发暴力倾向，直至发生违法犯罪行为。本案中，被告人张某某在案发前一周曾与被害人王某某因琐事发生争执，当时经家长及学校老师介入，已调解解决了此事。后张某某因得知学校要对其处分，遂对被害人产生嫉恨，故意持刀报复并致被害人死亡。本案反映出当前一些未成年人在面临人际冲突或挫折事件后，不能理性控制情绪，不能通过合理方式反映情况，加之法律意识淡薄，反而习惯性地用暴力方式解决问题。本案也暴露出当前一些家长、学校忽视对未成年学生人格和心理的积极干预和有效引导等问题。本案中，不论是被告人张某某因琐事与被害人王某某发生争执后，还是在张某某得知学校将对其进行处分后，学校和家庭均未对两名未成年学生及时进行专业的心理健康辅导，未能有效避免双方矛盾不断升级，这也是本案值得警示的一个教训。为更加有针对性地教育和矫治涉罪未成年人，二审法院在宣判后专门为张某某聘请了心理专家，对其开展心理疏导，帮助其矫正思想偏差，取得了一定效果。

杨某某杀老师案

《最高人民法院公布24起发生在校园内的
刑事犯罪典型案例（四川）》第4号
2015年9月18日

【基本案情】

被告人杨某某系某市某区某某中学高一年级的学生。2014年10月31日10时许，因被告人杨某某偷拿其他班级同学的手机一事，被班主任老师杨某叫到高一年级教师办公室书写关于此事的经过及思想认识的书面材料。随后11时许，因杨某要到高三年级授课，便又将被告人杨某某带至高三年级的教师办公室内让其继续书写材料。中午放学后，杨某返回办公室。因杨某准备通知被告人杨某某的家长到校，被告人杨某某便在自书的材料上写下"我就公然地把杨某给杀死"的字样。在被告人杨某某将手中自书材料递交给杨某时，其左手握住一把之前在该办公室笔筒内发现的水果刀，刺中杨某的右侧颈部。杨某起身拔出水果刀，被告人杨某某上前争抢，双方遂抓打在一起。被告人杨某某用脚踢杨某的大腿，用手臂将其压倒在办公桌上，右手抓起桌上的玻璃杯击打杨某的头部，又用手勒住杨某的脖子，将其压倒在地，用水果刀再次刺中杨某的颈部。杨某再次将水果刀夺下后二人遂僵持不下。其间，被告人杨某某扬言要杀死杨某。后周围闻讯赶来的同学及老师制止了被告人杨某某的行为，并报警。被告人杨某某未离开现场，在公安民警接警到达现场后，被带至公安机关接受调查。其如实供述了本案事实。经攀枝花市公安局进行法医学人体损伤程度鉴定，被害人杨某的头部、面部、颈部及肢体皮肤的损伤程度均构成轻微伤。

在本案审理期间，被害人杨某向法院提起附带民事诉讼。后被害人杨某与被告人杨某某的法定代理人自行达成了和解协议，并履行完毕。2015年4月24日，被害人杨某向法院申请撤回附带民事起诉，经法院审查后，裁定准予杨某撤诉。同日，被害人杨某向法院出具谅解书，同意谅解被告人杨某某，建议法院对其判处缓刑。经法院委托攀枝花市仁和区司法局对被告人杨某某进行调查评估，评估意见为：被告人杨某某如果判处非监禁刑罚在社区服刑，按规定纳入社区矫正，通过大家的关心、村民委员会的监督教育，其社会危害性小，可以纳入社区矫正。

【裁判结果】

法院认为，被告人杨某某在接受老师杨某教育的过程中，未能正确认识自己所犯的错误，反迁怒于老师，持刀刺杀杨某，致其多处轻微伤，其行为已构成故意杀人罪，但属情节较轻。公诉机关指控的犯罪事实和罪名成立。被告人杨某某在犯罪时未满18周岁，依法应当从轻或减轻处罚。被告人杨某某在实施犯罪的过程中，因其他同学和老师的制止而未能得逞，系犯罪未遂，依法可以比照既遂犯从轻或减轻处罚。被告人杨某某在案发后没有逃离现场且明知有人报警，抓捕时无抗拒行为，归案后如实供述了本案事实，系自首，依法可以从轻或减轻处罚。被告人杨某某的亲属与被害人杨某达成和解协议，并已履行，取得了被害人杨某的谅解，依法可以从轻处罚。根据被告人杨某某的犯罪情节和悔罪表现，结合攀枝花市仁和区司法局的调查评估意见，可以对其宣告缓刑。

依照《刑法》第二百三十二条、第十七条第三款、第二十三条第二款、第六十七条、第七十二条、第六十一条之规定，判决如下：

被告人杨某某犯故意杀人罪（未遂），减轻判处有期徒刑二年，缓刑二年。

【典型意义】

孩子是祖国的花朵，一个民族的未来，做好校园暴力案件在学生中的宣传工作，减少校园内暴力事件的发生是一项十分重要的工作，大家都知道在学生阶段孩子的可塑性都十分强，所以我们要做的是认真深刻地分析校园暴力的事件的共性，建立纠纷的预防和救济机制来解决校园暴力问题。

王某某犯故意杀人罪,周某、李某犯聚众斗殴罪一案

《最高人民法院公布 24 起发生在校园内的
刑事犯罪典型案例(四川)》第 21 号
2015 年 9 月 18 日

【基本案情】

1. 2010 年 5 月 20 日中午,被告人王某某与同学马某某去杨某(系马某某的女朋友)的教室找杨某玩耍。后杨某单独离开到隔壁的教室玩耍。王某某从门缝中看到杨某和被告人周某在教室嬉笑打闹,便踢开教室门质问两人,周某没理睬各自离开了教室。后王某某从马某某处得知周某看不惯他,便邀约了十几人去质问周某,周某看对方人多,否认说过"看不惯他"的话,王某某等人离开。同月 22 日中午,周某在达州市某技工学校(以下简称技校)附近网吧看到王某甲(男,达州某职业技术学院卫校学生,本案死者,殁年 16 岁)、任某某、王某乙,将此事告诉了王某甲等人,王某甲当时便说帮周某去打王某某。当天下午,周某在学校门口遇见王某某、秦某、曹某,周某与王某某两人约定当晚 8 时在技校对面的桌球室"解决矛盾",并说好双方都可以叫人帮忙。随后周某又邀约了被告人李某和于某某、王某甲帮忙打架,同时叫王某甲给杨某打电话,让其过来帮忙。杨某接到电话后,即与同路的田某某、张某(男,在逃)赶往现场,途中遇见马某、吴某、"王八""小军""黑娃"(男,均在逃),杨某也一并叫上。当晚 7 时 50 分左右,双方人员先后汇集于技校对面的桌球室,王某某见对方人多,便回到宿舍向同宿舍的秦某借了一把水果刀藏在身上,与秦某、曹某再次回到技校大门外。后王某某独自与周某、李某等人走到"御林苑"小区内,周某等人将王某某围住,周某率先踢了王某某一脚,王某某亦回踢了周某一脚,周某邀约的部分人见状上前与王某某对打,李某持事先藏匿的一截台球棒参与斗殴。斗殴中,王某某掏出裤包内的水果刀乱舞,刺中王某甲的右颈部,周某邀约的部分人员对王某某拳打脚踢,一石块击中王某某鼻部致其倒地。周围群众出面制止,周某让参与人员先后逃离现场。王某甲、王某某被接警后赶到现场的公安干警送到达州市第二人民医院抢救。同日 22 时左右,王某甲经抢救无效死亡。

经法医鉴定，王某甲系被单刃锐器刺击右颈部，造成右颈部静脉破裂，失血性休克死亡，死亡性质为他杀。王某某系钝性物体打击鼻部致鼻骨线性骨折，其损伤程度属轻微伤。

2. 王某甲受伤后，被告人周某一直留在案发现场照顾王某甲，后随接警后赶到现场的公安干警一起将王某甲、王某某送到达州市第二人民医院抢救。其间，公安干警就案件相关情况询问了周某，周某如实交代了自己参与作案的经过，随后被公安干警带到公安机关接受调查。庭审中，周某供述其出生日期是1994年7月27日。

案发后，被告人李某逃离现场，次日回到学校。当晚7时左右，李某被其班主任刘某某叫到校办公室询问情况，李某如实供述了自己参与打架的经过。随后，刘某某向学校汇报了该情况。当晚8时左右，刘某某电话通知于某某转告李某到其办公室，称公安人员要来了解情况。李某与于某某、王某甲即来到办公室，办公室无人，李某等人在此等候，后该校保卫科人员来到办公室陪同。后公安民警来到学校将李某等人带到公安机关。被害人王某甲的父母出具谅解书，表示其经济损失已得到赔偿，对被告人李某的行为表示谅解，请求对其减轻处罚。

【裁判结果】

1. 被告人王某某犯故意杀人罪，判处有期徒刑八年；
2. 被告人周某犯聚众斗殴罪，判处有期徒刑二年；
3. 被告人李某犯聚众斗殴罪，判处有期徒刑一年六个月；
4. 对作案工具水果刀一把予以没收。

【典型意义】

本案是一起典型的校园暴力恶性案件，从中我们应吸取深刻的教训。一是学校管理上存在的问题，安全责任意识极其淡薄，安全防范流于形式。二是学生自身素质教育存在的问题。对学生安全教育少之又少，学生自我保护意识欠缺。今后应该做到的防范措施有：（1）学校明确防范责任，建立健全安全责任制。（2）严格学校管理，看好学校大门。（3）重点培养学生安全意识、防范意识、自救能力和处理问题的能力。（4）加强监控防范，与相关职能部门紧密配合。

施某某故意杀人案

《最高人民法院发布 4 起侵犯妇女儿童权益犯罪典型案例》第 2 号

2016 年 3 月 8 日

【基本案情】

被告人施某某与被害人张某某系夫妻关系。张某某经常无故打骂施某某,施某某 2012 年即曾为此报警。2014 年 5 月 19 日 19 时许,张某某又因琐事持续辱骂及殴打施某某,并将家中的手机等物品砸坏。次日 5 时 30 分许,施某某因长期遭张某某打骂,心生怨恨,遂起杀害张某某之念。施某某趁张某某熟睡,持家中一把铁榔头击打张某某左侧头部、面部数下,见张某某头部出血后,让居住于同幢楼的其子张某拨打"120"抢救。后施某某随同亲友将张某某送医院抢救无效死亡。案发后,施某某主动向公安机关投案自首。

【裁判结果】

法院经审理认为,被告人施某某持械故意杀害其丈夫张某某,其行为已构成故意杀人罪,依法应予惩处。施某某因不堪忍受张某某的长期家庭暴力而产生杀人故意,事发前张某某为家庭琐事又长时间辱骂、殴打施某某,张某某对引发本案存在重大过错,施某某在发现张某某头部出血后,主动将张某送医院抢救,其故意杀人情节较轻,可酌情从轻处罚;案发后主动投案自首,依法可从轻处罚。依照《刑法》和有关规定,以故意杀人罪判处被告人施某某有期徒刑四年。

【典型意义】

本案系遭受家庭暴力的妇女"以暴制暴"致施暴人死亡的典型案件。根据《最高人民法院、最高人民检察院、公安部、司法部关于依法办理家庭暴力犯罪案件的意见》的规定,对于因遭受严重家庭暴力,身体、精神受到重大损害而故意杀害施暴人;或者因不堪忍受长期家庭暴力而故意杀害施暴人,犯罪情节不是特别恶劣,手段不是特别残忍的,可以认定为《刑法》第二百三十二条规定的故意杀人"情节较轻"。本案中,人民法院综合考虑被害人在案发前实施家暴、存在重大过错,以及案发后被告人有自首情节,积极参与抢救,主观恶性和人身危险性相对较小等因素,对被告人从宽处罚,较好体现了宽严相济的刑事政策。

陈某某故意杀人案
——吸毒致幻后杀死无辜幼儿,罪行极其严重

《最高人民法院公布毒品犯罪及吸毒诱发次生
犯罪十大典型案例》第 4 号
2016 年 6 月 24 日

【基本案情】

被告人陈某某,男,汉族,1979 年 10 月 17 日出生,农民。

被告人陈某某常年吸毒,曾被强制隔离戒毒二年后复吸毒品。2013 年 9 月 20 日 12 时许,陈某某在广东省湛江市麻章区太平镇某村家中吸毒产生幻觉后,持菜刀闯入邻居陈某甲住宅,挟持陈某甲之子陈某乙(被害人,殁年 3 岁),威胁在一旁劝阻的群众。公安人员接警后赶到现场,陈某某将陈某乙挟持至院内,不顾众人劝解,持菜刀砍切陈某乙颈部一刀,致其当场死亡。

【裁判结果】

本案由广东省湛江市中级人民法院一审,广东省高级人民法院二审。最高人民法院对本案进行了死刑复核。

法院认为,被告人陈某某故意非法剥夺他人生命,其行为已构成故意杀人罪。陈某某吸毒产生幻觉后,行凶杀害年仅 3 岁的幼儿,犯罪手段残忍,情节恶劣,罪行极其严重,应依法惩处。据此,依法对被告人陈某某判处并核准死刑,剥夺政治权利终身。

罪犯陈某某已于 2016 年 1 月 22 日被依法执行死刑。

【典型意义】

毒品具有中枢神经兴奋、抑制或者致幻作用,会使吸毒者出现兴奋、狂躁、抑郁,甚至被害妄想、幻视幻听等症状,进而导致其自伤自残或实施暴

力犯罪。近年来，因吸毒诱发的故意杀人、故意伤害等暴力犯罪频发，严重危害社会治安，有的案件造成了恶劣的社会影响。本案就是一起因吸毒诱发故意杀人犯罪的典型案例。被告人陈某某与被害人是邻居，两家平日关系尚好。陈某某长期吸毒，曾被强制隔离戒毒，后又复吸，且此前曾有过吸毒致幻现象。陈某某作案前一小时左右吸食毒品，随后产生幻觉，持菜刀闯入邻居家中挟持年仅3岁的被害人陈某乙，并不顾到场公安人员和群众的劝阻，将陈某乙残忍杀害。该案充分反映出毒品对吸毒者本人、家庭乃至社会的严重危害。广大群众尤其是青少年应当切实提高识毒、防毒、拒毒的意识和能力，珍爱生命，远离毒品。

肖某故意杀人案

——吸毒后交通肇事，持刀捅刺执行公务的民警，
致1人死亡、1人轻伤，罪行极其严重

《最高人民法院发布毒品犯罪及涉毒次生犯罪十大典型案例》第4号
2017年6月20日

【基本案情】

被告人肖某，男，汉族，1977年4月29日出生，原系湖南省武冈市卫生局某卫生院工作人员。

被告人肖某自2007年开始吸食毒品，2008年7月25日曾因吸毒被行政拘留十五日。2013年10月底至11月初，肖某多次吸食毒品。同年11月9日14时许，肖某驾驶一辆黑色起亚轿车途经湖南省武冈市铜宝路与北门闸二巷岔路口时，与同向行驶的杨某丙驾驶的越野车发生碰撞。事故发生后，双方分别报警。肖某将随身携带的折叠式弹簧刀丢入附近的"人人电脑维修中心"店内垃圾桶里。武冈市公安局交通警察大队城区中队副中队长杨某丁（被害人，殁年37岁）和协警周某（被害人，时年23岁）接警后驾车赶到现场，决定将肇事车辆拖离，将肖某、杨某丙及同车人员带往交警大队调查处理。肖某声称口渴再次到"人人电脑维修中心"店内喝水，周某下车跟随。肖某从店内垃圾桶里捡起其先前丢弃的弹簧刀，周某见状询问，肖某即持刀捅刺周某左前臂。周某跑至店外，肖某从店内找到一把单柄手锯追打，周某朝警

车方向跑，肖某又持弹簧刀追赶。杨某丁见状上前阻止，肖某持弹簧刀朝杨某丁胸部等处连续捅刺数刀。周某与在场群众共同将肖某手中的弹簧刀夺下，并将肖某制服。杨某丁因被单刃刺器刺伤胸部致心脏破裂在被送往医院抢救途中死亡。周某的损伤构成轻伤。

【裁判结果】

本案由湖南省邵阳市中级人民法院一审，湖南省高级人民法院二审。最高人民法院对本案进行了死刑复核。

法院认为，被告人肖某故意非法剥夺他人生命，其行为已构成故意杀人罪。肖某交通肇事后，持械对依法执行公务的交通警务人员行凶，致1人死亡、1人轻伤，犯罪性质恶劣，社会危害极大，罪行极其严重，应依法惩处。据此，依法对被告人肖某判处并核准死刑，剥夺政治权利终身。

【典型意义】

毒品具有中枢神经兴奋、抑制或者致幻作用，会使吸毒者出现兴奋、狂躁、抑郁，甚至被害妄想、幻视幻听等症状，进而导致其自伤自残或实施暴力犯罪。近年来，因吸毒诱发的故意杀人、故意伤害等暴力犯罪屡有发生，严重危害社会治安，有的案件造成了恶劣的社会影响。本案就是一起因吸毒诱发的故意杀人犯罪典型案例。被告人肖某自2007年开始吸食毒品，2008年曾因吸毒被行政拘留十五日，案发前肖某又多次吸食毒品，并出现吸毒导致的幻觉、被害幻想等症状。据肖某供述，其吸食的毒品包括甲基苯丙胺、甲基苯丙胺片剂和氯胺酮。由于吸毒违法，也是自陷行为，故目前司法鉴定机构对于吸毒后作案者通常评定为具有完全刑事责任能力。肖某在交通肇事后，持刀对执行公务的交通民警和协警行凶，致1人死亡、1人轻伤，犯罪性质恶劣，社会危害极大，罪行极其严重，人民法院依法对其判处死刑。该案充分反映出毒品对个人、家庭和社会的严重危害，尤其值得吸毒者警醒。

招某某邪教故意杀人案

《最高人民法院发布三起涉国家安全典型案例》第 3 号

2018 年 4 月 16 日

【基本案情】

张某甲、张某某、吕某某、张某乙、张某丙及张某（张某甲之弟，时年 12 岁）均系"全能神"邪教组织成员。吕某某、张某甲、张某某明知"全能神"系已经被国家取缔的邪教组织，仍然纠合教徒秘密聚会，制作、传播邪教组织信息，发展邪教组织成员，或者为上述行为提供便利条件，破坏国家法律、行政法规实施。2014 年 5 月 28 日，为宣扬邪教、发展成员，张某甲、张某某、吕某某、张某乙、张某丙及张某在山东招远一家麦当劳快餐厅内向周围就餐人员索要电话号码，遭被害人吴某某拒绝，张某甲、吕某某遂共同指认吴某某为"恶灵"，并伙同张某某、张某乙、张某丙及张某将吴某某杀害。

【裁判结果】

法院经依法审理，以故意杀人罪、利用邪教组织破坏法律实施罪数罪并罚判处张某甲、张某某死刑，判处吕某某无期徒刑；以故意杀人罪判处张某乙有期徒刑十年，判处张某丙有期徒刑七年。

龚某某故意杀人案
——吸毒后持菜刀砍死2名未成年子女，罪行极其严重

《最高人民法院发布毒品犯罪及涉毒次生犯罪典型案例》第3号

2018年6月26日

【基本案情】

被告人龚某某，男，汉族，1982年8月23日出生，农民。

被告人龚某某长期吸食毒品。2015年6月8日，龚某某在广东省清远市清城区龙塘镇文丰村家中吸食甲基苯丙胺（冰毒）后产生幻想、猜疑，当晚与妻子发生争吵，妻子遂离家外出。次日凌晨，龚某某持菜刀进入其儿女卧室，朝正在熟睡的女儿龚某甲（被害人，殁年11岁）、儿子龚某乙（被害人，殁年9岁）的头颈部等处猛砍，致二人死亡。后龚某某走上自家楼顶，跳楼跌落至院内，被人送往医院抢救，并被公安人员抓获。

【裁判结果】

本案由广东省清远市中级人民法院一审，广东省高级人民法院二审。最高人民法院对本案进行了死刑复核。

法院认为，被告人龚某某故意非法剥夺他人生命，其行为已构成故意杀人罪。龚某某吸毒后持菜刀砍死自己的2名未成年子女，犯罪情节恶劣，手段残忍，后果和罪行极其严重，应依法惩处。据此，依法对被告人龚某某判处并核准死刑，剥夺政治权利终身。

【典型意义】

合成毒品具有中枢神经兴奋、致幻等作用，会使吸毒者出现兴奋、狂躁、幻视、幻听、被害妄想等症状，进而导致其自伤自残或实施暴力犯罪。近年来，因吸毒诱发的故意杀人、故意伤害、驾车肇事等恶性案件屡有发生，严重危害社会治安，教训十分深刻。本案就是一起因吸毒诱发的故意杀人犯罪典型案例。被告人龚某某长期吸食毒品，并出现吸毒导致的幻想等症状；龚某某的妻子亦证实龚某某近年来吸毒后有幻觉和暴力行为。案发当日，龚某

某两次吸食冰毒,与妻子发生争吵后竟持菜刀砍死熟睡中的 2 名未成年子女,犯罪情节恶劣,手段残忍。该案充分反映出毒品对个人、家庭和社会的严重危害,尤其值得吸毒者深刻警醒。

杨某故意杀人案
——全国首例对未成年被害人跨省心理救助

《保护未成年人权益十大优秀案例》第 9 号

2019 年 5 月 31 日

【基本案情】

2017 年初,被告人杨某跟随同乡李某来津务工,后因工资结算问题二人产生矛盾。2017 年 7 月 25 日 7 时许,杨某向李某索要工资时发生争吵,杨某遂从路边捡起一根三角铁用力击打李某头部,致李某头部流血倒地昏迷。后杨某来到李某居住的宿舍,持菜刀砍李某之子小欢、小旭(案发时 8 岁)。三名被害人被送至医院后,李某、小欢经抢救无效死亡,小旭项部损伤程度经鉴定为轻伤二级。案发后,被害人李某近亲属曾某、被害人小旭因家庭情况特别困难,提出司法救助申请。

【裁判结果】

法院经审理认为,被告人杨某因工资结算问题与被害人李某产生矛盾,先后持三角铁、菜刀行凶,致李某及其长子小欢死亡,致李某次子小旭轻伤,其行为已构成故意杀人罪,应依法予以处罚。被告人杨某犯罪手段残忍,主观恶性深,犯罪后果严重,虽系投案自首,不足以从轻处罚;其行为给附带民事诉讼原告人造成经济损失,依法应予赔偿。据此,以故意杀人罪,依法判处被告人杨某死刑,剥夺政治权利终身;判决被告人杨某赔偿附带民事诉讼原告人曾某、周某、小旭经济损失人民币共计 137262.26 元。

【典型意义】

本案是天津法院开展的全国首例对未成年被害人跨省心理救助的案例。被害人小旭案发时年龄尚小,目睹了父亲、兄长的被害过程,身心健康受到严重伤害，有此类经历的孩子是容易出现心理问题的高危人群。考虑到被害人的家庭状况和案件具体情况，法院决定对小旭开展司法救助，进行心理干预，尽力帮助其走出心理阴影，步入正常的生活、学习轨道。

由于被救助人生活的地方在四川，距离天津太远，如何开展持续、动态的跨省救助，尤其是心理救助，在全国无先例可循。按照刑事被害人救助规定，只能解决被害人的经济困难。考虑到本案的特殊情况，天津法院创新工作思路，为小旭申请了心理救助专项资金，并与四川法院共同确定了跨省司法救助与心理干预并行的工作方案。目前小旭学习生活状态良好，情绪正常，心理救助初步达到了预期效果。

值得注意的是，除了刑事案件的未成年被害人，家事案件中的未成年人，作为家庭成员也经常被无端地卷入家事纷争之中。法院在审理这类案件时，发现确有需要进行救助的困境儿童，也会积极为他们开展延伸救助工作，充分发挥职能优势，整合专业资源，联合政府部门、教育机构、群团组织等让涉困儿童获得精准救助。

员某某故意杀人案

《人民法院依法惩处涉医犯罪典型案例》案例1
2020年5月11日

【基本案情】

被告人员某某，男，汉族，1976年5月20日出生，务工人员。

2017年2月9日，被告人员某某到甘肃省兰州市某皮肤病医院治疗其鼻根两侧暗褐色沉着斑，该院皮肤科主任张某（被害人，女，殁年35岁）对其进行了色素分离、表浅电解术等治疗。一个疗程结束后，员某某自认为疗效不好并对其造成烧烫伤，要求医院赔偿并扬言报复。后由医疗纠纷人民调解委员会等进行调解，因员某某无端索要高额赔偿而未果。同年12月，员某某决意报复张某，并购买了作案工具尖刀、菜刀。2018年1月22日14时20分许，员某某携带刀具闯入某皮肤病医院张某的办公室，将门反锁，持尖刀朝张某胸背部等处连刺十余刀，在张某倒地后又持菜刀连续砍击张某颈部等处，致张某颈内外动脉、颈内静脉断裂及左肺静脉、双肺破裂大失血死亡。员某某作案后明知有人报警而在现场等候公安人员。

【裁判结果】

本案由甘肃省兰州市中级人民法院一审,甘肃省高级人民法院二审。最高人民法院对本案进行了死刑复核。

法院认为,被告人员某某故意非法剥夺他人生命,其行为已构成故意杀人罪。员某某不能正确认识治疗效果,在索要高额赔偿未得到满足后蓄意报复,到医生办公室持尖刀、菜刀连续捅刺、砍击医生致死,犯罪情节恶劣,手段特别残忍,罪行极其严重,应依法惩处。员某某虽有自首情节,但综合其犯罪的事实、性质、情节和社会危害程度,不足以对其从轻处罚。据此,依法对被告人员某某判处并核准死刑,剥夺政治权利终身。

【典型意义】

医学是复杂的生命科学,诊疗方案是医生基于医学知识作出的专业判断,患者对治疗效果要理性对待,不能仅因自认为治疗效果不佳就迁怒于医生甚至报复行凶。本案是一起患者因对治疗效果不满,经调解未果,报复杀害医生的典型案例。被告人员某某虽有自首情节,但其蓄意报复,在就诊近一年后携刀具到医生办公室连续捅刺、砍击医生致死,主观恶性深,罪行极其严重。人民法院依法对员某某判处死刑,体现了对此类犯罪的严惩。

孙某某故意杀人案

《人民法院依法惩处涉医犯罪典型案例》案例2
2020年5月11日

【基本案情】

被告人孙某某,男,汉族,1964年12月23日出生,无业。

2019年11月12日,被告人孙某某之母(95岁)因患哮喘、心脏病、脑梗死后遗症等疾病到北京市第一中西医结合医院住院治疗,同月22日出院。其间,医院曾下达病危病重通知书。同年12月4日,因孙母在家中不能正常进食,孙某某联系999急救车将孙母送至北京市民航总医院。孙母经急诊诊治未见好转，被留院观察。孙某某认为孙母的病情未好转与首诊医生杨某（被害人，女；殁年 51 岁）的诊治有关，遂对杨某怀恨在心。同月 8 日，孙某某返回其暂住地取了一把尖刀随身携带，扬言要报复杨某，并多次拒绝医院对孙母做进一步检查和治疗。同月 24 日 6 时许，杨某在急诊科抢救室护士站向孙某某介绍孙母的病情时，孙某某突然从腰间拔出尖刀，当众持刀反复切割杨某颈部致杨某倒地，后又不顾他人阻拦，再次持刀捅刺杨某颈部，致杨某颈髓横断合并创伤失血性休克死亡。孙某某作案后用手机拨打 110 报警投案。

【裁判结果】

本案由北京市第三中级人民法院一审，北京市高级人民法院二审。最高人民法院对本案进行了死刑复核。

法院认为，被告人孙某某故意非法剥夺他人生命，其行为已构成故意杀人罪。孙某某因母亲就医期间病情未见好转，归咎并迁怒于首诊医生杨某，事先准备尖刀，预谋报复杀人，并在医院急诊科当众持刀行凶，致杨某死亡，犯罪动机卑劣，手段特别残忍，性质极其恶劣，社会危害性极大，罪行极其严重，应依法惩处。孙某某虽具有自首情节，但不足以对其从轻处罚。据此，依法对被告人孙某某判处并核准死刑，剥夺政治权利终身。

【典型意义】

救死扶伤是医生的职责使命，但医学不是万能的，医疗效果并不总能满足患者和家属的期待。患者和家属首先应当积极配合医院进行治疗，同时也要正确认识病情和治疗效果，不能简单因病情未好转便归咎于医院和医生。本案是一起患者家属因患者病情未见好转而预谋报复杀害医生的典型案例，2019 年底案发后产生巨大且恶劣的社会影响。被告人孙某某在将其年迈并患有多种严重疾病的母亲送到医院治疗期间，多次拒绝医院对其母进行检查和治疗，却认为其母病情未见好转与首诊医生的诊治有关，经预谋后在医院当众杀害首诊医生，犯罪性质极其恶劣，手段特别残忍，罪行极其严重。人民法院依法对孙某某判处死刑，体现了坚决惩治暴力杀医犯罪的严正立场。

张某故意杀人案
——有长期吸毒史，杀死无辜儿童，罪行极其严重

《最高人民法院发布2020年十大毒品（涉毒）犯罪典型案例》案例10
2020年6月23日

【基本案情】

被告人张某，男，汉族，1989年7月16日出生，湖南省新邵县某局职工。

被告人张某自2012年开始吸毒，曾多次被戒毒和送医治疗。2016年12月21日16时许，张某驾车经过湖南省新邵县酿溪镇雷家坳村财兴路地段时，见王某某（被害人，男，殁年7岁）背着书包在路边行走，遂将其骗上车。当日21时许，张某驾车来到新邵县坪上镇坪新村一偏僻公路上，停车后将熟睡的王某某抱下车，持菜刀连续切割、砍击王的颈部，致王颈部离断死亡。张某将王某某的头部和躯干分别丢进附近草丛后逃离现场。

【裁判结果】

本案由湖南省邵阳市中级人民法院一审，湖南省高级人民法院二审。最高人民法院对本案进行了死刑复核。

法院认为，被告人张某故意非法剥夺他人生命，其行为已构成故意杀人罪。张某杀害无辜儿童，犯罪手段残忍，情节特别恶劣，罪行极其严重，应依法惩处。据此，依法对被告人张某判处并核准死刑，剥夺政治权利终身。

【典型意义】

吸毒行为具有违法性和自陷性。医学研究表明，长期吸毒可能对人体的大脑中枢神经造成不可逆的损伤。对于因吸毒导致精神障碍的，一般不作为从宽处罚的理由。本案就是一起被告人长期吸食毒品致精神障碍，杀害无辜儿童的典型案例。被告人张某明知吸毒后会出现幻觉等精神异常，且曾多次被戒毒、送医，却仍继续长期吸毒。张某诱骗独行的7岁儿童，并将其杀害，致其尸首分离，犯罪手段残忍，情节特别恶劣，罪行极其严重。人民法院依

法判处张某死刑，体现了对吸毒诱发的严重暴力犯罪的严惩。

王某甲故意杀人案
—— 家长公然持械闯入课堂杀害未成年小学生，应当依法严惩

《未成年人司法保护典型案例》第 2 号
2021 年 3 月 2 日

被告人王某甲的女儿何某某与年仅 9 岁的被害人刘某某系某小学三年级的同桌同学。2019 年 5 月 9 日，王某甲得知女儿被刘某某"欺负"后在班级群发消息质问，刘某某之父刘某联系王某甲未果，又联系其妻何某进行沟通、道歉，班主任汪某某从何某处得知王某甲脾气暴躁，应何某要求转告刘某夫妇先不要和王某甲见面，并答应给刘某某调换座位。10 日早上，王某甲送何某某上学时在校门口未看到刘某某家长，在得知多方都在积极解决此事时仍不满意，执意将女儿送回家中，并购买刀具，冲进教室，持刀连续捅刺刘某某要害部位，又将刘某某拎出教室摔在走廊上，致刘某某大量失血死亡。后公安人员将在学校等待的王某甲抓获归案。

人民法院经审理认为，被告人王某甲女儿与同学发生摩擦矛盾后，学校老师及对方家长已经在积极沟通、协调解决，但被告人不能理性、平和处理，竟购买刀具闯入学校课堂公然行凶，砍杀毫无反抗能力的弱小幼童，致被害人当场死亡，犯罪手段特别残忍，社会影响极其恶劣，社会危害极大，虽有自首情节，但不足以从轻处罚。人民法院依法对被告人王某甲以故意杀人罪判处并核准执行死刑。

本案系因家长不能正确处理未成年子女在校期间与同学间的摩擦矛盾，而持凶器闯入校园课堂，公然杀害弱小幼童的恶性案件。人民法院对严重侵害未成年人犯罪案件始终坚持零容忍态度，坚决依法从严从重惩处，对犯罪性质、情节极其恶劣，后果极其严重的，坚决判处死刑，绝不姑息。

沈某某故意杀人、容留他人吸毒案
——因吸毒致幻杀害亲属，依法惩处

《2021 年十大毒品（涉毒）犯罪典型案例》案例 10

2021 年 6 月 25 日

【基本案情】

被告人沈某某，男，汉族，1973 年 3 月 4 日出生，高校教师。

2018 年以来，被告人沈某某因吸食大麻导致精神障碍，由妻子赵某某（被害人，殁年 40 岁）照顾。其间，沈某某仍吸食大麻。2019 年 12 月 13 日傍晚，沈某某在其住处因吸食大麻产生幻觉，持羊角锤等工具击打赵某某的头部，致赵某某严重颅脑损伤死亡。沈某某毁坏赵某某尸体后，以割腕、跳楼等方式自杀未果。同月 16 日 11 时许，沈某某在住处让他人帮忙报警，后被处警的公安人员控制。经鉴定，沈某某在作案期间患有精神活性物质所致精神障碍。

另查明，2016 年至 2019 年 11 月，被告人沈某某多次容留多人在其住处吸食大麻。

【裁判结果】

本案由浙江省杭州市中级人民法院一审，浙江省高级人民法院二审。

法院认为，被告人沈某某在吸食毒品致精神障碍的情况下将妻子杀害，其行为已构成故意杀人罪；沈某某提供场所容留他人吸毒，其行为又构成容留他人吸毒罪。鉴于沈某某杀人后委托他人代为投案，归案后如实供述杀人事实，并主动供述公安机关尚未掌握的容留他人吸毒事实，具有自首情节，可从轻处罚。对其所犯数罪，应依法并罚。据此，对被告人沈某某以故意杀人罪判处死刑，缓期二年执行，剥夺政治权利终身；以容留他人吸毒罪判处有期徒刑二年，并处罚金人民币 5000 元，决定执行死刑，缓期二年执行，剥夺政治权利终身，并处罚金人民币 5000 元。

上述裁判已于 2021 年 3 月 30 日发生法律效力。

【典型意义】

吸毒会引发神经系统损害,甚至会造成精神障碍和精神疾病,不仅损害身心健康,还易导致行为失控,诱发杀人、伤害、交通肇事等次生犯罪。本案就是一起被告人因吸毒致幻,杀害亲属的典型案例。被告人沈某某因长期吸毒导致精神障碍,多次就医后仍继续吸毒,其吸毒行为具有违法性和自陷性。沈某某杀死妻子并毁坏尸体,犯罪手段残忍,罪行严重,还多次容留多人吸毒,但同时具有自首情节。人民法院根据沈某某犯罪的事实、性质、情节和对社会的危害程度,依法判处其死刑,缓期二年执行,体现了对吸毒诱发次生暴力犯罪的严惩立场。

郑某故意杀人案
—— 吸毒致幻后杀死父母,罪行极其严重

《最高人民法院发布2022年十大毒品(涉毒)犯罪典型案例》案例10

2022年6月25日

【基本案情】

被告人郑某,男,汉族,1981年7月12日出生,无业。

被告人郑某系吸毒人员。2019年10月4日,郑某在家中吸食了甲基苯丙胺(冰毒)。次日1时许,郑某无端怀疑妻子陈某有外遇,与其妻发生争执。4时许,郑某来到父母卧室称其欲离婚,遭到其母范某某(被害人,殁年66岁)责骂,即持随身携带的仿制军刀捅刺范某某的头面部、颈部等处数刀,后又持刀捅刺瘫痪在床的其父郑某某(被害人,殁年76岁)颈部等处数刀。陈某劝阻郑某,郑某持刀威胁陈下跪。后郑某见范某某未死,遂脚踢范某某头部,并再次捅刺范某某、郑某某数刀,致二人死亡。

【裁判结果】

本案由四川省成都市中级人民法院一审,四川省高级人民法院二审。最高人民法院对本案进行了死刑复核。

法院认为,被告人郑某故意非法剥夺他人生命,其行为已构成故意杀人罪。郑某吸食毒品产生幻觉，持刀捅刺父母数刀，将二人杀死，杀人犯意坚决，犯罪情节恶劣，手段残忍，后果和罪行极其严重，应依法惩处。据此，依法对被告人郑某判处并核准死刑，剥夺政治权利终身。

【典型意义】

吸食毒品不仅给吸毒者本人造成难以逆转的身心损害，还容易诱发各类次生犯罪。长期吸食毒品花费大量钱财，吸毒者可能迫于经济压力"以贩养吸"，或者实施盗窃、抢劫等侵财犯罪。同时，因毒品具有中枢神经兴奋、抑制或者致幻作用，会导致吸毒者狂躁、抑郁甚至出现被害妄想、幻视幻听症状，进而肇事肇祸，严重危害社会治安和公共安全。本案中，被告人郑某自述长期吸毒，平时吸食冰毒、"摇头丸"等多种毒品，其曾因吸食毒品被行政拘留、社区戒毒，但仍不思悔改，又继续吸食毒品，致幻后无端怀疑妻子出轨，认为劝阻其离婚的母亲系"恶魔"，持刀杀死母亲和瘫痪在床的父亲，罪行令人发指。本案充分反映出毒品给吸食者本人、家庭和社会带来的严重危害。人民法院在严惩郑某罪行的同时，也告诫每一位公民自觉防范、抵制毒品，远离这一摧毁人性的真正"恶魔"。

陈某某故意杀人案
——家庭暴力犯罪中，饮酒等自陷行为导致限制
刑事责任能力的，应依法惩处

《中国反家暴十大典型案例》案例 1
2023 年 6 月 15 日

【基本案情】

陈某某（男）和胡某某（女）系夫妻关系，陈某某因饮酒致酒精依赖，长期酒后辱骂、殴打胡某某。2019 年 5 月 5 日，胡某某因害怕陈某某伤害自己而到娘家暂住，直至 5 月 8 日回到其与陈某某二人居住的家中。次日凌晨，因经济压力及琐事，陈某某在家中二楼卧室与胡某某发生争吵，并在争执中坐在胡某某身上，用双手掐胡某某颈部，又将胡某某后脑往地上砸，致其机械性窒息当场死亡。陈某某案后自杀未果。经鉴定，陈某某具有限定刑事责

任能力。

【裁判结果】

法院生效裁判认为，陈某某非法剥夺他人生命，致人死亡，其行为已构成故意杀人罪。陈某某案发时具有限定刑事责任能力，但该精神障碍系非病理性的原因自由行为饮酒所致，且陈某某存在长期酒后家暴行为，本案亦是由陈某某单方过错引发，不宜认定为"家庭矛盾引发"而予从轻处罚。因陈某某能够如实供述自己罪行，可予从轻处罚。综上，对陈某某判处死刑，缓期二年执行，剥夺政治权利终身。

【典型意义】

1. 家庭暴力不是家庭纠纷，不属于从轻处罚情形。家庭暴力与家庭纠纷有着本质的区别。纠纷婚恋双方、家庭成员之间的纠纷或矛盾通常具有偶发性、程度轻的特点，由此引发的案件与该矛盾具有直接的关联，被害人对矛盾的激化往往也有一定的责任。但家庭暴力双方地位和权力结构并不平等，施暴人基于控制目的实施的暴力行为，呈现隐蔽性、长期性、周期性、渐进性的特点，施暴人对案件具有单方面的过错。将家庭暴力与家庭纠纷区分开来，从而不对该类刑事案件以"家庭矛盾引发"而从轻处罚，能够对家庭暴力的施暴人起到警示作用，从而有效预防和遏制家庭暴力的现象。

2. 证人证言可构成认定家暴的主要证据，且不认定为初犯。法院在无行政处罚或刑事处罚记录、伤势鉴定等客观证据的情况下，以包括陈某某兄弟、子女在内的多名证人证言形成的证据链条，认定陈某某对被害人的迫害在结婚多年中持续存在，并以该既往严重家暴史否定其初犯评价，并予以从重处罚。

3. 酗酒、吸毒所致精神病变不必然减轻其刑事责任。对吸毒、醉酒等自陷型行为应采用"原因自由行为理论"予以评定。主动摄入行为是加害人的一种生理性依赖，施暴人明知自己极易酒后失控施暴，仍将自身陷于醉酒后的行为失控或意识模糊情境中，就应对施暴行为负责，且绝大多数情况下，主动摄入酒精、毒品或其他物质后，加害人实施家庭暴力的手段和程度都会加大，给受害人带来更残忍的严重后果。陈某某虽因酒精依赖导致大脑皮质器质性损伤，被评定为限定刑事责任能力，但该损伤系其自主选择所致，法院仍根据其全案情节，对其判处严刑。

从国际标准来看，联合国《消除对妇女一切形式歧视公约》及其一般性建议和联合国大会相关决议要求，"法庭是否确保主动摄入酒精、毒品或其他物质的加害人对妇女实施暴力行为后不会被免除责任"，即加害人在主动摄入酒精、毒品等物质后对妇女实施暴力行为应承担刑事责任，本判决符合这一国际准则。

姚某某故意杀人案

——受暴妇女因不堪忍受家庭暴力而杀死施暴人的，
可认定为故意杀人"情节较轻"

《中国反家暴十大典型案例》案例 2

2023 年 6 月 15 日

【基本案情】

被告人姚某某（女）和被害人方某某（男）系夫妻关系，二人婚后育有四个子女。方某某与姚某某结婚十余年来，在不顺意时即对姚某某拳打脚踢。2013 年下半年，方某某开始有婚外情，在日常生活中更是变本加厉地对姚某某实施殴打。2014 年 8 月 16 日中午，方某某在其务工的浙江省温州市某厂三楼员工宿舍内因琐事再次殴打姚某某，当晚还向姚某某提出离婚并要求姚某某独自承担两个子女的抚养费用。次日凌晨，姚某某在绝望无助、心生怨恨的情况下产生杀害方某某的想法。姚某某趁方某某熟睡之际，持宿舍内的螺纹钢管猛击其头部数下，又拿来菜刀砍切其颈部，致方某某当场死亡。作案后，姚某某拨打 110 报警并留在现场等待警察到来。

案发后，被害人方某某的父母表示谅解姚某某的行为并请求对姚某某从轻处罚。

【裁判结果】

法院生效裁判认为，姚某某因不堪忍受方某某的长期家庭暴力而持械将其杀死，其行为已构成故意杀人罪。根据被告人的供述以及在案十位证人的证言，应当认定方某某在婚姻生活中对姚某某实施了长期的家庭暴力。被告人姚某某对被害人方某某实施的家庭暴力长期以来默默忍受,终因方某某逼迫其离婚并独自抚养两个未成年子女而产生反抗的念头,其杀人动机并非卑劣;姚某某在杀人的过程中虽然使用了两种凶器并加害在被害人的要害部位,并承认有泄愤、报复的心理,但结合家暴问题专家的意见,姚某某属于家庭暴力受暴妇女,其采取杀害被害人这种外人看似残忍的行为,实际上有其内在意识:是为了避免遭受更严重家暴的报复。姚某某作案后没有逃匿或隐瞒、毁灭罪证,而是主动打电话报警,归案后如实供述自己的犯罪事实,并带领侦查人员找到作案使用的菜刀,具有认罪、悔罪情节。综上,姚某某的作案手段并非特别残忍、犯罪情节并非特别恶劣,可以认定为故意杀人"情节较轻"。姚某某具有自首情节,被害人方某某的父母对姚某某表示谅解,鉴于姚某某尚有四个未成年子女需要抚养,因此对姚某某给予较大幅度的从轻处罚。综上,对被告人姚某某以故意杀人罪,判处有期徒刑五年。

【典型意义】

1. 2015年3月2日,最高人民法院、最高人民检察院、公安部、司法部共同发布了我国第一个全面的反家庭暴力刑事司法指导性文件《关于依法办理家庭暴力犯罪案件的意见》(以下简称《反家暴意见》),在该意见第二十条中,较为全面地规定了由家庭暴力引发的杀害、伤害施暴人案件的处罚。本案系首例适用两高两部《反家暴意见》将受暴妇女以暴制暴的情形认定为故意杀人"情节较轻"的案件。本案深入了解被告人姚某某作为受暴妇女的特殊心理和行为模式,全面把握姚某某在本案中的作案动机、犯罪手段以及量刑情节,明确认定姚某某属于故意杀人"情节较轻",对其作出有期徒刑五年的判决。

2. 本案系全国首例家暴问题专家证人意见被判决采纳的案件。本案在开庭时聘请具有法学和心理学专业知识的人员出庭向法庭提供专家意见。家庭暴力问题专家出庭接受各方质询,可以向法庭揭示家庭暴力问题的本质特征以及家庭暴力关系中施暴人和受暴人的互动模式,帮助法庭还原案件中涉及家庭暴力的事实真相,尤其是家庭暴力对受暴人心理和行为模式造成的影响,从而协助法庭准确认定案件的起因、过错责任以及家暴事实与犯罪行为之间的因果关系等与定罪量刑密切相关的重要事实,避免法官因缺乏关于家庭暴力关系中双方的互动模式给受暴人的心理和行为造成的影响等方面的专业知识可能导致错误裁判的风险。庭审中,专家证人出庭接受了控、辩双方的质询并就家庭暴力的特征、表现形式、受暴人与施暴人在亲密关系中的互动模式以及受暴妇女、施暴人特殊的心理、行为模式等家庭暴力方面的专业知识向法庭作了客观、充分的解释。法庭根据被告人行为,结合专家证人在庭上提供的对受暴妇女的一般性规律意见,认定被告人姚某某在杀人的过程中虽然使用了两种凶器并加害在被害人的要害部位,但其采取上述手段杀害被害人更主要的还是为了防止被害人未死会对其施以更加严重的家庭暴力的主观动机。在涉家暴刑事案件审理中引入专家证人证言,对其他地方法院审理类似案件具有重要的借鉴意义。

从国际标准来看,联合国《消除对妇女一切形式歧视公约》及其一般性建议和联合国大会相关决议要求,"在案件审理过程中,应充分考虑性别因素并以受害人为中心。"本案专家证人证言中也描述了在长期遭受家庭暴力下对受害人的影响。根据世界卫生组织的研究表明,长期家暴可能给家暴受害人带来各种严重的身心影响,如个体在长期遭受无法逃脱的负面刺激或困境后,逐渐丧失对改变自身状况的信念和动力,产生无助和无能为力的心态称为习得性无助,这些影响在家庭暴力事件发生时,有可能会影响妇女对暴力程度、危险性和预期结果的认知,以及影响他们所采取的对策、行为的判断力。本判决符合这一国际准则。

韦某故意杀人案

——吸毒致幻杀害无辜群众,致三人死伤,罪行极其严重

《依法严惩毒品犯罪和涉毒次生犯罪典型案例》案例十

2023年6月26日

【基本案情】

被告人韦某,男,汉族,1987年5月1日出生,无业。

2020年6月4日7时许,被告人韦某与他人一起吸食毒品后产生幻觉,携带尖刀至湖南省衡阳市石鼓区湘江北路河畔。韦某认为在此活动的被害人刘某(男,殁年19岁)对其生命有威胁,遂持刀捅刺刘某颈、胸部等处数刀,致刘某死亡;后持刀砍向正在附近跑步的被害人吴某某(男,时年49

岁),吴某某避过;认为被害人许某(女,时年20岁)是"女杀手",又持刀捅刺许某背部多刀致其轻微伤。被害人肖某某(男,时年52岁)见状喝止,韦某持刀捅刺肖某某背部致其受重伤。

【裁判结果】

本案由湖南省衡阳市中级人民法院原审,湖南省高级人民法院复核。最高人民法院对本案进行了死刑复核。

法院认为,被告人韦某故意非法剥夺他人生命,其行为已构成故意杀人罪。韦某违反国家法律规定吸食毒品,产生幻觉后在公共场所持刀连续捅刺无辜群众,致一人死亡、一人重伤、一人轻微伤,犯罪情节特别恶劣,社会危害大,后果和罪行极其严重,应依法惩处。据此,依法对被告人韦某判处并核准死刑,剥夺政治权利终身。

【典型意义】

毒品具有中枢神经兴奋、抑制或者致幻作用,会导致吸毒者狂躁、抑郁甚至出现被害妄想、幻视幻听症状,进而导致其自伤自残或实施暴力犯罪。近年来,因吸毒诱发的故意杀人、故意伤害等恶性案件屡有发生,严重危害社会治安和公共安全。本案是一起因吸毒致幻而故意杀人的典型案例。被告人韦某吸毒后产生被害幻觉,在公共场所杀害无辜群众,致三人死伤,另有一名群众因躲避及时得以幸免,实属罪行极其严重。该案充分反映出毒品对个人和社会的严重危害,尤其值得吸毒者深刻警醒。人民法院在严惩韦某罪行的同时,也警示社会公众自觉抵制毒品,切莫以身试毒。

（二）故意伤害罪

李某某故意伤害案
——继母借"教育"之名打骂虐待继女

《最高人民法院公布三起侵犯未成年人权益犯罪典型案例》第 2 号
2013 年 5 月 29 日

【基本案情】

被告人李某某，女，汉族，1983 年 4 月 5 日出生，初中文化，个体户。

2010 年 9 月，被告人李某某和申某某各自离异后以夫妻名义同居生活。2011 年 2 月，申某某的女儿申某甲（被害人，殁年 5 岁）开始与李某某、申某某及李某某的儿子申某乙一起生活。其间，李某某经常以申某甲不写作业、不听话为由，采用掐、拧、踢、烫等方式殴打申某甲，致申某甲头面部、颈部、胸腹部及四肢等部位经常受伤。2012 年 3 月 27 日，申某某到外地打工，李某某带着申某甲、申某乙到山西省平顺县租房共同生活。同年 4 月 29 日晚，李某某在其租住处因琐事殴打申某甲，致其腹部受伤，后又多次殴打申某甲腹部等部位，致其伤情加重。同年 5 月 4 日晚，申某甲开始出现呕吐症状，李某某购买了治疗中暑等症状的药物让申某甲服用。同月 6 日 17 时许，申某甲和申某乙在租住处睡觉，李某某将两个孩子反锁在家中。当天 19 时许，李某某回家后发现申某甲躺在床下，身体已经发凉，遂拨打 120 急救电话，将申某甲送往医院抢救，但申某甲因受钝性暴力作用造成肠管破裂，致感染性休克在途中死亡。

【裁判结果】

法院认为，被告人李某某故意伤害被害人申某甲身体，致其死亡，其行为已构成故意伤害罪。李某某借"教育"之名，在与申某甲共同生活期间经常对申某甲进行打骂虐待，并最终将申某甲殴打致死，情节极其恶劣，罪行极其严重，社会危害性极大，应依法惩处。鉴于李某某有抢救被害人的行为，且归案后能够如实供述主要犯罪事实,认罪态度较好,对其判处死刑,可不立即执行。据此,依法认定被告人李某某犯故意伤害罪,判处死刑,缓期二年执行,剥夺政治权利终身。

邓某某故意伤害案
——长期对养女实施家暴获刑

《最高人民法院发布十起司法干预家庭暴力典型案例》第 7 号

2014 年 2 月 27 日

【基本案情】

被害人范某某(女,时年 7 岁)出生后不久即由被告人邓某某收养。在收养期间,邓某某多次采取持木棒打、用火烧、拿钳子夹等手段虐待范某某,致范某某头部、面部、胸腹部、四肢多达百余处皮肤裂伤,数枚牙齿缺失。2010 年 3 月 26 日上午,因范某某尿床,邓某某便用木棒殴打范某某腿部,致范某某左股骨骨折,构成轻伤。案发后,邓某某向公安机关投案。

【裁判结果】

法院经审理认为,被告人邓某某故意伤害他人身体的行为已构成故意伤害罪。邓某某为人之母,长期对养女范某某进行虐待,又因琐事持木棒将范某某直接打致轻伤,手段残忍,情节恶劣,后果严重,应依法惩处。鉴于邓某某自动投案后,如实供述自己的罪行,具有自首情节,依法可对其从轻处罚。据此,关岭布依族苗族自治县人民法院依法以故意伤害罪判处被告人邓某某有期徒刑二年二个月。

刘某某故意伤害案
——因不满医生转院建议殴打医生致轻伤

《最高人民法院公布涉医犯罪典型案例》第 2 号
2014 年 4 月 25 日

【基本案情】

被告人刘某某,男,汉族,1968 年 7 月 3 日出生,无业。

2012 年 12 月 3 日 0 时 30 分许,被告人刘某某因头部受伤,到辽宁省丹东市中医院就诊。刘某某对接诊医生宋某(被害人,男,时年 46 岁)称自己可能颅骨骨折,宋某建议刘某某去其他医院治疗。刘某某对宋某建议其转院治疗不满,离开十几分钟后返回,拽掉宋某的眼镜,用头撞击宋某的口、鼻处,并对宋某进行殴打,致宋某 2 颗牙齿折断,鼻骨线形骨折,构成轻伤。

【裁判结果】

辽宁省丹东市振兴区人民法院经审理认为,被告人刘某某故意伤害他人身体致轻伤,其行为已构成故意伤害罪。刘某某就诊时因对医生提出的转院治疗建议不满,将医生打致轻伤,应依法惩处。鉴于刘某某当庭自愿认罪,可酌情从轻处罚。据此,依法对被告人刘某某判处有期徒刑一年四个月。

该案一审宣判后,被告人未上诉,检察机关未抗诉,上述判决刑事部分已于 2013 年 12 月 9 日发生法律效力。

王某某故意伤害、虐待案

《最高人民法院公布五起依法惩治侵犯
儿童权益犯罪典型案例》第 4 号
2014 年 5 月 28 日

【基本案情】

被告人王某某系被害人张某（女，出生于 2001 年 4 月 9 日）的继母。2009 年 5 月 19 日晚，王某某在家中用筷子将张某咽部捅伤，致张某轻伤。

另查明，被告人王某某自 2005 年开始与张某共同生活，其间经常趁张某生父张某某不在家时，多次对张某实施打骂、用铅笔尖扎等虐待行为。2005 年春季的一天，王某某用吹风机将张某的头皮和耳朵烫伤。2008 年 12 月的一天，王某某在家中将张某的嘴唇撕裂，次日上午张某至医院缝了三针并留下疤痕。

【裁判结果】

河北省盐山县人民检察院以被告人王某某犯故意伤害罪，向盐山县人民法院提起公诉。在审理过程中，自诉人张某及其法定代理人、张某的生母张某甲以被告人王某某犯虐待罪，向盐山县人民法院提起告诉。盐山县人民法院经审理认为，被告人王某某故意用筷子戳刺继女张某的咽喉，造成张某轻伤，其行为已构成故意伤害罪；王某某在与张某共同生活期间，对张某实施殴打、用铅笔尖扎、用吹风机烫头皮、撕嘴唇等虐待行为，情节恶劣，其行为已构成虐待罪，应依法惩处。依照《刑法》规定，判决被告人王某某犯故意伤害罪，判处其有期徒刑二年；犯虐待罪，判处其有期徒刑一年，决定执行有期徒刑三年。

宣判后，被告人王某某提出上诉。河北省沧州市中级人民法院经依法审理，裁定驳回上诉，维持原判。

【典型意义】

本案是一起典型的继母对未成年子女实施家庭暴力构成犯罪的案件，其中反映出两点尤其具有参考意义：一是施暴人实施家庭暴力，往往是一个长期、反复的过程。在这一过程中，大部分家庭暴力行为，依照《刑法》的规定构成虐待罪，但其中又有一次或几次家庭暴力行为，已经符合了《刑法》规定的故意伤害罪的构成要件，依法构成故意伤害罪。依照《刑事诉讼法》的规定，故意伤害罪属于公诉案件，虐待罪没有致被害人重伤、死亡的属于自诉案件。人民检察院只能对被告人犯故意伤害罪提起公诉，自诉人可以对被告人犯虐待罪另行提起告诉（自诉）。人民法院可以将相关公诉案件和自诉案件合并审理。这样处理，既便于在事实、证据的认定方面保持一致，也有利于全面反映被告人实施家庭暴力犯罪的多种情节，综合衡量应当判处的刑罚，还有利于节省司法资源。本案的审判程序即反映出涉及家庭暴力犯罪案件"公诉、自诉合并审理"的特点。二是未成年子女的亲生父母离婚后，对该子女的监护权都是法定的，没有权利放弃、转让，无论是否和该子女共同居住，仍然属于该子女的法定代理人。在未成年子女遭受侵害的时候，未与该子女共同生活的一方，仍然可以以法定代理人的身份，代为提起告诉。本案被害人张某的生母张某甲，在与张某的生父张某某离婚后，虽然没有与张某共同生活，但其作为张某的法定代理人，代张某向人民法院提起虐待罪告诉，是合乎法律规定的。

林某甲故意伤害案

《最高人民法院公布五起依法惩治侵犯
儿童权益犯罪典型案例》第 5 号
2014 年 5 月 28 日

【基本案情】

2011 年 7 月下旬，被告人林某甲将其女儿（被害人林某某，时年 6 岁）从家中带至广东省云浮市居住。因林某甲认为林某某不听话，且怀疑林某某不是自己的亲生女儿，便用饮水机的开水淋在林某某身上。同年 8 月 13 日至 20 日，林某甲分别将林某某带至云浮市唐人旅店 302 房、新富丽旅店 605 房，先后三次用电热棒将塑料盆里的水烧开，脱光林某某的衣服，将开水淋到林某某身上。8 月 20 日凌晨，林某甲将全身被烫伤的林某某送回家中即自行离去。林某某的家人发现林某某受伤后即报警并将林某某送至医院救治。林某某经治疗后皮肤瘢痕仍占全身表面积70%以上，构成重伤、四级伤残。

【裁判结果】

广东省云浮市人民检察院以被告人林某甲犯故意伤害罪向云浮市中级人民法院提起公诉。云浮市中级人民法院经审理认为，被告人林某甲故意伤害他人身体的行为已构成故意伤害罪。林某甲以特别残忍的手段致女儿林某某重伤、四级伤残，应当依法惩处。林某甲曾因犯盗窃罪被判刑，在刑罚执行完毕后五年内再犯应当判处有期徒刑以上刑罚之罪，系累犯，应当从重处罚。依照《刑法》规定，判决被告人林某甲犯故意伤害罪，判处其有期徒刑十五年，剥夺政治权利五年。

宣判后，林某甲没有上诉，检察院亦没有抗诉，判决已发生法律效力。

【典型意义】

未成年人不具备自我保护能力，父母本应当是他们最值得信赖的安全保障。父母一旦失职，甚至成为伤害未成年子女的凶手，不仅对未成年子女的身体造成伤害，对未成年子女的精神也将造成难以愈合的创伤。对于父母伤害未成年子女的行为，必须依法予以惩处。本案被告人林某甲因认为女儿林某某不听话，怀疑林某某不是自己的亲生女儿，竟将林某某脱了衣服用开水烫，造成林某某重伤、四级伤残的后果，犯罪手段极其残忍，后果严重。鉴于林某甲归案后能如实供述，有坦白情节，云浮市中级人民法院最终决定对被告人林某甲判处有期徒刑十五年，量刑适当。

王某某故意伤害案

《最高人民法院发布 98 起未成年人审判工作典型案例》第 4 号

2014 年 11 月 24 日

【基本案情】

2009 年 11 月 20 日，被告人王某某（1993 年 9 月出生）应朋友陈某的请求来到某附属中学，二人在学校门口遇到梁某某等十余人，后被带到某小区里。被害人梁某某坐在花坛边，让被告人王某某蹲下，被告人王某某不服从，被害人梁某某首先动手打了王某某，王某某随后持刀将被害人扎伤，致其腹部开放性刀刺伤、肝破裂，面部及腰背部多处刀刺伤，经鉴定为重伤。被告人王某某左额部受伤，经鉴定为轻微伤。当日，王某某向公安机关投案。

【裁判结果】

在诉讼过程中，被害人提起附带民事诉讼，要求被告人赔偿因故意伤害行为给其造成的损失。经北京市海淀区人民法院依法调解，双方最终就附带民事赔偿问题达成协议，并在刑事部分开庭前履行完毕。在对被告人量刑时，合议庭对被告人酌情予以从轻处罚，判处有期徒刑三年，缓刑三年。

【案例评析】

本案法官通过情理交融的耐心工作，使附带民事部分顺利达成调解协议，取得了良好的审判效果和社会效果。一方面，被害人损失得到及时弥补，对被告人表示谅解；另一方面，被告人认识到行为的危害，真诚悔过自新。法院综合具体案情，以及被告人得到谅解、学校愿意接收等因素，对其判处了缓刑。被告人家属送来两面锦旗，上书"严格执法、挽救少年""知心姐姐"。

在王某某缓刑考验期间，法官继续对他跟踪帮教，并聘请专家对他进行心理疏导，鼓励他发奋读书。最终，王某某以 595 分的高考成绩被重点大学录取。被害人由于赔偿及时到位，在伤情恢复后出国发展，成长为一名职业模特，走上国际 T 型舞台。

刘某某故意伤害案

《最高人民法院发布 98 起未成年人审判工作典型案例》第 7 号

2014 年 11 月 24 日

【基本案情】

2010 年 10 月 7 日 21 时 30 分许，刘某某（18 岁，技校学生）酒后回到北京市某学校，在该校学生宿舍管理办公室内，因索要洗脸盆以及喝酒一事与宿管老师陈某某发生争执，后刘某某用随身携带的弹簧刀将陈某某扎成重伤。后刘某某逃跑，于当日 23 时许向公安机关投案。案发后，被告人刘某某积极赔偿被害人的经济损失，并得到被害人的谅解。

【裁判结果】

北京市房山区人民法院经审理认为，被告人刘某某故意伤害他人身体，致人重伤，其行为已构成故意伤害罪，犯罪事实清楚，证据确实、充分，依法应予惩处。被告人刘某某有自首情节，对其可依法减轻处罚。被告人刘某某认罪态度较好，积极赔偿被害人经济损失，并得到被害人的谅解，对其可酌予从轻处罚，判决被告人刘某某犯故意伤害罪，判处有期徒刑二年，缓刑二年。

【案例评析】

本案审理过程中，法官通过社会调查、亲情会见、法庭调解、心理疏导等特色机制及"恢复性司法"理念的运用，对其循循善诱，并促使双方当事人在换位思考的前提下化解矛盾，改善、修复了被告人与他人的关系，是对社会关系修复途径的一次有益尝试。

徐某某故意伤害案

《最高人民法院发布98起未成年人审判工作典型案例》第21号

2014年11月24日

【基本案情】

2011年9月10日19时许，被告人徐某某教其子即被害人徐某某（2007年5月18日生）做作业时，因徐某某不会写数字"5"和"8"，被告人徐某某即用手抽打徐某某面部数下。被告人徐某某为督促其认真读书，又从室外扫帚上折下一根竹枝抽打，后又用拖鞋和手抽打。其间，被告人徐某某用手击打徐某某的后脑部时，造成徐某某的面部和前额分别撞到餐桌。9月11日5时30分左右，被告人徐某某发现无法叫醒徐某某，即同妻子邹某某将徐某某送至医院医治，经抢救无效于当日7时30分左右死亡。经法医学鉴定，被害人徐某某系颅脑损伤死亡。2011年9月11日，被告人徐某某主动向公安机关投案，并如实供述自己罪行。

【裁判结果】

江苏省南通市通州区人民法院认为，被告人徐某某的行为已构成故意伤害罪。被告人徐某某犯罪以后主动投案并如实供述自己罪行，系自首。被告人徐某某能积极送被害人到医院救治，可从轻处罚。依据相关法律规定认定被告人徐某某犯故意伤害罪，判处有期徒刑七年六个月。

【案例评析】

本案是一起家庭暴力案件。作为监护人的父亲，虽然具有教育、管理未成年儿子的法律权利，但应当在法律范围内采取正当可行、有效的方法。被告人徐某某采用殴打方法作为教育手段，尽管其在殴打时不希望造成被害人重伤直至死亡的后果，但其应当明知可能会造成伤害被害人的后果。因此，应认定为故意伤害罪予以处罚。

林某某故意伤害案

《最高人民法院发布98起未成年人审判工作典型案例》第26号
2014年11月24日

【基本案情】

被告人林某某与被害人林某甲均系同班同学，二人多次发生矛盾冲突，校方和双方家长多次参与调停，但未果。案发前，因林某甲当众叫林某某绰号，林某某遂意图报复林某甲。2012年10月24日8时许，在上课时，林某某走到林某甲身后，手持一瓶硫酸从林某甲头顶倒下，致其头面部、背部和胸部等处大面积烧伤，并致林某甲的同桌蔡某某被硫酸溅伤。经鉴定，林某甲所受损伤系重伤，蔡某某所受损伤系轻伤。

【裁判结果】

福建省厦门市集美区人民法院经审理，判处被告人林某某犯故意伤害罪，判处有期徒刑九年。厦门市中级人民法院经审理认为，虽被告人林某某以特别残忍手段故意伤害他人身体，致一人重伤并严重残疾、一人轻伤的危害后果，但本案系因校园纠纷引发，其犯罪时已满16周岁未满18周岁，且具有自首情节，并在亲属的帮助下赔偿林某甲经济损失40万元，可在原判基础上进一步减轻处罚，改判其有期徒刑六年。

【案例评析】

本案系一起因校园纠纷而引发的典型校园伤害案件，给予我们的启示是家庭和社会应重视和关注未成年人的心理状态。本案中，施暴者林某某正值青春期，案发前并非"问题学生"，但家庭教育较为简单粗暴，母亲多以溺爱为主，父亲则多责骂，导致其内心敏感。入校后人际交往能力存有障碍，在被性格外向的林某甲取绰号后，不能正确对待，感觉被孤立。家长和校方在林某某与林某甲产生矛盾长达一年余的情形下虽有介入，但多采调停、处罚、训诫等简单方法，未触及了解孩子的内心世界。为矫正其心理，二审法院依法引入心理疏导机制，聘请专业心理咨询师对林某某进行心理疏导。同时，建议校方关爱学生心理健康，设立心理咨询室，提供常态化的心理指导，取得了良好的效果。

吴某某等校园枪击案

《最高人民法院发布 98 起未成年人审判工作典型案例》第 32 号

2014 年 11 月 24 日

【基本案情】

2011 年 10 月 25 日 23 时许，被告人吴某某（徐闻县某中学学生）和同学从校外返回学校门口时，被一群男青年冲过来追打，吴某某等人逃入校园。随后，吴某某打电话叫被告人陈某某来报复对方。陈某某接到电话后叫被告人张某某与其一起去现场，并找朋友取来一支猎枪，到达徐闻县机械厂附近某小吃店。此时，被害人吴某甲、林某某（同校同学）二人正在小吃店门前。张某某取出猎枪先后向林某某、吴某甲开了两枪，随后逃离现场。林某某颈部中枪，当晚经抢救无效死亡。

【裁判结果】

广东省湛江市中级人民法院经审理，认定本案事出有因，被告人张某某、吴某某作案时均未满 18 周岁，且具有自首情节，依法应当从轻、减轻处罚，以故意伤害罪判处张某某有期徒刑十三年，判处陈某某有期徒刑十四年，判处吴某某有期徒刑六年。

【案例评析】

在校学生纠集社会人员枪杀在校学生，"校园枪击案"这一敏感词条经新闻媒体报道后，在湛江当地乃至全省都受到高度关注。该案的发生也引起了人们对学校教育、校园周边安全问题的思考。

学校是未成年人除家庭以外最重要的生活、学习环境。目前，少数学校在学生教育方面存在一些问题，成为影响未成年人健康成长不可忽视的因素。如办学理念存在偏差，重考分、轻德育，重教书、轻育人，片面追求升学率，不注重对学生法治观念和人生观、道德观、价值观的培养。一些学校周边环境恶劣，网吧、电子游戏厅、KTV 等不适合未成年人进入的娱乐场所随处可见，诱使不少学生在耳濡目染中沉迷于网络游戏乃至色情场所，易引发犯罪。

莫某某等 3 名未成年人故意伤害案

《最高人民法院发布 98 起未成年人审判工作典型案例》第 37 号

2014 年 11 月 24 日

【基本案情】

2010 年 3 月一天晚上，两名成年被告人（另案处理）驾驶摩托车时与 4 名外省男子发生口角后，纠集了被告人莫某某、庄某、陈某等 13 人携带木棒等作案工具，分别驾乘 6 辆摩托车外出寻找并准备报复该 4 名外省男子。至当晚 11 时许，莫某某等 13 人见到被害人吴某持一把开山刀与另一男子步行，误认为吴某等人就是当晚与其发生口角的外省男子，遂上前追打，致吴某受伤倒地后逃离现场。吴某后经送医院抢救无效死亡。

【裁判结果】

广东省潮州市中级人民法院经审理后认为，被告人莫某某、庄某、陈某犯罪时不满 18 周岁，参与共同故意伤害他人身体，致 1 人死亡，其行为均已构成故意伤害罪，系从犯，依法予以减轻处罚，依法对 3 人均判处有期徒刑一年，缓刑一年。

【案例评析】

法院认为莫某某、庄某及陈某符合前科封存的条件，决定对 3 人进行前科封存，并于 2012 年 5 月 11 日举行了未成年人前科封存启动仪式暨全省第一份前科封存决定书发放仪式，联合市检察院、公安局、司法局、团市委、市教育局等单位对他们犯故意伤害罪的犯罪卷宗材料予以封存保管。通过对未成年罪犯的轻罪记录及时予以封存的形式，有效避免未成年罪犯因实施轻刑犯罪行为所造成的标签效应，给他们一次改过自新的机会，帮助未成年罪犯顺利回归社会。

朱某某等故意伤害案

《最高人民法院发布98起未成年人审判工作典型案例》第42号

2014年11月24日

【基本案情】

2011年3月7日凌晨2时许，被告人朱某某、余某某、朱某甲、李某某4人在广东省台山市一酒吧与朋友喝酒。离开时，获知一起喝酒的朋友驾驶摩托车与另一辆摩托车发生碰撞并致伤。4被告人赶到现场之后，被害人甄某林正在推一辆红色摩托车。余某某、朱某甲、李某某认为此人就是驾车碰撞其朋友的人，遂追上被害人甄某林将其推倒并用拳脚殴打。被害人甄某林随即逃跑。朱某某见状，从后面追赶被害人甄某林。当被害人甄某林转身时，朱某某持刀向甄捅了一刀致其当场死亡。

【判决结果】

广东省江门市中级人民法院经审理认为，朱某某、余某某、朱某甲、李某某无视国家法律，共同故意伤害他人，致一人死亡，其行为均已构成故意伤害罪。法院判处朱某某有期徒刑十五年；李某某有期徒刑四年；余某某有期徒刑三年，缓刑四年；朱某甲有期徒刑三年，缓刑四年；禁止余某某、朱某甲在缓刑考验期内进入夜总会、酒吧、迪厅、网吧等娱乐场所。

【案例评析】

该案是广东省江门市中级人民法院审理未成年人犯罪案件中，首例在宣告被告人适用缓刑的同时，判处禁止令的案件。

判决生效后，承办法官与江门市司法局，司法局社区矫正办公室的工作人员一起走访该市、区内的夜总会、酒吧、迪厅、网吧等娱乐场所，将生效判决以及禁止令内容通报给娱乐场所的负责人。生效判决在少年犯居住辖区以及缓刑考验期内的街道办事处进行备案，当地派出所在进行监管的同时，要求各娱乐场所负责人出具缓刑考验期内没有进入该娱乐场所的证明，制作一份缓刑考验期内的考察报告向作出生效裁判的法院进行报告。禁止令的正确适用，不但可以纠正未成年人罪犯的不良行为，同时也起到了动员社会力量帮扶未成年罪犯改过自新的作用。

姬某某故意伤害案

《最高人民法院发布 98 起未成年人审判工作典型案例》第 49 号
2014 年 11 月 24 日

【基本案情】

2011 年 4 月 9 日 21 时许，被告人姬某某因恋爱纠纷与被害人任某某各纠集数人互殴。厮打中，姬某某持刀将任某某捅伤，致任某某右侧开放性血气胸、右侧第 7 肋骨骨折、肝脏破裂，构成重伤。案发后，姬某某投案，如实供述犯罪事实。案发时，姬某某不满 18 周岁。

【裁判结果】

郑州市惠济区人民法院作出刑事附带民事判决，认定姬某某犯故意伤害罪，判处有期徒刑三年八个月；姬某某赔偿附带民事诉讼原告人任某某各项经济损失共计人民币 106872.62 元，姬某某的法定代理人承担补充赔偿责任。宣判后，被告人姬某某上诉。郑州市中级人民法院于 2012 年 4 月 12 日二审作出刑事附带民事裁定，驳回上诉，维持原判。

【案例评析】

未成年人在恋爱过程中容易感情冲动，在自控力薄弱的情况下，铤而走险，不计后果而犯罪，这符合未成年人犯罪的特点。同时，本案原告人和被告人在纠纷发生后，各自纠集多人互殴，也是未成年人犯罪的一个特点，即团伙犯罪。未成年人往往讲"哥们儿"义气，一人有事，同伙齐上。对未成年人犯罪，特别是主观恶性小的激情犯罪，应依法从轻或者减轻处罚，对其他未成年参加者，情节较轻的，应以教育为主。

高某、梁某、崔某某等 12 人故意伤害案

《最高人民法院发布 98 起未成年人审判工作典型案例》第 50 号

2014 年 11 月 24 日

【基本案情】

2012 年 3 月 24 日晚，被告人梁某在酒吧饮酒期间与被害人周某某发生矛盾。双方被劝离后，梁某打电话纠集被告人高某、赵某（另案处理）、宋某（另案处理）等人预谋报复周某某。高某带领杨某、吴某等人与梁某、孙某某等人找到周某某，随后被告人武某接到赵某的电话赶到现场。双方争执时，被告人崔某某带领郭某某、艾某某、宋某甲、赵某某、高某甲等人赶到。梁某给崔某某指认被害人周某某后，崔某某手持半截砖头与周某某发生争执，后周某某往南逃跑，梁某、高某、崔某某等 12 人追赶，周某某被绊倒，梁某等人趁机对其殴打约一分钟后逃离现场。后周某某被送往医院，经抢救无效死亡。经法医鉴定认定，周某某系钝性外力作用于头面部致严重颅脑损伤死亡。

【裁判结果】

河南省驻马店市中级人民法院作出判决，认定被告人梁某、高某、崔某某、孙某某、郭某某、艾某某、宋某甲、赵某某、武某、杨某、吴某、高某甲故意伤害他人身体，并致他人死亡，均已构成故意伤害罪，判处被告人高某有期徒刑十五年，剥夺政治权利五年；梁某有期徒刑十一年，剥夺政治权利二年；崔某某有期徒刑十年，剥夺政治权利一年；高某甲有期徒刑八年；艾某某有期徒刑七年；宋某甲有期徒刑六年；孙某某有期徒刑四年；武某有期徒刑四年；郭某某有期徒刑三年；杨某有期徒刑三年；吴某有期徒刑三年，缓刑四年；赵某某有期徒刑三年，缓刑三年。

【案例评析】

法院对梁某等 6 名未成年被告人量刑时，准确把握宽严相济的刑事政策，区别对待各个被告人，不一味从轻，也不一味从重处罚。通过庭前社会调查

和法庭调查,梁某自控能力差,缺乏家庭教育,崔某某过早辍学,法律观念淡薄,"哥们儿"义气重,父母忙于生计,无暇管教。二人经常出入网吧、酒吧,不上学也无正当职业,视法律为儿戏,社会危害性较大。法院以故意伤害罪分别判处二人有期徒刑十一年和十年。吴某和赵某某是后来被叫过去参与互殴,在犯罪中作用较小,属从犯,且二人作案时年龄尚小,系在校学生。通过庭前社会调查了解到,二人以前无任何违法违纪行为,在学校学习、生活各方面表现都很好,所居住地的周边邻居及村委等也愿意对其帮教。根据二人犯罪前后的表现,法院认为没有再犯罪的危险,对二人适用缓刑对其所居住的社区没有重大不良影响,法院对二人依法适用缓刑。据回访考察,二人均已顺利回归学校,成绩上升很快,得到老师同学的一致认可。

赵某某故意伤害案

《最高人民法院发布98起未成年人审判工作典型案例》第52号

2014年11月24日

【基本案情】

被告人赵某某与被害人李某某系河南省驻马店市某高中同班同学。2011年11月14日,二人因琐事产生矛盾。同年11月16日18时许,赵某某持水果刀在教室内将李某某腹部捅伤,造成李某某脾破裂摘除、肝破裂、胃破裂。经鉴定,李某某的损伤构成重伤。案发后,赵某某亲属积极赔偿李某某经济损失,取得了李某某及其亲属谅解。

在审理过程中,法院对被告人赵某某进行了社会调查,了解到赵某某平时在学校表现较好,其实施犯罪系一时冲动所为。在庭审过程中,赵某某也认识到了自己行为的社会危害性,当庭表示悔罪。

【裁判结果】

河南省驻马店市驿城区人民法院认定被告人赵某某犯故意伤害罪,判处有期徒刑三年,缓刑三年。现该判决已经生效。

【案例评析】

未成年人犯罪有其特殊性,特别是有比较复杂的社会原因,有别于成年人。通过社会调查,了解其成长经历、家庭背景、一贯表现、犯罪原因等情况,不仅有助于找准教育的切入点,提升对其教育、感化的针对性、感染力,更有利于准确把握未成年被告人的主观恶性和人身危险性,进而对其科以适当的刑罚。

本案法院在庭审前即对被告人赵某某进行了社会调查,了解其平时表现,并且通过调解,让赵某某亲属与被害人亲属达成了民事赔偿协议,取得了被害人亲属的谅解,依法给予缓刑判决。判后,法院与赵某某原先学校联系,学校愿意接受赵某某复学。经回访,赵某某表现良好,学习成绩较好,没有违法现象。

郭某某故意伤害案

《最高人民法院发布 98 起未成年人审判工作典型案例》第 61 号

2014 年 11 月 24 日

【基本案情】

2013 年 7 月 22 日晚,被告人郭某某(男,汉族,1997 年 2 月生,高中文化,学生)与刘某某、刘某甲、杜某某(已判刑)在滨州市一 KTV 消费过程中,因琐事与被害人赵某某发生争执。刘某某、杜某某欲行报复。次日凌晨,被告人郭某某与刘某甲、杜某某乘坐刘某某驾驶的车辆尾随赵某某、李某某等人至一饭店,被告人郭某某持甩棍、刘某甲持消防斧、杜某某持砍刀伙同刘某某,对被害人赵某某、李某某等人进行砍、打,致赵某某、李某某受伤。经法医鉴定,赵某某、李某某之损伤程度均为轻伤。被告人郭某某于 2013 年 9 月 12 日主动到公安机关投案。另查明,被告人郭某某近亲属赔偿被害人赵某某、李某某经济损失 4 万元,二被害人对其表示谅解。

【裁判结果】

法院认为,被告人郭某某伙同他人故意伤害赵某某、李某某的身体,其行为已构成故意伤害罪。鉴于被告人郭某某犯罪时未满 18 周岁，且在共同犯罪中系从犯，又有自首情节，近亲属积极赔偿被害人的经济损失并取得谅解，依法可免予刑事处罚。依照相关法律规定，被告人郭某某犯故意伤害罪，免予刑事处罚。

【案例评析】

本案中的被告人系未成年人，由于其一时冲动，伙同他人共同致二人轻伤，情节较为恶劣，但鉴于其有多个从轻情节，如未成年人、自首、从犯、积极赔偿取得被害人谅解等，法院对其判处免予刑事处罚，充分体现了对未成年被告人的宽严相济的刑事政策。

李某故意伤害案

《最高人民法院发布 98 起未成年人审判工作典型案例》第 62 号
2014 年 11 月 24 日

【基本案情】

被告人李某（男，汉族，1999 年 4 月生，初中文化，学生）系宁津县某中学学生，2012 年 12 月 14 日因琐事与同学李某甲发生口角，继而打斗，李某用在教室里捡来的木棍将李某甲打伤，李某甲因此住院治疗，后经法医鉴定为重伤。案发后，李某认识到自己的冲动带来的严重后果，主动向李某甲道歉，双方的家长也要求和解。李某在家长的帮助下赔偿了李某甲的医疗费等损失并得到了谅解，双方最终达成和解协议。

【裁判结果】

山东省宁津县人民法院审理认为，被告人李某故意伤害他人身体致人重伤，其行为已构成故意伤害罪。被告人李某犯罪时刚满 14 周岁，不满 15 周岁，系未成年人，积极赔偿了被害人经济损失，取得了受害人的谅解，且双方达成和解协议，李某在庭审中坦白认罪，系初犯、偶犯。在法庭审理过程中，被告人的法定代理人愿严格履行家长的监管责任，充分发挥家庭的教育和保护作用。社区矫正管理局也同意对被告人李某适用监外执行，同意接收其为社区矫正对象。综合上述法定、酌定情节，对被告人李某决定适用缓刑。判处有期徒刑一年，缓刑两年。

【典型意义】

本案运用圆桌审判模式审理的同时，将被告人席位的设置由原来审判台的对面，移到审判台左侧辩护人与其法定代理人中间的位置，增强未成年人对司法活动的信任和改过自新的信心，帮助他们顺利回归社会。

本案的另一典型特点是未成年人的刑事和解程序的运用。两个未成年人在双方父母的陪伴下，在法官的主持下，未成年被告人当面向被害人道歉，被害同学对被告人予以谅解，二人之间的矛盾彻底化解，友情重新恢复。审判过程中，法庭还委托社会调查员对未成年人进行调查，并出具了书面的社会调查报告，认为对李某适用缓刑不会危害社会。

许某某故意伤害案

《最高人民法院发布涉家庭暴力犯罪典型案例》第 1 号

2015 年 3 月 4 日

【基本案情】

被告人许某某平时经常打骂父母，其母被打得不敢回家。2012 年 5 月 28 日，许某某又因琐事在家中殴打因患脑血栓行动不便的父亲许某（被害人，殁年 63 岁）。同月 30 日中午，许某某再次拳打脚踢许某的头面部及胸部等处，造成许某双侧胸部皮下及肌间广泛出血，双侧肋骨多根多段骨折，左肺广泛挫伤，致创伤性、疼痛性休克并发呼吸困难死亡。

【裁判结果】

河北省衡水市中级人民法院经审理认为，许某某因琐事殴打患脑血栓行动不便的父亲许某致死，其行为已构成故意伤害罪，应依法惩处。依照《刑法》有关规定，以故意伤害罪判处被告人许某某死刑，剥夺政治权利终身。宣判后，许某某提出上诉。河北省高级人民法院经审理，裁定驳回上诉，维持原判，并依法报请最高人民法院核准。最高人民法院经依法复核，核准许某某死刑。

【典型意义】

本案是一起殴打病重父亲致死的家庭暴力犯罪案件。尊老爱幼是中华民族的传统美德，而被告人许某某平时好吃懒做，还经常打骂父母，在案发前和案发当日先后两次对患脑血栓行动不便的父亲施暴，且是殴打其父头面部及胸部等要害部位，从许某双侧肋骨多根多段骨折的情况看，暴力程度很强，说明许某某主观上具有伤害的故意。案发后，许某某的近亲属及村民代表均要求严惩不务正业、打死生父、违背人伦道德的"逆子"。因此，对许某某以故意伤害罪核准死刑，定性准确，量刑适当。充分体现了对严重侵犯老人等弱势群体的暴力犯罪予以严惩的政策，即便是发生在家庭成员间也不例外。

常某故意伤害案

《最高人民法院发布涉家庭暴力犯罪典型案例》第 3 号
2015 年 3 月 4 日

【基本案情】

被告人常某与其父常某某（被害人，殁年 56 岁）、母郑某甲共同居住，常某某饮酒后脾气暴躁，经常辱骂、殴打家人。2012 年 8 月 29 日 18 时许，常某某酒后又因琐事辱骂郑某甲，郑某甲躲至常某卧室。当日 20 时许，常某某到常某卧室继续辱骂郑某甲，后又殴打郑某甲和常某，扬言要杀死全家并到厨房取来菜刀。常某见状夺下菜刀，常某某按住郑某甲头部继续殴打。常某义愤之下，持菜刀砍伤常某某头、颈、肩部等处，后将常某某送往医院救治。次日，常某到公安机关投案。当晚，常某某因失血性休克死亡。

【裁判结果】

重庆市江津区人民法院经审理认为，常某持刀故意伤害致一人死亡的行为已构成故意伤害罪，但其行为属防卫过当，依法应当减轻或免除处罚。案发后，常某投案自首，其母表示谅解，同时考虑被害人常某某平时饮酒后常常对家庭成员实施家庭暴力，故对常某减轻处罚并适用缓刑。依照《刑法》

有关规定，以故意伤害罪判处常某有期徒刑三年，缓刑五年。宣判后，在法定期限内没有上诉、抗诉，判决已发生法律效力。

【典型意义】

本案被告人常某已经将被害人常某某手中的菜刀夺下，但常某某对郑某甲的不法侵害仍在继续，虽然殴打的不是常某，但其扬言要杀死全家，结合常某某平时酒后常有严重的家庭暴力行为，不能排除其暴力行为造成更严重后果的可能。因此，常某针对常某某正在进行的家庭暴力，有权进行防卫。但从常某持菜刀砍击常某某造成多处损伤并致其因失血性休克死亡分析，确实与常某某徒手家暴行为的手段和严重程度不对等，因此，可以认定常某的行为构成防卫过当，同时考虑到常某将常某某砍伤后立即送往医院救治，案发后投案自首，得到其母亲的谅解。常某某具有家庭暴力既往史，常某某的其他亲属和邻居也要求对常某从轻处罚等情节，对常某减轻处罚并适用缓刑，是完全适当的。

曾某故意伤害案

《最高人民法院公布八起侵害未成年人合法权益典型案例》第 2 号
2015 年 8 月 31 日

【基本案情】

2012 年 5 月，被告人曾某经人介绍认识了现任丈夫许某，随后即与许某以及许某与前妻生育的女儿小佳（案发时不满 3 岁）一起生活。为阻止许某与前妻联系，曾某经常大发雷霆，怀孕后更是时常对非亲生的小佳严厉苛责，打骂不断。

2013 年 1 月 1 日下午 5 时，曾某在家中叫小佳洗澡，小佳哭闹着不愿意。一怒之下，曾某用手打、推小佳的脸和颈部，小佳跌倒在地致头部受伤。刚开始，曾某并未在意，但之后小佳开始神志不清，伴随有呕吐和昏迷症状。曾某这才叫上亲戚一起将小佳送至医院抢救，但终因伤情太重，小佳于 1 月 7 日死亡。经法医鉴定，小佳死亡原因为重型颅脑损伤，左额顶部硬膜下血肿并脑疝形成、脑干功能衰竭。

小佳被打当晚 10 时许，公安机关在医院将曾某抓获。由于曾某当时怀有身孕，2013 年 1 月 2 日至 2014 年 6 月 30 日，公安机关和检察机关分别对其采取了取保候审措施。2014 年 7 月 1 日，曾某被批准逮捕。同年 7 月 7 日，检察机关向一审法院提起公诉。

【裁判结果】

广东省清远市清新区人民法院经开庭审理后，以故意伤害罪对被告人曾某判处有期徒刑十四年零三个月。一审宣判后，曾某认为量刑过重提起上诉，认为：（1）原判认定上诉人犯故意伤害罪属适用法律错误，其行为属于过失致人死亡，上诉人与被害人共同生活期间一直对其照顾有加。案发时上诉人只是出于教育的目的打了被害人几下，小孩摔倒死亡并非其所愿，且现实中家长教育致小孩死亡有许多案例都是以过失致人死亡定罪处罚。（2）被害人父亲曾对上诉人表达过谅解的意思。（3）原判未充分考虑其悔罪态度及父母年老、儿子年幼的情形。请求二审法院予以改判。

清远中院经二审审理查明事实后认为，虽然从上诉人曾某在小佳昏迷后送医院抢救等情况看，其并不积极追求被害人死亡的后果，但是从其殴打方式和部位，以及被害人头部左枕骨粉碎性骨折，颅骨骨缝骨裂状且部分脑组织呈溶解状改变的伤害后果，可见上诉人在实施殴打时的力度，显示其主观上对危害后果的放任，应属间接故意，因此，一审认定构成故意伤害罪正确。对于曾某上诉提出其有积极赔偿的情节，经查证属实，同时考虑到该案发生在家庭成员之间，且案发后上诉人积极将被害人送医救治，留在医院守候没有逃走，遂改判曾某有期徒刑十二年。

【典型意义】

每年孩子被父母或被家庭成员打死的报道几乎就没有中断过。孩子是父母的骨肉、家庭的希望，在孩子成长的路上，一些父母为什么忍心一次次地下狠手，作出伤害孩子的事情？因为很多人仍然认为家长打骂孩子是天经地义的事，"不打不成才""棍棒底下出孝子"是我国相当多的父母信奉的一条古训。

错误的管教观念是导致对孩子施暴的一个主要原因，另外，还有生活困难、工作压力大、未婚先育没有条件抚养、孩子身体智力有缺陷或残疾、重男轻女、父母有恶习、品行不良和精神心理异常等也导致这种伦理惨剧频发。

这类案件反映出，由于未成年人弱小，一些父母并没有把孩子当成独立个体看待，而是将其当成私有财产或物品，甚至当成出气筒、泄愤目标、报复工具。

在《未成年人保护法》等一系列法律法规中，已明确规定监护人"禁止对未成年人实施家庭暴力"，但在社会观念尚未完全将"父母打孩子"纳入法治视角的情况下，非到打孩子致伤、致残、致死情况下，父母很难受到法律的制裁；在干预机构和措施上，更远没有达到保护儿童不受家庭暴力伤害的程度。因此，有必要站在保护儿童的立场，认识家庭暴力对儿童的伤害，要对未成年人给予特殊的关注和保护，对未成年人施暴的犯罪分子给予严惩；同时并提出相应的干预对策，遏制这种不良现象，保障孩子的生命尊严不受侵害。

刘某故意伤害案

《最高人民法院公布八起侵害未成年人合法权益典型案例》第 3 号
2015 年 8 月 31 日

【基本案情】

2014 年 5 月 3 日 13 时许，被告人刘某因怀疑其子被害人高某某（男，2008 年 10 月 13 日出生）偷拿家中的钱，遂在广东省潮州市潮安区某镇的出租屋内对高某某进行责问，因高某某不承认偷拿家中财物而心生气愤。刘某叫高某某把衣服脱光，先用皮带抽打高某某，见高某某还不承认偷拿家中的钱，刘某更加气愤，又持塑料管持续殴打高某某的头部、背部、四肢等部位，致高某某全身多部位不同程度受伤，直至塑料管折断才停止。当天 16 时许，高某某因被殴打受伤而出现身体不适的症状，刘某遂将高某某送至医院抢救，经医生抢救发现高某某已死亡。医生遂向公安机关报警，刘某于当天在医院内被公安民警带回审查。经查，高某某的死因符合全身体表广泛钝性暴力损伤造成创伤性、失血性休克联合心脏挫裂伤死亡。

【裁判结果】

广东省潮州市潮安区人民检察院以被告人刘某犯故意伤害罪提起公诉。潮州市潮安区人民法院经审理认为，被告人刘某因怀疑儿子偷拿家中钱财而心生气愤，持械故意伤害自己的未成年儿子，致其死亡，其行为已构成故意伤害罪。公诉机关指控罪名成立。被告人刘某归案后如实供述自己的犯罪事实，且已获得其家属的谅解，依法予以从轻处罚。辩护人提出被告人刘某的行为构成过失致人死亡罪，上述辩护意见理据不足，不予采纳。辩护人关于被告人具有坦白情节且取得家属谅解，可以从轻处罚的辩护意见，予以采纳。根据被告人的犯罪事实、性质、情节以及对社会的危害程度，依照《刑法》有关规定，判决被告人刘某犯故意伤害罪，判处有期徒刑十年。宣判后，没有上诉、抗诉，判决已发生法律效力。

【典型意义】

本案是一起父母教育未成年人子女过程中，因教育方式不当而心生气愤，并无节制地殴打未成年子女，致子女死亡的案件，属于典型的涉及家庭暴力刑事案件。根据当前刑事政策，对于因恋爱、婚姻、家庭纠纷等民间矛盾激化引发的犯罪，一般酌情从宽处罚，涉及家庭暴力刑事案件也属于"因恋爱、婚姻、家庭纠纷"引发的犯罪。未成年人比起成年人来说，缺乏自我保护能力，极易成为家庭暴力的对象，遭受家庭暴力的伤害后果更加严重；司法对于针对未成年人成员实施暴力的被告人，根据案件的具体情况，可以依法从严惩处。

在本案审理过程中，被告人刘某虽有如实供述自己的犯罪事实，但其辩称没有故意伤害自己的儿子，声称其不可能故意伤害亲生儿子，当时只是想教育儿子。庭审时，审判长及公诉人均依法对其进行教育，明理释法；法庭宣判时，审判长再次依法对其进行释法明理，告知认定其犯故意伤害罪及判处刑罚的法律依据，被告人刘某也意识到自己的错误，表示会好好改造及反思。案件宣判后，被告人刘某服判，没有提起上诉，被害人家属也表示服判。

根据调查了解，被害人高某某自小在安徽老家由爷爷奶奶抚养，而被告人刘某夫妇则带女儿在潮州市潮安区打工生活，案发前两三个月刚将被害人高某某带到潮州市潮安区上学。由于外出打工的父母与留守儿童处于长时间分离状况，双方重新一起生活时，无论是在情感上还是在生活习惯上均容易出现分歧；而且外省打工者这一特定群体受教育程度较低，忙于生计，缺乏如何教育子女成长的正确方法，这一现实情况可能也是导致本案发生的一大因素所在。本案的发生为社会敲响警钟，社会应给予留守儿童的生存、教育情况更多关注，留守儿童更是迫切需要父母及社会给予耐心、细心、温馨的教育和包容。

刘某等故意伤害案

《最高人民法院公布八起侵害未成年人合法权益典型案例》第 8 号

2015 年 8 月 31 日

【基本案情】

被告人刘某于 2010 年左右通过互联网结识倪某甲，二人产生婚外恋情，刘某要求倪某甲离婚并与自己结婚，遭倪的拒绝，刘某心生怨恨。2011 年 5 月，刘某在倪某甲经营的干洗店内与倪的妻子彭某某发生争吵，被倪某甲当场殴打，刘某为此产生报复之念。2012 年 3 月 23 日，刘某在互联网 QQ 空间"漂流瓶"上发布"谁帮我毁掉一个女人的容貌"的信息，寻人报复彭某某。陈某某（同案被告人，已判刑）见此信息，回复刘某表示愿意帮忙，刘某遂与陈某某通过互联网联系商议报复之事，刘某许诺事成之后给付陈某某 1 万元至 2 万元好处费。同年 6 月，陈某某从外省来到江西省鹰潭市与刘某会面，二人再次商议认为报复成年人费用大，转而决定报复倪某甲之子倪某乙（被害人，时年 8 岁），并决定用硫酸搞瞎倪某乙的眼睛。之后，刘某出钱，陈某某买来硫酸。刘某多次带陈某某到江西省余江县倪某甲家和江西省南昌市倪某甲经营的干洗店进行踩点、指认，经跟踪获取了倪某甲租住处的具体位置。同年 7 月 7 日上午，刘某在倪某甲经营的干洗店附近观察倪某甲夫妇的举动，陈某某则携带硫酸来到南昌市耶稣堂绳金塔某某号某室倪某甲租住处外等候，伺机作案。当日 12 时许，陈某某通过刘某发来的手机短信得知倪某甲夫妇在干洗店后，便进到倪某甲租住房，将所带的一玻璃瓶硫酸泼向倪某乙的面部及身上，致倪某乙全身大面积烧伤，构成重伤甲级，二级伤残。

【裁判结果】

江西省南昌市中级人民法院经审理认为，被告人刘某、陈某某用硫酸毁人容貌，致人重伤甲级，伤残二级，其行为均已构成故意伤害罪。刘某提起犯意，雇凶报复无辜儿童，积极追求犯罪结果发生，二被告人共同预谋、策划犯罪，以特别残忍手段致人重伤造成严重残疾，对二被告人不宜区分主从犯。但在共同犯罪中刘某的地位、作用和主观恶性更大，应依法严惩。依照《刑法》的有关规定，认定被告人刘某犯故意伤害罪，判处死刑，剥夺政治权利终身。宣判后，刘某提出上诉。江西省高级人民法院经依法开庭审理，认为上诉人刘某雇佣陈某某采用泼硫酸的手段故意伤害他人，致被害人重伤，其二人行为均已构成故意伤害罪。刘某因与他人的感情纠纷，雇凶伤害无辜儿童，二人的犯罪动机卑劣，作案手段特别残忍，情节特别恶劣，后果特别严重，均系主犯，应依法予以惩处。刘某在本案中的地位、作用更大，主观恶性更深。作出驳回上诉，维持原判的刑事附带民事判决，并依法报请最高人民法院核准。最高人民法院经复核认为，被告人刘某为报复泄愤，竟雇佣他人采用泼硫酸的方式故意伤害无辜儿童身体并致被害人重伤，其行为已构成故意伤害罪。在共同犯罪中，刘某通过互联网发布雇人行凶信息、出资购买硫酸、踩点并指认被害人，系罪责最为严重的主犯。刘某犯罪手段特别残忍，情节特别恶劣，后果及所犯罪行极其严重，应依法惩处，依法核准刘某死刑。刘某已被执行死刑。

【典型意义】

本案是一起残害无辜儿童的故意伤害案，惨案的发生是由无辜儿童的父亲倪某甲与被告人刘某的婚外恋而引发。被告人刘某因丈夫长期在外打工，与其聚少离多，夫妻感情名存实亡，在家带小孩的刘某闲来无聊时便爱上网与人聊天，于是结识了有家室和一双儿女的倪某甲，二人很快产生婚外恋。其间，刘某因无工作和经济来源，生活十分困难，倪某甲便时常拿些钱款给刘某，二人长期保持不正常的关系。刘某在生下一对双胞胎男孩后，要求倪某甲离婚与其结婚，但遭到并不想与其生活的倪某甲拒绝，并在刘某与彭某某发生争吵时，倪某甲当妻子的面殴打刘某，刘某便产生报复之念，她要报复彭某某，报复倪某甲的儿子，让倪某甲夫妇永远难受。于是，刘某通过互联网雇到了凶手陈某某,用泼硫酸的方式烧伤时年 8 岁的倪某乙面容和身体,致其容貌被废,右眼摘除,面目全非,疼痛难忍,生不如死。

此案警示公众:一旦走进婚姻的殿堂,就要树立正确的婚姻观,对家人和家庭负责,并正确处理好夫妻关系和矛盾。婚外恋可谓"毒树之果",恶果不仅伤及自己,还可能伤及家人。网络世界纷繁复杂,网络可谓"双刃之剑",既有其利的一面,也有其弊的一面,要把握好自己,正确利用网络。

安某某故意伤害案

《最高人民法院公布 19 起发生在校园内的刑事犯罪典型案例(河北)》第 2 号

2015 年 9 月 18 日

【基本案情】

2013 年 10 月 27 日中午,河北省鹿泉市某中学学生被害人贾某某、被告人安某某、贾某甲为"结拜兄弟"被告人柏某某庆祝生日,并在位于鹿泉市体育场附近的面摊一起喝酒吃饭。酒后,被告人柏某某与安某某因"结拜兄弟"排行问题先发生争执,后四人离开饭店到附近的鹿泉市体育场,被告人柏某某又与贾某某发生言语冲突,被告人柏某某问谁有刀子,被告人安某某从右侧裤兜掏出自己随身携带的折叠刀,被告人柏某某遂从安某某手中拿过折叠刀刺向贾某某左胸,后被告人柏某某、安某某、贾某甲将贾某某送往医院救治。经鉴定被害人贾某某重伤,并构成十级伤残。案发后,被告人安某某赔偿被害人贾某某 4 万元。在审理期间,被告人柏某某与被害人贾某某就民事赔偿部分达成调解协议。

【裁判结果】

河北省鹿泉市人民法院经审理认为,被告人柏某某持刀伤害贾某某致重伤,其行为构成故意伤害罪;被告人安某某为柏某某伤害被害人提供作案工具,亦构成故意伤害罪。被告人柏某某、安某某犯罪时未满 18 周岁,均应减轻处罚。被告人安某某在共同犯罪中起辅助作用,系从犯,应比照主犯减轻处罚。二被告人故意伤害未满 18 周岁的被害人,应酌定从重处罚。被告人柏某某、安某某的共同伤害行为给被害人贾某某造成的经济损失依法应予赔偿。在法院主持下，被告人柏某某、法定代理人柏某甲与附带民事诉讼原告人已达成调解协议；被告人安某某与柏某某系共同犯罪，应承担50%的民事赔偿责任，即65715.69元，犯罪后被告人安某某已支付附带民事诉讼原告人4万元，应再付25715.69元。鉴于被告人系在校学生，对二被告人可酌定从轻处罚。被告人柏某某与被害人贾某某已达成调解协议，被害人对被告人柏某某行为予以谅解，综上所述，对被告人柏某某可适用缓刑。依照《刑法》有关规定，以故意伤害罪判处被告人柏某某有期徒刑二年，缓刑三年；以故意伤害罪判处被告人安某某有期徒刑一年。被告人安某某及其法定代理人安某甲、安某乙赔偿附带民事诉讼原告人贾某某25715.69元。

宣判后，被告人安某某不服，以原审量刑过重为由提出上诉。在二审审理阶段，上诉人安某某的法定代理人积极赔偿被害人经济损失并取得了被害人谅解。

二审法院河北省石家庄市中级人民法院经审理认为，上诉人安某某犯故意伤害罪事实清楚，但上诉人安某某具有犯罪时未满18周岁且系在校学生，犯罪后认罪悔罪并积极将被害人送医院救治，在共同犯罪中作用较小，系从犯，积极赔偿被害人并取得被害人谅解等法定或酌定从轻情节，依法改判上诉人安某某有期徒刑十个月，缓刑一年。

【典型意义】

我国《未成年人保护法》第三十七条第一款规定："禁止向未成年人出售烟酒，经营者应当在显著位置设置不向未成年人出售烟酒的标志；对难以判明是否已成年的，应当要求其出示身份证件。"

《河北省未成年人保护条例》第八条规定："父母或者其他监护人应当教育和制止未成年人的下列行为：（一）吸烟；（二）饮酒；（三）恋爱；（四）赌博；（五）损坏公物和公共设施；（六）打架、械斗，辱骂他人；（七）阅读或者收听、收看宣扬色情、淫秽的书报、杂志和音像制品……"

青少年正处于生长发育时期，饮酒不仅会损害人的肠胃功能，严重的会导致营养不良，影响身体的生长发育。而且酒后容易冲动、易怒、粗暴、不能自控，有时一念之差就会走向罪恶的深渊，遗憾终生。我国《刑法》明文规定醉酒的人犯罪，应当负刑事责任。我们身边因为饮酒喝醉引起的刑事案件可谓数不胜数,更何况自控能力意志力更差、法律意识更薄弱的孩子们。要告诫青少年一定远离酒精。

郄某某故意伤害案

《最高人民法院公布19起发生在校园内的刑事
犯罪典型案例(河北)》第3号

2015年9月18日

【基本案情】

2009年2月的一天晚自习课间,郄某某(1992年9月13日出生)和一女同学交谈,同学张某甲便开玩笑:"大庭广众之下,你们谈对象呢!"郄某某感到受了侮辱,两个争强好胜的少年就你推我搡扭打起来,后被同学拉开。张某甲感到打架吃了亏,便告知其胞兄张某某寻机报复。

2009年2月28日15时许,张某某受其弟张某甲指使带领他人在平山县康乐街外国语中学道口准备殴打放假回家的郄某某,被告人郄某某得知后乘出租车躲避。当出租车行至平山县外国语中学道口北侧时,被张某某等人拽下车围殴倒地,郄某某起身后用一把折叠刀向张某某的胸部扎一刀。张某某受伤倒地后,郄某某拦截了车辆,将张某某送到医院抢救,张某某因心脏主动脉弓部被刺破,造成失血性休克经医院抢救无效于当日死亡。

【裁判结果】

河北省石家庄市中级人民法院审理认为,郄某某与张某甲发生纠纷,张某甲之兄张某某纠集多人在放学途中对郄某某进行围殴,郄某某持刀刺中张某某胸部,致使张某某因被刺破主动脉弓部致失血性休克死亡,郄某某的行为构成故意伤害罪,依法应予惩处。郄某某犯罪时未满18周岁,应当从轻或减轻处罚;郄某某在案发后,试图防止和减轻危害后果的发生,积极抢救张某某,应酌情减轻处罚;张某某为成年人,纠集多人围殴被告人,对伤害结果有过错,应对郄某某酌情减轻处罚;郄某某及其家属积极赔偿张某某家人因伤害造成的损失,故结合上述的从轻、减轻情节,依法判处郄某某有期徒刑五年。

【典型意义】

一句玩笑引起伤害案件，因而导致一死一入狱。这样的结局是我们不愿意看到的，教训是深刻的，代价是沉重的。

目前，学校打架的现象与日俱增，时常发展为恶性刑事案件，导致被害人肢体伤残乃至丧失宝贵生命，施害者也逃脱不了锒铛入狱的悲惨结局。

学校作为未成年受教育的主要场所，是未成年人成长的必经之地。首先，要树立立人为本的教育理念，充分发挥学校教育的主导作用。学校不仅是学知识、长技能的场所，更是未成年人价值观的形成场所。其次，学校的法治教育须制度化、科学化。同时，学校要加强管理，对未成年人大量的余暇时间和充沛的剩余精力进行积极的引导，从而减少犯罪的发生。另外，学校应结合未成年常见的心理健康问题进行心理辅导与治疗。帮助学生正确地认识自己和周围环境，克服成长中的诸多情绪障碍。还要经常与家长沟通，通过举办家长会，了解未成年在家庭里的情况有针对性地进行家长的教育理论、教育方法的培训，使家长不断地纠正错误的教育方法，改进教育的方式，取得最佳的教育效果。

老师是学生的第二家长，班主任老师尤其要加强责任心，及时发现矛盾，解决纠纷，防止酿成大祸。不仅关注学生的学习，还应关注学生的心理健康。学生正处于心理成长阶段，心理尚未成熟，老师应深入了解学生的内心世界，培养学生宽以待人、乐观向上的心态，如果发现学生异常，要及时了解情况并帮助学生解决问题，引导他们走上正确的人生道路，避免误入歧途，遗憾终生。

学生本人，要定期参加法治教育讲座，着力提高自己的法治观念，增强遵纪守法的自觉性，做到通过外力作用，从而使自己的行为规范。使自己从小明白什么行为允许做，什么行为不允许做，从而培养守法意识，并规范自己的言行。与同学相处要团结友爱、互相关心，不要斤斤计较、自私狭隘，更不能因琐事就大打出手。俗话说："忍一时风平浪静，退一步海阔天空。"仅因一时冲动，而作出过激的行为，不仅会毁了自己一生，同时也会给家庭和社会带来无法挽回的损失，一失足成千古恨。

魏某某等人故意伤害案

《最高人民法院公布 19 起发生在校园内的刑事
犯罪典型案例（河北）》第 4 号
2015 年 9 月 18 日

【基本案情】

2010 年 5 月 26 日下午上体育课时，王某某（1997 年 2 月 16 日出生）趁同学马某（1995 年 10 月 10 日出生）没注意往其水杯吐了唾沫，让他喝了带唾沫的水，马某知道后就把王某某打了。王某某扬言找人打马某，马某就招呼几个同学教训王某某，后马某因为打架被老师开除，马某的同学魏某某、张甲、张乙、柳某、魏某甲约好为马某出气，在放学路上打王某某。2010 年 6 月 2 日 18 时 20 分许，被告人魏某某纠集被告人魏某甲、马某、张乙、张甲、柳某、李某、宋某某（在逃）、朱某某（在逃）、李某某（未满 14 周岁不负刑事责任）（以上人员皆为初一学生）在石家庄市桥西区中华大街与裕华路交叉口西北角的公园内将与马某有矛盾的被害人王某某打伤。其中被告人魏某某、魏某甲脚踢、棍打被害人王某某头部，其他人对王某某身体的其他部位拳打脚踢，致使王某某颅脑及身体多处受伤，经鉴定王某某伤情为重伤，评为一级伤残。案发后，被告人魏某某、魏某甲、马某、张乙、张甲、柳某、李某投案自首并进行部分赔偿。

【裁判结果】

河北省石家庄市中级人民法院审理认为，被告人魏某某、魏某甲、马某、张乙、张甲、柳某、李某采用野蛮的暴力手段将被害人王某某打成重伤并致残，后果严重，构成故意伤害罪。公诉机关指控的罪名成立，应以故意伤害罪追究其被告人的刑事责任。七被告人系共同犯罪，被告人魏某某、魏某甲在共同犯罪中起主要作用，系主犯；被告人马某、张乙、张甲、柳某、李某在共同犯罪中起次要作用，系从犯，依法应当从轻、减轻处罚；七被告人自动投案后如实供述自己的犯罪事实，系自首，依法可以从轻、减轻处罚；案发后七被告人的法定代理人均主动赔偿被害人王某某部分经济损失，依法酌情从轻处罚；七被告人均系未成年人，依法应当从轻减轻处罚；七被告人均为在校学生、无前科、系初犯，量刑时酌情从轻处罚。

判决被告人魏某某犯故意伤害罪，判处有期徒刑十三年；被告人魏某甲犯故意伤害罪，判处有期徒刑十年；被告人马某、张乙、柳某、张甲、李某犯故意伤害罪，判处有期徒刑三年，缓刑三年到五年不等。

附带民事诉讼原告人王某某请求七被告人及其法定代理人共同赔偿医疗费、鉴定费、护理费、伙食补助费、营养费、交通费、伤残赔偿金共计554724.37元（已赔付268000元应予扣除），互负连带责任。

判决后，附带民事诉讼原告人王某某上诉、河北省石家庄市人民检察院抗诉，河北省高级人民法院审理后驳回上诉、抗诉，维持原判。

【典型意义】

同学间的一个恶作剧导致一人伤残成植物人数人判罪入狱，教训是深刻，代价是沉重。

班主任老师和学校尤其要加强责任心，及时发现矛盾，解决纠纷，防止酿成大祸。不仅关注学生的学习，还应关注学生的心理健康。培养学生宽以待人、乐观向上的心态，如果发现学生异常，要及时了解情况并帮助学生解决问题，引导他们走上正确的人生道路，避免误入歧途，遗憾终生。

学生本人，要学习法律知识，树立法治观念，增强遵纪守法的自觉性，规范自己的言行。与同学相处要团结友爱、互相关心，不要斤斤计较、自私狭隘，更不能因琐事就大打出手，导致违法犯罪，锒铛入狱。

代某某、陈某、李某、冯某、麻某某犯故意伤害罪案

《最高人民法院公布19起发生在校园内的刑事
犯罪典型案例（河北）》第5号
2015年9月18日

【基本案情】

2012年4月27日21时许，丰宁满族自治县某中学八年级二班学生李某某与被告人代某某因琐事发生口角，被告人代某某便召集被告人李某、冯某某、陈某、麻某某等人持墩布把、木棍等工具到李某某所在宿舍对李某某及其同宿舍的同学张某某、吕某等人进行殴打，李某某、张某某被打伤。经丰宁满族自治县公安局法医学人体损伤检验鉴定：李某某的损伤程度为重伤，张某某的损伤程度为轻伤。在诉讼过程中，五被告人的法定代理人与被害人李某某、张某某达成民事赔偿协议并已赔偿经济损失。另查明，被告人代某某生于1997年2月10日；被告人李某生于1997年1月16日；被告人冯某生于1997年5月7日；被告人陈某生于1997年3月1日；被告人麻某某生于1997年3月24日。

【裁判结果】

河北省丰宁满族自治县人民法院审理后认为，被告人代某某、李某、冯某、陈某、麻某某故意伤害他人身体致一人重伤、一人轻伤的行为构成故意伤害罪。公诉机关指控的事实清楚，证据充分，罪名成立。五被告人共同实施故意伤害行为，属于共同犯罪。五被告人案发时均未年满18周岁，系未成年人，辩护人认为依法可减轻处罚的辩护意见，本院予以采纳。五被告人在案发后均有悔罪表示，其法定代理人与被害人达成民事赔偿协议，取得了被害人的谅解，辩护人认为均可酌情从轻处罚的辩护意见，予以采纳。被告人麻某某的辩护人认为被告人麻某某系从犯的辩护意见与事实不符，该辩护意见不予采纳。为保护公民身体的健康权利不受侵犯，打击犯罪。依据《刑法》第二百三十四条、第二十五条、第十七条第三款、第七十二条及《最高人民法院、最高人民检察院、司法部关于适用普通程序审理"被告人认罪案件"

的若干意见（试行）》第九条之规定，认定被告人代某某犯故意伤害罪，判处有期徒刑二年，缓刑四年；被告人李某犯故意伤害罪，判处有期徒刑一年六个月，缓刑三年；被告人冯某犯故意伤害罪，判处有期徒刑一年六个月，缓刑三年；被告人陈某犯故意伤害罪，判处有期徒刑一年六个月，缓刑三年；被告人麻某某犯故意伤害罪，判处有期徒刑一年六个月，缓刑三年。

被告人未上诉，检察机关未抗诉，判决已发生法律效力。

【典型意义】

本案是一起校园暴力犯罪案件，案发时被告人均是未成年人，是一起因同学之间产生纠纷未能得到及时解决，事态进一步扩大导致的校园暴力事件。以上案件提醒学校方应该加强校园和周边环境的管理。学校还应与公安部门加大对学校周边人员的管理，并且建立良好的沟通渠道，减小学生被校外人员侵犯的可能性。从法律层面加强对此类犯罪的规制。现有《未成年人保护法》《教育法》对未成年人保护及校园安全尚需通过制定完善细则增强可操作性，也可进一步修改完善或制定新的法律法规，明确学校、家长、社会各方的责任，建立健全在校学生人身保护的相关制度，同时，要健全校园纠纷调解、处理机制，及时化解纠纷，防止矛盾激化或转化；另外，对被侵害人不仅要从心理上而且要从经济上给予救助，以防止被害人转化为新的犯罪人。

许某某、冯某甲、冯某乙、闫某某、王某某故意伤害案

《最高人民法院公布19起发生在校园内的刑事
犯罪典型案例（河北）》第6号
2015年9月18日

【基本案情】

被告人许某某、冯某甲、冯某乙、闫某某、王某某及被害人桑某案发当时均系满族自治县实验中学高一18班学生。2014年4月26日7时许，在高一18班教室上早自习期间，被告人冯某甲和被害人桑某因琐事发生口角，后二人相互厮打。被告人冯某乙、许某某、王某某、闫某某上前拉架没有拉开，冯某乙、许某某、王某某、闫某某遂共同对桑某进行殴打，致桑某受伤。当

日9时桑某到某满族自治县医院住院治疗，经诊断为腹部损伤（闭合性）脾破裂，胰尾挫伤，腹膜后血肿，后桑某做脾切除、腹腔引流术。经某满族自治县公安局法医检验鉴定，桑某的损伤程度为重伤二级。案发后五被告人亲属与被害人及其亲属达成民事赔偿协议，共同赔偿被害人桑某各项经济损失492000元，取得被害人谅解。另查明：被告人许某某于1997年8月6日出生，被告人冯某甲、冯某乙于1997年2月14日出生，被告人闫某某于1997年7月15日出生，被告人王某某于1996年8月26日出生，案发时均系未成年人。

【裁判结果】

河北省某满族自治县人民法院审理后认为，被告人许某某、冯某甲、冯某乙、闫某某、王某某故意伤害他人身体致人重伤的行为构成故意伤害罪。公诉机关指控被告人许某某、冯某甲、冯某乙、闫某某、王某某犯故意伤害罪，罪名成立。五被告人共同实施犯罪行为，属于共同犯罪。被告人许某某、冯某甲、冯某乙、闫某某、王某某犯罪时均未满18周岁，属于未成年人犯罪，辩护人认为依法应当减轻处罚的辩护意见，予以采纳。被告人冯某甲、冯某乙、王某某案发后认罪态度较好，取得被害人谅解，有悔罪表现，依法可从轻处罚。被告人许某某案发后虽主动投案，但当庭未能如实供述犯罪事实，辩护人认为被告人许某某属于自首的辩护意见，本院不予采纳，被告人许某某亲属赔偿被害人经济损失，取得被害人谅解，可从轻处罚。被告人闫某某案发后能够认罪，其亲属赔偿了被害人经济损失，取得被害人谅解，可从轻处罚。依据《刑法》第二百三十四条第二款、第二十五条、第十七条、第七十二条、《刑事诉讼法》第二百七十九条、《最高人民法院关于适用〈中华人民共和国刑事诉讼法〉的解释》第五百零五条之规定，认定被告人许某某犯故意伤害罪，判处有期徒刑三年，缓刑五年；被告人冯某甲犯故意伤害罪，判处有期徒刑二年，缓刑四年；被告人冯某乙犯故意伤害罪，判处有期徒刑二年，缓刑四年；被告人闫某某犯故意伤害罪，判处有期徒刑二年，缓刑三年；被告人王某某犯故意伤害罪，判处有期徒刑一年，缓刑二年。

【典型意义】

本案是一起校园暴力犯罪案件，案发时被告人均是未成年人，是一起因同学之间产生纠纷未能得到合理解决，事态进一步扩大导致的校园暴力事件。该案件提醒学校方应该加强校园和周边环境的管理。学校还应与公安部门加大对学校周边人员的管理，并且建立良好的沟通渠道，减小学生被校外人员侵犯的可能性。从法律方面来加强对此类犯罪的规制。现有《未成年人保护法》《教育法》对未成年人保护不足以保护校园安全，需要进一步修改完善或制定新的法律法规，明确学校、家长、社会各方的责任，建立健全被害人的国家援助制度，不仅从心理上而且从经济上给予救助，防止被害人转化为新的犯罪人。

周某某故意伤害案

《最高人民法院公布19起发生在校园内的刑事
犯罪典型案例（河北）》第9号
2015年9月18日

【基本案情】

2013年8月27日中午，三河市某中学学生周某某在宿舍内吃饭时，因同学吴某和杨某抢吃其饭菜，遂与吴某发生矛盾。事后，吴某通过同学贾某某两次传话给周某某，约周某某于8月29日中午放学后在三河市宏盛生态园见面解决此事。周某某答应并于8月28日在其学校东边一商店购买一把水果刀。8月29日11时30分许，周某某走出校门时，看到了已经在学校门口等候的吴某与多名学生，吴某带着几个同学将周某某叫到三河市宏盛生态园小广场附近，吴某用木棍击打周某某头部，被周某某躲开打到周某某手上，周某某随即从衣兜内掏出事先购买的水果刀将吴某左臂及左腰部扎伤，后又将上来推周某某的张某某左上肢、左膝处扎伤。吴某的损伤程度经廊坊市公安局法医鉴定为重伤。张某某的损伤经三河市公安局法医鉴定为轻微伤。案发后，周某某电话告知父母其将同学扎伤，随后即去三河市医院看望吴某。在三河市医院，周某某将作案工具交予公安人员，并到李旗庄派出所接受公安机关讯问。

【判决结果】

本案证据表明，被告人周某某在与同学产生纠纷后不能妥善处理，采取暴力手段将同学扎成重伤，其行为已构成故意伤害罪。被告人周某某在吴某手持木棍击打其头部，身体健康权受到威胁的情况下，从其衣服兜内掏出水果刀予以还击，是为制止吴某的不法侵害的防卫行为，但造成吴某重伤的严重后果明显超出正当防卫的必要限度，故被告人周某某的行为属防卫过当。此外，案发当日，被告人周某某扎伤吴某后主动到医院看望，并将作案工具交给公安民警，接受讯问，次日按公安机关的传唤时间及时到案，且如实交代了犯罪事实，其行为体现了投案的主动性和自愿性，依照法律规定，可视为具有投案自首情节。同时，被告人周某某犯罪时不满17周岁，而且案发后周某某的法定代理人赔偿了被害人的部分损失。鉴于以上犯罪事实和量刑情节，判决被告人周某某犯故意伤害罪，判处有期徒刑一年七个月。

【典型意义】

针对本案是一起在校生之间的伤害案件，被告人和被害人均系未成年人，故此，案件庭审前，合议庭进行了仔细的案情梳理分析，并精心制定审理方案。庭前，合议庭特别联系了学校的教务主任和老师，邀请他们作为爱心感教员参与庭审，意图让被告人和被害人平时较熟悉的人对他们进行较好的感化。庭审中，合议庭及公诉人分别对被告人及被害人进行相关的法律教育后，出庭的学校老师也对被告人进行了忠告和劝导。最终，被告人不仅当庭认罪，悔不当初，而且诚心诚意地向被害人及其亲属表达了歉意。另外，学校教务主任和老师在听完庭审后，感触良多。他们表示，之前只是在校内对学生进行了日常管理和简单的法律教育，深度不够。参加这样一次庭审，使他们感到对学生的日常法治教育势在必行，而且要不断深入，今后在学校管理中务求多进行法治宣传，积极开展预防青少年犯罪的教育活动。

刘某某故意伤害案

《最高人民法院公布19起发生在校园内的刑事
犯罪典型案例（河北）》第10号
2015年9月18日

【基本案情】

2012年11月28日18时左右，永清县某中学高二年级学生赵某某因琐事与同年级学生刘某某发生口角。当晚，赵某某纠集同学肖某及被害人缑某某等人到刘某某的宿舍找被告人刘某某，双方相约打架。当晚10时左右，学校宿舍熄灯后，赵某某与肖某、缑某某等人再次去找刘某某，途中在宿舍楼道内赵某某等人与刘某某相遇并发生了口角，缑某某先冲上前踹了刘某某，刘某某便和缑某某相互殴打起来，赵某某、肖某也一同上前对刘某某进行殴打。打斗过程中，被告人刘某某用随身携带的水果刀扎被害人缑某某，致其头部受伤倒地，后被送往医院救治，2012年12月23日，被害人缑某某经医治无效死亡。经鉴定，缑某某系生前被他人以锐器刺穿头部致开放性颅脑损伤死亡。2013年7月1日，河北省永清县人民检察院以被告人刘某某犯故意杀人罪向河北省永清县人民法院提起公诉，同年9月29日，以被告人赵某某、肖某犯聚众斗殴罪提起公诉。

【判决结果】

河北省永清县人民法院经审理认为，被告人刘某某在打斗过程中，持刀故意伤害被害人身体，致其死亡，其行为构成故意伤害罪；被告人刘某某一人与对方多人打架，认定其有聚众斗殴行为，显然不当；被告人刘某某与被害人之间无明显矛盾，且无证据表明被告人刘某某有杀人的动机和目的，因此公诉机关指控被告人刘某某适用《刑法》第二百九十二条第二款和第二百三十二条的规定，构成故意杀人罪不予支持。被告人刘某某犯罪时不满18周岁，依法减轻处罚。被告人刘某某自动投案并如实供述犯罪过程，系自首，依法减轻处罚。被告人刘某某在亲属帮助下赔偿了被害人亲属的经济损失，并得到被害人亲属的谅解，酌情从轻处罚。综合考虑被告人刘某某认罪、悔罪态度和一贯表现，被害人存在过错等情节，认定被告人刘某某犯故意伤害罪，判处有期徒刑四年。宣判后，河北省永清县人民检察院提起抗诉，河北省廊坊市中级人民法院判决维持原判。现判决已发生法律效力。河北省永清县人民法院于2012年10月23日认定被告人赵某某、肖某犯聚众斗殴罪，分别判处有期徒刑二年六个月，缓刑三年和免予刑事处罚。

【典型意义】

　　本案是一起典型的校园伤害中故意伤害致死的案件。近些年，校园伤害案件数量逐步攀升，轻则寻衅滋事、聚众斗殴，重则故意伤害、故意杀人。此类校内学生互殴的案件应引起高度关注，一是关注在校青年与他人发生矛盾动辄便纠集他人、拉帮结伙，这种表面上的"哥们儿"义气的心态在学校中应当成为教育中的一部分，友谊是人生的美酒，但在交友与处事过程中应当增强辨别是非的能力，无原则地为了朋友两肋插刀的武侠情结不值得提倡，和什么人一起，去做什么事，都应当充分地考虑后果。二是此类侵害人和被侵害人同为未成年的案件在处理过程中应当引起重视和反思。当今社会获取信息渠道很多，已达18周岁临界点的未成年人心理及辨别是非能力均已达到成年人水平，在社会广泛关注以及给予特殊保护的同时，未成年人自身也要充分自尊、自爱、自重，凡事不要冲动而为，三思而后行，以防一时的冲动给他人造成无法弥补的损失，也葬送了自己的前途未来。本案针对此特殊性，在充分维护被害人合法权益的同时，也尽量地考虑未成年被告人的前途发展，给予他们改过自新的机会，在事实证据的基础上，改变了检察院起诉被告人刘某某的故意杀人罪的罪名，改判为故意伤害罪，同时对三个未成年被告人在量刑上均从宽考虑，在已达到教育目的的基础上，帮助他们早日回归社会。

燕某故意伤害案

《最高人民法院公布 19 起发生在校园内的刑事
犯罪典型案例（河北）》第 11 号
2015 年 9 月 18 日

【基本案情】

被告人燕某同被害人李某系同校同学。2013 年 4 月 12 日早自习时，被告人燕某与同校高一 232 班学生毕某发生矛盾。当日中午，毕某同班好友李某找到被告人燕某要求其向毕某赔礼道歉，双方再次发生口角。在广宗县第一中学宿舍楼道内，被告人燕某用墩布杆将李某头部右侧打伤，经鉴定，被害人李某伤情为重伤。案发后，被告人燕某主动到公安机关投案，赔偿被害人李某各项损失人民币 8 万元，并取得被害人谅解。

【裁判结果】

河北省广宗人民法院认为，被告人燕某不能冷静处理与同学之间的矛盾纠纷，故意伤害他人身体，致人重伤，其行为已构成故意伤害罪。广宗县人民检察院指控罪名成立，本院予以确认。案发后被告人燕某主动到公安机关投案，如实供述所犯罪行，应认定为自首，并积极赔偿被害人经济损失，取得被害人谅解，且案发时未满 18 周岁，应当减轻处罚。辩护人辩称被告人有自首情节，犯罪时系未成年人，请求减轻处罚的辩护意见法院予以支持。依照《刑法》有关规定，以故意伤害罪判处被告人燕某有期徒刑一年，缓刑一年。

【典型意义】

本案系典型的校园暴力犯罪事件，同学之间发生矛盾理应冷静处理，而被告人燕某不能冷静处理与同学之间的矛盾纠纷，故意伤害他人身体，致人重伤，构成犯罪。因其具有自首情节，赔偿被害人经济损失，取得被害人谅解且犯罪时系未成年人，应依法从轻处罚，故作出上述判决。

王某某故意伤害案

《最高人民法院公布19起发生在校园内的刑事
犯罪典型案例（河北）》第12号
2015年9月18日

【基本案情】

2013年4月21日16时许，周某与高某在南和县某网吧门口遇到以前和高某有过争执的王某某，高某和王某某言语不和发生打架，王某某掏出匕首划伤高某左臂处，周某上前帮忙打架，被王某某用匕首将右膝处捅伤。

2014年9月19日12时许，南和县一中学生李某某与刘某某因为班级管理产生矛盾，李某某叫上王某某、张某某等人，刘某某叫上杨某某、丁某某等人，双方约在南和县和阳广场打架。李某某、王某某、张某某对刘某某进行殴打，打完架后，杨某某又同刘某某、丁某某等人追上王某某一伙，杨某某与王某某发生口角，杨某某上前踹王某某，王某某掏出匕首刺伤杨某某后腰部。

【裁判结果】

河北省南和县人民法院经审理认为，被告人王某某故意伤害他人身体，2013年4月21日致被害人周某、高某二人轻伤，被告人在取保候审期间又致被害人杨某某轻伤。本案中被告人王某某系未成年人，依法应当对其从轻处罚；被告人认罪态度好，对被害人周某、高某进行了赔偿，取得了被害人周某、高某谅解，依法可以酌情对被告人从轻进行处罚。

依照《刑法》相关规定，以故意伤害罪判处被告人王某某有期徒刑二年六个月。宣判后，被告人王某某提出上诉。河北省邢台市中级人民法院审理过程中，被告人王某某又提出撤诉，河北省邢台市中级人民法院裁定准许被告人王某某撤诉。现判决已生效，被告人已交付执行。

【典型意义】

本案是一起典型校园暴力案例。第一，本案反映了未成年人校园管理存在漏洞。本案中被告人与被害人均系未成年人。第二，本案反映出校园暴力犯罪具有反复性。本案中被告人王某某致被害人周某、高某轻伤后，其母亲在王某某犯罪后表现出过度溺爱，四处借钱调解此事。在取保候审期间王某某再次犯罪。第三，校园暴力犯罪案件中，受害人维权意识淡薄，通常采取以暴制暴的方式，而非积极采取法律途径解决问题。本案中被告人本来是被欺负的受害者，但未能采取正当手段维护自身利益，解决问题，反而随身携带管制刀具，以暴力手段实施报复行为，由受害者变为害人者，导致恶性结果。

贾某某故意伤害案

《最高人民法院公布19起发生在校园内的刑事
犯罪典型案例（河北）》第14号
2015年9月18日

【基本案情】

2009年10月，被告人贾某某与同校学生李某在学校男厕所内因身体碰撞而发生冲突，贾某某对李某进行殴打并用随身携带的一把长约10厘米的水果刀将其后背刺伤，造成李某右侧开放性血、气胸。经新河县公安局法医鉴定，认定李某的伤情已构成轻伤。被告人贾某某作案时已满14周岁不满18周岁。被告人贾某某的监护人与被害人的监护人就民事赔偿达成调解协议，并赔偿了被害人各项经济损失1.6万元。

【裁判结果】

新河县人民法院经审理认为，被告人贾某某故意伤害他人身体，致人轻伤，其行为已构成故意伤害罪。被告人贾某某已满14周岁、未满18周岁，适用《刑法》相关规定，应当从轻或减轻处罚。依照《刑法》有关规定，以故意伤害罪判处被告人贾某某有期徒刑六个月，缓刑一年。

【典型意义】

这是一起典型的在校学生犯罪案例。学校是未成年人犯罪的重灾区，青少年在校期间正是增长阅历,塑造人生观、世界观的关键时期,极易受到校外不良青少年及不良影视作品的影响,对青少年的为人处世形成不良冲击,造成不良的后果。对此学校应结合家庭进一步加强未成年人法治教育,从源头卡住犯罪的苗头,从而杜绝校园暴力,维护校园安全。另外,对于未成年人实施伤害未成年人犯罪的,应当坚持双向保护原则,在依法保护未成年被害人的合法权益时,也要依法保护未成年被告人的合法权益。《最高人民法院关于审理未成年人刑事案件具体应用法律若干问题的解释》第十一条第一款规定:对未成年罪犯适用刑罚,应当充分考虑是否有利于未成年犯罪的教育和矫正。本案中,根据"教育为主、惩罚为辅"的原则和"教育、感化、挽救"的方针,对未成年被告人贾某某判处有期徒刑六个月,缓刑一年。

刘某某故意伤害案

《最高人民法院公布 19 起发生在校园内的刑事
犯罪典型案例(河北)》第 15 号
2015 年 9 月 18 日

【基本案情】

2013 年 9 月 25 日 22 时许,被告人刘某某组织大名县某乡某中学 303 宿舍 8 名学生和 211 宿舍 6 名学生在 303 宿舍内打斗,在打斗过程中荣某某(另案处理)和刘某甲等人互相殴打,致刘某甲死亡。经鉴定,刘某甲符合急性心肌炎、间质性肺炎致呼吸循环衰竭死亡,打斗、情绪激动系诱发原因。

【裁判结果】

河北省大名县人民法院认为被告人刘某某目无国法,教唆他人故意伤害他人身体致人死亡,已构成故意伤害罪。被告人刘某某系未成年人,其亲属赔偿了被害人亲属经济损失,取得了被害人谅解,依法应当对被告人减轻处罚。依照《刑法》有关规定,以故意伤害罪判处被告人刘某某有期徒刑七年。宣判后,刘某某提出上诉。河北省邯郸市中级人民法院经依法审理,裁定驳回上诉,维持原判。

【典型意义】

未成年人犯罪已成为全社会关注的问题,其中有未成年人自身原因,亦有家庭教育不到位的原因。本案中,刘某某组织不具有刑事责任能力的荣某某和刘某甲等人互相打架斗殴,在斗殴过程中,荣某某致刘某甲死亡,刘某某作为组织者应对伤害行为的后果承担责任。其家庭本应对刘某某加强教育,多关心孩子的成长,为孩子树立正确的人生观、价值观,但刘某某的家长忽视了教育的重要性,在孩子犯罪后抱憾。

李某某故意伤害案

《最高人民法院公布19起发生在校园内的刑事
犯罪典型案例(河北)》第16号
2015年9月18日

【基本案情】

2014年7月1日22时许,被告人李某某与同学吴某某在河北省献县某中学某校区男生宿舍发生争执,几分钟后,王某让同学将李某某叫到6楼某宿舍,李某某预感到可能要打架,将刀子放入兜中,到宿舍后,被害人王某、王某某、彭某某等人与李某某发生打斗,在此过程中,李某某用刀子将王某、王某某、彭某某三人扎伤。经鉴定,王某胸部外伤属重伤二级,王某某肢体多处外伤属轻伤一级,彭某某右下肢外伤属轻伤二级。民事部分双方当事人已达成调解协议,取得谅解。

【判决结果】

河北省献县人民法院认为,被告人李某某持刀故意伤害他人身体,致一人重伤,二人轻伤,其行为已构成故意伤害罪,应予处罚。被告人李某某系未成年人,具有自首情节,积极赔偿被害人损失,并取得谅解,应依法减轻处罚。本着对未成年人犯罪教育为主,惩罚为辅的原则,根据其犯罪情节和悔罪表现,适用缓刑确实不致再危害社会,可依法宣告缓刑。依照《刑法》第十七条、第二百三十四条、第七十二条、第七十三条之规定,认定李某某犯故意伤害罪，判处有期徒刑二年六个月，缓刑三年。被告人不上诉，检察机关不抗诉，判决已发生法律效力。

【典型意义】

本案中被告人最初是受欺凌地位，因预感到王某等同学可能会对自己不利，便准备好工具前往，未能妥善处理关系，引起本案的发生。校园应加强对学生法律知识的宣传，我们认为刑罚并不是解决校园暴力问题的良策，学校应多组织同学们进行交流、协作的活动，增强集体观念，增强团结友爱的意识。对学生日常生活引起重视、杜绝携带刀具等危险物品入校园，现在的校园存在一个学生人数多、老师人员少，管理可能达不到细致到位的情况。我们建议教职员要负起责任，对学生的学习、身心教育同步关心，给学生创造良好的学习、成长环境。

通过审判未成年人案件，我们也发现多数犯罪少年都是父母离异或是在外打工，不跟随父母一起生活，家庭教育缺失，可能导致性格上的孤僻、内向，遇事不爱表达，爱钻牛角尖，孩子的家庭成长环境是至关重要的，校园教育再好也不能替代家庭。有的孩子从小到大，在脑海中就没有贮存过关爱他人、与人为善的思想，写满他人生字典的，可能就是侵犯我的利益就不行，其心里不痛快就一定要发泄出来等不健康的心理。所以，家庭对孩子的教育是至关重要的，不要只爱自己的孩子，感到他受一点儿委屈也不行，别人家的孩子怎样都无所谓，这样无形之中就对孩子的身心健康有一种错误的导向，最终影响孩子的健康成长。

本案被告人是高中学生，虽然法律对该类犯罪规定了案件封存制度，但对其考大学、就业是否存在影响也未可知，我们希望有关部门更加关心该类案件中未成年人的成长问题，给他们一次重新做人，选择人生的机会。

冉某某故意伤害案

《最高人民法院公布 19 起发生在校园内的刑事
犯罪典型案例（河北）》第 19 号

2015 年 9 月 18 日

【基本案情】

清苑区大魏庄某中学学生任某某与该学校学生马某某因琐事在学校发生矛盾，任某某让赵某某、卢某某帮忙找人打马某某。2012 年 6 月 22 日下午 6 时许，赵某甲（已判刑）叫着赵某乙、赵某丙（已判刑）、赵某丁、刘某某（已判刑），申某某（已判刑）叫着刘某某（已判刑）、刘某甲、冯某某、孙某（已判刑）、申某某（已判刑）在大魏庄中学门口等马某某。崔某某在放学回家途中遇到了被告人冉某某和崔某甲等人，崔某某把任某某等人要打马某某一事告知冉某某、崔某甲，冉某某、崔某甲等人决定去接马某某。行至大魏庄中学附近遇到赵某甲等人，双方发生口角后殴斗。冉某某持随身携带的水果刀刺中赵某甲肺部，造成赵某甲双侧气胸，左胸腔异物存留，左肺裂伤并手术治疗，构成重伤二级。案发后，2015 年 3 月 28 日，冉某某赔偿了赵某甲经济损失人民币 3 万元。

【裁判结果】

清苑区人民法院经审理认为，被告人冉某某故意伤害他人身体，致一人重伤二级，其行为已构成故意伤害罪。公诉机关指控的犯罪事实清楚，证据确实、充分，罪名成立，应当依法追究其刑事责任。被告人冉某某持凶器作案，应酌情从重处罚。被告人冉某某犯罪时不满 18 周岁，应当从轻处罚。被告人冉某某如实供述自己的罪行，系坦白，可以从轻处罚。被告人冉某某已赔偿被害人经济损失，取得被害人谅解，可以酌情从轻处罚。综合考虑以上情节，对被告人冉某某可以依法适用缓刑。依照《刑法》有关规定，以故意伤害罪判处被告人冉某某有期徒刑三年，缓刑三年。宣判后，冉某某未提出上诉，现该判决已生效。

【典型意义】

故意伤害罪侵犯的客体是他人的身体健康权，本罪的主体为一般主体。凡达到刑事责任年龄并具备刑事责任能力的自然人均能构成本罪，其中，已满14周岁未满16周岁的自然人有故意伤害致人重伤或死亡行为的，应当负刑事责任。本案中，被告人冉某某本应将问题及时报告老师，但是却一时冲动拔刀刺伤他人，其行为已构成故意伤害罪，应当依法追究其刑事责任。冉某某的行为给两个家庭都带来了巨大的伤害，令人惋惜。当悲剧发生后，社会不应一味地给予指责和对其施以严厉的处罚，这样只会增加孩子对社会的敌对心理，增加社会的负担，加重司法成本。对他们，我们应最大限度地给予包容，最大限度地引导、减少他们对社会的仇视与报复，让其真正成为对社会有用的人，促进社会更加和谐。综合考虑，法院对冉某某适用缓刑，以给予其一次改过自新的机会。

焦某、何某某、刘某某故意伤害刑事附带民事诉讼案

《最高人民法院公布8起发生在校园内的
刑事犯罪典型案例（北京）》第8号
2015年9月18日

【基本案情】

被告人焦某于2012年3月8日12时许，在某市某科技学校内因琐事与赵某、修某某（男，殁年16岁）发生口角，并约定进行殴斗。何某某得知后指使刘某某将其存放在宿舍内的折叠刀提供给焦某。后焦某在该校男厕所内与赵某、修某某等人互殴过程中，持刀刺击修某某的颈左侧，伤及左侧颈总动脉，致修某某急性失血性休克死亡。

被告人焦某、何某某、刘某某作案后在接受公安机关询问时，供认了犯罪事实。三人的行为确使附带民事诉讼原告人遭受丧葬费等经济损失。

【裁判结果】

北京市第一中级人民法院经审理认为，被告人焦某、何某某、刘某某持

械故意伤害他人身体，致人死亡，其行为均已构成故意伤害罪，依法均应予惩处。焦某系主犯，何某某、刘某某系从犯。鉴于三人犯罪时系未成年人，在罪行未被有关部门发觉，司法机关未确定犯罪嫌疑人，尚在一般性排查询问时，均主动交代犯罪事实，到案后并如实供述犯罪事实，系自首，且认罪态度较好，被害人一方在本案中亦有一定过错；刘某某积极赔偿被害人部分经济损失，故依法分别对焦某从轻处罚，对何某某减轻处罚，对刘某某减轻处罚并宣告缓刑。依照《刑法》有关规定，以故意伤害罪，分别判处被告人焦某有期徒刑十二年，被告人何某某有期徒刑五年，被告人刘某某有期徒刑三年，缓刑三年。焦某、何某某、刘某某及其法定代理人暨附带民事诉讼被告人共同赔偿附带民事诉讼原告人丧葬费等经济损失人民币63万元。

【典型意义】

本案是一起典型的高中学生因矛盾处理不当，争强斗狠、相互约架而引起的严重校园暴力案件。被告人焦某与同学仅仅因琐事发生口角，就相约进行殴斗，造成一名未成年被害人死亡的严重后果。

惨剧的发生对于当前遏制校园暴力、维护校园安全具有深刻的警示意义。首先，青少年思想、心智不成熟导致激情犯罪频发。中学生正值青春期，好奇心、表现欲望强烈，做事不考虑后果，好逞一时之勇，容易因琐事产生矛盾，在与同学发生摩擦时，往往拉帮结伙约架、逞强斗狠，因冲动而发生的暴力犯罪屡见不鲜，激情犯罪已经成为威胁校园安全的重要因素。其次，青少年对生命的尊重、对法律的敬畏淡漠，法律意识亟待提高。本案被告人刘某某虽然没有实际殴打对方，仅是为同案被告人拿取犯罪工具，但依照法律相关规定，属于参与共同犯罪。实践中，许多未成年人在思想意识上对法律规定认识不足，认为只要不参与斗殴就不是犯罪，导致一些学生为了"哥们儿"义气站脚助威、误入歧途，断送了美好青春前程。再次，学校法治教育及管理不到位。部分学校忽视对学生的法治教育、法律意识以及行为操守的培养，思想品德教育阵地长期缺位，使社会不良思想、价值观乘虚而入，严重侵蚀了学生的心灵。建议学校加大法治教育投入，创新普法教育方法，深化校园预警机制，切实引导广大青少年成为学法、懂法、守法和用法的合格人才。最后，家庭教育缺失。法院在审理本案过程中，对三被告人的成长环境、家庭生活、学习情况进行了社会调查，通过社会调查从源头上分析三名未成年人犯罪的原因，发现家庭教育的缺失、社会关护不够也是未成年人走向犯罪道路不可忽视的原因。预防未成年人违法犯罪是一项复杂的社会系统工程，需要政府有关部门、司法机关、学校、家庭等社会各方面力量共同参与，切实行动起来，形成广泛合力，为护佑未成年人身心健康成长创造良好的社会环境。

卢某某故意伤害案

《最高人民法院公布 24 起发生在校园内的
刑事犯罪典型案例（四川）》第 1 号
2015 年 9 月 18 日

【基本案情】

2013 年 11 月 12 日 10 时许，某市某学校课间休息期间，该校八年级某班的学生即被告人卢某某（男，14 岁）在与同年级某班学生邓某某（本案死者，男，殁年 14 岁）等人将书卷成筒状在操场互相击打玩耍中，被告人卢某某被人击打后，拿出随身携带的折叠匕首冲向对方人群并捅刺，刺中被害人邓某某左胸部。卢某某见状即搀扶邓某某去医院。行至学校门口时，邓某某无力行走，被闻讯赶来的邓父张某某和在场的卢某某及学校老师等人送至某市中心医院，邓某某经抢救无效死亡。卢某某从该医院被民警带走并归案，经法医鉴定，邓某某系心脏破裂导致失血性休克死亡。

【裁判结果】

一审法院判决认定：被告人卢某某在与同学打闹玩耍发生纠纷后，为泄愤逞强，持随身携带的匕首乱舞致一人死亡，其行为构成故意伤害罪，卢某某犯罪时系未成年人，案发后有救助被害人的行为，归案后认罪态度较好，依法应当从轻处罚。判决被告人卢某某犯故意伤害罪，判处有期徒刑十四年，剥夺政治权利三年；被告人卢某某及附带民事诉讼被告人赔偿附带民事诉讼原告人张某某丧葬费、交通费、误工费共计 35897 元；驳回附带民事诉讼原告人的其他诉讼请求。判决作出后，被告人不服提出上诉。

二审法院经审理认为，原审被告人卢某某在与同学打闹玩耍发生矛盾后，持随身携带的匕首捅刺致被害人死亡的行为构成故意伤害罪，应依法处罚。但犯罪时系未成年人，对其应当从轻或者减轻处罚。案发后卢某某即扶被害人欲到医院救治，在学校老师及被害人家长送被害人到医院时，卢某某亦一同到医院，在知道学校已报案的情况下仍在医院等候，主动将自己置于司法机关的控制之下，归案后亦如实供述犯罪事实，卢某某的行为构成自首，可以从轻或者减轻处罚。综合考察原审被告人卢某某的犯罪手段、情节、后果，并结合其系已满14周岁未满16周岁的未成年人，有自首情节，认罪、悔罪，其亲属在二审期间积极赔偿被害人亲属经济损失并取得谅解，可对其减轻处罚。原判认定的事实清楚，证据确实、充分，定罪准确，审判程序合法，但量刑不当。因此，改判原审被告人卢某某犯故意伤害罪，判处有期徒刑八年。

【典型意义】

本案属典型的校园暴力犯罪案件，犯罪嫌疑人案发时已满14周岁不满16周岁，为泄愤逞强，刺伤被害人，主观恶性较小，但犯罪后果严重，犯罪嫌疑人的伤害行为不仅导致了被害人的死亡，也对被害人家属造成了巨大的痛苦和经济损失。我国法律一方面不仅要惩罚犯罪，保护受害人，另一方面为确保对未成年犯罪嫌疑人、被告人的教育、挽救和改造，设置了从轻、减轻、免除处罚等相关规定，目的就是给未成年犯罪嫌疑人、被告人改过自新的机会。

本案中被告人系未成年人，在校学生，且是初犯，案发后有自首情节，归案后认罪态度较好，二审审理期间，被告人的亲属积极赔偿了被害人亲属经济损失并取得谅解，具有多个法定从轻或减轻处罚情节和酌定从轻处罚情节，因此，二审法院审理认定：一审法院认定的事实清楚，但是对于被告人的量刑过重，未能充分体现对未成年犯罪嫌疑人"宽严相济"的刑事政策和"教育为主、惩罚为辅"的原则。对被告人判决附加剥夺政治权利不符合《最高人民法院关于审理未成年人刑事案件具体应用法律若干问题的解释》第十四条"除刑法规定'应当'附加剥夺政治权利外，对未成年罪犯一般不判处附加剥夺政治权利"的规定。因此，二审法院在综合未成年人刑事案件应当遵循的原则的基础上作出了相对较轻的判决，符合了未成年人刑事案件处理的法定原则和刑事政策。

张某某、回某某、晏某某、史某某故意伤害案

《最高人民法院公布 24 起发生在校园内的
刑事犯罪典型案例（四川）》第 3 号
2015 年 9 月 18 日

【基本案情】

2012 年 11 月 29 日 16 时许，被告人回某某（14 岁）因同年级同学杨某某（本案被害人，15 岁）拿女同学吴某跳绳一事心生不满，遂电话邀约张某某（15 岁）、晏某某（15 岁）收拾杨某某，三人商定当天下午放学后在攀枝花市实验学校旁的开明苑小区收拾杨某某。尔后，回某某将此事告诉了被告人史某某（15 岁），并让史某某将杨某某叫至开明苑小区，史某某表示同意。18 时许放学后，史某某找到杨某某，让其到开明苑小区，杨某某未去。回某某、张某某、晏某某遂在开明苑小区商量上晚自习时到攀枝花市某学校内找杨某某。18 时 50 分，四被告人一起到攀枝花市某学校校园内，史某某将杨某某叫至校内乒乓球场西北角乒乓球台边，张某某在与杨某某交谈过程中，用脚踢杨某某，晏某某也踢了杨某某一脚。后张某某认为杨某某态度不好，拿出随身携带的跳刀刺向杨某某左胸部，致杨某某胸部刺伤致心脏破裂、急性大出血，经医院抢救无效于当日死亡。

同时查明，2012 年 11 月 30 日，被告人晏某某在其父陪同下主动到公安机关投案。2013 年 4 月 26 日，经公安人员电话通知后，被告人回某某、史某某的父亲带二人先后来到临江路派出所接受调查。四被告人归案后均如实供述了上述事实。

案发后，攀枝花市某学校与被害人杨某某的父母就此事已达成民事赔偿协议，被害人杨某某的父母从攀枝花市某学校已领取到赔偿款。攀枝花市某学校明确表示要向四被告人追诉上述赔偿款项。

【裁判结果】

一审法院认为，被告人张某某伙同被告人回某某、晏某某、史某某故意伤害他人身体，致一人死亡，四被告人的行为均已构成故意伤害罪。张某某

归案后如实供述其犯罪事实，当庭表示认罪，可依法对其从轻处罚。四被告人属于未成年人犯罪，依法应对其从轻或者减轻处罚。被告人回某某、晏某某、史某某有自首情节，依法可对其从轻或者减轻处罚。被告人张某某在共同故意犯罪中起主要作用，是主犯，被告人回某某、晏某某、史某某在共同故意犯罪中起次要和辅助作用，是从犯。其中，被告人史某某较其他从犯的作用小。依法应对从犯的被告人从轻或者减轻处罚。根据《刑法》第七十二条的规定，对于不满十八周岁的人犯罪情节较轻；有悔罪表现；没有再犯罪的危险；宣告缓刑对所居住社区没有重大不良影响的应当宣告缓刑。本案中，被告人回某某、晏某某、史某某犯罪时只有14周岁或15周岁，在共同故意犯罪中是从犯，当庭表示认罪，有悔罪表现，并且攀枝花市东区司法局根据法院委托提交的四被告人《情况调查报告》意见是，可以对上述三被告人纳入社区矫正。综上，依照《刑法》第二百三十四条第二款，第二十五条第一款，第二十六条，第二十七条，第十七条第二款、第三款，第六十七条第一款、第三款，第七十二条第一款，第七十三条第二款、第三款，第六十一条之规定，判决：被告人张某某犯故意伤害罪，判处有期徒刑七年；被告人回某某犯故意伤害罪，判处有期徒刑三年，缓刑四年；被告人晏某某犯故意伤害罪，判处有期徒刑三年，缓刑三年六个月；被告人史某某犯故意伤害罪，判处有期徒刑三年，缓刑三年。

宣判后，原公诉机关攀枝花市东区人民检察院提出抗诉，称"被告人张某某虽系未成年人，根据《刑法》第十七条第三款规定，应当从轻或者减轻处罚。但被告人张某某故意伤害他人身体致一人死亡，情节严重，性质恶劣，且犯罪对象为未成年人、发案地点在校园内，具有严重的社会危害性，社会影响极为恶劣，综合被告人张某某的犯罪性质、情节、对社会的危害程度，对于被告人张某某不足以减轻处罚，一审减轻判处被告人张某某有期徒刑七年，适用法律不当，量刑畸轻"。

二审法院认为，原审被告人张某某伙同原审被告人回某某、晏某某、史某某故意伤害他人身体，致一人死亡，四被告人的行为均已构成故意伤害罪。张某某归案后如实供述犯罪事实，当庭认罪，可依法对其从轻处罚。原审四被告人犯罪时均未满18周岁，属于未成年人犯罪，依法应对其从轻或者减轻处罚。原审被告人回某某、晏某某、史某某有自首情节，依法可对其从轻或者减轻处罚。原审被告人张某某在共同犯罪中起主要作用，系主犯；原审被告人回某某、晏某某、史某某在共同犯罪中起次要和辅助作用，系从犯，其中，原审被告人史某某较其他从犯的作用小。依法应对原审被告人回某某、晏某某、史某某从轻或者减轻处罚。鉴于原审被告人回某某、晏某某、史某某犯罪情节较轻，有悔罪表现，没有再犯罪的危险，宣告缓刑对所居住社区没有重大不良影响，应对其适用缓刑。

根据《刑法》第十七条第三款规定，已满十四周岁不满十八周岁的人犯罪，应当从轻或者减轻处罚。本案中，原审被告人张某某犯罪时虽然只有14周岁，当庭表示认罪，有悔罪表现，但原审被告人张某某在校园内故意伤害致人死亡，具有严重的社会危害性，社会影响恶劣，情节严重，且犯罪对象系未成年人，被害人无过错，结合张某某的主观恶性和人身危险性，不足以减轻处罚，应当在十年以上处刑。故检察机关提出"一审减轻判处被告人张某某有期徒刑七年，适用法律不当，量刑畸轻"的抗诉理由成立，法院予以采纳。原判认定事实正确，定性准确，审判程序合法，对原审被告人回某某、晏某某、史某某的量刑适当，对原审被告人张某某的量刑不当。依照《刑法》第二百三十四条，第二十五条第一款，第二十六条，第二十七条，第十七条第二款、第三款，第六十七条第一款、第三款，第七十二条第一款，第七十三条第二款、第三款，第六十一条和《刑事诉讼法》第二百二十五条第一款第二项之规定，判决：一、维持攀枝花市东区人民法院（2013）攀东刑初字第176号刑事判决的第二项，第三项，第四项，即二、被告人回某某犯故意伤害罪，判处有期徒刑三年，缓刑四年。被告人晏某某犯故意伤害罪，判处有期徒刑三年，缓刑三年六个月。被告人史某某犯故意伤害罪，判处有期徒刑三年，缓刑三年；二、撤销攀枝花市东区人民法院（2013）攀东刑初字第176号刑事判决的第一项，即被告人张某某犯故意伤害罪，判处有期徒刑七年；三、原审被告人张某某犯故意伤害罪，判处有期徒刑十年。

【典型意义】

本案是发生在校园内的暴力性犯罪，四被告人又均是未成年人，在体现宽严相济和对未成年人保护的刑事政策时，要充分考虑被告人犯罪行为的社会危害性、对社会的影响以及法院判决的社会效果。回某某、晏某某、史某某在共同犯罪中属从犯，被害人的死亡不是该三人直接造成，三人系14～15岁的未成年人，适用缓刑是适当的；张某某虽也系未成年人，但其在校园内直接持刀伤害致被害人死亡,严重的社会危害后果和恶劣的社会影响均是其造成,在贯彻未成年人保护的刑事政策时,既要注重对未成年被告人的保护,更要注重对未成年被害人的保护,本案被害人是年仅15岁的在校学生,一个无辜的生命从此逝去,被害人的父母失去独生子女,社会危害后果严重,检察院的抗诉理由成立,二审法院改判对原审被告人张某某判处有期徒刑十年,具有更好的社会效果。

赵某某故意伤害一案

《最高人民法院公布24起发生在校园内的
刑事犯罪典型案例(四川)》第9号
2015年9月18日

【基本案情】

被告人赵某某与被害人王某某同时就读于某中学高一5班。2013年3月26日中午,被害人王某某因所在某某号寝室停水,便到被告人赵某某所住某某号寝室的洗漱台洗鞋,见被告人赵某某在洗漱台洗漱,被害人王某某让被告人赵某某让开,被被告人拒绝,两人发生口角,被害人王某某动手打了被告人赵某某一耳光,被同学杨某某劝开。当日18时许,被害人王某某邀约同学赵某、张某一同到自己所居住的某某寝室,随后被害人王某某叫被告人赵某某到某某寝室。被告人赵某某进入被害人王某某的某某寝室后,就中午发生纠纷一事理论,随后被害人王某某动手扇打被告人赵某某耳光,并对其拳打脚踢,被告人赵某某被殴打后,开始还手,被害人王某某邀约的同学赵某、张某见此,上前帮助被害人王某某对赵某某进行殴打。之后,赵某让被告人赵某某给被害人王某某道歉,被告人赵某某未答应,被害人王某某见此,遂将寝室的木质扫帚的一头去掉,拿着木棒对着被告人赵某某的上半身进行殴打,被告人用左手抵挡,右手从自己后裤包拿出弹簧刀将被害人王某某捅伤。随后,被告人赵某某就回到自己的寝室,并在老师的陪同下到朝天区派出所自首。经广元市公安局物证鉴定所法医学人体损伤程度鉴定,被害人王某某的损伤程度为重伤;广元市利州区司法鉴定中心司法鉴定,被害人王某某脾脏穿通伤经手术切除,评定为六级伤残;左肾穿通伤经手术切除,评定为七级伤残；左侧膈肌穿通伤修补术后，评定为九级伤残。被害人王某某的伤残等级为六级。案发后，被害人法定代理人对被告人赵某某的行为给予了刑事谅解。

上述事实，被告人在庭审过程中无异议，并有物证弹簧刀，书证受理案件登记表，立案决定书，扣押物品清单，证人赵某、卢某等人的证言，被告人供述与辩解，司法鉴定意见书，现场勘验笔录及刑事照片等证据证实。上述公诉机关出示的证据，经庭审质证，证据来源合法，证据内容客观真实，且与本案有关联性，予以采纳。

【裁判结果】

被告人赵某某犯故意伤害罪，免予刑事处罚。

【典型意义】

随着近年来校园暴力案件不断增加，如何预防青少年犯罪、加强青少年法治教育是摆在当前教育战线上的一个重要课题。就如本案被告人赵某某在遭到他人不法侵害时，虽然实施的是正当防卫，但其正当防卫明显超过必要限度，造成了他人重伤的后果，属防卫过当，自己的行为已构成故意伤害罪。从案件的起因来看，双方仅仅是为了一点生活中的小事发生纠纷，如果双方都具有良好的心态和较强的法律意识，通过学校老师或者管理人员及时化解他们之间的矛盾，就不会导致后来的伤害案件发生，赵某某也不会背负故意伤害的罪名，虽然人民法院根据其具有正当防卫、自首以及谅解等情节对其作出免予刑事处罚的判决，但对其一生都会产生很大的影响，因而加强在校学生心理教育和法治教育显得尤为重要。

古某故意伤害罪一案

《最高人民法院公布 24 起发生在校园内的
刑事犯罪典型案例（四川）》第 10 号
2015 年 9 月 18 日

【基本案情】

被害人邬某生于 1997 年 12 月 6 日，系社会青年。2012 年 10 月 25 日 12 时许，邬某、李佳某、冯某、赵某四人在安居某中学路口，拦住初中三年级学生舒某某，邬某问舒某某"有钱没有"？舒某某回答："没有"。便继续朝学校走。邬某向冯某要来一根甩棍拿在手中，与李佳某、冯某、赵某四人冲上前，拦住舒某某说"你啥意思"？邬某用甩棍打舒某某手臂等处，后双方扭打。安居某中学保安、教师及部分学生闻讯后赶到，冯某、李佳某、赵某逃跑，被害人邬某被挡获，被带至学校保卫科，邬某趁保安、老师不备挣脱逃跑，躲藏到安居护村路口紧挨公路边一居民厕所内，被安居某中学学生古某、陈某、肖某、曾某发现，被告人古某从路边找来一块砖头，悄悄靠近躲藏在厕所内的邬某，用脚将邬某踢倒，用砖头朝邬某头部打击了一下，在邬某反抗中，古某又骑在邬某身上，用砖头击打邬某后背，致邬某无力反抗。其间，古某叫同学曾某回学校向老师报告邬某被抓住的情况。安居某中学部分学生闻讯赶到事发地，初中三年级学生黄某、敬某、李某等十余名学生将邬某围住，采取用瓦片、手打、脚踢、踹的方式对邬某进行殴打，持续四五分钟，后被赶到现场的老师制止并报警。邬某被救护车送至安居新安医院抢救，邬某于 2012 年 11 月 3 日因抢救无效死亡。同日，公安机关通知被告人古某到公安机关说明情况，古某在其家人陪同下到公安机关投案自首。同年 11 月 5 日经法医鉴定，邬某系钝器暴力作用于头部致脑干损伤死亡。被告人古某到案后与被害人亲属达成赔偿协议，已赔付受害人经济损失 16 万元，并已取得被害人亲属的书面谅解。

【裁判结果】

被告人古某犯故意伤害罪，判处有期徒刑三年，缓刑四年。

【典型意义】

法院对被告人古某判处有期徒刑三年、缓刑四年的理由如下：

（1）被告人古某作案时已满16周岁未满18周岁，系未成年人犯罪，应从轻或减轻处罚；（2）案发后在其亲属的带领下主动到公安机关投案，并如实供述犯罪事实，是自首，可以从轻或减轻处罚；（3）被告人主动赔偿了被害人经济损失，并取得了被害人亲属的谅解，均可酌情从轻处罚；（4）被告人主动投案自首，具有法定减轻情节；（5）被告人系在校学生，在校表现较好，无犯罪前科，赔偿了被害人损失，取得了被害人亲戚谅解，均可酌情从轻处罚。

经社会调查及学籍证证实，古某是安居某中学初三学生，是体艺班长，在校内校外表现良好，无犯罪记录，系留守儿童，家庭条件一般。安居一中申请，认为古某及部分同学出于维护正义，保护学生的生命财产安全进行正当自卫，因防卫过当致校外青年死亡。且古某平时在校内校外表现均好，请求对古某免除刑事处罚。安居教育局签章同意学校意见，并请求给予减轻处罚；二十位同学联名申请，认为出于维护正义，保护学生的生命财产安全进行正当自卫，因防卫过当致校外青年死亡。请求对古某免除刑事处罚。综合全案的事实和情节，结合宽严相济的刑事司法政策，从各方面考虑是否对古某适用缓刑。既是对被告人古某的保护，也避免了在学校中引起恐慌。

广大青少年在成长过程中难免遇到类似的事件，但一味地意气用事，想要凭借暴力去制服、反抗违法行为，是不可取的。以暴制暴并不是解决问题的方式方法，只有在知晓、熟悉法律法规的前提下，运用法律武器保护自己，而不是以暴力的方式使自己亦陷入困境。法院从保护青少年成长角度出发，引导学生在运用法律约束自身行为方面，决定对被告人古某适用缓刑的处罚。既符合法律法规规定，也符合宽严相济的刑事司法政策，被告人古某在成长过程中以如此惨烈的方式明白了自身的错误，知晓了在法律世界里，没有人能以暴力的方式取胜。同时，也使他的同学，这一群国家的希望们知道只有运用法律才能从根本上保护自己，也用法律来约束自己。人，生而自由，但，过度的自由是为非自由，只有在法律约束下的"自由"是为真的"自由"。并且，相信通过法院在这件案子中的处理，也给广大青少年、学校、社会敲响了警钟，对青少年，这群处于青春期的孩子必须要学校、社会经常、及时地对其进行普法工作，让他们了解法律，熟悉法律直至运用法律的武器保护自己，从而避免这一惨剧再次发生。当然，对于营造安全和谐校园环境方面也会起到良好的示范、震慑和教育作用。

冯某某故意伤害案

《最高人民法院公布24起发生在校园内的刑事犯罪
典型案例（四川）》第11号
2015年9月18日

【基本案情】

2012年5月17日，大英县某学校陈某与代某某因为下课玩耍时产生了矛盾，双方约定18日下午放学后打架解决此事。陈某在与代某某约定好打架后，陈某便将此事告知了熊某，熊某当即答应陈某找人帮陈某打架，并打电话让其表哥吴某某找几个人帮忙打架，吴某某最后找到廖某某请其帮忙。同月18日下午，廖某某与唐某、冯某某、向某、陈某等人找到陈某和熊某等人后，在大英县某学校外面与代某某一方的两人发生打架，在殴打过程中廖某某被代某某一方的徐某持刀砍伤，廖某某受伤后被向某、陈某甲送往医院。唐某、冯某某等人走到某中学附近时听说广场附近有十几个人在追一个人，以为是自己一方的人被追，便驾驶电动车往广场方向追赶，在追赶至贾岛街时碰到了霍某某等人，误以为霍某某等人是帮忙的，遂对霍某某等人实施追赶，后将霍某某追至贾岛街某号背后巷道，冯某某用刀将霍某某左手小臂砍伤。2012年9月3日，大英县公安局物证鉴定室作出大公物鉴伤字〔2012〕039号法医学鉴定书，鉴定意见为：被鉴定人霍某某损伤程度系轻伤，伤残等级系十级。

2014年12月4日，经法院主持调解，被害人霍某某与冯某某的亲属达成了调解协议，由冯某某的亲属一次性赔偿霍某某医疗费等损失共计人民币2万元，同日，该赔偿款已履行，霍某某出具谅解书，对被告人的行为表示谅解，请求法院对其从轻处罚。

【裁判结果】

被告人冯某某犯故意伤害罪，判处有期徒刑一年，缓刑一年六个月。

【典型意义】

本案系在校学生不能理智冷静处理矛盾纠纷诱发，被告人冯某某故意伤害他人身体健康，致一人轻伤、十级伤残，其行为已构成故意伤害罪。冯某某自动投案，并如实供述自己的罪行，是自首，冯某某的亲属赔偿了被害人的损失并取得被害人的谅解，法院依法从轻处罚。此案的处理体现了宽严相济的价值取向，注意了对被告人的教育挽救和处罚，同时注意对其他参与者、在校学生的教育，在体现刑罚特殊预防的目的的同时，更加注重一般预防，收到了较好的社会效果。

在校学生焦某某、孙某某、乔某某、马某某 4人故意伤害同学致其死亡案

《最高人民法院公布24起发生在校园内的刑事犯罪
典型案例（四川）》第13号
2015年9月18日

【基本案情】

资中县某中学学生焦某某因与同学李某某在QQ空间留言而发生矛盾，纠集其余三名同学"教训"李某某，在男厕所中将其殴打致其死亡。

【裁判结果】

一、被告人焦某某犯故意伤害罪，判处有期徒刑四年。二、被告人孙某某犯故意伤害罪，判处有期徒刑五年六个月。三、被告人乔某某犯故意伤害罪，判处有期徒刑三年，缓刑四年。四、被告人马某某犯故意伤害罪判处有期徒刑三年，缓刑四年。

【典型意义】

学校作为学生学习和生活的主要场所，学校教育和行为引导对学生成长的影响很大，尤其是中学生正处于青春期，心理和行为习惯都处于养成时期，这个时候的教育和引导就是成长的关键。本案中，中学生因为"QQ空间留言"产生矛盾进而殴打的行为是极其不成熟的，是幼稚和心理人格还不健全的表现。本案造成被害人死亡，三被告人有期徒刑，后果非常严重，教训极其深刻。

其典型性在于：

（1）学生心理不成熟，盲目冲动。做事不考虑后果，只图一时之快。（2）行为不理智，不能恰当处理生活中的冲突。（3）学校的教育不到位。学校在传授知识的同时，对人文教育和性格养成方面有缺失。（4）学校监管不力。在校园里没有及时发现情况采取有效措施。（5）家庭教育不到位。个人行为养成与家庭尤其是父母的引导关系重大，孩子的性格也反映了家庭的性格。

龚某某、邹某某故意伤害案

《最高人民法院公布24起发生在校园内的刑事犯罪
典型案例（四川）》第14号

2015年9月18日

【基本案情】

2012年5月14日下午，被告人龚某某、邹某某及李某某（男，13岁）在沐川县幸福乡某学校闲耍时，邹某某看见与自己有过矛盾的郑某某即欲报复，并交给龚某某一把弹簧刀请其帮自己打郑某某。邹某某让李某某将郑某某叫至该学校教学楼二楼走廊后，邹某某上前殴打郑，龚某某持弹簧刀将劝架的郑某某同学饶某某肩部、腹部刺伤。经鉴定，饶某某损伤程度为重伤。

2012年5月16日22时许，沐川县幸福派出所根据群众举报将邹某某挡获。2012年8月22日，龚某某因群众举报被重庆市江北区警方挡获。

案发后，龚某某、邹某某的亲属共同赔偿了饶某某的损失，饶某某及其近亲属对龚某某、邹某某表示了谅解。

【裁判结果】

沐川县人民法院于2012年11月21日依法作出（2012）沐川刑初字第58号刑事判决书，依法认定被告人龚某某、邹某某共同故意伤害他人身体，致人重伤，其行为均已构成故意伤害罪，且属共同犯罪。龚某某行为时已满16周岁，应当负刑事责任。邹某某行为时已满14周岁，与他人共同实施致人重伤的行为，应当负刑事责任。二被告人行为时均未满18周岁，应当从轻或者减轻处罚。共同犯罪中，邹某某指使同案殴打他人并提供工具，龚某某直接致他人重伤，均起主要作用。二被告人的亲属代为赔偿了被害人的损失，被害人及其近亲属表示了谅解，且二被告人有较好的认罪悔罪表现，可以酌情从轻处罚。考虑到二被告人系因主观辨识能力低，不能正确处理与他人之间的矛盾而实施犯罪行为，是初犯，综合其犯罪的事实、性质、情节和对于社会的危害程度，按照教育为主、惩罚为主的原则和教育、感化、挽救的方针，依法可以适用缓刑。依法判处被告人龚某某有期徒刑一年五个月，缓刑一年六个月；被告人邹某某有期徒刑一年三个月，缓刑一年五个月；禁止被告人龚某某、邹某某在六个月内进入营业性网吧和电子游戏厅。判决后沐川县人民检察院未抗诉，二被告人未上诉，取得了良好的法律效果和社会效果。

【典型意义】

近年来，随着社会的不断发展，原本安静宁和的校园这块净土上，现在时有发生校园暴力事件。导致校园暴力事件发生很大一部分原因是青少年学生的法治观念淡薄，自控能力差，是非不分，从而引发学生伤害事故的发生。

在法庭审理过程中，沐川法院了解到，被告人龚某某、邹某某的父母长期在外打工，疏漏了家庭监督，放任其脱离学校教育。二被告人辍学后，沉迷于网吧、电子游戏厅，受逞强好斗等不良思想影响，模仿暴力影视、游戏渲染的错误方式，不正确地处理与他人之间的矛盾，以致实施了严重违反法律的行为。

在审判过程中，法官将"教育、感化、挽救"方针贯穿于审判全过程。（1）庭前帮教：在受理此案后，认真调查二被告人基本情况、犯罪原因，从中了解到本人及其家庭情况、平时表现，找准帮教的切入点，有的放矢地进行教育感化，使其认识所犯之罪的危害性，促其主动悔罪。并将对被告人的社会调查作为量刑的参考依据。（2）庭中帮教：在庭审中为其指定辩护人为其辩护，承办法官善于抓住感化点，组织法庭教育，根据本案的具体情况引导公诉人、辩护人、法定代理人等就案件的事实、社会危害程度以及犯罪行为对其本人、家庭的影响发表意见，使二被告人充分认识到自己行为的危害性、违法性。（3）判后帮教：充分利用"社区矫正"这项"标本兼治"的刑罚制裁措施，较少二被告人"交叉感染"、增强改造效果。并依照新修订的刑法，禁止其限时进入营业性网吧及游戏厅，极大地利用法律感化、教育和挽救了未成年被告人。

高某犯故意伤害罪一案

《最高人民法院公布 24 起发生在校园内的刑事犯罪
典型案例（四川）》第 15 号
2015 年 9 月 18 日

【基本案情】

被告人高某，男，1995 年 8 月 11 日出生于四川省峨眉山市，汉族，高中文化，于 2014 年 9 月 21 日 12 时许，携带水果刀邀约梁某一同到犍为县某高中门口解决该校学生王某（系高某朋友）和宋某纠纷时，与宋某的朋友何某相互挑衅，随后，高某、梁某、何某发生互殴，被害人邬某见状参与殴打，被该校老师制止。双方停止殴打后，高某和梁某便离开向清溪车站方向行走，途中被何某、邬某等人拦下，二人继续殴打高某，高某用事先准备好的水果刀将何某、邬某刺伤后，逃离现场。经鉴定，邬某的损伤程度为重伤二级。

【裁判结果】

法院认为，被告人高某故意伤害他人身体的行为，已构成故意伤害罪，且属重伤，应当依法予以惩处。公诉机关指控的罪名成立，法院予以支持。案发后，公安机关电话通知，被告人高某即到公安机关投案，如实供述其犯罪事实，是自首，可以从轻或者减轻处罚；被告人高某赔偿了被害人的经济损失并取得了被害人的书面谅解、被害人在本案中有明显过错，法院在对被告人高某量刑时,酌情予以从轻处罚。根据本案的事实、性质、情节和对社会的危害程度,法院决定对被告人高某减轻处罚并适用缓刑。依照《刑法》第二百三十四条第二款、第六十七条第一款、第六十一条、第七十二条、第七十三条第二款、第三款之规定,判决如下:

被告人高某犯故意伤害罪,判处有期徒刑二年,缓刑三年。

廖某故意伤害案

《最高人民法院公布24起发生在校园内的刑事犯罪
典型案例(四川)》第17号
2015年9月18日

【基本案情】

2013年4月24日,时年17岁的营山县华英某学校高三学生廖某下晚自习后,在学校走廊处与同班同学唐某发生口角。前来当和事佬的方某在劝架时,被廖某吼了几句。方某觉得丢了面子,心里很不服气。在寝室熄灯后,方某带着几名同学来到廖某所在寝室,将其堵在厕所,扇了其几个耳光。随后,两人抓扯在一起。廖某见对方人多势众,拿出随身携带的水果刀将方某捅成轻伤。

2014年3月28日,营山县人民检察院指控被告人廖某犯故意伤害罪,向营山县人民法院提起公诉。营山县人民法院受理后,依法组成合议庭,于2014年4月15日公开开庭进行了审理。同日,被害人方某亦向营山法院提起附带民事诉讼,要求被告人廖某赔偿其医疗费、护理费、营养费等各项损失3万余元。

本案开庭审理前,承办法官与被告人廖某及其法定监护人、廖某的同学和室友、营山华英某学校的任课老师见面,了解廖某的兴趣爱好、在校表现、家庭情况、犯罪原因等情况。庭审中,审判长、人民陪审员、公诉人语重心长地对廖某开展法治教育,让其正确认知自己的犯罪行为,并悉心组织调解,促使被告人廖某的家属与被害人方某达成了和解协议。

【裁判结果】

营山法院审理认为，被告人廖某故意伤害他人身体并致一人轻伤，其行为已构成故意伤害罪。廖某犯罪时未满 18 周岁，应当从轻或者减轻处罚；廖某到案后能如实供述自己的罪行，并自愿认罪，可从轻处罚；廖某与被害人方某达成和解协议并取得谅解，可酌定从轻处罚；对于纠纷的引发，被害人方某有较大过错，对被告人廖某可酌定从轻处罚。鉴于被告人廖某犯罪时系未成年人、在校学生，有认罪悔罪表现，通过赔偿被害人经济损失取得了谅解，且被害人对犯罪的引发有过错，法院认定被告人廖某犯罪情节轻微，可不需要判处刑罚。据此，根据被告人廖某的犯罪事实、性质、情节和社会危害程度，依照《刑法》第二百三十四条第一款、第十七条第三款、第六十七条第三款、第六十一条和第三十七条的规定，判决被告人廖某犯故意伤害罪，免予刑事处罚。

【典型意义】

本案在审理中，切实执行对违法犯罪的未成年人"教育、感化、挽救"的方针和"教育为主、惩罚为辅"的原则。一是认真开展庭前调查工作。在庭前送达诉讼文书时，向其法定代理人及邻居、学校老师、同学等详细了解未成年被告人的兴趣、爱好、学习、品行和家庭环境等情况，对症下药挽救未成年被告人。二是将法庭教育纳入庭审。由审判长、人民陪审员、公诉人等对未成年被告人开展法庭教育，增强其对法律的认知和对自己犯罪行为的认识和悔悟心理，为将来的改造打下良好的基础。三是促使被告人与受害方达成和解协议。动员未成年被告人家属代为赔偿受害人损失，修复被破坏的社会关系，促使双方达成和解协议。对于认罪态度好、确有悔改表现的未成年被告人，依法从轻处罚，给他们一个重新做人的机会。

青少年学生并非成人，心理发育尚不成熟，犯罪偶发性概率大，极易一时冲动而违法犯罪。像本案被告人廖某一样的众多青少年学生，他们的人生还有很长一段路要走，可塑性也还很强。人民法院在审理未成年人犯罪案件时，要结合社会调查情况，有针对性地进行法庭教育，切实挽救未成年被告人，促使他们改过自新，早日回归社会。

曾某某、樊某故意伤害案

《最高人民法院公布 24 起发生在校园内的刑事犯罪
典型案例（四川）》第 18 号
2015 年 9 月 18 日

【基本案情】

被告人曾某某、樊某与被害人彭某某原均系宜宾某职业技术学院中专部学生。2010 年 11 月 3 日 22 时许，周某某（被告人曾某某、樊某的同学）在学校操场上因戏弄被害人彭某某而发生口角，随后而来的被告人曾某某、樊某等人为帮周某某出气殴打了彭某某。次日中午，彭某某叫来该学院大专部的钟某某等人欲报复周某某等人，两伙人在操场相遇后，因钟某某一方有人认识周某某而提议不打周某某了，但要对不认识的曾某某、樊某进行报复。在学校保安的干涉下，双方各自散去。曾某某、樊某担心被报复，当即共谋刀砍彭某某并分别回到寝室带上砍刀，二人在学校操场旁的林荫处发现了钟某某和彭某某后，曾某某、樊某分别对付彭某某和钟某某，曾某某一刀将彭某某右手手掌砍掉，彭某某立即逃跑，曾某某一路追砍，将彭某某左臂部、左肩胛部、背部砍伤七处；樊某持刀追砍钟某某，钟某某逃离后，樊某又与曾某某一起追赶彭某某。彭某某逃进学生寝室后，二被告人放弃追赶，逃离现场。2010 年 11 月 7 日、9 日，被告人曾某某、樊某分别到公安机关投案，并如实供述了上述作案事实。经鉴定，彭某某因外伤致右掌与前臂分离，经断肢再植术后，其腕掌功能完全消失，右前臂肌肉明显萎缩属重伤。

四川省宜宾市翠屏区人民检察院以宜翠检刑诉〔2011〕422 号起诉书指控被告人曾某某、樊某犯故意伤害罪，于 2011 年 10 月 25 日向法院提起公诉。法院依法组成合议庭，不公开开庭审理了本案。案发后，被告人曾某某的亲属通过宜宾某职业技术学院向被害人彭某某支付了 3 万元医疗费；诉讼中，被告人樊某的亲属向被害人彭某某先行赔偿了 6 万元经济损失，并取得被害人及其亲属的谅解。

【裁判结果】

法院审理认为，被告人曾某某、樊某故意伤害他人身体，致人重伤，其行为均构成故意伤害罪，公诉机关指控的罪名成立，法院予以支持。被告人曾某某犯罪时已满14周岁不满16周岁，被告人樊某犯罪时已满16周岁，不满18周岁，依法予以从轻处罚。被告人曾某某、樊某犯罪后自动投案，并如实供述自己罪行，是自首，依法予以从轻处罚。被告人曾某某在共同犯罪中起主要作用，是主犯；被告人樊某起次要作用，是从犯，依法予以减轻处罚。诉讼中，樊某的亲属主动向被害人赔偿经济损失，且取得被害人及其家属的谅解，酌情予以从轻处罚。鉴于被告人曾某某作案手段残忍，后果严重，具有较强的主观恶性和社会危害性，其辩护人建议对其适用缓刑的辩护意见不予采纳，二被告人的辩护人辩护意见的合理部分，予以采纳。依照《刑法》第二百三十四条第二款、第十七条、第六十七条第一款、第二十五条、第二十六条、第二十七条、第七十二条、第七十三条、《最高人民法院关于审理未成年人刑事案件具体应用法律若干问题的解释》第十一条、第十六条之规定，判决如下：

一、被告人曾某某犯故意伤害罪，判决有期徒刑四年。二、被告人樊某犯故意伤害罪，判决有期徒刑二年六个月，缓刑三年。

【典型意义】

1. 本案中，二被告人共谋伤害被害人彭某某，构成共同犯罪，其中被告人曾某某是致彭某某重伤的直接实施者，在共同犯罪中起主要作用，是主犯，被告人樊某起帮助作用，是从犯。

2. 二被告人犯罪时均是未成年人，且都有自动投案如实供述的自首情节，依法应予从轻处罚。

3. 被告人樊某家属向被害人彭某某赔偿了经济损失，并取得被害人彭某某及其家属的谅解，酌情予以从轻处罚。

4. 在审理过程中，法庭了解到被告人曾某某年幼时父母离异，家庭疏于管教，最终走上犯罪道路，虽其监护人当庭承诺将对其进行管教，但因其系本案犯意提起者，且具体实施致人重伤的行为，不宜缓刑。被告人樊某也在年幼时父母离异，家庭疏于管教，最终走上犯罪道路，在本案中受人邀约实施犯罪行为，鉴于其未对被害人实施实际伤害，且取得被害人谅解，其监护人也承诺对其严格管教，故对其适用缓刑。

王某某故意伤害案

《最高人民法院公布24起发生在校园内的刑事犯罪
典型案例（四川）》第22号
2015年9月18日

【基本案情】

王某某，男，生于1996年5月6日，四川省宣汉县人，系在校学生。2011年3月14日下午放学后，当时在宣汉县双河镇某初级中学2012级2班读书的被告人王某某与同学姜某发生矛盾并打了姜某，该校2012级3班学生万某（本案被害人）表示要帮姜某打王某某。王某某得知消息后，伙同其同学张某某（生于1995年9月12日）于次日晨（2011年3月15日）早自习结束后到该校2012年级3班找到万某，王某某用双节棍击打万某的头部和手臂后逃离现场。经宣汉县公安局物证鉴定室鉴定，被害人万某的损伤程度为重伤，八级伤残。2012年1月9日，被告人王某某到宣汉县公安局双河派出所投案自首。

万某受伤后，于2011年3月15日至2011年6月23日在宣汉县人民医院住院治疗，被诊断为顶骨骨折、硬膜外血肿、小脑疝形成。经宣汉县双河镇人民调解委员会主持调解，达成民事赔偿协议，并履行完毕。万某书面表示谅解王某某。

【裁判结果】

被告人王某某故意伤害他人身体，致人重伤，其行为侵犯了公民的人身权利，危害了社会治安秩序，已触犯刑律，构成故意伤害罪。遂根据被告人王某某犯罪的事实、犯罪的性质、情节和对社会的危害程度以及赔偿情况，依照《刑法》第二百三十四条第二款、第七十二条、第六十七条、第十七条之规定，判决如下：

被告人王某某犯故意伤害罪，判处有期徒刑一年六个月，缓刑二年。

【典型意义】

本案因在校学生之间矛盾引起，发生在学校教室内，暴力加害者和受害者均系学生，是一起典型的校园暴力犯罪案件。通过分析，我们认为该案的发生主要有以下几方面的原因：一是作为加害者的王某某本身心智不成熟，法律意识淡薄，遇与同学发生矛盾时，不是寻求老师的帮助，而是自己逞强斗狠，想到的是"先下手为强"，用暴力解决问题，从而引发了本案。二是家长疏于教导，王某某的父母经常在外务工，其跟随外祖父一起生活，平日里缺乏来自父母的关心和教诲，造成其性格上的缺陷，遇事不冷静。三是学校监管不到位，安保不健全，在学生发生矛盾时没有及时加以解决，后矛盾进一步升级，继而发生打斗时，学校也没有及时加以制止。为此，整治校园及周边治安环境，防止暴力犯罪发生，任重而道远：一是进一步加强教育，正确引导孩子健康成长。二是进一步加强社会帮扶、救助工作。三是进一步加强校园周边治安环境治理。四是进一步加强正面宣传，营造和谐氛围，加强在校园内部及校园周边地区的法治宣传教育，让学生们学法、懂法、守法。

王某某犯故意伤害罪，段某某、陈某某、白某某犯聚众斗殴罪一案

《最高人民法院公布 24 起发生在校园内的刑事犯罪典型案例（四川）》第 23 号

2015 年 9 月 18 日

【基本案情】

2013 年 3 月 22 日 21 时许，何某某（男，案发前系眉山某中等职业技术学校学生，另案处理）在眉山某中等职业技术学校上完晚自习回寝室的楼梯上误把被告人段某某当成其认识的同学，遂推了段某某一把，段某某觉得心里不舒服便和同学朱某某跟着何某某到学校 211 寝室找到何某某，何某某向段某某道歉后，段某某仍不依不饶，何某某同寝室的被告人王某某见状与段某某发生了口角。段某某觉得不服气，回到其寝室所在的 1 楼，邀约被告人陈某某、白某某和同学方某某、朱某某、范某某、王某（男，1998 年 6 月 4

日出生)、胡某(男,1997年9月22日出生)、李某、王某甲、熊某某等人再次到211寝室找到何某某和王某某,王某某与段某某、陈某某发生了争吵,双方都称要喊人来打架,王某某让同寝室的柯某某(男,1995年8月16日出生,另案处理)找人帮忙,陈某某打电话给其朋友让其朋友帮忙打架,这时老师胡某某查房,段某某一方便离开211寝室回到了一楼。段某某方人员回到1楼,商量等老师走后,再到211寝室打何某某和王某某,由胡某、王某甲先"点火"(打何某某),等何某某和王某某还手后所有人就开始打何某某和王某某,同时段某某到隔壁同学寝室准备了一截钢管放在其裤包内。王某某、何某某、柯某某在段某某等人离开其寝室后,商量由柯某某出去找人帮忙打架,柯某某遂和同学冯某某一起到学校其他寝室找同学帮忙。同时王某某、何某某商量到隔壁寝室借刀,于是王某某到隔壁209寝室借了两把折叠式水果刀,拿了一把给何某某,另一把打开后藏到其床单下。待胡某某老师走后,段某某便伙同陈某某、白某某、林某(死者,男,1997年11月28日出生)、唐某某(死者,男,1996年10月18日出生)到211寝室打架。进入211寝室后,王某甲、胡某两人先殴打何某某,何某某未还手。随后林某、唐某某、段某某、白某某等人便殴打王某某,王某某被殴打后,从其床单下摸出事先准备好的折叠水果刀,向殴打他的林某、唐某某、白某某、段某某捅去,将林某、唐某某、白某某、段某某捅伤。与此同时,柯某某找到了同学向某、段某某,欲返回寝室时,打斗已经结束。随后王某某打电话报警。林某、唐某某经眉山市第三人民医院抢救无效死亡。经眉山市公安局东坡区分局物证鉴定室鉴定:林某系心脏破裂、肺破裂致失血性休克死亡;唐某某系腹主动脉破裂、肝破裂致失血性休克死亡;白某某的损伤为轻微伤;段某某的损伤鉴定为轻微伤。

2013年3月22日23时许,被告人陈某某经公安机关电话通知后在老师李某甲的陪同下主动到公安机关投案,到案后如实供述了自己的罪行。

另查明,被告人王某某出生于1995年7月29日、被告人段某某出生于1995年10月4日、被告人陈某某出生于1997年3月19日、被告人白某某出生于1996年6月22日。案发时,四被告人均年满16周岁未满18周岁。被告人段某某、白某某被动归案后如实供述了自己的罪行。

在法庭审理过程中,法院了解到,四被告人案发前均系眉山某中等职业技术学校住校学生,四被告人平时不学法、不懂法,法治观念淡薄,遇事不冷静。四被告人的父母均表示会加强管教，请求从轻处罚。

【裁判结果】

一、被告人王某某犯故意伤害罪，判处有期徒刑八年；

二、被告人段某某犯聚众斗殴罪，判处有期徒刑二年；

三、被告人陈某某犯聚众斗殴罪，判处有期徒刑一年，缓刑一年；

四、被告人白某某犯聚众斗殴罪，判处有期徒刑一年，缓刑一年；

五、将扣押在案的折叠刀予以没收。

【典型意义】

校园暴力不是一般的打架斗殴，对孩子将产生一生的影响。有些校园暴力完全是没道理的，不是有仇有怨，有的是"看你不顺眼"之类的原因，有的形成了等级、强弱观念，这些比暴力本身更可怕。预防校园暴力，需要家庭、学校、社会和国家合力解决，不是某一个方面能够解决的，而且治标和治本都要抓。从目前的情况来看，校园暴力事件呈上升趋势。从长远讲，从立法、司法、社会治安治理的角度来综合治理。法律要作出明确的界定，没有一定的法律惩罚，就没有威慑。对大部分学生是以教育为主，但教育不是万能的，对于特别恶劣的，就要惩戒，杀一儆百。产生法律的威慑力，让他们知道什么是法。本案中，双方学生仅因为一个玩笑引发的口角最终导致二人死亡的严重后果，在当前校园暴力犯罪中具有典型性。为了教育参与打斗的学生，同时也为了给学校其他学生起到警示作用，必须要运用刑罚手段才能对参与打斗的学生起到惩戒的目的，但同时法官又考虑各被告人均属未成年人的因素，最终判处上述刑罚。

张某某故意伤害案

《最高人民法院公布 24 起发生在校园内的刑事犯罪
典型案例（四川）》第 24 号
2015 年 9 月 18 日

【基本案情】

2014 年 9 月 18 日下午，被告人张某某（男，2000 年 4 月 17 日出生）因被害人申某某在暑假期间借了其刀子未归还，到马鞍山九年义务制学校内停车棚处，破坏申某某的自行车进行报复，被申某某发现。申某某踢了张某某一脚，张某某随即从裤包内摸出一把水果刀刺中申某某的左前胸部位，后申某某被学校老师送往资阳市人民医院住院治疗。经资阳市公安局雁江区分局物证鉴定室鉴定，被害人申某某胸部损伤为重伤二级。案发当天下午，被告人张某某在其家长陪同下到公安机关投案，并如实供述了自己的犯罪事实。张某某之父赔偿了被害人的经济损失医疗费、误工费，取得了被害人及其家属的谅解。

在本案审理过程中，法院对被告人张某某进行了社会调查，了解到被告人张某某因父母离异，随父生活。在校期间表现较好，不惹是生非，由于性格内向，不善于沟通，加上法治观念淡薄，致使其走上犯罪的道路。其父表示愿意管教，让其好好读书，使之成为有用之材。

【裁判结果】

法院认为，被告人张某某作案时未满 18 周岁，依法对其从轻或减轻处罚。案发后，张某某在家长的陪同下到公安机关投案，如实供述了自己的罪行，是自首，依法予以从轻或减轻处罚。张某某的家属赔偿了被害人的经济损失，取得了被害人及其家属的谅解，可酌情从轻处罚。综合全案，依法对被告人张某某减轻处罚。判决如下：被告人张某某犯故意伤害罪，判处有期徒刑一年八个月，缓刑二年六个月。

【典型意义】

本案是一起校园暴力典型案件。未成年人犯罪和成年人犯罪相比有其特殊性,往往社会原因比较复杂。通过社会调查,了解其成长经历、家庭背景、一贯表现、犯罪原因等情况,不仅有助于找准教育的切入点,提升对其教育、感化的针对性、感染力,更有利于准确把握未成年被告人的主观恶性和人身危险性,进而对其科以适当的刑罚。

本案法院在庭审前即对被告人张某某进行了社会调查,了解了他的家庭状况、平时表现、性格,并且通过调解,让张某某亲属取得了被害人亲属的谅解,依法给予缓刑判决。

该案件对引导学生运用法律约束自身行为、家庭加强未成年人教育引导、营造安全和谐校园环境方面能够起到良好的示范、震慑和教育作用。

卢某某故意伤害案

《最高人民法院公布 16 起发生在校园内的刑事犯罪
典型案例(福建)》第 1 号
2015 年 9 月 18 日

【基本案情】

2012 年 11 月 5 日 16 时许,被告人卢某某到南靖县某中学高中部找朋友,在高中部四楼看到林某某,因林某某曾与其产生过纠纷,被告人卢某某遂将林某某叫到男厕所内质问,并动手对其进行殴打,林某某也还手殴打卢某某,双方发生打架,双方均有受伤。经南靖县公安局法医鉴定:被害人林某某的损伤程度属于轻伤;被告人卢某某的伤情属于轻微伤。

【裁判结果】

被告人卢某某故意伤害他人身体,致一人轻伤,其行为已构成故意伤害罪,依法应追究其刑事责任。被告人卢某某犯罪时未满 18 周岁,依法应当减轻处罚;被告人犯罪后,自动到公安机关投案,系自首,依法可以从轻或减轻处罚;被告人归案后积极赔偿被害人经济损失,取得被害人的谅解,依法予以酌情从轻处罚。依照《刑法》有关规定，对被告人卢某某犯故意伤害罪，免予刑事处罚。宣判后，没有上诉、抗诉，判决已发生法律效力。

【典型意义】

本案是一起未成年被告人殴打未成年被害人的案件。被告人及被害人曾经都在漳州某学校就读初中，林某某在学校时有帮助过与被告人卢某某有纠纷的人。因被告人卢某某平时不注意自己的道德素养，法治观念淡薄，不能冷静处置同学间发生的小事，而是斤斤计较，从而导致犯罪。从本案中可以发现，对未成年人法治教育是一项常抓不懈的工程，要时刻引导未成年人认真学习，遵守法律法规，与人和睦相处，珍惜学习时光，做个遵纪守法的好公民。

张某某故意伤害案

《最高人民法院公布 16 起发生在校园内的刑事犯罪
典型案例（福建）》第 2 号
2015 年 9 月 18 日

【基本案情】

2014 年 12 月 15 日 21 时许，被告人张某某（系闽清某中学高一学生）在女生宿舍 6 楼开水间因排队提开水的事情与同校女生陈某某发生争吵，之后被告人打了陈某某右脸部一拳，导致其右眼部、鼻子受伤。经鉴定，被害人陈某某因外伤致鼻骨右侧及右侧上颌骨额突骨折，属轻伤二级。2015 年 1 月 13 日，被告人在母亲陪同下主动到派出所接受讯问，如实供述犯罪事实。

在本案诉讼过程中，被害人陈某某提出附带民事诉讼，2015 年 5 月 13 日经法院主持调解，双方当事人达成了调解协议，由附带民事诉讼被告人（被告人的法定代理人）一次性赔偿被害人各项损失人民币 5 万元，并已履行完毕，被害人及其法定代理人出具了谅解书，表示愿意谅解被告人，希望法庭对其减轻从宽处罚，判处缓刑直至免予刑事处罚。

【裁判结果】

被告人张某某故意伤害他人身体，致一人轻伤，其行为已构成故意伤害罪。公诉机关指控的罪名成立。被告人犯罪时未满 18 周岁；在犯罪后自动投案，并能够如实供述自己的犯罪行为，系自首；本案系因民间矛盾激化引发，且被害人对双方矛盾激化负有一定责任；被告人及其法定代理人与被害人达成了调解协议，并已付清全部赔偿款，取得了被害人及其亲属的谅解。综上，鉴于被告人犯罪情节较轻，具有良好的悔罪表现，社会危害程度轻微，不需要判处刑罚，依法免予刑事处罚。

【典型意义】

校园学生冲动好斗事件，近年来在新闻上屡见不鲜。比如，本案被告人张某某就很具有典型性。被告人张某某成长于完整、和睦的家庭，平时性格外向，在学校表现良好，追求进步，担任过班干部，在校期间曾获得"文体活动之星""学习进步之星""热爱读书之星"等奖项；具有体育特长，曾于 2011 年获得县田径运动会铅球第六名、标枪第五名，2012 年获得县田径运动会铅球第三名，2013 年获得市第 50 届中小学生运动会铅球第四名、标枪第五名。张某某平时交往的人员都是同学，没有结交社会不良青年、沉迷网络等不良行为，日常寄宿在学校，独立生活能力较强。但因其性格较好强，年轻气盛，故因琐事受到被害人言语刺激时，不能理智地控制情绪，动手打了对方一拳致其轻伤，构成了故意伤害罪。经过法庭教育，被告人对自己的行为深感后悔，悔罪态度良好，其亲属亦表示今后一定对其严格管教，促其改过自新。

刘某某、江某故意伤害案

《最高人民法院公布 16 起发生在校园内的刑事犯罪
典型案例（福建）》第 3 号
2015 年 9 月 18 日

【基本案情】

2011 年 6 月 22 日 7、8 时许，被告人刘某某、江某认为闽侯县某中学的秦某是与被告人江某在网上发生过争吵的人，遂进入秦某所在的教室对其进行殴打后离开。10 时 30 分许，二被告人再次进入教室，对秦某头部等处进行殴打。约三分钟后，两名被告人第三次进入教室，用脚踢打秦某腹部等处。经闽侯县公安局法医鉴定，秦某所受的伤是外力致使脾破裂属于重伤，评定为六级伤残。2011 年 8 月 29 日，被告人刘某某、江某家长共赔偿被害人损失人民币 117720 元。2011 年 9 月 5 日，被告人向闽侯县公安局祥谦派出所投案。

【裁判结果】

福建省闽侯县人民法院经审理认为，被告人刘某某、江某故意以损害他人身体健康为目的，殴打致一人重伤，评定为六级伤残，其行为已构成故意伤害罪，公诉机关指控的罪名成立，法院予以支持。指定辩护人提出被告人刘某某、江某能主动投案，并能如实供述自己的罪行，系自首，可从轻或减轻处罚，且犯罪时均未满 16 周岁，应当从轻或减轻处罚，二被告人的家属已赔偿被害人方的损失，可酌情予以从轻处罚的辩护意见予以采纳。根据二被告人在本案中的犯罪事实、情节、社会危害性，依法对二被告人予以减轻处罚。希望被告人吸取教训，树立正确的世界观、人生观和价值观。依照《刑法》有关规定，以故意伤害罪判处被告人刘某某有期徒刑二年六个月，缓刑三年；被告人江某有期徒刑二年六个月，缓刑三年。

【典型意义】

本案是一起发生在校园内的学生暴力事件。就该案起因而言，被告人江某误认为被害人系在网上骂他的人,在不问清事情的情况下,冲动叫上同学冲到被害人班级对被害人进行殴打,缺乏冷静思考与理性对待,是引发本案的直接原因。除此之外,二被告人三次冲入教室,校方未能及时制止,也是导致本案被害人重伤后果的原因之一。案发后,二被告人已赔偿被害人经济损失,取得谅解,二被告人也表示真诚悔过。鉴于两被告人均为初中三年级在读学生,未满16周岁,人民法院本着"教育为主、惩罚为辅"的原则和"教育、感化、挽救"的方针,给予二被告人减轻处罚,并依法适用缓刑,有利于他们健康成长。孩子的习惯性格的养成,家庭与学校教育起着至关重要的作用。因此,家庭、学校应经常教育学生在发生矛盾时,要冷静克制,学会容忍,"退一步海阔天空",千万不能感情冲动。

哈某某故意伤害案

《最高人民法院公布16起发生在校园内的刑事犯罪
典型案例(福建)》第5号
2015年9月18日

【基本案情】

2012年9月14日13时许,被告人哈某某在福州某中学九年级4班教室内与同班同学陈某某因纠纷发生肢体冲突,在冲突过程中哈某某顺手拿起教室内的一把木头凳子砸向陈某某的头部,造成被害人陈某某颅骨凹陷性骨折。经鉴定,陈某某的伤情为重伤。案发后,被告人哈某某的父亲已赔偿被害人医疗费共计人民币81000元,另校方赔偿医疗费44000元,陈某某及其家属对哈某某的伤害行为表示谅解。

【裁判结果】

福州市晋安区法院少年庭经审理认为,被告人采用暴力手段故意伤害他人身体,致一人重伤,其行为已构成故意伤害罪。被告人在作案时未满16周岁,庭审中自愿认罪,具有自首情节,其家属积极赔偿被害人经济损失,并得到被害人谅解,且福州市晋安区司法局对被告人作出符合社区矫正的评估意见,具备缓刑帮教条件,依法予以减轻处罚并适用缓刑。根据被告人的犯罪情节及悔罪表现,依照《刑法》第二百三十四条第二款、第十七条第二款、第三款、第六十七条第一款、第七十二条、第七十三条第二款、第七十六条之规定,以故意伤害罪判处被告人哈某某有期徒刑十个月,缓刑一年。

【典型意义】

为了保障未成年人身心健康,培养未成年人良好的品行,进一步预防未成年人犯罪,本着教育和保护的方针,有效地遏制未成年人犯罪,通过生动的真实案例告诉中学生什么是违法行为、哪些情况可能导致犯罪,以及怎样避免遭受不法侵害、加强自我保护。立足审判,深化维权,坚持"教育、感化、挽救"的方针,寓教于审,积极参与社会治安综合治理,为预防和减少青少年犯罪,维护青少年合法权益,构建和谐社会作出努力。

许某某故意伤害案

《最高人民法院公布16起发生在校园内的刑事犯罪
典型案例(福建)》第9号
2015年9月18日

【基本案情】

2014年9月23日、24日,被告人许某某(未满15周岁)因走路姿势、发型等遭到同为某中学学生的被害人林某某等人的不满、指责而心生怨恨,扬言要殴打林某某。2014年9月24日下午课间,被害人林某某、黄某某、翁某某以及在校生宋某、吴某、陈某某等人将被告人许某某约至该校教学楼厕所,许某某返回宿舍携带一把水果刀赴约。在厕所内,被害人林某某及陈某某等人用手打、用脚踢被告人许某某。随后被告人许某某在遭到围殴的情况下,抽出随身携带的水果刀将被害人黄某某、林某某、翁某某刺伤。经鉴定,被害人黄某某、翁某某的人体损伤程度为重伤二级,林某某的损伤程度属轻微伤。

【裁判结果】

福建省莆田市荔城区人民法院经审理认为,被告人许某某故意伤害他人身体致二人重伤、一人轻微伤，其行为已构成故意伤害罪。鉴于被告人许某某犯罪时未满 16 周岁，归案后能如实供述自己的罪行，且被害人对本案具有过错，应予以减轻处罚。被告人许某某的犯罪行为致附带民事诉讼原告人黄某某、翁某某遭受经济损失，应负赔偿责任。本案中，附带民事诉讼被告人某中学作为管理者未能发现分属不同班级的多名学生在上课期间聚集在厕所滋事，并致许某某持械刺伤黄某某、翁某某，某中学对该伤害后果应承担一定的责任。据此，依照《刑法》有关规定，以故意伤害罪判处被告人许某某有期徒刑一年六个月，其法定代理人以及某中学按照各自应承担的份额分别赔偿黄某某、翁某某医疗费等各项经济损失共计人民币 31 万余元。

【典型意义】

　　本案是一起因同学之间的纠纷而引发的典型校园伤害案件。究其原因，一方面，在学校中，同学间因琐事起争执是非常常见的。未成年人在自控能力薄弱的情况下，铤而走险，不计后果，这是未成年人犯罪的一大特点。在本案审理过程中，法庭调查发现，被告人许某某性格内向，不爱与家长、老师沟通，在受到同学言语挑衅后，一时冲动刺伤同学，最终导致本案的发生。因此，当与同学因琐事发生摩擦后，应当通过双方自行协商或者报告老师、告诉家长等正当途径解决，不能意气用事，甚至动手动刀。另一方面，学校对学生负有教育、管理、保护的职责，学生在校上课期间发生故意伤害事件，学校亦要承担相应的责任。所以说，预防未成年人犯罪，需要全社会的共同努力。

杨某某故意伤害案

《最高人民法院公布 16 起发生在校园内的刑事犯罪
典型案例（福建）》第 12 号

2015 年 9 月 18 日

【基本案情】

周某（已判刑）与被害人陈某某（未成年）因争抢女友一事产生矛盾，2013 年 1 月 17 日 9 时许，周某得知陈某某在南平市某学校时，便纠集被告人杨某某（未成年）等人一同前往学校殴打陈某某，在学校后门斜坡处遇上陈某某时，周某先冲过去用砖头往陈某某头部砸了一下，杨某某随后用随身携带的匕首将陈某某背部划伤，在陈某某跑至学校攀登桥处时，周某又冲过去打陈某某，杨某某亦拿起砖块往陈某某头部砸了一下。经福建武夷司法鉴定所鉴定，陈某某因外伤致左顶骨凹陷性骨折、左背部一长 11.5 厘米创口，均构成轻伤。

2013 年 4 月 9 日，被告人杨某某主动到公安机关投案，并如实供述自己的犯罪事实，公安机关对其采取取保候审的强制措施，同年 4 月 27 日杨某某殴打他人致轻微伤偏重，5 月 13 日被公安机关处以行政拘留 6 日并处罚款 200 元的行政处罚，5 月 22 日经南平市建阳区检察院批准被逮捕。同案人周某归案后先行赔偿了被害人陈某某全部经济损失共计人民币 1 万元，在本案审理期间，经本院主持调解，被告人杨某某又赔偿被害人陈某某继续治疗费损失共计 1000 元，取得了被害人谅解。

【裁判结果】

南平市建阳区人民法院经审理认为，被告人杨某某故意伤害他人身体，致一人轻伤，其行为已构成故意伤害罪。依照《刑法》有关规定，以故意伤害罪判处被告人杨某某拘役五个月。被告人杨某某对判决结果无异议，表示不上诉。

【典型意义】

本案事发校园内，被告人及被害人均为未成年人，其中被害人系在校生。被告人受他人蛊惑，盲目讲朋友义气，持凶器在校园内伤害未成年学生，可酌情从重处罚。虽具有多项法定以及酌定从轻的情节，但被告人杨某某曾因携带管制刀具被处罚，在本案中亦使用匕首伤害他人，其性格冲动，做事欠考虑，且在取保候审期间，又因小事而殴打他人致轻微伤偏重，其父母作为监护人未能尽到监管和教育的职责，其本人具有一定的人身危险性，因此，被告人杨某某不具备适用缓刑的条件。本案审理过程中，心理咨询师通过心理测评得出的结论亦为：被告人杨某某心理年龄尚小，容易沉浸在自我世界中，自我约束能力弱，有一定的社会危险性。故本案适用实刑更有利于教育、感化和挽救失足未成年人。

陈某故意伤害案

《最高人民法院公布 16 起发生在校园内的刑事犯罪
典型案例（福建）》第 14 号

2015 年 9 月 18 日

【基本案情】

2015 年 1 月 20 日 23 时许，被告人陈某（时年 16 周岁）在其宿舍楼的 409 寝室，因琐事被李某某等人殴打。后，被告人陈某为报复，从其 403 寝室拿出一把水果刀到 409 寝室外持刀将李某某逼退至 412 寝室内后将李某某的脖子划伤。经鉴定，被害人受伤致气管破裂、食管全层破裂，并经手术修补，评定为重伤二级；同时致纵隔气肿（自行吸收），评定为轻伤一级；颈前部皮肤创口疤痕 7.3 厘米、甲状腺挫裂伤、右侧胸腔少量积气，评定为轻伤二级，综合评定为重伤二级。被告人陈某受轻微伤。2015 年 3 月 27 日，被告人自动向公安机关投案，并如实供述了上述犯罪事实。在本案审理期间，被告人的家属已赔偿被害人经济损失人民币 10 万元，并取得被害人谅解。

【裁判结果】

厦门市集美区人民法院经审理认为，陈某持械故意伤害他人身体，致一人重伤，其行为已构成故意伤害罪。公诉机关指控的罪名成立。陈某犯罪时已满16周岁不满18周岁，系未成年人犯罪；其犯罪后自动投案，并如实供述自己的罪行，系自首；其已赔偿被害人经济损失，并取得谅解；被害人在本案中有过错；综合以上情节，对陈某依法可以减轻处罚，对其适用缓刑不至于再危害社会，可适用缓刑。公诉机关的量刑建议适当，予以采纳。辩护人的辩护意见理由充分，予以采纳。据此，依照《刑法》等有关规定，判处陈某有期徒刑一年三个月，缓刑二年。宣判后，被告人没有提出上诉，该判决已生效。

【典型意义】

本案是一起因琐事发生纠纷而引发的连环校园暴力案例，由一个"轻"暴力导致了本案的暴力犯罪行为。本案的犯罪行为属于典型的校园暴力行为，由于被告人和被害人均系同校同学，法律意识淡薄，又处于青春期年轻气盛阶段，不可避免地会因为琐事发生纠纷而导致打架事件，进而演变为刑事犯罪案件。本案中，鉴于被害人对于犯罪后果的产生存在过错，同时陈某在案发后认罪态度良好，第一时间报警，联系年级老师，将被害人送至医院救治，主观恶性较小，并非蓄意伤害，且在案件审理期间，陈某家属能够积极赔偿被害人的经济损失，取得了被害人的谅解，故对陈某判处缓刑，给予其一个重新回归社会的机会，并希望能够以此给予在校学生一个警示教育，让同学们懂得如何妥善处理矛盾纠纷，如何相互尊重。

卓某某故意伤害案

《最高人民法院公布16起发生在校园内的刑事犯罪
典型案例（福建）》第15号
2015年9月18日

【基本案情】

2011年11月25日下午，被告人卓某某（男，时年14岁）在沙县某中学教室上课时，因课桌间距问题与被害人王某某（男，时年14岁）发生口角，并受到被害人的威胁。被告人因害怕被王某某殴打，次日去学校上课时从家中携带一把水果刀藏在衣服口袋内。当日8时50分许下课期间，被害人在教室从被告人身后拍被告人的头，二人遂发生打斗。打斗过程中，被告人随手掏出水果刀将被害人刺伤。经沙县公安局法医鉴定，被害人的伤情为重伤。被告人案发后在校保卫处等候公安机关处理，到案后如实供述了自己的犯罪事实。案发后，被告人主动赔偿给被害人人民币71500元，并取得被害人谅解。

【裁判结果】

沙县法院经审理认为，被告人故意非法损害他人身体健康，造成一人重伤的后果，构成故意伤害罪。由于被告人犯罪时未满16周岁，有自首情节，案发后，主动赔偿被害人的经济损失，并取得被害人谅解。据此，依照《刑法》有关规定，以故意伤害罪判处被告人有期徒刑一年六个月，缓刑三年。

【典型意义】

本案是一起校园内因同学纠纷而引发暴力侵害的典型案例。根据法庭审前社会调查了解，被告人平时表现良好，但性格内向，与同学缺乏交流。案发时，因课桌间距的琐事与同班同学产生纠纷，被害人用言语对被告人进行威胁恐吓，被告人因害怕被殴打而携带水果刀上课，最终酿成严重后果。此类案件反映了部分未成年人心智未成熟，行事冲动，不能采用合理的方式化解人与人之间的矛盾纠纷。家庭、学校和社会应当注重未成年人的身心健康，注意提高他们的沟通相处能力，避免此类案件再次发生。

黄某某、李某某、黄某甲、张某某故意伤害案

《最高人民法院公布 16 起发生在校园内的刑事犯罪
典型案例（福建）》第 16 号
2015 年 9 月 18 日

【基本案情】

2012 年 3 月 28 日 21 时许，被告人黄某甲、李某某、黄某甲、张某某因对被害人邓某某等人在其就读的中学内喝酒并收其酒钱心生不满，被告人黄某甲、李某某提出要教训对方，之后由黄某甲、李某某吩咐几个低年级的学生找来三根铁棍，四被告人在该校操场边的小路，采用铁棍敲和用脚踢的方式对被害人邓某某等人实施殴打。经永安市公安局法医鉴定，被害人邓某某的损伤为重伤，被害人魏某某的损伤为轻微伤三级。2012 年 6 月 15 日，被告人黄某甲、张某某接到永安市公安局电话通知后主动到公安机关接受调查；2012 年 7 月 5 日，被告人李某某被永安市公安局抓获归案；2012 年 8 月 14 日，被告人黄某甲主动到永安市公安局投案。

另查明，四被告人赔偿受害人邓某某经济损失合计 88814 元，赔偿受害人魏某某经济损失合计 22460 元。

【裁判结果】

永安市人民法院经审理认为，四被告人以故意非法损害他人身体健康为目的，将他人打致重伤或轻微伤三级，其行为已构成故意伤害罪。四被告人的行为，属共同犯罪，应根据其犯罪情节和作用大小依法分别予以处罚。案发后，四被告人均能如实交代自己的犯罪事实并当庭自愿认罪，其中三被告人还主动投案自首，应当从轻或减轻处罚。同时，四被告人均积极赔偿受害人的经济损失，并取得受害人谅解，认罪态度均较好，悔罪程度较深，可从轻处罚。依照《刑法》等有关规定，以故意伤害罪分别判处四被告人有期徒刑三年至一年十一个月，缓刑五年至三年。

【典型意义】

本案是一起即将毕业的初三学生在校园内持械殴打伤害他人的刑事案件。四被告人对闯入校园喝酒并滋事的校外人未能理智对待，及时报告老师或校保卫科，而是在与其发生口角后产生报复他人的心理，加上自身控制力弱，冲动，辨别是非能力又差，从而酿成悲剧的发生，既造成他人身体的伤害，也将自己送入监牢。在法庭帮教下，四被告人认识到平时不注重学法，法治意识淡薄的严重后果，并表示要真诚悔改。为了给四被告人一次悔改的机会，不影响其继续升学和日后就业，法庭均判处缓刑。然而经此一事已严重影响其学业的完成，最终四被告人均未考上高中，告别了多姿多彩的学生时代，人生轨迹也就此改变。因此，加大在校生法治宣传力度，增强其法律意识和自我保护能力，不单单是学校、家庭的责任，也是全社会的责任。希望此类校园悲剧不要再发生。

翁某某故意伤害案

《最高人民法院公布49起婚姻家庭纠纷典型案例》第22号
2015年12月4日

【基本案情】

被告人翁某某与被害人胡某系夫妻关系，但胡某与杨某长期保持不正当关系且长期对翁某某实施家暴。案发当日晚上，胡某带着杨某回到家中，与翁某某发生口角。胡某拿出一个拖把追打翁某某，后又换用衣架继续殴打。翁某某随手拿起玻璃酒柜上的一把水果刀防御。双方对打中，翁某某右手所持的水果刀刺中胡某的左侧胸部，致胡某经医院抢救无效后死亡。

【裁判结果】

湖南省平江县人民法院一审认为，被告人翁某某故意伤害他人身体，致人死亡，其行为已构成故意伤害罪。翁某某在自身遭受不法侵害时持刀防卫，并在该过程中将他人伤害导致死亡，属防卫过当。案发后，翁某某请人报警并积极救治被害人，并能如实供述自己的犯罪事实，属自首。本案系婚姻家庭问题引发，被告人在案发后取得了被害人家属的谅解，且被害人在本案的起因上存在较大过错，可以对翁某某酌情从轻处罚。遂依法判决被告人翁某某有期徒刑三年，缓刑五年。

【典型意义】

本案是涉及家庭暴力引发刑事犯罪的典型案件。此类案件普遍呈现被害人有较大过错，被告人的行为对社会危害性较小，再犯的可能性不大等特点。本案对被告人实行宽严相济的刑事政策，不但能够起到刑罚预防犯罪的作用，也有助于化解社会矛盾，最大限度实现案件裁判的法律效果和社会效果的有机统一。

李某某故意伤害案

《最高人民法院发布4起侵犯妇女儿童权益犯罪典型案例》第4号

2016年3月8日

【基本案情】

被告人李某某与施某甲于2010年登记结婚，婚前双方各有一女，2012年下半年，李某某夫妇将李某某表妹张某某之子被害人施某某（男，案发时8周岁）从安徽省带至江苏省南京市抚养，施某某自此即处于李某某的实际监护之下。2013年6月，李某某夫妇至民政局办理了收养施某某的手续。2015年3月31日晚，李某某因认为施某某撒谎，在其家中先后使用竹制"抓痒耙"、塑料制"跳绳"对施某某进行抽打，造成施某某体表150余处挫伤。经法医鉴定，施某某躯干、四肢等部位挫伤面积为体表面积的10%，其所受损伤已构成轻伤一级。案发后，施某某的生父母与李某某达成和解协议，并对李某某的行为表示谅解。

【裁判结果】

法院认为，被告人李某某故意伤害被害人施某某的身体，造成施某某轻伤一级的严重后果，其行为已构成故意伤害罪。案发后，李某某经公安机关通知后主动到案，如实供述主要罪行，构成自首，依法可以从轻处罚；取得被害人施某某及其生父母的谅解，酌情可以从轻处罚。依照《刑法》有关规定，以故意伤害罪判处被告人李某某有期徒刑六个月。

【典型意义】

本案是一起对未成年人进行管教过程中因方式、手段不当触犯《刑法》的典型案例。未成年人的父母或其他监护人依法对未成年人有抚养教育的权利和义务，但未成年人并非任何人的私有财产，其人格尊严、生命健康等基本权利不应受任何非法侵害，父母或其他监护人对未成年人进行管教亦不得超越法律边界。国家作为未成年人的最终监护人，有权力也有责任对侵害未成年人合法权益的行为进行监督、干预。本案中，被告人虽系出于对被害人的关心、教育，但其以暴力手段侵害了被害人的身心健康，造成严重后果，已构成犯罪，应受到国家法律的惩处。本案发生后，为了实现对未成年被害人的特殊、优先保护，相关部门已为被害人提供了基本的住房、生活和教育保障。

刘某故意伤害案
——探索推动设立未成年犯罪人前科封存制度

《保护未成年人权益十大优秀案例》第 8 号

2019 年 5 月 31 日

【基本案情】

2006 年 12 月 28 日下午 5 时许，被告人刘某（犯罪时 15 周岁）之父刘某某酒后与同村刘某甲因琐事发生口角，后二人在刘某甲家门口对骂，刘某甲的两个儿子到场后，与刘某某相互扭打，继而两家发生殴斗。刘某的祖父刘某乙闻讯赶来后，与刘某甲相互厮打。在两人殴斗过程中，被告人刘某闻讯赶到现场，用铁叉将刘某甲叉成重伤，刘某作案后主动投案，并如实供述了自己的罪行。

案发后，被害人刘某甲与被告人刘某就附带民事赔偿达成和解，刘某甲对刘某表示谅解。

【裁判结果】

法院经审理认为，被告人刘某持械故意伤害他人身体，其行为已构成故意伤害罪。但本案系邻里纠纷引发，被告人刘某因见亲人被人殴打一时愤怒，采取过激行为加入殴斗，犯罪动机尚不恶劣，社会危害尚不严重。刘某犯罪时未满 16 周岁，归案后能够坦白自己的犯罪事实，且案发后积极赔偿被害人的损失，已经取得被害人谅解。据此，以故意伤害罪依法判处被告人刘某有期徒刑一年，缓刑一年六个月。缓刑考验期满后，刘某领取了《前科封存证明书》。

【典型意义】

1997 年《刑法》第一百条设立了前科报告义务，规定："依法受过刑事处罚的人，在入伍、就业的时候，应当如实向有关单位报告自己曾受过刑事处罚，不得隐瞒。"就未成年犯罪人而言，前科报告义务及其所带来的"犯罪标签化"是其重返社会的障碍和阻力之一。本案是山东法院实施的第一例前科封存案件，是对未成年犯罪人开展有效判后帮教，帮助其顺利回归社会进行的有益探索。根据当地市中院牵头，公安、民政等 11 部门联合出台的《失足未成年人前科封存实施意见》，刘某在缓刑考验期结束后向由该 11 个部门组成的前科封存领导小组提交了相关材料，领导小组考察审批后同意向刘某颁发了《前科封存证明书》，并对其犯罪档案进行封存。学校也保留他的学籍并对其犯罪信息予以保密，保证他的正常学习生活。因为这份证明书，刘某慢慢卸下了心理包袱，并心怀感恩，初中毕业后去天津打工，顺利回归融入社会。

该案取得了良好的社会效果，经各大媒体报道及转载后，在社会上引起巨大反响，也引起国内专家学者的关注。山东高院因势利导，在总结部分地市经验、组织专家论证的基础上，在全省全面推开"前科封存"制度。该项制度的开展不仅是在少年司法领域的改革创新，更是为相关刑事立法的修改提供了实践基础。此后，2011 年《刑法修正案（八）》增加规定了未成年犯罪人的前科封存制度，2012 年《刑事诉讼法》修改又对未成年犯罪人前科封存作了程序衔接规定。

李某某等故意伤害案

《人民法院依法惩处涉医犯罪典型案例》案例 7

2020 年 5 月 11 日

【基本案情】

被告人李某某，男，哈尼族，1996 年 1 月 12 日出生，务工人员。

被告人郭某，男，哈尼族，1993 年 6 月 13 日出生，务工人员。

2018 年 6 月 24 日 22 时许，被告人郭某、李某某等人陪同他人到云南省昆明市五三三医院急诊室就诊。值班医生詹某接诊后根据患者病情建议转院，郭某、李某某等人对此不满，与詹某发生争执。后郭某、李某某等人殴打詹某致轻伤二级。当日，郭某、李某某被公安人员抓获。

【裁判结果】

本案由云南省昆明市盘龙区人民法院审理。

法院认为，被告人李某某、郭某故意伤害他人身体健康，致人轻伤，其行为已构成故意伤害罪。李某某、郭某伙同他人在医院殴打医生致轻伤，犯罪情节恶劣，后果严重。二人均当庭认罪，可从轻处罚。据此，依法对被告人李某某、郭某分别判处有期徒刑一年。

宣判后，在法定期限内没有上诉、抗诉，上述判决已于 2019 年 4 月 23 日发生法律效力。

【典型意义】

医院急诊部门是发生医患冲突较为集中的科室。急诊与专科门诊的诊疗处置方式有一定差别，患者及其陪同人员如遇到问题应与医生理性沟通，而不是肆意拳脚相向。本案是一起患者陪同人员多人殴打医生的案例。人民法院综合考虑本案犯罪的事实、性质、后果和被告人李某某、郭某当庭认罪等情节，依法对二人判处相应刑罚。

李某、杨某故意伤害案
——管教子女并非实施家暴行为的理由，对子女实施家庭暴力当场造成死亡的应认定为故意伤害罪

《中国反家暴十大典型案例》案例 3

2023 年 6 月 15 日

【基本案情】

被告人李某离婚后，长期将女儿被害人桂某某（殁年 10 岁）寄养于其姨妈家中；2019 年 12 月，李某将桂某某接回家中，与其同居男友被告人杨某共同生活。李某与杨某时常采用打骂手段"管教"桂某某。2020 年 2 月 6 日中午，因发现桂某某偷玩手机，李某、杨某便让桂某某仅穿一条内裤在客厅和阳台罚跪至 2 月 8 日中午，并持续采取拳打脚踢、用皮带和跳绳抽打、向身上浇凉水等方式对桂某某进行体罚，其间仅让桂某某吃了一碗面条、一个馒头，在客厅地板上睡了约 6 个小时。2 月 8 日 14 时许，桂某某出现身体无力、呼吸减弱等情况，李某、杨某施救并拨打 120 急救电话，医生到达现场，桂某某已无生命体征。经鉴定，桂某某系被他人用钝器多次击打全身多处部位造成大面积软组织损伤导致创伤性休克死亡。

【裁判结果】

法院生效裁判认为，李某、杨某故意伤害他人身体，致一人死亡，其行为已构成故意伤害罪。李某、杨某在共同故意伤害犯罪中均积极实施行为，均系主犯。判处李某死刑，缓期二年执行，剥夺政治权利终身；判处杨某无期徒刑，剥夺政治权利终身。

【典型意义】

1. 以管教为名，对未成年子女实施家庭暴力造成严重后果的，不予从轻处罚。李某与杨某作为 10 岁女童的母亲和负有共同监护义务的人，明知被害人尚在成长初期，生命健康容易受到伤害，本应对孩子悉心呵护教养，但却在严冬季节，让被害人只穿一条内裤，在寒冷的阳台及客厅，采取拳打脚踢、

绳索抽打、水泼冻饿、剥夺休息等方式，对被害人实施 48 小时的持续折磨，造成被害人全身多部位大面积软组织损伤导致创伤性休克而死亡。综观全案，对孩子进行管教，只是案发的起因，不能达到目的时，单纯体罚很快变为暴虐的发泄。法院认为李某与杨某犯罪故意明显，犯罪手段残忍，后果极其严重，对其不予从轻处罚。判决昭示司法绝不容忍家庭暴力，彰显对人的生命健康尊严，特别是对未成年人的保护。

2. 连续实施家庭暴力当场造成被害人重伤或死亡的，以故意伤害罪定罪处罚。依据最高人民法院、最高人民检察院、公安部、司法部于 2015 年印发的《关于依法办理家庭暴力犯罪案件的意见》第十七条相关规定，虽然实施家庭暴力呈现出经常性、持续性、反复性的特点，但其主观上具有放任伤害结果出现的故意，且当场造成被害人死亡，应当以故意伤害罪定罪处罚。

邱某某故意伤害案

——制止正在进行的家庭暴力行为，符合《刑法》规定的认定为正当防卫，不负刑事责任

《中国反家暴十大典型案例》案例 4

2023 年 6 月 15 日

【基本案情】

邱某某（女）和张某甲（男）案发时系夫妻关系，因感情不和、长期遭受家庭暴力而处于分居状态。二人之子张某乙 9 岁，右耳先天畸形伴听力损害，经三次手术治疗，取自体肋软骨重建右耳廓，于 2019 年 6 月 5 日出院。同年 7 月 2 日晚，邱某某与张某甲多次为离婚问题发生争执纠缠。次日凌晨 1 时许，张某甲到邱某某和张某乙的住所再次进行滋扰，并对邱某某进行辱骂、殴打，后又将张某乙按在床上，跪压其双腿，用拳击打张某乙的臀部，致其哭喊挣扎。邱某某为防止张某乙术耳受损，徒手制止无果后，情急中拿起床头的水果刀向张某甲背部连刺三刀致其受伤。邱某某遂立即骑电动车将张某甲送医救治。经鉴定，张某甲损伤程度为重伤二级。检察机关以邱某某犯故意伤害罪提起公诉。

【裁判结果】

法院生效裁判认为，为了使本人或者他人的人身权利免受不法侵害，对正在进行的家庭暴力采取制止行为，只要符合刑法规定的条件，就应当依法认定为正当防卫，不负刑事责任。本案中，邱某某因婚姻纠纷在分居期间遭受其丈夫张某甲的纠缠滋扰直至凌晨时分，自己和孩子先后遭张某甲殴打。为防止张某乙手术不足一月的再造耳廓受损，邱某某在徒手制止张某甲暴力侵害未果的情形下，持水果刀扎刺张某甲的行为符合正当防卫的起因、时间、主观、对象等条件。同时根据防卫人所处的环境、面临的危险程度、采取的制止暴力的手段、施暴人正在实施家庭暴力的严重程度、造成施暴人重大损害的程度以及既往家庭暴力史等因素进行综合判断，应当认定邱某某的正当防卫行为未超过必要限度，不负刑事责任。依法宣告邱某某无罪。

【典型意义】

1. 对反抗家庭暴力的行为，准确适用正当防卫制度进行认定。家庭暴力是指家庭成员之间以殴打、捆绑、残害、限制人身自由以及经常性谩骂、恐吓等方式实施的身体、精神等侵害行为，受害人大多数是女性和未成年人，相对男性施暴人，其力量对比处于弱势。人民法院充分运用法律，准确把握正当防卫的起因、时间、主观、对象等条件，结合《最高人民法院、最高人民检察院、公安部、司法部关于依法办理家庭暴力犯罪案件的意见》的相关规定，对遭受家庭暴力的妇女和儿童予以充分保护和救济，对其在紧急情况下的私力救济行为，符合刑法规定的，准确认定为正当防卫。

2. 对反抗家庭暴力中事先准备工具的行为，进行正确评价。司法实践中对于事先准备工具的正当防卫行为的认定存在一定困难，在反家暴案件中应当考虑施暴行为的隐蔽性、经常性、渐进性的特点以及受害人面临的危险性和紧迫性，对此予以客观评价。邱某某长期遭受家庭暴力，从其牙齿缺损和伤痕照片可见一斑，事发前因婚姻矛盾反复遭到张某甲纠缠直至凌晨时分。在报警求助及向张某甲之母求助均无果后，无奈打开家门面对暴怒的张某甲，邱某某在用尽求助方法、孤立无援、心理恐惧、力量对比悬殊的情形下准备水果刀欲进行防卫，其事先有所防备，准备工具的行为具有正当性、合理性。

3. 应当以足以制止并使防卫人免受家庭暴力不法侵害的需要为标准，准确认定防卫行为是否过当。认定防卫行为是否"明显超过必要限度",应当以足以制止并使防卫人免受家庭暴力不法侵害的需要为标准,根据防卫人所处的环境、面临的危险程度、采取的制止暴力的手段、施暴人正在实施家庭暴力的严重程度、造成施暴人重大损害的程度以及既往家庭暴力史等进行综合判断。

邱某某在自己遭到张某甲辱骂、扇耳光殴打后,虽然手中藏有刀具,但未立即持刀反抗,而是顺势放下刀具藏于床头,反映邱某某此时仍保持隐忍和克制。张某甲将其子张某乙按在床上殴打时,具有造成张某乙取软骨的肋骨受伤、再造耳廓严重受损的明显危险。邱某某考虑到其子第三次手术出院不足一月,担心其术耳受损,在徒手制止无果后,情急之中持刀对张某甲进行扎刺,制止其对张某乙的伤害,避免严重损害后果的行为具有正当性。判断邱某某的防卫行为是否明显超过必要限度,应当充分体谅一个母亲为保护儿子免受伤害的急迫心情,还应当充分考虑张某乙身体的特殊状况和邱某某紧张焦虑状态下的正常应激反应,不能以事后冷静的旁观者的立场,苛求防卫人"手段对等",要求防卫人在孤立无援、高度紧张的情形之下作出客观冷静、理智准确的反应,要设身处地地对事发起因、不法侵害可能造成的后果、当时的客观情境等因素进行综合判断,适当作有利于防卫人的考量和认定。

从国际标准来看,联合国《消除对妇女一切形式歧视公约》及其一般性建议和联合国大会相关决议要求,"在案件审理过程中,应充分考虑性别因素并以受害人为中心",本案中,考虑到长期遭受家暴的受害人与施暴者之间形成的特殊互动模式,以及长期遭受家暴对受害人身心的特殊影响,受害人可能在认知和行为方面存在一些特殊状况。例如,受害人可能会误判施暴者的行为和后果,过度估计施暴者可能造成的伤害,并担心如果无法以一招取胜,将会遭受施暴者更加严重的伤害等。因此,在判定家暴受害者对施暴者采取的暴力行为是否过当时,需要考虑与平等非家暴关系主体之间的防卫程度认定存在不同之处。长期遭受家暴的经历以及其对受害人身心认知的影响应被纳入考量。因此,本判决符合国际准则的要求。

（三）强奸罪

鲍某某强奸、猥亵儿童案
——利用教师身份侵害学生身心健康

《最高人民法院公布三起侵犯未成年人权益犯罪典型案例》第1号

2013年5月29日

【基本案情】

被告人鲍某某，男，汉族，1966年4月3日出生，大专文化，小学教师。2010年9月，被告人鲍某某在某村小学担任被害女学生方某某（第一次被害时9岁）、徐某（第一次被害时10岁）、冯某某（第一次被害时10岁）、徐某某（第一次被害时9岁）、方某（第一次被害时10岁）、詹某某（第一次被害时9岁）、郭某某（第一次被害时10岁）的班主任或任课教师。2009年4月至2011年6月，鲍某某利用教师身份，以辅导学习、打扫卫生、打乒乓球等名义，先后将方某某、徐某、冯某某、徐某某、方某、詹某某、郭某某骗至学校器材室、办公室和油印室等处，强迫上述7名被害女学生观看淫秽图片和录像，趁机摸弄各被害人胸部、阴部，猥亵各被害人共计数十次；又以此方式，奸淫方某某、徐某、冯某某、徐某某、方某、詹某某共计数十次，并且拍摄该6名被害女学生的裸照或者被奸淫的照片、视频。2011年9月19日，鲍某某被人举报后，在学校校长等人陪同下到公安机关投案，供述了大部分猥亵女学生的事实。

【裁判结果】

法院认为，被告人鲍某某奸淫不满14周岁幼女，其行为已构成强奸罪；猥亵不满14周岁幼女，其行为又构成猥亵儿童罪，应依法予以并罚。鲍某某利用教师身份，在两年多内猥亵幼女7人，多达数十次，并将其中6人奸淫，又达数十次，还拍摄该6名幼女的裸照及被强奸的照片、视频，严重破坏学校的教学秩序，极大地伤害学生的身体和精神健康，情节极其恶劣，罪行极其严重，影响极其深远，社会危害极大，均应依法惩处。鲍某某投案后供述了猥亵幼女的主要罪行，其所犯猥亵儿童罪构成自首，可以从轻处罚，但其所犯强奸罪不构成自首，依法不能从轻处罚。据此，依法认定被告人鲍某某犯强奸罪，判处死刑，剥夺政治权利终身；犯猥亵儿童罪，判处有期徒刑五年；决定执行死刑，剥夺政治权利终身。经最高人民法院复核核准，罪犯鲍某某已于近日被依法执行死刑。

杨某某强奸案

《最高人民法院公布三起性侵害未成年人犯罪典型案例》第2号

2013年10月24日

【基本案情】

杨某某，男，汉族，1969年9月26日出生，初中文化，农民。1990年4月18日因犯盗窃罪被判处有期徒刑八年，1996年5月5日刑满释放；1996年11月15日因犯奸淫幼女罪被判处有期徒刑九年，2002年12月15日刑满释放；2005年1月28日因犯强奸罪被判处有期徒刑八年，2011年11月12日刑满释放。

2012年4月27日5时许，被告人杨某某在浙江省海盐县将上学途中的被害人张某某（女，时年11岁）诱骗上其驾驶的货车，然后以送张某某上学为由，将张某某骗至海盐县沈荡镇一桑树地实施奸淫。

2012年5月23日7时许，被告人杨某某在重庆市万州区对上学途中的被害人何某某（女，时年7岁）谎称何某某的母亲出了车祸，将何某某诱骗至万州区天城大道一窝棚内实施奸淫。

2012年5月28日7时许，被告人杨某某在重庆市万州区对上学途中的被害人罗某某（女，时年9岁）谎称自己是小学教师，以让罗某某帮忙拿表册为由，将罗某某诱骗至万州区太白街道办事处一废弃房屋内实施奸淫。

【裁判结果】

法院认为，被告人杨某某奸淫不满14周岁的幼女，其行为已构成强奸罪，应从重处罚。杨某某奸淫幼女多人，且曾因奸淫幼女罪和强奸罪分别被判处有期徒刑九年和八年，系累犯，刑满释放后不足半年即又实施奸淫幼女犯罪，主观恶性深，人身危险性大，依法应当从重处罚。鉴于杨某某能够如实供述罪行，认罪态度较好，对其判处死刑，可不立即执行，但应依法对其限制减刑。据此，依法认定被告人杨某某犯强奸罪，判处死刑，缓期二年执行，剥夺政治权利终身。对被告人杨某某限制减刑。

吕某某强奸、抢劫、盗窃案

《最高人民法院公布关于性侵害儿童犯罪案件的
三起典型案例》第 1 号
2014 年 1 月 4 日

【基本案情】

被告人吕某某，男，汉族，1974 年 5 月 12 日出生，文盲，农民。

1. 关于强奸事实

（1）2008 年冬天的一天凌晨，被告人吕某某携带尖刀、手电等作案工具翻墙进入河南省邓州市薛某某家，又进入东边平房的偏房南边房间，采取持刀恐吓、用室内铁瓢击打头部、打耳光等手段，先后对房内的被害人王某甲（女，时年 14 岁）、王某乙（女，时年 17 岁）实施了奸淫，随后逃离现场。吕某某因其他强奸犯罪到案后，主动供述了本起犯罪事实。

（2）2009 年 9 月 18 日凌晨，被告人吕某某翻墙进入河南省内乡县某初级中学，攀爬女生宿舍楼铁门进入宿舍，采用掐颈、恐吓等手段，对被害人郭某某（女，时年 12 岁）实施了奸淫，随后逃离现场。

（3）2009 年 10 月 29 日凌晨，被告人吕某某携带尖刀、手电等工具翻墙进入河南省邓州市某实验小学，蒙面进入一女生宿舍内，采用持刀威逼、扼颈的手段，强行摸刘某某下身。刘某某向同宿舍的被害人丁某（女，时年 11 岁）求救，吕某某即采用掐颈、打耳光等手段，对丁某实施了奸淫，随后逃离现场。

（4）2009 年 10 月 29 日凌晨，被告人吕某某在河南省邓州市某小学实施强奸作案后，又翻墙进入该小学东墙边的村民杨某某家欲行盗窃，发现了睡在东屋的被害人余某某（女，时年 11 岁），即威胁余某某，对余某某实施了奸淫，随后逃离现场。吕某某因其他强奸犯罪到案后，主动供述了本起犯罪事实。

（5）2009年11月的一天1时许，被告人吕某某携带尖刀、手电等工具潜入河南省邓州市某中心学校宿舍楼3楼一女生宿舍内，持刀威逼被害人王某（女，时年14岁），将王某挟持至楼道并对王某实施了奸淫，随后逃离现场。吕某某因其他强奸犯罪到案后，主动供述了本起犯罪事实。

（6）2010年1月8日4时许，被告人吕某某携带手电等工具翻墙进入河南省邓州市某初级中学，蒙面进入该校一女生宿舍内，采用打耳光、掐颈等手段，对被害人冯某（女，时年11岁）实施了奸淫，随后逃离现场。

（7）2010年1月的一天2时许，被告人吕某某翻墙进入河南省内乡县某初级中学，蒙面进入该校一女生宿舍内，欲对被害人张某（女，时年15岁）实施奸淫，因见张某极度恐惧，即放弃犯罪，离开现场。吕某某因其他强奸犯罪到案后，主动供述了本起犯罪事实。

（8）2010年3月的一天凌晨，被告人吕某某翻墙进入河南省邓州市某初级中学，又进入该校西边一简易房，欲对被害人王某某（女，时年14岁）、杜某（女，时年14岁）、王某丁（女，时年13岁）实施奸淫。因王某某惊醒大喊，吕某某即逃离现场。吕某某因其他强奸犯罪到案后，主动供述了本起犯罪事实。

（9）2010年3月9日2时许，被告人吕某某翻墙进入河南省镇平县某初级中学，攀爬至学生公寓2楼，蒙面进入一女生宿舍内，采用打耳光、掐颈、捂嘴等手段，将被害人申某（女，时年12岁）用被子包裹后挟持至楼道，申某反抗、呼喊，吕某某用被子蒙住申某进行殴打，对申某实施了奸淫，随后逃离现场。申某所受损伤已构成轻伤。

（10）2010年1月的一天3时许，被告人吕某某携带手电等工具翻墙进入河南省邓州市某初级中学，蒙面进入一女生宿舍内，将手伸进被害人刘某（女，时年13岁）被窝内摸刘，欲实施奸淫，刘某惊醒后躲避退至邻铺。吕某某又去摸被害人卢某，因宿舍内其他女生惊醒后均大声呼救，吕某某即逃离现场。吕某某因其他强奸犯罪到案后，主动供述了本起犯罪事实。

（11）2010年4月29日2时许，被告人吕某某潜入河南省邓州市某有限公司一女职工宿舍内，用室内毛巾蒙面，采用掐颈、拳打面部等手段，对被害人马某（女，时年15岁）实施了奸淫，在查看其他房间无人后，再次对马某实施了奸淫,随后逃离现场。

(12) 2010年1月的一天凌晨,被告人吕某某携带尖刀、手电等工具翻墙进入河南省邓州市某初级中学,蒙面进入一女生宿舍内,采用掐颈、打耳光等手段欲对被害人熊某(女,时年15岁)实施奸淫,因熊某呼救且宿舍内电灯被打开,吕某某即逃离现场。吕某某因其他强奸犯罪到案后,主动供述了本起犯罪事实。

2. 关于强奸、抢劫事实

2009年12月26日2时许,被告人吕某某携带尖刀、手电等工具翻墙进入河南省内乡县某中等职业学校,蒙面进入一女生宿舍内,采用持刀威逼、暴力殴打等手段,对被害人郝某某(女,时年17岁)实施奸淫,并劫走郝某某的索爱牌直板手机1部(价值380元),随后逃离现场。吕某某因其他强奸犯罪到案后,主动供述了本起犯罪事实。

3. 关于盗窃事实

2010年3月至6月,被告人吕某某先后3次翻墙进入河南省邓州市某师范学校,潜入该校女生宿舍楼的多个房间,盗得手机11部(价值5070元)和现金1590余元。

综上,被告人吕某某共实施强奸作案13起,其中既遂9起、未遂3起、中止1起,强奸既遂10人,其中5人为不满14周岁的幼女,并致1人轻伤;在强奸作案过程中又实施抢劫作案1起,抢得价值380元的手机1部;实施盗窃作案3起,盗窃价值6660元。

【裁判结果】

法院认为,被告人吕某某违背妇女意志,采取暴力、胁迫手段强行与妇女发生性关系和奸淫不满14周岁幼女的行为已构成强奸罪;以非法占有为目的,采取暴力手段当场劫取他人财物的行为又构成抢劫罪;以非法占有为目的,秘密窃取他人数额较大财物的行为还构成盗窃罪,应依法予以并罚。吕某某在刑满释放后不久便又实施犯罪,在一年多的时间内流窜多地,主要选择中小学校住宿的女学生为作案对象,采取暴力和胁迫手段对未成年女性实施强奸,强奸作案13起,既遂9起,强奸10人,其中5人系不满14周岁的幼女,并致1人轻伤,在强奸过程中又实施抢劫作案1起,犯罪性质特别恶劣,情节、后果均特别严重,社会危害极大;还盗窃作案3起,盗窃数额较大，均应依法惩处；且系累犯，主观恶性极深，人身危险性大，应依法从重处罚。虽然吕某某在归案后坦白了部分强奸犯罪事实，且其所犯强奸罪中，3起系犯罪未遂、1起系犯罪中止，但其罪行特别严重，不足以对其从轻处罚。据此，依法认定被告人吕某某犯强奸罪，判处死刑，剥夺政治权利终身；犯抢劫罪，判处有期徒刑三年，并处罚金人民币5000元；犯盗窃罪，判处有期徒刑二年六个月，并处罚金人民币5000元，决定执行死刑，剥夺政治权利终身，并处罚金人民币1万元。经最高人民法院复核核准，罪犯吕某某已被依法执行死刑。

高某某强奸案

《最高人民法院公布关于性侵害儿童犯罪案件的
三起典型案例》第2号
2014年1月4日

【基本案情】

被告人高某某，男，汉族，1974年1月13日出生，初中文化，农民。

2011年春节后，被告人高某某与山东省昌邑市某中学初一学生王某某（被害人，女，时年13岁）开始网上聊天。2011年3月，高某某与王某某见面相识，为了便于联系，高某某给王某某购买一部手机，并多次驾车接送王某某放学、上学。其间，高某某先后四次在昌邑市利民街龙丰印染厂家属院其租住的房屋内对王某某进行奸淫。同年3月25日，王某某报警称其被高某某强奸，后高某某自愿向王某某补偿人民币1万元。

【裁判结果】

法院认为，被告人高某某目无国法，多次与幼女王某某发生性关系，给王某某的身体和心理造成了较大伤害，其行为已构成强奸罪。高某某具有与其年龄相当的认知能力，明知王某某系初中学生，应当知道作为初中学生的王某某极大可能系不满14周岁的幼女，仍然放任自己的行为而与该不满14岁的女学生多次发生性关系，其奸淫幼女的动机明显，事实清楚，被告人及其辩护人亦未提供其确实不知王某某不满14周岁的有效证据，故对其关于不明知被害人系幼女的辩解不予采信。鉴于高某某有一定悔罪表现，可酌情对其从轻处罚。据此，依法认定被告人高某某犯强奸罪，判处有期徒刑八年。

张某某强奸案

《最高人民法院公布七起通过网络实施的侵犯妇女
未成年人等犯罪典型案例》第 6 号
2014 年 10 月 21 日

【基本案情】

2012 年 6 月中旬，被告人张某某化名"张学川"通过 QQ 结识被害人范某（女，时年 18 岁），通过一段时间的网络聊天，二人渐渐熟悉。张某某多次要求范某做其女朋友遭拒，后范某答应与张某某做兄妹。同年 7 月 5 日，张某某与范某相约见面，并到公园游玩、逛街、购物。二人午饭后，张某某以天气太热为由，提出要去宾馆洗澡，让范某一同前往，并一再请求范某等他洗完澡再离开，范某答应。此后，二人来到一家旅馆，张某某以自己未带身份证为由，以范某的身份证登记入住该旅馆。洗澡结束后，张某某锁闭房门，从裤子口袋中掏出一把刀威胁范某做其女朋友，胁迫范某把身体给其看。范某见状，欲打电话求救。张某某即抢走其手机，并将范某强奸，还用手机拍下范某数张裸照。

【裁判结果】

福建省建阳市人民法院经审理认为，被告人张某某违背妇女意志，采用胁迫手段强行与被害人发生性关系，其行为已构成强奸罪。张某某曾因犯强奸罪被判处有期徒刑，在刑罚执行完毕后五年内再犯应当判处有期徒刑以上刑罚之罪，系累犯，依法应当从重处罚。鉴于张某某已赔偿被害人全部经济损失，可以酌情从轻处罚。依照《刑法》有关规定，认定被告人张某某犯强奸罪，判处有期徒刑四年零六个月。宣判后，被告人张某某提出上诉，福建省南平市中级人民法院经依法审理，裁定驳回上诉，维持原判。

【典型意义】

当今QQ聊天已成为大部分年轻人生活的一部分,它拉近了人与人之间的时空距离,丰富了人们的业余文化生活。但是,在给人们生产生活带来便利的同时,也给一些不法之徒实施犯罪带来了可乘之机。一些人专门在网上利用QQ寻找侵害对象实施不法行为,其中,既有利用网络进行诈骗犯罪的,也有利用网络进行暴力犯罪的。涉世未深的年轻人,尤其容易被犯罪分子通过QQ这种虚拟的通信方式编造的谎言所欺骗、蒙蔽。净化网络空间,保护公民,尤其是未成年人的合法权益,必须严厉打击通过网络实施的犯罪行为。本案被告人张某某通过QQ结识刚刚高中毕业的范某,取得范某轻信后,即与范某相约见面,最后以洗澡为名骗得范某一同开房,趁机在房间内将范某强奸。该案的发生提醒公众,不能轻信通过网络结识的人员,不能在网络上透漏个人信息,更不能孤身和网友见面,以免造成危险。

刘某、周某强奸案

《最高人民法院发布98起未成年人审判工作典型案例》第13号

2014年11月24日

【基本案情】

2010年6月28日,被告人刘某、周某伙同他人经事先预谋,在周某家中,由刘某将在周某家中玩耍的被害人王某按倒在床上,与周某共同强行脱去王某的裤子,刘某采用暴力手段对王某实施奸淫行为。

案发后,刘某、周某经公安机关口头传唤,主动到案并如实供述上述犯罪事实。周某的家属主动向被害人赔偿人民币5000元,取得被害人的谅解。

【判决结果】

一审法院判处刘某有期徒刑一年三个月;判处周某有期徒刑九个月,缓刑一年。刘某上诉称原审法院对其量刑过重,要求从轻处罚。

二审法官通过走访了解了刘某的相关情况。庭审前,刘某家属对被害人及家属作出了经济赔偿,被害人及家属出具谅解书,建议对刘某从轻处罚。

刘某的父母均在上海有固定工作、居住地，并向法庭提交了监护和教育计划。刘某原先就读的技工学校也出具书面材料，表示愿意重新接收刘某继续就读。刘某居住地的司法所亦通过社会调查，出具社会情况调查表，同意接纳刘某在社区矫正。庭审中，法官组织了检察官、辩护人、法定代理人等对刘某进行了教育。刘某也认识到自己的错误，希望能够取得被害人及其家属的原谅，真诚悔过，重新做人。

二审法院认为，上诉人刘某、原审被告人周某违背妇女意志，采用暴力手段强行与妇女发生性关系，其行为均已构成强奸罪，依法应予处罚。原审判决认定事实清楚、证据确实，且已充分考虑到周某犯罪时系未成年人、有自首情节、系从犯、对被害人进行了适当的经济赔偿等情节，依法对周某减轻处罚。鉴于上诉人刘某亦系未成年人，本着"教育为主、惩罚为辅"的原则和本案的具体情节，可认为对其适用缓刑不致再危害社会，且对其所居住社区也没有重大不良影响，依法应对刘某宣告缓刑。同时根据本案的犯罪性质以及上诉人、被害人的具体情况，同时适用禁止令，禁止刘某在缓刑考验期限内接触被害人。

【案例评析】

对未成年人有针对性地开展判后帮教工作，是长期以来困扰少年法庭法官的一大难题。在缓刑考察期间，法官与刘某和其所读的技工学校保持联系，详细了解刘某思想动态，帮助其克服困难，并勉励其继续学习。学校反映，刘某进步较大，学习成绩稳定，并当上了班干部。在刘某缓刑考验期的最后一天，法官与检察官一起再一次对刘某进行了帮教，并送上励志图书，鼓励其再接再厉，严格要求自己，成为一名对社会有用的人。刘某也表示一定吸取教训，不辜负法官的一片期望。学校教师也感谢法官在考验期内所做的辛勤工作。目前，刘某已考入某业余成人大学继续深造。

薄某某强奸案

《最高人民法院发布 98 起未成年人审判工作典型案例》第 15 号
2014 年 11 月 24 日

【基本案情】

2009 年 3 月 5 日 6 时许,被告人薄某某携带钢管进入江苏省东海县牛山镇一女厕内,用钢管猛击正在厕所的被害人朱某(女,1996 年 11 月 7 日生)头部数下,致其当场昏迷,后又将昏迷的朱某拖至公厕北侧一小房内实施奸淫。2009 年 4 月 8 日被告人薄某某被抓获。经法医鉴定:朱某系颅骨骨折,为重伤;且颅脑外伤导致中度智力障碍,属人体损伤六级残疾。

【裁判结果】

连云港中级人民法院审理认为,被告人薄某某采用暴力手段强行奸淫幼女,其行为构成强奸罪,依法应从重处罚,且情节恶劣,手段特别残忍,后果特别严重,应予严惩。被告人薄某某在刑满释放后五年内再犯应当判处有期徒刑以上刑罚之罪,系累犯,依法应从重处罚。认定被告人薄某某犯强奸罪,判处死刑,剥夺政治权利终身。江苏省高级人民法院经复核,维持一审判决并报最高人民法院核准。最高人民法院核准被告人薄某某死刑。

【案例评析】

对于性侵害未成年人犯罪,应当依法从严惩治。本案中,被告人薄某某采用暴力手段强行奸淫幼女,造成被害人颅脑外伤且中度智力障碍,情节恶劣,手段残忍,又系累犯,罪行极其严重,亦无法定从轻、减轻处罚情节,论罪应判处死刑,故人民法院判处其死刑,体现了依法从严惩处的方针。

张某某强奸、强制猥亵儿童案

《最高人民法院发布98起未成年人审判工作典型案例》第17号

2014年11月24日

【基本案情】

2011年3月至5月间,被告人张某某在江苏省泗阳县自己家中及邻居被害人钱某(女,1999年7月28日生)家中,先后三次对钱某实施猥亵,两次实施奸淫。

【裁判结果】

泗阳县人民法院审理认为,被告人张某某奸淫不满14周岁的幼女,其行为构成强奸罪;为寻求刺激,对儿童进行猥亵,其行为构成强制猥亵儿童罪。依法认定被告人张某某犯强奸罪,判处有期徒刑七年九个月,剥夺政治权利一年;犯强制猥亵儿童罪,判处有期徒刑一年六个月。决定执行有期徒刑九年,剥夺政治权利一年。

【案例评析】

这是一起针对农村留守儿童的性侵犯罪。农村留守儿童属于弱势人群,更易遭受犯罪侵害,且危害后果更加严重。对于此类犯罪,人民法院一向坚持依法从严惩处的方针,充分保护农村留守儿童的合法权益。

刘某强奸案

《最高人民法院发布98起未成年人审判工作典型案例》第18号
2014年11月24日

【基本案情】

2012年12月,被告人刘某通过手机微信软件与江苏省无锡市某中学初二学生马某某(女,1999年7月27日生)相识。后在聊天过程中,刘某发现马某某年仅13岁,遂以言语、图片引诱马某某,并于2013年1月28日中午将马某某带至某饭店实施奸淫。

【裁判结果】

无锡市滨湖区人民法院认为,被告人刘某明知马某某系不满14周岁的幼女而仍与其发生性关系,其行为构成强奸罪,应当从重处罚。被告人刘某在归案后如实供述自己罪行,可以从轻处罚。依照相关法律规定,认定被告人刘某犯强奸罪,判处有期徒刑六年,剥夺政治权利一年。

【案例评析】

作为一种新型社交工具,微信在方便人们交往的同时,也潜藏危机。未成年人大多缺乏防范和自我保护意识,容易受骗。犯罪人往往利用这一点,通过微信骗取信任后,伺机实施犯罪行为。为防范利用微信实施的犯罪,未成年人应增强自我保护意识,不随意公开自己的信息,不轻易接受陌生人的见面邀请。

刘某强奸案

《最高人民法院发布 98 起未成年人审判工作典型案例》第 19 号

2014 年 11 月 24 日

【基本案情】

被告人刘某（1995 年 8 月 14 日出生）明知被害人洪某某系未满 14 周岁的幼女，仍然以谈恋爱之名，先后三次与洪某某发生性关系。被告人刘某到案后如实供述自己罪行，并检举揭发他人犯罪行为且查证属实。

【裁判结果】

江苏省句容市人民法院认为，被告人刘某明知被害人洪某某系不满 14 周岁的幼女，仍与其发生性关系，其行为构成强奸罪，且依法应当从重处罚。被告人刘某犯罪时未满 18 周岁，到案后检举揭发他人犯罪行为并经查证属实，应认定有立功表现，归案后能如实供述自己罪行，认罪态度较好，积极争取被害方的谅解，确有悔罪表现，依法可从轻处罚。依照相关法律规定认定被告人刘某犯强奸罪，判处有期徒刑三年，缓刑三年；禁止被告人刘某在缓刑考验期限内接触被害人及其家庭。

【案例评析】

本案中，被告人和被害人均系不满 18 周岁的未成年人，人民法院坚持双向保护原则，在依法认定被告人构成犯罪予以处罚的基础上，注重矛盾化解，修复两个家庭的裂痕，还多次邀请当地妇联及由人大代表、政协委员组成的未成年人权益司法保护观察团代表参与，通过努力，被告人父母积极主动替子向被害人亲属赔礼道歉，并自愿给予经济补偿，被害人亲属也对被告人行为予以谅解。为让被告人约束自己，也为打消被害人亲属顾虑，人民法院对被告人作出禁止令的判决，禁止其在缓刑考验期内接触被害人及其家庭。

马某甲、马某乙强奸案

《最高人民法院发布98起未成年人审判工作典型案例》第28号

2014年11月24日

【基本案情】

被告人马某甲、马某乙于2010年12月至2011年3月期间,违背妇女意志,采用暴力、胁迫手段,或单独强奸或轮奸被害人曾某莲。归案后,被告人马某甲、马某乙对上述犯罪事实均供认不讳。

【裁判结果】

福建省厦门市集美区人民法院经审理认为,被告人马某甲、马某乙违背妇女意志,采用暴力、胁迫手段,或单独强奸妇女或轮奸妇女,其行为均已构成强奸罪。被告人马某甲犯罪时已满14周岁不满18周岁,被告人马某乙犯罪时已满16周岁不满18周岁,均系未成年人犯罪,对其依法均应当减轻处罚;被告人马某甲、马某乙归案后均能如实供述罪行,对其依法均可以从轻处罚。依照《刑法》规定,判决被告人马某甲犯强奸罪,判处有期徒刑三年六个月;被告人马某乙犯强奸罪,判处有期徒刑三年四个月。

【案例评析】

本案系在骨龄鉴定结论的基础上,结合其他在案证据综合认定被告人系未成年人的典型案例。被告人马某甲到案后对犯罪事实供认不讳,唯一有争议的是被告人马某甲是否系未成年人,是否具有法定减轻情节。

在案件审理过程中,法院依法对被告人马某甲进行骨龄鉴定。根据被告人马某甲骨骼DR片推断其年龄系18.0 ± 1岁,有可能在案发时不满18周岁。在得知鉴定结论后,承办法官前往被告人马某甲老家,调查其年龄的相关情况。因其户籍所在地的乡政府、村民委员会以及所读小学均出具证明,相关的证人证言均能相互印证,证实其实际出生于1995年,而非户口记载的1988年。该组证据能够与骨龄鉴定结论相吻合,能够相互印证被告人马某甲犯罪时系未成年人。

杨某某强奸、猥亵妇女、盗窃案

《最高人民法院发布 98 起未成年人审判工作典型案例》第 55 号

2014 年 11 月 24 日

【基本案情】

被告人杨某某于 1998 年 9 月 25 日、2011 年 7 月至 2012 年 3 月间，先后窜至河南省长葛市、许昌县、许昌市等地多所中学、技校，强奸妇女 18 人，其中，强奸未成年中学生 12 人，强制猥亵未成年女学生 1 人，入户窃取他人财物价值人民币 4211 元。

【裁判结果】

河南省许昌市中级人民法院认定被告人杨某某犯强奸罪，判处死刑，剥夺政治权利终身；认定其犯强制猥亵妇女罪，判处有期徒刑二年；认定其犯盗窃罪，判处有期徒刑一年，数罪并罚，决定执行死刑，剥夺政治权利终身。

【案例评析】

呵护未成年人健康成长，是包括人民法院在内的社会各界义不容辞的职责。一段时期以来，一些地方频频发生性侵害未成年人的刑事案件，涉案被害人数众多，其中，有相当一部分为在校学生，后果极其严重，影响极为恶劣。对侵害未成年人犯罪依法严惩，宣示了人民法院捍卫法律尊严，保障未成年人合法权益的决心和态度，警示了潜在的犯罪分子。

华某某强奸、猥亵儿童案

《最高人民法院发布 98 起未成年人审判工作典型案例》第 56 号
2014 年 11 月 24 日

【基本情况】

自 2005 年 1 月 18 日至 2011 年 6 月 13 日间,被告人华某某先后在定陶县、菏泽市经济开发区等地,对被害人李某某、胡某某等 20 名幼女(年龄在 6 岁至 12 岁之间)强行实施奸淫行为,其中既遂 9 人,未遂 11 人,并致 1 人轻伤。2011 年 6 月 23 日,被告人华某某先后采用哄骗、拦截和威吓等手段,对被害人孙某(6 岁)、张某(7 岁)和薛某某(7 岁)实施了猥亵行为。

【裁判结果】

山东省菏泽市中级人民法院审理认为,被告人华某某使用暴力手段,奸淫不满 14 周岁的幼女;猥亵不满 14 周岁的幼女,其行为分别构成强奸罪、猥亵儿童罪。被告人奸淫幼女多人多次,人身危险性、社会危害性均极大,依法应予严惩,虽部分犯罪系未遂,仍不足以对其从轻处罚。据此,依法认定被告人华某某犯强奸罪,判处死刑,剥夺政治权利终身;犯猥亵儿童罪,判处有期徒刑五年,决定执行死刑,剥夺政治权利终身。经最高人民法院复核核准,罪犯华某某已被依法执行死刑。

【案例评析】

本案中,被告人华某某在长达 6 年多内,在两个县区 4 个乡镇,对 23 名幼女实施或意图实施奸淫、猥亵行为。其选择的对象均为无反抗能力的小学女生,且多数犯罪行为发生在小学生上学、放学途中,犯罪地点多在学校附近,作案极其猖狂,社会影响极其恶劣,法院依法对其判处死刑、立即执行。

战某某强奸案

《最高人民法院发布98起未成年人审判工作典型案例》第57号

2014年11月24日

【基本案情】

被告人战某某自2012年6月至9月期间,先后与被害人战某甲(15岁)、王某某(14岁)、康某(15岁)通过QQ聊天,后采取语言威胁的方法逼3被害人与其见面,见面后对3被害人实施了强奸。

【裁判结果】

山东省泰安市中级人民法院审理认为,被告人战某某的行为已构成强奸罪,犯罪情节恶劣,后果严重,社会危害性极大,依法应予严惩。据此,依法认定被告人战某某犯强奸罪,判处无期徒刑,剥夺政治权利终身。

【案例评析】

被告人战某某采取语言威胁手段逼迫3名未满18周岁的少女出来与其见面,见面后使用暴力行为强行与其发生性关系,情节恶劣,后果严重,社会影响极坏,依法应予严惩。

李某某强奸、猥亵儿童案

《最高人民法院发布惩治性侵害未成年人犯罪典型案例》第1号

2015年5月28日

【基本案情】

2011年上半年至2012年6月4日,被告人李某某在甘肃省武山县某村小学任教期间,利用在校学生年幼无知、胆小害羞的弱点,先后将被害人王某甲、潘某甲、康甲、康某乙、康丙、杨甲、杨某乙、王某乙、康某丁、刘某甲、杨丙、康某戊、杨丁、李某甲、康某己、刘某乙、杨戊、康某庚、魏某甲、李某乙、李某丙骗至宿舍、教室、村外树林等处奸淫、猥亵，将被害人杨己、潘某乙、杨庚、杨某辛、杨某壬骗至宿舍、教室等处猥亵。李某某还多次对同一名被害人或同时对多名被害人实施了奸淫、猥亵。上述26名被害人均系4～11周岁的幼女。

【裁判结果】

甘肃省天水市人民检察院以被告人李某某犯强奸罪、猥亵儿童罪提起公诉。天水市中级人民法院经审理认为，李某某利用教师身份，在教室及其宿舍等处长期对20余名未满14周岁的幼女多次实施奸淫、猥亵，其行为已构成强奸罪、猥亵儿童罪，应依法予以并罚。李某某犯罪情节极其恶劣，社会危害极大，应予严惩。依照《刑法》第二百三十六条，第二百三十七条第一款、第三款，第五十七条第一款，第六十九条的规定，对李某某以强奸罪判处死刑，剥夺政治权利终身；以猥亵儿童罪判处有期徒刑五年，决定执行死刑，剥夺政治权利终身。

宣判后，被告人李某某提出上诉。甘肃省高级人民法院经依法开庭审理，裁定驳回上诉，维持原判，并依法报请最高人民法院核准。最高人民法院经复核认为，李某某利用教师特殊身份，对20余名不满12周岁的幼女多次实施奸淫、猥亵，犯罪性质和情节极其恶劣，社会危害极大，罪行极其严重，依法核准李某某死刑。罪犯李某某已被执行死刑。

【典型意义】

本案被告人李某某作为人民教师，对案件中的被害人负有教育、保护的特殊职责，但其却利用教师身份，多次强奸、猥亵多名幼女，其犯罪更为隐蔽，被害人更加难以抗拒和揭露其犯罪；本案被害人年龄介于4～11周岁之间，均为就读于小学或学前班的学生，李某某利用被害人年幼、无知、胆小的弱点，采取哄骗的手段在校园内外实施犯罪，严重摧残幼女的身心健康，社会影响极为恶劣；在被侵害的幼女中，有多名农村留守儿童，作为弱势人群，更易受犯罪侵害，李某某针对她们实施犯罪，后果更加严重；李某某在一年多内，多次强奸、猥亵幼女，人数多达26名，犯罪情节特别恶劣。《最高人民法院、最高人民检察院、公安部、司法部关于依法惩治性侵害未成年人犯罪的意见》（以下简称《惩治性侵未成年人意见》）第25条规定："针对未成年人实施强奸、猥亵犯罪的,应当从重处罚,具有下列情形之一的,更要依法从严惩处:(1)对未成年人负有特殊职责的人员……实施强奸、猥亵犯罪的……(4)对不满十二周岁的儿童、农村留守儿童、严重残疾或者精神智力发育迟滞的未成年人,实施强奸、猥亵犯罪的;(5)猥亵多名未成年人,或者多次实施强奸、猥亵犯罪的……"李某某作为对未成年人负有特殊职责的人员、针对多名不满十二周岁的儿童、农村留守儿童多次实施强奸、猥亵犯罪,符合《惩治性侵未成年人意见》第25条中第1项、第4项、第5项的情形,应依法从重处罚。人民法院对李某某依法判处死刑,是适当的。

董某强奸案

《最高人民法院发布惩治性侵害未成年人犯罪典型案例》第2号

2015年5月28日

【基本案情】

2013年5月23日0时许,被告人董某与郭某某(另案处理)翻墙进入河北省泊头市某中学西校区,跳窗进入女生宿舍。董某采用掐脖子、扇耳光、言语威胁等暴力、胁迫手段,先后脱去被害人张某某、赵某某、田某某、王某甲、胡某某、王某乙六名女生的衣服,强行实施奸淫,其中,除对王某甲强奸未遂外,对其他五名被害人强奸既遂。六名被害人中,王某甲刚满14周岁,其他五名被害人均未满14周岁。

【裁判结果】

河北省沧州市人民检察院以被告人董某犯强奸罪提起公诉。沧州市中级人民法院经审理认为,董某奸淫多名幼女,以及违背妇女意志,采用暴力、胁迫手段强行奸淫被害人王某甲的行为已构成强奸罪。公诉机关指控的罪名成立。被害人张某某、赵某某、田某某、胡某某、王某乙均不满14周岁,董某连续对上述五名幼女实施奸淫,应从重处罚。但董某对被害人王某甲强奸未遂,可比照既遂犯从轻处罚。依照《刑法》第二百三十六条第一款、第二款、第三款第二项,第二十三条,第五十七条第一款的规定,对被告人董某以强奸罪判处死刑,缓期二年执行,剥夺政治权利终身。

宣判后，在法定期限内没有上诉、抗诉。经河北省高级人民法院依法复核，同意核准原审判决。

【典型意义】

本案是针对在校女生实施的强奸犯罪，案发地点特殊，发生在学校女生宿舍内。被告人董某采取翻墙、爬窗等手段进入女生宿舍后，连续作案，对六名未成年少女实施奸淫，犯罪情节特别恶劣，后果十分严重，严重影响学生人身安全。依照《刑法》规定，强奸妇女、奸淫幼女多人的，处十年以上有期徒刑、无期徒刑或者死刑。《最高人民法院、最高人民检察院、公安部、司法部关于依法惩治性侵害未成年人犯罪的意见》第25条规定："针对未成年人实施强奸、猥亵犯罪的，应当从重处罚，具有下列情形之一的，更要依法从严惩处：……（2）进入未成年人住所、学生集体宿舍实施强奸、猥亵犯罪的……"综合考虑本案犯罪性质、情节及后果，沧州市中级人民法院对董某判处死刑，缓期二年执行，剥夺政治权利终身。

值得注意的是，案发当晚，本案被害人所在宿舍有十几名女生，没有一人在犯罪过程中进行呼救或反抗。其间，值班老师查房时，也没有学生向老师呼救，导致未能及时发现、阻止被告人的犯罪行为。究其原因，与被害人均尚年幼、自我保护意识十分薄弱有一定关系。由此警示未成年人的家长和学校应该加大对未成年人自我保护意识的教育力度，加强学校安全设施、安全监管措施建设，避免类似悲剧的发生。

王某某强奸案

《最高人民法院公布八起侵害未成年人合法权益典型案例》第1号

2015年8月31日

【基本案情】

被告人王某某与刘某某（被害人之母）同居，双方育有一女王某，刘某某前夫之女梁某（2007年出生）与其共同生活。2014年1月18日，王某腿部烫伤出院后回到家中，刘某某怕梁某晚上睡觉会蹭到王某烫伤处，便让梁某与被告人王某某在另间卧室同睡。当晚，被告人王某某将梁某强奸。

【裁判结果】

陕西省镇巴县人民法院经审理认为,被告人王某某强行与未满14周岁的幼女发生性关系,其行为构成强奸罪,应从重处罚,但其当庭自愿认罪,可酌定从轻判处。依照我国《刑法》相关规定,认定被告人王某某犯强奸罪,判处有期徒刑六年。宣判后,被告人未上诉,公诉机关也未提出抗诉,判决已发生法律效力。

【典型意义】

本案是一起性侵未成年继子女的案件。随着社会的发展,再婚家庭中性侵未成年继子女的案件日益成为性侵案件中突出的一类。特别是在偏远、落后的西部山区,生活习惯加之经济条件比较恶劣,再婚后的家长无暇顾及未成年人成长中应当具有的人身防范意识和常识,最终导致再婚的配偶得以甚至长期伤害未成年人,给未成年人造成一生难以愈合的伤痕。此案警示公众:应当加强对妇女儿童普及自我保护的防范意识和常识,共同防治此类恶性案件的发生。

霍某某强奸案

《最高人民法院公布八起侵害未成年人合法权益典型案例》第4号

2015年8月31日

【基本案情】

2006年7月至2011年4月间,被告人霍某某以虚假身份通过网络聊天、手机短信息聊天等方式,获取未成年在校女学生或者其他女网友的真实身份资料后,以公开经其引诱进行的有淫秽内容聊天的记录、利用被害人头像合成的裸体照片等方式相威胁,或者以帮助安排工作、教绘画为由,逼迫、诱骗被害人见面,先后在上海市,江苏省南京市,安徽省合肥市、滁州市、天长市、明光市、全椒县、肥西县、定远县、来安县等地的宾馆、旅店房间或者霍某某经营的儒林画院,共对25名被害人实施了强奸犯罪,强奸既遂16人,其中聋哑残疾人3人、幼女5人;强奸未遂3人;犯罪预备6人,其中幼女 2 人。

【裁判结果】

安徽省滁州市中级人民法院经审理认为，被告人霍某某采用暴力、胁迫手段强奸妇女、奸淫幼女的行为已构成强奸罪。霍某某通过网上聊天等方式获取被害人真实身份资料，以公开聊天内容、合成的被害人裸体照片等方式胁迫被害人与其见面后，强奸妇女、奸淫幼女多人，并采用拍摄强奸过程等方式继续胁迫部分被害人，还采用其他方式实施强奸犯罪，且主要针对未成年在校学生实施犯罪，情节极其恶劣，后果严重，社会危害性极大，应依法惩处。虽然霍某某部分犯罪系未遂，部分犯罪处于预备阶段，亦不足以对其从轻处罚。依照《刑法》有关规定，认定被告人霍某某犯强奸罪，判处死刑，剥夺政治权利终身。宣判后，霍某某不服，提出上诉。安徽省高级人民法院于 2013 年 6 月 13 日作出裁定：驳回上诉、维持原判。最高人民法院于 2014 年 7 月 16 日作出判决核准安徽省高级人民法院以强奸罪判处被告人霍某某死刑，剥夺政治权利终身的刑事裁定。滁州市中级人民法院依法对霍某某执行了死刑。

【典型意义】

随着网络技术的迅速发展，各种利用网络实施犯罪的行为也随之而生。本案就是一起利用网络强奸多名妇女、奸淫多名幼女的恶性案件，社会危害性极大，应当引起我们足够的重视。

本案被告人霍某某利用网络虚拟的世界，以及未成年女学生、女青年往往涉世不深的弱点，引诱其陷入早已设下的圈套；又利用被害女学生、女青年害怕聊天记录、裸体照片被公开的心理，胁迫提出各种要求，令被害人言听计从，不敢反抗、不能反抗。本案中，霍某某对 25 名被害人实施强奸犯罪，仅有 2 名被害人报警，这也给公安机关及时、有效地打击此类犯罪带来了困难，客观上也使得更多的被害人遭受性侵害。

虽然霍某某被绳之以法，但其行为给 25 名被害人，特别是给多名未成年少女和幼女造成了无法弥补的心理和身体双重伤害，给她们的家庭也带来了无尽的痛苦。她们的遭遇令人同情，也发人深思。通过本案警示公众，特别是身心尚未成熟的未成年女学生：网络交友定谨慎，虚拟世界伪或真。屏幕背后淫贼狂，看似甜蜜实险恶。遇到胁迫莫要慌，家人朋友来帮忙。擦亮双眼来辨分，豺狼虎豹立遁形。

李某甲强奸、抢夺、盗窃案

《最高人民法院公布24起发生在校园内的刑事犯罪
典型案例（四川）》第6号
2015年9月18日

【基本案情】

1. 2014年1月19日，李某乙（另案处理）与被告人李某甲相邀到某职业技术学校。二人发现被害人赵某某独自去校区底楼公厕，便共谋对赵某某实施强奸。两人互换衣服后，李某甲在女厕所外望风，李某乙进入女厕所，持刀威胁、殴打赵某某，赵某某拿出一浅蓝色宏为手机和40元钱，要求李某乙放过自己。李某乙接过手机后继续将赵某某强奸，在此过程中李某甲进入女厕所将赵某某反抗时掉落在地的苹果4S手机和40元钱一起捡走。之后李某乙在女厕所外望风，被告人李某甲进入女厕所对赵某某实施强奸。

2. 2014年2月11日，被告人李某甲在合江县合江镇张湾还房D区大门口尾随下班回家的被害人阮某某至D区2单元5楼楼梯间处时，将被害人阮某某拦住，并脱掉自己的裤子露出生殖器，后又强行将被害人的裤子脱掉，欲对被害人实施强奸，因发现楼下来人，遂将被害人掉落在地的一部三星S4手机夺走后逃离。

3. 2014年1月9日，李某乙与被告人李某甲在合江县某职业技术学校北校区，采取踢门入室的方式进入被害人牟某某的寝室将被害人牟某某的一台黑色清华同方牌笔记本电脑和一个玉佛像盗走。经合江县价格认证中心鉴定，清华同方牌笔记本电脑价值人民币1400元。

4. 2014年1月的一天下午，李某乙与被告人李某甲在合江县某职业技术学校北校区二楼女生宿舍，趁无人之机，溜入没有锁门的几间宿舍，将被害人曾某某的一部黑色U807手机、被害人聂某某的一个移动充电宝、被害人胡某某的一张身份证盗走。经合江县价格认证中心鉴定，U807手机价值人民币279元。

5. 2014年1月的一天晚上9时许，李某乙与被告人李某甲在合江县某职业技术学校北校区三楼女生宿舍，趁无人之机，溜入没有锁门的宿舍将被害人杜某的一部欧新V70手机盗走。经合江县价格认证中心鉴定，该手机价值人民币967元。

被告人归案后如实供述自己犯强奸罪的罪行，也如实供述了犯抢夺及多次盗窃的罪行。案发后，被告人退还了被害人苹果4S手机、三星S4手机、清华同方牌笔记本电脑，其亲属向被害人赵某某、阮某某进行赔偿，取得了被害人赵某某、阮某某及牟某某的谅解。

【裁判结果】

四川省合江县人民检察院以被告人李某甲犯强奸、抢夺、盗窃罪提起公诉。合江县人民法院经审理认为，被告人李某甲与李某乙违背妇女意志，以暴力、胁迫手段轮流强行与妇女发生性关系的行为及被告人李某甲以暴力、胁迫手段强行与妇女发生性关系的行为，已构成强奸罪；被告人李某甲以非法占有为目的，乘人不备，公开夺取他人数额较大财物的行为，已构成抢夺罪；被告人李某甲与李某乙以非法占有为目的，采用秘密手段窃取他人财物，数额较大的行为，已构成盗窃罪。公诉机关指控的罪名成立。被告人作案时系已满14周岁不满18周岁的未成年人，依法应当从轻或减轻处罚；被告人归案后如实供述自己犯强奸罪的犯罪事实，系坦白，依法可以从轻处罚；被告人归案后如实供述办案机关尚未掌握的犯抢夺、盗窃的犯罪事实，系自首，依法可以从轻或减轻处罚；被告人归案后向被害人赵某某、阮某某进行赔偿，取得了赵某某、阮某某及牟某某的谅解，可酌情从轻处罚。综上，依法对被告人李某甲予以减轻处罚。依照《刑法》第二百三十六条、第二百六十七条、第二百六十四条、第二十三条、第二十五条、第十七条、第六十七条、第六十九条的规定，对被告人李某甲犯强奸罪，判处有期徒刑四年二个月；被告人李某甲犯抢夺罪，判处有期徒刑六个月，并处罚金人民币1000元；被告人李某甲犯盗窃罪，判处有期徒刑六个月，并处罚金人民币2000元。实行数罪并罚，决定执行有期徒刑四年二个月，并处罚金3000元。

宣判后，被告人李某甲在法定期限内没有上诉。判决已发生法律效力。

【典型意义】

本案的未成年被告人系在校学生，父母离异，平日沉默寡言，自律性较差。被告人短时间内在他人校内外多次作案,触犯多个罪名,对她人实施奸淫、抢夺、盗窃,犯罪情节恶劣,严重影响学校学生人身安全。

本案的发生,暴露出未成年人犯罪存在的多方面的问题:(1)本案未成年被告人在成长过程中,因传统家庭结构的破坏、父母关心教育的缺失,心灵受到创伤,性格孤僻冷漠。(2)未成年人生理上的提早成熟,心理发展相对滞后,让未成年人自我控制能力差,心理因素不稳定与生理成熟形成矛盾让被告人沉溺于网络游戏,在网络游戏中暴力、情色场面的不良影响下,产生心理扭曲,走上违法犯罪道路。(3)学校管理不善,对学生的不良行为不能进行及时处理,导致问题沉积,校风不正,学生素质不高的问题;同时,学校在安全管理和设施、安全监管措施建设方面存在漏洞。让校外人员自由进出校园,加剧校园暴力活动的可能性和治安环境的复杂化。

合江法院为提醒广大家长做好对孩子的关心教育工作,预防和减少此类案件的发生,结合案件的特点,在高频接待未成年学生参观法院青少年法治教育基地的同时,进行送法进校园活动,并有针对性地向学生家长提出建议。多家媒体对展开的一系列延伸活动进行了报道,取得了较好的普法教育宣传效果。

黄某某强奸案

《最高人民法院发布4起侵犯妇女儿童权益犯罪典型案例》第3号
2016年3月8日

【基本案情】

2003年冬季至2014年期间,被告人黄某某以金钱引诱、殴打、威胁等方式,多次对其继女晋某甲(被害人,1990年出生)、晋某乙(被害人,1992年出生)、晋某丙(被害人,1995年出生)进行奸淫。晋某乙住校读书期间,黄某某还发手机短信到晋某乙同学的手机上,威胁晋某乙必须回家与其继续发生性关系。2014年5月的一天,黄某某授意其亲生女儿诱骗女同学晋某某(2001年10月出生)留宿其家,趁晋某某睡觉时欲强奸晋某某,遭晋某某反抗并提出要回家而未遂。

【裁判结果】

法院经审理认为，被告人黄某某采取暴力、威胁等手段长期对3名不满14周岁的继女实施奸淫，强奸未满14周岁的晋某某未遂的行为，均已构成强奸罪，应依法从重处罚。黄某某犯罪情节特别恶劣，后果特别严重，依照《刑法》有关规定，以强奸罪判处被告人黄某某无期徒刑，剥夺政治权利终身。

【典型意义】

本案是一起继父强奸年幼继女的典型案件。根据我国《刑法》规定，奸淫不满14周岁的幼女的，以强奸论，从重处罚。这种发生在家庭内部的性侵行为，具有高度隐蔽性，被害人往往被长期侵犯而不被发现，其身心遭到巨大损害。不仅如此，这种行为也严重破坏了社会、家庭的基本伦理道德观。鉴此，最高人民法院、最高人民检察院、公安部、司法部联合发布的《关于依法惩治性侵害未成年人犯罪的意见》中规定，对未成年人负有监护职责的人员及与未成年人有共同家庭生活关系的人员实施强奸的，更要从严惩处。本案被告人黄某某身为3名年幼被害人的继父，利用与被害人共同生活的便利条件，在长达十余年内多次对被害人实施奸淫，不仅严重侵害了被害人身心健康，更是严重违背了社会人伦，社会危害极大，影响极其恶劣，最终受到法律的严惩。本案的发生，给未成年人及其监护人或近亲属一个警示，应提高防范性侵的意识和能力，发现犯罪后，要勇于揭露、制止犯罪，防止因一味沉默忍让而致不法分子得寸进尺，致使遭受更大伤害。同时，社会、学校也要加强对未成年人防范各种侵害的意识教育。根据《反家庭暴力法》的规定，学校发现未成年人遭受家庭成员侵害的，有义务向公安机关报警。

林某某强奸智力残疾人冯某某案

《最高人民法院公布 10 起残疾人权益保障典型案例》第 1 号

2016 年 5 月 14 日

【基本案情】

被告人林某某曾于 2000 年因犯奸淫幼女罪被判处有期徒刑十三年，2010 年 7 月刑满释放。2012 年 1 月 24 日上午，被告人林某某冒充广东省韶关市民政局副局长，以调查低保收入的名义进入广东省某县某村冯某某家中，借口要去镇上拿钱骗冯某某的父亲外出。后林某某甩掉冯某某父亲，独自回到冯某某家中，将冯某某（轻度精神发育迟滞，评定为限定性自我防卫能力）带回家中多次实施强奸，直至同年 2 月 4 日公安机关前往林某某家解救。另外，林某某还强奸另外三名妇女。一审法院经审理认为，被告人林某某的行为已构成强奸罪，且系累犯，遂判处其无期徒刑，剥夺政治权利终身。宣判后林某某不服，提出上诉。二审法院维持原判。

【典型意义】

严惩性侵残疾女性的犯罪行为，维护残疾人人身权益

智力残障女性的人身权益，尤其是性权益容易受到犯罪侵害，需要特别保护。本案林某某曾因犯奸淫幼女罪被判处重刑，刑满释放后仍不思悔改，明知被害人冯某某有智力障碍，仍冒充民政局副局长，以关心帮助为名将冯某某的父亲从家里骗开，使得冯某某脱离监护，然后将冯某某带回自己家中实施奸淫，且非法拘禁十余天，情节严重，影响恶劣，法院依法从重判处其无期徒刑，切实维护了残疾受害人的人身权益，取得了较好的法律效果和社会效果。

李某强奸案

《最高人民法院发布6起依法惩治侵害未成年人
犯罪的典型案例》第6号
2017年6月1日

【基本案情】

被告人李某曾因犯奸淫幼女罪被判处有期徒刑十年,2004年7月20日刑满释放。2009年暑期至2011年6月,李某采取带被害人外出玩耍、送钱、送小人书等手段,先后将14名6~7岁的幼女诱骗至湖南省古丈县某山坡、某农贸市场楼梯间及其父在该县某单位的单元房等处,实施奸淫26次。其中,李某于2011年5、6月间,6次进入古丈县某小学校园内,从教室里或操场上,先后将8名小学一年级女生诱骗至其父单元房内奸淫,2名幼女遭多次侵害。

【裁判结果】

湖南省湘西土家族苗族自治州中级人民法院经审理认为,被告人李某以诱骗的方法奸淫幼女的行为构成强奸罪。李某曾因奸淫幼女被判处有期徒刑十年,刑满释放后仍不思悔改,继续针对幼女实施性侵害,所犯罪行极其严重,社会危害极大,且系累犯,应依法从重处罚。依照《刑法》有关规定,以强奸罪判处被告人李某死刑,剥夺政治权利终身。经最高人民法院核准,李某已被执行死刑。

【典型意义】

本案是一起典型的诱骗无知幼女实施性侵害的严重犯罪案件。根据我国《刑法》第二百三十六条的规定,奸淫不满14周岁幼女的,以强奸论,从重处罚;奸淫幼女多人的,处十年以上有期徒刑、无期徒刑或者死刑。根据最高人民法院、最高人民检察院、公安部、司法部于2013年10月联合颁布的《关于依法惩治性侵害未成年人犯罪的意见》的规定,对不满12周岁的儿童实施强奸行为的、多次实施强奸犯罪的、有强奸犯罪前科劣迹的,更要依法从严惩处。被告人李某曾因犯奸淫幼女罪被判处有期徒刑十年，刑满释放后仍不思悔改，在近两年内强奸14人26次，被害人均系六七岁的幼女，犯罪情节特别恶劣，罪行极其严重，社会危害极大。法院依法对李某判处死刑，充分体现了严惩严重性侵害犯罪和保护未成年人的精神。

本案中，被告人李某性侵14名幼女，持续时间长，犯罪次数多，其中有12名幼女是同一所小学一、二年级的学生，大多数学生被侵害后，并未意识到自己已遭受犯罪侵害，既未向老师反映，也未向家长诉说，凸显了我国目前对儿童性别意识及人身安全意识教育的缺位；被告人李某多次自由出入校园甚至进入教室，将小学女生骗出实施奸淫，凸显了学校在校园安全管理上的不足；本案多名被害人的家长明知李某有性犯罪前科，却疏于防范，凸显了家长在对孩子监护看管上的疏忽；李某之前曾因犯奸淫幼女罪被判刑，出狱后仍居住在经常接触到幼女的社区，对其缺乏有效的监管，亦给其再次实施犯罪提供了可乘之机。本案再次启示我们，应进一步加强对未成年人的性教育，提高其自我保护的意识和能力；强化家长、老师的安全防范意识，切实加强校园安全管理，共建平安校园；进一步建立健全预防性侵未成年人犯罪的制度机制，加强对性犯罪前科人员的监管，共同筑牢家庭、学校、社会三道防线，最大限度地预防和减少此类案件的发生。

庞某某等人约网友见面强奸案

《最高人民法院发布利用互联网侵害未成年人
权益的典型案例》第3号
2018年6月1日

【基本案情】

2013年6月，被告人庞某甲（15岁）与被告人庞某乙（18岁）、周某甲（18岁）、周某乙（15岁）、黄某某（15岁）在旅社房间住宿期间，庞某甲提议并经过同意后，通过QQ联系其在互联网上认识的被害人李某（女，13岁，在校学生）到旅社房间。李某到达后随即被庞某甲、庞某乙、周某甲、周某乙、黄某某在房间内强行奸淫。另以相同方式，庞某甲、庞某乙还曾共同强奸李某1次，其中庞某乙强奸未遂；庞某甲还曾单独强奸李某1次。

【裁判结果】

人民法院经审理认为，被告人庞某甲单独或分别伙同被告人庞某乙、被告人周某甲、被告人周某乙、被告人黄某某以暴力、威胁手段对同一幼女实施奸淫，其行为均已构成强奸罪。庞某甲、庞某乙、周某甲、周某乙、黄某某，奸淫未满14周岁的幼女，庞某甲多次强奸未成年人，依法应从重处罚。庞某甲、周某乙、黄某某犯罪时不满18周岁；周某乙能自动投案并如实供述犯罪事实，有自首情节；黄某某被抓获后如实供述犯罪事实；庞某乙、周某甲、周某乙、黄某某能赔偿被害人经济损失，并获得被告人谅解，依法对庞某甲、庞某乙、周某甲从轻处罚，对周某乙、黄某某减轻处罚。依据《刑法》有关规定，判决被告人庞某甲犯强奸罪，判处有期徒刑十年六个月；判决被告人庞某乙犯强奸罪，判处有期徒刑十年五个月，剥夺政治权利二年；判决被告人周某甲犯强奸罪，判处有期徒刑十年四个月，剥夺政治权利二年；判决被告人周某乙犯强奸罪，判处有期徒刑七年；判决被告人黄某某犯强奸罪，判处有期徒刑七年。

【典型意义】

本案是一起利用网络聊天邀约未成年女学生见面后发生的严重强奸犯罪案件。随着网络科技应用普及，网络交友的便捷、新鲜感使得许多青少年频繁在网络上通过聊天软件交友，又从网上聊天走到现实见面交往。但是未成年人涉世未深，自我保护意识不强，对陌生人防范意识不强，尤其是未成年女性只身与网友见面存在诸多人身安全风险。本案被告人就是在网上邀约一名幼女见面后，与同案被告人对该幼女实施了多人轮奸犯罪行为。虽然被告人已被绳之以法，但已对被害人造成了无法弥补的身心伤害。本案警示：未成年人不宜使用互联网社交网络平台与陌生人交友，切莫单独与网友见面；在遭受侵害后，应立即告知家人并报警，不能因害怕而隐瞒，更不能因恐惧或欺骗再次与网友见面。家庭和学校应加强对未成年人法治教育和德育教育，尤其要提高未成年女学生的人身安全保护意识；及时了解子女网上交友情况。旅店应履行安全管理义务，加强对入住人员审查，尤其要对未与家长同行的未成年人或数名青少年集体开房情况予以警惕，防止违法犯罪行为发生。

杨某某假借迷信强奸案

《最高人民法院发布利用互联网侵害未成年人权益的典型案例》第 4 号

2018 年 6 月 1 日

【基本案情】

2016 年 6 月至 9 月,被告人杨某某利用网络通过 QQ 聊天工具,分别以"张某甲""张某乙""陈某"及"算命先生"身份与被害人刘某某(14 岁)、王某某(13 岁)、沈某某(15 岁)聊天,并以"算命先生"名义谎称被害人如想和"张某甲"等人生活幸福,必须先与"算命先生"发生性关系方可破解。杨某某以上述手段多次诱骗三名被害人在宾馆与其发生性关系。

【裁判结果】

人民法院经审理认为,被告人杨某某违背妇女意志,利用迷信、威胁等手段强行与被害妇女(幼女)发生性关系,其行为已构成强奸罪。杨某某奸淫未满 14 周岁的幼女,强奸多名未成年人,依法应从重处罚。依据《刑法》有关规定,判决被告人杨某某犯强奸罪,判处有期徒刑十三年六个月,剥夺政治权利三年。

【典型意义】

本案是一起通过互联网交友诱骗、威胁少女实施性侵害的严重犯罪案件。三名被害人均是未成年人,其中一名为幼女。被告人通过一人分饰不同角色,利用未成年人年少、幼稚、胆小的弱势,采用迷信、威胁等手段发生性关系,严重损害未成年人身心健康。本案警示:互联网具有虚拟性,使用者可以不具有真实身份,用不同姓名、性别、年龄、职业与人交往,具有较强的欺骗性,未成年人不宜使用互联网社交平台与陌生人交友,以免上当受骗。家长和学校要对未成年人加强性知识、性侵害防卫教育,及时了解子女网上交友情况。

◎ 最高人民法院发布的典型案例汇编（2009—2024 年）刑事卷

韦某某强奸案

《性侵害儿童犯罪典型案例》第 1 号
2019 年 7 月 24 日

【基本案情】

2016 年 2 月 9 日 20 时许，被告人韦某某酒后在贵州省黔东南苗族侗族自治州某县自家新房门外遇到同村的 A 某（被害人，女，殁年 5 岁）在玩耍，遂以取鞭炮为由将 A 某骗至自家老房门口，双手掐 A 某颈部致其昏迷后抱到自家责任田内的红薯洞旁，又去老房拿来柴刀、锄头，先对 A 某实施奸淫，后将其放入红薯洞内，用柴刀切割 A 某的喉咙并用锄头挖泥土将 A 某掩埋。经法医鉴定，A 某系被他人掐、扼颈部导致窒息死亡，被性侵时为活体，被切割颈部前已死亡。

【裁判结果】

贵州省黔东南苗族侗族自治州人民检察院以被告人韦某某犯故意杀人罪、强奸罪提起公诉。黔东南苗族侗族自治州中级人民法院经审理认为，被告人韦某某无视国家法律，酒后掐扼被害人颈部，对被害人实施奸淫，并致被害人死亡。韦某某的行为已构成强奸罪，犯罪情节特别恶劣，后果特别严重，社会危害极大，应依法予以严惩。依照《刑法》第二百三十六条第二款，第三款第一项、第五项的规定，以强奸罪判处被告人韦某某死刑，剥夺政治权利终身。

宣判后，被告人韦某某提出上诉。贵州省高级人民法院经依法开庭审理，裁定驳回上诉，维持原判，并依法报请最高人民法院核准。最高人民法院经复核，依法核准被告人韦某某死刑。韦某某已于近期被执行死刑。

【典型意义】

人民法院对奸淫幼女犯罪历来坚持零容忍的立场，对罪行极其严重应当判处死刑的，坚决依法判处。本案中，被告人韦某某强奸 5 岁幼女并致其死亡，挑战社会伦理道德底线，犯罪性质恶劣，手段残忍，情节、后果严重，社会危害极大。人民法院依法判处并对韦某某执行死刑，彰显了司法机关从严打击性侵害儿童犯罪、最大限度保护儿童人身安全和身心健康的决心和态度。

何某强奸、强迫卖淫、故意伤害被判死刑案

《最高人民法院发布依法严惩侵害未成年人权益典型案例》第 1 号

2020 年 5 月 18 日

【基本案情】

被告人何某为达到利用幼女供他人嫖宿牟利的目的，单独或与他人伙同作案，使用诱骗、劫持手段，将被害人常某某（8 周岁）、有智力残疾的谢某某（13 周岁）、被害人杜某某（10 周岁）拘禁在出租房内。其间何某多次对三名被害人实施奸淫，并致常某某轻伤，杜某某轻微伤。何某还拍摄三名被害人裸体照片及视频并通过 QQ 发布招嫖信息，强迫三名被害人卖淫。

【裁判结果】

法院经审理认为，被告人何某采取诱骗、劫持等手段将不满 14 周岁的幼女拘禁，后强奸并强迫其卖淫，其行为构成强奸罪、强迫卖淫罪；何某故意伤害他人身体健康，其行为还构成故意伤害罪，且具有强奸幼女多人、多次的情节，犯罪动机卑劣，性质、情节恶劣，手段残忍，人身危险性和社会危害性极大，罪行极其严重，应依法从重处罚。依照《刑法》等相关规定，以强奸罪判处被告人何某死刑，剥夺政治权利终身；以强迫卖淫罪判处有期徒刑十五年，并处罚金人民币 5 万元；以故意伤害罪判处有期徒刑二年六个月；决定执行死刑，剥夺政治权利终身，并处罚金人民币 5 万元。最高人民法院经复核，依法核准被告人何某死刑。何某已于 2019 年 7 月 24 日被执行死刑。

【典型意义】

性侵害未成年人的案件严重侵害未成年被害人的身心健康，严重影响广大人民群众安全感，性质恶劣，危害严重。对此类案件要坚决依法从重从快惩治，对罪行极其严重的，要坚决依法判处死刑，让犯罪分子受到应有的

制裁。

近年来，犯罪分子利用网络实施犯罪的案件有所增加。未成年人辨别能力、防范意识相对较弱，更容易成为受害对象。本案警示我们，一定要加强网络监管，加强对未成年人的网络保护；网络企业要强化社会责任，切实履行维护网络安全、净化网络空间的法律义务；学校、家庭要加强对未成年人使用网络情况的监督，教育引导未成年人增强自我保护意识和能力。

同时，本案也提示学校、老师、家庭、家长，一定要切实履行未成年人保护、监护法律责任。本案第三名被害人在上学途中被劫持，学校老师发现被害人未到校后及时通知家长，家长报案后，公安机关通过监控锁定犯罪分子的藏匿地点，及时解救了被害人，并将犯罪分子绳之以法，从而避免了犯罪分子继续为非作恶，更多未成年人受到侵害。

赵某某强奸被判死刑案

《最高人民法院发布依法严惩侵害未成年人权益典型案例》第2号

2020年5月18日

【基本案情】

2015年6月至2017年1月，被告人赵某某与同案被告人李某（女，已判刑）经共谋，由李某到河南省某县的初中学校寻找女生供赵某某奸淫。李某纠集刘某、吴某某、蒋某某、郝某（均另案处理）、谷某某、秦某某、李某某、赵某某（以上人员均系未成年人）等人，采取殴打、恐吓、拍下体照片威胁等手段，先后强迫被害人朱某某等在校初中女学生与赵某某发生性关系，共计25人32起，其中幼女14人19起。

【裁判结果】

法院经审理认为，被告人赵某某伙同他人采用暴力、胁迫或者其他手段，强奸妇女、奸淫幼女，其行为已构成强奸罪。赵某某犯罪性质特别恶劣，情节特别严重，社会危害性极大，造成了极为恶劣的社会影响。依照《刑法》等相关规定，以强奸罪判处被告人赵某某死刑，剥夺政治权利终身。最高人民法院经复核，依法核准被告人死刑。赵某某已于2019年6月4日被执行死刑。

【典型意义】

性侵害未成年人犯罪，严重损害儿童权益，人民法院对此类犯罪历来坚持"零容忍""严惩处"的立场。对犯罪性质、情节极其恶劣，后果极其严重的，坚决依法判处死刑，绝不姑息。本案被告人赵某某身为公司法定代表人，同时兼任多项社会职务，有着较高的社会地位，却道德败坏，作出如此令人发指之事。赵某某的行为虽未造成被害人重伤或死亡，但其罪行对被害人的心理和生理造成了无法弥补的伤害，社会危害性极大，影响极其恶劣。依法判处并对赵某某执行死刑，彰显了人民法院从严打击性侵害未成年人犯罪绝不手软的鲜明立场和坚决态度。

王某利用网络强奸被判死刑案

《最高人民法院发布依法严惩侵害未成年人权益典型案例》第3号

2020年5月18日

【基本案情】

2013年4月至2014年8月，被告人王某通过网络聊天、电话联系等方式，或经张某（另案处理，已判刑）、侯某某（未满14周岁）等人介绍，以暴力、胁迫等强制手段强行与多名未成年被害人发生性关系，或明知多名被害人是不满14周岁的幼女仍与之发生性关系，先后对14名被害人实施奸淫23次，其中不满14周岁的幼女11人。

【裁判结果】

法院经审理认为，被告人王某采用暴力、胁迫手段强行与多名未成年被害人发生性关系，或明知多名被害人是未满14周岁的幼女仍与其发生性关系，其行为已构成强奸罪。王某系累犯，依法应当从重处罚。被告人王某的行为致使被害人的身心受到极大摧残，其犯罪性质和情节极其恶劣，社会危害极大，罪行极其严重，应当予以严惩。依照《刑法》等相关规定，以强奸罪判处被告人王某死刑，剥夺政治权利终身。最高人民法院经复核，依法核准被告人死刑。

【典型意义】

本案系一起典型的利用网络平台，以威逼利诱等方式，利用未成年少女和幼女自我保护意识弱，对之实施性侵害的刑事案件。本案中，王某预谋犯罪时即选择在校学生作为奸淫对象，被害人案发时均系小学或初中在校学生，其行为挑战社会伦理道德底线，主观动机极其卑劣。王某的行为虽未造成被害人重伤或死亡，但对被害人生理心理造成严重摧残，社会危害性极大，影响极其恶劣。对王某判处并执行死刑，是严格公正司法的必然要求，是彰显公平正义的必然要求。

王某乙强奸案
——教唆、利用多名未成年人协助强奸众多未成年在校女学生的，应当依法严惩

《未成年人司法保护典型案例》第 3 号
2021 年 3 月 2 日

2016 年 4 月至 2017 年 7 月期间，被告人王某乙专门以年龄幼小的在校女学生为侵害对象，本人或教唆同案被告人雷甲、陈乙、崔丙、宋丁（均已判刑）等未成年在校学生，以介绍男女朋友为幌子，或者采取暴力、胁迫、酒精麻醉、金钱引诱等手段，将多名未成年在校女学生带至酒店、KTV、王某乙驾驶的轿车上或野外荒地等处实施强奸。截至案发，王某乙共对 15 名未成年在校女学生（其中 8 人系幼女）实施强奸犯罪 17 次，其中 12 次既遂、3 次未遂、2 次中止，多名被害人因遭受强奸而被迫辍学或转学。

人民法院经审理认为，被告人王某乙犯罪动机卑劣，为满足畸形心理，在一年三个月内，专门以年龄幼小的在校女学生为侵害对象，教唆未成年人予以协助，连续对 15 名未成年被害人实施强奸，其中 8 名被害人系幼女，造成多名被害人被迫辍学或转学，犯罪情节恶劣，社会危害极大，罪行极其严重。人民法院依法对王某乙以强奸罪判处并核准执行死刑。

强奸未成年人犯罪严重损害未成年人身心健康，给未成年人的人生蒙上

阴影，使未成年人父母及家庭背负沉重精神负担，并严重践踏社会伦理道德底线，社会影响恶劣。人民法院对强奸未成年人特别是奸淫幼女犯罪历来坚持依法从严惩治的立场，对强奸未成年人特别是幼女人数、次数特别多，手段、情节特别恶劣，或者造成的后果特别严重，主观恶性极深，罪行极其严重的，坚决依法从严从重判处，直至判处死刑。本案中，被告人王某乙教唆、利用其他未成年人协助对未成年在校女学生实施强奸，强奸人数、次数特别多，犯罪动机卑劣，主观恶性极深，罪行极其严重，人民法院依法对其判处死刑。

林某某强奸、引诱他人吸毒、容留他人吸毒案
——引诱留守女童吸毒后强行奸淫，依法严惩

《2021年十大毒品（涉毒）犯罪典型案例》案例9
2021年6月25日

【基本案情】

被告人林某某，男，汉族，1972年5月24日出生，无业。1996年2月9日因犯流氓罪被判处有期徒刑五年；2000年4月20日因犯盗窃罪被判处有期徒刑三年，合并余刑，决定执行有期徒刑四年六个月。

2016年上半年的一天，被告人林某某将同村的被害人林某（女，时年10岁）带至家中，诱骗林某吸食甲基苯丙胺。林某吸食后感觉不适，林某某让林某躺到床上休息，后不顾林某反抗，强行对林某实施奸淫。林某某威胁林某不许将此事告知家人，并要求林某每星期来其家一次。后林某某多次叫林某来其家中吸食毒品，并与林某发生性关系。林某吸毒上瘾后，也多次主动找林某某吸毒，并与林某某发生性关系。2019年10月1日，林某某被公安人员抓获。

另查明，2016年初至2019年6月，被告人林某某多次在家中等地容留多人吸食甲基苯丙胺。

【裁判结果】

本案由湖南省邵阳市中级人民法院一审，湖南省高级人民法院二审。

法院认为，被告人林某某引诱他人吸食甲基苯丙胺，其行为已构成引诱他人吸毒罪；林某某利用幼女吸毒后无力反抗及毒品上瘾，与之发生性关系，其行为又构成强奸罪；林某某多次容留他人吸食甲基苯丙胺，其行为还构成容留他人吸毒罪。林某某引诱幼女吸毒，并长期奸淫幼女，情节恶劣，应依法从重处罚。对其所犯数罪，应依法并罚。据此，对被告人林某某以强奸罪判处无期徒刑，剥夺政治权利终身；以引诱他人吸毒罪判处有期徒刑三年，并处罚金人民币1万元；以容留他人吸毒罪判处有期徒刑二年，并处罚金人民币1万元，决定执行无期徒刑，剥夺政治权利终身，并处罚金人民币2万元。

上述裁判已于2021年1月21日发生法律效力。

【典型意义】

成瘾性是毒品最基本的特征。吸食者一旦产生依赖，容易遭受侵害。尤其是未成年人，心智发育尚不成熟，自我保护能力欠缺，更易遭受毒品危害。本案就是一起引诱留守女童吸食毒品后实施强奸犯罪的典型案例。被告人林某某引诱年仅10岁的幼女吸食甲基苯丙胺并成瘾，以此长期控制、奸淫幼女，还多次容留他人吸毒，社会危害大。人民法院依法判处林某某无期徒刑，体现了对侵害未成年人犯罪予以严惩的坚定立场。

张某某强奸案
——教师强奸多名未成年女生被判处死刑

《未成年人权益司法保护典型案例》案例1
2022年3月2日

【基本案情】

2013年至2019年，被告人张某某在担任某省某小学教师期间，利用教师身份，先后将多名女学生（均系幼女）带至宿舍内实施奸淫。

【裁判结果】

法院经审理认为，被告人张某某利用教师身份奸淫未成年女学生，奸淫人数多,时间跨度长,罪行极其严重,情节特别恶劣,社会危害性极大,应依法严惩。依法以强奸罪判处张某某死刑。2022年1月,最高人民法院核准死刑,现已执行。

【典型意义】

被告人张某某身为人民教师,本应为人师表,却利用教师身份,多年持续奸淫多名在校未成年女生,致使被害女生的纯真童年蒙上阴影,对她们身心健康造成严重伤害,严重践踏了社会伦理道德底线,性质极其恶劣,罪行极其严重,应依法惩处。人民法院历来对侵害未成年人犯罪案件坚持零容忍态度,尤其是对那些利用自己的特殊身份或者便利条件性侵未成年人的犯罪,坚决依法从严从重惩处,该判处死刑的坚决判处死刑,绝不姑息。本案的判决结果,充分体现了人民法院对性侵未成年人犯罪依法严厉惩治的鲜明态度,彰显了人民法院维护未成年人合法权益的坚定决心。

(四)强制猥亵、侮辱罪

严某强制猥亵妇女一案

《最高人民法院公布24起发生在校园内的刑事犯罪典型案例(四川)》第12号

2015年9月18日

【基本案情】

2013年9月16日晚,由冯某提出,被告人严某与冯某、李某某等人商量一起去遂宁市唐家中学对女生实施猥亵。尔后,被告人严某与冯某、李某某翻墙进入唐家中学校内,邀约在校男生杨甲、杨乙、黄某某等一同趁当晚女生宿舍未锁铁门和趁深夜女生熟睡之机,进入3楼女生宿舍。当晚12时许,被告人严某在3-1寝室,强行抚摸被害人杨某(1998年8月28日生)的胸部、臀部及阴部并亲吻其颈部,后因该寝室的其他女生被惊醒并惊动了守夜老师,被告人严某等人才逃离学校。

【裁判结果】

被告人严某犯强制猥亵妇女罪,判处有期徒刑八个月,判决已发生法律效力。

【典型意义】

本案是一起发生在校园内的典型案例。严某伙同他人翻墙进入校园内,对未成年被害人杨某进行强制猥亵,对杨某的身心健康造成了严重伤害,同时破坏了安全、和谐的校园环境,依法应予严惩。考虑到严某有坦白等量刑情节,综合全案情况,结合被告人犯罪行为的社会危害程度,遂作出上述判决。该案的判决,严厉打击了严某的违法犯罪行为,震慑了社会上企图以身试法的不稳定分子,对营造安全、和谐的校园环境有重大现实意义。同时体现了法律的权威和尊严,彰显了法律的公平与正义,引导青少年学生学法、守法、用法,并增强自我保护意识,起到了良好的示范作用。

林某某、楼某某强制侮辱妇女案

《最高人民法院公布 16 起发生在校园内的刑事犯罪
典型案例(福建)》第 13 号
2015 年 9 月 18 日

【基本案情】

2013 年 4 月 10 日 17 时许,被告人林某某认为其被陈某某辱骂,纠集楼某某、黄某某(均为未成年女性),到光泽县某中学找该校学生陈某某(女,未成年)欲行报复,因陈某某警觉躲藏,林某某等人寻找未果。当日 20 时许,林某某通过他人将陈某某约出并带到光泽县某超市后面的巷子里,林某某与楼某某先后对被害人实施扇耳光、拉扯头发等殴打行为,致使被害人鼻子流血,此后,林某某叫被害人"把衣服脱光",陈某某因害怕哭泣而不敢反抗,遂将衣裤脱光,林某某与楼某某及在场的另两名女学生对被害人围观取笑。其间楼某某使用手机对陈某某的裸体拍摄了十余张照片,而后将照片通过手机蓝牙传送给在场人员。当晚被害人陈某某即向公安机关报警并到医院就医，法医鉴定，陈某某的鼻部及面部的损伤为钝物伤，伤情为轻微伤。被告人楼某某与林某某等人得知被害人报警后，将手机中被害人的裸照删除。

【裁判结果】

法院经审理认为，被告人楼某某、林某某无视国家法律，伙同他人聚众以暴力方法强制侮辱妇女，其行为已构成强制侮辱妇女罪。本院综合考虑被告人林某某、楼某某系初犯，作案时均不满18周岁，主动归案并如实供述犯罪事实，案发后积极赔偿并取得对方谅解，以及案发时在场人员均为女性，被害人裸照被删除，未造成其他恶劣影响等情节，结合司法局建议对被告人适用社区矫正的调查评估意见，决定依法对被告人减轻处罚并适用缓刑。以强制侮辱妇女罪判处林某某有期徒刑二年，缓刑二年；判处楼某某有期徒刑一年，缓刑一年。

【典型意义】

这起案件的被告人与被害人均是花季少女，事件的发生令人震惊与痛心。审理中我们了解到，被告人楼某某与林某某的父母均离异，二人自幼均缺少监护人的有效监管，祖父母对其溺爱，管教乏力，其处在青春期缺乏正确的引导，思维叛逆，行事任性，法治观念淡薄，因而走上犯罪道路。而被害人陈某某亦缺乏自我保护意识，明知林某某等人案发当日下午已到学校欲对其报复，当晚亦轻率应约外出，身处险境后亦不懂呼救、逃跑。本案再次提醒我们，为人父母者应当提高责任意识，不仅应当保障孩子的物质需要，亦应当重视孩子的心理成长，加强人生观的正确引导，切实履行好监护责任。学校亦应当加强安全教育，尤其女学生应当懂得自尊自爱与尊重他人，提高自我保护意识。

潘某某强制猥亵案

《最高人民法院发布 6 起依法惩治侵害未成年人
犯罪的典型案例》第 5 号
2017 年 6 月 1 日

【基本案情】

被告人潘某某原系辽宁省沈阳市某学校兼职教师。2015 年 11 月至 2016 年 4 月期间，潘某某分别将其学生吴某某（被害人，男，时年 16 岁）、赵某某（被害人，男，时年 16 岁）、朱某某（被害人，男，时年 16 岁）带至其家中，以不喝酒就是不尊敬老师为名，强行将 3 名被害人灌醉后留宿，乘被害人睡觉之际对 3 名被害人多次实施猥亵。

【裁判结果】

辽宁省沈阳市沈北新区人民法院经审理认为，被告人潘某某利用教师身份，向被害人施压、劝酒致被害人醉酒，后乘被害人睡觉之际实施猥亵行为，已构成了强制猥亵罪。依照《刑法》有关规定，以强制猥亵罪判处被告人潘某某有期徒刑三年。宣判后，潘某某未提出上诉，检察机关未抗诉，判决已发生法律效力。

【典型意义】

本案是一起男教师强制猥亵未成年男学生的典型案例。未成年人身心发育尚不成熟，缺乏自我保护意识和能力，容易受到性侵害。多年来，我国《刑法》一直注重对妇女、儿童性权利的保障，但对 14 岁以上男性未成年人性权利的保障有所忽略。同时，整个社会对男性未成年人预防性侵害的教育也相对缺乏。家长和学校的忽视，容易使男性未成年人欠缺自我性保护的意识，也使得性侵男性未成年人的犯罪不容易被发现。2015 年 11 月 1 日施行的《刑法修正案（九）》第十三条，将《刑法》原第二百三十七条关于强制猥亵、侮辱妇女罪的相关规定修改为："以暴力、胁迫或者其他方法强制猥亵他人或者侮辱妇女的，处五年以下有期徒刑或者拘役。"扩大了强制猥亵的犯罪对象，将男性成年人及未成年人均涵盖在内。这意味着，凡是违背他人意志，实施强制猥亵行为的，不论猥亵的对象是女性还是男性，不论是未成年人还是成年人，均构成犯罪。

本案被告人潘某某对多名未成年男学生实施性侵害，已触犯《刑法》，构成强制猥亵罪。潘某某作为教师，系对未成年学生负有特殊职责的人员，法院依法判处其有期徒刑三年，体现了对此类犯罪从严惩处、绝不姑息的态度。本案的发生提示我们，一方面应加强对男性未成年人防范性侵害知识教育，提高他们安全防范及自我保护的意识和能力；另一方面教育培训机构应进一步加强对所选聘、任用教师的审核、监督和管理。

（五）猥亵儿童罪

关某某猥亵儿童案

《最高人民法院公布三起性侵害未成年人犯罪典型案例》第 3 号

2013 年 10 月 24 日

【基本案情】

被告人关某某，男，满族，1986 年 12 月 6 日出生，本科学历，公司职员。

2012 年 12 月 30 日下午，被告人关某某以给被害人王某（女，时年 13 岁）测试体能为由，将王某骗至北京市某小区住宅楼顶层处，对王某进行猥亵。

2013 年 3 月 3 日下午，被告人关某某以给被害人倪某（男，时年 12 岁）测试体能为由，将倪某骗至北京市某小区住宅楼 26 层处，对倪某进行猥亵。

2013 年 3 月 10 日下午，被告人关某某以给谷某（男，时年 11 岁）测试体能为由，将谷某骗至北京市某小区 27 层处，对谷某进行猥亵。

【裁判结果】

法院认为，被告人关某某为寻求性刺激，对一名女童和两名男童实施猥亵，其行为已构成猥亵儿童罪。关某某猥亵多名儿童，情节恶劣，应依法惩处。关某某当庭表示认罪，依法可对其酌定从轻处罚。据此，依法认定被告人关某某犯猥亵儿童罪，判处有期徒刑三年六个月。

吴某某猥亵儿童案

《最高人民法院公布关于性侵害儿童犯罪案件的
三起典型案例》第3号
2014年1月4日

【基本案情】

被告人吴某某，曾用名吴某甲，男，汉族，1971年3月7日出生，大专文化，教师。

被告人吴某某系深圳市南山区某学校小学语文教师。2012年11月至2013年5月23日期间，吴某某利用周一至周五在班级教室内管理学生午休之机，多次将协助其管理午休纪律的被害人Z某、C某、H某（时年7岁）等女学生，叫到讲台上，采用哄、骗、吓等手段，将手伸进被害人衣裤内抠摸敏感部位等进行猥亵；吴某某还多次利用周五放学后无人之机，以亲吻脸部的方式对被害人L某（时年8岁）进行猥亵。吴某某在实施上述猥亵行为后哄骗被害人不能将事情告诉家长。5月23日中午，吴某某采用上述方式又一次猥亵被害人C某。5月26日，C某的父母发现被害人行为异常，在向其他被害人了解情况后于5月27日向公安机关报案。

【裁判结果】

法院认为，被告人吴某某在公共场所当众猥亵儿童，其行为已构成猥亵儿童罪。吴某某对被害人实施猥亵行为的场所是教室内，实施猥亵行为的时间是中午，教室内仍有部分学生午休，且有部分学生曾发现其实施的猥亵行为，故该猥亵行为应认定为"在公共场所当众"猥亵儿童。吴某某多次利用放学后无人之机，亲吻被害人L某脸部，哄骗被害人不要让他人，尤其是被害人父母知晓，说明其主观上具有猥亵的故意，并非一般成年人对孩童喜爱之情的自然流露，应认定为猥亵行为，但该猥亵行为系发生在放学后教室无人时，应与吴某某于午休时间在教室内当众猥亵其他被害人的行为有所区分。吴某某身为人民教师，本应是教书育人、遵纪守法的榜样，但其却利用教师身份在较长时间内多次猥亵多名小学生，该行为性质恶劣，社会影响极坏，辜负了学生和家长对教师的尊重与信任，不仅给被害人幼小的心灵及其家庭带来心理创伤，而且严重损害了人民教师的形象，应对其从重处罚。吴某某能如实供述自己的罪行，并当庭认罪，可酌情从轻处罚。据此，综合本案被告人的犯罪情节、社会危害性及认罪态度，依法认定吴某某犯猥亵儿童罪，判处有期徒刑八年。

邹某某猥亵儿童案

《最高人民法院发布 98 起未成年人审判工作典型案例》第 12 号

2014 年 11 月 24 日

【基本案情】

2014 年 7 月 10 日上午，被告人邹某某在其暂住处脱下被害人孟某某（女，时年 7 周岁）的内裤对其实施猥亵。审理中，被告人邹某某自愿补偿被害人孟某某人民币 51000 元。

【裁判结果】

上海市宝山区人民法院经审理认为，被告人邹某某对儿童实施猥亵行为，其行为已构成猥亵儿童罪，依法应予惩处。鉴于被告人邹某某到案后能如实供述自己的罪行，自愿对被害人进行经济补偿，可予以从轻处罚。依照《刑法》有关规定，认定被告人邹某某犯猥亵儿童罪，判处有期徒刑一年。

【案例评析】

侵犯未成年人权益的案件发生后，对被告人绳之以法、判处刑罚固然重要，但是如若能够为被害人争取到一定的经济补偿，也能在精神上对被害人及其法定代理人进行抚慰，从而达到保护未成年人权益的目的。本案中，宝山法院积极多方联系到被告人家属，为被害人争取到 51000 元补偿款，是法院积极发挥职能作用，保护未成年人权益的典型案例。

徐某某猥亵儿童案

《最高人民法院发布 98 起未成年人审判工作典型案例》第 16 号

2014 年 11 月 24 日

【基本案情】

2013 年 8 月,被告人徐某某在江苏省张家港市某教育培训中心教室内,利用其围棋教师的特殊身份对未满 12 周岁的幼女高某某、张某某、刘某某、沈某某等人实施猥亵。

【裁判结果】

张家港市人民法院审理认为,被告人徐某某在公共场所当众猥亵儿童,其行为已构成猥亵儿童罪。被告人徐某某利用围棋教师这一特殊身份猥亵多名未满 12 周岁的女童,应当从重处罚。被告人徐某某自愿认罪,可酌情从轻处罚。依照相关法律规定,认定被告人徐某某犯猥亵儿童罪,判处有期徒刑五年。

【案例评析】

不满 14 周岁的未成年人,在日常生活、学习和物质条件方面对监护人、教师等负有特殊职责的人员,存在一定的服从、依赖关系,这类特殊职责人员对幼女进行性侵犯,隐蔽性更强,危害更大。由于教室并非私人场所,而且是供多数学生使用,具有相对的涉众性,因此,可以将教室认定为"公共场所"。只要有其他多人在场,不论在场人员是否实际看到,可以认定为在公共场所"当众"猥亵儿童。

魏某某猥亵儿童案

《最高人民法院发布惩治性侵害未成年人犯罪典型案例》第 3 号

2015 年 5 月 28 日

【基本案情】

自 2009 年初,被告人魏某某在北京市丰台区某公园的小树林、暂住处等地,多次以给付零用钱等手段,采取抚摸、让被害人吸吮其生殖器等方式对王某某(男,13 岁)进行猥亵。至 2013 年 12 月,魏某某在其暂住处、丰台区某小池塘旁边等地,采取上述方式对被害人张某(男,11 岁)、谢某某(男,12 岁)、尹某某(男,11 岁)、何某(男,11 岁)、邹某(男,13 岁)、袁某某(男,12 岁)6 名男童多次进行猥亵。

【裁判结果】

北京市丰台区人民检察院以被告人魏某某犯猥亵儿童罪提起公诉。丰台区人民法院经审理认为,魏某某多次猥亵多名儿童,侵犯了儿童的身心健康,其行为已构成猥亵儿童罪,依法应予从重处罚。公诉机关指控的罪名成立。虽然魏某某能如实供述犯罪事实,但其长时间多次猥亵多名儿童,其中多人不满 12 周岁,严重损害了儿童的身心健康,依法应从严惩处,鉴于其犯罪情节和社会危害后果,对其不予从轻处罚。依照《刑法》第二百三十七条第一款、第三款,第六十一条的规定,以猥亵儿童罪判处魏某某有期徒刑五年。

宣判后,在法定期限内没有上诉、抗诉。判决已发生法律效力。

【典型意义】

本案是一起发生在社区的猥亵男童的典型案件。对于猥亵儿童犯罪,依照《刑法》规定,一般应当在五年以下有期徒刑或者拘役的法定刑幅度内从重处罚。为细化从重从严处罚的情形,体现对未成年人特殊保护的刑事政策,《关于依法惩治性侵害未成年人犯罪的意见》规定,针对不满 12 周岁儿童实施猥亵的,猥亵多名未成年人,或者多次实施猥亵犯罪的,应当在从重处罚的基础上更加体现从严。本案中,被告人魏某某在长达 5 年的时间里,采取用小恩小惠进行引诱、哄骗等手段，对7名男童多次实施猥亵，其中3名被害人不满12周岁，严重侵害了儿童的身心健康，故法院依法从严惩处，在法定刑幅度内对其顶格判处有期徒刑五年。

在本案审理过程中，被告人魏某某及其辩护人提出，魏某某因个人特殊的生活经历，对成人有戒备心理，系恋童癖患者，其因心理疾病才实施猥亵。法院考虑到魏某某在犯罪后确有认罪、悔罪表现，为了帮助其打开心结，避免更多的儿童受到伤害，在庭审后专门邀请心理专家对其进行了心理疏导。在心理专家的耐心帮助下，魏某某开始正视自身的问题，表示服刑期间将按照心理专家教授的方法，进行心理矫治调适。

本案的发生，除了被告人方面的原因外，被害人属于未成年人，防范意识差，家长对孩子的安全教育严重缺乏也是一个很重要的原因。为了提醒广大家长做好孩子的安全保护教育，预防和减少此类案件的发生，本案承办法官向广大家长发送了《致家长的一封信》，结合猥亵儿童案件的特点，有针对性地向家长提出了建议，并且由多家媒体对本案及由此展开的一系列延伸活动进行了报道，取得了较好的普法宣传效果。

李某某猥亵儿童案

《最高人民法院发布惩治性侵害未成年人犯罪典型案例》第4号
2015年5月28日

【基本案情】

自2011年8月起，被告人李某某乘其妻张某某外出之机，多次在其位于广东省广州市花都区的住宅中，使用威胁、诱骗等手段，采取手摸乳房、阴部等方式，对继女何某某（被害人，时年10岁）进行猥亵。2013年5月17日，公安人员在李某某家中将其抓获。

【裁判结果】

广东省广州市花都区人民检察院以猥亵儿童罪对被告人李某某提起公诉。花都区人民法院经审理认为，李某某采取威胁、诱骗手段，多次猥亵儿童，其行为已构成猥亵儿童罪，依法应当对其适用五年以下有期徒刑或者拘役的量刑幅度予以处罚。结合李某某犯罪的具体情节、危害后果以及认罪态度，依照《刑法》第二百三十七条第一款、第三款之规定，对李某某以猥亵儿童罪判处有期徒刑三年。

宣判后，在法定期限内没有上诉、抗诉。判决已发生法律效力。

【典型意义】

本案是一起继父猥亵未成年继女的典型案件。未成年人处于生理发育和心理发展的特殊时期，辨别是非和自我保护能力差，在受到不法侵害时通常不知或不敢反抗，易成为性侵害的对象。特别是与未成年人有共同家庭生活关系的人员，因具有接触未成年人的便利条件，且在物质、生活条件等方面相对未成年人处于优势地位甚至支配关系，实施性侵害犯罪更为隐蔽，持续时间通常更长，未成年被害人更难以抗拒和向有关部门揭露，社会危害更大。因此，《最高人民法院、最高人民检察院、公安部、司法部关于依法惩治性侵害未成年人犯罪的意见》第25条规定，与未成年人有共同家庭生活关系的人员实施强奸、猥亵犯罪的，要依法从严惩处。本案中，被告人李某某与何某某的母亲张某某登记结婚，与何某某形成共同家庭生活关系，其不仅不履行应尽的保护职责，还对年仅10岁的继女实施猥亵，为法律所不容，亦严重违背人伦道德。鉴于李某某归案后能主动认罪、悔罪，法院依法判处其有期徒刑三年。

林某某通过网约车猥亵儿童案

《最高人民法院发布利用互联网侵害未成年人权益的典型案例》第 1 号
2018 年 6 月 1 日

【基本案情】

2017年1月7日14时许，被告人林某某驾驶小型轿车通过滴滴软件平台接单，将独自一人坐车的被害人江某某（9 岁）由本市某公交车站附近送往某小区。当车行至某中学侧门附近时，林某某为满足性欲，停车后露出下体欲让座于副驾驶座的江某某抚摸，遭到拒绝后，又强行对江某某进行猥亵。

【裁判结果】

人民法院经审理认为，被告人林某某猥亵不满 14 周岁的儿童，其行为已构成猥亵儿童罪。林某某猥亵儿童，依法应从重处罚。依据《刑法》有关规定，判决被告人林某某犯猥亵儿童罪，判处有期徒刑二年。

【典型意义】

近年来，网约车因便捷实用，使用人数较多，发展势头迅猛，但网约车监管漏洞引发的社会问题也逐渐暴露，网约车司机殴打、杀害乘客等新闻时常见诸报端。本案被害人母亲因临时有事，通过手机平台预约打车后，被害人在独自乘坐网约车过程中遭到司机猥亵。本案警示：家长要充分认识到未成年人自我防范和自我保护意识较弱这一特点，在无法亲自陪伴时，应尽量为未成年人选择公交车等规范交通工具以保证安全。网约车平台及管理部门要加强监管，提高车内安全监控技术水平，提高驾驶员入行门槛，加大身份识别力度，保障乘车安全。

乔某某以视频裸聊方式猥亵儿童案

《最高人民法院发布利用互联网侵害未成年人
权益的典型案例》第 5 号
2018 年 6 月 1 日

【基本案情】

被告人乔某某为满足其不良心理需要，于 2014 年 3 月至 8 月间，在自住房电脑上，通过登录 QQ 添加不满 14 周岁的幼女为其好友，并冒充生理老师以视频教学为名，先后诱骗多名幼女与其视频裸聊。

【裁判结果】

人民法院经审理认为，被告人乔某某以刺激或满足其性欲为目的，用视频裸聊方式对多名不满 12 周岁的儿童实施猥亵，其行为已构成猥亵儿童罪。乔某某猥亵多名儿童，依法应从重处罚。乔某某被抓获后如实供述犯罪事实，依法可从轻处罚。依据《刑法》有关规定，判决被告人乔某某犯猥亵儿童罪，判处有期徒刑四年。

【典型意义】

被告人乔某某为了满足自身性欲，采用欺骗手段通过网络视频引诱女童脱光衣服进行裸聊，对儿童身心健康和人格利益造成侵害。这种非直接接触的裸聊行为属于猥亵行为。在互联网时代，不法分子利用网络技术实施传统意义上的犯罪，手段更为隐蔽，危害范围更为广泛。本案警示：未成年人，特别是儿童，不宜单独使用互联网，不宜使用互联网社交平台与陌生人交流，更不能与陌生人视频聊天。未成年人心智发育不完整，识别判断能力差，家长应该控制未成年人使用电子产品和互联网，尤其要关注未成年人使用网络社交平台与陌生人交流；要告知未成年人，无论何种理由，都不能在他人面前或视频下脱去衣服，遇到这种情况应该立即告知父母，中断联系。

王某以招收童星欺骗猥亵儿童案

《最高人民法院发布利用互联网侵害未成年人
权益的典型案例》第 9 号
2018 年 6 月 1 日

【基本案情】

2017 年 4 月至 6 月间，被告人王某利用网上 QQ 聊天软件，以某公司招收童星需视频考核为名，先后诱骗被害人赵某某（女，10 岁）、钱某某（女，12 岁）、李某某（女，12 岁）与其视频裸聊。

【裁判结果】

人民法院经审理认为，被告人王某以视频裸聊方式猥亵儿童，其行为已构成猥亵儿童罪。王某猥亵儿童，依法应从重处罚。王某被抓获后能如实供述犯罪事实，依法可从轻处罚。依据《刑法》有关规定，判决被告人王某犯猥亵儿童罪，判处有期徒刑一年十个月。

【典型意义】

网络色情信息的高强度刺激可能使青少年沉溺其中，甚至走上犯罪道路。本案被告人审判时年仅20岁，在玩游戏时被当成女性，收到私聊和广告要求其裸聊和做动作，了解了这种方法之后，由于正值青春期，也想尝试一下，于是编造传媒公司名字，以招收童星考核身材为名，要求幼女与其裸聊，寻求刺激。本案被害人都是幼女，对于不良信息的辨别力差，缺乏基本性知识，对自己行为的性质没有清晰认识，希望成为童星因此被利用。在这个过程中，父母的监管是缺失的，孩子的网络行为没有受到干预和引导，对他们接受的网络信息缺乏甄选。本案警示：家长对孩子使用电子产品和互联网行为不能不管不问，要帮助子女识别色情、暴力、毒品信息，否则极有可能使孩子受到网络色情、暴力、毒品的侵害；要加强对未成年子女的自我保护和风险防范教育。互联网监管部门，应该加强净化网络环境治理，设置浏览级别限制，引导未成年人正确使用网络，促进其健康成长。

蒋某猥亵儿童案
——依法严惩通过网络实施的无身体接触的猥亵犯罪

《保护未成年人权益十大优秀案例》第4号

2019年5月31日

【基本案情】

2015年5月至2016年11月，被告人蒋某虚构身份，谎称自己代表"星晔童星发展工作室""长城影视""艺然童星工作室"等单位招聘童星，在QQ聊天软件上结识女童。以检查身材比例和发育情况等为由，要求被害人在线拍摄和发送裸照，并谎称需要面试，诱骗被害人通过QQ视频裸聊并作出淫秽动作。对部分女童还以公开裸照相威胁，逼迫对方与自己继续裸聊。经查，蒋某视频裸聊猥亵儿童达到31人。

【裁判结果】

法院经审理认为，被告人蒋某为满足自身变态欲求，以视频裸聊方式猥亵儿童，其行为已构成猥亵儿童罪。而且，其诱骗被害人多达三十余名，遍布全国各地，多数被害人未满12周岁，最小的不到10周岁，有些被害人被猥亵两次以上，依法应当认定为"有其他恶劣情节"。据此，以犯猥亵儿童罪依法从重判处被告人蒋某有期徒刑十一年。

【典型意义】

本案是一起典型的利用互联网猥亵未成年人的案件。在互联网时代，不法分子利用网络技术实施犯罪的手段更为隐蔽，危害范围更为广泛。被告人以选拔童星、网友聊天、冒充老师等方式诱骗或强迫被害人进行视频裸聊或拍摄裸照，虽然没有与被害人进行身体接触，跟传统意义上的猥亵行为有所不同，但其目的是满足自身性欲，客观上侵犯了被害人的人身权利，同样构成猥亵儿童罪。类似的网络犯罪行为严重损害了未成年人身心健康，社会危害性极大。本案对被告人蒋某依法从重判刑，彰显了人民法院本着"儿童利益最大化"的原则，依法严厉惩治侵害未成年人犯罪行为的坚定决心。

本案同时也警示家庭和学校要加强对未成年人的教育，引导未成年人正确使用网络，培养、提高识别风险、自我保护的意识和能力；提醒广大青少年增强自我保护意识，最大限度避免网络违法犯罪的侵害，如果正在面临或者已经遭受不法侵害，要及时告知家长、老师或者报警，第一时间寻求法律的保护。

祁某猥亵儿童案
——小学教师性侵儿童被重判

《保护未成年人权益十大优秀案例》第 7 号

2019 年 5 月 31 日

【基本案情】

被告人祁某原系浙江省某市小学教师。在执教期间，曾有学生家长于2013年1月以祁某非礼其女儿为由向学校举报，祁某因此写下书面检讨，保证不再发生此类事件。2016年12月，被告人祁某退休，因师资力量短缺，该校返聘祁某于2016年12月至2017年8月继续担任语文老师兼班主任。2017

年以来，祁某利用教学之便，在课间活动及补课期间，多次对多名女学生进行猥亵。2017 年 8 月 30 日下午，被告人祁某主动至派出所投案。

【裁判结果】

法院经审理认为，被告人祁某利用教师身份，多次猥亵多名未满 12 周岁的幼女，且部分系在公共场所当众猥亵，严重破坏教学秩序，社会危害性极大，其行为已构成猥亵儿童罪，且应当在"五年以上有期徒刑"的幅度内从重处罚；而且，其曾因类似行为被举报，仍不思悔过致本案发生，应酌情从重处罚。据此，以猥亵儿童罪依法判处被告人祁某有期徒刑八年六个月；禁止其在三年内从事与未成年人相关的教育职业。

案件审理期间，六名被害人提起民事诉讼，起诉涉事小学、区教育文化体育局教育机构责任纠纷。后经法院主持调解，该小学分别向各原告人一次性支付 3 万元。宣判后，该市教育局对涉案小学校长进行了行政处分。

【典型意义】

本案系教师利用教学便利对未成年学生实施猥亵的恶性案件，给被害人和家人都造成了严重的身心伤害，挑战道德法律底线，性质极其恶劣，危害后果严重，必须从严惩处。被告人祁某虽已年过六十，但裁判法院考虑其被学校返聘、补课等情况，仍从有效预防侵害未成年人犯罪角度出发，秉持对侵害未成年人的"零容忍"态度，依法对被告人祁某适用从业禁止。本案在审理阶段，司法机关还通过政府购买服务，及时为被害人进行心理疏导，尽力医治对涉案未成年人的精神伤害。

此类案件反映出极个别学校对未成年人权益保护仍然存在管理不善，制度不落实，执行不到位的现象，需要有关学校及部门引起重视。

张某某猥亵儿童案

《性侵害儿童犯罪典型案例》第 2 号

2019 年 7 月 24 日

【基本案情】

被告人张某某系天津市某区小学数学教师。自 2017 年至 2018 年 10 月间，张某某多次在学校教室对被害人 B 某等 8 名女学生（时年 10～11 岁）采取搂抱、亲吻、抚摸嘴部、胸部、臀部及阴部等方式进行猥亵。

【裁判结果】

天津某区人民检察院以被告人张某某犯猥亵儿童罪提起公诉。某区人民法院经审理认为，张某某身为对未成年人负有特殊职责的教师，多次在校园内猥亵多名女童，情节恶劣，应当依法从重处罚。依照《刑法》第二百三十七条之规定，以猥亵儿童罪判处被告人张某某有期徒刑十一年六个月。

宣判后，在法定期限内没有上诉、抗诉，判决已发生法律效力。

【典型意义】

本案系一起校园猥亵儿童的典型案件。被告人张某某身为人民教师，竟背弃教师职责，长期在学校教室对多名年幼学生进行猥亵，不仅触犯了国法，更是严重违背伦理道德底线，严重侵害学生身心健康，犯罪性质、情节恶劣，社会影响极坏，故人民法院对其依法从重处罚。但是，被告人在长达一年多内在学校教室猥亵多名女学生，却未被及时发现、举报，背后的原因值得深思。由此警示，学校及有关部门应加强对教职工职业道德和操守的监管，也提醒学校及家长应当重视对儿童的性安全防范教育，减少和避免类似案件的发生。

蒋某某猥亵儿童案

《性侵害儿童犯罪典型案例》第 3 号

2019 年 7 月 24 日

【基本案情】

2015 年 5 月至 2016 年 11 月间，被告人蒋某某虚构身份，谎称代表影视公司招聘童星，在 QQ 聊天软件上结识 31 名女童（年龄在 10~13 岁之间），以检查身材比例和发育状况等为由，诱骗被害人在线拍摄和发送裸照；并谎称需要面试，诱骗被害人通过 QQ 视频聊天裸体作出淫秽动作；对部分女童还以公开裸照相威胁，逼迫对方与其继续裸聊。蒋某某还将被害人的裸聊视频刻录留存。

【裁判结果】

江苏省南京市某区人民检察院以被告人蒋某某犯猥亵儿童罪提起公诉。南京市某区人民法院经审理认为，蒋某某为满足淫欲，虚构身份，采取哄骗、引诱等手段，借助网络通信手段，诱使众多女童暴露身体隐私部位或作出淫秽动作，严重侵害了儿童身心健康，其行为已构成猥亵儿童罪，且属情节恶劣，应当依法从重处罚。依照《刑法》第二百三十七条之规定，以猥亵儿童罪判处被告人蒋某某有期徒刑十一年。

宣判后，被告人蒋某某提出上诉。南京市中级人民法院经依法审理，裁定驳回上诉，维持原判，判决已发生法律效力。

【典型意义】

构成猥亵儿童罪，既包括行为人主动对儿童实施猥亵，也包括迫使或诱骗儿童作出淫秽动作；既包括在同一物理空间内直接接触被害人身体进行猥亵，也包括通过网络在虚拟空间内对被害人实施猥亵。网络性侵害儿童犯罪是近几年出现的新型犯罪，与传统猥亵行为相比，犯罪分子利用信息不对称，以及被害人年幼、心智不成熟、缺少自我防范意识等条件，对儿童施以诱惑甚至威胁，更易达到犯罪目的；被害目标具有随机性，涉及人数多；犯罪分子所获取的淫秽视频、图片等一旦通过网络传播，危害后果具有扩散性，增加了儿童遭受二次伤害的风险。本案中，被告人蒋某某利用社会上一些人崇拜明星、想一夜成名等心态，对30余名女童实施猥亵。本案的审理反映出，对于如何加强和改进网络信息管理，以及学校、家庭如何帮助儿童提高识别网络不良信息、增强自我保护意识和能力，从而更好地防范网络儿童性侵害已迫在眉睫。

李某某猥亵儿童案

《性侵害儿童犯罪典型案例》第 4 号

2019 年 7 月 24 日

【基本案情】

2018 年 3 月，被告人李某某（32 岁）通过手机同性交友软件结识被害人 C 某（男，时年 13 岁），后李某某通过网络聊天得知 C 某系未成年人、初二学生。同月 17 日下午，李某某到四川省某酒店房间登记入住，并邀约 C 某到该房间见面与其发生了同性性行为。

【裁判结果】

四川省某县人民检察院以被告人李某某犯猥亵儿童罪提起公诉。四川省某县人民法院经审理认为，李某某为满足性欲，采用进行同性性行为的方式对不满 14 周岁的男性儿童实施猥亵，其行为已构成猥亵儿童罪，应当依法从重处罚。依照《刑法》第二百三十七条第一款、第三款的规定，以猥亵儿童罪判处被告人李某某有期徒刑三年。

宣判后，被告人李某某提出上诉。四川省某市中级人民法院经依法审理，裁定驳回上诉，维持原判。

【典型意义】

本案系性侵害男童的一起典型案例。儿童处于生理发育初期，人生观、价值观尚不成熟，欠缺足够的辨别是非和自我保护能力，法律对儿童群体的身心健康应给予特殊、优先保护。本案中，被告人李某某作为成年男性，引诱男童与其发生性行为，严重伤害儿童身心健康，人民法院判决其构成猥亵儿童罪，并依法对其从重处罚，向社会公众传递出依法平等保护男童的明确导向，也希望学校和家庭对男童的性安全教育给予同等重视。

邹某某猥亵儿童案
——采取恶劣手段长期猥亵男童的，应当依法严惩

《未成年人司法保护典型案例》第 4 号

2021 年 3 月 2 日

被告人邹某某与被害人黄某甲、黄某乙的母亲徐某为同乡，2015 年双方结识后常有往来。2017 年暑假期间，邹某某将黄某甲（男，时年 5 岁）带至其居住的房屋，播放淫秽视频给黄某甲观看，并对黄某甲的生殖器实施猥亵。后邹某某承受徐某所托照看黄某甲、黄某乙（男，时年 7 岁）的机会，对两名被害人生殖器实施猥亵，并播放淫秽视频给二人一同观看。此后至 2019 年，邹某某多次采取上述类似方式分别或者同时对黄某甲、黄某乙实施猥亵。2019 年 2 月 1 日，被害人母亲发现被害人表现异常后报警，邹某某被抓获归案。公安机关从邹某某使用的手机中查获多张黄某甲、黄某乙裸体照片和多名身份不明男童生殖器照片以及大量淫秽视频。

人民法院经审理认为，邹某某利用与被害人家庭熟悉的机会或受委托照看儿童的机会，长期对两名不满 10 周岁的幼童实施猥亵，其行为已构成猥亵儿童罪，且手段恶劣，并导致两名被害人受到严重心理创伤，属于猥亵儿童"情节恶劣"，应予从严惩处。人民法院依法对邹某某以猥亵儿童罪判处有期徒刑十年。

近年来，女童遭受奸淫、猥亵的案件受到社会广泛关注，但现实生活中，男童也可能受到不法性侵害，也会给男童造成严重心理创伤。本案中，被告人利用被害人家长的信任和疏于防范，长期猥亵两名年幼男童，性质、情节恶劣，后果严重。值得注意的是，本案及审理均发生在《刑法修正案（十一）》颁布施行前，人民法院在案件审理过程中，根据被告人实施猥亵的手段、性质、情节及造成的后果，依法适用《刑法》第二百三十七条原第二款、第三款规定的猥亵"有其他恶劣情节"，对被告人在五年以上有期徒刑幅度内

从重判处，于法有据，罪刑相当，而且与《刑法修正案（十一）》明确列举猥亵"情节恶劣"的情形，依法加大惩治力度的立法精神也完全契合，实现了法律效果与社会效果的统一。

（六）非法拘禁罪

赵某某等非法拘禁案

《最高人民法院公布七起通过网络实施的侵犯妇女未成年人等犯罪典型案例》第7号

2014年10月21日

【基本案情】

2011年3月开始，被告人赵某某、曹某某、张某某等人聚集在山东省青岛市黄岛区某房间内进行传销活动，由赵某某担任业务主任负责日常管理。同年8月22日，张某某以帮助找工作为名，通过QQ聊天将被害人江某某（女，时年20岁）骗至其进行传销的房间后，由赵某某安排曹某某、张某某等人对江某某讲授传销课程，并贴身看护以防江某某离开。8月25日凌晨，江某某发现被骗入传销组织后，从该房间翻窗逃离时坠楼身亡。

【裁判结果】

山东省青岛市黄岛区人民法院经审理认为，被告人赵某某、曹某某、张某某非法限制他人人身自由，其行为均构成非法拘禁罪。赵某某在缓刑考验期内犯罪，依法应当撤销缓刑，数罪并罚；在共同犯罪中起主要作用，系主犯。张某某、曹某某系从犯。依照《刑法》有关规定，认定被告人赵某某犯非法拘禁罪，与前罪数罪并罚，决定执行有期徒刑十一年，剥夺政治权利一年；被告人张某某犯非法拘禁罪，判处有期徒刑九年；被告人曹某某犯非法拘禁罪，判处有期徒刑七年。现判决已发生法律效力。

【典型意义】

本案是一起采取非法拘禁手段强制女青年参加传销活动致人死亡的案件。

随着网络技术的迅速发展,利用网络建立传销组织实施犯罪的案件日益增多。本案被害人江某某即利用网络找工作,不幸被传销分子盯上,被非法拘禁,终致逃生时不幸身亡,令人扼腕叹息。

邵某非法拘禁、强奸案

《最高人民法院公布八起侵害未成年人合法权益典型案例》第 6 号

2015 年 8 月 31 日

【基本案件】

被告人邵某通过网络聊天认识被害人张某某。2013 年 6 月 25 日,被告人邵某约见张某某,并在吉林省榆三公路道南加油站附近,强行将被害人张某某(女,17 岁)拽上一辆捷达出租车前往吉林省榆树市,在一家旅店内非法拘禁张某某至 6 月 26 日。2013 年 6 月 26 日,邵某又将张某某带至黑龙江省哈尔滨市,在哈尔滨市南岗区汉广街与汉阳街交口处的北往旅店内,非法拘禁张某某至 6 月 28 日。2013 年 6 月 25 日,邵某将张某某强行带至吉林省榆树市后,在一家旅店内多次强行与张某某发生性行为。6 月 26 日邵某将张某某强行带至哈尔滨市后,在哈尔滨市南岗区汉广街与汉阳街交口处的北往旅店内,多次强行与张某某发生性关系。

【裁判结果】

黑龙江省哈尔滨市南岗区人民法院经审理认为,被告人邵某非法拘禁他人并多次以暴力、胁迫手段强奸妇女,其行为已构成非法拘禁罪、强奸罪。公诉机关指控的罪名成立,应予以惩处。依照《刑法》有关规定,判决被告人邵某犯强奸罪,判处有期徒刑九年,剥夺政治权利一年;犯非法拘禁罪,判处有期徒刑二年;数罪并罚,决定执行有期徒刑十年,剥夺政治权利一年。宣判后,原审被告人邵某不服,以原审判决量刑过重为由,提出上诉。

经二审审理查明的事实、证据与一审一致。原审判决认定上诉人(原审被告人)邵某犯强奸罪、非法拘禁罪的事实清楚,证据充分,定罪准确,诉讼程序合法。原审法院对邵某所犯强奸罪、非法拘禁罪的量刑规范,且在刑罚幅度之内,并无不当。上诉人邵某的上诉理由无法律依据,不予支持。在二审审理过程中，邵某申请撤回上诉。邵某申请撤回上诉，符合法律规定的撤诉条件，依据《最高人民法院关于适用〈中华人民共和国刑事诉讼法〉的解释》第三百零五条、第三百零八条之规定，裁定准许上诉人（原审被告人）邵某撤回上诉。

【典型意义】

本案是一起利用网络聊天，欺骗被害人与其见面，胁迫并拘禁被害人，并在拘禁期间，对未成年被害人多次强奸的恶性案件。我国《刑法》第二百三十六条第三款第一项规定，强奸妇女、奸淫幼女情节恶劣的，处十年以上有期徒刑、无期徒刑或者死刑。但对"情节恶劣"的认定标准，《刑法》和司法解释无明文规定，司法实践中，对长时间对同一妇女非法拘禁并多次实施强奸的，一般认定为"情节恶劣"。本案中虽未按十年以上掌握对被告人的处刑，但考虑本案中被告人长时间对未成年被害人多次实施强奸行为的性质比较恶劣的具体情况，可以依法从严惩处，故在三年以上十年以下有期徒刑的法定刑幅度内，"从高"判处被告人邵某有期徒刑九年，量刑适当，充分体现了对未成年被害人等特殊群体的保护。

（七）绑架罪

肖某某绑架、强奸案

《最高人民法院公布七起通过网络实施的侵犯妇女
未成年人等犯罪典型案例》第4号
2014年10月21日

【基本案情】

被告人肖某某与肖某甲（另案处理）预谋用网络实施绑架，并租赁广东省佛山市南海区里水镇一房屋用于作案。2013年6月13日晚，肖某某以外出游玩为名，将通过手机微信"摇一摇"结识的被害人梁某某（女，时年15岁）骗出后，与肖某甲一起将梁某某骗至租赁房屋内。二人持美工刀威吓并用胶带捆绑梁某某，肖某甲从梁某某的手提包内搜得现金350元、小米手机1部。其间，肖某某强行奸淫了梁某某。尔后，二人打电话联系梁某某的母亲，索得赎金2万元。后即逃离现场。

【裁判结果】

广东省佛山市南海区人民法院经审理认为，被告人肖某某结伙以勒索财物为目的绑架他人，绑架过程中又违背被害人意志，强行与被害人发生性关系，其行为分别构成绑架罪、强奸罪，依法应当数罪并罚。肖某某曾因诈骗罪被判处有期徒刑，刑满释放后不到半年又犯罪，系累犯，依法应当从重处罚。依照《刑法》有关规定，认定被告人肖某某犯绑架罪，判处有期徒刑十一年，剥夺政治权利三年，并处罚金人民币1万元；犯强奸罪，判处有期徒刑四年零六个月，决定执行有期徒刑十四年，剥夺政治权利三年，并处罚金人民币1万元。宣判后，被告人肖某某提出上诉。佛山市中级人民法院经依法审理，裁定驳回上诉，维持原判。

【典型意义】

本案是一起利用网络交友实施绑架、强奸犯罪的案件。随着网络应用的发展和日渐普及，网络社交平台，特别是网络聊天工具，为人际交往带来了极大便利。与此同时，因其公共性、匿名性、便捷性等特点，网络交友也成为不法分子实施犯罪的新平台，由此引发的刑事案件呈上升趋势。一些年轻女性和青少年缺乏防范意识和能力，往往容易成为不法侵害的对象。本案中，被告人肖某某伙同他人预谋绑架，事先租赁作案场所，通过微信搜索功能，选定尚未成年的女网友作为作案对象，借外出游玩之名骗出后绑架、强奸，犯罪性质恶劣，情节后果严重，社会危害性大，又系累犯，人民法院依法对其所犯之罪从重处罚，一方面显示了人民法院严厉打击利用网络实施犯罪的坚定立场，另一方面通过真实案例警示公众，网络交友要保持警惕，不要轻信陌生人，特别是广大青少年和年轻女性，要不断提高防范意识和能力，保护自己及家人的人身和财产不受侵犯。

被告人叶某某等绑架案

《最高人民法院公布七起通过网络实施的侵犯妇女
未成年人等犯罪典型案例》第 5 号
2014 年 10 月 21 日

【基本案情】

2010 年 5 月,被告人叶某某、路某某租住河南省漯河市召陵区人民路某厂家属院 6 号楼 602 房,共同生活。因经济窘迫,叶某某产生绑架他人勒索钱财之念。同年 10 月 23 日晚,叶某某通过 QQ 聊天结识了被害人赵某(女,殁年 18 岁),两人相约见面后,叶某某将赵某带回租住屋,趁赵某熟睡之机,用透明胶带、床单将赵某缠裹后控制。次日上午,叶某某用赵某的手机打电话向赵的父母索要赎金,并让赵某与其父母通话。因赵某通话时泄露了绑架地址信息,二被告人担心事情败露,遂产生杀人灭口之念。路某某按住赵某的腿,叶某某用毛巾捂住赵某口鼻并勒赵某颈部,致赵某机械性窒息死亡后,二人逃离。

【裁判结果】

河南省漯河市中级人民法院经审理认为,被告人叶某某以勒索财物为目的绑架他人,后恐罪行败露,便将被害人杀害,其行为已构成绑架罪。叶某某在共同犯罪中起主要作用,系主犯,依法应按照其所参与的全部犯罪处罚。依照《刑法》有关规定,认定被告人叶某某犯绑架罪,判处死刑,剥夺政治权利终身,并处没收个人全部财产。路某某犯绑架罪,判处有期徒刑十三年。宣判后,叶某某提出上诉。河南省高级人民法院经依法开庭审理,驳回上诉,维持原判,并依法报请最高人民法院核准。最高人民法院经依法复核,裁定核准被告人叶某某死刑。

【典型意义】

随着智能手机的发展和各种社交软件的广泛应用,网络社交无处不在。社交软件本身只是一个工具,不存在对错好坏,关键是如何使用。如果被不法分子利用，就会成为其犯罪的工具。网络无法验证用户的基本身份信息，更不可能校验用户的品行。犯罪分子正是利用此点，隐瞒真实身份，将自己扮演成各种角色，在网络上物色、"钓取"可能成为其犯罪对象的人，当取得对方信任后，就邀约见面，进一步实现其犯罪目的。从近些年因网络发生的案件中可见，诈骗、抢劫、盗窃、敲诈勒索、强迫卖淫甚至强奸、杀人等恶性刑事犯罪时有发生，亟须引起广大网民的注意和警觉。本案中，被告人叶某某以绑架为目的通过网络寻找犯罪对象，骗取被害人赵某的信任后，将赵某骗至租住处，对赵某实施绑架，最终将赵某残忍杀害。希望本案能唤醒广大热衷网络交友的网友们的警觉，要慎重网络交友，不给犯罪分子以可乘之机。

（八）拐卖妇女、儿童罪

邵某某拐卖妇女案

《最高人民法院公布关于拐卖妇女儿童犯罪案件的
三起典型案例》第 1 号
2011 年 3 月 24 日

【基本案情】

被告人邵某某，男，汉族，1986 年 8 月 12 日出生，农民。

2008 年 10 月 29 日晚，被告人邵某某为牟利，伙同卢某某（同案被告人，已判刑）、卢某甲（另案处理）在浙江省温州市火车站将前来准备会见魏某（同案被告人，已判刑）的网友刘某某（女，被害人）诱骗至浙江省永嘉县岩头镇溪南村南垟亭边的农田。三人劫取刘某某现金 170 元，随即卢某某殴打刘，迫使其脱光衣服，对刘实施了强奸及猥亵，接着邵某某也对刘进行了猥亵。尔后，邵某某、卢某某分别对刘某某实施殴打、威胁，迫使其同意去卖淫。次日凌晨，邵某某再次猥亵了刘某某。同月 30 日，卢某某联系周某某（另案处理），将刘某某卖给周，得赃款 5000 元。后刘某某被周某某之子金某某（另案处理）带到浙江省德清县武康镇被迫卖淫，直至 2009 年 4 月 13 日被解救。

2008年12月13日，被告人邵某某为牟利，以带出游玩为名将网友李某某（女，被害人）诱骗至温州市黄龙宾馆，后伙同卢某某、"长毛"（另案处理）以到楠溪江游玩的名义将李诱骗至永嘉县岩头镇溪南村外树林里，邵某某殴打李某某，劫取其手机1部，强迫其脱光衣服，邵某某、卢某某对李实施了轮奸，并以暴力迫使李同意去卖淫。同日晚，卢某某联系周某某，将李某某卖给周，得赃款5000元。后李某某被周某某之子金某某、女婿金某甲（另案处理）带到德清县武康镇被迫卖淫，直至2009年4月13日被解救。

2009年2月初的一天晚上，被告人邵某某和江某某、洪某某（同案被告人，均已判刑）、洪某甲（另案处理）为牟利，将洪某甲的女友（被害人，身份不详）诱骗至永嘉县岩头镇溪南村外的树林里。邵某某、江某某殴打被害人，强迫其脱光衣服，对被害人实施了轮奸，并借口洪某甲欠债迫使其同意去卖淫还债，后将其带到岩头镇仙清路266号顺发旅馆。次日，邵某某联系买家，将被害人卖至德清县，得赃款5000元。

2009年2月14日17时许，洪某乙（同案被告人，已判刑）以请吃饭为由，将其通过网络游戏认识的网友蒋某某、段某（均系女性，被害人）约至温州汽车新南站碰面，后江某某、洪某乙将二被害人诱骗至永嘉县岩头镇，被告人邵某某、尹某某（同案被告人，已判刑）随后赶到岩头镇会合。19时许，邵某某等四人将二被害人带到岩头镇溪南村外的树林里，殴打二被害人，劫取其现金100余元、手机2部、数码相机1台等物。接着逼迫二被害人脱光衣服，对其实施了轮奸，而后又以暴力迫使二被害人同意去卖淫。23时许，洪某某、洪某甲、"黄毛"（另案处理）也赶到岩头镇溪南村外的树林会合。次日0时许，邵某某等七人将二被害人带到岩头镇仙清路266号顺发旅馆，除洪某某、洪某甲外，其余人再次对二被害人实施了轮奸。当日，邵某某联系周某某，将二被害人卖给周，得赃款1万元。后二被害人被金某某、金某甲等人带到德清县武康镇被迫卖淫，直至同年4月13日被解救。

2009年2月27日中午，江某某借口帮网友潘某某（女，被害人）介绍工作，将其诱骗至温州市将军桥附近的"天堂鸟"网吧。当晚，江某某和尹某某以给朋友过生日为由将潘某某及另外一名女子（被害人，身份不详）诱骗至永嘉县岩头镇溪南村自来水塔边的草地上，被告人邵某某及洪某乙、洪某某等人随后赶到该地会合。邵某某等人殴打二被害人，劫取其现金10余元、手机 2 部等物，接着逼迫其脱光衣服，邵某某、江某某、洪某乙、尹某某等人对二被害人实施了轮奸，而后又以暴力迫使二被害人同意去卖淫。次日凌晨，邵某某等人将二被害人带到岩头镇仙清路 266 号顺发旅馆，由邵联系周某某，将潘某某卖给周，得赃款 7000 元，后潘某某被金某某、金某甲等人带至德清县武康镇被迫卖淫，直至同年 4 月 13 日被解救。另一被害人亦由邵某某联系买家卖至浙江省金华市从事卖淫，邵某某等人得赃款 3500 元。

2009 年 3 月底的一天晚上，洪某乙、尹某某借口给朋友过生日将一网友（女，被害人）诱骗至永嘉县岩头镇溪南村变电所后面的草坪上，被告人邵某某和江某某、洪某某随后赶到该地会合。邵某某、洪某某殴打被害人，强迫其脱光衣服，邵某某、江某某、洪某乙、尹某某对其实施了轮奸并逼迫其答应去卖淫，后将被害人带到岩头镇仙清路 266 号顺发旅馆。次日上午，邵某某联系买家，将被害人卖给对方，得赃款 4500 元。

【裁判结果】

法院认为，被告人邵某某伙同他人以出卖为目的拐骗妇女，其行为已构成拐卖妇女罪；邵某某还以非法占有为目的，采用暴力手段劫取被拐卖妇女的财物，其行为又构成抢劫罪，依法应数罪并罚。在共同犯罪中，邵某某参与拐卖妇女 8 人，对被害人均积极实施了殴打、威胁、轮奸等行为，并负责联系买家、商谈交易价格，还对其中 6 名妇女实施了抢劫，是共同犯罪中地位和作用最突出、罪责最为严重的主犯，且拐卖妇女多人，奸淫被拐卖妇女，还将被拐卖妇女卖给他人迫使其卖淫，犯罪情节特别严重，社会危害性极大，所犯罪行极其严重，应当依法惩处。据此，依法认定被告人邵某某犯拐卖妇女罪，判处死刑，剥夺政治权利终身，并处没收个人全部财产；犯抢劫罪，判处有期徒刑十二年，剥夺政治权利三年，并处罚金人民币 5000 元，决定执行死刑，剥夺政治权利终身，并处没收个人全部财产。经最高人民法院复核核准，罪犯邵某某已于 2011 年 2 月 23 日被依法执行死刑。

蔡某某收买被拐卖的妇女案

《最高人民法院公布关于拐卖妇女儿童犯罪案件的
三起典型案例》第 3 号
2011 年 3 月 24 日

【基本案情】

被告人蔡某某,男,汉族,1980 年 12 月 3 日出生,农民。

2008 年阴历四月的一天上午,在福建省霞浦县下浒镇延亭村长沙自然村后门山一偏僻树林内,被告人蔡某某从"陈某"(另案处理)手中以 33000 元收买了被拐卖的被害人王某某"做老婆"。公安机关接到被害人父亲报案,前往解救王某某时,蔡某某提前将王某某转移到霞浦县城松城街道燕窝里租房居住,由蔡某某的母亲林某某看管,自己则到霞浦县海岛乡渔船上打工。2010 年 1 月 3 日,公安机关在蔡某某的租住房内解救出王某某。两天后,王某某产下一男婴,现由林某某抚养。王某某已返回原籍。同年 2 月 1 日,蔡某某在霞浦县海岛乡一出租房内被公安机关抓获。

【裁判结果】

法院认为,被告人蔡某某明知被害人王某某是被拐卖的妇女而予以收买,并用转移被害人的方法阻碍解救,其行为已构成收买被拐卖的妇女罪,依法应当追究刑事责任。蔡某某收买王某某后,没有实施摧残、虐待行为并欲与王某某形成稳定的婚姻家庭关系,可以从轻处罚。综上,根据蔡某某的犯罪事实、性质、情节及对社会的危害程度,依法以收买被拐卖的妇女罪判处被告人蔡某某有期徒刑八个月。

蓝某某拐卖妇女、儿童案

《最高人民法院发布惩治拐卖妇女儿童犯罪典型案例》第 1 号

2015 年 2 月 27 日

【基本案情】

1988 年 9 月,被告人蓝某某伙同同案被告人谭某某(已判刑)等人在广西壮族自治区南宁市,将被害人向某某(女,时年 22 岁)拐带至福建省大田县,经林某某(另案处理,已判刑)等人介绍,将向某某出卖。1989 年 6 月,蓝某某伙同黄某某(另案处理,已判刑),经"邓八"(在逃)介绍,将被害人廖某(男,时年 1 岁)从广西壮族自治区宾阳县拐带至大田县,经林某某介绍,将廖某出卖。此后至 2008 年间,蓝某某采取类似手段,单独或伙同他人在广西宾阳县、巴马县等 12 个县,钦州市、凭祥市、贵港市、河池市等地,先后将被害人韦某某、黄某某等 33 名 3~10 岁男童拐带至福建省大田县、永春县,经林某某、苏某某(另案处理,已判刑)和同案被告人郭某某、涂某某、陈某某(均已判刑)等人介绍,将其出卖。蓝某某拐卖妇女、儿童,非法获利共计 50 余万元。

【裁判结果】

广西壮族自治区河池市中级人民法院经审理认为,蓝某某为牟取非法利益,拐卖妇女、儿童,其行为已构成拐卖妇女、儿童罪。虽然蓝某某归案后坦白认罪,但其拐卖妇女、儿童人数多,时间长,主观恶性极深,社会危害极大,情节特别严重,不足以从轻处罚。依照《刑法》有关规定,以拐卖妇女、儿童罪判处被告人蓝某某死刑,剥夺政治权利终身,并处没收个人全部财产。宣判后,蓝某某提出上诉。广西壮族自治区高级人民法院经依法审理,裁定驳回上诉,维持原判,并依法报请最高人民法院复核。最高人民法院经依法复核,核准蓝某某死刑。罪犯蓝某某已于近日被执行死刑。

【典型意义】

对于拐卖妇女、儿童犯罪,我国司法机关历来坚持从严惩治的方针,其中,偷盗、强抢、拐骗儿童予以出卖,造成许多家庭骨肉分离,对被拐儿童及其家庭造成巨大精神伤害与痛苦,在社会上易引发恐慌情绪,危害极大,更是从严惩治的重点。本案中,被告人蓝某某拐卖妇女1人,拐骗儿童34人予以出卖,不少儿童被拐10多年后才得以解救,回到亲生父母身边。众多家长为寻找被拐儿童耗费大量时间、金钱和精力,其中有1名被拐儿童亲属因伤心过度去世。综合考虑,蓝某某所犯罪行已属极其严重,尽管有坦白部分拐卖事实的从轻处罚情节,法院对其亦不予从轻处罚。

杨某某、李某某等拐卖妇女案

《最高人民法院发布惩治拐卖妇女儿童犯罪典型案例》第6号
2015年2月27日

【基本案情】

被告人杨某某、李某某伙同田某某、张某某、李某甲等人(均系同案被告人,已判刑),先后以嫖娼为名,在云南省河口县一些宾馆、酒店,采用暴力手段,强行将越南籍妇女被害人阮某甲、阮某乙等17人带至云南省富宁县、砚山县、广南县、马关县等地,通过赵某某、何某某(均系同案被告人,已判刑)等联系,转卖给当地村民。其中,杨某某参与作案6起,拐卖妇女12人,李某某参与作案7起,拐卖妇女14人。

【裁判结果】

云南省红河哈尼族彝族自治州中级人民法院经审理认为,杨某某、李某某等人采用暴力、胁迫的方式绑架妇女后出卖,其行为构成拐卖妇女罪,均应依法惩处。在共同犯罪中,杨某某、李某某提起犯意,具体负责联系买家交易及分配赃款,起主要作用,系主犯。杨某某系累犯,应从重处罚。依照《刑法》有关规定,以拐卖妇女罪分别判处被告人杨某某、李某某死刑,缓期二年执行,剥夺政治权利终身,并处没收个人全部财产;以拐卖妇女罪分别判处田某某、张某某、李某甲等人无期徒刑,剥夺政治权利终身,并处没收个人全部财产;其他同案被告人分别被判处十五年至四年不等有期徒刑,并处没收个人全部财产或罚金。宣判后,杨某某、李某某提出上诉。云南省高级人民法院经依法审理,裁定驳回上诉,维持原判。

【典型意义】

本案被害人身份特殊,均系越南籍妇女,且多数在我国境内从事卖淫活动,本属依法整顿治理的对象,但被害人的特殊身份并不影响我国司法机关对拐卖妇女涉案人员的定罪量刑。本案 2 名被告人被判处死缓,3 名被告人被判处无期徒刑,彰显了我国司法机关依法严厉打击、遏制一切形式拐卖妇女犯罪的决心。案发后,我国司法机关依照我国缔结和参加的有关国际条约的规定,积极履行所承担的国际义务,将被解救妇女妥善安置,并及时与有关外事部门联系,提供司法协助和司法救助,将被解救妇女全部安全地送返国籍国。

马某某、熊某某拐卖妇女案

《最高人民法院发布 4 起侵犯妇女儿童权益犯罪典型案例》第 1 号

2016 年 3 月 8 日

【基本案情】

2013 年 10 月底的一天,被告人马某某等人经被告人熊某某介绍,将被拐骗至云南省境内的越南籍妇女黄某以 6.26 万元的价格卖给安徽省宣城市的高某某为妻,熊某某分得"介绍费"1 万元。2013 年 11 月至 2014 年 2 月,马某某经熊某某介绍,伙同刘某某(同案被告人,已判刑)等人先后将被拐骗至云南省境内的越南籍妇女崇某某、麻某某、黄某某,以 5.6 万元至 7.6 万元不等的价格,分别卖给安徽省宣城市的管某、王某、吴某某为妻。熊某某于 2011 年至 2012 年另参与介绍拐卖越南籍妇女 3 人。

【裁判结果】

法院经审理认为,被告人马某某、熊某某等人以出卖为目的,贩卖被拐骗的妇女,其行为均已构成拐卖妇女罪。在共同犯罪中,马某某起主要作用,系主犯。熊某某起次要作用,系从犯,可依法减轻处罚。依照《刑法》有关规定,以拐卖妇女罪判处被告人马某某有期徒刑十一年九个月,并处罚金人民币 6 万元；以拐卖妇女罪判处被告人熊某某有期徒刑七年九个月，并处罚金人民币 3 万元。

【典型意义】

随着我国与周边国家交往的增多，一些不法分子与境外人员相勾结，从事拐卖外籍妇女犯罪活动，严重侵犯妇女的人身自由权利与人格尊严，影响我国的国际形象。本案被告人马某某伙同被告人熊某某，将多名越南籍妇女卖给他人为妻，人民法院根据各被告人的犯罪事实、情节、危害后果及其在共同犯罪中的地位、作用，分别判处相应刑罚，彰显了我国司法坚持平等保护各国在华妇女、儿童的人身权益，坚决从严惩治一切拐卖犯罪的决心。

何某拐卖儿童案

《最高人民法院关于拐卖妇女儿童犯罪案件的三起典型案例》第 2 号
2010 年 8 月 31 日

【基本案情】

被告人何某，男，汉族，1974 年 2 月 13 日出生，农民。

2006 年 3 月至 2007 年 7 月，被告人何某与项某某（同案被告人，已判刑）共谋后，在贵州省贵阳市城区及六盘水市火车站等地先后偷盗、拐骗儿童 12 名，拐带至河南省滑县等地，通过杨某某、罗某某、赵某某（均系同案被告人，已判刑）等人贩卖给当地村民。具体事实如下：

2006 年 3 月 31 日 17 时许，被告人何某在贵州省贵阳市南明区龙洞堡 368 医院附近，将正在玩耍的女童赵某（时年 4 岁）抱走，后何某伙同项某某、杜某某（在逃）将赵某带至河南省滑县，通过杨某某卖给当地村民。

2006 年 5 月左右，被告人何某伙同项某某指使他人在贵阳市南明区龙洞堡附近，将一名 2 岁左右女童（未找到生父母，现由贵阳市儿童福利院收养）抱走。后其伙同项某某将该女童带至河南省滑县，通过罗某某卖给当地村民。

2006 年 6 月 8 日 14 时许，被告人何某指使他人在贵阳市南明区彭家湾菜场附近，将正在玩耍的男童彭某某（时年 7 岁）拐骗到手。后其伙同项某某将彭某某带到河南省滑县，通过杨某某卖给当地村民。

2006年7月25日19时许，被告人何某指使他人在贵阳市南明区毕山村路口附近，将正在玩耍的男童罗某某（时年4岁）拐骗到手。后其伙同项某某将罗某某带到河南省滑县，通过杨某某卖给当地村民。

2006年8月左右，被告人何某指使他人在贵阳市将一名2岁左右男童（未找到生父母，现由贵阳市儿童福利院收养）抱走。后其伙同项某某将该男童带至河南省滑县，通过罗某某卖给当地村民。

2006年8月某日，被告人何某在六盘水市火车站将流浪儿童"易某"（男，时年约10岁，现被贵阳市福利院收养）诱拐到贵阳市，由项某某将"易某"带到河南省滑县，卖给当地村民。

2006年9月2日下午5时许，被告人何某伙同项某某在贵阳市南明区彭家湾纸箱厂附近，将正在玩耍的男童刘某某（时年4岁）抱走，后由项某某将刘某某带至河南省滑县，通过罗某某卖给当地村民。

2006年9月27日13时许，被告人何某伙同项某某在贵阳市南明区彭家湾附近，将正在玩耍的男童杨某某（时年9岁）拐骗到手，后二人将杨某某带到河南省浚县，通过赵某某联系，项某某将杨某某卖给当地村民。

2007年4月3日21时许，被告人何某通过他人在贵阳市南明区大理石路附近，将正在家门口玩耍的男童陈某某（时年6岁）拐骗到手后，由项某某将陈某某带到河南省浚县卖给当地村民。

2007年6月5日17时许，被告人何某指使他人在贵阳市南明区彭家湾菜场附近，将正在玩耍的女童罗某某（时年3岁）抱走，由项某某将罗某某带到河南省滑县，通过杨某某卖给当地村民。

2007年6月8日11时许，被告人何某指使他人在贵阳市南明区麦秆冲路口附近，将正在家门口玩耍的男童杨某甲（时年5岁）拐骗到手。后由项某某将杨某甲带到河南省滑县，通过赵某某卖给当地村民。

2007年7月21日15时许，被告人何某指使他人在贵阳市黔灵公园黔灵湖附近，将正在玩耍的男童王某（时年6岁）拐骗到手，准备将王某拐卖到河南省。同年7月22日，何某伙同项某某拐带王某在贵州省凯里火车站被当场抓获。

【裁判结果】

法院认为，被告人何某伙同他人偷盗、拐骗儿童并予以贩卖，其行为已构成拐卖儿童罪。何某与他人共谋拐卖儿童，直接偷盗、拐骗儿童 2 名，指使他人拐骗儿童 10 名并带至异地贩卖牟利，在共同犯罪中起主要作用，系主犯，应按照其所参与的全部犯罪处罚。何某在一年零四个月的时间内，拐卖儿童 12 名，其中幼儿 7 名，犯罪情节特别恶劣，社会危害性大，罪行极其严重。据此，依法以拐卖儿童罪判处并核准被告人何某死刑。罪犯何某已于日前被依法执行死刑。

李某某收买被拐卖的儿童案

《最高人民法院关于拐卖妇女儿童犯罪案件的三起典型案例》第 3 号
2010 年 8 月 31 日

【基本案情】

被告人李某某，女，汉族，1969 年 3 月 6 日出生，农民。

2007 年 10 月至 2009 年初，安某某、谢某某、孟某某、马某某、孟某某、阎某某（均已判刑）在山西省忻州市、山东省临沂市等地分别结伙拐卖 13 名儿童。被告人李某某已生育两名女孩，得知安某某系拐卖儿童的人贩子，遂请求其帮忙购买男婴"收养"。2008 年 1 月，经安某某联系，李某某随安某某去山西省忻州市，收买被拐卖的男婴一名，李某某向安某某支付 36000 元。2008 年 10 月，经李某某介绍，王新芝（同案被告人，已判刑）从安某某、谢某某处收买一名被拐卖的男婴。

【裁判结果】

法院认为，被告人李某某明知是被拐卖的儿童仍予以收买，并帮助他人收买被拐卖的儿童，其行为已构成收买被拐卖的儿童罪。鉴于李某某收买儿童系为了私自收养，且归案后认罪态度好，依法对其判处有期徒刑二年，缓刑三年。

肖某甲、肖某乙等拐卖儿童案

《最高人民法院公布关于拐卖妇女儿童犯罪案件的
三起典型案例》第 2 号
2011 年 3 月 24 日

【基本案情】

被告人肖某甲,男,汉族,1975 年 1 月 19 日出生,农民。

被告人肖某乙,男,汉族,1979 年 1 月 5 日出生,农民。

被告人周某某,男,汉族,1978 年 11 月 24 日出生,农民。

被告人谢某某,男,汉族,1988 年 6 月 22 日出生,农民。

被告人严某某,男,汉族,1979 年 11 月 22 日出生,农民。

2008 年 10 月 21 日 16 时许,被告人肖某甲、肖某乙、严某某密谋拐卖儿童,后驾驶摩托车来到广东省河源市源城区高塘工业园附近寻找作案目标。当车行至源城区高塘移民点 205 国道路边一水果摊处时,肖某乙发现黄某某(男,时年 2 岁)适合下手,就打电话通知肖某甲与其会合,然后由肖某甲假意购买水果引开黄某某母亲的注意力,严某某趁机将黄某某抱走,坐上肖某乙开的摩托车向广东省东源县义合镇方向逃走。尔后,肖某甲与严某某雇用被告人周某某的小车将黄某某载到广东省连平县城,由肖某甲联系买主,并以 26000 元将黄某某卖掉。肖某甲支付周某某 1000 元坐车费,与肖某乙、严某某平分其余的赃款。2009 年 5 月 2 日,黄某某被公安机关解救回家。

2009 年 2 月 26 日 20 时许,被告人肖某甲、肖某乙、周某某、谢某某与刘某某(另案处理)密谋拐卖儿童,后乘坐由谢某某驾驶的一辆白色小车(车牌:粤 PU15××)来到河源市源城区明珠工业园工业大道寻找作案目标。当发现在工业大道旁一烧烤摊处的温某杰(男,时年 2 岁)在玩耍时,经肖某甲分工,肖某甲与肖某乙假意购买烧烤挡住摊主的视线,周某某趁机抱走温某杰,乘坐谢某某的小车向连平县城方向逃走。同年 3 月 5 日,经肖某甲联系,商定以 26000 元将温某杰卖出,后买家先行支付了 6000 元,肖某甲等人将所得赃款平分。2009 年 5 月 2 日,温某杰被公安机关解救回家。

2009 年 4 月 3 日 20 时许,被告人肖某甲提议到河源市区黄子洞市场附近拐卖儿童，肖某乙、周某某、谢某某表示同意。谢某某开着一辆白色小车（车牌：粤PU15××）搭载肖某甲、肖某乙、周某某来到河源市区万绿湖大道"唐兴百货商行"时，肖某甲选定该商行附近的唐某某（男，时年3岁）为作案目标。周某某、肖某甲先后去该店假意购买东西引开店主的注意力，肖某乙趁机抱走唐某某，坐上谢某某的小车往连平县城方向逃走。约一星期后，肖某甲通过他人将唐某某以27000元卖出，所得赃款与同案人平分。后由于买主怀疑唐某某是拐来的，遂将唐某某送回并要求退钱。肖某甲等四人同意后，由肖某甲退回20000元给买主。当得知唐某某的家属在四处寻找唐某某，肖某甲等四人于同年4月30日将唐某某送回黄子洞附近路边，后唐某某在公安机关被其家属领回。

【裁判结果】

法院认为，被告人肖某甲、肖某乙、周某某、谢某某、严某某以出卖为目的，共同偷盗幼儿进行贩卖，其行为均已构成拐卖儿童罪。其中，被告人肖某甲、肖某乙参与拐卖儿童3人；周某某、谢某某参与拐卖儿童2人；严某某参与拐卖儿童1人。在共同犯罪中，肖某甲组织、策划，并联系买主和主持分赃，起主要作用，系主犯，应按其所参与的全部犯罪处罚；肖某乙、周某某、谢某某、严某某起次要作用，均系从犯。周某某归案后揭发他人犯罪，带领公安机关抓获同案人，有立功表现。肖某甲、肖某乙、周某某、谢某某在第三起犯罪活动中慑于司法威严与社会压力，主动将儿童送回，有悔罪表现。据此依法以拐卖儿童罪判处被告人肖某甲无期徒刑，剥夺政治权利终身，并处没收个人全部财产。对被告人肖某乙、周某某、谢某某、严某某依法从轻或减轻处罚，分别判处十三年至六年不等有期徒刑，并处罚金。

李某某等拐卖儿童案

《最高人民法院关于拐卖儿童犯罪案件的三起典型案例》第 1 号

2012 年 5 月 30 日

【基本案情】

被告人李某某，女，汉族，1955 年 10 月 26 日出生，农民。
被告人许某某，男，汉族，1968 年 6 月 22 日出生，农民。
被告人万某某，女，汉族，1963 年 11 月 18 日出生，农民。
被告人潘某某，女，汉族，1963 年 2 月 15 日出生，农民。
被告人高某某，女，汉族，1965 年 5 月 2 日出生，农民。

2007 年 8 月至 2009 年 6 月，被告人李某某从外地人贩子手中大肆收买婴幼儿，后在山东省枣庄市贩卖给被告人许某某，许某某将婴幼儿加价转手贩卖给被告人万某某，万某某通过潘某某、高某某、马某某、李某甲、孙某某（均系同案被告人，已判刑）等人，将婴幼儿贩卖给枣庄市峄城区、市中区、薛城区等地的居民收养，牟取利益。其中，李某某、许某某、万某某参与作案 37 起，拐卖儿童 38 人；潘某某参与作案 9 起，拐卖儿童 9 人；高某某参与作案 6 起，拐卖儿童 6 人。被拐儿童来源不明，破案后，均已解救。

【裁判结果】

法院认为，被告人李某某、许某某、万某某、潘某某、高某某等人以出卖为目的，贩卖儿童，其行为均构成拐卖儿童罪。李某某、许某某、万某某贩卖儿童人数众多，情节特别严重，应依法严惩。潘某某、高某某认罪态度较好，可酌情从轻处罚。据此，依法以拐卖儿童罪分别判处被告人李某某、许某某、万某某死刑，缓期二年执行，剥夺政治权利终身，并处没收个人全部财产；以拐卖儿童罪分别判处潘某某、高某某有期徒刑十五年、十三年，并处罚金。

武某某、关某某拐卖儿童案

《最高人民法院关于拐卖儿童犯罪案件的三起典型案例》第 2 号

2012 年 5 月 30 日

【基本案情】

被告人武某某，男，汉族，1984 年 7 月 7 日出生，农民。

被告人关某某，女，汉族，1988 年 4 月 28 日出生，农民。

被告人关某某于 2009 年 2 月 8 日生育一男孩，后因孩子经常生病，家庭生活困难，被告人武某某、关某某夫妻二人决定将孩子送人。同年 6 月初，武某某、关某某找到山西省临汾市先平红十字医院的护士乔某，让其帮忙联系。第二天，乔某将此事告知张某某，张某某又让段某某（同案被告人，已判刑）询问情况。段某某与关某某电话联系后约定付给关某某 26000 元。后段某某将此情况告知景某某（同案被告人，已判刑），景某某经与赵某某（同案被告人，已判刑）联系看过孩子后，赵某某又通过郭某某（同案被告人，已判刑）介绍买家。同年 6 月 13 日在赵某某家中，武某某、关某某将出生仅 4 个月的孩子以 26000 元的价格卖给蔡某某（在逃）。赵某某、景某某、段某某、郭某某分别获利 1400 元、600 元、500 元、1500 元。赵某某、郭某某、王某某（同案被告人，已判刑）与蔡某某一同将婴儿送至山东省台儿庄。后因武某某的父亲向公安机关报警称孙子被武某某夫妇卖掉而案发。同年 7 月 17 日，公安机关将被拐卖的婴儿成功解救。

【裁判结果】

法院认为，被告人武某某、关某某将出生仅 4 个月的男婴，以 26000 元的价格出卖给他人，其行为均已构成拐卖儿童罪。关于武某某、关某某辩解其行为属于私自送养、不构成犯罪的意见，经查，武某某、关某某在不了解对方基本条件的情况下，不考虑对方是否有抚养目的及有无抚养能力等事实，为收取明显不属于营养费的巨额钱财，将孩子送给他人，可以认定属于出卖亲生儿子，应当以拐卖儿童罪论处，其辩解不能成立。武某某、关某某由于家庭生活困难，将孩子出卖给他人，后孩子被公安机关成功解救，没有造成严重的社会危害后果，主观恶性较小，犯罪情节较轻，依法以拐卖儿童罪分别判处被告人武某某、关某某有期徒刑三年，缓刑五年，并处罚金人民币3万元。

武某某拐卖儿童案

《最高人民法院发布98起未成年人审判工作典型案例》第20号

2014年11月24日

【基本案情】

2012年被告人武某某与其女友孙某某相识后同居，2013年2月5日，孙某某生下一子武某甲。满月后，孙某某外出打工，被告人武某某负责抚养。被告人武某某于2013年3月初，在互联网上发信息，称"送养刚满月的男婴"。江苏省仪征市新城镇村民黄某即与被告人武某某联系，意欲收养该男婴。2013年3月16日，被告人武某某将武某某以人民币3万元的价格卖给黄某。2013年11月29日，孙某某向公安机关报案。2013年12月6日，公安机关解救出被拐卖的婴儿。2014年1月9日，被告人武某某被抓获。

【裁判结果】

江苏省仪征市人民法院认为，被告人武某某以非法获利为目的，出卖亲生子女，其行为构成拐卖儿童罪。被告人武某某归案后如实供述自己罪行，依法对其从轻处罚。依照相关法律规定，认定被告人武某某犯拐卖儿童罪，判处有期徒刑五年，并处罚金人民币2万元，没收违法所得人民币3万元。

【案例评析】

《最高人民法院、最高人民检察院、公安部、司法部关于依法惩治拐卖妇女儿童犯罪的意见》规定，以非法获利为目的，出卖亲生子女的，应当以拐卖妇女、儿童罪论处。

本案被告人武某某因贪图享乐，萌生出卖亲生子女的念头，后在网上发布送养信息并跟买方联系，约定好价款后将孩子卖给买方，在之后的六个月内欺骗女友及父母，并将所得款项用于租房玩网络游戏挥霍一空。被告人武某某的行为符合拐卖儿童罪的构成要件,为保护儿童的人身权利不受侵犯,遂作出以上判决。

孙某甲、张某乙等 18 名被告人拐卖儿童案

《最高人民法院发布 98 起未成年人审判工作典型案例》第 58 号

2014 年 11 月 24 日

【基本案情】

2004 年 10 月至 2012 年 1 月,被告人孙某甲、张某乙、田某某伙同刘某某、任某某、梁某、刘某、白某某、曹某某、徐某某、焦某某、卢某某、李某某、王某某、刘甲、刘乙、刘丙、陈某某以出卖为目的,先后结伙强抢 7 名儿童贩卖(其中 1 名系从被害人亲生父母手中抢走),居间介绍 7 名儿童贩卖,共计贩卖儿童 14 人。其中被告人孙某甲参与全部作案,被告人张某乙参与强抢儿童 7 人贩卖。

【裁判结果】

被告人孙某甲、张某乙、田某某伙同其他被告人以出卖为目的,强抢儿童贩卖或居间介绍儿童贩卖,其行为均已构成拐卖儿童罪。被告人田某某还犯有故意伤害罪。被告人孙某甲有立功表现,且部分犯罪系未遂,有坦白情节,依法可从轻处罚。据此,山东省潍坊市中级人民法院依法认定被告人孙某甲犯拐卖儿童罪,判处无期徒刑,剥夺政治权利终身,并处没收个人全部财产;被告人张某乙犯拐卖儿童罪,判处有期徒刑十五年,并处罚金人民币 10 万元;被告人田某某犯拐卖儿童罪,判处有期徒刑十年,并处罚金人民币 65000 元。其他被告人分别被判处有期徒刑、缓刑。

【案例评析】

本案涉案人员多,时间跨度长,地域跨度广,受害儿童人数众多。18 名被告人在长达 8 年内,疯狂作案 14 起,先后贩卖 14 名婴幼儿,其中还有 7 名是强抢后贩卖。这 7 名被强抢的婴幼儿,有的是"黑吃黑",更令人发指的,甚至有一名幼儿是从亲生父母处强行夺走的。本案中的大多数被拐儿童,因

为是被居间介绍贩卖,没有找到上线,至今仍被抚养在收买人的家中。这些被告人的犯罪行为,情节特别恶劣,手段特别残忍,犯罪后果极其严重,社会影响极其恶劣。

马某某拐卖儿童案

《最高人民法院发布惩治拐卖妇女儿童犯罪典型案例》第 2 号
2015 年 2 月 27 日

【基本案情】

2006 年至 2008 年,被告人马某某伙同被告人宋某甲、宋某乙、宋某丙(均已判刑)等人,以出卖为目的,向侯某甲、侯某乙、师某甲、师某乙(均另案处理,已判刑)等人从云南省元江县等地收买儿童,贩卖至江苏省连云港市、山东省临沂市等地。其中马某某作案 27 起,参与拐卖儿童 37 人,其中 1 名女婴在从云南到连云港的运输途中死亡。马某某与宋某甲、宋某乙、宋某丙共同实施部分犯罪,在其中起组织、指挥等主要作用。案发后,公安机关追回马某某等人的犯罪所得 22.6 万元。

【裁判结果】

江苏省连云港市中级人民法院经审理认为,马某某以出卖为目的拐卖儿童,其行为已构成拐卖儿童罪。马某某参与拐卖儿童 37 人,犯罪情节特别严重,且系主犯,应依法惩处。据此,依照《刑法》有关规定,以拐卖儿童罪判处被告人马某某死刑,剥夺政治权利终身,并处没收个人全部财产。宣判后,马某某提出上诉。江苏省高级人民法院经依法审理,裁定驳回上诉,维持原判。最高人民法院经依法复核,核准马某某死刑。罪犯马某某已被依法执行死刑。

【典型意义】

本案是一起由拐卖犯罪团伙实施的特大贩婴案件。本案犯罪时间跨度长,被拐儿童人数多达 37 人,且均是婴儿。在收买、贩卖、运输、出卖婴儿的诸多环节,"人贩子"视婴儿为商品,缺少必要的关爱、照料;有的采取给婴儿灌服安眠药，用塑料袋、行李箱盛装运输等恶劣手段，极易导致婴儿窒息伤残或者死亡，本案中即有1名婴儿在被贩运途中死亡。实践中，不法分子在贩运途中遗弃病婴的情形亦有发生。人民法院综合考虑马某某拐卖儿童的犯罪事实、性质、情节和危害后果，对其依法判处死刑，符合罪责刑相适应原则。

孙某某拐卖儿童案

《最高人民法院发布惩治拐卖妇女儿童犯罪典型案例》第3号
2015年2月27日

【基本案情】

2004年10月至2012年1月，被告人孙某某伙同张某某、田某某等17名被告人（均已判刑）以出卖为目的，通过居间介绍或强抢等方式，贩卖婴儿共计14人。

【裁判结果】

山东省潍坊市中级人民法院经审理认为，孙某某以出卖为目的，居间介绍贩卖儿童7人，强抢儿童并贩卖7人（1名婴儿系从亲生父母处强抢，其余6名系从同案被告人处抢得），其行为已构成拐卖儿童罪。孙某某归案后主动供述了公安机关尚未掌握的部分罪行，并有协助公安机关抓获同案犯的立功表现，可予以从轻处罚。依照《刑法》等有关规定，以拐卖儿童罪判处被告人孙某某无期徒刑，剥夺政治权利终身，并处没收个人全部财产；对其他17名被告人分别判处十五年至一年六个月不等有期徒刑。宣判后，孙某某提出上诉。山东省高级人民法院经依法审理，裁定驳回上诉，维持原判。

【典型意义】

本案是一起交叉结伙贩卖儿童的共同犯罪案件，涉案人数众多，且互相介绍、互为依托、共享信息，使该团伙的拐卖"供需"网络不断扩大，买卖双方"交易"成功率上升，导致买卖地拐卖儿童案件高发，社会危害性极大，且容易滋生新的犯罪。特别是本案被告人不仅通过收买后贩卖的方式作案，还在拐卖团伙发展壮大到一定程度后，逐渐出现强抢儿童予以贩卖的现象。犯罪分子不仅从"人贩子"手中强抢婴儿，亦从亲生父母手中强抢，社会危害性及人身危险性进一步升级。因此，在加大对此类犯罪团伙打击力度的同时，应加大宣传力度，提高父母的安全防范意识，不给犯罪分子以可乘之机。

邢某某拐卖儿童案

《最高人民法院发布惩治拐卖妇女儿童犯罪典型案例》第 4 号
2015 年 2 月 27 日

【基本案情】

2011 年 9 月，被告人邢某某的妻子陈某怀孕，经检查是一对双胞胎。邢某某想将孩子卖掉，后经他人居间介绍，约定孩子出生后，以 2.5 万元的价格卖给婚后未生育的石某某、龙某某夫妇。同年 12 月 19 日，陈某生下一对双胞胎男婴，邢某某即将两个孩子抱走，交给龙某某，得款 2 万余元。2012 年 12 月，陈某再次怀孕。被告人邢某某还想将孩子卖掉，主动找人介绍，寻找买家。经联系，约定若是男婴，便以 1 万元的价格卖给婚后未生育的孔某某、党某某夫妇。2013 年 1 月，陈某生下一名男婴。邢某某让孔某某的父亲将小孩抱走，得款 1 万元。

【裁判结果】

湖北省枣阳市人民法院经审理认为，邢某某以非法获利为目的出卖三名亲生儿子，其行为已构成拐卖儿童罪。邢某某经人居间介绍，出卖亲生儿子，在共同拐卖儿童犯罪中起主要作用，系主犯，归案后如实供述自己的犯罪事实，认罪态度较好，可酌情从轻处罚。依照《刑法》有关规定，以拐卖儿童罪判处被告人邢某某有期徒刑十年，并处罚金人民币 1 万元。本案居间介绍的其他多名同案被告人，均以拐卖儿童罪分别判处五年至二年不等有期徒刑，或者被宣告缓刑、免予刑事处罚。

【典型意义】

本案是一起以非法获利为目的出卖亲生子女构成拐卖儿童罪的典型案例。

当前，在司法机关严厉打击下，采取绑架、抢夺、偷盗、拐骗等手段控制儿童后进行贩卖的案件明显下降，一些父母出卖、遗弃婴儿，以及"人贩子"收买婴儿贩卖的现象仍多发高发。对于父母将子女私自送给他人收取钱财的案件，如果行为人具有非法获利的目的，就应该以拐卖儿童罪论处。本案中，被告人邢某某先后两次将三名亲生儿子卖给他人，且均是在孩子出生之前即主动表示要卖出孩子，联系居间介绍人要求帮助寻找买家，并且明码标价，收取数额较高的钱财，孩子出生后即按事先约定将孩子卖出。根据上述事实与情节，足以认定邢某某并非因生活困难、无力抚养才被迫将孩子送养，而是将孩子作为商品，将生孩子出卖作为牟利手段来获取非法利益。人民法院据此认定邢某某的行为构成拐卖儿童罪，对参与犯罪的居间介绍人，根据各自地位、作用、责任大小，分别判处轻重不等的刑罚，体现了人民法院对于以非法获利为目的出卖亲生子女犯罪坚决依法惩处的鲜明态度。

王某某拐卖儿童案

《最高人民法院发布惩治拐卖妇女儿童犯罪典型案例》第 5 号

2015 年 2 月 27 日

【基本案情】

2010 年 11 月、2013 年 12 月，被告人王某某以收养为名，先后通过互联网联系 3 名未婚先孕且不想抚养孩子的妇女到山东省临邑县待产。3 名妇女产子后，王某某单独或伙同周某某、邵某某（均系同案被告人，已判刑）将 3 名男婴分别以每名儿童 3 万余元至 4 万余元的价格卖给他人。

【裁判结果】

山东省临邑县人民法院经审理认为，王某某以收养为名，将从亲生父母处骗来的婴儿出卖，其行为已构成拐卖儿童罪。王某某拐卖儿童 3 人，应依法惩处。鉴于其归案后认罪态度较好，依法可酌情从轻处罚。依照《刑法》有关规定，以拐卖儿童罪判处被告人王某某有期徒刑十年，并处罚金人民币 2 万元。

【典型意义】

本案是一起利用孕妇并通过互联网贩卖婴儿的典型案例。近年来，随着打击力度的加大，不法分子不断变换手法，采取更为隐蔽的方式实施拐卖犯罪。比如，事先联系好"买主"，物色、组织孕妇到"买主"所在地，待孕妇临产后即将其所生子女出卖获利，以此逃避长途贩卖、运输婴儿过程中被查缉的风险。此类犯罪手段的变化已引起司法机关的关注，本案的依法审理，是对犯罪行为的有力震慑。

李某拐卖儿童、孙某某收买被拐卖的儿童案

《最高人民法院发布惩治拐卖妇女儿童犯罪典型案例》第 7 号

2015 年 2 月 27 日

【基本案情】

2013 年 5 月 21 日 20 时许，被告人李某发现左某某带领孙子陈某某（不满 2 周岁）和孙女在河南省开封市祥符区世纪广场玩耍，遂趁左某某不注意时将陈某某盗走。后李某冒充陈某某的母亲，在网上发帖欲收取 5 万元钱将陈某某"送养"。被告人孙某某看到消息后与李某联系，于 5 月 23 日见面交易。在未对李某及陈某某的身份关系进行核实的情况下，经讨价还价，孙某某付给李某 4 万元钱，将陈某某带至山东省菏泽市曹县家中。公安机关破案后，已将陈某某解救送还亲属。

【裁判结果】

河南省开封市祥符区人民法院经审理认为，李某以出卖为目的偷盗幼儿，其行为已构成拐卖儿童罪。孙某某收买被拐卖的儿童，其行为已构成收买被拐卖的儿童罪。依照《刑法》有关规定，以拐卖儿童罪判处被告人李某有期徒刑十年，并处罚金人民币 2 万元；以收买被拐卖的儿童罪判处被告人孙某某有期徒刑七个月。

【典型意义】

拐卖儿童造成许多家庭骨肉分离,社会危害巨大。收买被拐卖的儿童行为,客观上诱发、助长"人贩子"铤而走险实施拐卖犯罪,造成被拐儿童与家庭长期天各一方,社会危害同样不容忽视。本案中,被告人李某偷盗幼儿出卖,法院以拐卖儿童罪对其判处有期徒刑十年,体现了依法从严惩处。作为具有正常社会阅历、经验的成年人,被告人孙某某应当知道李某携带的幼童可能系被拐卖,但其未对双方关系进行任何核实即对幼童陈某某予以收买,其行为已构成收买被拐卖的儿童罪。人民法院对本案"买主"依法定罪判刑,再次向社会昭示:我国法律绝不容忍任何买卖儿童行为,抱着侥幸心理收买被拐卖的儿童"抚养",最终不仅会"人财两空",还要受到法律制裁。

被告人余某、高某拐卖儿童、被告人黄某某收买被拐卖的儿童案

《最高人民法院发布 6 起依法惩治侵害未成年人犯罪的典型案例》第 1 号

2017 年 6 月 1 日

【基本案情】

2015 年 9 月,被告人余某的妻子周某怀孕,2015 年年底,余某让被告人高某寻找需要婴儿并能支付 6 万元"营养费"的人。经高某联系,被告人黄某某因儿媳结婚多年未生育,愿意收养。经协商,余某同意以 5.6 万元的价格将婴儿"送"给黄某某。2016 年 6 月 21 日,余某以假名为周某办理住院手续,次日周某生育一男婴。6 月 23 日,余某以给孩子洗澡为由私自将男婴从家中抱走送给黄某某,得款 5.6 万元。黄某某将男婴带至安徽省淮北市相山区家中抚养。男婴母亲周某获悉后到公安机关报案,公安人员至黄某某住处将被拐卖的男婴解救。

【裁判结果】

安徽省淮北市相山区人民法院经审理认为,被告人余某以非法获利为目

的出卖亲生子女，被告人高某居间介绍，二被告人的行为均已构成拐卖儿童罪。被告人黄某某对被拐卖的儿童予以收买，其行为构成收买被拐卖的儿童罪。高某在共同犯罪中起次要作用，系从犯，可依法减轻处罚。黄某某收买被拐卖的儿童抚养，对被拐卖的儿童没有虐待，未阻碍解救，可依法从轻处罚。依照《刑法》有关规定，以拐卖儿童罪判处被告人余某有期徒刑五年，并处罚金人民币3万元；以拐卖儿童罪判处被告人高某有期徒刑三年，缓刑三年，并处罚金人民币1万元；以收买被拐卖的儿童罪判处被告人黄某某有期徒刑六个月，缓刑一年。宣判后，余某提出上诉。安徽省淮北市中级人民法院经依法审理，裁定驳回上诉，维持原判。判决已发生法律效力。

【典型意义】

本案是一起出卖亲生子女构成犯罪的典型案例。当前，在司法机关严厉打击下，采取绑架、抢夺、偷盗、拐骗等手段控制儿童后进行贩卖的案件明显下降，但父母出卖亲生子女的案件仍时有发生。子女不是父母的私有财产，孩子应该享有独立人格尊严，绝不允许买卖。根据2010年《最高人民法院、最高人民检察院、公安部、司法部关于依法惩治拐卖妇女儿童犯罪的意见》有关规定，以非法获利为目的，出卖亲生子女的，应当以拐卖妇女、儿童罪论处。本案中，被告人余某在妻子怀孕期间即联系被告人高某物色买家，商定价格，妻子生育后采取欺骗方式将婴儿抱走卖给他人，故法院依法以拐卖儿童罪对其定罪判刑。没有买就没有卖，收买与拐卖相伴而生，《刑法修正案（九）》对收买被拐卖的妇女、儿童罪作了重大修改，删除了原规定具备特定情节可以不追究刑事责任的条款，体现了对买方加大惩治力度的精神。本案被告人黄某某主观上虽然是为帮助他人收养而收买被拐卖的儿童，但其行为同样构成犯罪，法院对其依法定罪判刑，具有重要警示教育意义。

卢某某拐骗儿童案

《最高人民法院发布6起依法惩治侵害未成年人
犯罪的典型案例》第2号
2017年6月1日

【基本案情】

2015年9月20日16时许,被告人卢某某(女)以收取卫生费为名,在天津市河西区上门行骗时,见被害人夏某(女,13岁)独自在家,意欲让夏某跟随其一起行骗,遂谎称与夏某父亲相识,骗取夏某信任后将夏某从家中带离,致使夏某脱离监护人监管。后因发现夏某不具备与其共同行骗的可能性,卢某某于同年9月23日晚带夏某搭乘出租车,后借故离开,将夏某独自留在车内。出租车司机了解情况后,将夏某送回家中。同月24日,公安人员将卢某某抓获。

【裁判结果】

天津市河西区人民法院经审理认为,被告人卢某某以欺骗的方法拐骗儿童脱离家庭和监护人监管,其行为已构成拐骗儿童罪。卢某某到案后如实供述自己的罪行,依法可从轻处罚。依照《刑法》有关规定,以拐骗儿童罪判处被告人卢某某有期徒刑二年六个月。宣判后,卢某某未提出上诉,检察机关未抗诉,判决已发生法律效力。

【典型意义】

家庭监护是保护儿童安全的最重要方式。家长对儿童的监护权以及儿童受家长的保护权均受法律保护,他人未经监护人同意或授权,不得以任何形式私自将儿童带走,使之脱离家庭和监护人。根据我国《刑法》第二百六十二条规定,拐骗不满14周岁的未成年人脱离家庭或者监护人的行为,构成拐骗儿童罪。本案被告人卢某某拐骗儿童的目的虽然不是为了出卖,在拐骗过程中也没有实施其他加害行为,但其编造谎言,将未满14周岁的儿童从家中骗出,使之长时间脱离家长的监护,侵犯了家长对儿童的监护权及儿童受家长的保护权，也严重威胁到儿童的人身安全，已构成犯罪。法院对本案被告人的依法惩处，彰显了对家庭关系和儿童合法权益的保护力度，同时也昭告大众，在未经家长同意和授权的情况下，无论以何种形式私自将儿童带走，使之脱离家庭和监护人的行为都是违法行为，都将受到法律的惩处。拐骗儿童的犯罪行为，使受骗儿童的心灵遭受严重创伤，给儿童的父母和其他亲人造成极大的痛苦，也给群众的正常生活秩序带来威胁。因此，无论其动机、目的如何，都不应轻视其社会危害性，必须给予应有的惩处。

彭某某、孟某某收买被拐卖的儿童案

《最高人民法院关于拐卖儿童犯罪案件的三起典型案例》第 3 号
2012 年 5 月 30 日

【基本案情】

被告人彭某某，男，汉族，1973 年 11 月 14 日出生，农民。

被告人孟某某，女，汉族，1971 年 5 月 19 日出生，农民。

2006 年至 2009 年间，王某某、胡某某、刘某、庞某某、陈某甲、刘某乙、陈某丙（均已判刑）等人在山东省临沂市市区、临沭县等地交叉结伙，贩卖儿童 18 名，牟取非法利益。其中，2009 年 10 月，被告人彭某某、孟某某经左某某介绍，通过陈某甲的帮助，以 44000 元的价格从王某某处收买一名男婴抚养。破案后，被拐儿童已解救。

【裁判结果】

法院认为，被告人彭某某、孟某某收买被拐卖的儿童，其行为均已构成收买被拐卖的儿童罪。鉴于二被告人对所收买的儿童没有摧残、虐待，公安机关解救时亦未进行阻碍，故酌情从轻处罚，依法分别判处二人有期徒刑一年，缓刑二年。

王某某收买被拐卖的妇女、非法拘禁、强奸案

《最高人民法院发布惩治拐卖妇女儿童犯罪典型案例》第 8 号

2015 年 2 月 27 日

【基本案情】

被告人王某某因妻子不能生育而欲收买妇女为其生子。2013 年 6 月,王某某以 1 万元从张某某、武某某(均系同案被告人,已判刑)处将被害人杨某(女,患有精神分裂症)收买回家。为防止杨某逃跑,王某某将杨某关在家中杂物间,并用铁链锁住杨某的双脚,将杨某的一只手锁在一块大石头上。其间,王某某多次与杨某发生性关系。同年 7 月 12 日,杨某被公安机关解救。

【裁判结果】

江苏省睢宁县人民法院经审理认为,王某某收买被拐卖的妇女后非法限制其自由,明知该妇女患有精神病,还多次与其发生性关系,其行为分别构成收买被拐卖的妇女罪、非法拘禁罪和强奸罪,应依法并罚。依照《刑法》有关规定,对王某某以收买被拐卖的妇女罪判处有期徒刑一年六个月;以非法拘禁罪判处有期徒刑二年六个月;以强奸罪判处有期徒刑七年,决定执行有期徒刑十年。

【典型意义】

本案是一起因收买被拐卖的妇女被判刑的典型案例。实践中,收买被拐卖的妇女不仅侵犯了妇女的人格尊严,还往往滋生出非法拘禁、强奸、伤害、侮辱等其他犯罪,严重侵犯了妇女的人身权利,社会危害不容低估,一些群众对"买主"盲目同情的错误观念亦应纠正。

（九）强迫劳动罪

范某等强迫劳动案

《最高人民法院公布八起侵害未成年人合法权益典型案例》第 7 号

2015 年 8 月 31 日

【基本案情】

被告人范某、李某某是夫妻关系，租用广州市越秀区王圣堂大街十一巷 16 号某房作手表加工及住宿场所。2013 年 4 月至 10 月间，被告人范某与李某某以招工为名，先后从中介处招来钟某（案发时 16 岁）、苏某某（案发时 13 岁）、周某（案发时 15 岁）三名被害人，使用锁门禁止外出的方法强迫三名被害人在该处从事手表组装工作。其间，被告人范某对被害人钟某、周某有殴打行为，被告人李某某对三名被害人有语言威胁的行为，被告人罗某某于 2013 年 5 月入职后协助被告人范某看管三名被害人。2013 年 10 月 20 日，经被害人报警，公安人员到场解救了三名被害人，并将被告人范某、李某某、罗某某抓获归案。经法医鉴定，被害人钟某和周某的头部、颈部、臂部受伤，损伤程度属轻微伤。

【裁判结果】

广东省广州市越秀区人民法院经审理认为，被告人范某、李某某、罗某某以暴力、胁迫和限制人身自由的方法强迫未成年人劳动，其行为均侵犯了他人的人身权利，共同构成强迫劳动罪，情节严重。被告人范某在共同犯罪中起主要作用，应认定为主犯；被告人李某某、罗某某在共同犯罪中起次要或辅助作用，应认定为从犯，依法应当从轻处罚。被告人范某、李某某自愿认罪，能如实供述自己的罪行，依法可以从轻处罚。依照《刑法》有关规定，认定被告人范某犯强迫劳动罪，判处有期徒刑三年，并处罚金 1 万元；被告人李某某犯强迫劳动罪，判处有期徒刑十个月，并处罚金 5000 元；被告人罗某某犯强迫劳动罪，判处有期徒刑七个月，并处罚金 1000 元。宣判后，没有上诉、抗诉，判决已发生法律效力。

【典型意义】

本案是一起典型的以限制人身自由的方法强迫未成年人劳动的案件。三名被害人在案发时均未成年，最大的16周岁、最小的年仅13周岁。未成年人由于其心智发育尚未成熟，自我保护的能力较弱。被告人范某等人专门招收未成年人进行强迫劳动，更凸显了其行为的强迫性和违法性。在目前侵犯未成年人权益的案件频频发生的现状下，国家对未成年人的保护给予了高度重视。最高人民法院在《〈刑法修正案（八）〉条文及配套司法解释理解与适用》中明确，强迫劳动罪的"情节严重"包括强迫未成年人劳动的情形，不论人数多少。故本案符合"情节严重"的情形，对主犯应在三年以上量刑。本案的三名未成年被害人是因外出贪玩或外出打工而遇险，本案警示家长们一定要特别注意未成年子女在外的人身安全，最好不要让未成年子女独自外出打工。

（十）诽谤罪

吴某某诽谤案

——网上随意诽谤他人，社会影响恶劣的，依法应当适用公诉程序

《依法惩治网络暴力违法犯罪典型案例》案例1

2023年9月25日

【基本案情】

被告人吴某某在网络平台上以个人账号"飞哥在东莞"编发故事，为开展地产销售吸引粉丝、增加流量。2021年11月19日，吴某某在网上浏览到被害人沈某某发布的"与外公的日常"贴文，遂下载并利用贴文图片在上述网络账号上发布贴文，捏造"73岁东莞清溪企业家豪娶29岁广西大美女，赠送礼金、公寓、豪车"。上述贴文信息在网络上被大量转载、讨论，引起网民对沈某某肆意谩骂、诋毁，相关网络平台上对上述贴文信息的讨论量为75608

条、转发量为 31485 次、阅读量为 4.7 亿余次，造成极恶劣社会影响。此外，被告人吴某某还针对闵某捏造并在网上发布诽谤信息。广东省东莞市第一市区人民检察院以诽谤罪对吴某某提起公诉。

【裁判结果】

广东省东莞市第一人民法院判决认为：被告人吴某某在信息网络上以捏造事实诽谤他人，情节严重，且严重危害社会秩序。综合被告人犯罪情节和认罪认罚情况，以诽谤罪判处被告人吴某某有期徒刑一年。该判决已发生法律效力。

【典型意义】

传统侮辱、诽谤多发生在熟人之间。为了更好地保护当事人的隐私，最大限度修复社会关系，《刑法》将此类案件规定为告诉才处理，并设置了"严重危害社会秩序和国家利益"的例外情形。随着网络时代的到来，侮辱、诽谤的行为对象发生重大变化。以网络暴力为例，所涉侮辱、诽谤行为往往针对素不相识的陌生人实施，受害人在确认侵害人、收集证据等方面存在现实困难，维权成本极高。对此，要准确把握侮辱罪、诽谤罪的公诉条件，依法对严重危害社会秩序的网络侮辱、诽谤案件提起公诉。需要注意的是，随意选择对象的网络侮辱、诽谤行为，可以使相关信息在线上以"网速"传播，迅速引发大规模负面评论，不仅严重侵害被害人的人格权益，还会产生"人人自危"的群体恐慌，严重影响社会公众的安全感，应当作为"严重危害社会秩序"的重要判断因素。

本案即是随意以普通公众为侵害对象的网络暴力案件，行为人为博取网络流量，随意以普通公众为侵害对象，捏造低俗信息诽谤素不相识的被害人，相关信息在网络上大范围传播，引发大量负面评论，累计阅读量超过 4 亿次，社会影响恶劣。基于此，办案机关认为本案属于"严重危害社会秩序"情形，依法适用公诉程序，以诽谤罪对被告人定罪判刑。

常某某等侮辱案

——网络侮辱造成被害人自杀，社会影响恶劣的，依法应当适用公诉程序

《依法惩治网络暴力违法犯罪典型案例》案例 2

2023 年 9 月 25 日

【基本案情】

2018 年 8 月 20 日，被告人常某某之子在德阳某游泳馆游泳时，因与安某某发生碰撞后向安某某做吐口水动作，被安某某丈夫乔某某将其头按入水中并掌掴。常某某闻讯与安某某、乔某某发生争执，并进入游泳馆女更衣室与安某某发生肢体冲突。公安民警接警后调解未果。次日上午，常某某、周某（另案处理）到乔某某单位反映上述情况，要求对乔某某作出处理，并拍摄该单位公示栏中乔某某姓名、职务、免冠照片等；下午，被告人常某某和被告人常某甲（常某某堂妹）等人到安某某单位，要求立即处理安某某，并吵闹、言语攻击安某某，引发群众围观。常某某通过安某某单位微信公众号获取其姓名、单位、职务、免冠照片截图。此后，被告人常某某、常某甲和被告人孙某某（常某某表妹）将乔某某、安某某的相关个人信息与上述游泳池事件视频关联，通过微信群、微博发布带有情绪性、侮辱性的贴文和评论，并推送给多家网络媒体。涉案游泳池事件被多家媒体报道、转载，在网络上引发大量针对乔某某、安某某的诋毁、谩骂。其间，乔某某、安某某通过他人与常某某联系协商未果。同月 25 日，安某某服药自杀，经抢救无效死亡。四川省绵竹市人民检察院对常某某等提起公诉。

【裁判结果】

四川省绵竹市人民法院一审判决认为：被告人常某某、常某甲、孙某某利用涉案泳池冲突事件煽动网络暴力，公然贬损被害人人格、损坏被害人名誉，造成被害人安某某不堪负面舆论的精神压力而自杀身亡。综合考虑各被告人在共同犯罪中所起作用、自首、悔罪表现以及被害人乔某某过错情况，以侮辱罪判处被告人常某某有期徒刑一年六个月；被告人常某甲有期徒刑一年，缓刑二年；被告人孙某某有期徒刑六个月，缓刑一年。宣判后，被告人

常某某提起上诉。四川省德阳市中级人民法院裁定驳回上诉,维持原判。

【典型意义】

与线下暴力直接造成人身伤害不同,网络暴力主要通过发布、传播信息,损害他人名誉、尊严等人格权益,实质是语言暴力。由于网络的特殊性,加之网络暴力信息"夺人眼球",所涉信息极易在互联网空间被海量放大,快速扩散、发酵形成舆论风暴。网络暴力所引发的群体性网络负面言论,使得被害人面对海量信息的传播而无所适从、无从反抗,导致"社会性死亡"甚至精神失常、自杀等严重后果。近年来,网络暴力引发的悲剧接连发生,亟须依法予以严惩。

本案即是网络暴力引发严重后果的案件,行为人发布侮辱性言论,并通过网络推送,引发大量针对被害人的网络诋毁、谩骂,造成被害人自杀的严重后果,社会影响恶劣。基于此,办案机关依法适用公诉程序,以侮辱罪对三名被告人定罪判刑。

王某某诉李某某侮辱案
——网上侮辱他人,情节严重的,构成侮辱罪

《依法惩治网络暴力违法犯罪典型案例》案例3
2023年9月25日

【基本案情】

自诉人王某某曾与被告人李某某交往,其间,李某某拍摄了王某某裸照。两人分手后,被告人李某某在自诉人微信粉丝群(成员400余人)内发布"爆料"文章,并配有自诉人裸照。2018年6月至7月,被告人将上述文章、照片编辑后分期在微博账号上发布,相关贴文被转发2万次,评论115次,点赞1033次,引起网民大量嘲讽攻击,给自诉人造成极大心理压力。被告人还在有关网络平台公开前述贴文的网络链接,被多个粉丝众多的网络账号转发,个别账号粉丝超过100万。

【裁判结果】

广东省深圳市南山区人民法院判决认为，被告人李某某为泄私愤，利用信息网络发布自诉人私密照片、侮辱性文字等信息，公然侮辱自诉人，致使相关信息被大量转发，其行为已构成侮辱罪。综合考虑被告人坦白、认罪等情节，以侮辱罪判处被告人李某某有期徒刑一年。宣判后，李某某提出上诉。广东省深圳市中级人民法院裁定驳回上诉，维持原判。

【典型意义】

根据《刑法》第二百四十六条规定，以暴力或者其他方法公然侮辱他人，情节严重的，构成侮辱罪。由于网络具有一定的特殊性，网络侮辱等网络暴力行为的社会危害更加凸显，集中表现为传播范围更大、传播速度更快。对于网络侮辱行为是否达到"情节严重"的程度，应当根据侮辱信息的具体情形、传播范围，以及行为手段、造成危害后果等因素，综合评价对被害人社会评价、人格尊严的损害程度，依法准确作出认定。需要特别注意的是，考虑到手机等移动网络终端已广泛普及，单纯依据相关信息的浏览数量入罪应当特别慎重，以确保案件处理符合罪责刑相适应原则。

本案即是网络侮辱案件，行为人发布包含被害人裸照等私密信息的网络贴文，并肆意发布低俗侮辱言论，致使相关信息大规模传播，严重损害被害人人格尊严，应当认定为"情节严重"。基于此，人民法院以侮辱罪对被告人李某某定罪判刑。

（十一）侵犯公民个人信息罪

杨某某、黄某某、吴某某诈骗，杨某某、黄某某侵犯公民个人信息案

《最高人民法院发布六起惩治电信诈骗犯罪典型案例》第 6 号

2016 年 9 月 30 日

【基本案情】

2015 年 7 月至 9 月 9 日，被告人杨某某单独或伙同被告人黄某某通过购买的方式非法获取公民个人信息 2 万余条，并雇用被告人吴某某在福建省龙岩市武平县平川镇等地租住房，通过拨打上述公民个人信息中的手机号码，谎称可以向对方发放残疾人补贴、教育补贴等方式，骗取被害人将钱款转入指定的账户。截至 2015 年 9 月 9 日被查获时，被告人杨某某、吴某某共骗取人民币 7 万元，其中，被告人黄某某自 2015 年 8 月 12 日以来参与骗取 17700 元。

【裁判结果】

本案由福建省安溪县人民法院一审，福建省泉州市中级人民法院二审，现已发生法律效力。

法院认为，被告人杨某某、黄某某、吴某某以非法占有为目的，采用虚构事实的方法，骗取公民财物，数额较大，其行为均已构成诈骗罪，属共同犯罪；被告人杨某某单独或伙同被告人黄某某通过购买的方式非法获取公民个人信息，情节严重，其行为均已构成侵犯公民个人信息罪，部分属共同犯罪。在共同犯罪中，被告人杨某某、黄某某起主要作用，是主犯，应按其参与的全部犯罪处罚；被告人吴某某起次要作用，是从犯，依法从轻处罚。被告人杨某某、黄某某在判决宣告前一人犯数罪，应当数罪并罚。归案后，三被告人如实供述自己的罪行，是坦白，可以依法从轻处罚。据此，以诈骗罪、侵犯公民个人信息罪判处被告人杨某某有期徒刑二年四个月，并处罚金人民

币 17000 元，以诈骗罪判处被告人吴某某有期徒刑一年三个月，并处罚金人民币 3000 元，以诈骗罪、侵犯公民个人信息罪判处被告人黄某某有期徒刑八个月，并处罚金人民币 6000 元。

【典型意义】

近年来，信息技术的广泛应用让我们的生产生活变得更高效便捷，但也给犯罪分子利用信息技术实施犯罪提供了便利条件。本案中，被告人杨某某、黄某某通过互联网非法购买公民个人信息数万条，雇用他人共同冒充政府工作人员拨打诈骗电话，通过提供被害人准确的身份信息，骗取被害人的信任，以达到实施诈骗犯罪的目的。公民个人信息权利保护已成为信息化社会中公民权利保护的一个重点。要从源头整治电信网络诈骗犯罪，信息安全保护是关键。除了公民要提高信息保护意识以外，各有关单位等也需加强信息管理与信息安全保护工作，不给犯罪分子以可乘之机。

邵某某等侵犯公民个人信息案
——非法出售户籍信息、手机定位、住宿记录等个人信息，
构成侵犯公民个人信息罪

《最高人民法院、最高人民检察院发布 7 起侵犯
公民个人信息犯罪典型案例》第 1 号
2017 年 5 月 9 日

【基本案情】

2016 年初，被告人邵某某、康某、王某、陆某某分别以"大叔调查公司"的名义向他人出售公民个人信息，被告人倪某某不久后参与。五被告人通过在微信朋友圈发布出售个人户籍、车辆档案、手机定位、个人征信、旅馆住宿等各类公民个人信息的广告方式寻找客户，接单后通过微信向上家购买信息或让其他被告人帮忙向上家购买信息后加价出售，每单收取 10 元至 1000 余元不等的费用。经查，被告人邵某某获利人民币 26000 元，被告人康某获利人民币 8000 元，被告人倪某某、王某、陆某某各获利人民币 5000 元。

【裁判结果】

浙江省东阳市人民法院判决认为,被告人邵某某、康某、倪某某、王某、陆某某单独或伙同他人,违反国家有关规定,向他人出售公民个人信息,情节严重,其行为均已构成侵犯公民个人信息罪。综合考虑被告人的坦白、退赃等情节,以侵犯公民个人信息罪判处被告人邵某某有期徒刑一年三个月,并处罚金人民币8000元;被告人康某有期徒刑一年,并处罚金人民币4000元;被告人倪某某、王某、陆某某各有期徒刑十个月,并处罚金人民币2000元。该判决已发生法律效力。

韩某甲、旷某某、韩某某等侵犯公民个人信息案
——非法查询征信信息牟利,构成侵犯公民个人信息罪

《最高人民法院、最高人民检察院发布7起侵犯
公民个人信息犯罪典型案例》第2号
2017年5月9日

【基本案情】

2015年9月3日至4日,被告人韩某甲、旷某某、韩某某利用连某某(湖北省巴东县农村商业银行沿渡河支行征信查询员)的征信查询ID号、密码及被告人李某、耿某某(洛阳银行郑州东风路支行客户经理)提供的洛阳银行郑州东风路支行的银行专用网络,在该行附近使用电脑非法查询公民个人银行征信信息3万余条。

2015年9月5日至6日,被告人韩某甲、旷某某、韩某某利用连某某的征信查询ID号、密码及被告人李某甲、卢某某(德州银行滨州金廷支行行长)提供的德州银行滨州分行的银行专用网络,在该行南面的停车场内,使用电脑分两次非法查询公民个人银行征信信息2万余条。

2015年9月8日,被告人韩某甲、旷某某、韩某某利用李某乙(江苏省淮安市农村商业银行徐溜支行职工)的银行征信查询ID号、密码及被告人李某甲、卢某某提供的德州银行滨州分行专用网络,在该行南面的停车场内,使用电脑非法查询公民个人银行征信信息近3万条。

被告人韩某乙、邓某某获得征信查询 ID 号、密码并非法提供给被告人韩某甲等人使用，双方通过被告人陈某某中转租金、传递密码。被告人韩某甲、旷某某、韩某某将查询获得的上述公民个人银行征信信息出售给他人，向被告人韩某乙、李某、李某甲支付了相关费用。

【裁判结果】

湖北省巴东县人民法院判决认为：被告人韩某甲、旷某某、韩某某、韩某乙、邓某某、李某甲、陈某某、卢某某、李某、耿某某违反国家有关规定，非法获取公民个人信息出售牟利，情节严重，其行为已构成侵犯公民个人信息罪。综合考虑被告人自首、坦白、积极退赃等情节，以侵犯公民个人信息罪判处被告人韩某甲有期徒刑一年六个月，并处罚金人民币 2 万元；被告人旷某某有期徒刑一年三个月，并处罚金人民币 2 万元；被告人韩某某有期徒刑一年二个月，并处罚金人民币 1 万元；被告人韩某乙有期徒刑一年，并处罚金人民币 1 万元；以及其他各被告人相应有期徒刑、拘役和罚金。该判决已发生法律效力。

周某某等侵犯公民个人信息案
——非法购买学生信息出售牟利，构成侵犯公民个人信息罪

《最高人民法院、最高人民检察院发布 7 起侵犯
公民个人信息犯罪典型案例》第 3 号
2017 年 5 月 9 日

【基本案情】

2016 年 4 月，被告人周某某向他人购买浙江省学生信息 193 万余条。后被告人周某某将其中 100 万余条嘉兴、绍兴地区的学生信息以 6 万余元的价格出售给被告人陈某某，将 45655 条嘉兴地区的学生信息以 3500 元的价格出售给被告人刘某、陈某、周某甲，将 7214 条平湖地区的学生信息以 1400 元的价格出售，将 2320 条平湖地区的学生信息以 500 元的价格出售，共计非法获利 65400 元。此外，2016 年 4 月，被告人刘某、陈某、周某甲以 3000 元的价格向他人购买嘉兴地区学生信息 25068 条。

【裁判结果】

浙江省平湖市人民法院判决认为，被告人周某某、陈某某、刘某、陈某、周某甲违反国家有关规定，向他人出售或者以购买的方法非法获取公民个人信息，数量分别为193万余条、100万余条、7万余条、7万余条、7万余条，其行为均已构成侵犯公民个人信息罪。综合考虑被告人自首、坦白等情节，以侵犯公民个人信息罪判处被告人周某某有期徒刑一年十一个月，并处罚金人民币4万元；被告人陈某某有期徒刑十一个月，并处罚金人民币10万元；被告人刘某、陈某、周某甲有期徒刑九个月至七个月不等，缓刑一年，并处罚金人民币5000元至4000元不等。该判决已发生法律效力。

夏某某侵犯公民个人信息案
——非法买卖网购订单信息，构成侵犯公民个人信息罪

《最高人民法院、最高人民检察院发布7起侵犯
公民个人信息犯罪典型案例》第4号
2017年5月9日

【基本案情】

2015年10月至2016年7月，被告人夏某某买卖大量含有公民姓名、收货地址、手机号码等内容的网购订单信息，非法获利约5万元。被告人夏某某在归案后如实供述自己的罪行。

【裁判结果】

浙江省绍兴市柯桥区人民法院判决认为，被告人夏某某违反国家有关规定，非法获取公民个人信息并向他人出售，情节严重，其行为已构成侵犯公民个人信息罪。综合考虑全案情节，以侵犯公民个人信息罪判处被告人夏某某有期徒刑二年，并处罚金人民币2000元。该判决已发生法律效力。

肖某、周某等侵犯公民个人信息案
——利用黑客手段窃取公民个人信息出售牟利，构成侵犯公民个人信息罪

《最高人民法院、最高人民检察院发布 7 起侵犯公民个人信息犯罪典型案例》第 5 号

2017 年 5 月 9 日

【基本案情】

被告人肖某、周某预谋窃取邮局内部的公民个人信息进行出售牟利，共同出资购买了黑客软件。2016 年 5 月至 2016 年 6 月，二人通过黑客软件侵入邮局内网，在邮局内网窃取邮局内部的公民个人信息 103257 条，并将窃取的公民个人信息全部出售给被告人李某某。后李某某将购买的公民个人信息出售给被告人王某某 4 万条，王某某又将购买到的公民个人信息出售给被告人宋某某 3 万条。

【裁判结果】

内蒙古自治区赤峰市红山区人民法院判决认为，被告人肖某、周某通过黑客手段窃取公民个人信息并非法出售，李某某、王某某、宋某某通过购买方式非法获取公民个人信息，其行为均已构成侵犯公民个人信息罪。据此，以侵犯公民个人信息罪判处被告人肖某、周某、李某某各有期徒刑二年，并处罚金人民币 5 万元；被告人王某某有期徒刑一年，并处罚金人民币 3 万元；被告人宋某某有期徒刑六个月，并处罚金人民币 3 万元。该判决已发生法律效力。

杜某某、杜某甲侵犯公民个人信息案
——通过互联网非法购买、交换、出售公民个人信息，
构成侵犯公民个人信息罪

《最高人民法院、最高人民检察院发布 7 起侵犯
公民个人信息犯罪典型案例》第 6 号
2017 年 5 月 9 日

【基本案情】

被告人杜某某、杜某甲加入涉及个人信息交换买卖的 QQ 群，通过购买、交换等方式获取大量公民个人信息，再在群里发布广告招揽买家。2015 年 11 月至 2016 年 3 月，杜某某向他人购买或者交换车主信息等公民个人信息 28 万余条，向他人出售关于期货、基金、车主、信用卡等公民个人信息 42 万余条；杜某甲向他人购买杭州地区新生儿及其父母信息等公民个人信息 3 万余条，向他人出售车主信息、小区业主信息等公民个人信息近 40 万条。

【裁判结果】

江苏省南京市鼓楼区人民法院判决认为：被告人杜某某、杜某甲违反国家有关规定，向他人出售或者以非法方法获取公民个人信息，情节严重，其行为已构成侵犯公民个人信息罪。综合考虑被告人坦白、退赃等情节，以侵犯公民个人信息罪判处被告人杜某某、杜某甲各有期徒刑一年四个月，罚金人民币 1 万元。该判决已发生法律效力。

丁某某侵犯公民个人信息案
——非法提供近 2000 万条住宿记录供他人查询牟利，
构成侵犯公民个人信息罪"情节特别严重"

《最高人民法院、最高人民检察院发布 7 起侵犯
公民个人信息犯罪典型案例》第 7 号
2017 年 5 月 9 日

【基本案情】

2013 年底，一家为全国 4500 多家酒店提供网络服务的公司因系统存在安全漏洞，致使全国高达 2000 万条宾馆住宿记录泄露。2015 年初至 2016 年 6 月，被告人丁某某通过在不法网站下载的方式，非法获取宾馆住宿记录等公民个人信息，并上传至自己开办的"嗅密码"网站。该网站除了能够查询住宿记录外，还提供用户 QQ、部分论坛账号及密码找回功能。其中住宿记录共有将近 2000 万条，用户经注册成为会员后，可以在网页"开房查询"栏目项下，以输入关键字姓名或身份证号的方式查询网站数据库中宾馆住宿记录（显示姓名、身份证号、手机号码、地址、住宿时间等信息）。丁某某自 2015 年 5 月左右开始对该网站采取注册会员方式收取费用 60 元/人，到 2016 年 1 月上调到 120 元/人。2015 年 11 月 1 日至 2016 年 6 月 23 日，"嗅密码"网站共有查询记录 49698 条，收取会员费 191440.92 元。

【裁判结果】

浙江省乐清市人民法院判决认为，被告人丁某某非法获取住宿记录等公民个人信息后通过网站提供查询服务牟利，供查询的公民个人信息近 2000 万条，其行为已构成侵犯公民个人信息罪，且属于"情节特别严重"。综合考虑退赃等情节，以侵犯公民个人信息罪判处被告人丁某某有期徒刑三年，并处罚金人民币 2 万元。该判决已发生法律效力。

陈某某等 7 人诈骗、侵犯公民个人信息案

《电信网络诈骗犯罪典型案例》第 1 号

2019 年 11 月 19 日

【基本案情】

2015 年 11 月至 2016 年 8 月，被告人陈某某、黄某某、陈某甲、郑某某、熊某、郑某甲、陈某乙等人交叉结伙，通过网络购买学生信息和公民购房信息，分别在江西省九江市、新余市、广西壮族自治区钦州市、海南省海口市等地租赁房屋作为诈骗场所，分别冒充教育局、财政局、房产局的工作人员，以发放贫困学生助学金、购房补贴为名，以高考学生为主要诈骗对象，拨打诈骗电话 2.3 万余次，骗取他人钱款共计 56 万余元，并造成被害人徐某某死亡。

【裁判结果】

本案由山东省临沂市中级人民法院一审，山东省高级人民法院二审。现已发生法律效力。

法院认为，被告人陈某某等人以非法占有为目的，结成电信诈骗犯罪团伙，冒充国家机关工作人员，虚构事实，拨打电话骗取他人钱款，其行为均构成诈骗罪。陈某某还以非法方法获取公民个人信息，其行为又构成侵犯公民个人信息罪。陈某某在江西省九江市、新余市的诈骗犯罪中起组织、指挥作用，系主犯。陈某某冒充国家机关工作人员，骗取在校学生钱款，并造成被害人徐某某死亡，酌情从重处罚。据此，以诈骗罪、侵犯公民个人信息罪判处被告人陈某某无期徒刑，剥夺政治权利终身，并处没收个人全部财产；以诈骗罪判处被告人郑某某、黄某某等人十五年至三年不等有期徒刑。

【典型意义】

电信网络诈骗类案件近年来高发、多发，严重侵害人民群众的财产安全和合法权益，破坏社会诚信，影响社会和谐稳定。山东高考考生徐某某因家中筹措的 9000 余元学费被诈骗，悲愤之下引发猝死，舆论反应强烈，对电信

网络诈骗犯罪案件的打击问题再次引发社会广泛关注。为加大打击惩处力度，2016年12月，"两高一部"共同制定出台了《关于办理电信网络诈骗等刑事案件适用法律若干问题的意见》，明确对诈骗造成被害人自杀、死亡或者精神失常等严重后果的，冒充司法机关等国家机关工作人员实施诈骗的，组织、指挥电信网络诈骗犯罪团伙的，诈骗在校学生财物的，要酌情从重处罚。本案是适用《关于办理电信网络诈骗等刑事案件适用法律若干问题的意见》审理的第一例大要案，在罪责刑相适应原则的前提下，对被告人陈某某顶格判处，充分体现了对电信网络诈骗犯罪分子依法从严惩处的精神。

杜某某侵犯公民个人信息案

《电信网络诈骗犯罪典型案例》第2号

2019年11月19日

【基本案情】

被告人杜某某通过植入木马程序的方式，非法侵入山东省2016年普通高等学校招生考试信息平台网站，取得该网站管理权，非法获取2016年山东省高考考生个人信息64万余条，并向另案被告人陈某某出售上述信息10万余条，非法获利14100元，陈某某利用从杜某某处购得的上述信息，组织多人实施电信诈骗犯罪，拨打诈骗电话共计1万余次，骗取他人钱款20余万元，并造成高考考生徐某某死亡。

【裁判结果】

本案由山东省临沂市罗庄区人民法院一审，当庭宣判后，被告人杜某某表示服判不上诉。现已发生法律效力。

法院认为，被告人杜某某违反国家有关规定，非法获取公民个人信息64万余条，出售公民个人信息10万余条，其行为已构成侵犯公民个人信息罪。被告人杜某某作为从事信息技术的专业人员，应当知道维护信息网络安全和保护公民个人信息的重要性，但却利用技术专长，非法侵入高等学校招生考试信息平台的网站，窃取考生个人信息并出卖牟利，严重危害网络安全，对他人的人身财产安全造成重大隐患。据此，以侵犯公民个人信息罪判处被告人杜某某有期徒刑六年，并处罚金人民币6万元。

【典型意义】

侵犯公民个人信息犯罪被称为网络犯罪的"百罪之源"，由此滋生了电信网络诈骗、敲诈勒索、绑架等一系列犯罪，社会危害十分严重，确有打击必要。本案系被害人徐某某被诈骗案的关联案件，被告人杜某某窃取并出售公民个人信息的行为，给另案被告人陈某某精准实施诈骗犯罪得以骗取他人钱财提供了便利条件，杜某某应当对其出售公民个人信息行为所造成的恶劣社会影响承担相应的责任。法院在审理过程中适用《最高人民法院、最高人民检察院关于办理侵犯公民个人信息刑事案件适用法律若干问题的解释》相关规定，案件宣判后，被告人认罪服判未上诉，取得了良好的法律效果和社会效果。

陈某等五人侵犯公民个人信息案

《人民法院依法惩治电信网络诈骗犯罪及其
关联犯罪典型案例》案例8
2022年9月6日

【基本案情】

被告人陈某任职的广东某信息科技有限公司（以下简称广东某公司）与中国某网络通信有限公司韶关分公司（以下简称韶关分公司）签订服务协议，由广东某公司负责韶关分公司的线上订单交付服务。2019年11月至2021年4月期间，陈某利用担任广东某公司电话卡配送员、配送组长、片区主管的职务便利，先后招揽被告人李某某、左某、梁某某、曾某某等人，在向手机卡用户交付手机卡过程中，未经用户同意，擅自获取用户的实名制手机号码和验证码，出售给他人用于注册微信、京东、抖音等账号，其中一张手机号码注册微信账号后被用于实施电信网络诈骗，骗取被害人廖某某10万元。被告人陈某等人涉案非法所得20.1万余元至1.5万余元不等。

【裁判结果】

本案由广东省江门市新会区人民法院一审。现已发生法律效力。

法院认为，被告人陈某、梁某某、曾某某、左某违反国家有关规定，向他人出售或者提供公民个人信息，情节特别严重，被告人李某某违反国家有关规定，向他人出售或者提供公民个人信息，情节严重，其行为均已构成侵犯公民个人信息罪。被告人陈某等人将在提供服务过程中获取的公民个人信息出售和提供给他人，依法应当从重处罚。鉴于各被告人自愿认罪，积极退赃，依法可予以从轻处罚。根据各被告人的犯罪事实、犯罪性质、情节和社会危害程度，以侵犯公民个人信息罪分别判处被告人陈某、梁某某、曾某某有期徒刑三年九个月，并处罚金；判处被告人左某有期徒刑三年，缓刑三年，并处罚金；判处被告人李某某有期徒刑一年六个月，缓刑一年六个月，并处罚金。

【典型意义】

被告人陈某等人作为通信企业从业人员，利用职务便利，未经用户同意，擅自获取用户的实名制手机号码和验证码，非法出售给他人用于注册微信、抖音等账号，牟取非法利益，且其中一套手机号码和验证码注册的微信被诈骗分子利用，导致被害人廖某某被骗走巨款。为加大对公民个人信息的保护力度，最高人民法院、最高人民检察院制定出台的《关于办理侵犯公民个人信息刑事案件适用法律问题的解释》，将在履行职责或者提供服务过程中获得的公民个人信息出售或者提供给他人的，入罪的数量、数额标准减半计算。依法对被告人陈某等行业"内鬼"从重处罚，充分体现了人民法院坚决保护公民个人信息安全的态度，也是对相关行业从业人员的警示教育。

刘某某侵犯公民个人信息案
——购买并通过信息网络发布个人信息，情节严重的，
构成侵犯公民个人信息罪

《依法惩治网络暴力违法犯罪典型案例》案例4

2023年9月25日

【基本案情】

2019年1月至5月间，被告人刘某某为泄愤报复网络主播李某某，从他人处购买李某某及其父母的姓名、年龄、住址、身份证号码、照片等个人信息。刘某某编辑上述照片等信息并添加诅咒文字后，通过几十个网络账号多次发布，称"李某某的身份证号，大家拿去借网贷"，相关网络贴文的阅读量达1万余次，引起大量负面评论。刘某某还利用网络账号大量添加被害人李某某粉丝，以私信发送李某某照片等个人身份信息，并扬言要蹲点杀害李某某。被害人李某某2019年四五月间直播收入减少4万余元，大量粉丝对其取消关注。

【裁判结果】

湖南省醴陵市人民法院判决认为，被告人刘某某违反国家有关规定，非法获取公民个人信息，造成被害人经济损失，严重影响被害人生活，构成侵犯公民个人信息罪。综合考虑被告人坦白、退赃等情况，以侵犯公民个人信息罪判处被告人刘某某有期徒刑十个月，缓刑一年，并处罚金2万元。该判决已发生法律效力。

【典型意义】

网络暴力所涉行为类型多样，侵犯公民个人信息即为类型之一。特别是通过"人肉搜索""开盒"等，在网络上非法曝光他人隐私、发布公民个人信息，导致网络暴力直接针对具体个体，危害更加严重，甚至还可能转化为网下暴力，进而对人身权益带来直接损害。基于此，对网络暴力所涉侵犯公民个人信息的行为，必须严厉惩治，以有效维护被害人合法权益。

本案即是通过侵犯公民个人信息实施的网络暴力案件，行为人购买个人信息并通过网络对外发布，严重侵犯被害人个人信息权益，且对被害人正常工作、生活造成严重滋扰，应当认定为"情节严重"。基于此，人民法院以侵犯公民个人信息罪对被告人刘某某定罪判刑。

潘某某等三人侵犯公民个人信息案

《最高人民法院发布跨境电信网络诈骗及其
关联犯罪典型案例》案例八
2024年2月7日

【基本案情】

2020年底至2021年初，被告人潘某某雇用被告人潘某甲、潘某乙在福建省泉州市洛江区双阳街道一小区内从事非法买卖微信注册信息活动。其间，潘某某负责购买作案用的手机、电脑等工具，并在网上购买微信注册信息；潘某甲、潘某乙按照潘某某的安排，对购买的微信注册信息进行登录、维护，并在境外的电信网络诈骗高发地区微信群内发布售卖信息的广告，而后协助潘某某出售信息。三人售出的微信注册信息被他人利用实施电信网络诈骗犯罪。经查，潘某某、潘某甲、潘某乙共计买入微信注册信息1548条，卖出1214条，非法获利人民币3万余元。三人买卖的微信注册信息中，有1335条包含手机号码信息、有639条绑定公民身份证号码及姓名。

【裁判结果】

本案由福建省泉州市洛江区人民法院审理，现已发生法律效力。

法院认为，被告人潘某某、潘某甲、潘某乙违反国家有关规定，非法获取并出售公民个人信息，情节严重，其行为均已构成侵犯公民个人信息罪。在共同犯罪中，潘某某起主要作用，系主犯；潘某甲、潘某乙系从犯。三人明知他人利用公民个人信息实施犯罪，仍予以出售，主观恶性及社会危害性大，酌情从重处罚。综上，对被告人潘某某、潘某甲、潘某乙以侵犯公民个人信息罪判处有期徒刑一年八个月至八个月不等，并处罚金人民币1万元至3000元不等。

【典型意义】

电信网络诈骗犯罪手段迭代翻新极快，不仅有"广撒网"的"盲骗"，还有"量身定制"的"精骗"，催生了侵犯公民个人信息等关联犯罪，逐渐形成上游非法收集、中游代理商转手倒卖、下游诈骗犯罪非法利用的黑灰产业链，严重侵害公民个人信息安全，甚至危及公民生命财产安全。人民法院始终坚持全链条、全方位打击方针，不断加大对侵犯公民个人信息等关联犯罪的打击力度，切实保护公民个人信息安全，铲除电信网络诈骗犯罪的滋生土壤，防止犯罪蔓延。

本案是一起非法获取、出售公民个人信息，并将信息用于电信网络诈骗犯罪的典型案例。被告人潘某某、潘某甲、潘某乙大量非法获取包含公民身份证号码、姓名及手机号的微信注册信息，并在境外电信网络诈骗高发地区的微信群内发布广告进行售卖，售出的部分信息被他人用于实施电信网络诈骗犯罪，构成"情节严重"。人民法院依法以侵犯公民个人信息罪对三人定罪处罚，同时，综合考虑三人对下游诈骗犯罪的明知程度，予以酌情从重处罚，切实保护公民个人信息安全，从源头遏制电信网络诈骗犯罪高发多发态势。

（十二）虐待罪

朱某某虐待案

《最高人民法院发布涉家庭暴力犯罪典型案例》第 4 号

2015 年 3 月 4 日

【基本案情】

1998 年 9 月，被告人朱某某与被害人刘某（女，殁年 31 岁）结婚。2007 年 11 月，二人协议离婚，但仍以夫妻名义共同生活。2006 年至案发前，朱某某经常因感情问题及家庭琐事殴打刘某，致刘某多次受伤。2011 年 7 月 11 日，朱某某又因女儿的教育问题及怀疑女儿非自己亲生等与刘某发生争执。朱某某持皮带抽打刘某，致使刘某持刀自杀。朱某某随即将刘某送医院抢救，经鉴定，刘某体表多处挫伤，因被锐器刺中左胸部致心脏破裂大失血，经抢救无效死亡。当日，朱某某投案自首。

【裁判结果】

湖北省武汉市汉阳区人民法院经审理认为，朱某某经常性、持续性地采用殴打等手段损害家庭成员身心健康，致使被害人刘某不堪忍受身体上和精神上的摧残而自杀身亡，其行为已构成虐待罪。朱某某自动投案，如实供述自己的罪行，构成自首，可以从轻处罚。依照《刑法》有关规定，以虐待罪判处被告人朱某某有期徒刑五年。宣判后，朱某某提出上诉。武汉市中级人民法院经依法审理，裁定驳回上诉，维持原判。

【典型意义】

本案是一起虐待共同生活的前配偶致被害人自杀身亡的典型案例。司法实践中，家庭暴力犯罪不仅发生在家庭成员之间，在具有监护、扶养、寄养、同居等关系的人员之间也经常发生。为了更好地保护儿童、老人和妇女等弱势群体的权利，促进家庭和谐，维护社会稳定，《最高人民法院关于依法办理家庭暴力犯罪案件的意见》将具有监护、扶养、寄养、同居等关系的人员界定为家庭暴力犯罪的主体范围。本案被告人朱某某虽与被害人刘某离婚，但二人仍以夫妻名义共同生活，朱某某经常性、持续性地实施虐待行为，致使刘某不堪忍受而自杀身亡，属于虐待"致使被害人死亡"的加重处罚情节，应依法予以重判。

王某某虐待案

《最高人民法院发布6起依法惩治侵害未成年人
犯罪的典型案例》第4号
2017年6月1日

【基本案情】

2010年6月,被告人王某某与丈夫廖某某离异并获得女儿廖某甲(被害人,2007年1月出生)的抚养权,后王某某将廖某甲带至上海生活。2014年6月至2015年4月,王某某在家全职照顾女儿廖某甲学习、生活。其间,王某某以廖某甲撒谎、学习不用功等为由,多次采用用手打、拧,用牙咬,用脚踩,用拖鞋、绳子、电线抽,让其冬天赤裸躺在厨房地板上,将其头塞进马桶,让其长时间练劈叉等方式进行殴打、体罚,致廖某甲躯干和四肢软组织大面积挫伤。虽经学校老师、邻居多次劝说,王某某仍置若罔闻。经鉴定,廖某甲的伤情已构成重伤二级。

【裁判结果】

上海市长宁区人民法院经审理认为,被告人王某某以教育女儿廖某甲为由,长期对尚未成年的廖某甲实施家庭暴力,致廖某甲重伤,其行为已构成虐待罪。鉴于王某某案发后确有悔改表现,并表示愿意接受心理干预、不再以任何形式伤害孩子,对其适用缓刑不致再危害其孩子及社会,法院依法判决:被告人王某某犯虐待罪,判处有期徒刑二年,缓刑二年;被告人王某某于缓刑考验期起六个月内,未经法定代理人廖某某同意,禁止接触未成年被害人廖某甲及其法定代理人廖某某。宣判后,王某某未提出上诉,检察机关未抗诉,判决已发生法律效力。

【典型意义】

本案是一起母亲虐待亲生女儿致重伤被判刑的典型案例。被告人王某某身为单亲母亲,独自抚养孩子,承受较大的家庭和社会压力,其爱子之心可鉴,望女成才之愿迫切,但采取暴力手段教育孩子,并造成重伤的严重后果,其行为已经远远超越正常家庭教育的界限,属于家庭暴力。这不仅不能使孩子健康成长,反而给孩子造成了严重的身心伤害,自己也受到了法律的制裁。

实践中,监护人侵害其所监护的未成年人的现象时有发生,但由于未成年人不敢或无法报警,难以被发现。有的即使被发现,因认为这是父母管教子女,属于家务事,一般也很少有人过问,以致此类案件有时难以得到妥善处理。长此以往,导致一些家庭暴力持续发生并不断升级。2016年3月1日施行的《反家庭暴力法》,正式确立了学校、医院、村(居)民委员会、社会服务机构等单位发现儿童遭受家庭暴力后有强制报告的义务。本案即是被害人的老师发现被害人身上多处伤痕后,学校报警,公安机关及时立案,得以使本案进入司法程序。未成年人的健康成长,不仅需要家长关爱,也需要全社会的共同关爱和法律的强有力保障。本案中,公安、民政、教育等部门及时向被害人伸出了援助之手,使得被害人的合法权益得到了及时有效的保护。

(十三)虐待被监护、看护人罪

王某、孙某某虐待被看护人案

《最高人民法院发布6起依法惩治侵害未成年人
犯罪的典型案例》第3号
2017年6月1日

【基本案情】

被告人王某、孙某某原系吉林省四平市铁西区某幼儿园教师。2015年11月至12月间,王某、孙某某因幼儿穿衣慢或不听话等原因,在幼儿园教室内、卫生间等地点,多次恐吓所看护的幼儿,并用针状物等尖锐工具将肖某某等10余名幼儿的头部、面部、四肢、臀部、背部等处刺、扎致伤。

【裁判结果】

吉林省四平市铁西区人民法院经审理认为,被告人王某、孙某某身为幼儿教师，多次采用针刺、恐吓等手段虐待被看护幼儿，情节恶劣，其行为均已构成虐待被看护人罪。依照《刑法》有关规定，以虐待被看护人罪分别判处被告人王某、孙某某有期徒刑二年六个月。宣判后，王某、孙某某提出上诉。吉林省四平市中级人民法院经依法审理，裁定驳回上诉，维持原判。判决已发生法律效力。

【典型意义】

本案是一起虐待被看护幼儿构成犯罪的典型案例。近年来，保姆、幼儿园教师、养老院工作人员等具有监护或者看护职责的人员虐待被监护、看护人的现象时有发生，严重侵害了此类弱势群体的合法权益，引起社会普遍关注。为此，《刑法修正案（九）》增设了虐待被监护、看护人罪，作为《刑法》第二百六十条之一："对未成年人、老年人、患病的人、残疾人等负有监护、看护职责的人虐待被监护、看护的人，情节恶劣的，处三年以下有期徒刑或者拘役。单位犯前款罪的，对单位判处罚金，并对其直接负责的主管人员和其他直接责任人员，依照前款的规定处罚。有第一款行为，同时构成其他犯罪的，依照处罚较重的规定定罪处罚。"该罪名的增设，改变了《刑法》之前的虐待罪主体只能由家庭成员构成的状况，将保姆及幼儿园、托儿所、中小学校、养老院、社会福利院等场所内具有监护、看护职责的人也纳入本罪主体。凡是上述主体对其所监护、看护的对象实施虐待行为，情节恶劣的，均可以本罪追究刑事责任。如果虐待行为造成被害人轻伤以上伤害后果或者死亡的，则应以故意伤害罪或者故意杀人罪等处罚较重的罪名定罪处罚。

对待弱势群体的态度，体现了一个国家的文明程度。我国《刑法》新增设的虐待被监护、看护人罪，彰显了我国法律对老年人、未成年人、患病的人、残疾人等弱势群体的合法权益加大保护力度的精神。本案的判决，警示那些具有监护、看护职责的单位和人员，应当依法履职，一切针对被监护、被看护人的不法侵害行为，都将受到法律的惩处；本案的发生，也警示幼儿园等具有监护、看护职责的单位应严格加强管理，切实保障被监护、看护人的合法权益免受不法侵害。

马某虐待被看护人案
——对幼儿园虐童行为"零容忍"

《保护未成年人权益十大优秀案例》第 5 号

2019 年 5 月 31 日

【基本案情】

2016 年 9 月,被告人马某(不具备教师资格)通过应聘到河南省某县幼儿园任小班教师。2017 年 4 月 18 日下午上课期间,马某在该幼儿园小班教室内,以学生上课期间不听话、不认真读书为由,用针分别扎本班多名幼儿的手心、手背等部位。经鉴定,多名幼儿的损伤程度虽均不构成轻微伤,但体表皮肤损伤存在,损伤特点符合具有尖端物体扎刺所致。2017 年 4 月 18 日,被害幼儿家长报警,当晚马某被公安人员带走,同年 4 月 19 日被刑事拘留。在案件审理过程中,被告人马某及其亲属与多名被害幼儿的法定代理人均达成谅解。

【裁判结果】

法院经审理认为,被告人马某身为幼儿教师,采用针刺手段对多名被看护幼儿进行虐待,情节恶劣,其行为已构成虐待被看护人罪。据此,以虐待被看护人罪依法判处被告人马某有期徒刑二年;禁止其五年内从事未成年人教育工作。同时,人民法院对该县教育局发出司法建议。

【典型意义】

近年来,保姆、幼儿园教师、养老院工作人员等具有监护或者看护职责的人员虐待被监护、看护人的案件时有发生,严重侵害了弱势群体的合法权益,引发社会高度关注。本案中,被告人马某用针对多名幼儿进行扎刺,虽未造成轻微伤,不符合故意伤害罪的法定标准,但其行为对受害幼儿的身心造成了严重伤害。对这种恶劣的虐童行为,人民法院采取"零容忍"态度,依法进行严厉打击,对其判处二年有期徒刑(本罪法定最高刑为三年有期徒刑),对被告人判处从业禁止最高年限五年。

本案的判决，警示那些具有监护、看护职责的单位和人员，应当依法履职，一切针对被监护、看护人的不法侵害行为，都将受到法律的惩处；本案也警示幼儿园等具有监护、看护职责的单位应严格加强管理，切实保障被监护、看护人的合法权益免受不法侵害。

（十四）遗弃罪

王某某、杨某某遗弃案

《最高人民法院发布98起未成年人审判工作典型案例》第24号
2014年11月24日

【基本案情】

被告人王某某、杨某某夫妇已生育二子一女，2010年9月16日，又生下一男婴。2011年2月，被告人王某某、杨某某与王某甲经协商达成协议，将亲生男孩过继给王某甲抚养。王某甲支付王某某、杨某某哺乳费人民币4万元。协议签订后，王某甲支付给被告人王某某、杨某某人民币1万元，将该男婴带回家中。

2011年10月20日，杨某某被公安人员抓获。王某某于2011年10月26日主动到公安机关投案自首。

【裁判结果】

福建省三明市三元区人民法院审理认为，被告人王某某、杨某某其将出生不满一周岁的子女交给他人抚养，该行为系拒绝抚养行为，并非单纯为非法获利出卖儿童，因此不宜以拐卖儿童罪论处。该行为符合遗弃罪的构成要件，构成遗弃罪，应以遗弃罪定罪处罚。依照《刑法》的规定，判决被告人杨某某犯遗弃罪，判处管制二年；被告人王某某犯遗弃罪，判处管制一年十个月。

【案例评析】

本案是典型的出卖亲生子女的行为，对该种行为是构成拐卖儿童罪还是遗弃罪，司法实践中一直以来都存在争议。现实生活中，将亲生子女出卖的情况是纷繁复杂的，需要具体分析。就本案而言，被告人王某某、杨某某抚养三个小孩确实很困难，所以才产生了将小儿子送给他人抚养以减轻负担的想法。被告人王某某、杨某某是在了解到王某甲确实想收养孩子后，才将孩子送出，协议中也约定可以到家探访，故从中可以看出被告人王某某、杨某某将自己的孩子送出，是希望其可以得到更好的抚养。因此，可以判断被告人王某某、杨某某出卖亲生子女的行为，其主观目的在于放弃或拒绝承担抚养义务，而非将亲生子女当作商品予以出卖，认定其行为构成遗弃罪而非拐卖儿童罪是正确的，更符合罪刑相适应原则。

韩某控告张某某遗弃案

《最高人民法院公布49起婚姻家庭纠纷典型案例》第14号

2015年12月4日

【基本案情】

韩某系韩某某与刘某婚生子，智障残疾人，生活不能自理。2009年10月，韩某某与刘某离婚，韩某由刘某抚养。2013年8月刘某与张某某结婚，韩某随二人共同生活。2014年2月26日，张某某私自将韩某送上北京的客车，韩某在北京流浪，直至2014年3月13日被家人找回。2014年4月，刘某与张某某离婚。2015年1月5日韩某以张某某犯遗弃罪提出控告，并要求赔偿经济损失。

【裁判结果】

河南省滑县人民法院在审理过程中认为，韩某虽已成年，但因系智障残疾人，系不完全民事行为能力人，需要监护。张某某作为其继父，与其共同生活，形成事实上的抚养关系，具有法定的抚养监护义务，张某某不履行法定监护义务，私自将韩某送走，让其脱离监护人监护流离失所，其行为已构成遗弃罪。针对自诉案件的特殊性，法院针对该案事实进行了调解，张某某认识到自己的犯罪行为，最终双方和解，自诉人撤回自诉。

【典型意义】

本案是涉及成年智障人的监护问题及继父母子女的监护关系。本案中，韩某虽已成年，但有证据证明其系智障人，应视为不完全民事行为能力人，需要被监护与扶养。继父母子女共同生活，形成事实上的扶养关系，继父母对子女不进行扶养，或继子女对父母不进行扶养均应承担相应的法律责任。本案中，作为继父的张某某逃避对继子应尽的扶养义务，将其遗弃，虽之后其与刘某离婚，与韩某亦自动解除扶养关系，但并不因此否定其在扶养关系存续期间的特定义务。其行为已构成遗弃罪，应受到法律的追究。事后韩某有幸被找回，得到了较好的扶养。该案在审理过程中，张某某认识到自己的犯罪行为，主动要求调解，赔偿被害人经济损失，韩某的法定监护人考虑到案件的特殊性，接受调解，最终以调解结案，案结事了。这一起案件让我们意识到对特殊人员除了家庭的保护与监护外，社会亦有所保障。

（十五）组织未成年人进行违反治安管理活动罪

邓某某组织未成年人进行违反治安管理活动案
——组织指使未成年人入户盗窃

《最高人民法院公布三起侵犯未成年人权益犯罪典型案例》第 3 号
2013 年 5 月 29 日

【基本案情】

1. 关于组织未成年人进行违反治安管理活动事实

2010 年 8 月至 2011 年 2 月，被告人邓某某先后在广东省翁源县城宝源宾馆、龙胜宾馆、雅泰宾馆、幸福宾馆、华美宾馆开房给未成年人杨某某、林某某、张某某、刘某甲、李某某、刘某乙、朱某某（其中杨某某、张某某、刘某甲 14 岁，刘某乙、朱某某 15 岁，林某某 13 岁，李某某 12 岁）住宿，并提供吃、玩等条件，多次组织、指使他们采取爬墙、踢门、撬门、撬锁等方式入室盗窃财物：

2010年8月8日19时许，在被告人邓某某的组织、指使下，杨某某、林某某采取威吓的方式迫使黄某某（12岁）带杨某某到翁源县前进路东七巷10号自己家中，杨某某盗得黄某某爷爷房间抽屉里的现金200元及其四婶的金鹏牌手机一部（未估价）。后杨某某将现金和手机交给邓某某。

2010年9月29日10时许，在被告人邓某某的组织、指使下，杨某某、林某某去到翁源县朝阳路县建设局院内刘某丙家，爬墙入室盗得黑色尼康牌相机一部（价值1200元）和手镯一只（未估价）。后两人到龙胜酒店205房将赃物交给邓某某。

2011年1月6日16时许，在被告人邓某某的组织、指使下，张某某、刘某甲、朱某某、刘某乙到县城教育路龙仙粮所内何某某的住处，踢开木门入室盗得现金200多元及松下相机一部，诺基亚、三星、海尔牌手机各一部和香烟等物，赃物共计价值1900元。后何某某回到家中，张某某持菜刀对何某某进行威吓，并与同伙逃离现场，将上述物品交给邓某某。

2011年1月12日10时许，在被告人邓某某的组织、指使下，张某某、刘某甲等人去到翁源县建设一路19号4栋某某房甘某某家，撬门入室盗得现金2900多元和组装电脑（价值2500元）等物，后将上述款物交给邓某某。

2011年1月22日15时许，在被告人邓某某的组织、指使下，张某某、刘某甲、朱某某、李某某到翁源县龙英路36号某某房黄某甲家，撬门入室盗得佳能、索尼牌数码相机各一部，飞利浦、诺基亚牌手机各一部，劳力士手表一块及酒、茶叶等物一批，赃物共计价值4950元。后将茶叶、手表交给邓某某，酒、相机、手机被朱某某、张某某另外处理。

2. 关于敲诈勒索事实

2011年2月的一天下午，被告人邓某某伙同邓某甲、邓某乙（均在逃）在翁源县龙仙镇某小学门口，以刘某、赖某某等人盗窃所得大额款物未分赃款给邓某某为由，采取威胁、要挟的方法，强行索取刘某使用的黑色大众捷达小轿车一部（价值2万元）、现金2300元及赖某某的戒指一枚（未估价）。

【裁判结果】

被告人邓某某组织未成年人进行盗窃，其行为已构成组织未成年人进行违反治安管理活动罪；以非法占有为目的，伙同他人采取威胁的方法强行索取他人财物，其行为又构成敲诈勒索罪，应依法予以并罚。邓某某多次组织多名未成年人进行入户盗窃，情节严重，所犯敲诈勒索罪，数额巨大，均应依法惩处。邓某某在组织杨某某等人在黄某某家盗窃财物时未满18周岁，依法可以对其此次犯罪从轻处罚。据此，依法认定被告人邓某某犯组织未成年人进行违反治安管理活动罪，判处有期徒刑四年，并处罚金人民币2000元；犯敲诈勒索罪，判处有期徒刑三年零九个月，并处罚金人民币2000元，决定执行有期徒刑七年零六个月，并处罚金人民币4000元。

魏某某、张某某、康某某、宋某某组织未成年人进行违反治安管理活动罪

《最高人民法院发布98起未成年人审判工作典型案例》第60号

2014年11月24日

【基本案情】

被告人康某某（女，汉族，1990年4月20日出生，聋哑人，高中文化，无业）受人指使欲找几名未成年的聋哑人学习偷东西的技巧，然后去偷东西。2011年6月22日，被告人康某某伙同被告人魏某某（男，汉族，1990年10月21日出生，高中文化，聋哑人，无业）、张某某（男，汉族，1993年6月11日出生，聋哑人，初中文化，无业）以找工作为名，诱骗山东省曲阜市西关大街聋哑学校的3名学生任某（13岁）、张某甲（14岁）、孔某某（14岁）至河南省许昌市一宾馆内，由被告人宋某某（女，汉族，1977年11月30日出生，聋哑人，初中文化，无业）对3人培训偷东西的技巧。2011年6月23日凌晨，被告人宋某某、魏某某、张某某被抓获。被告人康某某于2011年7月12日在其家人陪同下向曲阜市公安局投案。

【裁判结果】

被告人魏某某、张某某、康某某、宋某某共同组织未成年人进行盗窃活动，其行为均已构成组织未成年人进行违反治安管理活动罪。但鉴于4被告人系聋哑人，且组织的未成年人尚未进行违反治安管理的活动，可从轻处罚；被告人康某某有自首情节。据此，山东省曲阜市人民法院依法认定被告人魏某某犯组织未成年人进行违反治安管理活动罪，判处有期徒刑一年三个月，

并处罚金人民币1万元；被告人张某某犯组织未成年人进行违反治安管理活动罪，判处有期徒刑一年三个月，并处罚金人民币1万元；被告人康某某犯组织未成年人进行违反治安管理活动罪，判处有期徒刑一年三个月，并处罚金人民币1万元；被告人宋某某犯组织未成年人进行违反治安管理活动罪，判处有期徒刑一年三个月，并处罚金人民币1万元。

【案例评析】

组织未成年人进行违反治安管理活动罪是指组织未成年人进行盗窃、诈骗、抢夺、敲诈勒索等违反治安管理活动的行为，行为人只要实施了组织行为即为既遂，并不要求被组织者完成了盗窃、诈骗、抢夺、敲诈勒索等违反治安管理活动的行为。本案中，4被告人为组织未成年人进行盗窃，先对诱骗的3名未成年的聋哑人进行盗窃技巧的培训，在培训的过程中，尚未进行实际盗窃，即被抓获归案，也应构成既遂。考虑到4名被告人是聋哑人，依法对其从轻处罚。

最高人民法院发布的
典型案例汇编

—— 2009–2024 年 ——

刑事卷
（下）

人民法院出版社 编

人民法院出版社

总 目 录

- 一、总则 …………………………………………………………（ 1 ）
- 二、危害国家安全罪 ……………………………………………（ 22 ）
- 三、危害公共安全罪 ……………………………………………（ 23 ）
- 四、破坏社会主义市场经济秩序罪 ……………………………（ 77 ）
  - （一）生产、销售伪劣商品罪 ………………………………（ 77 ）
  - （二）走私罪 …………………………………………………（158）
  - （三）妨害对公司、企业的管理秩序罪 ……………………（161）
  - （四）破坏金融管理秩序罪 …………………………………（166）
  - （五）金融诈骗罪 ……………………………………………（199）
  - （六）危害税收征管罪 ………………………………………（219）
  - （七）侵犯知识产权罪 ………………………………………（229）
  - （八）扰乱市场秩序罪 ………………………………………（256）
- 五、侵犯公民人身权利、民主权利罪 …………………………（265）
  - （一）故意杀人罪 ……………………………………………（265）
  - （二）故意伤害罪 ……………………………………………（323）
  - （三）强奸罪 …………………………………………………（415）
  - （四）强制猥亵、侮辱罪 ……………………………………（453）
  - （五）猥亵儿童罪 ……………………………………………（457）
  - （六）非法拘禁罪 ……………………………………………（473）
  - （七）绑架罪 …………………………………………………（475）
  - （八）拐卖妇女、儿童罪 ……………………………………（478）
  - （九）强迫劳动罪 ……………………………………………（504）
  - （十）诽谤罪 …………………………………………………（505）
  - （十一）侵犯公民个人信息罪 ………………………………（510）
  - （十二）虐待罪 ………………………………………………（524）

（十三）虐待被监护、看护人罪 …………………………………（527）
　　（十四）遗弃罪 …………………………………………………（530）
　　（十五）组织未成年人进行违反治安管理活动罪 ………………（532）
六、侵犯财产罪 …………………………………………………………（537）
　　（一）抢劫罪 ……………………………………………………（537）
　　（二）盗窃罪 ……………………………………………………（563）
　　（三）诈骗罪 ……………………………………………………（570）
　　（四）职务侵占罪 ………………………………………………（649）
　　（五）挪用资金罪 ………………………………………………（656）
　　（六）敲诈勒索罪 ………………………………………………（659）
　　（七）拒不支付劳动报酬罪 ……………………………………（660）
七、妨害社会管理秩序罪 ………………………………………………（668）
　　（一）扰乱公共秩序 ……………………………………………（668）
　　（二）妨害司法罪 ………………………………………………（744）
　　（三）妨害国（边）境管理罪 …………………………………（824）
　　（四）妨害文物管理罪 …………………………………………（827）
　　（五）危害公共卫生罪 …………………………………………（844）
　　（六）破坏环境资源保护罪 ……………………………………（851）
　　（七）走私、贩卖、运输、制造毒品罪 ………………………（990）
　　（八）组织、强迫、引诱、容留、介绍卖淫罪 ………………（1111）
　　（九）制作、贩卖、传播淫秽物品罪 …………………………（1116）
八、危害国防利益罪 ……………………………………………………（1132）
九、贪污贿赂罪 …………………………………………………………（1134）
十、渎职罪 ………………………………………………………………（1146）

目 录

（下册）

六、侵犯财产罪

（一）抢劫罪

黄某某抢劫案 ……………………………………………………………（537）
赵某某等抢劫案
　　——抢劫致人死亡，后果和罪行极其严重，依法从严惩处 …………（538）
宁某抢劫案
　　——毒瘾发作后因无钱购毒而结伙抢劫，致一人死亡，罪行极其
　　　严重 ………………………………………………………………（539）
周某抢劫案（判后帮教少年犯）………………………………………（540）
王某抢劫案 ………………………………………………………………（542）
金某某抢劫案 ……………………………………………………………（543）
单某等抢劫案 ……………………………………………………………（544）
何某、陈某某、卞某某抢劫案 …………………………………………（546）
方某某等抢劫案 …………………………………………………………（547）
梁某抢劫案 ………………………………………………………………（548）
董某某、宋某某抢劫案 …………………………………………………（549）
孙某某、宋某某、陶某某、李某某抢劫案 ……………………………（550）
曹某抢劫案 ………………………………………………………………（551）
钱某某、武某某、李某某抢劫案 ………………………………………（552）
潘某某等12名被告人抢劫案 ……………………………………………（553）
楚某某犯抢劫罪一案 ……………………………………………………（556）
黄某某、魏某某抢劫案 …………………………………………………（558）
于某、叶某某、肖某抢劫被害人蒲某一案 ……………………………（559）

1

李某某等抢劫案
　　——为获取毒资共谋抢劫，并利用未成年人犯罪，依法严惩 ………（561）
于某某抢劫案
　　——贯彻教育为主、惩罚为辅原则，最大限度教育、感化、挽救
　　未成年被告人 ……………………………………………………（562）

（二）盗窃罪

钟某某盗窃案
　　——盗窃亲属财产后全额退赔并获谅解，依法从宽处理 …………（563）
李某盗窃案 ………………………………………………………………（564）
王某某盗窃案 ……………………………………………………………（565）
吴某某盗窃案 ……………………………………………………………（566）
王某盗窃案 ………………………………………………………………（567）
陈某某盗窃、抢夺案 ……………………………………………………（568）
董某、马某某等人盗窃、柴某某、许某某掩饰、隐瞒犯罪所得案 ……（569）

（三）诈骗罪

黄某某诈骗案 ……………………………………………………………（570）
许某某诈骗案 ……………………………………………………………（571）
曾某某、余某某、陈某某诈骗案 ………………………………………（573）
梁某某诈骗案 ……………………………………………………………（574）
黄某某诈骗案 ……………………………………………………………（575）
黄某某诈骗案 ……………………………………………………………（576）
黄某某、李某某、梁某某、李某甲诈骗案 ……………………………（578）
林某某诈骗案 ……………………………………………………………（580）
周某某等人虚构推荐优质股票诈骗案 …………………………………（581）
谢某甲、谢某乙等人推销假冒保健产品诈骗案 ………………………（582）
吴某某等人发送医保卡出现异常虚假语音信息诈骗案 ………………（583）
曾某某等人以我国台湾地区居民为犯罪对象诈骗案 …………………（584）
上官某某等人帮助诈骗团伙转取赃款诈骗案 …………………………（586）
秦某某等人发送考试改分等虚假信息诈骗案 …………………………（587）

羊某某开设虚假机票网站诈骗案 …………………………………………（588）
陈某发布电视节目中奖虚假信息诈骗案 ………………………………（589）
罗某甲、罗某乙假冒QQ好友诈骗案 ……………………………………（590）
丘某某诈骗案 ……………………………………………………………（591）
戴某某等32人诈骗案 ……………………………………………………（592）
吉某某等14人诈骗案 ……………………………………………………（594）
陈某某、陈某甲、陈某乙诈骗案 ………………………………………（595）
林某、胡某某诈骗案 ……………………………………………………（596）
邓某某、龙某某、刘某某、刘某甲诈骗案 ……………………………（597）
刘某某提供虚假网络技术诈骗案 ………………………………………（599）
江某某网上虚假销售诈骗案 ……………………………………………（600）
张某某诈骗、单位行贿、挪用公款再审改判无罪案 …………………（601）
赵某某诈骗再审改判无罪案 ……………………………………………（602）
陈某某等7人诈骗案 ……………………………………………………（603）
李某某等69人诈骗案 ……………………………………………………（605）
陈某等9人诈骗案 ………………………………………………………（606）
黄某某等九人诈骗案 ……………………………………………………（608）
童某某等7人诈骗案 ……………………………………………………（609）
朱某等人诈骗案 …………………………………………………………（611）
邵某某诈骗案 ……………………………………………………………（612）
杨某某诈骗案 ……………………………………………………………（613）
赵某某诈骗案 ……………………………………………………………（614）
曾某某诈骗案
  ——依法严惩医保骗保幕后组织者、职业骗保人 ………………（615）
靳某某、罗某某等诈骗案
  ——社区定点医保机构以虚开药品的方式骗取医保基金，数额特别
  巨大 ……………………………………………………………（617）
马某、郭某某诈骗案
  ——以"挂空床"的方式虚构医药费用，骗取医疗保障基金 ………（619）
金某、张某、高某、陶某某、顾某某诈骗案
  ——医疗机构以开具"大小处方"的方式虚增药品金额，套取药品
  差额 ……………………………………………………………（620）

赵某某诈骗案
　　——参保人员以超量购买药品后转卖的方式骗取医疗保障基金 …… （622）
刘某某诈骗案
　　——参保人员重复报销医疗费用，骗取医疗保障基金 ………… （623）
陈某某诈骗案
　　——采用冒充专家诊疗、伪造体检报告、虚假宣传等手段针对老年人
　　　实施保健食品诈骗 ………………………………………………… （624）
贾某某诈骗案
　　——教育、感化、挽救失足少年 ………………………………… （626）
徐某等人诈骗案
　　——以销售"养老产品"为名实施诈骗犯罪 …………………… （627）
李某某诈骗案
　　——以代办"养老保险"为名实施诈骗犯罪 …………………… （628）
李某某诈骗案
　　——以开展"养老帮扶"为名实施诈骗犯罪 …………………… （630）
易某某、连某某等 38 人诈骗、组织他人偷越国境、偷越国境、帮助
　　信息网络犯罪活动、掩饰、隐瞒犯罪所得案 …………………… （631）
罗某、郑某某等 21 人诈骗案 ……………………………………………… （633）
施某某等 12 人诈骗案 ……………………………………………………… （634）
吴某某等 5 人诈骗案 ………………………………………………………… （635）
黄某等 3 人诈骗案 …………………………………………………………… （637）
赵某某等 9 人诈骗案 ………………………………………………………… （638）
邓某某等 6 人诈骗、侵犯公民个人信息案 ……………………………… （640）
谢某某、陈某某诈骗、偷越国（边）境、林某掩饰、隐瞒犯罪
　　所得案 ……………………………………………………………… （641）
向某某等 24 人诈骗、组织他人偷越国（边）境、偷越
　　国（边）境案 ………………………………………………………… （643）
曾某、钟某某、王某等 67 人诈骗、偷越国（边）境、帮助信息网络
　　犯罪活动、掩饰、隐瞒犯罪所得、引诱他人吸毒案 …………… （644）
高某诈骗案 …………………………………………………………………… （646）
杨某某诈骗、魏某掩饰、隐瞒犯罪所得案 ……………………………… （648）

（四）职务侵占罪

麦某某职务侵占、挪用资金无罪案 …………………………………………（649）

九江某钢铁有限公司经理刘某职务侵占案 ……………………………（651）

郭某、王某职务侵占案
  ——利用职务便利截留私募基金财产归个人所有的构成职务
  侵占罪 ………………………………………………………………（653）

（五）挪用资金罪

郭某挪用资金案
  ——根据私募基金不同形式，区分认定被挪用单位 ……………（656）

（六）敲诈勒索罪

施某通过裸贷敲诈勒索案 ………………………………………………（659）

（七）拒不支付劳动报酬罪

袁某某拒不支付劳动报酬案 ……………………………………………（660）

付某某拒不支付劳动报酬案 ……………………………………………（661）

陈某某拒不支付劳动报酬案
  ——被执行人法定代表人拖欠73名公司职工14万余元工资后逃匿，
  被依法追究拒不支付劳动报酬罪，庭审期间自觉履行了法定
  义务 …………………………………………………………………（663）

王某某拒不支付农民工工资案 …………………………………………（664）

徐某某拒不支付劳动报酬案 ……………………………………………（666）

七、妨害社会管理秩序罪

（一）扰乱公共秩序

李某某妨害公务案
  ——被执行人采取暴力手段抗拒执行，并抢走执法记录仪，造成
  恶劣影响，被判处有期徒刑一年六个月 …………………………（668）

陈某妨害公务案
　　——被执行人藏匿行踪拒不执行生效法律文书确定的义务，被传唤时
　　　暴力抗法，导致执行人员轻微伤，被依法追究刑事责任 ………（669）
钟某某妨害公务案……………………………………………………（670）
马某某买卖国家机关证件案…………………………………………（671）
章某某、吕某某、张某某等组织考试作弊案
　　——在研究生招生考试中组织作弊，构成组织考试作弊罪
　　　"情节严重"……………………………………………………（672）
杜某某、马某某组织考试作弊案
　　——在公务员录用考试中组织作弊，构成组织考试作弊罪
　　　"情节严重"……………………………………………………（673）
段某、李某某等组织考试作弊案
　　——在法律规定的国家考试中组织三十人次以上作弊或者违法所得
　　　30万元以上，构成组织考试作弊罪"情节严重" ……………（674）
李某某非法出售答案案
　　——非法出售法律规定的国家考试的答案，构成非法出售答案罪 …（675）
侯某某、虎某代替考试案
　　——代替他人和让他人代替自己参加研究生招生考试，均构成代替
　　　考试罪…………………………………………………………（676）
王某某、翁某某等非法获取国家秘密、非法出售、提供试题、答案案
　　——非法获取属于国家秘密的试题、答案，而后向他人非法出售、
　　　提供试题、答案，应当数罪并罚………………………………（677）
黄某某、陶某某等非法利用信息网络案
　　——发布有关销售管制物品的信息，情节严重的，构成非法利用信息
　　　网络罪…………………………………………………………（678）
谭某某、张某等非法利用信息网络案
　　——为实施诈骗活动发布信息，情节严重的，构成非法利用信息
　　　网络罪…………………………………………………………（679）
赵某帮助信息网络犯罪活动案
　　——为他人实施信息网络犯罪提供支付结算帮助，情节严重的，
　　　构成帮助信息网络犯罪活动罪…………………………………（680）

侯某某、刘某某等帮助信息网络犯罪活动案
　　——为他人实施信息网络犯罪提供开办银行卡帮助，情节严重的，
　　　构成帮助信息网络犯罪活动罪 ……………………………………（681）
隆某某帮助信息网络犯罪活动案……………………………………………（682）
薛某帮助信息网络犯罪活动案………………………………………………（683）
徐某某等四人破坏计算机信息系统案………………………………………（684）
李某某等聚众扰乱社会秩序案………………………………………………（686）
张某某编造虚假恐怖信息案…………………………………………………（687）
潘某编造虚假恐怖信息案……………………………………………………（688）
熊某编造虚假恐怖信息案……………………………………………………（689）
孙某聚众斗殴案………………………………………………………………（689）
罗某某等7名未成年人聚众斗殴案…………………………………………（690）
白某某等人故意伤害、聚众斗殴案…………………………………………（692）
冯某某聚众斗殴案……………………………………………………………（693）
黄某某、胡某某聚众斗殴案…………………………………………………（694）
熊某某犯聚众斗殴罪案………………………………………………………（696）
杨某聚众斗殴案………………………………………………………………（698）
何某某、陆某某、卓某某聚众斗殴案………………………………………（699）
长汀三名未成年人聚众斗殴致人死亡案……………………………………（700）
刘某某、肖某、王某、杨某聚众斗殴案……………………………………（702）
卞某某等寻衅滋事案
　　——就诊时随意殴打医生、任意毁损财物，情节恶劣 ………………（703）
张某抢劫、寻衅滋事案………………………………………………………（704）
王某寻衅滋事、故意伤害案…………………………………………………（705）
林某、陈某等寻衅滋事案……………………………………………………（706）
黄某某等未成年犯罪团伙寻衅滋事案………………………………………（707）
王某某、赵某、丁某某、丁某甲寻衅滋事案………………………………（709）
王某寻衅滋事案
　　——多次到医院滋事并殴打、辱骂、恐吓医务人员，情节恶劣 ……（710）
赵某某、艾某、牛某某寻衅滋事案…………………………………………（711）
吴某某、郭某某、陈某、王某某、王某寻衅滋事案………………………（712）

7

范某某、袁某、郭某某寻衅滋事案……………………………………（715）
王某寻衅滋事案……………………………………………………（716）
刘某寻衅滋事案……………………………………………………（718）
张某寻衅滋事案……………………………………………………（719）
毕某某等四人寻衅滋事案…………………………………………（720）
刘某寻衅滋事案……………………………………………………（722）
任某犯寻衅滋事罪一案……………………………………………（723）
官某某寻衅滋事案…………………………………………………（724）
黄某寻衅滋事案（江苏）…………………………………………（726）
曹某等寻衅滋事、非法变卖查封财产案（山东）………………（727）
张某等寻衅滋事、敲诈勒索、非法拘禁案
　　——依法严惩恶势力犯罪集团针对未成年人"套路贷"……（728）
朱某等寻衅滋事案
　　——依法惩治校园欺凌……………………………………（730）
李某某寻衅滋事案…………………………………………………（731）
曹某某寻衅滋事案…………………………………………………（732）
张某某开设赌场案…………………………………………………（733）
陈某某等聚众扰乱社会秩序案
　　——聚众扰乱医院秩序，情节严重，造成严重损失………（734）
赵某某等聚众扰乱社会秩序案
　　——聚众扰乱医院秩序，情节严重…………………………（735）
陆某某等12名未成年人参加黑社会性质组织案…………………（737）
宋某诬告陷害案（河南）…………………………………………（738）
人民陪审员参加七人合议庭审理林某某等人黑社会性质组织
　　犯罪案………………………………………………………（739）
人民陪审员参加审理卢某某等人校园欺凌案……………………（741）
肖某侵害英雄烈士名誉、荣誉案
　　——在人数众多的微信群诋毁、侮辱英雄，构成侵害英雄烈士名誉、
　　荣誉罪………………………………………………………（743）

（二）妨害司法罪

金某伪证案…………………………………………………………（744）

李某某与被执行人丁某某虚假诉讼案 …………………………………（745）
故意捏造债权债务关系和以物抵债协议，向人民法院提起民事诉讼，
　　致使人民法院开庭审理，干扰正常司法活动的，构成虚假
　　诉讼罪 ……………………………………………………………（746）
捏造事实骗取民事调解书，据此申请参与执行财产分配的，构成虚假
　　诉讼罪 ……………………………………………………………（748）
依法严厉打击"套路贷"虚假诉讼违法犯罪 ……………………（750）
法院工作人员利用职权与他人共同实施虚假诉讼犯罪的，从重
　　处罚 ………………………………………………………………（752）
律师多次为当事人出谋划策，共同伪造证据进行虚假诉讼并在民事
　　诉讼中担任代理人的，构成虚假诉讼共同犯罪 ………………（753）
周某某等虚假诉讼案
　　——通过虚假诉讼转移财产逃避履行债务 …………………（755）
刘某某、杨某某虚假诉讼案
　　——通过虚假诉讼阻碍执行被查封财产 ……………………（756）
胡某某、陶某某虚假诉讼案
　　——以捏造的事实提出执行异议和执行异议之诉 …………（758）
周某某虚假诉讼案
　　——虚构职工工资提起虚假诉讼逃避履行债务 ……………（759）
郑某等虚假诉讼案
　　——利用虚假诉讼申报虚假破产债权 ………………………（761）
周某某拒不执行判决、裁定案 ……………………………………（762）
李某某拒不执行判决、裁定案 ……………………………………（763）
陈某某、洪某某拒不执行判决、裁定案 …………………………（764）
黄某某拒不执行判决、裁定案
　　——被执行人拒不履行生效调解书，将银行存款转移至案外人名下，
　　　致使案件无法执行，被依法追究拒不执行判决、裁定刑事
　　　责任 ……………………………………………………………（765）
曾某某涉嫌拒不执行判决、裁定案
　　——被执行人在判决生效后转移财产，拒不履行赔偿义务，被以涉嫌
　　　拒不执行判决、裁定罪移送立案侦查 ………………………（767）

王某某涉嫌拒不执行判决、裁定案
　　——被执行人隐匿法院查封的财产，被两次司法拘留后仍抗拒执行，
　　　被以涉嫌构成拒不执行判决、裁定罪移送追责……………………（768）
孙某某拒不执行判决、裁定案
　　——被执行人拒不履行判决确定的返还房屋义务，擅自将标的物拆毁，
　　　导致判决无法执行，被判处有期徒刑一年………………………（770）
王某某拒不执行判决、裁定案
　　——被执行人与申请人协商后，将房产解封出售，但将所得款项挪作
　　　他用，导致判决无法执行，被判处有期徒刑一年…………………（771）
郭某某拒不执行判决、裁定案
　　——被执行人有200余万元的收入，却拒不履行21万元的法定义务，
　　　进入刑事追责程序后全部履行到位，被判处有期徒刑九个月…（772）
李某拒不执行判决、裁定案
　　——被执行人转移名下存款并购置豪华汽车，不履行判决义务，
　　　被公安机关抓获后全部履行到位，被判处拘役六个月…………（773）
郝某某拒不执行判决、裁定案
　　——被执行人处置名下财产后予以转移、隐匿，逃避执行近十年，
　　　被立案侦查后全部履行到位，最终被判处有期徒刑二年，缓刑
　　　二年…………………………………………………………………（774）
刘某拒不执行判决、裁定案
　　——被执行人转移财产至其亲友名下逃避执行，被移送侦查后将全部
　　　款项履行到位，被判处有期徒刑十个月，缓刑一年……………（776）
徐某某拒不执行判决、裁定案
　　——被执行人以办年审手续为由，将扣押车辆借出后拒不交还，致使
　　　案件无法执行，被抓获后履行了全部义务，被判处有期徒刑
　　　十个月，缓刑一年…………………………………………………（777）
王某某拒不执行判决、裁定案…………………………………………（778）
杨某甲拒不执行判决、裁定案…………………………………………（779）
朱某某拒不执行判决、裁定案…………………………………………（781）
庞某某拒不执行判决、裁定案…………………………………………（782）

郭某某拒不执行判决、裁定案
　　——被执行人拖欠数名农民工工资，两次拘留后仍拒不履行，被判处
　　　　有期徒刑二年六个月 ………………………………………………（783）
罗某某拒不执行判决、裁定案
　　——被执行人已有占地150平方米三层楼房又新建占地200平方米
　　　　四层楼房，却不履行15万余元的法定义务，被判处拘役
　　　　五个月 …………………………………………………………………（784）
郭某某拒不执行判决、裁定自诉案……………………………………………（785）
李某某拒不执行判决、裁定自诉案……………………………………………（786）
刘某某拒不执行判决、裁定自诉案……………………………………………（788）
杨某某、袁某某拒不执行判决、裁定自诉案…………………………………（789）
廖某某拒不执行判决、裁定自诉案……………………………………………（791）
柯某某拒不执行判决、裁定自诉案……………………………………………（792）
韩某某拒不执行判决、裁定案…………………………………………………（793）
蒋某某拒不执行判决、裁定公诉案
　　——被执行人躲避执行，转移财产，依法被判处有期徒刑六个月，
　　　　缓刑一年 ………………………………………………………………（794）
张某某拒不执行判决、裁定公诉案
　　——被执行人拒不迁出房屋，谩骂、殴打执行人员，鉴于有从轻情节，
　　　　依法被判处拘役五个月零十日 ………………………………………（795）
韩某某拒不执行判决、裁定公诉案
　　——被执行人阻碍人民法院对被执行财产进行处置，导致执行工作
　　　　无法进行，被判处有期徒刑一年，缓刑一年 ………………………（796）
王某某拒不执行判决、裁定公诉案
　　——被执行人有钱款可供执行，经两次司法拘留，仍拒不执行判决
　　　　义务，被判处有期徒刑一年六个月，缓刑二年 ……………………（797）
北京某建筑工程有限公司、郑某某拒不执行判决、裁定自诉案
　　——被执行人被纳入失信被执行人名单、法定代表人被限制高消费后，
　　　　仍拒不履行给付义务，申请执行人依法提起自诉，后因双方达成
　　　　执行和解而撤诉 ………………………………………………………（798）

姜某某拒不执行判决、裁定案

——被执行人擅自处理法院查封财产，申请执行人提起刑事自诉，

双方当庭达成和解协议并实际履行……………………………（799）

杨某某拒不执行判决、裁定案

——被执行人拖欠农民工劳动报酬，有履行能力却拒不执行法院

生效判决，依法应予以刑事处罚 ………………………………（801）

陈某某拒不执行判决、裁定案

——被执行人有履行能力而拒不履行法院判决，执行法院以涉嫌拒执

犯罪向公安机关移送后，被执行人即与申请执行人达成执行和解

协议并当即履行完毕 ……………………………………………（802）

曹某某拒不执行判决、裁定案 ………………………………………（803）

施某某拒不执行判决、裁定案 ………………………………………（804）

李某某拒不执行判决、裁定案 ………………………………………（806）

林某某拒不执行判决、裁定案 ………………………………………（807）

周某某拒不执行判决案 ………………………………………………（808）

徐某某拒不执行判决、裁定案 ………………………………………（809）

藏某某拒不执行判决、裁定案 ………………………………………（810）

陈某、徐某某拒不执行判决、裁定案 ………………………………（812）

重庆甲塑胶有限公司、刘某某拒不执行判决、裁定案 ……………（813）

殷某某拒不执行判决、裁定罪自诉案 ………………………………（814）

丁某某等人虚构债务被判拒执罪案 …………………………………（815）

韩某某等拒不执行判决、裁定案 ……………………………………（816）

许某某非法处置查封、扣押、冻结财产案

——被执行人有履行能力，却转移财产逃避执行，被以涉嫌构成非法

处置查封、扣押、冻结财产罪移送追究刑事责任 ……………（817）

黄某非法处置查封财产案

——被执行人擅自转卖已查封的财产，导致判决无法执行，进入刑事

追责程序后仍拒不履行，被判处有期徒刑一年六个月 ………（818）

冯某某非法处置查封财产案

——被执行人法定代表人擅自将法院查封的财产变卖，且拒不交出变

卖款，被判处有期徒刑十个月 …………………………………（820）

张某某非法处置查封的财产案
　　——被执行人擅自将诉讼保全查封的财产抵债给他人,妨害人民法院
　　　生效判决的执行,被判处有期徒刑六个月…………………………（821）
肖某某非法处置查封的财产案 …………………………………………（822）
杨某某、蔡某掩饰、隐瞒犯罪所得案
　　——非法收购、销售医保骗保药品 ……………………………………（823）

（三）妨害国（边）境管理罪

潘某某组织他人偷越国（边）境案 ……………………………………（824）
林某某、蒋某某偷越国（边）境案 ……………………………………（826）

（四）妨害文物管理罪

鲁某、罗某某故意损毁文物案 …………………………………………（827）
张某某、王某某过失损毁文物案 ………………………………………（828）
霍某某等11人倒卖文物案 ………………………………………………（829）
姚某某等12人抢劫、盗掘古文化遗址、古墓葬、倒卖文物案 ………（831）
廖某某等三人盗掘古墓葬案 ……………………………………………（833）
王某等三人盗掘古墓葬刑事附带民事公益诉讼案 ……………………（834）
孙某某等15人盗掘古墓葬刑事附带民事公益诉讼案 …………………（835）
色某等五人盗掘古文化遗址、色某等三人盗窃文物案 ………………（837）
哇某某等六人盗掘古墓葬案 ……………………………………………（838）
焦某某等14人盗窃（文物）、掩饰、隐瞒犯罪所得案 ………………（839）
户某军、李某强等6人盗掘古文化遗址、古墓葬案 …………………（841）
张某建等11人盗掘古墓葬案 ……………………………………………（842）
陈某强、董某师等盗掘古墓葬案 ………………………………………（843）

（五）危害公共卫生罪

于某非法行医案
　　——利用封建迷信开具含有毒物成分的药方致人死亡 ………………（844）
宋某某非法行医案
　　——无证从事医疗美容行为致人轻度残疾 ……………………………（845）

吴某某非法行医案
　　——非法实施应用人类辅助生殖技术行为致人轻伤……………（846）
许某某非法行医案
　　——长期无证从事口腔诊疗行为……………………………（847）
吴某某非法行医案
　　——明知他人没有行医资质仍将医院诊室对外承包致人死亡………（848）
宋某某非法进行节育手术案
　　——无证非法进行节育手术致人死亡………………………（850）

（六）破坏环境资源保护罪

某矿业集团股份有限公司某金铜矿重大环境污染事故案……………（851）
云南某工贸有限责任公司重大环境污染事故案………………………（852）
重庆甲化工有限公司等污染环境案……………………………………（853）
王某某污染环境案………………………………………………………（854）
樊某某、王某某、蔡某污染环境案……………………………………（855）
刘某某污染环境案
　　——排放含重金属的污染物严重超标，构成污染环境罪………（857）
田某某、厉某某污染环境案
　　——非法炼铅污染环境，判处有期徒刑四年半……………………（857）
浙江甲染化有限公司等污染环境案
　　——18000余吨精馏残液倾倒海塘，判处罚金2000万元…………（858）
王某某等污染环境案
　　——居民区附近非法填埋生活垃圾，判处有期徒刑五年……………（860）
湖州市某处置中心有限公司污染环境案
　　——危险废物处置企业非法处置危险废物，后果特别严重…………（861）
某（河北）焦化有限公司污染环境案
　　——挥发酚超标直排大气，判处罚金245万元……………………（862）
白某某、吴某某污染环境案
　　——非法处置含矿物油的包装桶，构成污染环境罪………………（863）
浙江甲生化股份有限公司等污染环境案
　　——非法倾倒草甘膦母液35000余吨，判处罚金7500万元………（864）

宁夏回族自治区中卫市沙坡头区人民检察院诉宁夏某染化有限公司、
　　廉某某污染环境案 …………………………………………………（865）
十堰市某工贸有限公司、古某某污染环境案 …………………………（867）
某（南京）染料有限公司、王某某等污染环境案 ……………………（869）
易某某等非法生产制毒物品、污染环境案 ……………………………（871）
重庆某环保科技有限公司、程某等污染环境案 ………………………（872）
邓文某等污染环境案 ……………………………………………………（873）
某精密螺丝（浙江）有限公司及被告人黄某等12人污染环境案 ……（875）
上海某金属制品有限公司及被告人应某达等5人污染环境案 ………（877）
上海某复合材料有限公司及被告人贡某国等3人污染环境案 ………（878）
贵州某化工有限责任公司及被告人张某文、赵某污染环境案 ………（879）
刘某义、黄某添、韦某榜等17人污染环境系列案 ……………………（881）
被告人董某桥等19人污染环境案 ………………………………………（883）
被告单位安徽某新能源材料股份有限公司、被告人吕某国等7人污染
　　环境案 ………………………………………………………………（884）
被告人姚某友等14人污染环境案 ………………………………………（886）
被告人王某凡等4人污染环境案 ………………………………………（887）
湖北某科技有限公司、王某文等4人污染环境案 ……………………（889）
成都某环卫工程有限公司、成都某亚克力塑胶有限公司、吕某体等
　　16人污染环境案 ……………………………………………………（890）
被告人廖某云等3人污染环境案 ………………………………………（891）
浙江某化工有限公司、吴某某等8人污染环境案 ……………………（893）
田某某、阮某某、吴某某污染环境案 …………………………………（894）
德清某保温材料有限公司、祁某某污染环境案 ………………………（895）
买某强等6人污染环境案 ………………………………………………（896）
重庆某医用输液瓶回收有限公司、关某岗、陈某林、李某芳等非法
　　处置医疗废物污染环境案 …………………………………………（897）
司徒某戍、司徒某协、陈某峰、李某贤等非法倾倒毒性工业固体危险
　　废物污染环境案 ……………………………………………………（899）
山西某生化药业有限公司、田某坡等人非法处置过期药品污染
　　环境案 ………………………………………………………………（900）

句容市后白镇某村民委员会、袁某政等非法掩埋废酸、废油脂等污染
　　环境案……………………………………………………………………（901）
张某伟、张某盟、姜某、康某辉等非法倾倒废料污染环境案…………（903）
陈某勤等焚烧电子垃圾污染环境案………………………………………（904）
朱某违规收纳、倾倒生活垃圾污染环境案………………………………（905）
郑某元等污染环境刑事附带民事公益诉讼案……………………………（906）
杨某等3人污染环境案……………………………………………………（908）
江苏省连云港市连云区人民检察院诉尹某某等人非法捕捞水产品刑事
　　附带民事诉讼案…………………………………………………………（909）
汤某等十二人非法捕捞水产品案…………………………………………（911）
罗某某、邱某某、周某某非法捕捞水产品案……………………………（912）
毛某彩等13人非法捕捞水产品案…………………………………………（913）
文某非法捕捞水产品案……………………………………………………（914）
唐某良等三人非法捕捞青海湖裸鲤刑事附带民事公益诉讼案…………（915）
邱某非法捕捞水产品案……………………………………………………（916）
王某某等非法捕捞刑事附带民事公益诉讼案……………………………（918）
廖某某等非法捕捞刑事附带民事公益诉讼案……………………………（919）
湖南省岳阳楼区人民检察院诉何某某等非法杀害珍贵、濒危野生
　　动物罪、非法狩猎罪刑事附带民事诉讼案……………………………（921）
尼某非法收购、运输、出售珍贵、濒危野生动物制品案………………（924）
被告人卓某走私珍贵动物案………………………………………………（925）
黄某某非法制造枪支、非法猎捕、杀害珍贵、濒危野生动物、非法
　　持有枪支案
　　——自制枪支猎杀果子狸、小灵猫等野生动物………………………（926）
陈某某非法收购珍贵、濒危野生动物案
　　——介绍他人非法收购穿山甲…………………………………………（927）
全某某等6人非法收购、运输、出售珍贵、濒危野生动物案…………（928）
熊某辉等3人非法猎捕珍贵野生动物案…………………………………（929）
马某文非法收购、运输、出售珍贵、濒危野生动物制品案……………（930）
翟某涛等11人非法收购、运输、出售珍贵野生动物案…………………（931）
孙某炎危害珍贵、濒危野生动物案………………………………………（932）

沈某发危害珍贵、濒危野生动物案 （934）
马某么非法捕杀国家重点保护的珍贵、濒危野生动物案 （935）
吾某、夏某白危害高原珍贵、濒危野生动物案 （936）
姜某危害珍贵、濒危野生动物刑事附带民事公益诉讼案 （937）
李某华等11人危害珍贵、濒危野生动物刑事附带民事公益诉讼案 （939）
罗某福等5人危害珍贵濒危野生动物、非法狩猎、掩饰隐瞒犯罪
　　所得案 （941）
韩某辉等22人非法狩猎案 （942）
顾某、陈某官非法狩猎案 （943）
张某强非法制造枪支、非法狩猎案 （945）
福州市某石材有限公司、黄某某非法占用农用地案 （946）
北京某农业有限公司、胡某、马某非法占用农用地案 （947）
梁某东等人非法占用农用地案 （949）
程某科非法占用农用地案 （950）
江阴市嘉某机械安装有限公司、章某非法占用农用地案 （952）
季某辉、李某非法占用农用地案 （953）
梁某某、梁某甲非法采矿案 （954）
彭某某、彭某甲、吴某某非法采矿案 （955）
被告人赵某春等6人非法采矿案 （956）
张某山等人非法采砂案 （957）
山西某能源投资集团有限公司、陈某志等人非法采煤案 （959）
张某胜等人非法采石案 （960）
谢某俊等人非法开采砂金案 （961）
缪某林、郭某晶非法开采稀土案 （962）
宋某友非法采砂案 （964）
王某等人非法开采泥炭土案 （965）
王某章、康某川等人非法采砂案 （966）
奇台县某服务部、林某斌非法开采金矿案 （967）
严某洋、严某虎非法开采鹅卵石案 （969）
人民陪审员参加七人合议庭审理"3·07"长江特大非法采砂案 （970）

17

康定某水泥有限责任公司、四川省甘孜藏族自治州康定市某村民
　委员会及孟某安等八人非法采矿案……………………………（971）
郑某成、高某进、叶某东非法采矿案………………………………（973）
何某等非法采矿刑事附带民事公益诉讼案…………………………（974）
张某某非法采伐国家重点保护植物案………………………………（976）
伍某某等15人盗伐林木、滥伐林木、故意毁坏财物、妨害作证、强迫
　交易案…………………………………………………………（977）
刘某龙、张某君等15人盗伐林木案…………………………………（978）
田某阳、沈某贤危害国家重点保护植物案…………………………（979）
杏某富、颜某高妨害动植物防疫、检疫案…………………………（980）
阿某等盗伐林木刑事附带民事公益诉讼案…………………………（981）
陈某华滥伐林木案……………………………………………………（982）
杨某平等六人非法开采若尔盖湿地泥炭案…………………………（984）
王某民等6人滥伐林木、危害国家重点保护植物刑事附带民事公益
　诉讼案…………………………………………………………（985）
许某等非法占用红树林林地刑事附带民事公益诉讼案……………（986）
马某华刑事附带民事公益诉讼案……………………………………（988）

（七）走私、贩卖、运输、制造毒品罪

夏某军、何某全等制造毒品、非法持有枪支案……………………（990）
王某元、朱某峰等走私、运输毒品案………………………………（992）
刘某等贩卖、制造毒品案……………………………………………（994）
李某忠等贩卖毒品、非法持有枪支案………………………………（996）
张某、田某某、赵某、王某某贩卖毒品案（未成年人犯罪）……（997）
杨某、宋某林等贩卖毒品案…………………………………………（999）
姚某生等贩卖、制造毒品案…………………………………………（1000）
王某庆等贩卖、运输、制造毒品案…………………………………（1001）
练某雄等贩卖毒品案…………………………………………………（1002）
黎某华等贩卖毒品案…………………………………………………（1003）

刘某成等贩卖、运输毒品案
　　——多次组织艾滋病人运输毒品、多次利用未成年人贩卖毒品，罪行
　　　极其严重 ·· （1005）
忽某武贩卖毒品案
　　——曾因贩卖毒品被判处重刑，刑罚执行完毕后又贩卖毒品，罪行
　　　极其严重 ·· （1006）
王某情等非法买卖制毒物品案
　　——利用麻黄碱类复方制剂提炼制毒物品后进行贩卖，以非法买卖
　　　制毒物品罪定罪处罚 ··· （1007）
席某龙等贩卖、制造毒品案
　　——利用麻黄碱类复方制剂提炼制毒物品后制造毒品，以制造毒品罪
　　　定罪处罚 ·· （1008）
陈某东等贩卖、制造毒品案
　　——明知他人利用麻黄碱类复方制剂制造毒品，为其提供帮助，
　　　以制造毒品罪的共犯论处 ··· （1009）
孙某等运输毒品案
　　——纠集他人运输毒品数量巨大，罪行极其严重 ································· （1011）
黄某中、王某等贩卖、运输毒品、非法持有枪支案
　　——黄某中系累犯，王某在涉嫌贩卖毒品被采取强制措施期间继续
　　　贩卖毒品，均罪行极其严重 ·· （1012）
俞某、孙某贩卖、运输毒品案
　　——二人共同出资去外地贩运毒品，均系毒品再犯，孙某还系累犯，
　　　均依法严惩 ··· （1013）
熊某平等贩卖、运输毒品案
　　——指使他人跨省贩卖、运输毒品数量巨大，罪行极其严重 ·········· （1014）
肖某中等贩卖、运输、制造毒品案
　　——制造、运输毒品数量巨大，并贩卖毒品，罪行极其严重 ·········· （1015）
杨某树等运输毒品案
　　——运输毒品数量大，且系累犯和毒品再犯，罪行极其严重 ·········· （1017）
高某、潘某虎贩卖毒品案
　　——购得毒品后加价贩卖给吸毒人员，依法惩处 ···························· （1018）

郭某荣、郭某辉贩卖、运输毒品案 ………………………………………（1019）
陈某亮贩卖、运输毒品、于某库贩卖毒品案
　　——跨省贩卖、运输毒品，数量大，且均具有从重处罚情节，罪行
　　　极其严重 ……………………………………………………………（1020）
邓某贩卖、制造毒品、非法持有枪支、弹药、容留他人吸毒、黄某、
　黄某荣制造毒品、刘某贩卖毒品案
　　——制造、贩卖氯胺酮，数量大，罪行极其严重 ……………………（1021）
苏某洁贩卖毒品案
　　——多次零包贩卖毒品，且系累犯和毒品再犯，依法严惩 …………（1023）
唐某平走私、贩卖、运输毒品案
　　——跨国毒品犯罪，数量特别巨大，且系累犯，罪行极其严重 ……（1024）
洪某沿制造毒品案
　　——制造毒品数量巨大，并非法持有枪支、弹药，罪行极其严重 …（1025）
舒某坤贩卖毒品案
　　——假释考验期内大量贩卖毒品，且系毒品再犯，罪行极其严重 …（1027）
孙某贩卖毒品案
　　——通过网络贩卖毒品，并利用未成年人犯罪，依法严惩 …………（1028）
莫某友贩卖毒品案
　　——武装掩护毒品犯罪，依法严惩 ……………………………………（1030）
林某武贩卖毒品案
　　——多次零包贩卖毒品，且系累犯和毒品再犯，依法严惩 …………（1031）
李某愉贩卖、运输毒品案
　　——贩卖、运输毒品数量巨大，且系累犯和毒品再犯，罪行极其
　　　严重 ……………………………………………………………………（1033）
蔡某雄贩卖、制造毒品案
　　——伙同他人制造、贩卖毒品，数量特别巨大，罪行极其严重 ……（1034）
杨某水运输毒品案
　　——假释考验期内组织怀孕妇女运输毒品，数量特别巨大，且系毒品
　　　再犯，罪行极其严重 …………………………………………………（1036）
臧某贩卖毒品案
　　——通过互联网贩卖毒品数量大，且系毒品再犯，依法严惩 ………（1037）

於某军贩卖毒品案
　　——多次零包贩卖毒品，依法严惩 ……………………………（1039）
杨某贩卖毒品案
　　——利用未成年人贩卖毒品，依法从重处罚 …………………（1040）
叶某甲通过网络向未成年人贩卖毒品案 ………………………………（1041）
何某泽制造毒品案
　　——制造毒品数量巨大，罪行极其严重 ………………………（1042）
刘某贩卖、运输毒品案
　　——利用信息网络、通过快递方式贩卖、运输毒品数量大，且系
　　　　毒品再犯，罪行极其严重 ……………………………………（1043）
孙某芳走私、贩卖毒品案
　　——走私、贩卖国家管制的新精神活性物质，依法惩处 ………（1045）
石某美贩卖毒品案
　　——贩卖毒品"神仙水"数量大，依法惩处 ……………………（1046）
袁某国贩卖、运输毒品案
　　——为准确查明事实，通知侦查人员、鉴定人等出庭作证 ……（1047）
吴某、吴某柱贩卖、运输、制造毒品案
　　——纠集多人制造、运输、贩卖毒品数量特别巨大，罪行极其
　　　　严重 ………………………………………………………………（1048）
周某林运输毒品案
　　——伙同他人运输毒品数量特别巨大，且系累犯，罪行极其严重 …（1050）
刘某等贩卖、制造毒品案
　　——制造、贩卖芬太尼等多种新型毒品，依法严惩 ……………（1051）
祝某走私、运输毒品案
　　——通过手机网络接受他人雇用，走私、运输毒品数量大 ……（1053）
卞某晨等贩卖毒品、非法利用信息网络案
　　——非法种植、贩卖大麻，非法利用网络论坛发布种植大麻等
　　　　信息 ………………………………………………………………（1054）
刘某铄贩卖毒品案
　　——国家工作人员实施毒品犯罪，依法严惩 ……………………（1056）

李某峰走私、贩卖、运输毒品、组织越狱案
　　——缓刑考验期内实施毒品犯罪，数量特别巨大，羁押期间组织越狱，
　　　罪行极其严重 ··（1057）
唐某东制造毒品案
　　——纠集多人大量制造毒品，罪行极其严重，且系累犯 ··············（1058）
张某东等贩卖毒品案
　　——诊所医务人员向吸毒人员出售精神药品 ····························（1060）
谢某等贩卖毒品案
　　——利用网络联系订单，以比特币形式收取毒资，通过物流寄递
　　　毒品 ···（1061）
陈某豪贩卖毒品案
　　——利用微信在酒吧等处多次出售新型毒品 ····························（1062）
王某贩卖、制造毒品案
　　——将新型毒品伪装成饮料销往多地娱乐场所 ·························（1063）
陈某龙等贩卖毒品、以危险方法危害公共安全案
　　——为抗拒缉毒警察抓捕，驾车肆意冲撞，危害公共安全 ··········（1065）
梁某景、黎某都制造毒品案
　　——纠集多人制造毒品，数量特别巨大，罪行极其严重 ············（1067）
冯某国运输毒品案
　　——暴力抗拒检查，持刀捅刺致执法人员重伤，且系累犯，罪行极其
　　　严重 ···（1068）
邱某喜贩卖、运输毒品案
　　——通过非法手段获取他人犯罪线索并检举，不构成立功，且系毒品
　　　再犯，罪行极其严重 ··（1070）
郑某涛等制造毒品、非法生产、买卖制毒物品案
　　——明知他人制造甲卡西酮而向其提供制毒原料；非法生产、买卖
　　　制毒物品，情节特别严重 ··（1072）
万某能等贩卖毒品、洗钱案
　　——贩卖含有合成大麻素成分的电子烟油并"自洗钱"，依法数罪
　　　并罚 ···（1074）

梁某立走私、贩卖毒品案
　　——多次走私大麻入境，并向多名吸毒人员贩卖，情节严重 ……… （1076）
周某伟贩卖、运输毒品案
　　——利用"互联网＋物流寄递"手段多次向吸毒人员贩卖麻精药品，
　　　情节严重 ……………………………………………………… （1077）
何某安贩卖毒品案
　　——向吸毒人员贩卖氟胺酮，且系累犯，依法严惩 ……………… （1079）
张某川走私、运输毒品案
　　——犯罪集团首要分子组织、指挥数十人走私、运输毒品，罪行极其
　　　严重 …………………………………………………………… （1080）
严某柱贩卖、制造毒品、董某震贩卖、运输毒品案
　　——组织多人制造新型毒品甲卡西酮，向社会大肆贩卖，罪行极其
　　　严重 …………………………………………………………… （1082）
阮某华贩卖、运输毒品案
　　——利用、教唆未成年人贩卖毒品，且系累犯，罪行极其严重 …… （1084）
蔡某雄、林某波贩卖、运输毒品案
　　——积极响应敦促投案自首通告，主动自境外回国自首，依法从轻
　　　处罚 …………………………………………………………… （1085）
韩某华走私、贩卖、运输毒品、强奸、传授犯罪方法、张某淼走私
　毒品、强奸案
　　——采用非接触式手段走私、贩运精神药品，情节严重；利用精神
　　　药品迷奸他人，依法数罪并罚 ……………………………… （1087）
马某根等贩卖毒品案
　　——伪造资质骗购大量麻醉药品出售给贩毒人员，依法惩处 …… （1089）
夏某欢贩卖毒品案
　　——医务人员多次向吸贩毒人员贩卖精神药品牟利，情节严重 …… （1091）
纪某林贩卖毒品案
　　——违规购买精神药品出售给吸毒人员，依法严惩 ……………… （1092）
鲁某平非法生产制毒物品案
　　——非法生产邻氯苯基环戊酮，情节特别严重，依法惩处 ………… （1094）

23

曾某华等非法生产制毒物品案
　　——非法生产麻黄碱，情节特别严重，依法惩处 …………………（1095）
徐某福妙非法种植毒品原植物案
　　——非法种植罂粟数量较大，依法惩处 ……………………………（1097）
吕某春等非法生产、买卖制毒物品案
　　——非法买卖溴代苯丙酮、生产麻黄素，情节特别严重 …………（1098）
马某云等非法生产、买卖、运输制毒物品案
　　——非法生产、买卖、运输制毒物品，情节特别严重 ……………（1099）
吴某剡等非法生产制毒物品案
　　——组织多人非法生产制毒物品麻黄碱，情节特别严重 …………（1101）
邹某生引诱他人吸毒、盗窃案
　　——引诱他人吸毒并唆使他人共同盗窃，依法惩处 ………………（1103）
张某国教唆他人吸毒案
　　——吸毒人员教唆他人吸毒，依法惩处 ……………………………（1104）
高某容留他人吸毒案
　　——娱乐场所管理者容留多人吸食毒品，依法严惩 ………………（1105）
利某青等容留他人吸毒案
　　——租赁娱乐场所容留多人吸毒，依法惩处 ………………………（1106）
陈某胜容留他人吸毒案
　　——容留多名未成年人吸毒，依法严惩 ……………………………（1108）
古某引诱、教唆他人吸毒、容留他人吸毒案
　　——引诱、教唆、容留未成年人吸毒，且系累犯，依法严惩 ………（1109）

（八）组织、强迫、引诱、容留、介绍卖淫罪

王某佳强迫卖淫案 ……………………………………………………………（1111）
史某阳强迫卖淫罪 ……………………………………………………………（1112）
刘某强迫卖淫及收买被拐卖妇女案 …………………………………………（1113）
刘某芳等介绍卖淫案 …………………………………………………………（1114）

（九）制作、贩卖、传播淫秽物品罪

林某良、林某长、傅某孝制作、贩卖、传播淫秽物品牟利案 …………（1116）

唐某明制作、贩卖淫秽物品牟利案 ·················· (1117)
罗某、杨某、丁某、袁某传播淫秽物品牟利案 ·········· (1118)
陈某明复制淫秽物品牟利案 ·························· (1119)
杨某传播淫秽物品牟利案 ···························· (1120)
骆某衍、骆某顶传播淫秽物品牟利案 ·················· (1121)
魏某巍、戚某厚传播淫秽物品牟利案 ·················· (1121)
索某木、王某美、罗某东、郭某宁传播淫秽物品牟利案 ···· (1122)
陈某鹏、张某、张某1、陆某祥、安某成传播淫秽物品牟利案 ···· (1124)
盛某松、程某、解某栓、解某、万某、杨东升、刘某传播淫秽物品
　牟利案 ·· (1125)
苏某、邱某峰、沈某伟制作、贩卖淫秽物品牟利、猥亵儿童案 ···· (1127)
王某林等传播淫秽物品案 ···························· (1128)
郑某、戴某焱、刘某松、张某、何某组织淫秽表演案 ······ (1130)

八、危害国防利益罪

周某破坏军事设施案 ································ (1132)
张某某破坏军事通信案 ······························ (1132)
王某某过失损坏军事通信案 ·························· (1133)

九、贪污贿赂罪

王某贪污案
　——医疗保险局工作人员利用职务便利，采取虚报冒领等手段，套现
　　国家医保资金 ·································· (1134)
蔡某辉受贿案 ······································ (1135)
杨某昌行贿案
　——依法严惩谋求黑恶势力"保护伞"行贿犯罪 ·············· (1136)
谭某云、吴某莲行贿案
　——依法严惩巨额行贿犯罪 ························ (1137)
李某行贿、诈骗案
　——依法严惩社会保障领域行贿犯罪 ···················· (1138)

胡某亭行贿案
　　——依法严惩医药领域行贿犯罪 …………………………………（1140）
宋某毅行贿、受贿案
　　——依法严惩组织人事领域行贿犯罪 ………………………………（1141）
杨某文行贿、偷越国（边）境案
　　——依法严惩向司法工作人员行贿犯罪坚决纠正行贿所获不正当
　　　利益 ………………………………………………………………（1142）
高某梅行贿案
　　——加大对行贿犯罪所得的追缴力度 ………………………………（1143）
张某虹行贿、对非国家工作人员行贿案
　　——二审阶段依法追缴行贿犯罪所得 ………………………………（1145）

十、渎职罪

王某团、杨某、王某明玩忽职守案 …………………………………（1146）
周某平玩忽职守案 ………………………………………………………（1147）

六、侵犯财产罪

（一）抢劫罪

黄某某抢劫案

《最高人民法院公布五起涉毒犯罪典型案例》第 1 号

2011 年 6 月 21 日

【基本案情】

被告人黄某某，男，汉族，1979 年 3 月 19 日出生，农民。

2008 年 3 月 7 日 9 时许，被告人黄某某因毒瘾发作无钱购买毒品，以借用卫生间为由进入被害人邓某某（男，殁年 76 岁）家中。黄某某向邓某某借钱遭拒后，拿出随身携带的水果刀威胁其交出钱，邓某某不从，黄某某即持刀割其颈部，致其右颈总动、静脉断裂大失血休克死亡。邓某某之妻黄某甲（被害人，殁年 72 岁）闻声过来，黄某某将黄某甲拖入二楼卫生间内割其颈部，致其左颈总动、静脉断裂大失血休克死亡。黄某某劫得现金约 350 元及钱包等物后，逃离现场。

二审期间，被告人黄某某检举同监室彭某的部分抢劫犯罪线索，经查证属实。

【裁判结果】

法院认为，被告人黄某某以非法占有为目的，采用暴力手段劫取他人财物，其行为已构成抢劫罪。黄某某毒瘾发作后，为筹钱购买毒品吸食而进入被害人家借钱，遭拒后即持刀杀人，致二人死亡，犯罪手段残忍，情节特别恶劣，后果和罪行极其严重，应依法惩处。黄某某检举他人部分犯罪线索，经查证属实，有立功表现，但其罪行极其严重，不足以从轻处罚。据此，以抢劫罪判处并核准被告人黄某某死刑。

赵某某等抢劫案

——抢劫致人死亡，后果和罪行极其严重，依法从严惩处

《最高人民法院发布三起人民法院贯彻宽严相济刑事政策典型案例》第 1 号

2013 年 2 月 27 日

【基本案情】

被告人赵某某，男，汉族，1973 年 11 月 27 日出生，农民。1994 年 12 月 15 日因犯抢劫罪被判处有期徒刑十五年，2005 年 3 月 23 日刑满释放。

被告人苗某某，男，汉族，1971 年 8 月 15 日出生，农民。

2010 年 10 月 27 日下午，被告人赵某某、苗某某预谋抢劫后，携带苗所购买的绿色尼龙绳来到河南省西平县龙泉大道，以去西平县出山镇医院接病人为由，骗租被害人武某某（男，殁年 48 岁）驾驶的车牌号为豫 QT22××的长安羚羊牌出租车（价值 34960 元）。当车行至出山镇常楼村村北一农田土路时，赵某某用尼龙绳勒住武某某的颈部，向其索要钱财，苗某某亦掏出尼龙绳勒住武的颈部，二人共同猛勒武的颈部，致武机械性窒息死亡。赵某某唯恐武某某不死，又将尼龙绳紧系在武的颈部。而后，赵某某、苗某某将武某某尸体抛至路边沟内，劫取出租车、现金 240 余元、诺基亚牌手机（价值 138 元）等，驾车逃离现场。逃跑途中，赵某某、苗某某将所抢的手机丢弃，并将所抢的出租车弃于河南省叶县叶邑镇李楼村村南一土路上。

2010 年 11 月 1 日下午，被告人赵某某、苗某某预谋抢劫后，携带赵所购买的白色尼龙绳来到河南省漯河市火车站广场，以去漯河市郾城区龙城镇拉鸡毛为由，骗租被害人王某某（男，殁年 45 岁）驾驶的车牌号为豫 LFQ5××的长安之星牌面包车（价值 33600 元）。当车行至龙城镇西刘村村西一道路上时，苗某某、赵某某先后用尼龙绳猛勒王某某的颈部，致王机械性窒息死亡。赵某某唯恐王某某不死，又将尼龙绳紧系在王的颈部。而后，赵某某、苗某某驾车将王某某尸体运至龙城镇后郑村幸福渠北侧一机井旁，将尸体抛入机井内。赵某某、苗某某劫取长安之星牌面包车及三星牌手机（价值 623 元）、现金 720 余元等。作案后，赵某某、苗某某潜逃至山西省夏县，销售所

抢面包车未果，将车弃于夏县瑶峰镇八一路上。赵某某将所抢的三星牌手机销售，获赃款150元。

【裁判结果】

本案由河南省漯河市中级人民法院一审，河南省高级人民法院二审。最高人民法院依法对被告人赵某某、苗某某进行死刑复核。

法院认为，被告人赵某某、苗某某以非法占有为目的，采取杀死被害人的暴力手段劫取财物，其行为均已构成抢劫罪。赵某某、苗某某积极预谋抢劫，准备作案工具，选择抢劫对象，在抢劫中均使用尼龙绳猛勒二名被害人颈部，共同将二名被害人勒死，并共同劫取财物，抛尸灭迹，在共同犯罪中均起主要作用，均系主犯，均应按照其所参与的全部犯罪处罚。赵某某曾因犯抢劫罪被判刑，在刑满释放后仍不思悔改，又犯抢劫罪，主观恶性深，人身危险性大。赵某某、苗某某实施抢劫犯罪二起，抢劫数额巨大，在抢劫中致二人死亡，犯罪性质恶劣，手段残忍，社会危害大，后果和罪行极其严重，均应依法惩处。据此，对被告人赵某某、苗某某判处并核准死刑。

宁某抢劫案

——毒瘾发作后因无钱购毒而结伙抢劫，致一人死亡，罪行极其严重

《最高人民法院公布五起毒品犯罪及吸毒诱发的严重犯罪典型》第5号

2013年6月27日

【基本案情】

被告人宁某，男，汉族，1967年2月20日出生，无业。1997年6月因吸毒被劳动教养二年。2000年11月24日因吸毒被劳动教养三年。

2010年10月14日上午，被告人宁某和韦某某（已死亡）因毒瘾发作无钱购毒，携带三把尖刀到广西壮族自治区柳州市柳南区伺机抢劫。宁某、韦某某发现一饲料店内仅有店主王某某（被害人，女，殁年54岁）一人，即进入店内对王某某进行威胁、捆绑。因王某某反抗并大声呼救，宁某持水果刀割划王的颈部，韦某某将店铺大门关上，二人将王某某转入里间卧室，用电风扇电源线捆绑后，持刀朝王某某的颈、胸等处捅刺数刀，致王失血性休克

死亡。二人劫得一辆雅马哈牌电动车（价值2570元）、一部中兴牌手机（价值210元）及38盒香烟（价值311元）。宁某驾驶所抢电动车搭载韦某某逃跑途中，受到公安人员和群众追捕，二人弃车逃跑，宁某被当场抓获，韦某某当场持刀自杀身亡。

【裁判结果】

法院认为，被告人宁某以非法占有为目的，采用暴力手段劫取财物的行为已构成抢劫罪。宁某因毒瘾发作无钱购毒，伙同他人闯入商铺抢劫并致人死亡，犯罪情节恶劣，手段残忍，社会危害大，罪行极其严重，应依法惩处。宁某参与预谋，准备刀具，积极实施抢劫、杀人行为，在共同犯罪中起主要作用，系主犯，应当按照其所参与的全部犯罪处罚。据此，依法对被告人宁某判处并核准死刑。

罪犯宁某已于2013年4月1日被依法执行死刑。

周某抢劫案（判后帮教少年犯）

《最高人民法院公布第二批保障民生典型案例》第11号
2014年3月19日

【主要案情】

2002年10月9日下午，被告人周某与同案人邓某某（已被判刑）经预谋至上海市虹古路380弄10号403室被害人潘某某暂住处，用封箱胶带捆绑被害人潘某某手脚，并持刀威胁，抢劫被害人潘某某人民币650元、价值人民币1760元的波导牌S2000型移动电话一部以及银行储蓄卡一张，并威逼被害人提供储蓄卡密码，随后持该储蓄卡至银行提取人民币1200元。随后，周某离开上海，辗转于广东东莞等地，胆战心惊地过了五年多。其间，其同案犯被警方抓获，并被判处有期徒刑十年。

2007年12月，周某在深圳帮教志愿者王某某创办的"中华失足者热线"上留言，倾诉心中的苦闷与压抑。2008年3月21日，被告人周某最终鼓起勇气在王某某的陪伴下前往上海公安机关投案自首。

【裁判结果】

法院认为，被告人周某以非法占有为目的，伙同他人采用暴力方法入户抢劫公民财物，其行为已构成抢劫罪，依法应当承担刑事责任。被告人周某犯罪时不满18周岁，具有自首情节，确有悔改表现，依法减轻处罚。被告人周某自愿认罪，并对被害人的经济损失作了退赔，公诉机关的指控事实清楚，证据确实充分。辩护人关于对被告人周某判处缓刑的辩护意见，合法有据，予以采纳；辩护人关于被告人周某的行为系一般抢劫犯罪，且系从犯的辩护意见，根据本案事实和情节，不予采纳；被告人周某在共同犯罪中主观恶性、作案情节相对较轻，量刑时予以充分考虑。为保护公民人身和财产权利，依照《刑法》第二百六十三条第一项，第十七条第一款、第三款，第六十七条第一款，第七十二条，第七十三条第二款、第三款，第五十三条，第六十四条以及《最高人民法院关于处理自首和立功具体应用法律若干问题的解释》第一条之规定，判决被告人周某犯抢劫罪，判处有期徒刑三年，缓刑三年，并处罚金人民币2000元。

判决生效后，长宁法院少年庭在上海市帮教志愿者协会的配合支持下，将周某安置进入上海市某爱心企业边工作边接受社区矫正。在其初步适应社会后，同年9月，经上海市社区矫正部门同意，周某返回陕西汉阴县家乡继续接受社区矫正。2008年10月，周某在家人、帮教组织的关心支持下，筹资10多万元开办了"车饰界汽车美容中心"，并成为社区矫正安置帮教基地进行培育。2011年4月，在当地政府的扶持下，投资400余万元、占地5000多平方米的三某汽车服务有限公司成立。经当地有关部门安排，周某所在公司被确定为新航之家安置帮教基地。迄今已接受20余名刑满释放人员进公司上班，接受有关部门帮教考察。周某还用自己的经历劝说三名在逃人员投案自首。周某的上述表现获得了社会广泛好评，其在2012年被评为"汉阴县十大杰出青年""社会治安综合治理工作先进个人"。2011年11月，中央电视台《新闻纪实》栏目以"阳光下的感召"为题详细报道了汉阴县"新航之家"安置帮教基地的情况，引起全省、全国的关注。

【典型意义】

对未成年人尤其是外来未成年人的判后帮教工作，是长期以来困扰少年法庭法官的一大难题。对未成年人的判后帮教，应当充分借助社会力量，形成帮教合力，实现助人自助。

本案中体现了判后帮教的无缝衔接。一是少年法庭与帮教志愿者协会的接力。少年庭充分利用社会资源，积极与上海市司法局帮教志愿者协会开展合作，在落实爱心企业后，大胆对外来未成年人适用非监禁刑，让其边工作边进行社区矫正；二是上海市社区矫正组织与未成年人原籍社区矫正组织的接力，在上海和陕西两地社区矫正组织的帮教接力下，周某能够回到原籍自主创业，并将其打造成当地的帮教基地，接纳失足人员回报社会。

对周某帮教工作的成功，是深圳帮教志愿者组织、少年法庭、上海帮教志愿者协会与当地社区矫正部门共同努力所取得的成果，同时也为少年审判中整合力量开展外来未成年人的帮教带来新的启示。

王某抢劫案

《最高人民法院发布98起未成年人审判工作典型案例》第5号

2014年11月24日

【基本案情】

被告人王某（17岁，某校学生）在北京市某村，以暴力殴打的方式，劫取被害人张某某（女，19岁）黑色挎包1个，内有人民币75元、被害人身份证1张及银行卡1张，并致被害人张某某轻微伤。被告人王某于当日被抓获，款、物均已起获发还。后被告人的法定代理人赔偿被害人治伤损失费等人民币2万元，双方达成和解协议。

【裁判结果】

北京市海淀区人民法院经审理认为，被告人王某行为已构成抢劫罪，应予惩处。鉴于被告人王某犯罪时未满成年，系初犯，到案后能如实供述自己的犯罪事实，庭审中认罪态度较好，已赔偿被害人的经济损失，获得被害人谅解，涉案款、物均已起获发还，被告人王某所在学校愿意接收其回校继续读书，并建立监管组织对其进行监管帮教，其既往表现良好，悔改深刻，具备感化、挽救的基础，故对被告人王某依法减轻处罚，并宣告缓刑，同时，为了矫正王某的不良习惯，有利于对其在缓刑考验期限内的监管帮教，特宣告禁止令。判决被告人王某犯抢劫罪，判处有期徒刑二年，缓刑二年，罚金人民币2000元。禁止被告人王某在缓刑考验期限内进入夜总会、酒吧、迪厅、网吧等娱乐场所，禁止酗酒。

【案例评析】

不良习惯，如果不加以矫正，以后可能引发犯罪。在咨询犯罪心理专家的意见后，法官决定对其适用缓刑的同时，宣告如下两项禁止令：一是禁止在缓刑考验期限内进入夜总会、酒吧、迪厅、网吧等娱乐场所；二是禁止酗酒。

宣判后，法官督促王某书写了戒酒保证书，并组织家长、老师、辩护人、公诉人、社区矫正人员召开了缓刑帮教座谈会。法官还每月在固定时间接待王某听取其思想汇报。王某表现良好，未发现酗酒等不良习惯。

金某某抢劫案

《最高人民法院发布98起未成年人审判工作典型案例》第10号
2014年11月24日

【基本案情】

2008年11月16日晚，被告人金某某伙同王某某、姚某某、雷某某、陆某某（均另案处理）等人经预谋，至上海市宝山区某路口附近伺机作案。当见被害人刘某驾驶轻便摩托车途经该处时，由王某某驾驶轿车上前逼迫刘某停车，姚某某、金某某、雷某某、陆某某即上前拳打脚踢当场劫得刘某驾驶的轻便摩托车一辆（价值人民币2050元）。

2008年12月3日晚，被告人金某某伙同王某某、姚某某、雷某某、杨某等人，采用上述方法再次劫得被害人周某某驾驶的轻便摩托车一辆（价值人民币2950元）。

【裁判结果】

上海市闸北区人民法院经审理认为，被告人金某某的行为已构成抢劫罪，因被告人金某某犯罪的时候不满18周岁,且在家属陪同下主动向公安机关自首,并在家属协助下向两名被害人退赔了经济损失,依法应减轻处罚。据此,判处被告人金某某有期徒刑一年六个月,宣告缓刑二年,并处罚金人民币2000元。

【案例评析】

判决后,闸北法院少年庭将金某某安排在由闸北法院与上海市宝山区政法委、检察院、社区矫正部门共同在某公司设立的"未成年人成长之家"。该公司主要生产精密的模具,学员在这里主要学习操纵数控机床,学成后属于市场上紧缺人才。该公司提供基本生活条件和技能培训,法官通过定期回访、定期听取思想汇报、定期与带教师傅联系等方式,关注其在帮教期间的表现。在二年的缓刑考验期内,金某某与其他学员同吃同住同劳动,每月有工资收入。在带教师傅与法官的帮助下,金某某在缓刑考验期内掌握了机床操作技能,表现优异,得到这家实业公司员工及老板的认可,在缓刑期满后被破格录用为正式职工。

单某等抢劫案

《最高人民法院发布98起未成年人审判工作典型案例》第14号

2014年11月24日

【基本案情】

2010年4月24日,被告人单某等4人在上海市嘉定区马陆镇闲逛时,见任某、谢某途经此处,遂先后将两人拦下,采用打耳光、脚踢及言语威胁等方法,劫得任某人民币200余元、谢某人民币100余元。后4名被告人又将任某、谢某两人带上一辆出租车,以借打电话为由,抢得任某价值人民币190余元的手机一部,谢某价值人民币500余元的手机一部。

2010年4月下旬某日,被告人单某等3人在上海市嘉定区马陆镇,以被害人金某欺负单某的朋友为由,强行将金某拉上出租车带至一树林内,3名被告人采用打耳光、脚踢及言语威胁等方法,劫得金某人民币20余元、价值人民币430余元的手机一部等财物。

公安机关接到被害人任某、谢某报案后,于2010年5月12日将4被告人抓获,并缴获上述赃物。被告人单某归案后,均如实供述了公安机关尚未掌握的第二起犯罪事实。审理中,单某的家属自愿代其预缴罚金人民币1000元。

【裁判结果】

一审法院审理认为,被告人单某等人共同采用暴力方法,抢劫公民财物,其行为均已构成抢劫罪,依法应予处罚。单某犯罪时已满16周岁未满18周岁,应减轻处罚,归案后如实供述公安机关尚未掌握的同种罪行,依法可酌情从轻处罚。据此依法判处单某有期徒刑一年六个月,并处罚金人民币1000元。

上海市第二中级人民法院经审理认为,单某系初、偶犯,且本案中实施抢劫的动机和目的并不明显,主观恶性小,对被害人伤害后果较轻。到案后有认罪悔罪表现,且主动供述公安机关尚未掌握的同种罪行,家属积极缴纳罚金。本着教育为主、惩罚为辅的原则和本案的具体情节,考虑到对非沪籍未成年被告人平等适用非监禁刑的量刑原则,认为对其适用缓刑不致再危害社会,依法改判原审被告人单某犯抢劫罪,判处有期徒刑一年六个月,缓刑一年六个月,并处罚金人民币1000元。

【案例评析】

在本案的审理过程中,依法适度扩大了未成年被告人非监禁刑的适用范围,使本地籍和非本地籍的未成年被告人获得了法律的平等对待。对适用非监禁刑的非本地籍未成年罪犯,通过与其暂住地的社区矫正部门联系,邀请矫正社工参与公开宣判工作,并由其当庭向被告人说明适用非监禁刑阶段的管教措施,确保非监禁刑适用与社区矫正工作的无缝对接,取得了良好的法律效果和社会效果。

何某、陈某某、卞某某抢劫案

《最高人民法院发布98起未成年人审判工作典型案例》第23号
2014年11月24日

【基本案情】

2012年6月20日至同月26日,被告人何某(1995年1月11日生)、陈某某(1995年2月15日生)、卞某某(1996年9月19日生)经预谋后,至江苏省苏州市吴江区,采用持钢管殴打等手段,先后实施抢劫作案4起,劫得人民币共计375元。其中被告人何某、卞某某参与作案4起,劫得人民币共计375元;被告人陈某某参与作案2起,劫得人民币共计275元。

【裁判结果】

苏州市吴江区人民法院以抢劫罪分别判处被告人何某有期徒刑七年三个月,并处罚金人民币2500元;判处被告人陈某某有期徒刑四年二个月,并处罚金人民币1500元;判处被告人卞某某有期徒刑五年,并处罚金人民币2000元。

【案例评析】

3名被告人均系未成年人,均已辍学,但游手好闲,整日不务正业,在学校周边多次作案,造成恶劣的影响。审结此案后,为了提高在校生的法律意识,避免类似事件的再次发生,吴江区人民法院分别向吴江区教育局、相关学校发放了司法建议书,建议教育主管部门及学校采取加强法律教育、加大安保监控巡查力度、学生增强自我保护意识等措施,以期给学生创造一个平安和谐的校园环境。司法建议发出后,引起教育局及学校的高度重视,区教育局向各中小学发函,要求各学校加强学生的安全自保教育和法制教育、加强校园周边环境巡查整治。

方某某等抢劫案

《最高人民法院发布 98 起未成年人审判工作典型案例》第 38 号

2014 年 11 月 24 日

【基本案情】

2011 年 11 月 5 日下午,被告人方某某与被告人丁某驾驶摩托车,窜至汕头市某发廊门口。方某某看见被害人周某某徒步经过该处,即驾驶摩托车靠近。被告人丁某趁被害人周某某不备,将其手提包抢走,包内有手机一部(价值人民币 1720 元)、黄金戒指一枚(价值人民币 1875 元)、手链一条、农业银行卡一张、现金人民币 10200 元等。得手后,丁某、方某某逃跑。

【裁判结果】

广东省汕头市龙湖区人民法院认定被告人方某某犯抢夺罪,鉴于其作案时年龄不满 18 周岁,是初犯,且系在校学生,归案后能如实供述自己的罪行,当庭自愿认罪,并主动向国家预缴罚金,有悔罪表现,符合法律规定的可以适用非监禁刑的条件,判处有期徒刑一年九个月,缓刑二年,并处罚金人民币 5000 元。

【案例评析】

龙湖区人民法院于 2006 年 9 月 1 日与汕头大学法学院正式合作实施"未成年人犯罪背景调查"制度,招募法学院学生作为调查员。法院在审理未成年人犯罪案件过程中,指派调查员在汕头大学老师的指导下,对未成年被告人的成长经历、家庭情况、社会交往、犯罪前后的表现以及所在单位、基层组织的看法、态度等非涉案综合情况进行调查,并提交书面调查报告供法庭对被告人量刑时参考,以达到促进对未成年人犯罪案件的妥善处理、强化对未成年罪犯的教育矫正的目的。

梁某抢劫案

《最高人民法院发布98起未成年人审判工作典型案例》第39号
2014年11月24日

【基本案情】

2011年11月18日2时许,被告人梁某(在校学生)接到电话说有5名男子要抢被害人陈某的摩托车,让梁某找人到指定地点帮忙。当梁某与朋友刘某赶到后,梁某被5名男子殴打。因此,梁某怀疑是陈某将他骗来被人殴打的。2011年11月28日,梁某发现陈某在湛江市某中学一奶茶店,便通知吴某(另案处理)纠集9人以赔偿梁某的伤药费为名,强行将陈某挟持上出租车进行殴打,抢走陈某身上的现金100元、一辆摩托车(价值人民币9507元)、一部手机(价值人民币4351元)。破案后,被告人亲属退赔人民币5000元。

【裁判结果】

广东省湛江市霞山区人民法院审理认为,被告人梁某的行为已构成抢劫罪,鉴于其犯罪时未满18周岁,一贯表现良好,具备监管条件,对其判处有期徒刑二年三个月,缓刑三年,并处罚金人民币2000元。

【案例评析】

霞山区人民法院与社区矫正部门建立相关平台,形成家长、学校、社区矫正部门、法院及社会力量参与的帮教体系,实行信息化管理。矫正部门与电讯公司、被矫正对象、监护人建立通信监管措施。在不妨碍矫正对象通信自由前提下,矫正部门通过通信定位了解矫正对象是否脱离了监管。建立帮教基地,组织帮教对象到工厂、企业等参与技能学习。与有关企业、单位达成就业协议,保证安排矫正对象就业。法院定期到矫正办、帮教基地了解矫正对象的情况,及时提供法律帮助。该案的正确审判及审判后的服务,使得梁某思想、行为都有了较大的转变,从好玩、心智不成熟、法律意识薄弱的孩子变成思想较为成熟、爱学习、爱劳动的孩子。

董某某、宋某某抢劫案

《最高人民法院发布 98 起未成年人审判工作典型案例》第 44 号

2014 年 11 月 24 日

【基本案情】

2010 年 7 月 27 日 11 时许,被告人董某某、宋某某伙同王某某(未达到刑事责任年龄)在平顶山市某社区内,持刀对被害人张某某和李某某实施抢劫,劫得现金 5 元及手机一部。后几人将手机卖掉,所得赃款用于到网吧消费。

法院经审理查明,案发前,被告人董某某、宋某某经常出入网吧与游戏机房,沉迷游戏并缺乏消费资金来源是诱发二人实施犯罪的主要原因。

【裁判结果】

河南省平顶山市新华区人民法院作出判决,认定被告人董某某、宋某某犯抢劫罪,分别判处有期徒刑二年六个月,缓刑三年,并处罚金人民币 1000 元。同时,禁止董某某、宋某某在三年内进入网吧、游戏机房等娱乐场所。宣判后,公诉机关未提出抗诉,二被告人及法定代理人未提出上诉,判决已生效。

【案例评析】

本案两名被告人犯罪时均不满 18 周岁,系初犯,能够认罪、悔罪,作案手段一般,没有造成人员伤亡和重大财产损失,法院依法对其减轻处罚,并判处了缓刑。鉴于董某某、宋某某走上犯罪道路的主要原因是沉迷网络、不能自拔,法院禁止其在缓刑考验期内进入网吧、游戏机房等娱乐场所,从而对二人的行为给予必要的约束,实现改造、感化、挽救的目的。

孙某某、宋某某、陶某某、李某某抢劫案

《最高人民法院发布 98 起未成年人审判工作典型案例》第 46 号

2014 年 11 月 24 日

【基本案情】

2009 年 12 月 31 日 21 时许,被告人孙某某、宋某某、陶某某、李某某 4 人预谋后,分别携带钢管、木棍等作案工具窜至河南省睢县新世纪公园内,将正在游玩的杜某某、郭某某、朱某某拦下,劫取杜某某现金 110 余元,并用钢管、木棍殴打杜某某、郭某某。

【裁判结果】

河南省睢县人民法院认定孙某某、宋某某、陶某某、李某某构成抢劫罪。判决孙某某犯抢劫罪,判处有期徒刑二年,缓刑三年,并处罚金 500 元。宋某某犯抢劫罪,判处有期徒刑一年,缓刑二年,并处罚金 500 元。陶某某犯抢劫罪,判处有期徒刑一年,缓刑二年,并处罚金 500 元。李某某犯抢劫罪,判处拘役六个月,缓刑一年,并处罚金 500 元。宣判后,4 被告人未上诉,公诉机关未抗诉,判决已生效。

【案例评析】

被告人孙某某、宋某某、陶某某、李某某作案时均未满 18 周岁,应当从轻或者减轻处罚。4 被告人到案后,认罪态度好,悔罪深刻,且均属初犯、偶犯。案件审理过程中,4 被告人亲属和被害人达成赔偿协议。孙某某家中经济非常困难,变卖了宅基地,给被害人赔偿,取得了被害人的谅解。法院根据庭审教育的情况,依照教育为主、惩罚为辅的原则,对 4 未成年被告人予以缓刑,在社会上改造,有利于他们回归社会。

曹某抢劫案

《最高人民法院发布98起未成年人审判工作典型案例》第51号
2014年11月24日

【基本案情】

2012年6月23日凌晨2时许,被告人曹某在台球厅玩游戏机,因欠该台球厅200元钱,女老板王某某不让其离开。曹某持台球厅内的台球杆、厨房内的炒锅等物品殴打王某某,又用网线勒其颈部,并持菜刀将王某某砍伤,致王某某头部、颈部等多处受伤,并抢走王某某店内现金994.7元及手机一部。经鉴定,王某某的人体损伤程度为轻伤,被抢的手机价值人民币310元。双方达成民事赔偿调解协议,王某某表示谅解,希望法院对曹某适用非监禁刑罚。

【裁判结果】

河南省温县人民法院判决认定被告人曹某犯抢劫罪,判处有期徒刑二年,缓刑三年,并处罚金2000元。宣判后,被告人曹某未提出上诉。判决已生效。

【案例评析】

因沉迷于网络游戏不能自拔而导致的抢劫案件,是近几年来未成年人犯罪的一个典型特点。本案被告人抢人钱财并将被害人打成轻伤,情节恶劣,论罪应当判处实体刑罚,但考虑到被告人系未成年人,本着"教育、挽救、感化"的方针,且被告人家属积极赔偿被害人损失,取得了被害人的谅解,被告人悔罪态度诚恳,法院在综合考量后,判处了被告人有期徒刑二年、缓刑三年,有效地化解了社会矛盾,并促进了未成年被告人更好地回归社会。

钱某某、武某某、李某某抢劫案

《最高人民法院公布 19 起发生在校园内的刑事
犯罪典型案例（河北）》第 18 号

2015 年 9 月 18 日

【基本案情】

2014 年 7 月 12 日下午，被告人钱某某、武某某、李某某与王某、何某某（二人未满 14 周岁）商议到蠡县广场去玩耍。在前往广场的路上王某提议抢劫，其他人均表示同意。16 时许，在蠡县广场建设银行门口，五人共同拦住张某某，何某某将张某某踹倒，王某对其殴打，二人并对其威胁，后五人将被害人伊某蓝白相间喜德盛山地自行车一辆抢走。经鉴定该山地车价值 1116 元。同月 14 日下午 3 时许，被告人李某某又伙同王某、何某某在蠡县城内原聋哑学校西侧胡同内抢劫李某某黑色杰玛仕牌山地自行车一辆。经鉴定该山地车价值 1100 元。

【裁判结果】

被告人钱某某、武某某、李某某以非法占有为目的，伙同他人以暴力、胁迫方法抢劫他人财物，其中被告人钱某某、武某某参与抢劫一次，价值 1116 元；被告人李某某参与抢劫两次，价值 2216 元；三被告人行为均已构成抢劫罪。公诉机关指控的罪名成立。被告人钱某某、武某某、李某某犯罪时均不满 18 周岁，其中钱某某、武某某不满 16 周岁，李某某不满 15 周岁，均系未成年人，应从轻或者减轻处罚。被告人钱某某、武某某、李某某在起诉书指控第一起犯罪中所起系次要、辅助作用，系从犯，应从轻、减轻处罚。因三被告人均系未满 16 周岁的未成年人，量刑时应充分体现教育、感化、挽救为主、惩罚为辅的刑事政策，对三被告人减轻处罚为宜。被告人李某某在第二起犯罪中，积极参与并对被害人实施殴打行为，故其指定辩护人主张被告人在该起犯罪中属从犯的主张，不予采纳。三被告人自愿认罪，可从轻处罚。案发后喜德盛山地车由公安机关扣押并返还被害人，起诉书指控第一起犯罪三被告人属被动退赃，可酌情从轻处罚。被告人李某某的法定代理人自愿赔偿二被害人经济损失，李某某得到被害人谅解，对其可酌情从轻处罚。经查，三被告人均系初犯、偶犯，可酌情从轻处罚。三被告人的犯罪对象是未成年人，可酌定从重处罚。公诉机关对被告人的量刑建议予以采纳。法院判决结果：一、被告人李某某犯抢劫罪，判处有期徒刑一年十个月，并处罚金 1000 元。二、被告人钱某某犯抢劫罪，判处有期徒刑十个月，并处罚金 500 元。三、被告人武某某犯抢劫罪，判处有期徒刑十个月，并处罚金 500 元。

【典型意义】

三被告人均系未满 16 周岁的未成年人，因家长平日忙碌于自己的工作，对孩子疏于管教，认为孩子吃饱穿暖就好，而不注重孩子德智、法制方面的教育，现今社会环境的复杂，各种光怪陆离的诱惑，使涉世不深、缺乏控制能力、身心不成熟的孩子们不能辨别是非，有时出于"哥们儿"义气或禁不住诱惑而走上犯罪道路。

作为办案法官我们应对误入歧途的未成年人多一份关爱，多一份心灵的抚慰，我们要注重深入了解失足未成年人的生活、成长背景，引导其真诚悔过，帮助他们解决实际困难，使失足未成年犯顺利回归社会。

潘某某等 12 名被告人抢劫案

《最高人民法院公布 24 起发生在校园内的刑事犯罪
典型案例（四川）》第 2 号
2015 年 9 月 18 日

【基本案情】

被告人潘某某，男，1975 年 10 月 26 日出生，汉族，四川省威远县人，初中文化，无业，住内江市威远县东联镇。

被告人郭某，1993 年 11 月 18 日生，汉族，四川省自贡市人，初中文化，无业，住自贡市大安区三多寨镇。

被告人雷某某，绰号：淼淼，男，1994 年 4 月 21 日出生，汉族，四川省自贡市人，初中文化，无业，住自贡市大安区三多寨镇。

被告人商某某，绰号：摇摇，男，1994年9月20日出生，汉族，四川省自贡市人，初中文化，无业，住自贡市大安区三多寨镇。

被告人张某某，男，1994年12月8日出生，汉族，四川省内江市人，初中文化，无业，住内江市市中区凌家镇。

被告人何某某，绰号：秋八，别名：何某甲，男，1996年9月6日出生，汉族，四川省自贡市人，小学文化，无业，住自贡市大安区三多寨镇。

被告人李某某，男，1994年1月12日出生，汉族，四川省自贡市人，初中文化，无业，住自贡市大安区三多寨镇。

被告人曾某，男，1996年8月12日出生，汉族，四川省自贡市人，小学文化，无业，住自贡市大安区三多寨镇。

被告人周某某，别名：李某甲，男，1992年5月22日出生，瑶族，初中文化，无业，户籍地：湖南省江永县千家峒瑶族乡大宅腹村四组，现住自贡市大安区三多寨镇。

被告人苗某某，女，1990年8月28日出生，汉族，四川省自贡市人，小学文化，无业，住自贡市自流井区仲权镇。

被告人雷某，男，1994年8月7日出生，汉族，四川省自贡市人，初中文化，无业，住自贡市大安区三多寨镇。

被告人甘某某，男，1994年9月17日出生，汉族，四川省自贡市人，初中文化，无业，住自贡市大安区三多寨镇。

自贡市贡井区人民检察院指控以上12名被告人犯抢劫罪，分别于2012年4月10日、5月17日在贡井法院不公开开庭对本案进行了审理。

2011年5月至6月间，12名被告人持凶器共进行9次抢劫，其中在贡井旭川中学、贡井区青杠林小学、贡井长征学校门口共进行抢劫3次，通过持钢管对受害人进行殴打，持刀威胁等方式，抢走五部手机和现金500余元，对贡井辖区学校周边治安环境造成不良影响。

除学校附近抢劫外，12名被告人在贡井长征大道中段、贡井区贡雷路、自流井区毛家坝棋牌室、贡井区某金店、富顺县华福副食品店等地采用暴力、捆绑等手段实施多次抢劫，共抢走手机五部，现金17000余元及香烟20余条。

【裁判结果】

一、被告人潘某某犯抢劫罪，判处有期徒刑十一年十一个月，并处罚金

10000元；

二、被告人雷某某犯抢劫罪，判处有期徒刑六年三个月，并处罚金5000元；

三、被告人郭某犯抢劫罪，判处有期徒刑六年一个月，并处罚金5000元；

四、被告人商某某犯抢劫罪，判处有期徒刑五年四个月，并处罚金5000元；

五、被告人周某某犯抢劫罪，判处有期徒刑六年六个月，并处罚金2000元；

六、被告人张某某犯抢劫罪，判处有期徒刑四年一个月，并处罚金3000元；

七、被告人苗某某犯抢劫罪，判处有期徒刑四年九个月，并处罚金2000元；

八、被告人李某某犯抢劫罪，判处有期徒刑五年三个月，并处罚金2000元；

九、被告人何某某犯抢劫罪，判处有期徒刑三年六个月，并处罚金3000元；

十、被告人曾某犯抢劫罪，判处有期徒刑三年三个月，并处罚金2000元；

十一、被告人雷某犯抢劫罪，判处有期徒刑三年，缓刑三年，并处罚金2000元；

十二、被告人甘某某犯抢劫罪，判处有期徒刑一年八个月，缓刑二年，并处罚金1000元；

十三、被告人潘某某犯罪所得赃款1万余元、被告人雷某某犯罪所得赃款1100余元、被告人郭某犯罪所得赃款1300余元、被告人商某某犯罪所得赃款800余元、被告人张某某犯罪所得赃款800余元、被告人何某某犯罪所得赃款600余元、被告人李某某犯罪所得赃款700余元、被告人周某某犯罪所得赃款600余元、被告人曾某犯罪所得赃款800余元、被告人甘某某犯罪所得赃款200余元、被告人雷某犯罪所得赃款200余元均依法予以追缴。

十四、审理中追回的经济损失23080元退赔被害人，未追回的经济损失责令被告人退赔被害人。

【典型意义】

此起未成年人共同犯罪案件，12名被告人中除主犯潘某35岁外，其余11人作案时均为90后，9人系未成年人，年龄最小的14岁。本着对未成年人"教育、感化、挽救"的方针，法庭对其中2名只参与一次抢劫活动且犯罪情节相对较轻的未成年人适用缓刑，对其余未成年被告人加大减轻处罚力度，均减轻判处三年到六年不等的有期徒刑，最大限度地进行挽救，给其改过从新的机会。宣判后，法庭在现场对9名未成年被告人进行庭审帮教，为被判缓刑的两名被告人建立档案，准备定期开展回访帮教活动。

此起案件除被告人多为未成年人外，受害人也有未成年人，希望社会各界能重视未成年人心理成长现状，加强学校周边治安综合治理，一是由法院主导，政法委牵头，整合司法机关、基层党委政府、社区村组、学校、社会团体等多方力量，对未成年人犯罪现状及造成的主要原因进行宣讲，并以社区和学校为单位对未成年人成长情况进行摸底，引起社会各界尤其是未成年人监护人的普遍关注。二是构建预防机制，发挥家庭的直观影响和教育作用，促成家长更多地关注未成年人心理成长现状，及时发现未成年人有可能引发犯罪的行为并督促其改正，将司法程序中的"预先矫正"制度的概念和作用进行延伸，构建起挽救失足少年的社会网络。

楚某某犯抢劫罪一案

《最高人民法院公布24起发生在校园内的刑事犯罪
典型案例（四川）》第20号
2015年9月18日

【基本案情】

2014年3月的一天，被告人楚某某来到渠县某中学男生初一7班寝室，以语言威胁、恐吓等手段抢走贾某某现金100元。

2014年4月20日上午，被告人楚某某伙同郭某、雷某某（郭、雷在逃）在渠县某中学男生寝室一楼楼梯间以手持甩棍和语言威胁、殴打及搜身等手段，抢走李某现金114元，陈某某现金14元。后三人来到该中学所在镇步行街一网吧对正在上网的该校学生张某某，采取木棒和语言威胁、搜身等手段抢走其现金 120 元。

【裁判结果】

被告人楚某某犯抢劫罪，判处有期徒刑六年，并处罚金 2000 元（已缴纳），所获赃款予以追缴（已退赃 348 元）。

【典型意义】

本案是典型的校园暴力案件，其主要特点是：1. 属于未成年的在校学生犯罪，包括所抢劫对象皆是在校学生；2. 抢劫地点为学校、网吧，抢劫罪本是刑法中所规定的暴力犯罪，且系严重的校园内暴力犯罪；3. 本案中有三次犯罪事实，系多次抢劫行为；4. 有一定团伙性，三人参与后两次犯罪事实。

根据本案的主要特点分析出典型意义：

1. 本案是典型的校园内暴力案件，是典型的侵财施暴类犯罪，其犯罪主体和犯罪对象皆是未成年人，犯罪的行为具体是以威胁恐吓、手持凶器等手段，而犯罪的地点是在学校周围甚至直接在校园内。所以对罪犯的惩处不是单纯地为了处罚而处罚，更重要的是在依法追究其刑事责任的同时，采取正确的原则和措施，把他教育挽救过来，避免其重新犯罪。

2. 根据本案的案情特点可以看出抢劫行为达三次系多次犯罪，且最后两次犯罪是三人一起实施，有一定团伙性，他们所抢劫的对象大多是低年级学生，有高年级欺负低年级的意思在里面。虽然本案案情较为简单，但是这个典型的校园犯罪中所蕴含的大环境是形势严峻的。校园内未成年人容易拉帮结派、盲目随从、相互熏染的团伙性；校园内的犯罪行为侵财施暴占多数的单一性；校园内往往以大欺小、恃强凌弱等欺负低年级现象较为突出。所以罪犯的惩处亦是引导学生运用法律武器来保护自我安全、约束自身行为，对营造安全和谐校园环境方面也能够起到良好的示范、震慑和教育作用。

3. 对未成年人楚某某的整个审理过程，法院注重细节，不公开开庭审理，在严肃而又不失宽松的庭审环境下，更加注重法庭教育，让他认识到自己错误，使其重新做人。

黄某某、魏某某抢劫案

《最高人民法院公布 16 起发生在校园内的刑事犯罪
典型案例（福建）》第 11 号
2015 年 9 月 18 日

【基本案情】

2010 年 5 月，被告人黄某某、魏某某伙同张某（另案处理）经共谋后，爬墙进入福建省顺昌中等职业学校，由被告人魏某某到学校电子阅览室内，先后将该校数名学生骗至学校食堂后面，被告人黄某某、张某采用语言威胁、搜身等方法，抢走郑某人民币 10 元、胡某人民币 120 元，其余学生因身上没有钱而未搜到财物。后赃款被三人共同挥霍。

【裁判结果】

顺昌县人民法院经审理后认为，被告人黄某某、魏某某以非法占有为目的，采用胁迫等方法抢劫他人财物，其行为均已构成抢劫罪。被告人黄某某、魏某某抢劫未成年人，酌情予以从重处罚。被告人魏某某作案时未满 18 周岁，且当庭自愿认罪，积极退出赃款，有悔罪表现，依法予以减轻处罚。被告人黄某某当庭自愿认罪，有悔罪表现，酌情予以从轻处罚。依据《刑法》有关规定，判处被告人黄某某犯抢劫罪，判处有期徒刑三年，并处罚金 3000 元；判处被告人魏某某犯抢劫罪，判处有期徒刑一年二个月，并处罚金 3000 元，退出的赃款人民币 130 元返还给各被害人。

【典型意义】

抢劫罪是严重危害社会治安的暴力性犯罪，社会危害性大，其中，校园抢劫案不仅使学生的合法权益遭受损害，也给学生们的心理造成一定程度的恐慌，扰乱校园正常教学秩序。本案中两名被告人犯案时均不满 18 周岁，均是农村家庭出生，父母文化程度不高，忽略对子女的家庭教育；被告人自身法律意识不强，致使其最终走上犯罪道路。

于某、叶某某、肖某抢劫被害人蒲某一案

《最高人民法院公布 24 起发生在校园内的刑事犯罪典型案例（四川）》第 8 号

2015 年 9 月 18 日

【基本案情】

2012 年 8 月 31 日，被告人于某得知当天是罗江县某中学学生报到的日子，认为学生身上应该有钱，于某便通知被告人叶某某、肖某前往罗江县万安镇某网吧，并告知肖某带上刀具。被告人叶某某、肖某来到网吧并找到于某，三被告人与万某（已作行政处罚）在网吧内商量抢劫上网学生的钱，后被告人于某、叶某某、肖某三人在某网吧门口处等候，并让万某将一名正在上网的学生蒲某骗至网吧门口，于某、叶某某、肖某将该学生骗至潺亭水城戏台子后面，肖某将携带的刀具交给于某，于某、叶某某对蒲某进行殴打，并使用刀具进行威胁，迫使蒲某交出现金 70 余元和一部黑色诺基亚 N78 型号直板手机，后被告人于某、叶某某又对蒲某进行威胁、殴打，于某用手捏住刀尖刺蒲某大腿，要求蒲某打电话向家人要钱，在蒲某拒绝后，又将蒲某带至森林雨火锅背后对蒲某进行威胁和殴打，称不给钱就将蒲某丢到河里，后三人在将蒲某带到山上的过程中，蒲某趁三人不备逃跑掉。后三人离开，并各自回家。破案后公安机关追回黑色诺基亚 N78 型号直板手机退还被害人。在审理过程中，被告人于某的亲属主动代其退出赃款 75 元。被害人蒲某对被告人肖某予以谅解。

【裁判结果】

罗江县人民法院认为，根据最高人民法院《关于审理未成年人刑事案件的若干规定》的规定，在法庭审理过程中，了解到被告人于某、肖某家庭社会关系简单，家庭经济条件一般，在家表现一贯良好，无违法犯罪记录，其父母具备监管能力，且所在镇、村、组设有专门矫正机构及人员，社区监管条件良好，社区矫正条件较为成熟。被告人叶某某随父母长期居住在罗江县万安镇川纤社区，无犯罪前科，社区愿意协助监管，对叶某某进行矫正工作。

罗江县人民法院认为，被告人于某、叶某某、肖某以非法占有为目的，采取暴力和胁迫方式，抢劫他人财物，其行为均已构成抢劫罪，公诉机关指控罪名成立。在共同犯罪中，被告人于某起主要作用，是主犯；被告人叶某某、肖某起次要作用，是从犯，应当比照主犯从轻或者减轻处罚。三被告人在犯罪时均不满18周岁，系未成年人，应当从轻或者减轻处罚。三被告人以未成年人为犯罪对象，法院酌情从重处罚。三被告人均系初犯，认罪态度好，被告人于某主动退赃，被告人肖某取得被害人的谅解，法院酌情从轻处罚。辩护人提出的被告人肖某犯罪情节显著轻微的辩护意见与查明的事实不符，法院不予采纳，三辩护人提出的其他辩护意见法院予以采纳。依照《中华人民共和国刑法》第二百六十三条、第十七条、第二十五条、第二十六条、第二十七条、第六十四条、第七十二条的规定，经审判委员会研究决定，判决如下：一、被告人于某犯抢劫罪，判处有期徒刑二年，缓刑三年，并处罚金人民币1000元；二、被告人叶某某犯抢劫罪，判处有期徒刑一年四个月，缓刑二年，并处罚金人民币500元；三、被告人肖某犯抢劫罪，判处有期徒刑一年六个月，缓刑二年，并处罚金人民币500元。

【典型意义】

近年来，校园暴力事件时有发生，正值青春年华的青少年性格乖戾、行为冲动，甚至动辄刀棍相见，血溅当场，让人触目惊心。这当中，勒索财物、聚众斗殴、随意伤人等是比较典型的几种校园暴力案件类型。

本案审理中，合议庭充分贯彻"宽严相济"的刑事政策，对三被告人分别判处了相应刑罚，彰显了法律的权威，维护了受害者的合法权益。做好未成年人犯罪工作，防止校园暴力事件发生，事前的预防远比事后的惩戒效果更好，该案的审理也达到了"审理一案、教育一片"的效果。

李某某等抢劫案

——为获取毒资共谋抢劫，并利用未成年人犯罪，依法严惩

《最高人民法院公布毒品犯罪及吸毒诱发次生
犯罪十大典型案例》第 9 号
2016 年 6 月 24 日

【基本案情】

被告人李某某，男，汉族，1990 年 9 月 17 日出生，农民。

被告人王某，男，汉族，1990 年 10 月 5 日出生，农民。

被告人李某某系吸毒人员，无正当收入来源。为谋钱财，李某某伙同被告人王某指使女性未成年人杨某某、丁某某等人，以招嫖名义将嫖娼人员诱骗至隐蔽处实施抢劫。2015 年 5 月 31 日晚，杨某某、丁某某在云南省大理市一公园内招嫖，后丁某某将被害人张某某带至该市下关镇一小区单元楼入口处。丁某某打电话联系李某某，李某某、王某等人赶到后，采用暴力手段劫取张某某现金 1500 余元。

【裁判结果】

本案由云南省大理市人民法院审理。

法院认为，被告人李某某、王某以非法占有为目的，采用暴力手段劫取他人财物，其行为均已构成抢劫罪。在共同犯罪中，李某某、王某共谋抢劫，纠集未成年人参与作案，并积极实施抢劫行为，均起主要作用，系主犯，对二人均应按照其所参与的全部犯罪处罚。据此，依法对被告人李某某、王某均判处有期徒刑四年，并处罚金人民币 2000 元。

宣判后，在法定期限内没有上诉、抗诉，上述裁判已于 2016 年 4 月 19 日发生法律效力。

【典型意义】

吸食毒品花费巨大，且戒断难度大、复吸比例较高。一旦沾染毒品，即如同踏上一条"不归路"，一些吸毒人员因此倾家荡产、家庭破裂，也有一些

吸毒人员为获取购毒资金不惜以身试法、铤而走险。近年来，无收入来源的吸毒人员为获取毒资，实施抢劫、盗窃等侵财性犯罪的案件呈上升趋势。本案中，被告人李某某系吸毒人员，其为筹集毒资及生活费用，与他人共谋以色诱的方式实施抢劫，并利用女性未成年人实施犯罪，最终受到法律的严惩。未成年人杨某某系农村外出务工人员，认识李某某后受到其诱惑、哄骗开始吸毒，又在其指使下参与抢劫，走上违法犯罪道路。未成年人涉世未深，抵制诱惑、分辨是非的能力不强，容易受到身边不良因素的影响而沾染恶习。杨某某的经历充分说明毒品对未成年人的特殊危害，为广大未成年人及家长敲响了警钟。希望广大群众尤其是青少年能够深刻认识本案例的警示作用，自觉远离毒品、抵制毒品危害。

于某某抢劫案
——贯彻教育为主、惩罚为辅原则，最大限度教育、感化、挽救未成年被告人

《未成年人司法保护典型案例》第 1 号
2021 年 3 月 2 日

被告人于某某系某中学学生，先后持刀在大学校园内抢劫被害人杜某某、王某某、胡某某、徐某某等，劫得手机 3 部（共计价值人民币 753.96 元）及现金人民币 487.5 元。到案后，于某某如实供述了抢劫罪行，赃款、赃物均已发还被害人。

人民法院经审理认为，被告人于某某持刀劫取他人财物，其行为已构成抢劫罪，应予惩处。综合考虑本案的事实、情节，于某某系未成年人，认罪、悔罪态度较好，已积极赔偿被害人经济损失，得到被害人谅解；于某某在校期间表现良好，一直担任班级学生干部，连续三年被评为区、校级三好学生；此次犯罪与家庭关系紧张、与父母存在沟通障碍有一定关系等。于某某的主观恶性及社会危害性相对较小，人民法院决定依法从轻处罚，以抢劫罪判处被告人于某某有期徒刑三年，缓刑三年，并处罚金人民币 6000 元。

本案审理过程中，承办法官对被告人于某某的一贯表现等背景情况进行了详细调查，积极帮助于某某与父母之间重新建立沟通渠道。通过工作，法

官与于某某建立了良好的信任关系,于某某的性格与思想发生了很大转变。于某某在取保候审期间,返回学校参加高考,以全班第一名的成绩考入大学。案件审结后,法官定期对于某某的学习生活情况进行跟踪帮教,帮助其疏导人生困惑,增强人生自信,并与于某某的父母保持互动,督促、指导他们增强亲子沟通,缓和家庭关系。大学期间,于某某成绩优异,获得国家级奖学金,缓刑考验期满后顺利出国留学,现已完成学业回国工作。

本案是一起教育感化挽救失足未成年人、帮助其重回人生正轨的典型案例。未成年人走上违法犯罪道路,既有其自身心智发育尚不健全、尚不具备完全辨认、控制能力的原因,往往也有家庭环境等方面的原因。正是因此,我国《刑法》明确规定,对未成年人犯罪应当从轻或者减轻处罚;《刑事诉讼法》明确规定,对犯罪的未成年人实行教育、感化、挽救的方针,坚持教育为主、惩罚为辅的原则。对未成年人犯罪,应当具体分析、区别对待,在准确定罪、恰当量刑的同时,要高度重视做好对未成年被告人的教育挽救、跟踪帮扶工作;要通过认真负责、耐心细致的工作,促使犯罪的未成年人悔过自新,不再重蹈覆辙,成为遵纪守法的公民和社会的有用之才。

(二)盗窃罪

钟某某盗窃案
——盗窃亲属财产后全额退赔并获谅解,依法从宽处理

《最高人民法院发布三起人民法院贯彻宽严相济
刑事政策典型案例》第 3 号
2013 年 2 月 27 日

【基本案情】

被告人钟某某,女,汉族,1991 年 9 月 9 日出生,无业。

2010 年 6 月中旬某日,被告人钟某某到上海市新永安路 18-3 号光彩花边行找被害人陈某某(钟某某的姨母)时,在店内办公桌抽屉里发现陈某某的农业银行借记卡 1 张,遂起意并窃得该卡。同月 22 日上午,钟某某持该卡

至上海市南京东路522号上海老凤祥银楼，通过猜配密码刷卡并在签购单上冒充陈某某签名的方式，购得"千足金回购金条"3根，消费金额共计人民币128512.5元。而后，钟某某将金条予以销赃，得款用于归还其所欠他人之货款。同月27日，钟某某被抓获归案。同月30日，钟某某在其家属帮助下退赔了全部赃款。

【裁判结果】

本案由上海市黄浦区人民法院审理。最高人民法院对被告人钟某某在法定刑以下判处刑罚进行复核。

法院认为，被告人钟某某以非法占有为目的，秘密窃取他人银行卡并使用，数额特别巨大，其行为已构成盗窃罪。鉴于被告人钟某某自愿认罪，并在家属帮助下积极退赔了全部赃款，得到被害人的充分谅解，同时综合考虑被害人与被告人具有亲属关系以及被告人的悔罪表现等情况，可对被告人在法定刑以下判处刑罚并适用缓刑。据此，对被告人钟某某判处并核准有期徒刑三年，缓刑三年。

李某盗窃案

《最高人民法院发布98起未成年人审判工作典型案例》第40号

2014年11月24日

【基本案情】

2011年10月15日13时许，未成年被告人李某伙同成年被告人卢某某、罗某某窜至深圳市宝安区某房间，由罗某某负责在外面望风，李某、卢某某则用事先准备好的工具打开房门，2人进入房间盗窃了被害人曾某某的笔记本电脑一台（价值人民币838元）和手机一部。后3人将上述物品销赃并平分了赃款。

【裁判结果】

广东省深圳市宝安区人民法院经审理认为，李某的行为已构成盗窃罪。在共同犯罪中，李某、卢某某是主犯，由于李某犯罪时不满18周岁，且认罪态度较好，判处有期徒刑六个月，缓刑一年，并处罚金人民币500元。

【案例评析】

李某作为异地户籍未成年人被判处缓刑，并于考验期内进入宝安区人民法院与企业共同设立的"青少年教育基地"就业。

2008年，宝安区人民法院在东莞某文具厂设立了第一家"青少年教育基地"，为17名判处缓刑的异地户籍少年犯安排工作岗位，取得了良好的社会效果。2009年至2011年，该院又在某电器公司、某厨房管理公司先后开设两个"青少年教育基地"，并与某电器公司签订帮教协议，协议详细规定了法院少年法庭及帮教企业对进入企业的未成年罪犯的帮教、保护职责。教育基地通过同工同酬、职业培训、保密身份、生活关心等多项措施，营造"进得来、干得好、留得住"的氛围，帮教未成年罪犯重树生活信心。截至目前，共有46名缓刑少年犯进入上述3家"青少年教育基地"就业。进入上述3家帮教企业的46人中，无一人再犯罪，其中2名少年获得"优秀企业员工"荣誉称号，1名少年获得公司提拔任用。

王某某盗窃案

《最高人民法院发布98起未成年人审判工作典型案例》第43号
2014年11月24日

【基本案情】

2013年1月11日11时许，被告人王某某在珠海市香洲区前山兰埔花园楼下，见被害人张某停放在此处路边的一辆二轮摩托车（价值人民币1680元）没有上锁（车尾箱内有价值人民币1163元的电链锯一台），遂起盗窃邪念，趁无人之机，即驾驶该摩托车逃离现场。后王某某被抓获，摩托车被追回，并已发还被害人张某。

【裁判结果】

广东省珠海市香洲区人民法院根据王某某的犯罪事实、情节和悔罪态度，认定王某某犯盗窃罪，判处拘役四个月，并处罚金人民币500元。

【案例评析】

该案是香洲区法院首例引入合适成年人出庭参与未成年人诉讼案件。开庭前，法院安排了合适成年人谭某某与被告人王某某会见，便于合适成年人掌握案情的同时了解被告人王某某的成长经历、家庭环境及心理状态，充分发挥合适成年人的作用，保障未成年被告人的诉讼权利。

香洲区法院充分利用社会资源进行未成年人的帮教工作，正式颁布《珠海市香洲区人民法院关于未成年人刑事案件指定合适成年人参与诉讼的实施办法（试行）》，通过从妇联、团委、青少年志愿者协会、关工委、学校等单位推荐的人员中进行筛选，最终聘任了 24 名合适成年人。香洲法院为每一位法定代理人无法到庭参加诉讼的未成年被告人指定合适成年人，并充分发挥合适成年人对未成年人的帮扶、帮教工作。至今，香洲法院已经有 108 件刑事案件指定合适成年人参与诉讼，"代理家长"已起到良好的作用。

吴某某盗窃案

《最高人民法院发布 98 起未成年人审判工作典型案例》第 48 号

2014 年 11 月 24 日

【基本案情】

2011 年 12 月 6 日，被告人吴某某在河南省开封市某大学宿舍内将同学的三台笔记本电脑、两部照相机和两部手机偷走。经鉴定，被盗物品价值共计人民币 12020 元。案发后，被盗物品已退还被害人。

【裁判结果】

河南省开封市鼓楼区人民法院作出刑事判决，认定被告人吴某某犯盗窃罪，判处有期徒刑一年九个月，缓刑二年，并处罚金 12000 元。宣判后，吴某某未提出上诉，公诉机关也未提出抗诉，判决已生效。

【案例评析】

行为人窃取同学财物，数额较大，构成盗窃罪。本案被告人吴某某在学生宿舍经过时发现宿舍门没有锁,有机可乘,随手拿走了别人的财物,主观上有侥幸的心理,系初犯、偶犯、在校学生。经调查,吴某某平时表现尚好,且赃物已全部退还失主,确有悔罪表现,适用缓刑不致再危害社会,还可以复学,正常回归社会,有利于挽救行为人。法院判决后,在缓刑期回访吴某某,社区和学校评价都好,达到了适用缓刑的目的。

王某盗窃案

《最高人民法院发布98起未成年人审判工作典型案例》第53号

2014年11月24日

【基本案情】

2011年4月23日晚,被告人王某和其老板、被害人郭某某到河南省洛阳市某宾馆住宿。次日凌晨2时许,王某趁郭某某熟睡之际,将郭某某的东芝牌笔记本电脑一台、黄金戒指一枚、黄金吊牌一块、现金人民币800元及银行卡盗走。经鉴定,上述被盗物品价值人民币20060元,破案后均已追回并退还失主。

法院在庭审前对王某的情况进行了社会调查,查明王某自幼随父母在农村生活,8岁时父亲因病去世,由其母亲将姐妹二人抚养长大,家境困难。其母忙于生计,又要照顾更小的妹妹,疏于对王某的管教,王某休学在外打工。被害人郭某某也表示谅解王某。

【裁判结果】

河南省洛阳市涧西区人民法院认定王某犯盗窃罪,判处有期徒刑二年,并处罚金人民币2万元。王某上诉。洛阳市中级人民法院作出二审判决,维持一审判决中对上诉人王某的定罪部分;撤销对王某的量刑部分,判处王某有期徒刑二年,缓刑二年,并处罚金人民币2万元。

【案例评析】

未成年人受社会不良风气影响,对金钱、物质享受等诱惑抵抗力弱。王某的犯罪行为针对的是特定人,即与其同居的老板郭某某。郭某某与不满18

岁的未成年女子同居也有其不道德之处，并且郭某某对王某表示谅解，希望法院从轻处罚。二审法院从王某的主观恶性、悔罪表现、被害人郭某某的意思表示，综合全案予以改判。

陈某某盗窃、抢夺案

《人民法院台胞权益保障十大典型案例》案例 7
2021 年 12 月 14 日

【关键词】

刑事案件律师辩护全覆盖

【基本案情】

被告人陈某某系我国台湾地区居民。2020 年 7 月至 8 月，陈某某经事先策划后多次使用撬棍等工具撬动某珠宝店门窗，欲进入店内偷取金器，但均因无法撬开而未得逞。2020 年 8 月 12 日，陈某某经事先策划，到另一珠宝店，以购买金器为由，趁被害人郑某某不备，将郑某某拿出供其挑选的黄金项链 3 条、黄金吊坠 2 个夺走，逃离现场。经当地价格认证中心价格认定，被抢金器价值人民币 72527 元。2020 年 8 月 13 日，陈某某被抓获，公安机关当场查扣赃物黄金项链 3 条、黄金吊坠 2 个，并发还被害人。

【裁判结果】

该案立案后，陈某某对被指控的事实、罪名及量刑建议无异议，自愿签署了认罪认罚具结书。审理阶段，福建省福清市人民法院经征求被告人陈某某意见后，为其指派了刑事辩护经验丰富的律师作为辩护人。庭审中，法院加强对陈某某认罪认罚自愿性、知悉性和合法性的审查，辩护人提出被告人陈某某具有未遂、坦白、认罪认罚等从轻、从宽处理情节的辩护意见。法院对辩护意见予以采纳，同时根据其犯罪情节、认罪认罚等因素，依法确定从宽幅度，最终判决陈某某犯盗窃罪、抢夺罪。

【典型意义】

2017 年以来，最高人民法院单独或者会同有关单位发布了多件关于刑事案件律师辩护全覆盖的司法文件,尊重和保障人权,促进司法公正。最高人民法院"司法36条惠台措施"中明确规定,对符合法律援助条件的台湾当事人,应主动协调法律援助机构及时提供法律援助。台湾被告人没有委托辩护人的,可以通知法律援助机构指派律师为其提供辩护。

本案办理中,法院积极协调法律援助机构指派律师担任陈某某辩护人,为其提供法律援助,使其准确了解大陆法律规定,在依法有效惩治犯罪的同时,切实保障台湾被告人的诉讼权利。

董某、马某某等人盗窃、柴某某、许某某掩饰、隐瞒犯罪所得案

《人民法院服务保障京津冀协同发展典型案例》案例6
2023年10月10日

【基本案情】

2021年7月至8月期间,董某伙同马某某、薛某某以与工地保安李某某勾结或直接驾驶罐车前往等方式,多次潜入雄安容东片区、容西片区工地盗窃卡扣、拉杆等建筑材料,并将窃得的建筑材料卖给柴某某,柴某某明知建筑材料为赃物仍收购并转卖给许某某,许某某明知建筑材料来路不正仍予以收购。董某共实施盗窃13起,涉案价值人民币323253.4元;马某某实施盗窃12起,涉案价值人民币273093.4元;薛某某实施盗窃3起,涉案价值人民币81045元;李某某实施盗窃3起,涉案价值人民币89750元;柴某某收购倒卖13起,涉案价值人民币323253.4元;许某某收购倒卖9起,涉案价值人民币253245元。

【裁判结果】

人民法院生效判决认为,董某、马某某、薛某某、李某某以非法占有为目的,采取秘密手段多次窃取他人财物,数额巨大,其行为均已构成盗窃罪。柴某某、许某某明知他人所售财物为犯罪所得,仍予收购,情节严重,其行为均已构成掩饰、隐瞒犯罪所得罪。综合考虑各被告人具有的自首、坦白、认罪认罚等犯罪情节,以盗窃罪判处董某有期徒刑八年十个月,并处罚金人

民币4万元；马某某有期徒刑八年九个月，并处罚金人民币4万元；薛某某有期徒刑三年六个月，并处罚金人民币2万元；李某某有期徒刑三年八个月，并处罚金人民币2万元。以掩饰、隐瞒犯罪所得罪判处柴某某有期徒刑三年八个月，并处罚金人民币3万元；许某某有期徒刑三年八个月，并处罚金人民币2万元。责令董某、马某某等人共同退赔被害人损失。

【典型意义】

本案系依法打击雄安新区工地盗窃链条犯罪的典型案件。雄安新区进入大规模建设与承接北京非首都功能疏解并重阶段，人民法院依法对此类工地盗窃犯罪全链条严厉打击，从严从快审理，强力震慑不法分子，为雄安新区高质量建设、高水平管理、高质量疏解及京津冀协同发展提供了有力司法服务和保障。

（三）诈骗罪

黄某某诈骗案

《最高人民法院公布七起通过网络实施的侵犯妇女
未成年人等犯罪典型案例》第2号
2014年10月21日

【基本案情】

2011年10月，被告人黄某某用虚构的美籍华人身份，在某婚恋网站注册"相濡以沫"网名并结识女被害人谢某。交往过程中，黄某某向谢某谎称，他所在的工作机构将启动巴拿马运河航线投资项目，该项目回报率为本金的6倍，投资门槛为人民币705万元，在2012年元旦前除偿还本金外可另行给予回报1800万元，以此劝说谢某投资。谢某信以为真，同意投资上述项目。10月18日，谢某将5万元转至黄某某指定的账户。同月20日，谢某向他人高息借得200万元，先后通过银行转账等方式交予黄某某。之后，谢某又向他人高息借得490万元及积蓄10万元一并交给黄某某派来的人。谢某发现被骗后报警,追回赃款 335 万元。

【裁判结果】

上海市第一中级人民法院经审理认为,被告人黄某某以非法占有为目的,采取虚构身份、编造高额回报投资项目等方法诈骗被害人钱款达 705 万元,其行为已构成诈骗罪,且数额特别巨大。依照《刑法》有关规定,认定被告人黄某某犯诈骗罪,判处无期徒刑,剥夺政治权利终身,并处没收个人全部财产。宣判后,被告人黄某某提出上诉。上海市高级人民法院经依法审理,裁定驳回上诉,维持原判。

【典型意义】

本案是一起利用婚恋网站交友实施诈骗犯罪的案件。随着都市工作、生活节奏的加快,专业婚恋网站成为适婚男女,特别是都市白领结识异性的新平台。但由于注册门槛低、信息审核难等原因,部分婚恋网站信息虚假,容易被不法分子用于实施违法犯罪行为。一些不法分子在婚恋网站注册账号,利用虚假身份进行交友,骗取对方信任后,借机实施盗窃、诈骗、敲诈勒索甚至强奸、绑架等暴力犯罪。本案被告人在婚恋网站注册账号,以虚假身份"美籍华人"作为幌子和诱饵,博取对方好感和信任后,以投资理财为名,诈骗巨额钱财。本案被告人虽然最终受到法律严厉制裁,部分赃款亦已追回,但被害人遭受的情感创伤以及巨额财产损失很难弥补挽回。此案警示公众,尽量选择正规婚恋交友网站,审慎核实对方身份及其他信息,在未确定对方信息前不轻易付出钱财和投入感情。

许某某诈骗案

《最高人民法院发布 98 起未成年人审判工作典型案例》第 29 号

2014 年 11 月 24 日

【基本案情】

2013 年 7 月间,被告人许某某与卢某某共谋利用网络诈骗他人钱财,由卢某某提供笔记本电脑、银行卡等作案工具,并租赁某酒店式公寓等处作为诈骗窝点，许某某负责在婚恋网站诱骗女性被害人投资"彩票"实施诈骗。同年8月间，许某某在百合网搭识苏某某并取得苏某某的信任，后谎称其是澳门彩票公司的主管，以有内幕消息可让苏某某中奖为由，诱骗苏某某"投注"人民币1万元。随后，卢某某以彩票公司经理的身份电话通知苏某某中奖人民币278万元，并以需缴纳银行开户费等为由，骗取苏某某汇款人民币6万元。同月18日，卢某某又联系邱某某（另案处理）冒充"香港金融管理局"的工作人员，以苏某某的奖金被"香港金融管理局"冻结，以需解冻费用等为由，骗取苏某某再次汇款人民币8万元，后卢某某让卢某甲（另案处理）到银行的自动取款机上领取其中的人民币8万元。诈骗后，许某某分得人民币12000元。案发后，漳浦县公安局向卢某某扣押人民币15万元退还被害人苏某某。被害人苏某某对许某某表示谅解。

【裁判结果】

福建省漳浦县人民法院经审理认为，许某某伙同他人以非法占有为目的，采用虚构事实、隐瞒真相的方法，骗取他人人民币15万元，数额巨大，其行为已构成诈骗罪。公诉机关指控的罪名成立。在共同犯罪中，许某某起次要作用，是从犯，且犯罪时不满18周岁，依法应当减轻处罚，以被告人许某某犯诈骗罪，判处其有期徒刑一年六个月。

【案例评析】

本案是一起成年人与未成年人共同犯罪的网络诈骗犯罪案件，这也是未成年人犯罪的一种常见形式。在崇尚享乐、寻求高消费等不良思想影响下，部分未成年学生产生厌学情绪，梦想一夜暴富。在生存能力较弱的情况下，容易铤而走险。而且未成年人易冲动、控制能力差，情绪波动性大，好感情用事，具有极大的冲动性，社会青年会利用未成年人这些弱点纠集他们参与犯罪。本案的许某某就是因为迷恋网吧，追求享乐，继而走上诈骗犯罪的道路。

曾某某、余某某、陈某某诈骗案

《最高人民法院公布 11 起诈骗犯罪典型案例》第 2 号
2015 年 12 月 4 日

【基本案情】

2014 年 8 月 22 日，被告人曾某某在其家中摔伤腰部，因其未购买医疗保险，遂与其丈夫余某某商量冒用陈某某名义住院治疗，以骗取新农合医疗报销补偿款。陈某某在得知该情况后，仍将其新农合医疗保险手续交给余某某，用于办理新农合报销手续。后曾某某于 2014 年 8 月 22 日至 10 月 8 日在古蔺县中医院住院治疗，骗得新农合医疗报销补偿款 28402.2 元。案发后，曾某某、余某某将赃款全部退还。

【裁判结果】

2015 年 6 月 4 日，四川省古蔺县人民法院一审判决：

一、被告人曾某某犯诈骗罪，判处有期徒刑一年六个月，缓刑二年，并处罚金人民币 3 万元。

二、被告人余某某犯诈骗罪，判处有期徒刑一年四个月，缓刑一年六个月，并处罚金人民币 3 万元。

三、被告人陈某某犯诈骗罪，判处有期徒刑一年，缓刑一年，并处罚金人民币 2 万元。

宣判后，被告人均未提出上诉，公诉机关也未提出抗诉。该案现已发生法律效力。

【典型意义】

诈骗罪，是指以非法占有为目的，用虚构事实或者隐瞒真相的方法，骗取数额较大的公私财物的行为。根据全国人民代表大会常务委员会关于《刑法》第二百六十六条的解释，以欺诈、伪造证明材料或者其他手段骗取养老、医疗、工伤、失业、生育等社会保险金或者其他社会保障待遇的，属于《刑法》第二百六十六条规定的诈骗公私财物的行为。本案中，三被告人共谋由曾某某冒用陈某某的名义住院治疗报销医疗费，骗取新农合医疗保险资金，致使公共财产受到损失，其行为构成诈骗罪，应予追究刑事责任。

新型农村合作医疗，简称"新农合"，是指由政府组织、引导、支持，农民自愿参加，个人、集体和政府多方筹资，以大病统筹为主的农民医疗互助共济制度。

本案的示范意义：三被告人合谋侵吞新农合资金，最终落得退赃判刑又被处罚金的可悲下场，引导人们树立骗取新农合资金非小事的观念，给那些因法制观念淡薄、企图以身试法的人们敲响一记警钟，共同维护新农合资金的安全，让广大农民真正成为新型农村合作医疗的受益者。

梁某某诈骗案

《最高人民法院公布11起诈骗犯罪典型案例》第4号
2015年12月4日

【基本案情】

2010年三四月间，被告人梁某某以邀约被害人李某入股湖南省会同电力公司下属会某股份公司为由，先后三次向被害人李某共计收取人民币10万元入股股金，并承诺高利回报，之后被告人交给被害人一张内容为"今收到会同县安全监督局蒋某某入股湖南省会同电力有限责任公司会某股份公司股金壹拾万元整（100000.00）"的收条，该收条落款的收款人为王某某，时间为2010年4月1日。被告人梁某某收取被害人10万元股金后，并未将该10万元入股会某股份公司，而是将钱转借他人从中获取利息。经查证，湖南省会同电力有限责任公司自1999年6月股份制改造以来未曾设立过"湖南省会同电力有限责任公司会某股份公司"。被告人梁某某交给李某的收条也并非湖南省会同电力有限责任公司职工王某某所书写，系被告人梁某某所伪造。

【裁判结果】

湖南省会同县人民法院依法判决被告人梁某某犯诈骗罪，判处有期徒刑四年八个月，并处罚金人民币8000元。宣判后，被告人梁某某提起上诉。湖南省怀化市中级人民法院裁定驳回上诉，维持原判。

【典型意义】

本案被告人梁某某以非法占有为目的，采取虚构事实、隐瞒真相的方法，骗取他人财物共计人民币 10 万元，数额巨大，其行为已构成诈骗罪。民事经济纠纷与诈骗罪最大的区别在于：1. 是否虚构事实；2. 是否有非法占有的目的。本案被告人梁某某以非法占有为目的虚构事实，构成诈骗罪，其与被害人之间不是民事经济关系。在经济高速发展时代，经济纠纷也呈逐年递增趋势，一方面我们应该脚踏实地，不要贪图小便宜，以免上当受骗，另一方面我们应当懂得"君子爱财，取之有道"的道理，要争做一名遵纪守法的公民，为社会的进步贡献自己的微薄之力。

黄某某诈骗案

《最高人民法院公布 11 起诈骗犯罪典型案例》第 8 号

2015 年 12 月 4 日

【基本案情】

2013 年 10 月期间，被告人黄某某通过潘某某（小名"小小""巧巧"）介绍与河南籍男子被害人王某某相亲认识。之后王某某父子提出到被告人黄某某家看望其母亲，被告人黄某某以当地风俗要给老人红包为由让王某某打一个装有 1360 元的红包，王某某打好红包后即交给被告人黄某某。2013 年 11 月 1 日，被告人黄某某答应嫁给王某某，但提出要彩礼 38000 元，王某某及其父亲王某甲表示同意后即由王某甲在田林县邮政储蓄银行以转账的方式将 38000 元转入被告人黄某某于当天开设的账号为 621799626100009×××× 邮政储蓄银行卡。得钱后，被告人黄某某以各种理由推诿并拒绝与被害人王某某父子见面、拒接王某某电话。2014 年 3 月 1 日，被告人黄某某又通过媒婆梁某某介绍认识河南籍男子被害人王某乙。同月 7 日前后以上述方法骗取被害人王某乙人民币共计 31000 元。得钱后，被告人黄某某以各种理由推诿并拒接王某乙电话。上述诈骗所得，被告人黄某某均事后存入其持有的在中国邮政储蓄银行开户的户名为谢某、账号 621098626100207×××× 银行卡内。案发后，公安机关将上述卡内的存款予以冻结，于 2014 年 4 月 17 日发还被害人王某乙 31000 元、次日发还被害人王某某 39360 元。综上，被告人黄某某实施诈骗二起，骗取被害人共 70360 元。

【裁判结果】

广西壮族自治区百色市右江区人民法院经审理认为，被告人黄某某以非法占有为目的，以和被害人结婚为由，向被害人索要聘礼共计人民币 70360 元，数额巨大，其行为已构成诈骗罪。公诉机关指控被告人所犯罪名成立，应依法惩处。鉴于被告人黄某某归案后如实供述自己的罪行，当庭自愿认罪，且有年幼婴儿需其抚养、照顾，其诈骗所得亦已全部退还被害人，未给被害人造成损失，根据被告人的犯罪事实、性质、情节及对社会的危害程度，依法对被告人黄某某予以从轻处罚。依照《刑法》有关规定，以诈骗罪判处被告人黄某某有期徒刑三年，并处罚金人民币 15000 元。

【典型意义】

这是一起以婚为媒诈骗他人财物的案例，这一类型的案件主要发生在农村地区，诈骗对象多为外地人，通过所谓"熟人"介绍进行诈骗，多是以虚构收取彩礼钱的少数民族地区婚嫁风俗为由向男方骗取数额较大的礼金，诈骗成功后立即消失或者断绝联系。本案中，被告人黄某某以和被害人结婚为由，向两名被害人索要聘礼共计人民币 70360 元，数额巨大，导致被骗者人财两空，经济陷入困难，心理受到极大伤害。但考虑到被告人黄某某案发后能够全部退还诈骗所得，且有年幼婴儿需其抚养、照顾，法院对其从轻处罚。

黄某某诈骗案

《最高人民法院公布 11 起诈骗犯罪典型案例》第 9 号
2015 年 12 月 4 日

【基本案情】

2012 年 5 月 29 日，被告人黄某某明知自己没有生病住院的情况，而将本人在广东省中山大学附属第五医院住院疾病证明书、住院费用明细清单、住院收费收据、出院记录等虚假住院材料交给其妻子张某某，并让张某某到天等县新型农村合作医疗管理中心上映经办点申报新农合住院医药费用总额49322.05元。2012年7月9日,黄某某获得住院医药费补偿金额37308.9元。经核实,黄某某住院发票、疾病证明书、出院记录、费用明细清单等住院材料均不是广东省中山大学附属第五医院出具。

【裁判结果】

广西壮族自治区崇左市天等县人民法院经审理认为,被告人黄某某以非法占有为目的,采取虚构、隐瞒真相的方法,骗取新型农村合作医疗资金37308.9元,数额巨大,其行为已触犯《刑法》第二百六十六条的规定,构成诈骗罪。公诉机关指控被告人黄某某犯诈骗罪的罪名成立。被告人黄某某归案后能如实坦白罪行,并能当庭自愿认罪,依法予以从轻处罚。根据被告人黄某某犯罪的事实、性质、情节及对社会的危害程度,依照《刑法》第二百六十六条、第六十一条、第六十七条第三款、第五十二条、第五十三条,《最高人民法院、最高人民检察院关于办理诈骗刑事案件具体应用法律若干问题的解释》第一条第一款和《最高人民法院关于适用财产刑若干问题的规定》第二条第一款的规定,判决被告人黄某某犯诈骗罪,判处有期徒刑三年二个月,并处罚金人民币5000元。一审宣判后,被告人黄某某不服一审判决,以一审不认定其系从犯问题向崇左市中级人民法院提出上诉。崇左市中级人民法院经审理后认为,原判决认定事实和适用法律正确、量刑适当,遂裁定驳回上诉,维持原判。

【典型意义】

本案的争议焦点是被告人黄某某应否认定主从犯问题。根据《刑法》第二十五条第一款规定,共同犯罪是指二人以上共同故意犯罪。本案中,只有被告人黄某某的供述中提到其持有的其本人在广东省中山大学附属第五医院的虚假住院材料系黄某甲所提供,但无其他证据与之印证,况且黄某甲外出务工,至今去向不明,故现有证据不足以证实被告人黄某某持有的其在广东省中山大学附属第五医院的虚假住院材料系黄某甲所提供,与黄某甲存在共同犯罪的事实,本案不宜认定主从犯。因此,连共同犯罪事实是否存在问题都无法认定,更谈不上认定主从犯问题。

黄某某、李某某、梁某某、李某甲诈骗案

《最高人民法院公布 11 起诈骗犯罪典型案例》第 10 号
2015 年 12 月 4 日

【基本案情】

2014 年 5 月至 2014 年 8 月,被告人黄某某、李某某、梁某某、李某甲事前通谋分工后,由被告人李某某充当从外地来高价收购手机的老板,被告人李某甲充当老板司机(李某甲不参与时,李某某自己驾车),被告人黄某某充当认识手机销售老板,被告人梁某某充当手机销售老板的弟弟,然后,四被告人分乘两辆车上路,寻找作案目标。当出现目标时,被告人李某某和李某甲以找某人为由骗受害人上车带路,被告人李某某对受害人谎称自己是外地来高价收购手机的老板,并将受害人已经上钩的信息,通过手机告知被告人黄某某、梁某某,以便被告人黄某某、梁某某设好骗局。途中,被告人黄某某在路边出现时,被告人李某某便假装问被告人黄某某是否认识有手机出售的某人,被告人黄某某谎称认识某人并表示愿意带去找人。当到了他们已经设好的地点时,被告人李某某谎称因为不是做正当生意的,不便与手机销售老板见面,便下车等候,故意让被告人李某甲搭载受害人与被告人黄某某一起去找手机销售老板。当被告人梁某某出现时,被告人黄某某便假装问充当手机销售老板弟弟的被告人梁某某,说有外地老板来收购手机,被告人梁某某谎称是某人的弟弟,可以自己做主做这笔生意。然后,被告人黄某某以给收购老板看样机和商谈价钱为名,由被告人李某甲载着受害人和被告人黄某某,在被告人李某某和梁某某之间来回往返,故意让受害人在场听到生意双方给出的价格,让受害人觉得这笔生意有差价可赚,然后设法让受害人出资参与做这笔生意。当骗得受害人钱财时,被告人李某某谎称自己先去取货,让受害人等候通知,借故支开受害人,然后,被告人黄某某、李某某、梁某某、李某甲乘机一起逃离现场。被告人通过上述手段实施诈骗的事实如下:

2014 年 5 月 16 日,被告人黄某某、李某某、梁某某、李某甲在邕宁至灵山二级公路邕宁区中和路段那良岔路口,骗取受害人施某某人民币 27000 元。

2014 年 6 月 8 日,被告人黄某某、李某某、梁某某在邕宁区中和乡新安

村委会附近的木材厂路口，骗取受害人施某某 11400 元。

2014 年 8 月 20 日，被告人黄某某、李某某、梁某某、李某甲在邕宁区百济乡至钦州市新棠镇县道上，骗取受害人阮某某 4 万元。

另查明，被告人黄某某因犯诈骗罪于 2006 年 11 月 21 日被广西壮族自治区环江毛南族自治县人民法院判处有期徒刑六年六个月，罚金 1 万元。于 2011 年 2 月 28 日刑满释放。

本案审理过程中，被告人李某某、梁某某、李某甲的家属全部退赔了受害人的损失，并取得了受害人的谅解。

【裁判结果】

南宁市邕宁区法院经审理后认为，被告人黄某某、李某某、梁某某、李某甲以非法占有为目的，采用虚构事实和隐瞒真相的方法，骗取他人财物，数额巨大，其行为构成诈骗罪。在共同犯罪中，被告人黄某某、李某某、梁某某、李某甲分工合作，互相配合，积极实施，共同分赃，均起主要作用，均是主犯，依法应当按照其所参与的全部犯罪处罚。被告人黄某某曾犯诈骗罪被判处有期徒刑，刑罚执行完毕后，在五年以内再犯应当判处有期徒刑以上刑罚之罪，是累犯，依法应当从重处罚。被告人黄某某、李某某、梁某某多次犯罪，且诈骗 70 周岁以上老人二人；被告人李某甲参与诈骗 70 周岁以上老人一人；均依法可以酌情从重处罚。被告人黄某某、李某某、梁某某、李某甲如实交代自己的罪行，依法可以从轻处罚。被告人李某某、梁某某、李某甲全部退赔了受害人的损失，并取得了受害人谅解，依法可以酌情从轻处罚。依照《刑法》有关规定，以诈骗罪判处被告人黄某某有期徒刑五年，并处罚金 5000 元；李某某有期徒刑三年二个月，并处罚金 5000 元；梁某某有期徒刑三年二个月，并处罚金 5000 元；李某甲有期徒刑三年，并处罚金 4000 元。

【典型意义】

本案作案手法较为典型，作案对象大多为中老年人，但却屡屡得手，主要是因为中老年人大多有点积蓄，且又爱贪图小利。被告人通过虚构事实的手段，让中老年人认为有利可图而陷入骗子的圈套。本案被告人作案次数多，涉案金额巨大，各被告人有不同的量刑情节，法院综合被告人的犯罪事实、性质、情节及社会危害程度,对其各自判处相应的刑罚,符合罪责刑相适应原则。

林某某诈骗案

《最高人民法院公布 11 起诈骗犯罪典型案例》第 11 号
2015 年 12 月 4 日

【基本案情】

2012 年 4 月至 8 月期间,被告人林某某在任职东兴市马路镇村镇规划建设站站长期间,利用其工作上的便利,骗取他人的土地使用权证或房产证,并伪造证件的主人以土地或房屋向其抵押借款的协议,虚构有人向其高息抵押借款的事实,欺骗被害人李某某等人为借款提供资金,其中从李某某处骗取人民币 89.07 万元,从腾某某处骗取人民币 17.2 万元,从宋某某处骗取人民币 20.18 万元,从苏某某处骗取人民币 5.12 万元。

【裁判结果】

2014 年 3 月 7 日,东兴市人民法院一审以合同诈骗罪判处被告人林某某有期徒刑十三年,并处罚金 20 万元。林某某不服一审判决,向防城港市中级人民法院提起上诉。经防城港市中级人民法院审理认为,上诉人林某某以非法占有为目的,虚构有人向其高息抵押借款的事实,欺骗被害人为其借款提供资金,从而骗取被害人钱款,数额特别巨大,其行为已构成诈骗罪。依照《刑法》有关规定,以诈骗罪判处林某某有期徒刑十一年,并处罚金人民币 20 万元。

【典型意义】

近年来,随着边境贸易的发展壮大,以及走私、跨境赌博等非法活动猖獗,间接地催生了东兴市高利贷市场的发展,很多民间资本为了追逐高回报纷纷进入。而本案中林某某正是利用受害人这种心理实施了诈骗。本案警醒人们在投资时应选择正规途径,理性投资。

周某某等人虚构推荐优质股票诈骗案

《最高人民法院发布9起电信网络诈骗犯罪典型案例》第1号

2016年3月4日

【基本案情】

2010年5月,被告人周某某为实施诈骗活动,承租了江西省南昌市红谷滩新区红谷经典大厦某楼层,并通过中介注册成立了江西某科技有限公司。周某某将招聘来的数十名公司员工分配至公司下属名爵、德联、创达三个部门,并安排专人负责财务、后勤等事务。三个部门又各下设客服部、业务组和操盘部。其中,客服部负责群发"经公司拉升的某只股票会上涨"等虚假手机短信,接听股民电话,统计股民资料后交给业务组。业务组负责电话回访客服部提供的股民,以"公司能调动大量资金操纵股票交易""有实力拉升股票""保证客户有高收益"等为诱饵,骗取股民交纳数千元不等的"会员费""提成费"。操盘部又称证券部,由所谓的"专业老师"和"专业老师助理"负责"指导"已交纳"会员费"的客户购买股票,并负责安抚因遭受损失而投诉的客户,避免报案。2010年7月至2011年4月间,周某某诈骗犯罪团伙利用上述手段诈骗344名被害人,骗得钱款共计3763400元。

【裁判结果】

本案由江西省南昌市中级人民法院一审,江西省高级人民法院二审。现已发生法律效力。

法院认为,被告人周某某等人采用虚构事实、隐瞒真相的方法,以"股票服务"的手段骗取他人钱款,其行为已构成诈骗罪。其中,被告人周某某以实施诈骗犯罪为目的成立公司,招聘人员,系主犯。据此,以诈骗罪判处被告人周某某有期徒刑十五年,并处没收财产人民币100万元;以诈骗罪判处陆某某等被告人十年至二年六个月不等有期徒刑。

【典型意义】

本案是以虚构推荐所谓的"优质股票"为手段实施诈骗的典型案件。随着经济的快速发展，参与炒股的人群急速增多。有不法分子即抓住部分股民急于通过炒股"致富"的心理，通过"推荐优质股票"实施诈骗行为。被告人周某某组织诈骗犯罪团伙，先通过向股民群发股票上涨的虚假短信，后通过电话与股民联系，谎称公司掌握股票交易的"内幕信息"，可由专业技术人员帮助分析股票行情、操纵股票交易，保证所推荐的股票上涨，保证客户获益等，骗取客户交纳"会员费""提成费"。一旦有受损失的客户投诉、质疑，还有专人负责安抚情绪，避免客户报案。以周某某为主的诈骗团伙分工明确，被害人数众多，诈骗数额特别巨大。希望广大股民在炒股过程中，不要轻信所谓的"内幕消息"，不要盲目依赖所谓的"股票咨询服务"等，应当充分认识股票投资客观上所具有的风险性，谨慎作出投资理财的决定。

谢某甲、谢某乙等人推销假冒保健产品诈骗案

《最高人民法院发布9起电信网络诈骗犯罪典型案例》第2号
2016年3月4日

【基本案情】

被告人谢某甲、谢某乙系堂兄弟，二人商议在河北省兴隆县推销假冒保健产品。2012年10月至2013年7月间，谢某甲、谢某乙利用从网络上非法获取的公民个人信息，聘用多个话务员，冒充中国老年协会、保健品公司工作人员等身份，以促销、中奖为诱饵，向一些老年人推销无保健品标志、未经卫生许可登记的"保健产品"。如话务员联系的受话对象确定购买某个产品后，则由负责核单的人进行核实、确认，再采取货到付款方式，通过邮政速递有限公司寄出货物，回收货款。谢某甲等人通过上述手段，共销售3000余人次，涉及全国20余省份，涉案金额共计1886689.84元。

【裁判结果】

本案由河北省兴隆县人民法院一审，河北省承德市中级人民法院二审。现已发生法律效力。

法院认为，被告人谢某甲、谢某乙等人以非法占有为目的，采取虚构事实、隐瞒真相的方法，以推销假冒保健产品的手段骗取他人财物，其行为均

已构成诈骗罪。被告人谢某甲、谢某乙系本案的发起人，谢某甲出资租赁从事诈骗活动的房屋，购买从事诈骗的器材、设备，组织进货，谢某乙提供熟悉推销方法的话务员，二被告人均系主犯。据此，以诈骗罪分别判处被告人谢某甲、谢某乙有期徒刑十一年，并处罚金人民币10万元；以诈骗罪判处陈某某等被告人三年至一年不等有期徒刑或单处罚金。

【典型意义】

本案是以推销假冒保健品为手段实施诈骗的典型案件。目前，我国老年人数量不断攀升。随着生活水平的提高，老年人日益注重养生和保健，社会上针对老年人推销保健品的情况较为常见。被告人谢某甲、谢某乙雇用多人，冒充老年协会、保健品公司工作人员等身份，以促销、中奖为诱饵，打电话向老年人推销假冒保健品，诈骗巨额钱财，且被骗老年人数众多，分布范围广，社会影响极为恶劣。希望广大老年朋友提高警惕，不要轻信通过电话推销保健品的人员，应通过正规渠道购买适合自己身体状况的保健品。

吴某某等人发送医保卡出现异常虚假语音信息诈骗案

《最高人民法院发布9起电信网络诈骗犯罪典型案例》第3号
2016年3月4日

【基本案情】

2013年7月份，我国台湾地区人员"阿水"（另案处理）组织我国台湾地区被告人吴某某等人前往老挝万象进行电信诈骗活动。该团伙在万象设置窝点，将事先编辑好的诈骗语音包通过网络电话向中国大陆各省市固定电话用户群发送语音信息，谎称被害人"医保卡出现异常，有疑问则回拨电话"。待被害人回拨时，电话转到冒充医保中心工作人员的团伙一线人员，谎称被害人的医保卡涉嫌盗刷违禁药品，要求被害人向公安机关"报案"，并引导被害人同意由其转接公安机关的报案电话，后一线人员将电话转接给冒充公安人员的团伙二线人员接听。其间，二线人员以预先更改好来电显示号码的"公安局号码"与被害人通话以取得被害人信任，后套取被害人个人信息，谎称被害人银行账户存在安全问题,并将电话转至冒充检察院工作人员的团伙三线人员,要求被害人将银行卡内的存款转到指定账户,进行所谓的"资金清查比对",以此手段骗取被害人钱财。吴某某等人诈骗金额共计10192500元。

【裁判结果】

本案由福建省晋江市人民法院一审,福建省泉州市中级人民法院二审。现已发生法律效力。

法院认为,被告人吴某某等人以非法占有为目的,通过互联网等电信技术方式发布虚假信息,对不特定多人实施诈骗,其行为已构成诈骗罪。其中,吴某某负责召集、管理、培训人员,起主要作用,系主犯。据此以诈骗罪判处被告人吴某某有期徒刑十三年六个月,并处罚金人民币20万元;以诈骗罪判处庄某某等被告人十二年六个月至二年不等有期徒刑。

【典型意义】

本案是以发送医保卡出现异常的虚假语音信息实施诈骗的典型案件。随着我国医疗保险制度的逐步完善,参保人员已逐步实现全覆盖,医保卡已成为人们经常使用的卡种,与百姓生活息息相关。被告人吴某某等人在境外设立窝点,设置三线人员分别冒充医保中心工作人员、公安人员、检察院工作人员,先发送"医保卡出现异常,有疑问则回拨电话"的虚假语音信息,后通过三线人员的连环诈骗,套取被害人的个人信息,诱骗被害人将存款转至"指定账户",从而骗得钱款。提醒广大医疗参保人员不要轻信医保卡出现异常的电话语音信息,更不要轻易在电话中将重要个人信息告知陌生人。

曾某某等人以我国台湾地区居民为犯罪对象诈骗案

《最高人民法院发布9起电信网络诈骗犯罪典型案例》第4号
2016年3月4日

【基本案情】

2012年8月至2012年12月间,被告人曾某某伙同他人在福建省漳州市多个居民小区内租房作为诈骗窝点，在各窝点搭建可任意设置显示号码的网络电话平台，并安排被告人吕某某等七人作为窝点负责人，组织窝点内人员实施诈骗。具体实施诈骗的人员分工配合，利用曾某某提供的我国台湾地区居民个人信息资料拨打电话，由冒充商店超市工作人员的窝点人员虚构我国台湾地区居民"因购物有错误付款须取消"的事实，再由冒充银行客户服务人员的窝点人员以"帮助取消上述分期付款业务"为由，诱骗我国台湾地区居民到 ATM 自动取款机操作，将银行存款转账到窝点人员提供的银行账户，从而骗取钱财。其中，我国台湾地区被告人颜某某介绍能提供接收诈骗赃款的银行账户的我国台湾地区人员给曾某某，还用自己的银行卡为曾某某接收诈骗赃款。曾某某等人诈骗金额共计 3018112 元。

【裁判结果】

本案由福建省平和县人民法院审理。现已发生法律效力。

法院认为，被告人曾某某等人以非法占有为目的，拨打不特定多数人电话，虚构事实骗取他人钱财。被告人颜某某明知曾某某实施诈骗活动，而为其介绍他人提供通信工具、网络技术支持；提供银行卡并转账、支取诈骗所得款项，帮助实施诈骗。二被告人的行为均已构成诈骗罪。被告人曾某某起组织、指挥作用，系主犯。据此，以诈骗罪判处被告人曾某某有期徒刑十一年五个月，并处罚金人民币 50 万元；以诈骗罪判处颜某某等被告人十年九个月至八个月不等有期徒刑、管制或者单处罚金。

【典型意义】

本案是以我国台湾地区居民为诈骗对象的典型案件。本案中，曾某某等大陆被告人与我国台湾地区被告人相勾结，针对我国台湾地区居民进行诈骗，由我国台湾地区被告人提供我国台湾地区居民个人信息资料和网络技术支持，并且提供银行卡用于转账、支取诈骗所得款项。大陆被告人设置窝点，通过拨打电话实施具体诈骗行为。本案的发布，表明无论犯罪分子来自何地，针对何人，只要触犯我国法律，必将受到法律的惩处。

上官某某等人帮助诈骗团伙转取赃款诈骗案

《最高人民法院发布9起电信网络诈骗犯罪典型案例》第5号
2016年3月4日

【基本案情】

2013年11月至2014年1月,被告人上官某某与诈骗团伙共谋后,商定帮助诈骗团伙提取诈骗所得的赃款,以牟取非法利益。其后,上官某某提供食宿,并支付每日数百元报酬,雇用被告人上官某甲、上官某乙取款。上官某某与诈骗团伙事先联系后,带领上官某甲等人前往广东省深圳市、惠州市、东莞市等地,在银行ATM机上为诈骗团伙取款或转账,一人取款时,其他人在旁望风。上官某某等人参与为诈骗团伙提取、转账诈骗赃款共计8954413.78元。此外,2013年3月至8月,上官某某还采用向不特定人发放虚假兑奖卡的手段,骗取他人财物共计88671.09元。

【裁判结果】

本案由福建省厦门市中级人民法院审理。现已发生法律效力。

法院认为,被告人上官某某以非法占有为目的,采用向不特定人发放虚假兑奖卡的手段,骗取他人财物,并伙同被告人上官某甲、上官某乙为诈骗犯罪团伙提取、转账诈骗所得赃款,其行为已构成诈骗罪。其中,上官某某负责与诈骗团伙的上线联系取款、交款等事宜,雇用上官某甲、上官某乙等人取款,在共同犯罪中起主要作用,系主犯。上官某某还系累犯,依法应当从重处罚。据此,以诈骗罪判处被告人上官某某有期徒刑十三年,并处罚金人民币20万元;以诈骗罪分别判处被告人上官某甲、上官某乙有期徒刑八年和有期徒刑五年。

【典型意义】

本案是帮助诈骗团伙转取赃款犯罪的典型案件。随着电信网络诈骗犯罪的蔓延,社会上出现了专门为诈骗团伙转取赃款而牟取非法利益的"职业取款人"。这类犯罪分子通过频繁更换银行卡、身份证和手机号码,辗转各地为诈骗犯罪团伙转取款,作案手段极为隐蔽,严重干扰、阻碍了司法机关打击电信网络诈骗犯罪活动。本案中,被告人上官某某在与诈骗团伙共谋后,使用700余张银行卡,纠集、雇用人员,专门为诈骗团伙转取赃款,其取款的行为直接关系到诈骗目的能否实现,已构成诈骗罪的共犯。本案的公布,在于说明为诈骗团伙转取赃款,依法属于共同诈骗犯罪,同样要受到法律的惩处。

秦某某等人发送考试改分等虚假信息诈骗案

《最高人民法院发布9起电信网络诈骗犯罪典型案例》第6号
2016年3月4日

【基本案情】

2014年4月至8月,被告人秦某某分别伙同被告人康某某等人,以发送"代考""考后改分"等虚假信息进行诈骗。秦某某事先购置银行卡、手机卡和QQ号,分配给康某某等人,而后,秦某某找人发送虚假手机短信,谎称可以考后改分、代考等,并留下联系方式。如有人联系考后改分或代考,由康某某等人各自以"定金"等方式诱骗对方汇款至指定的银行账户,再将被害人信息交给秦某某,由秦某某冒充各地教育部门或人社部门的"领导",以"保证金"等名义继续诱骗被害人汇款至指定的银行账户。秦某某等人用此种手段诈骗10起,骗得金额共计60700元。

【裁判结果】

本案由湖南省双峰县人民法院审理。现已发生法律效力。

法院认为,被告人秦某某伙同他人以非法占有为目的,虚构事实,诈骗被害人钱财,其行为已构成诈骗罪。在共同犯罪中,秦某某系主犯。据此以诈骗罪判处被告人秦某某有期徒刑五年,并处罚金人民币6万元;以诈骗罪判处康某某等被告人一年六个月至九个月不等有期徒刑。

【典型意义】

本案是通过发送"考后改分"等"代考"虚假信息实施诈骗的典型案

件。目前，各类从业资格和职业职称考试种类繁多，此类考试结果如何，直接关系到考生的就业、升职等个人利益。一些不法分子即利用个别考生或其家属的投机心态进行诈骗。本案中，被告人发送可以帮助"考后改分""代考"等虚假信息，以"定金"等方式先诱骗被害人汇款至指定的银行账户，而后又假冒教育部门工作人员等身份，以"保证金"等名义继续骗取被害人的财物，社会影响极为恶劣。希望广大考生及亲属以平常心面对社会竞争，不要心存侥幸，轻信此类虚假消息，应本着诚实付出的态度参加各类考试，共同促使社会进一步形成诚实守信、公平竞争的良好氛围。

羊某某开设虚假机票网站诈骗案

《最高人民法院发布9起电信网络诈骗犯罪典型案例》第7号
2016年3月4日

【基本案情】

2014年7月起，被告人羊某某伙同他人开设虚假的代购机票网站"航空票务"，以实施网络诈骗。当被害人上网搜索到虚假的代购机票网站，并拨打电话400892×××联系时，即以"代购机票机器故障"或"票号不对，未办理成功"等为由，诱骗被害人到自动取款机进行操作，转账汇款至被告人指定的账号，羊某某负责取款。羊某某等人用此种手段诈骗2起，骗得金额共计49573元。

【裁判结果】

本案由海南省儋州市人民法院审理。现已发生法律效力。

法院认为，被告人羊某某以非法占有为目的，伙同他人用虚构事实的方法，通过互联网骗取被害人钱财，数额较大，其行为已构成诈骗罪。据此，以诈骗罪判处被告人羊某某有期徒刑一年八个月，并处罚金人民币4000元。

【典型意义】

本案是通过开设虚假机票网站进行诈骗的典型案件。目前，选择航空方式出行的人越来越多，通过网络或电话订购机票也已成为常态。本案中，被告人通过开设虚假的机票网站,当被害人订购机票时,以"机器故障"等为由,诱骗被害人将钱款转账至被告人控制的银行账户,从而骗得钱财。希望群众在准备出行时,应向各大航空公司的正规官方网站或客服热线订票或进行退票、改签等操作,切不可贸然选择陌生网站并听从陌生电话的指挥进行转账汇款。

陈某发布电视节目中奖虚假信息诈骗案

《最高人民法院发布9起电信网络诈骗犯罪典型案例》第8号
2016年3月4日

【基本案情】

2014年7月起,被告人陈某在百度吧、阿里巴巴等网站,发布关于在"中国好声音""星光大道"等栏目中奖的虚假信息,同时还发布关于"抽奖活动的二等奖是真的吗""中国好声音有场外抽奖活动吗""北京市中级人民法院电话是多少""北京市人民法院咨询电话是多少"等虚假咨询问题,并在网上予以回复,借此在网上留下虚假的"栏目组客服电话"或"北京市中级人民法院""北京市人民法院"的联系电话。当被害人拨打上述虚假联系电话咨询时,陈某冒充客服人员或法院工作人员称,被害人所咨询的信息是真实的,并告知被害人如要领奖,需将"手续费"或者"风险基金"汇入指定的银行账户。陈某用此种手段实施诈骗2起,骗得金额共计8800元。

【裁判结果】

本案由海南省儋州市人民法院审理。现已发生法律效力。

法院认为,被告人陈某以非法占有为目的,利用互联网发布虚假信息,骗取他人钱财,数额较大,其行为已构成诈骗罪。据此,以诈骗罪判处被告人陈某有期徒刑六个月,并处罚金人民币2000元。

【典型意义】

本案是通过发布电视节目中奖虚假信息进行诈骗的典型案件。观看电视节目是老百姓喜闻乐见的休闲娱乐方式,近几年来,"中国好声音""星光大道"等电视综艺节目的收视率甚高,利用此类电视节目进行诈骗,潜在的被害人范围较为广泛,社会影响较为恶劣。本案中,被告人不仅在百度吧等网站发布电视栏目中奖的虚假信息,同时还发布"配套"的虚假咨询问题在网上予以回复,以此打消被害人的怀疑和顾虑。而后在被害人拨打领奖电话时,以"手续费"或者"风险基金"等名义,诱骗被害人将钱款汇入指定账户。此类作案手段具有很强的蒙蔽性。希望广大群众在看到电视节目中奖之类的信息后要提高警惕,向电视台或是电视栏目组官方网站、客服电话进行核实。此外,有关网站也应切实履行监管义务,对发布信息的真实性加强审核,防止犯罪分子利用网络平台进行诈骗。

罗某甲、罗某乙假冒 QQ 好友诈骗案

《最高人民法院发布 9 起电信网络诈骗犯罪典型案例》第 9 号
2016 年 3 月 4 日

【基本案情】

2014 年 8 月至 11 月,被告人罗某甲、罗某乙利用在互联网上盗取的 QQ 号码或者利用将其申请的 QQ 号码信息更改为被害人亲属的 QQ 信息等方式,冒充被害人亲属的身份,以"亲友出车祸急需借钱救治"等理由,诱骗被害人汇款至其指定账户。罗某甲、罗某乙用此种手段实施诈骗 2 起,骗得金额共计 65000 元。

【裁判结果】

本案由广西壮族自治区宾阳县人民法院审理。现已发生法律效力。

法院认为,被告人罗某甲、罗某乙以非法占有为目的,通过 QQ 采取虚构事实、隐瞒真相的方式,骗取他人财物,数额巨大,其行为均已构成诈骗罪;罗某乙明知是犯罪所得而予以转移,其行为还构成掩饰、隐瞒犯罪所得罪。据此以诈骗罪判处被告人罗某甲有期徒刑四年,并处罚金人民币 1 万元;以诈骗罪、掩饰、隐瞒犯罪所得罪判处被告人罗某乙有期徒刑二年,并处罚金人民币 5000 元。

【典型意义】

本案是假冒QQ好友身份进行诈骗的典型案件。目前QQ、微信等网络聊天软件已经替代传统方式成为社会主流沟通方式之一。这种以网络账号代表身份、"见字不见人"的聊天方式,容易被犯罪分子利用进行诈骗。本案中,被告人通过QQ号码冒充被害人亲属,以"亲友出车祸急需借钱救治"等容易使被害人心急冲动而不进行理性分析判断的借口,诱骗被害人汇款至其指定账户。希望广大QQ用户、微信用户注意对本人网络聊天工具用户信息的保护,以防被盗,一旦被盗要及时向软件运营方报案。同时,在收到亲友网上发送的要求转账之类的信息时,应认真进行核实,切不可贸然汇款。此外,网络聊天工具的运营方也应加强监管和技术革新,切实保护用户的个人信息安全。

丘某某诈骗案

《最高人民法院发布十起关于弘扬社会主义核心
价值观典型案例》第3号

2016年8月22日

【基本案情】

2014年,被告人丘某某与李某相识后,丘某某称在文化教育方面有认识的领导,能办理教师调动等事项,并取得李某的信任。2014年9月,李某找到丘某某帮忙办理其朋友谢某报刊亭的事情。在办理过程中,丘某某收取了李某转交的谢某的45000元。

2014年11月,李某找到丘某某帮助其朋友谢某的嫂子进入广东省河源市某中学工作,丘某某答应帮其办理。在办理过程中,丘某某以需要相关经费等理由,通过银行转账、现金交付等方式骗取了被害人85000元。

2014年12月,李某再次找到丘某某,让丘某某帮助王某进入河源市源城区某小学工作,丘某某答应帮忙办理。在办理过程中,丘某某以找工作需要经费为由骗取了被害人王某6万元。

其间,因办理报刊亭的事情长期未果,为应付李某的不断催促,丘某某便于 2015 年 2 月弄了个假的《个体工商户营业执照》交给谢某，企图蒙混过去，不料露出马脚。2015 年 3 月 13 日，丘某某被公安机关抓获。

【裁判结果】

广东省河源市源城区人民法院经审理认为，被告人丘某某无视国家法律，以非法占有为目的，虚构事实，骗取他人财物价值 19 万元，数额巨大，其行为已构成诈骗罪。鉴于被告人丘某某当庭自愿认罪，如实供述自己的罪行，可酌情从轻处罚。遂依法作出一审判决：被告人丘某某犯诈骗罪，判处有期徒刑五年八个月，并处罚金 5000 元。

宣判后，丘某某未上诉，本案刑事判决已发生法律效力。

【典型意义】

从审判实践来看，包括本案在内的不少以找工作、替人办事为名的诈骗案件中发现，犯罪分子的骗术并不高明，只是抓住了被害人急于求成、想走捷径的心理，从而让犯罪分子有机可乘。此类诈骗时有发生，法官告诫广大市民不要轻易相信社会上人员所谓的"有关系""有门路"，应通过正规的途径去找工作、办事，切勿贪走捷径，谨防上当受骗。

戴某某等 32 人诈骗案

《最高人民法院发布六起惩治电信诈骗犯罪典型案例》第 1 号
2016 年 9 月 30 日

【基本案情】

2013 年 8 月，北京市海淀区人民法院审结一起跨国团伙电信诈骗案，对戴某某等 30 余名被告人以诈骗罪判处刑罚。

2011 年 8 月底，被告人戴某某、王某某、周某受雇用参加他人组织的针对中国大陆公民的电信诈骗团伙，并持旅游签证出境到老挝人民民主共和国，后被安排在位于万象市西沙达腊县彭巴报村 24 组的一栋别墅内从事电信诈骗活动。3 人主要负责接听被害人回拨的电话，并按月领取工资及提成。戴某某等实施诈骗行为的方式为：1 名我国台湾地区男子每天通过互联网向全国各地发送语音包，内容是对方因涉嫌恶意透支信用卡被法院传唤，需要查询详情的就会给转接人工查询，戴某某等3人便冒充法院工作人员接听电话，并按照话术内容告诉对方恶意透支信用卡未还钱涉嫌刑事犯罪，若对方予以否认，便帮助对方将电话转接给二线人员，由二线人员冒充公安局工作人员继续进行诈骗，诱导被害人向指定账户内转账或汇款，从而骗取被害人钱财。同年9月26日，戴某某等3人在该别墅内被老挝国家警察局抓获，同年9月30日被移交我国公安机关。

2011年8月底至9月初，被告人黄某某等29人相继受雇用参加他人组织的针对中国大陆公民的电信诈骗团伙，并持旅游签证出境到老挝人民民主共和国，在位于万象市西沙达腊县撒潘通村19组的一栋别墅内从事电信诈骗活动。黄某某等29人主要负责接听被害人回拨的电话，并按月领取工资及提成。诈骗团伙成员冒充公安局、检察院和法院等司法机关工作人员，按照话术要求，接听被害人回拨的电话，虚构被害人的信用卡因购物等被恶意透支的虚假信息，诱使对方向指定账户内转账或汇款，从而骗取被害人钱财。同年9月16日，该团伙又从被害人马某某处成功骗取人民币41万元。经马某某报案，9月26日，黄某某等29人在该别墅内被老挝国家警察局抓获，9月30日被移交我国公安机关。

【裁判结果】

海淀法院经审理认定，戴某某等32名被告人以非法占有为目的，利用拨打电话等电信技术手段对不特定多数人实施诈骗，构成诈骗罪；该诈骗团伙冒充公检法工作人员实施的跨国电信诈骗行为不仅损害司法机关声誉，而且严重干扰了广大群众的正常生活，故对32名被告人以诈骗罪分别判处二年六个月至六年不等的有期徒刑，并处罚金。

【典型意义】

电信诈骗犯罪多为团伙作案，根据统计，北京法院有50%以上的电信诈骗案件出现3人及3人以上的诈骗团伙。本案系近年来北京法院受理的个案中被告人人数最多的跨国电信诈骗犯罪，诈骗团伙通过在互联网上发布"招聘信息"招揽人手并将其安置于境外，冒充公检法单位工作人员，通过向境内拨打电话的方式，形成严密的话术体系，从而获得被害人信任，诱使被害人向其汇款,达到诈骗钱款的目的。近年来,电信诈骗借助互联网技术的发展,越发呈现出跨地域、团伙作案、难辨认、受害范围广等特点,给人民财产造成了巨大损失,社会危害性极大。海淀法院通过本案的审理给所有参与诈骗的犯罪分子以法律制裁,有效打击了电信诈骗犯罪,为办理跨国类电信诈骗案件积累了宝贵的经验。

吉某某等 14 人诈骗案

《最高人民法院发布六起惩治电信诈骗犯罪典型案例》第 2 号
2016 年 9 月 30 日

【基本案情】

2011 年 8 月至 9 月间,被告人吉某某、李某某、欧阳某某、夏某某、夏某甲、赖某某、赖某甲、陈某某、赖某乙、庄某某、林某某、杨某、张某、张某甲伙同赖某丙(已判刑)先后出境前往印度尼西亚,于 2011 年 9 月 16 日至 9 月 26 日期间,在印度尼西亚雅加达市一别墅内,分别作为一线、二线、三线人员,冒充中华人民共和国公安机关工作人员身份,通过电信技术手段,采用向中国居民拨打电话的方法,向被害人虚构个人信息泄露、涉嫌犯罪、资产需要保全等事实,诈骗 48 名被害人共计人民币 462 万余元。其中被告人陈某某、赖某乙、庄某某、林某某参与诈骗金额共计人民币 405 万余元,被告人杨某参与诈骗金额共计人民币 303 万余元。14 名被告人于 2011 年 9 月 26 日被抓获。

【裁判结果】

北京市东城区人民法院经审理认为,被告人吉某某、李某某、欧阳某某、夏某某、夏某甲、赖某某、赖某甲、陈某某、赖某乙、庄某某、林某某、杨某、张某、张某甲以非法占有为目的,共同通过电信技术手段,采取虚构事实、隐瞒真相的方法,骗取他人钱财,且数额特别巨大,14 名被告人的行为侵犯了公民的财产权利,均已构成诈骗罪,依法应予刑罚处罚。其中,被告人吉某某、李某某共同负责对别墅内人员的诈骗活动进行管理,且作为三线话务员直接骗取被害人钱款,2 被告人在共同犯罪中起主要作用,属于主犯。

依照《刑法》有关规定，以诈骗罪判处14名被告人五年至十二年不等的有期徒刑，并处相应数额的罚金。

【典型意义】

在电信诈骗案件中，诈骗金额、被害人人数、诈骗次数、诈骗手段、情节、危害后果等因素都会影响被告人的量刑。本案中，14名被告人在境外集中居住于别墅内，共同参与电信诈骗活动，且分工明确，有一定的组织性，已形成固定的犯罪团伙。每名被告人参与的诈骗金额均在百万元以上，且案发后赃款并未追回，给48名被害人造成了巨大的经济损失，故东城法院最终对14名被告人全部判处了有期徒刑五年以上的重刑，两名主犯被判处十二年有期徒刑，对于电信诈骗犯罪案件形成了极大的震慑。

陈某某、陈某甲、陈某乙诈骗案

《最高人民法院发布六起惩治电信诈骗犯罪典型案例》第3号
2016年9月30日

【基本案情】

2015年3月28日至4月16日，被告人陈某某、陈某甲从陈某丙、张某某（均另案处理）处拿来数十张银行卡，相互配合，共同保管、使用涉案银行卡，在福建福州、厦门、泉州等地将27名被害人因受骗汇入的钱款取出，收取相应提成后，汇入诈骗人员提供的账户，涉案金额人民币637721元。2015年3月2日至7日期间，被告人陈某乙伙同陈某丙、张某某，明知是被害人因受骗汇入的钱款，仍驾驶车辆前往江西等地多次取款，涉案金额共计人民币108888元。

【裁判结果】

本案由福建省闽侯县人民法院一审，福建省福州市中级人民法院二审。现已发生法律效力。

法院认为，被告人陈某某、陈某甲、陈某乙明知他人进行电信诈骗，仍结伙对涉案诈骗款项实施取款并转移，致使被害人被骗款项无法追回，其行为已构成诈骗罪的共同犯罪,诈骗数额应当按照共同取款数额计算。3 名被告人所实施的提取并转移被骗款项的行为,是诈骗集团成功控制诈骗款的最后一个环节,3 人在整个电信诈骗的共同犯罪中仅有分工不同,并无主次之分。据此,依法以诈骗罪对被告人陈某某判处有期徒刑十三年,并处罚金人民币 10 万元;对被告人陈某甲判处有期徒刑十三年,并处罚金人民币 10 万元;对被告人陈某乙判处有期徒刑四年三个月,并处罚金人民币 2 万元。

【典型意义】

近年来,随着网络电信诈骗日益猖獗,此类犯罪行为形成的产业链也呈现出专业化、跨区域性、集团化之趋势,涵盖了购买设备、拨打电话、群发短信、假冒身份虚构事实、骗取钱款、转账取款等行为过程。为了逃避侦查,电信诈骗犯罪中的取款、转移赃款等行为往往由犯罪行为实施地以外的多个地方的专门取款人完成。本案中的 3 名被告人,虽未参与前一阶段对被害人的具体诈骗行为,但其明知所取款项是诈骗犯罪所得,而与前阶段诈骗犯罪人员相互配合,辗转各地为诈骗犯罪团伙转取款,其行为是整个骗局得逞、诈骗分子获得钱款的重要环节,应以诈骗犯罪共犯定罪量刑。

林某、胡某某诈骗案

《最高人民法院发布六起惩治电信诈骗犯罪典型案例》第 4 号
2016 年 9 月 30 日

【基本案情】

2015 年 10 月 18 日至 21 日,被告人林某、胡某某和杨某某(另案处理)经事先共谋,由杨某某提供伪基站并事先编辑好诈骗短信,指使被告人林某、胡某某在福州市鼓楼区、台江区、仓山区、闽侯县上街镇等地使用伪基站,屏蔽干扰以该伪基站为中心一定范围内的通信运营商信号,搜取屏蔽范围内用户手机卡信息,冒充"95533、10086、95588"等相关客服号码向手机用户发送虚假短信 30801 条,企图骗取手机用户的信任,点击短信中的钓鱼网站、填写相关银行账户信息,以达到骗取手机用户钱款的目的。

【裁判结果】

本案由福建省福州市鼓楼区人民法院一审,福建省福州市中级人民法院二审。现已发生法律效力。

法院认为,被告人林某、胡某某以非法占有为目的,伙同他人利用电信技术手段发送虚假短信,对不特定多数人实施诈骗,情节严重,其行为已构成诈骗罪。被告人林某、胡某某已经着手实行犯罪,由于意志以外的原因而未得逞,是犯罪未遂,可以比照既遂犯从轻处罚。被告人林某、胡某某如实供述自己的罪行,是坦白,可以从轻处罚。据此,依法以诈骗罪分别对被告人林某、胡某某判处有期徒刑三年七个月,并处罚金人民币5000元。

【典型意义】

近两年来,利用伪基站实施电信诈骗的手段翻新、案件频发,最高人民法院、最高人民检察院专门出台了相关司法解释,加大对此类违法犯罪行为的打击力度,明确规定:对电信诈骗数额难以查证,但发送诈骗信息5000条以上,拨打诈骗电话500人次以上的,或者诈骗手段恶劣、危害严重的,即可以诈骗罪(未遂)追究刑事责任。本案被告人林某、胡某某通过"伪基站",向不特定多数人发送冒充银行或移动运营商客服电话的虚假短信3万余条,诱骗手机用户点击短信中的钓鱼网站、填写相关银行账户信息以达到骗取手机用户钱款的目的。虽因意志以外的原因,被告人的犯罪目的未能最终得逞,但其犯罪行为仍具有严重的社会危害,公民个人若未及时察觉,其财产便会处于一种极不安全的状况。

邓某某、龙某某、刘某某、刘某甲诈骗案

《最高人民法院发布六起惩治电信诈骗犯罪典型案例》第5号

2016年9月30日

【基本案情】

我国台湾地区人员"阿水"等人(均另案处理)组织犯罪团伙在老挝万象一栋别墅内进行电信诈骗活动,将事先编辑好的诈骗语音包通过网络电话

向中国大陆各省市固定电话用户群发送语音信息，谎称被害人涉嫌用医保卡购买违禁药品需向公安机关报备。待被害人回拨时，电话转到冒充医保中心工作人员的被告人刘某某、龙某某等一线人员，让被害人"报案"并让其拨打预先改好显示号码的"公安局号码"，后由冒充公安机关工作人员的二线人员接听，谎称被害人银行账户存在安全问题，将电话转给冒充检察院工作人员的被告人邓某某等三线人员要求被害人将银行卡内的存款转到指定账户进行资金清查比对，以此实施诈骗犯罪。被告人刘某甲主要负责为该犯罪团伙做饭，同时亦冒充一线医保中心人员参与诈骗。邓某某、刘某甲、龙某某、刘某某与其他同案人诈骗数额达人民币 10369340 元。

【裁判结果】

本案由福建省晋江市人民法院一审，福建省泉州市中级人民法院二审。现已发生法律效力。

法院认为，被告人邓某某、龙某某、刘某某、刘某甲的行为均已构成诈骗罪，且犯罪数额特别巨大。在共同犯罪中，四被告人受纠集在该团伙中按照分工，互相配合共同实施诈骗犯罪，获利相对较少，起次要、辅助作用，是从犯，予以减轻处罚。被告人龙某某、刘某某犯罪后自动投案，并如实供述自己的罪行，是自首，可以从轻或减轻处罚。被告人邓某某、刘某甲归案后如实供述自己的罪行，是坦白，可以从轻处罚。被告人刘某某、刘某甲归案后协助公安机关抓获同案犯、其他犯罪嫌疑人，有立功表现，可以从轻或减轻处罚。本案部分赃款被追缴，可对四被告人予以酌情从轻处罚。综上，对四被告人均予以减轻处罚，以诈骗罪对被告人邓某某、龙某某、刘某某、刘某甲判处有期徒刑七年至三年不等，并处罚金人民币 8 万元至 1 万元不等。

【典型意义】

本案是我国台湾地区人员在境外组织实施的以发送医保卡出现异常的虚假语音信息进行诈骗的典型案件。被告人邓某某等人受纠集参加他人组织的诈骗团伙，发送医保卡异常的虚假语音信息，而后分别冒充医保中心工作人员、公安人员、检察院工作人员进行连环诈骗，套取被害人的个人信息，并诱骗被害人将存款转至"指定银行账户"，从而骗取钱款，社会危害性大。在此提醒广大参保人员不要轻信医保卡出现异常的电话语音信息，更不要轻易将银行账号、密码等个人重要信息告知陌生人,以免上当受骗。

刘某某提供虚假网络技术诈骗案

《最高人民法院发布利用互联网侵害未成年人
权益的典型案例》第7号

2018年6月1日

【基本案情】

2015年8月,被告人刘某某在互联网发布传授入侵他人电脑技术、教做外挂及教他人用代码开通永久会员等虚假信息,以招收学员骗取费用。被害人张某某(10岁,在校学生)浏览该信息后,通过QQ与刘某某取得联系,并用其父手机通过"支付宝"向刘某某付费,欲学习网络游戏技术,刘某某谎称可以向张某某提供游戏源代码以帮其在网络游戏中获益。而后,刘某某通过互联网多次向张某某出售与其宣扬不符或不能使用的"网游外挂"及配套使用的"模块",骗取张某某付款共计人民币133079.6元。案发后,刘某某亲属向张某某亲属退赔全部经济损失,张某某对刘某某表示谅解。

【裁判结果】

人民法院经审理认为,被告人刘某某以非法占有为目的,利用互联网发布虚假信息多次骗取他人现金,数额巨大,其行为已构成诈骗罪。刘某某利用互联网发布虚假信息,对不特定多数人实施诈骗,可酌情从严惩处。刘某某被抓获后如实供述犯罪事实,亲属代其退赔全部经济损失,获得被害人谅解,依法可从轻处罚。依据《刑法》有关规定,判决被告人刘某某犯诈骗罪,判处有期徒刑三年,并处罚金人民币5000元。

【典型意义】

随着我国互联网的迅猛发展,网民规模越来越大,网络用户呈低龄化的特点。青少年由于缺乏独立经济能力,又有一定消费需求,加上身心发展尚未成熟,对虚拟网络交易风险缺乏防范意识,很容易成为网络诈骗分子的"囊中之物"。本案被告人利用被害人未成年、社会经验不足,加之被害人家长对孩子日常生活交易常识缺乏教育、引导和监督,轻易利用互联网骗取张某某 13 万余元。本案警示:家长要依法履行监护责任,对未成年人使用电子产品和互联网的时间和内容等要进行引导、监督;要配合电子产品有关功能,及时了解子女用网安全;对孩子可能接触到的大额财物要严加管理,避免陷入网络诈骗。

江某某网上虚假销售诈骗案

《最高人民法院发布利用互联网侵害未成年人
权益的典型案例》第 8 号
2018 年 6 月 1 日

【基本案情】

被告人江某某在互联网上以虚假出售二手手机的方法实施诈骗,于 2017 年 7 月 11 日骗取被害人李某甲(在校学生)人民币 4000 元,于同月 20 日至 22 日骗取被害人李某乙(16 岁,在校学生)人民币 900 元。江某某的亲属代其退缴赃款人民币 4900 元。

【裁判结果】

人民法院经审理认为,被告人江某某以非法占有为目的,利用互联网发布虚假信息骗取他人财物,数额较大,其行为已构成诈骗罪。江某某利用互联网发布虚假信息,对不特定多数人实施诈骗,可酌情从严惩处。江某某被抓获后如实供述犯罪事实,退赔全部经济损失,依法可从轻处罚。依据《刑法》有关规定,判决被告人江某某犯诈骗罪,判处有期徒刑八个月,并处罚金人民币 5000 元。

【典型意义】

本案是利用互联网通过诈骗方式侵害学生合法权益的案件。当下,互联网蓬勃发展,学生们广泛运用,但学生的甄别能力不强,自我保护意识薄弱,上当受骗概率较高。本案警示:未成年人在互联网上购物要提高警惕,事先要经父母同意,不得擅自而为。家长要教育子女网上交易的风险,并及时了解子女需求，帮助子女完成网上交易活动。网络电商管理平台应加强对商户资质和日常资信审查，减少、避免网络诈骗等违法犯罪行为的发生。

张某某诈骗、单位行贿、挪用公款再审改判无罪案

《依法平等保护民营企业家人身财产安全十大典型案例》第 1 号

2019 年 5 月 21 日

【案情简介】

原审被告人张某某，男，汉族，1962 年 7 月 1 日出生，博士研究生学历，原系某控股集团有限公司（以下简称某集团）董事长。2009 年 3 月 30 日，原审被告人张某某因犯诈骗罪、单位行贿罪、挪用资金罪被判处有期徒刑十二年，并处罚金人民币 50 万元。2016 年 10 月，张某某向最高人民法院提出申诉。最高人民法院于 2017 年 12 月 27 日作出再审决定。2018 年 5 月 31 日最高人民法院提审本案后，以认定事实和适用法律错误为由撤销原审判决，改判张某某无罪，原判已执行的罚金及追缴的财产依法予以返还。最高人民法院再审认为，某集团在申报国债技改贴息项目时，国债技改贴息政策已有所调整，民营企业具有申报资格，且某集团所申报的物流项目和信息化项目均属于国债技改贴息重点支持对象，符合国家当时的经济发展形势和产业政策。原审被告人张某某、张某甲在某集团申报项目过程中，虽然存在违规行为，但未实施虚构事实、隐瞒真相以骗取国债技改贴息资金的诈骗行为，并无非法占有 3190 万元国债技改贴息资金的主观故意，不符合诈骗罪的构成要件。故原判认定张某某、张某甲的行为构成诈骗罪，属于认定事实和适用法律错误，应当依法予以纠正。原审被告单位某集团在收购国旅总社所持甲公司股份后，给予赵某 30 万元好处费的行为，并非为了谋取不正当利益，亦不属于情节严重，不符合单位行贿罪的构成要件；某集团在收购乙公司所持甲公司股份后，向李某 3 公司支付 500 万元系被索要，且不具有为谋取不正当利益而行贿的主观故意，亦不符合单位行贿罪的构成要件，故某集团的行为不构成单位行贿罪，张某某作为某集团直接负责的主管人员，对其亦不应以单位行贿罪追究刑事责任。原判认定某集团及张某某的行为构成单位行贿罪，属于认定事实和适用法律错误，应当依法予以纠正。原判认定张某某挪用资金

归个人使用、为个人谋利的事实不清、证据不足。故原判认定张某某的行为构成挪用资金罪，属于认定事实和适用法律错误，应当依法予以纠正。

【典型意义】

张某某再审案件是在全面依法治国、加强产权和企业家权益保护大背景下最高人民法院依法纠正涉产权和企业家冤错案件第一案，为纠正涉产权和涉民营企业冤错案件、落实产权司法保护树立了典范和标杆。保护民营企业合法利益是维护社会主义市场经济健康发展的核心内容。张某某案被依法改判，贯彻落实了党中央依法平等保护各类所有制经济产权、保护民营企业产权的政策，体现了人民法院纠正冤错案件的决心和坚持，体现了罪刑法定等法治原则，体现了人民法院坚持以事实为根据、以法律为准绳的担当精神，对于稳定民营企业家预期，保障民营企业家安心干事创业，具有重大示范意义。

赵某某诈骗再审改判无罪案

《依法平等保护民营企业家人身财产安全十大典型案例》第 2 号

2019 年 5 月 21 日

【案情简介】

1994 年 8 月时为辽宁省鞍山市立山区某铆焊加工厂厂长的赵某某，因涉嫌诈骗被鞍山市公安局收容审查，后执行逮捕。1998 年 9 月 14 日鞍山市千山区人民检察院向鞍山市千山区人民法院提起公诉，指控赵某某犯诈骗罪。1998 年 12 月 24 日千山区人民法院经审理后判决，赵某某犯诈骗罪证据不足，宣告无罪。宣判后，鞍山市千山区人民检察院提起抗诉。1999 年 6 月 3 日鞍山市中级人民法院作出终审判决，认定被告人赵某某从某冷轧板公司骗取冷轧板的事实成立，撤销一审判决，认定赵某某犯诈骗罪，判处有期徒刑五年，并处罚金人民币 20 万元。判决发生法律效力后，原审被告人赵某某提出申诉，并分别被鞍山市中院、辽宁省高院予以驳回。2015 年 7 月 21 日赵某某因病死亡。赵某某妻子马某某以赵某某的行为不构成犯罪为由，向最高人民法院提出申诉。2018 年 7 月 27 日最高人民法院作出再审决定，提审本案，并依法组成合议庭。鉴于赵某某已经死亡，根据相关法律、司法解释的规定，依照第二审程序对本案进行了书面审理。认定如下事实：原审被告人赵某某在担任厂长并承包经营的集体所有制企业鞍山市立山区某铆焊加工厂期间，虽有4次提货未结算，但赵某某在提货前均向某冷轧板公司财会部预交了支票，履行了正常的提货手续。有证据表明，其在被指控的4次提货行为发生期间及发生后，仍持续进行转账支付货款，具有积极履行支付货款义务的意思表示，且赵某某从未否认提货事实的发生，亦未实施逃匿行为，故不能认定为虚构事实、隐瞒真相的行为。据此，赵某某主观上没有非法占有的目的，客观上亦未实施虚构事实、隐瞒真相的行为，不符合诈骗罪的构成要件，不构成诈骗罪。

【典型意义】

赵某某案再审是最高人民法院第二巡回法庭敲响的东北地区保护企业家人身和财产安全的第一槌。该案中赵某某被改判无罪的关键点在于，厘清了经济纠纷和刑事犯罪的界限。本案中，赵某某未及时支付货款的行为，既未实质上违反双方长期认可的合同履行方式，也未给合同相对方造成重大经济损失，尚未超出普通民事合同纠纷的范畴。严格区分经济纠纷与刑事诈骗犯罪，不得动用刑事强制手段介入正常的民事活动，侵害平等、自愿、公平、自治的市场交易秩序，用法治手段保护健康的营商环境。

陈某某等7人诈骗案

《电信网络诈骗犯罪典型案例》第3号
2019年11月19日

【基本案情】

被告人陈某某纠集范某某、高某某、叶某某、熊某某等人结成诈骗团伙，群发"奔跑吧兄弟"等虚假中奖信息，诱骗收到信息者登录"钓鱼网站"填写个人信息认领奖品，后以兑奖需要交纳保证金、公证费、税款等为由，骗取被害人财物，再通过冒充律师、法院工作人员以被害人未按要求交纳保证金或领取奖品构成违约为由，恐吓要求被害人交纳手续费，2016年6月至8

月间，共骗取被害人蔡某某等 63 人共计 681310 元，骗取其他被害人财物共计 359812.21 元。蔡某某得知受骗后，于 2016 年 8 月 29 日跳海自杀。陈某某还通过冒充"爸爸去哪儿"等综艺节目发送虚假中奖诈骗信息共计 73 万余条。

【裁判结果】

本案由广东省揭阳市中级人民法院一审，广东省高级人民法院二审。现已发生法律效力。

法院认为，被告人陈某某等人以非法占有为目的，结成电信诈骗犯罪团伙，采用虚构事实的方法，通过利用"钓鱼网站"链接、发送诈骗信息、拨打诈骗电话等手段针对不特定多数人实施诈骗，其行为均已构成诈骗罪。陈某某纠集其他同案人参与作案，在共同诈骗犯罪中起主要作用，系主犯，又有多个酌情从重处罚情节。据此，以诈骗罪判处被告人陈某某无期徒刑，剥夺政治权利终身，并处没收个人全部财产；以诈骗罪判处被告人范某某等人十五年至十一年不等有期徒刑。

【典型意义】

本案作为高考学生被骗后猝死、自杀等重大案件之一，经媒体报道后，舆论高度关注，法院审理过程中适用"两高一部"《关于办理电信网络诈骗等刑事案件适用法律若干问题的意见》规定，以陈某某组织、指挥电信诈骗团伙，有利用"钓鱼网站"链接、冒充司法机关工作人员、诈骗未成年人、在校学生、造成一名被害人自杀等多个从重处罚情节，在陈某某实施诈骗既有既遂又有未遂，且达到同一量刑幅度的情况下，以诈骗罪既遂处罚，充分体现了对此类犯罪从严惩处的精神。

李某某等69人诈骗案

《电信网络诈骗犯罪典型案例》第4号

2019年11月19日

【基本案情】

被告人李某某曾从事传销活动,掌握了传销组织的运作模式,在该模式下建立起140余人的诈骗犯罪集团。李某某作为诈骗犯罪集团的总经理,全面负责掌握犯罪集团的活动,任命被告人吴某某、吴某甲、闫某某、闫某甲、骆某、胡某某等人为主要管理人员,设立诈骗窝点并安排主要管理人员对各个窝点进行监控和管理,安排专人传授犯罪方法,收取诈骗所得资金,分配犯罪所得。该犯罪集团采用总经理—经理—主任—业务主管—业务员的层级传销组织管理模式,对新加入成员要求每人按照2900元一单的数额缴纳入门费,按照一定的比例数额层层返利,向组织交单作为成员晋升的业绩标准,层层返利作为对各层级的回报和利益刺激,不断诱骗他人加入该诈骗集团。2016年1月至2016年12月15日期间,该犯罪集团在宁夏回族自治区固原市设立10个诈骗窝点,由多名下线诈骗人员从"有缘网""百合网"等婚恋交友网站上获取全国各地被害人信息,利用手机微信、QQ等实时通信工具将被害人加为好友,再冒充单身女性以找对象、交朋友为名取得被害人信任,能骗来加入组织的加入组织,不能骗来的向其索要路费、电话费、疾病救治费等费用,对不特定的被害人实施诈骗活动,诈骗犯罪活动涉及全国31个省市自治区,诈骗非法所得920余万元。

【裁判结果】

本案由宁夏回族自治区固原市原州区人民法院一审,固原市中级人民法院二审。现已发生法律效力。

法院认为,以被告人李某某为首的69名被告人以非法占有为目的,采取虚构事实和隐瞒真相的方式,骗取他人财物,其行为均已构成诈骗罪。本案属于三人以上为共同实施犯罪而组成的较为固定的犯罪组织,系犯罪集团。李某某对整个犯罪集团起组织、领导作用,是犯罪集团的首要分子,按照集团所犯的全部罪行处罚。被告人吴某某、骆某、闫某甲、闫某某、吴某甲、胡某某等协助首要分子对整个犯罪集团进行组织、领导、策划,是犯罪集团的骨干分子,系主犯,按照其所参与的或组织指挥的全部犯罪处罚。其他一般犯罪成员按照其在犯罪集团中所起的作用及其个人诈骗数额予以量刑。据此,以诈骗罪判处被告人李某某有期徒刑十四年,并处罚金人民币10万元;以诈骗罪判处被告人吴某某等人十二年至一年三个月不等有期徒刑。

【典型意义】

本案以被告人李某某为首的69人犯罪集团利用传销模式发展诈骗成员,计酬返利,不断发展壮大,集团内部层级严密,分工明确,组织特征鲜明。该诈骗集团的犯罪手段新颖,利用社会闲散青年创业找工作的想法,以偏远经济欠发达地区作为犯罪场所,在全国范围内不断诱骗他人加入诈骗集团,利用手机微信、QQ等互联网软件,冒充单身女性,以索要交通费、疾病救治费等为名通过网络诈骗不特定被害人钱财,遍及全国31个省市自治区,造成了恶劣的社会影响。人民法院在审理过程中,对案件的事实、证据、适用法律、定罪、量刑等方面进行全面审查,最终对各被告人判处相应的刑罚,有力打击了猖獗的电信网络诈骗犯罪,维护了社会秩序,挽回了人民群众财产损失。

陈某等9人诈骗案

《电信网络诈骗犯罪典型案例》第5号

2019年11月19日

【基本案情】

被告人陈某伙同被告人张某、姚某某等人于2012年9月在湖北省武汉市成立了"武汉某科技有限公司"和"武汉某商贸有限公司"。陈某等人以合法公司为掩护,在武汉市江岸区和江汉区分别设立两个窝点,组织朱某某、夏某某、刘某等100余名团伙成员实施电信诈骗。该团伙购买电脑、电话、手机等工具后,为每名团伙成员注册微信,统一使用伪造的"马某某""吕某"等人的图片为微信头像,以"秦小姐的补肾方""马氏中医补肾方""吕柳荫膏滋团队"等为微信昵称,专以对患有各种男女生理疾病或脱发人群为目标,在网络、微信公众号等载体上发布治疗男女生理疾病或治疗脱发的广告,诈骗被害人浏览广告并填写联系电话或添加微信号,之后由团伙成员假扮名医或医疗机构专业人员的亲属、学生,根据"话术剧本",使用电话或微信对被害人进行"问诊",向被害人介绍产品,让被害人发送舌苔照和手指甲照片,再以客服名义对被害人进行"问诊",以"指导老师""健康顾问"名义与被害人沟通,取得信任后诱骗被害人购买不具有药品功效的保健品或食品。自2016年6月16日至11月1日期间,陈某、姚某某、张某组织该团伙成员共计诈骗被害人8945人,诈骗钱款1000余万元。

【裁判结果】

本案由内蒙古自治区达拉特旗人民法院一审,鄂尔多斯市中级人民法院二审。现已发生法律效力。

法院认为,被告人陈某等人以非法占有为目的,通过虚构事实、隐瞒真相的方式,利用电信网络技术手段,骗取他人财物,数额特别巨大,其行为均已构成诈骗罪。其中,被告人陈某系共同犯罪中的主犯,应按照其组织的全部犯罪处罚。据此,以诈骗罪判处被告人陈某有期徒刑十三年,并处罚金人民币40万元;以诈骗罪判处被告人姚某某等人十二年至三年不等有期徒刑。

【典型意义】

当前,一些诈骗分子利用广大群众特别是一些患有特殊疾病或者中老年群众关注自身身体健康的心理,专门针对这些群体,推销所谓的"药品"或者是不具有药品功效的保健品、食品,骗取巨额款项,社会影响极为恶劣。本案以被告人陈某为首的诈骗集团成立公司为掩护,专门以各种男女生理疾病人群为目标,通过在网络、微信等载体发布虚假广告,假扮名医利用电话或微信"问诊",采用扩大病情、发送"成功案例"等手段实施诈骗,受害人遍布全国多地,涉案金额高达1000余万元,系特大电信诈骗案件,与本案关联的其他7起窝案、串案经依法审理,85名涉案被告人均以诈骗罪定罪处罚。

黄某某等九人诈骗案

《电信网络诈骗犯罪典型案例》第 6 号

2019 年 11 月 19 日

【基本案情】

被告人黄某某、吴某某、廖某某、龙某某、梁某某等人谎称一批"海外要员""海外老人"要回国,每人都有一笔巨额款项要带回大陆发放给老百姓,联系指使童某某(另案处理,已判刑)、被告人韩某某等人从事"民族资产解冻大业",并向童、韩二人发送"国际梅协民族资产解冻委员会""中华人民共和国委员会馈赠资金发放证明书""馈赠资金各类收取费用通知""国家外汇管理局中国银行总行证明"等文件,任命童某某、韩某某二人为"国际梅协民族资产解冻委员会"总指挥、副总指挥,以有巨额民族资产需要解冻为由,指使童某某、韩某某吸收会员收取会员费。自 2015 年 12 月至 2016 年 5 月,童某某、韩某某向全国各地人员收取会费并许诺发放巨额"民族资产解冻善款",共向全国数十个省份近百万人次收取会费 6300 余万元,二人将 2800 余万元转账汇入黄某某、吴某某、龙某某等人指定的银行账户。

【裁判结果】

本案由内蒙古自治区鄂尔多斯市中级人民法院一审,内蒙古自治区高级人民法院二审。现已发生法律效力。

法院认为,被告人黄某某等人以非法占有为目的,虚构民族资产解冻可获得巨额回报的事实,骗取他人财物,数额特别巨大,其行为均已构成诈骗罪。其中,被告人黄某某指使龙某某、梁某某等人冒充其助理给童某某、韩某某打电话,并多次使用或指使他人使用涉案银行卡在 POS 机上刷卡套现,系共同犯罪中的主犯。据此,以诈骗罪判处被告人黄某某、吴某某、廖某某无期徒刑,剥夺政治权利终身,并处没收个人全部财产;以诈骗罪判处被告人龙某某等人十五年至四年不等有期徒刑。

六、侵犯财产罪

【典型意义】

"民族资产解冻"类诈骗犯罪早已有之,随着打击力度的加大,此类犯罪的发案率已经大幅下降甚至在一些地方已经销声匿迹,但近年来随着信息技术的发展,此类犯罪又借助现代通信和金融工具进行传播,逐渐演变成集返利、传销、诈骗为一体的混合型犯罪,极具诱惑性和欺骗性。犯罪分子往往抓住被害人以小博大、以小钱换大钱的心理,唆使被害人加入由被告人虚构的所谓"民族大业""民族资产解冻"项目或"精准扶贫"等其他假借国家大政方针和社会热点的虚假项目,允诺被害人可以小投入获得大回报,积极组织和发展会员,以办证费、手续费、保证金等名目骗取他人财物。此类诈骗犯罪迷惑性强、传播速度快,往往在短时间内就能造成众多人员受骗,且涉案金额巨大,严重侵害人民群众财产安全,严重损害政府公信力,严重危害社会安定。被告人黄某某等人作为幕后的策划者、组织者和操纵者,指挥、指使童某某、韩某某以代理人身份骗取他人巨额财物并从中获取了巨额钱财,系民族资产解冻类犯罪链条的最顶端,也是打击的重点,人民法院对黄某某等人依法判处重刑,可谓罚当其罪。

童某某等 7 人诈骗案

《电信网络诈骗犯罪典型案例》第 7 号

2019 年 11 月 19 日

【基本案情】

被告人童某某(女)以前曾参与过号称"民族大业"的活动,随着类似活动的演变,从 2015 年 12 月开始,有所谓的"海外老人""海外要员"与童某某联系,声称海外有 3000 多亿元人民币要发放给老百姓,但不愿意通过政府,想邀请童某某具体实施。童某某表示同意后,对方发给童某某"大陆民族资产解冻委员会总指挥"的任命书。为获取群众信任,童某某等人在微信群内散发大量伪造的"任命书""委托书""中央军库派令""梅花令"等身份证明及文件,伪造国务院、财政部、国家扶贫开发领导小组文件,以受中央领导、军委指示及国务院的指派来解冻民族资产为由,对外宣称只要民众交纳报名费、办证费、会员费加入"中华民族大业"组织后，就可以获得等次不同的扶贫款和奖励等高额回报。在童某某的领导下，被告人邰某、张某某等人先后加入"民族大业"组织，积极从事"解冻民族资产"活动。童某某所领导的整个组织实行层级负责制，管理层下设省、市团队负责人，每个团队下设若干大组长，大组长下设小组长，小组长之下就是会员。该组织运行方式为："海外老人"们的助理将包含"民族资产解冻"内容的宣传资料发送到童某某邮箱，管理层人员把项目内容加工整理后以童某某名义在手机微信群里发布，要求会员按项目内容交纳几十元、几百元不等的办证费，称在短时间内可获得几十万元、几百万元不等的高额回报。该组织还以到人民大会堂开会为由收取统一服装费，以公证、转账手续费、保证金等理由收取费用。会员所交的费用由各省市负责人汇总后转款到童某某的银行卡上，童某某再把款项转到相应项目的"海外老人"助理的银行卡上，"海外老人"及其助理使用POS机套现后将资金隐匿。童某某所发展的"民族大业"组织遍布全国十多个省市，共骗取他人财物合计9500余万元，其中4800余万元转入"海外老人"助理的银行账户。

【裁判结果】

本案由湖南省桑植县人民法院一审，张家界市中级人民法院二审。现已发生法律效力。

法院认为，被告人童某某等人以非法占有为目的，利用"民族资产解冻"的幌子，虚构事实骗取他人财物，诈骗金额特别巨大，其行为均已构成诈骗罪。童某某利用虚假的任命身份等文件，以"民族资产解冻"的名义开展各种以小博大的收费活动，在被群众揭穿及公安机关介入后，又编造谎言继续实施欺骗行为，且系犯罪组织的领导者，纠集、支配其他组织成员。据此，以诈骗罪判处被告人童某某有期徒刑十三年，剥夺政治权利三年，并处罚金人民币20万元；以诈骗罪判处被告人张某某等人六年至三年不等有期徒刑。

【典型意义】

本案系被告人黄某某等人诈骗案的关联案件，被告人童某某系受"民族资产解冻类"犯罪代理人，即受幕后组织操纵者黄某某等人的指使，负责推广虚假项目，发展、管理会员，收取钱财的管理人员。各级代理人对幕后组织操纵者言听计从，建微信群、拉人头，大肆发展下线，收取各种名目的费用，沦为诈骗犯罪分子的工具。部分代理人甚至在识破幕后操纵者的骗局后，自行巧立名目，捏造各种虚假项目继续实施诈骗。代理人的存在，对于"民族资产解冻"类诈骗犯罪能够在短时间内迅速层层发展下线，呈裂变式传播，不断扩大涉案被害人规模起到巨大作用，危害后果十分严重，是司法机关依法从严打击的对象。

朱某等人诈骗案

《电信网络诈骗犯罪典型案例》第 8 号

2019 年 11 月 19 日

【基本案情】

2013 年 5 月，被告人朱某出资组建榆林农惠现货交易平台，纠集和聘用被告人艾某、陈某、姚某某加入，与代理商勾结，先以可提供所谓的内幕交易信息为由，诱骗客户进入电子商务平台进行交易，后通过指令操盘手，采用抛单卖出或用虚拟资金购进产品的手段，控制产品大盘行情向客户期望走势相反的方向发展，通过虚假的产品行情变化，达到使被诱骗加入平台交易的客户亏损的目的。朱某等人有时也刻意在客户小额投资后，促其盈利，以骗其投入大额资金，牟取大额客损。2013 年 9 月至 2014 年 2 月期间，朱某、艾某、陈某、姚某某通过上述以虚拟资金操控交易平台的手段，共骗取客户资金 215 余万元。按照事先与代理商约定的比例计算，朱某、艾某、陈某、姚某某从中获得诈骗资金约 75 万元。

【裁判结果】

本案由湖南省南县人民法院一审，益阳市中级人民法院二审。现已发生法律效力。

法院认为，被告人朱某以非法占有为目的，纠集和聘用被告人艾某、陈某、姚某某，利用电子商务平台，操纵农产品行情诱骗客户交易，从客损中获利，数额特别巨大，其行为均已构成诈骗罪。在共同犯罪中，朱某纠集人员参与犯罪，发起、组织和统筹运作交易活动，艾某通过给操盘手下达指令控制平台虚拟行情走势，实施欺诈行为，均系主犯。据此，以诈骗罪判处被告人朱某有期徒刑十四年，以诈骗罪判处被告人艾某、陈某、姚某某十一年至四年不等有期徒刑，并处 10 万元至 6 万元不等罚金。

【典型意义】

电信网络诈骗案件的犯罪手法隐蔽性强，花样翻新快。本案中，被告人先成立网上交易平台，利用业务员及代理商吸收客户，以提供虚假内幕交易信息为由，骗取客户进入平台交易，当客户高价买入相关农产品后，再指令操盘手运作人为造成跌势，迫使客户低价卖出，以牟取大额客损。此种新型网络诈骗犯罪手段更加隐蔽，迷惑性强，容易使人上当受骗。虽然被告人是借助电子商务平台进行交易，但其行为本质仍在于虚构事实、隐瞒真相，以达到非法占有他人财物的目的，其行为完全符合诈骗罪特征，本案定罪准确。

邵某某诈骗案

《电信网络诈骗犯罪典型案例》第 9 号

2019 年 11 月 19 日

【基本案情】

2014 年年底，被告人邵某某受他人纠集，明知是通过电信诈骗活动收取的赃款，仍然从银行取出汇入上线指定的银行账户，并从中收取取款金额的 10% 作为报酬。之后，邵某某发展张某作为下线，向张某提供了数套银行卡，承诺支付取款金额的 5% 作为报酬，同时要求张某继续发展多名下线参与取款。通过上述方式，邵某某逐步形成了相对固定的上下线关系。自 2014 年 12 月至 2015 年 7 月，被告人邵某某参与作案 38 起，涉案金额 48.44 万元。2016 年 2 月，邵某某到公安机关投案。

【裁判结果】

本案由湖南省津市市人民法院一审，被告人邵某某服判未上诉。现已发生法律效力。

法院认为，被告人邵某某以非法占有为目的，伙同他人利用电信网络采取虚构事实的方法,骗取他人财物,数额巨大,其行为已构成诈骗罪。本案系通过拨打电话、发短信对不特定的人进行诈骗,且系多次诈骗,酌情对被告人邵某某从重处罚。本案系共同犯罪,在犯罪过程中,邵某某仅参与了转移诈骗赃款的过程,起辅助作用,系从犯,可从轻处罚。且邵某某有自首情节,可依法从轻处罚。据此,以诈骗罪判处被告人邵某某有期徒刑五年三个月,并处罚金人民币5万元。

【典型意义】

围绕电信网络诈骗犯罪,诱发、滋生了大量上下游关联违法犯罪,这些关联犯罪为诈骗犯罪提供各种"服务"和"支持",形成以诈骗为中心的系列"黑灰色"犯罪产业链,如出售、提供公民个人信息、帮助转移赃款等活动。"两高一部"《关于办理电信网络诈骗等刑事案件适用法律若干问题的意见》对于全面惩处关联犯罪作出了明确规定。本案中,被告人邵某某明知赃款是诈骗犯罪所得,仍为诈骗分子转移犯罪赃款提供帮助和支持,对其以诈骗罪的共犯判处,体现了司法机关对电信网络诈骗关联犯罪从严惩处的态度。

杨某某诈骗案

《电信网络诈骗犯罪典型案例》第 10 号

2019 年 11 月 19 日

【基本案情】

2018 年 7 月,被告人杨某某伙同他人在海南省儋州市兰洋镇,利用电信网络,实施招嫖诈骗活动。杨某某等人冒充可上门提供性服务的女性,使用作案微信与被害人聊天,获取被害人信任后,其他同伙负责给被害人打电话并发送二维码诱骗被害人转账付款,诈骗所得款由杨某某分得 20%。通过以上方式,杨某某共计骗取被害人 12696 元。

【裁判结果】

本案由海南省儋州市人民法院一审,被告人杨某某服判未上诉。现已发生法律效力。

法院认为，被告人杨某某以非法占有为目的，伙同他人通过互联网发布虚假信息，实施诈骗，骗取他人数额较大的财物，其行为已构成诈骗罪。杨某某在犯罪过程中负责使用作案微信与被害人聊天，并分得诈骗所得款的20%，在共同犯罪中是主犯，且系诈骗累犯，依法应从重处罚。据此，以诈骗罪判处被告人杨某某有期徒刑二年一个月，并处罚金人民币2万元。

【典型意义】

近年来，微信招嫖类诈骗案件在多地发生。作为一种新型的诈骗案件，因案件受害人系招嫖被骗，发案后心存顾虑，多选择吃哑巴亏而不予报案，导致侦破和打击难度加大。此类案件虽然案值不大，但严重败坏了社会风气，对当地治安形势造成恶劣影响。本案的审理体现了人民法院对此类新型诈骗犯罪行为从严打击的决心和力度。

赵某某诈骗案

《人民法院充分发挥审判职能作用保护产权和企业家
合法权益典型案例（第三批）》第一号

2021年5月19日

【基本案情】

赵某某承包经营某铆焊加工厂并担任厂长，1992年至1993年间，赵某某从某冷轧板公司多次购买冷轧板，并通过转账等方式支付了大部分货款。其中，1992年4月29日、5月4日、5月7日、5月8日，赵某某在向某冷轧板公司财会部预交支票的情况下，从该公司购买冷轧板46.77吨（价值人民币13.41895万元）。提货后，赵某某未将该公司开具的发货通知单结算联交回该公司财会部。1992年5月4日、5月29日、1993年3月30日，赵某某支付的货款22.0535万元、12.4384万元、2万元分别转至该公司账户。因实际交易中提货与付款不是一次一付、——对应的关系，双方就赵某某是否付清货款发生争议。某冷轧板公司以赵某某诈骗该公司冷轧板为由，向公安机关报案。

【裁判结果】

一审法院认为，有关证据不能证明赵某某具有诈骗的主观故意及实施了诈骗行为，判决宣告赵某某无罪。检察机关提起抗诉。二审法院认为，赵某某从某冷轧板公司骗取冷轧板的事实成立，判决赵某某犯诈骗罪，判处有期徒刑五年，并处罚金。最高人民法院再审认为，赵某某在与某冷轧板公司交易过程中，主观上无非法占有目的，客观上也未实施虚构事实、隐瞒真相的行为，不构成诈骗罪。据此，最高人民法院再审判决撤销二审判决，宣告赵某某无罪，依法返还已执行的罚金。

案例索引：最高人民法院（2018）最高法刑再6号

【典型意义】

本案再审判决按照《刑法》和相关司法解释的规定认定诈骗罪的构成要件，严格区分了经济纠纷与刑事犯罪之间的界限，对人民法院审理同类案件具有重要指导意义。本案例充分体现了"坚决防止将经济纠纷当作犯罪处理、坚决防止将民事责任变为刑事责任"的司法理念，对于增强企业家干事创业信心，营造依法保护企业家合法权益的良好环境，促进社会经济持续健康发展具有积极意义。

曾某某诈骗案
——依法严惩医保骗保幕后组织者、职业骗保人

《人民法院依法惩处医保骗保犯罪典型案例》案例1

2021年10月28日

【基本案情】

被告人曾某某，男，汉族，1953年7月15日出生。

2017年7月，被告人曾某某及王某（已判刑）、万某某（另案处理）、涂某某（已判刑）、熊某某（已判刑）相互邀约，分工负责，开始有组织地在湖北省大悟县实施利用虚假医疗资料骗取医疗保障金犯罪活动。2017年7月至2019年5月，熊某某、涂某某单独或者伙同胡某、殷某、应某（均已判

刑）以办医保报销、补贴等名义，借用了当地七十余名医保参保人员的居民身份证和农村商业银行卡，通过万某某或者直接提供给曾某某，用于伪造虚假住院病历等医保报销资料。涂某某、殷某、胡某、应某、熊某某将曾某某提供的上述人员的虚假住院资料，拿到大悟县医疗保障局和中华联合财产保险股份有限公司大悟支公司办理医保结算和大病保险理赔，共计骗取医疗保险金和大病保险102.5万余元，诈骗所得由参与各方按比例分成。

【裁判结果】

本案由湖北省大悟县人民法院一审，湖北省孝感市中级人民法院二审。

法院审理认为，被告人曾某某以非法占有为目的，伙同他人使用虚假的住院资料骗取医保资金，数额特别巨大，其行为构成诈骗罪。曾某某诈骗医保资金，酌情从重处罚。在共同犯罪中，曾某某起主要作用，系主犯。据此，依法以诈骗罪判处曾某某有期徒刑十二年六个月，并处罚金人民币10万元。

【典型意义】

近年来，犯罪分子以住院补贴、低价医疗等名义，大肆收集参保人医保信息，伪造虚假就医、住院病历材料，骗取医疗保障基金的案件持续高发，严重损害了医疗保障制度健康持续发展。2014年4月24日第十二届全国人民代表大会常务委员会第八次会议通过了《关于〈中华人民共和国刑法〉第二百六十六条的解释》，明确了以伪造证明材料骗取医疗保险金的，属于《刑法》第二百六十六条规定的诈骗公私财物的行为。《最高人民法院、最高人民检察院关于办理诈骗刑事案件具体应用法律若干问题的解释》规定，诈骗医疗款物的酌情从严惩处。本案中，被告人曾某某伙同他人组成职业骗保团伙，有组织地骗取医疗保障基金，曾某某系组织者，在共同犯罪中起主要作用，应依法从严惩处。本案的判处，既体现了对医保骗保犯罪组织者、职业骗保人依法严惩的精神，也有力维护了医疗保障制度健康持续发展。

靳某某、罗某某等诈骗案
——社区定点医保机构以虚开药品的方式骗取医保基金，数额特别巨大

《人民法院依法惩处医保骗保犯罪典型案例》案例 2
2021 年 10 月 28 日

【基本案情】

被告人靳某某，女，汉族，1956 年 10 月 18 日出生。

被告人罗某某，女，汉族，1963 年 3 月 6 日出生。

（其他被告人身份情况略）

北京市大兴区黄村镇车站中里西区社区卫生服务站系市定点医保机构，由被告人靳某某出资创办，靳某某任法定代表人。2011 年，靳某某与时任卫生服务站药房负责人的被告人罗某某预谋以虚开药品等方式骗取国家医保资金。后二人通过单位职工收集大量医保卡，并根据相应医保卡骗取医保资金的数额，按照靳某某确定的比例向提供医保卡的人员分成。罗某某指使药房工作人员采用虚假入库单、虚增药品数量等方式进行药品登记入库。同时，由药房统一管理、调配收集的医保卡，药房工作人员按照罗某某等人的安排，有规律地持收集的医保卡至挂号收费处由被告人张某某等人挂号，然后由担任全科医生的被告人张某甲等人开具虚假处方单，再至张某某等人处虚假交费，进而骗取医保报销款。罗某某等人还负责统计及核算每张医保卡的使用及获利情况并报给靳某某。被告人付某某系卫生服务站办公室主任兼出纳，同时在药房协助罗某某诈骗医保资金。被告人王某系药房工作人员，在罗某某等人的领导下参与虚假录入药品、持医保卡进行虚假挂号、交费等诈骗活动。被告人高某系护士，被告人马某某系会计，二人伙同其他被告人分别收集医保卡供卫生服务站虚开药品使用。截至 2017 年 9 月，靳某某共骗取医保资金 3000 余万元，罗某某参与骗取医保资金 2900 余万元，付某某参与骗取医保资金 2800 余万元，张某甲参与骗取医保资金 3000 余万元，马某某参与骗取医保资金 2000 余万元，高某参与骗取医保资金 3000 余万元，张某某参与骗取医保资金 2300 余万元，王某参与骗取医保资金 2700 余万元。

2016 年上半年，被告人靳某某指使靳某甲将卫生服务站依法应当保存的

原始凭证和记账凭证转移至大兴区青云店镇东回城村父亲的居住地，导致上述会计凭证下落不明。

【裁判结果】

本案由北京市第二中级人民法院一审，北京市高级人民法院二审。

法院审理认为，被告人靳某某、罗某某等以非法占有为目的，使用虚开药品等方式骗取国家医保资金，数额特别巨大，其行为均已构成诈骗罪，依法应予惩处。靳某某作为卫生服务站负责人，对依法应当保存的会计凭证故意隐匿，情节严重，其行为又构成隐匿会计凭证罪。据此，依法对靳某某以诈骗罪判处无期徒刑，剥夺政治权利终身，并处没收个人全部财产；以隐匿会计凭证罪判处有期徒刑三年，并处罚金人民币10万元，决定执行无期徒刑，剥夺政治权利终身，并处没收个人全部财产。以诈骗罪判处罗某某有期徒刑十四年，剥夺政治权利三年，并处罚金人民币14万元。以诈骗罪判处其他被告人有期徒刑三年至十一年不等，并处罚金人民币3万元至11万元不等。

【典型意义】

本案是社区定点医保机构以虚开药品的方式骗取医保基金的典型案例。本案被告人靳某某等人利用经营的社区卫生服务站，有预谋地收集大量医保卡，采取虚假入库单、虚增药品数量等方式进行药品登记入库，并有规律地持医保卡挂号，开具虚假处方单，虚假交费，进而骗取医保报销款，行为隐蔽性强，时间跨度长达七年，骗取医疗保障基金高达3000余万元，给医疗保障基金造成巨额损失，应依法惩处。本案依法对靳某某判处无期徒刑、对罗某某判处有期徒刑十四年、对其他被告人判处有期徒刑三年至十一年不等刑罚，充分体现依法严惩精神，同时警示社区定点医保机构切莫实施骗取医保基金的犯罪行为，否则必将受到刑事追究。

马某、郭某某诈骗案
——以"挂空床"的方式虚构医药费用,骗取医疗保障基金

《人民法院依法惩处医保骗保犯罪典型案例》案例 3

2021 年 10 月 28 日

【基本案情】

被告人马某,男,汉族,1982 年 12 月 14 日出生,嘉兴南湖嘉城护理康复医院股东。

被告人郭某某,男,汉族,1955 年 9 月 24 日出生,嘉兴南湖嘉城护理康复医院院长。

2015 年 4 月,嘉兴南湖嘉城护理院成立,实际投资人为被告人马某等人,由被告人郭某某任院长,2015 年 9 月名称变更为嘉兴南湖嘉城护理康复医院。2015 年 10 月至 2016 年 1 月,马某、郭某某为获取非法利益,以免费体检、康复的名义,吸引持有医保卡的老人到护理院进行简单的体检或不经体检后直接用老人的医保卡办理住院手续,在老人不需要住院实际也未住院的情况下,虚开、多开药品、检验、护理等费用,骗取医保基金 115.6 万余元(其中 14.1 万余元尚未核发)。

【裁判结果】

本案由浙江省嘉兴市南湖区人民法院一审,浙江省嘉兴市中级人民法院二审。

法院审理认为,被告人马某、郭某某等人以非法占有为目的,虚构事实,结伙骗取国家医保基金,其行为均已构成诈骗罪。在共同犯罪中,马某系主犯;郭某某起次要、辅助作用,系从犯,依法减轻处罚。据此,依法以诈骗罪判处马某有期徒刑十年,并处罚金人民币 15 万元;判处郭某某有期徒刑八年,并处罚金人民币 10 万元。

【典型意义】

本案是民营医院以"挂空床"的方式虚构医药费用,骗取医疗保障基金

的典型案例。近年来,大量民营资金进入医疗行业,特别是面向老年人群体的医养护理型医院发展迅速,但行业发展质量参差不齐。部分民营医疗机构为获取非法利益,将目光锁定老年人群体身上,利用老年人违法认知不足、警惕不高等,骗取医疗保障基金。本案被告人马某、郭某某作为医院的股东、管理者,组织医护人员,拉拢、利用老年人使用医保卡虚假治疗,非法侵吞国家巨额医疗保障基金,严重扰乱民营医疗行业发展,社会危害性大,依法应予惩处。根据《刑法》规定,单位不能成为诈骗罪的犯罪主体,但可依法对单位负责人马某等人追究刑事责任。本案的判处,有利于保护医疗保障基金安全,推动民营医疗行业健康发展。

金某、张某、高某、陶某某、顾某某诈骗案
——医疗机构以开具"大小处方"的方式虚增药品金额,套取药品差额

《人民法院依法惩处医保骗保犯罪典型案例》案例 4

2021 年 10 月 28 日

【基本案情】

被告人金某,男,汉族,1979 年 4 月 10 日出生。

被告人陶某某,男,汉族,1982 年 12 月 30 日出生。

被告人张某,男,汉族,1981 年 11 月 28 日出生。

被告人高某,男,汉族,1980 年 12 月 24 日出生。

被告人顾某某,女,汉族,1959 年 6 月 26 日出生。

2017 年 1 月初,被告人金某因经营管理的淮安仁济医院就诊病人较少、经济效益不佳,与被告人陶某某等商议,决定采用"交 100 元住院"的口号对外宣传,吸引经济困难的病人住院。此后,金某授意陶某某、张某、高某、顾某某为住院病人开具大、小价额的两种处方,将实际发生的小额处方上的药品用于病人治疗,使用大额处方上的虚增药品金额向医保经办机构申请报销,套取药品差额。2017 年 1 月至 11 月,金某等人以上述方法收治参加医保的住院病人 364 人次,骗取医疗保险资金 39.8 万余元。上述违法所得被医院占有后使用,部分用于填补就诊病人的住院费用,部分用于发放员工工资。

被告人金某经民警电话通知投案,并按民警要求代为通知其他四名被告

人投案。金某在人社局执法部门查处期间，主动退缴违法所得。

【裁判结果】

本案由江苏省淮安市淮安区人民法院审理。宣判后，在法定期限内没有上诉、抗诉，原判已发生法律效力。

法院审理认为，被告人金某、陶某某等五人以非法占有为目的，虚构事实、隐瞒真相，以伪造的证明材料骗取"新农合"医保资金，数额巨大，其行为均已构成诈骗罪。金某系主犯。陶某某等四人系从犯，依法减轻处罚。五被告人均具有自首情节，可依法从轻处罚。金某退缴全部违法所得，可从轻处罚。据此，依法以诈骗罪判处金某有期徒刑三年，缓刑四年，并处罚金人民币42万元；同时禁止金某在缓刑考验期限内从事民营医院经营管理活动；判处陶某某有期徒刑二年，缓刑三年，并处罚金人民币15万元；判处张某有期徒刑一年九个月，缓刑二年六个月，并处罚金人民币10万元；判处高某有期徒刑一年六个月，缓刑二年，并处罚金人民币8万元；判处顾某某有期徒刑一年，缓刑一年六个月，并处罚金人民币5万元。

【典型意义】

本案是医疗机构以小额处方为病人治疗，以大额处方虚增药品金额，骗取医疗保障基金的典型案例。医疗机构应当加强行业自律和自我约束，规范医药服务行为，合理、如实提供医药服务，并如实出具费用单据和相关资料，不得串换药品、诊疗项目。本案被告人金某等违反规定，以"交100元住院"的宣传方式吸引参加"新农合"的病人住院，采用"大小处方"，虚增药品金额，套取药品差额，数额巨大，其行为已构成诈骗罪，应依法惩处。本案的判处，提醒参保人员切勿贪小利，随意向他人提供医保材料，给不法分子可乘之机；也提醒广大医务工作者遵守职业道德，依法依规提供医药服务。

赵某某诈骗案
——参保人员以超量购买药品后转卖的方式骗取医疗保障基金

《人民法院依法惩处医保骗保犯罪典型案例》案例 6

2021 年 10 月 28 日

【基本案情】

被告人赵某某，男，汉族，1953 年 12 月 18 日出生。

2014 年至 2020 年 6 月，被告人赵某某为转卖药品牟利，持自己的医保卡多次到湖州市中心医院、长兴县人民医院等医药机构多开、虚开药品，并将药品低价出售给李某某等人，骗取国家医保基金至少 49.4 万余元。2016 年 11 月 15 日，赵某某的医保诈骗行为被湖州市社会保障局发现并被责令退回医保损失，至 2018 年 8 月赵某某已退回 16.3 万余元。被处罚后赵某某仍未收手，继续作案直至案发。

另，被告人赵某某未患有乙肝、阿尔茨海默症、帕金森病、精神类疾病。经对赵某某个人医保卡流水核查，2014 年至 2020 年 6 月，赵某某虚开治疗乙肝、阿尔茨海默症、帕金森病、精神类疾病的药物，价值 7.9 万余元。

【裁判结果】

本案由浙江省长兴县人民法院审理。宣判后，在法定期限内没有上诉、抗诉，原判已发生法律效力。

法院审理认为，被告人赵某某以非法占有为目的，采取虚构事实、隐瞒真相的方式，骗取国家医保基金，数额巨大，其行为已构成诈骗罪。赵某某归案后如实供述犯罪事实，具有坦白情节，可依法从轻处罚。据此，依法以诈骗罪判处赵某某有期徒刑四年六个月，并处罚金人民币 5 万元。

【典型意义】

本案属于参保人员利用其享受的医疗保障待遇超量购买药品后转卖牟利的典型案例。参保人员不得利用享受医疗保障待遇的机会转卖药品，接受返还现金、实物或者获得其他非法利益。参保人员实施前述行为的，医疗保障行政部门可暂停其医疗费用联网结算3个月至12个月；以骗取医疗保障基金为目的，实施前述行为，造成医疗保障基金损失的，医疗保障行政部门应当处以骗取金额2倍以上5倍以下的罚金；达到数额较大标准，触犯刑法的，应以诈骗罪追究刑事责任。本案被告人赵某某为参保人员，以牟利为目的，利用享受医疗保障待遇的机会超量购买医保药物并转卖，造成国家医疗保障基金损失，数额巨大，其行为已构成诈骗罪，应依法惩处。本案的判处，有利于维护医疗保障基金安全，也为参保人员违法违规使用医疗保障待遇敲响了警钟。

刘某某诈骗案
——参保人员重复报销医疗费用，骗取医疗保障基金

《人民法院依法惩处医保骗保犯罪典型案例》案例7

2021年10月28日

【基本案情】

被告人刘某某，男，汉族，1957年11月14日出生。

2014年12月至2016年8月，被告人刘某某因患肝病分别入住上海医院和安徽省立医院，其住院所花医疗费用均通过临泉县城乡基本医疗保险管理中心进行报补。刘某某明知自己的医疗费用已经报补的情况下，仍采取伪造医疗收费票据的方式重复报销医疗费用，先后六次将自己的医疗费用通过临泉县医疗保险基金管理中心进行报补，骗取医疗保险金9.9万余元。2016年12月25日，刘某某的近亲属将其骗取的医疗保险金退还临泉县医疗保险基金管理中心。

【裁判结果】

本案由安徽省临泉县人民法院审理。宣判后，在法定期限内没有上诉、抗诉，原判已发生法律效力。

法院审理认为，被告人刘某某以非法占有为目的，虚构事实，隐瞒真相，骗取医疗保险金，数额巨大，其行为已构成诈骗罪。刘某某经公安机关口头传唤到案，如实供述自己的罪行，当庭自愿认罪，具有自首情节，依法可减

轻处罚。积极退出赃款，可酌情从轻处罚。据此，依法以诈骗罪判处刘某某有期徒刑二年，缓刑三年，并处罚金人民币1万元。

【典型意义】

本案是参保人员重复报销医疗费用的典型案例。由于当前医疗保险制度尚在不断完善中，城镇职工医疗保险、城镇居民医疗保险、新农村合作医疗等三大医疗系统不连通，未实现统一管理，部分参保人员重复报销医疗费用，骗取医疗保障基金的案件时有发生。本案被告人刘某某住院所花医疗费用均已通过城乡基本医疗保险管理中心进行报补，仍采取伪造医疗收费票据的方式重复报销医疗费用，骗取医疗保障基金，数额巨大，行为已构成诈骗罪。本案的判处，提醒广大参保人员切莫贪小利，以身试法，也为重复报销骗取医疗保障基金的行为人亮起了红灯、敲响了警钟。

陈某某诈骗案

——采用冒充专家诊疗、伪造体检报告、虚假宣传等手段针对老年人实施保健食品诈骗

《最高法、最高检联合发布危害食品安全刑事典型案例》案例6

2021年12月31日

【简要案情】

2011年5月，被告人陈某某在江苏省南京市注册成立多家公司，以老年人为主要对象进行保健食品销售。陈某某对公司人员统一管理，统称"金鹰团队"。陈某某通过"金鹰团队"掌控整个犯罪集团，并对该犯罪集团在江苏、浙江、安徽等地设立的几十个销售平台实行网格化管理。2016年，陈某某引入"平台旅游会销"模式，销售人员以免费旅游的名义将老年人骗至销售平台。陈某某通过安排员工冒充知名医学专家进行门诊咨询、假冒医务人员进行虚假检测、伪造检测报告，虚假宣传公司销售的免疫球蛋白等保健食品能够预防和治疗心脑血管疾病、癌症肿瘤、糖尿病等，以及购买产品享有国家补贴等方式，使被害人相信自己有高患癌风险，须服用该产品预防，从而使被害人高价购买保健食品。至2018年案发时，陈某某组织、领导"金鹰

团队"犯罪集团实施诈骗活动,诈骗金额达1161万余元。

【裁判结果】

江苏省常州市天宁区人民法院审理认为,被告人陈某某以非法占有为目的,采取虚构事实、隐瞒真相的手段,骗取他人财物,其行为已构成诈骗罪。陈某某为达到敛财目的,创设"平台旅游会销"诈骗模式,组成较为固定的犯罪集团实施犯罪活动。陈某某是该犯罪集团的首要分子,应按照集团所犯的全部罪行处罚。陈某某诈骗数额达1161万余元,应认定为"数额特别巨大",处十年以上有期徒刑或者无期徒刑,并处罚金或者没收财产。据此,以诈骗罪判处被告人陈某某有期徒刑十四年,并处罚金人民币800万元。其他被告人被判处有期徒刑一年二个月至十二年六个月不等刑期,并处罚金。

【典型意义】

保健食品俗称保健品。随着生活水平的提高,老年人"花钱买健康"的观念逐步深入人心。一些不法分子抓住老年人有保健需求的心理,先采用免费体检、"专家"义诊、免费旅游等方式吸引老年人参与,再通过虚假诊疗、伪造检测报告、夸大宣传保健品功能等手段,向老年人高价销售保健品,达到骗取财物的目的。通过营销保健品诈骗财物,不仅侵害当事人的财产权益,甚至还会延误正常诊疗,危害生命健康安全。对此,《最高人民法院、最高人民检察院关于办理危害食品安全刑事案件适用法律若干问题的解释》第十九条明确规定,违反国家规定,利用广告对保健食品或者其他食品作虚假宣传,符合《刑法》第二百二十二条规定的,以虚假广告罪定罪处罚;以非法占有为目的,利用销售保健食品或者其他食品诈骗财物,符合《刑法》第二百六十六条规定的,以诈骗罪定罪处罚。同时构成生产、销售伪劣产品罪等其他犯罪的,依照处罚较重的规定定罪处罚。

贾某某诈骗案

——教育、感化、挽救失足少年

《未成年人权益司法保护典型案例》案例 2
2022 年 3 月 2 日

【基本案情】

2019 年 1 月至 2020 年 3 月，未成年被告人贾某某因参加电竞比赛需要资金，采用化名，虚报年龄，谎称经营新媒体公司，以网上刷单返利等为幌子，诱骗多名被害人在网络平台购买京东 E 卡、乐花卡，或是诱骗被害人在支付宝等小额贷款平台借款后供其使用，骗得人民币共计 30 余万元。到案后，贾某某如实供述了上述犯罪事实。法院审理期间，贾某某父亲对被害人退赔，获得被害人的谅解。

【裁判结果】

本案审理过程中，人民法院委托社工对被告人贾某某进行了详细社会调查。调查显示，贾某某幼时读书成绩优秀，曾获省奥数竞赛第四名和全国奥数竞赛铜奖，后因父母闹离婚而选择辍学，独自一人到外地生活，与家人缺乏沟通联络。父母监护的缺失，法律意识的淡薄，是贾某某走上违法犯罪道路的原因。法官找准切入点，有针对性地确定帮教措施，积极促进退赔谅解，充分发挥法庭教育及亲情感化作用，积极与被告人原户籍地社区矫正机构联系，认为对其适用缓刑，不致危害社会。

法院经审理认为，贾某某系未成年人，到案后能如实供述犯罪事实，自愿认罪认罚，其父亲已代为退赔被害人经济损失，取得被害人谅解。经综合考量，对其依法从轻处罚，以诈骗罪判处贾某某有期徒刑三年，缓刑三年，并处罚金人民币 3 万元。

【典型意义】

本案是一起对犯罪的未成年人坚持"教育、感化、挽救"方针和"教育为主，惩罚为辅"原则，帮助其重回人生正轨的典型案例。在审理过程中，人民法院采用了圆桌审判、社会调查、法庭教育、"政法一条龙"和"社会一条龙"等多项未成年人审判特色工作机制，平等保护非本地籍未成年被告人的合法权益，充分发挥法律的警醒、教育和亲情的感化作用，将审判变成失足少年的人生转折点。案件审结后，法官持续跟踪帮教，被告人贾某某深刻认识到自身的错误，积极反省，在法官的积极协调下，目前贾某某已回到高中学习，正在备战高考。

徐某等人诈骗案
——以销售"养老产品"为名实施诈骗犯罪

《人民法院重点打击六类养老诈骗犯罪典型案例》案例三

2022年8月24日

【基本案情】

被告人徐某，男，汉族，1981年10月21日出生。

被告人周某某，男，汉族，1988年5月8日出生。

（其他被告人身份情况略）

2018年初，被告人徐某、周某某与他人购买某文化传播有限公司，徐某、周某某安排沈某某等14人，在公司销售所谓的纪念币（章）、玉石、书画作品等"藏品"，派发传单进行广告宣传，赠送小礼品等方式吸引不特定人到公司后，虚假宣传公司系国有企业授权销售方，谎称购买"藏品"可享受国家补贴，虚构"藏品"系限量供应、在市场上具有稀缺性、具有较高的价值及短期升值空间、"藏品"升值后由公司提供途径帮助销售实现盈利等事实，隐瞒纪念币（章）、玉石、书画作品等"藏品"实际价值及并无稀缺性的真相，欺骗被害人购买纪念币（章）、玉石、书画作品等"藏品"，向被害人开具虚假"收藏品全国统一专用收藏票"。截至案发，徐某等人骗取46名被害人（大部分为老年人）379万余元。

【裁判结果】

本案由江苏省常州市新北区人民法院一审，江苏省常州市中级人民法院二审。

法院认为，被告人徐某、周某某等人以非法占有为目的，通过虚构事实、隐瞒真相的手段，骗取他人财物，数额特别巨大，其行为均已构成诈骗罪。徐某、周某某在共同犯罪中起主要作用，系主犯，应当按照其所参与的全部犯罪处罚。周某某如实供述所犯罪行，可从轻处罚。据此，依法以诈骗罪判处徐某有期徒刑十二年，并处罚金人民币20万元；判处周某某有期徒刑十年六个月，并处罚金人民币15万元。（其他判项略）

【典型意义】

本案是以销售"养老产品"为名侵害老年人合法权益的典型犯罪案件，该类犯罪主要表现为通过提供免费或低价旅游观光、情感陪护、虚假宣传等手段，采取免费发放礼品、商品回购、寄存代售、消费返利、会议营销、养生讲座等方式，诱骗老年人购买价格虚高的保健品、食品、药品、医疗器械、收藏品或者假冒伪劣产品等。我国老龄人口规模不断增长，已步入中度老龄化社会，犯罪分子瞄准规模庞大的老年群体实施养老诈骗。被告人徐某等人谎称公司系国有企业授权销售方，获取老年人信任，抓住老年人识别鉴定能力较弱的特点，鼓吹收藏品增值空间大、投资利润丰厚，使老年人相信收藏品投资能够提供养老保障、消除养老后顾之忧，诱骗老年人高价购买廉价批发的收藏品，骗取钱财。人民法院提示老年人投资消费要冷静，绷紧防范意识这根弦，不轻信电话、网络、电视推销，认准正规的收藏投资渠道，特别是要谨防所谓"高额返利""高价回购"等宣传，防止陷入骗子的套路，守护好自己的"养老钱"。

李某某诈骗案
——以代办"养老保险"为名实施诈骗犯罪

《人民法院重点打击六类养老诈骗犯罪典型案例》案例五
2022年8月24日

【基本案情】

被告人李某某，男，汉族，1988年9月12日出生。

被告人李某某原系乡镇社保部门临时工作人员，后被开除。2018年，李某某结识王某（另案处理），王某得知李某某曾在社保部门工作，提出帮忙办理城镇职工养老保险的请求。李某某明知无能力帮助他人办理补交职工养老保险，仍谎称可通过挂靠企业的方式办理，并通过王某介绍，以帮助他人办理职工养老保险、可领取职工养老保险金等为名，先后骗取包括多名老年人在内的 8 名被害人 107 万余元，所骗钱款除极少数为被害人缴纳灵活就业保险以获取被害人信任外，其余均用于个人挥霍。案发后，王某退赔部分被害人经济损失。

【裁判结果】

本案由山东省青州市人民法院一审。宣判后，在法定期限内没有上诉、抗诉，原判已发生法律效力。

法院认为，被告人李某某以非法占有为目的，采用虚构事实、隐瞒真相的方法骗取他人财物，数额特别巨大，其行为已构成诈骗罪，应予惩处。李某某如实供述主要犯罪事实，可从轻处罚；当庭认罪认罚，可从宽处罚。部分被害人损失已得到挽回，可酌情从轻处罚。据此，依法以诈骗罪判处李某某有期徒刑十一年，并处罚金人民币 10 万元；责令李某某继续退赔各被害人的经济损失。

【典型意义】

本案是以代办"养老保险"为名侵害老年人合法权益的典型犯罪案件，该类犯罪主要表现为谎称认识社保局等部门工作人员或者冒充银行、保险机构工作人员，可以代办"提前退休""养老保险"等，骗取老年人的保险费、材料费、好处费等。职工基本养老保险是符合我国国情，保障社会保险制度健康持续发展和实现"老有所养"的重要制度。一些犯罪分子利用老年人不了解相关政策规定，以有关系代办、违规办理"养老保险"为名，对老年人实施诈骗犯罪。本案中，被害人本应通过当地人社部门咨询了解相关办理城镇职工养老保险的政策条件，但其认为"找关系"更加顺利和省钱，将保险费交由被告人代办，最终导致钱款被骗、个人养老保险断缴的后果。人民法院在审理中发现，相关部门在养老保险政策宣传以及业务办理等方面存在薄弱环节，先后向当地相关部门发送司法建议，建议加大社会保障政策的宣传力度，加强和完善社会保险代缴业务管理。人民法院提示老年人在办理养老、医疗保险时，应通过相关部门、网站、社区、村委会等了解国家和当地政策规定，到相关部门按照程序依规办理，不要轻易相信他人能代办养老保险而把费用交给他人；明知不符合办理条件的不要企图通过"找关系""走后门"方式违规办理，不要轻信通过熟人可以省钱等谎言，避免让犯罪分子有机可乘。

李某某诈骗案

——以开展"养老帮扶"为名实施诈骗犯罪

《人民法院重点打击六类养老诈骗犯罪典型案例》案例六

2022年8月24日

【基本案情】

被告人李某某，男，汉族，1972年8月17日出生。

2017年2月底至10月间，被告人李某某以其担任法定代表人的北京某心脑血管疾病研究所有限公司为依托，伙同杨某、贾某某、王某、张某、苏某某等人（均另案处理）为实施诈骗组成较为固定的犯罪组织，在北京市石景山区、丰台区等地，引诱老年人参加"健康讲座、免费健康咨询"活动，谎称贾某某、张某、苏某某为中国人民解放军总医院、空军总医院、北京医院、北京协和医院等知名医院的专家，骗取被害人信任，并以现场看病、开药的方式，将低价购进的保健品"百邦牌天元胶囊""百邦牌银杏丹葛胶囊"当作特效药品高价销售给被害人。杨某、贾某某、王某等人通过上述方式，骗取翟某某等124名被害人93.74万元。李某某家属代为退缴40万元。

【裁判结果】

本案由北京市石景山区人民法院一审，北京市第一中级人民法院二审。

法院认为，被告人李某某以非法占有为目的，伙同他人通过虚构事实、隐瞒真相的手段，骗取多名被害人财物，数额特别巨大，其行为已构成诈骗罪，应依法惩处。李某某伙同杨某、贾某某、王某、张某等10余人，为实施犯罪而组成较为固定的犯罪组织，是犯罪集团。李某某系组织、领导犯罪集团的首要分子，应按照集团所犯的全部罪行处罚。李某某等人诈骗老年人的财物，酌情从重处罚；李某某主动退缴部分赃款，可酌情从轻处罚。据此，依法以诈骗罪判处李某某有期徒刑十二年，剥夺政治权利二年，并处罚金人民币12万元；在案扣押的人民币40万元，按比例分别发还各被害人；责令李某某继续退赔各被害人经济损失。

【典型意义】

　　本案是以开展"养老帮扶"为名侵害老年人合法权益的典型犯罪案件，该类犯罪主要表现为假借义务诊疗、心理关爱、直播陪护、慈善捐助、志愿服务、组织文化活动等形式获得老年人的信任，对老年人实施诈骗。被告人李某某等人为实施犯罪专门成立公司，在互联网低价购进保健品，招募大量业务员，以免费医疗咨询、义务诊疗等噱头拉拢老年人参加讲座，冒充知名三甲医院的名医在讲座中为老年人"号脉""看病"等，将通过拉家常、聊天方式提前了解的老年人身体状况及病情记录，伪装成通过"号脉"得知，获取老年人信任后夸大病情、虚构保健品为特效药品，高价出售给老年人，骗取老年人钱款。该犯罪集团流窜作案，犯罪时间长、手段隐蔽，社会危害巨大，部分老年人因听信所谓名医建议中断原本服用的正常药物，延误正常治疗，造成严重后果。李某某系犯罪集团首要分子，该犯罪集团针对老年人实施犯罪，人民法院按照犯罪集团所犯全部罪行对李某某从重处罚，充分体现了从严惩处养老诈骗犯罪的精神。人民法院提示老年人就医需到正规医院，切莫病急乱投医，不要轻信所谓免费讲座、免费诊疗，更不要高价购买非正规药品、保健品，避免上当受骗。

易某某、连某某等38人诈骗、组织他人偷越国境、偷越国境、帮助信息网络犯罪活动、掩饰、隐瞒犯罪所得案

《人民法院依法惩治电信网络诈骗犯罪及其关联犯罪典型案例》案例1
2022年9月6日

【基本案情】

　　被告人易某某在缅甸创建"某集团"，采取公司化运作模式，编写话术剧本，开展业务培训，配备作案工具，制定奖惩制度，形成组织严密、结构完

整的犯罪集团。易某某作为诈骗犯罪集团的"老板"，组织、领导该集团实施跨国电信网络诈骗，纠集被告人连某某加入该集团并逐步成为负责人，2人系诈骗集团的首要分子。被告人林某某担任主管，负责管理组长，进行业务培训指导；被告人闫某、伏某某、秦某、黄某某等人担任代理或组长，招募管理组员并督促、指导组员实施诈骗；被告人易某甲为实施诈骗提供技术支持。2018年8月至2019年12月，该集团先后招募、拉拢多名中国公民频繁偷越国境，往返我国和缅甸之间，用网络社交软件海量添加好友后，通过"杀猪盘"诈骗手段诈骗81名被害人钱财共计1820余万元。

【裁判结果】

本案由江西省抚州市中级人民法院一审，江西省高级人民法院二审。现已发生法律效力。

法院认为，以被告人易某某、连某某为首的犯罪集团以非法占有为目的，采取虚构事实、隐瞒真相的方法，骗取他人财物，数额特别巨大，其行为均已构成诈骗罪。易某某、连某某还多次组织他人偷越国境，并偷越国境，其行为又构成组织他人偷越国境罪、偷越国境罪。易某某、连某某系诈骗集团首要分子，按照集团所犯的全部罪行处罚。被告人林某某、闫某、伏某某、秦某、黄某某、易某甲等人是诈骗集团的骨干分子，系主犯，按照其所参与的或组织指挥的全部犯罪处罚。根据各被告人的犯罪事实、犯罪性质、情节和社会危害程度，以诈骗罪、组织他人偷越国境罪、偷越国境罪判处被告人易某某无期徒刑，剥夺政治权利终身，并处没收个人全部财产。以诈骗罪、组织他人偷越国境罪、偷越国境罪判处被告人连某某有期徒刑十六年，并处罚金人民币58万元；以诈骗罪、偷越国境罪等判处被告人林某某等主犯十三年二个月至十年二个月不等有期徒刑，并处罚金。

【典型意义】

以被告人易某某、连某某为首的电信网络诈骗犯罪集团，利用公司化运作模式实施诈骗，集团内部层级严密，分工明确，组织特征鲜明。该诈骗集团将作案窝点设在境外，从国内招募人员并组织偷越国境，对我境内居民大肆实施诈骗，被骗人数众多，涉案金额特别巨大。跨境电信网络诈骗犯罪集团社会危害性极大，系打击重点，对集团首要分子和骨干成员必须依法从严惩处。人民法院对该诈骗集团首要分子易某某、连某某分别判处无期徒刑和有期徒刑十六年，对其余骨干成员均判处十年以上有期徒刑，充分体现了依法从严惩处的方针，最大限度彰显了刑罚的功效。

罗某、郑某某等21人诈骗案

《人民法院依法惩治电信网络诈骗犯罪及其
关联犯罪典型案例》案例2
2022年9月6日

【基本案情】

2018年以来，黄某某组织数百人在柬埔寨、蒙古等国实施跨境电信网络诈骗犯罪并形成犯罪集团，该诈骗集团设立业务、技术、后勤、后台服务等多个部门。其中，业务部门负责寻找被害人，通过微信聊天等方式，诱骗被害人到虚假交易平台投资。后台服务部门接单后，通过制造行情下跌等方式骗取被害人钱款。该犯罪集团诈骗被害人钱财共计6亿余元。2019年3月至10月，被告人罗某、王某某等19人先后加入该集团的后台服务部门，罗某任后台服务部门负责人，负责全面工作；王某某系后台服务部门的骨干成员，负责安排代理和接单人员对接等工作；其余被告人分别负责钱款统计、客服、接单等工作。罗某等人涉案诈骗金额1.7亿余元。被告人郑某某、郑某甲2人系地下钱庄人员，明知罗某等人实施诈骗，仍长期将银行卡提供给罗某等人使用，并对罗某等人诈骗钱款进行转移。

【裁判结果】

本案由江苏省南通市通州区人民法院一审，江苏省南通市中级人民法院二审。现已发生法律效力。

法院认为，被告人罗某等人明知犯罪集团组织实施电信网络诈骗犯罪，仍积极参加，诈骗数额特别巨大，其行为均已构成诈骗罪。根据各被告人的犯罪事实、犯罪性质、情节和社会危害程度，以诈骗罪判处被告人罗某有期徒刑十五年，并处罚金人民币100万元；以诈骗罪判处被告人王某某、郑某某等人十二年至三年不等有期徒刑，并处罚金。

【典型意义】

电信网络诈骗一般是长期设置窝点作案，有明确的组织、指挥者，骨干成员固定，结构严密，层级分明，各个环节分工明确，各司其职，衔接有序，多已形成犯罪集团，其中起组织、指挥作用的，依法认定为犯罪集团首要分子，其中起主要作用的骨干成员，包括各个环节的负责人，一般认定为主犯，按照其所参与或者组织、指挥的全部犯罪处罚。本案中，黄某某犯罪集团各部门之间分工明确，相互协作，共同完成电信网络诈骗犯罪，其中后台服务部门和地下钱庄均系犯罪链条上不可或缺的一环。人民法院对负责后台服务的负责人罗某、骨干成员王某某、地下钱庄人员郑某某依法认定为主犯，均判处十年以上有期徒刑，体现了对电信网络犯罪集团首要分子和骨干成员依法严惩的方针。

施某某等 12 人诈骗案

《人民法院依法惩治电信网络诈骗犯罪及其
关联犯罪典型案例》案例 3
2022 年 9 月 6 日

【基本案情】

2019 年 3 月至 5 月，被告人施某某指使并帮助被告人刘某等偷越国境到缅甸，搭建虚假期货投资平台，组建以被告人沈某等为组长、被告人余某等为组员的电信诈骗团队，通过建立股票交流微信群方式，将多名被害人拉入群内开设直播间讲解股票、期货投资课程，骗取被害人信任后，冒用广州金某网络科技有限公司名义，以投资期货为由，诱骗被害人向虚假交易平台汇入资金，后关闭平台转移资金。该团伙诈骗被害群众 29 人钱款共计 820 余万元。案发后，被告人施某某、刘某等的亲属代为退赔 76 万余元。

【裁判结果】

本案由山东省济南市市中区人民法院一审。现已发生法律效力。

法院认为，被告人施某某、刘某纠集沈某等 10 人以非法占有为目的，采取虚构事实、隐瞒真相的方法，在境外通过网络手段向不特定多数人骗取财物，数额特别巨大，其行为均已构成诈骗罪。施某某、刘某在共同犯罪中系主犯。刘某具有自首情节并如实供述其所知晓的施某某控制的赃款下落，为公安机关提供了侦查线索，对刘某依法予以减轻处罚。施某某等人通过亲属或本人退缴部分或全部赃款，依法予以从轻处罚。根据各被告人的犯罪事实、犯罪性质、情节和社会危害程度，以诈骗罪判处被告人施某某有期徒刑十一年六个月，并处罚金人民币30万元；以诈骗罪判处被告人刘某、沈某、余某等人九年六个月至三年不等有期徒刑，并处罚金。

【典型意义】

本案被告人施某某、刘某组织人员前往境外实施电信网络诈骗犯罪，骗取境内被害群众钱款800余万元。人民法院准确认定案件事实，彻查涉案赃款流向，与公安、检察机关协调配合，及时查扣、冻结涉案赃款463万余元，并灵活运用刑罚调整功能，鼓励被告人退赃退赔。在审判阶段，被告人施某某、刘某等人的亲属代为退赔部分赃款，人民法院按照比例发还各被害人，不足部分责令本案主犯继续退赔，本案从犯在各自分得赃款范围内承担连带退赔责任。全案共计挽回财产损失539万余元，追赃挽损率较高。人民法院在依法审判案件的同时，坚持司法为民和全力追赃挽损，鼓励被告人积极退赃退赔，及时返还被害人，最大限度挽回被害群众的经济损失，取得了良好的法律效果和社会效果。

吴某某等5人诈骗案

《人民法院依法惩治电信网络诈骗犯罪及其
关联犯罪典型案例》案例4
2022年9月6日

【基本案情】

2020年10月，被告人吴某某为非法牟利，伙同吴某甲在抖音上私信被害人，在得知被害人系未成年人后，假称被害人中奖并要求添加QQ好友领奖，之后向被害人发送虚假的中奖转账截图，让被害人误认为已转账。当被害人反馈未收到转账时,吴某某等便要求被害人使用家长的手机,按其要求输入代码才能收到转账,诱骗被害人向其提供的银行卡或支付宝、微信账户转账、发红包,骗取被害人钱财。被告人邱某某、李某某、吕某某按照吴某某的安排,为吴某某提供银行卡、支付宝、微信账户,帮助收款、转款,并按照诈骗金额分成。2020年10月至2021年1月期间,吴某某等人共计骗取5名被害人(10周岁至11周岁之间)的钱财6万余元。

【裁判结果】

本案由重庆市武隆区人民法院一审,重庆市第三中级人民法院二审。现已发生法律效力。

法院认为,被告人吴某某、吴某甲以非法占有为目的,利用电信网络技术手段,虚构事实,骗取他人财物;被告人邱某某、李某某、吕某某明知他人实施电信网络犯罪,帮助接收、转移诈骗犯罪所得,5被告人的行为均已构成诈骗罪。被告人吴某某在共同犯罪中系主犯。吴某某等人对未成年人实施诈骗,酌情从重处罚。根据各被告人的犯罪事实、犯罪性质、情节和社会危害程度,以诈骗罪判处被告人吴某某有期徒刑三年六个月,并处罚金人民币35000元;以诈骗罪判处被告人吴某甲等人二年四个月有期徒刑至三个月拘役,并处罚金。

【典型意义】

本案被告人吴某某等人利用未成年人涉世未深、社会经验欠缺、容易轻信对方、易受威胁等特点实施诈骗,严重侵害未成年人合法权益,犯罪情节恶劣。"两高一部"《关于办理电信网络诈骗等刑事案件适用法律若干问题的意见》规定,诈骗残疾人、老年人、未成年人、在校学生、丧失劳动能力人的财物,或者诈骗重病患者及其亲属财物的,酌情从重处罚。人民法院对吴某某依法从重处罚,充分体现了人民法院坚决保护未成年人合法权益,严厉惩处针对未成年人犯罪的鲜明立场。

黄某等3人诈骗案

《人民法院依法惩治电信网络诈骗犯罪及其
关联犯罪典型案例》案例5
2022年9月6日

【基本案情】

被告人黄某、刘某某、许某在湖北省武汉市成立武汉以某电子商务有限公司，招聘业务员从事诈骗犯罪活动。3人分工配合共同完成诈骗，并按诈骗金额比例提成，同时还发展"代理公司"，提供诈骗话术、培训诈骗方法、提供各种技术支持和资金结算服务，并从"代理公司"诈骗金额中提成。该公司由业务员冒充美女主播等身份，按照统一的诈骗话术在网络社交平台诱骗被害人交友聊天，谎称送礼物得知被害人收货地址后，制造虚假发货信息以诱骗被害人在黄某管理的微店购买商品回送业务员，微店收款后安排邮寄假名牌低价物品给被害人博取信任。之后，业务员再将被害人信息推送至刘某某等人负责的直播平台，按诈骗话术以直播打赏PK为由，诱骗被害人在直播平台充值打赏。2020年4月至9月，黄某和刘某某诈骗涉案金额365.2万元，许某诈骗涉案金额454.2万元。审判阶段许某退缴赃款8.1万余元。

【裁判结果】

本案由安徽省明光市人民法院一审。现已发生法律效力。

法院认为，被告人黄某、刘某某、许某以非法占有为目的，伙同他人利用电信网络实施诈骗，数额特别巨大，其行为均已构成诈骗罪。在共同犯罪中，黄某、刘某某、许某均系主犯。许某自愿认罪认罚，积极退缴赃款，依法予以从轻处罚。根据各被告人的犯罪事实、犯罪性质、情节和对社会的危害程度，以诈骗罪分别判处被告人黄某、刘某某有期徒刑十二年，并处罚金人民币18万元；以诈骗罪判处被告人许某有期徒刑十一年六个月，并处罚金人民币15万元。

【典型意义】

当前，电信网络诈骗的手法持续演变升级，犯罪分子紧跟社会热点，随时变化诈骗手法和"话术"，令人防不胜防。本案被告人将传统的结婚交友类"杀猪盘"诈骗，与当下流行的网络购物、物流递送、直播打赏等相结合，多环节包装实施连环诈骗，迷惑性很强。希望广大网友提高警惕，不要轻信网络社交软件结识的陌生人，保护好个人信息，保持清醒，明辨是非，谨防上当受骗。

赵某某等9人诈骗案

《人民法院依法惩治电信网络诈骗犯罪及其
关联犯罪典型案例》案例6
2022年9月6日

【基本案情】

2019年6月至10月，被告人赵某某、杨某某等人出资组建诈骗团伙，先后招募郭某某、兰某某担任团队组长，招募丁某某等多人为成员实施诈骗犯罪。该团伙通过社交软件聊天骗得被害人信任后，向被害人发送二维码链接，让被害人下载虚假投资软件，待被害人投资后，采取控制后台数据等方式让被害人"投资亏损"，以此实施诈骗。同年9月5日，丁某某得知被害人赵某某拟进一步投资60余万元后，在电话中向赵某甲坦承犯罪，提醒其停止投资、向平台申请退款并向公安机关报案。之后，丁某某自行脱离犯罪团伙。

【裁判结果】

本案由江苏省南京市江宁区人民法院一审，南京市中级人民法院二审。现已发生法律效力。

一审法院认为，被告人赵某某、杨某某、丁某某等人以非法占有为目的，利用电信网络技术手段多次实施诈骗，数额特别巨大或巨大，其行为均已构成诈骗罪。在共同犯罪中，被告人赵某某、杨某某起主要作用，系主犯，应当按照其所参与或组织、指挥的全部犯罪处罚；被告人丁某某等人起次要作用，系从犯，依法可从轻或减轻处罚。以诈骗罪判处被告人赵某某、杨某某等人十年六个月至一年一个月不等有期徒刑，并处罚金；以诈骗罪判处被告人丁某某有期徒刑三年九个月，并处罚金。

宣判后，丁某某上诉提出，其主动提醒被害人并自行脱离犯罪团伙的行为构成自首、犯罪中止和立功，原审量刑过重，请求从轻处罚。

二审法院认为，根据相关法律规定，被告人丁某某预警行为不构成自首、犯罪中止和立功，但其预警行为客观上避免了被害人损失扩大，也使被害人得以挽回部分损失，对案件破获及经济挽损等方面起到积极作用，应得到法律的正面评价，结合丁某某大学刚毕业，加入诈骗团伙时间较短，自愿认罪并取得被害人谅解等情节，对丁某某依法予以减轻处罚并适用缓刑。据此，以诈骗罪改判丁某某有期徒刑二年六个月，缓刑三年，并处罚金人民币2万元。

【典型意义】

电信网络诈骗犯罪的涉案人员在共同犯罪中的地位作用、行为的危害程度、主观恶性和人身危险性等方面有一定区别。人民法院对电信网络诈骗犯罪在坚持依法从严惩处的同时，也注重以宽济严，确保效果良好。本案被告人赵某某系从严惩处的对象，对诈骗团伙所犯全部罪行承担刑事责任。被告人丁某某刚刚进入社会，系初犯，参与犯罪时间较短，且在作案过程中主动向被害人坦承犯罪并示警，避免被害人损失进一步扩大，后主动脱离犯罪团伙，到案后真诚认罪悔罪，对于此类人员应坚持教育、感化、挽救方针，落实宽严相济刑事政策，用好认罪认罚从宽制度，彰显司法温度，进而增加社会和谐因素。

邓某某等 6 人诈骗、侵犯公民个人信息案

《人民法院依法惩治电信网络诈骗犯罪及其
关联犯罪典型案例》案例 7
2022 年 9 月 6 日

【基本案情】

2018 年五六月，被告人邓某某、林某某共谋采用"猜猜我是谁"的方式骗取他人钱财。2 人共同出资，邓某某购买手机、电话卡等作案工具，纠集被告人陈某、张某某等人，利用邓某某购买的涉及姓名、电话、住址等内容的公民个人信息，拨打诈骗电话，让被害人猜测自己的身份，当被害人误以为系自己的某个熟人后，被告人即冒充该熟人身份，编造理由让被害人转账。2018 年 6 月至 8 月，邓某某等人采用此种方式大量拨打诈骗电话，骗取被害人罗某某等 5 人共计 39.2 万元。案发后，从邓某某处查获其购买的公民个人信息 39482 条。

【裁判结果】

本案由四川省泸州市纳溪区人民法院一审，泸州市中级人民法院二审。现已发生法律效力。

法院认为，被告人邓某某、林某某等人以非法占有为目的，虚构事实，隐瞒真相，采用冒充熟人拨打电话的手段骗取他人财物，其行为均已构成诈骗罪；被告人邓某某非法获取公民个人信息，情节严重，其行为还构成侵犯公民个人信息罪，依法应当数罪并罚。在共同犯罪中，邓某某、林某某等人均系主犯。根据各被告人的犯罪事实、犯罪性质、情节和社会危害程度，以诈骗罪、侵犯公民个人信息罪判处被告人邓某某有期徒刑九年六个月，并处罚金人民币 65000 元；以诈骗罪判处被告人林某某等人七年至二年不等有期徒刑，并处罚金。

【典型意义】

本案被告人借助非法获取的公民个人信息，拨打诈骗电话，通过准确说

出被害人个人信息的骗术，骗得被害人信任，实施精准诈骗。侵犯公民个人信息系电信网络诈骗的上游关联犯罪，二者合流后，使得电信网络诈骗犯罪更易得逞，社会危害性更重。"两高一部"《关于办理电信网络诈骗等刑事案件适用法律若干问题的意见》规定，使用非法获取的公民个人信息，实施电信网络诈骗犯罪，构成数罪的，应依法数罪并罚。法院对被告人邓某某以诈骗罪和侵犯公民个人信息罪予以并罚，是从严惩处、全面惩处电信网络诈骗犯罪及其关联犯罪的具体体现。

谢某某、陈某某诈骗、偷越国（边）境、林某掩饰、隐瞒犯罪所得案

《最高人民法院发布跨境电信网络诈骗及其关联犯罪典型案例》案例一
2024年2月7日

【基本案情】

2017年7月至2019年5月，被告人谢某某、陈某某多次违反国（边）境管理法规，在我国云南省与缅甸佤邦交界处往返偷渡。2018年6月起，以谢某某、陈某某为首的犯罪集团长期盘踞于缅甸北部，并从国内纠集大量人员实施跨国电信网络诈骗犯罪活动。其中，谢某某负责人员接送、业务培训、协调当地关系等；陈某某作为部门主管，负责人员管理、账目核对等；另有他人负责人员招募。该犯罪集团成员利用网络聊天软件添加被害人为好友后，诱使被害人到"TNT国际娱乐""鼎吉国际""红玺国际"等平台进行赌博，之后通过后台操控的方式，先让被害人获取蝇头小利，待被害人加大充值投注后，再将被害人资金转入犯罪集团控制的银行账户。2018年6月至2018年12月、2019年2月至2019年5月期间，谢某某诈骗金额共计人民币1051万余元，陈某某诈骗金额共计人民币997万余元。

2018年间，被告人林某明知被告人谢某某处理的资金系犯罪所得，仍数次使用他人多张银行卡帮助谢某某转账，共转移诈骗资金人民币907万余元。

【裁判结果】

本案经江西省万年县人民法院一审，江西省上饶市中级人民法院二审，

现已发生法律效力。

法院认为，被告人谢某某、陈某某多次违反国（边）境管理法规，偷越国（边）境，情节严重，其行为均已构成偷越国（边）境罪。谢某某、陈某某伙同他人以非法占有为目的，在缅甸组织电信网络诈骗集团，骗取他人财物，数额特别巨大，其行为均已构成诈骗罪，依法应数罪并罚。谢某某、陈某某在共同犯罪中系主犯。综上，对被告人谢某某以诈骗罪、偷越国（边）境罪数罪并罚，决定执行有期徒刑十五年，并处罚金人民币53万元；对被告人陈某某以诈骗罪、偷越国（边）境罪数罪并罚，决定执行有期徒刑十三年，并处罚金人民币32万元。被告人林某明知是犯罪所得而予以转移，情节严重，以掩饰、隐瞒犯罪所得罪判处有期徒刑六年，并处罚金人民币10万元。

【典型意义】

近年来，一些不法分子为逃避国内打击、牟取非法利益，纷纷将诈骗窝点转移至境外，相当一部分人员偷越国境后盘踞在缅甸北部等地成立犯罪集团或组成犯罪团伙，对境内居民实施电信网络诈骗犯罪。此类犯罪集团、团伙往往组织严密、层级分明，成员之间分工明确，从人员招募、接送到"话术"、业务培训，再到资金管理、转移等均有专人负责，各环节分工配合完成犯罪，严重危害人民群众利益。人民法院坚持"出重拳""下重手"，依法从严惩处跨境电信网络诈骗犯罪及其关联、衍生犯罪，加大财产刑适用力度，注重追赃挽损，尽最大努力为受骗群众挽回经济损失。

本案是一起有组织、有规模偷渡至境外实施跨境电信网络诈骗犯罪，且有境内人员协同作案的典型案例。被告人谢某某、陈某某非法偷渡至境外成立诈骗集团，从境内招募人员作案，诈骗人数众多，涉案金额特别巨大，二人均系犯罪集团首要分子。人民法院依法对谢某某、陈某某以偷越国（边）境罪和诈骗罪数罪并罚，并科处相应的罚金刑；同时全力追赃挽损，持续追缴涉诈资金，已向查实的被骗群众发还人民币323万余元，最大程度挽回了被骗群众的经济损失，实现了政治效果、法律效果和社会效果的有机统一。

向某某等24人诈骗、组织他人偷越国（边）境、偷越国（边）境案

《最高人民法院发布跨境电信网络诈骗及其关联犯罪典型案例》案例二
2024年2月7日

【基本案情】

2019年6月18日至2020年4月2日期间，被告人向某某为牟取非法利益，多次与被告人粟某某、王某某、李某某等人结伙或组织他人从云南省瑞丽市等地偷越国境至缅甸木姐，形成以向某某为首要分子，以粟某某、王某某、李某某等人为骨干成员的电信网络诈骗犯罪集团。该诈骗集团成员往往通过在专用QQ群内发布"充值投注"和"淘宝刷单"赚钱等虚假消息，诱骗被害人到"亚太金融""平安金融"等诈骗网站投资，之后采用修改网站后台数据等方式造成被害人资金损失或账号异常，再以继续充值才能解封账号或交付佣金才能提现为由诱骗被害人继续转款，对被害人实施诈骗。事后，向某某通过洗钱团队将诈骗钱款转入他人银行账户予以转移。经查，该诈骗集团诈骗金额共计人民币309万余元。

【裁判结果】

本案由云南省德宏傣族景颇族自治州中级人民法院一审，云南省高级人民法院二审，现已发生法律效力。

法院认为，被告人向某某等24人违反国（边）境管理法规，多次或3人以上结伙偷越国（边）境，情节严重，其行为已构成偷越国（边）境罪；向某某等人以非法占有为目的，在境外实施电信网络诈骗活动，骗取不特定多数人财物，数额特别巨大，其行为已构成诈骗罪；其间，向某某、王某某等人还多次组织他人偷越国（边）境，其行为已构成组织他人偷越国（边）境罪，依法应数罪并罚。其中，被告人向某某系犯罪集团的首要分子，对其按照集团所犯的全部罪行处罚，以诈骗罪、偷越国（边）境罪、组织他人偷越国（边）境罪数罪并罚，判处有期徒刑十六年，并处罚金人民币335000元。被告人粟某某、李某某系主犯，按照其所参与或组织、指挥的全部犯罪处罚，

以偷越国（边）境罪、组织他人偷越国（边）境罪、诈骗罪数罪并罚，分别判处有期徒刑十年六个月至七年六个月不等，并处罚金人民币 225000 元至 125000 元不等。

【典型意义】

当前，跨境电信网络诈骗犯罪猖獗，为维持诈骗集团高效运转，获取更多非法利益，一些诈骗集团不断通过"高薪"诱惑等方式从国内组织、拉拢、引诱、介绍他人偷越国（边）境，为境外犯罪集团输送人力，大肆对境内居民实施诈骗，严重危害国家安全、社会稳定和人民群众生命财产安全。这些行为不仅触犯了刑法，也违反了出入境管理法、治安管理处罚法、反电信网络诈骗法等法律，必须依法予以打击。

本案是一起组织他人偷渡出境参加电信网络诈骗犯罪集团，继而大肆对境内居民实施诈骗的典型案例，以被告人向某某为首的"犯罪链条"完整到案。人民法院根据各被告人所犯罪行及其在犯罪集团中的地位、作用等，依法准确认定被告人向某某为首要分子，对其按照集团所犯的全部罪行处罚；认定被告人粟某某、李某某为主犯，按照其所参与或组织、指挥的全部犯罪处罚，依法从严惩处跨境电信网络诈骗犯罪的组织者、策划者、指挥者和骨干分子，释放从重惩治的强烈信号，并通过加大罚金刑力度，进一步剥夺犯罪分子再犯能力。

曾某、钟某某、王某等 67 人诈骗、偷越国（边）境、帮助信息网络犯罪活动、掩饰、隐瞒犯罪所得、引诱他人吸毒案

《最高人民法院发布跨境电信网络诈骗及其关联犯罪典型案例》 案例三

2024 年 2 月 7 日

【基本案情】

2019 年 2 月，被告人曾某、钟某某从云南省非法偷越国境至缅甸，后在缅甸勐波成立"财神国际"集团，从国内大量招募人员从事电信网络诈骗犯罪活动。同年 3 月起，被告人王某、高某某等 54 人单独或结伙偷越国境至缅

甸勐波加入"财神国际",担任该犯罪集团骨干成员。"财神国际"成员伪装"高富帅"等虚假身份通过社交软件添加境内居民为好友,以聊感情、谈恋爱等方式逐步骗取被害人信任,诱骗被害人在虚假赌博平台充值投注,之后通过后台修改数据操控开奖结果的方式将被害人充值的资金转入"财神国际"控制的银行账户,对被害人实施诈骗。

被告人方某、彭某等人明知曾某成立的"财神国际"利用信息网络实施诈骗犯罪,仍为该集团提供资金账户、帮助转移犯罪所得;被告人叶某某、唐某某等人明知他人利用信息网络实施犯罪,仍按照要求制作、出售恶意程序为犯罪提供技术支持;被告人郭某某等人明知是电信网络诈骗犯罪所得,仍提供银行卡用于转账进行掩饰、隐瞒;被告人苏某某在参加"财神国际"诈骗犯罪集团期间,还引诱他人吸毒。

2019年4月至2020年10月,"财神国际"诈骗犯罪集团共诈骗被害人196人,诈骗金额共计人民币2796万余元。

【裁判结果】

本案经宁夏回族自治区西吉县人民法院一审,宁夏回族自治区固原市中级人民法院二审,现已发生法律效力。

法院认为,被告人曾某、钟某某、王某等人以非法占有为目的,采用虚构事实的方法,在境外利用电信网络技术手段,骗取不特定多数人财物,数额特别巨大,其行为已构成诈骗罪;违反国(边)境管理法规,偷越国(边)境,情节严重,其行为已构成偷越国(边)境罪,依法应数罪并罚。其中,被告人曾某系组织、领导犯罪集团的首要分子,以诈骗罪、偷越国(边)境罪数罪并罚,决定执行有期徒刑十五年六个月,并处没收个人全部财产;被告人钟某某、王某等在共同犯罪中系主犯,以诈骗罪、偷越国(边)境罪数罪并罚,分别决定执行有期徒刑十二年至一年不等,并处罚金人民币51万元至25000元不等。被告人方某、彭某等人与上游诈骗犯罪构成共同犯罪,系从犯,以诈骗罪分别判处有期徒刑八年至六个月不等,并处罚金人民币30万元至2万元不等。被告人叶某某、唐某某等人明知他人利用信息网络实施犯罪,仍为其提供技术支持,情节严重,以帮助信息网络犯罪活动罪分别判处有期徒刑三年至一年六个月不等,并处罚金人民币10万元至2万元不等。被告人郭某某等人明知是电信网络诈骗犯罪所得,仍予以掩饰、隐瞒,以掩饰、隐瞒犯罪所得罪分别判处有期徒刑三年至一年不等，并处罚金人民币10万元至2万元不等。被告人苏某某在参加诈骗犯罪集团期间还引诱他人吸毒，依法应数罪并罚，以诈骗罪、偷越国（边）境罪、引诱他人吸毒罪判处有期徒刑十年，并处罚金人民币32万元。

【典型意义】

境外电信网络诈骗犯罪集团大肆组织招募人员，或出境前往诈骗窝点实施犯罪，或在境内为境外诈骗犯罪提供帮助，逐步形成完整的黑灰产业链，社会危害十分严重。鉴此，人民法院将跨境诈骗犯罪集团的组织者、领导者、首要分子及境内协同人员等作为打击重点，坚决依法从重处罚，并根据犯罪集团成员在整个犯罪链条中的地位、作用等准确区分诈骗共同犯罪、帮助信息网络犯罪活动罪及掩饰、隐瞒犯罪所得、犯罪所得收益罪等，准确打击，罚当其罪。

本案是一起在境外成立诈骗犯罪集团，大肆招募境内人员出境实施诈骗犯罪活动的典型案例。人民法院依法认定被告人曾某为犯罪集团的首要分子，予以从重处罚；根据主观明知程度、在犯罪链条中所起的作用等因素准确认定被告人方某等为诈骗罪共犯、被告人叶某某等构成帮助信息网络犯罪活动罪、被告人郭某某等构成掩饰、隐瞒犯罪所得罪，并分别判处相应的刑罚，实现了对犯罪链条的全面、精准打击。

高某诈骗案

《最高人民法院发布跨境电信网络诈骗及其
关联犯罪典型案例》案例四
2024年2月7日

【基本案情】

2021年2月，被告人高某因受"高薪"引诱，偷渡至缅甸加入电信网络诈骗犯罪集团。该诈骗集团层级分明，分为若干团队，各团队设有团长、总监、经理、组长、业务员等不同等级，并制定具体的诈骗目标数额，对于不服从管理或未完成目标数额的业务员，通过罚款、体罚、殴打等方式予以惩戒。高某加入诈骗集团后，根据上级安排，冒用他人身份打造"高端"人设，通过 K 歌类娱乐软件寻找女性作为诈骗目标，诱导被害人至社交软件聊天，使用内部"话术"与对方培养感情。待取得被害人信任后，以投资名义诱使被害人在该诈骗集团控制的 App 平台充值、投资，此后再以交税和保证金为由诱骗被害人继续充值。经查，高某在参加诈骗集团期间诈骗金额共计 17 万余美元。此后，高某欲从犯罪集团逃跑，但未能成功，被抓回殴打，之后其联系国内家人向诈骗集团支付高额"赎金"才得以回国。

2021 年 8 月 31 日，被告人高某接到公安机关电话后，主动到公安机关投案，并如实供述了上述犯罪事实。同时，其还供称该诈骗集团通过强制"团建"、吸毒等手段控制集团成员，并要求业务提成只能用于电信诈骗园区消费，不允许邮寄回国。

【裁判结果】

本案经江苏省睢宁县人民法院审理，现已发生法律效力。

法院认为，被告人高某以非法占有为目的，骗取他人财物，数额特别巨大，其行为已构成诈骗罪。高某在共同犯罪中系从犯，且具有自首、认罪认罚等情节，决定以诈骗罪判处有期徒刑四年三个月，并处罚金人民币 15000元，同时依法追缴其犯罪所得，退赔被害人。

【典型意义】

境外诈骗犯罪集团往往以所谓的"高工资、低门槛、工作时间灵活"等虚假招聘信息，诱惑境内人员非法偷渡至境外"淘金"。行为人到达境外犯罪窝点后，自愿或被迫从事电信网络诈骗活动，不仅触犯法律，自身生命财产安全也遭到严重威胁，最终害人害己。

本案是一起受"高薪"诱惑偷渡至境外参加电信诈骗集团的典型案例。被告人高某明知偷渡至缅甸系从事违法犯罪活动，仍积极赴境外诈骗窝点从事"杀猪盘"诈骗，欲逃离回国时被限制人身自由、殴打，直至交纳高额"赎金"才得以回国。人民法院根据高某参与诈骗的具体情况认定其构成诈骗罪，并综合考虑其从犯地位及自首、认罪认罚等情节予以从宽处罚，对跨境电信网络诈骗犯罪"毫不姑息""绝不手软"的同时，充分贯彻宽严相济刑事政策，确保罪责刑相适应。

杨某某诈骗、魏某掩饰、隐瞒犯罪所得案

《最高人民法院发布跨境电信网络诈骗及其
关联犯罪典型案例》案例五
2024年2月7日

【基本案情】

2019年9月至2020年2月，被告人杨某某明知李某某、"兵"（另案处理）实施电信网络诈骗犯罪，仍将其非法获取的500余万条公民个人信息出售给二人，非法获利人民币330万余元。2020年2月25日，李某某被公安机关抓获，杨某某开始直接向境外电信网络诈骗团伙出售公民个人信息。经查，2020年2月25日至案发，境外王某电信网络诈骗团伙、"老钱"电信网络诈骗团伙、"成哥"电信网络诈骗团伙使用杨某某提供的公民个人信息实施诈骗441起，累计诈骗金额达人民币1188万余元。

2020年1月以来，被告人魏某受被告人杨某某指使，多次使用他人的银行卡将杨某某出售公民个人信息犯罪所得（人民币897万余元）取现后交给杨某某。

【裁判结果】

本案由云南省德宏傣族景颇族自治州中级人民法院审理，现已发生法律效力。

法院认为，被告人杨某某明知他人实施电信网络诈骗犯罪，仍非法获取并向他人出售公民个人信息，且被境外电信网络诈骗集团利用实施诈骗犯罪，诈骗金额特别巨大，其行为应以共同犯罪论处，决定以诈骗罪判处有期徒刑十年六个月，并处罚金人民币30万元。被告人魏某明知资金是他人犯罪所得，仍帮助取现予以转移，情节严重，以掩饰、隐瞒犯罪所得罪判处有期徒刑三年六个月，并处罚金人民币5万元。

【典型意义】

电信网络诈骗犯罪持续高发多发，滋生了一系列黑灰产业，不少犯罪分

子采用各种方式为诈骗犯罪"输血供粮"。明知他人实施电信网络诈骗犯罪，仍向他人出售或提供非法获取的公民身份证号、手机号等个人信息，为下游诈骗活动提供"诈骗线索"，或出售、提供非法获取的他人社交软件注册信息等被下游诈骗犯罪用作"诈骗工具"，不仅侵犯了公民个人信息安全，而且严重侵害了人民群众的生命财产安全，必须依法从严惩处。

本案是一起明知他人实施电信网络诈骗犯罪，仍为其大量非法获取、出售公民个人信息，构成诈骗罪共犯的典型案例。被告人杨某某大量非法获取公民个人信息，向境内外电信网络诈骗犯罪集团或团伙出售，售出的信息被用于实施诈骗犯罪，诈骗金额特别巨大，非法获利数额巨大。人民法院综合考虑杨某某对下游诈骗犯罪的主观明知程度、行为次数和手段、获利情况以及行为的社会危害程度等，依法认定其构成诈骗罪共犯，予以从重处罚。

（四）职务侵占罪

麦某某职务侵占、挪用资金无罪案

《依法平等保护民营企业家人身财产安全十大典型案例》第5号
2019年5月21日

【案情简介】

2003年初，东莞市大岭山镇颜屋村委会有土地出让进行房地产开发，麦某某与陈某某、苏某某等人与该村委会负责人商谈后，麦某某代表甲公司与该村委会于2003年4月5日签订了《土地使用权转让合同书》，开发面积约750亩。同年4月7日，甲公司按照约定支付20万元订金给颜屋村委会。之后，因东莞市大岭山镇政府不认可上述合同，合同未能履行。

2003年4月18日，乙公司注册成立，由麦某某、蔡某某投入注册资金50万元，登记股东为麦某某、陈某某和苏某某，其中麦某某、陈某某各占42.5%的股份，苏某某占15%的股份，麦某某任该公司法定代表人。2003年7月10日，麦某某代表乙公司与东莞市大岭山镇房地产开发公司、颜屋村委会在大岭山镇法律服务所见证下签订了《土地使用权转让合同书》，取得颜屋村委会上述约 750 亩土地进行开发。随后，乙公司陆续支付土地投资款，2003 年 7 月 25 日，以乙公司的名义转付 610 万元给某某某山镇资产公司作为商住用地指标费；同年 11 月 11 日，以乙公司名义转款 200 万元给大片美村购买用地指标；同年 8 月 1 日、12 月 19 日，以乙公司的名义各转 100 万元给颜屋村。截至 2003 年 12 月 19 日，以乙公司的名义共向该土地投资项目支付 10100500 元。

2004 年 1 月，麦某某以乙公司法定代表人的身份要求将上述《土地使用权转让合同书》终止履行，并以甲公司名义重新与颜屋村委会和大岭山镇房地产开发公司签订新的《土地使用权转让合同书》。此后，麦某某以其夫妻名下的甲公司等多个公司名义支付上述土地开发相关款项。

2005 年 6 月 9 日，麦某某与陈某某用两人共有的厂房作抵押，以乙公司名义向农行长安支行贷款 660 万元，随后麦某某将上述 660 万元贷款中的 50 万元用于支付该笔贷款利息，余款 610 万元用于其名下的甲等多家公司的经营活动中。2006 年 4 月 30 日，陈某某向东莞市公安局报案称，麦某某利用担任乙公司法定代表人的职务便利侵占该公司的权益。2006 年 8 月 16 日，麦某某提前偿还上述尚未到期的贷款。

2018 年 1 月 2 日，广东省高级人民法院裁定维持原无罪判决。

【典型意义】

严格把握民事纠纷与犯罪界限，依法保护企业家人身自由权利。公司合伙人之间的经济利益之争，可以通过和解、调解及民事诉讼等方式来解决，正常的民事纠纷不应被作为犯罪处理。刑事司法应牢固树立谦抑、文明等理念，刑法介入经济活动应谨守最后手段性的原则，切实依法维护企业家人身安全，为经济健康发展提供有力司法服务和保障。

九江某钢铁有限公司经理刘某职务侵占案

《最高法发布人民法院依法保护民营企业产权和
企业家权益典型案例》案例 9
2023 年 7 月 31 日

【案例索引】

江西省九江市濂溪区人民法院（2021）赣 0402 刑初 10 号

【基本案情】

刘某原系九江某钢铁有限公司（以下简称某公司）业务经理。2017 年下半年至 2018 年 10 月期间，刘某利用职务便利，采取不与租户签订租赁合同的方式，隐瞒公司商铺、场地等资产出租的事实，私自截留租金 79000 元并予以侵吞。某集团股份有限公司（某公司系其旗下公司）接举报对被告人刘某进行了内部调查，刘某向集团审计监察部交代了其私下收取租户租金、保证金的事实，并主动向九江市公安局濂溪区分局经侦大队投案。该案审理中，被告人刘某开始对部分犯罪金额有异议。经过承办法官释法说理，被告人刘某对自己的犯罪事实均予以认可，自愿认罪，在庭审中对公司致歉，积极退赔全部违法所得。

九江市濂溪区人民法院经审理认为，被告人刘某利用担任某公司业务经理的职务便利，隐瞒公司商铺、场地等资产出租的事实，不与租户签订租赁合同，私自截留租金，数额较大，其行为已构成职务侵占罪。案发后被告人刘某主动到公安机关投案，如实供述了自己的主要犯罪事实，庭审中，对起诉书指控的犯罪事实没有异议，自愿认罪，系自首，可从轻处罚。审理中，被告人积极向被害单位退赔全部损失，认罪、悔罪，可酌情从轻处罚。基于本案的事实、犯罪金额，以及被告人退赔、认罪悔罪的表现，对于公诉机关建议判处缓刑的意见，予以采纳。2021 年 7 月 1 日，该院以职务侵占罪，判处被告人刘某有期徒刑六个月，缓刑一年。

宣判后，被告人刘某未上诉，公诉机关未抗诉，判决已生效。至此，通过法官细致、耐心的释法，不仅让被告人对自己犯罪行为有了准确的认识，还为民营企业挽回了损失。宣判后，九江市濂溪区人民法院及时对案涉民营企业进行回访，提示加强监管、堵住管理漏洞，同时对企业生产、经营过程中存在的问题，提供法律帮助现场给予解答。

【社会影响】

资金是企业的血液，是企业生存和发展的基础，企业内部员工利用公司管理制度上的漏洞实施职务侵占等违法犯罪行为，侵占企业合法财产权，损害了企业发展根基，同时也严重影响市场经营环境。保障民营企业特别是中小型企业合规发展，为企业经济发展注入内生动力，为辖区经济健康发展营造良好法治环境刻不容缓。

本案中，被告人刘某利用担任某公司业务经理的职务便利，隐瞒公司商铺、场地等资产出租的事实，通过不与租户签订租赁合同，私自截留租金和保证金的方式，不仅严重侵害了被害单位财产权益，更破坏了企业正常生产经营秩序。九江市濂溪区人民法院严格把握量刑，坚持依法从严查处，通过严厉打击企业高管利用职务便利将企业财产占为己有的犯罪行为，有力震慑了该类犯罪，多措并举及时追赃挽损，既为企业挽回了经济损失，守护了民营企业财产权益，又促进了民营企业健康发展。案后通过回访的方式，一方面提示加强监管、堵住管理漏洞，防范经营风险。另一方面提供法律帮助，对企业生产、经营过程中存在的问题，现场给予解答。积极引导民营企业提高风险意识，从制度上预防内部工作人员侵犯企业权益。该案的审理受到了该企业负责人的高度评价，为民营企业高质量发展提供有力的司法保障，实现了政治效果、社会效果和法律效果的统一。

【典型意义】

本案的办理，充分体现了人民法院坚持依法惩处与平等保护相结合的原则，服务保障民营企业发展，在持续优化法治化营商环境中主动担当作为，在严厉打击民营企业内部腐败等经济犯罪的同时，多措并举为企业挽回经济损失，增强了企业健康发展内生动力，为经济高质量发展保驾护航。判后积极延伸司法职能，通过回访有效提示企业加强监管、堵住管理漏洞，着力提升企业防范风险意识。在回访的同时开展送法进企业活动，对企业生产、经营过程中存在的问题，现场给予解答。该院在审理涉民营企业案件中运用

"回访+送法"相结合的方式,帮助企业堵梳建制、提供法律帮助,解决企业发展之困,增强企业内生动力,有效助力民营企业高质量发展,受到了涉案企业负责人高度评价,实现了"三个效果"的统一,是以案持续优化法治化营商环境的司法实践。

郭某、王某职务侵占案
——利用职务便利截留私募基金财产归个人所有的构成职务侵占罪

《最高人民法院、最高人民检察院联合发布依法从严打击
私募基金犯罪典型案例》案例 4
2023 年 12 月 26 日

【关键词】

私募基金　职务侵占　债券市场　截留价差

【基本案情】

被告人郭某,系上海某投资管理有限公司(以下简称某公司,在基金业协会登记为私募基金管理人)资金交易员;被告人王某,与郭某系夫妻关系。

某公司系从事债券市场投资业务的私募基金管理人。2020 年 1 月至 10 月,郭某多次利用担任某公司资金交易员的职务便利,在对某公司管理的私募基金产品所投资债券进行账户间平移调整过程中,伙同其丈夫王某通过虚增交易环节、低卖高买的方式进行债券撮合交易并从中牟利。其间,王某根据郭某提供的交易信息,通过他人寻找多家做市商及第三方债券投资账户"某信托",将某公司指令郭某通过一位做市商从 A 账户卖给 B 账户的债券,拆分为先通过一位做市商低价从 A 账户卖给某信托,再通过另一位做市商高价从某信托卖给 B 账户,将交易价差截留在某信托账户;郭某通过瞒报交易环节和做市商信息、修改真实交易数据等方式,向公司隐瞒交易价差。二人使用上述手段完成过券交易 26 笔,通过某信托账户截留资金人民币 602 万余元,除支付代理费 190 余万元外,其他资金转入郭某、王某个人账户,用于购买股票、汽车、日常消费、个人存款等。

【刑事诉讼过程】

2021年2月5日，上海市公安局黄浦分局以郭某涉嫌职务侵占罪立案侦查。2022年1月6日，黄浦分局以郭某、王某涉嫌职务侵占罪移送起诉。侦查和审查起诉过程中，郭某、王某均辩称通过撮券交易获利系正常的市场交易行为，并无侵占某公司基金财产的主观故意。针对犯罪嫌疑人辩解，经补充侦查，多位做市商、某公司均证明正常账户平移交易均是通过一位做市商在账户间直接交易，除手续费外，私募基金无其他支出；某公司是按正常流程下达的直接平移交易指令；中介人员证明王某为避免被中间商发现虚设交易环节，有意要求分别选择两个中间商完成交易；电脑原始记录和上报公司报表证明，郭某篡改了真实交易数据；银行资金转账记录证明涉案资金均被郭某、王某个人使用。检察机关认为，上述证据证明，郭某、王某内外勾结，利用郭某交易员的职务便利，在正常交易流程外通过虚增交易环节、低卖高买的方式开展不正当交易，将私募基金财产非法占为己有，构成职务侵占罪共同犯罪。2022年1月30日、8月18日，上海市黄浦区人民检察院分别以郭某、王某构成职务侵占罪提起公诉。案件办理期间，黄浦区人民检察院向某公司制发检察建议，就该公司对日常投资交易内部管理缺失的情况提出加强风控与合规管理的建议，某公司积极落实整改并及时回复检察机关。

2022年6月14日、10月24日，上海市黄浦区人民法院先后作出一审判决，认定郭某、王某犯职务侵占罪，对郭某判处有期徒刑三年十个月，并处罚金人民币10万元；对王某判处有期徒刑三年，缓刑三年，并处罚金人民币10万元；退赔全部违法所得发还被害单位某公司。两名被告人均未提出上诉，判决已发生法律效力。

【典型意义】

1. 在投资过程中，利用职务便利截留私募基金财产非法占为己有的，构成职务侵占罪，侵占数额以私募基金实际受损失数额计算。为投资人进行股票、债券投资是私募证券投资基金的主要业务，管理人员除约定的管理费用外，不应从中获取任何其他利益，对于使用欺骗、隐瞒等方式与私募基金开展不正当交易，将本应归属于私募基金的利益输送至个人的，其实质是截留私募基金财产非法占为己有，应当以职务侵占罪追究刑事责任。本案中，郭某、王某利用郭某担任私募基金债券交易员的职务便利，通过实际控制"某信托"账户与私募基金进行人为增加的对手方交易，低卖高买截留本属于私募基金的利润归个人所有，系侵占私募基金管理人代为管理的资金，构成职务侵占罪。

2. 全面收集证据，准确区分为投资人利益开展的正常投资与为个人利益实施的不正当交易，做到依法认定、不枉不纵。私募投资基金是"受人之托、代人理财"的金融产品，以受托权限和忠实勤勉义务为核心。办案过程中，应全面收集投资人合同授权、私募基金管理人对行为人下达的交易指令、市场上同类交易正常交易流程、行为人向单位上报的交易数据、涉案资金最终流向等证据，以证明行为人究竟是开展符合合同约定的正常投资交易还是通过开展不正当交易获取不正当利益。

3. 依法能动履职，促进诉源治理。私募基金在服务理财、支持实体经济发展等方面发挥重要作用，同时私募基金行业良莠不齐、侵害投资者合法权益的情形也客观存在。人民法院、人民检察院在办理涉私募基金案件时，应及时通过制发司法建议、检察建议等方式，协助把脉分析私募基金管理人内部治理、行业管理等方面存在的问题，促使私募基金管理人合法合规经营，通过源头治理预防犯罪、防范风险，促进私募基金行业健康发展。

（五）挪用资金罪

郭某挪用资金案
——根据私募基金不同形式，区分认定被挪用单位

《最高人民法院、最高人民检察院联合发布依法从严打击
私募基金犯罪典型案例》案例 3
2023 年 12 月 26 日

【关键词】

私募基金　挪用资金　本单位资金　忠实勤勉义务

【基本案情】

被告人郭某，北京某投资基金管理有限公司（以下简称某投资）原董事长。

2015 年 3 月，某投资（该公司在基金业协会登记为私募股权、创业投资基金管理人）与安徽某控股股份有限公司（以下简称某控股）签订《战略合作框架协议》，设立苏州某投资中心，发行"某 1 号"私募基金，为安徽省某食品进出口（集团）公司（以下简称某集团，系某控股大股东）及其下属公司投资的项目提供资金支持。某投资为某投资中心合伙人，管理基金投资运营，郭某担任某投资中心执行事务合伙人代表。

2015 年 3 月至 7 月，安徽某资产管理有限公司（以下简称某资产公司）及胡某某等 8 名自然人认购"某 1 号"基金份额，成为某投资公司合伙人，投资金额共计人民币 2735 万元。上述资金转入某投资公司在银行设立的基金募集专用账户后，郭某未按照《战略合作框架协议》和"某 1 号"合同的约定设立共管账户、履行投资决策程序，而是违反约定的资金用途，擅自将其中 2285 万余元资金陆续从某投资公司账户转入其担任执行事务合伙人代表的另一私募基金某账户，而后将 120 万余元用于归还该私募基金到期投资者，2165 万余元转入郭某个人账户和实际控制的其他账户，至案发未归还。

六、侵犯财产罪

【刑事诉讼过程】

2015年10月27日,安徽省合肥市公安局蜀山分局对本案立案侦查。2016年11月20日,蜀山分局以郭某涉嫌挪用资金罪移送起诉。侦查和审查起诉过程中,郭某辩称其未违反决策程序,依据私募基金管理人职责有权独立进行投资决策;转入某私募基金账户的2285万余元,均用于偿还该项目到期投资人,该基金也是为某控股投资项目筹资,资金使用符合"某1号"基金的使用宗旨,不构成挪用资金罪。针对犯罪嫌疑人辩解,经补充侦查查明,根据双方协议"某1号"基金对外投资须经某控股、专业委员会、决策委员会审核通过方可实施,郭某未经任何决策程序自行将私募基金账户资金转出;接收2285万余元的另一私募基金并非为某控股筹资,而是为其他公司收购某控股旗下酒店筹资,与"某1号"投资项目无关;郭某因投资经营不善,面临管理的某基金到期无法兑付、个人被撤销基金从业资格的风险;2285万余元转入某账户后,120余万元用于归还该项目投资人,其余资金转入郭某个人账户、其实际控制的3家公司账户及其亲属账户等;某投资中心内部账与银行对账单一致,2285万余元均记录为委托投资款,属应收账款,郭某无平账行为,案发时"某1号"未到兑付期,挪用时间较短,郭某未携款潜逃,其间有少量还款。检察机关认为,上述证据证明,郭某利用担任私募基金项目公司合伙人代表的职务便利,未经决策程序,挪用单位资金归个人使用,数额较大、超过三个月未归还,但无法证明郭某具有非法占有目的,郭某构成挪用资金罪。

2017年5月10日,安徽省合肥市蜀山区人民检察院以郭某构成挪用资金罪提起公诉。2018年5月11日,安徽省合肥市蜀山区人民法院作出一审判决,认定郭某犯挪用资金罪,判处有期徒刑四年六个月,责令退赔被害单位某投资中心全部经济损失。郭某提出上诉。2018年8月1日,安徽省合肥市中级人民法院作出终审裁定,驳回上诉,维持原判。

【典型意义】

1. 私募基金有合伙制、公司制、契约制等多种形式,挪用资金罪的认定要区分不同的被挪用单位。采用合伙制、公司制的,私募基金管理人和投资人共同成立合伙企业、公司发行私募基金,投资人通过认购基金份额成为合伙企业、公司的合伙人、股东，私募基金管理人作为合伙人、股东负责基金投资运营，其工作人员利用职务便利挪用私募基金资金的，实际挪用的是合伙企业、公司的资金，因该工作人员同时具有合伙企业或者公司工作人员的身份，属于挪用"本单位资金"的行为，应当依法追究刑事责任。采用契约制的，私募基金管理人与投资人签订合同，受托为投资人管理资金、投资运营，双方不成立新的经营实体，其工作人员利用职务便利挪用私募基金资金的，实际挪用的是私募基金管理人代为管理的资金。从侵害法益看，无论是"单位所有"还是"单位管理"的财产，挪用行为均直接侵害了单位财产权（间接侵害了投资人财产权），属于挪用"本单位资金"的行为，应当依法追究刑事责任。本案中，某投资、某控股、某资产公司及8名自然人均为某投资公司合伙人，郭某利用担任合伙人代表的职务便利，挪用某投资公司资金归个人使用、超过三个月未归还，构成挪用资金罪。

2. 全面把握挪用私募基金资金犯罪的特点和证明标准，准确认定案件事实。私募基金具有专业性强、不公开运营的特点，负责基金管理的工作人员利用职务便利实施的犯罪隐蔽性强，常以管理人职责权限、项目运营需要等理由进行辩解，侦查取证和指控证明的难度较大。司法办案中，应当全面把握私募基金的特点和挪用资金罪的证明方法，重点注意以下几点：一是通过收集管理人职责、委托授权内容、投资决策程序等证据，证明是否存在利用职务便利，不经决策程序，擅自挪用资金的行为；二是通过收集私募基金投资项目、托管账户和可疑账户关系、资金往来等证据，证明是否超出投资项目约定，将受委托管理的资金挪为个人使用或者借贷给他人；三是通过收集行为人同时管理的其他私募基金项目、账户、资金往来以及投资经营情况等证据，证明是否存在个人管理的项目间资金互相拆解挪用、进行营利活动的情形，对于为避免承担个人责任或者收取管理费用等谋取个人利益的目的而挪用资金供其他项目使用的，应当认定为"归个人使用"。

3. 私募基金从业人员要依法履行忠实、勤勉义务。私募基金管理人的核心职责和义务是按照约定为投资者管理财产、实现投资收益，应当严格遵守《证券投资基金法》《私募投资基金监督管理条例》等法律法规规定，依法投资，合规管理，防范利益冲突，维护基金及其投资人的利益，不得挪用、侵占基金财产，不得利用基金财产为自己或他人谋取利益。违反法律规定，构成犯罪的，将会受到法律的惩治。

（六）敲诈勒索罪

施某通过裸贷敲诈勒索案

《最高人民法院发布利用互联网侵害未成年人
权益的典型案例》第 2 号
2018 年 6 月 1 日

【基本案情】

2017 年 3 月 30 日，被害人陈某（17 岁，在校学生）通过 QQ 交流平台联系到被告人施某进行贷款。根据施某要求，陈某提供了裸照及联系方式，但施某并未贷款给陈某，而是以公开裸照信息威胁陈某，勒索人民币 1000 元，陈某一直未付款。施某进一步威胁陈某父母并索要人民币 3000 元，陈某家人未付款而向公安机关报案。因施某的敲诈行为，陈某害怕亲朋好友收到其裸照信息，故而休学在家，学习生活及心理健康遭受严重影响。

【裁判结果】

人民法院经审理认为，施某无视国家法律，以非法占有为目的，敲诈勒索他人财物，数额较大，其行为已构成敲诈勒索罪。施某敲诈勒索未成年人，可从重处罚。施某在犯罪过程中因意志以外的原因而未得逞，属于犯罪未遂，结合其被抓获后如实供述犯罪事实，依法可从轻处罚。依据《刑法》有关规定，判决施某犯敲诈勒索罪，判处有期徒刑十个月，并处罚金人民币 2000 元。

【典型意义】

"裸贷"是非法分子借用互联网金融和社交工具为平台和幌子，以让贷款人拍摄"裸照"作"担保"，非法发放高息贷款的行为。因"裸贷"被诈骗、被敲诈勒索的，时有发生。"裸贷"就像一个大坑，一旦陷入，后果不堪设想，有人失去尊严，有人被迫出卖肉体，有人甚至失去生命。本案警示：未成年人或者在校学生应当理性消费,如有债务危机,应当及时和家长沟通或者通过合法途径解决,不能自作主张进行网络贷款。以"裸"换"贷",既有违公序良俗,也容易让自己沦为严重违法犯罪的受害者。对于已经"裸贷"的,如果遇到以公开自己裸照进行要挟的行为,一定要及时报警,寻求法律保护。

(七)拒不支付劳动报酬罪

袁某某拒不支付劳动报酬案

《最高人民法院发布八起典型案例》第1号

2014年7月23日

【基本案情】

被告人袁某某系浙江省云和县某工艺厂(系个人独资企业)的负责人,其与丈夫夏某某(另案处理)共同经营该厂。自2011年年初开始,该厂长期拖欠工人工资。2011年9月初,袁某某与夏某某突然逃匿,手机关机无法联系。9月9日,云和县人事劳动保障局发出指令书,指令某工艺厂于9月13日前支付拖欠的工人工资。同日,云和县人民法院对某工艺厂的机器设备进行了财产保全。9月21日,因袁某某与夏某某未如期履行,云和县人民法院正式立案调查。10月8日,袁某某到云和县人民法院核对拖欠的工人工资情况。经法院判决和调解,某工艺厂拖欠工人工资共计人民币290270.52元。10月下旬,袁某某再次逃匿,并改变联系方式。2012年1月15日,该案被移送至云和县公安局,并于次日被立刑事案件。1月19日,袁某某自动到云和县公安局投案,并如实供述了主要犯罪事实。

【裁判结果】

浙江省云和县人民法院经审理认为,被告人袁某某以逃匿、改变联系方式的方法,逃避支付劳动者的劳动报酬29万余元,数额较大,经政府有关部门责令支付仍不支付,其行为已构成拒不支付劳动报酬罪。袁某某在案发后自动投案，并如实供述自己的犯罪事实，系自首，依法可从轻处罚。依照《刑法》有关规定，认定被告人袁某某犯拒不支付劳动报酬罪，判处有期徒刑一年，并处罚金人民币2万元。宣判后，袁某某服判，未提出上诉。

【典型意义】

自2011年5月1日起施行的《刑法修正案（八）》，将恶意欠薪行为入罪，在很大程度上完善了劳动者权利保护体系。通过《刑法》的强力介入，打击恶意欠薪，震慑无良雇主，保护广大劳动者的合法权益不受侵犯。本案中，被告人袁某某以逃匿的方法逃避支付劳动者的劳动报酬达29万余元，且经云和县人事劳动保障局责令支付仍不支付，并再次逃匿，改变联系方式，其行为已构成拒不支付劳动报酬罪。该案的审判明晰了拒不支付劳动报酬罪的构罪要件，该罪主观方面应以逃避支付劳动者的劳动报酬为目的，客观方面表现为以转移财产、逃匿等方法逃避支付劳动者的劳动报酬，或者有能力支付而不支付劳动者的劳动报酬，且拖欠的劳动报酬需达到数额较大，并要以经政府有关部门责令支付仍不支付为前提，目的在于在加大保护劳动者合法权益的同时，也避免了刑罚的过度干预，有助于维护市场经济健康有序运行，促进社会和谐稳定。

付某某拒不支付劳动报酬案

《最高人民法院发布八起典型案例》第2号
2014年7月23日

【基本案情】

2009年7月，被告人付某某在浙江省湖州市经营服装厂。2011年11月19日，付某某因经营不善，为逃避高利贷及支付工人工资，携带1万余元潜逃至安徽省合肥市、湖南省株洲市等地藏匿，拒不支付工人工资共计11万余元。后经湖州市吴兴区人力资源和社会保障局责令支付仍不支付。2012年7月27日，付某某在湖南省株洲市被抓获。

【裁判结果】

浙江省湖州市吴兴区人民法院经审理认为，被告人付某某以逃匿的方式逃避支付工人工资，数额较大，经政府有关部门责令支付仍不支付，其行为已构成拒不支付劳动报酬罪。付某某到案后能如实供述犯罪事实，且能当庭认罪，依法可以从轻处罚。依照《刑法》有关规定，认定被告人付某某犯拒不支付劳动报酬罪，判处有期徒刑一年六个月，并处罚金人民币3万元。宣判后，付某某未提出上诉，判决已生效。

【典型意义】

恶意欠薪问题，是近年来我国经济社会发展过程中逐渐暴露、凸显的问题，在人口流动日益频繁和劳动力高度聚集的背景下，这关乎广大劳动群众的切身利益和基本权益的保障，关乎人民群众的生活安定感和幸福感的实现，更关乎社会整体秩序的稳定和社会公序良俗的保护。2011年5月1日《刑法修正案（八）》施行以来，人民法院处理了一批恶意欠薪案件，有效地打击了以转移财产、逃匿等方法逃避支付劳动报酬或有能力支付而拒不支付劳动报酬的犯罪分子，营造了和谐的社会氛围。本案中，被告人付某某为逃避支付劳动报酬，隐匿个人行踪，拒不支付劳动报酬数额较大，且经当地人力资源和社会保障局责令支付仍不支付，其行为已构成拒不支付劳动报酬罪，同时考虑到付某某归案后的认罪表现予以从轻处罚，做到了罪刑相适应，罚当其罪。该案的审判明晰了拒不支付劳动报酬罪的构罪要件，充分发挥了人民法院保护民生的职能作用，为社会主义市场秩序的稳定提供了有力的保障。

陈某某拒不支付劳动报酬案

——被执行人法定代表人拖欠 73 名公司职工 14 万余元工资后逃匿，被依法追究拒不支付劳动报酬罪，庭审期间自觉履行了法定义务

《最高人民法院公布五起打击拒不执行涉民生案件典型案例》第 1 号
2015 年 2 月 15 日

  执行法院：重庆市开县人民法院
  执行案由：追索劳动报酬纠纷
  申请执行人：袁某某等 65 人
  被执行人：重庆某针织有限公司

【案情摘要】

2008 年 12 月 5 日，陈某某、雷某某出资设立重庆某针织有限公司，从事针织品加工销售业务，公司住所地为重庆市开县。截至 2011 年 6 月，重庆某针织有限公司累计拖欠袁某某等 73 名职工工资共计 144474 元。公司法定代表人陈某某逃避支付工人工资。同年 7、8 月，重庆某针织有限公司职工为此多次群体上访。8 月 10 日，开县人力资源和社会保障局对陈某某下达了限期支付拖欠职工工资告知书，陈某某未予理会。2011 年 9 月，袁某某等 65 人依法向开县人民法院提起诉讼。同年 11 月，开县人民法院依法判决，由重庆某针织有限公司支付袁某某等 65 人工资合计 124311 元。

由于重庆某针织有限公司未在规定时间内履行义务，袁某某等 65 人依法申请强制执行。开县人民法院受理执行后，查封了重庆某针织有限公司遗留在租用场地内的机器设备。经依法评估后，开县人民法院于 2012 年委托公开拍卖。由于机器设备陈旧，无人竞买，两次降价后流拍。开县人民法院对以上设备进行公告变卖，亦无人购买，申请执行人也不同意以该设备抵偿债务。其间，陈某某始终不予露面。

2014 年 1 月 26 日，开县人民法院经研究后认为，重庆某针织有限公司拒不支付劳动报酬，涉及人数众多，数额较大，其行为涉嫌犯罪，于是决定移送公安机关追究其刑事责任。同年 5 月 22 日，陈某某在昆明机场被公安机关

刑事拘留。刑事拘留期间，陈某某通过家人向袁某某等65人支付了所欠的全部工资124311元。

2014年11月27日，开县人民检察院向法院提起公诉，要求追究陈某某拒不支付劳动报酬罪。在案件审理过程中，陈某某将没有到法院起诉的另外8名职工的19313元劳动报酬也支付完毕。考虑到陈某某有认罪悔罪的实际行动，开县人民法院于2015年1月9日以拒不支付劳动报酬罪从轻判处陈某某有期徒刑三年，缓刑三年，并处罚金人民币1万元。

【典型意义】

在该系列案执行过程中，执行法院高度重视追索劳动报酬等与群众生计休戚相关的案件执行，对拒不履行生效法律文书的被执行人，严格按照《最高人民法院、最高人民检察院、公安部关于开展集中打击拒不执行法院判决、裁定等犯罪行为专项行动有关工作的通知》的要求，加强与公安、检察机关的沟通联系，依法进行了打击，提高执行威慑力，效果良好。该案顺利执结再次表明，人民法院判决一经生效就具有法律强制力，当事人都必须自觉执行，不能心存侥幸，抗拒、逃避执行有可能被依法追究刑事责任。

王某某拒不支付农民工工资案

《最高人民法院公布2起拖欠劳动报酬典型案例》第1号

2015年12月4日

【基本案情】

2010年6月，葫芦岛某建筑工程有限公司（以下简称某建筑公司）与某某集团签订合同，由某建筑公司负责承建葫芦岛市龙港区某小区其中六栋住宅楼的工程。被告人王某某作为某建筑公司项目负责人承建该小区15号楼的施工工程。王某某先后找到刘某（力工）、岳某某（放线工人）、乔某某（散水工人）、田某某（水暖工人）、满某某（抹灰、砌砖工人）、于某某（外墙保温）等人，随即开始施工。该工程于2011年10月交工，期间某建筑公司负责人宋某某多次以现金、转账等方式将工程款支付给王某某20余笔，总金额达230万余元。在工程结束后，王某某便更换电话号码失去联系，工人多次寻找王某某，王某某均以"现在手里没钱""甲方未结账"等言辞推脱工人，拒绝支付工资，后王某某在给个别工人打下欠条后便再次失去联系。因某某集团与某建筑公司（王某某承建的15号楼工程）无法结算，为此某某集团于2013年1月16日将上述情况公告于《葫芦岛日报》，但因未找到王某某，造成工程无法结算。经龙港区劳动监察大队核实，王某某共拖欠工人工资达50余万元。2014年1月13日，龙港区人力资源和社会保障局劳动监察大队向某建筑公司下达了《劳动保障监察责令改正决定书》责令其支付工资。1月22日某建筑公司先后分别支付刘某、于某某工资款10万元和5万元。被告人王某某被抓获后对其通过更换电话号码、推脱等方式将工程款隐匿、转移，拒不支付劳动者劳动报酬的犯罪事实供认不讳，但对欠款数额存在异议，后经过王某某与上述工人逐一核对账目，欠刘某178500元（某建筑公司已支付10万元），欠岳某某1万元，欠乔某某4000元，欠田某某3万元，欠满某某6万元，欠于某某65000元（某建筑公司已支付5万元），应欠劳动者工资共计347500元。2014年12月，葫芦岛某建筑公司将此款全部支付。

【裁判结果】

葫芦岛市龙港区人民法院经审理认为，被告人王某某作为某建筑公司名下的项目负责人是工人工资发放的实际主体，在收到工程款后逃匿、拒不支付拖欠的工人工资，龙港区人力资源和社会保障局劳动监察大队对某建筑公司已下发并送达《劳动保障监察责令改正决定书》，被告人王某某作为某建筑公司的项目负责人，因其逃匿行为导致某建筑公司在收到责令改正决定书后无法找到被告人王某某，应视为该决定书已经向被告人王某某送达。被告人王某某以逃匿的方式逃避支付劳动者的劳动报酬，数额较大，经政府有关部门责令支付仍不支付，构成拒不支付劳动报酬罪，公诉机关指控罪名正确，应予确认。鉴于被告人王某某自愿认罪，在提起公诉前已经由某建筑公司支付工人工资，可以从轻处罚。依照《刑法》第二百七十六条之一、第五十二条的规定，判决被告人王某某犯拒不支付劳动报酬罪，判处有期徒刑一年六个月，并处罚金人民币10万元。

【典型意义】

一段时期以来，部分地方用工单位拒不支付劳动者劳动报酬的现象比较突出，广大劳动者特别是农民工成了拒不支付劳动报酬行为的主要受害者。《刑法修正案（八）》增设拒不支付劳动报酬罪。各级法院高度重视运用法律手段惩治拒不支付劳动报酬行为，认真贯彻执行拒不支付劳动报酬罪的规定。依法惩治拒不支付劳动报酬犯罪，对于维护劳动者合法权益，促进社会和谐稳定发挥了重要作用。

徐某某拒不支付劳动报酬案

《最高人民法院公布2起拖欠劳动报酬典型案例》第2号
2015年12月4日

【基本案情】

1999年被告人徐某某与林某某、崔某某投资成立吉林市某实业有限责任公司，主营日用百货等批发零售。被告人徐某某为对外投资，于2008年10月22日与张某某投资注册成立吉林市某投资有限公司，两公司法定代表人均为被告人徐某某。

2008年11月，蛟河市某煤矿投资人冷某某找被告人徐某某为其煤矿投资。同年11月18日，冷某某作为甲方蛟河市某煤矿法人代表，徐某某代表某投资有限公司作为乙方，某公司的股东张某某作为丙方，三方签订《合作协议书》，由甲方以整合后的蛟河市某煤矿及全部固定资产和大型设备、材料出资，乙方、丙方出资1200万元，对某煤矿进行改造和开采。利润按甲方47%，乙方45%，丙方8%比例分配，合作期限为自乙、丙方第一笔资金到位之日起至本矿区域内资源枯竭停采止。

2011年5月16日，三方签订《解除合作协议书》，甲方和丙方放弃了某煤矿，由乙方某公司独自经营，乙方补偿给甲方1万吨原煤及现金30万元，如两年内甲方不能拉足1万吨原煤，煤矿所有权归甲乙双方。2011年12月拖欠侯某某、张某甲等174名工人工资33.9万余元，由市财政借款发放给工人29万余元（有部分工人未来领取）。2012年8月，蛟河市劳动监察大队责令其支付拖欠的工人工资，徐某某采取逃匿的方式拒不支付工人工资。

2011年5月至2012年年末，被告人徐某某经营的吉林市某投资有限公司和吉林市某实业有限责任公司，拖欠公司员工林某某、张某、梁某某、孙某某等 11 人的工资 38 万余元。2013 年 3 月 28 日，吉林市劳动监察支队责令其支付拖欠的工人工资，徐某某采取逃匿的方式拒不支付工人工资。

【裁判结果】

吉林省蛟河市人民法院经审理认为，被告人徐某某采取逃匿的方式拒不支付其实际经营蛟河市某煤矿期间拖欠的工人工资和其作为法定代表人的吉林市某投资有限公司和吉林市某实业有限责任公司职工工资，数额较大，经劳动监察机关责令支付仍不支付，其行为已构成拒不支付劳动报酬罪。依照《刑法》有关规定，判决被告人徐某某犯拒不支付劳动报酬罪，判处有期徒刑一年，并处罚金人民币 7 万元。

【典型意义】

拖欠农民工工资问题一度成为社会关注的热点，《刑法修正案（八）》将"拒不支付劳动报酬罪"写进《刑法》，经过几年的打击，取得了很大成效，但该类犯罪还时有发生。作为一名企业的经营者应当合法经营、诚信经营，当企业经营出现困难时，要正确面对，妥善解决，而不能采取逃避的方式进行处理。本案被告人由于经营不善导致亏损，却逃之夭夭，导致大批劳动者的劳动报酬无法兑现，数额较大，其行为构成拒不支付劳动报酬罪，但尚未造成严重后果。依据《刑法》第二百七十六条之一规定，应当判处三年以下有期徒刑或者拘役，并处或者单处罚金。本案对被告人判处有期徒刑的同时判处罚金，彰显《刑法》的打击力度。

七、妨害社会管理秩序罪

（一）扰乱公共秩序

李某某妨害公务案
——被执行人采取暴力手段抗拒执行，并抢走执法记录仪，造成恶劣影响，被判处有期徒刑一年六个月

《最高人民法院发布10起人民法院依法惩处拒执罪典型案例》第10号
2015年7月21日

【基本案情】

2012年1月，吉林省农安县人民法院对张某某与李某某土地承包合同纠纷一案作出民事调解书，确认被告李某某给付原告张某某土地承包金4500元。调解书生效后，因李某某未自动履行，张某某向农安县人民法院申请强制执行。农安县人民法院依法向李某某送达了执行通知书及报告财产令，但李某某仍未履行调解书确定的义务，亦未申报财产，执行法院决定对其进行司法拘留。

2014年8月6日，农安县人民法院执行人员李某、郝某到农安县青山口乡江东王村后三道屯李某某家中对李某某实施拘留。李某某被带上执法车后，借故要与其妻子说话，推开车门下车返回家中，执行人员李某跟随李某某进屋。突然，李某某拿起一把20多厘米长的水果刀，对执行人员吼叫"给我滚"，同时持刀向其扑去，执行人员李某赶紧跑出，李某某仍持刀不断追赶，途中执行人员随身携带的执法记录仪掉落，被李某某抢走。由于李某某暴力抗法，此次执行行动受阻，在当地造成恶劣影响。后执行人员向当地公安机关报案，公安机关以李某某涉嫌妨害公务罪立案侦查，并于8月13日将其刑事拘留。2014年11月12日，李某某被检察机关提起公诉。农安县人民法院经开庭审理后认为，被告人李某某以持刀威胁的方法阻碍国家机关工作人员

依法执行职务，其行为已构成妨害公务罪，依法判处有期徒刑一年六个月。

【典型意义】

人民法院工作人员在执行工作中实施的查封、扣押、冻结等执行行为及采取罚款、司法拘留等强制措施，均属于国家机关依法执行职务、履行职责的公务行为。任何人以暴力、威胁的方式故意阻碍执行人员执行公务的，都有可能构成妨害公务罪，被依法追究刑事责任。本案中被执行人李某某对执行人员以刀相向，抢走执法记录仪，暴力抗法，触犯刑律，最终受到了应有的制裁，任何企图以暴力方式抗拒执行者均应引以为戒。

陈某妨害公务案

——被执行人藏匿行踪拒不执行生效法律文书确定的义务，被传唤时暴力抗法，导致执行人员轻微伤，被依法追究刑事责任

《最高人民法院公布12起涉民生执行典型案例》第11号

2016年1月24日

【基本案情】

上海市普陀区人民法院在执行吴某某申请执行上海某房地产经纪事务所劳动人事争议仲裁案中，依法追加该经纪事务所的投资人陈某为被执行人。2014年9月10日上午，申请执行人吴某某致电执行法官称发现陈某行踪，普陀区人民法院执行法官即至普陀区东新路传唤陈某，但陈某拒不配合并伺机逃跑，后陈某将执行法官摔倒在地，致其头部着地，身体多处受伤。经司法鉴定，执行法官遭外力作用致头皮挫伤，右上臂、左肘部、左膝多处软组织挫伤，面积超过15平方厘米，构成轻微伤。

陈某被接警至现场的民警带至公安机关，并因涉嫌妨害公务罪被上海市公安局普陀分局刑事拘留，同年10月16日被依法逮捕。同年12月27日，上海市普陀区人民检察院以陈某犯妨害公务罪向普陀区人民法院提起公诉。普陀区人民法院经审理认为，陈某以暴力方法，阻碍国家机关工作人员依法执行职务，致一人轻微伤，其行为已构成妨害公务罪，依法应予处罚。2015年1月20日依法判决陈某犯妨害公务罪，判处有期徒刑十个月。陈某不服判决

提出上诉。上海市第二中级人民法院经审理后，于 2015 年 3 月 24 日作出驳回上诉、维持原判的终审裁定。

【典型意义】

本案被执行人不但逃避执行，还在被发现行踪后拒不配合法院的传唤，并以暴力行为抗拒，致执行法官轻微伤，严重妨害了公务，故被追究妨害公务罪刑事责任。该案例表明，执行法官依法执行公务的行为不受侵犯，任何妨害公务的不法行为都将受到惩处。

钟某某妨害公务案

《最高人民法院发布五起因违法建设及相关行为被追究刑事责任典型案例》第 3 号

2017 年 2 月 14 日

【基本案情】

2014 年 7 月，被告人钟某某在其父亲老屋原址上违法建设房屋。惠州市城管执法部门在对其下达责令改正（停止）违法行为通知书无效后，于同年 10 月 27 日上午再次要求钟某某停止违法建设，并对违建模板进行拆除。钟某某暴力抗拒执法，持水果刀追刺现场执法人员，后被拦住，才没有造成严重后果。案发后，钟某某如实供述犯罪事实，认罪悔罪态度较好，得到执法人员的谅解。

【裁判结果】

广东省惠州市大亚湾经济技术开发区人民法院经审理认为，被告人钟某某以暴力威胁方法阻碍国家机关工作人员依法执行职务，其行为已构成妨害公务罪，依法应予惩处。鉴于被告人归案后能如实供述自己的犯罪事实，有坦白情节，且得到了被害人谅解，故依法以妨害公务罪判处钟某某拘役六个月，缓刑一年。

【典型意义】

近年来，由于法律意识淡薄且受利益驱使，部分地区出现了少数违法建设者拒不执行政府部门作出的责令停止建设、限期拆除等决定、拒不停止违法建设的现象，甚至出现撕毁查封封条、暴力抗拒执法部门执行公务的情况，这类行为既严重影响了城乡规划管理的严肃性，又严重妨碍了社会管理秩序，构成对执法人员执行公务行为的侵害，产生了十分恶劣的社会影响。被告人钟某某持水果刀追刺执法人员，是严重的暴力抗法行为。人民法院以妨害公务罪依法追究其刑事责任，对于遏制城乡规划建设领域的暴力抗法行为具有重要现实意义。

马某某买卖国家机关证件案

《最高人民法院发布 98 起未成年人审判工作典型案例》第 2 号

2014 年 11 月 24 日

【基本案情】

2013 年 4 月某日，被告人马某某（中学生）通过网络购买了多套机动车行驶证和机动车号牌，在向他人出售时被民警当场抓获。经依法鉴定，上述证件均系伪造。被告人马某某到案后如实供述了作案事实。

【裁判结果】

北京市海淀区人民法院经审理认为，被告人马某某向他人出售非法制造的机动车号牌及机动车行驶证，其行为已构成买卖国家机关证件罪，应予惩处。鉴于被告人马某某犯罪时未成年，系初犯；到案后能如实供述犯罪事实，认罪态度较好，经庭审教育有一定悔罪表现；同时考虑到本案所涉赃物已起获，尚未流入社会；且其就读学校同意接收其继续上学，具备适用缓刑的条件，故依法对被告人马某某从轻处罚并宣告缓刑。

【案例评析】

本案的特色在于充分落实未成年人刑事审判特色工作。法官通过社会调查了解到马某某在校期间一贯表现良好,多次受表彰。当得知学校计划开除马某某时,法官找到学校校长,使学校认同了少年法庭的工作理念,并共同制订了详细的帮教计划。

庭审中,马某某的亲属、学校领导、班主任及社会调查员,与合议庭、公诉人、辩护人一起,从亲情、师生情、友情、道德、法律等角度共同进行了生动而深刻的法庭教育,马某某深受感动。最终,法院依法对马某某宣告了缓刑,并送达了饱含温情的"法官寄语"。案件生效后,法官一直与马某某保持联系,关心他的学习、生活情况,并督促其家长按时参加海淀法院"亲职教育课堂"。

章某某、吕某某、张某某等组织考试作弊案
——在研究生招生考试中组织作弊,
构成组织考试作弊罪"情节严重"

《考试作弊犯罪典型案例》第 1 号

2019 年 9 月 3 日

【基本案情】

被告人章某某设计以无线电设备传输考试答案的方式,在 2017 年研究生招生考试管理类专业学位联考中组织作弊,并以承诺保过的方式发展生源。被告人吕某某通过被告人张某某、被告人张某甲通过被告人李某,与章某某建立联系,吕某某、张某某、张某甲为章某某招募考生,并从中获取收益。章某某与张某某、吕某某约定每名考生向章某某支付 2 万元,考前支付 1 万元,通过考试后再支付 1 万元,组织 18 名考生参加考试作弊,吕某某向张某某支付培训费 18 万元;章某某承诺张某甲的考生通过全科考试,并可以达到国家 A 线,相关考生 10 人,每人 2.6 万元,每人预付款 1 万元,张某甲共支付章某某预付款 10 万元。

章某某购买信号发射器、信号接收器等作弊器材,张某甲、吕某某、张某某将信号接收器分发给考生,并以模拟考试等方式配合章某某组织考生试验作弊器材;章某某让李某找人帮忙做答案,在考场附近酒店登记房间,安装并连接笔记本电脑、手机、信号发射器等作弊器材,并指导李某和被告人

章某通过电脑发送答案。2016 年 12 月 24 日上午,章某某、吕某某、张某某、张某甲、李某、章某组织 33 名考生在 2017 年全国硕士研究生招生考试管理类专业学位联考综合能力考试中作弊,章某某、李某、章某在不同酒店为在三个考点参与作弊的考生发送答案。

【裁判结果】

北京市海淀区人民法院一审判决、北京市第一中级人民法院二审裁定认为,研究生招生考试社会关注度高、影响大、涉及面广,属于国家级重要考试。被告人章某某、吕某某、张某某等在研究生招生考试中,组织多名考生作弊,构成组织考试作弊罪,且属"情节严重"。被告人章某某、吕某某、张某某、张某甲在共同犯罪中起主要作用,系主犯;被告人李某、章某在共同犯罪中起辅助作用,系从犯。综合考虑各被告人组织考生的数量、参与犯罪的程度,以及坦白、认罪悔罪等情节,分别以组织考试作弊罪判处被告人章某某有期徒刑四年,并处罚金人民币 4 万元;被告人吕某某、张某某有期徒刑三年,并处罚金人民币 3 万元;被告人张某甲有期徒刑二年十个月,并处罚金人民币 3 万元;被告人李某有期徒刑一年十个月,并处罚金人民币 2 万元;被告人章某有期徒刑一年八个月,并处罚金人民币 1 万元。

杜某某、马某某组织考试作弊案
——在公务员录用考试中组织作弊,构成
组织考试作弊罪"情节严重"

《考试作弊犯罪典型案例》第 2 号
2019 年 9 月 3 日

【基本案情】

被告人杜某某、马某某预谋后,组织参加云南省 2017 年度公务员录用考试的考生作弊。杜某某向考生提供接收器、耳机等作弊器材,共收取 1.3 万元定金,口头约定考试通过后每名考生支付 6 万元至 8 万元不等的费用。马某某向考生提供了接收器、耳机等作弊器材,共收取 0.9 万元定金,书面约定考试通过后每名考生支付 6 万元的费用。2017 年 4 月 21 日下午,杜某某、马某某对考生进行作弊器材的测试和运用培训。次日8时许，杜某某、马某某安装发射器，准备通过语音传输方式向考生提供答案，9时许，考生携带接收器、耳机参加考试被查获。

【裁判结果】

云南省曲靖市麒麟区人民法院一审判决、曲靖市中级人民法院二审判决认为，被告人杜某某、马某某出于牟利的目的，利用作弊器材组织多人在公务员录用考试中作弊，构成组织考试作弊罪，且属"情节严重"。在共同犯罪中，杜某某是犯意提起者、作弊器材提供者、行为指挥和实施者，起主要作用，是主犯；马某某是行为参与者，起次要作用，是从犯。综合考虑被告人的累犯、认罪、退赃等情节，以组织考试作弊罪判处被告人杜某某有期徒刑三年六个月，并处罚金人民币2万元；被告人马某某有期徒刑一年，并处罚金人民币1万元。

段某、李某某等组织考试作弊案

——在法律规定的国家考试中组织三十人次以上作弊或者
违法所得30万元以上，构成组织考试作弊罪"情节严重"

《考试作弊犯罪典型案例》第3号
2019年9月3日

【基本案情】

2016年执业药师职业资格考试前，被告人段某与被告人李某某共谋组织作弊，并分工合作。考试前由段某负责购买考试作弊器材（包括TK设备、无线耳机、无线接收器等）、考试答案，联系部分考生，发放作弊器材。段某亲自或通过李某某和被告人文某某联系了40多名作弊考生，预收了部分定金。李某某负责联系考生、发放作弊器材、为作弊考生传递答案。李某某共联系了30多名作弊考生，其中有10多名考生是李某某和段某的共有考生，共收取考生费用约10万元。被告人马某帮助李某某架设考试作弊器材、收取作弊费用。被告人文某某帮助段某联系了12名考生，收取考生费用40余万元，交给段某9万余元。被告人杜某某、杨某帮助段某联系了40多名学生为作弊考生读答案,并由杜某某建立 QQ 群用于作弊。被告人刘某帮助段某给作弊考生发放作弊器材、测试收听效果,收取考生作弊费用 1.8 万元。被告人万某提供账户给段某用于收取部分考生作弊费用,至案发共收到 32 万余元。

2016 年 10 月 15 日至 16 日,在执业药师职业资格考试时,段某将获得的答案发到杜某某建的 QQ 群,并安排李某某、马某在考场附近架设作弊的 TK 设备,由李某某读答案通过作弊器材将答案传送给考场内的考生,马某负责望风。此外,杜某某、杨某联系的学生通过手机一对一给在其他多个考场内的考生读答案。

【裁判结果】

四川省资阳市雁江区人民法院一审判决、资阳市中级人民法院二审判决认为,被告人段某、李某某在法律规定的国家考试中组织作弊,被告人马某、文某某、杜某某、杨某、万某、刘某为段某、李某某组织考试作弊提供帮助,其行为均已构成组织考试作弊罪,考虑本案的组织人次、违法所得数额等情节,应当认定为"情节严重"。在共同犯罪中,段某、李某某起主要作用,是主犯;马某、文某某、杜某某、杨某、万某、刘某起次要作用,是从犯。综合考虑被告人坦白等情节,以组织考试作弊罪判处被告人段某有期徒刑三年六个月,并处罚金人民币 2 万元;被告人李某某有期徒刑三年三个月,并处罚金人民币 2 万元;其他各被告人有期徒刑三年至六个月不等,依法宣告缓刑,并处罚金人民币 1 万元至 5000 元不等。

李某某非法出售答案案
——非法出售法律规定的国家考试的答案,构成非法出售答案罪

《考试作弊犯罪典型案例》第 4 号
2019 年 9 月 3 日

【基本案情】

被告人李某某联系考生推销作弊手段,并通过网络购买 2016 年医师资格考试答案。李某某与考生彭某签订协议,约定帮助彭某利用作弊的方式通过考试后,由彭某支付其 4 万元报酬,并先行收取 0.4 万元。2016 年 9 月 24 日

10时许,李某某获取通过网络购买的考试答案后,利用无线电设备向参加医师资格考试的考生彭某发送考试答案,并通过手机微信向有购买意向的20名考生发送考试答案,被当场抓获。经比对,李某某提供给考生用于作弊的考试答案正确率分别为75%和71.9%。

【裁判结果】

安徽省滁州市琅琊区人民法院判决认为,被告人李某某为实施考试作弊行为,向他人非法出售执业医师资格考试的答案,属于非法出售法律规定的国家考试的答案,构成非法出售答案罪。综合考虑案件情况和坦白、退赃等情节,以非法出售答案罪判处被告人李某某有期徒刑九个月,并处罚金人民币1万元。该判决已发生法律效力。

侯某某、虎某代替考试案

——代替他人和让他人代替自己参加研究生招生考试,
均构成代替考试罪

《考试作弊犯罪典型案例》第5号

2019年9月3日

【基本案情】

2015年10月间,被告人虎某通过他人联系被告人侯某某,让其代替自己参加2016年全国硕士研究生招生考试。2015年12月26日上午,侯某某代替虎某参加上述考试中的管理类联考综合能力科目时,被监考人员当场发现。虎某主动向公安机关投案,并如实供述犯罪事实。

【裁判结果】

北京市海淀区人民法院判决认为,被告人虎某让被告人侯某某代替自己参加研究生招生考试,二被告人的行为均已构成代替考试罪。侯某某具有如实供述自己罪行的从轻情节,虎某具有自首的从轻情节,予以从轻处罚。综合考虑案件具体情况,以代替考试罪分别判处被告人侯某某拘役一个月,罚金人民币1万元;被告人虎某拘役一个月,罚金人民币8000元。该判决已发生法律效力。

王某某、翁某某等非法获取国家秘密、非法出售、提供试题、答案案
——非法获取属于国家秘密的试题、答案，而后向他人非法出售、提供试题、答案，应当数罪并罚

《考试作弊犯罪典型案例》第 6 号
2019 年 9 月 3 日

【基本案情】

被告人王某某系某大学教授，自 2004 年起参加一级建造师执业资格考试的命题工作。2017 年 7 月，翁某某提出、授意王某某利用参加命题便利，获取非其出题的市政专业的试题、答案，由自己在培训机构中讲课使用，并约定四六分成。同月 8 日至 16 日，王某某利用参加命题的便利，在命题现场通过浏览打字员电脑中市政等专业考卷的方式，对关键词、知识点等进行记忆，于休息时间通过回忆，结合自己的专业知识和出题经验，将所获取的市政等专业的考卷内容整理在随身携带的笔记本电脑上，后在教材上对照电脑中整理的内容进行勾画、标注。翁某某在王某某住处，在自带教材上进行对照勾画、标注和补充。事后王某某从翁某某处获取 120 万元。

翁某某非法获取信息后，先后联系被告人许某某、杨某某、刘某，商定采用以封闭式小班培训的手段，通过麦克风传话不见面的授课方式，对市政等专业的考生学员进行培训，并收取每名学员数万元以上高额费用。被告人翁某甲参与培训活动，并替翁某某收取报酬。2017 年 9 月，参加培训的被告人王某意识到该培训班上讲课的内容可能系考题、答案，以照片形式，通过微信发给被告人洪某某。洪某某将该资料发给被告人洪某并收取 0.6 万元，洪某以 1 万元出售给被告人刘某某，刘某某为分摊购买费用，向被告人江某等人提供、出售，获利 1450 元。在上述流程中，上下线均要求保密、不得外泄。江某等人将该加工过的资料以 1200 元的价格出售给他人，宣称"考前绝密""不过退款"。经有关部门认定，上述内容与考试真题高度重合。

【裁判结果】

江苏省南通市如东县人民法院判决认为，被告人王某某作为命题组成员，受被告人翁某某的授意，非法获取属于国家秘密的试题、答案，并提供给翁某某在对外培训中使用获利。被告人王某某、翁某某构成非法获取国家秘密罪和非法出售、提供试题、答案罪，数罪并罚，对王某某决定执行有期徒刑五年六个月，并处罚金人民币 150 万元，对翁某某决定执行有期徒刑五年三个月，并处罚金人民币 120 万元。被告人翁某甲、许某某等八人构成非法出售、提供试题、答案罪，综合考虑案件情况，分别判处有期徒刑三年三个月到八个月不等，并处罚金，对被告人刘某、王某、洪某某、洪某、刘某某、江某依法宣告缓刑。同时，对被告人王某某、翁某某、许某某、杨某某依法宣告职业禁止，对被告人刘某、刘某某、江某依法宣告禁止令。该判决已发生法律效力。

黄某某、陶某某等非法利用信息网络案
——发布有关销售管制物品的信息，情节严重的，
构成非法利用信息网络罪

《非法利用信息网络罪、帮助信息网络犯罪活动罪典型案例》第 1 号
2019 年 10 月 25 日

【基本案情】

2017 年 7 月至 2019 年 2 月，被告人黄某某使用昵称为"刀剑阁"的微信，在朋友圈发布其拍摄的管制刀具图片、视频和文字信息合计 12322 条，用以销售管制刀具，并从中非法获利。被告人陶某某、李某某、陶某、曾某某在微信朋友圈发布从他人的微信朋友圈转载的管制刀具图片、视频和文字信息，数量分别为 6677 条、16540 条、15210 条、5316 条，用以销售管制刀具，并从中非法获利。

2018 年 5 月至 7 月，宋某某（已判刑）先后三次通过微信联系陶某某，购买管制刀具。陶某某通过微信与黄某某联系，由黄某某直接发货给宋某某，被告人陶某某从中赚取差价。宋某某购得刀具后实施了故意伤害致人死亡的

犯罪行为。黄某某违法所得人民币329元，陶某某违法所得人民币858元。

【裁判结果】

江苏省盐城市滨海县人民法院判决认为，被告人黄某某、陶某某、李某某、曾某某、陶某利用信息网络，发布有关销售管制物品的违法犯罪信息，其行为已构成非法利用信息网络罪。被告人黄某某、陶某某归案后，如实供述自己的犯罪事实，构成坦白，且认罪认罚，依法可以从轻处罚。被告人李某某、曾某某、陶某自动投案，如实供述自己的犯罪事实，构成自首，且认罪认罚，依法可以从轻处罚。以非法利用信息网络罪分别判处被告人黄某某、陶某某有期徒刑八个月，并处罚金人民币1万元；被告人李某某、曾某某、陶某有期徒刑七个月，缓刑一年，并处罚金人民币1万元。同时，禁止被告人李某某、曾某某、陶某在缓刑考验期内从事网络销售及相关活动。该判决已发生法律效力。

谭某某、张某等非法利用信息网络案
——为实施诈骗活动发布信息，情节严重的，构成非法利用信息网络罪

《非法利用信息网络罪、帮助信息网络犯罪活动罪典型案例》第2号
2019年10月25日

【基本案情】

2016年12月，为获取非法利益，被告人谭某某、张某商定在网络上从事为他人发送"刷单获取佣金"的诈骗信息业务，即通过"阿里旺旺"向不特定的淘宝用户发送信息，信息内容大致为"亲，我是×××，最近库存压力比较大，请你来刷单，一单能赚10~30元，一天能赚几百元，详情加QQ×××，阿里旺旺不回复"。通常每100个人添加上述信息里的QQ号，谭某某、张某即可从让其发送信息的上家处获取平均约5000元的费用。谭某某、张某雇用被告人秦某某等具体负责发送诈骗信息。张某主要负责购买"阿里旺旺"账号、软件、租赁电脑服务器等；秦某某主要负责招揽、联系有发送诈骗信息需求的上家、接收上家支付的费用及带领其他人发送诈骗信息。

2016年12月至2017年3月,谭某某、张某通过上述方式共非法获利人民币80余万元,秦某某在此期间以"工资"的形式非法获利人民币约2万元。被害人王某甲、洪某因添加谭某某、张某等人组织发送的诈骗信息中的QQ号,后分别被骗31000元和30049元。

【裁判结果】

江苏省宿迁市沭阳县人民法院一审判决、宿迁市中级人民法院二审判决认为,被告人谭某某、张某、秦某某以非法获利为目的,通过信息网络发送刷单诈骗信息,其行为本质上属于诈骗犯罪预备,构成非法利用信息网络罪。虽然本案中并无证据证实具体实施诈骗的行为人归案并受到刑事追究,但不影响非法利用信息网络罪的成立。谭某某、张某、秦某某共同实施故意犯罪,系共同犯罪。在共同犯罪中,谭某某、张某起主要作用,均系主犯;秦某某起次要作用,属从犯,依法予以从轻处罚。综合考虑各被告人归案后如实供述罪行以及谭某某、张某赔偿部分受害人经济损失的情节,以非法利用信息网络罪判处被告人张某有期徒刑二年一个月,并处罚金人民币10万元;被告人谭某某有期徒刑一年十个月,并处罚金人民币8万元;被告人秦某某有期徒刑一年四个月,并处罚金人民币3万元。

赵某帮助信息网络犯罪活动案

——为他人实施信息网络犯罪提供支付结算帮助,情节严重的,构成帮助信息网络犯罪活动罪

《非法利用信息网络罪、帮助信息网络犯罪活动罪典型案例》第3号
2019年10月25日

【基本案情】

被告人赵某经营的某网络科技有限公司的主营业务为第三方支付公司网络支付接口代理。赵某在明知申请支付接口需要提供商户营业执照、法人身份证等五证信息和网络商城备案域名,且明知非法代理的网络支付接口可能被用于犯罪资金走账和洗钱的情况下,仍通过事先购买的企业五证信息和假域名备案在第三方公司申请支付账号,以每个账号收取2000元至3500元不

等的接口费将账号卖给他人，并收取该账号入金金额千分之三左右的分润。

2016年11月17日，被害人赵某1被骗600万元。其中，被骗资金50万元经他人账户后转入在第三方某股份有限公司开户的某贸易有限公司商户账号内流转，该商户账号由赵某通过上述方式代理。

【裁判结果】

浙江省义乌市人民法院判决认为，被告人赵某明知他人利用信息网络实施犯罪，为其犯罪提供支付结算的帮助，其行为已构成帮助信息网络犯罪活动罪。被告人赵某到案后如实供述自己的罪行，依法可以从轻处罚。以帮助信息网络犯罪活动罪判处被告人赵某有期徒刑七个月，并处罚金人民币3000元。该判决已发生法律效力。

侯某某、刘某某等帮助信息网络犯罪活动案
——为他人实施信息网络犯罪提供开办银行卡帮助，情节严重的，构成帮助信息网络犯罪活动罪

《非法利用信息网络罪、帮助信息网络犯罪活动罪典型案例》第4号
2019年10月25日

【基本案情】

2018年5月28日，被告人侯某某、刘某某在我国台湾地区受人指派，带领被告人刘某、蔡某某等进入大陆到银行办理银行卡，用于电信网络诈骗等违法犯罪活动。刘某、蔡某某明知开办的银行卡可能用于电信网络诈骗等犯罪活动，但为了高额回报，依然积极参加。当日下午，抵达杭州机场，后乘坐高铁来到金华市区并入住酒店。当晚，侯某某、刘某某告知其他人办理银行卡时谎称系来大陆投资，并交代了注意事项及具体操作细节。5月29日上午，在金华多家银行网点共开办了12张银行卡，并开通网银功能。

另，2018年5月14日至18日，被告人侯某某、刘某某以同样的方式在金华市区义乌两地办理银行卡，并带回我国台湾地区。

【裁判结果】

浙江省金华市婺城区人民法院判决认为，被告人侯某某、刘某某、蔡某某、刘某明知开办的银行卡可能用于实施电信网络诈骗等犯罪行为，仍帮助到大陆开办银行卡，情节严重，其行为均已构成帮助信息网络犯罪活动罪。以帮助信息网络犯罪活动罪判处被告人侯某某、刘某某有期徒刑一年二个月，并处罚金人民币1万元；被告人蔡某某、刘某有期徒刑九个月，并处罚金人民币5000元。该判决已发生法律效力。

隆某某帮助信息网络犯罪活动案

《人民法院依法惩治电信网络诈骗犯罪及其
关联犯罪典型案例》案例9
2022年9月6日

【基本案情】

2021年4月，被告人隆某某通过微信与他人联系，明知对方系用于实施信息网络犯罪，仍商定以每张每月100元的价格将自己的银行卡出租给对方使用。之后，隆某某将其办理的9张银行卡的账号、密码等信息提供给对方，其中6张银行卡被对方用于接收电信网络诈骗等犯罪资金，隆某某获利共计5000余元。

【裁判结果】

本案由重庆市丰都县人民法院一审。现已发生法律效力。

法院认为，被告人隆某某明知他人利用信息网络实施犯罪，为他人提供帮助，其行为已构成帮助信息网络犯罪活动罪。隆某某经公安人员电话通知到案，如实供述自己的罪行，构成自首，且自愿认罪认罚并积极退赃，依法予以从轻处罚。根据被告人的犯罪事实、犯罪性质、情节和社会危害程度，以帮助信息网络犯罪活动罪判处被告人隆某某有期徒刑一年十个月，并处罚金人民币4000元。

【典型意义】

非法交易银行卡、手机卡即"两卡"现象泛滥,大量"两卡"被用于犯罪,是电信网络诈骗犯罪持续高发多发的重要推手之一。加强对电信网络诈骗犯罪的源头治理,必须依法打击涉"两卡"犯罪。"两高一部"《关于办理电信网络诈骗等刑事案件适用法律若干问题的意见(二)》规定,为他人利用信息网络实施犯罪而收购、出售、出租信用卡(银行账户、非银行支付账户、具有支付结算功能的互联网账号密码、网络支付接口、网上银行数字证书)5张(个)以上,或者手机卡(流量卡、物联网卡)20张以上的,以帮助信息网络犯罪活动罪追究刑事责任。本案准确适用这一规定,对被告人隆某某依法定罪处罚。本案警示大家,千万不要因贪图蝇头小利而触犯法律底线,以免给自己和家人造成无可挽回的后果。

薛某帮助信息网络犯罪活动案

《人民法院依法惩治电信网络诈骗犯罪及其关联犯罪典型案例》案例 10

2022 年 9 月 6 日

【基本案情】

2020 年 9 月初,被告人薛某从某宝上以 13000 元的价格购买了一套某设备,并通过其亲朋办理或购买电话卡 26 张。后薛某通过聊天软件联系他人租用某设备,并约定租金和支付渠道。2020 年 9 月 8 日至 11 日,薛某先后在湖北省襄阳市襄城区、樊城区等地架设某设备供他人拨打网络电话,非法获利 28310 元。不法分子利用薛某架设的"多卡宝"设备,实施电信网络诈骗犯罪 6 起,诈骗财物共计 16 万余元。

【裁判结果】

本案由湖北省老河口市人民法院一审。现已发生法律效力。

法院认为,被告人薛某明知他人利用信息网络实施犯罪,为他人犯罪提供通信传输等技术支持和帮助,情节严重,其行为已构成帮助信息网络犯罪活动罪。薛某到案后自愿认罪认罚，并退赔全部违法所得，依法予以从轻处罚。根据被告人的犯罪事实、犯罪性质、情节和社会危害程度，以帮助信息网络犯罪活动罪判处被告人薛某有期徒刑九个月，并处罚金人民币 5000 元。

【典型意义】

由于电信网络诈骗犯罪的分工日益精细化，催生了大量为不法分子实施诈骗提供帮助并从中获利的黑灰产业，此类黑灰产业又反向作用，成为电信网络诈骗犯罪多发高发的重要推手。打击电信网络诈骗犯罪，必须依法惩处其上下游关联犯罪，斩断电信网络诈骗犯罪的帮助链条，铲除其赖以滋生的土壤，实现打击治理同步推进。"两高一部"《关于办理电信网络诈骗等刑事案件适用法律若干问题的意见》和《关于办理电信网络诈骗等刑事案件适用法律若干问题的意见（二）》对于惩处电信网络诈骗犯罪的关联犯罪作出了明确规定。本案中，被告人薛某为电信网络诈骗犯罪提供技术支持，对其以帮助信息网络犯罪活动罪定罪处罚，体现了人民法院全面惩处电信网络诈骗关联犯罪的立场。

徐某某等四人破坏计算机信息系统案

《最高法发布司法服务黄河流域生态保护和
高质量发展典型案例》案例六
2024 年 5 月 29 日

【基本案情】

陕西省韩城市某焦化有限责任公司（以下简称某焦化公司）系陕西省重点排污单位，按照国家环保部门要求在其焦化厂焦炉烟囱上安装有烟气自动在线监测设施，并与国家环保重点排污单位自动监控与基础数据库系统联网。2022 年 9 月，被告人焦化厂副厂长徐某某接到烟尘测试仪在线监测颗粒物排放数据超标的请示后，为避免监测数据超标，私自决定并授意被告人环保主管郭某某拆卸相关装置，并由被告人炼焦车间工人张某具体实施。被告人炼焦车间主任贾某某在巡查中发现相关装置被私自拆卸，未予制止，默许、纵容随意拆卸。2023 年 2 月，生态环境部督导检查时，为逃避监管，徐某某授意郭某某、贾某某指使张某再次拆卸相关装置。前述拆卸行为造成某焦化公司焦化厂烟囱颗粒物在线监测数据明显低于排放标准，严重失真，影响国家环境空气质量监测系统正常运行。2023年3月，韩城市生态环境局对某焦化公司烟囱排口烟气在线监测设施日均值有不同程度超标现象，对该公司处以100万元行政罚款。检察机关对徐某某等四人提起公诉。

【裁判结果】

陕西省韩城市人民法院一审认为，徐某某、郭某某、贾某某、张某四被告人违反国家规定，多次针对环境质量监测系统实施干扰采样行为，致使监测数据严重失真，环境保护主管部门对焦化厂颗粒物排放失去有效监管，造成严重后果，其行为均已构成破坏计算机信息系统罪。根据四被告人在犯罪中所起作用，以及均系自首、初犯并认罪认罚等情节，分别判处有期徒刑一年十个月至一年二个月不等，对部分被告人适用缓刑。宣判后，各方未上诉、抗诉，一审判决已发生法律效力。

案件审结后，审理法院督促某焦化公司进行整改，健全完善环保考核监督管理制度，组织员工学习《中华人民共和国黄河保护法》《中华人民共和国固体废物污染环境防治法》等法律法规，投资建设脱硫设备和除尘系统，实现了绿色合规生产。

【典型意义】

本案是一起典型的重点排污单位非法干扰环境监测设备的犯罪案件。生态优先、绿色发展是《中华人民共和国黄河保护法》确定的基本原则之一，该法明确黄河流域生态保护和高质量发展应落实重在保护、要在治理的要求，加强污染防治。本案案发地陕西韩城地处黄河西岸、关中平原东北隅，是一座以煤为基、因钢而兴的工业之城，也是汾渭平原大气污染治理重点城市之一。被告人所在焦化企业作为重点排污单位，贯彻国家环保政策不力，员工法治意识淡薄，干扰环境质量检测系统采样，造成恶劣社会影响。人民法院落实最严法治，严厉惩治逃避监管违法犯罪，充分发挥刑事审判惩戒和预防功能。同时，依法能动履职，督促企业学法、知法、守法，延伸审判效果，实现企业降污减碳协同增效，为助力深入打好污染防治攻坚战、协同推进黄河流域生态环境高水平保护和经济社会高质量发展提供了有益司法样本。

李某某等聚众扰乱社会秩序案

《人民法院依法惩处涉医犯罪典型案例》案例 8

2020 年 5 月 11 日

【基本案情】

被告人李某某，男，汉族，1968 年 12 月 16 日出生，农民。

被告人李某甲，男，汉族，1979 年 1 月 2 日出生，农民。

被告人黄某某，男，汉族，1975 年 12 月 25 日出生，农民。

被告人李某乙，男，汉族，1972 年 12 月 16 日出生，农民。

2018 年 2 月 20 日中午，被告人李某某之子李某因饮酒过量被送至江苏省灌云县东王集镇卫生院救治，后经救治无效死亡。当日下午，李某某和被告人李某甲等人欲给卫生院施加压力，将李某尸体停放在该院观察室内。被告人李某乙纠集庄邻、亲友等 50 余人至卫生院，滞留在观察室、输液室、大厅等处。当晚，李某乙煽动庄邻等阻止公安人员执行公务。

同月 21 日上午，被告人李某乙、黄某某煽动他人推搡维持秩序的公安人员。被告人李某某、李某甲、李某乙等人为给卫生院和政府施加更大压力，纠集更多人至卫生院，伙同黄某某指使李某的同学用输液座椅堵住走道、拍摄视频在网络上发布。为造出更大声势和影响，李某甲经与李某某商议，携带煤气罐、汽油等危险品至卫生院门诊楼。当晚，李某某再次让李某乙纠集更多庄邻至卫生院，后公安人员要求李某某等人将煤气罐、汽油等危险品运走，李某乙、黄某某煽动庄邻继续在卫生院闹事，拒不运走煤气罐、汽油等危险品。

同月 22 日，被告人李某某、李某甲、黄某某、李某乙等人采取封堵卫生院门诊楼大门、输液室、观察室、过道，辱骂、冲撞、投掷汽油瓶、向自己身上浇汽油欲自焚等方式，阻碍公安人员正常执行公务。当日 14 时许，李某某、李某甲、黄某某等人被公安人员强制带离现场，李某乙乘机逃离，后主动投案。因本案致上述卫生院门诊楼部分门窗、玻璃、输液座椅、监控设备等物品被损坏，维修费用共计 18770 元，重新购置输液座椅 25 张（价值共计 24830 元）。

【裁判结果】

本案由江苏省灌云县人民法院一审，江苏省连云港市中级人民法院二审。

法院认为，被告人李某某、李某甲、黄某某、李某乙聚众扰乱卫生院医疗秩序，情节严重，致使该院医疗工作无法正常进行，造成严重损失，其行为均已构成聚众扰乱社会秩序罪。李某某、李某甲系首要分子，黄某某、李某乙系积极参加者，均应依法惩处。李某乙有自首情节，李某某、李某甲如实供述罪行，黄某某当庭自愿认罪，均可从轻处罚。据此，对被告人李某某、李某甲分别判处有期徒刑三年；对被告人黄某某判处有期徒刑一年六个月，缓刑二年；对被告人李某乙判处有期徒刑一年三个月，缓刑一年六个月。

二审裁定已于 2019 年 6 月 26 日发生法律效力。

【典型意义】

患者医治无效死亡，悲痛者莫过于亲属。患者亲属如对医疗机构和医生的处置有分歧意见，应通过合法途径解决，而不是采取违规停尸、聚众围堵、损毁财物、妨害公务等行为对医疗机构和医务人员表达不满。这无助于解决问题，还会严重扰乱正常医疗秩序，影响其他患者的就诊权益。本案是一起情节严重的在卫生院聚众扰序的典型案例。患者因饮酒过量经送卫生院救治无效死亡，患者亲属纠集多人连续三天在卫生院聚众闹事，严重扰乱正常医疗秩序。人民法院依法对被告人李某某、李某甲分别判处有期徒刑三年，体现了对此类犯罪的严惩。

张某某编造虚假恐怖信息案

《最高人民法院公布三起编造虚假恐怖信息犯罪典型案例》第 1 号
2013 年 9 月 29 日

【简要案情】

2007 年 3 月 23 日 19 时许，被告人张某某因和前男友宫某某之间有经济纠纷，到宫某某承包的某大学第二体育馆歌舞厅欲收取当日的营业款。遭到拒绝后，张某某使用手机拨打"110"报警，谎称某大学第二体育馆内有炸弹，造成公安机关出动多名警力赶赴现场进行排查，并疏散某大学第二体育馆内群众 200 余人。

【裁判结果】

北京市海淀区人民法院一审判决、北京市第一中级人民法院二审裁定认为：被告人张某某无视国法，编造爆炸等恐怖信息，严重扰乱社会秩序，其行为已构成编造虚假恐怖信息罪。鉴于张某某系限制责任能力人，且认罪态度较好，可依法从轻处罚，判处被告人张某某有期徒刑二年。

潘某编造虚假恐怖信息案

《最高人民法院公布三起编造虚假恐怖信息犯罪典型案例》第 2 号
2013 年 9 月 29 日

【简要案情】

2010 年 11 月 30 日 13 时 30 分许，被告人潘某在广东省广州市海珠区赤沙南约街边，使用手机拨打"110"报警电话，编造在广州市公安局海珠区分局官洲派出所内装了炸弹，会在 15 分钟后爆炸的虚假恐怖信息，造成公安机关出动大量警力对官洲派出所及周围进行排查。

【裁判结果】

广东省广州市海珠区人民法院一审判决、广州市中级人民法院二审裁定认为：被告人潘某编造爆炸威胁的虚假恐怖信息，严重扰乱社会秩序，其行为已构成编造虚假恐怖信息罪，判处被告人潘某有期徒刑一年三个月。

熊某编造虚假恐怖信息案

《最高人民法院公布三起编造虚假恐怖信息犯罪典型案例》第 3 号
2013 年 9 月 29 日

【简要案情】

2012 年 8 月 30 日 22 时许，被告人熊某得知债主将搭乘航班向其索债，为阻止或迟滞债主到达，遂拨打深圳机场客服投诉电话，谎称当天从襄阳至深圳的深圳航空公司 ZH9706 航班上有爆炸物，将于飞机起飞后 45 分钟爆炸。深圳航空公司接到通报后，随即启动一级响应程序，协调空管部门指挥 ZH9706 航班紧急备降武汉天河机场。紧急备降期间，导致空中 9 个航班紧急避让，武汉天河机场地面待命航班全部停止起飞并启动了二级应急响应程序，调动消防、武警等多个部门 200 余人到现场应急处置，深圳航空公司为运送滞留在机场的乘客，临时增加 2 个航班，给深圳航空公司造成直接经济损失 17 万余元。

【裁判结果】

湖北省襄阳市高新技术产业开发区人民法院审理认为，被告人熊某故意编造虚假恐怖信息，严重扰乱了社会秩序，其行为已构成编造虚假恐怖信息罪，判处被告人熊某有期徒刑四年。判决宣告后，被告人熊某未上诉，判决已发生法律效力。

孙某聚众斗殴案

《最高人民法院发布 98 起未成年人审判工作典型案例》第 1 号
2014 年 11 月 24 日

【基本案情】

被告人孙某（某校高一学生）的朋友马某（职高一年级学生）与同班同学李某（职高一年级学生）因琐事发生矛盾。2010 年 10 月 20 日下午，被告人孙某与李某电话联系,要求李某向马某赔礼道歉,双方言语不和,进而在电话中约定于当日17时30分在北京市某区职业高中附近斗殴。当日18时许,孙某及其纠集的多名同学在该职业高中宿舍区附近,与李某及其纠集的多名同学持械斗殴。其间,孙某持皮带、1人持刀并有多人持棍将李某等人打伤,致李某轻伤;另致6人轻微伤。2010年10月22日,孙某被公安机关抓获。

在诉讼过程中,经法院主持调解,被告人孙某及其法定代理人与本案各被害人自愿达成调解协议,孙某赔偿李某等被害人医疗费、护理费、后续治疗费等各项经济损失共计人民币34800元,各被害人对孙某均表示谅解。

【裁判结果】

北京市石景山区人民法院经审理认为,被告人孙某在公共场所纠集多人持械斗殴且系首要分子,其行为已构成聚众斗殴罪,依法应予惩处。鉴于被告人孙某犯罪时未成年,系初犯,积极赔偿被害人经济损失并得到被害人谅解且如实供述犯罪事实,认罪态度较好,故对其依法减轻处罚并适用缓刑,判决被告人孙某犯聚众斗殴罪,判处有期徒刑二年六个月,缓刑三年。

【案例评析】

通过社会调查,法官了解到因家庭发生重大变故,孙某存在明显的自我封闭、焦虑紧张等不良情绪。通过未成年人心理干预机制,法官进一步了解到,孙某的问题属自卑导致的"冲动型过度自我维护"。经法官释法明理,孙某赔偿了被害人经济损失并向被害人赔礼道歉,取得了被害人谅解,附带民事诉讼圆满解决。法庭综合考虑各方因素,对孙某宣告了缓刑,向其送达了《法官寄语》,并辗转为其联系了复学学校。

罗某某等7名未成年人聚众斗殴案

《最高人民法院发布98起未成年人审判工作典型案例》第35号

2014年11月24日

【基本案情】

2010年11月6日14时许,被告人罗某某、温某某、雷某某、严某某、谢某某、冯某某、刘某某等人商量如何应对"石兴"方人员。其间，罗某某先行离开，其余人则到被告人林某某家中继续商议，决定先殴打"石兴"方人员。随后，他们便上街寻找"石兴"方的人员。16 时 30 分许，林某某等人在乐昌市林业局附近路段遇到了陈某、袁某等 3 人，但不能确定是否是"石兴"方面的人，于是就一直尾随。陈某等 3 人见势不妙，遂打电话叫人过来帮忙。17 时许，林某某先行离开回家。不久，陈某等人叫来帮忙的人在某 KTV 门口与刘某某等人相遇，双方发生斗殴。被害人柏某某经过现场并加入斗殴；罗某某骑摩托车赶到现场，亦持匕首加入斗殴。陈某、袁某等人见状，便各自逃跑。柏某某未能逃脱，被温某某、罗某某、雷某某、严某某等人围殴。围殴过程中，罗某某持匕首将柏某某刺死。

【裁判结果】

广东省韶关市中级人民法院一审以故意伤害罪分别判处被告人罗某某无期徒刑，剥夺政治权利终身；林某某有期徒刑三年六个月；温某某有期徒刑三年；刘某某、雷某某、冯某某、严某某、谢某某各有期徒刑三年，缓刑四年。宣判后，罗某某、林某某不服，提出上诉。广东省高级人民法院裁定撤销原判，发回重审。韶关市中级人民法院重审后作出判决，以故意伤害罪判处被告人罗某某无期徒刑，剥夺政治权利终身；宣告林某某、温某某、刘某某、雷某某、冯某某、严某某、谢某某不负刑事责任，并责令其家长加强管教。

【案例评析】

本案 8 名被告人除罗某某外，其余 7 名均系未成年人，作案时均未满 16 周岁。公诉机关指控认定 7 名未成年人系非法组织"森高社"团伙成员，法院经审理认定"森高社"只是林某某等被告人上网的一个 QQ 群的名称、聊天的平台，不具有非法组织的性质、特征，亦与本案不存在关联。纠正了公诉机关定性，将 7 名未成年被告人的行为定性为聚众斗殴，鉴于 7 名被告人作案时均未满 16 周岁，依法判决宣告不负刑事责任。

白某某等人故意伤害、聚众斗殴案

《最高人民法院公布 8 起发生在校园内的刑事犯罪
典型案例（北京）》第 1 号
2015 年 9 月 18 日

【基本案情】

被告人白某某因自习时说话与马某（已判决）发生口角，二人相约斗殴。后白某某纠集被告人董某某等人，持刀、钢管等工具，于 2013 年 11 月 22 日 12 时许，与马某纠集的被告人张某某等人，在北京市某电子城南墙外聚众斗殴，致多人受伤。经法医学鉴定，张某某等三人构成重伤，另有三人构成轻伤，二人构成轻微伤。

【裁判结果】

北京市昌平区人民法院经审理认为，被告人白某某纠集他人聚众斗殴，致三人重伤，其行为已构成故意伤害罪；其他被告人的行为均已构成聚众斗殴罪。白某某有协助公安机关抓获同案犯的立功表现，可予以从轻处罚。依照《刑法》有关规定，以故意伤害罪判处白某某有期徒刑五年；对其他被告人以聚众斗殴罪分别判处有期徒刑一年六个月至有期徒刑六个月缓刑一年不等刑期。宣判后，白某某提出上诉。北京市第一中级人民法院经依法审理，裁定驳回上诉，维持原判。

【典型意义】

本案是校园内学生之间进行管理时因不服从管理发生纠纷而导致的恶性暴力犯罪案件。马某是高年级学生，作为学生会的干部对低年级的白某某班级进行检查时，发现白不遵守课堂纪律，在进行管理时双方产生摩擦。当天双方约架，并在随后的几天内各自找人准备打架一事。在打架当日，正值学校放学时候，上百人员在校门口聚集，虽有老师发现异常后进行驱散，但双方又"转战"他处发生大规模殴斗，致多人受伤。因当时围观人员较多，造成交通堵塞，场面混乱，社会治安受到极大影响。虽然学生干部进行管理是一种正常的形式,但当管理过程中出现问题时如何解决,值得学校反思。同时也反映出学生们正值青春期,好"面子",逆反心理较为严重,行事较为冲动。在校园内一旦碰到问题不能通过正当途径解决,易于寻求暴力对抗,且"哥们儿"义气较为严重,是非观念较差,盲从性强,亟须加强法制教育。

冯某某聚众斗殴案

《最高人民法院公布8起发生在校园内的刑事犯罪
典型案例(北京)》第3号
2015年9月18日

【基本案情】

被告人冯某某因初中时受张某某(另案处理)欺负便预谋报复,2014年8月初,冯某某与张某某通过QQ、电话相约斗殴。8月20日13时许,冯某某携带壁纸刀并纠集李某某等三人(均另案处理),与张某某纠集的汪某某等二人(均另案处理)在北京市大兴区某餐厅门外附近发生殴斗,造成冯某某、张某某、李某某受伤,经法医鉴定均为轻微伤。

【裁判结果】

北京市大兴区人民法院经审理认为,被告人冯某某无视社会秩序,纠集他人持械聚众斗殴,其行为已构成聚众斗殴罪,依法应予惩处。被告人犯罪时尚未成年,当庭认罪,具有悔罪表现,社区矫正机构提供的社会调查评估报告显示,冯某某系在校学生,因初中时受到欺负心里不满,情绪没有及时化解,加之法律意识淡薄,实施了犯罪行为,对其社区矫正不存在重大不良影响,家庭亦愿意接纳并监管。综合冯某某行为的社会危害性,法院依法对其减轻处罚,以聚众斗殴罪判处有期徒刑二年,缓刑二年。

【典型意义】

这是典型的由校园欺凌、校园暴力引发的校外暴力。被告人冯某某虽然是聚众斗殴的纠集人,是犯罪实施者,但也是校园欺凌、校园暴力的受害人,其法定代理人反映,由于冯某某在原学校受欺负,所以办理了转学手续。通常校园暴力的受害人受到侵害后，有相当一部分都无法短期内弥合心理创伤。被告人冯某某就是如此，在长达一年内仍觉得委屈、愤怒，最后认为只有通过报复才能宣泄心中的负面情绪。法院在审理此案时，考虑到冯某某实施犯罪特殊的心理动因，专门与其本人及家长就案件本身、学业等问题进行了讨论，让冯某某通过这样的谈话反思自己存在的问题并化解心中的负面情绪，收到了很好的效果。

黄某某、胡某某聚众斗殴案

《最高人民法院公布 24 起发生在校园内的刑事犯罪
典型案例（四川）》第 5 号
2015 年 9 月 18 日

【基本案情】

2014 年 3 月 31 日 19 时许，攀枝花市某建筑工程学校 2013 级学生黄某某因行走不慎绊了该校 2012 级学生胡某某一脚，而与胡某某发生口角，黄某某提议说下晚自习后去找胡某某解决。胡某某回到 12 级 7 班教室后，邀约了本班的同学程某某、喻某某、张某某、曾某某等人，让他们下晚自习后跟他走，帮忙打架，这几人均表示同意，后胡某某又邀约其他班级学生刘某某帮忙打架，因刘某某不在学校作罢。被告人黄某某回到班上后，向本班同学石某某、甲某某、杨某某、曹某某、田某某及外班学生吴某某说自己与 2012 级学生发生矛盾，让他们下晚自习后，帮忙找其讨个说法，如果说不好就帮忙打架，上述几人亦表示同意。21 时 30 分，下晚自习后，胡某某带领喻某某、张某某、曾某某、张某甲、徐某某、罗某某等人在教学楼外面等候，这时碰见同学聂某某、赵某某，胡某某告诉聂某某上自习之前与一个同学发生了矛盾，一会儿可能要打架，聂某某、赵某某听后表示愿意留下帮忙打架。黄某某下晚自习后，将放在教室课桌里的一把折叠刀揣在裤兜内，然后与甲某某、杨某某、曹某某、吴某某等人从教室出来，到胡某某的班级找胡某某未果，出教学楼后在校园的足球场中门处遇见胡某某和石某某等人，黄某某上前问胡某某怎么办，胡某某让其赔礼道歉，黄某某拒绝并提议放假后出学校打架。这时有老师看见，让他们散开不要聚集在一起。胡某某和黄某某两伙人就向寝室楼走去，途中胡某某趁黄某某不备，打了黄某某头部一拳，黄某某反转身来，顺势将折叠刀掏出朝胡某某身上刺去，胡某某向后退去。这时胡某某身后的喻某某、程某某、聂某某、张某某等人冲上前去殴打黄某某，黄某某边退边挥舞着手中的折叠刀乱刺，当退跌至校友苏铁园花坛时，听到有人喊"老师来了"，殴打黄某某的人立即跑开。此时正值放学期间，围观的学生较多，黄某某起来后立即对在此看热闹的邓某某后背刺了一刀，邓某某随人群离开现场后，在走到宿舍楼下时发现自己被刺伤。黄某某见殴打他的人离开后，对吴某某、石某某说他杀人了，吴某某听后让黄某某离开学校。在此事件中，某建筑工程学校的学生邓某某、雷某某、张某某、胡某某均受伤，其中邓某某的伤情经鉴定为重伤；雷某某、张某某、胡某某的伤情经鉴定为轻微伤。

案发当晚，攀枝花市公安局西区分局玉泉派出所民警接到报案后赶到攀枝花市第二人民医院进行调查，得知胡某某涉嫌本案后，将胡某某带回玉泉派出所接受询问，胡某某到案后如实交代了其在2014年3月31日邀约他人聚众斗殴的犯罪事实。2014年4月3日，黄某某在家人陪同下到攀枝花市公安局刑侦大队玉泉中队投案，到案后如实供述了其在2014年3月31日邀约同学聚众斗殴并用刀刺伤他人的犯罪事实。案发后，被告人黄某某、胡某某的家人代黄某某、胡某某赔偿了被害人邓某某的经济损失，取得被害人的谅解。被告人黄某某的家人代黄某某赔偿了雷某某、张某某、胡某某的经济损失，取得被害人的谅解。

【裁判结果】

法院审理后认为，被告人黄某某、胡某某无视校规、法纪，为逞强好胜而私下纠集多人互相进行殴斗，被告人胡某某的行为构成聚众斗殴罪。在聚众斗殴中，被告人黄某某持刀致人重伤，应当依照《刑法》第二百三十四条的规定，以故意伤害罪定罪处罚。被告人黄某某致人重伤的犯罪行为应被判处三年以上十年以下有期徒刑的刑罚。本案的聚众斗殴行为虽发生在校园内，但双方斗殴持续时间不长，尚未造成社会秩序严重混乱，故对被告人胡某某的犯罪行为应判处三年以下有期徒刑、拘役或者管制的刑罚；被告人黄某某在犯罪时未年满18周岁，系未成年人，应对其减轻处罚。黄某某在家人陪同下主动到公安机关投案，到案后如实供述自己的犯罪事实，系自首，可对其从轻处罚。被告人胡某某案发当晚在攀枝花市第二人民医院，后被赶到医院的公安民警带回公安机关接受询问，到案后如实供述自己的犯罪事实，可依法对其从轻处罚。案发后，二被告人的家人与被害人就赔偿事宜达成一致并支付赔偿款项，取得被害人的谅解，可对二被告人酌情从轻处罚。通过庭审查明的事实，黄某某平时不学法不懂法，加之遇事不冷静，导致其走上犯罪道路。通过庭审教育，黄某某已认识到自己行为的严重后果，有一定悔改表现。根据被告人黄某某、胡某某的犯罪情节、悔罪表现以及宣告缓刑对所居住的社区无重大不良影响，可对其宣告缓刑。根据被告人黄某某、胡某某犯罪的事实、犯罪的性质、情节和对于社会的危害程度，依法判决被告人黄某某犯故意伤害罪，判处有期徒刑一年三个月，缓刑一年六个月；被告人胡某某犯聚众斗殴罪，判处有期徒刑一年五个月，缓刑二年。

【典型意义】

学生之间因为纠纷而引起结伙斗殴是一种常见的校园暴力行为。本案是在校学生因为言语动作粗鲁而引发矛盾进而导致聚众斗殴犯罪的典型案例。通过该案例对学生进行警示教育，能够引导学生从思想上认识到打架斗殴的危害性，教育学生遇事应冷静并用文明语言进行沟通，平时要多学习法律知识，学会运用法律手段保护自身权益，避免以暴制暴的恶性循环。同时，从该案例中，我们看到受伤最重的不是发生冲突的双方，而是无辜的围观者，这也教育学生在校园中遇到类似事件应尽量避免起哄、围观。

熊某某犯聚众斗殴罪案

《最高人民法院公布 24 起发生在校园内的刑事犯罪
典型案例（四川）》第 19 号
2015 年 9 月 18 日

【基本案情】

邻水某中学在校学生刘某某（16 岁）组建了一个叫"义战堂"的社团，刘某某任堂主，会员每月需交纳会费 30 元，社员有麻烦就由刘某某组织社员出面解决。2012 年 10 月 27 日 17 时许，刘某某组织社员殴打了同校的被告人熊某某（17岁），被告人熊某某为报复，与刘某某相约在东门桥头打架。被告人熊某某邀约了在校学生邱某（16岁）、胡某（15岁）、朱某某（16岁）等人，刘某某组织"义战堂"的在校学生李某（16岁）、张某某（16岁）、廖某某（17岁）等人，双方在邻水县鼎屏镇东门桥口聚众斗殴，斗殴中邱某使用折叠刀将刘某某捅伤。经鉴定刘某某的损伤程度为轻伤。案发后被告人熊某某主动投案，其法定代理人对伤者刘某某进行了积极的赔偿，取得了伤者及其家属的谅解。

【裁判结果】

被告人熊某某犯聚众斗殴罪，判处有期徒刑六个月，缓刑二年。

【典型意义】

一些学生在学校拉帮结派、称兄道弟、讲"哥们儿"义气，将社会习气带入纯洁的校园，组织学生打架斗殴，这类案件在校园中造成极其不良的影响，具有很强的典型性。

在校学生是祖国的花朵，早上八九点钟的太阳，他们具有很强的可塑性，但他们的心智尚不成熟，接触的人和事不多，容易被社会不良风气诱导，导致校园学生犯罪事件时有发生。对于这类案件，法院审理时本着"教育为主、惩罚为辅"原则，尽力挽救他们，给予他们改过自新的机会。本案熊某某是一名在校中学生，因邀约多人聚众斗殴，破坏公共秩序，并造成一人轻伤的行为构成了聚众斗殴罪。但鉴于他是未成年学生，有自首情节，且积极赔偿伤者，取得了伤者及其家属的谅解，认罪悔罪态度较好，在处罚熊某某的同时，也为了挽救熊某某，最终给予熊某某"有期徒刑六个月，缓刑二年"的刑事处罚。

杨某聚众斗殴案

《最高人民法院公布 16 起发生在校园内的刑事犯罪
典型案例（福建）》第 4 号
2015 年 9 月 18 日

【基本案情】

2014 年 1 月 11 日中午，中学生林某某将补习路上被已辍学同学哨某等人欺负的过程告诉其同学陈某某。当日 20 时许，陈某某召集已辍学的被告人杨某、张某等人找对方讨说法，在某超市旁边网吧楼下的小巷子内殴打了对方一名男子。随后被打男子电话召集人员，被告人杨某这方亦打电话召集人员，被打男子方通过电话叫被告人杨某等人到马尾区步行街某 KTV 楼下。接完电话后，被告人杨某等人回住处拿钢管、砍刀等工具，并分乘四辆助力车至马尾区步行街某 KTV 楼下，看到 KTV 楼下有两帮人就追打。被告人杨某手持钢管与同伙在马尾区步行街金海大厦的停车场将在校生杨某 1 殴打致伤，张某等人在马尾区步行街肯德基附近将被害人张某 1 殴打致伤。经福州市公安局刑事科学技术研究所鉴定，被害人杨某 1 损伤属轻伤一级，被害人张某 1 损伤属轻伤二级。

【裁判结果】

福州市马尾区人民法院经审理认为，被告人杨某与同伙在公共场所持械聚众斗殴，致二人轻伤的后果，其行为已构成聚众斗殴罪。量刑上，一是被告人杨某犯罪时未满 18 周岁，应当予以减轻处罚。二是被告人当庭自愿认罪，悔罪态度诚恳，酌情予以从轻处罚。三是被告人案发后，其家属积极协商赔偿被害人的部分经济损失，获得被害人的谅解，酌情予以从轻处罚。据此，依照《刑法》等有关规定，以聚众斗殴罪判处杨某有期徒刑二年五个月。

【典型意义】

人具有群体性，近朱者赤，近墨者黑。中学生喜欢与自己性格相近的同学组成小团体，一起学习、活动和玩耍，但因自我性格尚未稳固，容易受到其他成员思想和行为的影响，如本案就是一人被纠集斗殴而拉上其他在场同伴。中学生思想不成熟，辨识能力较差，自我保护能力较弱，应时刻警惕，谨慎交友，特别是与辍学的同学或带有刺青、吸烟酗酒等社会人员来往，尽量减少夜间在外活动，特别是避免在酒吧、KTV、网吧、烧烤摊、大排档、僻静的公园、灯光昏暗的街道等区域活动。家长应当加强对孩子课余时间的管束，有效监管孩子的行为和去向，及时关心孩子的思想和情绪。

何某某、陆某某、卓某某聚众斗殴案

《最高人民法院公布16起发生在校园内的刑事犯罪
典型案例（福建）》第6号
2015年9月18日

【基本案情】

2012年11月9日20时许，被告人何某某与郑某某（已判决）因琐事发生矛盾，后被告人何某某、陆某某、卓某某纠集刘某某等多人到福州市仓山区盖山镇某技术学院内，与郑某某所纠集的常某甲、赵某某、常某乙（均已判决）等人发生斗殴，后刘某某被常某甲持匕首刺伤身亡。公安机关于2012年11月20日在福州市第二医院将被告人陆某某抓获归案，同日在福州市仓山区财茂城福建建闽工程技术学校将被告人何某某、卓某某抓获。到案后，三被告人对其违法犯罪事实供认不讳。

【裁判结果】

福州市仓山区人民法院经审理认为，被告人何某某、陆某某、卓某某纠集多人参与斗殴，其行为已触犯《刑法》，依法应当以聚众斗殴罪追究刑事责任。公诉机关对被告人何某某、陆某某、卓某某的指控，事实清楚，证据充分，罪名成立。被告人何某某、陆某某、卓某某的辩护人要求对其从轻或减轻处罚的辩护意见予以部分采信。被告人何某某、陆某某、卓某某作案时不满18周岁，依法应当从轻或减轻处罚。归案后，三被告人能如实供述自己的罪行，认罪态度较好，依法可以从轻处罚。被告人何某某、陆某某、卓某某是初次犯罪，作案时未满18周岁，到案后认罪态度较好，确有悔罪表现，且三被告人均是在校生，具备监护和帮教条件，适用缓刑确实不致再危害社会，更有利于对其教育改造，依法对其宣告缓刑。被告人何某某、陆某某、卓某某所犯的罪行较轻，其犯罪记录将被依法封存。一、被告人何某某犯聚众斗殴罪，判处有期徒刑十一个月，缓刑一年六个月。二、被告人陆某某犯聚众斗殴罪，判处有期徒刑十一个月，缓刑一年六个月。三、被告人卓某某犯聚众斗殴罪，判处有期徒刑十一个月，缓刑一年六个月。四、禁止被告人何某某、陆某某、卓某某在缓刑考验期间进入夜总会、酒吧、迪厅、网吧等娱乐场所。

【典型意义】

本案是一起因女生之间的矛盾进而双方纠集多人参与斗殴，造成一方人员死亡严重后果的案件。被告人法律意识淡薄，在遇到矛盾的时候即产生用人多势众、暴力的方式解决问题，被告人何某某因与郑某某之间原系小矛盾，但双方均纠集多人，甚至于纠集社会上的人员在校园内进行斗殴，严重威胁到校园安全，殊不知该行为已经触犯了法律，并可能造成意想不到的严重后果。本院考虑到被告人均系在校生，且并未造成对方人员伤亡，其所在社区同意对其进行帮教，对其适用缓刑确实不致再危害社会，故对其宣告缓刑。本案的依法审理，会对校园暴力起到一定的震慑作用。

长汀三名未成年人聚众斗殴致人死亡案

《最高人民法院公布16起发生在校园内的刑事犯罪
典型案例（福建）》第7号
2015年9月18日

【基本案情】

2014年12月2日上午，被告人黄某某（15岁）因同班同学林某某与受害人梁某某发生争执，即陪同林某某到教室找梁某某理论，并约定时间地点打架斗殴。

12月5日16时许，被告人黄某某纠集被告人肖某某（15岁）、钟某某（17岁）和温某某骑摩托车依约至长汀五中校门口，欲帮林某某与梁某某打架，因林某某已由其姐姐接回，且正值学校放学之时，双方没有打架，随后由被告人黄某某又与被害人梁某某约好第二天下午2时到长汀三中后操场打架，双方为了打架还互留了QQ号。

12月6日14时许，被害人梁某某依约一人背着内装双节棍的书包前往长汀三中后操场应架，被告人黄某某得知被害人梁某某已经带人到了长汀三中后操场，即纠集被告人肖某某、钟某某及温某某、刘某某、戴某某一起分乘两部助力车赶至长汀三中后操场，并在现场碰到闻讯赶来的郑某、雷某某（均另案处理）。被告人黄某某在现场其他人员的怂恿下率先冲上前用拳头殴打被害人梁某某的头部，随后，被告人肖某某、钟某某及戴某某、郑某、雷某某也上前围殴被害人梁某某致其受伤倒地。其中：被告人肖某某持摩托车大锁击打被害人的头、颈部，被告人钟某某也持摩托车大锁上前，并用脚踢了被害人腿部；其他人用脚踢了被害人的屁股及腿部。打得差不多之后，三被告人一起逃离现场。被害人梁某某被殴打致伤倒在地上，由他人报120救护电话，并经医生现场抢救无效死亡。

被告人在得知被害人死亡的消息后逃至龙岩，后由长汀县公安局民警在龙岩飞剑网吧将被告人肖某某抓获，并在龙岩林海宾馆抓获了被告人黄某某、钟某某和戴某某。

【裁判结果】

长汀县人民法院审理该案后认为各被告人到案后基本供述了自己的罪行，认罪、悔罪态度良好，并委托家属赔偿被害人家属的经济损失，取得了被害人家属的谅解。基于对未成年犯应以教育、感化为主，惩罚为辅的原则，7月21日，长汀法院作出一审判决，"召集人"黄某某与直接致人死亡的肖某某犯故意伤害罪，分别被判处有期徒刑五年六个月、五年二个月，被告人钟某某犯聚众斗殴罪，判处有期徒刑一年八个月，缓刑二年。

【典型意义】

校园聚众斗殴是群体性违法犯罪，危害大，涉及面广。长汀法院少年审判庭受理此案后先对被告人进行调查，发现各被告人家长均为文化程度较低的农民或务工人员，平常对子女均疏于教育，导致被告人遵纪守法意识不强，并且被告人黄某某已经被学校劝退。因此，社会各界应通过对学生的教育、关爱，增强学生的法律意识、法治观念。

刘某某、肖某、王某、杨某聚众斗殴案

《最高人民法院公布16起发生在校园内的刑事犯罪
典型案例（福建）》第10号
2015年9月18日

【基本案情】

2014年3月的一天，在武平某中学就读的吴某某（另案处理）与隔壁班的同学钟某某（另案处理）因为一女同学争风吃醋，发生纠纷，双方约定于3月21日下午到武平县城树子坝公园打架斗殴。后吴某某打电话让张某某（另案处理）叫人并带上工具帮忙打架。同月21日下午，张某某便邀集被告人帮忙打架，并请被告等人在二中附近饭店吃饭喝酒。接到电话的四被告人来到树子坝公园靠近水闸桥边的空地上等候。十分钟后，吴某某来到树子坝公园。当日下午5时许，吴某某看见钟某某带人从水闸桥边走过来后，吴某某持镀锌管立即冲上前去殴打钟某某，钟某某见状立即跑开。随后，张某某持棒球棍和被告人刘某某等人追赶钟某某，在不远处的被告人王某看到钟某某往他的方向跑来，便跑过去将其拦下并撞倒在地。被告人肖某、刘某某等人上前用镀锌管殴打钟某某，致其T2、3左横突骨折。经龙岩市公安局刑事科学技术研究所鉴定，钟某某的伤情属轻伤二级。2014年5月7日、9日、13日、19日，四被告人刘某某、肖某、王某、杨某先后到武平县公安局平川派出所投案。

【裁判结果】

武平县人民法院经审理认为，四被告人受他人邀集后，持械积极参与斗殴，致一人轻伤，四被告人的行为均构成聚众斗殴罪。四被告人聚众斗殴致一人轻伤，应对四被告人酌情从重处罚。四被告人犯罪时均不满18周岁、均能主动投案，并如实供述自己的罪行，具有自首情节，对四被告人依法减轻处罚，可对四被告人依法宣告缓刑。依照《刑法》有关规定，以聚众斗殴罪，判处四被告人有期徒刑一年八个月，缓刑二年六个月。宣判后，四被告人均

表示服从判决,不上诉,会积极地接受社区矫正,争做一名守法的好公民。

【典型意义】

本案是一起不谙世事的同窗学子因小事,为面子,逞强好胜,相互约定并纠集他人在城区公园持械聚众斗殴的案件。纠集的人员涉及城区好几所中学的未成年学生,未成年学生爱面子、讲义气、讲情面,平时不注重法律知识的学习,不三思而后行。在酒足饭饱后,对纠集者言听计从,不问事件缘由,在他人邀集下伙同他人持械斗殴,触犯刑律。实践中,屡屡发生的聚众斗殴或寻衅滋事的案件,一些已成年的触犯刑律被处罚者也会因讲江湖义气等而一同走上法庭的被告席被追究刑责,不乏其者。法院综合考虑四被告人的犯罪事实、犯罪性质、犯罪情节以及社会危害后果,结合四被告人系未成年学生的特点,秉着"教育为主、惩罚为辅",采取宽严相济的刑事政策,对四被告人判处缓刑,给予四被告人继续学习深造的机会,符合罪责刑相适应原则,做到法律效果和社会效果相统一。

卞某某等寻衅滋事案

——就诊时随意殴打医生、任意毁损财物,情节恶劣

《最高人民法院公布涉医犯罪典型案例》第4号

2014年4月25日

【基本案情】

被告人卞某某,男,汉族,1992年9月7日出生,农民。

被告人卞某甲,男,汉族,1986年9月7日出生,农民。

被告人刘某,男,汉族,1982年10月15日出生,农民。

被告人王某某,男,汉族,1984年1月6日出生,农民。

被告人宋某某,男,汉族,1985年4月18日出生,农民。

被告人姜某,男,汉族,1985年4月3日出生,农民。

2013年11月9日晚,被告人卞某某、卞某甲、刘某、王某某、宋某某、姜某一起饮酒。当日23时许,卞某某在其他5人陪同下到浙江省宁波市第七医院治疗手伤。卞某某等6人因违反就医流程要求拍片,被该院放射科值班

医生王某甲、秦某某拒绝，遂谩骂并踹门进入放射科办公室殴打王某甲、秦某某，致王某甲头部、右上肢损伤，秦某某右耳、面部、口唇皮肤裂伤，2人伤情均构成轻微伤。卞某某等6人还造成放射科办公室内医用显示器、榉木门和2把木凳毁坏，价值共计人民币4167元。

【裁判结果】

本案由浙江省宁波市镇海区人民法院一审，宁波市中级人民法院二审。

法院经审理认为，被告人卞某某、卞某甲、刘某、王某某、宋某某、姜某酒后在医院谩骂、随意殴打值班医生，致2人轻微伤，情节恶劣；任意毁损公私财物造成损失4167元，情节严重，其行为均已构成寻衅滋事罪，应依法惩处。卞某某、卞某甲、刘某、宋某某、姜某归案后如实供述犯罪事实，自愿认罪，应依法从轻处罚；上述5人积极赔偿被害人、被害单位经济损失，可酌情从轻处罚。据此，依法对被告人卞某某、王某某判处有期徒刑十一个月，对被告人宋某某、姜某判处有期徒刑十个月，对被告人卞某甲、刘某判处有期徒刑九个月。

上述裁判已于2014年4月16日发生法律效力。

张某抢劫、寻衅滋事案

《最高人民法院发布98起未成年人审判工作典型案例》第3号
2014年11月24日

【基本案情】

2011年4月9日14时许，被告人张某（17岁）伙同被告人王某等4人（均另案处理），在他人纠集下，在北京市某公司工地，持砍刀等对该公司员工马某、吕某等人进行追打，抢走石料125吨，经鉴定价值人民币1750元。

2011年6月19日20时许，被告人张某在河北省某市一饭店内，酒后无故持啤酒瓶击打被害人余某头部，并将余某右前臂划伤，余某经鉴定为轻伤。

【裁判结果】

北京市门头沟区人民法院经审理认为，被告人张某以非法占有为目的，以暴力手段强行劫取他人财物,其行为已构成抢劫罪;被告人张某随意殴打他人,情节恶劣,破坏社会秩序,其行为已构成寻衅滋事罪,应实行数罪并罚。鉴于被告人张某在犯罪时均系未成年人,应依法对其减轻处罚。被告人张某到案后能如实供述犯罪事实,且认罪态度较好;张某揭发检举他人非法持有枪支的行为,查证属实,系立功,可依法对其减轻处罚。据此,判决被告人张某犯抢劫罪,判处有期徒刑二年,缓刑二年,并处罚金人民币2000元;犯寻衅滋事罪,判处有期徒刑十个月,缓刑一年,决定执行有期徒刑二年八个月,缓刑三年,并处罚金人民币2000元。

【案例评析】

本案的特点在于引用了"合适成年人制度"。在案件审理期间,法官、合适成年人做了大量的沟通、帮教工作。案件宣判后,法官与合适成年人在张某18岁生日当天前往张某老家进行回访,并为其举行成人礼。张某高声宣誓要做一个奉公守法的公民,为社会作出应有贡献。目前,张某从事货运工作,对未来生活充满了信心。

王某寻衅滋事、故意伤害案

《最高人民法院发布98起未成年人审判工作典型案例》第6号
2014年11月24日

【基本案情】

2012年11月23日21时许,被告人王某(17岁,某校学生)酒后送其女友回学校宿舍途中,被害人张某回头看了王某一眼,王某心生不满,遂持刀向张某大腿扎去,致张某轻微伤。张某找来同学刘某、杨某帮忙。被告人王某扎伤张某后,将其女友送回公寓,遇到张某找来的刘某与杨某。杨某拦住王某,双方产生争执,杨某动手打王某。王某再次持刀扎伤杨某,经法医鉴定为重伤。

案发后,被告人王某的法定代理人积极赔偿,与被害人杨某、张某分别达成和解,赔偿了经济损失,取得了被害人的谅解。

【裁判结果】

北京市第一中级人民法院经审理认为，被告人王某酒后持刀扎伤他人，致一人重伤，一人轻微伤，其行为分别构成故意伤害罪与寻衅滋事罪，依法应予惩处。王某犯罪时是未成年人，初次犯罪，到案后能够如实供述自己的罪行，认罪悔罪，并积极赔偿被害人损失，取得了被害人的谅解，依法应当减轻处罚。同时王某家庭结构稳定，父母有监管教育能力，当地社区矫正机构愿意协助做好王某的矫正帮教工作，学校愿意接收王某，并配合做好矫正工作，故王某具备监管和帮教条件。据此，判决被告人王某犯故意伤害罪，判处有期徒刑二年三个月；犯寻衅滋事罪，判处有期徒刑六个月，数罪并罚，决定执行有期徒刑二年六个月，缓刑三年。

【案例评析】

本案突出之处在于法官高度重视案外延伸工作，为未成年人的社区矫正与复学提供最大便利。首先，法院委托司法局对王某进行了社会调查，《调查评估意见书》认为适用非监禁刑有助于王某回归社会，同意接受王某进行社区矫正。其次，法官主动与未成年人居住的社区和原就读学校联系，落实缓刑期间的监管帮教措施。

林某、陈某等寻衅滋事案

《最高人民法院发布98起未成年人审判工作典型案例》第27号
2014年11月24日

【基本案情】

2012年4月16日19时30分左右，被害人陈某乙途经清流县人民法院门口时，被告人林某、陈某、吴某等人便上前殴打陈某乙，并用一把西餐刀捅了陈某乙的背部，致其轻伤。案发后，被告人林某、陈某等人赔偿被害人陈某乙医疗费等人民币2.6万元，并取得被害人谅解。

【裁判结果】

福建省清流县人民法院经审理认为,被告人林某、陈某、吴某无视国家法纪和社会公德,随意殴打他人致人轻伤,情节恶劣,其行为均已构成寻衅滋事罪,判处被告人林某、陈某、吴某有期徒刑八个月,缓刑一年;被告人林某、陈某、吴某在缓刑考验期内,禁止互相来往接触。

【案例评析】

本案例典型意义在于适用《刑法》有关"接触特定人禁止令"的规定。未成年人辍学后经常聚集在一起,讲"哥们儿"义气,这些都是当前诱发未成年人犯罪的常见因素。法院考虑到三被告人主要是因经常聚集在一起,为哥们儿义气诱发了共同犯罪。如果将被告人互相隔离,禁止其互相接触有利于家长和社区在缓刑期间对其进行有效管教,预防再次犯罪;被告人犯罪时不满18周岁,平时自我控制能力较差,对其适用"接触禁止令"的期限确定为与缓刑考验期相同的一年,有利于其改过自新。

黄某某等未成年犯罪团伙寻衅滋事案

《最高人民法院发布98起未成年人审判工作典型案例》第34号

2014年11月24日

【基本案情】

"十七星""七华""丁后"均系辍学青年与在校学生结成的小帮派的代号。"十七星"的成员曾于2008年被"丁后"的成员殴打,"十七星"联合"七华"一直伺机报复。"十七星"的成员被告人陈某某在深圳市东门步行街某KTV碰见"丁后"的成员张某某(证人)。陈某某遂打电话告知被告人郑某某等"十七星"成员,并让其召集人员到场。

2011年5月28日15时许,被告人黄某某、陈某、刘某某、崔某某、郑某某(均为"十七星"的成员)等20多人携带铁管赶到现场找到张某某。张某某否认系"丁后"的人,黄某某等人遂将张放走。之后,黄某某等20多人继续在楼下广场寻找"丁后"的人。其间,黄某某等人在附近先后找到被害人肖某、黄某、张某甲、凌某、高某某等人（均为在校中学生）。黄某某等人认为肖某等人与"丁后"有关系，想将上述人员带至偏僻处殴打。高某某、凌某等人不愿被黄某某等人带走，双方发生争执。高某某、凌某等人通知被害人黄某甲等同学、朋友前来帮忙。黄某某等20多人见状持铁管追打对方，将张某甲、黄某甲等人殴打致轻伤、轻微伤。

【裁判结果】

广东省深圳市罗湖区人民法院经审理，认为黄某某等6名被告人的行为均已构成寻衅滋事罪。鉴于6被告人犯罪时均未成年，归案后认罪态度较好，已赔偿被害人损失，取得被害人谅解。且在取保候审期间，能参加义工活动，服务社会，并能对自己的犯罪行为作出反省，有明显悔罪表现，决定对6被告人在判处有期徒刑同时均适用缓刑，给6被告人一个改过自新的机会，并责成各自家长履行监护职能，严加管束。

【案例评析】

本案属于较为典型的未成年人犯罪案件，该案反映了未成年人犯罪呈现出的一些新的趋势。

一是犯罪团伙化。本案中黄某某等人纠集部分辍学青年和在校学生，组成小帮派，有组织地实施犯罪，呈现团伙化趋势；二是犯罪人群向在校学生扩展。该案中有多人为在校初中学生，他们在社会闲散人员引诱下参与犯罪，表现出盲目性；三是不少未成年人犯罪团伙已发展壮大为带有黑社会性质的恶势力犯罪团伙。

罗湖区人民法院在审理该案过程中，积极探讨创新未成年人刑事审判工作机制，积极尝试建立"判前考察机制"。对于案件移送法院后仍被羁押的被告人，及时召集被告人法定代理人、受害人以及其公诉人、辩护人座谈，充分听取各方对量刑以及变更强制措施的意见。将取保候审期间设定为考验期，由未成年人本人或其监护人出具保证书，由法院指定社区或学校监督被告人参加义务劳动，并由社区或学校出具考验期间表现证明，综合考量被告人考验期表现适用刑罚。

王某某、赵某、丁某某、丁某甲寻衅滋事案

《最高人民法院发布 98 起未成年人审判工作典型案例》第 47 号

2014 年 11 月 24 日

【基本案情】

2011 年 7 月 15 日晚 23 时许，被告人赵某、王某某、丁某某、丁某甲 4 人在夜市上吃饭，因赵某在被害人王某甲所坐桌子附近小便，双方发生口角。赵某等 4 人对王某甲进行殴打，并将夜市的板凳、盘子等物品砸毁，随后坐车离开现场。王某某、赵某送走丁某某、丁某甲后又返回夜市，对正在等待家人的王某甲再次殴打，致其轻伤。王某甲家人赶到后，二人坐车逃离现场。丁某某、丁某甲不满 18 周岁，系未成年人。审理期间，赵某等 4 人均自愿认罪并对被害人王某甲进行了民事赔偿，取得王某甲的谅解。

【裁判结果】

河南省漯河市源汇区人民法院审理认定被告人王某某、赵某、丁某某、丁某甲犯寻衅滋事罪，王某某、赵某判处有期徒刑七个月，缓刑一年。丁某某、丁某甲判处管制一年。宣判后，4 人未提出上诉，公诉机关也未提出抗诉，判决已生效。

【案例评析】

寻衅滋事罪是未成年人常见犯罪，这与未成年人法律意识淡薄有关。尤其是未成年人结伙外出或者酒后情况下，往往会因为一时言语不合，又不能控制自己的行为而大打出手，最终伤害他人、破坏公共秩序，或者毁坏他人财物。对寻衅滋事者的处罚，既是对行为者本人的教育、制裁，也是对同龄人的法制教育，在任何时候，都不能冲动，法律底线应在每个公民心中扎根。

王某寻衅滋事案
——多次到医院滋事并殴打、辱骂、恐吓医务人员，情节恶劣

《最高人民法院发布四起涉医犯罪典型案例》第 2 号
2015 年 5 月 26 日

【基本案情】

被告人王某，女，汉族，1984 年 2 月 7 日出生，无业。

被告人王某在某美容整形医院进行鼻部整形术失败后，到湖北省武汉市华中科技大学同济医学院附属同济医院整形美容外科，于 2008 年 5 月、2009 年 11 月两次接受了鼻部整形修复重建术。术后，王某不满手术效果，多次到该科室纠缠、吵闹，用红色油漆在门诊室墙壁、门上乱涂乱画，书写侮辱性文字，打砸办公用品及门窗、天花板。2012 年 3 月，经人民调解委员会调解，双方达成调解协议。但此后王某仍多次到该科室打砸打印机、电脑等办公物品，造成经济损失 1 万余元。同年 5 月 20 日早晨，王某又指使他人在该科室医生徐某上班途中对徐某拳打脚踢，打碎徐某的眼镜，致其轻微伤。王某还多次给该科室医生叶某某发送大量侮辱、威胁性质短信，并跟踪至叶某某家中，扬言欲伤害叶的家人。

【裁判结果】

本案由湖北省武汉市硚口区人民法院一审，武汉市中级人民法院二审。

法院经审理认为，被告人王某为泄愤多次到医院任意毁损公共财物，后果严重；在医院起哄闹事，造成医院秩序严重混乱；辱骂、恐吓并指使他人随意殴打医务人员，情节恶劣，其行为已构成寻衅滋事罪，应依法惩处。王某多次实施上述行为，严重破坏社会秩序，且致 1 人轻微伤，酌情从重处罚。王某自愿认罪，可酌情从轻处罚。据此，依法对被告人王某判处有期徒刑四年。

上述裁判已于 2014 年 11 月 26 日发生法律效力。

赵某某、艾某、牛某某寻衅滋事案

《最高人民法院公布 19 起发生在校园内的刑事犯罪典型案例（河北）》第 8 号

2015 年 9 月 18 日

【基本案情】

2011 年 11 月 14 日 16 时 30 分许，被告人赵某某、艾某、牛某某均系唐山市对外经济贸易学校学生，在该校食堂吃饭时遇见唐山市能源职业技术学院的学生被害人王某某，三人无故对其殴打，致其轻伤并造成各项经济损失共计人民币 23111.96 元。艾某、牛某某的法定代理人在侦查阶段、赵某某的法定代理人在二审审理阶段对王某某的损失进行了一次性补偿并取得谅解。

【裁判结果】

唐山市路北区人民法院认为，被告人赵某某、艾某、牛某某随意殴打他人，情节恶劣，其行为均已构成寻衅滋事罪。三被告人犯罪时均未成年，故依法对其三人从轻处罚。被告人艾某、牛某某积极赔偿被害人王某某的损失，取得了谅解，故依法对其二人酌情从轻处罚。三被告人当庭认罪态度较好，故依法对其三人酌情从轻处罚。鉴于被害人王某某系未成年人，故依法对三被告人酌情从重处罚。依照《刑法》等相关规定，以寻衅滋事罪分别判处被告人赵某某有期徒刑一年；判处被告人艾某有期徒刑八个月，缓刑一年；判处被告人牛某某拘役六个月，缓刑一年。宣判后，被告人赵某某以原判量刑过重为由提出上诉，其原法定代理人赵某甲以赵某某不构成寻衅滋事罪、原判量刑过重、赔偿数额过高为由提出上诉。唐山市中级人民法院审理认为，原审判决对三原审被告人定罪准确，量刑适当，审判程序合法。关于上诉人赵某某、赵某甲所提上诉理由，不予支持。鉴于二审期间赵某某之家属能够积极赔偿被害人经济损失并取得谅解，依法可酌情对其从轻处罚。依法改判被告人赵某某有期徒刑十个月；被告人艾某、牛某某刑期不变。

【典型意义】

本案是一起在校园寻衅滋事的典型案例,三被告人只因看被害人不顺眼,便随意进行殴打,三人无视组织纪律,肆意妄为,逞强耍横,最终造成了严重的后果,走向了违法犯罪的深渊。本案给家庭、校园及社会敲响了警钟,将未成年人犯罪扼杀在摇篮里,责任重大。倘若三被告人平时自由散漫的性格及心理能够得到及时的疏导,此事件完全可以避免。虽然三被告人为此承担了相应的法律责任,但是打击校园暴力还应注重防患于未然,加强法制教育及宣传、关注未成年人心理健康至关重要。

吴某某、郭某某、陈某、王某某、王某寻衅滋事案

《最高人民法院公布 19 起发生在校园内的刑事
犯罪典型案例(河北)》第 13 号
2015 年 9 月 18 日

【基本案情】

(1) 2012 年 5 月至 6 月间,被告人吴某某、郭某某、陈某、王某等人在邢台市桥西区紫金公园内,以解决邢台市矿务局某学校学生石某某与徐某某之间纠纷为由,强行要走石某某现金 190 余元及黑色金鹰牌摩托车一辆。经鉴定,摩托车价值人民币 3681 元。(2) 2012 年 5 月 17 日,被告人吴某某、郭某某、陈某、王某等人在邢台某技师学院 4 号公寓 206 宿舍内,以解决该校学生侯某某医药费纠纷为由,强行要走丁某某、姚某某手机各一部及现金 10 余元。经鉴定,两部手机价值共计人民币 853 元。(3) 2012 年 5 月 20 日,被告人吴某某、郭某某、陈某、王某等人在邢台某技师学院 4 号公寓 443 宿舍内,无故强行要走该校学生赵某、郝某某现金 40 余元。(4) 2012 年 6 月,被告人吴某某在邢台某技师学院 4 号公寓 443 宿舍内,无故强行要走该校学生华某现金 60 余元。(5) 2012 年 8 月 27 日下午 7 时许,被告人陈某、王某某、王某等人在邢台某技师学院操场内,无故对该校学生许某某进行殴打,致许某某两侧鼻梁骨骨折。经鉴定,许某某的伤系轻伤。附带民事诉讼原告人许某某受伤后在邢台眼科医院住院治疗 13 天,支付医疗费共计 5911.49 元。

【裁判结果】

邢台市桥西区人民法院经审理认为，被告人吴某某、郭某某、陈某、王某某、王某强拿硬要他人财物，情节严重，无故随意殴打他人，致一人轻伤，情节恶劣，破坏社会秩序，其行为均已构成寻衅滋事罪，依法应予惩处。公诉机关指控各被告人犯罪事实清楚、证据确实充分，指控罪名成立。被告人吴某某、郭某某、陈某多次犯罪，犯罪对象为未成年人，在校生，酌定从重处罚。被告人吴某某、郭某某、陈某、王某犯罪时不满18周岁，依法从轻处罚。被告人郭某某协助公安机关抓获同案犯，应认定为有立功表现，依法从轻处罚。被告人王某案发后主动到公安机关投案，如实供述犯罪事实，系自首，依法从轻处罚。被告人王某在起诉书指控一、二、三起犯罪时不满16周岁，未达到法定追究刑事责任年龄，依法不予刑事处罚。五被告人当庭自愿认罪，被告人陈某、王某某、王某主动赔偿了被害人的经济损失，取得了被害人及亲属的谅解，酌定从轻处罚。对上述被告人的辩护人提出的被告人犯罪时不满18周岁，系未成年人，系初犯，认罪态度较好等辩护意见，本院予以采纳。由于被告人陈某、王某某、王某的伤害行为给另一被害人许某某造成的经济损失，被告人陈某及其法定代理人陈某某，被告人王某某、被告人王某及其法定代理人王某甲依法应当承担民事赔偿责任。根据附带民事诉讼原告人提交的证据及相关标准，依照《最高人民法院关于审理人身损害赔偿案件适用法律若干问题的解释》第十七条规定，应认定附带民事诉讼被告人陈某、法定代理人陈某某，被告人王某某、被告人王某、法定代理人王某甲赔偿附带民事诉讼原告人许某某及其法定代理人吴某甲以下经济损失：医疗费5911.49元，交通费200元，住院护理费1300元，住院伙食补助费650元，营养费500元，共计人民币8561.49元。对附带民事诉讼原告人许某某提出的其他医疗费证据（处方）因不符合相关规定和其他诉讼请求，本院不予支持。综上各被告人犯罪事实、情节、次数、社会危害程度、认罪态度及悔罪表现，依照《刑法》第二百九十三条第一款、第三十六条第一款、第十七条、第六十七条第一款，《最高人民法院关于处理自首和立功具体应用法律若干问题的解释》第一条、第五条，《民法通则》第一百一十九条、第一百三十条、第一百三十三条①之规定判处被告人吴某某犯寻衅滋事罪，判处有期徒刑一年二个月。被告人郭某某犯寻衅滋事罪，判处有期徒刑十一个月。被告人陈某犯寻衅滋事罪，判处有期徒刑一年四个月。被告人王某某犯寻衅滋事罪，判处有期徒刑一年。被告人王某犯寻衅滋事罪，判处有期徒刑十个月，缓刑一年。被告人陈某及其法定代理人陈某某，被告人王某某，被告人王某及其法定代理人王某甲赔偿附带民事诉讼原告人许某某及其法定代理人吴某甲各项经济损失共计人民币 8561.49 元。驳回附带民事诉讼原告人许某某提出的其他诉讼请求。

【典型意义】

随着我国社会的不断发展，校园未成年犯罪呈上升趋势，越来越多地成为寻衅滋事罪的犯罪主体，这些未成年人大多对该罪主观上没有认识，对犯罪行为的危害性没有认识，甚至有被告人并不认为自己的行为有何不妥。具体言之，可以概括为以下几点内容：（1）影视剧多存在暴力情节，并多以所谓的"义气"为正面讴歌的主题。这就使得尚无完全辨别能力的青少年产生模仿的心理，当现实生活中出现类似的情况时，他们很容易"寄情于景"，从而诱发犯罪。（2）网络资信泛滥，缺乏监管。网络的发展与普及给人们获取知识带来便利的同时，也产生了一个很严峻的问题：资信信息审核不严，导致各种资信泛滥，不良信息严重侵蚀着未成年人的思想。（3）网络游戏多血腥、暴力。网络游戏中的虚拟世界在极大地满足青少年感官刺激的同时，也极大地影响着他们单纯的心理和行为。一旦在现实生活中遇到类似游戏中的情形，游戏中的"我"与现实中的我发生重合，极易引发犯罪。本案属于一起典型的校园寻衅滋事案件，上述各被告人根据各自的犯罪次数、性质、情节及社会危害程度均受到相应的刑事惩处。通过本案，可以显现出父母、学校对孩子的教育缺失。在家庭教育上，父母缺乏对孩子的正面教育、道德教育、正确行为教育和理想教育，过分溺爱使很多孩子缺乏责任心和上进心。在学校教育上，过分强调应试教育，疏忽了对孩子人格的塑造，"唯分数论"给成绩不理想的学生造成极大压力，导致孩子自暴自弃，放纵自我，最终走上犯罪的道路。父母是孩子最好的老师，也是第一任老师，家庭教育对孩子

---

① 分别对应《民法典》第一千一百七十九条、第一千一百六十八条、第一千一百八十八条。

成长至关重要，家长应当对未成年人进行正确的家庭教育，促进未成年人的健康成长。在学校教育上，学校一方面应当大力宣传重视加强法制教育，将基本法律知识列入其必修课程之内，另一方面要建立心理咨询室，及时疏导未成年人的心理，从心理上减少其犯罪的因素。

范某某、袁某、郭某某寻衅滋事案

《最高人民法院公布19起发生在校园内的刑事
犯罪典型案例（河北）》第17号
2015年9月18日

【基本案情】

被告人郭某某、刘某（另案处理）系涞水县某职业技术教育中心的学生。2013年9月25日21时许，刘某与同学因琐事发生打架并受伤，郭某某联系范某某，后范某某、袁某、战某某（另案处理）、吴某某（另案处理）等人进入校园。在刘某等人的带领下，范某某等人进入男生宿舍，在206室、104室、学校操场等地随意殴打学生，致使学生王某某、陈某某受轻微伤，部分学生逃离学校，造成学校工作生活秩序严重混乱。

另查明，被告人郭某某与被害人王某某、陈某某就伤害赔偿达成和解协议，并履行完毕，王某某、陈某某对郭某某表示谅解。

【裁判结果】

被告人范某某、袁某、郭某某因刘某与同学之间的矛盾纠纷借故生非，在校园内持械随意殴打学生，致两名学生受轻微伤，破坏校园秩序，情节恶劣，三被告人的行为构成寻衅滋事罪，公诉机关指控罪名成立，本院予以支持。被告人袁某未成年时曾因盗窃罪被判处刑罚，从重处罚。三被告人归案后认罪悔罪，酌予从轻处罚，被告人郭某某犯罪后积极赔偿被害人的损失，取得受害人的谅解，对被告人郭某某从轻处罚，对辩护人的相关意见，本院予以采纳。被告人郭某某在得知同学刘某受伤后，积极联系校外人员并参与殴打学生，对辩护人提出其是从犯的观点不予采纳。据此，为保护公民人身权利，维护公共秩序，惩罚犯罪，依照《刑法》有关规定，判处被告人袁某有期徒刑一年六个月,判处被告人范某某有期徒刑一年四个月,被告人郭某某有期徒刑一年一个月,缓刑三年。

【典型意义】

校园是传播知识、培育未来的殿堂,素来就是神圣而不可侵犯的地方,侵害校园的暴力犯罪更是法律的严厉打击对象。本案中部分被告人也系在读的校园学生,本应是好好读书、汲取知识的年龄,却认识了社会上的不良青年,并将其引入校园,参与学校同学间因琐事引起的纠纷,并肆意殴打其他无辜学生,最终触犯了法律,走上了犯罪的道路。青少年在成长过程中是非观念还不是很清晰,世界观、价值观很容易被人左右,因此认识什么样的人、受到什么样的引导至关重要。本案的诱因仅仅是因为同学间的琐事争吵,却因为缺乏正确的引导和解决问题方式,最终招致了校外人员的参与,触犯了《刑法》。考虑到本案的第三被告系在校学生,与被害人也达成了赔偿谅解协议,最终法院对其作出了缓刑的上述判决。

王某寻衅滋事案

《最高人民法院公布8起发生在校园内的刑事犯罪
典型案例(北京)》第2号
2015年9月18日

【基本案情】

2013年4月2日15时许,被告人王某在北京市某职业高中门前滋事,持刀扎伤被害人王某某(17岁),造成"腰背部穿刺伤,伤口长约3厘米,深约8厘米,竖脊肌部分断裂",经鉴定构成轻微伤(偏重)。嗣后,被告人王某又在某大学南门附近,无故殴打李某某(23岁)、肖某(14岁)等人,造成李某某"左肩、左肘软组织挫伤"。被告人王某后经公安机关电话通知主动投案。被害人王某某向法院提起刑事附带民事诉讼。

【裁判结果】

北京市某区人民法院经审理认为,被告人王某持械随意殴打他人并造成一人轻微伤的后果，其行为已构成寻衅滋事罪。被告人王某曾因故意犯罪被判处有期徒刑，在刑罚执行完毕后五年内再犯应当判处有期徒刑以上刑罚之罪，构成累犯。案发后经公安机关电话通知，王某自动投案并如实供述自己的罪行，系自首。依照《刑法》有关规定，对被告人王某以寻衅滋事罪判处有期徒刑一年六个月；赔偿附带民事诉讼原告人王某某经济损失共计人民币7639.51元。宣判后，被告人王某提出上诉。北京市第三中级人民法院经依法审理，裁定驳回上诉，维持原判。

【典型意义】

本案系因校园矛盾引发。两名在校学生发生纠纷后，试图通过"约架"的方式请社会人员帮忙解决。在此过程中，社会人员在上课期间闯入教室将学生带出学校，并在学校门口无故将其他学生扎伤。学校安保制度缺乏落实、学生安全意识淡薄是本案发生的重要原因。

该案中，被告人王某等社会人员进出该职业高中时，门岗处均无保安人员履行核实身份、查验证件、登记信息等安全保卫职责，致使被告人王某可随意进入校园滋事。被害人王某某及其同学得知社会人员进校滋事后，并未意识到潜在的危险，也未向学校报告或向保安人员求助，最后造成被王某持刀扎伤的后果。

案件审结后，法官专程前往该校调查了解安保措施情况，发现门岗虽有两名保安人员，但并未对进出车辆及人员进行查验、登记。可见，学校并未对此案发生引起足够重视，亦未吸取教训，安保制度仍未有效落实。法官在走访中还了解到，该校4个校区、4000余名在校生仅配备了13名保安人员，且人员流动性较大，常存在工作几个月即辞职的现象。

为此，该法院专门向区教委发送了司法建议，建议教委协调各方，确保各学校配备充足的保安人员，保障校园安保人员的稳定性；推进校园安全制度的贯彻落实；进一步加强在校生的安全教育，提高学生的安全防范意识，要求其他学校引以为戒。区教委高度重视，召开专题会议调查研究，积极采取措施整改，并向法院正式复函，表示已建立健全该区教育系统安全保障体系，全方位监控校园安全问题，并将进一步加强学校管理者、教师和学生的法制宣传教育工作，形成学校法制氛围。

刘某寻衅滋事案

《最高人民法院公布8起发生在校园内的刑事犯罪
典型案例（北京）》第4号
2015年9月18日

【基本案情】

因女友雷某某与同学李某产生纠纷，2008年12月1日，被告人刘某遂纠集冯某某等人（均另行处理）找李某"说和"。当看到李某系自己哥们儿的好友后，被告人刘某等人遂与李某有说有笑；当得知李某因交往问题与被害人王某某产生积怨并欲"教训"王某某的情况后，被告人刘某当即表示愿意陪同李某前往。当日16时许，被告人刘某在北京市东城区某中学门前蓄意滋事，先是打了刚放学走出校门的王某某一个嘴巴，后又指使冯某某等人对被害人王某某拳打脚踢，王某某经鉴定构成轻微伤。

【裁判结果】

北京市东城区人民法院经审理认为，被告人刘某随意殴打他人，情节恶劣，其行为已构成寻衅滋事罪，依法应予惩处。刘某曾因犯抢劫罪被判处有期徒刑，刑罚执行完毕五年内再犯应当判处有期徒刑以上之罪，系累犯，依法应予从重处罚；鉴于其犯罪后具有自首情节，积极赔偿给被害人造成的经济损失，认罪悔罪态度较好，可依法酌情对其从轻处罚。依照《刑法》相关规定，以寻衅滋事罪判处刘某有期徒刑一年。

【典型意义】

本案是一起典型的发生在学校门口且针对学生实施的校园暴力案件。此类案件多因学生之间不能正确处理一些小矛盾所引发，且多数情况下还纠集社会不良青少年介入其中，并具有逞强好胜、偶发性强、人数多、成规模、不计后果等特点，不仅会侵害学生生命和身体健康，而且往往严重扰乱校园安全管理秩序，降低学生的安全感。对于此类案件应及时、严肃处理，快速恢复学校正常秩序，尽力弥补被害学生的经济损失，抚慰被害人情绪。还应注重法治宣传教育工作，采取以案说法形式，警示教育学生要正确处理纠纷，避免因一时冲动走上违法犯罪道路。

张某寻衅滋事案

《最高人民法院公布 8 起发生在校园内的刑事犯罪
典型案例（北京）》第 6 号
2015 年 9 月 18 日

【基本案情】

被告人张某于 2007 年 9 月从远郊至北京某职业技术学院就读中专一年级。因家庭经济状况不佳，张某自认为比别人条件差，害怕被同学看不起。在入学至 2008 年 4 月住校就读期间，多次强行向同学李某某、马某某、孙某、张某 1 等人索要财物，并以玩摔跤为名随意殴打同学。2008 年 4 月 13 日 22 时许，张某在该校学生宿舍内，以给手机充值为由，强行向学生李某某索要人民币 50 元。李某某不同意，张某便强迫李某某与其掰手腕，并对李某某进行殴打，致李某某左手第四掌骨基底骨折，经法医鉴定为轻伤。被告人张某于当晚被抓获，其向被害人索要钱款已起获并退还。

在诉讼过程中，经法院主持调解，双方达成调解协议，张某赔偿李某某医疗费、交通费、营养费、护理费等经济损失共计 2858.87 元。

【裁判结果】

北京市石景山区人民法院经审理认为，被告人张某随意殴打他人并致人轻伤，多次强拿硬要他人财物，情节严重，其行为扰乱学校秩序，已构成寻衅滋事罪，依法应予惩处。鉴于被告人张某犯罪时未成年，积极赔偿被害人损失且自愿认罪，依法对其从轻处罚。依据《刑法》有关规定，以寻衅滋事罪判处张某拘役六个月。

【典型意义】

校园本该是学生学习和生活的净土，给大众的感觉总是安全、美好的。然而，现在校园暴力事件频发，造成许多未成年学生人身和精神上的伤害与痛苦，社会影响恶劣。本案中，被告人张某对同学强拿硬要、随意殴打的行为，不仅侵害受害同学的财产、人身权益，严重扰乱校园秩序，而且导致同学们心理遭受严重伤害、承受巨大压力。因此，综合考虑本案情节，对于此类校园暴力案件，虽然被告人张某系在校学生且系未成年人，但其行为触犯了法律，应当依法给予相应惩处，以达到保护未成年被害人权益和教育未成年被告人的双重目的。

毕某某等四人寻衅滋事案

《最高人民法院公布 8 起发生在校园内的刑事犯罪
典型案例（北京）》第 7 号
2015 年 9 月 18 日

【基本案情】

2014 年 6 月 23 日 23 时许，被告人毕某某因怀疑本案被害人吕某与自己男朋友关系暧昧，遂纠集本案另外三名被告人相某某、赵某某、周某某（均系在校学生）在北京市某学校宿舍内，随意殴打吕某，并指使其他多名同学每人打被害人一个耳光，后采用殴打、恐吓等方式逼迫被害人下跪并抽打自己耳光，总时间长达两个多小时，经鉴定，被害人精神状态鉴定时诊断为应激相关障碍，身体损伤程度属轻微伤。四被告人犯罪后主动投案，到案后如实供述犯罪事实，且积极赔偿了被害人的经济损失。

【裁判结果】

北京市顺义区人民法院经审理认为，四被告人随意殴打他人，情节恶劣，其行为扰乱了社会公共秩序，已构成寻衅滋事罪，均应予惩处。四被告人犯罪后主动投案，到案后如实供述犯罪事实，系自首，积极赔偿被害人经济损失，依法从轻处罚并适用缓刑。据此，依照《刑法》有关规定，对四被告人均以寻衅滋事罪判处有期徒刑六个月，缓刑一年。

【典型意义】

本案属于校园暴力的典型案例，被告人与被害人均系大专院校在校学生，案件起因是在校学生中较为常见的情感纠纷。被告人毕某某因为自己的男友与被害人一同外出吃过几次饭，便找到被害人吕某诘问。吕某因为自己是插班生、专业功底较同学有一定差距，且一直没能与同学们建立起良好关系，此次面对毕某某的诘问，未能心平气和地交流而是采取言语相激，最终双方矛盾激化，被告人毕某某纠集多人在宿舍内对被害人实施殴打行为，导致被害人轻微伤且引起应激相关障碍。事发之后，被告人积极赔偿了被害人的经济损失，并主动道歉。该校领导专门为因伤缺课的被害人补习，并帮助其顺利考取专业等级证书，现在吕某已经顺利毕业并在家乡从事所学专业的教学工作。法院了解到该校作为专业性较强的专科学校，采取封闭式教学模式，学生与外界接触较少，主要靠网络了解社会，针对该校管理上的漏洞发送了司法建议，学校高度重视，并予以回函。同时，法院与该校开展了以培养学生法制思维为目的的讲座，承办法官还受聘为该校的法制副校长，对学生进行法制教育。通过上述延伸工作，该校的法制氛围逐步加强。

引发在校学生犯罪的原因是多方面的，既有其自身的因素，也有来自家庭、社会和学校的原因，因此在校学生犯罪预防必须多管齐下，形成合力。一是以学校为平台，做好普法宣讲和法制教育。学校在重视学生成绩的同时，要积极创造条件，通过多种形式的活动教育学生学法、知法、守法。本案四名被告人最初在公安机关接受讯问时对自己行为的认识还停留在同学打架的层面上，根本没有意识到问题的严重性，经过办案机关的释明教育，四被告人在开庭审理时均能对自己的行为有正确认识。二是注重家庭教育，形成学校、家庭双结合的教育模式。尤其是对那些自小离家在外求学的孩子，家长在关注孩子学习成绩以及物质保障的同时，更要注重子女良好人格的养成，家长要特别关注处于青春期子女心理情况，对于子女在日常生活中表现出来的异常行为要及早发现、及早纠正，并且注意方式方法，避免小问题拖成大毛病，甚至酿成大错。三是开展良好的心理健康教育和生理教育，帮助在校生学会自救自护，增强抵御社会不良文化侵袭的能力。四是形成社会化的工作网格，确保未成年人在家有人管、在校有人教、在外有人护。

刘某寻衅滋事案

《最高人民法院公布 24 起发生在校园内的刑事犯罪
典型案例（四川）》第 7 号
2015 年 9 月 18 日

【基本案情】

被告人刘某因犯抢劫罪于 2013 年 3 月 27 日被叙永县人民法院判处有期徒刑二年四个月，缓刑三年，并处罚金人民币 1 万元。

2013 年 9 月 8 日 17 时许，万某（已判）听说自己所追求的杨某在学校与一男子有暧昧关系，便邀约被告人刘某及吴某窜至叙永县职业高级中学校内，指使吴某到教室找该男子算账。吴某到教室后对挨着杨某坐的胡某进行殴打，被害人胡某 1（未成年人）便上前帮忙，随后，吴某跑至教学楼下告知万某，万某将随身携带的折叠刀交给吴某，并指使吴某打回来。随后吴某持刀返回被害人胡某 1 所在教室，被告人刘某与万某也紧跟其后。之后，被告人刘某与吴某进入教室对被害人胡某 1 实施殴打，吴某持刀将胡某 1 腹部刺伤，被告人刘某用戴有胶拳套的右手将胡某 1 头部打伤。经泸州市公安局物证鉴定所鉴定，胡某 1 头部、腹部损伤程度均为轻微伤。

【裁判结果】

被告人刘某犯寻衅滋事罪，判处有期徒刑九个月；犯抢劫罪，判处有期徒刑二年四个月，并处罚金人民币 1 万元；数罪并罚，决定执行有期徒刑二年十个月，并处罚金人民币 1 万元。

【典型意义】

校园暴力事件扰乱学校的正常教育、教学次序，影响同学们正常学生生活。也严重影响当事人的身心健康。被告人刘某犯罪时也是未成年人，由于其对法律知识的欠缺，家庭管教不当，导致被告人伙同社会人员到学校随意殴打他人，导致犯罪。分析校园暴力的原因：1. 家庭教育失控引起的打架斗殴。2. 个人行为霸道引起的打架斗殴。3. 不良嗜好、高消费引起的打架斗殴。4. 语言行为粗鄙引起的打架斗殴。5."哥们儿"义气引起的打架斗殴。

任某犯寻衅滋事罪一案

《最高人民法院公布 24 起发生在校园内的刑事犯罪
典型案例（四川）》第 16 号
2015 年 9 月 18 日

【基本案情】

被告人任某，男，1995 年 11 月 20 日出生于四川省犍为县，汉族，初中文化，于 2012 年 5 月 3 日中午，在犍为某中学教学楼 2 楼男厕所无故殴打被害人向某（系该校学生），致其右耳受伤，经四川华西法医学鉴定中心鉴定：向某损伤程度为轻伤。2012 年 11 月 18 日晚，被告人任某伙同他人在犍为县玉津镇一号街"黄家超市"外无故殴打被害人周某（系在校学生），致周某左肾挫伤、脾脏挫伤。

【裁判结果】

法院认为，被告人任某随意殴打他人并致一人轻伤的行为，已构成寻衅滋事罪，应当依法予以惩处。犯罪时，被告人任某未满 18 周岁，应当从轻或者减轻处罚；归案后，任某如实供述其犯罪事实，可以从轻处罚；案发后，任某的家属赔偿了受害人的部分经济损失，法院在对其量刑时，酌情予以从轻处罚；任某犯罪对象为未成年人，法院在对其量刑时，酌情予以从重处罚。根据本案的事实、性质、情节和对社会的危害程度，法院决定对其从轻处罚。依照《刑法》第二百九十三条第一款第一项，第十七条第一款、第三款，第六十七条第三款，第六十一条，第四十七条之规定，判决如下：

被告人任某犯寻衅滋事罪，判处有期徒刑六个月。

【典型意义】

近年来，校园暴力案件频繁发生，逐渐引起社会广泛关注。

究其原因，从学生自身来看，青少年在解决校园矛盾纠纷时，缺乏经验，爱逞强，易冲动，比较极端，喜欢表现个人英雄主义，法制观念淡漠。

从家庭方面来看，家庭暴力是未成年人产生不良行为的催化剂，父母的打骂带给他们更多的是精神创伤，错误的教育方式可能导致未成年人性格的扭曲，加剧不良行为的产生。

从学校教育来看，现在的教育体制更注重"教"而忽视了"育"，学校应更加重视培育学生良好的品德和正确的人生观、价值观，而不是仅仅为了提高升学率一味地教死书。

从社会环境来看，如今未成年人接触的新鲜事物越来越多，网络、电影、游戏都充满了暴力文化，在"耳闻目睹"中，未成年人容易产生暴力思想，遇到问题喜欢用拳头解决，甚至像案例中的任某一样，携带武器伤人，造成严重后果；同时由于未成年人缺乏社会经验，在社会上一些犯罪分子的影响下容易走向歧途。

由此可见，家庭要注重对未成年人的关怀，积极履行好监护责任，教导他们如何与人和睦相处；学校要加强学生心理咨询，注重培养学生的品德，正确引导青少年处理校园纠纷；相关部门要控制暴力文化在社会上的传播，营造良好的社会风气；而对法院来说，作为法制机构，要加大法制宣传和教育力度，提高学生的自我保护意识和法制观念，作为执法者，在面对校园暴力案件时，一定要及时依法给予惩处，对有暴力倾向的未成年人起到警示作用，让暴力远离校园。

官某某寻衅滋事案

《最高人民法院公布16起发生在校园内的刑事犯罪
典型案例（福建）》第8号
2015年9月18日

【基本案情】

2014年3月21日21时许，被告人官某某伙同蔡某某（在校生）等人在县实验中学门口无故用锤子敲打下晚自习回家的实验中学学生林某某，造成其头部受伤，经清流县公安局物证鉴定室鉴定，被害人林某某的伤情为轻伤1级。另查明，2014年3月期间，被告人官某某伙同蔡某某（在校生）等人在清流县儿童公园路段、九龙桥头、红绿灯路口、校园门口多次无故殴打在校未成年学生，先后导致 5 名在校生受到不同程度的伤害。在共同犯罪中被告人官某某已年满 16 周岁，蔡某某等人未满 16 周岁，因此被告人官某某被提起公诉。被告人官某某在凤翔街家中被抓获归案，后如实供述自己的罪行。

【裁判结果】

清流县人民法院经审理认为，被告人官某某无视国家法纪和社会公德，随意殴打他人，致 1 人轻伤，1 人轻微伤，情节恶劣，其行为已构成寻衅滋事罪。被告人官某某多次殴打在校未成年学生，酌情从重处罚；犯罪时已满 16 周岁未满 18 周岁，依法从轻处罚；到案后能如实供述自己的罪行，是坦白，依法从轻处罚。依照《刑法》有关规定判决被告人官某某犯寻衅滋事罪，判处有期徒刑一年三个月。宣判后，被告人官某某表示服判，未提出上诉。

【典型意义】

本案是一起典型的校园暴力案件，校园暴力在破坏校园正常秩序的同时，也使学生的身心健康受到伤害，有的甚至仇视学校和社会，因此校园暴力的危害不容忽视。本案被害人林某某系未成年在校生，其生理和心理发育尚不成熟，面临危险时也缺乏足够的认识和防范能力，因此对本案被告人官某某无故殴打在校未成年学生从重处罚，体现了司法机关对未成年人的特别保护；另外，未成年人涉世不深，世界观尚未定型，是人格形成和发展的最关键阶段，也是最容易产生逆反心理的时期。因此，考虑到本案被告人系未成年人，在惩治其犯罪的同时，依法对其从轻处罚，也是我国法律对未成年罪犯宽严相济的体现。我们希望，通过这个案例，广大未成年人能吸取教训，主动学法、守法，提高辨别是非的能力，同时也呼吁学校、家庭、社会和司法机关，加大对未成年人的保护，从源头预防校园伤害事故的发生。

黄某寻衅滋事案（江苏）

《最高人民法院公布司法人员依法履职保障十大典型案例》第 3 号
2017 年 2 月 7 日

【基本案情】

黄某是闫某之母。2007 年 9 月 15 日，江苏省徐州市鼓楼区人民法院判决闫某犯故意伤害罪，判处其有期徒刑一年。该案经徐州市中级人民法院二审后维持原判。黄某不服一、二审判决，多次申诉信访。徐州中院、扬州中院和江苏省高院对该案进行复查，均驳回黄某申诉。2012 年 4 月，最高人民法院经复查后决定对该案不提起再审。2012 年至 2014 年 5 月期间，黄某因不满闫某案的复查结果，单独或者带其患有精神疾病的儿媳先后数十次到徐州中院门前，采取身披状衣、使用高音喇叭播放录音等方式喧闹，干扰法院办公，并不断辱骂该案承办法官，造成恶劣社会影响。

【处理结果】

2014 年 5 月 8 日，徐州中院在充分固定证据后报警。徐州市泉山检察院于 2014 年 7 月 14 日向泉山法院提起公诉。泉山法院经审理，于 2014 年 8 月 15 日作出判决：黄某犯寻衅滋事罪，判处有期徒刑二年六个月。

【典型意义】

人民权益要靠法律保障，法律权威要靠人民维护。司法公信是确保法律正确实施的基础，法官良好声誉是司法公信的重要组成部分。全社会都应当强化规则意识，形成尊崇法律、尊重法院、崇尚法官的法治观念。实践中，一些当事人在对诉讼结果不满时，不是通过正常渠道依法理性表达诉求，而是在法院周边拉横幅、喊口号、聚众喧闹、散发材料，播放高音喇叭、招徕围观注意，严重扰乱法院办公秩序，或是在互联网和各种媒介上夸大事实、捏造谎言，侮辱法官人格尊严、肆意诋毁法院工作，甚至编演舞台剧大搞"行为艺术"向法院施加压力，以求达到其个人目的。这些错误行为不仅会妨碍社会公众对司法裁判形成客观评价，也不利于全民法治观念的塑造，还会削弱法律在维护群众权益、化解社会矛盾中的权威地位。本案中，人民法院依法对黄某判处刑罚，不仅是对其非理智行为的制裁，也是对法律权威和司法公信的积极维护。

曹某等寻衅滋事、非法变卖查封财产案（山东）

《最高人民法院公布司法人员依法履职保障十大典型案例》第6号

2017年2月7日

【基本案情】

2010年12月，山东省新泰市人民法院立案执行曹某、曹某1等人与新泰市某建材公司民间借贷纠纷案。2011年5月，曹某、曹某1等人通过竞拍取得新泰市某建材公司租赁权，但其以对新泰市某建材公司享有债权抵顶租赁费为由拒绝缴纳拍卖款。在新泰法院未出具拍卖裁定情况下，曹某、曹某1等于2011年6月擅自进入该公司生产，并将该公司内查封的一台振动筛、厂房钢构大棚、两台锤破机切割后变卖。2013年，新泰法院工作人员对曹某、曹某1等人非法占用的新泰市某建材公司依法采取了断电、强制腾退等措施，曹某、曹某1因此怀恨在心。为发泄不满，二人多次到新泰法院办公场所、宿舍区辱骂法院工作人员，并将被褥长期放在法院办公室拒不搬出，严重影响法官正常工作和法院办公秩序。其间，曹某还故意殴打新泰法院法警徐某，致徐某轻微伤。

【处理结果】

《刑法》第三百一十四条规定："隐藏、转移、变卖、故意毁损已被司法机关查封、扣押、冻结的财产，情节严重的，处三年以下有期徒刑、拘役或者罚金。"根据以上法律规定及刑法关于寻衅滋事罪的规定，山东省宁阳县人民法院经审理认为：曹某、曹某1为发泄情绪，多次辱骂、随意殴打他人，破坏社会秩序，情节恶劣，其行为均已构成寻衅滋事罪；曹某明知司法机关对相关财产已查封仍予以变卖，情节严重，其行为已构成非法处置查封的财产罪。宁阳法院于2015年3月判决：曹某犯寻衅滋事罪，判处有期徒刑二年，犯非法处置查封的财产罪，判处有期徒刑一年，决定执行有期徒刑二年六个月；曹某1犯寻衅滋事罪，判处有期徒刑一年三个月。

【典型意义】

人民法院对涉案财产采取查封、扣押、冻结等执行措施，是保证案件执行到位、兑现当事人胜诉权益的必要手段，非经法院判决或者裁定，任何人都不得擅自处置。为保障案件执行工作顺利开展，法律对破坏执行措施的行为规定了多层次、多类别的处罚方式，刑法还将隐藏、转移、变卖、故意毁损已被司法机关查封、扣押、冻结的财产等行为规定为犯罪。因此，对法院执行措施的尊重，就是对法律权威的尊重。公民、法人和其他组织不仅应当尊重生效裁判，也应当尊重法院其他审判执行措施。本案中，曹某等人明知司法机关对相关财产已查封仍予以变卖，严重妨碍了案件执行工作，且扰乱法院工作秩序，属于应当被追究刑事责任的行为。人民法院对其判处刑罚，是保障法律实施、维护司法权威的必要举措。

张某等寻衅滋事、敲诈勒索、非法拘禁案
——依法严惩恶势力犯罪集团针对未成年人"套路贷"

《保护未成年人权益十大优秀案例》第1号
2019年5月31日

【基本案情】

被告人张某纠集李某、任某、陈某、邰某、王某等人，设立某财富公司，在江苏省某市区进行非法放贷活动，以喷油漆、扔油瓶、半夜上门滋扰等"软暴力"手段非法讨要债务。在放贷过程中，该组织成员还引诱、纠集褚某、朱某、姚某、王某1、顾某等在校学生，利用同学、朋友关系诱骗其他未成年学生签订虚高借款合同，在借款中随意扣减"服务费、中介费、认家费"等，并逼迫未成年少女拍摄裸照担保债务，部分未成年被害人被迫逃离居住地躲债，造成辍学等不良后果。该组织通过"套路贷"，多次实施敲诈勒索、寻衅滋事、非法拘禁犯罪，违法所得共计人民币166000元，造成恶劣社会影响。

【裁判结果】

法院经审理认为,被告人张某纠集褚某、李某等11人,形成人员组织稳定,层级结构清晰的犯罪组织,该组织成员长期纠集在一起,共同实施多起寻衅滋事、敲诈勒索、非法拘禁等违法犯罪活动,欺压百姓,扰乱社会秩序,造成较为恶劣的社会影响,应当认定为恶势力犯罪集团。据此,以敲诈勒索罪、寻衅滋事罪、非法拘禁罪,数罪并罚,依法判处被告人张某有期徒刑九年六个月,并处罚金人民币18万元;对其他恶势力犯罪集团成员亦判处了相应刑罚。

【典型意义】

本案系江苏省扫黑除恶专项斗争领导小组第一批挂牌督办的案件之一,也是扫黑除恶专项斗争开展以来,该省查处并宣判的第一起以未成年人为主要犯罪对象的黑恶势力"套路贷"犯罪案件。

该案恶势力集团的犯罪行为不仅严重扰乱了正常经济金融秩序,还严重侵害了未成年人权益。其利用未成年人涉世未深、社会经验不足、自我保护能力弱、容易相信同学朋友等特点,以未成年人为主要对象实施"套路贷"犯罪,并利用监护人护子心切,为减小影响容易选择息事宁人做法的心理,通过实施纠缠滋扰等"软暴力"行为,对相关未成年人及其家庭成员进行精神压制,造成严重心理恐慌,从而逼迫被害人支付款项,不仅严重破坏正常教育教学秩序,更给未成年人及其家庭造成巨大伤害。对本案的依法从严惩处,彰显了司法机关重拳打击黑恶势力,坚定保护未成年人合法权益的决心。对于打击针对在校学生,特别是未成年在校生的犯罪,促进平安校园具有重要指导意义。

朱某等寻衅滋事案
——依法惩治校园欺凌

《保护未成年人权益十大优秀案例》第 2 号

2019 年 5 月 31 日

【基本案情】

被告人朱某等五人均系北京某校在校女生（犯罪时均未满 18 周岁），2017 年 2 月 28 日，五名被告人在女生宿舍楼内，采用辱骂、殴打、逼迫下跪等方式侮辱女生高某某（17 岁），并无故殴打、辱骂女生张某某（15 岁）。经鉴定，二被害人的伤情构成轻微伤，五名被告人的行为还造成被害人高某某无法正常生活、学习的严重后果。

【裁判结果】

法院经审理认为，被告人朱某等人随意殴打和辱骂他人，造成二人轻微伤，严重影响他人生活，侵犯公民人身权利，破坏社会秩序，构成寻衅滋事罪，且系共同犯罪。据此，以寻衅滋事罪依法分别判处五名被告人十一个月至一年不等的有期徒刑。

【典型意义】

校园欺凌问题关系到未成年人的健康成长，也牵系着每一个家庭的敏感神经，已成为全社会关注的热点问题。本案就是一起典型的校园欺凌行为构成犯罪的案件。本案中，五名被告人的行为已经不仅仅是同学伙伴之间的打闹玩笑，也不仅仅是一般的违反校规校纪的行为，而是触犯《刑法》应当受到刑罚惩处的犯罪行为。对此类行为，如果仅仅因被告人系未成年人而"大事化小，小事化了"，就会纵容犯罪，既不利于被告人今后的健康成长，更不利于保护同是未成年人的被害人。本案裁判法院充分考虑五名被告人主观恶性和行为的社会危害性，对其分别判处相应的实刑，符合罪刑相适应原则，在有效维护了未成年被害人合法权益的同时，也给在校学生上了一堂生动的法治课。

本案被中央电视台"新闻1+1"等媒体栏目评论称具有"标本意义",宣判后不久,适逢教育部等十一个部门联合印发《加强中小学生欺凌综合治理方案》,对中小学生校园欺凌综合整治起到了积极的推动作用。

李某某寻衅滋事案

《人民法院依法惩处涉医犯罪典型案例》案例5
2020年5月11日

【基本案情】

被告人李某某,男,汉族,1981年6月30日出生,无业。2002年10月28日因犯盗窃罪被判处有期徒刑六个月,并处罚金人民币1000元。

2019年6月29日,被告人李某某在黑龙江省哈尔滨市松果口腔门诊就医,经检查后未同意医生马某提出的治疗方案。李某某离开后认为马某为其检查时将其牙齿钩坏,遂返回该口腔门诊进行理论,并扬言要报复马某。后李某某回家取一把尖刀再次返回该口腔门诊,寻找马某欲进行报复未果,此时看到医务人员于某,为泄愤用刀把砸于某头部数下,致于某轻微伤。于某挣脱后,李某某在诊疗室看到医务人员栾某,又持刀捅刺栾某手臂数下,致栾某轻伤二级。李某某继续持刀追逐他人,并将医务人员范某背部划伤,后离开现场。当日,李某某被公安人员抓获。

【裁判结果】

本案由黑龙江省哈尔滨市南岗区人民法院审理。

法院认为,被告人李某某为泄愤,在医疗机构持刀随意殴打、捅刺医务人员,致1人轻伤、1人轻微伤,并造成医疗机构秩序混乱,情节恶劣,其行为已构成寻衅滋事罪。李某某曾因犯罪被判刑,刑满释放后又犯罪,应依法惩处。李某某虽认罪认罚,但综合其犯罪的事实、性质、情节和社会危害程度,不足以从轻处罚。据此,依法对被告人李某某判处有期徒刑三年。

宣判后,在法定期限内没有上诉、抗诉,上述判决已于2020年5月8日发生法律效力。

【典型意义】

理性就医，遇矛盾加强沟通，是全社会积极倡导的正确就医理念，患者不能因对治疗或检查效果不满而动辄泄愤报复医务人员。本案是一起患者因报复诊治医生未果，为泄愤转而持刀随意殴打、捅刺其他医务人员致伤的案例。人民法院综合考虑被告人李某某犯罪情节恶劣、后果较为严重且有犯罪前科等情节，依法对其判处有期徒刑三年，体现了对此类犯罪的严惩。

曹某某寻衅滋事案

《人民法院依法惩处涉医犯罪典型案例》案例6
2020年5月11日

【基本案情】

被告人曹某某，男，汉族，1983年6月15日出生，农民。2002年1月31日因犯故意伤害罪被判处有期徒刑三年；2009年5月14日因犯非法拘禁罪被判处拘役四个月；2014年11月4日因犯非法拘禁罪被判处有期徒刑八个月，2015年2月17日刑满释放。

2019年2月6日20时许，被告人曹某某酒后送朋友到陕西省太白县县医院就诊。其间，曹某某持挂号单到医院二楼找医生，无端与值班医生高某发生言语冲突，遂拿起听诊器扔向高某。高某躲开后，曹某某又用拳头、手机击打高某的头面部，致高某鼻骨粉碎性骨折及其他多处损伤，构成轻伤二级。在场的值班护士韩某上前阻拦，曹某某脚踢韩某。后其他医务人员将曹某某拉开，曹某某仍在楼道谩骂，引起住院病人及家属围观，直至公安人员赶到将曹某某制服带走。

【裁判结果】

本案由陕西省太白县人民法院审理。

法院认为，被告人曹某某酒后陪同朋友就医，随意殴打医生致轻伤，并脚踢上前阻拦的护士，谩骂医生，情节恶劣，其行为已构成寻衅滋事罪。曹某某曾因犯罪被判处有期徒刑以上刑罚，在刑罚执行完毕后五年内又犯应判处有期徒刑以上刑罚之罪，系累犯，应依法从重处罚。曹某某认罪认罚，并取得被害人谅解，可从轻处罚。据此，依法对被告人曹某某判处有期徒刑二年。

宣判后，在法定期限内没有上诉、抗诉，上述判决已于2019年10月29日发生法律效力。

【典型意义】

近年来，出现多起患者或患者陪同人员酒后在医院滋事扰序、伤害医务人员的案件。本案就是一起患者陪同人员酒后滋事，随意殴打医生、护士致医生轻伤的案例。人民法院综合考虑被告人曹某某有多次犯罪前科且系累犯及认罪认罚等情节，依法对其判处相应刑罚。

张某某开设赌场案

《最高人民法院发布98起未成年人审判工作典型案例》第30号
2014年11月24日

【基本案情】

2013年2月25日至2013年3月11日，被告人张某某被人雇请，负责在租用店面管理赌博机，并负责收银、记账等。2013年3月11日23时许，公安民警在对该店面进行清查时，当场抓获被告人张某某，并查获赌博机、赌资、账本等。

【裁判结果】

福建省厦门市海沧区人民法院经审理认为，被告人张某某在供不特定人员参赌的固定场所内受雇从事现场管理，其行为已构成开设赌场罪。被告人张某某犯罪时系已满16周岁未满18周岁的未成年人，依法应当从轻处罚。依照《刑法》规定，认定被告人张某某犯开设赌场罪，判处拘役四个月，缓刑八个月，并处罚金。

【案例评析】

本案中的被告人张某某是海沧区家事法庭建立外地户籍未成年罪犯监管帮教机制后首位受益的未成年罪犯。一直以来,海沧区外来人口多,外来务工人员子女犯罪率相对较高,但因异地监管与帮教仍存在难度,对外地户籍未成年被告人几乎不适用缓刑。这种情况既造成了本地与外地未成年罪犯缓刑适用的不公平,也有悖于对未成年罪犯"教育为主、惩罚为辅"的刑事司法原则。

为突破这一困境,海沧法院家事法庭大胆创新,与海沧区司法局合作,探索建立了外地户籍未成年罪犯监管帮教机制,并联合签署了《外地户籍未成年罪犯监管帮教工作规范(试行)》,对符合一定条件的外地户籍未成年罪犯依法判处缓刑,并纳入本地社区矫正范围。在未成年罪犯接受社区矫正的同时,海沧区法院家事法庭还会推荐他们到监管帮教基地的企业工作,一方面帮助他们解决生活、经济上的困难,另一方面通过多角度全方位的监管帮教有效防止他们再犯罪,改造效果良好。

陈某某等聚众扰乱社会秩序案
——聚众扰乱医院秩序,情节严重,造成严重损失

《最高人民法院发布四起涉医犯罪典型案例》第 3 号

2015 年 5 月 26 日

【基本案情】

被告人陈某某,男,汉族,1987 年 10 月 10 日出生,务工。

被告人陈某,女,汉族,1985 年 4 月 5 日出生,无业。

被告人朱某某,男,汉族,1983 年 5 月 1 日出生,经商。

被告人陈某甲,女,汉族,1988 年 6 月 24 日出生,务工。

2014 年 5 月 2 日 0 时许,被告人陈某某送其兄陈某乙到福建省安溪县中医院五楼住院部就诊。当日 5 时许,陈某某的姐姐被告人陈某等因怀疑陈某乙病情恶化系医院责任,殴打值班医务人员梁某某、孙某某等人,并从医生陈某丙手中抢走患者病历。8 时左右,院方宣布陈某乙经抢救无效死亡,陈某

某即通过打电话等方式召集亲友来医院。9时许，陈某某、陈某及陈某乙的前妻被告人陈某甲、陈某的丈夫被告人朱某某等在医院五楼打砸医生办公室、护士站、治疗室，致大量医用器具、器械、药品及电脑、打印机等物品损坏，殴打陈某丙等医务人员和在场执勤的派出所协勤人员柯某某、王某某，并强行拉柯、王2人去看护陈某乙尸体。随后，陈某某等将陈某乙尸体从病房移出，拉至医院一楼大厅入口处，设灵堂、烧纸钱、拉横幅、堵大门、围堵电梯出入口，打砸中药房、急诊科医生办公室、护士站、治疗室等，并殴打周某某、黄某某等医务人员及出警民警柯某甲。综上，陈某某等4名被告人殴打医务人员，致周某某轻伤，黄某某等7人轻微伤，毁损医院财物，造成医院经济损失3万余元，并导致医院医疗工作无法正常进行。

【裁判结果】

法院经审理认为，被告人陈某某、陈某、朱某某、陈某甲采取聚众围、堵、打、砸等方式扰乱医院正常工作秩序，造成多名医务人员受伤，情节严重，致使医院医疗工作无法进行，造成严重损失，其行为均已构成聚众扰乱社会秩序罪，应依法惩处。在共同犯罪中，陈某某属首要分子，陈某、朱某某、陈某甲属其他积极参加者。4名被告人均如实供述自己的罪行，并积极主动赔偿被害方经济损失，有悔罪表现，可从轻处罚。据此，依法对被告人陈某某判处有期徒刑三年；对被告人陈某判处有期徒刑一年三个月，缓刑一年三个月；对被告人朱某某、陈某甲判处有期徒刑一年，缓刑一年三个月。

宣判后，被告人不上诉，检察机关未抗诉，上述判决已于2014年10月26日发生法律效力。

赵某某等聚众扰乱社会秩序案

——聚众扰乱医院秩序，情节严重

《最高人民法院发布四起涉医犯罪典型案例》第4号

2015年5月26日

【基本案情】

被告人赵某某，男，汉族，1982年3月2日出生，无业。

被告人韩某某，男，汉族，1981年11月22日出生，无业。

被告人赵某甲，男，汉族，1988年2月23日出生，无业。

被告人郭某某，男，汉族，1968年11月9日出生，无业。

被告人樊某某，男，汉族，1959年11月19日出生，无业。

被告人郭某甲，男，汉族，1976年12月2日出生，无业。

被告人赵某乙，女，汉族，1976年3月7日出生，无业。

被告人赵某丙，男，汉族，1982年11月5日出生，无业。

2014年7月9日下午，被告人赵某某之父赵某丁在河南省安阳市第六人民医院住院期间因医治无效死亡。为给医院施加压力获得更多赔偿，赵某某及被告人韩某某、赵某乙等人在该医院住院部摆放恒温棺，次日凌晨，又将恒温棺停放在一楼门诊大厅内。赵某某纠集被告人赵某甲、樊某某、郭某某、郭某甲、赵某丙等30余人在门诊大厅设置灵堂，用音箱播放哀乐，并让人用汽车堵住住院部大门。韩某某还在医院门口悬挂写有"还我生命"的白色横幅。同月11日11时30分许，民警邢某某、晋某某等到该医院门诊大厅维持秩序，劝离赵某某等人，赵某某等采取撕扯、抓打等方式阻碍民警执行公务，将邢某某、晋某某打致轻微伤。

【裁判结果】

法院经审理认为，被告人赵某某、韩某某、赵某甲、郭某某、樊某某、郭某甲、赵某乙、赵某丙聚集多人到医院门诊大厅设灵堂、堵大门等，并致2名维持秩序的民警轻微伤，致使诊疗活动无法正常进行，情节严重，其行为均已构成聚众扰乱社会秩序罪，应依法惩处。在共同犯罪中，赵某某是组织、策划和纠集者，系首要分子；韩某某、赵某甲、郭某某、樊某某、郭某甲、赵某乙、赵某丙系积极参加者。8名被告人均认罪悔罪，并取得被害人谅解。赵某某、韩某某、赵某甲主动投案并如实供述自己的罪行，系自首。根据各被告人在共同犯罪中的具体作用和情节，依法对赵某某减轻处罚，对韩某某、赵某甲、郭某某、樊某某、郭某甲、赵某乙、赵某丙从轻处罚。据此，依法对被告人赵某某判处有期徒刑九个月；对被告人郭某某判处有期徒刑七个月；对被告人韩某某、赵某甲判处有期徒刑六个月；对被告人樊某某、郭某甲、赵某乙、赵某丙判处拘役四个月，缓刑六个月。

宣判后，被告人不上诉，检察机关未抗诉，上述判决已于2015年2月4

日发生法律效力。

陆某某等 12 名未成年人参加黑社会性质组织案

《最高人民法院发布 98 起未成年人审判工作典型案例》第 33 号
2014 年 11 月 24 日

【基本案情】

2010 年，蔡某某纠集蓝某某、黄某某、何某某（均另案处理）带领各自势力范围的人员联合组成"联盟"，通过替人打架及在广州市多所中学收取保护费获取经济来源，长期实施聚众斗殴、寻衅滋事、敲诈勒索等违法犯罪活动，逐渐形成了组织成员较为固定，称霸一方的黑社会性质组织。该黑社会性质组织以蔡某某、蓝某某为组织、领导者，以陆某某等多名未成年人为参加者。参加成员相对固定，层级明确，犯意沟通由上到下、犯罪分工默契，互为纠合、互为支撑，违法犯罪活动范围、性质相对集中，犯罪指向对象相对明确，即拉拢、强迫在校学生加入、交纳保护费用，有组织、有准备地进行聚众斗殴、寻衅滋事、故意伤害、敲诈勒索，严重扰乱社会治安及校园安全，造成恶劣的社会影响。

【裁判结果】

广东省广州市荔湾区人民法院经审理，认定该社团符合法律规定黑社会性质组织的特征，上述被告人的行为均已经构成参加黑社会性质组织罪、寻衅滋事罪、故意伤害罪、敲诈勒索罪、抢劫罪，根据各被告人在组织中的地位、作用，鉴于陆某某等 12 人犯罪时均不满 18 周岁，分别判处二年三个月至八个月有期徒刑，并处罚金。

【案例评析】

本案中，陆某某等 12 人均属未成年人，未成年人涉黑问题应当引起社会的高度关注。

当前，我国未成年人犯罪已由个体犯罪、偶然犯罪向共同犯罪、组织化、常态化犯罪转化，不少涉黑犯罪案件中开始出现未成年罪犯的身影。一些地方的黑社会性质组织在未成年人中发展成员,本案的"联盟"黑社会性质组织就是通过拉拢、强迫在校学生加入的方式发展成员。未成年人涉黑犯罪作为一种特殊的有组织犯罪形式,其社会危害大,持续时间长,涉及范围广泛,对家庭生活的影响、社会秩序的破坏及国家健康发展有着更深、更远的损害,应当引起全社会的高度重视。

宋某诬告陷害案(河南)

《最高人民法院公布司法人员依法履职保障十大典型案例》第 8 号
2017 年 2 月 7 日

【基本案情】

宋某因交通事故纠纷于 2009 年 10 月 19 日向法院提起民事诉讼,郑州市二七区人民法院经审理,判决李某某支付宋某各项损失 9 万余元。由于李某某未履行判决确定的赔偿义务,宋某向法院申请执行。由于李某某一直未到案,经查找其名下无财产可供执行,法院在执行过程中先后申请救助基金 5 万元发放给宋某。后经对担保人李某甲(李某某父亲)采取执行措施,李某甲交纳了执行款 3.8 万元。加上此案在审理期间已向宋某发放救助金 1 万元,截至 2014 年 4 月 30 日,宋某领取案件款项达 9.8 万余元,已实现判决确定的全部债权,宋某亦向法院出具结案证明。

2014 年 6 月 3 日以来,宋某多次向市区两级纪委、党委政法委、检察院、新华社等单位领导发送举报信息,称二七区法院工作人员孙某某、李某乙克扣、截留其执行款 4.5 万元,意图使其受到刑事追究。2014 年 6 月 5 日,二七区纪委接到市纪委转来的署名短信举报后,立即成立调查组对反映的问题进行了核实。经查,并未发现孙某某、李某乙有任何克扣、截留执行款项的行为。

【处理结果】

《刑法》第二百四十三条规定:"捏造事实诬告陷害他人,意图使他人受刑事追究,情节严重的,处三年以下有期徒刑、拘役或者管制;造成严重后果的,处三年以上十年以下有期徒刑"。根据上述法律规定,新郑市人民检察院对宋某依法提起公诉，新郑市人民法院经审理，认定宋某捏造犯罪事实、意图陷他人于刑事追诉之中，造成恶劣社会影响，其行为已构成诬告陷害罪，故判处宋某有期徒刑一年六个月。一审判决宣告后，宋某不服，提起上诉。郑州市中级人民法院经审理，裁定驳回上诉，维持原判。

【典型意义】

提升司法公信力不仅要求司法案件的结果公正，也要求司法人员的形象符合中立、公正的客观标准。司法人员的社会声誉是司法机关公正形象的重要载体，恶意贬损法官形象就是诋毁司法公信。当事人对裁判结果或者法院工作人员司法作风不满，可以通过上诉、申请再审、信访投诉举报等多种合法途径反映情况、表达诉求，但决不能毫无根据地随意指责司法人员贪腐或有其他犯罪行为。没有确凿证据，甚至故意捏造事实、散布谣言，轻易对法官、审判辅助人员提出性质严重的指控，不仅是对法院工作人员的人格污蔑，也是对司法公信的恶意破坏，更是对社会公共利益的肆意侵犯。《人民法院落实〈保护司法人员依法履行法定职责规定〉的实施办法》第十三条规定，法官因依法履职遭受不实举报、诬告陷害致使名誉受到损害的，其所在人民法院应当会同有关部门及时澄清事实，消除不良影响，维护法官良好声誉，并依法追究相关单位或者个人的责任。本案中，宋某故意捏造事实、进行虚假告发，导致有关单位对相关人员展开调查，给司法人员工作造成巨大压力、正常生活受到严重影响。法院依法对其判处刑罚，不仅是对法院干警的关心爱护，也是为司法人员依法履职提供制度保障的必要举措。

人民陪审员参加七人合议庭审理林某某等人黑社会性质组织犯罪案

《人民陪审员参审十大典型案例》案例 2

2022 年 10 月 11 日

一、案件基本情况

20 世纪 90 年代开始，被告人林某某通过在广东省佛山市三水区经营渔港、夜总会、洗涤用品厂，积累经济实力，并招揽社会闲散人员，实施违法犯罪活动。以被告人林某某为组织者、领导者的黑社会性质组织先后实施了寻衅滋事、聚众斗殴、串通投标、非法采矿等一系列违法犯罪活动，利用组织的非法影响力和国家工作人员的包庇、纵容，对北江干流三水河段河砂开采业形成非法控制，同时与其他黑社会性质组织勾结，垄断北江干流清远河段河砂开采项目，严重破坏了当地的经济、社会生活秩序和生态环境，在当地造成极其恶劣的社会影响。2020年10月，佛山市顺德区人民检察院依法提起刑事附带民事公益诉讼。佛山市顺德区人民法院随机抽取四名人民陪审员，与三名法官组成七人合议庭审理本案。经审理判决，被告人林某某等人犯组织、领导黑社会性质组织罪、参加黑社会性质组织罪、非法采矿罪等，并连带赔偿生态环境修复费用、生态服务功能损害期间损失、环境损害评估费用共人民币29.6亿元。一审判决后被告人不服上诉。佛山市中级人民法院二审裁定驳回上诉，维持原判。

二、人民陪审员发挥的参审作用

四名人民陪审员在法官指引下充分认识党中央关于开展扫黑除恶专项斗争的重大意义，严肃认真参与到案件审判中。一是在陪审身份意识上体现一个"主"字。面对多达600卷案卷、超700项待处理财产、连续6天、每日近10个小时庭审，人民陪审员始终以案件审理者的"主人翁"心态和高度的责任感、使命感，做到全面参与阅卷、全过程参与庭审、全方位参与合议发表意见。二是在参审行动上体现一个"助"字。为在事实查明方面充分发挥作用，人民陪审员一一核对公诉机关移交的讯问录像与庭审举证的讯问笔录，反复观看案件所涉的视频、图片资料。人民陪审员还仔细研究控辩双方的理由和依据，在庭前会议、庭审发言等方面提供了详尽可行的解决方案。三是在确保审理效果上体现一个"补"字。在合议庭的尊重和支持下，人民陪审员主动搜集相关案例与法官交流，在法律适用方面充分发表自己的意见供合议庭参考。此外，还以人民陪审员特有的身份优势缓和各方冲突矛盾，确保了庭审顺利进行。

【典型意义】

本案是全国开展扫黑除恶专项斗争工作以来，佛山市乃至广东省内的一起重大涉黑案件，案件涉及扫黑除恶、生态文明保护等社会重大关切问题，社会影响重大。人民法院依法组织人民陪审员参与审理，把扫黑除恶与审判工作紧密结合，打好了一场扫黑除恶人民战争。合议庭在审判中，准确适用人民陪审员法七人合议庭事实认定和法律适用区分的规定，充分发挥人民陪审员"主""助""补"作用，是发挥人民陪审员参审主观能动性、明晰人民陪审员参审作用与范围、强化人民陪审员与法官协作的典型案例。

人民陪审员参加审理卢某某等人校园欺凌案

《人民陪审员参审十大典型案例》案例7

2022年10月11日

一、案件基本情况

2020年9月，谭某某等五名某技术学校学生在学校附近文具店无故殴打同学夏某某，后纠集被告人卢某某等强行将夏某某带往公园女厕所，共同以扯头发、扇巴掌等方式对夏某某实施殴打，并使用手机拍摄殴打过程等视频、照片，摔坏被害人夏某某手机一部。之后被告人卢某某等人通过微信群传播涉案视频、照片。经鉴定，夏某某构成轻微伤，医院诊断其出现急性应激反应、重度抑郁、重度焦虑症状。广州市花都区人民检察院指控被告人卢某某犯寻衅滋事罪提起公诉。由于案涉未成年人校园欺凌，广州市花都区人民法院随机抽取两名人民陪审员，与一名法官组成三人合议庭审理本案。法院经审理认为，公诉机关指控被告人卢某某犯寻衅滋事罪的事实清楚；另查明，2020年10月，被告人卢某某家属赔偿被害人2.5万元，并取得被害人及其家属的谅解；综合案件性质、情节、危害后果及被告人的认罪态度和悔罪表现，经听取被害人意见，依法判处被告人有期徒刑一年。被告人不服一审判决提出上诉。二审法院认为原判认定事实清楚，定罪和适用法律准确，维持原判。

二、人民陪审员发挥的参审作用

本案人民陪审员具有多年教师从业经历，参审过程中，人民陪审员充分发挥教育学、心理学方面的专业知识优势，积极履行参审职责，切实提升审判工作质效。一是引入青少年教育工作者的视角。人民陪审员设身处地分析被告人和同案人的心路历程，深入分析被害人谅解时的所思所想，协助法官精心设计庭审问题，提示法官注意庭审发问方式和语言风格，为法庭调查提供了有益参考。庭审时，人民陪审员以富有亲和力的谈心方式发问，促使被告人全面讲出案发细节。人民陪审员还按照"教育、感化、挽救"的未成年人审判理念，从道德、人情、成长等角度进行法庭教育。二是反映社会公众普遍观感吸收民意。评议时，法官向人民陪审员详细分析讲解寻衅滋事罪与故意伤害罪等相关罪名的区别，指引人民陪审员充分发表意见。合议庭审理认为，校园欺凌案件性质恶劣，一众学生暴力殴打、拍摄并传播有辱被害人人格的视频等行为给被害人身心带来难以逆转的巨大伤害，不适宜适用缓刑。三是投身法治宣传和校园欺凌治理。本案宣判后，人民陪审员指出，本案暴露出学校、家庭、教育主管部门存在宣传教育缺位、监管预防缺失等不足，建议人民法院向教育主管部门、学校发出校园欺凌、校园安全防控的司法建议，尽可能杜绝此类犯罪再次发生。合议庭采纳了人民陪审员意见，针对建立常态化校园欺凌防控工作机制认真拟定司法建议，建议定期开展学生法治安全教育、加强校园安全监管，严防校园欺凌事件发生，保护未成年人健康成长。教育主管部门和学校收到司法建议后，积极采取了成立预防校园欺凌工作小组、开展隐患排查整治、邀请专家普法宣讲、组建"家校联合巡查队"等一系列措施，加强未成年人保护。

【典型意义】

本案人民陪审员将教育专业知识与司法审判理念深度融合，由参审之初因不了解法律知识的不敢发言，到充分认识到人民陪审员参与案件审理的价值意义后积极履职，深入思考，主动作为，亲身经历了一场法治的洗礼，也帮助案件审理工作取得了良好效果。特别是案件宣判后，人民陪审员积极延伸参审职能，主动承担起"法治宣传员"的角色，穿针引线、建言献策，有力推动形成对校园欺凌的社会治理合力，为加强未成年人司法保护贡献了力量。

肖某侵害英雄烈士名誉、荣誉案
——在人数众多的微信群诋毁、侮辱英雄，
构成侵害英雄烈士名誉、荣誉罪

《涉英烈权益保护十大典型案例》案例2

2022年12月8日

【基本案情】

2021年，肖某在"杂交水稻之父"、共和国勋章获得者、中国工程院院士袁隆平因病逝世、举国悲痛之际，无视公序良俗和道德底线，使用昵称"坚持底线"的微信号，先后在微信群"白翎村村民信息群"（群成员499人）内发布2条信息，歪曲事实诋毁、侮辱袁隆平院士，侵害英雄名誉、荣誉，引起群内成员强烈愤慨，造成恶劣社会影响。湖南省韶山市人民检察院提起公诉，认为被告人肖某的行为构成侵害英雄烈士名誉、荣誉罪，建议判处管制六个月。

【裁判结果】

湖南省韶山市人民法院认为，被告人肖某以侮辱、诽谤方式侵害英雄的名誉、荣誉，损害社会公共利益，情节严重，其行为已构成侵害英雄烈士名誉、荣誉罪。案发后，被告人肖某如实供述自己的犯罪事实，认罪认罚，依法可从宽处理。判决被告人肖某犯侵害英雄烈士名誉、荣誉罪，判处管制六个月。

【典型意义】

自2021年3月1日起施行的《中华人民共和国刑法修正案（十一）》增设"侵害英雄烈士名誉、荣誉罪"，体现出我国对英雄烈士权益强有力的保护，以及严厉打击抹黑英雄烈士形象行为的决心。袁隆平院士为人民自由幸福和国家繁荣富强作出重大贡献，属于英雄人物，适用英雄烈士人格利益保护的相关法律规定是应有之义。肖某在微信群发布侮辱袁隆平院士的言论，造成恶劣影响，依法应予严惩。本案既有力打击侵害英雄名誉、荣誉行为，维护英雄权益，又教育社会公众崇尚英雄、捍卫英雄、学习英雄，充分彰显司法裁判在社会治理中的价值导向作用。

（二）妨害司法罪

金某伪证案

《最高人民法院公布 10 起弘扬社会主义
核心价值观典型案例》第 8 号
2016 年 3 月 8 日

弘扬的价值：诚实守法

在诉讼中如实作证，是作为每一个公民都应当履行的义务，是维护司法正常秩序，确保司法裁判公平公正的重要因素。虚假作证不但严重影响裁判结果的公正性，危害司法权威，而且直接侵害当事人合法权益，损害社会诚信建设。本案金某在诉讼中故意作伪证，严重违背诚实信用原则，违反了法律义务，受到了应有的刑事制裁。

【基本案情】

在公安机关侦查胡某涉嫌故意伤害案件过程中，被告人金某以证人身份，在接受侦查人员询问时，两次作出虚假证言，证明自己看见胡某往王某脸上殴打两拳，导致胡某先后被刑事拘留、逮捕，并被移送起诉。金某接受检察人员询问时，推翻了以前关于自己看见胡某殴打王某的证言，承认自己在公安机关侦查期间作了伪证。人民法院认为，金某在刑事诉讼过程中，对与案件有重要关系的情节，故意作虚假证明，意图陷害他人，其行为构成伪证罪。鉴于金某认罪态度较好，如实供述了自己的罪行，可从轻处罚，故判处其有期徒刑六个月。

李某某与被执行人丁某某虚假诉讼案

《最高人民法院公布九起反规避执行典型案例》第 9 号

2011 年 7 月 5 日

【案情摘要】

2007 年 9 月,丁某某因与他人发生经济纠纷,致其位于浙江省嵊州市仙湖路 877 号锦绣嘉园东苑 15 幢二单元某某室的房产被嵊州市人民法院查封。2008 年,嵊州市人民法院陆续受理了 4 件以丁某某为被执行人的案件,总标的额为 140 余万元。同年 11 月,丁某某被查封的房产被以 37 万元的价格拍卖。

2006 年,丁某某因经营所需,曾先后向李某某借款共计 10 万元。2007 年 12 月,李某某指使丁某某与其伪造了一张房屋租赁合同,约定以 10 万元的价格承租上述房屋,租期为 20 年,落款时间为该房产被查封之前的 2007 年 6 月。2008 年 2 月,李某某为了多分得债权利益,又指使丁某某与其伪造了一张由丁某某向其借款 35 万元的借条,并于同年 3 月起诉至嵊州市人民法院,庭审前双方达成还款调解协议,嵊州市人民法院作出(2008)嵊民二初字第 592 号民事调解书予以确认。

李某某依据嵊州市人民法院作出的前述民事调解书申请执行,要求参与分配,并以已向丁某某一次性付清 10 万元房租为由,要求法院先行退还剩余的房屋租赁费。多名债权人依法受偿丁某某房产拍卖款项时,对李某某与被执行人丁某某之间的借条提出异议。嵊州市人民法院经查发现,李某某与丁某某存在虚构债务的虚假诉讼情况,遂于 2009 年 4 月 29 日决定对该案进行再审,并于 2009 年 7 月 15 日作出撤销原民事调解书的判决。嵊州市人民法院经开庭审理后认为,被告人李某某为多分得债权利益,指使他人伪造借条,向人民法院提起诉讼并申请执行,严重妨害了司法机关正常的诉讼活动,其行为已构成妨害作证罪。被告人丁某某为使李某某多分得债权利益,帮助其伪造借条,情节严重,其行为已构成帮助伪造证据罪。鉴于二人犯罪后能自动投案,如实供述自己的罪行,属于自首,均可从轻处罚。据此,以妨害作证罪判处李某某有期徒刑一年,以帮助伪造证据罪判处丁某某有期徒刑八个月。

【典型意义】

司法实践中，债务人与个别债权人或案外人串通进行虚假诉讼，对债务人名下财产主张权利，侵害其他债权人利益的现象偶有发生，必须坚决依法予以打击。本案债权人李某某为了多分得债权利益，指使债务人丁某某与其伪造了一张由丁某某向其借款35万元的借条，起诉到法院后以民事调解书予以确认，并据此申请参与分配，导致其他债权人受偿数额减少，侵害了他人合法权益。案发后，人民法院根据查明的事实，对李某某、丁某某分别以妨害作证罪、帮助伪造证据罪定罪量刑，准确适当。本案的处理对有关当事人能起到一定的警示作用，进行虚假诉讼，情节严重的，将依法追究刑事责任。

故意捏造债权债务关系和以物抵债协议，向人民法院提起民事诉讼，致使人民法院开庭审理，干扰正常司法活动的，构成虚假诉讼罪

《人民法院整治虚假诉讼典型案例》 案例6
2021年11月9日

【基本案情】

2019年5月至9月间，被告人彭某某与他人恶意串通，故意捏造债权债务关系和以物抵债协议。后彭某某又与被告人赵某通谋，委托赵某担任诉讼代理人，向某区人民法院提起民事诉讼，致使人民法院开庭审理，干扰正常司法活动。彭某某、赵某于2020年6月19日被公安机关抓获。

【处理结果】

人民法院依法以虚假诉讼罪判处彭某某有期徒刑七个月，并处罚金人民币7000元；判处赵某有期徒刑六个月，并处罚金人民币6000元。

【案例分析】

虚假诉讼罪，是指自然人或者单位以捏造的事实提起民事诉讼，妨害司法秩序或者严重侵害他人合法权益的行为，核心行为要件是"捏造事实"和

"提起民事诉讼"。"捏造事实"包括行为人自己捏造的事实和利用他人捏造的事实；"提起民事诉讼"包括利用自己捏造的事实和利用他人捏造的事实向人民法院提起民事诉讼。《刑法》第三百零七条之一第一款规定："以捏造的事实提起民事诉讼，妨害司法秩序或者严重侵害他人合法权益的，处三年以下有期徒刑、拘役或者管制，并处或者单处罚金；情节严重的，处三年以上七年以下有期徒刑，并处罚金。"根据《最高人民法院、最高人民检察院关于办理虚假诉讼刑事案件适用法律若干问题的解释》第一条第一款的规定，采取伪造证据、虚假陈述等手段，捏造民事法律关系，虚构民事纠纷，向人民法院提起民事诉讼的，应当认定为《刑法》第三百零七条之一第一款规定的"以捏造的事实提起民事诉讼"。上述司法解释第二条第二项规定，以捏造的事实提起民事诉讼，致使人民法院开庭审理，干扰正常司法活动的，应当认定为刑法第三百零七条之一第一款规定的"妨害司法秩序或者严重侵害他人合法权益"。

本案中，彭某某与他人恶意串通，捏造债权债务关系和以物抵债协议，后又与赵某通谋，委托赵某担任诉讼代理人，向人民法院提起民事诉讼，致使人民法院开庭审理，干扰正常司法活动，符合《刑法》和司法解释规定的虚假诉讼罪的行为特征和定罪条件。故人民法院依法以虚假诉讼罪分别判处彭某某、赵某有期徒刑，并处罚金。

【典型意义】

实践中，故意捏造债权债务关系和以物抵债协议的行为多发生在离婚等类型民事诉讼和民事执行过程中，行为人往往意图通过上述行为，达到多分配夫妻共同财产或者非法转移被执行财产的目的。此类行为不仅会受到道德的谴责，更会受到法律的严惩。司法机关要及时甄别、发现、惩处此类虚假诉讼违法犯罪行为，依法追究行为人的刑事责任，保护人民群众合法权益。

捏造事实骗取民事调解书，据此申请参与执行财产分配的，构成虚假诉讼罪

《人民法院整治虚假诉讼典型案例》 案例 7

2021 年 11 月 9 日

【基本案情】

2019 年 5 月至 2020 年 1 月间，易某分多次陆续向被告人张某某借款共计 200 余万元，后相继归还其中的 100 余万元，尚欠 90 余万元未还。易某另外还向郭某某等人大额借款未能归还，郭某某将易某起诉至某市人民法院。2020 年 3 月 26 日，该市人民法院判决易某偿还郭某某借款 132.6 万元，后该案进入执行程序，该市人民法院准备强制执行易某名下房产。张某某为达到在强制执行过程中多分执行款的目的，与易某进行了预谋。同年 4 月 2 日，张某某和易某恶意串通，张某某隐瞒易某已经偿还借款 100 余万元的事实，以易某拖欠其借款共计 182.5 万元不还为由，向该市人民法院提起民事诉讼。该市人民法院经开庭审理后，在法庭主持下，易某与张某某达成调解协议，由易某支付张某某欠款 182.5 万元，该市人民法院据此作出民事调解书。张某某以该民事调解书为执行依据，申请参与分配被执行人易某的财产。债权人郭某某报案后，公安机关将张某某抓获。

【处理结果】

人民法院依法以虚假诉讼罪判处张某某有期徒刑一年，并处罚金人民币 1 万元。

【案例分析】

根据《最高人民法院、最高人民检察院关于办理虚假诉讼刑事案件适用法律若干问题的解释》第一条的规定，采取伪造证据、虚假陈述等手段，捏造民事法律关系，虚构民事纠纷，向人民法院提起民事诉讼的，应当认定为刑法第三百零七条之一第一款规定的"以捏造的事实提起民事诉讼"；向人民法院申请执行基于捏造的事实作出的仲裁裁决、公证债权文书，或者在民事

执行过程中以捏造的事实对执行标的提出异议、申请参与执行财产分配的，属于"以捏造的事实提起民事诉讼"。实施上述行为，达到《刑法》和司法解释规定的定罪标准的，应当以虚假诉讼罪定罪处罚。上述司法解释第二条第三项规定，以捏造的事实提起民事诉讼，致使人民法院基于捏造的事实作出裁判文书、制作财产分配方案，或者立案执行基于捏造的事实作出的仲裁裁决、公证债权文书的，应当认定为刑法第三百零七条之一第一款规定的"妨害司法秩序或者严重侵害他人合法权益"。

本案中，张某某先后多次向易某出借款项，共计200余万元。二人之间实际上形成了数个债权债务关系。后易某向张某某偿还借款100余万元，二人之间的一部分债权债务关系已经消灭。在易某名下财产面临人民法院强制执行的情况下，张某某与易某恶意串通，隐瞒一部分债权债务关系已因债务人易某的清偿行为而消灭的事实，以该部分债权债务关系仍然存在为由提起民事诉讼，致使人民法院基于捏造的事实作出民事调解书，并以骗取的民事调解书为执行依据，申请参与分配易某的财产，符合《刑法》和司法解释规定的虚假诉讼罪的行为特征和定罪条件。故人民法院依法以虚假诉讼罪判处张某某有期徒刑，并处罚金。

【典型意义】

通过虚假诉讼方式干扰人民法院正常执行活动、为自己或者帮助他人逃避人民法院生效裁判文书确定的执行义务的行为严重妨害司法秩序，侵害其他债权人的合法权益，社会危害严重。此类行为往往以债权人和债务人恶意串通的形式出现，且多数在民事诉讼过程中自行达成调解协议，隐蔽性强，甄别难度大。司法机关要加大审查力度，提高甄别能力，重视对被害人报案和控告、群众举报等线索来源的调查审查工作，及时发现虚假诉讼犯罪，依法从严惩处。

依法严厉打击"套路贷"虚假诉讼违法犯罪

《人民法院整治虚假诉讼典型案例》案例 8

2021 年 11 月 9 日

【基本案情】

2013 年 9 月至 2018 年 9 月,被告人林某某通过其实际控制的两个公司,以吸收股东、招收业务人员等方式发展组织成员并大肆实施"套路贷"违法犯罪活动,逐步形成了以林某某为核心的层级明确、人数众多的黑社会性质组织。林某某主导确定实施"套路贷"的具体模式,策划、指挥全部违法犯罪活动,其他成员负责参与"套路贷"的不同环节、实施具体违法犯罪活动、负责以暴力和"软暴力"手段非法占有被害人财物,并长期雇用某律师为该组织规避法律风险提供帮助。该黑社会性质组织及成员实施"套路贷"违法犯罪过程中,以办理房屋抵押贷款为名,诱使、欺骗多名被害人办理赋予借款合同强制执行效力、售房委托、抵押解押的委托公证,并恶意制造违约事实,利用公证书将被害人名下房产过户到该黑社会性质组织或组织成员名下,之后再纠集、指使暴力清房团伙,采用暴力、威胁及其他"软暴力"手段任意占用被害人房产,通过向第三人抵押、出售或者与长期雇用的律师串通、合谋虚假诉讼等方式,将被害人房产处置变现以牟取非法利益,并将违法所得用于该黑社会性质组织的发展壮大、组织成员分红和提成。该黑社会性质组织通过采取上述方式,有组织地实施诈骗、寻衅滋事、敲诈勒索、虚假诉讼等一系列违法犯罪活动,攫取巨额非法经济利益,并利用获得的非法收入为该组织及成员提供经济支持。该黑社会性质组织在长达 5 年内长期实施上述"套路贷"违法犯罪活动,涉及多个市辖区、70 余名被害人及家庭,造成被害人经济损失高达上亿元,且犯罪对象为老年群体,致使部分老年被害人流离失所、无家可归,严重影响社会稳定。其中,2017 年 4 月至 2018 年 6 月间,林某某为将诈骗所得的房产处置变现,与他人恶意串通,故意捏造抵押借款合同和债务人违约事实,以虚假的债权债务关系向人民法院提起民事诉讼,欺骗人民法院开庭审理并作出民事裁判文书。

【处理结果】

人民法院依法对林某某以组织、领导黑社会性质组织罪判处有期徒刑十年,剥夺政治权利二年,并处没收个人全部财产;以诈骗罪判处无期徒刑,剥夺政治权利终身,并处没收个人全部财产;以敲诈勒索罪判处有期徒刑十一年,并处罚金人民币 22 万元;以寻衅滋事罪判处有期徒刑九年,剥夺政治权利一年,并处罚金人民币 18 万元;以虚假诉讼罪判处有期徒刑六年,并处罚金人民币 12 万元,决定执行无期徒刑,剥夺政治权利终身,并处没收个人全部财产。

【案例分析】

根据《最高人民法院、最高人民检察院、公安部、司法部关于办理"套路贷"刑事案件若干问题的意见》的规定,"套路贷",是对以非法占有为目的,假借民间借贷之名,诱使或迫使被害人签订"借贷"或变相"借贷""抵押""担保"等相关协议,通过虚增借贷金额、恶意制造违约、肆意认定违约、毁匿还款证据等方式形成虚假债权债务,并借助诉讼、仲裁、公证或者采用暴力、威胁以及其他手段非法占有被害人财物的相关违法犯罪活动的概括性称谓;对于在实施"套路贷"过程中多种手段并用,构成诈骗、敲诈勒索、非法拘禁、虚假诉讼、寻衅滋事、强迫交易、抢劫、绑架等多种犯罪的,应当根据具体案件事实,区分不同情况,依照《刑法》及有关司法解释的规定数罪并罚或者择一重处;三人以上为实施"套路贷"而组成的较为固定的犯罪组织,应当认定为犯罪集团,对首要分子应按照集团所犯全部罪行处罚;符合黑恶势力认定标准的,应当按照黑社会性质组织、恶势力或者恶势力犯罪集团侦查、起诉、审判。

本案中,林某某纠集、指挥多人实施"套路贷"违法犯罪,行为符合《刑法》规定的组织、领导黑社会性质组织罪的构成要件;在实施"套路贷"过程中诈骗、敲诈勒索、寻衅滋事、虚假诉讼等多种手段并用,行为还构成诈骗罪、敲诈勒索罪、寻衅滋事罪、虚假诉讼罪等多种犯罪,故人民法院对林某某依法予以数罪并罚。

【典型意义】

"套路贷"违法犯罪严重侵害人民群众合法权益,影响社会大局稳定,且往往与黑恶势力犯罪交织在一起,社会危害极大。司法机关必须始终保持对"套路贷"的高压严打态势,及时甄别、依法严厉打击"套路贷"中的虚假诉讼、诈骗、敲诈勒索、寻衅滋事等违法犯罪行为,依法严惩犯罪人,切实保护被害人合法权益,满足人民群众对公平正义的心理期待。

法院工作人员利用职权与他人共同实施
虚假诉讼犯罪的,从重处罚

《人民法院整治虚假诉讼典型案例》案例 9

2021 年 11 月 9 日

【基本案情】

2010 年 4 月,基层法律服务工作者杨某某在协助房屋中介办理某市经济适用房买卖过户过程中,为规避经济适用房 5 年内不准上市交易的政策规定,找到时任某县人民法院副院长的被告人魏某,二人预谋以虚构民间借贷纠纷诉讼的方式规避政策规定,商定由买卖双方签订虚假民间借贷合同,并在合同中约定纠纷由该县人民法院管辖,在起诉状中编造当事人住址在该县的虚假内容,以该县人民法院名义出具以房抵债民事调解书,然后由杨某某带领房屋买卖双方持民事调解书办理经济适用房交易过户手续。2010 年 4 月至 2013 年 3 月,魏某利用职务之便,伙同杨某某共同实施虚假诉讼行为,先后出具多份虚假的以房抵债民事调解书,导致多套经济适用房被违规低价过户,造成重大损失。魏某还利用职务上的便利非法收受他人财物,案发后已退缴全部赃款赃物。

【处理结果】

人民法院依法对魏某以滥用职权罪判处有期徒刑六年;以受贿罪判处有期徒刑十一年,并处没收个人财产人民币 5 万元,决定执行有期徒刑十五年,并处没收个人财产人民币 5 万元。

【案例分析】

《刑法》第三百零七条之一第四款规定,司法工作人员利用职权,与他人共同实施前三款行为（虚假诉讼犯罪行为）的，从重处罚；同时构成其他犯罪的，依照处罚较重的规定定罪从重处罚。根据《最高人民法院、最高人民检察院关于办理虚假诉讼刑事案件适用法律若干问题的解释》第五条的规定，司法工作人员利用职权，与他人共同实施虚假诉讼犯罪行为的，从重处罚；同时构成滥用职权罪，民事枉法裁判罪，执行判决、裁定滥用职权罪等犯罪的，依照处罚较重的规定定罪从重处罚。

本案中，魏某实施虚假诉讼行为时，《刑法修正案（九）》尚未在《刑法》中增设虚假诉讼罪，但人民法院对法院工作人员利用职权与他人共同实施虚假诉讼犯罪行为依法予以严惩的态度和决心一以贯之。故人民法院依法以滥用职权罪从重判处魏某有期徒刑六年，与所犯受贿罪数罪并罚，决定执行有期徒刑十五年，并处没收个人部分财产。

【典型意义】

法律是维护社会秩序、保护人民群众合法权益的公器，不是可用于谋取违法利益的工具。法院工作人员应当带头遵守法律，捍卫法律尊严。法院工作人员利用职权，与他人共同实施虚假诉讼犯罪行为，严重影响司法公正和司法权威，与其他虚假诉讼犯罪行为相比，影响更恶劣，危害更严重，必须从严追究刑事责任。人民法院始终坚持刀刃向内，坚决清除害群之马，对法院工作人员利用职权参与虚假诉讼违法犯罪的行为予以严厉打击，依法从严从重追究法律责任，该判处重刑的坚决判处重刑，切实维护司法公正和司法权威，有效遏制了此类违法犯罪行为，维护了社会公平正义。

律师多次为当事人出谋划策，共同伪造证据进行虚假诉讼并在民事诉讼中担任代理人的，构成虚假诉讼共同犯罪

《人民法院整治虚假诉讼典型案例》案例 10

2021 年 11 月 9 日

【基本案情】

被告人杜某系某律师事务所律师。2017 年至 2019 年间，杜某与多人通谋，先后 4 次共同采取伪造证据、虚假陈述等手段，捏造民事法律关系，虚

构民事纠纷,并担任诉讼代理人向人民法院提起民事诉讼,致使人民法院基于捏造的事实先后作出 4 份民事调解书并进行强制执行。杜某通过实施上述行为,意图帮助他人规避住房限售、限购政策,实现违规办理房产过户手续等非法目的,自己牟取非法经济利益。2020 年 5 月 13 日,公安机关在杜某执业的律师事务所内将其抓获。案件审理过程中,杜某自愿退缴违法所得 12.5 万元。

【处理结果】

人民法院依法以虚假诉讼罪判处杜某有期徒刑一年三个月,并处罚金人民币 3 万元。

【案例分析】

根据《最高人民法院、最高人民检察院关于办理虚假诉讼刑事案件适用法律若干问题的解释》第二条第三项的规定,以捏造的事实提起民事诉讼,致使人民法院基于捏造的事实作出裁判文书、制作财产分配方案,或者立案执行基于捏造的事实作出的仲裁裁决、公证债权文书的,应当认定为《刑法》第三百零七条之一第一款规定的"妨害司法秩序或者严重侵害他人合法权益"。上述司法解释第六条规定,诉讼代理人、证人、鉴定人等诉讼参与人与他人通谋,代理提起虚假民事诉讼、故意作虚假证言或者出具虚假鉴定意见,共同实施《刑法》第三百零七条之一前三款行为(虚假诉讼犯罪行为)的,依照共同犯罪的规定定罪处罚。

本案中,杜某系执业律师,与他人通谋,捏造民事法律关系,虚构民事纠纷,并担任诉讼代理人向人民法院提起民事诉讼,欺骗人民法院作出裁判文书以获取非法利益。杜某实施虚假诉讼行为,致使人民法院基于捏造的事实作出民事调解书,已经达到《刑法》和司法解释规定的虚假诉讼罪的定罪条件。故人民法院依法以虚假诉讼罪判处杜某有期徒刑,并处罚金。

【典型意义】

《律师法》规定,律师应当维护当事人合法权益,维护法律正确实施,维护社会公平和正义;律师执业必须遵守宪法和法律,恪守律师职业道德和执业纪律;律师执业必须以事实为根据,以法律为准绳。律师作为从事法律服务工作的专业人员，具有娴熟的法律专业知识，熟悉相关法律规定和民事诉讼程序，应当严格遵守法律。律师利用自己的法律专业知识故意制造和参与虚假诉讼，将导致虚假诉讼违法犯罪更加难以甄别，造成更加严重的社会危害。本案的判决结果，有力震慑了虚假诉讼违法犯罪，警醒律师、基层法律服务工作者等法律从业人员要依法执业，严格依照法律规定开展法律咨询、诉讼代理等业务活动，不能知法犯法、玩弄司法。

周某某等虚假诉讼案
——通过虚假诉讼转移财产逃避履行债务

《依法惩治通过虚假诉讼逃废债典型刑事案例》案例1

2023年12月27日

【基本案情】

被告人周某某和邓某某系夫妻关系，二人因欠下高额债务，经济状况恶化，于2015年3月12日与邓某某的亲属周某甲（被告人）签订虚假借款协议，捏造周某某和邓某某向周某甲借款220万元的事实。同年3月16日和17日，周某某将筹集到的资金220万元通过亲属银行账户转入周某甲的银行账户，再由周某甲的银行账户转回到周某某的银行账户，制造周某甲向周某某交付220万元的资金流水记录。周某某和邓某某后又于3月16日将二人名下的两套房产抵押给周某甲。

2018年，债权人余某某提起民事诉讼，要求周某某、邓某某偿还借款300万元及相应利息，法院作出民事判决，由周某某、邓某某限期偿还余某某借款及利息共计约580万元，周某某、邓某某遂唆使周某甲以此前捏造的借款协议等材料为依据，于2019年1月8日向某区人民法院提起民事诉讼，并出资为周某甲聘请律师担任诉讼代理人参加诉讼。某区人民法院基于三人捏造的债权债务关系，先后出具民事调解书和多份执行法律文书。其后，周某某、邓某某将之前抵押给周某甲的二人名下两套房产抵偿给周某甲，并伙同周某甲以358万元的价格将房产出售给他人，导致余某某等债权人的债权无法实现。

【裁判结果】

一审法院审理认为，被告人周某某、邓某某与被告人周某甲恶意串通，捏造债权债务关系，向人民法院提起民事诉讼，妨害司法秩序，严重侵害他人合法权益，情节严重，行为均已构成虚假诉讼罪，且系共同犯罪。周某某、邓某某起主要作用，系主犯；周某甲在周某某、邓某某安排下配合二人提起虚假诉讼，起辅助作用，系从犯，依法应当从轻、减轻处罚。三被告人归案后如实供述犯罪事实，系坦白，且自愿认罪认罚，依法可以从轻、减轻处罚。本案赃款在案发后得以追回，且案件审理过程中债权人余某某出具谅解书，表示对被告人的行为予以谅解，对各被告人可以酌情从轻处罚。据此，以虚假诉讼罪判处被告人周某某有期徒刑三年六个月，并处罚金人民币4万元；判处被告人邓某某有期徒刑三年，并处罚金人民币4万元；判处被告人周某甲有期徒刑二年，缓刑四年，并处罚金人民币3万元。一审宣判后无抗诉、上诉，判决已发生法律效力。

【典型意义】

本案被告人恶意串通，实施虚假诉讼行为转移财产，以达到逃避履行债务的非法目的，直接侵害债权人合法权益，且极大干扰司法秩序，严重背离社会主义核心价值观。人民法院对各虚假诉讼被告人依法判处刑罚，彰显了从严打击虚假诉讼、依法维护司法秩序和司法公信力的鲜明态度及坚定决心，有利于引导社会公众守住法律和道德底线，共同构建诚信社会。

刘某某、杨某某虚假诉讼案
——通过虚假诉讼阻碍执行被查封财产

《依法惩治通过虚假诉讼逃废债典型刑事案例》案例2

2023年12月27日

【基本案情】

被告人刘某某系某房地产开发公司法定代表人，负责公司日常经营管理。2013年，某房地产开发公司开发某楼盘期间，因资金紧张，刘某某向刘某甲借款 600 万元并约定了借款利息，由某房地产开发公司提供担保。后刘某某到期无力偿还刘某甲的债务，刘某甲于 2016 年向某区人民法院起诉刘某某及某房地产开发公司承担还款责任，并申请保全某房地产开发公司开发的某楼盘房产，某区人民法院根据刘某甲的申请，依法查封某楼盘房产 27 套。2016 年 11 月 29 日，某区人民法院作出民事判决，由刘某某偿还刘某甲借款 600 万元及相应利息，某房地产开发公司承担连带责任，刘某甲于 2017 年 7 月 5 日向某区人民法院申请强制执行。刘某某为逃避执行被查封的房产，与公司法律顾问杨某某（被告人）预谋，以杨某某、杨某某的妻子梁某某、哥哥杨某甲以及杨某某的朋友韦某某、孙某和喜某的名义，伪造上述 6 人与某房地产开发公司签订的商品房买卖合同、商品房销售协议书、购房款收据、抵押协议等 6 套虚假购房手续，并伪造了电费票据、取暖费票据、入住证明等材料，虚构上述人员购买某楼盘商品房并已办理房屋入住的事实，以捏造的商品房买卖合同关系和已办理房屋入住事实向某区人民法院提出执行异议，致使某区人民法院基于捏造的事实先后作出 6 份民事裁定，中止对涉案 6 套房产的执行。刘某甲不服裁定，向某区人民法院提起民事诉讼，请求准许执行涉案 6 套房产，某区人民法院判决驳回刘某甲的诉讼请求，刘某甲提出上诉，二审法院以原审判决认定基本事实不清为由发回重审。发回重审后，某区人民法院先后作出民事判决和裁定，准许执行涉案部分房产。刘某某、杨某某的上述行为致使刘某甲的债权无法实现。经估价，涉案 6 套房产总价为 162.79 万元。

【裁判结果】

一审法院审理认为，被告人刘某某、杨某某在民事执行过程中以捏造的事实对执行标的提出异议，妨害司法秩序，严重侵害他人合法权益，情节严重，行为均已构成虚假诉讼罪，且系共同犯罪。刘某某、杨某某有坦白情节，认罪认罚，依法可以从宽处罚。据此，以虚假诉讼罪判处被告人刘某某有期徒刑三年二个月，并处罚金人民币 3 万元；判处被告人杨某某有期徒刑三年，并处罚金人民币 3 万元。一审宣判后无抗诉、上诉，判决已发生法律效力。

【典型意义】

民事执行是实现司法裁判等确定的民事权益的法定程序。民事执行中的执行异议和执行异议之诉是虚假诉讼相对多发的领域。实践中，在被执行人与提出执行异议或者执行异议之诉的案外人存在亲属关系或者其他利害关系的情况下，人民法院要依法加大审查力度，综合考虑案件情况，审查判断是否存在虚假诉讼行为，充分利用民事强制措施、移送公安机关立案等手段，有效惩治虚假诉讼违法犯罪行为。

胡某某、陶某某虚假诉讼案
——以捏造的事实提出执行异议和执行异议之诉

《依法惩治通过虚假诉讼逃废债典型刑事案例》案例 3
2023 年 12 月 27 日

【基本案情】

被告人胡某某与他人存在民间借贷纠纷，某县人民法院一审和某市中级人民法院二审均判决胡某某败诉，案件进入执行程序。某县人民法院执行局依法对胡某某所有的宾馆和健身房一、二层房产以及一辆越野车组织进行拍卖。胡某某为防止名下房产被拍卖，逃避履行债务，于 2017 年初与妹夫陶某某（被告人）经预谋后签订一份虚假的房屋租赁合同，约定胡某某以 60 万元的价格将其名下宾馆和健身房的使用权出租给陶某某，出租期限 14 年，合同签订日期确定为 2016 年 6 月 15 日（一审法院作出民事判决前），并指使他人伪造了租赁交割物资清单、租金收条等证据材料，意图干扰某县人民法院强制执行其名下房产。2017 年 6 月 15 日，胡某某指使陶某某依据二人签订的虚假房屋租赁合同向某县人民法院提出执行异议，某县人民法院同年 6 月 29 日以案外人未实际占有涉案房产为由裁定驳回执行异议。同年 8 月 1 日，陶某某向某县人民法院提起执行异议之诉，某县人民法院裁定中止对涉案执行标的的处分，导致胡某某名下房产长时间未进入拍卖程序。

【裁判结果】

一审法院审理认为，被告人胡某某、陶某某共同故意以捏造的事实提起民事诉讼，妨害司法秩序，二人行为均构成虚假诉讼罪。二被告人构成共同犯罪，地位、作用相当，不区分主从犯；到案后均如实供述犯罪事实，依法可以从轻处罚；均系初犯，悔罪态度较好，且陶某某主观恶性较小。据此，以虚假诉讼罪分别判处被告人胡某某和被告人陶某某有期徒刑六个月，分别并处罚金人民币5000元和人民币2000元，并对陶某某宣告缓刑。一审宣判后无抗诉、上诉，判决已发生法律效力。

【典型意义】

根据《刑法》第三百零七条之一第一款的规定，以捏造的事实提起民事诉讼，妨害司法秩序或者严重侵害他人合法权益的，构成虚假诉讼罪；根据《最高人民法院、最高人民检察院、公安部、司法部关于进一步加强虚假诉讼犯罪惩治工作的意见》的规定，案外人在民事执行过程中对执行标的提出异议的，应当认定为《刑法》第三百零七条之一第一款规定的"以捏造的事实提起民事诉讼"。据此，案外人在民事执行过程中以捏造的事实提出执行异议或者执行异议之诉，均属于虚假诉讼行为。通过虚假诉讼方式干扰人民法院正常执行活动、为自己或者帮助他人逃避人民法院生效裁判文书确定的执行义务的行为，严重妨害司法秩序，侵害其他债权人合法权益，社会危害严重。此类行为往往以双方恶意串通的形式出现，隐蔽性强，甄别难度大。人民法院要加大审查力度，提高甄别判断能力，重视对被害人报案和控告、群众举报等线索来源的审查，及时发现虚假诉讼违法犯罪并依法惩处。

周某某虚假诉讼案
——虚构职工工资提起虚假诉讼逃避履行债务

《依法惩治通过虚假诉讼逃废债典型刑事案例》案例4

2023年12月27日

【基本案情】

被告人周某某系某电子科技公司实际控制人和经营人。2019年4月至5月，某电子科技公司获得拆迁补偿款223.7万元，公司股东郑某某与该公司存在合同纠纷，于同年5月向某区人民法院提起民事诉讼，某区人民法院判决某电子科技公司返还郑某投资款100万元，并根据郑某的申请冻结了该公司银行账户内资金100万元。

2019年9月，周某某为捏造某电子科技公司职工工资优先受偿权、达到转移公司银行账户内被冻结资金的目的，找到周某甲、晏某某、陈某某、李某某（均另案处理），指使周某甲、陈某某、李某某在其伪造的涉及职工工资款项的相关材料上签名，并指使晏某某在某电子科技公司的授权委托书上签名，充当公司的诉讼代理人。其后，周某某、周某甲、陈某某、李某某持上述伪造的材料向某区劳动人事争议仲裁委员申请仲裁。仲裁过程中，双方进行虚假的劳动仲裁调解，致使某区劳动人事争议仲裁委员会于同年10月25日作出仲裁调解书。周某某又指使周某甲、陈某某、李某某向某区人民法院申请执行上述仲裁调解书。后股东郑某向检察机关申请检察监督，检察机关发出检察建议，某区劳动人事争议仲裁委员会于2020年1月21日作出仲裁决定，撤销上述仲裁调解书。2020年4月1日，某区人民法院作出罚款决定书，对周某某、周某甲、晏某某、陈某某、李某某予以罚款。

【裁判结果】

一审法院审理认为，被告人周某某伙同他人以捏造的事实提起民事诉讼，妨害司法秩序，严重侵害他人合法权益，其行为已构成虚假诉讼罪。周某某自愿认罪认罚，依法可以从宽处罚；案发后取得了被害人郑某的谅解，可以从宽处罚。据此，以虚假诉讼罪判处被告人周某某有期徒刑一年，缓刑二年，并处罚金人民币1万元。一审宣判后无抗诉、上诉，判决已发生法律效力。

【典型意义】

本案属于劳动争议案件中运用虚假诉讼手段逃废债的典型情形。实践中，少数企业控制人、股东为逃避履行债务，与他人恶意串通，捏造劳动合同关系，以虚构的劳动者名义起诉企业要求支付工资劳动报酬，以达到转移企业资产、逃避履行债务的目的，应依法承担相应法律责任。根据《最高人民法院、最高人民检察院、公安部、司法部关于进一步加强虚假诉讼犯罪惩治工作的意见》的规定，民事诉讼当事人、其他诉讼参与人实施虚假诉讼，人民法院向公安机关移送案件有关材料前，可以依照民事诉讼法的规定先行予以罚款、拘留；对虚假诉讼刑事案件被告人判处罚金、有期徒刑或者拘役的，人民法院已经依照民事诉讼法的规定给予的罚款、拘留，应当依法折抵相应罚金或者刑期。本案中，审理民事诉讼案件的人民法院发现民事诉讼当事人有虚假诉讼行为后,在公安机关对虚假诉讼刑事案件立案侦查的同时,先行依照民事诉讼法的规定对虚假诉讼当事人处以罚款,有利于充分利用民事、刑事等多种手段,及时有效惩治虚假诉讼违法犯罪行为。

郑某等虚假诉讼案
——利用虚假诉讼申报虚假破产债权

《依法惩治通过虚假诉讼逃废债典型刑事案例》案例 5
2023 年 12 月 27 日

【基本案情】

2019 年 3 月,被告人郑某与被告人陈某某、丁某预谋,捏造郑某向陈某某借款 210 万元,并由陈某某实际控制的某服饰公司承担连带责任的虚假事实,由丁某提供面额为 210 万元的虚假承兑汇票作为证明材料,并由陈某某作为原告以上述捏造的事实向法院提起民事诉讼,以达到以法院民事裁判为依据,在某服饰公司司法拍卖过程中申请参与财产分配,获得一部分执行款的目的。同年 3 月 18 日,陈某某以其与郑某、某服饰公司存在民间借贷纠纷为由,向某市人民法院提起民事诉讼,某市人民法院于同年 5 月 30 日作出民事判决,判决郑某偿还陈某某借款 210 万元及相应利息,某服饰公司承担连带清偿责任。民事判决生效后,陈某某向某市人民法院申请执行,因某服饰公司进入破产程序,陈某某于 2020 年 10 月 19 日向破产管理人申报债权,后在被发觉后主动撤回了申报。公安机关立案侦查后,郑某、陈某某、丁某经公安机关电话通知后,相继自行到公安机关投案。

【裁判结果】

一审法院审理认为,被告人郑某、陈某某、丁某经预谋,以捏造的事实提起民事诉讼,妨害司法秩序,行为均已构成虚假诉讼罪。在共同犯罪中,郑某、陈某某、丁某均起主要作用,均系主犯,应当按照所参与的全部犯罪处罚。三人均自动投案并如实供述自己罪行,依法构成自首,可以从轻处罚;承认指控犯罪事实,愿意接受处罚,可以从宽处理。据此,以虚假诉讼罪判处被告人郑某有期徒刑七个月,缓刑一年,并处罚金人民币 1 万元;判处被告人陈某某有期徒刑七个月，缓刑一年，并处罚金人民币 8000 元；判处被告人丁某有期徒刑六个月，缓刑一年，并处罚金人民币 5000 元。一审宣判后无抗诉、上诉，判决已发生法律效力。

【典型意义】

根据《最高人民法院、最高人民检察院、公安部、司法部关于进一步加强虚假诉讼犯罪惩治工作的意见》的规定，在破产案件审理过程中申报债权的，应当认定为《刑法》第三百零七条之一第一款规定的"以捏造的事实提起民事诉讼"。行为人故意捏造债权债务关系提起民事诉讼，并以法院基于捏造的事实作出的生效法律文书为依据，在企业破产程序中申报虚假债权，意图达到多分配企业财产或者非法转移企业财产、逃避履行债务的目的，属于典型的虚假诉讼行为。一审法院经审理认定各被告人的行为均构成虚假诉讼罪，同时考虑到各被告人均有自首情节，被告人陈某某主动撤回申报虚假债权，对被告人依法宣告缓刑，贯彻体现了宽严相济刑事政策要求，有利于鼓励犯罪分子及时改过自新，避免造成更加严重的危害后果。人民法院要及时甄别、发现、惩处此类虚假诉讼违法犯罪行为，依法追究行为人法律责任，切实维护司法公正和司法权威。

周某某拒不执行判决、裁定案

《最高人民法院公布九起反规避执行典型案例》第 6 号

2011 年 7 月 5 日

【案情摘要】

2007 年 7 月 20 日，被告人周某某驾驶车牌号为京 HQ47×× 的吉利牌小客车在北京市海淀区太舟坞东路砖瓦厂路口发生交通事故，将行人孙某某撞伤。经交通管理部门认定，周某某负事故全部责任。后孙某某将周某某诉至北京市海淀区人民法院。北京市海淀区人民法院于 2008 年 6 月 18 日判令周某某赔偿孙某某人民币 43398.26 元。

上述判决生效期间，周某某从安某财产保险股份有限公司领取事故赔偿款人民币 62872.3 元，但并未履行对孙某某的赔偿义务，而是挪作他用。其在得知孙某某申请执行后,又将其所有的吉利牌小客车过户到他人名下。2008年8月15日,周某某被传唤至北京市海淀区人民法院后,如实交代了其为逃避执行而转移财产的行为。

北京市海淀区人民法院经开庭审理后认为,被告人周某某在对人民法院的判决有执行能力的情况下,采取转移财产的方式拒不执行,情节严重,其行为已构成拒不执行判决、裁定罪。鉴于周某某经电话传唤后主动到案,如实供述了其罪行,属于自首;同时结合其认罪态度较好,受到刑事追究后履行了民事判决确定的赔偿义务,对其可从轻处罚。据此,以拒不执行判决、裁定罪判处被告人周某某有期徒刑八个月。

【典型意义】

周某某发生交通事故后,在保险公司领取了专门用于赔付因交通事故造成的第三者经济损失的保险理赔款,未支付给受害人,而是挪作他用,且将车辆过户到案外人名下,造成生效判决无法执行,其拒不执行判决的行为受到了刑罚制裁。该案件的处理,对于当前在交通事故损害赔偿案件中,义务人存在的挪用机动车辆保险赔偿款以及转移、隐匿机动车辆等规避执行行为起到了较好的教育和示范效应,具有一定的典型意义。

李某某拒不执行判决、裁定案

《最高人民法院公布九起反规避执行典型案例》第7号
2011年7月5日

【案情摘要】

2007年4月20日,新疆维吾尔自治区博尔塔拉蒙古自治州中级人民法院对原告新疆某国际贸易有限公司与被告新疆某天然物产有限公司、李某某买卖合同纠纷、代理合同纠纷两案依法作出判决,共判令新疆某天然物产有限公司偿还新疆某国际贸易有限公司货款及利息等900余万元,李某某个人承担连带清偿责任。判决生效进入执行程序后,博尔塔拉蒙古自治州中级人民法院依法向李某某送达了执行通知书。李某某不但不履行义务,反而将博尔塔拉蒙古自治州中级人民法院于2007年4月11日裁定扣押的新A-926××

号江淮客车、新 AC-33×× 号富康车以及 2007 年 8 月 24 日扣押的新 A677××号桑塔纳轿车转移、隐藏至浙江省杭州市等地，其本人也藏匿于杭州市等地，并停止使用原来的手机号码，致使判决无法执行。

博乐市人民法院经开庭审理后认为，被告人李某某无视法院生效判决，有能力履行但拒不执行判决所确定的给付义务，采取转移、隐匿法院扣押的财产和停用手机号码并躲藏到外地的方式，逃避法院强制执行，情节严重，其行为已构成拒不执行判决、裁定罪，据此依法判处其有期徒刑二年六个月。宣判后，李某某提出上诉。博尔塔拉蒙古自治州中级人民法院审理后认为，原审判决认定事实清楚，证据确实、充分，定性准确，适用法律正确，量刑适当，裁定驳回上诉，维持原判。

【典型意义】

被执行人李某某在执行过程中，隐藏、转移已被查封的财产，致使判决无法执行，依照最高人民法院司法解释规定，属于拒不执行人民法院判决、裁定的行为"情节严重"，依法应当以拒不执行判决、裁定罪追究刑事责任。本案的处理，对于依法打击实践中个别被执行人擅自隐藏、转移、变卖、毁损已被依法查封、扣押或者已被清点并责令其保管的财产等不法行为，具有一定的教育宣传作用。

陈某某、洪某某拒不执行判决、裁定案

《最高人民法院公布九起反规避执行典型案例》第 8 号

2011 年 7 月 5 日

【案情摘要】

2008 年 4 月 3 日，福建省建瓯市人民法院对原告建瓯市某塑料有限公司与被告深圳市某塑胶电木有限公司、陈某某、洪某某买卖合同纠纷一案依法作出判决，判令深圳市某塑胶电木有限公司向建瓯市某塑料有限公司支付货款人民币 509250 元及违约金，陈某某、洪某某个人对上述欠款承担保证责任。

该判决生效后，陈某某、洪某某夫妇于 2008 年 5 月 8 日将两人名下位于

深圳市宝安区松岗街道塘下涌社区一村新区三巷 18 号的房产以 220 万元的价格出售；同年 7 月，二人又将深圳市某塑胶电木有限公司的机器设备以 11.5 万元的价格出售。二人并未将获得的款项用于履行生效判决所确定的债务，而是将款项转至别处，致使法院判决无法执行。

案发后，二被告人与申请执行人建瓯市某塑料有限公司达成和解协议并于同年 6 月履行完毕。

建瓯市人民法院经开庭审理认为，被告人陈某某、洪某某在法院民事判决已发生法律效力的情况下，为逃避债务，故意将可执行财产予以变卖转移，造成法院判决无法执行，情节严重，其行为均已构成拒不执行判决、裁定罪。鉴于二人在案发后认罪态度好，全部履行了义务，洪某某还具有自首情节，可分别从轻处罚。据此，以拒不执行判决、裁定罪分别判处陈某某、洪某某有期徒刑二年，缓期三年执行和有期徒刑一年六个月，缓期二年执行。

【典型意义】

实践中，被执行人为逃避履行生效判决确定的义务，千方百计转移、隐匿财产，其中常见的手法是将名下房产予以变卖、处置，对这种行为必须予以严厉制裁。本案中，被执行人夫妇在判决生效后，出售房屋并转移售房所得款，很显然属于有能力执行而拒不执行，依法应当追究刑事责任。而且本案还从另一个角度说明，对于那些涉嫌构成拒不执行判决、裁定罪的被执行人，只要能认清形势，主动投案并积极履行义务，依照宽严相济的刑事政策，可以得到从轻处罚。

黄某某拒不执行判决、裁定案

——被执行人拒不履行生效调解书，将银行存款转移至案外人名下，
致使案件无法执行，被依法追究拒不执行判决、裁定刑事责任

《最高人民法院公布五起打击拒不执行涉民生案件典型案例》第 2 号
2015 年 2 月 15 日

执行法院：福建省大田县人民法院

执行案由：继承纠纷案

申请执行人：林某某

被执行人：黄某某

【案情摘要】

2014年3月25日，福建省大田县人民法院对原告林某某与被告黄某某继承纠纷一案依法作出（2014）大民初字第958号民事调解书，确定黄某某须于2014年4月2日前付清林某某继承余款19万元。调解书生效后，黄某某未如期履行义务，林某某向大田县人民法院申请强制执行。大田县人民法院受理执行申请后，依法向黄某某送达了执行通知书，并裁定冻结、扣划黄某某的银行存款或扣留、提取其相应价值的收入。大田县人民法院在作出裁定后，以当面谈话等方式责令黄某某履行调解书所确定的义务，但黄某某仍拒不履行。之后，大田县人民法院通过银行查询，查明黄某某曾在调解书生效后，将其账户中的存款130余万元转入案外人名下，且其无法说明转款事由，大田县人民法院遂以黄某某涉嫌构成拒不执行判决、裁定罪移送公安机关立案侦查。

案发后，黄某某于2014年11月28日主动向公安机关投案，并于次日与林某某达成执行和解，支付林某某执行款及利息共人民币23万元，林某某书面请求对黄某某从轻处理。大田县人民法院经开庭审理后认为，被告黄某某对人民法院依法作出的具有执行内容并发生法律效力的调解书有能力执行而拒不执行，情节严重，其行为已构成拒不执行判决、裁定罪。鉴于被告黄某某能主动投案，如实供述犯罪事实，属于自首，同时，其支付了全部执行款及利息，取得申请执行人的书面谅解，可从轻处罚。据此，大田县人民法院以拒不执行判决、裁定罪判处被告黄某某拘役六个月，缓刑六个月。

【典型意义】

经人民法院主持达成的调解协议具有与生效判决、裁定同等的效力，生效调解书也属于拒不执行判决、裁定罪中的"判决、裁定"范畴。本案被执行人黄某某在调解书生效后，将其130余万元银行存款转至案外人账户，致使生效调解书无法履行，已经构成了拒不执行判决、裁定罪。本案还从另一个角度说明，对那些涉嫌构成拒不执行判决、裁定罪的被执行人，如能主动投案并积极履行义务，依照宽严相济的刑事政策，可以得到从轻处罚。

曾某某涉嫌拒不执行判决、裁定案

——被执行人在判决生效后转移财产，拒不履行赔偿义务，
被以涉嫌拒不执行判决、裁定罪移送立案侦查

《最高人民法院公布五起打击拒不执行涉民生案件典型案例》第4号
2015年2月15日

执行法院：广西壮族自治区富川瑶族自治县人民法院

执行案由：交通肇事损害赔偿纠纷

申请执行人：何某某

被执行人：高某某、曾某某

【案情摘要】

2014年3月22日，曾某某雇请司机高某某驾驶轻型厢式货车在广西富川瑶族自治县石家乡公路上行驶，与行人何某（系申请执行人何某某之子、滕某之继子）发生碰撞，造成何某当场死亡。富川瑶族自治县公安局交通管理大队经调查后，认定司机高某某承担主要责任，何某承担次要责任。2014年6月9日，富川瑶族自治县人民法院判决高某某、曾某某互负连带责任，赔偿何某某、滕某因何某死亡造成的死亡赔偿金、丧葬费、精神抚慰金等共计349695.14元。

判决生效后，申请执行人何某某、滕某于2014年7月24日向富川县人民法院申请强制执行，该院受理后于7月30日向高某某、曾某某发出执行通知书，但二被执行人未主动履行义务。经执行法院查明，被执行人曾某某于2014年6月25日将自己名下的一辆小型普通客车和一辆货车转让给了他人，于2014年6月26日到工商行政部门注销了其在贺州市八步区经营的裕生食品批发部。经富川县人民法院多次调查，未发现另一被执行人高某某有可供执行的财产或线索。

由于被执行人曾某某在法院判决已发生法律效力的情况下，为逃避债务，将名下财产予以变卖、处置，造成法院判决无法执行，情节严重，其行为涉嫌构成拒不执行判决、裁定罪。2014年12月8日，富川县人民法院将曾某某

移送富川县公安局立案侦查；同年12月31日，曾某某被富川县人民检察院批准逮捕。2015年1月23日，双方当事人达成执行和解协议，由被执行人曾某某先行支付申请执行人15万元，余款分期给付履行。对曾某某的刑事追责程序仍在进行。

【典型意义】

实践中，被执行人为逃避履行生效判决确定的义务，千方百计转移、隐匿财产，其中常见的手法是将名下车辆、房产等予以变卖、处置。本案中，被执行人曾某某在判决生效后，故意将其名下的车辆予以变卖，将经营的个体户予以注销，显然属于有能力履行义务而拒不执行，已涉嫌构成拒不执行判决、裁定罪。其在羁押期间与申请执行人达成和解协议，可作为酌定量刑情节。本案旨在告诫被执行人不要抱有侥幸心理，要主动、自觉履行法院判决，如果转移、隐匿财产，将可能受到刑事处罚。

王某某涉嫌拒不执行判决、裁定案

——被执行人隐匿法院查封的财产，被两次司法拘留后仍抗拒执行，被以涉嫌构成拒不执行判决、裁定罪移送追责

《最高人民法院公布五起打击拒不执行涉民生案件典型案例》第5号
2015年2月15日

执行法院：甘肃省山丹县人民法院
执行案由：交通肇事损害赔偿纠纷
申请执行人：赵某
被执行人：王某某

【案情摘要】

2013年9月13日傍晚，被执行人王某某的雇用人员任某某驾驶王某某名下车牌号为甘GF20××的轻型自卸货车，行驶至甘肃省山丹县霍城镇王庄村路段时，与申请执行人赵某之妻杜某某驾驶的三轮摩托车发生刮擦，致杜某某受伤，经抢救无效死亡。在处理事故中双方达成赔偿协议，由王某某支付

申请执行人赵某包括死亡赔偿金、丧葬费、被抚养人生活费等各项费用共计266000元，扣除已支付的2万元及达成协议当日支付的106000元外，剩余14万元于2013年12月31日前全部付清，如不按协议履行，需另赔偿总额20%的违约金53200元。同年10月8日，经双方申请，甘肃省山丹县人民法院依法确认上述赔偿协议的效力。

因王某某未按照协议确定的期限履行，申请执行人赵某于2014年11月13日向山丹县人民法院申请强制执行。执行中，山丹县人民法院调查到被执行人王某某拥有车牌照分别为甘GF20××轻型自卸货车和甘GC66××小型普通客车各一辆，与其妻刘某某在该县陈户乡范营村市场经营一化妆品店和一手机、家电门市部，完全具备履行能力。执行人员找到王某某通知其主动履行法院生效裁判，但王某某拒不履行。2014年12月8日，山丹县人民法院对王某某采取了司法拘留措施，同时查封了王某某名下的甘GF20××轻型自卸货车及甘GC66××小型普通客车。拘留期限届满后，王某某仍然拒绝履行。山丹县人民法院责令王某某交出查封的车辆，但王某某拒绝交出。2015年1月15日，山丹县人民法院再次对其采取了司法拘留措施。拘留期间，执行法院向其告知拒不执行法院裁决的法律后果，要求其主动交出车辆配合执行，但王某某仍拒不配合。山丹县人民法院认为，被执行人王某某完全具备履行能力，在多次告知法律后果后，仍拒不履行生效裁判，其行为涉嫌构成拒不执行法院判决、裁定罪，遂将有关犯罪线索移送公安机关。公安机关立即立案侦查，及时对王某某采取了刑事拘留措施。王某某慑于法律的威严，于2015年2月3日交清全部执行款193200元，案件顺利得以执结。对王某某的刑事追责程序仍在进行中。

【典型意义】

被执行人王某某在完全具备履行能力的情况下，拒不执行法院生效裁判，拒绝交出法院查封的财产，执行法院对其两次司法拘留仍对抗执行，属于拒不执行人民法院判决、裁定的行为"情节严重"。本案通过严肃追究被执行人拒不执行人民法院判决、裁定犯罪行为，不仅促使法院生效裁判得以顺利执行，维护了当事人合法权益，而且有力震慑了犯罪，具有一定的教育宣传作用。

孙某某拒不执行判决、裁定案

——被执行人拒不履行判决确定的返还房屋义务，擅自将标的物拆毁，导致判决无法执行，被判处有期徒刑一年

《最高人民法院发布10起人民法院依法惩处拒执罪典型案例》第1号
2015年7月21日

【基本案情】

孙某甲早年迁居香港，1994年回乡探亲时出资27500元委托其侄子孙某某在安徽省霍邱县岔路镇开发区购地建房。孙某某接受委托后，在霍邱县岔路镇开发区购地建门面房两间、后小房两间及院落。房屋建成后，经孙某甲许可，由孙某某一家居住。其后，当孙某甲打算回乡养老居住时，孙某某拒绝将房屋交还，双方因产权问题发生争议。2007年8月，孙某甲为此向霍邱县人民法院提起诉讼。2011年11月，安徽省六安市中级人民法院终审判决孙某某将房屋及院落交付孙某甲。判决生效后，孙某某拒绝履行交付义务，孙某甲遂向霍邱县人民法院申请强制执行。执行立案后，霍邱县人民法院发出公告，责令孙某某在2012年6月30日前迁出房屋，但孙某某不仅不履行，还威胁执行人员，使得案件执行陷入僵局。2014年年初，孙某某竟擅自将房屋拆除，在原址上重新建房，导致执行标的物灭失，生效判决无法执行。

因孙某某的行为涉嫌构成拒不执行判决、裁定罪，执行法院将有关证据线索向公安机关移送。公安机关立案侦查后，将其抓获。2015年1月8日，霍邱县人民法院对孙某某被指控犯拒不执行判决、裁定罪一案依法作出判决，认为被告人孙某某对人民法院的判决、裁定有能力执行而拒不执行，故意将人民法院生效判决确定应交付他人的房屋拆除，致使执行标的物灭失，情节严重，其行为构成拒不执行判决、裁定罪。据此，对其依法以拒不执行判决、裁定罪判处有期徒刑一年。

【典型意义】

本案被执行人孙某某完全有能力执行生效判决，交付房产，但其不仅拒绝、阻碍执行，甚至将房屋拆除，另建新房，直接导致标的物灭失，生效判

决无法执行。孙某某的行为表明其抗拒执行的主观故意明显，情节严重，性质恶劣，社会危害性较大，依法应予惩戒。该判例警示所有被执行人要依法配合执行，任何人试图挑战司法权威和法律底线，都将受到法律制裁。

王某某拒不执行判决、裁定案

——被执行人与申请人协商后，将房产解封出售，但将所得款项挪作他用，导致判决无法执行，被判处有期徒刑一年

《最高人民法院发布10起人民法院依法惩处拒执罪典型案例》第2号

2015年7月21日

【基本案情】

2011年8月，浙江省舟山市普陀区人民法院对郭某某与王某某民间借贷纠纷一案作出民事判决，判令王某某归还郭某某借款500万元及相应利息。判决生效后，王某某仅归还50万元。郭某某遂向舟山市普陀区人民法院申请强制执行。执行立案后，执行法院查封了王某某与案外人黄某某共有的房产一套。2013年4月，王某某与申请执行人郭某某协商，王某某与黄某某承诺以该房产作为抵押向银行贷款200万元用于支付执行款。经郭某某同意后，执行法院将该房产予以解封。但在申请抵押贷款过程中，王某某因信用记录不良未能成功办理。2013年7月，在未获得法院及申请执行人同意的情况下，王某某擅自将该房产以350万元卖给他人，所得款项被用于归还个人其他债务及开支。因王某某名下无其他财产，致使生效判决无法执行。

执行法院将被执行人王某某规避执行、涉嫌犯罪的线索移送公安机关立案侦查后，王某某自动到公安机关投案，并作了如实供述。2015年3月13日，舟山市普陀区人民检察院指控王某某犯拒不执行判决、裁定罪，向普陀区人民法院提起公诉。案件审理期间，王某某向申请执行人偿还了20万元欠款。3月30日，舟山市普陀区人民法院经开庭审理后作出判决，认为被告人王某某对人民法院的判决有能力执行而拒不执行，情节严重，其行为已构成拒不执行判决、裁定罪。鉴于其犯罪后有自首情节，依法可从轻处罚；其部分履行了执行款，可酌情从轻处罚。据此，以犯拒不执行判决、裁定罪判处被告人王某某有期徒刑一年。

【典型意义】

本案中，被执行人王某某名下被法院查封的房产，系用于履行其与申请执行人郭某某借款纠纷执行案的财产。其请求法院解封后，将房屋出售所得款项本应用于履行生效判决确定的义务，但其将款项用于其他开支，导致判决无法执行，属于拒不执行判决、裁定的行为，情节严重，应追究相应的刑事责任。

郭某某拒不执行判决、裁定案
——被执行人有 200 余万元的收入，却拒不履行 21 万元的法定义务，进入刑事追责程序后全部履行到位，被判处有期徒刑九个月

《最高人民法院发布 10 起人民法院依法惩处拒执罪典型案例》第 3 号

2015 年 7 月 21 日

【基本案情】

2012 年 5 月 15 日，河南省宁陵县人民法院对刘某某诉郭某某借款合同纠纷一案作出民事判决，判令郭某某归还刘某某 21 万元及利息。判决生效后，郭某某未履行义务，刘某某向宁陵县人民法院申请强制执行。宁陵县人民法院受理执行申请后，依法向郭某某送达了执行通知书及财产报告令，但在法院指定的期限内，郭某某拒不履行义务，也未报告财产状况。

执行法院在执行过程中查明，郭某某自 2013 年以来相继在河南省商丘市公交公司御景新境界、运河景苑、康城花园等工地承包建筑工程，获工程款共计 200 余万元，完全有能力履行生效判决确定的还款义务。后执行人员根据申请执行人提供的线索，在商丘市某咖啡馆内将郭某某司法拘留。拘留期间，执行人员反复做劝导工作，动员郭某某还款，但郭某某仍拒不履行。宁陵县人民法院遂以被执行人郭某某涉嫌构成拒不执行判决、裁定罪，将案件线索移交公安机关侦查。

2014 年 12 月 16 日，宁陵县人民法院对郭某某被指控犯拒不执行判决、裁定罪一案作出判决，认为被告人郭某某有能力履行法院已生效的民事判决而拒不执行，情节严重，其行为构成拒不执行判决、裁定罪。鉴于郭某某与

刘某某在案件审理期间，达成了执行和解协议并已履行完毕，取得了刘某某的谅解，对其可从轻处罚。据此，对郭某某依法以拒不执行判决、裁定罪判处有期徒刑九个月。

【典型意义】

本案中，被执行人郭某某获工程款共计 200 余万元，完全有能力履行生效判决确定的 21 万元还款义务，但其一直不履行生效判决，被司法拘留后，仍不悔改，继续对抗执行，情节严重，依法应当以涉嫌拒不执行判决、裁定罪追究刑事责任。如果郭某某在被执行法院司法拘留期间，能及时悔悟，自动履行判决确定的义务，可能不会被移送追究刑事追责。正是由于其存在一定的侥幸心理，误判了形势，最终被严格依法追究了刑事责任，受到法律的惩处。

李某拒不执行判决、裁定案
——被执行人转移名下存款并购置豪华汽车，不履行判决义务，
被公安机关抓获后全部履行到位，被判处拘役六个月

《最高人民法院发布 10 起人民法院依法惩处拒执罪典型案例》第 4 号
2015 年 7 月 21 日

【基本案情】

2009 年 2 月，王某某委托李某办理其名下位于北京市西城区一套房产的房屋买卖及产权转移手续。同年 5 月，李某将该套房屋卖给第三人并办理了过户手续，收取购房款 68 万元，但未交付王某某。王某某多次催要未果，向北京市东城区人民法院提起诉讼。2011 年 11 月，北京市东城区人民法院作出民事判决，判令李某返还王某某购房款 68 万元及利息。判决生效后，李某未履行还款义务，王某某遂向法院申请强制执行。

北京市东城区人民法院立案执行后向李某发出履行通知，并通过多种方式要求其来法院谈话，李某接到通知后均未前往。2012 年 3 月 15 日，李某在委托律师到法院接受谈话的当天，将其个人银行账户中 26 万余元存款提现，并于当年 9 月以个人名义购买宝马 K33 型轿车一辆，致使生效判决无法执行。

后执行人员多次联系李某并寻找其下落，均无收获。2014年12月，北京市东城区人民法院将李某提取存款购置豪华汽车、逃避执行的相关证据材料移送公安机关。2015年1月19日，北京市公安局东城区分局对李某以涉嫌拒不执行判决、裁定罪立案侦查。李某被公安机关抓获后，在其家属的配合下将68万元执行款全部履行到位，2015年3月30日，北京市东城区人民法院对被告人李某被指控犯拒不执行判决、裁定罪一案进行公开审理并当庭宣判，认定检察机关对被告人李某的指控罪名成立，依法判处其拘役六个月。

【典型意义】

本案是一起典型的拒不执行判决、裁定罪案件。被执行人李某在明知案件进入执行程序后，拒不到法院接受谈话，亦不履行判决确定的义务，且将其名下银行存款取出购置豪华汽车，显然属于有能力执行而拒不执行，情节严重，符合拒不执行判决、裁定罪的构成要件。虽然李某在被公安机关抓获后，将68万元执行款全部履行到位，但由于其逃避执行情节严重，仍被依法提起公诉。法院综合考虑其犯罪事实、性质、情节和危害程度，依法以拒不执行判决、裁定罪判处其拘役六个月，属于罚当其罪。李某为其失信和抗拒执行行为付出了应有的法律代价。

郝某某拒不执行判决、裁定案

——被执行人处置名下财产后予以转移、隐匿，逃避执行近十年，被立案侦查后全部履行到位，最终被判处有期徒刑二年，缓刑二年

《最高人民法院发布10起人民法院依法惩处拒执罪典型案例》第5号

2015年7月21日

【基本案情】

2004年12月，郝某某雇用的司机郝某甲驾驶郝某某所有的甘D132××号重型货车，在甘肃省嘉峪关市迎宾路附近发生交通事故，致行人张某某左下肢截肢、右下肢大腿高位截瘫，经鉴定为二级伤残，驾驶员郝某甲负事故全部责任。其后，张某某向法院起诉，要求车主郝某某和驾驶员郝某甲赔偿有关损失。2006年1月，甘肃省高级人民法院终审判决郝某某、郝某甲连带

赔偿张某某各项损失共计490977.43元。判决生效后，张某某向原嘉峪关市人民法院申请强制执行。执行过程中，郝某某于2006年4月支付6.7万元后即长期下落不明。

执行法院后来经调查了解到，事故发生后，郝某某曾于2005年6月22日从中国人保白银分公司转账领取保险赔偿款218686元，其中含第三者损失16万元；同年6月28日，郝某某将肇事货车以13万元的价格转卖他人，并办理了过户手续。执行法院研究认为，郝某某的行为涉嫌构成拒不执行判决、裁定罪，遂于2014年11月将有关线索向当地公安机关移送。公安机关决定立案侦查后，将郝某某列为上网追逃对象，并迅速将其抓获。慑于法律威严，郝某某在被公安机关抓获后、检察机关对其提起公诉前，将剩余未履行的528012元赔偿款全部支付。

2015年2月9日，嘉峪关市城区人民法院对郝某某被指控犯拒不执行判决、裁定罪一案作出判决，认定被告人郝某某有能力执行法院判决而拒不执行，情节严重，其行为已构成拒不执行判决、裁定罪，考虑到其归案后认罪态度较好，并已将赔偿款履行完毕，依法可从轻处罚，判处有期徒刑二年，缓刑二年。

【典型意义】

本案被执行人郝某某作为交通事故车辆的车主，经生效判决确认应与驾驶员共同对伤者承担连带赔偿责任，但其领取保险理赔款后，还将肇事车辆予以转卖，携款隐匿行踪，应认定为有能力执行而拒不执行。郝某某转移资产、逃避执行时间长达十年，终究不能逃脱法律对其应有的制裁。

刘某拒不执行判决、裁定案

——被执行人转移财产至其亲友名下逃避执行,被移送侦查后将全部款项履行到位,被判处有期徒刑十个月,缓刑一年

《最高人民法院发布10起人民法院依法惩处拒执罪典型案例》第6号
2015年7月21日

【基本案情】

2010年9月19日,湖南省娄底市中级人民法院对原告胡某某、付某诉被告曾某某、刘某交通事故损害赔偿纠纷一案作出终审判决,判令刘某、曾某某连带赔偿胡某某、付某经济损失109044.66元。同年11月10日,娄底市娄星区人民法院经胡某某、付某申请,对该案立案执行,但曾某某、刘某一直不予履行。2012年9月至2013年期间,刘某位于娄底市娄星区万宝镇芭蕉村新屋组的房屋因征地拆迁可获得一笔征收款,刘某为逃避连带赔偿责任,先后二次将其应分得的121234.4元征收款转移至其兄长刘某某名下,致使该案无法执行到位。娄底市娄星区人民法院调查了解到上述事实后,以刘某涉嫌构成拒不执行判决、裁定罪移送当地公安机关立案侦查。

2014年9月28日,刘某被公安机关抓获,其归案后如实供述了上述转移财产逃避执行的事实。2014年10月27日,娄底市娄星区人民检察院向娄星区人民法院提起公诉,指控刘某犯拒不执行判决、裁定罪。娄底市娄星区人民法院经开庭审理认为,被告人刘某在对人民法院的判决有能力执行的情况下,采取隐藏财产的方式逃避执行,致使判决无法执行,情节严重,其行为已构成拒不执行判决、裁定罪。鉴于其到案后能如实供述犯罪事实,将应付的执行款项全部履行到位,依法可酌情从轻处罚。据此,该院于2015年1月26日以拒不执行判决、裁定罪判处被告人刘某有期徒刑十个月,缓刑一年。

【典型意义】

本案被执行人刘某显然具有履行能力,但其采取隐匿、转移财产至其亲友名下的方式,逃避应承担的交通损害赔偿义务,致使法院判决无法执行,情节严重。公安机关以涉嫌构成拒不执行判决、裁定罪对刘某立案侦查并将

其抓获后，促使刘某履行了生效判决确定的赔偿义务，有效维护了申请执行人的合法权益。同时，刘某也因具有认罪悔罪的实际表现，最终被法院酌情从轻处罚，判处缓刑，效果良好。

徐某某拒不执行判决、裁定案

——被执行人以办年审手续为由，将扣押车辆借出后拒不交还，致使案件无法执行，被抓获后履行了全部义务，被判处有期徒刑十个月，缓刑一年

《最高人民法院发布10起人民法院依法惩处拒执罪典型案例》第7号
2015年7月21日

【基本案情】

2011年2月21日，江苏省新沂市人民法院对原告刘某某与被告徐某某民间借贷纠纷一案作出民事判决，判令徐某某偿还刘某某借款20万元及利息。判决生效后，徐某某未如期履行义务。2013年7月3日，刘某某向新沂市人民法院申请强制执行。执行中，新沂市人民法院依法查询了被执行人徐某某的银行账户、房屋、土地、工商及车辆登记等财产信息，发现其名下有苏CWH8××号昌河车一辆，遂应申请人请求对该车辆作出了查封裁定，并于2014年4月在新沂市高流镇高流街将该车依法扣押。2014年6月，徐某某以被扣押的昌河车即将进行年审为由，申请将该车开出办理年审手续，并出具书面保证，保证年审之后将车辆及时送回法院。新沂市人民法院考虑该车如脱审会降低价值，遂同意将车交给徐某某办理年审。徐某某将车辆开走后将车隐匿，经法院多次催要，拒不交还，导致该案无法执行。2014年10月，新沂市人民法院以被执行人徐某某涉嫌构成拒不执行判决、裁定罪，将有关线索移送公安机关立案侦查。

新沂市公安局对徐某某立案侦查后，于2014年12月11日将其抓获。徐某某归案后，如实供述了隐藏涉案的苏CWH8××号昌河车的事实。后该车被追回，移交给新沂市人民法院。2015年1月30日，新沂市人民检察院指控徐某某犯拒不执行判决、裁定罪，向新沂市人民法院提起公诉。新沂市人民法院经开庭审理后认为，被告人徐某某故意隐藏财产，对人民法院的判决有

能力执行而拒不执行，情节严重，其行为已构成拒不执行判决、裁定罪。考虑到其到案后能如实供述犯罪事实，并履行了民事判决书中确定的全部还款义务，对其可酌情从轻处罚。据此，该院于 2015 年 3 月 18 日，以徐某某犯拒不执行判决、裁定罪，判处其有期徒刑十个月，缓刑一年。

【典型意义】

实践中，有的被执行人为逃避履行生效判决确定的义务，千方百计转移、隐匿财产。本案中被执行人徐某某就是采取欺骗的手段，将法院已扣押车辆借故开走后隐匿起来，致使法院生效判决无法执行，不仅侵害了申请执行人的合法权益，而且在一定程度上破坏了人民法院正常的执行秩序，情节严重，必须依法追究相应的刑事责任。

王某某拒不执行判决、裁定案

《最高人民法院公布 5 起拒不执行生效判决、裁定典型案例》第 2 号
2015 年 12 月 4 日

【基本案情】

2006 年 12 月起，常某某、杨某、王某甲等人先后到和平区法院立案执行，要求被执行人辽宁同某房屋开发有限公司返还购房款。执行过程中，王某某明知该公司已被法院判决归还他人钱款且在多次收到执行通知书的情况下，于 2011 年 4 月 15 日将公司所有的位于沈阳市和平区文安路××号负 1 层房屋以 8866400 元的价格低价变卖，并在取得卖房款后仍不履行判决内容，擅自向与同某房屋开发有限公司无关的段某某支付，几经催要未果，最终致使已生效的民事判决书无法执行。

【裁判结果】

沈阳市和平区人民法院经审理认为，王某某在法院判决、裁定生效后，将其财产予以变卖，所得款项支付给他人，而对人民法院已经发生法律效力的判决拒不履行，致使法院判决无法执行，情节严重，其行为已构成拒不执行判决罪，公诉机关指控成立。依照《刑法》有关规定，以拒不执行判决罪

判处王某某有期徒刑二年。宣判后王某某表示服从判决结果,未提起上诉。

【典型意义】

王某某作为辽宁同某房屋开发有限公司的总经理,完全有能力执行生效法律文书给付购房款。但执行中其在明知判决归还他人钱款且多次收到执行通知书的情况下,不仅拒绝、阻碍执行,甚至将财产变卖、将所得款项用于支付他人,直接造成判决无法执行的后果。王某某的上述行为主观上有抗拒执行的故意,情节恶劣、后果严重,有较大的社会危害性。通过本案,如果王某某在接到法院通知后能够正确认识到规避执行的法律后果,主动履行判决确定的义务,就不会被移送公安机关。正是由于自身存在一定的侥幸心理,试图通过转移财产牟取利益,其行为破坏了法院正常的执行秩序,本人最终为抗拒执行付出了应有的法律代价。

王某某案属于典型的有履行能力却拒不执行的情形,正是在公安机关启动了刑事追责程序之后,王某某受到了相应处罚,相关权利人的合法权利得到了维护。在当前抗拒、逃避执行现象多发、执行难问题突出的背景下,人民法院依法打击拒执行为显得尤为必要,对实现判决内容、维护司法秩序、增强司法权威、提高司法公信力具有重要的导向作用。

杨某甲拒不执行判决、裁定案

《最高人民法院公布5起拒不执行生效判决、裁定典型案例》第3号
2015年12月4日

【基本案情】

2010年10月23日,年仅7岁的霍某到本村村民家新盖的房屋屋顶玩耍,在玩耍过程中不慎触碰到房顶的10千伏高压线被击伤。经滇西司法鉴定中心鉴定:霍某右肩关节9.2厘米处以远肢体缺失的目前损伤达五级伤残、被高压电烧伤所致的增生性疤痕百分比面积为13%,目前损伤达九级伤残。2011年9月29日原告霍某诉请判令被告大理某供电有限公司、杨某甲及房主杨某某共同承担赔偿责任。

2011年12月12日大理市人民法院判决由被告杨某甲赔偿199353.99元,

扣除已支付的15000元，实际再支付184353.99元；由被告大理某供电有限公司赔偿199353.99元；由被告杨某某赔偿133235.99元。2012年8月24日霍某申请强制执行。经多次督促，被执行人杨某甲拒不履行赔偿义务。执行过程中查明，被执行人杨某甲开办有个体工商企业大理某铸造厂，该厂按期纳税，运行状态正常；其名下登记有机动车两辆；被执行人在案发后还建盖了一幢五层住房（建筑面积约1000平方米）。

2012年9月25日大理市人民法院对被执行人司法拘留15日，拘留期满，被执行人仍不履行赔偿义务。2014年8月28日，执行人员向被执行人杨某甲送达了将其纳入失信被执行人名单的《执行决定书》，2014年10月21日执行人交纳了执行款1万元，对余款174353.99元其仍以各种理由拒绝履行。

【裁判结果】

被执行人杨某甲长期拒不履行生效裁判文书确定的义务，其行为已涉嫌拒不执行判决、裁定罪，2014年12月12日大理市法院将该案移送大理市公安局立案侦查，2015年1月31日大理市检察院向大理市人民法院提起公诉，指控杨某甲犯拒不执行判决罪。在该案审理过程中被执行人杨某甲如实供述了自己的犯罪事实并自愿认罪，其家属积极筹措、支付了全部赔偿款项并取得了受害人的谅解，大理市人民法院遂作出对被告杨某甲拒不执行判决罪，判处有期徒刑六个月，缓刑一年。

【典型意义】

本案被执行人在被人民法院司法拘留后仍然对抗执行，明明有财产可供执行，却故意拖欠逃避执行，其已经构成拒不执行判决、裁定的行为，情节严重，应依法追究相应刑事责任。

朱某某拒不执行判决、裁定案

《最高人民法院公布5起拒不执行生效判决、裁定典型案例》第4号

2015年12月4日

【基本案情】

2011年10月28日，宜良县人民法院判决被告朱某某、李某某返还原告付某等二人不当得利人民币24万元。判决生效后，朱某某、李某某一直未执行该判决，2011年12月19日，付某第二人向人民法院申请强制执行。2012年1月29日，被告人朱某某因拒不执行生效判决被法院司法拘留15天，后因被执行人朱某某无财产可供执行，2012年12月6日终结了本案的执行程序，申请人多次来法院申请本案恢复执行。法院查明，朱某某曾向其女儿朱某甲和女婿计某某各转账10万元，且计某某的银行卡仍有5万余元，2015年2月，法院恢复了案件的执行，裁定追加朱某甲和计某某为被执行人，并冻结了计某某的银行卡及李某某的银行卡。之后，朱某某仍不执行人民法院判决，宜良县人民法院将已冻结的11万元执行款发放给付某等二人。被告人朱某某等人仍未返还剩余的13万元给付某等二人。

【裁判结果】

法院审理认为，被告人朱某某对人民法院的判决有能力执行而拒不执行，情节严重，其行为已触犯了《刑法》第三百一十三条之规定，构成拒执罪，依法对被告朱某某判处有期徒刑一年。

【典型意义】

本案被执行人朱某某有一定能力执行生效判决，但其转移财产行为，性质恶劣，社会危害性较大，依法应予惩戒。宜良县人民法院为进一步使案件的审理公开透明，主动接受人大、政协和社会的监督，特邀请部分人大代表、政协委员、人民陪审员及当地群众五十余人参加旁听，并下发了《关于拒不执行判决、裁定罪的相关法律规定》宣传资料，通过案件的审理让旁听群众从中认识到法院判决、裁定的重要性，拒绝执行法院生效的判决、裁定是要

受到刑事责任追究的。

庞某某拒不执行判决、裁定案

《最高人民法院公布 5 起拒不执行生效判决、裁定典型案例》第 5 号
2015 年 12 月 4 日

【基本案情】

桦南县某信用合作联社因被告人庞某某贷款 75000 元到期未归还而诉诸法院，经桦南县人民法院调解双方达成调解协议：庞某某于 2011 年 11 月 30 日归还借款。协议到期后，庞某某未履行调解协议，桦南县某信用合作联社申请法院强制执行。2014 年 10 月 21 日桦南县人民法院裁定依法对庞某某家的 50 吨水稻予以查封，同年 11 月，庞某某私自将被查封的水稻变卖，销售得款 11 万余元，除归还桦南县某信用合作联社借款 2 万元外，其余款项用于偿还个人债务，致使裁定无法执行。

另查明，被告人庞某某到案后已经将执行款人民币 9 万元交到桦南县人民法院执行局。

【裁判结果】

黑龙江省桦南县人民法院经审理认为，被告人庞某某有能力执行裁定而拒不执行，情节严重，其行为已经构成拒不执行裁定罪，依法应予惩处。公诉机关指控被告人庞某某犯拒不执行裁定罪，事实清楚，证据确实、充分，指控罪名成立。被告人庞某某到案后能如实供述犯罪事实，并主动履行了部分执行义务，且此次犯罪系初犯，故对其可从轻处罚并适用缓刑。依照《刑法》第三百一十三条、第六十七条第三款、第七十二条、第七十三条第二款、第三款之规定，判决如下：被告人庞某某犯拒不执行裁定罪，判处有期徒刑六个月，缓刑一年。

【典型意义】

近年来，全国法院生效文书执行难的情况日益严重，失信被执行人以各种方法逃避执行，使权利受到侵害的债权人，拿着法院的生效判决，却得不

到实际履行。人民法院用刑事审判这把"利剑",惩处了一批拒执案件,有效地保障了债权人的合法权益得到履行,也有效地惩治了诚信缺失的不良社会风气。

郭某某拒不执行判决、裁定案
——被执行人拖欠数名农民工工资,两次拘留后仍拒不履行,被判处有期徒刑二年六个月

《最高人民法院公布 12 起涉民生执行典型案例》第 9 号
2016 年 1 月 24 日

【基本案情】

2014 年 3 月至 2014 年 12 月,自诉人刘某某带领 17 名工人在冯桥乡曹庄窑厂给郭某某干活,郭某某欠其工钱 118000 元。2015 年 1 月 13 日,河南省商丘市睢阳区人民法院作出民事调解书,确认由郭某某于 2015 年 1 月 15 日以前支付给刘某某 9800 元,2015 年 1 月 20 日以前支付 2 万元,其余 88200 元于 2015 年 4 月 15 日前付清。郭某某于 2015 年 1 月 14 日支付刘某某 9800 元,其余款项没有按时给付。2015 年 2 月 2 日,刘某某向商丘市睢阳区人民法院申请强制执行,该院于当日立案后,向郭某某送达执行通知书,并责令郭某某申报财产状况,但郭某某拒不履行支付义务并拒绝报告财产情况。2015 年 5 月 18 日,商丘市睢阳区人民法院因郭某某拒不向法院申报财产,决定对其拘留 15 日。此后,郭某某仍拒不履行给付义务。2015 年 11 月 20 日,商丘市睢阳区人民法院再次决定对其拘留 15 日。截至 2015 年 11 月 24 日,郭某某仍拖欠刘某某劳动报酬 108200 元及迟延履行金。

郭某某在法院执行期间的问话笔录证实,其在 2015 年 3 月底开始恢复生产,总共生产一百多万块砖。证人宋某证言证实,郭某某被拘留后,孙某又卖出了二三十万块砖,且郭某某在窑厂尚有资产。借条复印件及收据证实,郭某某在本案执行期间借、收款金额达 313660 元。

商丘市睢阳区人民法院认为,被告人郭某某有能力执行人民法院的判决、裁定而拒不执行,情节严重,其行为已构成拒不执行判决、裁定罪。自诉人刘某某指控罪名成立。依照《刑法》第三百一十三条的规定,判决被告人郭

某某犯拒不执行判决、裁定罪，判处有期徒刑二年六个月。

【典型意义】

本案被执行人郭某某经营窑场，有履行能力却拖欠多名农民工工资，执行法院两次对其司法拘留，郭某某仍不悔改，逃避执行。进入刑事追责程序后，仍置多名农民工的生活困难于不顾，拒不履行生效判决确定的义务，没有认罪悔罪的实际表现，最终被以拒不执行判决、裁定罪判处有期徒刑二年六个月，为其拒不执行行为付出了应有的法律代价。

罗某某拒不执行判决、裁定案
——被执行人已有占地 150 平方米三层楼房又新建占地 200 平方米四层楼房，却不履行 15 万余元的法定义务，被判处拘役五个月

《最高人民法院公布 12 起涉民生执行典型案例》第 10 号
2016 年 1 月 24 日

【基本案情】

江西省于都县人民法院对周某甲诉罗某某人身损害赔偿纠纷一案作出民事判决，罗某某不服，上诉至江西省赣州市中级人民法院，该院判决罗某某赔偿周某甲医疗费、误工费、护理费等共计 15 万余元。判决生效后，罗某某未履行义务，周某甲于 2012 年 7 月 12 日向于都县人民法院申请强制执行。于都县人民法院立案执行后，依法向罗某某送达了执行通知书，但罗某某在支付部分款项后以种种理由拒不履行其余义务，于都县人民法院遂对罗某某作出司法拘留决定，罗某某亲属次日便支付了 1 万元的执行款。

法院查明，罗某某于 2003 年建有一栋占地面积 150 平方米左右、三层楼高的房子并居住其中。2014 年 8 月起，又新建一栋占地面积 200 余平方米的房子。2015 年 7 月 7 日，罗某某因涉嫌拒不执行判决、裁定罪被刑事拘留。同年 7 月 9 日，罗某某亲属与周某甲签订和解协议，一次性支付周某甲赔偿费用 115000 元，周某甲出具谅解书。

2015 年 8 月 12 日，于都县人民法院对罗某某一案作出判决，认为罗某某有能力执行法院已生效的民事判决而拒不执行，情节严重，其行为构成拒不

执行判决、裁定罪。罗某某在 2014 年被法院司法拘留并出具保证书后仍未履行判决确定的义务，宣告缓刑对其居住的社区有不良影响，故不予适用缓刑。结合罗某某归案后与周某甲达成和解协议并履行完毕，获得对方谅解，以及罗某某的认罪、悔罪表现，判处罗某某拘役五个月。宣判后，罗某某表示服判，未上诉。

【典型意义】

本案中，被执行人罗某某已有一栋占地 150 平方米左右的三层楼房，又新建一栋占地 200 余平方米的四层楼房，完全有能力履行生效判决确定的 15 万余元还款义务，但其一直不完全履行生效判决，被司法拘留并作出还款保证后，仍不悔改，继续对抗执行，情节严重，依法应当追究刑事责任。如果罗某某在被执行法院司法拘留期间，能及时悔悟，自动履行判决确定的义务，可能不会被移送追究刑事责任。正是由于其存在一定的侥幸心理，误判了形势，最终被严格依法追究了刑事责任，受到法律的惩处。

郭某某拒不执行判决、裁定自诉案

《最高人民法院发布 6 起拒执罪自诉案件典型案例》第 1 号
2016 年 2 月 25 日

被执行人拖欠农民工工资，两次拘留后仍拒不履行执行义务，申请执行人向人民法院提起自诉，被执行人被判处有期徒刑二年六个月。

【基本案情】

2014 年 3 月至 2014 年 12 月，刘某某带领 17 名农民工在郭某某的窑场为其务工，郭某某拖欠农民工工资 11.8 万元，刘某某多次催要无果，遂将其诉至河南省商丘市睢阳区人民法院。2015 年 1 月 13 日，该院作出（2015）商睢民初字第 139 号民事调解书，确认郭某某于 2015 年 1 月 15 日前支付 9800 元，同年 1 月 20 日前支付 2 万元，剩余 8.82 万元于同年 4 月 15 日前付清。郭某某于 2015 年 1 月 14 日向刘某某实际支付 9800 元，其余款项在协议约定的期限内未履行。2015 年 2 月 2 日，刘某某向商丘市睢阳区人民法院申请强制执行，该院于当日立案执行。执行法院向郭某某送达了执行通知书，责令其申报财产状况。由于郭某某拒不履行支付义务并拒绝报告财产状况，2015 年 5 月 18 日，执行法院对郭某某拘留 15 日。采取拘留措施后，郭某某仍拒不履行支付义务，2015 年 6 月 2 日，执行法院向郭某某送达了执行裁定书，限其于 2015 年 6 月 30 日前依照生效民事调解书确定事项履行义务。因郭某某拒绝履行，执行法院于 2015 年 11 月 20 日再次对其拘留 15 日。截至 2015 年 11 月 24 日，郭某某仍拖欠刘某某等农民工工资 10.82 万元及迟延利息。后刘某某向公安机关提起控告，公安机关不予受理。

2015 年 11 月 24 日，刘某某向商丘市睢阳区人民法院提起自诉，要求追究郭某某拒不执行判决、裁定的刑事责任，该院于当日立案。同年 12 月 4 日，该院对郭某某予以逮捕。同年 12 月 9 日，该院对本案公开开庭审理并当庭宣判，以拒不执行判决、裁定罪判处郭某某有期徒刑二年六个月。一审宣判后，郭某某不上诉。执行法院已对申请执行人刘某某等农民工司法救助 2 万元。

【典型意义】

本案被执行人经营窑场，对欠付的农民工工资有支付能力，故意拖欠而不予履行，执行法院曾两次对其实施拘留措施，但其仍不思悔改，继续逃避执行。进入审判程序后，仍置多名农民工的生活困难于不顾，拒不履行生效裁定确定的支付义务，无认罪悔罪的实际表现，最终以拒不执行判决、裁定罪被判处有期徒刑二年六个月，为其拒不执行行为付出了应有的法律代价。

李某某拒不执行判决、裁定自诉案

《最高人民法院发布 6 起拒执罪自诉案件典型案例》第 2 号
2016 年 2 月 25 日

被执行人领取保险理赔款后挪作他用，致使案件无法执行，申请执行人向人民法院提起自诉，被执行人被判处拘役六个月，缓刑一年。

【基本案情】

李某某与吕某等人道路交通事故责任纠纷一案，河南省原阳县人民法院于2013年12月3日作出民事判决，确认李某某赔偿被害人吕某等人11.2万元。民事判决生效后，李某某未履行判决所确定的赔偿义务，吕某等人于2014年4月9日向原阳县人民法院申请强制执行，该院立案执行。执行法院向李某某送达了执行通知书，但李某某未在限定的时间内履行赔偿义务。2014年7月，执行法院先后对李某某罚款1万元，拘留15日，李某某仍不履行赔偿义务。2014年7月18日，李某某向执行法院书面保证，待其诉保险公司的案件胜诉后，主动将保险理赔款交至执行法院。同年9月24日，保险公司依据禹州市人民法院的民事调解书，将10万元赔偿款汇入李某某委托的代理人牛某的银行储蓄卡中，牛某于同年9月27日将该款取出交付李某某，但李某某未按书面保证向执行法院如实申报和主动履行。2015年7、8月间，执行法院两次通知李某某申报财产，李某某仍不如实申报和主动履行，并将部分保险理赔款挪作他用，致使生效民事判决无法执行。

2015年7月29日，吕某等人以李某某构成拒不执行判决、裁定罪向公安机关提出控告，公安机关未予受理。2015年8月5日，吕某等人向原阳县人民法院提起自诉。在原阳县人民法院对本案审理过程中，李某某与自诉人吕某等人自愿达成和解协议，并一次性赔偿吕某等人各项损失12.3344万元，取得了吕某等人的谅解。原阳县人民法院经审理认为，李某某对人民法院生效判决有能力执行而拒不执行，且拒不报告其财产状况，被处以罚款、拘留后仍拒不执行，犯罪情节严重，其行为已构成拒不执行判决、裁定罪。鉴于李某某当庭认罪态度较好，在一审宣判前能够与吕某等人达成和解，并主动履行判决确定义务，确有认罪悔罪表现，依法可对其从轻处罚。该院以拒不执行判决、裁定罪判处李某某拘役六个月，缓刑一年。一审宣判后，李某某不上诉。

【典型意义】

本案被执行人对生效判决确定的赔偿义务有能力执行而拒不执行，被施以罚款、拘留后仍不思悔改，将领取的保险理赔款私自挪作他用，致使生效判决无法执行，应依法追究其刑事责任。本案以自诉方式启动追诉程序，最终促使被执行人履行了赔偿义务，取得了申请执行人的谅解。本案是最高人民法院拒执罪司法解释发布后河南省第一起宣判的自诉案件，对该省拒执自诉案件的审判起到了示范作用。

刘某某拒不执行判决、裁定自诉案

《最高人民法院发布6起拒执罪自诉案件典型案例》第3号
2016年2月25日

被执行人刘某某存在高消费，有能力执行生效判决而拒不执行，申请执行人向人民法院提起自诉，被执行人被判处有期徒刑六个月，缓刑一年。

【基本案情】

淄博某担保有限公司（以下简称某公司）与淄博某运输有限公司、刘某甲、陈某某、刘某某、朱某某、淄博某经贸有限公司担保追偿权纠纷一案，山东省淄博市高新技术开发区人民法院作出民事判决，判令淄博某运输有限公司于判决生效十日内偿还某公司银行垫款200万元，支付违约金100万元；刘某甲、陈某某、刘某某、朱某某、淄博某经贸有限公司对上述款项承担连带清偿责任。

民事判决生效以后，刘某某等人未履行还款义务。2015年6月18日，某公司向淄博市高新技术开发区人民法院申请强制执行，该院立案执行。执行法院向刘某某发出执行通知书，并多次查找联系，刘某某及其亲属故意躲避，拒不履行付款义务，执行法院于2015年9月10日作出拘留决定书，对刘某某采取拘留措施，并在其日常驾驶的奥迪轿车中查获"九五至尊"牌香烟十条，LV包一个，茶叶六盒。就在刘某某被拘留的当日，在法院协调组织下，刘某某与申请执行人达成执行和解协议。协议约定：刘某某于2015年9月10日前支付50万元，同年9月25日前支付50万元，余款及利息自同年10月份每月支付10万元左右，直至付清为止，连续三个月最低付款额不得少于30万元，若刘某某不按上述规定期限支付款项，则自愿承担相应的法律责任。协议签订后，刘某某未按协议约定履行义务，某公司向公安机关提出控告，公安机关于2015年9月14日向某公司出具不予立案通知书。同年9月18日，某公司向淄博市高新技术开发区人民法院提起自诉。

淄博市高新技术开发区人民法院经审理认为,刘某某实际控制的公司正常经营,月收入两三万元,但在民事判决生效后及本院执行期间,刘某某未与申请执行人积极协商还款事宜,仍存在驾驶高档轿车、使用高档消费品、居住高档住房等行为,特别是在法院主持下与申请执行人达成和解协议后仍不按约履行,应当认定其具有有能力执行而拒不执行的主观故意,鉴于刘某某在法庭庭审过程中与自诉人重新达成和解协议,部分款项已经支付,自诉人同意对其从轻处罚,可依法对其从轻处罚。该院以拒不执行判决、裁定罪判处刘某某有期徒刑六个月,缓刑一年。

【典型意义】

执行法院及时对被执行人有履行能力而拒不执行的相关证据进行调查取证,积极引导当事人及时依法行使控告、报案的权利。在当事人提起自诉后,执行法院的立案部门、刑事审判部门和执行机构加强沟通协调,迅速立案,及时审理,依法判决,促使被告人偿还欠款。本案自立案执行到自诉刑事案件的审结,在不到六个月内,执行法院充分利用法律手段,依法严厉惩治了拒执犯罪行为,有效促进了案件的执行,切实保障了申请执行人的合法权益。

杨某某、袁某某拒不执行判决、裁定自诉案

《最高人民法院发布6起拒执罪自诉案件典型案例》第4号

2016年2月25日

被执行人拒绝报告个人财产状况,在执行过程中仍自建住房,有能力执行而拒不执行,申请执行人向人民法院提起自诉,被执行人被判处缓刑。

【基本案情】

2011年6月,袁某某承揽宋某某的建房施工,双方约定:在施工中发生的任何事故宋某某概不负责。施工中袁某某将支壳子、圈梁的施工部分转包给杨某某,杨某某雇李某某等人务工。2011年8月12日,李某某等人乘坐工地龙门架下工,因机器发生故障,李某某受伤。后李某某以袁某某、杨某某、

宋某某为被告向河南省偃师市人民法院起诉，偃师市人民法院作出（2011）偃镇民初字第486号民事判决，确认袁某某、杨某某赔偿李某某各项损失7.957万元，宋某某补偿李某某损失3000元（已履行）。后李某某就二次手术产生费用再次起诉，偃师市人民法院作出（2013）偃民六初字第308号民事判决书，判决袁某某、杨某某赔偿李某某二次手术等各项费用4706.02元。判决生效后，李某某向偃师市人民法院申请强制执行，该院立案执行。执行法院向杨某某、袁某某送达了报告财产令，要求其申报个人财产状况，并依法将二人纳入失信被执行人名单，限制二人的高消费，对二人的银行存款、车辆、房产信息进行查询，冻结了袁某某银行存款8649元。因袁某某、杨某某拒绝报告个人财产状况，袁某某未就相应存款作出合理解释，执行法院依法对二人采取了拘留措施。

执行法院还查明，袁某某系建筑队包工头，常年在偃师市区附近从业，自称每月收入3000元左右。2014年6月6日袁某某的儿子结婚，袁某某为儿子婚宴花费2万多元。杨某某于2015年初将自家房屋拆除，重新建盖新房，执行人员多次传其到庭，考虑其房子已经拆除，要求其在建盖新房的一层封顶后立即停工，但杨某某未能按照要求停工，仍建造两层房屋，并对一楼房屋进行装修。对于本案的执行，袁某某、杨某某表示最多支付1万元。

案件执行期间，李某某要求追究杨某某、袁某某拒执犯罪的刑事责任，执行法院引导其向当地公安局递交控告材料，并向公安机关反馈案件的执行情况。公安机关审查后出具不予立案通知书。李某某遂向偃师市人民法院提起自诉，偃师市人民法院依法受理，并对杨某某、袁某某作出逮捕决定。

在自诉案件审理期间，杨某某、袁某某的家人积极与李某某协商，很快达成执行和解协议，一次性支付李某某6.6万元，执行案件予以结案。李某某遂向偃师市人民法院出具了对杨某某、袁某某予以谅解的书面材料。该院经审理，以拒不执行判决、裁定罪依法判处袁某某有期徒刑一年六个月，缓刑二年；判处杨某某有期徒刑六个月，缓刑一年。

【典型意义】

本案被执行人杨某某在执行过程中建盖新房并装修房屋，被执行人袁某某在银行有一定存款，又为包工头，有固定收入，两人均有履行能力而拒不履行，拒绝报告个人财产状况，对其施以拘留措施后仍不思悔改，依法应追究其刑事责任。申请执行人在向公安机关控告无果后，依法以自诉的方式要求追究被执行人拒不执行判决、裁定的刑事责任，通过审判，一方面惩罚了拒执犯罪行为，另一方面也促使被执行人及时履行生效判决确定的义务，促使案件能够顺利执结。

廖某某拒不执行判决、裁定自诉案

《最高人民法院发布6起拒执罪自诉案件典型案例》第5号
2016年2月25日

被执行人对生效裁定有能力执行而拒不执行，申请执行人向人民法院提起自诉，双方自愿达成和解协议，被执行人得到自诉人的谅解，被免予刑事处罚。

【基本案情】

徐某某与廖某某等民间借贷纠纷一案，福建省将乐县人民法院作出（2013）将民初字第254号民事调解书，确认廖某某等人向徐某某偿还借款30万元及利息。该民事调解书生效后，因廖某某等人未履行还款义务，徐某某向将乐县人民法院申请强制执行，该院立案执行。执行法院为执行该调解书下达了执行裁定，并于2015年10月23日向廖某某送达执行通知书，要求廖某某将其名下车牌号为闽GS03××的轿车立即交付执行法院。执行法院另查明，廖某某居住于未办理产权的一幢自建房中，其个人所有的位于将乐县的一处4间店面房长年出租，每月租金2600元，其村里2014年向其发放补贴1.584万元。因廖某某拒不履行生效法律文书确定的义务，徐某某遂向公安机关提出控告，公安机关向其出具不予受理决定书。2015年11月26日，徐某某以廖某某犯拒不执行判决、裁定罪，向将乐县人民法院提起自诉。

2015年12月15日，被告人廖某某与自诉人徐某某达成和解协议，约定廖某某每月返还徐某某2500元，取得了徐某某的谅解。将乐县人民法院经审理认为，廖某某对人民法院的裁定有能力执行而拒不执行，拒不交付执行裁定指定交付的财物，其行为已构成拒不执行判决、裁定罪。鉴于廖某某能如实供述拒执犯罪事实，犯罪情节轻微，已与自诉人达成和解协议，取得了对方谅解，对其可免予刑事处罚。据此，将乐县人民法院以拒不执行判决、裁定罪判处廖某某免予刑事处罚。

【典型意义】

本案被执行人完全有能力执行人民法院为执行生效调解书所作出的执行裁定，而被执行人拒不履行执行义务，其行为已构成拒不执行判决、裁定罪。鉴于被执行人拒执犯罪情节轻微，在自诉案件审理过程中，又与自诉人达成和解协议，取得了自诉人的谅解，可对其从轻处罚。

柯某某拒不执行判决、裁定自诉案

《最高人民法院发布6起拒执罪自诉案件典型案例》第6号

2016年2月25日

被执行人有能力履行而拒不履行还款义务，申请执行人向人民法院依法提起自诉，双方自愿达成和解协议，申请执行人申请撤诉，人民法院裁定准予撤诉。

【基本案情】

肖某与柯某某等民间借贷纠纷一案，福建省将乐县人民法院作出（2014）将民初字第893号民事调解书，确认柯某某等人向肖某偿还借款160万元及利息。调解书生效后，因柯某某等人未履行还款义务，肖某向将乐县人民法院申请强制执行，该院立案执行。执行法院为执行生效调解书作出了执行裁定，查封柯某某名下车牌号为闽G985××的奥德赛牌轿车一辆，要求将该轿车交付执行法院。但柯某某仍使用该车辆，拒不交付法院执行。肖某遂向公安机关提出控告，公安机关向其出具不予受理决定书。

2015年12月15日，肖某向将乐县人民法院提起自诉，要求追究柯某某拒不执行判决、裁定的刑事责任。2015年12月20日，柯某某与肖某达成和解协议，约定柯某某分期向肖某偿还欠款，取得了自诉人的谅解。在案件审理中，肖某主动向将乐县人民法院申请撤回自诉。将乐县人民法院作出裁定准予撤诉。

【典型意义】

在案件执行过程中，申请执行人积极收集被执行人拒不执行判决、裁定的相关证据，符合自诉条件的，通过自诉程序依法追究被执行人的刑事责任，将对被执行人产生一定的威慑，迫使被执行人主动协商案件执行的解决方案，在双方已经达成和解、被执行人取得自诉人谅解、自诉人要求撤诉的情况下，依照法律规定，人民法院应当准许自诉人撤诉。

韩某某拒不执行判决、裁定案

《最高人民法院公布 10 起残疾人权益保障典型案例》第 9 号

2016 年 5 月 14 日

【基本案情】

2008 年 10 月，莫某某在被告人韩某某的矸石矿工作时摔伤，经鉴定为二级伤残。2009 年 9 月，莫某某向人民法院起诉韩某某。2010 年 9 月，人民法院作出终审判决：韩某某赔偿莫某某医疗费、误工费等各项费用共计 58.2 万余元。

判决生效后，韩某某未主动履行，莫某某向人民法院申请强制执行。2012 年 8 月，莫某某和韩某某自愿达成执行和解协议，约定韩某某在两年内分四期给付莫某某 20 万元，莫某某放弃其余本金及全部利息。2012 年 11 月底，韩某某依照约定支付莫某某 10 万元后，就再没有按照协议履行。2014 年 12 月，莫某某向人民法院申请恢复执行，要求韩某某履行原人民法院判决。法院经调查发现，韩某某自 2013 年 7 月至 2014 年 12 月间，在银行共计取款 7 万元，但均未用于赔偿莫某某，而是用于乘坐飞机旅游和其他高消费。

人民法院认为，被告人韩某某将其收入用作其他消费而拒不履行执行和解协议，致使申请人未能得到赔偿款，情节严重，其行为已构成拒不执行判决罪。遂于 2015 年 9 月作出刑事判决，以拒不执行判决罪，判处被告人韩某某有期徒刑一年六个月。宣判后，被告人韩某某未提出上诉，判决已发生法律效力。

【典型意义】

严惩损害残疾人权益的拒不执行判决行为,维护残疾人合法财产权益

加强对残疾人合法权益的保障,应当体现在人民法院的审判、执行等各个环节。在执行民商事裁判过程中,对于拒不执行人民法院生效裁判,严重损害残疾人合法财产权益的行为,要坚决依法惩治。本案申请人莫某某二级伤残,已丧失劳动能力,家庭生活极其困难且无钱继续治疗,因而多次上访。被告人韩某某有能力执行而拒不执行,情节严重,且社会影响恶劣。人民法院依法坚决对韩某某定罪处罚,并判处实刑,不仅打击了"老赖"的嚣张气焰,切实维护了残疾人的合法权益,而且对改善当前执行环境,缓解执行难都有示范和推动作用。

蒋某某拒不执行判决、裁定公诉案

——被执行人躲避执行,转移财产,依法被判处
有期徒刑六个月,缓刑一年

《最高人民法院发布6起依法审理拒执刑案典型案例》第1号

2016年11月30日

【基本案情】

林某某诉蒋某某、胡某某民间借贷纠纷一案,江苏省丹阳市人民法院于2013年11月28日作出(2013)丹民初字第3538号民事判决,判决被告蒋某某、胡某某夫妇向原告林某某返还借款5万元。同年12月20日,丹阳市人民法院向被告公告送达了判决书,2014年2月11日发生法律效力,林某某于2014年2月14日向法院申请强制执行。丹阳市人民法院立案执行后,及时发出执行通知书、财产申报通知书和传票,被执行人下落不明。经对被执行人的财产进行查询,发现无可供执行的财产,但蒋某某于2014年1月26日,出售了其名下房产,2014年3月7日收得房款385000元,随即用该款偿还其他债务、以他人名义投资经商以及用于个人生活花销等。丹阳市人民法院以涉嫌犯罪为由,将该案移送丹阳市公安局立案侦查,丹阳市公安局及时立案,并通过网上追逃,抓获被执行人蒋某某。蒋某某被公安机关抓获归案后,如

实供述了前述事实，并清偿了对林某某的债务。

丹阳市人民法院经审理认为，被告人蒋某某对人民法院的判决有能力执行而拒不执行，情节严重，其行为已构成拒不执行判决罪，依法应予刑罚处罚。被告人蒋某某归案后如实供述了自己的罪行，依法可从轻处罚；其已于案发后履行了全部执行义务，量刑时可酌情从轻处罚，并符合缓刑适用条件。依法判处蒋某某有期徒刑六个月，缓刑一年。

【典型意义】

被执行人躲避执行，下落不明，虽然在判决生效前转让房屋，但在进入执行程序后收得房款，且所收房款用作他用，并未履行判决义务，具有明显的抗拒执行的主观故意，属于有执行能力而抗拒执行情形，依法应予以刑事处罚。鉴于具有从轻处罚情节，依法对被执行人判处缓刑，取得了良好的法律效果和社会效果。

张某某拒不执行判决、裁定公诉案
——被执行人拒不迁出房屋，谩骂、殴打执行人员，鉴于有从轻情节，依法被判处拘役五个月零十日

《最高人民法院发布6起依法审理拒执刑案典型案例》第2号
2016年11月30日

【基本案情】

2012年6月28日，安徽省安庆市大观区人民法院判决张某某与查某某离婚，并将该市大观区市府路南一巷7栋1××室房产的所有权判给查某某。民事判决生效后，查某某于2013年1月30日申请对该房屋强制执行。2013年5月6日，大观区人民法院向被执行人张某某发出执行通知书，告知其要按照民事判决书确定的义务交付房屋，被执行人张某某拒不签收通知书，并对送达人员进行谩骂。2013年10月25日，法院在张某某居住房屋处张贴公告，责令张某某在指定期间迁出该房屋，到期仍不履行的，将依法强制执行。当天，张某某对法院工作人员谩骂，并在屋内手持木棍挥舞，不让法院工作人员张贴公告。2014年1月14日，大观区人民法院执行人员对张某某采取强制

搬迁措施，张某某情绪激动并殴打办案人员，致使一名办案人员嘴部受伤流血。

2015年7月27日，被执行人张某某被公安机关抓获归案，后检察机关提起公诉。大观区人民法院经审理认为，被告人张某某对人民法院生效判决有能力执行而拒不执行，情节严重，其行为已构成拒不执行判决、裁定罪。鉴于本案系婚姻、家庭纠纷引起且已履行完毕，酌情对被告人予以从轻处罚。依法判处被告人张某某拘役五个月零十日。

【典型意义】

被执行人不签收执行文书，阻碍张贴公告，对法院执行人员，采取谩骂、殴打等方式抗拒执行，致执行人员受伤，其行为已构成拒不执行判决、裁定罪，依法应予刑事处罚。鉴于具有从轻处罚情节，依法对被执行人从轻判处。

韩某某拒不执行判决、裁定公诉案

——被执行人阻碍人民法院对被执行财产进行处置，导致执行工作无法进行，被判处有期徒刑一年，缓刑一年

《最高人民法院发布6起依法审理拒执刑案典型案例》第3号
2016年11月30日

【基本案情】

朱某某与韩某某、康某某民间借贷纠纷一案，河南省禹州市人民法院于2015年3月作出民事判决，判决韩某某偿还朱某某借款45万元及利息。判决生效后，朱某某申请强制执行。禹州市人民法院依法向韩某某送达了执行通知书、限制高消费令、报告财产令，韩某某收到上述法律文书后拒不履行判决确定的义务。案件在审理期间，禹州市人民法院于2014年10月10日对韩某某所有的位于禹州市博雅苑一处房产进行财产保全，于2015年10月12日向其发出评估、拍卖裁定书，于2016年1月25日张贴腾房公告，限韩某某及该房住户于张贴公告之日起40日内腾空迁出。腾房公告到期后，被执行人韩某某仍拒绝腾房，禹州市人民法院于2016年3月30日对被执行人采取了拘留措施。拘留后被执行人韩某某仍拒绝腾房，致使执行工作无法进行。2016年

5月9日，禹州市人民法院将韩某某涉嫌构成拒不执行判决、裁定罪有关证据线索移送公安机关。公安机关将韩某某刑事拘留，韩某某及其亲属与朱某某达成和解协议，并将房屋腾空。

禹州市人民法院经审理认为，被告人韩某某对人民法院的判决、裁定有能力执行而拒不执行，情节严重，其行为已构成拒不执行判决、裁定罪。鉴于被告人韩某某如实供述自己的罪行，且韩某某及其亲属与申请执行人达成和解协议，对其可从轻处罚。依法判处韩某某有期徒刑一年，缓刑一年。

【典型意义】

被执行人拒不腾空房屋，阻碍执行法院对被执行财产进行处置，被拘留后仍对抗执行，导致执行工作无法进行，其行为已构成拒不执行判决、裁定罪，依法应予以刑事处罚。鉴于具有从轻处罚情节，对被执行人依法判处缓刑。

王某某拒不执行判决、裁定公诉案
——被执行人有钱款可供执行，经两次司法拘留，仍拒不执行判决义务，被判处有期徒刑一年六个月，缓刑二年

《最高人民法院发布6起依法审理拒执刑案典型案例》第4号
2016年11月30日

【基本案情】

王某某与宋某某所生之子王某甲因意外事故死亡，事故责任方给付王某某、宋某某赔偿金人民币77万元，王某某得款后拒不给付宋某某应得的份额，宋某某遂提起诉讼，吉林省磐石市人民法院作出（2012）磐民一初字第1014号民事判决，判决王某某返还宋某某人民币308000元，并负担案件受理费5920元。判决生效后，王某某未主动履行给付义务，宋某某申请强制执行。磐石市人民法院立案执行后，王某某在有能力履行法院生效判决的情况下，拒不执行判决书中确定的义务。2013年6月，王某某因拒不执行判决，被法院先后两次司法拘留，但仍对抗执行。法院将其涉嫌拒不执行判决罪的线索移送公安机关，后检察机关提起公诉。被执行人王某某与宋某某达成和

解协议，王某某给付宋某某人民币205920元，案件履行完毕。

磐石市人民法院经审理认为，被告人王某某对人民法院判决有能力执行而拒不执行，情节严重，其行为已构成拒不执行判决罪。鉴于被告人王某某有悔罪表现，可对其适用缓刑。依法判处被告人王某某有期徒刑一年六个月，缓刑二年。

【典型意义】

被执行人有钱款可供执行，明显有能力执行而对抗执行，在法院两次对其实施司法拘留措施后仍拒不执行，情节严重，依法应予以刑事处罚。鉴于具有从轻处罚情节，依法被判处缓刑。

北京某建筑工程有限公司、郑某某拒不执行判决、裁定自诉案

——被执行人被纳入失信被执行人名单、法定代表人被限制
高消费后，仍拒不履行给付义务，申请执行人依法提起
自诉，后因双方达成执行和解而撤诉

《最高人民法院发布6起依法审理拒执刑案典型案例》第5号
2016年11月30日

【基本案情】

孙某某与北京某建筑工程有限公司劳动仲裁纠纷案，北京市平谷区劳动人事争议仲裁委员会京平劳人仲字〔2015〕第17号、第1009号裁决书裁决：北京某建筑工程有限公司给付孙某某工资款、医疗费、生活费及各项补助金、赔偿金共计17万余元。因北京某建筑工程有限公司未履行仲裁裁决，孙某某申请强制执行。北京市平谷区人民法院立案执行后，于2015年6月10日、8月30日分别作出（2015）平执字第02248号、第2931号执行裁定，裁定对北京某建筑工程有限公司相关财产予以执行，还采取了纳入失信被执行人名单、限制其法定代表人郑某某高消费等执行措施，但被执行人北京某建筑工程有限公司仍拒不履行义务。

2016年1月，孙某某以北京某建筑工程有限公司、郑某某为被告，依法

向平谷区人民法院提起刑事自诉，请求以拒不执行判决、裁定罪追究二被告人的刑事责任，平谷区人民法院经审查依法予以受理。案件审理期间，郑某某认识到自己的错误，并积极筹措资金履行义务，后双方达成执行和解，由北京某建筑工程有限公司共给付孙某某10万元了结两起执行案件。孙某某提交撤回拒不执行判决、裁定罪自诉申请，平谷区人民法院依法作出刑事裁定，准许孙某某撤诉。

【典型意义】

按照《刑法修正案（九）》的相关规定，单位可以成为拒不执行法院判决、裁定犯罪主体。本案被执行人不履行人民法院作出的执行仲裁裁决的执行裁定，被纳入失信被执行人名单、法定代表人被限制高消费后，仍拒不履行给付义务。申请执行人提起自诉，人民法院依法予以立案审查，充分运用法律手段打击单位为被执行人的拒执行为，促成双方达成执行和解，以准予撤诉方式结案，取得良好的法律效果和社会效果。

姜某某拒不执行判决、裁定案

——被执行人擅自处理法院查封财产，申请执行人提起
刑事自诉，双方当庭达成和解协议并实际履行

《最高人民法院发布6起涉民生执行典型案例》第1号

2017年1月25日

【基本案情】

2012年3月17日，姜某某驾校雇员任某某驾驶驾校所有的吉A7A8××号大型普通客车载学员于某等人，沿302国道由北向南行驶至639千米处，越过道路中心线逆向驶入路左侧，与由南向北行驶的吉J951××中型仓栅式货车相撞，致于某等人受伤。任某某负事故全部责任。于某经吉林大学第一医院诊断为双侧胫腓骨粉碎性骨折、左踝关节粉碎性骨折、骨盆多发骨折、尾骨骨折、骶骨右侧骨折、腹部闭合性损伤、脾脏周围血肿、局限性腹膜炎、双肾周血肿，住院治疗37天，共发生各种费用合计287890.52元，姜某某在于某住院期间支付了104500元，其余183390.52元，双方未能自行解决，于

某遂向农安县人民法院提起诉讼。农安县人民法院受理后，于 2014 年 12 月 9 日作出（2013）吉农民初字第 352 号民事判决，判令：一、中国人民财产保险股份有限公司松原市支公司于判决生效后十日内在交强险限额内赔偿于某 11000 元。二、姜某某、任某某于判决生效后十日内赔偿于某医疗费、伙食费、鉴定费、二次手术费等共计 172390.52 元。判决生效后，保险公司自动履行了给付义务，姜某某、任某某未能自动履行。于某于 2015 年 3 月 10 日向农安县人民法院申请强制执行。农安县人民法院受理后，于 2015 年 3 月 31 日向被执行人下发了执行通知书及报告财产令，查封了被执行人姜某某名下两台轿车（一台现代、一台捷达）的车籍。2015 年 6 月 30 日因被执行人姜某某既不履行义务，亦不申报财产，对其实施了拘留，拘留时在其衣袋内搜出人民币 3000 元。拘留期间，被执行人提出和解。在法院主持下，双方达成执行和解协议，被执行人拘留被释放后一次性给付申请执行人赔偿款 13 万元。被执行人姜某某被释放后，未履行和解协议，农安县人民法院欲对查封其名下的两台轿车进行评估拍卖时发现已被其转卖一台，遂于 2016 年 5 月 3 日对其实施了第二次拘留。拘留时，姜某某极不配合，声称要钱没有，要命一条。此次拘留期届满后，姜某某仍拒不履行给付义务。后申请执行人于某于 2016 年 5 月 17 日向公安机关提起控告，公安机关不予受理。

2016 年 6 月 28 日，申请执行人于某向农安县人民法院提起自诉，要求追究被执行人姜某某拒不执行判决、裁定的刑事责任。该院经审查后于 2016 年 7 月 4 日立案，7 月 28 日对姜某某予以逮捕。同年 8 月 17 日公开开庭进行审理。庭审过程中，姜某某认罪态度较好，主动提出和解一次性给付 15 万元，并当庭履行完毕。姜某某的认罪悔罪表现，取得了于某的谅解，于某当庭要求撤回自诉申请，农安县人民法院当庭准许自诉人于某撤诉，释放了被告人姜某某。

【典型意义】

本案被执行人对生效判决确定的赔偿义务有能力履行而拒不履行，被施以拘留后仍不思悔改，擅自转卖法院查封财产，致使生效判决无法完全履行，应追究其刑事责任。本案以自诉方式启动追诉程序，最终促使被执行人履行了赔偿义务，取得了申请执行人的谅解。

杨某某拒不执行判决、裁定案
——被执行人拖欠农民工劳动报酬，有履行能力却拒不执行
法院生效判决，依法应予以刑事处罚

《最高人民法院发布6起涉民生执行典型案例》第2号
2017年1月25日

【基本案情】

杨某某在湖北省老河口市长期从事个体装修，长期聘请农民工朱某某、薛某某、杨某某、袁某某、韩某某、历某等人为其打工。杨某某因拖欠上述6人劳动报酬20余万元发生纠纷。上述6人分别诉至老河口市人民法院。该院于2014年10月15日分别作出（2014）鄂老河口民初字第02197、02195、02193、02196、02194号民事调解书，确定杨某某于2015年6月30日前分期分别偿还朱某某3.85万元、薛某某4000元、杨某某3.1万元、袁某某1万元、韩某某1.8万元。该院又于2015年6月26日作出（2015）鄂老河口民初字第00880号民事判决书，判决被告人杨某某于判决生效后十日内一次性偿还历某12万元。

2015年1月6日，朱某某等5人向老河口市人民法院申请强制执行，该院于同年2月11日向杨某某送达了执行通知书及报告财产令，但杨某某未按执行通知书履行生效法律文书确定的义务，未报告本人财产状况。在法院主持下，双方当事人于同年4月30日就第一期债务5.075万元达成执行和解协议。杨某某除执行1.1万元外，余额3.975万元及第二期债务5.075万元未执行。杨某某长期从事建筑装修业务，其拥有位于老河口市洪山嘴镇洪山嘴村2栋2间3层楼房。

历某于2015年8月3日向老河口市人民法院申请强制执行，该院于2015年8月8日向杨某某送达了执行通知书及报告财产令，但杨某某未按执行通知书履行生效法律文书确定的义务，未报告财产。老河口市人民法院于2015年8月15日对杨某某实施司法拘留十五日，但杨某某在法院对其拘留后仍拒不履行法定义务。

老河口市人民法院遂将杨某某以涉嫌拒不执行判决、裁定罪移送公安机

关侦查,并由检察机关提起公诉。杨某某被逮捕后,与历某协商自愿用老河口市洪山嘴镇洪山嘴村1栋房屋抵清拖欠历某的全部劳动报酬,同时给朱某某、薛某某、杨某某、袁某某、韩某某出具还款保证书,分期偿还朱某某等5人劳动报酬,上述被害人对杨某某表示谅解。老河口市人民法院审理认为,被告人杨某某有执行能力却拒不执行人民法院生效裁判,构成拒不执行判决、裁定罪。

于2016年11月15日判决杨某某犯拒不执行判决、裁定罪,判处有期徒刑一年一个月。

【典型意义】

被执行人拖欠农民工劳动报酬,有履行能力却拒不执行人民法院生效判决,且未如实报告其财产情况,属于有执行能力而抗拒执行情形,依法应予以刑事处罚。人民法院通过办理拒执罪案件,既打击了犯罪,又维护了农民工合法权益,实现了法律效果和社会效果有机统一。

陈某某拒不执行判决、裁定案

——被执行人有履行能力而拒不履行法院判决,执行
法院以涉嫌拒执犯罪向公安机关移送后,被执行人即与
申请执行人达成执行和解协议并当即履行完毕

《最高人民法院发布6起涉民生执行典型案例》第3号

2017年1月25日

【基本案情】

2013年12月2日16时50分许,陈某某驾驶湘AB13××号重型普通货车沿S308线由东向西从安化县东坪镇往马路镇方向行驶,行至柘溪镇路口时,将谌某某停放在道路北侧有效路面外的湘HP54××号摩托车撞倒,造成谌某某严重受伤(现下身瘫痪)。安化县人民法院于2014年11月13日判决:陈某某赔偿谌某某医药费等各项经济损失518226元。

谌某某于2014年12月25日向安化县人民法院申请执行。该院立案执行后,发现被执行人有6300元银行存款并依法扣划,同时,查询到被执行人陈

某某有 2 台货车，车牌号码：湘 A294××中型普通货车、湘 AB13××重型货车。执行人员多次到被执行人陈某某住所地岳阳市湘阴县、工作地长沙市、沅江市上门执行，陈某某一直未见面，经调查了解，陈某某完全有能力履行安化县人民法院（2014）安法民一初字第 868 号民事判决书所确定的义务，但其拒不履行，其行为涉嫌构成犯罪。2016 年 8 月 1 日，安化县人民法院将此案作为拒执罪典型案件移送至安化县公安局立案侦查。安化县公安局立案后立即对被执行人陈某某进行网上追逃，不久在长沙市火车站将陈某某抓获后刑拘。8 月 22 日，陈某某的亲属及委托律师与谌某某达成执行和解协议并当即履行完毕，该案执行完毕。后检察机关撤回对陈某某的起诉。

【典型意义】

对有履行能力而拒不履行法院判决、裁定的被执行人，以涉嫌拒执犯罪向公安机关移送后，既能促使案件顺利执结，同时可以使抗拒执行的行为人受到法律惩处，不仅对改善当前执行环境、缓解执行难具有直接推动作用，而且对强化社会诚信意识、弘扬社会主义法治精神，促进平安中国、法治中国建设，都具有重要意义。应进一步畅通该类案件移送、侦查、审查起诉、审判的渠道，为解决执行难助力。

曹某某拒不执行判决、裁定案

《最高人民法院发布人民法院依法打击拒不执行
判决、裁定罪典型案例》第 1 号
2018 年 6 月 5 日

【基本案情】

李某与曹某某侵权责任纠纷一案，贵州省正安县人民法院于 2013 年 8 月作出的（2013）正民初字第 1313 号民事判决，判令被告曹某某赔偿李某因提供劳务而遭受人身损害赔偿的各项费用共计 20 余万元。判决生效后，曹某某未在判决确定的期限内履行义务，李某于 2014 年 3 月向正安县人民法院申请强制执行。在执行过程中，被执行人曹某某与李某达成分期履行的和解协议，曹某某先后共计履行了 10 万元后，尚余 10 余万元一直未履行。

法院执行过程中查明，正安县城建设工程指挥部于2013年7月拆迁被执行人曹某某的房屋433.50平方米，门面101.64平方米，拆迁返还住房4套、门面3间。2014年5月28日法院查封了曹某某安置房1套。为逃避债务履行，曹某某与贾某某于2014年8月办理了离婚登记，离婚协议约定所有返还房产均归贾某某所有。2014年12月曹某某、贾某某与向某某夫妇签订房屋转让协议，将法院查封的住房以20.50万元转让给向某某。其后，曹某某继续不履行判决确定的义务，且下落不明，致使该判决长期得不到执行。

正安县法院遂将曹某某涉嫌拒不执行判决、裁定罪的线索移交正安县公安局立案侦查。被执行人曹某某于2017年3月30日向正安县公安局投案自首，当天被刑事拘留。在拘留期间，被执行人的前妻贾某某于2017年4月5日主动到法院交纳了欠款及迟延履行期间的债务利息。经检察机关提起公诉，2017年8月8日正安县人民法院以拒不执行判决、裁定罪，判处曹某某有期徒刑一年。

【典型意义】

本案被执行人具有履行能力，以和妻子协议离婚的方法，将其名下全部财产转移到妻子名下，并私自将法院查封的房产予以出售，致使判决无法执行，情节严重，构成拒不执行判决、裁定罪。法院将其犯罪线索依法移交公安机关启动刑事追究程序，并依法定罪判刑，有效惩治了拒执犯罪，维护了司法权威。同时促使被执行人的前妻主动帮助被执行人履行全部债务，有效保障了申请执行人的合法权益，法律效果和社会效果良好。

施某某拒不执行判决、裁定案

《最高人民法院发布人民法院依法打击拒不执行
判决、裁定罪典型案例》第2号
2018年6月5日

【基本案情】

被告人施某某系海南省昌江黎族自治县某生态农业专业合作社（以下简称某合作社）法定代表人。2012年10月，因工地需搭建大棚种植，某合作社和赵某签订了瓜菜大棚施工合同。后在结算工程款的过程中双方产生纠纷。赵某将某合作社起诉至法院,昌江黎族自治县人民法院(以下简称昌江法院)于2014年7月18日作出(2014)昌民初字第268号民事判决,判令某合作社支付赵某工程款1003500元及逾期付款违约金。某合作社上诉后,海南省第二中级人民法院于2014年11月24日作出(2014)海南二中民三终字第23号民事判决书,判决驳回上诉,维持原判。

判决发生法律效力后,因某合作社未在判决确定的期限内履行义务,赵某向昌江法院申请强制执行。据查,在大棚建成后,某合作社曾向昌江县农业局申报农业大棚补贴,并从昌江县财政领取大棚补贴款3226800元,具有履行能力。昌江法院立案执行后,向某合作社发出执行通知书和报告财产令,某合作社仍拒不履行义务,且拒绝申报财产。执行法院遂依法查封某合作社位于昌江县海尾镇双塘村的270亩土地经营权及地上的瓜菜大棚及相关设施。施某某擅自决定将已查封的上述土地及设施予以处置,部分出租给他人种植,部分大棚用于自己种植,所得租金及种植收益拒绝上缴法院。针对某合作社及施某某的以上拒执行为,昌江法院于2016年1月20日依法对施某某采取司法拘留十五日的措施。拘留期限届满后,被执行人仍不履行。

执行法院遂将施某某涉嫌犯罪的线索移交公安机关。经公安机关侦查,检察院提起公诉,昌江法院依法作出判决,认定被告人施某某构成拒不执行判决、裁定罪,判处有期徒刑二年。

【典型意义】

本案中,作为被执行人的某合作社在具有履行能力的情况下,拒绝申报财产,以各种手段逃避执行,而且其法定代表人在被采取司法拘留措施后仍不执行,致使申请执行人遭受较大损失,属于"有能力执行而拒不执行,情节严重"的情形,构成拒不执行判决、裁定罪。同时本案属于单位犯罪,被告人施某某为单位法定代表人,系直接负责的主管人员,对于单位实施的拒不执行判决、裁定犯罪应当承担刑事责任。法院依法对施某某定罪并判处实刑,符合法律规定,体现了对拒执罪的严厉打击,对于在单位犯罪中依法追究自然人的刑事责任也具有一定指导意义。

李某某拒不执行判决、裁定案

《最高人民法院发布人民法院依法打击拒不执行
判决、裁定罪典型案例》第 3 号
2018 年 6 月 5 日

【基本案情】

2013 年 6 月至 10 月间,被告人李某某为其堂哥李某甲与罗某签订的鱼饲料买卖合同提供担保。后因李某甲未按期支付货款,罗某于 2015 年 2 月将李某某、李某甲诉至法院。黑龙江省肇东市人民法院立案后,对李某某经营的鱼池及池中价值 35 万元的鱼采取了财产保全措施,并于 2015 年 6 月 4 日作出(2015)肇商初字第 154 号民事判决,判令李某某于判决生效后十日内给付罗某饲料款 33 万余元。

判决生效后,李某某未在法定期限内履行义务,罗某遂向法院申请强制执行。肇东市人民法院于 2015 年 8 月 13 日立案执行,依法向李某某发出执行通知书和报告财产令。李某某未在规定期限内履行义务,又拒绝申报财产,并将已被查封的鱼池中价值 35 万元的活鱼卖掉后携款逃走,致使法院判决、裁定无法执行。

肇东市人民法院将李某某涉嫌犯罪的线索移送公安机关。肇东市公安局立案侦查,于 2016 年 9 月 5 日将李某某抓获,依法予以刑事拘留。经公安机关侦查终结,肇东市人民检察院于 2016 年 11 月 16 日以被告人李某某涉嫌拒不执行判决、裁定罪,向肇东市人民法院提起公诉。

法院审理认为,被告人李某某未经人民法院许可,擅自将人民法院依法查封的财产出卖,亦未将价款交给人民法院保存或给付申请执行人,又拒绝报告财产情况,有能力执行而拒不执行人民法院已经发生法律效力的判决、裁定,情节严重,构成拒不执行判决、裁定罪。依法判处被告人李某某有期徒刑一年六个月。

【典型意义】

被告人李某某作为执行案件的被执行人,在法院向其发出执行通知书和报告财产令后,拒绝报告财产情况,拒不履行生效法律文书确定的义务,还擅自将已被法院依法查封的财产出卖并携款外逃,导致法院生效判决无法执行,符合"有能力执行而拒不执行,情节严重"的情形。法院根据检察机关的起诉,依法作出判决,有力惩治了拒执犯罪,对此种抗拒执行犯罪行为起到了较好的警示作用。

林某某拒不执行判决、裁定案

《最高人民法院发布人民法院依法打击拒不执行
判决、裁定罪典型案例》第 4 号

2018 年 6 月 5 日

【基本案情】

广东省佛山市顺德区某物流有限公司(以下简称某公司)与林某某合同纠纷一案,经湘潭市雨湖区人民法院一审,湘潭市中级人民法院二审,作出生效判决,判令贺某某、林某某支付某公司货款 22.3 万元及利息。案件进入执行程序后,湘潭中院指定湘潭县法院执行。执行法官向贺某某、林某某送达了执行通知书、报告财产令,但被执行人林某某始终未履行,且未向法院报告财产状况。2013 年 7 月 9 日、2013 年 7 月 24 日,因拒绝履行生效判决确定的义务,湘潭县法院对被执行人林某某两次采取司法拘留措施,被执行人仍未履行义务。某公司于 2015 年 10 月 13 日向湘潭县公安局报案,要求以涉嫌拒不执行生效判决、裁定罪立案,湘潭县公安局经审查后作出不予立案通知书。2015 年 11 月 10 日,某公司向湘潭县法院提起自诉。湘潭县法院经审查后予以受理,并决定对林某某予以逮捕,由公安机关依法执行。2016 年 4 月,湘潭县法院对林某某的银行账户进行查询,发现在法院执行期间林某某名下多个银行账户发生存取款交易一百多次,其中存款流水累计 131719.84 元。

湘潭县法院经审理认为,被告人林某某有能力履行而拒不履行法院生效判决,也不申报财产情况,被两次司法拘留后仍不履行,情节严重,其行为已构成拒不执行判决、裁定罪,于 2016 年 5 月 23 日作出(2015)湘 0321 刑初 00391 号刑事判决,以拒不执行判决、裁定罪,判处被告人林某某有期徒刑一年。林某某不服，上诉至湘潭市中级人民法院，湘潭中院以（2016）湘03刑终字206号刑事裁定，驳回上诉，维持原判。

【典型意义】

执行过程中，被执行人名下银行账户多次发生存取款行为，累计存入金额达人民币13万余元。但被执行人对生效判决确定的义务未作任何履行，且不按要求申报财产情况，经两次被采取拘留措施后仍不履行，情节严重，构成拒不履行生效判决、裁定罪。法院依法受理申请人的刑事自诉并对被告人作出有罪判决，有效惩治了拒执犯罪，维护了法律尊严。

周某某拒不执行判决案

《最高人民法院发布人民法院依法打击拒不执行
判决、裁定罪典型案例》第5号
2018年6月5日

【基本案情】

2013年5月，临安市人民法院（2013）杭临商初字第366号民事判决书对原告符某某与被告操某某、周某某民间借贷纠纷一案作出判决，判决被告周某某、操某某在判决生效后十日内支付原告符某某借款本金40万元、利息48000元。同年7月24日，临安市人民法院向被告周某某、操某某夫妇送达上述民事判决书，因被告周某某、操某某拒收民事判决书，法院工作人员依法留置送达。同年8月8日，该民事判决书生效。因被告周某某、操某某未履行支付义务，经符某某申请，临安市人民法院于同年8月19日依法立案执行，并于同年11月5日作出查封被执行人周某某名下位于临安市高虹镇高乐村大坞龙67号土地的执行裁定书。2014年3月31日，被执行人周某某在明知临安市人民法院判决已生效并进入执行程序的情况下，将高虹镇高乐村大坞龙67号土地、厂房及小山头的土地等以150万元的价格转让给施某，所得款项用于偿还个人债务及消费，拒不履行法院判决，致使临安市人民法院已生效的判决无法执行。

经公安机关侦查，检察机关提起公诉，临安市人民法院依法审理本案。

法院审理认为，被告人周某某对人民法院的判决有能力执行而拒不执行，情节严重，其行为已构成拒不执行判决罪。公诉机关指控的罪名成立。被告人周某某归案后如实供述罪行，依法予以从轻处罚，判决被告人周某某犯拒不执行判决罪，判处有期徒刑一年。

【典型意义】

本案中，被执行人拒收民事判决文书，拒不履行生效判决确定的义务，在执行法院对其财产采取查封措施的情况下，私自转让查封财产并将转让所得价款用于清偿其他债务和个人消费，致使生效判决无法执行，属于拒不执行生效判决情节严重的行为。公安机关、检察机关、人民法院依法予以侦查、起诉和审判，有效打击了拒执犯罪，维护了司法权威。

徐某某拒不执行判决、裁定案

《最高人民法院发布人民法院依法打击拒不执行
判决、裁定罪典型案例》第7号
2018年6月5日

【基本案情】

徐某某系平湖市某再生油脂加工厂（以下简称某油脂厂）的法定代表人。江苏省响水县人民法院于2015年7月22日受理陆某某诉徐某某、某油脂厂股权转让纠纷一案，2015年8月18日作出（2015）响民初字第01557号民事调解书：徐某某及某油脂厂于2015年9月10日前给付陆某某投资款80万元，并负担案件受理费。因徐某某及某油脂厂未按调解书确定的内容履行还款义务，陆某某于2015年9月14日向响水县法院申请强制执行。在法院强制执行过程中，徐某某代表某油脂厂与开发建设有限公司就某油脂厂的拆迁补偿签订协议，约定平湖市林埭新市镇某建设有限公司补偿某油脂厂的款项合计224.7773万元，该款项分两笔先后转入徐某某个人银行卡内，徐某某分别及时取现。

2016年5月10日，响水县法院作出（2015）响执字第01396号执行裁定书，裁定徐某某、某油脂厂偿还陆某某投资款80万元，徐某某拒绝签收该执行裁定书。2016年5月11日，该院要求徐某某对其个人财产情况进行申报，徐某某对其领取的拆迁补偿款的去向作出虚假申报。2016年9月21日、10月5日，因徐某某仍拒不执行裁定，分别被响水县法院拘留十五日，但徐某某仍拒不执行裁定。

响水县法院将徐某某涉嫌拒不执行法院判决、裁定罪的线索移送公安机关，公安机关依法立案侦查，并对徐某某采取强制措施。经公诉机关提起公诉，响水县法院于2017年5月9日作出判决，认定被告人徐某某犯拒不执行判决、裁定罪，判处有期徒刑三年。徐某某不服提起上诉。盐城中院裁定，驳回上诉，维持原判。

【典型意义】

本案被告人徐某某在执行过程中获得大额拆迁补偿款，但其将拆迁款取走，不用于履行生效裁定确定的义务，同时虚假申报个人财产，在执行法院对其实施两次拘留后仍不履行，属于有能力履行生效判决、裁定而拒不履行，情节严重，构成拒不执行判决、裁定罪。响水县公安机关、检察机关、审判机关密切配合，及时追究其刑事责任，并公开宣判，起到很好的惩治与警示效果。

藏某某拒不执行判决、裁定案

《最高人民法院发布人民法院依法打击拒不执行
判决、裁定罪典型案例》第8号
2018年6月5日

【基本案情】

原告于某某、袁某甲、袁某乙、袁某丙与被告藏某某、杨某、刘某某机动车交通事故责任纠纷一案，北京市房山区人民法院于2013年12月10日作出（2013）房民初字11987号民事判决，判令被告藏某某在机动车交通事故强制保险限额内，于判决生效后十五日内赔偿原告于某某、袁某甲、袁某乙、袁某丙死亡赔偿金、医疗费、丧葬费等共计人民币12万元，被告杨某、刘某某承担连带赔偿责任；被告藏某某在机动车交通事故强制保险限额外，于判决生效后十五日内赔偿原告于某某、袁某甲、袁某乙、袁某丙死亡赔偿金、医疗费、精神损害抚慰金等共计人民币202023元。判决生效后，于某某、袁某甲、袁某乙、袁某丙向房山区法院申请强制执行，其间杨某已缴纳执行案款人民币12万元。在强制执行期间，执行人员通过电话联系、前往户籍地等方式查找藏某某，均未能与其取得联系。

2015年8月21日，藏某某与北京某阳光投资有限公司签订《北京高端制造业基地04街区01地块项目工程征地项目房屋拆迁补偿回迁安置协议》。2015年10月14日，藏某某的某银行账户收到拆迁款人民币53.86万元。次日，藏某某将上述款项中的人民币40万元转入其妹妹藏某甲的某银行账户，并将剩余人民币13.86万元全部现金支取。

2017年6月，在多位律师的见证下，袁某丙等人就藏某某涉嫌拒不执行判决、裁定罪向北京市公安局房山分局提出控告，公安机关不予受理，但并未出具不予受理通知书。2017年6月28日，袁某丙等人以藏某某犯拒不执行判决罪，向北京市房山区人民法院提起自诉，并提交了律师见证书，用以证实自诉人曾向公安机关报案但未予受理。该院经核实律师见证书后，确认公安机关不予立案属实，依法立案。在法院审理期间，被告人藏某某亲属应其要求已代为缴纳执行案款人民币205088元，被告人藏某某对此事表示认可。

房山区法院经审理认为，被告人藏某某在获得足以执行生效判决的拆迁款后，转移财产，逃避执行的行为，致使判决长达三年无法执行，严重侵害了自诉人的合法权益及人民法院的司法权威，情节严重，其行为已构成拒不执行判决罪。鉴于其到案后如实供述自己的犯罪事实，且判决宣告前积极缴纳执行案款，确有悔罪表现，可酌予从宽处罚。该院以拒不执行判决、裁定罪判处藏某某有期徒刑八个月，缓刑一年。

【典型意义】

被告人藏某某在明知案件进入执行程序后，隐匿行踪，转移财产，拒不履行判决确定的义务，致使生效裁判无法执行，情节严重，构成拒不执行判决、裁定罪。在申请执行人向公安机关控告时，尽管公安机关没有出具不予立案通知书，但人民法院根据律师见证书等证据确认公安机关不予立案的事实，依法受理申请执行人自诉，及时审理，依法判决，促使被执行人履行了义务，有效惩治了拒执犯罪。

陈某、徐某某拒不执行判决、裁定案

《最高人民法院发布人民法院依法打击拒不执行
判决、裁定罪典型案例》第9号
2018年6月5日

【基本案情】

2013年10月9日,陈某驾驶闽BU83××小型普通客车在莆田市荔城区西天尾镇龙山村路段将行人柯某、陈某某撞倒致伤,形成纠纷。莆田市荔城区人民法院(以下简称荔城法院)于2014年10月14日分别作出(2014)荔民初字第2172号民事判决书、(2014)荔民初字第2563号民事判决书,分别判决被告陈某赔偿柯某经济损失共计人民币119070.95元,赔偿陈某某经济损失共计人民币705514.92元,判决均于2014年11月4日发生法律效力。

判决生效后,陈某未主动履行赔偿义务。陈某某、柯某分别于2014年12月22日、2014年12月24日向荔城法院申请强制执行。荔城法院于同日立案执行。立案后,荔城法院依法向被执行人发出执行通知书及财产报告令,督促其履行法律文书所确定的义务,但陈某仍未主动履行赔偿义务。荔城法院在执行过程中,亦未能查到被执行人陈某名下可供执行的财产。后经法院进一步调查查明,被执行人陈某为保全名下房屋,伙同其母亲徐某某私下签订房屋买卖协议书,约定将被执行人陈某所有的位于莆田市涵江区霞徐片区A3幢1××的安置房及A2#地下室××号柴火间以人民币10万元的低价转让给徐某某,且未实际交付房款。2015年1月4日,被执行人陈某、徐某某办理了房屋所有权转移登记,致使判决无法执行。被执行人陈某、案外人徐某某转移房屋的行为涉嫌拒不执行法院判决、裁定罪,荔城法院将该线索移送公安机关立案侦查。随后,公安机关立案侦查后依法对陈某、徐某某采取强制措施。在此期间,被执行人陈某主动履行了赔偿义务,申请人柯某、陈某某于2016年11月30日向荔城法院书面申请执行结案。2017年4月26日,荔城法院根据公诉机关的指控,作出(2017)闽0304刑初179号刑事判决,以拒不执行法院判决、裁定罪,分别判处被告人陈某有期徒刑九个月,缓刑一年;被告人徐某某拘役六个月,缓刑八个月。

七、妨害社会管理秩序罪

【典型意义】

本案被执行人陈某有履行能力而拒不履行法院生效判决，并与案外人恶意串通，以虚假交易的方式将自己名下的财产转移至其亲属名下，逃避履行义务，致使法院判决无法执行。不仅被执行人的行为构成拒不执行判决、裁定罪，案外人也构成拒不执行判决、裁定罪的共犯。法院依法追究被执行人及案外人拒执罪的刑事责任，促使被执行人履行了义务，惩治了此种恶意串通拒不执行生效裁判的行为，起到了很好的教育和警示作用。

重庆甲塑胶有限公司、刘某某拒不执行判决、裁定案

《最高人民法院发布人民法院依法打击拒不执行
判决、裁定罪典型案例》第 10 号
2018 年 6 月 5 日

【基本案情】

重庆乙市政工程有限责任公司（以下简称乙公司）与重庆甲塑胶有限公司（以下简称甲公司）因建筑工程施工合同纠纷一案，经重庆市合川区人民法院一审，甲公司上诉后，重庆市第一中级人民法院终审，判决甲公司在判决生效后五日内支付乙公司工程款 1424801.2 元及利息。2015 年 11 月 10 日因甲公司未按期履行义务，乙公司向合川区法院申请强制执行。执行立案后，合川区法院依法向被执行人送达执行通知书、报告财产令等执行文书，并将被执行人法定代表人刘某某传至法院，告知其乙公司申请强制执行的相关情况及甲公司要如实申报财产等义务，并对公司账户采取了查封措施。但甲公司及法定代表人刘某甲仍未履行义务。2015 年 12 月 10 日，刘某某与案外人林某公司协商好后，指派公司员工冯某某与林某公司签订了厂房租赁协议，以 364607 元的价格将公司某厂房租赁给林某公司使用三年。后刘某某在明知甲公司和自己私人账户均被法院冻结的情况下，指示林某公司将此笔租房款转至其子刘某乙的账户，后取出挪作他用，未履行还款义务，致使法院生效判决无法执行。

合川区法院将被执行人甲公司及刘某某涉嫌构成拒不执行判决、裁定罪

的线索移送至合川区公安局立案侦查。同月21日刘某某主动向合川区公安局投案自首,同日被合川区公安局刑事拘留。案件审理过程中,甲公司及刘某某主动履行了部分义务。2017年4月17日,合川区法院作出判决,认定被告单位甲公司及该单位直接负责的主管人员被告人刘某某对判决有能力执行而拒不执行,情节严重,其行为均已构成拒不执行判决、裁定罪。鉴于刘某某有自首情节,且甲公司主动履行部分义务,决定对甲公司及刘某某从轻处罚,以犯拒不执行判决、裁定罪,对被告单位甲公司判处罚金10万元;对刘某某判处有期徒刑一年,缓刑一年六个月,并处罚金5万元。

【典型意义】

被执行人甲公司及公司负责人刘某某在法院强制执行过程中,明知公司账户被法院冻结的情况下,指使他人将本应进入公司账户的资金转移至他人账户,挪作他用,隐匿公司财产,逃避法院强制执行,致使法院生效裁判无法执行,情节严重,其行为构成拒不执行判决、裁定罪。本案属于单位构成拒执罪的典型案例。法院依法认定被告单位及其直接负责的主管人员构成犯罪并分别判处刑罚,对于作为被执行人的单位具有很好的警示作用。

殷某某拒不执行判决、裁定罪自诉案

《最高法发布依法惩戒规避和抗拒执行典型案例》案例3

2021年12月1日

【案情简介】

2019年12月,徐某与殷某某民间借贷纠纷一案,经江西省鹰潭市余江区人民法院主持调解达成调解协议并制作调解书,殷某某需偿还徐某借款83万元及利息。但殷某某未按照调解书履行还款义务。徐某遂向余江区法院申请强制执行,执行中殷某某虽多次作出还款承诺,但届期均未履行,且有逃离住所等逃避执行的行为,法院对其作出了司法拘留和罚款决定。2021年年初,申请执行人徐某遂以被执行人殷某某涉嫌拒不执行判决、裁定罪向余江区人民法院提起刑事自诉。该院刑事立案后对被执行人殷某某作出逮捕决定。2021年4月,江西省高级人民法院联合多家媒体对该案开展"余江'猎狐'

拘捕进行时"直播活动，观看量突破了60万人次，营造了强大的舆论氛围。在被决定逮捕后，被执行人殷某某的家属与申请执行人徐某达成执行和解协议，该案得以顺利执结。

【典型意义】

本案是通过刑事自诉方式追究被执行人拒执罪的典型案例，且法院以案说法，通过与媒体深度合作，采取网络直播、全程见证抓捕等新媒体形式，形成强大的舆论威慑氛围，具有极强的教育意义和社会影响，真正起到了执行一案、教育一批、影响一片的积极效果。

丁某某等人虚构债务被判拒执罪案

《最高法发布依法惩戒规避和抗拒执行典型案例》案例4
2021年12月1日

【案情简介】

中国某银行分别诉丁某某夫妇、庞某某夫妇欠款纠纷案，在案件审理期间，丁某某等人串通各自亲属在法院保全前以各自房产为虚构的借款设定抵押并进行了公证。案件进入执行程序，执行法院苏州工业园区人民法院裁定拍卖了丁某某夫妇、庞某某夫妇名下的两处房产，其亲属则以抵押权为由申请在拍卖价款中优先受偿。此外，其亲属以虚构的借款在异地起诉，并取得了生效判决，其持判决书向执行法院申请参与分配。因抵押借贷存疑，执行法院向两案被执行人及其亲属就虚假诉讼逃避执行等法律规定作出释明，各当事人仍坚称抵押借贷真实存在并愿意承担法律责任。后执行法院调查确认，所谓的借款在出借后经过二十余次流转最终又回到了出借人处，借贷的事实并不成立。执行法院对两案被执行人虚构债务、虚假抵押、虚假诉讼规避执行的行为作出了总计罚款60万元的决定，因虚假诉讼取得的判决亦被再审撤销。2021年3月，苏州中院部署开展打击拒执犯罪专项行动，本案根据联动机制实现快移、快侦、快诉和快审。移送起诉期间，被执行人丁某某夫妇将其所涉全部债务履行完毕。2021年4月，苏州工业园区人民法院以拒不执行判决、裁定罪，分别判处各被执行人从拘役六个月（缓期执行六个月）至一年三个月有期徒刑不等的刑罚。

【典型意义】

2021年以来,全国法院结合各地实际情况,部署开展打击拒执犯罪专项行动,并协调公安、检察等单位专题会商,对案件立案标准、证据采信、是否构罪等核心问题提前达成共识,充分凝聚打击拒执罪的工作合力,对拒执案件快移、快侦、快诉、快审,充分发挥了解决执行难的联动机制优势,彰显了打击拒执犯罪的决心。并通过集中组织旁听拒执罪庭审的方式在社会上起到了"判处一例、震慑一批、教育一片"的良好社会效果。

韩某某等拒不执行判决、裁定案

《最高法发布依法惩戒规避和抗拒执行典型案例》案例8
2021年12月1日

【案情简介】

申请执行人某融资租赁公司与被执行人唐山某实业集团有限公司、韩某某等融资租赁合同纠纷一案,依照山东省青岛市中级人民法院作出的生效民事判决,被执行人需向申请执行人支付3800万元及利息。后被执行人未能自觉履行,申请人申请执行。青岛中院立案执行后,法院通过线上查控、线下走访等方式查明:被执行人将其名下所有的14套房产在法院查封后出售给公司员工,且被执行人通过设立新公司继续销售产品、收取货款,逃避法院的执行。青岛中院及时将本案拒不执行生效判决的犯罪线索移送相关公安部门,追究其刑事责任。公安部门立案后对被执行人韩某某采取了刑事拘留措施,在强大的威慑力下,被执行人已将全部案款约4500万元交至法院,该案件得以顺利执结。

【典型意义】

因被执行人及相关案外人拒不配合法院执行工作,故意逃避执行,青岛中院对此重拳出击,及时移交公安机关追究其拒不履行裁判、裁定罪的法律责任,面对巨大的威慑力,被执行人主动联系法院及案件申请人,及时履行其全部巨额债务，保障了当事人的合法权益，也体现了司法机关对拒不执行行为坚决打击的态势，切实维护了法律的尊严与司法权威。

许某某非法处置查封、扣押、冻结财产案
——被执行人有履行能力，却转移财产逃避执行，被以涉嫌
构成非法处置查封、扣押、冻结财产罪移送追究刑事责任

《最高人民法院公布五起打击拒不执行涉民生案件典型案例》第 3 号
2015 年 2 月 15 日

执行法院：浙江省嘉兴市南湖区人民法院
执行案由：交通事故人身损害赔偿
申请执行人：徐某某
被执行人：高某某

【案情摘要】

2006 年 3 月 5 日，高某某驾驶二轮摩托车与徐某某发生碰撞，造成徐某某受伤。经交警部门认定，高某某负事故全部责任，经鉴定徐某某伤势构成八级伤残。徐某某将高某某诉至浙江省嘉兴市南湖区人民法院，要求支付赔偿款 107026.45 元。经嘉兴市南湖区人民法院调解，双方当事人于 2007 年 5 月 18 日达成（2007）南民一初字第 380 号民事调解书，确定被告高某某赔偿原告徐某某医药费、住院伙食补助费、护理费、误工费、交通费、伤残补助金、鉴定费、精神损害抚慰金等损失合计 83800 元，并定于 2007 年 12 月底前分三次付清。该民事调解书生效后，高某某并未如约履行，徐某某遂于 2007 年 8 月 6 日申请强制执行。

该案执行过程中，嘉兴市南湖区人民法院未发现被执行人高某某有可供执行财产，遂于 2007 年 11 月 2 日终结本次执行程序。2012 年年底，随着嘉兴市南湖区"三改一拆"活动展开，申请执行人发现被执行人高某某家庭所有的猪舍列入拆迁范围，应当有相应的款项予以补偿，于是向法院申请恢复执行。嘉兴市南湖区人民法院经查，2013 年 5 月，高某某家与嘉兴市南湖区新丰镇人民政府就猪棚拆除有相关补偿，且相关猪舍拆迁协议系该家庭以许

某某（高某某之子）名义与拆迁单位签订。2013年7月19日，嘉兴市南湖区人民法院对补偿单位新丰镇竹林村村委会送达协助执行通知书，要求协助冻结补偿款项共计155492.18元（含迟延履行期间的债务利息）。其后，许某某于2013年12月4日通过在中国农业银行新丰支行挂失补偿款的农行存单，转移该笔补偿款人民币226170元至张某某（高某某之女婿）账户。嘉兴市南湖区人民法院遂以许某某涉嫌构成非法处置查封、扣押、冻结财产罪移送公安机关侦查。在公安机关侦查过程中，被执行人高某某于2015年1月20日将全部赔偿款及迟延履行期间的债务利息82118.22元交至执行法院。有关机关对许某某的刑事追责程序正在进行中。

【典型意义】

被执行人之子许某某非法处置查封、扣押、冻结财产的行为已经涉嫌构成犯罪。正是在公安机关启动刑事追责程序之后，被执行人主动履行了执行义务，从而促成了本案的执结，维护了交通肇事受害人的合法权利。在当前被执行人抗拒、逃避执行现象多发，"执行难"问题突出的背景下，人民法院依法启动刑事追责程序，对于依法实现判决、裁定确定的权利义务关系，维护司法秩序，增强司法权威，提高司法公信力，无疑具有重要的导向作用。

黄某非法处置查封财产案

——被执行人擅自转卖已查封的财产，导致判决无法执行，进入刑事追责程序后仍拒不履行，被判处有期徒刑一年六个月

《最高人民法院发布10起人民法院依法惩处拒执罪典型案例》第8号

2015年7月21日

【基本案情】

2012年12月，江西省石城县人民法院对熊某与黄某借款纠纷一案作出民事判决，判令被告黄某归还原告熊某欠款30万元及利息。判决生效后，黄某未如期履行，熊某向石城县人民法院申请强制执行。案件进入执行程序后，执行法院依法向黄某送达了执行通知书，并查询了其财产情况，但未查到可供执行财产。

2013年5月8日，根据申请执行人提供的线索，执行人员在广东省东莞市大朗镇找到黄某，黄某承认在东莞市大朗镇开办雪糕批发部，有5部送货车、2间冻库、250个冰柜及一些办公设备，石城县人民法院依法对上述财产进行查封。次日，黄某随执行人员回到石城县，因黄某一直拒不执行生效法律文书确定的义务，石城县人民法院决定对其司法拘留15日。黄某向执行法院表示愿意将其所有的雪糕批发部财产转让他人，所得款项用于清偿债务。但黄某回到东莞市后，未经执行法院许可，擅自与他人签订转让合同，将被法院查封的全部财产以46万元转让，所得款项仅支付熊某5.3万元。之后，黄某更换联系方式，躲避法院执行。

2014年8月，黄某因故被东莞市大朗镇派出所拘留15日。石城县人民法院获此信息后，随即派执行人员将其从东莞市拘留所带回石城县。鉴于黄某拒不履行生效判决确定的义务，执行法院决定再次对其司法拘留15日，并移交石城县公安局立案侦查。经公安侦查、检察起诉、法庭审理等环节，2014年12月30日，石城县人民法院对被告人黄某以非法处置查封的财产罪判处其有期徒刑一年六个月。

【典型意义】

本案被执行人黄某起初因拒不执行法院判决，被司法拘留15日，仍不悔改，在其财产已经被执行法院依法查封的情况下，擅自将财产变卖，将所得款项大部分隐匿、转移，造成生效判决无法执行，其被移送侦查起诉，进入刑事追责程序后，仍拒不履行生效判决确定的义务，情节严重，最终被以非法处置查封的财产罪判处有期徒刑一年六个月，得到应有的惩罚。

冯某某非法处置查封财产案
——被执行人法定代表人擅自将法院查封的财产变卖，
且拒不交出变卖款，被判处有期徒刑十个月

《最高人民法院发布 10 起人民法院依法惩处拒执罪典型案例》第 9 号
2015 年 7 月 21 日

【基本案情】

2013 年 12 月 11 日，柳州市柳南区人民法院对柳州市某机电设备有限公司与柳州市某科技有限公司买卖合同纠纷一案依法作出民事调解书，确认由被告柳州市某科技有限公司向原告柳州市某机电设备有限公司支付货款本金及违约金合计 224800 元。诉讼中，法院依原告方申请，将柳州市某科技有限公司的 5 台开式固定台压力机、1 台新型电动摆式剪板机、1 副剪板机刀片裁定查封。调解书生效后，柳州市某科技有限公司未按调解书指定的期间履行给付义务，柳州市某机电设备有限公司遂于 2014 年 4 月 10 日向柳南区人民法院申请强制执行。

在执行过程中，执行法院向柳州市某科技有限公司下达执行通知书和财产报告令，该公司相关负责人不配合执行。经执行人员多方查找与做工作，被执行人法定代表人冯某某将 5 万元偿还给申请执行人后，坚称公司已无偿还能力，表示已将公司不动产向银行办理抵押贷款，待贷款下发后再偿还欠款。2014 年 9 月中旬，申请执行人向执行法院反映称，冯某某正私下处理公司财产。执行人员第一时间赶到柳州市某科技有限公司进行查看，发现该公司大部分财产已不见踪影。后经调查取证，了解到冯某某已将法院查封的相关设备以 15 万元的价格转卖他人，且未将款项支付给申请执行人。2014 年 9 月 28 日，执行法院将冯某某涉嫌非法处置查封的财产罪线索移送公安机关。同日，公安机关决定立案侦查并将冯某某刑事拘留。2015 年 1 月 15 日，柳州市柳南区人民法院对检察机关指控冯某某犯非法处置查封的财产罪一案依法作出判决，认定被告人冯某某作为被执行人柳州市某科技有限公司的法定代表人，在未经执行法院许可的情况下，擅自将法院查封的财产以 15 万余元的价格变卖，且拒不交出该款，致使柳州市某机电设备有限公司的货款无法收回，情节严重，其行为构成非法处置查封的财产罪，依法判处有期徒刑十个月。

【典型意义】

非法处置查封、扣押、冻结的财产罪是指隐藏、转移、变卖、故意毁损已被司法机关查封、扣押、冻结的财产，情节严重的行为。这种行为是针对已由法院采取财产保全或其他限制处分权的执行措施的财产所为，势必妨害生效裁判的执行。本案中被执行人法定代表人冯某某明知执行法院已将该公司的相关设备查封，未经法院许可，仍擅自变卖，且拒不交出变卖款，导致申请执行人的货款无法收回，情节严重，符合非法处置查封的财产罪的犯罪构成，应依法受到惩处。

张某某非法处置查封的财产案

——被执行人擅自将诉讼保全查封的财产抵债给他人，妨害人民法院生效判决的执行，被判处有期徒刑六个月

《最高人民法院发布6起依法审理拒执刑案典型案例》第6号

2016年11月30日

【基本案情】

王某某诉张某某等借款纠纷一案，山东省桓台县人民法院依法作出民事调解书，张某某等应偿还王某某借款本金及利息379000元。王某某在诉讼期间申请财产保全，桓台县人民法院于2014年7月9日以（2014）桓民初字第1528-1号民事裁定书依法查封了机器设备。因张某某等未主动履行还款义务，王某某申请强制执行，2014年8月25日，桓台县人民法院立案执行。经查，在查封期限内，张某某擅自将查封设备内的电火花数控线切割机一台和立式升降台铣床一台抵债给他人。桓台县人民法院责令张某某将该两台设备追回，张某某未追回。

桓台县人民法院将张某某涉嫌非法处置查封的财产罪的线索移送公安机关。经公安机关侦查、检察机关起诉，桓台县人民法院经审理认为，被告人张某某将法院的查封财产擅自抵债，致使查封财产无法追回，其行为已构成

非法处置查封的财产罪。鉴于被告人张某某经公安机关电话传唤后到案,归案后如实供述其犯罪事实,系自首,依法可从轻处罚。在简易审理中自愿认罪,可酌情予以从轻处罚。依法判处张某某有期徒刑六个月。张某某不服,提出上诉。淄博市中级人民法院依法驳回上诉,维持原判。

【典型意义】

被执行人将人民法院诉讼期间保全查封的财产擅自抵债给他人,且查封的财产未追回,妨害了人民法院执行工作。人民法院以非法处置查封的财产罪判处其有期徒刑六个月,有效打击了在立案执行前非法处置已被查封的财产,逃避执行的犯罪行为,丰富了打击拒执行为的司法实践。

肖某某非法处置查封的财产案

《最高人民法院发布人民法院依法打击拒不执行
判决、裁定罪典型案例》第 6 号
2018 年 6 月 5 日

【基本案情】

被告人肖某某因资金周转困难向曾某某借款人民币 285 万元,后未及时偿还。曾某某遂向江西省南昌市西湖区人民法院提起诉讼,并于 2014 年 5 月 29 日申请财产保全。西湖区法院依法作出保全裁定,对肖某某存于南昌市洪都中大道 14 号仓库的自行车、电动车进行了查封。

2014 年 7 月 10 日,在西湖区法院主持下,肖某某与曾某某达成调解协议,法院依法制作民事调解书。调解书生效后,肖某某未在确定的期间内履行还款义务,曾某某于 2014 年 7 月 31 日向西湖区人民法院申请强制执行。同日,执行法院向肖某某下达执行通知书,肖某某不配合执行。2014 年 8 月肖某某私自将其被法院查封的 2000 多辆自行车拖走,并对自行车进行变卖和私自处理,用以偿还其所欠案外人胡某某部分债务。肖某某未将上述非法处置查封的财产行为告知西湖区人民法院,也未将变卖自行车所得款项打入西湖区人民法院指定账户,并将原有手机关机后出逃,致使申请执行人曾某某的债权无法执行到位。

2016年6月13日,公安机关将被告人肖某某抓获。经公安机关侦查终结,检察院提起公诉,西湖区人民法院经审理,以非法处置查封的财产罪,判处被告人肖某某有期徒刑一年六个月。

【典型意义】

非法处置查封、扣押、冻结的财产,是被执行人规避、抗拒执行的一种典型方式。本案被执行人在强制执行过程中,对人民法院已经查封的财产私自变卖,并将变卖所得用于清偿其他债务,导致申请执行人的债权得不到执行,情节严重,构成非法处置查封的财产罪。由于本案执行依据是民事调解书,被执行人的拒不执行行为不能构成拒不执行判决、裁定罪。法院以非法处置查封的财产罪对被告人定罪处罚,符合法律规定,惩治了此种抗拒执行的行为,维护了司法权威,具有较好的警示作用。

杨某某、蔡某掩饰、隐瞒犯罪所得案
——非法收购、销售医保骗保药品

《危害药品安全犯罪典型案例》案例4

2023年9月18日

【简要案情】

2017年至2020年12月,被告人杨某某为谋取利益,向被告人蔡某、特病病人黄某某等低价收购利用医保骗保购买的百令胶囊、开同复方α-酮酸片、尿毒清颗粒等特病药品,后加价出售给重庆市某医药有限公司的蒋某某。杨某某收售药品金额共计2400万余元,非法获利70万元。

2019年11月至2020年12月,被告人蔡某为谋取利益,向特病病人唐某某、赵某、黄某某等十余人低价收购利用医保骗保购买的百令胶囊、开同复方α-酮酸片、尿毒清颗粒等特病药品后,加价出售给被告人杨某某。蔡某收售药品金额共计900万余元,非法获利20万元。

【裁判结果】

重庆市永川区人民法院、重庆市第五中级人民法院经审理认为,被告人杨某某、蔡某明知系利用医保骗保的药品而非法收购、销售，情节严重，其行为均已构成掩饰、隐瞒犯罪所得罪。杨某某、蔡某到案后如实供述主要犯罪事实。据此，以掩饰、隐瞒犯罪所得罪，判处被告人杨某某有期徒刑六年六个月，并处罚金人民币140万元；判处被告人蔡某有期徒刑五年六个月，并处罚金人民币40万元。

【典型意义】

医保基金是人民群众的"救命钱"，事关广大群众的切身利益。但一些不法分子利用国家的惠民政策，明知是医保骗保购买的药品，从医保骗保者手中低价收购，加价贩卖，牟取非法利益。部分不法分子甚至指使、教唆、授意他人利用医保骗保购买药品，加价贩卖。一些"中间商"长时间从事前述犯罪活动，形成"灰色"产业链，严重扰乱国家药品监管秩序，危害医保基金的正常运行，对医疗资源的科学、合理利用，对相关病人的合法权益造成极大损害。严厉打击医保骗保犯罪，斩断犯罪分子伸向医保基金的黑手，为国家医保基金提供强有力的司法保护，责任重大，意义深远。

（三）妨害国（边）境管理罪

潘某某组织他人偷越国（边）境案

《最高人民法院发布跨境电信网络诈骗及其
关联犯罪典型案例》案例六
2024年2月7日

【基本案情】

2021年2月，被告人潘某某以缅甸有"高薪"工作机会为由，邀约同村村民潘某甲、潘某乙、张某某（均已判刑）等人去缅甸非法务工。三人同意后，潘某某便与"对方公司"人员商定路线、交通、住宿、接头等事宜。同年3月，"对方公司"人员陆续向潘某某转款共计约人民币1.5万元，由潘某某负责安排出境人员行程。之后，潘某某带领潘某甲等三人从江西省湖口县出发,到达云南省芒市。"对方公司"人员在芒市与潘某某接头,后带领四人偷渡至缅甸,送至一电信网络诈骗窝点。在犯罪窝点期间,潘某某等四人均被限制人身自由,被胁迫参与电信网络诈骗犯罪活动。同年7月,四人交付赎金后得以脱身,其中潘某某本人交付人民币15万元赎金。之后,潘某甲等三人立即回国,潘某某滞留在缅甸,后于2023年4月从缅甸果敢清水河口岸入境并主动到公安机关投案,到案后如实供述犯罪事实。

【裁判结果】

本案由江西省湖口县人民法院审理,现已发生法律效力。

法院认为,被告人潘某某违反国(边)境管理法规,非法组织三人偷越国(边)境,其行为已构成组织他人偷越国(边)境罪。潘某某虽投案自首,且自愿认罪认罚,但其曾因偷越国(边)境被行政处罚,一年内又再次组织他人偷越国(边)境,依法不适用缓刑,以组织他人偷越国(边)境罪判处有期徒刑一年一个月,并处罚金人民币5000元。

【典型意义】

近年来,在境外长期盘踞着大量电信网络诈骗团伙或犯罪集团,这些犯罪窝点之所以屡打不绝、屡禁不止,离不开境内外"蛇头"团伙为其源源不断输送"新鲜血液"。"蛇头"团伙往往以"高薪"为由,通过熟人介绍、软件聊天等方式,拉拢、诱骗、组织他人非法偷渡至境外诈骗犯罪窝点。诈骗犯罪集团接手后,采用控制人身自由等方式强迫偷渡人员从事电信网络诈骗等犯罪活动。

本案是一起受境外犯罪集团引诱,组织招募境内人员偷渡出境,后被强迫实施电信网络诈骗犯罪的典型案例。被告人潘某某在境外犯罪集团的引诱和指挥下,组织同村村民偷渡出境非法"务工",不仅"淘金"梦碎,还落入诈骗犯罪集团的陷阱,严重威胁自身及他人生命财产安全。人民法院依法认定潘某某构成组织他人偷越国(边)境罪,并综合考虑其"屡犯不改"等情节,决定对其不适用缓刑,通过从严打击电信网络诈骗的衍生犯罪,坚决铲除相关"人力供应链"。同时,也教育提醒广大人民群众要自觉增强防范意识,不要轻信"境外高薪"骗局,一旦身陷境外诈骗窝点,将付出沉重代价。

林某某、蒋某某偷越国（边）境案

《最高人民法院发布跨境电信网络诈骗及其
关联犯罪典型案例》案例七
2024 年 2 月 7 日

【基本案情】

2020 年 10 月，被告人林某某、蒋某某明知出境至缅甸系从事违法犯罪活动，仍在他人的"高薪"利诱下决定偷渡前往缅甸。二人到达云南省昆明市后，经介绍安排，在"蛇头"带领下，从昆明市乘车前往中缅边境地区，随后徒步爬山进入缅甸境内，相关路途费用均由蒋某某垫付。到达缅甸境内后，二人被安排在佤邦地区勐波县一赌场内望风，后又被贩卖至一电信网络诈骗窝点进行诈骗业务培训。林某某缴纳人民币 2 万元赎金后得以离开诈骗窝点，同年 11 月 8 日，从佤邦邦康市界河边乘坐橡皮艇非法入境。2021 年 6 月 3 日，蒋某某经云南省孟连口岸勐阿通道入境。

【裁判结果】

本案由福建省福清市人民法院审理，现已发生法律效力。

法院认为，被告人林某某、蒋某某违反国（边）境管理法规，偷越国（边）境，情节严重，其行为均已构成偷越国（边）境罪。林某某、蒋某某主动投案，归案后自愿认罪认罚，蒋某某主动预缴纳罚金。综上，对被告人林某某以偷越国（边）境罪判处拘役四个月，并处罚金人民币 5000 元，与其所犯危险驾驶罪并罚，决定执行拘役六个月，并处罚金人民币 1 万元；对被告人蒋某某以偷越国（边）境罪判处拘役五个月，缓刑十个月，并处罚金人民币 5000 元。

【典型意义】

盘踞在缅甸等地的诈骗犯罪集团往往通过虚假"高薪"招聘或亲友"现身说财"等方式，引诱境内人员出境"轻松赚大钱"。一些人员为获取高收入，明知出境从事电信网络诈骗等违法犯罪活动，仍铤而走险，自愿跟着

"蛇头"翻山渡海奔赴境外。待到境外后,赚钱不成反被控制人身自由,直至缴纳大量赎金才得以脱身回国。因其行为触犯了我国相关法律、法规,还将接受相应的法律制裁。

本案是一起为获取"高薪"报酬,主动偷渡至境外参加电信网络诈骗等违法犯罪的典型案例。被告人林某某、蒋某某为赚钱发财,明知出境从事电信网络诈骗等违法犯罪活动,仍自愿垫付资金偷渡至缅甸,结果被境外人员贩卖至犯罪窝点,在缴纳赎金后才得以脱身。人民法院依法认定二被告人构成偷越国(边)境罪,并综合考虑二人主动投案自首、认罪认罚、积极预缴纳罚金等情节,在量刑上予以从宽,一方面体现了对电信网络诈骗关联犯罪行为严惩不贷的原则,另一方面充分落实了宽严相济刑事政策。

(四)妨害文物管理罪

鲁某、罗某某故意损毁文物案

《依法保护文物和文化遗产典型案例》案例2

2023年2月7日

【基本案情】

安徽省繁昌县某中草药种植专业合作社是一家从事中草药种植、销售等经营活动的农民专业合作社,鲁某为该合作社负责人,罗某某为股东。2012年4月,该合作社承租繁昌县平铺镇某村约200亩山林,准备用于种植草药及苗圃。因该片山林位于全国重点文物保护单位——皖南土墩墓群范围内,同年5月,鲁某与繁昌县文物局签订了文物保护责任书,承诺不使用挖掘机施工作业。但在皖南土墩墓范围内施工的过程中,鲁某、罗某某仍擅自使用挖掘机进行清理表层土壤、挖沟等作业。同年10月,繁昌县文物局执法人员巡查时发现该情况并予以制止。经鉴定,皖南土墩墓本体受到严重破坏。

【裁判结果】

安徽省繁昌县人民法院认为,被告人鲁某、罗某某故意损毁被确定为全国重点文物保护单位的文物,均构成故意损毁文物罪。二被告人具有自首情节,依法可以从轻处罚,分别判处有期徒刑三年,缓刑三年,并处罚金 1 万元。该判决已生效。

【典型意义】

本案系故意损毁文物引发的刑事案件。案发地位于皖南土墩墓群范围内,该墓葬群及其出土文物集中反映了西周至春秋时期的社会生产、生活状况,是研究吴越文化的重要资料,对研究商周时期中原文化和周边文化的关系、中华文明的一体化进程等重大课题具有重要意义。鲁某、罗某某在与繁昌县文物局签订文物保护责任书后,仍然明知故犯,严重破坏皖南土墩墓本体,依法应当承担刑事责任。人民法院在依法审判的同时,采取"以案说法"形式在皖南土墩墓群保护区内进行宣讲,引导社会公众提高文物保护意识和自觉性,起到了"惩处一个、警示一片"的教育作用。该案是人民法院、文物行政部门秉持统筹好文物保护与经济社会发展的理念,依法履职尽责,通过严格妥善查处发生在人民群众周边、与生产生活密切相关的案件,努力提升文物保护水平和效果的代表性案例。

张某某、王某某过失损毁文物案

《依法保护文物和文化遗产典型案例》案例 3

2023 年 2 月 7 日

【基本案情】

2019 年,洛阳某热力工程安装有限公司承包河南省洛阳市洛白路供热主干线工程,其部分施工区域位于全国重点文物保护单位——汉魏洛阳故城保护范围内。同年 6 月 15 日,该公司项目经理韩某某通知三标段工队负责人即被告人张某某将施工现场的结构层沥青、混凝土垫层清理掉,露出原土即可。张某某对此没有理解清楚而继续施工,并雇用无操作资质的被告人王某某驾驶挖掘机作业。次日凌晨,张某某、王某某在施工过程中没有尽到注意义务,造成一古墓葬券顶完全破坏。经鉴定,挖掘行为损毁东汉时期古墓葬,局部破坏汉魏洛阳城遗址本体,对古墓葬的历史、艺术、科学价值造成严重破坏。

2019年9月25日,洛阳市文物局对洛阳某热力工程安装有限公司罚款30万元(已缴纳)。

【裁判结果】

河南省洛阳市洛龙区人民法院认为,被告人张某某、王某某过失损毁被确定为全国重点文物保护单位的文物,造成严重后果,均构成过失损毁文物罪。二被告人归案后能如实供述犯罪事实,自愿认罪认罚,依法可以从轻处罚,分别判处有期徒刑一年六个月,缓刑二年。该判决已生效。

【典型意义】

本案系过失损毁文物引发的刑事案件。汉魏洛阳故城前后延续使用近1600年,是东周、东汉、曹魏、西晋、北魏的都城,是汉魏时期对外交流的重要窗口和"丝绸之路"的东方起点。现存遗址为国务院公布的第一批全国重点文物保护单位、世界文化遗产,具有重大的历史、艺术、科学价值。保护文物,人人有责,特别是在文物保护范围内,建设施工单位及相关责任人更要按章作业、尽到注意义务,损毁文物要承担相应法律责任。张某某、王某某在施工中过失损毁汉魏洛阳故城保护范围内的古墓葬,造成严重后果,依法应当承担刑事责任。施工单位没有尽到管理义务,应承担相应的行政责任。人民法院贯彻落实宽严相济刑事政策,依法对二被告人定罪量刑,文物行政部门依法对施工单位予以罚款的行政处罚,展现了多元治理、全面追责、共同提升文物保护水平的鲜明导向和工作实效,对引导社会公众提高文物保护意识、建设施工单位及相关责任人提高文物安全责任意识,具有重要警示和教育意义。

霍某某等11人倒卖文物案

《依法保护文物和文化遗产典型案例》案例4
2023年2月7日

【基本案情】

2019年至2020年,被告人张某某、马某某、雷某某、雷某甲、袁某某多次进入新疆罗布泊保护区，非法获取国家禁止经营的文物。被告人霍某某以出售为目的，从被告人依某、张某某、马某某、马某甲、孙某某、雷某某、马某乙、袁某某、阿某处，收购由罗布泊古楼兰遗址出土的打砸器、石器等器物百余件。经鉴定，霍某某买卖、储存二级文物6件、国家三级文物23件；依某买卖二级文物3件、国家三级文物8件；张某某买卖、储存三级文物24件；雷某某、马某乙买卖、储存二级文物1件、三级文物5件；马某某买卖二级文物1件；马某甲买卖、储存二级文物2件、三级文物6件；孙某某买卖三级文物2件；雷某甲买卖、储存三级文物10件；袁某某买卖、储存三级文物3件；阿某买卖三级文物1件。从上述人员的经营场所，还查获国家禁止经营的其他文物1180件。

2019年9月、2020年1月，被告人霍某某先后两次通过手机拍卖软件"微拍堂"，将其在新疆维吾尔自治区鄯善县七克台镇收购的1个石杵和1个石矛出售给他人，共获利3306元。经鉴定，上述石杵、石矛均为三级文物。

【裁判结果】

哈密铁路运输法院认为，霍某某等11名被告人以牟利为目的，出售或者为出售而收购、运输、储存国家禁止买卖的文物，均构成倒卖文物罪。霍某某等8人分别倒卖二级文物或者5件以上三级文物，属于情节特别严重；孙某某等3人倒卖三级文物，属于情节严重。依某等7人具有自首情节，依法可以减轻处罚。袁某某等3人具有坦白情节，可以依法从宽处罚。霍某某等11人均自愿签署了认罪认罚具结书。判处霍某某有期徒刑六年，并处罚金5万元；分别判处依某等10人有期徒刑三年至六个月，缓刑四年至一年，并处罚金8000元至2000元。追缴各被告人的违法所得，没收扣押在案的文物。该判决已生效。

【典型意义】

本案系倒卖文物引发的刑事案件。涉案文物主要来源于新疆罗布泊保护区，该保护区内有小河墓地、楼兰故城遗址等多个重点文物保护区域，分布了大量珍贵文物和文化遗址，具有重大历史、艺术、科学价值。依某等人违反国家文物保护法规，多次进入罗布泊保护区非法获取国家禁止经营的文物，在当地自发形成的文物经营市场内出售，霍某某以出售牟利为目的大量收购、运输、储存文物,并利用互联网拍卖变现,均应依法承担刑事责任。本案倒卖文物行为呈现出规模化、产业化、网络化特点,涉案文物数量巨大,包括数十件二级文物、三级文物,严重破坏罗布泊保护区的地理、文化原貌和文物安全。人民法院坚持"全链条、全要素"打击,依法严惩倒卖文物行为,同时贯彻落实宽严相济刑事政策,正确适用认罪认罚从宽制度,发挥了刑事制裁的惩罚与教育功能,为从源头遏制倒卖文物犯罪、加强文物市场监管、堵塞文物保护工作漏洞,提供了法治指引。

姚某某等12人抢劫、盗掘古文化遗址、古墓葬、倒卖文物案

《依法保护文物和文化遗产典型案例》案例5
2023年2月7日

【基本案情】

2012年至2014年12月,被告人姚某某纠集、指挥被告人刘某等10人,在辽宁省凌源市、建平县、喀喇沁左翼蒙古族自治县、朝阳市龙城区和内蒙古自治区宁城县,多次盗掘古文化遗址、古墓葬,被盗掘地1处为青铜时代夏家店下层文化时期古遗址、1处为青铜时代夏家店上层文化墓葬、17处为新石器时代红山文化积石冢,其中3处位于全国重点文物保护单位牛河梁遗址保护区范围内。经鉴定,盗掘行为造成古文化遗址、古墓葬的文物本体和历史风貌严重毁损,历史信息丢失;窃得玉镯子1对和双联璧、勾云形玉佩、玉镯、玉箍各1件,均为新石器时代红山文化一级文物。

2012年6月至2014年11月,被告人姚某某倒卖玉镯、马蹄形玉箍等一级文物15件、二级文物1件,共获利195万元;被告人李某某倒卖玉镯、玉环、玉蝉形饰等一级文物8件、二级文物和三级文物各1件,共获利48.5万元。

2014年10月,被告人姚某某纠集多人(均另案处理),经事先策划,采用暴力手段劫取被害人冯某所持文物等财物。经鉴定,被劫财物中有二级文物2件,三级文物、一般文物各1件。

【裁判结果】

辽宁省朝阳市中级人民法院一审认为，姚某某以非法占有为目的，以暴力手段劫取他人财物，构成抢劫罪。其抢劫二级文物，属于抢劫数额特别巨大。姚某某等11名被告人违反国家文物管理法规，擅自挖掘具有历史、艺术、科学价值的古文化遗址、古墓葬，均构成盗掘古文化遗址、古墓葬罪。姚某某等人多次盗掘古文化遗址、古墓葬，盗掘确定为全国重点文物保护单位的古文化遗址，并盗窃珍贵文物。在共同犯罪中，姚某某等7人系主犯，其他4人系从犯。姚某某、李某某以牟利为目的，倒卖国家禁止经营的文物，均构成倒卖文物罪，情节特别严重。对姚某某等人所犯数罪，依法并罚。对姚某某决定执行死刑，缓期二年执行，剥夺政治权利终身，并处没收个人全部财产；对其他被告人分别判处或者决定执行"无期徒刑，剥夺政治权利终身，并处没收个人全部财产"至"有期徒刑二年，缓刑三年，并处罚金2万元"不等的刑罚。

辽宁省高级人民法院二审维持一审对各被告人的定罪量刑。

【典型意义】

本案系盗掘古文化遗址、古墓葬及倒卖文物、抢劫文物引发的刑事案件。红山文化是中华文明起源的重要标志之一，其牛河梁遗址为中华文明史前溯千年提供了有力物证，具有极其重要的历史文化价值。本案是牛河梁红山文化遗址被盗掘的系列案件之一，人民法院针对本案已形成专业化犯罪团伙，实行资金提供、设备投入、勘探古墓、盗掘墓葬、销售分赃"一条龙"作业，涉案文物数量众多，非法获利数额巨大等特点，结合文物等级、对古文化遗址、古墓葬造成的损害结果，以及各被告人参与作案次数、在共同犯罪中所起作用等因素，坚持依法重拳出击，全面打击文物犯罪网络，严惩文物犯罪团伙首犯，彻底斩断文物犯罪链条。该案体现了人民法院依法惩治和预防文物犯罪、维护文化遗产安全的决心和成效，彰显了为传承中华文明、弘扬中华文化提供强力司法保障的责任担当。

廖某某等三人盗掘古墓葬案

《依法保护文物和文化遗产典型案例》案例 6
2023 年 2 月 7 日

【基本案情】

2021 年 6 月，被告人廖某某、卢某某、李某某伙同吴某某（在逃），经事先谋划、商定，携带金属探测仪和铁铲等工具，至广西壮族自治区罗城仫佬族自治县兼爱乡某村附近一古墓群进行盗掘，挖开其中一座古墓，取出瓦坛、木条等物品。经鉴定，被盗掘墓葬系清代廖氏家族古墓群中的一座，为廖氏第六代廖某某之墓；该墓群保存较好，形制和碑刻具有地方特点，碑文清晰，对研究当地人口迁徙历史及民族融合等问题具有重要价值，属于受法律保护的不可移动文物。

【裁判结果】

广西壮族自治区罗城仫佬族自治县人民法院一审认为，被告人廖某某、李某某、卢某某违反国家文物管理法规，盗掘具有历史价值的古墓葬，均构成盗掘古墓葬罪。在共同犯罪中，三被告人均系主犯。三被告人均具有坦白情节，且自愿认罪认罚，依法可以从轻处罚；其主动赔偿廖氏族人，有悔罪表现，可酌情从轻处罚，分别判处有期徒刑一年四个月，并处罚金 5000 元。广西壮族自治区河池市中级人民法院二审维持原判。

【典型意义】

本案系盗掘古墓葬引发的刑事案件。根据相关司法解释，刑法保护的古文化遗址、古墓葬不以公布为不可移动文物为限；实施盗掘行为，损害古文化遗址、古墓葬的历史、艺术、科学价值的，即属于犯罪既遂。清代廖氏家族古墓群虽未公布为不可移动文物，但仍受法律保护。各被告人明知是古墓葬而实施盗掘，致使古墓葬本体完整性遭受了不可逆的破坏，即便没有窃得有价值的文物，亦应受到相应刑事制裁。人民法院贯彻落实宽严相济刑事政策，依法追究三被告人刑事责任，体现了全面维护文物安全的鲜明立场，对于引导公众正确认识受法律保护的古墓葬及其价值、营造共同保护社会氛围，以及警示、震慑民间盗墓活动，具有积极意义。

王某等三人盗掘古墓葬刑事附带民事公益诉讼案

《依法保护文物和文化遗产典型案例》案例 7
2023 年 2 月 7 日

【基本案情】

2016 年至 2017 年，被告人王某、王某甲、王某乙在王某提议、纠集之下，时分时合或者伙同其他人，多次至江苏省苏州市虎丘区何山、横山、吴山岭、华山西峰、华山东峰、观山，以及吴中区羊肠岭、凤凰山等处盗掘古墓葬，其中，王某参与 13 次、王某甲参与 8 次、王某乙参与 11 次，共计盗掘古墓葬 14 座。经鉴定，被盗古墓葬系苏州地区商周至清代古代墓葬，对苏州地方的历史、文化具有较高的研究价值，盗掘行为对古墓葬本体造成了直接、严重的破坏。

经法院主持调解，王某、王某甲、王某乙与公益诉讼起诉人（检察机关）达成附带民事赔偿协议，支付古墓修复费用及鉴定评估费用共计 82349.59 元。

【裁判结果】

江苏省苏州市虎丘区人民法院一审认为，被告人王某、王某甲、王某乙违反国家文物管理制度，盗掘具有历史、艺术、科学价值的古墓葬，均构成盗掘古墓葬罪。三被告人多次盗掘古墓葬，情节严重，应依法惩处。在共同犯罪中，王某、王某甲系主犯；王某乙系从犯，依法减轻处罚。三被告人归案后如实供述自己的罪行，王某如实供述了公安机关尚未掌握的本案绝大部分同种犯罪事实，可以依法从轻处罚。三被告人均认罪认罚，可依法从宽处理；已足额赔偿被盗掘古墓的修复费用及评估鉴定费用，可酌情从轻处罚。分别判处有期徒刑十一年三个月至九年，并处罚金 1.2 万元至 9000 元。已扣押的赃物，予以没收，并责令三被告人按各自参与犯罪的数额，退赔尚未追缴的赃物（或折价款）；责令三被告人退出本案已追缴赃物的销赃所得。

江苏省苏州市中级人民法院二审维持原判。

【典型意义】

本案系盗掘古墓葬引发的刑事案件。被盗吴楚贵族墓葬群是苏州市文物保护单位，具有较高的历史、艺术、科学价值。王某等人先后实施10余次盗掘，对古墓葬本体造成了直接、严重的破坏，也对古墓葬群的自然、人文环境造成了损害。检察机关在提起公诉的同时，依法提起附带民事公益诉讼。人民法院坚持严格依法确定法定刑幅度，坚决严惩盗墓行为，同时注重运用恢复性司法规则，鼓励被告人主动赔偿公益损失，促进古墓葬及周边环境及时修复，依法支持被告人与检察机关达成附带民事赔偿协议，并将被告人足额赔偿情节作为重要酌定从轻处罚因素予以考量。该案依法审理落实了全面追责及刑事、民事责任相协调的要求，彰显了以最严格制度、最严密法治推动历史文化遗产和自然、人文环境一体保护的司法价值取向。

孙某某等15人盗掘古墓葬刑事附带民事公益诉讼案

《依法保护文物和文化遗产典型案例》案例8

2023年2月7日

【基本案情】

2016年至2017年，被告人孙某某等15人经交叉结伙、事先策划，在青海省都兰县热水墓群血渭一号大墓东北角、东侧平台处及血渭牧场（俗称羊圈墓）多次进行盗掘，窃得大量文物。其中，1个金属材质碗变卖获利20余万元，50余克带花纹金片变卖获利2万余元。经鉴定，被盗古墓葬为唐代时期吐蕃墓葬，分别属于全国重点文物保护单位——都兰县热水墓群重要组成部分和夏尔雅玛可布遗址。查获的646件文物中，一级文物14组、16件，二级文物49组、77件，三级文物132件，一般文物421件。

在血渭一号大墓东北角的盗掘行为造成地波探测安防一期工程破坏，产生修复费用40.64万元。在羊圈墓盗掘所挖盗洞，产生回填费用2400元。青海省海西蒙古族藏族自治州人民检察院提起附带民事公益诉讼，请求判令孙某某等被告分别承担上述费用以及开展抢救性发掘和搭建古墓保护棚产生的费用。

【裁判结果】

青海省海西蒙古族藏族自治州中级人民法院认为，孙某某、夏某、苏某某、索某等 15 名被告人违反国家文物管理制度，盗掘具有历史、艺术、科学价值的古墓葬，均构成盗掘古墓葬罪。其多次盗掘古墓葬，盗掘确定为全国重点文物保护单位的古墓葬，并盗窃珍贵文物，应依法惩处。被告人在共同犯罪中系从犯，或者具有自首、立功、主动缴纳罚金和公益赔偿金等情节的，依法予以从轻、减轻处罚；被告人系累犯的，依法从重处罚。经综合考量，分别判处有期徒刑十四年至六年，并处罚金 30 万元至 5 万元；被告人犯数罪的，依法并罚。依法没收车辆等作案工具，在案 646 件文物由扣押机关移交都兰县文物行政部门。考虑到破坏古墓葬历史价值、科研价值难以评估，并结合各附带民事诉讼被告的经济能力，确定本案公益赔偿金为 40.88 万元，判决各被告分别缴纳 81498.18 元至 218.18 元不等。

青海省高级人民法院二审维持一审对各被告人的定罪及对孙某某等 13 人的量刑，改判另 2 名被告人的刑期；维持一审判决的其他判项。

【典型意义】

本案系盗掘古墓葬引发的刑事案件。被盗古墓葬属于青海省都兰县热水乡境内的热水墓群，其中，血渭一号大墓是迄今为止热水墓群乃至青藏高原上发现的结构最完整、体系最清晰、形制最复杂的高等级墓葬，对研究唐代吐蕃历史文化、唐蕃关系与民族交流融合等具有重要价值。孙某某等人的盗掘行为严重损毁古墓葬本体结构，严重破坏古墓葬的历史、艺术、科学价值，严重损害国家和社会公共利益。人民法院在依法严惩盗掘古墓葬犯罪行为的同时，正确贯彻损害担责、全面赔偿原则，依法合理认定民事责任范围，统筹考量各被告人的刑事、民事责任，并明确判决将在案文物全部移交文物行政部门。该案体现了人民法院依法严惩重大文物犯罪、推进文物与环境一体保护和系统治理的坚定决心与责任担当，对保护传承少数民族历史文化，激发全体中华民族文化自信自强，具有重大积极意义。

七、妨害社会管理秩序罪

色某等五人盗掘古文化遗址、色某等三人盗窃文物案

《最高人民法院发布青藏高原生态保护典型案例》案例 4
2023 年 5 月 5 日

【基本案情】

2021 年 1 月，被告人色某、索某、嘎某到西藏自治区普兰县实施盗窃，在居民家中盗得一尊佛像。经鉴定，所盗佛像系镀金铜释迦牟尼坐像，属于三级文物。同年 8 月，被告人丁某与卫某共谋在西藏自治区札达县的县级文物保护单位西谢遗址盗掘佛塔，两人使用十字镐和钢钎对该遗址中最大佛塔的西侧墙体实施盗掘，造成墙体毁损。后卫某与色某、达某、索某商定盗掘佛塔事宜，索某留在车内等候接应，其他三人对遗址进行挖掘。四人盗掘古文化遗址所得文物共 33 件，其中 5 件属于三级文物，28 件属于一般文物。札达县人民检察院以盗掘古文化遗址罪对色某、卫某、达某、索某、丁某提起公诉，以盗窃罪对色某、索某、嘎某提起公诉。

【裁判结果】

西藏自治区札达县人民法院一审认为，色某等五被告人违反国家文物管理制度及国家对古文化遗址的所有权，以非法获利为目的，私自盗掘具有历史、艺术、科学价值的古文化遗址，构成盗掘古文化遗址罪；色某等三人以非法占有为目的，秘密窃取他人财物，构成盗窃罪。遂判处被告人有期徒刑十四年六个月（数罪并罚合并执行）至三年不等，并处罚金，案涉文物依法移交文物管理部门或返还给被害人等。宣判后，各方未上诉、抗诉，一审判决已发生法律效力。

【典型意义】

青藏高原是中华文明的发祥地之一，独特的高原生态环境孕育了丰富厚重、绚丽多姿的青藏高原生态文化。文物和文化遗产是连接过去、现在和未来的历史文化纽带，是不可再生、不可复制的宝贵资源。本案所涉古文化遗址包括佛殿、望楼、僧舍、佛塔、石窟、防御墙等上百处建筑遗迹，是藏传

佛教的重要载体，具有文化宗教研究价值。被告人盗掘、盗窃各类文物30余件，对案涉古文化遗址造成了无法修复的巨大损害。人民法院依法严惩破坏文物和文化遗产犯罪行为，有效震慑潜在犯罪分子，教育引导公众增强保护意识，对于加大青藏高原文物和文化遗产保护力度、弘扬青藏高原优秀生态文化具有积极意义。

哇某某等六人盗掘古墓葬案

《最高人民法院发布司法服务黄河流域生态保护和
高质量发展典型案例》案例十
2024年5月29日

【基本案情】

2022年8月，被告人哇某某等六人，经事先谋划商定，共同在青海省玉树藏族自治州某古墓葬群实施盗掘行为，盗掘3座古墓葬。被盗掘墓葬系青海地区唐（吐蕃）时期古墓葬，已列入第七批全国重点文物保护单位。经鉴定，收缴的文物97件中，二级文物11件、三级文物70件、一般文物15件、资料性文物1件。哇某某等六人的盗掘行为破坏了墓室等结构，导致墓葬包含的历史文化信息不完整，对古墓葬造成了不可挽回的损失。检察机关对哇某某等六人提起公诉。

【裁判结果】

西宁铁路运输法院一审认为，哇某某等六被告人违反国家文物管理制度，盗掘具有历史、艺术、科学价值的古墓葬，其行为均构成盗掘古墓葬罪。各被告人在犯罪活动中作用相当，根据犯罪的起因、事实、情节、认罪态度、悔罪表现及社会危害程度，结合部分被告人自首等情节，分别判处有期徒刑十年至六年二个月，罚金2.1万元至1.2万元不等，没收作案工具，在案文物由扣押机关移交有关文物行政部门。宣判后，部分被告人提出上诉，青海省西宁市中级人民法院二审裁定驳回上诉，维持原判。

【典型意义】

本案是一起典型的打击破坏文物犯罪保护黄河文化的案例。黄河文化是中华民族的根与魂,见证了各民族文化的交往交流交融,承载了中华民族的集体记忆,凝聚了中华民族的情感认同。《黄河保护法》首次以专章形式对文化的保护传承弘扬作出规定,建立黄河文化保护制度体系。本案中,被盗掘的青海古墓葬群位于三江之源玉树,是继西藏吐蕃古墓葬群后发现的第二大吐蕃古墓葬群,一经发现即被确定为全国重点文物保护单位,对于研究唐代吐蕃生活方式、丧葬习俗、民族交往等具有重要价值。六被告人的盗掘行为对古墓葬本体完整性造成了不可逆的破坏,成为当地历史文化传承和自然人文环境中永久的伤疤。人民法院严厉惩处破坏文物古迹犯罪,依法追究盗掘行为人法律责任,以司法之力守护黄河文化价值弘扬延续。本案审理对于引导当地群众正确认识受法律保护的古墓葬及其价值,对警示、震慑不法分子盗墓活动,共同保护传承弘扬黄河文化具有积极意义。

焦某某等 14 人盗窃(文物)、掩饰、隐瞒犯罪所得案

《依法保护文物和文化遗产典型案例》案例 1
2023 年 2 月 7 日

【基本案情】

2013 年至 2017 年,被告人焦某某等 14 人为牟取非法利益,结成盗窃、销售古建筑构件的犯罪团伙,在山西、河南、河北三省 30 余县区先后作案 23 次,窃得古建筑构件共计 94 件,并将其中琉璃砖、琉璃钉牌、琉璃瓦、木雕、屋脊、琉璃狮子、花雕、镂空雕花、屋脊砖雕、青石狮子、雕花青石门墩、墩鼓石、石柱础、木雕雀替、狮子砖雕、老式宫灯等出售,获利 8.74 万元。被盗古建筑多属元、明、清时期所建,不同程度受损,其中,属于全国重点文物保护单位 1 处、省级文物保护单位 3 处、市级文物保护单位 6 处、县级文物保护单位 1 处。

【裁判结果】

山西省陵川县人民法院一审认为，焦某某等13名被告人盗窃古建筑构件，均构成盗窃罪。本案系预谋作案、团伙作案、交叉流窜跨地域作案，盗窃人数多、次数多，采取破坏性手段盗窃，造成文物保护单位遭破坏，社会危害严重。被盗古建筑构件经鉴定属于一般文物，依照相关司法解释规定，5件一般文物应视为高一等级的三级文物；盗窃一般文物、三级文物，应当分别认定盗窃数额较大、数额巨大。根据窃得文物等级、数量，焦某某等13人分别构成盗窃数额巨大、数额较大，部分被告人具有累犯、前科或者坦白、自首等情节的，依法予以综合考量，分别判处有期徒刑九年至六个月，并处罚金5万元至5000元。被告人张某明知盗窃的文物而收购，构成掩饰、隐瞒犯罪所得罪，判处有期徒刑六个月，并处罚金5000元。各被告人非法所得予以没收。追缴被盗古建筑构件，返还原单位。

山西省晋城市中级人民法院二审维持原判。

【典型意义】

本案系盗窃文物引发的刑事案件。山西是中华文明和黄河文化的重要发源地，地面文物占中华文物存量的六分之一，全国重点保护文物单位531处，居全国第一，打击文物犯罪、加强文物保护任务更加繁重。本案属于跨省域团伙犯罪，被告人流窜作案，采取破坏性手段盗窃近百件古建筑构件，严重危害文物安全和社会治安。人民法院准确把握、严格执行司法解释规定的盗窃文物行为的法定刑幅度认定标准，贯彻落实宽严相济刑事政策，既坚持重拳出击、严厉惩治犯罪，又坚守法律底线、防止"拔高"处理，确保罪责刑相适应。同时，在一审判决判项中逐一列明应当追缴、返还的文物，不设时限、一追到底，最大限度保障被盗文物单位的合法权益。该案体现了人民法院依法严惩盗窃文物犯罪的决心和成效，对司法保护、传承、弘扬黄河文化具有示范意义。

户某军、李某强等 6 人盗掘古文化遗址、古墓葬案

《黄河流域生态环境司法保护典型案例》第二号
2020 年 6 月 5 日

【基本案情】

2016 年 9 月至 2017 年 7 月间,被告人户某军、李某强等 6 人在安阳市殷都区梅园庄北街等多处地方实施盗掘行为。其中,在殷都区梅园庄北街盗挖出两个青铜戈,后被李某强以 3000 元的价格出售。经国家文物出境鉴定河南站鉴定,该系列盗掘行为破坏了殷墟遗址的商代文化层,盗掘位置分别位于全国重点文物保护单位殷墟遗址保护区的重点保护区、一般保护区、建设控制地带。

【裁判结果】

河南省安阳市中级人民法院一审认为,户某军、李某强等 6 人盗掘全国重点文物保护单位保护区范围内的古文化遗址、古墓葬,其行为构成盗掘古文化遗址、古墓葬罪。一审法院判决户某军、李某强等 6 人犯盗掘古文化遗址、古墓葬罪,判处有期徒刑十五年至十二年不等,均剥夺政治权利二年,并处罚金 20 万元至 15 万元不等。

【典型意义】

黄河文化是中华文明的重要组成部分,黄河流域分布着大量的古文化遗址和古墓葬群。其中,殷墟遗址被列入世界文化遗产名录,具有重要的保护价值。包括古文化遗址在内的人文遗迹在文化、科学、历史、美学、教育、环境等方面都具有极高价值,是环境保护不可分割的组成部分。本案判决体现了人民法院严厉打击破坏古文化遗址和古墓葬行为,保护、传承、弘扬黄河文化的政策导向,对提高公众文物保护意识具有教育指引作用。

张某建等 11 人盗掘古墓葬案

《2020 年度人民法院环境资源典型案例》第一号

2021 年 6 月 4 日

【基本案情】

2013 年 11 月至 2016 年 6 月,张某建等 11 人形成盗掘古墓葬团伙,先后多次在山西省临汾市襄汾县陶寺乡陶寺村北等地盗掘古墓葬 14 座,所出土文物包括青铜鼎、青铜簋、青铜编钟、青铜鬲、青铜匜、青铜鱼片、青铜方盘等,上述文物倒卖后共获利 834 万余元。经鉴定,上述被盗墓葬系东周时期墓葬,均属具有历史、艺术、科学价值的古墓葬。

【裁判结果】

山西省临汾市中级人民法院一审认为,被告人张某建等 11 人违反国家文物保护法规,盗掘具有历史、艺术、科学价值的古墓葬,其行为均已构成盗掘古墓葬罪。其中,被告人张某建在盗墓活动中,策划预谋、安排分工、发挥组织、领导作用,依法应系主犯;被告人段某杰、张某斌既组织预谋又积极参与,在共同犯罪中起主要作用,依法应系主犯;被告人闫某峰、郭某强探墓、盗墓并监督"出货",系作用较小的主犯;被告人张某东等 6 人系从犯。一审法院以盗掘古墓葬罪判决被告人张某建等 11 人有期徒刑十五年至一年六个月不等,并处罚金 15 万元至 1 万元不等。山西省高级人民法院二审维持原判。

【典型意义】

本案系黄河流域陶寺遗址发生的盗掘古墓葬刑事案件。黄河是中华民族的母亲河,黄河文化是中华文明的重要组成部分,是中华民族的根和魂。陶寺遗址位于山西省襄汾县陶寺村南,是黄河中游地区以龙山文化陶寺类型为主的遗址,是华夏文明的源头之一。案涉襄汾县陶寺北古墓葬群被确定为全国重点文物保护单位,具有巨大的历史、艺术、科学价值。人民法院结合案涉盗掘行为造成的客观危害后果,在法定刑幅度内,依法予以从重处罚,体现了严惩重处，推进黄河文化遗产系统保护的坚定决心，对保护、传承、弘扬黄河文化，延续历史文脉，坚定文化自信具有重要意义。

陈某强、董某师等盗掘古墓葬案

《黄河流域生态环境司法保护典型案例》案例3
2021年11月25日

【基本案情】

2017年8月到2018年4月，被告人陈某强、董某师等人在芮城县实施盗掘古墓葬行为，被盗墓葬位于全国重点文物保护单位"古魏城遗址"保护范围内。被告人陈某强、董某师等盗挖出青铜鼎、青铜簋、青铜盉、青铜盘、青铜器及青铜器配件20余件，其中一件青铜盉以40万元的价格出售，一件青铜盘以22万元的价格出售。经山西省文物交流中心鉴定，被盗墓葬均系两周时期墓葬，墓葬被盗造成原墓葬结构的毁坏和遗存物的缺失，对两周历史文化的研究造成不可弥补的损失。涉案青铜盘已被追缴，经山西省文物鉴定站鉴定为一级文物。被告人陈某强和董某师因涉嫌盗掘古墓葬罪被网上追逃期间，被告人陈某卫等人明知陈某强、董某师涉嫌犯罪，还将二人送至四川，以期逃避司法机关追究。

【裁判结果】

山西省芮城县人民法院一审认为，被告人陈某强、董某师未经文物主管部门批准，多次伙同他人私自挖掘全国重点文物保护单位"古魏城遗址"保护范围内的古墓葬，造成原墓葬结构的毁坏和遗存文物的缺失，二被告人行为构成盗掘古墓葬罪。一审法院判决被告人陈某强、董某师犯盗掘古墓葬罪，分别处有期徒刑十二年九个月和十三年，并处罚金人民币20万元，对二被告人违法所得14万元予以追缴。被告人陈某卫等人的行为均构成窝藏罪，分别被判处有期徒刑六个月到拘役缓刑不等。山西省运城市中级人民法院二审维持原判。

【典型意义】

本案系盗掘古墓葬刑事案件。案涉被盗墓葬位于山西芮城的"古魏城遗址"保护范围内,属于黄河流域文化遗址群。遗址内分布着大量的西周晚期到春秋早期的古文化遗址和古墓葬群,是黄河流域古魏国地域文化历史的见证,具有重要保护价值。本案判决结合案涉盗掘墓葬的保护等级、盗掘的次数、盗掘文物的等级,以及盗掘行为对原墓葬结构的毁坏和遗存文物缺失的危害后果,依法从重严处罚,体现了人民法院严厉打击破坏古文化遗址和古墓葬行为的决心,以及推进黄河文化遗产系统保护、传承的司法导向。同时,本案严厉惩处帮助盗墓者逃避法律责任的人员,对提高社会公众的文物保护意识,具有教育指引作用。

(五)危害公共卫生罪

于某非法行医案
——利用封建迷信开具含有毒物成分的药方致人死亡

《非法行医类犯罪典型案例》案例 1
2023 年 12 月 27 日

【简要案情】

被告人于某,男,汉族,1987 年 1 月 27 日出生,小学文化。

被告人于某无医生执业资格,以"看香道"的封建迷信名义通过针灸、按摩方式在河北省赵县为他人治病。2021 年 6 月 7 日,于某为被害人杜某某治疗月经不调。于某以"师父"上身的名义为杜某某开具药方,指示并帮助杜某某将断肠草等熬制成汤药饮用。其间,杜某某的丈夫陈某某(被害人)认为自己体弱,询问于某是否可以饮用该汤药,于某称可以。同月 17 日,杜某某、陈某某等饮用该汤药后中毒,陈某某因药物中毒抢救无效死亡。

【裁判结果】

河北省石家庄市中级人民法院经审理认为，被告人于某未取得医生执业资格，利用封建迷信制造神秘感为他人开具药方，后又指导他人服药，造成服药人死亡，其行为已构成非法行医罪。于某有自首、认罪认罚、二审期间亲属代为赔偿部分经济损失等情节。据此，以非法行医罪判处于某有期徒刑九年六个月，并处罚金人民币2万元。

【典型意义】

近年来，一些机构或个人缺乏行医资质，利用封建迷信非法开展诊疗活动，严重危及广大人民群众的身体健康。本案中，被告人于某无证从事诊疗活动，利用封建迷信制造神秘感为他人开具药方，在明知被害人身体亏虚情形下违规指导其服药，造成一人死亡的严重后果，应依法惩处。

宋某某非法行医案
——无证从事医疗美容行为致人轻度残疾

《非法行医类犯罪典型案例》案例3
2023年12月27日

【简要案情】

被告人宋某某，女，蒙古族，1987年5月30日出生，初中文化。

被告人宋某某未取得医生执业资格、医疗机构执业资格。2018年10月，宋某某伙同他人在租赁的广西某商贸有限公司发艺店开展医疗美容业务。2019年4月11日，被害人刘某某在该店接受激光祛斑治疗。宋某某因操作不慎，造成刘某某左眼被激光击伤，致刘某某左眼视网膜出血、视网膜裂孔、玻璃体积血后遗视力下降（盲目四级），构成重伤二级，伤残等级为八级。

【裁判结果】

广西壮族自治区桂林市七星区人民法院经审理认为，被告人宋某某在未取得医生执业等资格的情况下从事医疗活动，造成被害人轻度残疾、器官组织损伤导致一般功能障碍，情节严重，其行为已构成非法行医罪。宋某某归案后如实供述犯罪事实，认罪认罚。据此，以非法行医罪判处宋某某有期徒刑一年二个月，并处罚金人民币 1 万元。宋某某上诉后，二审期间取得被害人谅解，桂林市中级人民法院改判宋某某有期徒刑十个月，并处罚金人民币 8000 元。

【典型意义】

近年来，随着广大人民群众生活水平的不断提高和对美好生活的不断追求，医疗美容（以下简称医美）的需求日益旺盛。一些人员、机构为追求高额利润，在不具备适格资质的情况下，非法开展整形、吸脂瘦身等医美服务，频频造成医美事故，不仅损害正常的医疗管理秩序，还直接危害人民群众的身体健康和生命安全。本案中，被告人宋某某无行医资质，非法从事医美行为，致人轻度残疾，依法应予惩处。本案的处理，一方面给美容机构、相关从业人员敲响了警钟，无证行医或者"超范围"从事医美行为，将会被追究法律责任，另一方面也提醒广大爱美人士选择医美服务应审慎辨别执业人员和场所是否具有适格资质，避免上当受骗。

吴某某非法行医案
——非法实施应用人类辅助生殖技术行为致人轻伤

《非法行医类犯罪典型案例》案例 4
2023 年 12 月 27 日

【简要案情】

被告人吴某某，女，汉族，1988 年 12 月 3 日出生，中专文化。

被告人吴某某未取得医生执业资格，在未经工商登记注册且非医疗机构的广东省广州市某健康咨询有限公司工作。其间，吴某某伙同他人在广州市天河区某大厦长期从事非法取卵、买卖卵子、"代孕"等违法业务。2019 年 7 月 23 日，被害人张某某（女，未成年人）在蔡某某（女，未成年人）介绍和带领下来到该公司卖卵。吴某某未核实被害人真实年龄身份等情况，即安排他人为被害人进行身体检查、连续多日施打促排卵针。同年 8 月 4 日，吴某某安排他人驾车接送张某某到某地别墅进行取卵手术。之后，吴某某向张某某及蔡某某支付报酬 1.7 万元。同月 9 日，张某某因"重度卵巢过度刺激综合征"就医，入院后行腹壁全层切开插入引流管引流腹腔积液。经鉴定，张某某损伤程度属轻伤二级。

【裁判结果】

广东省广州市天河区人民法院、广州市中级人民法院经审理认为，被告人吴某某未取得医生执业资格，安排他人为被害人进行身体检查、在未被批准行医的场所连续多日施打促排卵针、行取卵手术等医疗行为，且利诱并组织未成年人卖卵，对未成年人身心健康造成严重危害，情节严重，其行为已构成非法行医罪。吴某某归案后如实供述基本犯罪事实，且已经赔偿被害人经济损失并取得谅解。据此，以非法行医罪判处吴某某有期徒刑二年，并处罚金人民币 50 万元。

【典型意义】

人类辅助生殖技术的应用为生育障碍家庭带来了希望。一些不法分子为攫取非法利益，不顾相关人员的身体健康，非法利用人类辅助生殖技术实施取卵、"代孕"等违法活动，强烈冲击伦理、道德和法律底线，严重影响社会秩序和稳定，应依法惩处。

许某某非法行医案
——长期无证从事口腔诊疗行为

《非法行医类犯罪典型案例》案例 5
2023 年 12 月 27 日

【简要案情】

被告人许某某，男，汉族，1977 年 4 月 4 日出生，中专文化。

被告人许某某因未取得医生执业资格非法行医，于 2017 年 7 月 20 日被人民法院以非法行医罪判处有期徒刑八个月，缓刑一年，并处罚金人民币 3 万元，缓刑考验期自 2017 年 8 月 4 日至 2018 年 8 月 3 日。许某某在缓刑考验期间及期满后在江苏省东海县家中长期开展口腔诊疗活动。2019年5月28日，许某某被当场抓获并移送公安机关。

【裁判结果】

江苏省东海县人民法院经审理认为，被告人许某某未取得医生执业资格，曾因非法行医多次被卫生行政部门行政处罚，又因犯非法行医罪被刑事处罚，在缓刑考验期间及期满后仍无证行医，情节严重，其行为已构成非法行医罪。许某某归案后如实供述犯罪事实，且认罪认罚。据此，依法对许某某撤销缓刑，判处有期徒刑十个月，并处罚金人民币3万元，与原判决判处的刑罚并罚，决定执行有期徒刑一年，并处罚金人民币3万元。

【典型意义】

近年来，随着生活水平日益提高，广大人民群众越来越重视口腔健康。一些不法分子利用当前口腔诊疗服务需求旺盛之机，非法开展口腔诊疗，威胁广大就诊人群的身体健康。本案被告人许某某因非法行医已多次被行政处罚，还曾因犯非法行医罪被刑事处罚，其仍不思悔改，在利益驱动下继续无证开展口腔诊疗活动，危害医疗管理秩序，情节严重，依法构成非法行医罪并受到惩处。

吴某某非法行医案
——明知他人没有行医资质仍将医院诊室对外承包致人死亡

《非法行医类犯罪典型案例》案例6
2023年12月27日

【简要案情】

被告人吴某某，女，汉族，1972年1月2日出生，大专文化。2018年6月19日，因为他人施行非医学需要的胎儿性别鉴定被吊销护士执业资格。

被告人吴某某系福建省晋江市某医院法定代表人。2018年2月以来，吴某某在明知陈某某未取得医生执业资格的情况下，将该医院碎石科外包给陈某某用于对外开展诊疗活动。2020年7月20日、25日，陈某某在该医院碎石科两次对被害人王某某进行体外冲击波碎石手术,并开具双氯芬酸钠栓、净石灵片、荡石片三种药物给王某某服用。王某某术后因身体不适,经送医抢救无效死亡。经鉴定,王某某系在泌尿系结石并双肾及左侧输尿管慢性炎症、双肾萎缩瘢痕形成等泌尿系基础病变基础上,泌尿系结石体外碎石术后伴泌尿系急性化脓性感染、消化道大出血致感染、失血性休克死亡。陈某某非法行医行为与王某某的死亡结果存在直接因果关系,参与度为60%~80%。2021年4月15日,吴某某主动投案。

【裁判结果】

福建省晋江市人民法院、泉州市中级人民法院经审理认为,被告人吴某某作为涉案医院法定代表人,明知他人未取得医生执业资格,仍为他人非法从事医疗活动提供场所和条件等帮助,致一名患者死亡,系非法行医罪的共犯,应依法追究刑事责任。吴某某在共同犯罪中起次要作用,系从犯,且有自首、积极赔偿被害人亲属经济损失取得谅解等情节。据此,以非法行医罪判处吴某某有期徒刑三年,并处罚金人民币5万元。

【典型意义】

我国法律法规明确禁止医疗机构违规对外出租、承包科室。但部分医疗机构为获取高额利润,不顾法律禁止性规定而违规将内部科室对外出租、承包,极具迷惑性,危害极大,对此应当运用各种法律手段进行全链条打击。本案中,被告人吴某某身为医院的法定代表人,罔顾法律规定和职业操守,在明知陈某某无医生执业资格的情形下,仍然允许其承包医院科室进行诊疗活动,造成一人死亡的严重后果,严重侵害了患者的合法权益,破坏了正常的医疗秩序。本案的处理也进一步明确了医疗机构的管理者对诊疗活动负有不可推卸的管理和监督责任。广大医疗机构和个人应当严格遵守法律法规,共同维护正常的医疗秩序。

宋某某非法进行节育手术案
——无证非法进行节育手术致人死亡

《非法行医类犯罪典型案例》案例 2
2023 年 12 月 27 日

【简要案情】

被告人宋某某，女，汉族，1968 年 2 月 22 日出生，初中文化。

被告人宋某某没有医生执业资格，在四川省乐至县经营药店。1997 年至 2019 年间，宋某某擅自在其经营的药店内先后为 10 人进行终止妊娠手术或摘取宫内节育器。2019 年 2 月 12 日、3 月 21 日，宋某某先后在该药店内为被害人熊某某进行终止妊娠手术。3 月 23 日 5 时许，熊某某死亡。经鉴定，熊某某的死亡原因符合脓毒败血症，其在接受"清宫手术"治疗过程中，未进行系统性抗感染治疗，引发脓毒败血症。

【裁判结果】

四川省乐至县人民法院、资阳市中级人民法院经审理认为，被告人宋某某未取得医生执业资格，擅自为他人进行终止妊娠手术、摘取宫内节育器，造成一人死亡，其行为已构成非法进行节育手术罪。宋某某赔偿被害人亲属经济损失并取得谅解，可以酌定从宽处罚。据此，以非法进行节育手术罪判处宋某某有期徒刑十一年，并处罚金人民币 1 万元。

【典型意义】

生育权关系到人类的繁衍，也关系到广大人民群众的身体健康。一些不法分子在未取得相关资质的情况下，非法进行节育手术，既扰乱了医疗管理秩序，又严重侵害了公民的身体健康甚至生命安全。本案中，被告人宋某某明知自己不具有行医资质，仍然在其经营的药店内为多人进行节育手术，导致一人死亡，应依法惩处。本案也提醒育龄青年要珍爱身体，如有需要，应选择正规医疗机构进行节育手术，确保身体健康和生命安全。

（六）破坏环境资源保护罪

某矿业集团股份有限公司某金铜矿重大环境污染事故案

《最高人民法院公布四起环境污染犯罪典型案例》第 1 号

2013 年 6 月 18 日

【基本案情】

自 2006 年 10 月以来，被告单位某矿业集团股份有限公司某金铜矿（以下简称某金铜矿）所属的铜矿湿法厂清污分流涵洞存在严重的渗漏问题，虽采取了有关措施，但随着生产规模的扩大，该涵洞渗漏问题日益严重。某金铜矿于 2008 年 3 月在未进行调研认证的情况下，违反规定擅自将 6 号观测井与排洪涵洞打通。在 2009 年 9 月福建省环保厅明确指出问题并要求彻底整改后，仍然没有引起足够重视，整改措施不到位、不彻底，隐患仍然存在。2010 年 6 月中下旬，上杭县降水量达 349.7 毫米。2010 年 7 月 3 日，某金铜矿所属铜矿湿法厂污水池 HDPE 防渗膜破裂造成含铜酸性废水渗漏并流入 6 号观测井，再经 6 号观测井通过人为擅自打通的与排洪涵洞相连的通道进入排洪涵洞，并溢出涵洞内挡水墙后流入汀江，泄漏含铜酸性废水 9176 立方米，造成下游水体污染和养殖鱼类大量死亡的重大环境污染事故，上杭县城区部分自来水厂停止供水 1 天。2010 年 7 月 16 日，用于抢险的 3 号应急中转污水池又发生泄漏，泄漏含铜酸性废水 500 立方米，再次对汀江水质造成污染。致使汀江河局部水域受到铜、锌、铁、镉、铅、砷等的污染，造成养殖鱼类死亡达 185.05 万千克，经鉴定鱼类损失价值人民币 2220.6 万元；同时，为了网箱养殖鱼类的安全，当地政府部门采取破网措施，放生鱼类 1542.22 万千克。

【裁判结果】

福建省龙岩市新罗区人民法院一审判决、龙岩市中级人民法院二审裁定认为，被告单位某金铜矿违反国家规定，未采取有效措施解决存在的环保隐患,继而发生了危险废物泄漏至汀江,致使汀江河水域水质受到污染,后果特别严重。被告人陈某某(2006年9月至2009年12月任某金铜矿矿长)、黄某某(某金铜矿环保安全处处长)是应对该事故直接负责的主管人员,被告人林某某(某铜矿湿法厂厂长)、王某(某铜矿湿法厂分管环保的副厂长)、刘某某(某铜矿湿法厂环保车间主任)是该事故的直接责任人员,对该事故均负有直接责任,其行为均已构成重大环境污染事故罪。据此,综合考虑被告单位自首、积极赔偿受害渔民损失等情节,以重大环境污染事故罪判处被告单位某金铜矿罚金人民币3000万元;被告人林某某有期徒刑三年,并处罚金人民币30万元;被告人王某有期徒刑三年,并处罚金人民币30万元;被告人刘某某有期徒刑三年六个月,并处罚金人民币30万元。对被告人陈某某、黄某某宣告缓刑。

云南某工贸有限责任公司重大环境污染事故案

《最高人民法院公布四起环境污染犯罪典型案例》第2号

2013年6月18日

【基本案情】

2005年至2008年间,云南某工贸有限责任公司(以下简称某公司)在生产经营过程中,长期将含砷生产废水通过明沟、暗管直接排放到厂区最低凹处没有经过防渗处理的天然水池内,并抽取该池内的含砷废水进行洗矿作业;将含砷固体废物磷石膏倾倒于厂区外未采取防渗漏、防流失措施的堆场露天堆放;雨季降水量大时直接将天然水池内的含砷废水抽排至厂外东北侧邻近阳宗海的磷石膏渣场放任自流。致使含砷废水通过地表径流和渗透随地下水进入阳宗海,造成阳宗海水体受砷污染,水质从Ⅱ类下降到劣Ⅴ类,饮用、水产品养殖等功能丧失,县级以上城镇水源地取水中断,公私财产遭受百万元以上损失的特别严重后果。

【裁判结果】

云南省澄江县人民法院一审判决、玉溪市中级人民法院二审裁定认为,被告单位某公司未建设完善配套环保设施,经多次行政处罚仍未整改,致使生产区内外环境中大量富含砷的生产废水通过地下渗透随地下水以及地表径流进入阳宗海，导致该重要湖泊被砷污染，构成重大环境污染事故罪，且应当认定为"后果特别严重"。被告人李某某作为某公司的董事长，被告人李某1作为某公司的总经理（负责公司的全面工作），二人未按规范要求采取防渗措施，最终导致阳宗海被砷污染的危害后果，应当作为单位犯罪的主管人员承担相应刑事责任。被告人金某某作为某公司生产部部长，具体负责安全生产、环境保护和生产调度等工作，安排他人抽排含砷废水到厂区外，应作为单位犯罪的直接责任人承担相应刑事责任。案发后，某公司及被告人积极配合相关部门截污治污，可对其酌情从轻处罚。据此，以重大环境污染事故罪判处被告单位云南某工贸有限责任公司罚金人民币1600万元；被告人李某某有期徒刑四年，并处罚金人民币30万元；被告人李某1有期徒刑三年，并处罚金人民币15万元；被告人金某某有期徒刑三年，并处罚金人民币15万元。

重庆甲化工有限公司等污染环境案

《最高人民法院公布四起环境污染犯罪典型案例》第3号

2013年6月18日

【基本案情】

重庆某化学工业有限公司（以下简称甲公司）委托被告重庆乙化工有限公司（以下简称乙公司）处置其生产过程中产生的危险废物（次级苯系物有机产品）。之后，被告人蒋某某（乙公司法定代表人）将危险废物处置工作交由公司员工被告人夏某负责。夏某在未审查被告人张某某是否具备危险废物处置能力的情况下，将甲公司委托处置的危险废物直接转交给张某某处置。张某某随后与被告人胡某某和周某取得联系并经实地察看，决定将危险废物运往四川省兴文县共乐镇境内的黄水沱倾倒。2011年6月12日，张某某联系一辆罐车在甲公司装载28吨多工业废水，准备运往兴文县共乐镇境内的黄水沱倾倒。后因车辆太大而道路窄小，不能驶入黄水沱，周某、胡某某、张某某等人临时决定将工业废水倾倒在大坳口公路边的荒坡处，致使当地环境受到严重污染。2011年6月14日，张某某在甲公司装载三车铁桶装半固体状危险废物约75吨，倾倒在黄水沱某硫铁矿的荒坡处，致使当地环境受到严重污染，并对当地居民的身体健康和企业的生产作业产生影响。经鉴定，黄水沱和大坳口两处危险废物的处置费、现场清理费、运输费等为 918315 元。

【裁判结果】

四川省兴文县人民法院认为，被告重庆乙化工有限公司作为专业的化工危险废物处置企业，违反国家关于化工危险废物的处置规定，将工业污泥和工业废水交给不具有化工危险废物处置资质的被告人张某某处置，导致环境严重污染，构成污染环境罪。被告人张某某违反国家规定，向土地倾倒危险废物，造成环境严重污染，且后果严重，构成污染环境罪。被告人周某、胡某某帮助被告人张某某实施上述行为，构成污染环境罪。被告人张某某投案自首，依法可以从轻或者减轻处罚。据此，以污染环境罪分别判处被告重庆云某化工有限公司罚金 50 万元；被告人夏某有期徒刑二年，并处罚金 2 万元；张某某有期徒刑一年六个月，并处罚金 2 万元。对蒋某某、周某、胡某某宣告缓刑。判决宣告后，被告单位、各被告人均未上诉，检察机关亦未抗诉。

王某某污染环境案

《最高人民法院公布第二批保障民生典型案例》第 9 号

2014 年 3 月 19 日

【基本案情】

2013 年 8 月初，被告人王某某在无环保审批手续、无污染防治设备情况下，擅自在雄县雄州镇亚古城村租赁的房屋内进行电镀加工、为空调支架镀铬，将生产过程中的污水直接排放到院外渗坑中。经检测，电镀槽及渗坑内水样中含有有毒有害物质。被告人王某某的加工点附近系农用耕地，并有居民居住。

【裁判结果】

河北省雄县人民法院 2013 年 12 月 19 日一审判决认为，被告人王某某违反国家有关环境保护、水污染防治法律、法规，擅自开设国家明令禁止的小电镀摊点,并将含有有毒物质的污水直接排入渗坑中,根据《最高人民法院、最高人民检察院关于办理污染环境刑事案件适用法律若干问题的解释》第一条第四项的规定,其行为构成污染环境罪。被告人王某某在居民区附近排放有毒物质应酌情从重处罚,但其具有自愿认罪量刑情节,可酌情从轻处罚。据此,以污染环境罪判处被告人王某某有期徒刑一年六个月,并处罚金3万元。

【典型意义】

为充分发挥司法职能作用,最高人民法院会同有关部门,于2013年6月17日联合发布了《关于办理环境污染刑事案件适用法律若干问题的解释》。该《解释》根据法律规定和立法精神,结合办理环境污染刑事案件取证难、鉴定难、认定难等实际问题,对有关环境污染犯罪的定罪量刑标准作出了新的规定,进一步加大了打击力度,严密了刑事法网。该《解释》的公布施行,对于强化环境保护,维护人民群众生命健康财产安全,推进美丽中国建设发挥了重要作用。该案是最高人民法院发布司法解释后,充分运用司法解释判决的案例,对今后同类环境污染案件的判决具有示范效应。

樊某某、王某某、蔡某污染环境案

《最高人民法院发布五起典型案例》第 1 号

2014 年 4 月 30 日

【基本案情】

2012年7月下旬,山东某新材料有限公司为处理副产品危险化学品硫酰氯,公司总经理助理邢某(另案处理)在请示总经理刘某某(另案处理)后,与被告人樊某某商定每吨给樊某某300元交由樊某某处置。同年7月25日,樊某某安排被告人王某某、蔡某驾驶罐车到山东某新材料有限公司拉走35吨硫酰氯,得款10500元。7月27日2时许,樊某某、王某某、蔡某将罐车开至山东省高青县花沟镇唐口村南小清河大桥上,将35吨硫酰氯倾倒于小清河中。硫酰氯遇水反应生成的毒气雾团飘至山东省邹平县焦桥镇韩套村,将熟睡中的村民熏醒,致上百村民呼吸系统受损,并造成庄稼苗木等重大财产损失，村民韩某某（被害人，女，殁年42岁）原患有扩张型心肌病等疾病，因吸入酸性刺激气体，致气管和肺充血、水肿，直接加重心肺负荷，导致急性呼吸循环衰竭死亡。7月28日，王某某被抓获归案，樊某某、蔡某投案自首。

【裁判结果】

山东省淄博市人民检察院以被告人樊某某、王某某、蔡某犯以危险方法危害公共安全罪向淄博市中级人民法院提起公诉。淄博市中级人民法院经审理认为，被告人樊某某、王某某、蔡某违反国家规定，往河中倾倒具有腐蚀性、刺激性的化学品硫酰氯，严重污染环境，并造成一人死亡、重大财产损失的特别严重后果，其行为均已构成污染环境罪。公诉机关指控犯罪事实成立，但罪名不当。依照《刑法》和《最高人民法院、最高人民检察院关于办理环境污染刑事案件适用法律若干问题的解释》的相关规定，认定被告人樊某某犯污染环境罪，判处有期徒刑六年六个月，并处罚金人民币15万元；被告人王某某犯污染环境罪，判处有期徒刑六年，并处罚金人民币10万元；被告人蔡某犯污染环境罪，判处有期徒刑五年六个月，并处罚金人民币10万元。宣判后，各被告人均服判，未提出上诉。

【典型意义】

《最高人民法院、最高人民检察院关于办理环境污染刑事案件适用法律若干问题的解释》自2013年6月19日施行以来，解决了以往环境污染案件"取证难""鉴定难""认定难"的问题，全国法院加大了对污染环境犯罪的打击力度，集中审结了一批污染环境犯罪案件。据不完全统计，截至去年12月，全国法院累计审结以污染环境罪、非法处置进口的固体废物罪、环境监管失职罪定罪处罚的刑事案件百余件。其中，审结以污染环境罪定罪处罚的刑事案件八十余件，本案即其中典型。本案的审判，严格界定了污染环境罪与以危险方法危害公共安全罪的区别，也充分体现和发挥了人民法院依法惩治污染环境犯罪，促进生态文明建设和经济社会健康发展的职能作用。

刘某某污染环境案
——排放含重金属的污染物严重超标，构成污染环境罪

《最高人民法院公布八起环境污染犯罪典型案例》第 1 号

2016 年 12 月 26 日

【基本案情】

2013 年 10 月以来，被告人刘某某伙同他人，在未按国家规定办理工商营业执照及环境影响评价审批手续，未建设配套水污染防治等环保设施的情况下，雇用工人从事鞋模加工。其间，产生的废水未经过处理，通过连接围堰的管道排至村庄排水渠。经监测，上述加工厂总外排口废水中重金属浓度为镍 23200mg/L、总铬 8.64mg/L、铜 36mg/L、锌 132mg/L，分别超过《污水综合排放标准》（GB8978-1996）规定的排放标准 23199 倍、4.76 倍、35 倍、25.4 倍。

【裁判结果】

福建省晋江市人民法院一审判决、泉州市中级人民法院二审裁定认为，被告人刘某某伙同他人在鞋模加工时，违反国家规定，排放含镍、铬、铜、锌的废水，超过国家规定的排放标准 23199 倍、4.76 倍、35 倍、25.4 倍，严重污染环境，其行为已构成污染环境罪。据此，以污染环境罪判处被告人刘某某有期徒刑二年八个月，并处罚金人民币 5 万元。

田某某、厉某某污染环境案
——非法炼铅污染环境，判处有期徒刑四年半

《最高人民法院公布八起环境污染犯罪典型案例》第 2 号

2016 年 12 月 26 日

【基本案情】

被告人田某某租赁炼铅厂，未取得危险废物经营许可证，未采取任何污

染防治措施，利用火法冶金工艺进行废旧铅酸蓄电池还原铅生产。自 2012 年 8 月至 2013 年 10 月，被告人田某某先后从张某某等人（已另案处理）处购买价值人民币 108330105 元的废旧铅酸蓄电池共计 13500 余吨，用于还原铅生产，严重污染环境。被告人厉某某建设炼铅厂租赁给田某某，且为田某某经营提供帮助。田某某归案后如实供述自己的犯罪行为。

【裁判结果】

江苏省徐州市云龙区人民法院一审判决、徐州市中级人民法院二审裁定认为，田某某非法收购废旧铅酸电池，利用火法冶金工艺进行炼铅，在非法处置过程中，产生的大量废水、废气均未经处理直接排放，溢出的粉尘用自制布袋收集，生产的成品铅锭露天堆放，造成严重污染，构成污染环境罪。厉某某构成污染环境罪的共同犯罪。综合考虑污染行为持续时间、经营规模、污染范围以及排放污染物的数量等因素，二被告人的行为应当认定为"后果特别严重"。据此，以污染环境罪判处被告人田某某、厉某某各有期徒刑四年六个月，并处罚金人民币 10 万元。

浙江甲染化有限公司等污染环境案
——18000 余吨精馏残液倾倒海塘，判处罚金 2000 万元

《最高人民法院公布八起环境污染犯罪典型案例》第 3 号
2016 年 12 月 26 日

【基本案情】

被告单位浙江甲染化有限公司（以下简称甲公司）是一家年产 4 万吨保险粉及 3800 吨亚硫酸钠的化工企业，绍兴乙印染有限公司（以下简称乙公司）主要经营印花、染色等项目，上述两公司实际控制人均为被告人严某某。在保险粉合成、过滤干燥过程中产生的精馏残液（含有甲醇、甲酸钠、亚硫酸钠等成分），属于危险废物。2012 年七八月间，为缓解甲公司处理精馏残液的排污压力，严某某经与被告人潘某某（甲公司总经理）、潘某甲（乙公司土建主管）商议，将甲公司的精馏残液外运至无危险废物处置资质的乙公司。精馏残液经与乙公司自身产生的废水混合后，通过暗管直接排入管网，累计

排放 5000 余吨。2012 年 10 月起，为缓解甲公司处理精馏残液的排污压力，潘某某又以 50~80 元/吨的价格委托无危险废物处置资质的被告人汝某某外运处置甲公司的精馏残液，严某某明知且默许上述外运处置行为。汝某某伙同被告人汝某甲、汝某，分别雇用被告人徐某某、唐某某、李某某、罗某某等人采用槽罐车将上述精馏残液运至杭州湾上虞工业园区外海塘等地直接倾倒，累计倾倒 18000 余吨。被告人潘某乙（甲公司仓库主管）明知甲公司非法外运处置精馏残液，仍接受潘某某的指派，组织人员负责对运输精馏残液的槽罐车过磅、填写供货清单等工作。

【裁判结果】

浙江省绍兴市上虞区人民法院一审判决、绍兴市中级人民法院二审裁定认为，被告单位甲公司伙同被告人汝某某、汝某甲、汝某等违反国家规定，排放、倾倒、处置有毒物质，严重污染环境，构成污染环境罪，且属后果特别严重。综合考虑案发后自首、立功、如实供述、退缴违法所得、补缴污水处理费等情节，以污染环境罪判处被告单位浙江甲染化有限公司罚金人民币 2000 万元；判处被告人严某某有期徒刑四年六个月，并处罚金人民币 100 万元；判处被告人潘某某、汝某某各有期徒刑四年，并处罚金人民币 30 万元；判处被告人潘某甲有期徒刑三年，并处罚金人民币 6 万元；判处被告人汝某甲有期徒刑一年六个月，并处罚金人民币 5 万元；判处被告人汝某有期徒刑一年三个月，并处罚金人民币 3 万元；判处被告人潘某乙、徐某某各有期徒刑十个月，缓刑一年，并处罚金人民币 1 万元；判处被告人唐某某、李某某各有期徒刑六个月，缓刑一年，并处罚金人民币 1 万元；判处被告人罗某某拘役六个月，缓刑十个月，并处罚金人民币 1 万元；禁止被告人徐某某、唐某某、李某某、罗某某在缓刑考验期限内从事与排污相关的活动。

王某某等污染环境案
——居民区附近非法填埋生活垃圾,判处有期徒刑五年

《最高人民法院公布八起环境污染犯罪典型案例》第4号
2016年12月26日

【基本案情】

2014年10月起,被告人王某某承包现代农业物流园用地回填工程,并转包给他人,在明知该物流园用地不具备生活垃圾处置功能,且他人无处置生活垃圾资质的情况下,任其倾倒、填埋生活垃圾。该填埋场西北侧为吴淞江,东侧为农田,500米内有村庄3座,最近的村庄距离该填埋场125米。王某某和被告人李某某系合伙关系,其中王某某总体负责填埋工程。被告人刘某某系南侧填埋工地负责人,被告人韩某应刘某某之邀作为合伙人参与南侧填埋工程。该填埋场采用生活垃圾和建筑垃圾分层填埋的方式填埋生活垃圾。填埋生活垃圾被发现后,王某某派人移除北侧部分生活垃圾,南侧继续填埋生活垃圾直至2015年3月。经测算,北侧所倾倒、填埋生活垃圾的留存量为48236立方米,南侧所倾倒、填埋生活垃圾的留存量为146935立方米。经评估,王某某、李某某填埋生活垃圾造成公私财产损失合计人民币约12067009.94元,刘某某、韩某填埋生活垃圾造成公私财产损失合计人民币约9084680.27元。

【裁判结果】

江苏省苏州市姑苏区人民法院判决认为:被告人王某某、李某某明知涉案物流园用地不具备生活垃圾处置功能,且他人无处置生活垃圾资质,任其倾倒、填埋生活垃圾,造成公私财产重大损失;被告人刘某某、韩某违反国家规定,无资质倾倒、填埋生活垃圾,造成公私财产重大损失。上述各被告人的行为均构成污染环境罪,且属"后果特别严重"。据此,以污染环境罪判处被告人王某某有期徒刑五年,并处罚金人民币20万元;被告人刘某某有期徒刑四年八个月,并处罚金人民币15万元;被告人李某某有期徒刑三年六个月,并处罚金人民币10万元;被告人韩某有期徒刑二年六个月,并处罚金人

民币六万元。该判决已发生法律效力。

湖州市某处置中心有限公司污染环境案
——危险废物处置企业非法处置危险废物，后果特别严重

《最高人民法院公布八起环境污染犯罪典型案例》第 5 号
2016 年 12 月 26 日

【基本案情】

湖州市某处置中心系具有处置危险废物资质的企业，其许可经营项目为湖州市范围内医药废物、有机溶剂废物、废矿物油、感光材料废物等危险废物和医疗废物的收集、贮存、处置。2011 年至 2014 年 4 月，被告人施某（法定代表人）指使、授意或者同意其下属经营管理人员，将该中心收集的危险废物共计 5950 余吨交由没有相应资质的单位和个人处置，从中牟利。其中，部分危险废物被随意倾倒。

【裁判结果】

浙江省湖州市吴兴区人民法院一审判决、湖州市中级人民法院二审判决认为，被告单位湖州市某处置中心有限公司违反国家规定，处置危险废物，严重污染环境。被告人施某系被告单位直接负责的主管人员，指使、授意或者同意其下属经营管理人员实施上述行为。被告单位和被告人的行为均已构成污染环境罪，且属后果特别严重。综合考虑本案相关犯罪情节，判决被告单位湖州市某处置中心有限公司犯污染环境罪，判处罚金人民币 40 万元；被告人施某犯污染环境罪，判处有期徒刑三年十个月，并处罚金人民币 15 万元，与其所犯行贿罪判处的刑罚并罚，决定执行有期徒刑六年三个月，并处罚金人民币 25 万元。

某（河北）焦化有限公司污染环境案
——挥发酚超标直排大气，判处罚金 245 万元

《最高人民法院公布八起环境污染犯罪典型案例》第 6 号
2016 年 12 月 26 日

【基本案情】

2014 年 3 月，被告单位某（河北）焦化有限公司二期生化处理站的生化池出现活性污泥死亡，不能达标处理蒸氨废水。被告人王某某（公司总经理）、张某某（公用工程部经理）、胡某某（公用工程部副经理）、陈某（二期生化处理站主任）和张某（岗位责任人）发现这一情况后，在未采取有效措施使蒸氨废水处理达标的情况下，为逃避环保部门的监管，由张某某指使陈某、张某捏造达标的虚假水质检测表，并将这些未达标处理的蒸氨废水用于熄焦塔补水，导致蒸氨废水中的挥发酚被直接排入大气，严重污染环境，经检测，熄焦塔补水中的有毒物质挥发酚超出国家规定标准 137 倍。

【裁判结果】

河北省邢台市桥东区人民法院判决认，被告单位某（河北）焦化有限公司违反国家规定排放严重危害环境、损害人体健康的污染物，严重污染环境，构成污染环境罪。被告人张某某、张某、陈某、王某某、胡某某作为直接负责的主管人员或者其他直接责任人员，应当承担相应的刑事责任。案发后被告单位某（河北）焦化有限公司投入大量资金对设备进行改造，达到环保要求，可以酌情从轻处罚。据此，以污染环境罪判处被告单位某（河北）焦化有限公司罚金人民币 245 万元；被告人张某某有期徒刑一年，并处罚金人民币 5 万元；被告人张某有期徒刑十个月，并处罚金人民币 3 万元；被告人陈某有期徒刑十个月，并处罚金人民币 3 万元；被告人王某某有期徒刑六个月，缓刑一年，并处罚金人民币 2 万元；被告人胡某某罚金人民币 2 万元。该判决已发生法律效力。

白某某、吴某某污染环境案
——非法处置含矿物油的包装桶，构成污染环境罪

《最高人民法院公布八起环境污染犯罪典型案例》第 7 号

2016 年 12 月 26 日

【基本案情】

润滑油等矿物油系危险废物，根据《国家危险废物名录》的规定，含有或直接沾染危险废物的废弃包装物、容器亦属于危险废物。2014 年 10 月至 2015 年 4 月，被告人白某某在未取得危险废物经营许可证的情况下，从被告人吴某某等人处收购沾染有矿物油、涂料废物及废有机溶剂等物的废旧包装桶，并雇用工人清洗或者切割后出售。对于清洗废旧包装桶产生的废水，白某某指使工人倾倒在地上，通过铺设的管道排放至外环境。据查，吴某某先后向白某某出售沾染有润滑油的废旧包装桶共计 50.5 吨。

【裁判结果】

重庆市渝北区人民法院一审判决认为：被告人白某某违反国家规定，非法处置危险废物 3 吨以上，严重污染环境；被告人吴某某明知白某某无经营许可证，向其提供危险废物，严重污染环境，构成共同犯罪。据此，综合考虑被告人吴某某系初犯，庭审中自愿认罪等情节，以污染环境罪判处被告人白某某有期徒刑一年八个月，并处罚金 15 万元；被告人吴某某有期徒刑一年，缓刑二年，并处罚金 8 万元。被告人白某某提起上诉后申请撤回上诉。重庆市第一中级人民法院经审查裁定准许。

浙江甲生化股份有限公司等污染环境案

——非法倾倒草甘膦母液 35000 余吨，判处罚金 7500 万元

《最高人民法院公布八起环境污染犯罪典型案例》第 8 号

2016 年 12 月 26 日

【基本案情】

某化工厂系浙江甲生化股份有限公司（以下简称甲公司）下属企业，专门生产农药草甘膦。2011 年，某化工厂生产产生的危险废物草甘膦母液因得不到及时处理而胀库。为不影响生产，并降低处理成本，被告人杜某某（甲公司副总经理）、宋某某（甲公司国内贸易部经理），经被告人蒲某某（甲公司总经理）默许，委托不具备危险废物处置资质的杭州乙化工有限公司（以下简称乙公司）、湖州丙化工物资有限公司（以下简称丙公司）、富阳丁化工有限公司（以下简称丁公司）及被告单位衢州市戊农业生产资料有限责任公司（以下简称戊公司）等有业务往来的化工原料提供单位非法外运处置草甘膦母液。被告人李某某（某化工厂分管物管部的副厂长）明知生产产生的草甘膦母液应委托有处理资质的企业处置，仍负责联系宋某某通知戊公司等单位非法拉运草甘膦母液。从 2011 年 10 月至 2013 年 5 月，甲公司共非法处置草甘膦母液 35000 余吨，直接倾倒至外环境。

2011 年下半年，被告单位戊公司为谋取利益，在不具备危险废物处置资质的情况下，违反国家规定，经被告人吴某某（戊公司法定代表人）同意，由被告人洪某某（戊公司副总经理）与杜某某、宋某某联系，约定为甲公司处置草甘膦母液，并收取每吨 80 ~ 100 元的处置费用。从 2012 年初至 2013 年 5 月间，戊公司通过被告人黄某某、王某合伙经营的槽罐车将共计 5000 余吨的草甘膦母液从某化工厂运至衢州，倾倒在小溪、沙滩、林地等处，并支付黄某某、王某每吨 50 ~ 60 元的处置费用。被告人严某（戊公司股东）负责与黄某某、王某及甲公司结算草甘膦母液处置费用、开具发票等事宜。被告人林某某、舒某某、柴某某、杨某某、傅某某、陈某某、张某某、方某某、邱某某、蒋某某作为槽罐车的驾驶员、押运员，参与草甘膦母液的运输及协助倾倒。

【裁判结果】

浙江省龙游县人民法院一审判决、浙江省衢州市中级人民法院二审裁定认为,被告单位浙江甲公司、衢州市戊公司与被告人黄某某、王某等人违反国家规定,倾倒、处置危险废物,严重污染环境,其行为均已构成污染环境罪,且属后果特别严重。综合考虑案发后自首、如实供述、退缴违法所得等情节,以污染环境罪判处被告单位浙江甲公司罚金人民币7500万元;判处被告单位衢州市戊公司罚金人民币400万元;判处被告人杜某某有期徒刑六年,并处罚金人民币100万元;以及其他各被告人相应有期徒刑和罚金。

此外,浙江省杭州市富阳区人民法院、萧山区人民法院、杭州市中级人民法院、德清县人民法院、湖州市中级人民法院均已分别对涉案的丁公司、乙公司、丙公司及相关被告人依法作出裁判。

宁夏回族自治区中卫市沙坡头区人民检察院诉宁夏某染化有限公司、廉某某污染环境案

《最高人民法院公布环境资源刑事、民事、行政典型案例》第1号
2017年6月22日

【基本案情】

2007年以来,某公司在废水处理措施未经环境影响评估、未经申报登记、验收的情况下,擅自在厂区外东侧腾格里沙漠采用"石灰中和法"处置工业废水。2009年6月18日,廉某某任某公司法定代表人,负责公司的全面工作并决定继续使用"石灰中和法"处置工业废水。某公司于2011年5月11日取得排放污染物许可证,有限期至2014年4月30日。某公司在排放污染物许可证到期后,仍继续非法排污。至2014年9月被责令关闭停产时,该公司厂区外东侧腾格里沙漠渗坑内存有大量工业废水。经宁夏环境监测中心站对现场废水取样检测认定,废水中多项监测因子超过国家排放标准。案发后,某公司、廉某某为防止污染扩大,及时采取措施,消除污染。某公司支付因采取合理必要措施所产生的费用626640元。

【裁判结果】

宁夏回族自治区中卫市沙坡头区人民法院一审认为，某公司违反国家有关环境保护的规定，非法排放、处置有毒物质，严重污染环境，廉某某系被告单位直接负责的主管人员，对污染环境的行为负有直接责任，某公司和廉某某的行为均已触犯刑律，构成污染环境罪。公诉机关的指控成立，予以支持。廉某某归案后，能如实供述自己的犯罪事实，可以从轻处罚；案发后，某公司、廉某某及时采取措施，消除污染，可以酌情从宽处罚。某公司排污时间相对较长，且在排放污染物许可证到期后，仍非法排污，严重污染环境，结合某公司的具体犯罪事实，决定对其判处罚金人民币500万元。根据廉某某的犯罪事实、性质、情节和对社会的危害程度，对廉某某可以适用缓刑，依法实行社区矫正。一审法院判决某公司犯污染环境罪，判处罚金人民币500万元；廉某某犯污染环境罪，判处有期徒刑一年六个月，缓刑二年，并处罚金人民币5万元。

【典型意义】

本案系腾格里沙漠污染事件发生后首例宣判的环境污染刑事案件。环境是社会健康发展的重要因素，也是刑法保护的重要法益。本案审理法院正确适用《最高人民法院、最高人民检察院关于办理环境污染刑事案件适用法律若干问题的解释》，依法惩治私设暗管排放、倾倒有毒、有害废物，严重污染腾格里沙漠生态环境的犯罪行为，充分贯彻宽严相济的刑事政策，依法保障社会公共利益和人民群众环境权益。该案的审理也为正确处理经济发展与环境保护之间的关系敲响了警钟，警醒政府在发展经济与保护环境、当前利益和长远利益等问题发生矛盾时应当如何取舍。该案的审理和判决对于教育和促进企业依法生产，依托科技手段提升清洁生产工艺和排放控制技术，实现绿色发展具有较好的推动和示范作用。

【点评专家】

竺效，中国人民大学教授。

【点评意见】

本案最大的亮点在于法院采用了"双罚制"，即对涉案企业宁夏某染化有限公司判处刑事罚金 500 万元，让涉案企业在经济上"得不偿失"，今后不敢再犯，较好地震慑了那些不依法办理环评手续、超标排污、无排污许可证排污或"超（许可）证"排污、偷排污染物的潜在的类似环境污染危害行为人。同时，法院对涉案企业的法定代表人、污染行为直接负责的企业主管人员廉某某，判处有期徒刑一年六个月，并处罚金 5 万元。那些心存侥幸的污染企业的法定代表人应该以此为戒，环保警钟时时敲响，环境守法谨记于心，依法经营，保护环境，避免犯罪入狱"自由和财产两失"。

此外，该案也结合案发后某公司、廉某某及时采取措施，支付因采取合理必要的环境处置措施所产生的费用 626640 元，以积极消除污染行为对环境的不利影响等具体案件情节，对企业法定代表人廉某某适用了缓刑，即判处有期徒刑一年六个月，缓刑二年，并依法对其实行社区矫正。环境损害后果往往具有不可逆性，该案中，法院的这一做法对于引导类似环境危害行为人在案发后积极预防环境危害后果的发生或扩大，修复被破坏的生态或恢复被污染的环境，具有良好的示范效果。

十堰市某工贸有限公司、古某某污染环境案

《最高人民法院公布长江流域环境资源审判十大典型案例》第 2 号
2017 年 12 月 4 日

【基本案情】

2015 年 5 月 1 日上午，某公司厂房搬迁，该厂生产负责人古某某明知该厂操作污水处理设备的工人赵某某在新厂区调试设备，老厂房无人能操作污水处理设备，仍安排工人潘某某等人在老厂房内，在未运行污水处理设施的情况下进行电镀生产，造成电镀废水未经处理非法外排，被十堰市环保局当场查获。经环保局现场采样，十堰市环境监测站分析检测，并报湖北省环境监测中心站审查，该公司排出的电镀废水中重金属总铬浓度值为 88.8mg/L，六价铬浓度值为 80.4mg/L，锌浓度值为 11.7mg/L，分别超出国家排放标准 88 倍、401 倍、6.8 倍。湖北省十堰市张湾区人民检察院以污染环境罪对某公司和古某某提起公诉。

【裁判结果】

湖北省十堰市张湾区人民法院一审认为，某公司非法排放含重金属的污染物严重超标，已构成污染环境罪；古某某作为生产管理负责人，明知电镀作业产生的污水未经处理会流向犟河造成环境污染，仍安排工人从事电镀生产作业，放任单位排放污水污染环境的行为，亦构成污染环境罪。鉴于被告人积极认罪悔罪，在量刑上可以酌情从轻。对某公司判处罚金 1 万元、古某某拘役四个月。某公司和古某某以污染环境后果较轻为由提起上诉，十堰市中级人民法院二审认为，一审判决体现了对污染环境犯罪的零容忍态度。十堰作为南水北调中线工程核心水源区，加强水资源保护，确保"一江清水永续北送"，具有非同寻常的意义。对恣意排放生产废水，严重破坏生态环境的违法犯罪行为，必须始终保持高压态势，依法严厉打击。二审裁定驳回上诉，维持原判。

【典型意义】

依法审理水污染防治案件，加强对饮用水水源地的司法保护，保障饮用水水源地的水质安全，是人民法院环境资源审判的重要职责。湖北十堰作为南水北调中线工程的水源地，严控水体污染，抓好水体保护，维护水质安全，确保"一江清水永续北送"具有非同寻常的意义。二审法院立足"十堰作为南水北调中线工程核心水源区"的重要生态环境定位，以保护用水区人民群众身体健康为根本目标，落实最严格的生态环境保护制度，严格执行国家环境质量标准，强化污染者的责任，对污染环境犯罪采取"零容忍"态度，以对生态环境的损害情况作为刑事处罚的重要情节，严厉打击了在饮用水水源地非法排放生产废水的违法犯罪行为。该案是十堰法院受理的首例水污染刑事案件，宣判后对全市造纸、印染、电镀等高能耗、重污染企业起到了教育、引导和震慑作用。

某（南京）染料有限公司、王某某等污染环境案

《最高人民法院发布人民法院服务保障新时代
生态文明建设典型案例》第1号
2018年6月4日

【基本案情】

某（南京）染料有限公司（以下简称甲公司）生产过程中产生的废酸液体属于危险废物，依照国家相关规定应当交由具有资质的企业进行处置。2010年9月，被告人王某受甲公司指派联系处置废酸事宜，与仅具有经销危险化学品资质的乙公司法定代表人王某某达成了以每吨580元处置废酸的口头协议。此后，甲公司产生的废酸液体均交由被告人王某某进行处置。时任公司罐区主管的被告人黄某某明知乙公司王某某没有处置资质，仍具体负责与拉运废酸的王某某直接对接，王某负责审核支付处置废酸费用。2013年9月，王某某明知丁某某（另案处理）没有处置废酸资质，仍与丁某某达成每吨150元处置费用的口头协议，并指使被告人徐某某驾驶槽罐车从甲公司拉运废酸，直接送至丁某某停放在江都宜陵码头等处的船上。至2014年5月间，交由丁某某处置的废酸共计2828.02吨。其间，丁某某多次指使被告人孙某某、钱某某等人于夜间驾驶船只，将其中的2698.1吨废酸直接排放至泰东河和新通扬运河水域的河道中。其中，孙某某参与排放1729.82吨，钱某某参与排放318.78吨。后丁某某未及排放的129.92吨废酸被查获。江苏科技咨询中心、江苏省环境科学研究院专家论证分析认为，甲公司产生的上述废酸液体属于危险废物，其中主要成分为硫酸并含有大量有机物，硫酸浓度较高且具有极强的腐蚀性，对生物、水体、环境的危害极大，废酸中残存的大量有机废物对生物环境也会造成长远的累积性危害。

【裁判结果】

江苏省高邮市人民法院一审认为，被告单位甲公司违反国家环境保护法律规定，明知被告人王某某经营的乙公司无废酸处置资质，将公司生产过程中产生的废酸交由王某某处置；被告人王某某明知丁某某亦无废酸处置资质，

仍将甲公司的废酸转交其处置；被告人徐某某明知其运输的是化工废液以及丁某某可能没有处置废酸的能力，而帮助王某某进行运输作业；被告人孙某某、钱某某明知是化工废液，仍然违反国家规定偷排，最终导致严重污染环境后果，均已构成污染环境罪，且属共同犯罪。被告人王某、黄某某系甲公司直接负责的主管人员和其他直接责任人员，应当知道王某某没有废酸处置资质，仍然在各自职责范围内促成交易，导致严重污染环境的后果发生，均应以污染环境罪追究刑事责任。甲公司为降低危险废物的处置成本，在明知他人没有处置资质的情况下仍委托进行处置，最终导致严重污染环境，甲公司由此减少支出巨额的处置费用。一审法院综合甲公司的犯罪情节以及缴纳罚金的能力，以污染环境罪判处甲公司罚金人民币2000万元，判处其余被告人一年至五年有期徒刑不等并处罚金。江苏省扬州市中级人民法院二审维持原判。

【典型意义】

本案系因非法处置危险废物污染水体引发的环境污染刑事案件，对于根据罪责刑相适应原则妥当确定单位犯污染环境罪的罚金数额进行了有益探索。根据我国《刑法》规定，判处罚金，应当根据犯罪情节决定罚金数额。对于单位罚金的确定，应当根据单位犯罪的情节和特点，结合单位违法所得数额、造成损失的大小等因素综合考虑。甲公司为降低危险废物的处置成本，明知他人没有处置资质仍委托进行处置，最终导致严重污染环境后果的发生，由此逃避支付的巨额处置费用可认定为通过犯罪行为获取的利益。同时，消除环境污染的严重后果必然会有相当的费用支出，根据相关司法解释规定，公私财产损失包括污染环境行为直接造成财产损毁、减少的实际价值，以及为防止污染扩大、消除污染而采取必要合理措施所产生的费用，故而，公私财产损失数额应当作为确定罚金的一个重要参数。人民法院根据甲公司的犯罪情节以及缴纳罚金的能力，在实际获取利益和公私财产损失数额的区间幅度内确定判处罚金的数额，既有利于生态环境的修复，也有助于充分发挥刑罚威慑力，督促企业提高依法处置危险废物的自觉性。

易某某等非法生产制毒物品、污染环境案

《最高人民法院发布人民法院环境资源审判保障长江
经济带高质量发展典型案例》第 1 号
2018 年 11 月 28 日

【基本案情】

2014 年 4 月,被告人易某某等人在贵州省贵阳市租赁民房、废弃厂房等,利用非法购买的盐酸、甲苯、溴代苯丙酮等加工生产麻黄碱。2015 年 5 月至 2016 年 1 月间,被告人易某某等人在非法生产麻黄碱过程中,为排放生产废水,在厂房外修建排污池、铺设排污管道,将生产废水通过排污管引至距厂房约 70 米外的溶洞排放。2016 年 1 月,公安机关在案涉加工点查获麻黄碱 6.188 千克、甲苯 11700 千克、盐酸 3080 千克、溴代苯丙酮 13000 千克。经鉴定,易某某等人生产麻黄碱所产生、排放的废水属危险废物。

【裁判结果】

贵州省清镇市人民法院一审认为,被告人易某某等人的行为均已构成非法生产制毒物品罪;将属于危险物质的生产制毒物品废水利用溶洞向外排放,严重污染环境,其行为同时构成污染环境罪,应予数罪并罚。判处易某某等人八年至十年不等有期徒刑,并处罚金 11 万元至 13 万元不等,并对查扣的制毒物品、作案工具依法没收,予以销毁。贵阳市中级人民法院二审维持原判。

【典型意义】

本案系非法生产制毒物品过程中引发的环境污染案件。被告人易某某等人在非法生产麻黄碱的过程中,违反国家规定修建排污池,铺设排污管道,将含有危险废物的生产废水通过排污管引至溶洞排放,严重污染环境。溶洞是可溶性岩石因喀斯特作用所形成的地下空间,在长江流域多有分布,蕴含着丰富的水资源。但岩溶生态系统脆弱,环境承载容量小,溶洞之间多相互连通,一旦污染难以修复治理。一审法院考虑到本案被告人犯罪行为的特殊

性，根据受到侵害的法益不同，对被告人实施的不同行为单独定罪、数罪并罚，改变了过去忽视环境保护，对同类案件多采用择一重罪论处、仅以涉毒罪名予以打击的处理方式。本案以非法生产制毒物品罪和污染环境罪数罪并罚，既体现出人民法院始终坚持依法从严惩处毒品犯罪、加大对生产制毒物品犯罪的惩处力度，也体现出人民法院以"零容忍"态度依法维护人民群众生命健康和环境公共利益的决心。

重庆某环保科技有限公司、程某等污染环境案

《最高人民法院发布人民法院环境资源审判保障长江
经济带高质量发展典型案例》第 2 号
2018 年 11 月 28 日

【基本案情】

被告单位某环保公司系具有工业废水处理二级资质的企业。2013 年 12 月 5 日，某环保公司与重庆某物业公司签订协议，约定某环保公司自 2013 年 12 月 5 日至 2018 年 1 月 4 日运行重庆某电镀工业中心废水处理项目。某环保公司承诺保证中心排入污水处理站的废水得到 100% 处理，确保污水经处理后出水水质达标，杜绝废水超标排放和直排行为发生。在运营该项目过程中，项目现场管理人员发现 1 号调节池有渗漏现象，向某环保公司法定代表人程某报告。程某召集项目工作人员开会，要求利用 1 号调节池的渗漏偷排未经完全处理的电镀废水。项目现场管理人员遂将未经完全处理的电镀废水抽入 1 号调节池进行渗漏。2016 年 5 月 4 日，重庆市环境监察总队现场检查发现该偷排行为。经采样监测，1 号调节池内渗漏的废水中六价铬、总铬浓度分别超标 29.5 倍、9.9 倍。

【裁判结果】

重庆市渝北区人民法院一审认为，被告单位某环保公司违反国家规定，非法排放含有重金属的污染物超过国家污染物排放标准 3 倍，严重污染环境，其行为已构成污染环境罪。被告人程某作为某环保公司的法定代表人，系某环保公司实施污染环境行为的直接负责的主管人员；某环保公司项目现场管

理人员是某环保公司实施污染环境行为的直接责任人员,均构成污染环境罪。鉴于各被告人分别具有自首、坦白等情节,以污染环境罪判处某环保公司罚金 8 万元;判处程某等人有期徒刑并处罚金。

【典型意义】

本案系向长江干流排放污水引发的水污染刑事案件。重庆地处长江上游和三峡库区腹地,人民法院通过依法审理重点区域的环境资源案件,严惩重罚排污者,构筑长江上游生态屏障。本案中,某环保公司作为具有工业废水处理资质的企业,在受托处理工业废水过程中,明知调节池有渗漏现象,依然将未经完全处理的电镀废水以渗漏方式直接向长江干流排放,严重污染长江水体,应当依法承担刑事责任。在某环保公司承担刑事责任后,重庆市人民政府、重庆两江志愿服务发展中心以重庆某物业公司、某环保公司为共同被告,分别提起生态环境损害赔偿诉讼和环境民事公益诉讼,要求二被告依法承担生态环境修复等费用,并向社会公开赔礼道歉。人民法院通过审理刑事案件以及省市人民政府提起的生态环境损害赔偿诉讼、社会组织提起的环境民事公益诉讼,充分发挥环境资源审判职能作用,为服务和保障长江流域生态文明建设提供了较好范本。

邓文某等污染环境案

《最高人民法院发布人民法院环境资源审判保障长江
经济带高质量发展典型案例》第 3 号

2018 年 11 月 28 日

【基本案情】

2016 年 2 月起,被告人邓文某在未取得相关资质的情况下收购 HW11 精(蒸)馏残渣(俗称煤焦油),运输至其位于四川省眉山市东坡区的厂房内进行加热处理、分装和转卖。其间还雇用被告人邓某平、邓某如、马某才协助其运输、加热和分装。2016 年 7 月,眉山市东坡区环境保护局进行查处后,邓文某等人仍未停止煤焦油的加工。2017 年 1 月,眉山市东坡区相关行政主管部门联合执法,从加工点现场查扣处理设备、煤焦油及其提炼产品 453.08

吨。另有 200 余吨煤焦油已被邓文某加工转卖。四被告人自动投案后，均能如实供述全部或者大部分犯罪事实。

【裁判结果】

四川省眉山市中级人民法院一审认为，被告人邓文某等违反国家规定非法处置危险废物，严重污染环境，构成污染环境罪。邓文某非法处置危险废物 100 吨以上，后果特别严重。根据各人在共同犯罪中的作用、自首等情节，以污染环境罪判处邓文某有期徒刑三年二个月，并处罚金 3 万元；判处邓某平、邓某如、马某才八个月到二年不等有期徒刑，八个月到二年不等缓刑考验期，并处 8000 元到 2 万元不等罚金；禁止邓某平、邓某如、马某才在缓刑考验期内从事与煤焦油加工销售相关的活动。

【典型意义】

本案系非法处置危险废物引发大气污染刑事案件，人民法院在案件裁判方式上进行了有益探索和创新，体现了打击污染环境犯罪、助力打赢蓝天保卫战的态度和决心。近年来，长江流域的区域性雾霾、酸雨态势长期持续，人民法院需要充分发挥环境资源刑事审判的惩治和教育功能，依法审理长三角、成渝城市群等重点区域的大气污染防治案件，严惩重罚大气污染犯罪行为。本案中，邓文某等人无危险废物处置资质，加工设备和工序未得到行政监管部门的验收认可，在加工煤焦油过程中存在大量有毒有害物质未经处理直接排放入大气的情形。一审法院结合四被告人犯罪行为和自首情节在判处相应刑罚的同时，考虑到危险废物处置的专业性和处置不当可能造成的社会危害性，判决邓某平、邓某如、马某才在缓刑考验期内禁止从事与煤焦油加工销售相关的活动，体现了环境资源审判预防为主的理念。

某精密螺丝（浙江）有限公司及被告人黄某等 12 人污染环境案

《环境污染刑事案件典型案例》第 1 号
2019 年 2 月 21 日

【基本案情】

2002 年 7 月，被告单位某精密螺丝（浙江）有限公司（以下简称某公司）成立，经营范围包括生产销售建筑五金件、汽车高强度精密紧固件、精冲模具等，该公司生产中产生的废酸液及污泥为危险废物，必须分类收集后委托具有危险废物处置资质的单位处置。被告人黄某自 2008 年起担任某公司副总经理，负责公司日常经营管理，被告人姜某清自 2016 年 4 月起直接负责某公司酸洗污泥的处置工作。

2016 年 7 月至 2017 年 5 月，被告单位某公司及被告人黄某、姜某清违反国家关于危险废物管理的规定，在未开具危险废物转移联单的情况下，将酸洗污泥交给无危险废物处置资质的被告人李某红、涂某东、刘某桂进行非法处置。被告人李某红、涂某东、刘某桂通过伪造有关国家机关、公司印章，制作虚假公文、证件等方式，非法处置酸洗污泥。上述被告人通过汽车、船舶跨省运输危险废物，最终在江苏省淮安市、扬州市、苏州市，安徽省铜陵市非法倾倒、处置酸洗污泥共计 1071 吨。其中，2017 年 5 月 22 日，被告人姜某清、李某红、涂某东伙同被告人汪某平、汪某革、吴某祥、朱某华、查某你等人在安徽省铜陵市经开区将 62.88 吨酸洗污泥倾倒在长江堤坝内，造成环境严重污染。案发后，经鉴定评估，上述被告人非法倾倒、处置酸洗污泥造成环境损害数额为 511 万余元，产生应急处置、生态环境修复、鉴定评估等费用共计 139 万余元。

此外，2017 年 6 月至 11 月，被告人李某红、涂某东、刘某桂、吴某祥、朱某华、查某你等人在无危险废物处置资质的情况下，非法收集 10 余家江苏、浙江企业的工业污泥、废胶木等有毒、有害物质，通过船舶跨省运输至安徽省铜陵市江滨村江滩边倾倒。其中，倾倒废胶木 313 吨、工业污泥 2525 余吨，另有 2400 余吨工业污泥倾倒未遂。

【诉讼过程】

本案由安徽省芜湖市镜湖区人民检察院于2018年7月16日以被告单位某公司以及被告人黄某、姜某清、李某红、涂某东等12人犯污染环境罪向安徽省芜湖市镜湖区人民法院提起公诉。2018年9月28日,镜湖区法院依法作出一审判决,认定被告单位某公司犯污染环境罪,判处罚金1000万元;被告人黄某犯污染环境罪,判处有期徒刑六年,并处罚金20万元;被告人姜某清犯污染环境罪,判处有期徒刑五年九个月,并处罚金20万元;判处被告人李某红等10人犯污染环境罪,判处有期徒刑六年至拘役四个月不等,并处罚金。一审宣判后,被告单位某公司和被告人黄某等人提出上诉。2018年12月5日,安徽省芜湖市中级人民法院二审裁定驳回上诉,维持原判。判决已生效。

【典型意义】

长江是中华民族的母亲河,也是中华民族发展的重要支撑。推动长江经济带发展是党中央作出的重大决策,是关系国家发展全局的重大战略。服务长江生态高水平保护和经济社会高质量发展,为长江经济带共抓大保护、不搞大开发提供有力保障,是公安司法机关肩负的重大政治责任、社会责任和法律责任。司法实践中,对发生在长江经济带十一省(直辖市)的跨省(直辖市)排放、倾倒、处置有放射性的废物、含传染病病原体的废物、有毒物质或者其他有害物质的环境污染犯罪行为,应当依法从重处罚。

本案中,被告单位某公司及被告人黄某等12人在江苏、浙江、安徽等地跨省运输、转移危险废物,并在长江流域甚至是长江堤坝内倾倒、处置,危险废物数量大,持续时间长,给长江流域生态环境造成严重危害。涉案地办案机关加强协作配合,查清犯罪事实,对被告单位某公司及被告人黄某等12人依法追究刑事责任,在办理长江经济带跨省(直辖市)环境污染案件,守护好长江母亲河方面具有典型意义。

上海某金属制品有限公司及被告人应某达等 5 人污染环境案

《环境污染刑事案件典型案例》第 2 号

2019 年 2 月 21 日

【基本案情】

被告单位上海某金属制品有限公司（以下简称某公司），被告人应某达系某公司实际经营人，被告人王某波系某公司生产部门负责人。

某公司主要生产加工金属制品、小五金、不锈钢制品等，生产过程中产生的废液被收集在厂区储存桶内。2017 年 12 月，被告人应某达决定将储存桶内的废液交予被告人何某瑞处理，并约定向其支付 7000 元，由王某波负责具体事宜。后何某瑞联系了被告人徐某鹏，12 月 22 日夜，被告人徐某鹏、徐某平驾驶槽罐车至公司门口与何某瑞会合，经何某瑞与王某波联系后进入公司抽取废液，3 人再驾车至上海市青浦区白鹤镇外青松公路、鹤吉路西 100 米处，先后将约 6 吨废液倾倒至该处市政窨井内。经青浦区环保局认定，倾倒物质属于有腐蚀性的危险废物。

【诉讼过程】

本案由上海铁路运输检察院于 2018 年 5 月 9 日以被告人应某达、王某波等 5 人犯污染环境罪向上海铁路运输法院提起公诉。在案件审理过程中，上海铁路运输检察院对被告单位某公司补充起诉。2018 年 8 月 24 日，上海铁路运输法院依法作出判决，认定被告单位某公司犯污染环境罪，判处罚金 10 万元；被告人应某达、王某波等 5 人犯污染环境罪，判处有期徒刑一年至九个月不等，并处罚金。判决已生效。

【典型意义】

准确认定单位犯罪并追究刑事责任是办理环境污染刑事案件中的重点问题，一些地方存在追究自然人犯罪多，追究单位犯罪少，单位犯罪认定难的情况和问题。司法实践中，经单位实际控制人、主要负责人或者授权的分管负责人决定、同意，实施环境污染行为的，应当认定为单位犯罪，对单位及其直接负责的主管人员和其他直接责任人员均应追究刑事责任。

本案中，被告人应某达系某公司实际经营人，决定非法处置废液，被告人王某波系某公司生产部门负责人，直接负责废液非法处置事宜。本案中，对被告单位某公司及其直接负责的主管人员和其他直接责任人员被告人应某达、王某波同时追究刑事责任，在准确认定单位犯罪并追究刑事责任方面具有典型意义。

上海某复合材料有限公司及被告人贡某国等3人污染环境案

《环境污染刑事案件典型案例》第3号
2019年2月21日

【基本案情】

被告单位上海某复合材料有限公司（以下简称某公司）在生产过程中产生的钢板清洗废液，属于危险废物，需要委托有资质的专门机构予以处置。被告人乔某敏系某公司总经理，全面负责日常生产及管理工作，被告人陶某系某公司工作人员，负责涉案钢板清洗液的采购和钢板清洗废液的处置。

2016年3月至2017年12月，被告人乔某敏、陶某在明知被告人贡某国无危险废物经营许可资质的情况下，未填写危险废物转移联单并经相关部门批准，多次要求被告人贡某国将某公司产生的钢板清洗废液拉回常州市并处置。2017年2月至2017年12月，被告人贡某国多次驾驶卡车将某公司的钢板清洗废液非法倾倒于常州市新北区春江路与辽河路交叉口附近污水井、常州市新北区罗溪镇黄河西路等处；2017年12月30日，被告人贡某国驾驶卡车从某公司运载钢板清洗废液至常州市新北区黄河西路685号附近，利用塑料管引流将钢板清洗废液非法倾倒至下水道，造成兰陵河水体被严重污染。经抽样检测，兰陵河增光桥断面河水超过Ⅳ类地表水环境质量标准。被告人贡某国非法倾倒涉案钢板清洗废液共计67.33吨。

【诉讼过程】

本案由江苏省常州市武进区人民检察院于2018年8月9日以被告单位某公司以及被告人贡某国等3人犯污染环境罪向江苏省常州市武进区人民法院

提起公诉。2018年12月17日,武进区法院作出判决,认定被告单位某公司犯污染环境罪,判处罚金30万元;被告人贡某国犯污染环境罪,判处有期徒刑一年三个月,并处罚金5万元;被告人乔某敏犯污染环境罪,判处有期徒刑一年,缓刑二年,并处罚金5万元;被告人陶某犯污染环境罪,判处有期徒刑一年,缓刑二年,并处罚金5万元;禁止被告人乔某敏、陶某在缓刑考验期内从事与排污工作有关的活动。判决已生效。

【典型意义】

准确认定犯罪嫌疑人、被告人的主观过错是办理环境污染刑事案件中的重点问题。司法实践中,判断犯罪嫌疑人、被告人是否具有环境污染犯罪的故意,应当依据犯罪嫌疑人、被告人的任职情况、职业经历、专业背景、培训经历、本人因同类行为受到行政处罚或刑事追究情况以及污染物种类、污染方式、资金流向等证据,结合其供述,进行综合分析判断。

本案中,被告人乔某敏、陶某明知本单位产生的危险废物需要有资质的单位来处理,且跨省、市区域转移需填写危险废物转移联单并经相关部门批准,仍通过与有资质的单位签订合同但不实际处理,多次要求被告人贡某国将某公司产生的钢板清洗废液拉回常州市并处置,放任对环境造成危害。被告人贡某国在无危险废物经营许可资质的情况下,跨省、市区域运输危险废物并非法倾倒于常州市内污水井、下水道中,严重污染环境。上述3名被告人均具有环境污染犯罪的故意。本案在准确认定犯罪嫌疑人、被告人的主观过错方面具有典型意义。

贵州某化工有限责任公司及被告人张某文、赵某污染环境案

《环境污染刑事案件典型案例》第4号
2019年2月21日

【基本案情】

被告单位贵州某化工有限责任公司(以下简称某公司),经营范围为重晶石开采和硫酸钡、碳酸钡、硝酸钡生产销售等。被告人张某文自2014年起任某公司副总经理兼办公室主任,协助总经理处理全厂日常工作。被告人赵某

自 2014 年起任某公司环保专员，主管环保、消防等工作。

某公司主要业务之一为生产化工原料碳酸钡，生产产生的废渣有氮渣和钡渣。氮渣属一般废弃物，钡渣属危险废物。某公司在贵州省紫云自治县猫营镇大河村租赁土地堆放一般废弃物氮渣，将危险废物钡渣销往有危险废物经营许可证资质的企业进行处置。2014 年年底，因有资质企业经营不景气，加之新的《环境保护法》即将实施，对危险废物管理更加严格，各企业不再向某公司购买钡渣，导致该公司厂区内大量钡渣留存，无法处置。被告人张某文、赵某在明知钡渣不能随意处置的情况下，通过在车厢底部垫钡渣等方式在氮渣内掺入钡渣倾倒在氮渣堆场，并且借安顺市某环保砖厂名义签署工业废渣综合利用协议，填写虚假的危险废物转移联单，应付环保行政主管部门检查。2015 年 10 月 19 日至 23 日，环保部西南督查中心联合贵州省环保厅开展危险废物污染防治专项督查过程中，查获某公司的违法行为。经测绘，某公司废渣堆场堆渣量为 72194 立方米，废渣平均密度为 1250 千克/立方米，堆渣量达 90242.5 吨。经对堆场废渣随机抽取的 50 个样本进行检测，均检出钡离子，其中 2 个样本检测值超过 100mg/L。

【诉讼过程】

本案由贵州省安顺市平坝区人民检察院以被告单位某公司及被告人赵某犯污染环境罪向贵州省安顺市平坝区人民法院提起公诉，后又以被告人张某文犯污染环境罪向平坝区法院追加起诉。2017 年 11 月 23 日，平坝区法院依法作出判决，认定被告单位某公司犯污染环境罪，判处罚金 100 万元；被告人张某文犯污染环境罪，判处有期徒刑三年，缓刑三年，并处罚金 2000 元；被告人赵某犯污染环境罪，判处有期徒刑三年，缓刑三年，并处罚金 2000 元。判决已生效。

【典型意义】

准确认定非法排放、倾倒、处置行为是办理环境污染刑事案件中的重点问题。司法实践中认定非法排放、倾倒、处置行为时，应当根据法律和司法解释的有关规定精神，从其行为方式是否违反国家规定或者行业操作规范、污染物是否与外环境接触、是否造成环境污染的危险或者危害等方面进行综合分析判断。对名为运输、贮存、利用，实为排放、倾倒、处置的行为应当认定为非法排放、倾倒、处置行为,依法追究刑事责任。

本案中,被告单位某公司及被告人张某文、赵某在明知危险废物钡渣不能随意处置的情况下,仍在氮渣内掺入钡渣倾倒在氮渣堆场,名为运输、贮存、利用,实为排放、倾倒、处置,放任危险废物流失、泄漏,严重污染环境。本案在准确认定非法排放、倾倒、处置行为方面具有典型意义。

刘某义、黄某添、韦某榜等17人污染环境系列案

《环境污染刑事案件典型案例》第5号
2019年2月21日

【基本案情】

被告人刘某系广东省博罗县某油料有限公司的实际投资人和控制人,被告人黄某添系该公司法定代表人。自2016年起,二被告人明知被告人刘某义没有处置废油的资质,仍将3192吨废油交给刘某义处理。

被告人黄某顺系广东省佛山市某石油科技有限公司的法定代表人。自2016年11月起,黄某顺为获取600元/车的装车费,擅自决定将存放在公司厂区的近100吨废油交给刘某义处理。

被告人关某平、冯某明系广东省东莞市道滘镇某润滑油经营部的合伙人。2017年2月,二被告人将加工过程中产生的酸性废弃物29.63吨交给刘某义处置。

除上述企业提供的废油外,被告人刘某义还联系广东其他企业提供废油,然后由被告人柯某水、韦某文联系车辆将废油运送至广西壮族自治区来宾市兴宾区、武宣县、象州县等地,被告人韦某榜负责找场地堆放、倾倒、填埋。被告人梁某邦、韦某模应被告人韦某榜的要求,负责在武宣县境内寻找场地堆放废油并组织人员卸车,从中获取卸车费。被告人韦某林、张某来等5人应被告人韦某榜的要求,负责在象州县境内寻找场地倾倒废油并收取酬劳。

此外,被告人柯某水、韦某榜在武宣县境内建造炼油厂,从广东省运来30吨废油提炼沥青,提炼失败后,二被告人将13吨废油就地丢弃,其余废油转移至位于来宾市兴宾区的韦某榜炼油厂堆放,之后被告人柯某水又联系被告人刘某义将废油运至韦某榜的炼油厂堆放。在该堆放点被查处后,被告人

柯某水、韦某榜决定将废油就地填埋。

经现场勘验及称量，本案中被告人在兴宾区、武宣县、象州县倾倒、填埋、处置的废油共计6651.48吨，需要处置的污染废物共计10702.95吨，造成直接经济损失3217.05万元，后续修复费用45万元。

【诉讼过程】

刘某义、黄某添、韦某榜等17人污染环境系列案由广西壮族自治区武宣县人民检察院向广西壮族自治区武宣县人民法院提起公诉。武宣法院依法作出一审判决，认定被告人刘某义犯污染环境罪，判处有期徒刑五年，并处罚金100万元；被告人黄某添犯污染环境罪，判处有期徒刑四年，并处罚金80万元；被告人韦某榜犯污染环境罪，判处有期徒刑四年，并处罚金20万元；其余被告人犯污染环境罪，判处有期徒刑四年至拘役三个月缓刑六个月不等，并处罚金。一审宣判后，被告人刘某、黄某添、柯某水、梁某邦提出上诉。2018年7月18日，广西壮族自治区来宾市中级人民法院作出二审判决，驳回黄某添、柯某水、梁某邦的上诉。鉴于刘某主动交纳400万元给当地政府用于处置危险废物，二审期间又主动缴纳罚金80万元，缴纳危险废物处置费20万元，认罪态度好，确有悔罪表现，认定刘某犯污染环境罪，判处有期徒刑三年，缓刑四年，罚金80万元。判决已生效。

【典型意义】

当前，有的地方已经形成分工负责、利益均沾、相对固定的危险废物非法经营产业链，具有很大的社会危害性。司法实践中，公安司法机关要高度重视此类型案件的办理，坚持全链条、全环节、全流程对非法排放、倾倒、处置、经营危险废物的产业链进行刑事打击，查清犯罪网络，深挖犯罪源头，斩断利益链条，不断挤压和铲除其滋生蔓延的空间。

本案中，被告人刘某义等17人形成了跨广东、广西两省区的非法排放、倾倒、处置、经营危险废物产业链，有的被告人负责提供废油，有的被告人负责收集运输废油，有的被告人负责寻找场所堆放、倾倒、填埋废油，废油数量大，持续时间长，涉及地区广，严重污染当地环境。本案在深挖、查实并依法惩处危险废物非法经营产业链方面具有典型意义。

被告人董某桥等 19 人污染环境案

《生态环境保护典型案例》第 1 号
2019 年 3 月 2 日

【基本案情】

2015 年 2 月，被告人董某桥将应由黄骅市某化工有限公司处置的废碱液交由没有资质的被告人刘某生处置。后刘某生联系被告人刘某辉租用被告人李某钟停车场场地，挖设隐蔽排污管道，连接到河北省蠡县城市下水管网，用于排放废碱液。2015 年 2 月至 5 月，董某桥雇用被告人石某国等，将 2816.84 吨废碱液排放至挖设的排污管道，并经案涉暗道流入蠡县城市下水管网。同时，从 2015 年 3 月起，被告人高某义等明知被告人娄某无废盐酸处置资质，将回收的废盐酸交由娄某处置。娄某又将废盐酸交由无资质的被告人张某等人处置。张某、段某松等人又联系李某钟，商定在其停车场内经案涉暗道排放废盐酸。2015 年 5 月 16 日、17 日，石某国等人经案涉暗道排放 100 余吨废碱液至城市下水管网。同月 18 日上午，张某等人将 30 余吨废盐酸排放至案涉暗道。下午 1 时许，停车场及周边下水道大量废水外溢，并产生大量硫化氢气体，致停车场西侧经营饭店的被害人李某强被熏倒，经抢救无效死亡。经鉴定，本案废碱液与废盐酸结合会产生硫化氢，并以气体形式逸出；李某强符合硫化氢中毒死亡。

【裁判结果】

河北省蠡县人民法院一审认为，案涉废碱液、废盐酸均被列入《国家危险废物名录》，属危险废物。被告人董某桥等违反国家规定，非法处置、排放有毒物质，严重污染环境。其行为均已构成污染环境罪。董某桥等人非法排放废碱液，娄某等人非法排放废盐酸，均对李某强硫化氢中毒死亡这一结果的发生起到了决定性的作用，应对李某强的死亡结果承担刑事责任。根据各被告人的犯罪事实、情节和社会危害性，一审法院判决被告人董某桥等犯污染环境罪，判处有期徒刑七年至二年不等，并处罚金。河北省保定市中级人民法院二审对一审刑事判决部分予以维持。

【典型意义】

本案系污染环境致人死亡案件。危险废物具有腐蚀性、毒性、易燃性、反应性、感染性等危险特性,收集、贮存或处置不当,不仅严重威胁生态环境安全,更可能直接危及人体健康甚至生命。近年来,非法处置危险废物现象屡禁不绝,环境风险日益凸显。面对环境污染犯罪呈现的大幅增长态势,坚持最严格的环保司法制度、最严密的环保法治理念,加大对环境污染犯罪的惩治力度,服务保障打好打赢污染防治攻坚战,是人民法院审判工作的重要职责。本案中,被告人董某桥等挖设隐蔽排污管道,将废碱液排放至城市下水管网,被告人张某等利用同一暗道排放废盐酸,造成一人死亡的特别严重后果。人民法院全面贯彻宽严相济刑事政策,充分发挥环境资源刑事审判的惩治和教育功能,结合各被告人犯罪事实、情节和社会危害性,依法认定提供、运输、排放、倾倒、处置等环节各被告人的刑事责任,从重判处刑罚。本案的审理和判决对于斩断危险废物非法经营地下产业链条、震慑潜在的污染者具有典型意义。

被告单位安徽某新能源材料股份有限公司、被告人吕某国等 7 人污染环境案

《长江经济带生态环境司法保护典型案例》第 1 号

2020 年 1 月 9 日

【基本案情】

被告单位安徽某新能源材料股份有限公司(以下简称某公司)系重点排污单位,被告人吕某国任公司法定代表人、董事长兼总经理,被告人丁某平等任公司副总经理。2007 年,吕某国、丁某平商议在公司埋设暗管,将生产污水直接排放到长江,并由丁某平具体负责。2008 年年初,丁某平安排公司人员埋设暗管,将产生的污水绕过污水处理总站通过暗管直接排放到长江。遇有环保监管部门检查,丁某平等提前通知被告人晋某杰等通过操控暗管阀门、冲洗车间,帮助公司逃避环保检查。被告人王某芝、戚某长作为公司环保专员,明知公司污水处理总站长期不工作,虚假制作总镍在线等数据,欺

骗环保监管部门。某公司通过暗管排放污水中含有镍、钴等重金属污染物，属于有毒物质。2007年12月底至2017年5月期间，该公司废水违规外排量共计48.24万吨，超标排放废水量为37.63万吨，造成的生态环境损害数额量化结果为753万元。

【裁判结果】

安徽省芜湖市鸠江区人民法院一审认为，被告单位某公司通过暗管排放有毒物质，其行为已构成污染环境罪；被告人吕某国等人作为公司直接负责的主管人员和其他直接责任人员，亦应以污染环境罪追究刑事责任。鉴于某公司已支付生态环境修复及相关费用782.5万元，综合被告单位和各被告人的犯罪事实、性质、情节和对社会危害程度，一审法院判决被告单位某公司犯污染环境罪，判处罚金400万元；被告人吕某国犯污染环境罪，判处有期徒刑二年六个月，并处罚金10万元；被告人丁某平等6人犯污染环境罪，判处有期徒刑二年三个月至九个月不等，并处罚金8万元至2万元不等。安徽省芜湖市中级人民法院二审裁定驳回上诉，维持原判。

【典型意义】

本案系通过暗管直接向长江违法排放有毒物质污染环境案件。某公司作为重点排污单位，为实现单位的犯罪意图，各被告人相互串通，将含镍、钴等重金属的废水偷排至长江，且提供虚假数据应付环保检查，属于严重污染环境行为。本案中，人民法院在依法认定某公司构成单位犯罪并处罚金的同时，对单位犯罪起决定、策划、指挥等作用的公司法定代表人、副总经理等主要负责人、高级管理人员，对安排工人偷排污水、应付检查的车间主任等分管负责人员，对制造虚假监测数据的环保专员等责任人员，依法分别追究刑事责任。本案判决明确实施污染环境犯罪行为的排污企业在支付生态环境修复及相关费用后仍须承担相应刑事责任，单位犯罪中直接负责的主管人员亦须依法承担刑事责任，充分彰显从严惩治环境污染犯罪的决心，有力威慑违法排污单位并对相关从业人员具有教育警示作用。

被告人姚某友等 14 人污染环境案

《长江经济带生态环境司法保护典型案例》第 2 号

2020 年 1 月 9 日

【基本案情】

被告人姚某友、竺某强等人为牟取非法利益，成立桐乡市某环保技术服务有限公司（以下简称某公司），从事非法处置工业污泥业务。法定代表人姚某友负责联系污泥来源、倾卸地点，监事竺某强参与联系倾卸地点。2015 年 3 月至 6 月间，姚某友在未办理跨省转移工业污泥手续的情况下，单独或伙同竺某强等人联系被告人翟某合、蒋某华等收购工业污泥共计 5540 吨，经被告人田某玉等人联系从浙江省桐乡市等地运至江苏省阜宁县、泗洪县、海安县的窑厂、砂石厂及坑塘等地，在未采取任何防止污染措施的情况下进行倾卸、丢弃，造成环境污染，致公私财产损失共计 286 万余元。经检测，涉案工业污泥中含汞、铬、砷等毒害性重金属。

【裁判结果】

江苏省宿迁市宿城区人民法院一审认为，被告人姚某友等人为牟取非法利益，注册成立仅有技术咨询性质的某公司，未经依法办理跨省运输转移审批手续，将收集的含有毒害性物质的工业固体废物，以低价交给不具备处置能力且未正常生产的砖瓦厂等企业，擅自倾卸、丢弃在厂区及其周边土地上，导致污染环境后果发生；被告人蒋某华等人明知姚某友等人及其设立的某公司无能力处置工业固体废物，为牟取私利赚取差价，将含有毒害性物质的工业固体废物提供给该公司并放任该批工业固体废物转移至省外倾卸、丢弃；被告人田某玉等人明知涉案工业固体废物含有毒害性物质，为获取不当利益，仍积极帮助联系、提供场地及人员实施倾卸丢弃行为、参与运输，其行为均已构成污染环境罪。一审法院判决被告人姚某友犯污染环境罪，判处有期徒刑五年六个月，并处罚金 10 万元；被告人竺某强等 13 人犯污染环境罪，判处有期徒刑三年六个月至有期徒刑一年缓刑一年六个月不等，并处罚金；判决禁止被告人田某玉等人在缓刑考验期内从事排放、倾倒、处置污染物等相关活动。

【典型意义】

本案系跨省倾倒工业污泥污染环境案件。近年来，跨省非法倾倒固体废物案件时有发生，环境风险日益凸显。工业污泥中的汞、砷、铬等重金属及其化合物，大多具有致癌、致畸、致突变作用，在环境中具有富集性且难以降解，若不经过正规处置随处堆放，不仅严重损害生态环境，更可能直接危及人体健康甚至生命安全。故法律对工业固体废物的收集、贮存、运输、利用、处置，包括对跨省转移、处置，均有严格规定。本案中，被告人姚某友等14人为牟取非法利益，分别作为工业固体废物的接收人、介绍人、运输人、非法处置人，上下协作、相互结合形成利益链条，涉案人数多、范围广、数量大，对长江经济带相关区域生态环境和人体健康造成严重危害，被从重追究刑事责任。2019年2月"两高三部"《关于办理环境污染刑事案件有关问题座谈会纪要》明确规定，对于在长江经济带区域跨省市排放、倾倒、处置有放射性的废物、含传染病病原体的废物、有毒物质或者其他有害物质的环境污染犯罪行为，依法予以从重处罚，进一步彰显坚持最严格制度、最严密法治，依法打击固体废物非法经营地下产业链条，服务保障长江经济带高质量发展的决心。

被告人王某凡等4人污染环境案

《长江经济带生态环境司法保护典型案例》第3号

2020年1月9日

【基本案情】

被告人王某凡系重庆某化工有限公司（以下简称某公司）法定代表人、董事长兼总经理，被告人胡某系公司安全环保部部长，被告人白某系公司设备能源部部长，被告人邓某全系公司基建部工人。为减少企业污染治理成本，王某凡指使白某等人修建暗管，设置阀门连接至应急池、观察井，并与长江直接连接。2015年4月至8月14日，某公司在未通过环境影响评价的情况下生产对酮，将产生的废液通过事先埋放的暗管排放到公司应急池，并多次在黑夜或下雨时打开应急池阀门，将池中废液直排长江。2015年8月14日晚，邓某全打开应急池阀门排放废液时，被公安机关查获。经监测，当日排放废液中含有毒物质硝基苯类、总氰化物、锰分别超标1690倍、30倍、58.5倍。案发后，某公司立即停止生产，办理生产对酮手续，编制污染治理方案，对生产线进行升级改造。王某凡等4人购买价值18.6万元的苗木捐赠给公司所在地村委会。

【裁判结果】

重庆市渝北区人民法院一审认为，被告人王某凡等4人违反国家规定，通过暗管排放有毒物质，且排放的污染物中重金属锰超过国家标准10倍，严重污染环境，其行为均构成污染环境罪。鉴于案发后某公司立即停止生产、积极整改，投入资金改造升级排污设备，有效解决排污问题；四被告人具有自首情节，积极采取有效措施防止污染并自愿购买苗木、修复生态、弥补损失，悔罪表现较好，一审法院判决被告人王某凡等4人犯污染环境罪，判处有期徒刑一年至七个月不等，并处罚金10万元至2万元不等。

【典型意义】

本案系企业未经环境影响评价进行生产并通过暗管偷排污水案件。王某凡等四被告人通过修建暗管，利用黑夜或雨天将生产的废液经应急池、观察井后直接排入长江，偷排手段极其隐蔽。人民法院基于公诉机关的指控，依法认定被告人王某凡等4人构成污染环境罪并适用监禁刑，同时，考虑到案发后某公司能够主动对生产线进行升级改造并办理相关手续和许可，王某凡等4人购买苗木捐赠当地村委会，积极修复生态，具有悔罪表现，在量刑上予以从轻处罚，充分彰显宽严相济刑事政策以及修复性司法理念，对于推动排污企业自觉承担生态环境保护社会责任以及采用绿色生产方式，具有典型示范意义。

湖北某科技有限公司、王某文等 4 人污染环境案

《长江经济带生态环境司法保护典型案例》第 5 号

2020 年 1 月 9 日

【基本案情】

2016 年，被告单位湖北某科技有限公司（以下简称某公司）甲磺胺项目在未通过环保验收的情况下正式投产。某公司未按环境影响报告书及批复要求新建预处理设施、未对已有污水处理站进行改造升级，亦未对甲磺胺项目主要污染物重金属铜进行监测。2016 年至 2017 年 8 月，由于原污水处理站无法有效处理双甘膦和甲磺胺生产混合废水，被告人王某炳在某公司法定代表人王某文的授意下，通过连接软管方式将生产混合废水直接排入总排污口，经涵管流入徐家溪后汇入长江。经环保监管部门检测，某公司污水处理站氧化反应池水样中总铜超标 178.6 倍。自 2015 年年底至 2017 年 8 月 20 日，某公司共生产双甘膦 3646.60 吨、甲磺胺 362.83 吨，产生大量含铜废水并直接排放。此外，被告人王某文等人未按照国家法律和环评要求将某公司产生危险废物（HW49）活性炭废渣送至有资质危废处理单位进行处理，而由工人将活性炭废渣倾倒至公司锅炉房煤场与燃煤混合后焚烧，共非法倾倒、处置活性炭废渣 17.41 吨。

【裁判结果】

湖北省宜昌市三峡坝区人民法院一审认为，被告单位某公司违反国家规定，超过国家污染物排放标准 178.6 倍排放含铜污染物，非法倾倒、处置危险废物活性炭废渣 17.41 吨，严重污染环境，其行为构成污染环境罪。被告人王某文等人为单位直接负责的主管人员，授意或默许违规排放、倾倒、处置有毒物质，被告人王某炳为单位直接责任人员，违规排放有毒物质，其行为均构成污染环境罪。一审法院判决被告单位某公司犯污染环境罪，判处罚金 100 万元；被告人王某文等 4 人犯污染环境罪，分别被判处有期徒刑一年至十个月不等，单处或并处罚金 10 万元至 3 万元不等。

【典型意义】

《环境保护法》第四十一条规定了建设项目防治污染设施"三同时"制度。《环境影响评价法》第十六条规定，国家对建设项目的环境影响评价实行分类管理制度。"三同时"制度与环境影响评价制度紧密相关，是贯彻"预防为主"原则的重要法律制度。本案中，被告单位某公司在未通过环评验收的情况下进行生产，无视环境影响报告书及批复要求，未新建预处理设施，亦未对已有污水处理站进行改造升级，将含重金属铜的废水通过暗管直接排入长江支流徐家溪后汇入长江，严重污染环境，必须承担相应的刑事责任；相关责任人授意或默许违规排放、倾倒、处置有毒物质，直接造成长江水体污染，亦应被追究刑事责任。本案的审理和判决，有助于强化排污企业及单位主管人员的环保责任意识，在追求经济效益的同时，严格遵守"三同时"和环境影响评价等制度，切实将环境保护责任落到实处。

成都某环卫工程有限公司、成都某亚克力塑胶有限公司、吕某体等 16 人污染环境案

《长江经济带生态环境司法保护典型案例》第 6 号

2020 年 1 月 9 日

【基本案情】

2017 年 9 月至 12 月，被告单位成都某环卫工程有限公司（以下简称某环卫公司）在无危险废物经营许可证的情况下，经公司负责人吕某体决定，从被告单位成都某亚克力塑胶有限公司（以下简称某亚克力公司）等处承接危险废物处置业务，并安排公司员工肖某等人伙同蔡某利用罐车将危险废物运至四川省成都市，直接排入城市污水井内，共计非法处置危险废物 443.69 吨。危险废物沿污水管网进入青白江后汇入长江，造成下游水体污染，青白江水业有限公司地表水生产停产 172 小时，截至案发时造成直接经济损失 100 余万元。在案件审理中，某亚克力公司、部分被告人与成都市生态环境局达成赔偿协议，主动进行生态环境损害赔偿，共缴纳生态环境损害赔偿金 350 余万元。

【裁判结果】

四川省彭州市人民法院一审认为，被告单位某环卫公司、某亚克力公司，被告人吕某体等16人违反国家规定，非法处置危险废物，严重污染环境，均构成污染环境罪，且系共同犯罪，应按照各自在共同犯罪中的地位作用、参与处置危险废物的数量承担责任。一审法院判决被告单位某环卫公司犯污染环境罪，判处罚金120万元；被告单位某亚克力公司犯污染环境罪，判处罚金80万元；被告人吕某体等16人犯污染环境罪，判处有期徒刑五年至有期徒刑一年四个月不等，并处罚金20万元至4万元不等。四川省成都市中级人民法院二审裁定驳回上诉，维持原判。

【典型意义】

本案系最高人民检察院、公安部、生态环境部联合挂牌督办的长江流域污染环境案件之一，社会关注度高。某环卫公司在无危险废物经营许可证的情况下，接收危险废物后集中直排至城市污水井，共非法处置危险废物400余吨，造成水业公司地表水生产停产172小时及直接经济损失100余万元，污染后果特别严重。人民法院坚持最严格的生态环境保护制度，对居间介绍、非法委托、非法处置等犯罪链条各环节参与人员均依法严惩，形成对破坏生态环境犯罪行为的有效震慑。同时在案件审理过程中，推动某亚克力公司、部分被告人与生态环境行政主管部门达成赔偿协议，某亚克力公司、部分被告人主动缴纳生态环境损害赔偿金，对污染企业和责任人自觉承担生态环境损害赔偿责任起到了促进作用，实现了法律效果和社会效果的有机统一。

被告人廖某云等3人污染环境案

《长江经济带生态环境司法保护典型案例》第7号
2020年1月9日

【基本案情】

2006年以来，被告人廖某云、廖某翠夫妇未办理生产经营手续，非法在湖南省蓝山县开办选矿厂，雇请工人洗选硫铁矿、铅锌矿。2015年上半年，廖某云将选矿厂交由被告人廖某业代为管理。廖某云经营选矿厂洗选矿期间，直接将含有铅、砷、锰等重金属的废水、废渣存放于沉淀池内，未采取有效防渗、防漏措施，造成周边土壤与水环境污染，严重影响周边群众生产生活。经环保监管部门查处后仍不予改正，直至2017年4月蓝山县人民政府组织相关职能部门强制拆除选矿厂。经检测，该厂提取的样品中含铅、锌、砷、锰等重金属，均为有毒有害物质。经评估，污染行为造成环境损失65.56万元，估算土壤及水修复费用合计3063万元。案发后廖某云积极采取补救措施修复生态环境，被污染环境已部分得到了恢复治理。

【裁判结果】

湖南省蓝山县人民法院一审认为，被告人廖某云等3人未办理相关手续即开办和代为管理选矿厂，违反国家规定排放有毒物质，严重污染环境，均构成污染环境罪，且后果特别严重。鉴于3被告人均能如实供述犯罪事实，且自愿认罪，积极采取补救措施修复生态环境，具有悔罪表现，一审法院判决被告人廖某云等3人犯污染环境罪，判处有期徒刑四年至有期徒刑一年不等，并处罚金10万元至5万元不等。湖南省永州市中级人民法院二审裁定驳回上诉，维持原判。

【典型意义】

湖南省蓝山县地处湘江源头，湘江是长江的八大支流之一。被告人廖某云等3人自2006年以来，未办理任何生产手续，非法开办选矿厂加工硫铁矿和铅锌矿，直接将含有铅、砷、锰等重金属的废水、废渣存放于沉淀池内，且未采取防渗、防漏措施，导致周边土壤与水环境受到严重污染。涉案选矿厂自2006年开始营业到2017年被政府强制拆除，非法排污达11年之久，其间经环保监管等相关部门查处后仍不予改正。人民法院综合认定污染后果特别严重，依法对3被告人判处刑罚，体现了对屡罚不改的污染者依法从重惩处的司法政策。本案的审理和判决有助于发挥刑罚威慑力，震慑潜在犯罪者，也有助于教育和引导相关从业者依法依规开展生产经营活动，增强社会公众的守法意识和环境保护意识。

浙江某化工有限公司、吴某某等 8 人污染环境案

《2019 年度人民法院环境资源典型案例》第一号

2020 年 5 月 8 日

【基本案情】

2017 年 12 月，被告单位浙江某化工有限公司（以下简称某公司）将其硫酸厂产生的污泥渣拌入矿渣去湿，产生混合固体废物。被告人潘某某，系某公司分管安全环保工作部副总经理，经环保部门约谈后，未采取整改措施。被告人吴某某，系该公司安全环保部主管，将上述固体废物交由无资质的被告人黄某某等人处置。2018 年 1 月，被告人黄某某、刘某某将 2327.48 吨混合固体废物运至浙江省江山市露天堆放。2018 年 2 月至 3 月，刘某某等人将相关固体废物共计 1924.48 吨从浙江省衢州市运往福建省浦城县堆放、倾倒、填埋。后经应急处置，挖掘清运受污染泥土混合物共计 4819.36 吨，上述行为造成应急处置、监测、评估等各项费用损失共计 307 万余元。上述行为系 2018 年 3 月 9 日案发，环保部门经调查取证后，于 2018 年 3 月 20 日移送公安机关。

【裁判结果】

福建省浦城县人民法院一审认为，被告单位某公司将固体废物交由无资质人处置；被告人黄某某、刘某某将固体废物露天堆放，渗滤液铜和镉含量超出国家污染物排放标准 10 倍以上，严重污染环境；被告人刘某某等人跨省运输、处置固体废物，导致公私财产损失 100 万元以上，后果特别严重，均已构成污染环境罪。被告人吴某某系某公司单位犯罪的直接责任人员，依法应承担相应的刑事责任。一审法院以污染环境罪判处某公司罚金 55 万元；判处吴某某等 8 人有期徒刑三年六个月以下不等，并处罚金；以国有公司人员失职罪判处潘某某有期徒刑一年八个月，缓刑二年。

【典型意义】

本案系跨省非法运输、倾倒固体废物的污染环境刑事案件。近年来，为

逃避本地监管查处，跨省转移危险废物犯罪高发频发，甚至形成犯罪利益链条。本案的审理，是行政执法与刑事司法相互衔接的有效实践。人民法院在本案中，依法加强与人民检察院、公安机关、环境保护主管部门之间的协调联动，形成打击生态环境违法犯罪的合力。同时，注重运用财产刑，加大对环境污染犯罪的经济制裁力度，提高跨界转移污染物的违法成本。本案开庭审理时，邀请了省、市、县检察院、公安机关和生态环境局等40余人旁听，取得良好的社会效果。

田某某、阮某某、吴某某污染环境案

《2019年度人民法院环境资源典型案例》第二号

2020年5月8日

【基本案情】

2017年9月，原贵州某铝业公司环保科科长被告人田某某，在明知被告人阮某某无处置危险废物资质的情况下，让其帮忙处置一批废阴极块。2017年10月，被告人阮某某雇用车辆将上述固体废物1298.28吨运至贵阳市花溪区董家堰村，卖给回收废旧物资的被告人吴某某。后发生退货事宜，应阮某某要求，吴某某将该批固体废物中的1000余吨运至贵阳市修文县龙场镇军民村，并于次日雇人将剩余固体废物倾倒。据检测、评估，花溪区董家堰村固体废物堆放地地表水洼水体内氟化物严重超标，被遗留、倾倒危险废物处置、场地生态环境修复、送检化验、后期跟踪检测费用为379.60万元。

【裁判结果】

贵州省清镇市人民法院一审认为，被告人田某某、阮某某、吴某某任意处置含有危险废物的工业废物1000余吨，造成生态环境损害达379.60万元，后果特别严重。鉴于各被告人均系初犯，归案后自愿认罪认罚，并积极支付生态环境损害费用以减轻犯罪后果，依法从轻处罚。以污染环境罪判处被告人田某某、阮某某、吴某某有期徒刑三年至二年不等，并适用缓刑，并处罚金5万元至2万元不等。禁止被告人田某某在缓刑考验期内从事与环境保护相关的活动；禁止被告人阮某某在缓刑考验期内从事废旧物资回收的经营活动。

【典型意义】

本案系对污染环境犯罪被告人适用环境保护禁止令的刑事案件。任何单位和个人均应按照国家的规定排放、倾倒或者处置危险废物等有毒有害物质，维护生态环境安全。本案被告人田某某、阮某某系在从事环境保护、废旧物资回收经营活动中实施严重污染环境的犯罪行为，有违法律规定和行业规范。人民法院充分利用刑事禁止令等法律强制措施，禁止二被告人在缓刑考验期内再从事环境保护、废旧物资回收经营的相关活动，对于防范化解风险，防止被告人在缓刑期内再次污染环境、破坏生态，具有重要的实践意义。

德清某保温材料有限公司、祁某某污染环境案

《2020年度人民法院环境资源典型案例》第二号
2021年6月4日

【基本案情】

被告单位某保温材料有限公司成立于2017年3月8日，主要从事聚氨酯硬泡组合聚醚保温材料的生产，以及聚氨酯保温材料、化工原料（除危险化学品及易制毒化学品）、塑料材料、建筑材料批发零售，法定代表人为被告人祁某某。2017年8月至2019年6月，被告人祁某某在明知三氯一氟甲烷系受控消耗臭氧层物质，且被明令禁止用于生产使用的情况下，仍向他人购买，并用于被告单位某保温材料有限公司生产聚氨酯硬泡组合聚醚保温材料。其间，被告单位某保温材料有限公司共计购买三氯一氟甲烷849.50吨。经核算，被告单位某保温材料有限公司在使用三氯一氟甲烷生产过程中，造成三氯一氟甲烷废气排放为3049.70千克。

【裁判结果】

浙江省德清县人民法院一审认为，被告单位某保温材料有限公司违反国家规定，使用三氯一氟甲烷用于生产保温材料并出售，严重污染环境，其行为已构成污染环境罪。被告人祁某某作为被告单位法定代表人，明知三氯一

氟甲烷禁止用于生产，主动购入用于公司生产保温材料并销售，造成环境严重污染，亦应当以污染环境罪追究刑事责任。一审法院以污染环境罪，判处被告单位某保温材料有限公司罚金70万元，判处被告人祁某某有期徒刑十个月，并处罚金5万元。该案一审判决已发生法律效力。

【典型意义】

本案系全国首例因违法使用受控消耗臭氧层物质（ODS）被判处实刑的污染环境刑事案件。三氯一氟甲烷（俗称氟利昂）为受控消耗臭氧层物质，属于对大气污染的有害物质。我国是《保护臭氧层维也纳公约》和《关于消耗臭氧层物质的蒙特利尔议定书》的缔约国之一，一贯高度重视国际环境公约履约工作，于2010年9月27日即发布《中国受控消耗臭氧层物质清单》，其中三氯一氟甲烷作为第一类全氯氟烃，被全面禁止使用。本案的正确审理和判决，明确表明人民法院严厉打击ODS违法行为的"零容忍"态度，对聚氨酯泡沫等相关行业和社会公众具有良好的惩戒、警示和教育作用，体现了司法机关坚定维护全球臭氧层保护成果，推动构建人类命运共同体的责任担当。

买某强等6人污染环境案

《黄河流域生态环境司法保护典型案例》案例4
2021年11月25日

【基本案情】

2019年1月4日，被告人买某强安排被告人尚某锋、贾某立、王某光、高某明在被告人杨某利位于孟州市南庄镇染色作坊内对羊皮染色加工中加入铬粉，将产生的废水未经处理直接排入桑坡村内公共排水沟。被告人杨某利明知其羊皮染色作坊不具备处置铬液条件，仍将其作坊租给买某强用于羊皮染色加工，并收取费用。经鉴定，杨某利染色作坊车间外排口所排废水中铬含量23.1mg/L，超过国家标准3倍，属于严重污染环境。

【裁判结果】

河南省孟州市人民法院一审认为，被告人买某强等 6 人违反国家规定，对外排放废水总铬含量超过国家标准 3 倍，严重污染环境，构成污染环境罪。因被告人买某强、尚某锋、杨某利从事的活动对环境具有直接的危害，对被告人宣告禁止令，禁止其在缓刑考验期内从事与排污有关的经营活动。一审法院以污染环境罪分别判处被告人买某强等人有期徒刑十个月、缓刑一年至有期徒刑七个月、缓刑一年不等，并处罚金；禁止被告人买某强、尚某锋、杨某利在缓刑考验期内从事排污有关的经营活动。一审判决后，各被告人没有提起上诉。

【典型意义】

本案系污染环境刑事案件。孟州市是黄河千里长堤"左岸 0 公里"的起点，也是黄河流出山区进入平原的第一市。孟州市南庄镇是亚洲最大的羊皮加工生产基地，由于生产工艺的特殊性要求，当地存在较大水污染风险，对黄河流域孟州段的水体保护构成严重威胁。本案对污染环境犯罪被告人依法适用了环境保护禁止令，禁止三被告人在缓刑考验期内从事排污有关的经营活动，将生态环境保护的阶段提至事前，体现了环境资源审判落实预防为主的原则，避免了生态环境损害的再次发生。

重庆某医用输液瓶回收有限公司、关某岗、陈某林、李某芳等非法处置医疗废物污染环境案

《人民法院依法审理固体废物污染环境典型案例》案例 1
2022 年 3 月 1 日

【基本案情】

重庆某医用输液瓶回收有限公司经营范围为医疗机构使用后的未被病人血液、体液、排泄物污染的一次性塑料输液瓶（袋）、玻璃输液瓶的回收、运输、处置（不含医疗废物），法定代表人关某岗。2018 年 8 月，该公司从医疗机构回收玻璃输液瓶后，与北京某环保科技有限公司（另案处理）股东李

某芳、陈某林共谋,以 320 元/吨的价格将约 1300 吨玻璃输液瓶出售给没有危险废物经营许可证的北京某环保科技有限公司,并由陈某林安排陈某强进行管理生产,在生产过程中,工人对其中混杂的针头、棉签、输液管等废物进行了掩埋处理。案发后,对掩埋的废物进行挖掘并转运,经鉴定,该批废物系危险废物,共计 16.27 吨。

2018 年 11 月,关某岗明知李某芳没有危险废物经营许可证,仍介绍易某林将其存放在重庆某医用输液瓶回收有限公司的玻璃输液瓶瓶盖出售给李某芳以赚取差价。2019 年 1 月至 3 月,李某芳雇用工人分离、筛选、清洗收购的瓶盖,清洗废水未经处理直排外环境,筛选出的针头、棉签等废物堆放在厂房内。案发后,经鉴定,从易某林处收购的瓶盖均系危险废物,经应急处置,转移瓶盖等废物共计 72.9 吨。

【裁判结果】

重庆市渝北区人民法院一审判决,被告单位重庆某医用输液瓶回收有限公司犯污染环境罪,判处罚金 20 万元;被告人关某岗、李某芳、陈某林、陈某强、易某林等犯污染环境罪,判处有期徒刑二年二个月至一年三个月不等,并处罚金。

重庆市第一中级人民法院二审改判关某岗有期徒刑二年四个月,并处罚金 10 万元。

【典型意义】

本案是因非法处置医疗废物污染环境引发的刑事案件。医疗废物往往携带大量病菌、病毒,具有感染性、传染性等危害,尤其是在当今疫情防控常态化、医疗废物处置压力不断增加的情况下,非法处置行为不仅对环境产生污染,也会严重威胁人民群众的身体健康。《中华人民共和国固体废物污染环境防治法》第九十条第一款规定,医疗废物按照国家危险废物名录管理。《医疗废物管理条例》第十四条规定,禁止任何单位和个人转让、买卖医疗废物;第二十二条规定,未取得经营许可证的单位,不得从事有关医疗废物集中处置的活动。本案中相关单位和人员在没有取得医疗废物经营许可证的情况下,非法从事医疗废物的处置,造成环境污染,依法应当承担刑事责任。本案的审理,展现了人民法院对非法处置医疗废物污染环境犯罪行为决不姑息、严厉打击的态度，有助于警示上下游相关医疗机构、企业及从业人员依法依规处置医疗废物，避免因不当处置引发公共健康风险。

司徒某戌、司徒某协、陈某峰、李某贤等非法倾倒毒性工业固体危险废物污染环境案

《人民法院依法审理固体废物污染环境典型案例》案例2
2022年3月1日

【基本案情】

2015年9月至2018年3月，广东省江门市某实业有限公司（另案处理）副总经理王某（另案处理）将该公司生产新能源汽车锂电池正极材料过程中产生的毒性工业固体危险废物浸出渣（以下简称浸出渣）23067吨，以每吨318元的费用交给无相关资质的司徒某戌、司徒某协非法处置。司徒某戌、司徒某协又将上述浸出渣转包给无相关资质的陈某峰等多人分别运到广东省恩平市、江门市新会区、鹤山市、阳江市、广西壮族自治区藤县等地非法处置。李某贤受陈某峰指使，负责组织车辆、司机将其中4700余吨浸出渣分别运到恩平市东成镇某砖厂和新会区沙堆镇某砖厂进行非法倾倒。

【裁判结果】

广东省恩平市人民法院一审认为，被告人司徒某戌、司徒某协、陈某峰、李某贤违法处置有毒物质，后果特别严重，均已构成污染环境罪。判决四被告人犯污染环境罪，判处有期徒刑五年至一年八个月不等，并处罚金，追缴、没收违法所得。

广东省江门市中级人民法院二审裁定驳回上诉，维持原判。

【典型意义】

本案是因非法处置新能源汽车锂电池材料生产过程中产生的毒性工业固体危险废物引发的刑事案件。新能源汽车产业是国家政策引导的经济发力点，也是当下热门的环保产业。作为新能源汽车核心部件之一的电池材料，其在生产过程中产生的固体废物，若因违法处置造成污染，将与为了环保目的而

推动新能源汽车产业发展的初衷相悖。本案涉案固体废物数量巨大、毒性强、污染地域横跨两省多地、环境污染损害后果严重，人民法院在判断被告人是否具有污染环境的主观故意时，参考被告人的职业经历所体现的正常认知水平，认为作为运输行业经营者，对企业生产过程中产生的固体废物具有危害性及随意倾倒会污染环境，应有一定的认知，并负有核实了解的义务。该案的处理，既有利于防范环保产业发展过程中的污染环境风险，推动环保产业绿色健康发展，也对运输行业经营者非法运输污染物，放任污染环境结果发生的行为起到了警示、震慑作用。

山西某生化药业有限公司、田某坡等人
非法处置过期药品污染环境案

《人民法院依法审理固体废物污染环境典型案例》案例 3
2022 年 3 月 1 日

【基本案情】

山西某生化药业有限公司具有山西省药品监督管理局授予的药品经营许可证，经营范围为中药材、中药饮片、中成药、化学药制剂、抗生素等。2019 年 7 月，该公司经营的诺氟沙星胶囊、银黄颗粒等十余种药品过期，需要及时处理。作为实际控制人的田某坡明知过期药品需作无害化处理，仍决定将该批过期药品私自倾倒、处置，并于 2019 年 7 月 3 日让公司工作人员闫某德和吕某分别驾车将该批过期药品拉运至太原市小店区倾倒处置。经鉴定，涉案药品总净重 3217.672 千克。另查明，涉案过期药品属于《国家危险废物名录》列明的危险废物。2020 年 3 月 20 日，当地环保部门出具材料称，倾倒现场的过期药品包装未破损，尚未直接接触土地或者其他资源。

【裁判结果】

山西省太原市小店区人民法院一审认为，被告单位山西某生化药业有限公司违反国家规定，非法倾倒、处置危险废物三吨以上，严重污染环境；被告人田某坡作为被告单位直接负责的主管人员，决定并安排公司人员非法处置危险废物；被告人闫某德、吕某作为被告单位其他直接责任人员具体实施

了处置危险废物的行为,均构成污染环境罪。分别判处被告单位罚金5万元;被告人田某坡有期徒刑十个月,并处罚金5000元;被告人闫某德、吕某有期徒刑六个月,并处罚金3000元。

山西省太原市中级人民法院二审裁定驳回上诉,维持原判。

【典型意义】

本案是因非法处置过期药品引发的刑事案件。根据《国家危险废物名录》的规定,"失效、变质、不合格、淘汰、伪劣的化学药品和生物制品(不包括列入《国家基本药物目录》中的维生素、矿物质类药,调节水、电解质及酸碱平衡药),以及《医疗用毒性药品管理办法》中所列的毒性中药"均为危险废物,属于"有毒物质",药物中的成分散落在环境中极易造成污染。日常生活中,较为普遍地存在对于过期失效药品的危害性以及如何处置认识不足等问题,将过期药品视为普通生活垃圾随意丢弃的现象时有发生,造成了土壤、水资源等污染。本案的处理,有助于警示社会公众依法履行生活垃圾源头减量和分类投放法定义务,推动建立畅通的失效药品回收渠道,减少乱扔、乱倒、乱焚过期药品行为,引导全民参与、人人动手开展生活垃圾分类处置。

句容市后白镇某村民委员会、袁某政等非法掩埋废酸、废油脂等污染环境案

《人民法院依法审理固体废物污染环境典型案例》案例4
2022年3月1日

【基本案情】

2011年6月,胡某富与江苏省句容市后白镇某村民委员会签订协议承租土地,建设厂房从事润滑油生产经营业务。后因债务问题停产,厂房长期无人管理,贮存设施老化,厂房内的废酸、废油脂外流,致使周边环境受污染而被附近村民多次投诉举报。2017年3月,环保部门会同专业机构至现场调查情况,对厂房内的废酸、废油脂等进行了初步估算,合计重约80吨,所需处置费用约100万元。2017年12月11日,该村民委员会主任袁某政提议并主持会议,研究决定将上述厂房内的露天废物进行挖坑深埋处理。2018年1

月 9 日上午，袁某政安排陈某驾驶挖掘机在厂房北侧院外挖坑，并将原水泥地上堆放的废酸、废油脂等全部填埋入土坑内。案发后，从坑内挖出废酸、废油脂、含油土壤 700 余吨，当地人民政府支出 670 万余元进行应急处置。

【裁判结果】

江苏省南京市玄武区人民法院一审判决，被告单位江苏省句容市后白镇某村民委员会犯污染环境罪，判处罚金人民币 10 万元；被告人袁某政犯污染环境罪，判处有期徒刑二年，并处罚金人民币 6 万元；被告人陈某犯污染环境罪，判处有期徒刑一年三个月，缓刑一年六个月，并处罚金人民币 1 万元；禁止被告人陈某在缓刑考验期内从事与排污或者处置危险废物有关的经营活动。该判决已生效。

【典型意义】

本案是因非法掩埋废酸、废油脂引发的刑事案件。《固体废物污染环境防治法》规定，处置危险废物的单位和个人，必须采取防扬散、防流失、防渗漏或者其他防止污染环境的措施；不得擅自倾倒、堆放、丢弃、遗撒危险废物。村民委员会作为基层群众性自治组织，是社会综合治理体系的重要组成部分，也是美丽乡村建设的重要力量，要不断提升自身的环保意识和法治水平，带头遵守并宣传宪法、法律、法规和国家的政策，教育和推动村民履行法律规定的义务、爱护环境。本案中，村民委员会及袁某政等因缺乏相关法律意识，"好心"办了坏事，教训深刻，具有典型的警示教育作用。而法院在判处刑罚的同时又禁止被告人在缓刑考验期内从事与排污或者处置危险废物有关的经营活动，体现了环境司法坚持保护优先、预防为主的理念，具有较好的示范意义。

张某伟、张某盟、姜某、康某辉等非法倾倒废料污染环境案

《人民法院依法审理固体废物污染环境典型案例》案例 5
2022 年 3 月 1 日

【基本案情】

2020 年 3 月 23 日至 2020 年 4 月 1 日，张某伟将其在河北省正定县某村西的废旧塑料颗粒加工厂内的废塑料、废油布、废油墨桶、废油漆桶等废料，伙同张某盟联系无任何经营手续的康某伟（另案处理），以 800 元/车的价格进行处置。后康某伟以 200 元/车的价格让姜某提供倾倒场所，康某伟纠集康某辉先后非法向井陉县孙庄乡某村北一渗坑倾倒 6 车危险废物，在非法倾倒第 7 车时被查获。后公安机关将危险废物重新捡拾并交由有资质的公司处置，张某伟支付相关处置费用。经鉴定，已倾倒废料和被查获的车上废料均为危险废物，重量共计 3.99 吨。

【裁判结果】

河北省井陉县人民法院一审认为，被告人张某伟、张某盟、姜某、康某辉违反国家规定，非法处置、倾倒危险废物，鉴于四被告人已倾倒的固体废物不足 3 吨，在案发后认罪认罚，积极履行修复义务，判决张某伟、张某盟、姜某、康某辉犯污染环境罪，判处有期徒刑十个月至八个月不等，并处罚金，追缴违法所得。除姜某系累犯外，其他三被告人均适用缓刑。该判决已生效。

【典型意义】

本案是因非法倾倒废料引发的刑事案件。废塑料、废油布、废油墨桶、废油漆桶等固体废物在生产生活中较为常见，其对环境的污染容易被忽视。尤其是生产经营过程中产生大量废塑料、废油布、废油墨桶、废油漆桶等固体废物的企业，更须对此有清晰认识，做到合法合规处置，避免造成环境污染。本案的处理，有助于推动有关企业和群众对日常生活中常见固体废物进行恰当的处置，提高社会公众对固体废物污染环境危害性的认识，推动固体

废物的无害化处置。同时,本案审理法院依据《最高人民法院、最高人民检察院关于办理环境污染刑事案件适用法律若干问题的解释》第五条关于"实施刑法第三百三十八条、第三百三十九条规定的行为,刚达到应当追究刑事责任的标准,但行为人及时采取措施,防止损失扩大、消除污染,全部赔偿损失,积极修复生态环境,且系初犯,确有悔罪表现的,可以认定为情节轻微,不起诉或者免予刑事处罚;确有必要判处刑罚的,应当从宽处罚"的规定,将被告人事后积极履行环境修复义务的情形作为从轻量刑情节,依法适用缓刑,体现了恢复性司法的理念,有助于受损生态环境的及时有效修复。

陈某勤等焚烧电子垃圾污染环境案

《人民法院依法审理固体废物污染环境典型案例》案例6
2022年3月1日

【基本案情】

陈某勤伙同林某燕、蒋某国于2018年11月至2019年12月间,在未取得危险废物经营许可的情况下,在江西省德兴市花桥镇某村一山坞内建设无任何污染防治措施的焚烧炉,采取直接投炉的方式焚烧废旧电路板、废旧电线及混合了废旧电路板的"水泥球"等电子废弃物,提炼含铜、金、银等金属的金属锭。经鉴定,该类电子废弃物属于危险废物,采用上述无环保措施的直接焚烧方法,对空气、水及土壤造成了严重污染。陈某琴等人在明知加工点无危险废物经营许可且不具备防治污染措施的情况下,仍然从各地收集大量废旧电路板等电子垃圾送至该非法加工点处置,严重污染环境。

【裁判结果】

江西省德兴市人民法院一审判决,被告人陈某勤等13人均构成污染环境罪,判处有期徒刑五年三个月至一年不等,并处罚金,没收、追缴违法所得。江西省上饶市中级人民法院二审裁定驳回上诉,维持原判。

【典型意义】

本案是因焚烧电子垃圾引发的刑事案件,具有涉案人数多、范围广、影响大等特点。随着经济发展、科技进步,电子垃圾逐渐成为生产、生活垃圾中的重要组成部分。根据《固体废物污染环境防治法》第六十七条规定,国家对废弃电器电子产品等实行多渠道回收和集中处理制度。拆解、利用、处置废弃电器电子产品、废弃机动车船等,应当遵守有关法律法规的规定,采取防止污染环境的措施。本案中,人民法院对非法收购、处置、冶炼等各犯罪环节实施全链条打击,彻底斩断非法冶炼电子垃圾的利益链条,有力打击了污染环境的犯罪行为。本案的审理,有助于推动电子垃圾依法有序回收利用,促使材料回收再加工行业的健康发展,彰显了司法对破坏生态环境犯罪行为的零容忍态度。

朱某违规收纳、倾倒生活垃圾污染环境案

《人民法院依法审理固体废物污染环境典型案例》案例 7
2022 年 3 月 1 日

【基本案情】

2020 年 10 月至 11 月间,朱某以营利为目的,在未获得垃圾消纳资质的情况下,在北京市昌平区某村东南侧一院内经营垃圾中转站,违反规定收纳、倾倒未经处理的建筑垃圾、生活垃圾,后被公安机关查获。经测量,朱某违规收纳、倾倒的建筑垃圾、生活垃圾共计 2858.3 立方米,其中生活垃圾 1510.3 立方米,严重污染环境。有关部门对上述垃圾进行处理,产生生活垃圾清运费用共计 39 万余元。

【裁判结果】

北京市昌平区人民法院一审认为,被告人朱某未获得相关资质,违规收纳、倾倒未经处理的生活垃圾,属于《最高人民法院、最高人民检察院关于办理环境污染刑事案件适用法律若干问题的解释》第一条第九项规定的严重污染环境情形,其行为构成污染环境罪,依法应予惩处。判决被告人朱某犯污染环境罪,判处有期徒刑九个月,罚金人民币 2 万元。该判决已生效。

【典型意义】

本案是因违规收纳、倾倒未经处理的生活垃圾引发的刑事案件。《固体废物污染环境防治法》明令禁止任何单位和个人随意倾倒、堆放生活垃圾，并对生活垃圾的分类、运输、处理、回收等处置步骤作出了明确规定。实践中，随意排放、倾倒、处置未经处理的生活垃圾的现象时有发生，常因缺乏及时的管理，日积月累造成不同程度的空气、水、土壤等污染。本案的审理，不仅有助于推动相关企业和从业人员增强法律意识，明晰无资质擅自收纳、倾倒未经处理的生活垃圾将被追究法律责任，也有助于引导社会公众强化法律意识，落实生活垃圾分类制度，爱护生态环境。

郑某元等污染环境刑事附带民事公益诉讼案

《湿地生态保护典型案例》案例 7
2023 年 5 月 31 日

【基本案情】

2019 年至 2021 年 3 月间，郑某元及其子郑某平擅自在泉州台商投资区洛阳镇白沙村海江大道开辟三个地块用于收纳生活垃圾、建筑垃圾，大肆招揽他人前来倾倒生活垃圾和工程渣土等建筑垃圾。后庄某东、黄某源、郭某平等人亦先后参与。涉案人员共收取垃圾倾倒费用近百万元。经测算，案涉倾倒垃圾区域地块面积达 56003.5 平方米，垃圾总填方达 152234.2 立方米。经鉴定，案涉生活垃圾、建筑垃圾经混合倾倒、填埋，其中铜、铅、镉、砷、锌、钴、钼、硒、镍、铍、钒、铊、锰、铬等重金属和高锰酸盐指数、化学需氧量、五日生化需氧量、总氮等监测因子含量超过基线水平，对土壤和地表水环境造成污染，后期清理垃圾废物费用达 999 万余元。福建省惠安县人民检察院以污染环境罪对郑某元、庄某东、黄某源、郭某平提起公诉；并对该 4 人及福建某建设工程公司等被告提起刑事附带民事公益诉讼，诉请郑某元等被告根据各自责任承担生态环境恢复费用及清理措施费用共计 999 万余元、鉴定费 27 万元。

七、妨害社会管理秩序罪

【裁判结果】

福建省惠安县人民法院经审理认为,被告人郑某元、庄某东、黄某源、郭某平违反国家规定,未经许可擅自倾倒生活垃圾和建筑垃圾,造成公私财产损失达 100 万元以上,构成污染环境罪,且属情节严重。根据各被告人的犯罪事实、情节和悔罪表现,分别判处有期徒刑二年八个月至六年不等,并处 4 万元至 30 万元不等的罚金,追缴各自违法所得。鉴于案涉区域生态环境遭到破坏,根据案件实际情况,结合检察机关诉讼请求,判决郑某元等 10 名附带民事公益诉讼被告在各自责任范围内承担相应生态环境修复费用 992 万余元、鉴定费用 27 万元,合计 1019 万余元,并就其污染环境行为以书面形式在省级以上报刊进行登报道歉。宣判后,庄某东等部分被告不服,提起上诉。福建省泉州市中级人民法院经审理后裁定驳回上诉,维持原判。判决生效后,人民法院针对案件反映出的市容环境卫生执法管理和生态环境保护治理等工作中存在的短板问题,向当地市、区两级行政主管部门发出司法建议 4 件,督促相关部门及时组织清运案涉固体废物,并完善工作机制。

【典型意义】

福建省泉州湾河口湿地省级自然保护区是中国亚热带河口滩涂湿地的典型代表,被列入亚洲重要湿地和中国优先保护生态系统、中国重要湿地、中国重点鸟区,主要保护对象是滩涂湿地、红树林及其自然生态系统,中华白海豚、中华鲟等多种国家重点保护野生动物。本案垃圾倾倒区域,紧邻泉州湾河口湿地省级自然保护区。案涉人员长期大量违规倾倒未经处理的生活垃圾、建筑垃圾,不仅造成土壤和水污染,也直接威胁到泉州湾河口湿地自然保护区特别是其中洛阳江原生红树林、桃花山海滨水禽两大生态核心区的生物多样性保护,破坏周边湿地自然生态景观和海丝文化景观。人民法院在查明案情、分清责任的基础上,根据犯罪事实、情节等因素,依法从严判处被告人自由刑及财产刑;同时准确贯彻损害担责、全面赔偿原则,认定相关涉案人员依法连带承担环境修复等费用,有力彰显了人民法院以最严格制度最严密法治保护生态环境、推动构建人与自然和谐共生的中国式现代化的司法担当与价值导向。人民法院积极向当地行政主管部门发出司法建议,则是人民法院能动司法、与行政机关协同推进环境治理的有益实践。

杨某等 3 人污染环境案

《国家公园司法保护典型案例》案例 3

2023 年 10 月 17 日

【基本案情】

2020 年 6 月至 9 月,被告人杨某、屈某敏、高某虎在未取得危险废物经营许可证、未采取地面防护措施的情况下,在毗邻大熊猫国家公园保护区域的四川省绵阳市安州区花荄镇某村的山林中,利用破碎机等设备对 14.53 吨废机油格进行破碎处置,分离出废铁和废发动机油并销售。三被告人销售废铁非法获利 26450 元、销售废发动机油非法获利 6000 余元。经绵阳市生态环境局认定,案涉废机油格为含有或沾染废发动机油的过滤吸附介质,被列入《国家危险废物名录》,废物类别 HW49,废物代码 900-041-49,属于危险废物。经评估,案涉地块土壤中石油烃的最高浓度为 3080mg/kg,超过《土壤环境质量建设用地土壤污染风险管控标准(试行)》(GB36600-2018)表 1 中第一类用地筛选值,确定该地块存在石油烃污染,此次违法生产行为对该地块的土壤生态环境造成了损害。三被告人均投案自首,自愿认罪认罚且签字具结,并主动退缴违法所得 3.3 万元。四川省绵阳市安州区人民检察院以污染环境罪对杨某、屈某敏、高某虎提起公诉。

【裁判结果】

四川省绵阳市安州区人民法院经审理认为,杨某、屈某敏、高某虎违反国家规定,非法处置危险废物,严重污染环境,构成污染环境罪。三被告人系共同犯罪,犯罪作用相当,不区分主从犯;三被告人主动投案并如实供述自己的罪行,系自首,依法可以从轻或减轻处罚;三被告人自愿认罪认罚,可从宽处理;三被告人主动退缴全部违法所得,可酌情从轻处罚。遂判决杨某、屈某敏、高某虎有期徒刑各九个月,缓刑各一年,并分别处以罚金 1.5 万元,没收 3 人违法所得 3.3 万元(已追缴)。宣判后,各方未上诉、抗诉,一审判决已发生法律效力。

【典型意义】

森林土壤是发展林业生产的物质基础。近年来,部分不法分子受利益驱使,侵占山场林地,非法回收废机油、倾倒有毒有害物质,对林地土壤及其附作物造成严重破坏,打破森林的生态平衡,损害公共利益。本案案发地毗邻大熊猫国家公园保护区域,由于废机油污染介质具有流动性、迁移性,因此针对废机油导致的环境污染事件,不应仅以国家公园边界为准,而需要对国家公园毗邻区域全方位一体化保护。本案中,人民法院依法惩处污染环境的犯罪行为,全面加强环境资源保护力度,坚守人与自然和谐共生,践行绿水青山就是金山银山理念,为加快形成绿色发展方式,促进经济发展和环境保护双赢提供法治保障。

江苏省连云港市连云区人民检察院诉尹某某等人非法捕捞水产品刑事附带民事诉讼案

《最高人民法院公布环境资源刑事、民事、行政典型案例》第2号

2017年6月22日

【基本案情】

2012年6月初至7月30日,尹某某召集李某某、秦某、秦某某、李某甲、秦某甲等人,在伏季休渔期间违规出海作业捕捞海产品,捕捞的海产品全部由尹某某收购。至2012年7月30日,尹某某收购上述另五人捕捞的水产品价值人民币828784元。连云港市连云区人民检察院以上述六人犯非法捕捞水产品罪向连云港市连云区人民法院提起公诉,同时根据相关职能部门出具的修复方案,提起刑事附带民事诉讼,要求六人采取一定方式修复被其犯罪行为破坏的海洋生态环境。

【裁判结果】

江苏省连云港市连云区人民法院一审认为,尹某某召集李某某、秦某、秦某某、李某甲、秦某甲等人违反保护水产资源法规,在禁渔期、禁渔区非法捕捞水产品,情节严重,六人的行为均已构成非法捕捞水产品罪。六人主

动退缴部分违法所得，确有悔罪表现，还主动交纳了海洋生态环境修复保证金，同意以实际行动修复被其犯罪行为损害的海洋生态环境，量刑时可酌情从轻处罚。六人在禁渔期、禁渔区非法捕捞海产品的犯罪行为，影响海洋生物休养繁殖，给海洋渔业资源造成严重破坏。为了保护国家海洋渔业资源，改善被六人犯罪行为破坏的海洋生态环境，六人应当根据《侵权责任法》的规定，采取科学、合理的方式予以修复。根据专业机构出具的修复意见，采取增殖放流的方式，放流中国对虾苗可以有效地进行修复。遂对六人分别判处一年至二年三个月不等的有期徒刑，部分适用缓刑，没收全部违法所得。同时判决六人以增殖放流1365万尾中国对虾苗的方式修复被其犯罪行为破坏的海洋生态环境。一审判决作出后，尹某某以一审量刑过重为由，上诉至江苏省连云港市中级人民法院。该院经审理后裁定驳回上诉，维持原判。

【典型意义】

本案系江苏省首例由检察机关提起刑事附带民事诉讼的环境资源刑事案件。该案在审判及执行方式上的探索创新，对环境资源案件审理具有较好的借鉴价值。一审法院在依法受理检察机关提起的刑事附带民事起诉后，查明案件事实并充分听取了各被告对修复方案的意见，将生态修复方案向社会公开，广泛征求公众的意见，在汇总、审查社会公众意见后，确认了相关职能部门出具的根据产出比1：10增殖放流中国对虾苗的修复方案的科学性、合理性，开创了引导社会公众参与环境司法的新机制。本案对环境资源审判贯彻恢复性司法理念审理海洋生态环境破坏案件，引导社会公众参与审判具有较好的示范意义。

【点评专家】

罗丽，北京理工大学教授。

【点评意见】

本案是由检察机关在提起公诉追究犯罪行为人非法捕捞水产品罪刑事责任时提起的附带民事诉讼案件。本案的典型意义在于：第一，本案充分发挥了刑事附带民事诉讼制度在维护环境公共利益方面的功能。我国设立刑事附带民事诉讼制度的主要目的在于，通过使民事赔偿与刑事制裁一体化，实现服务于预防与控制犯罪、救济被害人的刑事政策目标。根据我国现行立法规定，在追究破坏环境资源保护罪犯罪行为人刑事责任时，检察机关通过提起刑事附带民事诉讼，能够有效实现保护国家财产、集体财产等生态环境公共利益之目的。因此，针对犯罪嫌疑人构成破坏环境资源保护罪的案件，检察机关除提起公诉追究行为人刑事责任外，还应通过提起刑事附带民事诉讼途径维护国家财产、集体财产等生态环境公共利益。例如，本案中，检察机关通过提起附带民事诉讼请求依法判令六名被告人修复被其犯罪行为损害的海洋生态环境或赔偿生态环境修复费用 81900 元的请求得到了法院支持，法院最终判决六名被告以增殖放流中国对虾苗 1365 万尾的方式修复被其破坏的海洋生态环境，实现了维护海洋生态环境公共利益之目的。第二，本案在审判和执行方式方面引入了信息公开和公众参与机制，有利于制定科学、合理的生态修复方案。由于生态环境损害调查、鉴定评估、修复方案编制等工作会涉及生态环境公共利益，法院在审判和执行过程中对相关重大事项向社会公开，并推行公众参与机制，便于公众监督，有利于制定科学、合理的生态环境修复方案。如本案中，人民法院充分听取了各被告对修复方案的意见，并将生态修复方案通过地方新闻媒体、法院官方微博、微信公众号等方式向社会公开，广泛征求公众的意见。这种在生态环境损害赔偿司法裁判过程中引导社会公众参与民主科学决策的创新方式，具有积极的借鉴价值。

汤某等十二人非法捕捞水产品案

《最高人民法院公布长江流域环境资源审判十大典型案例》第 1 号

2017 年 12 月 4 日

【基本案情】

2016 年 3 月 1 日至 6 月 30 日，岳阳县东洞庭湖为禁渔期、禁渔区。2016 年 3 月 24 日 23 时许，在汤某、彭某等六人的授意下，万某等人前往岳阳县东洞庭湖麻拐石水域捕捞螺蛳。3 月 25 日凌晨 2 时许，万某等人停止捕捞，根据汤某、彭某的指示，先后携带捕捞的螺蛳前往北门船厂码头。3 月 25 日 6 时许，万某等人被岳阳县渔政局执法大队查获，其捕捞的螺蛳重约 7.6 吨，所有渔获物由岳阳县渔政局执法大队现场放生。岳阳县人民检察院以汤某等十二人犯非法捕捞水产品罪提起公诉。

【裁判结果】

湖南省岳阳县人民法院认为,汤某等十二人违反我国《渔业法》的规定,在禁渔期、禁渔区进行非法捕捞,情节严重,构成非法捕捞水产品罪,依法应予惩处。根据各人在共同犯罪中的作用、案发后的自首、坦白等情节,判决汤某、彭某等人犯非法捕捞水产品罪,分别处以二个月至五个月不等拘役;万某等人犯非法捕捞水产品罪,分别处以 3000 元至 5000 元不等的罚金。

【典型意义】

洞庭湖位于长江中下游荆江南岸,是我国五大淡水湖之一,也是我国重要的调蓄湖泊和生态湿地。近年来,洞庭湖水生生物多样性指数持续下降,多种珍稀物种濒临灭绝,洞庭湖的湖泊、湿地功能退化严重。为加强水生生物物种保护,洞庭湖每年都会设定禁渔期和禁渔区,但依然有不法分子在禁渔期、禁渔区内违法捕捞水产品。本案中,岳阳县东洞庭湖从 2016 年 3 月 1 日至 6 月 30 日全面禁渔,被告人汤某等人违反渔业法的规定,在禁渔期、禁渔区非法捕捞,已构成非法捕捞罪。捕捞的螺蛳是东洞庭湖生态环境的重要组成部分,对于净化水质、促进水藻生长、为鱼类提供食物、维持湖内生态系统的平衡起着重要作用。本案判决对引导沿岸渔民的捕捞行为,有效遏制非法捕捞,保护洞庭湖乃至长江中下游流域生物链的完整具有指导意义。

罗某某、邱某某、周某某非法捕捞水产品案

《2019 年度人民法院环境资源典型案例》 第六号
2020 年 5 月 8 日

【基本案情】

2017 年 6 月,被告人罗某某、邱某某,因犯非法捕捞水产品罪,被判处拘役五个月,缓刑六个月。2019 年 9 月,被告人罗某某、邱某某为主,被告人周某某协助,两次在湖南西洞庭湖国家级自然保护区坡头轮渡附近水域,采取电捕鱼方式捕鱼共 800 千克。

【裁判结果】

湖南省汉寿县人民法院一审认为，被告人罗某某、邱某某、周某某违反保护水产资源法规，在禁渔区使用禁用的方法捕捞水产品，情节严重，其行为构成非法捕捞水产品罪。以非法捕捞水产品罪分别判处罗某某有期徒刑七个月、邱某某有期徒刑六个月、周某某拘役一个月。湖南省常德市中级人民法院二审维持原判。

【典型意义】

本案系非法捕捞水产品刑事案件。湖南西洞庭湖国家级自然保护区，是国际重要湿地、东亚候鸟重要越冬地和长江生物多样性保护的重要节点。近年来，虽渔民上岸政策全面实施，但仍有少数人为利益驱使，在禁渔区以禁止方式非法捕捞水产品。本案被告人罗某某、邱某某作为主犯，系在非法捕捞水产品罪缓刑考验期限期满后，再次非法捕捞水产品，无悔罪表现。人民法院严格贯彻宽严相济、罚当其罪原则，判处被告人实刑，对引导沿岸渔民的捕捞行为，维护湿地生态系统平衡具有重要意义。

毛某彩等 13 人非法捕捞水产品案

《最高人民法院发布长江流域水生态司法保护典型案例》第二号
2020 年 9 月 25 日

【基本案情】

2019 年 8 月，被告人毛某彩、毛某法、毛某国合伙购买快艇收购螺蛳。2019 年 9 月 7 日，毛某法、毛某彩驾驶快艇现场指挥，被告人毛某根和石某屏、毛某芳和毛某霞、毛某长和毛某连、朱某勇和朱某青、张某元、王某孝分别驾驶 6 条吊杆式捕捞渔船，前往鄱阳湖水域捕捞螺蛳，并运至码头装船。经现场称重，被告人毛某彩等 13 人非法捕捞的渔获物净重 14941 千克。江西省鄱阳县人检察院以毛某彩等 13 人犯非法捕捞水产品罪提起公诉。

【裁判结果】

江西省鄱阳县人民法院一审认为，被告人毛某彩等 13 人违反保护水产资源法规，使用禁用工具非法捕捞水产品，情节严重，构成非法捕捞水产品罪，且系共同犯罪。鉴于毛某彩、毛某法等人具有自首情节、认罪态度良好，毛某根、王某孝有犯罪前科等情形，一审法院以非法捕捞水产品罪，分别判处被告人毛某彩、毛某法拘役五个月、缓刑十个月，判处被告人毛某国拘役五个月、王某孝拘役四个月，判处被告人毛某芳等人罚金 1.5 万元至 6000 元不等。一审判决已发生法律效力。

【典型意义】

本案系在鄱阳湖非法捕捞螺蛳引发的刑事案件。鄱阳湖系长江中下游主要支流之一，对调节长江水位、改善气候、维护生态平衡具有重要作用。近年来，餐饮行业多以"野生江鲜"等为噱头宣传营销螺蛳。本案被告人为追求非法利益，形成固定团伙，驾驶快艇、渔船在禁渔期内使用禁用的吊杆式机动渔具大量捕捞螺蛳，严重破坏鄱阳湖区生物资源和生态系统。本案判决有助于依法严惩非法过度捕捞水产品等违法犯罪行为，引导社会公众增强水生野生动物保护意识，加强"舌尖上的禁捕"源头治理，缓解长江流域重点水域生物资源衰退危机。

文某非法捕捞水产品案

《2021 年全国海事审判典型案例》 案例 1

2022 年 6 月 7 日

【基本案情】

文某系"Qng946××TS""Qng946××TS"两船的所有权人，并担任"Qng946××TS"船船长。2020 年 7 月，文某带领 10 名外籍船员从境外驾船进入我国海南岛东侧陵水海域并开始由南向北至琼海、文昌近海海域，进行双船底拖网捕捞水产品作业，后被海警局查获。海南省人民检察院第一分院提起公诉和刑事附带环境民事公益诉讼。

七、妨害社会管理秩序罪

【裁判结果】

海口海事法院审理认为，文某在我国南海伏季休渔期间，驾驶渔船在我国领海内禁渔区使用禁用的工具非法捕捞，情节严重，构成非法捕捞水产品罪，应依法予以处罚。文某的行为破坏了当地海洋生态环境和生态平衡，对渔业资源可持续利用造成不利影响，损害了社会公共利益，依法应当承担民事侵权责任。法院依法判处文某有期徒刑，没收作案工具和非法所得，并判令其承担生态修复费用。文某服判，一审判决已生效。

【典型意义】

本案系发生在我国南海海域的外籍人员非法进入我国领海进行水产品捕捞的海事刑事案件，表明我国法院依法对我国管辖的南海海域实施有效司法管控，彰显了海事司法在海洋维权中的重要作用。本案对在海洋水域，在禁渔区、禁渔期或者使用禁用的工具、方法捕捞水产品的行为依法惩处，对破坏海洋生态环境行为起到严厉警示作用，展示了海事司法为保护海洋自然资源与生态环境，服务保障海洋生态文明建设和海洋渔业资源可持续利用而发挥的重要作用。海口海事法院试点管辖破坏海洋生态环境资源犯罪及刑事附带民事公益诉讼案件，推动海事审判"三合一"改革，是深化人民法院司法体制改革、落实《最高人民法院关于人民法院为海南自由贸易港建设提供司法服务和保障的意见》、服务保障国家重大战略要求的重要内容和具体举措。

【一审案号】（2020）琼72刑初1号

唐某良等三人非法捕捞青海湖裸鲤刑事附带民事公益诉讼案

《最高人民法院发布青藏高原生态保护典型案例》案例1
2023年5月5日

【基本案情】

2021年8月20日下午，被告人唐某良联系被告人赵某仓、杜某龙前往青海省海南藏族自治州共和县青海湖环湖东路羊场附近，使用橡皮艇、船尾机、渔网、水裤等工具捕捞青海湖裸鲤。8月21日凌晨，唐某良驾驶载鱼车辆返回时侧翻,被执法民警查获。当场查获疑似青海湖裸鲤总计重239.65千克。经鉴定,渔获物为青海湖裸鲤,为修复生态应在青海湖增殖放流裸鲤23965尾,所需费用46971.4元。青海省西宁市城西区人民检察院以非法捕捞水产品罪对唐某良等三人提起公诉,同时提起附带民事公益诉讼。

【裁判结果】

青海省西宁市城西区人民法院一审认为,唐某良、赵某仓、杜某龙违反水产资源保护法规,在禁渔期、禁渔区捕捞青海省重点保护水生野生动物青海湖裸鲤,情节严重,其行为均构成非法捕捞水产品罪。遂判处三被告人有期徒刑十个月至拘役六个月不等,没收犯罪工具;同时判决其共同支付生态修复费用46971.4元,并公开赔礼道歉。宣判后,各方未上诉、抗诉,一审判决已发生法律效力。

【典型意义】

青海湖位于青藏高原东北部,是我国最大的内陆高原湖泊,在维系青藏高原生态安全和阻止西部荒漠化向东蔓延方面发挥着重要作用。环湖40余条河流及众多泉水形成大面积的高原湿地,成为候鸟迁徙停留和生息繁衍的天堂。青海湖裸鲤,俗称湟鱼,是青海湖特有野生动物物种,在青海湖"水—鱼—鸟—草地"生态系统中处于基础地位。本案中,人民法院依法打击破坏青海湖水生动物资源犯罪,判令附带民事公益诉讼被告共同承担生态修复费用并组织增殖放流,切实贯彻"环境有价,损害担责"原则,及时修复受损生态环境,有力维护青海湖裸鲤种群数量稳定和生态系统食物链安全,展示了司法守护青藏高原生物多样性、筑牢国家西部生态安全屏障的有益实践。

邱某非法捕捞水产品案

《湿地生态保护典型案例》案例3
2023年5月31日

【基本案情】

2021年6月2日晚,邱某驾驶渔船至湖南省资兴市黄草镇丰林村牛角塘组"桎木垅"东江湖水域,网捕大量翘嘴鱼,随即在渔船上将捕获的鱼全部剖掉,并将内脏取出扔进湖中。之后,邱某联系案外人胡某前来收购,在等待胡某时,被民警当场抓获。邱某捕获的翘嘴鱼重118.9公斤。经湖南省资兴市农业农村局认定,邱某实施非法捕捞行为的区域属东江湖浙水资兴段大刺鳅、条纹二须鲃国家级水产种质资源保护区核心区,渔获物蒙古红鲌属保护区内保护物种。湖南省资兴市人民检察院以非法捕捞水产品罪对邱某提起公诉。审理过程中,邱某表示自愿认罪认罚,并缴纳环境生态修复资金1万元。

【裁判结果】

湖南省资兴市人民法院经审理认为,邱某违反水产资源保护相关法规,在禁渔期、禁渔区非法捕捞保护物种蒙古红鲌118.9公斤用于销售,情节严重,其行为已构成非法捕捞水产品罪。邱某归案后如实供述自己的犯罪事实,认罪态度好,系坦白,依法可以从轻处罚;邱某认罪认罚,且签署认罪认罚具结书,并主动缴纳1万元生态环境损害赔偿金,有悔罪表现,依法可以从宽处罚。资兴市社区矫正管理局经调查评估,建议对邱某适用社区矫正。综合考虑本案犯罪事实、犯罪情节、犯罪后果及认罪悔罪表现,对邱某适用缓刑不致再危害社会,判处邱某有期徒刑一年,缓刑一年六个月。宣判后,各方未上诉、抗诉,一审判决已发生法律效力。

【典型意义】

本案案发水域位于东江湖国家湿地公园。东江湖位于湖南省东南部,水质达到国家地表水一类水质标准,被誉为"湘南洞庭"。自2020年1月1日0时起,东江湖浙水资兴段大刺鳅、条纹二须鲃国家级水产种质资源保护区全面实行永久性禁止天然渔业资源生产性捕捞;该保护区以外的水域,从2021年1月1日0时起,全面禁止天然渔业资源的生产性捕捞,暂定10年。本案中,人民法院在追究非法捕捞者刑事责任的同时,考虑到违法者具有坦白、认罪认罚以及缴纳生态环境损害赔偿金等悔罪表现,对其从宽处罚,有效发挥了宽严相济刑事政策优势。同时,为有效预防非法捕捞水产品犯罪,宣传湿地渔业资源保护,人民法院深入案发地开展巡回审判,邀请人大代表和政协委员参加,并组织当地群众旁听庭审,通过网络直播庭审、以案释法,吸引数千人次进入直播间，用人民群众喜闻乐见的传播方式讲好了法治故事。

王某某等非法捕捞刑事附带民事公益诉讼案

《海洋自然资源与生态环境检察公益诉讼典型案例》案例7
2023年12月27日

【关键词】

刑事附带民事公益诉讼　非法捕捞　海洋水产资源　增殖放流

【基本案情】

王某某、韩某在禁渔期，驾驶渔船至辽宁省盖州市渤海海域禁渔区域，使用陷阱类网具非法捕捞八爪鱼5500千克，经盖州市发展和改革局认定八爪鱼价值150300元。

【检察履职】

2022年8月，盖州市人民检察院在办理刑事案件中发现王某某、韩某于禁渔期擅自在渤海禁渔区内使用陷阱类网具非法捕捞八爪鱼，破坏海洋水产资源，损害了国家利益。2022年8月24日，盖州市人民检察院以刑事附带民事公益诉讼案件立案，并以案件在辖区内具有重大影响向营口市人民检察院请示报告。经营口市人民检察院委托，中国海洋大学山东海事司法鉴定中心对本案公益损害情况开展鉴定，认定王某某、韩某非法捕捞行为损害渤海海域海洋渔业资源，并对增殖放流方案提出建议。

2022年10月10日，盖州市人民检察院向鲅鱼圈区人民法院提起刑事附带民事公益诉讼，依法追究王某某、韩某非法捕捞水产品刑事责任；请求判令二被告共同承担渔业资源损害赔偿金61.6万元、鉴定费2万元。

【法院裁判】

营口市鲅鱼圈人民法院生效刑事附带民事判决认为，王某某、韩某违反保护水产资源法规在禁渔期捕捞水产品，情节严重，构成非法捕捞罪。其行为还造成了渔业资源和海洋生态环境损害，应承担相应的民事侵权责任。判决二被告人犯非法捕捞水产品罪并判处相应刑罚，追缴违法所得；二被告赔偿渔业资源损害赔偿金61.6万元和鉴定费2万元。宣判后，案涉渔业资源损害赔偿金61.6万元已缴纳至辽宁省非税收入代解缴账户，用于修复海洋生态和资源损害。

【典型意义】

近年来，由于过度捕捞，渤海海域海洋生态环境及渔业资源受到极大损害，严重影响渤海海域渔业生物正常生长繁殖和生殖群体补充。针对破坏海洋水产资源，给国家造成重大损失的违法犯罪行为，检察机关充分发挥"刑事打击+公益诉讼+海洋生态环境修复"检察职能作用，通过综合运用上下级检察院一体化办案，全流程监督模式，追究违法行为人责任。人民法院在依法判处被告人刑事责任的同时，判令其赔偿渔业资源损害，对非法捕捞行为人具有震慑作用。本案判决后，为了促进生态环境及渔业资源及时有效修复，人民法院、人民检察院联合海警、当地人民政府及其职能部门开展增殖放流活动，根据鉴定机构出具的报告建议，将渔业资源损害赔偿金购买符合当地海洋生态系统和物种种群繁衍的褐牙鲆放入渤海海域，以增殖放流的方式修复海洋自然资源，展示恢复性司法理念的实践成果。

廖某某等非法捕捞刑事附带民事公益诉讼案

《海洋自然资源与生态环境检察公益诉讼典型案例》案例8
2023年12月27日

【关键词】

刑事附带民事公益诉讼　非法捕捞　生态损害计算标准　增殖放流

【基本案情】

广东省台山市位于珠江三角洲西南部，南临南海，海洋资源丰富，拥有中华白海豚省级自然保护区。每逢休渔期，中华白海豚活动更为活跃。在南海海域禁渔期内，廖某某、林某某合谋联系吴某某等多名渔船主至台山市川岛周边海域使用捕蟹笼非法捕捞共计185646千克，价值1191.6656万元的水产品。

【检察履职】

2021年1月,广东省台山市人民检察院在办理廖某某、林某某等5人非法捕捞水产品刑事案件时发现破坏海洋生态环境,危害中华白海豚等重要物种繁衍及生存环境,损害社会公共利益的线索。2021年1月14日,台山市检察院以刑事附带民事公益诉讼立案。根据价格认定书、鉴定机构意见,结合全案材料,台山市检察院确定了本案的生态环境损害额为48091608元。为切实修复海洋生态环境,鉴定期间,台山市检察院与鉴定机构多次就修复方案进行沟通,明确增殖放流品种和投放数量,最终确定采用在案涉海域增殖放流54649.55万尾虾苗方式,可以及时增加水域种群数量、改善水域生态环境、保持水域生态平衡,快速优化中华白海豚的生存环境,修复因五被告本次非法捕捞造成的海洋生态环境损害。

2021年4月23日,台山市检察院向台山市人民法院提起刑事附带民事公益诉讼。因水生生物增殖放流具有良好的生态效益、经济效益和社会效益,为及时有效修复海洋生态环境,综合廖某某等人的实际履行能力,台山市检察院请求法院判决被告林某某、廖某某、李某某3人共同承担54649.55万尾虾苗增殖放流到台山市川岛附近海域的生态环境修复责任,唐某某、吴某某对上述修复责任中2158.936万元、454.55万尾承担连带责任;五被告对6万元鉴定费用承担连带赔偿责任,并在国家级以上媒体公开赔礼道歉。

【法院裁判】

本案由广东省台山市人民法院一审,江门市中级人民法院二审。法院经审理作出刑事附带民事判决认为,五被告违反水产资源法律法规,在禁渔区、禁渔期使用禁用的工具捕捞水产品,情节严重,其行为均已构成非法捕捞水产品罪;五被告共同实施损害海洋生态环境与资源保护的行为,损害社会公共利益,依法应当对生态环境损害承担修复责任。判决五被告人犯非法捕捞水产品罪并判处相应刑罚:判令廖某某、李某某、林某某三个月内购买54649.55万尾虾苗在案涉非法捕捞地增殖放流。唐某某、吴某某对其中2158.936万元、454.55万尾承担连带责任。若无法履行完毕,则廖某某、李某某、林某某支付601.1451万元到台山市财政局指定账户,专门用于修复生态环境，唐某某对其中 23.7483 万元、吴某某对其中 5 万元承担连带责任。判决生效后，法院、检察院联合开展释法说理，促使五被告自愿履行完毕。

【典型意义】

我国已实施二十多年海洋伏季休渔制度。对处于近岸海域食物链顶端的中华白海豚，休渔期对保障其生存具有十分重要的意义。针对休渔期非法捕捞行为危害海洋生态环境与生物多样性，检察机关提起刑事附带民事公益诉讼，要求违法行为人以增殖放流方式承担破坏海洋生态环境责任。人民法院坚持恢复性司法理念，在依法作出刑事判决的基础上，依法认定附带民事公益诉讼中的生态环境修复责任。水产品是中华白海豚的重要食物来源，针对非法捕捞数量大，可能会影响中华白海豚食物来源的情况下，人民法院灵活运用增殖放流修复方式，在判决生效后委托台山市农业农村局对被告就虾苗选购、提高虾苗成活率等问题进行专业技术指导，根据生态环境特点在合理时间内开展放流活动，及时修复被破坏的海洋生态，有效实现了惩治违法犯罪与修复海洋生物多样性的双重效果。

湖南省岳阳楼区人民检察院诉何某某等非法杀害珍贵、濒危野生动物罪、非法狩猎罪刑事附带民事诉讼案

《最高人民法院公布环境资源刑事、民事、行政典型案例》第 3 号

2017 年 6 月 22 日

【基本案情】

2014 年 11 月至 2015 年 1 月期间，何某某、钟某某在湖南省东洞庭湖国家级自然保护区收鱼时，与养鱼户及帮工人员方某某、龙某某、龙某甲和涂某某、余某某、张某某、任某某等人商定投毒杀害保护区内野生候鸟，由何某某提供农药并负责收购。此后，何某某等人先后多次在保护区内投毒杀害野生候鸟，均由何某某统一收购后贩卖给李某介绍的汪某某。2015 年 1 月 18 日，何某某、钟某某先后从方某某及余某某处收购了 8 袋共计 63 只候鸟，在岳阳市君山区壕坝码头被自然保护区管理局工作人员当场查获。经鉴定，上述 63 只候鸟均系中毒死亡；其中 12 只小天鹅及 5 只白琵鹭均属国家二级保护

野生动物；其余苍鹭、赤麻鸭、赤颈鸭、斑嘴鸭、夜鹭等共计46只，均属国家"三有"保护野生动物。查获的63只野生候鸟核定价值为人民币44617元。

湖南省岳阳楼区人民检察院以何某某等七人犯非法猎捕、杀害珍贵濒危野生动物罪，向岳阳市岳阳楼区人民法院提起公诉。岳阳市林业局提起刑事附带民事诉讼，请求七名被告人共同赔偿损失53553元，湖南省岳阳楼区人民检察院支持起诉。

【裁判结果】

湖南省岳阳市岳阳楼区人民法院一审认为，何某某伙同钟某某、方某某在湖南东洞庭湖国家级自然保护区内，采取投毒方式非法杀害国家二级保护动物小天鹅、白琵鹭及其他野生动物，李某帮助何某某购毒并全程负责对毒杀的野生候鸟进行销售，何某某、钟某某、方某某、李某的行为均已构成非法杀害珍贵、濒危野生动物罪，属情节特别严重。龙某甲、龙某某、龙某在何某某授意下，采取投毒方式，分别在国家级自然保护区内猎杀野生候鸟，破坏野生动物资源，情节严重，其行为均已构成非法狩猎罪。何某某、钟某某的犯罪行为同时触犯非法杀害珍贵、濒危野生动物罪和非法狩猎罪，应择一重罪以非法杀害珍贵、濒危野生动物罪定罪处罚。此外，因何某某等七人的犯罪行为破坏了国家野生动物资源，致使国家财产遭受损失，各方应承担赔偿责任。相应损失以涉案63只野生候鸟的核定价值认定为44617元，根据各人在犯罪过程中所起的具体作用进行分担，判决何某某、钟某某、方某某、李某犯非法杀害珍贵、濒危野生动物罪，判处有期徒刑六年至十二年不等，并处罚金。龙某某、龙某、龙某甲犯非法狩猎罪，判处有期徒刑一年至二年不等，其中二人缓刑二年。由何某某等七人共同向岳阳市林业局赔偿损失人民币44617元。

【典型意义】

本案系非法猎捕、杀害珍贵、濒危野生动物刑事附带民事诉讼案件。刑罚是环境治理的重要方式，面对日趋严峻的环境资源问题，运用刑罚手段惩治和防范环境资源犯罪，加大环境资源刑事司法保护力度，是维护生态环境的重要环节。本案发生于东洞庭湖国家级自然保护区内，在检察机关提起公诉的同时，由相关环境资源主管部门提起刑事附带民事诉讼、检察机关支持起诉，依法同时追究行为人刑事责任和民事责任，具有较高借鉴价值。一审法院在认定七名被告人均具有在自然保护区内投毒杀害野生候鸟的主观犯意前提下，正确区分各自的客观行为，根据主客观相一致原则对七名被告人分别以杀害珍贵、濒危野生动物罪和非法狩猎罪定罪；并根据共同犯罪理论区分主从犯，分别对七名被告人判处一年至十二年不等的有期徒刑，部分适用缓刑，既体现了从严惩治环境资源犯罪的基本价值取向，突出了环境法益的独立地位，又体现了宽严相济的刑事政策，充分发挥了刑法的威慑和教育功能。此外，本案不仅追究了被告人杀害野生候鸟的刑事责任，还追究了被告人因其犯罪行为给国家野生动物资源造成损失的民事赔偿责任，对环境资源刑事犯罪和民事赔偿案件的一并处理具有较好的示范意义。

【点评专家】

秦天宝，武汉大学教授。

【点评意见】

本案中司法机关依法对非法捕杀珍贵、濒危野生动物的犯罪行为进行打击，不仅体现了我国司法机制惩治环境犯罪行为、保护生态环境的积极意义，而且对今后我国环境司法专门化的进一步发展具有积极意义。

首先，本案体现了打击环境违法行为中的多部门协作。本案中，湖南省东洞庭湖自然保护区管理局发现犯罪行为后立即将该案移交岳阳市森林公安局办理。公安机关积极进行案件侦办和移送工作，并由检察机关依法提起公诉，最终由法院依法作出判决。同时，检察机关还派员支持了由岳阳市林业局提起的刑事附带民事诉讼。行政机关、公安机关、检察机关、审判机关等多部门的协作配合不仅有效打击了环境违法行为，而且也代表了新时期我国环境司法机制的发展方向。其次，本案提升了公众保护环境特别是野生生物的意识。本案中人民法院依法对环境犯罪行为进行了判决，不仅使违法行为人得到了应有的处罚，而且证据鉴定、法律适用等内容向公众呈现了我国司法机关保护生态环境的具体运行机制。同时，人民陪审员的加入以及开庭审理的方式体现了司法机关保障公众参与环境保护的权利，进而提升了公众的环境保护意识。最后，本案积极探索了生态环境修复机制。在附带民事赔偿部分，法院判决被告赔偿其违法行为造成的国家野生动物资源损失。虽然单纯的经济赔偿难以完全填补和修复生态环境损失，但本案判决体现了我国环境司法实践的积极探索，对于建立健全我国的生态环境修复机制具有重要意义。

尼某非法收购、运输、出售珍贵、濒危野生动物制品案

《最高人民法院公布长江流域环境资源审判十大典型案例》第3号
2017年12月4日

【基本案情】

2016年12月2日，尼某从桑某手中以每只8000元的价格购买了5只麝香，合计4万元。随后又从布某手中以每只6000元的价格购买了5只麝香，合计3万元。10只麝香共计7万元。2016年12月5日尼某携带10只麝香在玉树市相古村卡沙社设卡点被公安人员查获，当场缴获了10只麝香。经宁夏绿森源森林资源司法鉴定中心鉴定，案涉10只马麝，价值为75000元。玉树市人民检察院以非法收购、运输、出售珍贵、濒危野生动物制品罪对尼某提起公诉。

【裁判结果】

青海省玉树市人民法院一审认为，尼某明知麝香为珍贵、濒危野生动物制品而予以购买交易的行为已触犯我国《刑法》，构成非法收购、运输、出售珍贵、濒危野生动物制品罪。鉴于尼某归案后能够如实交代自己的犯罪事实，认罪态度较好，确有悔罪表现，同时向公安机关提供了赃物来源的线索，为侦破案件提供了真实情况，属于立功表现，量刑时予以酌情从轻考虑。判处尼某有期徒刑三年，缓刑四年，并处罚金3000元，对10只麝香予以没收。

【典型意义】

本案系青海省玉树藏族自治州玉树市法院生态法庭成立以来审理的首起环境资源刑事案件，对于加强三江源地区生态环境保护有着特殊意义。三江源地区被誉为长江上游生态安全屏障、"中华水塔"，是我国重要的生态功能

区。鉴于三江源地区特殊的生态环境地位,人民法院要重点关注区域内环境污染和自然资源破坏案件,坚决打击采矿、砍伐、狩猎以及擅自采集国家和省级重点保护野生动植物等违法行为,促进三江源地区自然资源的持久保育和永续利用,筑牢国家生态安全屏障。麝是我国一级保护动物,也是世界濒危物种之一,麝香是一种极其稀缺的名贵药材。随着麝香市场价格日益昂贵,不法分子为获取暴利不断猎杀野生麝,我国的麝和天然麝香资源已处于极为稀缺的状态。"没有买卖就没有杀害"。社会各方都要充分关注濒危野生动物的保护,共同守护美丽家园。

被告人卓某走私珍贵动物案

《生态环境保护典型案例》第 2 号

2019 年 3 月 2 日

【基本案情】

2015 年 7 月,另案被告人李某文根据被告人卓某的指使携带两个行李箱,乘坐飞机抵达广州白云机场口岸,并选择无申报通道入境,未向海关申报任何物品。海关关员经查验,从李某文携带的行李箱内查获乌龟 259 只。经鉴定,上述乌龟分别为地龟科池龟属黑池龟 12 只、地龟科小棱背龟属印度泛棱背龟 247 只,均属于受《濒危野生动植物种国际贸易公约》附录 I 保护的珍贵动物,价值共计 647.5 万元。

【裁判结果】

广东省广州市中级人民法院一审认为,被告人卓某无视国家法律,逃避海关监管,指使他人走私国家禁止进出口的珍贵动物入境,其行为已构成走私珍贵动物罪,且情节特别严重。一审法院判决卓某犯走私珍贵动物罪,判处有期徒刑十二年,并处没收个人财产 20 万元。广东省高级人民法院二审维持一审判决。

【典型意义】

本案系走私《濒危野生动植物种国际贸易公约》附录所列珍贵动物的犯

罪案件。生物多样性是人类生存和发展的必要条件，野生动植物种是生物多样性的重要组成部分。没有买卖，就没有杀戮。保护野生动植物是全人类的共同责任。我国作为《濒危野生动植物种国际贸易公约》的缔约国，积极履行公约规定的国际义务，严厉打击濒危物种走私违法犯罪行为。本案中，被告人卓某违反国家法律及海关法规，逃避海关监管，指使他人非法携带国家禁止进出口的珍贵动物入境。人民法院依法认定其犯罪情节特别严重，判处刑罚，彰显了人民法院依法严厉打击和遏制破坏野生动植物资源犯罪的坚定决心。本案的审理和判决对于教育警示社会公众树立法律意识，自觉保护生态环境尤其是野生动植物资源，具有较好的示范作用。

黄某某非法制造枪支、非法猎捕、杀害珍贵、濒危野生动物、非法持有枪支案
——自制枪支猎杀果子狸、小灵猫等野生动物

《最高人民法院发布第一批 10 个依法惩处妨害疫情
防控犯罪典型案例》第 9 号

2020 年 3 月 10 日

【简要案情】

2016 年至 2017 年，被告人黄某某从他人处获得自制预充气式气步枪和自制气枪各 1 支。2018 年购买一支射钉枪及钢管、瞄准仪等部件，并将射钉枪改造为猎枪用于捕杀野生动物。2019 年 5 月至 11 月，黄某某利用其改装的射钉枪在东印山猎捕 4 只（1 只已被煮食）疑似果子狸的野生动物。11 月 13 日黄某某被抓获，公安机关在其住处搜查出"快排"气枪 1 支、"突鹰"气枪 1 支、射钉枪改装的疑似枪支 1 支、瞄准镜 1 个、钢珠 94 颗、射钉弹 86 颗，并从其亲属处查获黄某某猎杀的 3 只疑似果子狸。经鉴定，3 支疑似枪支均具备致伤力，认定为枪支，其中射钉枪改装的枪支是以火药为动力发射非制式枪弹的非制式枪；3 只疑似果子狸中有 1 只为小灵猫，系国家二级重点保护野生动物，另 2 只为花面狸（俗称果子狸），属于国家保护的有益的或者有重要经济、科学研究价值的陆生野生动物。

【裁判结果】

重庆市垫江县人民法院经审理认为,被告人黄某某违反国家有关法规,私自制造以火药为动力的非军用枪支1支,其行为构成非法制造枪支罪;违反野生动物保护法规,猎捕、杀害国家二级重点保护野生动物,其行为构成非法猎捕、杀害珍贵、濒危野生动物罪;违反枪支管理规定,非法持有枪支2支,其行为还构成非法持有枪支罪,应依法并罚。黄某某主动投案,如实供述自己的犯罪事实,具有自首情节,依法从轻处罚。据此,于2020年3月4日对被告人黄某某以非法制造枪支罪判处有期徒刑三年;以非法猎捕、杀害珍贵、濒危野生动物罪判处有期徒刑一年六个月,并处罚金人民币1万元;以非法持有枪支罪判处拘役六个月,决定执行有期徒刑四年,并处罚金人民币1万元。

陈某某非法收购珍贵、濒危野生动物案
——介绍他人非法收购穿山甲

《最高人民法院发布第一批10个依法惩处妨害疫情
防控犯罪典型案例》第10号
2020年3月10日

【简要案情】

2019年2月至3月间,被告人陈某某得知薛某(在逃)及吴某某、高某某(均因还涉嫌其他犯罪另案处理,尚在审查起诉中)等人走私入境一批穿山甲死体后,介绍杨某某(因涉嫌其他犯罪由广西另案处理)向吴某某、高某某等人购买。3月2日,陈某某伙同杨某某一起到高某某入住的广东省广州市花都区某公寓,吴某某、高某某等人提供穿山甲死体一箱交由杨某某验货。次日,陈某某陪同杨某某按照约定到广州市花都区一路段,杨某某以41.75万元向吴某某、高某某等人购得穿山甲死体20余箱(每箱装有穿山甲死体至少4只,合计达80只以上),共重747千克。9月25日,陈某某在广西壮族自治区东兴市楠木山边境检查站被民警抓获。

【裁判结果】

广东省广州市花都区人民法院经审理认为，被告人陈某某违反野生动物保护法规，非法收购国家重点保护的珍贵、濒危野生动物，情节特别严重，其行为构成非法收购珍贵、濒危野生动物罪。陈某某在共同犯罪中实施了介绍杨某某与卖家联系、陪同验货和交易等行为，系从犯。据此，于2020年3月5日以非法收购珍贵、濒危野生动物罪判处被告人陈某某有期徒刑八年，并处罚金人民币5万元。

全某某等6人非法收购、运输、出售珍贵、濒危野生动物案

《2019年度人民法院环境资源典型案例》第五号
2020年5月8日

【基本案情】

2017年1月至2018年3月，被告人全某某、周某某先后多次非法收购穿山甲35只，出售给被告人李某某、林某某等人共31只穿山甲，违法所得19.09万元。被告人李某某将从全某某、周某某处购得的穿山甲出售给被告人陈某某等人共6只，违法所得4.60万元。2017年10月至2018年3月，被告人华某某帮全某某、周某某非法运输穿山甲9次共9只，得运费3700余元。

【裁判结果】

湖南省石门县人民法院一审认为，被告人全某某等6人违反国家野生动物保护法规，非法收购、运输、出售国家重点保护的珍贵、濒危野生动物穿山甲，已构成非法收购、运输、出售珍贵、濒危野生动物罪。以非法收购、出售珍贵、濒危野生动物罪分别判处被告人全某某、周某某、李某某有期徒刑十一年、十年六个月、三年，并处罚金。以非法运输珍贵、濒危野生动物罪判处被告人华某某有期徒刑五年，并处罚金。以非法收购珍贵、濒危野生动物罪分别判处被告人林某某、陈某某有期徒刑二年六个月、二年，施以缓刑，并处罚金。湖南省常德市中级人民法院二审维持原判。

【典型意义】

本案系非法收购、运输、出售珍贵、濒危野生动物的刑事案件。穿山甲是我国二级保护野生动物,也是世界濒危物种之一。本案判决通过严惩破坏野生动物资源犯罪,充分发挥刑罚的惩治和教育功能,引导社会公众树立自觉保护野生动物及其栖息地的意识,共同守护人与自然和谐共处的地球家园。全国人民代表大会常务委员会于2020年2月24日作出《关于全面禁止非法野生动物交易、革除滥食野生动物陋习、切实保障人民群众生命健康安全的决定》,全面禁止和惩治非法野生动物交易行为,维护生物安全和生态安全。

熊某辉等3人非法猎捕珍贵野生动物案

《最高人民法院发布长江流域水生态司法保护典型案例》第一号
2020年9月25日

【基本案情】

2017年3月25日,被告人熊某辉、杜某、江某波携带渔网、鱼竿等工具至长江干流丰都河段龙洞湾水域,捕获2只白鲢鱼和1条胭脂鱼幼鱼,并造成胭脂鱼死亡。3人所使用的刺网网目尺寸为6厘米,违反重庆市关于长江干流和嘉陵江、乌江水域网目尺寸不得小于8厘米的相关规定。经鉴定,胭脂鱼属国家二级保护野生动物。重庆市涪陵区人民检察院以熊某辉等3人犯非法猎捕珍贵野生动物罪、非法捕捞水产品罪提起公诉。

【裁判结果】

重庆市涪陵区人民法院一审认为,被告人熊某辉等3人违反保护水产资源法规,在禁渔期、禁渔区内采用禁用方法捕捞水产品,情节严重。3被告人捕获的胭脂鱼,系国家重点保护的珍贵野生动物,构成非法猎捕珍贵野生动物罪和非法捕捞水产品罪的竞合,应择一重罪处罚。一审法院以非法猎捕珍贵野生动物罪判决被告人熊某等3人有期徒刑六个月,并处罚金2000元。重庆市第三中级人民法院二审维持原判。

【典型意义】

本案系在长江干流非法猎捕珍贵野生动物引发的刑事案件。胭脂鱼是我国特有的淡水珍贵濒危物种,具有重要的经济和文化、社会、生态价值。被告人在禁渔期和禁渔区内使用禁用的网目小于规定尺寸的刺网捕捞,情节严重;非法捕获的水生动物中包括国家二级保护野生动物胭脂鱼的幼鱼,并造成该幼鱼死亡的后果。人民法院依法择一重罪,以非法猎捕珍贵野生动物罪定罪量刑,体现了严厉打击"绝户网"和非法捕捞珍贵、濒危水生野生动物违法犯罪行为的司法导向,有力维护长江水域的生态平衡和生物多样性。

马某文非法收购、运输、出售珍贵、濒危野生动物制品案

《黄河流域生态环境司法保护典型案例》案例 2

2021 年 11 月 25 日

【基本案情】

2018 年 7 月,被告人马某文报案称自己的出租屋被盗,因所述被盗物品疑似珍贵、濒危野生动物及其制品,公安机关在马某文住所搜出众多野生动物制品,在盗窃马某文住处的嫌疑犯手中亦缴获众多野生动物制品。经鉴定,涉案野生动物制品中除有证据证明系被告人马某文合法购买的马鹿鹿鞭 7 根、马鹿鹿茸 5 支外,另有其非法购买所得的熊掌 16 个、鹿鞭 6 根、鹿筋 52 个、鹿尾巴 7 个、麝香 7 个、雪豹皮 1 张、鹿角 1 个、盘羊头 1 个、鹿肉 1 小袋、狼头 2 个等野生动物制品,涉案野生动物制品价值总计 665090 元。

【裁判结果】

青海省玉树市人民法院一审认为,被告人马某文违反国家关于野生动物资源保护的规定,明知雪豹、白唇鹿、林麝、马鹿、盘羊、棕熊为国家重点保护野生动物,而进行收购、运输、出售的行为构成非法收购、运输、出售珍贵、濒危野生动物制品罪,判处被告人马某文有期徒刑十年,并处罚金人民币 2 万元。涉案野生动物制品除被告人合法购买的部分依法予以返还外,其余野生动物制品依法予以没收。一审判决后,被告人没有提起上诉。

【典型意义】

本案系非法收购、运输、出售珍贵、濒危野生动物制品引发的刑事案件。没有买卖就没有杀戮。三江源地区作为青藏高原腹地，野生动物资源丰富多样，违法经营野生动物资源的行为时有发生，也因为非法交易利益的驱使，进一步导致了猎捕杀害珍贵、濒危野生动物的行为频繁发生，危及了野生动物资源的生物多样性和生态系统的平衡稳定。本案所涉野生动物种类多、价值大，案件的审理对三江源地区违法经营野生动物资源的行为形成震慑，彰显了法院严惩非法野生动物及其制品交易的决心，为维护生物多样性和生态平衡，推进生态文明建设提供了有力的司法保障。

翟某涛等 11 人非法收购、运输、出售珍贵野生动物案

《最高人民法院发布生物多样性司法保护典型案例》 案例 1
2022 年 12 月 5 日

【基本案情】

2016 年至 2018 年间，被告人翟某涛在大连长兴岛地区，多次收购渔民（均另案处理）非法猎捕的国家二级保护野生动物斑海豹幼崽 50 余只并出售。2018 年至 2019 年间，翟某涛指使被告人翟某凯、王某民、刘某辉、刘某权、刘某国、曲某良、宋某有、邢某强、李某义等人，多次在大连长兴岛地区海边收购渔民（均另案处理）非法猎捕的斑海豹幼崽 100 余只。2019 年 2 月，被告人翟某堃帮助他人非法收购斑海豹幼崽 10 只。案发时，40 余只斑海豹幼崽已被非法运输并出售给多地的海洋馆或个人（均另案处理），70 余只准备出售的斑海豹幼崽被公安机关当场查获。

【裁判结果】

辽宁省大连长兴岛经济技术开发区人民法院一审认为，被告人翟某涛纠集被告人翟某凯、王某民、刘某辉、刘某权、曲某良、刘某国、宋某有、邢某强、李某义非法收购、运输、出售斑海豹幼崽，被告人翟某堃非法收购斑海豹幼崽，违反国家野生动物保护法规，侵犯国家重点保护野生动物管理制

度，已分别构成非法收购、运输、出售珍贵野生动物罪。根据各被告人犯罪的事实、性质、情节、认罪认罚和对社会的危害程度，分别判处有期徒刑十四年至二年三个月不等，并处罚金 500 万元至 5 万元不等。部分被告人提出上诉，辽宁省大连市中级人民法院二审裁定驳回上诉，维持原判。

【典型意义】

辽东湾是中国渤海三大海湾之一，地处北纬 39 度，是中国纬度最高的海湾，也是北半球纬度最低的大面积结冰海域，具有独特的海洋生态系统，是斑海豹、黑嘴鸥等珍贵濒危物种的栖息地。斑海豹是唯一能在中国海域进行繁殖的鳍足类海洋哺乳动物，是我国渤海和黄海的旗舰物种。遗传学和生态学研究显示，辽东湾繁殖区的斑海豹属于世界范围内斑海豹独立进化的一个分支，有自己独特的遗传基因。2021 年 2 月公布的《国家重点保护野生动物名录》已将斑海豹调整为国家一级保护野生动物。本案中，人民法院依法严惩危害珍贵、濒危野生动物犯罪，对危害斑海豹犯罪行为实行全链条打击，彰显以最严格制度最严密法治保护生态环境的司法理念。同时，积极协调相关部门对查获的斑海豹进行野化训练并放归海洋，助力大连斑海豹国家级自然保护区建设，践行我国坚决履行生物多样性保护国际条约义务的庄严承诺。

孙某炎危害珍贵、濒危野生动物案

《最高人民法院发布生物多样性司法保护典型案例》案例 3
2022 年 12 月 5 日

【基本案情】

2014 年以来，被告人孙某炎未经野生动植物主管部门批准，未取得水生野生动物经营利用许可，非法低价收购包含大白鲨、柠檬鲨、鲭鲨、虎鲨在内的各类鲨鱼牙齿，加工后通过网络平台向国内外不特定买家销售牟利。2020 年 10 月，孙某炎为进一步确定其收购和销售的大白鲨牙齿的物种属性以及保护级别，自行委托鉴定中心进行鉴定，鉴定结果为板鳃亚纲鼠鲨目鼠鲨科噬人鲨。此后孙某炎继续销售包含大白鲨牙齿在内的各类鲨鱼牙齿及其相关制品，直至 2021 年 4 月被抓获。经鉴定，该案涉及国家二级保护野生动物噬人鲨牙齿6389颗,价值319.45万元,以及噬人鲨颌骨价值8.5万元,合计327.95万元。

【裁判结果】

福建省厦门市同安区人民法院一审认为,被告人孙某炎违反国家野生动物保护法规,非法收购、出售珍贵、濒危野生动物噬人鲨制品,价值达327.95万元,已构成危害珍贵、濒危野生动物罪。考虑到孙某炎不具有从重处罚情节,未造成动物死亡或者动物、动物制品无法追回,归案后如实供述、认罪认罚,且涉案大部分赃物已被追缴等情节,判处孙某炎有期徒刑六年七个月,并处罚金15万元,退缴在案的违法所得及扣押的噬人鲨牙齿等物品予以没收。一审判决已发生法律效力。

【典型意义】

噬人鲨别名"大白鲨",属于《濒危野生动植物种国际贸易公约》附录二濒危野生动物及我国《国家重点保护野生动物名录》中二级保护野生动物。噬人鲨是海洋中的"伞护种",其生境需求能够涵盖其他物种的生境需求,通过保护噬人鲨可以同时为海洋里的其他物种提供保护,有利于维护海洋生物多样性平衡。本案中,人民法院依法适用破坏野生动物资源刑事案件新司法解释,既以价值作为基本定罪量刑标准,又全面考虑案件有关情节,综合评估社会危害性,阐释了依法惩治犯罪与宽严相济的刑事司法理念。通过严厉打击危害珍贵、濒危野生动物及其制品犯罪,充分展现了我国履行国际环境条约义务、保护濒危野生动物的大国担当。本案宣判得到多家媒体报道,推动社会公众了解大白鲨这一凶猛而又脆弱的大型水生野生物种,对于引导人民群众树立正确的生态文明观,推动生物多样性保护全民行动具有积极意义。

沈某发危害珍贵、濒危野生动物案

《最高人民法院发布生物多样性司法保护典型案例》案例 4
2022 年 12 月 5 日

【基本案情】

2019 年 8 月以来，被告人沈某发经营文玩店时，在未取得水生野生动物经营许可且营业执照过期的情况下，将 17 件收购所得的野生红珊瑚制品摆放在店内销售。经鉴定，该 17 件珊瑚制品均属于国家一级保护水生野生动物红珊瑚的制品，净重至少 0.2806 千克，价值至少 112240 元。案件审理中，沈某发自费印制保护红珊瑚倡议书在厦门古玩市场发放，现身说法倡导保护红珊瑚，同时预缴 1.2 万元用于执行罚金刑，自愿缴纳生态修复赔偿金 2 万元。

【裁判结果】

福建省厦门市同安区人民法院一审认为，被告人沈某发非法收购珍贵、濒危水生野生动物红珊瑚制品，已构成危害珍贵、濒危野生动物罪。鉴于沈某发归案后如实供述、认罪认罚，且非法出售的红珊瑚制品已全部追缴等情节，于 2021 年 11 月 16 日判处沈某发有期徒刑八个月，缓刑一年，并处罚金 1.2 万元；暂扣的 17 件红珊瑚制品予以没收；暂扣的生态修复赔偿金 2 万元依法上缴国库。宣判后，各方未上诉、抗诉，一审判决已发生法律效力。

【典型意义】

珊瑚礁被称为"海洋中的热带雨林"，系生物多样性最为丰富、生产力最高的典型生态系统之一，非法捕捞、开采珊瑚将严重破坏海洋生态。红珊瑚系国家一级保护水生野生动物，无证捕捞、收购、出售、运输红珊瑚及其制品均可能触犯刑律。人民法院在本案审理中，本着"判处一案，挽救一人，教育一片"的目的，结合被告人年龄较大、身体状况不佳、家庭经济困难但时间充裕等因素，动员被告人及其家属自愿缴纳部分生态修复金，印制红珊瑚保护倡议资料，联系古玩市场管理方在市场内大规模发放，现身说法倡导红珊瑚保护。通过探索创新符合案件实际情况的生态修复模式，有效杜绝了该古玩市场售卖珊瑚制品的现象,增强公众对珊瑚等海洋生物的保护意识,取得了良好法律效果和社会效果。

马某么非法捕杀国家重点保护的珍贵、濒危野生动物案

《最高人民法院发布生物多样性司法保护典型案例》案例 5
2022 年 12 月 5 日

【基本案情】

1993 年 12 月至 1994 年 1 月间,被告人马某么在马某元纠集下与马某某尼、二某、海某等 12 人潜入可可西里地区,非法猎杀国家重点保护的珍贵、濒危野生动物藏羚羊。1994 年 1 月 16 日,青海省玉树藏族自治州治多县西部工作委员会工作组赴可可西里将上述人员及在可可西里地区非法捕杀藏羚羊的王某、韩某等另外 8 人抓获,并收缴藏羚羊皮 1200 余张、小口径步枪 6 支、半自动子弹 3000 余发及东风卡车 3 辆、北京吉普车 1 辆。同年 1 月 18 日,上述人员被押往格尔木途中,韩某明、马某孝等人组织反抗。马某么趁乱潜逃,直至 2020 年 9 月 10 日被青海省玉树藏族自治州公安局拘传到案。青海省玉树市人民检察院于 2021 年 5 月 31 日,以马某么涉嫌非法捕杀国家重点保护的珍贵、濒危野生动物罪,提起公诉。

【裁判结果】

青海省玉树市人民法院一审认为,被告人马某么非法捕杀国家重点保护的珍贵、濒危野生动物,依据其行为时适用的 1988 年 11 月 8 日《全国人民代表大会常务委员会关于惩治捕杀国家重点保护的珍贵、濒危野生动物犯罪的补充规定》,应当以非法捕杀国家重点保护的珍贵、濒危野生动物罪追究刑事责任。同时,其在 1994 年 1 月 18 日押解途中趁乱潜逃,直至 2020 年 9 月 10 日被抓获,依法不受追诉期限的限制。鉴于马某么系从犯且认罪认罚,判处其有期徒刑六年,并处罚金 2000 元。宣判后,各方未上诉、抗诉,一审判决已发生法律效力。

【典型意义】

可可西里国家级自然保护区位于青藏高原西北部,总面积4.5万平方千米,平均海拔4600米,被誉为"青藏高原野生动物基因库",2017年被列入世界自然遗产名录,是青藏高原特有珍稀物种的栖息地。本案中被猎捕杀害的国家一级保护野生动物藏羚羊,是青藏高原基础物种和动物区系典型代表,支撑着一个完整的生物链系统,对维持青藏高原生态平衡和生物多样性发挥着重要作用。1994年1月18日,可可西里自然保护区发生特大藏羚羊盗猎枪杀案,"环保卫士"杰桑·索南达杰与盗猎者展开殊死搏斗,不幸中枪牺牲。天网恢恢,疏而不漏。被告人马某么作为从犯,潜逃近30年后被抓获归案接受法律制裁,告慰了烈士英灵。本案的依法审理充分彰显人民法院牢记"国之大者"使命要求,运用司法手段全面保护青藏高原生灵草木、万水千山的决心。

吾某、夏某白危害高原珍贵、濒危野生动物案

《最高人民法院发布青藏高原生态保护典型案例》案例5

2023年5月5日

【基本案情】

2012年2月1日开始,被告人吾某在未取得野生动物产品加工经营许可证的情况下,在新疆维吾尔自治区克孜勒苏柯尔克孜自治州乌恰县经营一家制作野生动物制品的手工艺品店,非法制作加工没有合法来源的盘羊角及头盖骨、北山羊角及头盖骨、野山羊角等国家保护野生动物制品20件,收取加工费2.06万元,价值共计26.65万元。2019年12月,被告人夏某白在吾某从巴音库鲁提乡山上采集野生动物角头时,帮助其运输、藏匿野生动物制品132件。经鉴定,其中98件为北山羊制品、24件为盘羊制品、4件为羊角制品,其余6件不能鉴定出物种,价值共计69.5万元。此外,夏某白于2019年1月驾车在三屯碑草原伙同他人捕杀1只北山羊后食用。库尔勒铁路运输检察院以危害珍贵、濒危野生动物罪对吾某、夏某白提起公诉,以帮助犯罪分子逃避处罚罪对夏某白提起公诉。

【裁判结果】

库尔勒铁路运输法院一审认为，吾某以营利为目的，未取得野生动物产品加工经营许可证，制作、运输、出售国家一级、二级保护野生动物制品，其行为构成危害珍贵、濒危野生动物罪。夏某白帮助吾某运输、藏匿案涉野生动物制品，逃避检查，构成帮助犯罪分子逃避处罚罪；夏某白与他人共同非法猎捕并杀害国家二级保护野生动物北山羊1只，构成危害珍贵、濒危野生动物罪。分别判处吾某、夏某白有期徒刑五年、三年五个月（数罪并罚合并执行），并处罚金，追缴犯罪所得等。宣判后，各方未上诉、抗诉，一审判决已发生法律效力。

【典型意义】

青藏高原涉及新疆克孜勒苏柯尔克孜自治州、巴音郭楞蒙古自治州、和田地区、喀什地区等4个地州，主要是喀喇昆仑山、昆仑山、阿尔金山在新疆的区域，平均海拔4400米至5000米，拥有独特的高原生态系统。本案所涉乌恰县位于中国最西端，北接天山山脉西端，南靠帕米尔高原、昆仑山北麓，境内有雪豹、棕熊、鹅喉羚、盘羊、北山羊、野猪、旱獭、雪鸡、石鸡等国家一级、二级保护野生动物，以及紫草、甘草、阿魏、麻黄、车前草、党参、当归、蒲公英、黄芪、锁阳、茯苓等野生药用植物资源。青藏高原自然生态系统先天脆弱敏感，自我维持和恢复能力差，一旦遭到破坏修复难度大。本案中，人民法院依法严厉打击和遏制破坏野生动物资源犯罪，有力保护青藏高原珍贵、濒危和特有野生动物物种，对于保护青藏高原生物多样性，提升生态系统多样性、稳定性、持续性具有重要意义。

姜某危害珍贵、濒危野生动物刑事附带民事公益诉讼案

《湿地生态保护典型案例》案例6
2023年5月31日

【基本案情】

2021年1月11日，姜某将其购买的毒药与面粉、面包虫等食物混合后，

在蚌埠市淮上区三汊河国家湿地公园附近抛撒。侦查机关在姜某家中和三汊河湿地姜某抛撒食物的附近发现被毒死的鸟类共计 13 种 66 只。经鉴定，被毒死的普通鵟系列入《国家重点保护野生动物名录》的二级保护动物；灰喜鹊、棕背伯劳、雉鸡、黑水鸡、山斑鸠等被列入《国家保护的重要生态、科学、社会价值的陆生野生动物名录》；同时，灰喜鹊、棕背伯劳等还被列为《安徽省地方重点保护野生动物名录》一级、二级保护野生动物。安徽省蚌埠市禹会区人民检察院以危害珍贵、濒危野生动物罪对姜某提起公诉，并提起刑事附带民事公益诉讼。经鉴定，姜某用投放有毒饵料的方法非法捕猎、杀害 66 只野生鸟类造成的环境损害总价值为 44900 元。

【裁判结果】

安徽省蚌埠市禹会区人民法院经审理认为，姜某构成危害珍贵、濒危野生动物罪；姜某自愿认罪认罚，又系初犯、偶犯，主动支付生态环境损害赔偿金，宣告缓刑对所居住社区没有重大不良影响。姜某危害珍贵、濒危野生动物的行为给生态环境造成损害，依法应当赔偿生态环境损害赔偿金。遂判处姜某有期徒刑一年六个月，缓刑二年，并处罚金 3 万元；案涉动物尸体依法处理；扣押在案的麦麸（含有面包虫）1750 克、老鼠药与面粉混合物 3950 克和色拉油 400 克依法予以没收；姜某赔偿生态环境损害赔偿金 44900 元（已支付）、专家评估费 500 元（已支付）。宣判后，各方未上诉、抗诉，一审判决已发生法律效力。

【典型意义】

安徽三汊河国家湿地公园是淮河流域保存较好的一块平原沼泽型草本自然湿地，是鸟类的天堂，栖息于此的国家二级保护鸟类有 3 种，安徽省一级、二级保护鸟类共 10 余种。被告人用投放有毒饵料的方法非法捕猎、杀害鸟类，不但危害珍贵、濒危野生动物本身，而且给湿地生态环境安全带来严重威胁。人民法院同时追究被告人刑事责任和生态环境损害赔偿责任，是最严法治观在环境资源司法中的具体体现；同时对被告人适用缓刑，有效发挥了宽严相济刑事政策优势。此外，考虑到三汊河国家湿地公园周边乡镇、村庄较多，人民法院在被告人实施犯罪的位置竖立警示教育牌，并将被告人缴纳的生态环境损害赔偿金购买鱼苗在该地增殖放流，起到"办理一案、教育一片"的良好效果。判决生效后，蚌埠市禹会区人民法院作为蚌埠市环境资源案件集中管辖法院与蚌埠市禹会区、淮上区人民检察院、安徽三汊河国家湿地公园管理委员会共同签署三汊河国家湿地公园保护协作协议，加强湿地协调保护力度，将湿地资源保护从末端前移到诉源、治未病，共同营造保护湿地的良好氛围。

李某华等11人危害珍贵、濒危野生动物刑事附带民事公益诉讼案

《国家公园司法保护典型案例》案例4
2023年10月17日

【基本案情】

2019年以来，被告人李某华多次联系被告人龙某军猎捕野生小熊猫活体。2019年至2020年4月间，龙某军将其自己捕获的野生小熊猫活体15只出售给李某华及被告人李某秋（李某华之子）；李某华父子将其中14只运至山东莱州、江苏南京等地，向被告人刘某甲出售2只，向其他3名动物园经营者（另案处理）共出售10只，非法获利29万元。2020年11月至12月间，龙某军从被告人高某林处收购4只野生小熊猫活体后，将其中1只耳朵有缺陷的野生小熊猫放生，将3只小熊猫驾车运至四川省泸定县，李某华父子及被告人刘某乙驾车从泸定购得该3只小熊猫后返回途中被公安机关查获。2020年4月以来，李某华父子到四川省平武县锁江羌族乡从被告人马某曹处收购金丝猴活体18只；其中13只，由李某华父子2人雇用被告人张某华、刘某乙运输至安徽铜陵出售给经营动物园的被告人徐某珍、沈某等人，非法获利56万元。经鉴定，案涉小熊猫均为国家二级保护野生动物，单只价值为4万元；金丝猴均为川金丝猴，系国家一级保护野生动物，单只价值为50万元。雅安市人民检察院以危害珍贵、濒危野生动物罪对李某华等11人提起公诉，并提起附带民事公益诉讼，诉请李某华、李某秋、刘某甲、龙某军赔偿死亡的野生小熊猫11只公益赔偿金共计44万元，李某华、李某秋、马某曹赔偿死亡的野生金丝猴1只公益赔偿金50万元，李某华等11名被告共同在媒体上公开赔礼道歉。

【裁判结果】

四川省雅安市中级人民法院经审理认为，李某华等人非法猎捕、出售、收购、运输国家重点保护的珍贵、濒危野生动物的行为，均构成危害珍贵、濒危野生动物罪。其中李某华、李某秋非法收购、运输、出售国家一级保护野生动物川金丝猴 18 只，国家二级保护野生动物小熊猫 18 只，野生动物价值共计 972 万元，属情节特别严重，综合考虑李某华具有累犯、坦白等情形，李某秋具有立功等情节，判处李某华有期徒刑十四年并处罚金 50 万元、李某秋有期徒刑八年并处罚金 30 万元。马某曹非法猎捕、出售国家一级保护野生动物川金丝猴 18 只，野生动物价值 900 万元，属情节特别严重；综合考虑其系自首等情节，判处马某曹有期徒刑十一年并处罚金 30 万元。判处其余被告人有期徒刑三年至六年不等，并处罚金 5 万元至 25 万元不等。对于动物园经营者刘某甲、徐某珍，并处自刑罚执行完毕之日或者假释之日起五年内禁止从事与野生动物有关的一切经营性活动。判令民事公益诉讼被告李某华、李某秋、刘某甲、龙某军共同赔偿公益赔偿金 44 万元，李某华、李某秋、马某曹共同赔偿公益赔偿金 50 万元，李某华等 11 人在媒体上公开赔礼道歉。宣判后，马某曹等部分被告人不服提起上诉，四川省高级人民法院审理后裁定驳回上诉，维持原判。

【典型意义】

本案案发地之一的四川省绵阳市平武县，是大熊猫国家公园的核心区，素有"天下大熊猫第一县"的美誉。大熊猫国家公园对于加强大熊猫及其伞护的其他物种和典型生态脆弱区整体保护，打造国家重要生态屏障具有重要意义。本案中，被告人在大熊猫国家公园内猎捕国家重点保护野生动物用于销售，已经形成了危害珍贵、濒危野生动物犯罪的"猎捕—收购—运输—销售"完整产业链，且以民营动物园为链条终端，通过动物园收购和再次交易将野生动物"洗白"，严重破坏大熊猫国家公园内自然生态系统的原真性、完整性和系统性。本案部分被告人身为动物园经营者，具有从事野生动物收购、饲养、出售、运输等便利，其明知收购、运输珍贵、濒危野生动物必须按照法定程序审批，却为追求经济利益而利用其职业便利实施非法收购、运输野生动物犯罪，已严重违背职业道德和从业义务，为预防其再实施此类犯罪，人民法院对其判处"禁止令",禁止犯罪人再次从事野生动物经营,体现了打击和预防犯罪并重,以最严法治守护国家公园生态安全的决心。

罗某福等 5 人危害珍贵濒危野生动物、非法狩猎、掩饰隐瞒犯罪所得案

《最高法发布司法服务黄河流域生态保护和高质量发展典型案例》案例九
2024 年 5 月 29 日

【基本案情】

2021 年 4 月至 2023 年 3 月间,被告人罗某福多次到宁夏收购野生鸟类幼鸟及蛋卵,孵化饲养后出售获利。罗某福还将 2 只珍稀动物疣鼻天鹅对外出售。被告人杨某兵、李某楠、薛某、张某弟分别在宁夏沙湖、星海湖和内蒙古乌梁素海等黄河湿地,通过网捕、掏窝等方式猎获野生苍鹭、灰雁等幼鸟及蛋卵出售给罗某福及案外人。除自行猎获野生鸟类外,张某弟还多次收购他人猎获的野生鸟类出售给罗某福,杨某兵在罗某福收购部分幼鸟及蛋卵时为其提供临时放置场所并担任驾驶员。涉案幼鸟达 1000 余只、蛋卵 6000 余枚。经鉴定,案涉疣鼻天鹅是国家 II 级重点保护野生动物,苍鹭、灰雁等野生鸟类为有重要生态、科学和社会价值的陆生野生动物。检察机关对罗某福等 5 人提起公诉。

【裁判结果】

银川铁路运输法院一审认为,被告人罗某福非法出售国家重点保护的珍贵、濒危野生动物,其行为构成危害珍贵、濒危野生动物罪。被告人杨某兵、薛某、李某楠、张某弟违反狩猎法规,在禁猎区、禁猎期使用禁用方法狩猎,其行为构成非法狩猎罪。被告人罗某福、杨某兵、张某弟明知案涉"三有"保护野生动物系非法狩猎所得仍多次予以收购,其行为构成掩饰、隐瞒犯罪所得罪。数罪并罚,判处罗某福等 5 人有期徒刑四年十个月至一年不等,对个别被告人适用缓刑,追缴各被告人违法所得等。宣判后,各方未上诉、抗诉,一审判决已发生法律效力。

【典型意义】

本案是一起典型的非法捕猎和买卖野生动物犯罪案件。作为全国唯一全境属于黄河流域的省份，宁夏得益于母亲河的滋养补给，拥有类型多样、特色鲜明的湿地资源，吸引了数以百万计的野生鸟类迁徙停留、繁衍生息。非法猎捕、收购、出售野生鸟类及蛋卵，阻断了迁徙候鸟自然繁殖，严重损害物种和生物基因多样性。《中华人民共和国黄河保护法》对加强黄河流域生态保护与修复、保护生物多样性作出明确规定。没有买卖就没有非法捕猎。本案中，人民法院依法判处猎捕者与收购者承担刑事责任并依法追缴违法所得，全链条打击破坏野生动物资源犯罪行为，具有鲜明的警示教育意义。人民法院同时协调对接有关部门，做好扣押在案的鸟类和蛋卵救助养护，促使孵化出的1100余只野生苍鹭顺利回归自然，充分彰显了维护生物多样性、实现人与自然和谐共生的司法担当。

韩某辉等22人非法狩猎案

《湿地生态保护典型案例》案例1

2023年5月31日

【基本案情】

2019年上半年，被告人韩某辉、魏某晏各自到广东省清远市找被告人黄某、姚某飞协商，由黄某、姚某飞收购该二人猎捕所获野鸭。2019年9月，韩某辉、魏某晏共谋在黑龙江兴凯湖国家级自然保护区附近猎捕野鸭。2019年9月至2021年9月，魏某晏联系梁某平等被告人，采取在保护区湿地深处架设粘网、用扩音器播放禽类鸣叫方式诱捕野鸭；魏某晏联络黄某、姚某飞进行销售，韩某辉负责运输、发货。韩某辉、魏某晏等20名被告人共计非法猎捕野生动物27319只，黄某、姚某飞合计收购非法猎捕的野生动物10602只。黑龙江省密山市人民检察院以非法狩猎罪对本案22名被告人提起公诉。

【裁判结果】

黑龙江省密山市人民法院经审理认为，韩某辉等22名被告人违反狩猎法规,在禁猎区狩猎,破坏野生动物资源,情节严重,其行为构成非法狩猎罪。本案系共同犯罪,根据各被告人在共同犯罪中起主要、次要作用,分别认定了主犯、从犯;并根据各被告人的自首等情节及犯罪危害程度,对各被告人分别判处拘役六个月至有期徒刑两年九个月不等的刑罚,依法追缴非法所得共计 396600 元,并没收犯罪工具。宣判后,部分被告人不服,提起上诉。黑龙江省鸡西市中级人民法院经审理后裁定,驳回上诉,维持原判。

【典型意义】

兴凯湖湿地是位于中俄边界处的国际重要湿地,被纳入联合国教科文组织的人与生物圈保护网络,是候鸟的驿站和天堂,有记录的鸟类达 200 多种,具有丰富的生物多样性,更是天然的物种基因库。非法猎捕、倒卖野生动物的违法犯罪行为,不仅严重破坏野生动物资源,威胁生态平衡,还容易造成病毒、寄生虫的感染传播。本案中,人民法院依法追究全案 22 名被告人非法狩猎行为的刑事责任,不仅对非法猎捕鸟类的犯罪行为进行打击,还对非法收购、倒卖野生动物资源的被告人判处刑罚,对破坏湿地生态环境的行为进行全链条打击,是人民法院在环境生态保护领域贯彻最严格制度最严密法治的鲜活案例。

顾某、陈某官非法狩猎案

《湿地生态保护典型案例》案例 2
2023 年 5 月 31 日

【基本案情】

上海市九段沙湿地自然保护区管理署因野生动物疫源疫病主动预警采样及环境保护志愿工作需要,与案外人某公司签订协议,委托该公司组织人员在九段沙江亚南沙及上沙捕捉雁鸭类野鸟 400 只,开展环境保护志愿工作,完成后应将野鸟放生。尔后,该公司委托被告人顾某开展上述受托事项。顾某经与被告人陈某官事先商议,由顾某以鸟类环境保护志愿者及采样人员身份为掩护,将部分野鸭私自带出保护区,以每只 150 元左右的价格销售给陈某官,共计 68 只。某日交易后,顾某被民警抓获,并在其车上查获待售野鸭

33只。经认定，上述101只野鸭均属于国家保护的有益或者有重要经济、科学研究价值的陆生野生动物，价值共计50500元。上海铁路运输检察院以非法狩猎罪对顾某、陈某官提起公诉。

【裁判结果】

上海铁路运输法院经审理认为，顾某、陈某官违反狩猎法规，在禁猎区进行非法狩猎，破坏野生动物资源，情节严重，其行为均已构成非法狩猎罪。顾某受委托在自然保护区捕捉雁鸭类野鸟，本应是为了野生动物疫源疫病主动预警采样及环境保护志愿工作需要，且其在受委托期间接受了相关法律知识和专业知识的培训，但其罔顾工作要求，以特殊身份掩护非法目的，进行非法狩猎，行为恶劣，严重破坏野生动物资源，危害生态安全和公共卫生安全，依法应予严厉惩处。在共同犯罪中，二被告人均积极参与，不区分主从犯，其中顾某在犯罪实施过程中的作用相对于陈某官更大，在量刑时予以综合评判。遂判处顾某有期徒刑一年；陈某官有期徒刑七个月，缓刑一年；并追缴违法所得。宣判后，各方未抗诉、上诉，一审判决已发生法律效力。

【典型意义】

九段沙自然保护区是上海市面积最大的国家级自然保护区，也是长江口地区唯一基本保持原生状态的河口湿地，是长江口地区鱼类区系最具代表性的区域，拥有着丰富、珍贵的生物资源，同时属于法律明确规定的全年禁止狩猎区域。本案被告人身为九段沙自然保护管理工作人员，本应履行湿地保护区内野生动物资源保护职责，但其利用环境志愿工作者身份便利，以非法目的进行狩猎，将捕获的野生动物偷运外售，行为恶劣。人民法院综合考虑本案被告人犯罪情形，对该环境保护志愿者处以较重刑罚，对于加强湿地管理，规范环境保护志愿工作人员行为，预防和控制人为活动对湿地及其生物多样性的不利影响具有积极的示范意义。

张某强非法制造枪支、非法狩猎案

《国家公园司法保护典型案例》案例2

2023年10月17日

【基本案情】

2017年间，被告人张某强到海南省海口市某五金店购买一把射钉枪、一根枪管及铁砂、射钉弹后，使用其自有工具组装枪型物1支。经鉴定，张某强制造的枪型物为利用火药为发射动力的枪支。2022年3月21日凌晨，张某强在未经野生动物行政主管部门许可，且无狩猎证和持枪证的情况下，擅自进入被划为禁猎区的海南热带雨林国家公园霸王岭分局洪水管护站内狩猎，使用枪支共猎捕赤腹松鼠3只、椰子猫1只、鼬獾1只，使用头照灯照射猎捕大绿臭蛙30只。张某强于次日下山途中被公安民警当场抓获。经鉴定，案涉椰子猫属国家二级保护野生动物，鼬獾、赤腹松鼠均被列入《国家保护的有益的或者有重要经济、科学研究价值的陆生野生动物名录》，臭蛙属于海南省重点保护陆生野生动物。海南省人民检察院第二分院以张某强犯非法制造枪支、非法狩猎罪提起公诉。

【裁判结果】

海南省第二中级人民法院经审理认为，张某强的行为已构成非法制造枪支罪、非法狩猎罪，应当数罪并罚。张某强作为生活在国家公园范围区刚脱贫的村民，改变当地的传统生产生活方式，走绿色发展改善民生之路，尚需探索时间。张某强是家中主要劳动力，对其羁押既不符合刑法谦抑性原则，也可能使其家庭重返贫困。法律的权威在于刑罚的不可避免性，而非严苛，在能使用较轻刑罚达到制裁目的时，无须使用严厉的制裁方式。鉴于张某强系初犯，案发后如实供述其罪行，认罪认罚且有悔罪表现，其居住地愿意配合进行社区矫正，宣告缓刑对所居住社区没有重大不良影响。遂判决张某强数罪并罚，决定执行有期徒刑三年，缓刑五年，没收犯罪工具等。宣判后，各方未上诉、抗诉，一审判决已发生法律效力。

【典型意义】

2022年4月，习近平总书记在海南考察调研时明确指出热带雨林国家公园是国宝，是水库、粮库、钱库，更是碳库，要求对热带雨林实行严格保护，实现生态保护、绿色发展、民生改善相统一。尽管海南热带雨林国家公园建设过程中对环境资源保护的力度不断加大，国家公园附近的原住村民对热带雨林及生物多样性资源的损害性利用仍时有发生。本案中，被告人违反狩猎法规，在禁猎区使用改造的枪支及其他工具狩猎，破坏野生动物资源的价值较大，应当受到刑事制裁。同时，人民法院充分考虑被告人的个体因素，给予其改过自新的机会，对其适用缓刑，避免刚脱贫的家庭因刑返贫，彰显司法的人文关怀，实现了惩罚和预防犯罪相结合的目的，也较好地平衡了生态环境保护和民生保障之间的关系。

福州市某石材有限公司、黄某某非法占用农用地案

《2019年度人民法院环境资源典型案例》第十号

2020年5月8日

【基本案情】

2012年、2013年及2017年四五月间，被告单位福州市某石材有限公司（以下简称某公司）、被告人黄某某未经林业主管部门审批，擅自在闽侯县鸿尾乡大模村"际岭"山场占用林地138.51亩，用作超范围采矿、石料加工区等。案发后，某公司根据司法机关的要求向闽侯县南屿镇政府缴交生态修复款62.33万元，聘请专家编制了矿区及周边生态环境恢复治理方案，并依方案开展相应生态修复工作。同时，黄某某自愿承诺在位于闽江湿地公园的闽江水资源生态保护司法示范点暨生态司法保护宣传长廊进行异地特色苗木公益修复，与专业园林公司签订合同，种植指定树木150棵，承诺管护一年，确保成活。被害方闽侯县鸿尾乡大模村村民委员会及鸿尾农场出具谅解书。

【裁判结果】

福建省闽侯县人民法院一审认为，被告单位某公司、被告人黄某某违反

国家林业管理法规，未经审批占用农用地138.51亩，其行为已构成非法占用农用地罪。鉴于被告单位、被告人黄某某有自首情节，积极进行生态修复，依法从轻处罚。以非法占用农用地罪判处被告单位某公司罚金40万元，判处被告人黄某某有期徒刑二年九个月，缓刑四年，并处罚金20万元；责令被告人黄某某在闽江湿地公园的闽江水资源生态保护司法示范点进行异地公益修复种植指定规格的特色苗木150棵。

【典型意义】

本案系非法占用农用地的刑事案件。林地、耕地等农用地是重要的土地资源。本案中，某公司及其法定代表人黄某某未经审批擅自占用林地堆放矿石渣土，对农用地用途及其周边生态环境造成破坏。人民法院在审理中，注重惩治犯罪和生态环境治理修复的有机结合，将生态环境修复义务的履行纳入量刑情节，有效融合了生态司法的警示教育、环境治理和法治宣传等诸多功能，取得了良好的法律效果和社会效果。

北京某农业有限公司、胡某、马某非法占用农用地案

《人民法院服务保障京津冀协同发展典型案例》案例1
2021年9月24日

【基本案情】

2009年，被告人胡某与北京市昌平区崔村镇南庄营村经济合作社签订346亩土地承包合同，并成立被告单位北京某农业有限公司（以下简称某公司），胡某担任法定代表人。后某公司及胡某陆续在该土地内建设"温馨家园"残疾人活动中心、餐厅等项目，并建设温室大棚100余个。2010年，马某承租某公司院内东侧206亩土地，且马某受某公司及胡某雇用，负责该公司承租土地内温室大棚项目的日常管理。2012年以后，胡某、马某共同商议决定将部分温室大棚向个人出租，并允许承租温室大棚的租户在大棚内进行地面硬化等违法建设。经查，该公司承租土地内建设的"温馨家园"残疾人活动中心、餐厅等项目均未取得规划、用地等行政许可，系违法建设。经北京市规划和国土资源管理委员会昌平分局认定，该公司承租土地内违法占地

共造成 22.19 亩耕地（其中基本农田 16.51 亩）的土壤工作层严重破坏，种植条件难以恢复。其中温室大棚中硬化占用 9.47 亩耕地（其中基本农田 8.8 亩）。北京市昌平区人民检察院指控被告单位某公司、被告人胡某、被告人马某犯非法占用农用地罪，于 2018 年 10 月 9 日向北京市昌平区人民法院提起公诉。

【裁判结果】

北京市昌平区人民法院经审理认为，被告单位某公司违反土地管理法规，非法占用耕地，改变被占用土地用途，数量较大，造成耕地大量毁坏，已构成非法占用农用地罪，依法应予惩处。被告人胡某系被告单位直接负责的主管人员，被告人马某系直接责任人员，均构成非法占用农用地罪，依法应予惩处。遂判决：被告单位某公司犯非法占用农用地罪，判处罚金人民币 50 万元；被告人胡某犯非法占用农用地罪，判处有期徒刑一年六个月，并处罚金人民币 10 万元；被告人马某犯非法占用农用地罪，判处有期徒刑一年，并处罚金人民币 10 万元。

【典型意义】

珍惜、合理利用土地和切实保护耕地是我国的基本国策。《京津冀协同发展土地利用总体规划（2015—2020 年）》以稳定耕地保护面积、统筹安排耕地保护与生态建设、协同发挥区域农用地功能为重点，强调严格永久基本农田保护和大力推进农用地综合整治，为人民法院依法打击涉基本农田类违法犯罪行为提供了裁判指引。本案中，某公司违反土地管理法律法规破坏农用地的行为，有悖绿色发展理念，也有违京津冀协同发展土地利用总体规划。该案审理法院按照北京市城乡规划和京津冀一体化发展的要求，立足于人民群众对"天更蓝、水更清、空气更清新"的美好期待，依法用判决履行了促进京津冀三地绿色发展的职责，有利于促进京津冀区域土地利用格局的不断优化，并为实现绿色发展提供高效司法服务和保障。

梁某东等人非法占用农用地案

《人民法院依法保护农用地典型案例》案例 1

2024 年 1 月 10 日

【基本案情】

2016 年年初，被告人梁某友、梁某斌、梁某明在分别担任或代理广东省肇庆市鼎湖区某村委会 1、2、3 村民小组长期间，为增加村集体收入，经村民会议讨论决定，将村属耕地通过公开招投标方式发包出去挖塘养鱼。被告人梁某东中标后，上述三被告人代表各村民小组作为发包方分别与梁某东签订了《鱼塘承包合同》。合同签订后，在没有办理合法用地相关手续，且缺少相应职能部门统一监管的情况下，被告人梁某东在承包的耕地上挖掘鱼塘、搭建猪舍。经勘测和鉴定，涉案的 54.53 亩耕地规划用途为基本农田保护区，毁坏前地类为水田；非法占用的耕地耕作层、灌溉设施被完全毁坏，难以恢复。2017 年 12 月，被告人梁某东等四人先后主动到公安机关投案，如实交代了本案犯罪事实。

【裁判结果】

广东省肇庆市鼎湖区人民法院认为，被告人梁某友、梁某斌、梁某明作为鼎湖区某村委会 1、2、3 村民小组长，违反土地管理法规，代表村集体将村数量较大的耕地非法发包，致被告人梁某东违反土地管理法规，在没有办理合法用地相关手续及缺乏统一监管的情况下，在承包的耕地上挖掘鱼塘、搭建猪舍，非法占用耕地 54.53 亩，改变被占用土地用途，数量较大，造成农用地大量毁坏。被告人梁某东、梁某明、梁某友、梁某斌的行为均已构成非法占用农用地罪。鉴于四被告人主动投案，如实供述本案犯罪事实，系自首，且均认罪、悔罪，可依法予以从轻处罚。以非法占用农用地罪分别判处梁某东、梁某明、梁某友、梁某斌有期徒刑十个月至八个月，并处罚金人民币 5 万元，并依法对梁某友、梁某斌适用缓刑。

宣判后，梁某明、梁某东提出上诉。梁某明在二审阶段撤回上诉。广东省肇庆市中级人民法院裁定准许梁某明撤回上诉，驳回上诉人梁某东的上诉，维持原判。

【典型意义】

本案是人民法院依法惩处村民小组组长在土地发包过程中，违反土地管理法规变更土地用途、毁坏耕地的典型案例。在发展农村经济中，发包土地、收取土地承包金是提高村集体收入，发展农村经济最常见的方式之一。但由于法律意识不强，一些村集体不按照土地管理法规的规定进行土地发包，随意变更土地用途、毁坏耕地等现象时有发生，导致在承包土地过程中非法占用农用地的问题比较突出。即使是为了村集体的利益，村集体也无权擅自改变土地性质和用途。本案中，某村委会3个村民小组随意变更土地性质、用途将土地发包，承包人梁某东也以为按合同约定使用土地不是违法犯罪行为，致使梁某东违反土地性质使用土地，造成耕地耕作层、灌溉设施完全毁坏。梁某东应承担相应的法律责任，梁某友、梁某斌、梁某明是村民小组组长，作为直接负责的主管人员，对此亦应承担相应的法律责任。人民法院充分发挥审判职能作用，依法对本案四被告人予以刑事处罚，对于教育和警示村民委员会、村民小组等基层组织应当依法依规发包土地，村民委员会主任、村民小组组长应当忠诚履职尽责、充分发挥耕地保护的先锋表率作用具有重要意义。

程某科非法占用农用地案

《人民法院依法保护农用地典型案例》案例2

2024年1月10日

【基本案情】

从2004年开始，以被告人程某科为首的犯罪组织称霸一方，欺压残害群众，先后实施违法犯罪活动20余起，造成10余人重伤、轻伤及轻微伤，破坏了江西省浮梁县域周边经济社会生活秩序，造成了恶劣的社会影响。其间，程某科利用黑社会性质组织影响，先后从浮梁县兴田乡村民处"强买"1700余亩山林，并于2015年左右私建黄沙坑山庄建筑、硬化水泥道路、开挖水塘及其附属设施，违法改变土地用途。经鉴定，浮梁县兴田乡黄沙坑山庄违法占用农用地面积 34.53 亩,其中耕地约 12.84 亩(含基本农田 1.09 亩)、毁林面积 21.09 亩、沟渠面积 0.6 亩,被毁坏的农用地复垦费用为 347256 元,制定生态修复方案费用 5800 元。

【裁判结果】

江西省乐平市人民法院认为,被告人程某科违反土地管理法规,非法占用农用地,改变被占用土地用途,数量较大,造成耕地、林地等农用地大量毁坏,其行为已构成非法占用农用地罪。程某科非法占用农用地的行为导致原有土地失去耕种条件,破坏了土地资源,损害了社会公共利益,应承担恢复土地复垦条件的民事责任。综合考虑被告人坦白、认罪认罚及累犯等情节,以非法占用农用地罪,判处程某科有期徒刑一年三个月,并处罚金人民币 5 万元,与认定的其他犯罪数罪并罚,决定执行有期徒刑二十五年,并处没收个人全部财产,剥夺政治权利五年。同时,判决程某科按照江西景德镇司法鉴定中心作出的生态修复方案交纳恢复复垦条件费用 347256 元,同时承担制定生态修复方案的费用 5800 元。

江西省景德镇市中级人民法院二审维持原判。

【典型意义】

本案是人民法院依法严惩与涉黑涉恶等其他犯罪相互交织的非法占用农用地犯罪的典型案例。司法实践中,因非法占用农用地犯罪牵涉利益巨大,往往与非法采矿、盗伐林木、滥伐林木等其他犯罪交织,特别是很多案件还具有涉黑涉恶因素,人民群众反映强烈,综合治理难度较大。本案中,村民迫于被告人程某科黑社会性质组织影响,不得已将名下山林转给程某科。程某科私自改变占用农用地用途,不仅造成农用地大量毁坏,而且严重影响当地村民生计,造成了恶劣的社会影响。人民法院依法追究程某科刑事责任,数罪并罚判处其二十五年有期徒刑,并判令程某科承担恢复耕地、林地复垦条件及制定生态修复方案等费用。该案体现了人民法院坚持扫黑除恶常态化,依法严厉打击土地资源领域涉黑涉恶犯罪,斩断伸向土地资源领域的"黑手",全面保障土地资源可持续利用和农业可持续发展的决心与成效。

江阴市嘉某机械安装有限公司、章某非法占用农用地案

《最高人民法院发布五起因违法建设及相关行为被
追究刑事责任典型案例》第 2 号
2017 年 2 月 14 日

【基本案情】

江阴市嘉某机械安装有限公司在被告人章某担任法定代表人期间,从 2003 年开始,陆续向江阴市临港街道某村村民及村委会租用集体土地共计 22.79 亩,用于建设厂房、宿舍、食堂及堆场等。经鉴定,造成原有耕作层种植功能丧失且难以复原,耕地已被严重破坏。案发后,该公司对部分厂房进行了拆除并复耕,对堆场部分进行了复耕。

【裁判结果】

江苏省江阴市人民法院经审理认为,江阴市嘉某机械安装有限公司违反土地管理和城乡规划法规,造成农用地大量毁坏。章某系该公司直接负责的主管人员,在归案后能如实供述罪行,当庭自愿认罪,积极对被占用农用地进行复耕,且无再犯罪危险,适用缓刑对所在社区无重大不良影响,故以非法占用农用地罪分别判处江阴市嘉某机械安装有限公司罚金人民币 2 万元;章某拘役三个月,缓刑五个月。

【典型意义】

近年来,在广大农村地区,违反规划非法占用耕地、改变耕地用途进行违法建设,造成土地沙化、土壤肥力消失等问题比较严重。此类违法行为无视国家土地管理和城乡规划法规,造成农用地大量毁坏,生态环境破坏。本案中江阴市嘉某机械安装有限公司及其法定代表人章某,违反土地管理和城乡规划法规,非法占用农用地,改变被占用土地用途,社会影响十分恶劣。人民法院依法以非法占用农用地罪依法追究其刑事责任,对于遏制此类犯罪行为具有重要现实意义。

季某辉、李某非法占用农用地案

《人民法院依法保护农用地典型案例》案例 3
2024 年 1 月 10 日

【基本案情】

2011 年，季某辉、李某以修建大棚、发展农业养殖为名，从村民手中承包、置换了位于辽宁省大连市普兰店区城子坦街道某村的部分土地，购置了铲车、洗砂船等设备，组织人员挖土洗砂并对外销售。同年 11 月，季某辉被原辽宁省普兰店市国土资源局处以责令限期将被毁坏耕地复种及罚款 900310 元的行政处罚。被行政处罚后，季某辉、李某仍继续从村民手中承包、置换土地并取土对外销售，造成农用地严重破坏。经鉴定，2011 年至 2014 年间，季某辉、李某以取土形式破坏耕地 63.72 亩，其中，永久基本农田 54.25 亩，挖掘深度达 0.54 米，原种植层已被破坏。季某辉、李某非法获利共计人民币 664500 元。

【裁判结果】

辽宁省大连市沙河口区人民法院认为，季某辉、李某违反土地管理法规，明知是耕地而进行非法取土，造成耕地被大量毁坏，构成非法占用农用地罪。判处季某辉有期徒刑三年六个月，并处罚金人民币 5 万元；判处李某有期徒刑一年六个月，并处罚金人民币 5 万元；追缴季某辉、李某的违法所得，上缴国库。

辽宁省大连市中级人民法院二审维持原判。

【典型意义】

本案是人民法院依法从严惩处利用承包合同方式流转土地后，非法取土挖砂毁坏耕地的典型案例。季某辉、李某以修建大棚、发展农业养殖为名，从农民手中承包、置换大量土地，非法破坏土壤种植层，取土洗砂销售，造成永久基本农田 54.25 亩被毁坏，并获得巨额利润，既严重破坏农用地资源影响粮食生产，又因洗砂活动危害生态安全。人民法院针对本案特点，充分考虑案件在当地的严重负面影响,依法从重对被告人季某辉、李某判处自由刑和财产刑。该案体现了人民法院对非法占用农用地、破坏基本农田犯罪行为决不手软,坚决依法予以严厉惩处的信念和决心,对进一步规范农村土地承包经营活动也起到了良好的警示教育作用。

梁某某、梁某甲非法采矿案

《最高人民法院发布人民法院服务保障新时代
生态文明建设典型案例》第 2 号
2018 年 6 月 4 日

【基本案情】

2013 年下半年,被告人梁某某和温岭市箬横镇下山头村村委会商定,由梁某某出面以村委会的名义办理该村杨富庙矿场的边坡治理项目。2013 年 11 月、2014 年 9 月台州市国土资源局审批同意其开采建筑用石料共计 27.31 万吨。被告人梁某甲受梁某某指使在该矿负责管理日常事务,所采宕碴矿销售给温岭市东海塘用于筑路。至案发,该矿场超越审批许可数量采矿,经浙江省国土资源厅鉴定,该治理工程采挖区界内采挖量合计 415756 吨(包括岩石 381396 吨,风化层 19523 吨,土体 12209 吨),界外采挖量合计 829830 吨(包括岩石 814289 吨,风化层 9843 吨,土体 5698 吨),两项共计 1245586 吨。扣除台州市国土资源局审批许可的 27.31 万吨及风化层、土体、建筑废料等,二被告人共非法采矿 822585 吨,价值 13161360 元。

【裁判结果】

浙江省温岭市人民法院一审认为,被告人梁某某、梁某甲违反矿产资源法的规定,未取得采矿许可证擅自采矿,情节特别严重。在共同犯罪中,梁某某起主要作用、系主犯,梁某甲起次要、辅助作用,系从犯,依法可以从轻或减轻处罚。鉴于梁某甲系从犯,归案后能如实供述其犯罪事实,且当庭自愿认罪,确有悔罪表现,决定对梁某甲依法予以减轻处罚并适用缓刑。一审法院以非法采矿罪,判处梁某某有期徒刑四年六个月,并处罚金人民币 35 万元;判处梁某甲有期徒刑二年,缓刑三年,并处罚金人民币 15 万元;对梁某某、梁某甲的犯罪所得人民币 13161360 元，予以追缴没收，上缴国库。浙江省台州市中级人民法院二审维持原判。

【典型意义】

本案系非法采矿刑事案件。矿产资源是国家自然资源的重要组成部分，各地滥采、盗采矿产现象较为严重，对此类非法采矿的行为应予严惩。司法实践中，对于被告人非法采矿的数量及价值的认定往往成为案件审理的焦点。本案通过委托有资质的鉴定机构进行鉴定，较为合理地确定了非法采矿数量及价值，为准确量刑奠定了较好基础。本案在判处主犯有期徒刑四年六个月并处罚金的同时，追缴二被告人的犯罪所得 1300 余万元，有力地震慑了此类犯罪，维护了国家利益，对增强社会公众对矿产资源的保护意识和守法意识，促进自然资源的有序开发和合理利用有着积极的示范作用和现实意义。

彭某某、彭某甲、吴某某非法采矿案

《2019 年度人民法院环境资源典型案例》 第九号

2020 年 5 月 8 日

【基本案情】

2014 年 4 月至 2017 年 6 月，被告人彭某某、彭某甲等人在未取得采矿许可证的情况下，采用毁损河堤、农用地等方式非法采沙。2017 年 4 月，湘乡市水利局责令其停止违法行为。2017 年 6 月，湘乡市国土局责令其 15 日内自行平整被破坏的农田，恢复种植条件。彭某某、彭某甲等人均未理睬。2017 年 10 月，彭某某拉拢案涉河段新石村负责人被告人吴某某非法采沙。被告人吴某某在政府查处沙场时，多次给彭某某通风报信。非法采矿期间，被告人彭某某、彭某甲等人获利 125 万元。被告人彭某某、吴某某采掘沙石价值 32.54 万元，非法占用农用地 5.96 亩，造成其中 4.89 亩农田无法恢复，毁损河堤恢复原状工程价格经评估为 177.29 万元。

【裁判结果】

湖南省湘乡市人民法院一审认为，被告人彭某某、彭某甲、吴某某违反矿产资源管理法的规定，未取得采矿许可证擅自采矿，其中被告人彭某某、彭某甲情节特别严重，被告人吴某某情节严重，均构成非法采矿罪。判处被告人彭某某、彭某甲、吴某某有期徒刑七年至一年五个月不等，并处罚金20万元至5万元不等。

【典型意义】

　　本案系对非法开采矿产资源的行为人追究刑事责任的案件。打击非法采矿违法犯罪行为是加大重点行业领域治乱力度，全面规范矿产资源管理秩序的必然要求，也是防范化解私挖滥采各类风险，维护安全稳定社会大局的重要举措。被告人彭某某、彭某甲等不仅无证开采、破坏性开采，而且在有关部门多次制止、责令拆除挖沙设备、修复损坏河堤的情况下，仍置若罔闻，甚至为逃避查处拉拢基层组织负责人入伙，长期非法开采沙石，给国家矿产资源和生态环境造成严重破坏。人民法院充分发挥刑事审判职能作用，有力地震慑了犯罪，维护了国家和集体利益，对促进矿产资源的有序开发和合理利用具有积极的示范作用。

被告人赵某春等6人非法采矿案

《长江流域生态环境司法保护典型案例》第二号

2021年2月25日

【基本案情】

　　2013年春节后，被告人赵某春与被告人赵某喜共谋，由赵某春负责在长江镇江段采砂，赵某喜以小船每船1500元、大船每船2400元的价格予以收购。2013年3月至2014年1月间，赵某春在未办理河道采砂许可证的情况下，雇用被告人李某海、李某祥在长江镇江段119号黑浮下游锚地附近水域使用吸砂船将江砂直接吸到赵某喜货船。赵某喜雇用被告人赵某龙、徐某金等将江砂运输至其事先联系好的砂库予以销售。经鉴定，赵某春、赵某喜、李某海、李某祥非法采砂38万余吨，造成国家矿产资源破坏价值152万余元。赵某龙参与非法采砂22万余吨，价值90万余元；徐某金参与非法采砂15万余吨，价值62万余元。

【裁判结果】

江苏省镇江市京口区人民法院一审认为,被告人赵某春、赵某喜等6人违反矿产资源法的规定,未取得采矿许可证非法采矿,情节特别严重,均已构成非法采矿罪,分别判处赵某春、赵某喜有期徒刑三年六个月,并处罚金20万元;李某海、李某祥有期徒刑六个月,缓刑一年,罚金2万元;赵某龙罚金1.8万元、徐某金罚金1.6万元;追缴被告人违法所得,并没收吸砂船。江苏省镇江市中级人民法院二审维持一审判决。

【典型意义】

本案系在长江河道非法采砂引发的刑事案件。长江河道砂石资源具有维持河道潜流、稳定河道形态、提供生物栖息地、过滤河流水质等重要功能,非法采砂行为不仅导致国家矿产资源的流失,还严重影响长江航道和防洪堤坝安全,危害社会公共利益。本案中,人民法院加大对非法采砂犯罪行为的惩处力度,对6名被告人依法予以严惩,斩断"盗采、运输、销售"一条龙犯罪产业链条,有力震慑了非法采砂行为,彰显了人民法院用最严格制度最严密法治保护长江流域生态环境、维护沿岸人民群众的生命财产安全的坚强决心。

张某山等人非法采砂案

《人民法院依法惩处盗采矿产资源犯罪典型案例》案例1

2022年7月8日

【基本案情】

2021年3月至7月,被告人张某山、章某晨、李某、丁某等人出资,被告人洪某武、王某宏等人提供采砂船,被告人章某伟、凌某华等人提供运砂船,在未取得采砂许可证的情况下,以采运一体方式,共同在长江安徽铜陵段淡水豚国家级自然保护区河段(长江禁采区)非法采运江砂,共计46765吨、价值2893129元。被告人马某玉明知是盗采的江砂,仍收购1700吨并予以出售。经评估,张某山等人非法采砂造成长江生态环境损害价值

5157476.86 元。

检察机关提起附带民事公益诉讼。

【裁判结果】

江苏省东台市人民法院认为，张某山等 32 名被告人违反矿产资源法的规定，未取得河道采砂许可证，在长江禁采期、禁采区从事采砂活动，均构成非法采矿罪；被告人马某玉明知江砂系盗采而收购，构成掩饰、隐瞒犯罪所得罪。张某山等 14 名被告人构成共同侵权，应在各自参与非法采砂数量范围内承担连带赔偿长江生态环境损害的民事责任，其对受损的长江生态环境、渔业资源等直接恢复不具有可行性，可承担生态环境损害费用。张某山曾因犯非法采矿罪被判处刑罚，鲍某文在涉嫌非法采矿犯罪取保候审期间又实施非法采矿，应当承担惩罚性赔偿责任。分别判处张某山等 32 人有期徒刑四年六个月至一年，并处罚金 20 万元至 1.5 万元；判处马某玉有期徒刑一年六个月，缓刑二年，并处罚金 2 万元；没收各被告人退出的违法所得 178600 元至 300 元不等，没收江砂变卖款 734757 元；张某山等 14 人按照各自参与犯罪部分，对造成的长江生态环境损害 5157476.86 元承担连带赔偿责任，并在国家级媒体上公开赔礼道歉；张某山、鲍某文对造成的长江生态环境损害，分别承担 135445.02 元、12688.88 元惩罚性赔偿责任。该判决已生效。

【典型意义】

长江是中华民族的母亲河，是中华民族发展的重要支撑。盗采江砂不仅破坏长江矿产资源和生态环境，还影响长江水势稳定、防洪和通航安全，具有严重危害性。2021 年 3 月 1 日长江保护法施行，张某山等人"顶风作案"，在长江安徽铜陵段淡水豚国家级自然保护区河段有组织地盗采江砂。该案案情重大、复杂，公安部指定江苏公安机关侦办，最高人民检察院督办，最高人民法院依法指定江苏省东台市人民法院审理。在长江保护法施行一周年之际，东台市人民法院在其黄海湿地环境资源法庭公开开庭审理该案并当庭宣判，各被告人均服判。该案审判贯彻最严法治观，落实宽严相济刑事司法政策和损害担责、全面赔偿原则，依法协调张某山等人应当承担的刑事责任和民事责任，取得了较好的审判效果，体现了江苏法院环境资源"9+1"跨区域审判机制改革成果和专业化审判特色。按照《长三角环境资源司法协作框架协议》约定，江苏法院要将执行到位的生态环境损害赔偿金移交安徽法院，由安徽法院组织实施长江生态环境修复工作。该案是人民法院充分发挥环境资源审判职能作用，结合长江保护法贯彻实施，强化对长江流域生态环境系统保护和一体保护的代表性案例。

山西某能源投资集团有限公司、陈某志等人非法采煤案

《人民法院依法惩处盗采矿产资源犯罪典型案例》案例2
2022年7月8日

【基本案情】

2015年上半年至2018年7月，被告单位山西某能源投资集团有限公司作为黑社会性质组织首要分子被告人陈某志的控制企业，在陈某志的指使下，安排集团下属企业和集团子公司越界进入他人矿区范围开采煤炭，并统一洗选、销售牟取非法利益，为陈某志黑社会性质组织犯罪提供了巨额经济支持。经山西省自然资源厅认定，本案非法越界开采破坏可采煤炭资源总量655.31万吨，价值423679.35万元。

【裁判结果】

山西省长治市中级人民法院认为，被告单位山西某能源投资集团有限公司、被告人陈某志违反矿产资源法的规定，擅自进入他人矿区范围采矿，均构成非法采矿罪，情节特别严重，判处山西某能源投资集团有限公司罚金30亿元；判处陈某志有期徒刑六年，并处罚金1000万元，与其他犯罪并罚；追缴、没收违法所得及其收益。宣判后，山西某能源投资集团有限公司、陈某志提出上诉。山西省高级人民法院裁定驳回上诉，维持原判。

【典型意义】

煤炭是18世纪以来的主要能源之一，被誉为"黑色金子""工业食粮"，是关乎国民经济发展、国家能源安全的重要矿产资源。陈某志组织、领导的黑社会性质组织"以矿养黑"，以被告单位为依托越界盗采煤炭，造成矿产资源破坏的价值特别巨大，严重扰乱煤炭市场秩序和社会生活秩序。人民法院

针对本案特点，充分考虑罚金刑在增强刑事处罚效果、提高犯罪成本、弥补矿产资源损失等方面的功能，依法从重对被告单位判处罚金、对陈某志等被告人判处自由刑和财产刑。裁判生效后，全案执行财产评估价累计193亿余元，保障了罚金刑执行效果。该案体现了人民法院依法用足从严，坚决惩治"越界开采""私挖乱采"、彻底"扫黑除恶""打财断血"的决心和成效，对能源矿产行业规范生产经营亦具有警示教育作用。

张某胜等人非法采石案

《人民法院依法惩处盗采矿产资源犯罪典型案例》案例 3
2022 年 7 月 8 日

【基本案情】

2011 年至 2016 年，以被告人张某胜为首的恶势力团伙为垄断山东省东平县银山镇某村黄河岸堤山体的山石资源，以当地土地复垦项目为幌子，通过挖路、堵路、损毁设备等方式妨碍他人经营，并使用殴打、制造交通事故等手段打压其他经营者，迫使其他经营者向其转让经营权。2014 年至 2018 年，张某胜等人未按项目要求的层高和范围进行土地复垦，在未取得采矿许可证的情况下，使用气炮、挖掘机开采山石向外销售。其间，张某胜等人对抗执法部门检查，多次随意殴打、恐吓、滋扰表达诉求的群众。经山东省地质矿产勘查开发局核查和东平县价格认证中心认定，张某胜等人非法开采山石共计 1149565 吨、价值 28571125 元。经山东黄河水利工程质量检测中心认定，张某胜等人非法采石已经危害到黄河防洪安全。

【裁判结果】

山东省东平县人民法院认为，被告人张某胜等未取得采矿许可证擅自采矿，均构成非法采矿罪，情节特别严重。分别判处张某胜等人有期徒刑五年至四年，并处罚金 300 万元至 10 万元，所犯数罪依法并罚；追缴违法所得 28571125 元。该判决已生效。

七、妨害社会管理秩序罪

【典型意义】

黄河岸堤是黄河防洪的天然屏障，也是黄河流域生态环境的重要组成部分。张某胜等人结成恶势力团伙，以土地复垦项目为幌子，在黄河岸边山体盗采石料，危害黄河防洪安全，破坏黄河流域生态环境。人民法院贯彻落实"扫黑除恶"专项斗争的部署要求，依法严惩"矿霸"、坚持"打财断血"，从严追究张某胜等人的刑事责任，并在判决生效后加大财产刑执行力度，全面调查、依法处置该恶势力团伙及其成员的财产，铲除其违法犯罪的经济基础。该案也是人民法院加强黄河流域环境资源保护的代表性案例，对惩戒和预防破坏沿黄山体的违法犯罪行为、保护黄河生态环境和行洪安全具有重要意义。

谢某俊等人非法开采砂金案

《人民法院依法惩处盗采矿产资源犯罪典型案例》案例 4

2022 年 7 月 8 日

【基本案情】

2011 年 3 月，被告人谢某俊之兄谢某有（另案处理）以给石头峡水电站等地提供砂石料为由，成立了门源县石头峡水电站扎麻图大红沟砂石料场，获得了河道采砂许可证及相关手续，谢某俊为该砂石料场法定代表人。同年 5 月起，谢某有、谢某俊购置帐篷等物品，租赁机械设备，雇用冶某某、谢某新、谢某云、谢某硕、马某贵，以采砂石料为幌子，擅自在该砂石料场内采挖国家规定实行保护性开采的砂金，共计 170 余千克，并将砂金以每克 290 元至 300 元的价格，分多次出售给马某元。马某元将砂金价款转入谢某有、谢某俊、谢某录的银行账户，共计 44599340 元。

检察机关提起附带民事公益诉讼，在法院主持下，公益诉讼双方当事人达成调解协议。谢某俊承诺根据非法开采地矿山地质环境综合治理方案的要求履行生态修复义务，并登报向当地牧民赔礼道歉；若不能按期按要求恢复治理，则赔偿治理费用 1040668 元。

【裁判结果】

青海省门源县人民法院认为，被告人谢某俊违反矿产资源法的规定，以开采砂石料为名擅自采挖砂金，构成非法采矿罪，情节特别严重，判处有期徒刑五年六个月，并处罚金 300 万元；依法追缴全部违法所得。宣判后，谢某俊提出上诉。青海省海北藏族自治州中级人民法院裁定驳回上诉，维持原判。

【典型意义】

该案盗采地点位于青藏高原东北部边缘，属祁连山国家公园青海省片区。祁连山是黄河流域和河西内陆河流域重要水源产流地，是我国西部重要生态安全屏障，也是我国生物多样性保护优先区域。谢某俊等人以合法的砂石料场和采砂许可证为掩饰，超出许可范围盗采国家实行保护性开采的砂金，不仅给特种矿产资源造成严重损失，也给生态环境造成严重损害。人民法院充分发挥环境资源审判职能作用，加强青藏高原和黄河流域环境资源司法保护，依法严惩谢某俊非法采矿犯罪行为，同时积极运用恢复性司法规则，支持谢某俊主动承担生态修复责任，对引导当地群众增强环境资源保护意识具有重要意义。

缪某林、郭某晶非法开采稀土案

《人民法院依法惩处盗采矿产资源犯罪典型案例》案例 5

2022 年 7 月 8 日

【基本案情】

2015 年年初，被告人缪某林从江西赣州带探矿工人与周某生、张某光一起到江西省黎川县德胜镇某山场探矿，达成了在该山场共同开采稀土矿的口头协议，并约定了赣州股东与黎川股东的分工。周某生、张某光又邀请了朱某清、潘某根参与开采。在没有取得采矿许可证的情况下，缪某林、周某生、张某光等人在该山场擅自开采稀土矿，直到 2016 年初才停止，产出的稀土绝大部分被缪某林等人出售。其间，被告人郭某晶到该山场负责矿山工人出工计数、发放工资、稀土产出及运出计数等管理性事务，每月领取5000元固定工资。案发前，该非法采矿点被政府有关部门先后捣毁二次。经储量调查和估算，该非法开采区属轻稀土，矿床离子相平均品位0.037%，开采区范围内破坏稀土资源储量（SRE2O3）氧化物27吨。经鉴定，矿产资源破坏价值为337.5万元（含税）。案发后，郭某晶到公安机关投案。

案件审理过程中，缪某林、郭某晶为修复生态环境，分别委托黎川县樟村生态林场在丰戈分场造林约10亩，并抚育三年，确保造林成活率90%以上。

【裁判结果】

江西省黎川县人民法院认为，被告人缪某林、郭某晶违反矿产资源法的规定，未取得采矿许可证擅自开采国家规定实行保护性开采的特定矿种，均构成非法采矿罪，情节特别严重。在共同犯罪中，缪某林系主犯，但自愿认罪，可酌情从轻处罚；郭某晶虽受雇用为盗采稀土犯罪提供劳务，但领取高额固定工资，系从犯，且构成自首，依法减轻处罚。缪某林、郭某晶均能委托造林，主动承担替代性修复生态环境责任，亦可酌情从轻处罚。判处缪某林有期徒刑四年，并处罚金5万元；判处郭某晶有期徒刑一年六个月，缓刑二年，并处罚金3万元。该判决已生效。周某生、张某光、朱某清、潘某根均已另案判刑。

【典型意义】

稀土是重要的战略性矿产资源，广泛运用于高新技术制造和国防军工产品研发、生产，被称为"工业黄金"。国务院于1991年将离子型稀土列为国家实行保护性开采的特定矿种之一。依法严惩盗采稀土犯罪，既是保护矿业生产管理秩序的需要，更是维护国家战略性矿产资源安全的需要。本案属于跨行政区划非法探矿、采矿，多名犯罪分子内外勾结、分工明确，情节特别严重。人民法院综合考量案件矿产资源和生态环境因素，严格依法追究缪某林、郭某晶的刑事责任，正确落实宽严相济刑事政策，积极贯彻保护优先、损害担责原则，探索运用恢复性司法规则，教育引导二被告人主动承担生态环境修复责任，取得较好的审判效果。

宋某友非法采砂案

《人民法院依法惩处盗采矿产资源犯罪典型案例》案例 6
2022 年 7 月 8 日

【基本案情】

2018 年 12 月，被告人宋某友以售砂获利为目的，承包河南省濮阳市经济技术开发区某村 15 户村民的集体土地。2019 年 1 月至 11 月，在未取得采砂许可证的情况下，宋某友在承包的土地内挖砂，通过胡某、靳某龙等人销售获利。经鉴定，宋某友非法采砂 19955.37 立方米，造成矿产资源破坏价值 518840 元。其间，濮阳市国土资源局经济技术开发区分局对宋某友非法采砂行为进行了查处，给予罚款 65997 元的行政处罚。2020 年 12 月，宋某友到公安机关投案，主动退缴违法所得 3 万元。经评估，涉案土地复垦费用为 342816.72 元，宋某友已缴纳该款项。

检察机关提起附带民事公益诉讼。

【裁判结果】

河南省南乐县人民法院认为，被告人宋某友违反矿产资源法的规定，未取得采矿许可证擅自采砂，情节严重，构成非法采矿罪。宋某友构成自首，依法可以从轻或者减轻处罚。其自愿认罪认罚，主动缴纳生态环境修复费用，依法可以酌情从轻处罚。宋某友被行政主管机关处罚，与本案系同一事实，行政罚款 65997 元予以折抵罚金。宋某友非法采矿破坏生态环境，损害国家和社会公共利益，应当承担民事赔偿责任。判处宋某友有期徒刑一年，并处罚金 6 万元；没收退缴的违法所得 3 万元；赔偿生态修复费用 342816.72 元（已缴纳）。该判决已生效。

【典型意义】

农村土地承包经营应当遵守法律、法规，保护土地资源的合理开发和可持续利用。宋某友承包村民集体土地非法采砂，破坏矿产资源和生态环境。人民法院贯彻落实宽严相济刑事政策、最严法治观和全面追责原则，依法追究宋某友非法采矿刑事责任，依法认定其造成生态环境损害的民事责任，将其主动履行民事责任情形作为刑事处罚酌情从轻情节，明确以其就同一事实缴纳的行政罚款折抵罚金，统筹协调了刑事、民事、行政三种责任。据悉，该案是由河南省濮阳市纪检监察机关移送司法机关处理的非法采矿系列案件之一，在该系列案中，有12人被移送司法机关，3人受到党政纪处分，体现了人民法院与纪检监察机关、检察机关、公安机关协同联动、多元共治的工作成效。

王某等人非法开采泥炭土案

《人民法院依法惩处盗采矿产资源犯罪典型案例》案例 7
2022 年 7 月 8 日

【基本案情】

2018 年，被告人王某租用黑龙江省尚志市老街基乡某村村民家耕地 83 亩。2019 年 3 月起，王某在未向有关部门申请批准的情况下，雇用挖掘机在租用的耕地里开采泥炭土。同年 7 月，王某雇用被告人李某森为其晾晒、看管非法开采的泥炭土，李某森明知泥炭土"来路不正"仍帮王某销售。至 2020 年 3 月，王某共销售泥炭土 301 车、金额 2399785 元，其中，李某森销售泥炭土 12 车、金额 95000 元。尚未销售的 3618.6 立方米泥炭土被查获。经评估，回填资产价值为 86846.40 元。

2021 年，被告人王某伙同被告人马某坤、许某刚、李某森，在黑龙江省五常市沙河子镇某村，租用土地非法开采泥炭土。马某坤、王某共同预谋，四被告人分工配合，于当年 2 月 20 日至 3 月 8 日，采挖黑土 78890.28 平方米，获得泥炭土 34464 立方米、价值 718920 元。经评估，回填及道路修复资产价值为 1898140.80 元。

黑龙江省尚志市自然资源局、黑龙江省五常市自然资源局提起附带民事诉讼。

【裁判结果】

黑龙江省五常市人民法院认为，被告人王某、马某坤、许某刚、李某森违反矿产资源法的规定,未取得采矿许可擅自开采泥炭土,均构成非法采矿罪,情节特别严重,分别判处有期徒刑七年至五年,并处罚金 50 万元至 15 万元;李某森明知泥炭土是犯罪所得而代为销售,又构成掩饰、隐瞒犯罪所得罪,依法并罚;追缴王某、许某刚违法所得;王某等四名被告人共同赔偿五常市自然资源局经济损失 1898140.80 元,王某赔偿尚志市自然资源局经济损失 86846.40 元。宣判后,王某等人提出上诉。黑龙江省哈尔滨市中级人民法院裁定驳回上诉,维持原判。

【典型意义】

黑土地是珍贵的土壤资源,黑土耕地是重要的农业资源和生产要素。王某等人租用他人耕地盗采泥炭土,不仅对珍贵矿产资源造成不可恢复的损害,也严重破坏了黑土地的土壤结构和大面积基本农田,且容易诱发同类犯罪、加剧弃耕现象。人民法院贯彻落实习近平总书记关于"采取有效措施切实把黑土地这个'耕地中的大熊猫'保护好、利用好"的重要指示精神,坚持上下游犯罪一并惩治,综合运用刑事、民事法律手段,依法从严追究王某等人的刑事责任,依法判决其赔偿经济损失,对震慑盗采黑土犯罪、引导人民群众提高黑土地保护意识具有重要意义。

王某章、康某川等人非法采砂案

《人民法院依法惩处盗采矿产资源犯罪典型案例》案例 8
2022 年 7 月 8 日

【基本案情】

被告人王某章、康某川商定盗采海砂,将共有船舶改装成采砂船,另购买船舶改装成具备屯砂、出砂功能的过驳船;雇用被告人康某杰为船长,被告人康某河、康某强、姜某、康某滨等人为船员,并商定采砂超过 30 船,每多采 1 船,船员就可以多拿到 1550 元的奖金补贴,拿到的奖金按工资比例划分。2018 年 5 月至 2019 年 1 月,王某章、康某川等人多次驾乘采砂船,到闽江口和西犬岛附近海域盗采海砂,以每吨 6 元至 25 元的价格出售给沙场或海上运砂船。经统计,王某章、康某川等人盗采海砂共计 30 余万吨,除 3000

余吨被公安机关查扣外,均被销售,造成矿产资源破坏价值319.5万元。

【裁判结果】

福建省连江县人民法院认为,被告人王某章、康某川等人违反矿产资源法的规定,未取得采矿许可证擅自开采海砂,均构成非法采矿罪,情节特别严重。在共同犯罪中,王某章、康某川系主犯,分别判处有期徒刑四年并处罚金15万元、有期徒刑三年四个月并处罚金10万元;其他被告人虽受雇用为盗采海砂犯罪提供劳务,但参与利润分成,系从犯,分别判处有期徒刑一年四个月至十一个月,并处罚金1万元至2000元;没收犯罪所用的船舶。宣判后,王某章、康某川提出上诉。福建省福州市中级人民法院裁定驳回上诉,维持原判。

【典型意义】

海砂在我国分布广泛,是仅次于石油天然气的第二大海洋资源。近年来,建筑市场对砂石需求旺盛,受利益驱使,沿海省份盗采海砂现象日益突出,严重威胁海洋地形地貌和海洋生态。王某章、康某川经精心组织、策划,为盗采海砂而专门改造船舶、雇用人员,采取连续作业方式,在闽江口等海域盗采海砂,严重破坏海砂资源和海洋生态。人民法院依法认定和区分主犯与受雇人员的责任并予以相应的刑事处罚,依法认定和处理用于犯罪的专门工具船舶,保障了依法严惩盗采矿产资源犯罪的总体效果,落实了宽严相济的刑事政策,体现了人民法院围绕国家海洋战略、以司法审判护航海洋生态文明建设的立场和导向。

奇台县某服务部、林某斌非法开采金矿案

《人民法院依法惩处盗采矿产资源犯罪典型案例》案例9

2022年7月8日

【基本案情】

2008年,被告人林某斌收购奇台县某服务部,该服务部名下有青河县金矿探矿许可证,林某斌一直在申请办理探矿权的延续手续,但未办理采矿许

可证。2015 年至 2017 年，林某斌雇用杨某启在矿区进行打钻作业，青河县某爆公司进行爆破作业，董某强及其他工人将爆破、破碎后的矿石加工提炼成合质金。林某斌将非法开采、提炼的合质金出售给河南洛阳某黄金冶炼公司，销售金额共计 15309083.64 元。其间，新疆维吾尔自治区青河县国土资源局于 2015 年 5 月 27 日、2016 年 6 月 16 日、2017 年 6 月 14 日三次对奇台县某服务部作出行政处罚决定，分别罚款 6 万元、5 万元、2 万元。

【裁判结果】

新疆维吾尔自治区青河县人民法院认为，被告单位奇台县某服务部违反矿产资源法的规定，未取得采矿许可证擅自开采黄金；被告人林某斌作为该单位的法定代表人和直接负责的主管人员，具体实施了上述非法开采行为，均构成非法采矿罪，情节特别严重。判处奇台县某服务部罚金 50 万元；判处林某斌有期徒刑四年六个月，并处罚金 15 万元；追缴林某斌的违法所得 15309083.64 元；没收县金矿矿部电解车间及附属四合院。该判决已生效。

【典型意义】

探矿权与采矿权具有不同的权利属性，从事探矿、采矿活动应分别申办许可证。该案被告单位名下虽有青河县县金矿探矿许可证，但未申请办理采矿许可证，其在该矿区开采黄金，仍属于"无证开采"。人民法院依法对该被告单位及其主管人员予以刑事处罚，并依法追缴违法所得、依法没收供犯罪所用的单位财产。本案还反映出，虽然行政主管机关多次对被告单位非法采矿行为予以罚款，但未采取进一步管理措施，既未督促其依法申请办理采矿许可证，也未对其整顿、关停、治理，而是简单地"一罚了之"，"以罚代管"问题较为突出。对于被告单位并未缴纳的行政罚款，原审判决在罚金中未予抵扣。该案是人民法院依法惩处盗采矿产资源单位犯罪的代表性案例，在维护当地矿产资源可持续开发利用、督促有关行政主管机关纠正"以罚代管"问题、引导人民群众增强法治意识等方面，均具有重要意义。

严某洋、严某虎非法开采鹅卵石案

《人民法院依法惩处盗采矿产资源犯罪典型案例》案例 10
2022 年 7 月 8 日

【基本案情】

2017 年 4 月至 12 月，被告人严某洋、严某虎在未取得采矿许可证也未经水务行政部门批准的情况下，擅自在贵州省兴义市清水河镇联丰村泥溪河段开采鹅卵石。由严某洋负责召集、联系买主并雇用挖机、货车，由严某虎负责找工人及现场生产、管理、登记等事宜。二被告人将采出的鹅卵石运送至安龙县木咱镇，卖给徐某某用于铺设人工河道，严某洋与徐某某商定以每立方米 200 元的价格进行结算。二被告人非法开采的鹅卵石共计 1146 立方米，收到徐某某支付的款项 115000 元。案发后，二被告人到公安机关投案，严某洋退缴赃款 115000 元。

【裁判结果】

贵州省兴义市人民法院认为，被告人严某洋、严某虎违反《矿产资源法》的规定，未取得采矿许可证擅自开采鹅卵石，情节严重，均构成非法采矿罪。二被告人在共同犯罪中分工、合作，均为主犯。二被告人均构成自首，依法可以从轻或者减轻处罚。严某洋犯罪情节较轻，有悔罪表现，依法可以宣告缓刑。判处严某洋有期徒刑十个月，缓刑一年六个月，并处罚金 2 万元；判处严某虎有期徒刑八个月，并处罚金 1.5 万元，与其他犯罪并罚；没收违法所得 11.5 万元。该判决已生效。

【典型意义】

鹅卵石属于非金属矿产，与老百姓一般认识中的"捡鹅卵石"等行为不同，未经许可擅自有组织、大规模地盗采鹅卵石属于犯罪行为，不仅侵犯了国家矿产资源管理制度，导致矿产资源被破坏和无序利用，而且会对河滩地貌产生不利影响，造成地质结构和生态环境被破坏等后果。该案盗采地点位于贵州省兴义市清水河镇泥溪河段、国家级风景区马岭河峡谷旁，当地保留有布依族百年老屋和石板小道，民俗文化特征明显，留存有红军长征品甸战斗、泥溪河战斗革命遗迹，与马岭河峡谷景区自然景观浑然一体，是独具特色的人文历史资源、红色教育资源和绿色生态资源。人民法院坚持"像保护眼睛一样保护生态资源"理念和宽严相济刑事政策，在严格依法认定二被告人构成犯罪的同时，根据案情总体从宽处理，取得较好效果，在警示非法开采鹅卵石行为、引导当地群众增强法治意识和环保意识、推动矿产资源与"绿水青山""红色文化""民俗历史"一体保护等方面，均具有重要意义。

人民陪审员参加七人合议庭审理"3·07"长江特大非法采砂案

《人民陪审员参审十大典型案例》案例8

2022年10月11日

一、案件基本情况

2021年3月至7月，张某某、章某某等人出资，由洪某某等人提供采砂船，章某某等人提供运砂船，在未取得采砂许可证的情况下，在长江安徽铜陵段淡水豚国家级自然保护区河段上下断面（长江禁采区）使用采运一体的方式共同非法采运江砂4.6万余吨，价值289.3万余元。马某某明知江砂系盗采，仍收购1700吨并出售。经评估，张某某等人非法采砂行为造成的长江生态环境损失为515万余元。江苏省建湖县人民检察院在提起公诉的同时提起附带民事公益诉讼，要求被告人对长江生态环境损害价值在各自参与犯罪部分承担连带赔偿责任。东台市人民法院根据具体案情和审判工作需要，在随机抽取两名人民陪审员的基础上，再从具有环保专业知识的人民陪审员名单中随机抽取2名，与3名法官组成七人合议庭审理本案。东台市人民法院经审理，以非法采矿罪、掩饰、隐瞒犯罪所得罪判处张某某、章某某等33名被告人有期徒刑四年六个月至一年不等，并处20万元至1.5万元不等罚金；判决张某某、章某某等14名被告人对其非法采砂行为造成的长江生态环境损害按照各自参与犯罪部分承担连带赔偿责任，并在国家级媒体上公开赔礼道歉。该判决已生效。

二、人民陪审员发挥的参审作用

本案系《长江保护法》实施后仍顶风作案的一起严重破坏长江生态资源

案件。为保障审理工作顺利进行，合议庭制定了详细的庭审预案，并对人民陪审员进行指导，鼓励人民陪审员围绕争议事实积极发问。人民陪审员认真履行陪审职责，发挥了积极作用。一是认真阅卷作好参审准备。本案人民陪审员参与查阅案件卷宗40余册，逐项核实被告人基本信息，逐条梳理各被告人参与的犯罪脉络，将其有疑虑的犯罪情节进行系统整理。二是结合专业知识发问助力庭审查明事实。人民陪审员围绕被告人非法采砂行为造成的长江生态环境破坏、惩罚性赔偿责任等问题从专业角度向公益诉讼起诉人进行发问。三是充分发表合议意见切实履职尽责。合议前，法官围绕公益诉讼概念、环境保护相关法律法规等内容为人民陪审员进行释明。合议时，人民陪审员就采砂监管等行业技术问题进行详细介绍，并与合议庭其他成员充分讨论，就案件事实部分结合庭审感受发表意见，指出被告人的行为直接导致案发长江水域生态系统受损，对长江水生动植物的丰富度和多样性造成不利影响，为准确认定案件事实提供了重要参考意见和帮助，该观点被合议庭采纳。

【典型意义】

本案由最高人民法院指定管辖，公安部、最高人民检察院联合挂牌督办，人民群众关注度高，社会影响重大。人民法院积极吸收人民陪审员参加案件审理工作，并在个案随机抽取规则方面进行了积极探索，从人民群众的常识常理与专业知识背景两方面与法官形成思维和智识上的优势互补，帮助法官拓宽审理工作思路，为准确认定事实提供了重要的参考和有益的帮助，维护了司法公信，增进了司法权威。案件审判工作取得良好的社会反响，实现了法律效果、政治效果与社会效果的有机统一。

康定某水泥有限责任公司、四川省甘孜藏族自治州康定市某村民委员会及孟某安等八人非法采矿案

《最高人民法院发布青藏高原生态保护典型案例》案例6
2023年5月5日

【基本案情】

2019年年初，被告单位康定某水泥有限责任公司（以下简称某水泥公

司）总经理、副总经理为解决公司生产原材料紧缺困难，在明知公司未取得采矿许可证的情况下，与时任被告单位四川省甘孜藏族自治州康定市某村民委员会（以下简称某村委会）主任的被告人孟某安协商，达成向同样不具备采矿许可资格的某村收购石灰石的意向，并分别于2019年3月至8月、2020年4月至11月期间在某村非法采挖石灰石1196042.82吨，价值21528770.76元，造成案发地多处大面积原始植被毁损。四川省康定市人民检察院以非法采矿罪对某水泥公司、某村委会及孟某安等八人提起公诉。

【裁判结果】

四川省康定市人民法院一审认为，某水泥公司和某村委会及二单位直接负责的主管人员和直接责任人员在未取得采矿许可证的情况下，非法挖采石灰石，造成矿产资源破坏，情节特别严重，二被告单位与八被告人均已构成非法采矿罪。根据犯罪事实、社会危害程度、罚金履行能力及主动到案、认罪认罚情节，分别判处某水泥公司、某村委会罚金200万元、100万元，追缴违法所得；判处八被告人有期徒刑五年至二年不等，对部分被告人适用缓刑，并处罚金18万元至5万元不等。宣判后，某水泥公司不服提出上诉，后撤回上诉，一审判决已发生法律效力。

【典型意义】

青藏高原各类自然资源丰富，但资源环境承载能力较弱，必须坚持生态优先、绿色发展，严守国家生态安全边界。本案案发地四川甘孜地处青藏高原东南区域，被称为"川西高原"，拥有丰富的矿产资源及地热温泉等其他自然资源。被告公司与当地村委会共同犯非法采矿罪，非法采挖数量巨大，造成严重矿产资源破坏和巨大经济损失。人民法院严厉打击非法采矿犯罪，对于规范企业生产经营活动、提升当地群众生态环境保护法治意识具有警示教育意义。同时，考虑到当地经济发展水平以及各被告人主动到案、认罪认罚等情形，对部分被告人依法适用缓刑，有效发挥了宽严相济刑事政策优势。

郑某成、高某进、叶某东非法采矿案

《国家公园司法保护典型案例》案例 1

2023 年 10 月 17 日

【基本案情】

被告人郑某成与他人共同承包位于福建省光泽县鸾凤乡某山场的林地，该山场位于武夷山国家公园范围内。郑某成与被告人高某进系朋友关系，二人预谋在该山场合伙开采稀土牟利。2016 年 9 月至 2017 年 5 月间，郑某成、高某进组织冯某安、钟某明（均另案处理）和被告人叶某东等人在无采矿许可证的情况下，到该山场采用在山体打溶洞注入硫酸铵等，再对析出液体进行沉淀的方式开采稀土矿，现场查获疑似稀土半成品 9300 千克。经鉴定，案涉稀土矿均属离子吸附型稀土，属国家规定实行保护性开采的特定矿种，郑某成等人非法开采行为还造成稀土矿点矿产资源破坏。此外，另查明叶某东于 2018 年 3 月与他人因琐事争执并打斗，犯有故意伤害致人轻伤的犯罪事实。福建省光泽县人民检察院以郑某成、高某进、叶某东犯非法采矿罪，叶某东犯故意伤害罪提起公诉。

【裁判结果】

福建省光泽县人民法院经审理认为，被告人郑某成、高某进、叶某东等人违反矿产资源法的规定，无采矿许可证擅自开采国家实行保护性开采的特定矿种离子吸附型稀土矿，情节特别严重，已构成非法采矿罪。郑某成、高某进是主犯，叶某东是从犯。遂以非法采矿罪分别判处郑某成、高某进有期徒刑四年九个月，并处罚金 15 万元；以非法采矿罪、故意伤害罪，数罪并罚，判处叶某东有期徒刑三年，并处罚金 10 万元；扣押在案的稀土半成品予以没收。宣判后，被告人高某进不服，提出上诉。福建省南平市中级人民法院二审裁定驳回上诉，维持原判。

【典型意义】

武夷山国家公园是我国目前唯一一个既是世界人与生物圈保护区，又是世界文化与自然双遗产的国家公园，储有众多不可再生的宝贵矿产资源。其中的稀土是我国的重要战略资源，是新兴产业、高端制造业、现代国防科技工业的关键元素。近年来，武夷山国家公园周边地区出现了非法开采稀土的犯罪行为，损害国家稀土资源储备，严重威胁国家公园环境资源安全。本案被告人以原地浸矿法开采稀土矿，危害到武夷山国家公园的生态服务功能和生态系统稳定性，容易导致植被破坏、山体裸露、水源污染、水土流失、山体滑坡、地面裂缝和沉降等严重后果发生。人民法院在开采的矿产品价值和造成矿产资源破坏的价值均已查明的情况下，以造成矿产资源破坏的价值认定被告人非法采矿行为情节特别严重，依法严厉惩处非法开采稀土犯罪，在法定刑幅度范围内从严处罚，并严格控制缓刑的适用，有利于保障国家战略性资源的开发利用，守护国家公园生态安全。

何某等非法采矿刑事附带民事公益诉讼案

《海洋自然资源与生态环境检察公益诉讼典型案例》案例6
2023 年 12 月 27 日

【关键词】

刑事附带民事公益诉讼　海洋自然资源与生态环境　非法采砂　替代性修复

【基本案情】

渤海北部辽东湾某海域海底沉积物以沙、砾砂、砂砾为主，是优质海砂资源地。何某、梁某雇用朱某改装船舶，在未取得海砂开采海域使用权证和采矿许可证的情况下在该海域进行非法采砂，后至滨州港海域出售时被海警当场查获。海砂经鉴定测量称重为 7821.51 吨，另有过驳的 2000 吨去向不明，盗采行为造成矿产资源和生态环境破坏，损害了社会公共利益。

【检察履职】

山东省无棣县人民检察院在办理何某、梁某、朱某非法采矿刑事案件过程中发现该公益诉讼案件线索后于 2021 年 3 月 1 日立案。该院委托山东海洋资源环境司法鉴定中心对海洋矿产资源和生态环境受损情况进行鉴定。2022年5月9日，无棣县检察院以非法采矿罪对何某、梁某、朱某提起公诉。经依法公告后，该院提起刑事附带民事公益诉讼，诉讼请求为：1.判令被告何某、梁某、朱某采取增殖放流等替代性方式修复受损的海洋资源与生态环境；如不能修复，应赔偿矿产资源损失108.0366万元，修复海洋生态环境费用12.4352万元；2.判令被告何某、梁某、朱某支付鉴定费8万元。

一审判决作出后，无棣县检察院认为法院未认定2000吨去向不明海砂属于事实认定不清，依法启动二审程序，并与山东省滨州市人民检察院共同派员出席二审庭审。二审法院作出的民事调解书生效后，无棣县检察院通过召开联席会议、提供咨询等方式支持相关部门开展生态环境替代性修复工作。

【法院裁判】

山东省无棣县人民法院作出刑事附带民事判决认为，何某、梁某、朱某违反矿产资源法的规定，未取得采矿许可证擅自采矿，其非法采矿的行为致使海洋资源和生态环境遭受损失，依法应予赔偿，判决被告人何某、梁某、朱某犯非法采矿罪并判处相应刑罚，没收违法所得；何某、梁某、朱某赔偿矿产资源损失费和生态环境损害修复费及鉴定费106.4718万元。

二审山东省滨州市中级人民法院开庭调查并主持调解，由何某、梁某、朱某赔偿案涉矿产资源和生态环境损失费、鉴定费共计1284718.1元，除一审期间已缴纳的106.4718万元之外，剩余款项分期缴纳。二审法院经公告出具民事调解书确认了调解协议的效力。截至2023年12月，已执行到位118万元。

【典型意义】

非法开采海砂不仅破坏国家矿产资源，更对海底生态系统造成不可逆转的损害。检察机关在依法打击犯罪的同时，充分发挥职能作用，通过提起刑事附带民事公益诉讼依法追究行为人责任。法院在认定被告人刑事责任的同时，判令其对生态环境损害修复费用承担民事赔偿责任，让破坏生态环境者付出代价。本案判决后，在充分征求专家意见并研究论证的基础上，因不适宜在原地直接修复受损海洋生态环境，案涉法院、检察院依托建立的涉海洋保护联动机制，启动在渤海近海海域生态系统服务功能区用已执行到位的相关案款补植复绿、增殖放流等环境替代修复方式，使受损的海洋生态环境得到有效修复，有助于维护渤海海域生物多样性。

张某某非法采伐国家重点保护植物案

《2019年度人民法院环境资源典型案例》第七号
2020年5月8日

【基本案情】

2017年3月初，被告人张某某以400元的价格购买重庆市梁平区明达镇某园场内的红豆杉1株。后，张某某上山采挖并雇请他人将该株红豆杉搬运并栽种在自家花园内。3月19日，张某某采挖重庆市梁平区竹山镇猎神村某处的红豆杉1株，过程中被发现。当日，张某某被公安机关抓获归案。案涉2株红豆杉均已死亡。经鉴定，案涉2株红豆杉系国家一级重点保护野生植物。

【裁判结果】

重庆市万州区人民法院一审认为，张某某违反《野生植物保护条例》等规定，非法采挖2株野生红豆杉，移植或准备移植至自家花园，构成非法采伐国家重点保护植物罪。以非法采伐国家重点保护植物罪判处张某某有期徒刑三年三个月，并处罚金2万元。重庆市第二中级人民法院二审认为，二审中，张某某主动申请并积极履行生态修复协议约定的修山抚育和补植复绿义务，主动缴纳罚金2万元，认罪、悔罪态度较好，可以从轻处罚。以非法采伐国家重点保护植物罪改判张某某有期徒刑三年，缓刑三年，并处罚金2万元。

【典型意义】

本案系非法采伐国家重点保护植物的刑事案件。案涉红豆杉是我国国家一级重点保护植物，具有重要的科学、经济和观赏价值，属于我国《刑法》第三百四十四条规定的"珍贵树木或者国家重点保护的其他植物"。2020年3月21日起施行的《最高人民法院、最高人民检察院关于适用〈中华人民共和国刑法〉第三百四十四条有关问题的批复》第三条规定："对于非法移栽珍贵树木或者国家重点保护的其他植物,依法应当追究刑事责任的,依照刑法第三百四十四条的规定,以非法采伐国家重点保护植物罪定罪处罚。鉴于移栽在社会危害程度上与砍伐存在一定差异,对非法移栽珍贵树木或者国家重点保护的其他植物的行为,在认定是否构成犯罪以及裁量刑罚时,应当考虑植物的珍贵程度、移栽目的、移栽手段、移栽数量、对生态环境的损害程度等情节,综合评估社会危害性,确保罪责刑相适应。"本案判决发生于上述批复施行之前,人民法院综合全案,以非法采伐国家重点保护植物罪改判被告人有期徒刑三年,缓刑三年,并处罚金,对正确理解上述批复,规范采挖、移栽珍贵野生植物的行为定性,具有重要的指导意义。同时,对警示引导社会公众树立法律意识,杜绝非法采挖、移栽珍贵野生植物,保护生物多样性,具有较好的教育示范作用。

伍某某等 15 人盗伐林木、滥伐林木、故意毁坏财物、妨害作证、强迫交易案

《2019 年度人民法院环境资源典型案例》第八号

2020 年 5 月 8 日

【基本案情】

2003 年至 2018 年,被告人伍某某纠集被告人伍某甲、周某某,并与被告人江某等人,形成垄断林业资源、称霸乡村山场、扰乱市场秩序的恶势力犯罪团伙。该团伙成员多次结伙实施故意毁坏财物、盗伐林木、滥伐林木、强迫交易、妨害作证等一系列犯罪行为,共计盗伐林木 117.07 立方米、滥伐林木 2541.39 立方米、故意毁坏林木 256.04 立方米。此外,团伙成员伍某甲还在团伙外分别伙同被告人伍某乙等人盗伐林木 115.56 立方米、滥伐林木 37.05 立方米、故意毁坏林木 12.75 立方米。

【裁判结果】

福建省武夷山市人民法院一审认为,被告人伍某某等人应定性为恶势力犯罪团伙。伍某某系主犯,以盗伐林木罪、滥伐林木罪、故意毁坏财物罪、强迫交易罪、妨害作证罪,数罪并罚,判处有期徒刑二十年,并处罚金 25 万

元。案涉的其他 14 名被告人亦被分别以不同罪名，判处有期徒刑十年至六个月不等，并处罚金 5.5 万元至 0.5 万元不等。福建省南平市中级人民法院二审，对周某某的部分犯罪、江某某的量刑处理和胡某某的执行方式作出改判，对其他原审被告人的定罪量刑，予以维持。

【典型意义】

本案系在武夷山国家公园园区内盗伐、滥伐林木的刑事案件。武夷山国家公园是我国唯一一个既是世界人与生物圈保护区，又是世界文化和自然双遗产地的风景名胜区，属全国主体功能区规划中的禁止开发区域，已纳入全国生态保护红线区域管控范围。近年来，福建武夷山茶叶的经济效益凸显，少数人为了私利铤而走险。本案就是一起典型的以"毁林种茶"严重破坏生态资源方式来达到敛财目的的恶势力团伙犯罪案，各被告人多次结伙实施毁坏、盗伐、滥伐国有或集体林木的违法犯罪行为，先后破坏林地 600 余亩、林木蓄积量达 3100 立方米，影响极为恶劣。人民法院统筹运用刑事责任和经济制裁手段，用最严格司法保护武夷山国家公园的森林资源和生态环境。

刘某龙、张某君等 15 人盗伐林木案

《黄河流域生态环境司法保护典型案例》案例 1
2021 年 11 月 25 日

【基本案情】

2016 年 5 月至 2017 年 9 月，被告人刘某龙、张某君等 15 人在位于子午岭腹地的连家砭林区内实施盗伐柏树、盗挖柏树根牟利等犯罪行为。被告人刘某龙、王某喜先后盗伐 66 棵柏树，合立木材积为 9.7709 立方米；被告人张某君等 8 人先后盗挖柏树根 40 次，价值共计 116.36 万元；被告人袁某平帮助转移他人盗窃的柏树根 11 次，价值共计 32.04 万元；被告人丁某保、齐某云先后购买他人盗挖的柏树根 7 次，价值共计 20.04 万元。

【裁判结果】

甘肃省子午岭林区法院一审认为，被告人刘某龙、张某君等 15 人的行为

分别构成盗伐林木罪、盗窃罪、掩饰、隐瞒犯罪所得罪等，分别被判处有期徒刑六个月至八年及缓刑一年至三年六个月不等，并处罚金2000元到3万元不等。一审判决后，各被告人没有提起上诉。

【典型意义】

本案系盗伐林木引发的一起严重破坏生物资源和水土资源的刑事案件。子午岭被誉为黄土高原上的天然物种"基因库"，子午岭林区是黄土高原中部最大的天然次生林区，是黄河流域重要水源涵养和水土保持林区，该区域的森林资源对于稳定黄河水质和水量，保持水土稳定和维护生物多样性具有重要意义。盗伐林木是严重破坏林区生态资源的犯罪行为，本案的公开审理，有力地打击了破坏林区资源的犯罪行为，严厉惩治犯罪分子，亦增强了公众对林区生态环境重要性的认识，激发公众保护林区生态环境资源的责任感。

田某阳、沈某贤危害国家重点保护植物案

《最高人民法院发布生物多样性司法保护典型案例》案例6
2022年12月5日

【基本案情】

2021年6月28日，被告人田某阳、沈某贤在神农架林区红坪镇某废弃采石场附近的山林中非法采挖红豆杉24株、小叶黄杨13株，并将上述树苗临时存放在一栋未完工房屋内。同年6月30日，沈某贤、田某阳运输上述树苗返回巴东县途中，被公安机关查获。经鉴定，送检的红豆杉为《国家重点保护野生植物名录》中的一级保护植物。案涉树苗被移送进行专业栽植，并经林业技术人员确定全部处于成活状态。

【裁判结果】

湖北省神农架林区人民法院一审认为，被告人田某阳、沈某贤违法擅自采挖国家一级保护植物红豆杉24株，情节严重，已构成危害国家重点保护植物罪。考虑二被告人具有坦白、认罪认罚等情节，分别判处有期徒刑三年，缓刑四年，并处罚金3000元。宣判后，各方未上诉、抗诉，一审判决已发生

法律效力。

【典型意义】

神农架是全球生物多样性保护永久性示范基地和国家重要生态功能区，拥有各种动物1060种，各类植物3700多种，是名副其实的"物种基因库"。红豆杉作为国家一级保护植物，是第四纪冰川期遗留下来的濒危珍稀植物，被誉为"植物大熊猫"，具有重要的医药价值、生态价值和经济价值。本案中，人民法院考虑到被告人犯罪动机是基于红豆杉的特殊药用价值，非为牟利，认罪认罚，且案涉树苗经过专业移栽后已全部成活，得到了最大限度保护，故对其依法适用缓刑，体现了人民法院积极贯彻宽严相济刑事政策，在助力神农架生态环境高水平保护的同时，传递司法的力度和温度。

吝某富、颜某高妨害动植物防疫、检疫案

《最高人民法院发布生物多样性司法保护典型案例》案例 7

2022 年 12 月 5 日

【基本案情】

2018 年 5 月 22 日、6 月 9 日，被告人吝某富明知被告人颜某高未取得木材运输证和植物检疫证书，仍向其采购自四川省宜宾市松材线虫病疫区运来的松木原木 20 余吨，堆放于彭州市桂花镇某竹木材加工厂内准备加工。同年 7 月 13 日，彭州市森林病虫防治检疫站工作人员在检查过程中发现该批松木原木携带松材线虫，遂扣押并移送侦查。二被告人案发后自首，涉疫松木已按规定销毁。

【裁判结果】

四川省彭州市人民法院一审认为，被告人颜某高、吝某富违反有关动植物防疫、检疫的国家规定，非法调运、经营感染重大植物检疫性有害生物的森林植物产品，有引起重大动植物疫情的危险，情节严重，均构成妨害动植物防疫、检疫罪，分别判处有期徒刑十个月，缓刑一年，并处罚金 5000 元。宣判后，各方未上诉、抗诉，一审判决已发生法律效力。

【典型意义】

森林生态系统的质量和稳定性对于维护生物多样性具有重要意义。松材线虫病是世界上最具危险性和毁灭性的森林病害，具有传播途径广、致死速度快、防治难、成本高等特点，松树染病后极易造成大面积死亡，破坏自然生态系统的完整性、原真性。为此，我国专门划定松材线虫疫区，对松材的运输和使用实行严格管理。本案中，二被告人违反有关动植物防疫、检疫规定，明知当地已被划为松材线虫疫区，仍非法购买、运输该区域内松材。人民法院依法予以惩处，警醒相关从业者增强法律意识和生态环境保护意识，防止埋下"生态炸弹"，切实维护森林生态安全。

阿某等盗伐林木刑事附带民事公益诉讼案

《司法积极稳妥推进碳达峰碳中和典型案例》案例10

2023年2月7日

【基本案情】

阿某等六被告人得知枫树、槭树可卖给商家制作小提琴、大提琴而获利，遂产生结伙盗伐林木牟利的念头。2021年5月至9月间，六被告人结伙先后在位于大熊猫国家公园范围内的四川省雅安市宝兴县、天全县境内盗伐枫树和槭树60.68立方米，并运往乐山市出售，获利20余万元。四川省雅安市宝兴县人民检察院以盗伐林木罪对阿某等六人提起公诉，并提起附带民事公益诉讼，诉请六被告人按照植被恢复方案在宝兴县国有林范围内补种云杉70株、当年造林存活率不低于90%、三年保存率不低于85%，六被告人赔偿相应经济损失并赔礼道歉。诉讼中，六被告人积极履行民事赔偿义务，自愿从四川联合环境交易所有限公司认购碳汇用于修复被破坏的生态环境。

【裁判结果】

四川省雅安市宝兴县人民法院经审理认为，森林资源是自然资源的重要组成部分，发挥着吸碳、储碳的重要生态功能，对维护生态安全、应对气候变化发挥着重要作用。六被告人为追求经济利益而盗伐林木的行为，严重损害了森林资源。六被告人盗伐林木均位于大熊猫国家公园范围内,其行为严重破坏了自然生态系统的原真性、完整性和系统性,不仅应承担相应的刑事责任,还应承担对生态资源造成侵害的民事责任。根据六被告人的犯罪事实及自首、认罪悔罪情节,购买碳汇替代承担生态环境受到损害至修复完成期间服务功能损失等情节,判处相应的刑罚。同时判决附带民事公益诉讼六被告人按照生态环境修复方案补种云杉70株,当年造林存活率不低于90%,三年保存率不低于85%;赔偿林木被盗损失(已履行),并要求在市级以上媒体公开赔礼道歉。宣判后,各方未上诉、抗诉,一审判决已发生法律效力。

【典型意义】

本案判决被告人采取"补植复绿"替代修复受损害的生态环境,有利于固碳增汇,对于减缓和适应气候变化具有积极意义。同时,在被告人自愿认购碳汇的基础上,人民法院创新适用将被告人购买林业碳汇在碳市场注销、以替代承担生态环境受到损害至修复完成期间服务功能丧失导致损失的赔偿方式,有效缓解了案涉补种树木幼龄期固碳增汇能力缺失的问题。此外,建设国家公园的目的是保持自然生态系统的原真性和完整性,保护生物多样性,保护生态安全屏障,给子孙后代留下珍贵的自然资产。本案适用碳汇修复大熊猫国家公园受损生态环境,也体现了整体保护、系统修复的国家公园保护理念。

陈某华滥伐林木案

《司法积极稳妥推进碳达峰碳中和典型案例》案例 11

2023 年 2 月 7 日

【基本案情】

2020 年 12 月,被告人陈某华未取得林木采伐许可证,擅自砍伐其所有的杉木,经评估鉴定砍伐杉木立木蓄积量为 31.6 立方米。2021 年 1 月,陈某华主动到公安机关投案。2022 年 4 月,公诉机关对陈某华以滥伐林木罪向福建省龙岩市新罗区人民法院提起公诉。诉讼中,陈某华向人民法院出具《自愿修复补偿承诺书》,愿意对其行为造成的破坏承担修复和赔偿责任。审理法院与龙岩市新罗区林业局积极沟通，由该局委派林业专业技术人员制定"补植复绿"修复方案并出具《碳汇价值损失评定意见书》，评估得出案涉植被修复费用为2.1万元，测算出陈某华砍伐杉木造成的森林碳汇价值损失为1966.99元。随后，陈某华与龙岩市新罗区林业局雁石林业站签订《森林生态恢复补偿协议书》，积极缴纳修复方案确定的异地生态修复履约金，主动承担森林碳汇损失赔偿金。庭审前，陈某华已足额缴付上述款项共计22966.99元。

【裁判结果】

福建省龙岩市新罗区人民法院一审认为，陈某华未取得林木采伐许可证，擅自雇请他人砍伐其所有的林木，数量较大，其行为已构成滥伐林木罪。陈某华具有自首情节，认罪态度较好，有悔罪表现，自愿缴纳生态修复履约金和森林碳汇损失赔偿金共计22966.99元。一审法院以滥伐林木罪判处陈某华有期徒刑八个月，缓刑一年，并处罚金3000元。宣判后，各方未上诉、抗诉，一审判决已发生法律效力。

【典型意义】

森林资源刑事犯罪行为对森林生态系统安全构成严重威胁，不仅损害了林木本身，也损害了森林生态系统固碳调节服务功能，造成森林碳汇损失。本案中，人民法院根据《民法典》第一千二百三十四条、第一千二百三十五条等规定，坚持生态修复优先、固碳与增汇并举、刑事责任与修复赔偿相协调的理念，与林业部门积极沟通、协同创新，共同制定森林碳汇损失的标准化计量方法，由林业部门委派专业技术人员依据该计量方法测算出森林碳汇损失量，并参照市场价格折算为碳汇损失赔偿金，共同推动构建了科学、便捷的森林碳汇损失计量方法和损害赔偿规则体系。

杨某平等六人非法开采若尔盖湿地泥炭案

《最高人民法院发布青藏高原生态保护典型案例》案例 3

2023 年 5 月 5 日

【基本案情】

2021 年 11 月至 12 月，被告人杨某平等六人在四川省阿坝藏族羌族自治州若尔盖县、红原县非法采挖泥炭并出售牟利。经鉴定，六被告人采挖土壤为泥炭土，共采挖 1614.65 立方米，价值 797694.32 元。四川省若尔盖县人民检察院以非法采矿罪对杨某平等六人提起公诉。

【裁判结果】

四川省若尔盖县人民法院一审认为，杨某平等六人违反矿产资源法规，擅自进入若尔盖、红原高原高寒沼泽湿地盗采泥炭，牟取非法利益，均构成非法采矿罪。根据各被告人的犯罪事实、性质、情节、认罪认罚和社会危害程度，分别判处有期徒刑三年三个月至拘役三个月不等，并处罚金 10 万元至 2 万元不等，追缴违法所得。宣判后，各方未上诉、抗诉，一审判决已发生法律效力。

【典型意义】

若尔盖湿地位于青藏高原东部，湿地总面积约 55 万公顷，是长江、黄河上游的重要水源涵养地，也是青藏高原的重要碳库。这里蕴藏着 70 亿立方米高原泥炭，是世界上面积最大、保存最完好的高原泥炭沼泽湿地。泥炭作为非金属矿产资源，在调节气候、保持水土、水源涵养、固碳增汇等方面具有不可替代的作用。本案中，六被告人在若尔盖国家公园禁采区盗挖泥炭，严重影响若尔盖湿地生态服务功能发挥，破坏青藏高原自然生态系统的原真性和完整性。人民法院依法严惩盗采高原泥炭犯罪行为，加强青藏高原高寒湿地生态系统司法保护，以最严格制度最严密法治筑牢长江、黄河上游生态屏障，有力守护了雪域高原生态安全。

王某民等 6 人滥伐林木、危害国家重点保护植物刑事附带民事公益诉讼案

《国家公园司法保护典型案例》案例 5

2023 年 10 月 17 日

【基本案情】

2022 年 2 月，被告人王某民以其妻名义与案外人乔某某签订《林权林地转让合同书》，受让位于吉林省图们市凉水镇某村林地 3785 亩的林地使用权、林木所有权。同年 4 月，王某民使用案外人王某的身份证申请办理了林木采伐许可证，采伐地点为凉水林场的三个伐区，批准采伐总蓄积 456 立方米，树种为柞树。同年 4 月至 5 月间，王某民雇用被告人张某奎组织多人进场作业，被告人沙某、刘某军、徐某仁等负责采伐，被告人杨某负责归楞、装车。王某民等人实际伐木区域除了上述经批准的三个伐区外，还包括未经批准的楞场东侧伐区等三个伐区，性质为集体林区或国有林区；砍伐树木包括柞树、杨树、紫椴等。经鉴定，王某民等人违反林木采伐许可的树种、数量和采伐方式，非法采伐柞树、杨树等林木立木蓄积 1438 立方米价值 131 万余元；采伐国家二级保护植物紫椴 485 株，立木蓄积 257 立方米，价值 23 万余元。吉林省珲春林区人民检察院以滥伐林木罪、危害国家重点保护植物罪就上述行为提起公诉；并对王某民等六被告提起附带民事公益诉讼，诉请：王某民承担修复生态环境综合费用 156 万余元，沙某、张某奎、杨某对此承担连带责任，刘某军、徐某仁对其中 14 万元承担连带责任，六被告共同承担鉴定费用 5000 元。

【裁判结果】

吉林省珲春林区人民法院经审理认为，王某民、沙某等 6 人违反林木采伐许可证规定数量、树种和采伐方式，任意采伐林木，数量巨大，其行为构成滥伐林木罪。王某民、沙某违反国家规定，故意采伐国家重点保护植物紫椴，情节严重，构成危害国家重点保护植物罪。对王某民、沙某应当以滥伐林木罪和危害国家重点保护植物罪实行数罪并罚。王某民等 6 人犯罪行为严

重破坏生态环境、危及生物多样性保护，使社会公共利益受到严重损害，应承担民事侵权责任。遂判处：王某民等6人二年至七年不等的有期徒刑，并处1万元至120万元不等的罚金；王某民承担修复生态环境综合费用156万余元，沙某、张某奎、杨某对此承担连带责任，刘某军、徐某仁对其中14万元承担连带责任，鉴定费用5000元由六被告共同承担。宣判后，各方未上诉、抗诉，一审判决已发生法律效力。

【典型意义】

本案系发生在东北虎豹国家公园范围内滥伐林木及危害国家重点保护植物的案件。东北虎豹国家公园内优质的森林资源和完整的生物链为东北虎、豹等珍稀野生动物提供了良好的生态家园。随着国家公园保护力度的加大，近年来，几十年不见的东北虎、豹重回故里繁衍生息。紫椴有"象牙板"和"世界四大行道树"的美称，具有较大的药用、欣赏和经济价值，属于国家濒危保护物种以及国家二级保护野生植物。本案中，人民法院依法对滥伐林木行为和故意采伐国家重点保护植物行为予以数罪并罚，加大对破坏森林资源犯罪的惩治和震慑力度；同时判令行为人赔偿生态环境修复费用，对保护东北虎豹栖息地生物多样性和生态系统安全具有积极作用。本案裁判后，人民法院立足东北虎豹国家公园生态资源管护实际，向有关部门发出司法建议，推动形成国家公园保护的强大合力。

许某等非法占用红树林林地刑事附带民事公益诉讼案

《海洋自然资源与生态环境检察公益诉讼典型案例》案例9
2023年12月27日

【关键词】

刑事附带民事公益诉讼　红树林湿地　非法填海

【基本案情】

2016年始，防城港某置业公司法定代表人许某虚构其合作开发码头项目，骗取他人钱款用于个人消费。杨某某经人介绍认识许某，许某告知其码头项目需要大量土石方填海。杨某某和许某签订协议。后杨某某经人介绍认识广西某建筑公司法定代表人邓某某，当时其承包港口区某安置房工程弃土运输。杨某某以防城港某置业公司名义与广西某建筑公司邓某某签订《土石方工程合作协议书》。签订协议后，在明知占用红树林地需要办理林地审批手续而未办理的情况下，杨某某、邓某某雇用工程车从某安置房工程处装运弃土到许某指定的所谓码头项目海域填放，造成沿海湿地13.15亩红树林林地被毁。

【检察履职】

2021年10月21日，防城港市港口区人民检察院就上级院移送的防城港市某村存在工程土石方非法填海造成沿海湿地红树林死亡的案件线索进行立案调查。案件办理过程中，港口区检察院发挥刑事检察职能作用，在提前介入阶段引导收集公益损害证据。针对红树林具体被损坏株数无法调查清楚的问题，向广西红树林研究中心、中国生态学学会红树林生态专业委员会、广西红树林资源保护评审委员会征询专家意见，明确案涉区域属于红树林林地，破坏红树林周围生态环境也要一并纳入修复。

2022年4月1日，港口区检察院依法向港口区人民法院提起刑事附带民事公益诉讼。因本案中存在案涉区域红树林植被及生长环境遭到严重破坏急需修复，但因案件侦办、审查、诉讼导致无法及时修复的现实冲突，港口区自然资源局积极履职进行统一修复并已逐渐恢复案涉区域红树林生态环境。港口区检察院根据修复红树林地支付的资金请求判令侵权人依法连带承担清除污染产生的清运土石方费用、修复生态产生的补种红树林费用，并进行公开赔礼道歉。

【法院裁判】

本案由广西壮族自治区防城港市港口区人民法院一审，防城港市中级人民法院二审。法院经审理作出刑事附带民事公益诉讼判决认为，三被告在无林地、用海审批手续情况下，非法占用林地，导致大量红树林林地毁坏，构成非法占用农用地罪，并应承担共同侵权的连带赔偿责任。判令附带民事公益诉讼被告许某、杨某某、邓某某连带赔偿清除被毁红树林地污染产生的清运土方费用、补种红树林费用1735048.2元，并在防城港市新闻媒体上进行公开赔礼道歉。

【典型意义】

近年来，随着南方沿海地区经济建设发展，土石方工程施工填埋红树林湿地造成红树林大面积死亡情形时有发生。人民法院从修复受损红树林湿地环境的根本目的出发，采纳检察机关提交的证据材料和专家意见，合理认定补种株数，充分考虑红树林生态环境有效修复，合理确定修复范围和修复内容，明确生态环境损害赔偿金，既契合红树林湿地保护的特殊性，又考虑到刑事被告人实际情况。在执行过程中，人民法院、检察机关、行政机关共同督促实施，促进红树林及时有效修复。

马某华刑事附带民事公益诉讼案

《人民法院依法保护农用地典型案例》案例 8
2024 年 1 月 10 日

【基本案情】

2013 年 5 月，马某华租赁江苏省镇江市丹徒区上党镇某村民小组农用地 33.98 亩，在未办理用地手续的情况下擅自在该地块建设猪舍、道路等设施从事养殖业，造成土地毁坏。经鉴定评估，马某华已固化占地面积 10925 平方米（合 16.39 亩），其中包括永久基本农田 7108 平方米（合 10.66 亩），耕作条件已被破坏。江苏省镇江市金山地区人民检察院向江苏省镇江市京口区人民法院提起刑事附带民事公益诉讼，请求：一、判令马某华修复被破坏的耕地 16.39 亩，如不能自行修复，承担耕地修复费用 31.96 万元；二、判令马某华在市级媒体上公开赔礼道歉。

对马某华非法占用基本农田 10.66 亩的行为，另案刑事判决被告人马某华犯非法占用农用地罪，判处有期徒刑一年四个月，并处罚金人民币 2 万元。

【裁判结果】

江苏省镇江市京口区人民法院认为，马某华违反土地管理法规，破坏土地资源，应当承担土地修复责任。判决：一、马某华在判决生效后六个月内自行修复被破坏的土地 16.39 亩；如不能自行修复，应承担破坏土地的修复费用 31.96 万元。二、马某华在判决生效后一个月内在市级媒体上公开赔礼道歉。马某华不服，提起上诉。

江苏省镇江市中级人民法院认为，马某华非法占用永久基本农田 10.66 亩建设养殖设施，应当拆除有关永久基本农田上的违法建设并依法复垦，如果马某华不能自行实施，则应当承担相应的拆除和修复费用共计 207891 元。对马某华占用设施农用地、园地、沟渠、田坎共计 5.73 亩建设养殖设施、道路，由于相关土地并非耕地，不属于破坏耕地的情形，原审判决认定的部分事实不清，应予部分改判：马某华在判决生效后六个月内自行修复被破坏的永久基本农田 10.66 亩；如不能自行修复，应承担破坏永久基本农田的修复费用人民币 207891 元；马某华在判决生效后一个月内在市级媒体上公开赔礼道歉。

【典型意义】

人民法院在本案中正确区分了占用的不同农用地性质并作区别处理，既坚决守住耕地红线，又依法保障养殖户合法用地需求，是统筹保护与发展关系的典型案例。因生猪养殖破坏农用地的违法犯罪案件，是基层执法、司法的难点之一，此类案件的审理既要依法保护耕地红线，也要实事求是地保障生猪养殖的合法用地需求，避免因"一刀切"的执法损害生猪养殖产业的健康发展。本案中，人民法院遵循"以事实为根据，以法律为准绳"原则，根据有关审批规定作区别处理：对于非法占用永久基本农田建设养殖设施的，应当拆除并复垦；对于占用设施农用地建设养殖设施的，如果能够与永久基本农田上的养殖设施区分使用，可不予拆除、复垦；对于占用其他农用地建设养殖设施，并不破坏耕地及农地周边资源环境的，且可以通过一定程序依法建设养殖设施的，由当事人或者有关主管机关依法处理。人民法院坚持把握好高质量发展和高水平保护的辩证统一关系，在严格依法捍卫生态红线的同时，积极贯彻国家支持设施农业的政策，不遗余力地保民生、保发展，通过精细化的裁判，践行《中华人民共和国环境保护法》第一条所规定的推进生态文明建设与促进经济社会可持续发展的双重立法目的。

（七）走私、贩卖、运输、制造毒品罪

夏某军、何某全等制造毒品、非法持有枪支案

《最高人民法院关于毒品犯罪案件的四起典型案例》第 1 号

2010 年 6 月 24 日

【基本案情】

被告人夏某军，男，汉族，1978 年 3 月 4 日出生，无业。2001 年 3 月因犯抢劫罪被判处有期徒刑四年，2004 年 1 月 15 日刑满释放。

被告人何某全，男，汉族，1984 年 6 月 1 日出生，农民。

被告人徐某平，男，汉族，1976 年 8 月 28 日出生，农民。1994 年 5 月因犯抢劫罪被判有期徒刑五年，1997 年 8 月刑满释放。

被告人杨某彬，男，汉族，1988 年 10 月 14 日出生，农民。

被告人杨某彬，男，汉族，1974 年 6 月 8 日出生，农民。

被告人陈某，男，汉族，1984 年 6 月 14 日出生，农民。

被告人游某，男，汉族，1983 年 7 月 23 日出生，农民。2001 年 3 月因犯抢劫罪被判处有期徒刑三年，2003 年 4 月 10 日刑满释放。

被告人王某，男，汉族，1976 年 11 月 4 日出生，农民。

2007 年三四月间，被告人夏某军与何某全预谋制造氯胺酮，夏介绍何向四川省成都市鑫新科化工仪器有限公司业务主管被告人王某购买制毒所需设备和原料。同年 4 月底，何某全找王某购得制毒设备和原料，利用夏某军提供的羟亚胺和传授的工艺流程，雇请被告人徐某平、杨某彬、陈某在成都市青白江区龙王镇自己家中制造氯胺酮约 20 千克。

同年 5 月上旬，被告人何某全找被告人王某购得制毒原料，利用被告人夏某军提供的羟亚胺，雇请被告人徐某平、杨某彬、陈某、杨某彬在成都市青白江区福洪乡杨某彬家中制造氯胺酮约 20 千克。

同年 5 月中旬，被告人何某全找王某购得制毒原料，利用被告人夏某军提供的羟亚胺，雇请被告人徐某平、杨某彬、陈某、杨某彬及夏某军介绍的

被告人游某及张某（已另案判刑）在成都市青白江区龙王镇杨某彬家中制造氯胺酮37.138千克。夏某军与何某全将这些毒品运至何的暂住地藏匿，后被查获。

同年5月下旬，被告人何某全与徐某平租赁了成都市成华区龙潭乡的一处厂房。何某全从王某处购得制毒设备和原料后，利用被告人夏某军提供的羟亚胺，由徐某平组织杨某彬、杨某彬、陈某、游某等人在该厂房内制造氯胺酮。同年6月2日晚，公安人员在制毒现场抓获何某全、徐某平、杨某彬、陈某、杨某彬、游某，当场查获氯胺酮246.2千克、含氯胺酮成分的褐色液体1018千克和制毒设备、原料。后公安人员根据何某全的供述从其暂住处查获仿"六四"式手枪1支、子弹14发。同年12月4日，公安人员在夏某军的暂住处将其抓获，并当场查获仿"六四"式手枪1支、子弹3发及含氯胺酮成分的白色粉末78.64克、含麻黄素成分的淡黄色粉末611.33克。

综上，被告人夏某军、何某全伙同他人先后4次制造氯胺酮共计320余千克，案发后查获氯胺酮280余千克。

【裁判结果】

法院认为，被告人夏某军、何某全、徐某平、杨某彬、陈某、杨某彬、游某违反毒品管制规定，非法生产氯胺酮，其行为均已构成制造毒品罪。被告人王某明知他人制造毒品而提供制毒设备和原料，其行为亦构成制造毒品罪。夏某军、何某全还违反枪支管理规定，非法持有具有杀伤力的枪支，其行为均又构成非法持有枪支罪。在制造毒品共同犯罪中，夏某军、何某全、徐某平系主犯，均应按照所参与或者组织、指挥的全部犯罪处罚；杨某彬、陈某、杨某彬、游某、王某起次要或者辅助作用，系从犯，应依法从轻处罚。夏某军、何某全制造氯胺酮320余千克，数量特别巨大，且有部分毒品已流入社会，社会危害极大，罪行极其严重，还非法持有枪支，均应依法惩处并数罪并罚。夏某军曾因犯抢劫罪被判刑，在刑罚执行完毕后五年内又犯应当判处有期徒刑以上刑罚之罪，系累犯，主观恶性深，人身危险性大，应依法从重处罚。何某全所犯非法持有枪支罪系自首，对该罪可依法从轻处罚。游某亦系累犯，应依法从重处罚。据此，依法对被告人夏某军、何某全判处并核准死刑，对被告人徐某平判处死刑，缓期二年执行，对被告人杨某彬、陈某、杨某彬、游某均判处无期徒刑，对被告人王某判处有期徒刑十五年。

王某元、朱某峰等走私、运输毒品案

《最高人民法院关于毒品犯罪案件的四起典型案例》第 2 号

2010 年 6 月 24 日

【基本案情】

被告人王某元，男，汉族，1965 年 12 月 7 日出生，无业。1983 年 9 月因犯抢劫罪被判处有期徒刑五年，1991 年 5 月因犯盗窃罪被判处有期徒刑四年六个月，1996 年 8 月因犯盗窃罪被判处有期徒刑五年六个月，2001 年 8 月 29 日刑满释放。

被告人朱某峰，男，汉族，1978 年 12 月 8 日出生，农民。

被告人翟某海，男，汉族，1979 年 2 月 17 日出生，无业。

被告人胡某彪，男，汉族，1976 年 4 月 17 日出生，农民。1997 年 1 月因犯盗窃罪被判处有期徒刑五年，2001 年 5 月 6 日刑满释放。

被告人王某，男，汉族，1974 年 8 月 17 日出生，农民。

2008 年 3 月初，被告人朱某峰指使帅某飞（已另案判刑）从缅甸走私毒品。帅某飞将毒品携带入境后，在云南省景洪市将毒品交给尹某鹏（已另案判刑），并安排尹乘客车运往云南省开远市。同月 10 日 0 时许，当客车途经云南省宁洱县一收费站时，公安人员当场从尹某鹏携带的旅行包内查获甲基苯丙胺 7 千克。

同年 4 月初，被告人王某元在缅甸组织毒品货源后，由被告人朱某峰安排孙某国（已另案判刑）在缅甸接取毒品。同月 9 日，孙某国指使他人将毒品运至境内，在云南省勐海县打洛镇交给马某昔（已另案判刑），由马某昔运往景洪市。当日 18 时 20 分，马某昔在打洛镇被抓获，公安人员当场从其驾驶的摩托车上查获甲基苯丙胺 21.821 千克。

同年 5 月中旬，被告人王某元在缅甸安排被告人朱某峰让孙某国将上批剩余毒品运至境内。同月 19 日，孙某国指使他人在缅甸将毒品交给张某锋、刘某锋（均已另案判刑），由刘某锋驾驶摩托车在前探路，张某锋驾驶摩托车携带毒品跟随，运往景洪市。当日 21 时 53 分许，张、刘在途中被抓获，公安人员当场从张某锋驾驶的摩托车上查获甲基苯丙胺 5430 克。

同年 5 月底，被告人王某元将一批毒品偷运入境，并让被告人朱某峰派人到云南省昆明市接货后运往湖北省武汉市。6 月 2 日，朱某峰指使被告人翟某海到昆明市接收了毒品，并于同月 4 日下午交给被告人胡某彪带来的被告人王某，胡又让王某将毒品交给与王某同来的黄某芹（另行处理），由黄携带毒品乘客车运往开远市，翟某海同车监视。后翟、胡、王、黄四人在昆明市汽车客运站被抓获，公安人员当场从黄某芹的挎包内查获甲基苯丙胺 3910 克。同年 7 月 10 日，朱某峰在云南省临沧市被抓获。

同年 10 月 25 日，被告人王某元在缅甸将毒品藏在一件女式塑身衣内，让张某丽（另案处理）交给蔡某怡（未成年人，已另案判刑）带入境内运往武汉市，并指使杨某玲（另案处理）监视蔡某怡。同月 27 日 15 时许，蔡、杨乘客车行至昆曲高速公路乌龙收费站时被抓获，公安人员当场从蔡某怡身上查获甲基苯丙胺 910 克。

同年 10 月 27 日，被告人王某元将毒品分别藏在两件塑身衣内，让张某丽将毒品分别捆绑在李某（已另案判刑）、李某甲（另案处理）身上带入境内运往武汉市，并安排熊某宝（已另案判刑）监视。次日 18 时 40 分许，李某、李某甲乘客车行至景洪市小勐养收费站时被抓获，公安人员当场从二人身上查获甲基苯丙胺共计 3712.2 克。同月 30 日，王某元在缅甸被抓获。

综上，被告人王某元先后 5 次组织、指挥他人走私、运输甲基苯丙胺共计 35.7832 千克；被告人朱某峰先后 4 次指使他人走私、运输甲基苯丙胺共计 38.161 千克。案发后查获甲基苯丙胺共计 42.7832 千克。

【裁判结果】

法院认为，被告人王某元、朱某峰违反毒品管制规定，将甲基苯丙胺走私入境并进行运输，其行为均已构成走私、运输毒品罪。被告人翟某海、胡某彪、王某为牟取非法利益而运输甲基苯丙胺，其行为均已构成运输毒品罪。王某元、朱某峰走私、运输毒品次数多，数量特别巨大，罪行极其严重，社会危害极大，且在共同犯罪中起主要作用，系主犯，均应按照所组织、指挥的全部犯罪处罚。王某元还教唆、利用未成年人走私、运输毒品，且曾因犯罪三次被判刑，主观恶性深，人身危险性大，应依法从重处罚。翟某海、胡某彪、王某运输毒品数量大，鉴于三人到案后认罪态度较好，且王某系从犯，对翟某海、胡某彪酌予从轻处罚，对王某减轻处罚。据此，依法对被告人王某元、朱某峰判处并核准死刑，对被告人翟某海、胡某彪均判处无期徒刑，对被告人王某判处有期徒刑八年。

刘某等贩卖、制造毒品案

《最高人民法院关于毒品犯罪案件的四起典型案例》第 3 号
2010 年 6 月 24 日

【基本案情】

被告人刘某，男，汉族，1970 年 2 月 6 日出生，无业。1988 年 2 月因犯流氓罪被判处有期徒刑七年，1994 年 10 月 13 日刑满释放。

被告人迁某，男，汉族，1977 年 11 月 21 日出生，无业。2005 年 5 月因犯贩卖毒品罪被判处有期徒刑一年，2005 年 9 月 24 日刑满释放。

被告人侯某，男，汉族，1964 年 3 月 23 日出生，工人。

被告人张某刚，男，汉族，1970 年 2 月 17 日出生，无业。

被告人聂某，男，汉族，1980 年 10 月 14 日出生，无业。

被告人关某鑫，男，满族，1964 年 6 月 8 日出生，无业。2007 年 3 月因犯贩卖毒品罪被判处有期徒刑六个月，2007 年 5 月 29 日刑满释放。

被告人刘某顺，男，汉族，1962 年 11 月 11 日出生，无业。

被告人高某璠，男，汉族，1971 年 1 月 31 日出生，无业。

被告人张某龙，男，回族，1965 年 1 月 16 日出生，无业。

被告人刘某与迁某合谋制造海洛因勾兑液牟利。2006 年 11 月至 2007 年 8 月，由刘某出资，二人共同或由迁某单独数次购买海洛因共 1050 克，用作制造海洛因勾兑液。刘某先在辽宁省沈阳市于洪区伙同被告人侯某制造海洛因勾兑液，后又在新城子区雇用被告人张某刚将勾兑液装瓶封口，制成针剂。至案发时，刘某等人共制造海洛因勾兑液针剂 53560 支（1.8 克/支，共 96.408 千克）、600 毫升瓶装勾兑液 13 瓶（约 600 克/瓶，共 7.8 千克）、矿泉水桶装勾兑液 2 桶（17.7 千克）、2 升瓶装勾兑液 19 瓶（约 2 千克/瓶，共 38 千克），合计约 160 千克。其中张某刚参与制造海洛因勾兑液 2 桶（重 17.7 千克）及针剂 47560 支。

2006 年 11 月至 2007 年 9 月间，被告人刘某在沈阳市向被告人迁某贩卖海洛因勾兑液针剂 20500 支、600 毫升瓶装海洛因勾兑液 13 瓶（折合针剂约 3900 支）、2 升瓶装海洛因勾兑液 19 瓶（折合针剂约 19000 支），向周某、靳某平分别贩卖海洛因勾兑液针剂 5000 支、17000 支。

2007 年 7 月至 8 月间，被告人刘某将制成的海洛因勾兑液贩卖给被告人迁某，并将买毒"下线"介绍给迁某。迁某在沈阳市向靳某平、周某、王某和被告人关某鑫分别贩卖 1500 支、1000 支、240 支和 500 支，并指使被告人聂某向靳某平、周某、关某鑫分别贩卖 960 支、2000 支和 300 支。

2006 年 12 月至 2007 年 6 月间，被告人聂某在沈阳市多次贩卖海洛因勾兑液针剂共计 16000 余支。

2007 年 7 月至 9 月间，被告人关某鑫在沈阳市 3 次贩卖海洛因勾兑液针剂共计 800 支。

2007 年 1 月间，被告人刘某顺在广东省珠海市 2 次向被告人迁某贩卖海洛因共计 80 克。

2007 年 5 月间，被告人刘某与高某璠合谋制造氯胺酮。高某璠在互联网上获悉被告人张某龙发布的出售氯胺酮制造技术的信息后，由刘某出资，高某璠至宁夏回族自治区银川市，向张某龙学习制造氯胺酮技术，后高某璠据此制造出氯胺酮 1540 克。

【裁判结果】

法院认为，被告人刘某与被告人迁某违反毒品管制规定，结伙制造海洛因勾兑液后进行贩卖，刘某还伙同他人制造氯胺酮，其行为均已构成贩卖、制造毒品罪。被告人侯某、张某刚、高某璠伙同他人非法制造毒品，其行为均已构成制造毒品罪。被告人刘某顺、聂某、关某鑫非法贩卖毒品，其行为均已构成贩卖毒品罪。被告人张某龙向他人传授制造毒品的犯罪方法，其行为已构成传授犯罪方法罪。刘某伙同他人贩卖、制造毒品数量大，在共同犯罪中系主犯，且曾因犯罪被判刑，主观恶性深，人身危险性大，罪行极其严重，应依法惩处。迁某伙同他人贩卖、制造毒品数量大，在共同犯罪中系主犯，且系累犯和毒品再犯，应依法从重处罚。鉴于其在共同犯罪中的作用相对小于刘某，对其判处死刑，可不立即执行。侯某、张某刚、高某璠伙同他人制造毒品数量大，在共同犯罪中系主犯，均应按照所参与的全部犯罪处罚。聂某贩卖毒品数量大，且在共同犯罪中系主犯，鉴于其有自首情节和协助抓捕同案犯关某鑫的立功表现，依法可减轻处罚。关某鑫贩卖毒品数量大，且系累犯和毒品再犯，应依法从重处罚。刘某顺贩卖毒品数量大，应依法惩处。张某龙为牟利，利用互联网发布出售制造毒品技术的信息，并向高某璠传授制造氯胺酮的具体方法，高据此制造氯胺酮1540克，犯罪情节严重，应依法惩处。据此，依法对被告人刘某判处并核准死刑，对被告人迁某判处死刑，缓期二年执行，对被告人侯某、张某刚、高某璠分别判处无期徒刑、有期徒刑十五年和十五年，对被告人刘某顺、聂某、关某鑫分别判处有期徒刑十五年、十四年和十年，对被告人张某龙判处有期徒刑五年。

李某忠等贩卖毒品、非法持有枪支案

《最高人民法院关于毒品犯罪案件的四起典型案例》第 4 号
2010 年 6 月 24 日

【基本案情】

被告人李某忠，男，汉族，1965 年 9 月 22 日出生，无业。

被告人夏某云，男，汉族，1974 年 9 月 19 日出生，无业。1994 年 12 月因犯盗窃罪被判处有期徒刑十三年，2003 年 6 月 18 日刑满释放。

被告人马某甫，男，汉族，1975 年 7 月 23 日出生，无业。1994 年 8 月因犯盗窃罪、抢劫罪被判处有期徒刑八年，1998 年 5 月 22 日刑满释放。

2007 年 10 月至 2008 年 4 月间，被告人李某忠伙同顾某娟（已死亡）从四川省成都市购买"K 粉"（氯胺酮），由卖家通过物流公司寄运至福建省石狮市，李提取后在当地贩卖。李某忠、顾某娟先后雇用被告人夏某云、马某甫提取并向他人出售"K 粉"，其中，夏某云提取 3 次共计 8000 克"K 粉"，马某甫提取 8 次共计 17000 克"K 粉"。上述"K 粉"大部分被售出，破案后在夏某云租住处查获"K 粉"238 克，在马某甫租住处查获"K 粉"5100 克。

2008 年 3 月下旬，经被告人李某忠联系，被告人夏某云到重庆市购得大麻 450 克带回石狮市，夏与被告人马某甫将大麻掺入香烟，重新包装成大麻烟，除部分贩卖外，破案后查获大麻烟丝 100 克。

2008 年 4 月 8 日，彭某建（另案处理）在成都市的物流公司寄运李某忠购买的 2000 克"K 粉"时，被公安人员当场查获。

2008年4月11日，被告人马某甫到石狮市的物流公司领取李某忠购买的"K粉"时被抓获，公安人员当场缴获"K粉"5100克、甲基苯丙胺197.3克。

2007年6月以来，被告人李某忠在石狮市租住处私藏一支仿制"六四"式手枪及子弹3发。同年12月底，李某忠将该枪及子弹交由夏某云藏匿，后被查获。

综上，被告人李某忠贩卖氯胺酮32100克、甲基苯丙胺197.3克、大麻450克。案发后查获氯胺酮12438克、甲基苯丙胺197.3克、大麻烟100克。

【裁判结果】

法院认为，被告人李某忠、夏某云、马某甫以牟利为目的，非法贩卖氯胺酮、甲基苯丙胺、大麻等毒品，其行为均已构成贩卖毒品罪。李某忠、夏某云还违反枪支管理规定，非法持有具有杀伤力的枪支，其行为均又构成非法持有枪支罪。李某忠贩卖毒品数量巨大，在共同犯罪中起主要作用，系主犯，还非法持有枪支，主观恶性深，人身危险性大，罪行极其严重，应依法惩处并数罪并罚。夏某云、马某甫贩卖毒品数量巨大，在共同犯罪中起次要作用，系从犯，应依法从轻处罚。夏某云曾因犯罪被判处有期徒刑以上刑罚，在刑满释放后五年内再犯应当判处有期徒刑以上刑罚之罪，系累犯，还非法持有枪支，应依法从重处罚并数罪并罚。马某甫归案后协助公安机关抓获李某忠，有重大立功表现，依法可从轻处罚。据此，依法对被告人李某忠判处并核准死刑，对被告人夏某云判处死刑，缓期二年执行，对被告人马某甫判处有期徒刑十五年。

张某、田某某、赵某、王某某贩卖毒品案（未成年人犯罪）

《最高人民法院公布五起涉毒犯罪典型案例》第5号

2011年6月21日

【基本案情】

被告人张某，女，汉族，1993年5月17日出生，无业。

被告人田某某，女，汉族，1995年1月2日出生，无业。

被告人赵某，男，汉族，1992年12月30日出生，无业。

被告人王某某，男，汉族，1993年11月13日出生，无业。

2010年7月，被告人张某先后两次在其暂住地楼下，向顾某根（另案处理）贩卖甲基苯丙胺共30克。同月21日凌晨，张某携带73.9克甲基苯丙胺欲贩卖给顾某根时，被当场抓获。随后，公安人员在张某的暂住地查获甲基苯丙胺93.3克、咖啡因8.8克。

同年7月，被告人田某某先后两次在其暂住地向李某林贩卖甲基苯丙胺共10克。其中，第二次系其与被告人王某某共同贩卖甲基苯丙胺5克。同月19日，公安人员从田某某身上查获甲基苯丙胺2.7克。田某某归案后，协助公安机关抓获其他犯罪嫌疑人。

同年7月，被告人赵某按照李某林的要求，将0.3克甲基苯丙胺贩卖给徐某，并将收取的300元售毒款交给李某林。同月17日凌晨，赵某跟随李某林乘车欲贩卖7.5克甲基苯丙胺时，被当场抓获。公安人员当场从赵某身上查获甲基苯丙胺1克，并根据赵某的供述，从其所乘轿车内查获甲基苯丙胺6.5克。

【裁判结果】

法院认为，被告人张某明知是毒品甲基苯丙胺、咖啡因而予以贩卖，被告人田某某、赵某、王某某均明知是毒品甲基苯丙胺而予以贩卖，4名被告人的行为均已构成贩卖毒品罪。其中，张某贩卖毒品数量大，田某某贩卖毒品数量较大，赵某、王某某贩卖少量毒品，均应依法惩处。鉴于田某某犯罪时已满14周岁未满16周岁且有归案后协助公安机关抓获其他犯罪嫌疑人的立功表现，张某、赵某、王某某犯罪时已满16周岁未满18周岁，均应当依法从轻或者减轻处罚。同时，相关证据表明，4名被告人均于初中辍学后外出务工，因不良交往并吸食毒品而实施毒品犯罪，归案后认罪态度较好，当庭自愿认罪，均可酌情从轻处罚。综合4人犯罪的具体情节，对张某、田某某、赵某减轻处罚，对王某某从轻处罚。据此，以贩卖毒品罪判处被告人张某有期徒刑九年，判处被告人田某某有期徒刑三年三个月，判处被告人赵某有期徒刑二年四个月，判处被告人王某某有期徒刑一年，缓刑一年六个月。

杨某、宋某林等贩卖毒品案

《最高人民法院发布毒品犯罪典型案例》第1号

2012年2月14日

【基本案情】

被告人杨某,男,汉族,1980年10月5日出生,农民。

被告人宋某林,男,汉族,1987年7月21日出生,农民。

被告人夏某发,男,汉族,1976年11月5日出生,农民。

被告人蔡某刚,男,汉族,1979年8月16日出生,无业。

被告人史某,男,汉族,1986年12月22日出生,农民。

被告人蒙某发,男,布依族,1983年7月16日出生,农民。

被告人宋某,男,汉族,1979年3月9日出生,农民。

被告人陈某伟,男,汉族,1959年8月25日出生,农民。

2008年下半年至2009年年底,被告人杨某、宋某林、夏某发先后与被告人蔡某刚、史某等人共同出资,由宋某林联系上家,从云南省孟连傣族拉祜族佤族自治县购买毒品"麻古"(主要成分系甲基苯丙胺),由蔡某刚、史某、蒙某发等人运输至浙江省余姚市,交给杨某、夏某发进行贩卖。其中,杨某、宋某林、夏某发出资贩卖"麻古"4次,共计约18360克;蔡某刚贩卖、运输"麻古"3次(1次受雇运输、2次出资并运输),共计约16200克;史某贩卖、运输"麻古"2次(1次受雇运输、1次出资并运输),共计约12420克;蒙某发受雇运输"麻古"1次,约3780克。2010年2月22日,公安人员根据夏某发的指认从余姚市蔡某刚的租住处查获"麻古"3370.5克。

2010年一二月间,被告人宋某在余姚市先后2次从被告人杨某、夏某发处购得"麻古"共计约675.8克后进行贩卖。同年3月1日,公安人员在余姚市宋某的租住处查获"麻古"351.8克、海洛因25.588克。

2010年1月,被告人陈某伟明知被告人宋某从事贩毒活动,仍介绍宋某向他人贩卖"麻古"约4.5克。

【裁判结果】

法院认为，被告人杨某、宋某林、夏某发、宋某明知是毒品而贩卖，被告人陈某伟为他人贩卖毒品进行居间介绍，其行为均已构成贩卖毒品罪；被告人蔡某刚、史某明知是毒品而贩卖、运输，其行为均已构成贩卖、运输毒品罪；被告人蒙某发明知是毒品而运输，其行为已构成运输毒品罪。杨某、宋某林、夏某发伙同他人多次贩卖毒品，数量大，社会危害大，罪行极其严重，且在共同犯罪中均起主要作用，系主犯，应按照其所参与的全部犯罪处罚。鉴于夏某发归案后认罪态度较好，对侦破案件起到一定积极作用，对其判处死刑，可不立即执行。蔡某刚、史某伙同他人贩卖、运输毒品，数量大，在共同犯罪中均系主犯，应按照其所参与的全部犯罪处罚。蒙某发运输毒品、宋某贩卖毒品数量大，陈某伟居间介绍贩卖毒品，均应依法惩处。据此，依法对被告人杨某、宋某林均判处并核准死刑，对被告人夏某发、蔡某刚均判处死刑，缓期二年执行，对被告人史某判处无期徒刑，对被告人蒙某发、宋某均判处有期徒刑十五年，对被告人陈某伟判处有期徒刑一年。

姚某生等贩卖、制造毒品案

《最高人民法院发布毒品犯罪典型案例》第 2 号
2012 年 2 月 14 日

【基本案情】

被告人姚某生，男，汉族，1985 年 11 月 20 日出生，无业。

被告人林某，男，汉族，1984 年 5 月 14 日出生，农民。

被告人高某，男，汉族，1985 年 8 月 26 日出生，无业。

2007 年年底，被告人姚某生为牟取暴利，去外地学习制造甲基苯丙胺的方法。2008 年 7 月，姚某生购得制毒原料及工具，在江苏省灌云县其家中制造甲基苯丙胺。同年 9 月初，姚某生与被告人林某在网上商定贩卖甲基苯丙胺事宜。同月 5 日，姚某生在其家中以每克 220 元的价格向林某及被告人高某出售其制成的甲基苯丙胺 270 余克。次日 2 时许，林某、高某在驾车将所购甲基苯丙胺运回江苏省南京市贩卖途中被抓获，公安人员当场查获甲基苯丙胺 276.54 克。当日 15 时许，公安人员在姚某生家中将其抓获，当场查获含甲基苯丙胺成分的液体 14360 克、含甲基苯丙胺成分的白色晶状颗粒 2.91 克。

【裁判结果】

法院认为，被告人姚某生制造毒品后进行贩卖，其行为已构成贩卖、制造毒品罪；被告人林某、高某以贩卖为目的购买毒品后进行运输，其行为均已构成贩卖、运输毒品罪。姚某生贩卖、制造毒品数量大，社会危害大，罪行极其严重；林某、高某贩卖、运输毒品数量大，均应依法惩处。据此，依法对被告人姚某生判处并核准死刑，对被告人林某、高某均判处无期徒刑。

王某庆等贩卖、运输、制造毒品案

《最高人民法院发布毒品犯罪典型案例》第 3 号
2012 年 2 月 14 日

【基本案情】

被告人王某庆，男，汉族，1982 年 10 月 16 日出生，农民。
被告人张某，男，汉族，1972 年 7 月 30 日出生，农民。
被告人王某，男，汉族，1983 年 4 月 16 日出生，农民。
被告人张某甲，男，汉族，1981 年 9 月 22 日出生，无业。
被告人梁某妙，女，壮族，1984 年 7 月 14 日出生，农民。

2007 年至 2009 年，被告人王某庆从事贩卖、运输毒品犯罪活动牟利。2009 年 4 月，王某庆提议并与被告人张某共谋制造氯胺酮，后选定张某在四川省安岳县的住处为制毒场所。王某庆筹集资金并购得制毒原料及工具，纠集被告人王某、张某甲参与，伙同张某共同制出大量氯胺酮。王某庆决定将制成的氯胺酮运至广东省贩卖牟利，遂安排王某、张某甲与张某分两批将氯胺酮运至广东省珠海市。同年 5 月 8 日 3 时许，王某庆与王某、张某甲乘出租车到达珠海市香洲区王某庆租住的小区门口时被抓获。公安人员从该出租车后备箱内查获氯胺酮 96078.4 克，从张某甲随身携带的手提袋内查获氯胺酮 33.64 克；在王某庆的租住房内抓获张某的女友被告人梁某妙，从梁的卧室内查获其为张某保管的氯胺酮1197.93克,并从王某庆的卧室内查获氯胺酮12.66克。当日,张某携带氯胺酮到达珠海市后被抓获,并带领公安人员查获了其藏匿的氯胺酮56696.16克。随后,公安人员在珠海市香洲区王某庆女友李某霞的住处查获王某庆存放的含氯胺酮成分的毒品4514.71克。同月11日,公安人员在安岳县王某庆等人的制毒处查获含氯胺酮成分的黑色液体、黑色粉末、白色结晶粉末共计231.5克及一批制毒工具。

综上,被告人王某庆贩卖、运输、制造氯胺酮共计约160千克。

【裁判结果】

法院认为,被告人王某庆以贩卖为目的制造毒品并指使他人进行运输,其行为已构成贩卖、运输、制造毒品罪;被告人张某、张某甲、王某制造毒品后进行运输,其行为均已构成运输、制造毒品罪;被告人张某、梁某妙非法持有毒品,数量大,其行为均已构成非法持有毒品罪。王某庆贩卖、运输、制造毒品数量大,社会危害大,罪行极其严重,且在运输、制造毒品共同犯罪中起组织、指挥作用,系主犯,应按照其组织、指挥和参与的全部犯罪处罚。张某运输、制造毒品数量大,且非法持有毒品,在共同犯罪中均起主要作用,系主犯,应按照其所参与的全部犯罪处罚,并依法数罪并罚,鉴于张某在共同犯罪中的地位和作用相对小于王某庆,对其判处死刑,可不立即执行。王某、张某甲运输、制造毒品数量大,在共同犯罪中均起次要作用,系从犯,可依法从轻处罚。梁某妙在非法持有毒品共同犯罪中起次要作用,系从犯,可依法减轻处罚。据此,依法对被告人王某庆判处并核准死刑,对被告人张某判处死刑,缓期二年执行,对被告人王某、张某甲均判处有期徒刑十五年,对被告人梁某妙判处有期徒刑三年。

练某雄等贩卖毒品案

《最高人民法院发布毒品犯罪典型案例》第4号
2012年2月14日

【基本案情】

被告人练某雄,男,汉族,1955年11月8日出生,无业。1992年因犯贩卖毒品罪被判处无期徒刑,2006年11月24日刑满释放。

被告人农某,男,壮族,1969年12月20日出生,农民。

2010年5月下旬,被告人练某雄向被告人农某打电话求购海洛因准备用于贩卖牟利,农某应允。同月27日13时许,农某驾车到广西壮族自治区大新县硕龙镇中越边境地区向他人购得2块海洛因后运往广西壮族自治区南宁市。当日18时许,当农某在南宁市兴宁区某楼房内将海洛因交给练某雄时,公安人员将二人抓获,并当场查获海洛因697.64克。

【裁判结果】

法院认为,被告人练某雄以贩卖为目的购买毒品,其行为已构成贩卖毒品罪;被告人农某明知是毒品而贩卖、运输,其行为已构成贩卖、运输毒品罪。练某雄贩卖毒品数量大,社会危害大,罪行极其严重,且曾因犯贩卖毒品罪被判处无期徒刑,在刑罚执行完毕后五年内又犯贩卖毒品罪,系累犯和毒品再犯,主观恶性深,人身危险性大,应依法从重处罚。农某贩卖、运输毒品数量大,应依法惩处。据此,依法对被告人练某雄判处并核准死刑,对被告人农某判处死刑,缓期二年执行。

黎某华等贩卖毒品案

《最高人民法院发布毒品犯罪典型案例》第5号
2012年2月14日

【基本案情】

被告人黎某华,男,壮族,1966年5月10日出生,无业。1983年12月6日因犯抢劫罪被判处有期徒刑四年。

被告人赵某耳,男,汉族,1973年11月5日出生,无业。2007年5月因犯贩卖毒品罪被判处有期徒刑三年,2008年1月15日被暂予监外执行。

被告人邓某华,男,汉族,1966年3月25日出生,无业。1981年9月因犯抢劫罪、强奸罪被判处有期徒刑九年。

被告人熊某设,男,汉族,1964年1月23日出生,无业。1986年8月因犯盗窃武器装备罪被判处有期徒刑五年,1990年刑满释放;1994年7月因犯盗窃罪被判处有期徒刑十年。

被告人刘某，男，汉族，1973年1月19日出生，无业。

2009年6月1日，被告人刘某、赵某耳、邓某华、熊某设租乘汽车从湖北省石首市前往广西壮族自治区宁明县，准备向被告人黎某华购买海洛因用于贩卖牟利。次日中午，刘某、赵某耳先后2次以每块10万元的价格向黎某华购得海洛因共4块，刘某等4人每人分购1块。赵某耳另以3万元的价格向黎某华购得散装海洛因100克。同月3日凌晨，刘某等4人携带所购海洛因乘汽车返回湖北途中被抓获，公安人员当场从4人处查获海洛因共计1487.4克。当日，公安人员在刘某的协助下将黎某华抓获。

2008年7月至10月，被告人刘某多次向他人贩卖海洛因共计283克。2008年间，被告人熊某设多次向他人贩卖海洛因。

2006年6月4日及8月10日，被告人邓某华伙同他人在上海市浦东新区抢劫2次，共劫得5200元现金和价值1.5万余元的财物。

【裁判结果】

法院认为，被告人黎某华明知是毒品而贩卖，被告人刘某、赵某耳、邓某华、熊某设以贩卖为目的购买毒品，刘某、熊某设还曾向他人贩卖毒品，其行为均已构成贩卖毒品罪；邓某华伙同他人抢劫财物，其行为还构成抢劫罪。黎某华贩卖毒品数量大，社会危害大，罪行极其严重，且曾因犯罪被判刑，主观恶性深，人身危险性大，应依法惩处。赵某耳贩卖毒品数量大，且曾因犯贩卖毒品罪被判刑，在暂予监外执行期间又犯贩卖毒品罪，系毒品再犯，应依法从重处罚，并数罪并罚。邓某华贩卖毒品数量大，还犯有抢劫罪，且曾因犯罪被判刑，主观恶性深，人身危险性大，应依法惩处并数罪并罚。熊某设多次贩卖毒品，数量大，且曾两次因犯罪被判刑，主观恶性深，人身危险性大，应依法惩处。刘某多次贩卖毒品，数量大，鉴于其归案后协助公安机关抓获黎某华，有重大立功表现，可依法从轻处罚。据此，依法对被告人黎某华判处并核准死刑，对被告人赵某耳、邓某华、熊某设均判处无期徒刑，对被告人刘某判处有期徒刑十五年。

刘某成等贩卖、运输毒品案
——多次组织艾滋病人运输毒品、多次利用未成年人
贩卖毒品,罪行极其严重

《最高人民法院发布六起毒品犯罪及吸毒诱发的
严重犯罪典型案例》第1号
2012年6月26日

【基本案情】

被告人刘某成,男,汉族,1969年1月4日出生,农民。

2001年12月至2007年1月,被告人刘某成单独或伙同他人组织多人(其中多数为艾滋病人)到云南省芒市、瑞丽市,采用人体藏毒等方式向河南省郑州市、广东省广州市等地运输海洛因9次,每次运输海洛因50克到976克不等,共计运输海洛因2666.62克。

2005年7月至2008年4月,被告人刘某成在广州市向童某明(已另案判刑)贩卖海洛因1次92.1克,向王某花(另案处理)贩卖海洛因1次10克,在郑州市向苏某京(同案被告人,判处无期徒刑)贩卖海洛因10次共889.7克,共计贩卖海洛因12次991.8克。其中,刘某成直接与购毒人员交易海洛因4次,指使他人与购毒人员交易8次(其中3次系指使同一名未成年人与购毒人员交易)。

综上,被告人刘某成单独或伙同他人贩卖、运输海洛因21次共3658.42克。刘某成到案后,揭发他人贩卖、运输海洛因296克的犯罪行为,经查证属实。

【裁判结果】

本案由河南省开封市中级人民法院一审,河南省高级人民法院二审。最高人民法院依法对被告人刘某成贩卖、运输毒品一案进行死刑复核。

法院认为,被告人刘某成明知是毒品而贩卖、运输,其行为已构成贩卖、运输毒品罪。刘某成贩卖、运输毒品次数多、数量大,社会危害大。刘某成在共同犯罪中起主要作用,系主犯,且具有组织艾滋病人运输毒品,利用未

成年人贩卖毒品等情节,罪行极其严重,应依法从重处罚。刘某成到案后揭发他人重大犯罪行为,经查证属实,具有重大立功表现,但刘某成所犯罪行极其严重,功不足以抵罪,依法不予从轻处罚。据此,依法对被告人刘某成判处并核准死刑。

罪犯刘某成于 2012 年 3 月 31 日被依法执行死刑。

忽某武贩卖毒品案
—— 曾因贩卖毒品被判处重刑,刑罚执行完毕后
又贩卖毒品,罪行极其严重

《最高人民法院发布六起毒品犯罪及吸毒诱发的
严重犯罪典型案例》第 2 号
2012 年 6 月 26 日

【基本案情】

被告人忽某武,男,回族,1947 年 2 月 1 日出生,农民。1992 年 3 月 9 日因犯贩卖毒品罪被判处死刑,缓期二年执行,2007 年 10 月 13 日被假释,2009 年 12 月 12 日假释考验期满。

2010 年 12 月 29 日,被告人忽某武在云南省巍山彝族回族自治县购得 2 块海洛因,准备前往宁夏回族自治区吴中市贩卖。次日,忽某武携带所购海洛因从云南省大理市下关镇乘坐长途汽车,当车行至云南省南华县南永公路南华收费站时,公安人员当场从汽车行李厢中忽某武的旅行包内查获海洛因 700 克。

【裁判结果】

本案由云南省楚雄彝族自治州中级人民法院一审,云南省高级人民法院二审。最高人民法院依法对被告人忽某武贩卖毒品一案进行死刑复核。

法院认为,被告人忽某武明知是毒品而贩卖,其行为已构成贩卖毒品罪。忽某武贩卖毒品数量大,社会危害大,罪行极其严重,其曾因犯贩卖毒品罪被判处死刑,缓期二年执行,在刑罚执行完毕后五年内又犯贩卖毒品罪,系累犯、毒品再犯,主观恶性深,人身危险性大,应依法从重处罚。据此,依

法对被告人忽某武判处并核准死刑。

罪犯忽某武于 2012 年 6 月 20 日被依法执行死刑。

王某情等非法买卖制毒物品案
——利用麻黄碱类复方制剂提炼制毒物品后进行
贩卖，以非法买卖制毒物品罪定罪处罚

《最高人民法院发布六起毒品犯罪及吸毒诱发的
严重犯罪典型案例》第 4 号
2012 年 6 月 26 日

【基本案情】

被告人王某情，男，汉族，1965 年 7 月 2 日出生，农民。2003 年 9 月 30 日因犯非法经营罪被判处有期徒刑六个月。

被告人杨某先，男，汉族，1966 年 3 月 17 日出生，无业。

被告人王某祥，男，汉族，1974 年 2 月 4 日出生，农民。

被告人张某，男，汉族，1965 年 1 月 23 日出生，农民。

被告人王某林，男，汉族，1962 年 8 月 10 日出生，农民。

被告人曾某宝，男，汉族，1982 年 3 月 18 日出生，农民。

被告人刘某全，男，汉族，1967 年 6 月 11 日出生，农民。

被告人刘某辉，男，汉族，1963 年 7 月 23 日出生，农民。

2009 年 4 月，被告人杨某先为贩卖麻黄碱牟利，租用四川省双流县一废弃厂房，雇用被告人曾某宝、刘某全、刘某辉等人利用其非法购得的"复方茶碱麻黄碱片"提炼麻黄碱。2010 年 3 月 9 日，杨某先指使曾某宝将提炼出的 200 千克麻黄碱贩卖给被告人王某情。同月 12 日，公安人员在上述加工厂内查获一批生产设备和配剂，从厂内水池中查获含有麻黄碱成分的液体，另从杨某先的办公室查获 28.38 余千克的麻黄碱。

2010 年 1 月至 3 月，被告人王某情多次从被告人杨某先等人处购买麻黄碱后，先后 4 次组织或者伙同被告人王某祥、张某、王某林等人驾车将共计 475 余千克的麻黄碱从四川省运输至广东省贩卖给他人。

【裁判结果】

本案由四川省成都市中级人民法院一审,四川省高级人民法院二审。

法院认为,被告人王某情、王某祥、张某、王某林非法买卖国家管制的制毒物品麻黄碱,被告人杨某先、曾某宝非法制造麻黄碱并贩卖牟利,被告人刘某全、刘某辉明知他人贩卖麻黄碱而为其生产制造,其行为均已构成非法买卖制毒物品罪。王某情非法购买麻黄碱后多次组织他人并亲自参与贩卖,数量大,在共同犯罪中起组织、指挥作用,系主犯,应按照其组织、指挥和参与的全部犯罪处罚。王某祥、张某、王某林非法买卖麻黄碱数量大,均系受指使参与犯罪,在共同犯罪中起次要作用,系从犯,应依法从轻处罚。杨某先雇用他人制造并贩卖麻黄碱,数量大,在共同犯罪中起组织、指挥作用,系主犯,应按照其组织、指挥的全部犯罪处罚。曾某宝、刘某全、刘某辉受雇参与制造或者贩卖麻黄碱,数量大,在共同犯罪中均起次要作用,系从犯,应依法从轻处罚。据此,依法对被告人王某情判处有期徒刑十年,对被告人杨某先判处有期徒刑八年六个月,对被告人王某祥判处有期徒刑七年,对被告人王某林判处有期徒刑六年,对被告人张某、曾某宝均判处有期徒刑五年,对被告人刘某全判处有期徒刑三年六个月,对被告人刘某辉判处有期徒刑三年。

上述裁判于 2012 年 6 月 20 日发生法律效力。

席某龙等贩卖、制造毒品案
——利用麻黄碱类复方制剂提炼制毒物品后制造毒品,
以制造毒品罪定罪处罚

《最高人民法院发布六起毒品犯罪及吸毒诱发的
严重犯罪典型案例》第 5 号
2012 年 6 月 26 日

【基本案情】

被告人席某龙,男,汉族,1976 年 11 月 14 日出生,无业。

被告人梁某冰,男,蒙古族,1982 年 11 月 23 日出生,无业。

被告人王某，男，汉族，1989年4月12日出生，工人。

2011年七八月间，被告人席某龙通过网络聊天、打电话等方式，向被告人王某学习利用"新康泰克胶囊"提炼伪麻黄碱制造甲基苯丙胺的方法。同年9月，席某龙与被告人梁某冰共谋制造甲基苯丙胺贩卖牟利，由梁某冰出资购买制毒所需的"新康泰克胶囊"并联系毒品销路，席某龙出资购买其他制毒原料、设备并负责具体制造。后席某龙在内蒙古自治区呼和浩特市、赤峰市的租房内利用"新康泰克胶囊"提炼伪麻黄碱制成甲基苯丙胺47克。经梁某冰联系，席某龙将其中的15克甲基苯丙胺贩卖给他人。

【裁判结果】

本案由内蒙古自治区赤峰市红山区人民法院审理。

法院认为，被告人席某龙、梁某冰制造毒品后进行贩卖，其行为均已构成贩卖、制造毒品罪。被告人王某向他人传授制造毒品的方法，其行为已构成传授犯罪方法罪。席某龙、梁某冰共同制造甲基苯丙胺47克，并将其中的15克甲基苯丙胺贩卖给他人，贩卖、制造毒品数量较大，均应依法惩处。席某龙归案后如实供述罪行，并协助抓捕王某，有立功表现，依法对其从轻处罚。梁某冰、王某归案后如实供述罪行，均依法从轻处罚。据此，依法对被告人席某龙、梁某冰均判处有期徒刑十三年，对被告人王某判处有期徒刑三年。

上述裁判于2012年5月7日发生法律效力。

陈某东等贩卖、制造毒品案
——明知他人利用麻黄碱类复方制剂制造毒品，为其提供帮助，以制造毒品罪的共犯论处

《最高人民法院发布六起毒品犯罪及吸毒诱发的
严重犯罪典型案例》第6号
2012年6月26日

【基本案情】

被告人陈某东，男，汉族，1972年2月20日出生，无业。

被告人刘某林，男，汉族，1972年8月2日出生，农民。1996年2月2日因犯盗窃罪被判处有期徒刑七年。

被告人周某红，女，汉族，1990年3月27日出生，农民。

2010年9月至2011年2月，被告人陈某东在广东省广州市萝岗区的租住房内制造甲基苯丙胺，并先后纠集被告人刘某林、周某红共同参与。陈某东出资并指使刘某林购买制毒所需的"新康泰克胶囊"及其他原料、设备，约定事成后共同分配利润，指使周某红为其拆除胶囊包装，向周支付报酬并承诺获利后为周在家乡盖房，其本人利用上述药品提炼伪麻黄碱制造甲基苯丙胺。2011年2月22日，公安人员在上述租房内查获含甲基苯丙胺成分的药片47.6克、液体5585克，含伪麻黄碱成分的胶囊1167克、药片2460克、液体和固液混合物3289克及其他制毒原料、工具一批。

2010年11月至2011年2月，被告人陈某东先后4次将购买的共计273克甲基苯丙胺和1100粒"麻古"贩卖给他人。2011年2月22日，公安人员从陈某东的轿车内查获其购买的含甲基苯丙胺成分的白色晶体10.88克和红色药片1.05克。

【裁判结果】

本案由广东省广州市中级人民法院一审，广东省高级人民法院二审。

法院认为，被告人陈某东明知是毒品而贩卖，并伙同他人制造毒品，其行为已构成贩卖、制造毒品罪。被告人刘某林、周某红伙同他人制造毒品，其行为均已构成制造毒品罪。陈某东贩卖、制造毒品数量大，在制造毒品共同犯罪中起组织、指挥作用并为主进行制毒操作，系主犯，应按照其组织、指挥和参与的全部犯罪处罚。刘某林、周某红参与制造毒品数量大，明知他人制造毒品而为其提供帮助，在共同犯罪中起次要作用，系从犯，且归案后如实供述罪行，均依法减轻处罚。据此，依法对被告人陈某东判处无期徒刑，对被告人刘某林判处有期徒刑十年，对被告人周某红判处有期徒刑三年。

上述裁判于2012年6月18日发生法律效力。

孙某等运输毒品案
——纠集他人运输毒品数量巨大，罪行极其严重

《最高人民法院公布五起毒品犯罪及吸毒诱发的严重犯罪典型》第 1 号
2013 年 6 月 27 日

【基本案情】

被告人孙某，男，彝族，1974 年 5 月 20 日出生，无业。

2011 年 1 月 15 日凌晨，被告人孙某邀约比某、刘某荣、初某（均系同案被告人），从云南省勐海县西定乡携带毒品分乘两辆摩托车前往云南省景洪市。当日 2 时 25 分，孙某一行 4 人行驶至西定乡旧过村委会勐安查缉点时被抓获，公安人员当场查获海洛因 6287 克、"麻古"（含甲基苯丙胺成分）91 克。

【裁判结果】

法院认为，被告人孙某运输毒品的行为已构成运输毒品罪。孙某运输毒品数量巨大，社会危害大，罪行极其严重，应依法惩处。孙某提起犯意并纠集他人运输毒品，在共同犯罪中起主要作用，系主犯，应当按照其组织、指挥和参与的全部犯罪处罚。据此，依法对被告人孙某判处并核准死刑。另对同案被告人比某、刘某荣、初某分别判处死刑缓期二年执行、无期徒刑、有期徒刑十五年。

黄某中、王某等贩卖、运输毒品、非法持有枪支案
——黄某中系累犯，王某在涉嫌贩卖毒品被采取
强制措施期间继续贩卖毒品，均罪行极其严重

《最高人民法院公布五起毒品犯罪及吸毒诱发的严重犯罪典型》第 2 号
2013 年 6 月 27 日

【基本案情】

被告人黄某中，男，汉族，1970 年 9 月 21 日出生，农民。1998 年 7 月 13 日因犯抢劫罪、冒充国家工作人员招摇撞骗罪、盗窃罪被判处有期徒刑十四年，2006 年 9 月 3 日刑满释放。

被告人王某，男，汉族，1980 年 8 月 4 日出生，无业。

2010 年 5 月 26 日，被告人黄某中在广东省东莞市雇请车辆，指使王某军（已另案判刑）乘车将所获毒品带至辽宁省大连市，自己另乘飞机返回大连市。王某军将毒品运至大连市后据为己有，向他人贩卖甲基苯丙胺 62 克。同月 31 日，王某军准备再次贩卖毒品时被抓获，公安人员从王某军的房间搜出甲基苯丙胺 894.34 克、"麻古"（含甲基苯丙胺成分）140.6 克。同年 8 月 9 日，黄某中在大连市一饭店门前向他人贩卖毒品时被抓获，公安人员当场查获甲基苯丙胺 143.22 克、"麻古" 0.4 克、海洛因 21.28 克。

被告人王某因涉嫌贩卖毒品于 2009 年 12 月被抓获，2010 年 1 月 14 日被取保候审，同年 6 月 10 日被监视居住。2010 年上半年，王某在大连市先后 2 次从被告人黄某中处购买共计 370 克甲基苯丙胺贩卖给他人。后王某通过吴某利（同案被告人）结识了王某明、廖某全（均系同案被告人）。同年 7 月，王某、吴某利与廖某全、王某明商议合作买卖甲基苯丙胺，由王某出资，王某明被留在大连市作人质，廖某全到四川省购买甲基苯丙胺运至大连市卖给王某。同月 28 日，廖某全携带甲基苯丙胺乘车到达大连市与王某交接时被抓获，公安人员当场从廖某全处搜出甲基苯丙胺 317.5 克，从王某处搜出"麻古" 14.61 克。

综上，被告人黄某中贩卖、运输甲基苯丙胺类毒品 1610.56 克、海洛因 21.28 克，被告人王某贩卖甲基苯丙胺类毒品 702.11 克。

此外，2010年7月，被告人黄某中在大连市将自己所有的手枪1支、子弹1发交给被告人王某，王某又将该手枪和子弹交给赵某善（已另案判刑），后被公安机关查获。

【裁判结果】

法院认为，被告人黄某中贩卖、运输毒品的行为已构成贩卖、运输毒品罪；被告人王某贩卖毒品的行为已构成贩卖毒品罪；黄某中、王某非法持有枪支的行为又均构成非法持有枪支罪。黄某中贩卖、运输毒品次数多，数量大，社会危害大，在与王某军共同贩卖、运输毒品犯罪中系主犯，罪行极其严重，且系累犯，主观恶性深，人身危险性大，应依法从重处罚。王某贩卖毒品次数多，数量大，社会危害大，在与吴某利共同贩卖毒品犯罪中系主犯，且其在涉嫌贩卖毒品被采取强制措施期间继续贩卖毒品，主观恶性深，人身危险性大，罪行极其严重，应依法惩处。对黄某中、王某所犯数罪，均应依法并罚。据此，依法对被告人黄某中、王某均判处并核准死刑。另对同案被告人吴某利、王某明、廖某全均判处无期徒刑。

俞某、孙某贩卖、运输毒品案

——二人共同出资去外地贩运毒品，均系毒品再犯，
孙某还系累犯，均依法严惩

《最高人民法院公布五起毒品犯罪及吸毒诱发的严重犯罪典型》第3号
2013年6月27日

【基本案情】

被告人俞某，男，汉族，1971年7月29日出生，无业。1988年10月因犯流氓罪、故意伤害罪被判处有期徒刑五年。2009年10月26日因犯贩卖毒品罪被判处有期徒刑一年，缓刑一年。

被告人孙某，男，汉族，1966年11月25日出生，无业。1986年10月因犯盗窃罪被判处有期徒刑一年。1991年9月因犯盗窃罪被判处有期徒刑二年六个月。1996年6月因犯抢劫罪被判处有期徒刑九年。2004年10月因犯非法持有毒品罪被判处有期徒刑一年三个月。2007年6月8日因犯非法持有毒品

罪被判处有期徒刑四年六个月。

2011年7月中旬，被告人俞某、孙某商议共同出资前往湖北省武汉市购买毒品运回浙江省杭州市贩卖。同月21日，孙某租车，俞某乘飞机，分别从杭州市前往武汉市。俞某与他人联系购得毒品后，孙某携带所购毒品返回杭州市。同月23日16时许，孙某在携带所购毒品前往俞某住处的途中被抓获，公安人员当场查获"麻古"（含甲基苯丙胺成分）195.85克、海洛因99.86克、咖啡因20.36克，另从俞某的住处查获甲基苯丙胺1.22克、美沙酮99.78克、巴比妥6.93克、四氢大麻酚1.18克。

此外，2011年六七月间，被告人孙某在杭州市向他人贩卖甲基苯丙胺3次，共计5克。

【裁判结果】

法院认为，被告人俞某、孙某以贩卖为目的购买、运输毒品，孙某还贩卖毒品，二人的行为均已构成贩卖、运输毒品罪。俞某、孙某贩卖、运输毒品数量大，社会危害大，且二人均曾因毒品犯罪被判刑，又犯贩卖、运输毒品罪，均系毒品再犯，孙某还系累犯，二人主观恶性深，人身危险性大，均应依法从重处罚。据此，依法对被告人俞某、孙某均判处死刑，缓期二年执行。

熊某平等贩卖、运输毒品案
——指使他人跨省贩卖、运输毒品数量巨大，罪行极其严重

《最高人民法院公布毒品犯罪及吸毒诱发的严重犯罪典型案例》第1号
2014年6月26日

【基本案情】

被告人熊某平，男，汉族，1990年12月8日出生，农民。

2012年2月，被告人熊某平在四川省开江县指使李某平、林某萍到浙江省温州市帮其贩卖、运输毒品，李、林二人遂来到温州市暂住。同年3月至5月间，熊某平联络好上下家，指使李某平、林某萍到广东省东莞市、汕尾市等地购得甲基苯丙胺（冰毒）3747.5克、海洛因2721.5克，运至温州市卖

出。李某平、林某萍将收取的毒资汇入熊某平指定的银行账户。

2012年5月7日，被告人熊某平联络好毒品上家，指示李某平、林某萍向其指定的银行账户汇入毒资10万元，并让李、林二人携带17万元现金从温州市前往广东省东莞市、陆丰市购买毒品。同月9日上午，李某平、林某萍携所购毒品到达温州市新南汽车站时被抓获，公安人员从二人处缴获海洛因973.6克、甲基苯丙胺1001.2克。同月11日，公安人员从李、林二人在温州市的暂住处缴获海洛因6.43克。同年8月27日，熊某平在四川省开江县被抓获。

综上，被告人熊某平共计贩卖、运输甲基苯丙胺4748.7克、海洛因3701.53克。

【裁判结果】

本案由浙江省温州市中级人民法院一审，浙江省高级人民法院二审。最高人民法院对本案进行了死刑复核。

法院认为，被告人熊某平伙同他人贩卖、运输甲基苯丙胺、海洛因，其行为已构成贩卖、运输毒品罪。在共同犯罪中，熊某平提起犯意，联络毒品上下家，指使他人实施毒品犯罪，系罪行最为严重的主犯，应当按照其所参与和指挥的全部犯罪处罚。李某平、林某萍受熊某平指使，积极实施贩卖、运输毒品犯罪，在共同犯罪中地位、作用相对小于熊某平。熊某平遥控指挥他人两次到广东购买毒品运至温州市贩卖，贩卖、运输毒品数量巨大，社会危害极大，罪行极其严重，应依法惩处。据此，依法对被告人熊某平判处并核准死刑，对另案被告人李某平、林某萍判处死刑，缓期二年执行。

肖某中等贩卖、运输、制造毒品案
——制造、运输毒品数量巨大，并贩卖毒品，罪行极其严重

《最高人民法院公布毒品犯罪及吸毒诱发的严重犯罪典型案例》第2号

2014年6月26日

【基本案情】

被告人肖某中，男，汉族，1966年11月12日出生，无业。1989年12月

7日因犯贪污罪、挪用公款罪被判处有期徒刑八年。

被告人肖某中为制造毒品，租用四川省安岳县李某强家的地下室作为制毒场所。2011年春节前后，肖某中指使李某到四川省成都市购买了大量制毒原料。同年4月4日晚，肖某中伙同李某强、李某、康某在该地下室制出大量甲基苯丙胺液体，后指使康某将上述液体带到肖某中在成都市的一处租住房存放。4月中旬，肖某中、李某又将上述液体带到肖某中在成都市的另一租住房进行提炼结晶。同月22日晚，李某强、李某协助肖某中在地下室再次制出甲基苯丙胺液体。同月25日凌晨，李某按肖某中指示驾车将一瓶甲基苯丙胺液体（重632克）带往四川省乐至县，途中被公安人员截获。当日，公安人员在安岳县将肖某中、李某强抓获，并在李某强家查获甲基苯丙胺固液体17670.5克。同年5月6日，公安人员在肖某中的租住房内查获甲基苯丙胺固液体3686克。经鉴定，上述毒品固液体中甲基苯丙胺含量在24%～65.4%之间的达8000余克。

另，2010年9月，被告人肖某中在成都市向他人贩卖甲基苯丙胺（冰毒）194.463克。

【裁判结果】

本案由四川省资阳市中级人民法院一审，四川省高级人民法院二审。最高人民法院对本案进行了死刑复核。

法院认为，被告人肖某中伙同他人制造、运输甲基苯丙胺，并向他人贩卖甲基苯丙胺，其行为已构成贩卖、运输、制造毒品罪。在共同犯罪中，肖某中租用制毒场地，指使他人购买制毒原料，掌握制毒技术并直接参与制毒，还指使他人运输毒品，系罪行最为严重的主犯，应当按照其所参与和指挥的全部犯罪处罚。李某强、李某、康某在肖某中的纠集下参与制造毒品，在共同犯罪中作用小于肖某中。肖某中伙同他人制造、运输毒品数量巨大，并向他人贩卖毒品，社会危害性极大，罪行极其严重，应依法惩处。据此，依法对被告人肖某中判处并核准死刑，对同案被告人李某强、李某、康某分别判处无期徒刑、有期徒刑十五年、有期徒刑十四年。

罪犯肖某中已于2014年6月24日被依法执行死刑。

杨某树等运输毒品案
——运输毒品数量大,且系累犯和毒品再犯,罪行极其严重

《最高人民法院公布毒品犯罪及吸毒诱发的严重犯罪典型案例》第3号

2014年6月26日

【基本案情】

被告人杨某树,男,汉族,1966年2月26日出生,农民。1989年3月16日因犯盗窃罪被判处有期徒刑二年;2011年2月11日因犯贩卖毒品罪被判处有期徒刑六个月,并处罚金人民币1000元。

2012年3月初,被告人杨某树从其外甥邝某川处得知蒋某在广东省东莞市能联系到毒品卖家,遂将筹集的18万元毒资存入其妻子的工商银行卡。而后,杨某树纠集邝某川等人驾驶邝租赁的轿车从北京市来到东莞市常平镇。杨某树经蒋某介绍,与戴某等人商谈毒品交易事宜,并指使邝某川支付毒资。同月7日,杨某树等人携带所购毒品驾车返回,在北京市通州区一高速公路检查站被截获,公安人员从上述车辆内查获甲基苯丙胺(冰毒)778.32克、甲基苯丙胺片剂("麻古")1.06克。

【裁判结果】

本案由北京市第二中级人民法院一审,北京市高级人民法院二审。最高人民法院对本案进行了死刑复核。

法院认为,被告人杨某树明知是毒品而运输,其行为已构成运输毒品罪。杨某树出资购买并纠集他人运输毒品,在共同犯罪中系主犯,应当按照其所参与的全部犯罪处罚。杨某树运输毒品数量大,社会危害大,罪行极其严重,且其曾因犯贩卖毒品罪被判处有期徒刑,在刑罚执行完毕后五年内又犯运输毒品罪,系累犯和毒品再犯,主观恶性深,人身危险性大,应依法从重处罚。戴某贩卖毒品数量大,在共同犯罪中亦系主犯,鉴于其到案后揭发他人犯罪,有立功情节,依法可从轻处罚。邝某川受杨某树邀约参与毒品犯罪,在共同犯罪中亦系主犯,鉴于其到案后如实供述罪行,并提供同案犯相关信息,依法可从轻处罚。蒋某居间介绍贩卖毒品,在共同犯罪中系从犯,且到案后如

实供述罪行，并有重大立功表现，依法可减轻处罚。据此，依法对被告人杨某树判处并核准死刑，对同案被告人戴某、邝某川、蒋某分别判处死刑缓期二年执行、无期徒刑、有期徒刑十年。

罪犯杨某树已于 2014 年 6 月 20 日被依法执行死刑。

高某、潘某虎贩卖毒品案

——购得毒品后加价贩卖给吸毒人员，依法惩处

《最高人民法院公布毒品犯罪及吸毒诱发的严重犯罪典型案例》第 4 号
2014 年 6 月 26 日

【基本案情】

被告人高某，男，汉族，1979 年 8 月 25 日出生，无业。2007 年 1 月因犯伪造国家机关证件罪、抢劫罪被决定执行有期徒刑五年，并处罚金人民币 2000 元。

被告人潘某虎，男，汉族，1986 年 6 月 18 日出生，无业。

2013 年 5 月初，江苏省扬州市的吸毒人员谢某某打电话给被告人高某约购甲基苯丙胺（冰毒），双方约定一套甲基苯丙胺（约 25 克）8000 元，另加路费 500 元。后高某电话联系被告人潘某虎，潘从他人处以 7500 元购得一套甲基苯丙胺。同月 7 日，高某、潘某虎携带上述毒品从江苏省宜兴市开车到扬州市，途中潘某虎给高某少量甲基苯丙胺作为样品。高某、潘某虎到扬州后与谢某某准备交易时被抓获，公安人员当场从高某的手提包内查获甲基苯丙胺 2 包（净重 0.74 克），从潘某虎的上衣口袋内查获甲基苯丙胺 1 包（净重 24.29 克）。

【裁判结果】

本案由江苏省扬州市广陵区人民法院一审，扬州市中级人民法院二审。

法院认为，被告人高某、潘某虎贩卖甲基苯丙胺，其行为均已构成贩卖毒品罪。高某、潘某虎贩卖甲基苯丙胺 25.03 克，在共同犯罪中均系主犯，应当按照其所参与的全部犯罪处罚。高某曾因犯罪被判处有期徒刑，在刑罚执行完毕后五年内又犯贩卖毒品罪，系累犯，应依法从重处罚。据此，依法

对被告人高某、潘某虎分别判处有期徒刑九年、有期徒刑八年六个月。

上述裁判已于 2014 年 3 月 21 日发生法律效力。

郭某荣、郭某辉贩卖、运输毒品案

《最高人民法院发布 98 起未成年人审判工作典型案例》第 25 号

2014 年 11 月 24 日

【基本案情】

2011 年 11 月 23 日晚,被告人郭某荣(时年 17 岁)经被告人郭某辉(时年 17 岁,系某中专在读生)介绍,一同乘车至福建省惠安县一 KTV 附近。郭某荣以 500 元的价格向他人购买 1 包重约 16 克的氯胺酮(俗称"K 粉"),并与郭某辉一同带至泉州市泉港区。途中,郭某荣从购买的氯胺酮中取出一小部分供郭某辉吸食。后郭某荣将氯胺酮分成 80 小包,并将其中的 50 小包分别售卖,共得款人民币 900 元。2011 年 11 月 29 日,郭某荣被抓获,公安机关在其乘坐的轿车上扣押氯胺酮 11 包(共 2.16 克)及人民币 187 元。

【裁判结果】

泉港区人民法院经审理认为,郭某辉明知郭某荣在贩卖毒品,而居间介绍其购买并共同运输氯胺酮 16 克,郭某荣将其中部分氯胺酮多次贩卖给他人,郭某荣、郭某辉的行为均已构成贩卖、运输毒品罪,系共同犯罪,且郭某荣的行为属情节严重。郭某荣、郭某辉犯罪时已满 16 周岁未满 18 周岁,依法应当从轻或减轻处罚。郭某荣、郭某辉如实供述自己的罪行且自愿认罪,依法可以从轻处罚。郭某荣家属代为退出违法所得,酌情对郭某荣从轻处罚。综上,依法对郭某荣减轻处罚,依法对郭某辉从轻处罚。依照《刑法》有关规定,判决被告人郭某荣犯贩卖、运输毒品罪,判处有期徒刑一年六个月,缓刑二年,并处罚金人民币 1000 元。被告人郭某辉犯贩卖、运输毒品罪,判处有期徒刑七个月,缓刑一年,并处罚金人民币 500 元。

【案例评析】

本案是一起未成年在校生居间介绍贩毒者购买并共同运输毒品的案例,

争议焦点在于以免费吸食毒品为好处而居间介绍买卖毒品的行为是否构成贩卖毒品罪。

近年来，一些在读的学生因交友不慎误吸食毒品，或出于好奇吸食毒品，从而染上毒瘾。由于缺少稳定的资金来源，在生活费花完后，他们只能铤而走险筹集毒资，想方设法获取毒品，最终走上犯罪道路。

陈某亮贩卖、运输毒品、于某库贩卖毒品案
——跨省贩卖、运输毒品，数量大，且均具有
从重处罚情节，罪行极其严重

《最高人民法院发布5起毒品犯罪及吸毒诱发的
严重犯罪典型案例》第1号
2015年6月25日

【基本案情】

被告人陈某亮，男，汉族，1971年4月26日出生，无业。1989年10月9日因犯盗窃罪、抢劫罪被判处无期徒刑，剥夺政治权利终身，2006年7月29日刑满释放。

被告人于某库，男，汉族，1962年10月7日出生，无业。1996年11月21日因犯贩卖毒品罪被判处有期徒刑九年；2004年9月8日因犯贩卖毒品罪被判处有期徒刑二年，并处罚金人民币1000元，2006年5月5日刑满释放。

2011年年初，被告人陈某亮从外地购回甲基苯丙胺（冰毒）700克，因质量不好未能全部卖出，剩余683.32克毒品藏于其辽宁省鞍山市的住所内。

2011年9月8日，被告人陈某亮到广东省广州市，从被告人于某库处购得甲基苯丙胺300克及少量甲基苯丙胺片剂（"麻古"）带回鞍山市，向多人进行贩卖，所剩81克甲基苯丙胺在案发后被查获。

2011年9月25日，被告人陈某亮再次前往广州市，从被告人于某库处购得甲基苯丙胺2474.5克、甲基苯丙胺片剂57.1克。同月28日，陈某亮回到其鞍山市的住所楼下时被抓获，公安人员当场查获本次所购毒品。公安人员还在陈某亮住所内查获前述质量不好的甲基苯丙胺683.32克，以及含甲基苯丙胺成分的红色粉末21.71克、甲基苯丙胺片剂2.05克。陈某亮到案后协助

公安人员抓获于某库。

综上,被告人陈某亮贩卖、运输甲基苯丙胺和甲基苯丙胺片剂共计3500余克;被告人于某库贩卖甲基苯丙胺和甲基苯丙胺片剂共计2800余克。

【裁判结果】

本案由辽宁省鞍山市中级人民法院一审,辽宁省高级人民法院二审。最高人民法院对本案进行了死刑复核。

法院认为,被告人陈某亮非法贩卖、运输甲基苯丙胺,其行为已构成贩卖、运输毒品罪;被告人于某库非法贩卖甲基苯丙胺,其行为已构成贩卖毒品罪。陈某亮多次贩卖、运输毒品,数量大,社会危害大,罪行极其严重,且其曾因犯盗窃罪、抢劫罪被判处无期徒刑,刑罚执行完毕后又犯罪,主观恶性深,人身危险性大,应依法惩处。虽然陈某亮具有重大立功表现,但不足以从轻处罚。于某库贩卖毒品数量大,社会危害大,罪行极其严重,且其曾两次因犯贩卖毒品罪被判刑,刑罚执行完毕后又犯贩卖毒品罪,系毒品再犯,主观恶性深,人身危险性大,应依法从重处罚。据此,依法对被告人陈某亮、于某库均判处并核准死刑。

邓某贩卖、制造毒品、非法持有枪支、弹药、容留他人吸毒、黄某、黄某荣制造毒品、刘某贩卖毒品案
——制造、贩卖氯胺酮,数量大,罪行极其严重

《最高人民法院发布5起毒品犯罪及吸毒诱发的
严重犯罪典型案例》第2号
2015年6月25日

【基本案情】

被告人邓某,男,汉族,1986年9月13日出生,无业。

被告人黄某,男,汉族,1985年7月23日出生,农民。

被告人刘某,男,汉族,1985年11月14日出生,无业。

被告人黄某荣,男,汉族,1974年12月20日出生,农民。

2010年7月,被告人邓某出资让被告人黄某在四川省双流县黄某的老家

修建房屋用于制造毒品。黄某建好房屋后，纠集被告人黄某荣制造氯胺酮。同年8月中下旬到9月初，黄某共制造出3批氯胺酮，均交给邓某并领取报酬，邓某安排被告人刘某进行贩卖。同年9月2日，邓某租赁了四川省成都市某小区403房用于存放毒品。同月5日，公安人员在成都市另一小区抓获在房内吸毒的邓某等4人，当场查获氯胺酮26.55克，含甲基苯丙胺、氯胺酮成分的白色晶体5.93克，仿"六四"式手枪1支及子弹35发。公安人员另从邓某身上搜出上述403房的钥匙，在该房内查获氯胺酮13486克，后从黄某家中查获大量制毒原料及制毒工具。

【裁判结果】

本案由四川省成都市中级人民法院一审，四川省高级人民法院二审。最高人民法院对本案进行了死刑复核。

法院认为，被告人邓某伙同他人非法制造、贩卖氯胺酮，其行为已构成贩卖、制造毒品罪；邓某非法持有具有杀伤力的枪支、子弹，其行为又构成非法持有枪支、弹药罪；邓某容留他人吸食毒品，其行为还构成容留他人吸毒罪。在制造毒品共同犯罪中，邓某提供资金与交通工具，支配制造出的毒品，起组织、指挥作用，系罪责最大的主犯，应当按照其所参与和指挥的全部犯罪处罚；被告人黄某、黄某荣在邓某的纠集下参与制造毒品，在共同犯罪中作用小于邓某。在贩卖毒品共同犯罪中，邓某安排被告人刘某贩卖毒品，亦系主犯；刘某在邓某的纠集下参与贩卖毒品，作用小于邓某。邓某制造、贩卖毒品数量大，其中部分毒品已流入社会，社会危害大，罪行极其严重，应依法惩处。对邓某所犯数罪，应依法并罚。据此，依法对被告人邓某判处并核准死刑，对被告人黄某、刘某、黄某荣分别判处无期徒刑、有期徒刑十五年、有期徒刑七年。

苏某洁贩卖毒品案
——多次零包贩卖毒品,且系累犯和毒品再犯,依法严惩

《最高人民法院发布 5 起毒品犯罪及吸毒诱发的
严重犯罪典型案例》第 4 号
2015 年 6 月 25 日

【基本案情】

被告人苏某洁,男,汉族,1988 年 4 月 24 日出生,农民。2011 年 10 月 9 日因犯贩卖毒品罪被判处有期徒刑一年四个月,并处罚金人民币 6000 元,2012 年 1 月 16 日刑满释放。

被告人苏某洁为以贩养吸,在广东省潮州市多次将海洛因贩卖给 2 名吸毒人员。2014 年 2 月至 3 月间,苏某洁在该市潮安区一陶瓷厂附近,先后 15 次向吸毒人员苏某杭贩卖海洛因,每次 0.1 克,价格为 100 元。同年 7 月至 8 月间,苏某洁在潮安区一菜市场附近,以相同价格先后 15 次向吸毒人员苏某贩卖海洛因,每次 0.1 克。同年 10 月 25 日,公安人员抓获苏某洁,并从其身上查获海洛因 0.85 克。

【裁判结果】

本案由广东省潮州市潮安区人民法院审理。

法院认为,被告人苏某洁非法贩卖海洛因,其行为已构成贩卖毒品罪。苏某洁多次贩卖毒品,情节严重,且其曾因犯贩卖毒品罪被判刑,在刑罚执行完毕后五年内又犯贩卖毒品罪,系累犯和毒品再犯,主观恶性深,人身危险性大,应依法从重处罚。据此,依法对被告人苏某洁判处有期徒刑三年九个月。

宣判后,在法定期限内没有上诉、抗诉,上述裁判已于 2015 年 5 月 1 日发生法律效力。

唐某平走私、贩卖、运输毒品案
——跨国毒品犯罪，数量特别巨大，且系累犯，罪行极其严重

《最高人民法院公布毒品犯罪及吸毒诱发次生
犯罪十大典型案例》第 1 号
2016 年 6 月 24 日

【基本案情】

被告人唐某平，男，汉族，1969 年 8 月 16 日出生，农民。1992 年 6 月 18 日因犯盗窃罪被判处有期徒刑三年；2004 年 11 月 26 日因犯故意伤害罪被判处有期徒刑十一个月；2010 年 11 月 22 日因犯抢劫罪被判处有期徒刑二年，2012 年 4 月 1 日刑满释放。

2012 年 11 月中旬，被告人唐某平到缅甸联邦邦康市向尼某（已被缅甸司法机关判刑）购买 200 万颗甲基苯丙胺片剂（俗称"麻古"）。尼某联系彭某（另案处理，已判刑）将该批毒品走私入境，后彭某与唐某庄（另案处理，已判刑）将二人向尼某购买的 75 万颗甲基苯丙胺片剂与唐某平所购毒品一起藏在改装的重型货车车厢夹层内进行运输。同年 12 月 2 日，公安人员在云南省孟连傣族拉祜族佤族自治县（以下简称孟连县）一公路上截停上述货车，从车厢夹层内查获甲基苯丙胺片剂共计 256.74 千克，并将唐某庄抓获。

2012 年 12 月，被告人唐某平与刘某新、王某成（均系同案被告人，已判刑）商议共同贩卖毒品，约定由唐某平向尼某联系购买毒品，刘某新、王某成出资并联系运输工具。后刘某新将 150 万元转入唐某平账户用于支付跨境运输费用，王某成在刘某新的安排下将大笔现金送至孟连县一宾馆，交给唐某平的亲戚雷某某。在唐某平的联系下，尼某指使他人将毒品从缅甸联邦邦康市运至孟连县，刘某新安排他人接取毒品后藏匿于一废品收购站内。2013 年 1 月 15 日，公安人员从雷某某所住宾馆房间内查获现金 448.16 万元，并于次日在上述废品收购站和一处简易房内查获甲基苯丙胺片剂共计 96.45 千克。

【裁判结果】

本案由云南省普洱市中级人民法院一审，云南省高级人民法院二审。最

高人民法院对本案进行了死刑复核。

法院认为,被告人唐某平伙同他人走私、贩卖、运输甲基苯丙胺片剂,其行为已构成走私、贩卖、运输毒品罪。在共同犯罪中,唐某平出境联系购买毒品,并组织、指挥他人支付毒资、接取毒品,系罪责最为严重的主犯,应当按照其所参与和组织、指挥的全部犯罪处罚。唐某平走私、贩卖、运输毒品数量特别巨大,社会危害极大,罪行极其严重,且其曾多次因犯罪被判刑,在刑罚执行完毕后五年内又犯罪,系累犯,主观恶性深,人身危险性大,应依法从重处罚。据此,依法对被告人唐某平判处并核准死刑,剥夺政治权利终身,并处没收个人全部财产。

【典型意义】

走私毒品属于源头性毒品犯罪,境外毒品被走私入境后,经犯罪分子层层转卖、运输,扩散至广大内地城市和吸食消费环节,造成了严重的社会危害。"金三角"缅北地区是国内消费市场上甲基苯丙胺片剂的主要来源。本案就是一起典型的将甲基苯丙胺片剂从缅北地区走私入境的跨国毒品犯罪。该案参与人员、犯罪环节众多,涉案毒品数量、毒资数额特别巨大。被告人唐某平两次以贩卖为目的走私毒品入境,其直接联系境外人员购买毒品,利用或纠集他人运输毒品,在共同犯罪中罪责最为突出,且有盗窃、故意伤害、抢劫等多次犯罪前科。人民法院根据唐某平的毒品犯罪数量、情节、危害后果及其在共同犯罪中的地位、作用,并综合考虑其主观恶性、人身危险性,对其判处死刑,体现了依法严惩走私毒品犯罪的一贯立场。

洪某沿制造毒品案
——制造毒品数量巨大,并非法持有枪支、弹药,罪行极其严重

《最高人民法院公布毒品犯罪及吸毒诱发次生
犯罪十大典型案例》第2号
2016年6月24日

【基本案情】

被告人洪某沿,男,汉族,1972年10月16日出生,农民。

2012年7月至2013年5月，被告人洪某沿在其位于广东省陆丰市甲西镇西山一村的旧屋内，伙同他人制造甲基苯丙胺（冰毒），并将制造出的部分毒品藏匿于其在该村的住宅和所经营的某商场内。2013年5月23日，公安人员抓获洪某沿时，当场从其旧屋、住宅和某商场内查获甲基苯丙胺共计8605克，含甲基苯丙胺成分的液体共计45.51千克及化学品、制毒工具一批。同时，从洪某沿住宅和某商场内查获手枪3支、猎枪1支、制式手枪弹46发及其他子弹84发。

【裁判结果】

本案由广东省汕尾市中级人民法院一审，广东省高级人民法院二审。最高人民法院对本案进行了死刑复核。

法院认为，被告人洪某沿伙同他人制造甲基苯丙胺，其行为已构成制造毒品罪；洪某沿违反枪支管理规定，非法持有枪支、子弹，其行为又构成非法持有枪支、弹药罪。洪某沿制造毒品数量巨大，社会危害大，罪行极其严重，应依法惩处。对洪某沿所犯数罪，应依法并罚。据此，依法对被告人洪某沿判处并核准死刑，剥夺政治权利终身，并处没收个人全部财产。

【典型意义】

近年来，随着以甲基苯丙胺为代表的合成毒品在我国滥用人数的不断增长，制造合成毒品犯罪呈加剧之势，制造甲基苯丙胺犯罪突出。本案就是一起典型的制造甲基苯丙胺犯罪案件。被告人洪某沿伙同他人在自家旧屋内制造甲基苯丙胺，数量达8000余克，其还非法持有枪支、弹药，情节严重，具有严重的社会危害性。人民法院根据其犯罪事实、情节，依法对其判处死刑，体现了对制造合成毒品这类源头性毒品犯罪的严厉惩治，充分发挥了刑罚的威慑作用。

舒某坤贩卖毒品案
——假释考验期内大量贩卖毒品,且系毒品再犯,罪行极其严重

《最高人民法院公布毒品犯罪及吸毒诱发次生
犯罪十大典型案例》第 3 号
2016 年 6 月 24 日

【基本案情】

被告人舒某坤,男,汉族,1973 年 5 月 14 日出生,农民。2000 年 4 月 17 日因犯贩卖毒品罪被判处无期徒刑,剥夺政治权利终身,并处没收财产,2011 年 10 月 12 日被假释,假释考验期至 2014 年 9 月 4 日。

2014 年 2 月 22 日,被告人舒某坤在云南省寻甸回族彝族自治县倘甸镇的租住房内,向从贵州省贵阳市来向其购买海洛因的杨某、罗某会(均系同案被告人,已判刑)贩卖毒品。其中,杨某出资购买 600 克海洛因,罗某会出资购买 400 克海洛因,舒某坤还委托二人将 200 克海洛因运回贵阳市代其贩卖。2 月 23 日,杨某、罗某会携带海洛因返回贵阳市,于当日 19 时 30 分许在贵阳市云岩区金关收费站被抓获,公安人员当场从罗某会的提包中查获 1194 克海洛因。2 月 28 日,公安人员在云南省昆明市倘甸工业园区冯家村将舒某坤抓获,当场从其家中查获 1050.4 克海洛因。

【裁判结果】

本案由贵州省贵阳市中级人民法院一审,贵州省高级人民法院二审。最高人民法院对本案进行了死刑复核。

法院认为,被告人舒某坤贩卖海洛因,其行为已构成贩卖毒品罪。舒某坤贩卖毒品数量大,社会危害大,罪行极其严重,应依法惩处。舒某坤曾因犯贩卖毒品罪被判处无期徒刑,在假释考验期内又犯贩卖毒品罪,系毒品再犯,应依法从重处罚,并应撤销假释,与前罪没有执行完毕的刑罚并罚。据此,依法对被告人舒某坤判处并核准死刑,剥夺政治权利终身,并处没收个人全部财产。

【典型意义】

当前，毒品犯罪中累犯、再犯的比例较高，部分毒品犯罪分子在假释或者暂予监外执行期间又实施毒品犯罪，反映出较深的主观恶性和人身危险性，历来是毒品犯罪的重点惩治对象。本案就是一起毒品犯罪分子在假释考验期内又大量贩卖毒品，被依法判处死刑的典型案例。被告人舒某坤系毒品上线，其掌握毒品来源，大量持毒待售，对促成毒品交易起到更大的作用。在抓获舒某坤的同时，另从其住处查获待售的 1000 余克海洛因，应依法认定为其贩卖的毒品。舒某坤在假释考验期内犯新罪，前后两罪均系贩卖毒品罪，且前罪被判处重刑，反映其不思悔改，主观恶性深，人身危险性大。人民法院对舒某坤判处并核准死刑，体现了对罪行极其严重毒品犯罪分子的依法严惩。

孙某贩卖毒品案

——通过网络贩卖毒品，并利用未成年人犯罪，依法严惩

《最高人民法院公布毒品犯罪及吸毒诱发次生
犯罪十大典型案例》第 5 号
2016 年 6 月 24 日

【基本案情】

被告人孙某，女，汉族，1993 年 6 月 9 日出生，无业。

被告人孙某系吸毒人员。2013 年 9 月至 2014 年 3 月，孙某购得甲基苯丙胺后，以其创建的百度贴吧"三妈很强大"及 QQ 群"当岔道已成往事""一口浓烟吐出美好明天"等为载体联系毒品买家，在网上约定交易细节后，将毒品藏在玩具兔子内通过快递寄给买家。孙某多次从在网上认识的杜某伟（另案处理，已判刑）处购买甲基苯丙胺共计 1000 余克，从黄某、周某瑶（均另案处理，已判刑）处购买甲基苯丙胺 110 克，通过网络将购得的毒品贩卖给北京、辽宁、山东、江苏等 20 余个省份的吸毒人员，发送快递共计 200 余件，获毒赃 55 万余元。

2014 年 2 月中下旬，被告人孙某在明知刘某某系未成年人的情况下，仍指使刘为其发送装有甲基苯丙胺的快递，并指使刘协助其对 QQ 群"当岔道

已成往事"进行管理。同年 3 月 6 日，孙某前往湖南省郴州市欲向黄某、周某瑶购买毒品时被抓获，公安人员当场查获其购毒款 3.46 万元。

【裁判结果】

本案由湖南省长沙市中级人民法院审理。

法院认为，被告人孙某伙同他人贩卖甲基苯丙胺，其行为已构成贩卖毒品罪。孙某贩卖毒品数量大，且多次、向多人贩卖，犯罪情节恶劣，社会危害大，应依法惩处。孙某出资购买毒品，积极联系买家，直接交寄毒品，并指使他人参与贩卖毒品，在共同犯罪中起主要作用，系主犯，应当按照其所参与的全部犯罪处罚。孙某利用未成年人贩卖毒品，应依法从重处罚。据此，依法对被告人孙某判处无期徒刑，剥夺政治权利终身，并处没收个人全部财产。

宣判后，在法定期限内没有上诉、抗诉，上述裁判已于 2015 年 7 月 26 日发生法律效力。

【典型意义】

随着信息网络的普及，网络涉毒犯罪呈快速蔓延之势，主要表现为利用网络贩卖毒品、买卖制毒物品、传播制毒技术和组织他人吸毒等。本案就是一起利用互联网贩卖毒品的典型案例。被告人孙某创建百度贴吧、QQ 群用于联系毒品买家，涉毒网络群组人数众多；在短短数月内，其发送涉毒快递 200 余件，贩卖对象覆盖 20 余个省份的吸毒人员，反映出网络毒品犯罪影响范围广、不受地域限制、社会危害大的现实特点。同时，孙某虽有吸毒行为，但其短期内大量购入毒品，主要是为了贩卖，人民法院按照其购买的毒品数量认定其贩卖毒品数量，仅在量刑时对其吸食毒品的情节予以酌情考虑，体现了对此类犯罪的依法从严惩处。当前，互联网是广大群众尤其是青少年获取外界信息的重要渠道，利用互联网实施的毒品犯罪较传统犯罪具有更大的危害性和影响力，对于网络涉毒犯罪应保持高压态势，坚决遏制毒品通过网络渠道蔓延。

莫某友贩卖毒品案
——武装掩护毒品犯罪,依法严惩

《最高人民法院公布毒品犯罪及吸毒诱发次生
犯罪十大典型案例》第 6 号
2016 年 6 月 24 日

【基本案情】

被告人莫某友,男,汉族,1992 年 12 月 9 日出生,农民。

2015 年 3 月 16 日凌晨,被告人莫某友在广西壮族自治区东兴市东兴镇凯迪阳光假日酒店,将 1 小包氯胺酮贩卖给吸毒人员王某某。二人交易结束后被公安人员发现,王某某被当场抓获,公安人员从其身上查获 2.48 克氯胺酮。莫某友在逃跑过程中持随身携带的手枪朝公安人员追来的方向射击,后将携带的 5.23 克甲基苯丙胺、0.79 克氯胺酮丢弃于路边绿化带内。莫某友逃至一交叉路口欲拦车逃跑时被抓获,公安人员当场从其身上查获手枪 1 支、子弹 3 发。

【裁判结果】

本案由广西壮族自治区东兴市人民法院一审,广西壮族自治区防城港市中级人民法院二审。

法院认为,被告人莫某友贩卖甲基苯丙胺、氯胺酮,其行为已构成贩卖毒品罪。莫某友在实施贩卖毒品犯罪的过程中,随身携带枪支,并向公安人员开枪射击,其行为属于《刑法》第三百四十七条第二款第三项规定的武装掩护贩卖毒品,应依法惩处。据此,依法对被告人莫某友判处有期徒刑十五年,并处没收财产人民币 2 万元。

上述裁判已于 2015 年 12 月 4 日发生法律效力。

【典型意义】

近年来,毒品犯罪分子在实施走私、贩卖、运输、制造毒品犯罪的过程中,为掩护犯罪而携带枪支、弹药、爆炸物的案件屡有发生。特别是在广西、云南等边境地区，"枪毒合流"案件呈上升趋势。武装掩护毒品犯罪，不仅大大增加了执法机关查缉毒品犯罪的风险，也对社会治安和人民群众的生命财产安全构成威胁，并反映出犯罪分子较深的主观恶性和较大的人身危险性。因此，《刑法》第三百四十七条第二款第三项规定，犯罪分子具有"武装掩护走私、贩卖、运输、制造毒品"情节的，无论毒品数量多少，均应判处十五年有期徒刑以上刑罚。本案就是一起典型的贩毒人员携带枪支、弹药掩护毒品犯罪的案件。被告人莫某友贩卖少量毒品，却在实施毒品交易时随身携带枪支、弹药，并向追赶的公安人员开枪射击，虽未造成人员伤亡，但仍应认定为武装掩护贩卖毒品。人民法院根据其犯罪事实、情节，依法对其判处有期徒刑十五年，并处没收部分个人财产，体现了对武装掩护型毒品犯罪的依法严惩。

林某武贩卖毒品案
——多次零包贩卖毒品，且系累犯和毒品再犯，依法严惩

《最高人民法院公布毒品犯罪及吸毒诱发次生
犯罪十大典型案例》第 7 号
2016 年 6 月 24 日

【基本案情】

被告人林某武，男，汉族，1968 年 7 月 8 日出生，无业。2009 年 1 月 5 日因犯盗窃罪被判处有期徒刑一年二个月，并处罚金人民币 8000 元；2011 年 1 月 28 日因犯贩卖毒品罪被判处有期徒刑十一个月，并处罚金人民币 1000 元；2012 年 11 月 7 日因犯贩卖毒品罪被判处有期徒刑一年一个月，并处罚金人民币 2000 元，2013 年 7 月 3 日刑满释放。

被告人林某武在福建省东山县铜陵镇家中多次向吸毒人员贩卖海洛因共计 0.7 克。其中，2014 年 11 月 12 日、27 日，林某武在家中两次向吸毒人员洪某贩卖海洛因，每次 0.1 克；同月 13 日、27 日，林某武在家中两次向吸毒人员陈某某贩卖海洛因，每次 0.1 克；同月 25 日、26 日、27 日，林某武在家中三次向吸毒人员何某某贩卖海洛因，每次 0.1 克。同月 27 日，公安人员在林某武家中将其抓获，并当场从客厅查获 0.7 克海洛因。

【裁判结果】

本案由福建省东山县人民法院一审，福建省漳州市中级人民法院二审。

法院认为，被告人林某武贩卖海洛因，其行为已构成贩卖毒品罪。林某武多次并向多人贩卖毒品，犯罪情节严重，且其曾因犯贩卖毒品罪被判刑，在刑罚执行完毕后五年内又犯贩卖毒品罪，系累犯和毒品再犯，应依法从重处罚。据此，依法对被告人林某武判处有期徒刑四年八个月，并处罚金人民币3000元。

上述裁判已于2015年10月29日发生法律效力。

【典型意义】

近年来，受毒品消费市场持续膨胀影响，涉案毒品数量在10克以下的零包贩毒案件增长迅速，且此类案件在贩卖毒品案件乃至全部毒品犯罪案件中均占有较高比例。零包贩毒是毒品犯罪的末端环节，直接导致毒品进入吸食、消费领域，社会危害不容忽视。因此，严厉打击零包贩毒犯罪，是有效遏制毒品问题蔓延和毒品犯罪增长的重要手段。本案中，被告人林某武每次贩卖海洛因仅0.1克，共贩卖海洛因1.4克，虽然数量较少，但其多次并向多名吸毒人员贩卖毒品，具有较大的社会危害性。根据相关司法解释的规定，其犯罪行为属于《刑法》第三百四十七条第四款规定的"情节严重"，依法应当判处三年以上七年以下有期徒刑。林某武有三次犯罪前科，且两次因犯贩卖毒品罪被判刑，仍不思悔改，又贩卖毒品，主观恶性较深。人民法院根据其犯罪事实，以及其系累犯、毒品再犯的情节，在法定量刑幅度内对其从重判处刑罚，较好地贯彻了严厉打击末端毒品犯罪的刑事政策。

李某愉贩卖、运输毒品案
——贩卖、运输毒品数量巨大,且系累犯和毒品再犯,罪行极其严重

《最高人民法院发布毒品犯罪及涉毒次生犯罪十大典型案例》第1号
2017年6月20日

【基本案情】

被告人李某愉,男,汉族,1968年12月15日出生,无业。1996年8月26日因犯盗窃罪被判处有期徒刑五年;2004年3月21日因犯贩卖毒品罪被判处有期徒刑十五年,剥夺政治权利五年,并处没收财产人民币5万元,2012年6月20日刑满释放。

2014年4月和5月,被告人李某愉电话联系孙某东(同案被告人,已判刑)后,先后2次指使李某才(同案被告人,已判刑)到广东省惠东县,从孙某东处分别购买1000克甲基苯丙胺(冰毒)和1000克氯胺酮(俗称"K粉")后运回湖南省益阳市,由李某愉贩卖。同年5月22日,李某愉电话联系孙某东后,于次日与李某才携带购毒款到达惠东县。经孙某东介绍,李某愉向他人购得氯胺酮3000克及甲基苯丙胺5000克。24日5时许,李某愉与李某才携带毒品乘车回到益阳市,李某愉将部分毒品放在某公司楼上203室。6时30分许,李某愉携带毒品到益阳市龙洲路一餐馆与他人见面时被抓获,公安人员当场从李某愉处查获甲基苯丙胺105.9克、氯胺酮1580.4克。当日13时许,公安人员在上述203室内查获甲基苯丙胺4960.8克、氯胺酮2030.2克。综上,李某愉运输、贩卖甲基苯丙胺共计6066.7克、氯胺酮共计4610.6克。

【裁判结果】

本案由湖南省益阳市中级人民法院一审,湖南省高级人民法院二审。最高人民法院对本案进行了死刑复核。

法院认为,被告人李某愉明知甲基苯丙胺、氯胺酮是毒品,而伙同他人贩卖、运输,其行为已构成贩卖、运输毒品罪。在贩卖、运输毒品共同犯罪中,李某愉提供全部购毒款,联系毒品上家或者直接向上家购买毒品,亲自

或者指使同案被告人李某才到广东省惠东县接取毒品,并负责保管、销售毒品,起主要作用,系主犯,应当按照其所指挥和参与的全部犯罪处罚。李某愉多次贩卖、运输毒品,数量巨大,社会危害大,罪行极其严重,且其曾因犯贩卖毒品罪被判处有期徒刑,在刑罚执行完毕后五年内又犯贩卖、运输毒品罪,系累犯和毒品再犯,应依法从重处罚。据此,依法对被告人李某愉判处并核准死刑,剥夺政治权利终身,并处没收个人全部财产。

罪犯李某愉已于2017年4月26日被依法执行死刑。

【典型意义】

近年来,犯罪分子在广东省制造甲基苯丙胺和氯胺酮的情况较为突出,所制毒品流向湖南、湖北、浙江等周边省份甚至更远地区。湖南籍贩毒人员前往广东购买毒品运回当地进行贩卖,是当前湖南毒品犯罪的一个重要特点。本案就是一起典型的从广东购买毒品后运回湖南进行贩卖的案件。被告人李某愉伙同他人在短期内多次从广东省惠东县购买甲基苯丙胺和氯胺酮运回湖南省益阳市进行贩卖,毒品数量巨大,社会危害大,且李某愉曾因犯贩卖毒品罪被判处重刑,属累犯和毒品再犯,并具有盗窃前科,主观恶性深。人民法院根据李某愉犯罪的事实、性质和具体情节,依法对其判处死刑,体现了对此类贩卖、运输毒品犯罪的严惩。

蔡某雄贩卖、制造毒品案

——伙同他人制造、贩卖毒品,数量特别巨大,罪行极其严重

《最高人民法院发布毒品犯罪及涉毒次生犯罪十大典型案例》第2号

2017年6月20日

【基本案情】

被告人蔡某雄,男,汉族,1973年8月2日出生,农民。

2013年7月,被告人蔡某雄以办厂生产胶水为名,租赁位于广西壮族自治区合浦县闸口镇内的一处养猪场,并出资在此秘密建造制毒窝点。同年9月至12月间,蔡某雄先后组织周某强、廖某生、翁某胜、陈某文(均系同案被告人,已判刑)等人,在该窝点内制造毒品氯胺酮(俗称"K粉"),并将

制成的部分氯胺酮在合浦县进行贩卖。同年11月底，在制造出最后一批氯胺酮后，陈某文将氯胺酮运至合浦县廉州镇某小区3栋1B3车库存放。同年12月15日20时许，陈某文受蔡某雄指使，伙同廖某生向他人贩卖氯胺酮时被抓获，公安人员当场从陈某文驾驶的面包车内查扣氯胺酮19862克。随后，公安人员在该小区2栋1单元102室抓获周某强、翁某胜，在该室陈某文居住的房间内查扣氯胺酮861克，在上述车库内查扣氯胺酮125827克，在上述养猪场等处查扣一批制毒设备和原料。

【裁判结果】

本案由广西壮族自治区北海市中级人民法院一审，广西壮族自治区高级人民法院二审。最高人民法院对本案进行了死刑复核。

法院认为，被告人蔡某雄明知氯胺酮是毒品，而伙同他人制造、贩卖，其行为已构成贩卖、制造毒品罪。在共同犯罪中，蔡某雄出资租赁制毒场地，购买制毒设备和原料，纠集人员制造毒品，并指使他人将制造出的部分毒品予以贩卖，起主要作用，系罪责最为严重的主犯，应当按照其所指挥和参与的全部犯罪处罚。蔡某雄制造、贩卖毒品数量特别巨大，社会危害极大，罪行极其严重。据此，依法对被告人蔡某雄判处并核准死刑，剥夺政治权利终身，并处没收个人全部财产。

【典型意义】

氯胺酮是一类精神药品，具有麻醉作用，滥用氯胺酮会产生认知障碍、引起幻觉，危害很大。近年来，滥用氯胺酮等合成毒品的人数呈上升之势，制造氯胺酮犯罪多发，个别地区较为突出。本案就是一起典型的制造、贩卖氯胺酮犯罪案件。被告人蔡某雄系广东籍人员，为牟取非法利益，在广西纠集多人制造出大量氯胺酮并进行贩卖，案发后查获的成品数量达140余千克，社会危害极大，罪行极其严重。人民法院根据蔡某雄犯罪的事实、性质和具体情节，依法对其判处死刑，体现了对制造毒品这类源头性毒品犯罪的严惩政策。

杨某水运输毒品案
——假释考验期内组织怀孕妇女运输毒品，数量特别巨大，
且系毒品再犯，罪行极其严重

《最高人民法院发布毒品犯罪及涉毒次生犯罪十大典型案例》第 3 号
2017 年 6 月 20 日

【基本案情】

被告人杨某水，男，汉族，1986 年 1 月 20 日出生，农民。2004 年 11 月 18 日因犯运输毒品罪被判处有期徒刑十五年，并处没收个人全部财产，2012 年 4 月 30 日被假释，假释考验期至 2014 年 3 月 18 日止。

2013 年 11 月，被告人杨某水在缅甸老街经莫某某（在逃）介绍，商定为一毒贩运输一批毒品到云南省昆明市，运费为 43 万元。后杨某水又与马某某（怀孕妇女，另案处理）商定运输另一批毒品到昆明市，运费为 40 万元。杨某水与卢某忠（同案被告人，已判刑）商议后，确定驾驶两辆轿车共同运输毒品，所得报酬均分。同月 24 日，杨某水与黄某乔（同案被告人，已判刑）和杨某甲（怀孕妇女，另案处理）驾乘一辆起亚牌轿车，卢某忠与字某某（怀孕妇女，另案处理）等人驾乘一辆英伦牌轿车在云南省镇康县南伞镇，先后接应受莫某某指使参与运毒的杨某乙（怀孕妇女，另案处理）和马某某，以及二人携带的装有毒品的行李。杨某水、卢某忠将装有毒品的行李放入英伦牌轿车的后备箱内，杨某水、黄某乔等人驾车在前探路，卢某忠、杨某乙等人驾车在后行驶，前往昆明市。行至云南省龙陵县勐糯镇时，因卢某忠驾驶的轿车出现故障，上述人员分别在该镇两家酒店住宿。次日 10 时许，公安人员在酒店抓获杨某水、卢某忠、黄某乔等人，查获海洛因共计 37140 克、甲基苯丙胺片剂（俗称"麻古"）共计 10467 克。

【裁判结果】

本案由云南省曲靖市中级人民法院一审，云南省高级人民法院二审。最高人民法院对本案进行了死刑复核。

法院认为，被告人杨某水明知海洛因、甲基苯丙胺片剂是毒品，而伙同

他人运输,其行为已构成运输毒品罪。杨某水运输毒品数量特别巨大,社会危害大,罪行极其严重。在共同犯罪中,杨某水负责洽谈运输毒品,安排行程,并邀约同案被告人卢某忠等人共同运输,起主要作用,系主犯,应当按照其所指挥和参与的全部犯罪处罚。杨某水曾因犯运输毒品罪被判刑,又实施运输毒品犯罪,系毒品再犯,主观恶性深,应依法从重处罚。杨某水在假释考验期内犯新罪,应撤销假释,予以并罚。据此,依法对被告人杨某水判处并核准死刑,剥夺政治权利终身,并处没收个人全部财产。

【典型意义】

为牟取高额报酬而组织他人运输毒品,不同于为挣取少量运费而受人指使、雇用运输毒品的情形,对前者应当依法予以严惩。尤其是组织怀孕妇女、病残人员等特殊群体运输毒品的,明显具有逃避法律制裁的目的,体现了更大的社会危害性和主观恶性,在政策把握上更应当体现严厉性。本案是一起典型的组织多名怀孕妇女运输毒品的犯罪案件,参与人员多,涉案毒品数量特别巨大,约定的非法报酬数额巨大。被告人杨某水系运输毒品共同犯罪中的组织者、直接实施者,罪责最为突出。杨某水曾因犯运输毒品罪被判处重刑,被假释后却不思悔改,变本加厉,在假释考验期内又犯运输毒品罪,系毒品再犯,主观恶性极深,应依法从重处罚。人民法院根据杨某水犯罪的事实、性质和具体情节,综合考虑其主观恶性、人身危险性,对其判处死刑,体现了对此类运输毒品犯罪的严惩政策。

臧某贩卖毒品案
——通过互联网贩卖毒品数量大,且系毒品再犯,依法严惩

《最高人民法院发布毒品犯罪及涉毒次生犯罪十大典型案例》第 5 号
2017 年 6 月 20 日

【基本案情】

被告人臧某,男,汉族,1993 年 12 月 15 日出生,农民。2013 年 9 月 23 日因犯贩卖毒品罪被判处拘役四个月,缓刑六个月,并处罚金人民币 3 万元。

2015 年 10 月至 2016 年 1 月间,被告人臧某与赵某、徐某某(均另案处

理）通过QQ或者微信联系后，假借淘宝购物或者以支付宝转账的方式，分别向二人购买甲基苯丙胺（冰毒）共计250克用于贩卖。其中，臧某假借淘宝购物的方式，3次向赵某购买甲基苯丙胺共计180克；假借淘宝购物及直接以支付宝转账的方式，2次向徐某某购买甲基苯丙胺共计70克。2016年1月15日，公安人员抓获臧某，当场查获甲基苯丙胺4.53克。

【裁判结果】

本案由江苏省徐州市中级人民法院审理。

法院认为，被告人臧某明知甲基苯丙胺是毒品而贩卖，其行为已构成贩卖毒品罪。臧某贩卖毒品数量大，且曾因犯贩卖毒品罪被判刑，此次又犯贩卖毒品罪，系毒品再犯，应依法从重处罚。臧某当庭认罪态度较好，可酌情从轻处罚。据此，依法对被告人臧某判处无期徒刑，剥夺政治权利终身，并处没收个人全部财产。

宣判后，在法定期限内没有上诉、抗诉，上述裁判已于2017年4月29日发生法律效力。

【典型意义】

随着电子商务的快速发展，互联网支付、物流配送等配套服务越来越便捷，为生产生活提供了巨大便利。但是，一些不法分子利用信息网络覆盖面广、易隐瞒真实身份等特点，在网络交流平台上散布涉毒信息，借助电子商务平台进行毒品交易，形成毒品犯罪的一个新特点。本案就是一起通过互联网获取涉毒信息，再借助电子商务平台跨地域购买毒品转卖牟利的典型案例。被告人臧某根据QQ群中发布的售毒信息，与上家通过淘宝购物或互联网支付的方式完成毒品交易，5次购买甲基苯丙胺共计250克，贩卖毒品数量大。臧某曾因犯贩卖毒品罪被判刑，仍不知悔改，又贩卖毒品，主观恶性较大。人民法院根据臧某犯罪的事实及其系毒品再犯等情节，对其判处无期徒刑，体现了对此类犯罪的从严惩处。

於某军贩卖毒品案
——多次零包贩卖毒品，依法严惩

《最高人民法院发布毒品犯罪及涉毒次生犯罪十大典型案例》第 6 号
2017 年 6 月 20 日

【基本案情】

於某军，男，汉族，1969 年 12 月 11 日出生，农民。

被告人於某军多次向吸毒人员贩卖甲基苯丙胺（冰毒）共计 15.4 克。其中，2015 年 11 月至 2016 年 2 月间，於某军先后 17 次向陈某贩卖甲基苯丙胺共计 13 克；2016 年 3 月，於某军先后 2 次向吕某某贩卖甲基苯丙胺共计 2.4 克。2016 年 4 月 14 日，公安人员在於某军家中将其抓获，当场查获甲基苯丙胺 12.09 克。

【裁判结果】

本案由浙江省岱山县人民法院一审，浙江省舟山市中级人民法院二审。

法院认为，被告人於某军明知甲基苯丙胺是毒品而贩卖，其行为已构成贩卖毒品罪。於某军贩卖甲基苯丙胺数量较大，且多次贩卖，应依法惩处。据此，依法对被告人於某军判处有期徒刑十一年，并处罚金人民币 5000 元。

上述裁判已于 2016 年 12 月 21 日发生法律效力。

【典型意义】

零包贩毒（一般指贩毒数量 10 克以下）作为末端毒品犯罪，是吸毒者获得毒品的直接渠道。由于我国吸毒人数庞大，零包贩毒案件在毒品犯罪案件中所占比例较高，社会危害不容忽视。要有效遏制毒品蔓延，控制毒品犯罪增长，在严厉打击大宗毒品犯罪的同时，也必须依法打击零包贩毒犯罪。本案被告人於某军每次贩卖甲基苯丙胺仅 1 克左右，但其贩卖毒品近 20 次，共计 15.4 克，同时，从其家中查获 12.09 克毒品，亦应计入其贩卖毒品的数量。《刑法》第三百四十七条第三款规定，贩卖甲基苯丙胺十克以上不满五十克的，处七年以上有期徒刑，并处罚金。人民法院根据於某军多次贩卖甲基苯丙胺共计27.49克的事实，对其判处有期徒刑十一年，体现了对此类末端毒品犯罪的严惩。

杨某贩卖毒品案
——利用未成年人贩卖毒品，依法从重处罚

《最高人民法院发布毒品犯罪及涉毒次生犯罪十大典型案例》第7号

2017年6月20日

【基本案情】

杨某，男，汉族，1993年7月27日出生，农民。

被告人杨某和蒲某（未成年人，另案处理）均系吸毒人员。2016年6月中旬以来，蒲某暂住在杨某租住的四川省射洪县太和镇文化路一出租房内。二人同住期间，杨某向许某、罗某、李某及杨某某（未成年人）贩卖甲基苯丙胺（冰毒）共计10次，约4克，其中9次指使蒲某送货。2016年7月21日，公安人员在杨某租住处将其与蒲某抓获，当场查获甲基苯丙胺6.9克。综上，杨某贩卖甲基苯丙胺共计10.9克。

【裁判结果】

本案由四川省射洪县人民法院审理。

法院认为，被告人杨某明知甲基苯丙胺是毒品而贩卖，其行为已构成贩卖毒品罪。杨某贩卖毒品数量较大，且多次、向多人贩卖，应依法惩处。杨某利用未成年人贩卖毒品，且贩毒对象部分为未成年人，应依法从重处罚。杨某在归案后如实供述犯罪事实，依法可以从轻处罚。据此，依法对被告人杨某判处有期徒刑九年六个月，并处罚金人民币8000元。

宣判后，在法定期限内没有上诉、抗诉，上述裁判已于2017年5月8日发生法律效力。

【典型意义】

未成年人涉毒比例较高是当前毒品滥用与毒品犯罪方面的一个突出特点。一些犯罪分子利用未成年人心智不够成熟、分辨是非能力较弱、好奇心强、

容易受到毒品诱惑的特点，控制、指使未成年人实施毒品犯罪，或者向未成年人出售毒品，严重危害未成年人身心健康。为保护未成年人权益，《刑法》第三百四十七条第六款规定："利用、教唆未成年人走私、贩卖、运输、制造毒品，或者向未成年人出售毒品的，从重处罚。"本案就是一起利用未成年人贩卖毒品，并向未成年人出售毒品的典型案例。被告人杨某通过为未成年人蒲某提供食宿等方式拉拢、控制蒲某，多次指使蒲某为其向购毒人员送毒品，还向未成年人杨某某出售毒品。人民法院根据杨某犯罪的事实和具体情节，对其从重判处刑罚，较好地体现了对未成年人的特别保护。

叶某甲通过网络向未成年人贩卖毒品案

《最高人民法院发布利用互联网侵害未成年人
权益的典型案例》第 6 号
2018 年 6 月 1 日

【基本案情】

被告人叶某甲（16 岁，在校学生）与社会闲散人员交友，社会闲散人员询问叶某甲是否有朋友需要毒品，若有需求可以找其购买，并可以获得好处费。2017 年 1 月至 2 月期间，叶某乙（15 岁，在校学生）因朋友要吸毒请求叶某甲帮忙购买毒品，后通过 QQ 联系与叶某甲商定毒品交易地点、价格、数量。双方先后三次合计以 800 元价格交易共约 1 克甲基苯丙胺。

【裁判结果】

人民法院经审理认为，被告人叶某甲明知是毒品甲基苯丙胺仍多次予以贩卖，情节严重，其行为已构成贩卖毒品罪。叶某甲向在校未成年学生贩卖毒品，应从重处罚；叶某甲犯罪时已满 16 周岁未满 18 周岁，被抓获后如实供述犯罪事实，依法应当减轻处罚。依据《刑法》有关规定，判决被告人叶某甲犯贩卖毒品罪，判处有期徒刑一年十个月，并处罚金人民币 3000 元。

【典型意义】

本案是一起未成年人在校学生之间通过互联网联系后贩卖毒品案件。随着信息网络的普及,网络毒品犯罪呈快速蔓延之势,利用网络向未成年人贩卖毒品更具社会危害性。吸毒贩毒易滋生如卖淫、盗窃、抢劫等其他犯罪行为,涉毒人员也是艾滋病的高危人群。当前,毒品犯罪已由社会进入校园、进入未成年人生活领域,要引起各界高度重视。本案警示:未成年人要正确交友,避免与不良社会闲散人员交往;要深刻认识毒品的危害性,避免被他人引诱沾染恶习。家长要认真履行监护责任,帮助子女禁绝接触毒品的可能性;要经常与子女沟通,及时了解子女生活、学习、交友情况,避免未成年人走上犯罪道路。

何某泽制造毒品案
——制造毒品数量巨大,罪行极其严重

《最高人民法院发布毒品犯罪及涉毒次生犯罪典型案例》第 1 号
2018 年 6 月 26 日

【基本案情】

被告人何某泽,男,汉族,1976 年 10 月 29 日出生,农民。

被告人何某泽住四川省金堂县赵镇现代名都小区。2013 年 9 月 11 日,何某泽指使妻子租赁该镇维罗纳小区 10 幢×单元 903 室,并在该处制造毒品。同年 10 月 31 日,公安人员在何某泽家中将其抓获,当场查获甲基苯丙胺(冰毒)3.7 万余克。随后,公安人员从上述维罗纳小区 903 室查获甲基苯丙胺 220 余克、含甲基苯丙胺成分的固体 5800 余克、液体 2.5 万余克,并查获一批制毒原料和工具。公安人员还从何某泽的制毒场所查获手枪 1 支、子弹 7 发,从其住处查获子弹 2 发。

【裁判结果】

本案由四川省成都市中级人民法院一审,四川省高级人民法院二审。最高人民法院对本案进行了死刑复核。

法院认为,被告人何某泽制造甲基苯丙胺的行为已构成制造毒品罪;何某泽违反枪支管理规定,非法持有枪支的行为又构成非法持有枪支罪。何某泽制造毒品数量巨大,社会危害大,还非法持有枪支,主观恶性深,罪行极其严重，应依法惩处。对何某泽所犯数罪，应依法并罚。据此，依法对被告人何某泽判处并核准死刑，剥夺政治权利终身，并处没收个人全部财产。

【典型意义】

近年来，随着以甲基苯丙胺为代表的合成毒品在我国滥用人数的不断增长，国内制造合成毒品犯罪呈加剧之势，个别地区制造甲基苯丙胺犯罪突出。本案就是一起典型的制造甲基苯丙胺犯罪案件。被告人何某泽在承租房内制造甲基苯丙胺，从其住处和制毒场所查获的甲基苯丙胺成品数量达3.7万余克，还查获含甲基苯丙胺成分的固体、液体共计3万余克，何某泽另非法持有枪支，其行为具有严重的社会危害性。人民法院根据何某泽犯罪的事实、性质和具体情节，依法对其判处死刑，体现了对制造毒品这类源头性毒品犯罪的严厉惩处，充分发挥了刑罚的威慑作用。

刘某贩卖、运输毒品案

——利用信息网络、通过快递方式贩卖、运输毒品
数量大，且系毒品再犯，罪行极其严重

《最高人民法院发布毒品犯罪及涉毒次生犯罪典型案例》第2号
2018年6月26日

【基本案情】

被告人刘某，男，汉族，1984年9月1日出生，无业。2012年11月6日因犯贩卖毒品罪被判处拘役五个月，并处罚金人民币1000元，2013年1月24日刑满释放。

2014年6月27日16时许，被告人刘某到广东省广州市某快递公司，化名"李波"将一个纸盒寄往山东省烟台市。刘某离开后，快递公司工作人员认为该快递件可疑，遂报警。公安人员当日从上述纸盒中查获甲基苯丙胺（冰毒）约600克。

2014年9月初，被告人刘某通过QQ、微信等方式与山东省招远市的孟某霖（已另案判刑）商定，以每克35元的价格卖给孟某霖甲基苯丙胺2000克。孟某霖向刘某提供的账户汇款6万余元后，刘某从广州市将装有甲基苯丙胺

的包裹快递给孟某霖。同月 25 日，孟某霖到招远市某快递公司收取上述包裹时被抓获，公安人员当场查获包裹内的甲基苯丙胺 2000 余克。

2014 年 10 月 20 日左右，被告人刘某通过 QQ、微信等方式与山东省胶州市的陈某宇（同案被告人，已判刑）商定，以 1.05 万元的价格卖给陈某宇甲基苯丙胺 100 克、甲基苯丙胺片剂（俗称"麻古"）100 粒。同月 23 日，刘某通过某快递公司将装有毒品的包裹从广州市寄给陈某宇。同月 26 日，陈某宇的妻子领取上述包裹后带回家中交给陈某宇。同月 27 日 17 时许，公安人员在广州市番禺区刘某租住处楼下将刘某抓获，并在其租住处查获甲基苯丙胺 2100 余克、甲基苯丙胺片剂 280 余克；在番禺区刘某的另一租住处查获含甲基苯丙胺成分的粉末 22.5 克。

【裁判结果】

本案由山东省青岛市中级人民法院一审，山东省高级人民法院二审。最高人民法院对本案进行了死刑复核。

法院认为，被告人刘某非法贩卖、运输甲基苯丙胺、甲基苯丙胺片剂，其行为已构成贩卖、运输毒品罪。刘某多次以快递方式跨省贩卖、运输毒品数量大，社会危害大，罪行极其严重；刘某曾因犯贩卖毒品罪被判刑，刑满释放后仅一年多又犯贩卖、运输毒品罪，系毒品再犯，应当从重处罚。据此，依法对被告人刘某判处并核准死刑，剥夺政治权利终身，并处没收个人全部财产。

【典型意义】

利用信息网络和电子商务平台实施毒品犯罪，是当前毒品犯罪的新动向，物流配送的便捷性又加速了毒品从毒源地向其他省份扩散。一些不法分子利用信息网络和物流配送覆盖面广、易隐瞒真实身份等特点，通过 QQ、微信等方式联系商定毒品交易，以快递方式寄送毒品，此类案件在实践中时有发生。本案被告人刘某通过 QQ、微信等方式与他人联系商定毒品交易，再将毒品快递给对方，共计贩卖、运输 5000 余克甲基苯丙胺及片剂，社会危害大，且其属于毒品再犯，主观恶性深。人民法院根据刘某犯罪的事实、性质及其系毒品再犯等情节，对其判处死刑，体现了对此类犯罪的从严惩处。

孙某芳走私、贩卖毒品案
——走私、贩卖国家管制的新精神活性物质，依法惩处

《最高人民法院发布毒品犯罪及涉毒次生犯罪典型案例》第4号

2018年6月26日

【基本案情】

被告人孙某芳，女，汉族，1981年12月2日出生，经商。

2016年3月，被告人孙某芳明知"4-氯甲卡西酮"（4-CMC）被国家有关部门管制，仍以向境外走私、贩卖为目的，通过互联网购买约20千克"4-氯甲卡西酮"，并安排他人分批次邮寄给境外客户。上述由孙某芳安排发往境外的邮包中，有17批次检出"4-氯甲卡西酮"成分，共计15854.43克。

【裁判结果】

本案由江苏省常州市中级人民法院审理。

法院认为，被告人孙某芳明知"4-氯甲卡西酮"已被国家管制，仍从国内购买后向境外贩卖，其行为已构成走私、贩卖毒品罪。孙某芳归案后如实供述犯罪事实，可以从轻处罚。据此，依法对被告人孙某芳判处有期徒刑十五年，剥夺政治权利五年，并处没收个人财产人民币10万元。

宣判后，在法定期限内没有上诉、抗诉，上述裁判已于2017年11月7日发生法律效力。

【典型意义】

本案所涉毒品"4-氯甲卡西酮"是一种新精神活性物质。新精神活性物质通常是不法分子为逃避打击而对管制毒品进行化学结构修饰所得到的毒品类似物，具有与管制毒品相似或更强的兴奋、致幻、麻醉等效果。为加强对新精神活性物质的管制，2015年国家相关部门制定了《非药用类麻醉药品和精神药品列管办法》，对新精神活性物质进行列举式管制，所有被列管的物质均属于毒品。被告人孙某芳走私、贩卖"4-氯甲卡西酮"数量大，人民法院

根据此类毒品的性质、孙某芳犯罪的具体情节，依法对其判处相应刑罚。

石某美贩卖毒品案
—— 贩卖毒品"神仙水"数量大，依法惩处

《最高人民法院发布毒品犯罪及涉毒次生犯罪典型案例》第 5 号

2018 年 6 月 26 日

【基本案情】

被告人石某美，女，壮族，1988 年 10 月 1 日出生，无业。

2016 年 8 月 4 日 23 时许，被告人石某美向吸毒人员罗某、甘某某出售 5 瓶"神仙水"，价格为 500 元。次日下午公安人员从罗某驾驶的轿车内查获上述"神仙水"，净重共计 49.75 克，经鉴定均未检测出毒品成分。同月 8 日下午，石某美在一宾馆内又向罗某、甘某某出售 20 瓶"神仙水"，被公安人员当场抓获。经鉴定，上述 20 瓶"神仙水"净重共计 396.52 克，均检出甲基苯丙胺（冰毒）及氯胺酮（俗称"K 粉"）成分。

【裁判结果】

本案由广西壮族自治区来宾市兴宾区人民法院审理。

法院认为，被告人石某美明知是毒品而贩卖，其行为已构成贩卖毒品罪。石某美第一次贩卖给罗某的"神仙水"系假毒品，其行为属贩卖毒品未遂；第二次贩卖给罗某、甘某某含甲基苯丙胺、氯胺酮成分的液体毒品数量大，应依法惩处。石某美归案后如实供述犯罪事实，可以从轻处罚。据此，依法对被告人石某美判处有期徒刑十五年，剥夺政治权利二年，并处没收个人财产人民币 5000 元。

宣判后，在法定期限内没有上诉、抗诉，上述裁判已于 2017 年 8 月 6 日发生法律效力。

【典型意义】

"神仙水"是近年来出现的一种混合型液体毒品，常含有甲基苯丙胺、氯胺酮等不同毒品成分，服用后会导致暂时性失忆，甚至出现幻觉，严重的会

导致死亡。被告人石某美贩卖含甲基苯丙胺、氯胺酮成分的"神仙水"约400克,人民法院根据其犯罪的事实和具体情节,依法判处相应刑罚。

袁某国贩卖、运输毒品案
——为准确查明事实,通知侦查人员、鉴定人等出庭作证

《最高人民法院发布毒品犯罪及涉毒次生犯罪典型案例》第8号

2018年6月26日

【基本案情】

被告人袁某国,男,汉族,1974年9月10日出生,无业。

2016年5月至6月10日间,被告人袁某国在江苏省射阳县分4次向刘某某出售甲基苯丙胺(冰毒)共20克,收取毒资8600元。同年6月上旬,袁某国在江苏省盐城市亭湖区分2次向吴某某出售甲基苯丙胺共1克,收取毒资400元。同月11日,袁某国驾车至盐城市亭湖区一小区附近,欲向他人出售甲基苯丙胺时被抓获,公安人员当场从其车内查获甲基苯丙胺2.6克,并从车旁管道内查获其事先藏匿的甲基苯丙胺243.7克。

【裁判结果】

本案由江苏省盐城经济技术开发区人民法院一审,江苏省盐城市中级人民法院二审。

法院认为,被告人袁某国明知是毒品而贩卖、运输,其行为已构成贩卖、运输毒品罪。袁某国贩卖、运输毒品数量大,应依法惩处。据此,依法对被告人袁某国判处有期徒刑十五年,剥夺政治权利五年,并处没收个人财产人民币10万元。

上述裁判已于2018年1月11日发生法律效力。

【典型意义】

毒品犯罪隐蔽性较强,一些犯罪分子为逃避打击,常将准备交易的毒品藏于隐蔽处,这种"人货分离"的方式给认定查获的毒品是否属于犯罪分子所持有、控制带来一定难度。本案就是一起较为典型的"人货分离"案件。

涉案主要毒品系在被告人袁某国所驾驶汽车附近的管道内查获，袁某国在一审中辩称该批毒品非其所有。为准确查明案情，人民法院依法通知参与侦破本案的侦查人员周某某、曹某、鉴定人陈某某及有关证人出庭作证。通过庭审查明袁某国被抓获、毒品被查获的过程，确认从毒品外包装袋上检出的是袁某国的 DNA。上述人员出庭作证体现了以审判为中心的刑事诉讼制度改革的要求，是落实庭审实质化的具体举措，对准确查明案件事实、确保司法公正具有重要现实意义。

吴某、吴某柱贩卖、运输、制造毒品案
——纠集多人制造、运输、贩卖毒品数量特别巨大，罪行极其严重

《最高人民法院发布 2020 年十大毒品（涉毒）犯罪典型案例》案例 1
2020 年 6 月 23 日

【基本案情】

被告人吴某，男，汉族，1972 年 8 月 17 日出生，农民。

被告人吴某柱，男，汉族，1964 年 10 月 23 日出生，农民。

2015 年 11 月，被告人吴某、吴某柱与吴某甲（在逃）、张某健（同案被告人，已判刑）等在广东省陆丰市预谋共同出资制造甲基苯丙胺（冰毒），吴某甲纠集陈某彬、吴某瑞（均系同案被告人，已判刑）参与。后吴某等人租下广东省四会市的一处厂房作为制毒工场，并将制毒原料、工人从陆丰市运到该处，开始制造甲基苯丙胺。

同年 12 月 5 日凌晨，被告人吴某、吴某柱和吴某甲指使张某健、陈某彬驾车将制出的 24 箱甲基苯丙胺运往高速公路入口处，将车交给吴某瑞开往广东省惠来县。吴某柱、陈某彬与吴某、吴某甲分别驾车在前探路。后吴某柱指使吴某瑞在惠来县隆江镇卸下 7 箱毒品交给他人贩卖，另转移 4 箱毒品到自己车上。吴某瑞将车开到陆丰市甲子镇，吴某乙（另案处理）取走该车上剩余的 13 箱毒品用于贩卖。

同月 10 日，被告人吴某经与吴某甲、吴某乙等密谋后，由张某健从制毒工场装载 7 箱甲基苯丙胺前往广东省东莞市，将毒品交给吴某乙联系的买家派来的接货人刘某某、张某某（均另案处理）。次日 0 时许，刘、张二人驾车

行至广州市被截获,公安人员当场从车内查获上述7箱甲基苯丙胺,共约192千克。

同月10日左右,被告人吴某柱在陆丰市甲子镇经林某庭(同案被告人,已判刑)介绍,与纪某某(在逃)商定交易550千克甲基苯丙胺,并收取定金港币20万元。同月16日22时许,吴某柱、林某庭、纪某某等在广东省肇庆市经"验货"确定交易后,陈某彬驾驶纪某某的车到制毒工场装载甲基苯丙胺,后将车停放在肇庆市某酒店停车场。次日凌晨,公安人员在四会市某高速公路桥底处抓获吴某等人,在制毒工场抓获吴某柱等人。公安人员在上述酒店停车场纪某某的车内查获15箱甲基苯丙胺,在制毒工场的汽车内查获6箱和3编织袋甲基苯丙胺,上述甲基苯丙胺共约830千克。公安人员另在制毒工场内查获约882千克含甲基苯丙胺成分的灰白色固液混合物及若干制毒原料、制毒工具。

【裁判结果】

本案由广东省肇庆市中级人民法院一审,广东省高级人民法院二审。最高人民法院对本案进行了死刑复核。

法院认为,被告人吴某、吴某柱伙同他人制造甲基苯丙胺,并将制出的毒品予以运输、贩卖,其行为均已构成贩卖、运输、制造毒品罪。吴某、吴某柱纠集多人制造、运输、贩卖毒品,数量特别巨大,社会危害极大,罪行极其严重。在共同犯罪中,二被告人均系罪责最为突出的主犯,应当按照其所组织、指挥和参与的全部犯罪处罚。据此,依法对被告人吴某、吴某柱均判处并核准死刑,剥夺政治权利终身,并处没收个人全部财产。

罪犯吴某、吴某柱已于2020年6月15日被依法执行死刑。

【典型意义】

近年来,我国面临境外毒品渗透和国内制毒犯罪蔓延的双重压力,特别是制造毒品犯罪形势严峻,在个别地区尤为突出。本案就是一起大量制造甲基苯丙胺后予以运输、贩卖的典型案例。被告人吴某、吴某柱纠集多人参与犯罪,在选定的制毒工场制出毒品后组织运输、联系贩卖,形成"产供销一条龙"式犯罪链条。吴某、吴某柱犯罪所涉毒品数量特别巨大,仅查获的甲基苯丙胺成品即达1吨多,另查获800余千克毒品半成品,还有大量毒品已流入社会，社会危害极大，罪行极其严重。人民法院依法对二人均判处死刑，体现了对制造毒品类源头性犯罪的严惩立场。

周某林运输毒品案
——伙同他人运输毒品数量特别巨大，且系累犯，罪行极其严重

《最高人民法院发布 2020 年十大毒品（涉毒）犯罪典型案例》案例 2
2020 年 6 月 23 日

【基本案情】

被告人周某林，男，汉族，1978 年 9 月 12 日出生，农民。2005 年 6 月 28 日因犯盗窃罪、非法持有枪支罪被判处有期徒刑十四年，并处罚金人民币 13 万元，2012 年 10 月 30 日被假释，假释考验期至 2015 年 7 月 3 日止。

2015 年 7 月 12 日，被告人周某林与刘某生（同案被告人，已判刑）在云南省景洪市某小区租房用于藏匿毒品。同年 8 月，周某林经与毒品上家联系，伙同刘某生前往缅甸小勐拉"验货"，后二人两次驾驶事先专门购买的两辆汽车前往景洪市嘎洒镇附近接取毒品，运至上述租房藏匿。同月 10 日，公安人员在该租房内查获甲基苯丙胺片剂（俗称"麻古"）40490 克，并于次日抓获周、刘二人。

【裁判结果】

本案由云南省保山市中级人民法院一审，云南省高级人民法院二审。最高人民法院对本案进行了死刑复核。

法院认为，被告人周某林非法运输甲基苯丙胺片剂，其行为已构成运输毒品罪。周某林纠集同案被告人刘某生共同购买运毒车辆、租用房屋，共同前往境外查验毒品并接取、藏匿毒品，单独与上家联系，系主犯，且在共同犯罪中罪责更大，应当按照其所参与的全部犯罪处罚。周某林运输毒品数量特别巨大，社会危害极大，罪行极其严重，且其曾因犯罪被判处有期徒刑以上刑罚，在假释考验期满的当月再犯应当判处有期徒刑以上刑罚之罪，系累犯，主观恶性深，人身危险性大，应依法从重处罚。据此，依法对被告人周某林判处并核准死刑，剥夺政治权利终身，并处没收个人全部财产。

罪犯周某林已于 2020 年 4 月 21 日被依法执行死刑。

【典型意义】

西南地区临近"金三角",一直是我国严防境外毒品输入、渗透的重点地区,从云南走私毒品入境并往内地省份扩散是该地区毒品犯罪的重要方式,也是历来重点打击的源头性毒品犯罪。本案就是一起境外"验货"、境内运输并藏匿毒品的典型案例。被告人周某林伙同他人专门购车用于运毒、专门租房用于藏毒、出境查验毒品、联系上家接取毒品,涉案毒品数量特别巨大,且其曾因犯罪被判处重刑,假释期满后又迅速实施毒品犯罪,系累犯,主观恶性深,不堪改造。根据在案证据,周某林涉嫌为贩卖而运输毒品,这种情形不同于单纯受指使、雇佣为他人运输毒品,量刑时应体现从严。

刘某等贩卖、制造毒品案

——制造、贩卖芬太尼等多种新型毒品,依法严惩

《最高人民法院发布 2020 年十大毒品(涉毒)犯罪典型案例》案例 3
2020 年 6 月 23 日

【基本案情】

被告人刘某,男,汉族,1978 年 11 月 5 日出生,公司经营者。
被告人蒋某华,女,汉族,1964 年 9 月 14 日出生,微商。
被告人王某玺,男,汉族,1983 年 2 月 2 日出生,公司经营者。
被告人夏某玺,男,汉族,1975 年 5 月 10 日出生,公司经营者。
被告人杨某,男,汉族,1989 年 10 月 12 日出生,无业。
被告人杨某萃、张某红、梁某丁、于某,均系被告人王某玺、夏某玺经营公司的业务员。

2017 年 5 月,被告人刘某、蒋某华共谋由刘某制造芬太尼等毒品,由蒋某华联系客户贩卖,后蒋某华为刘某提供部分资金。同年 10 月,蒋某华向被告人王某玺销售刘某制造的芬太尼 285.08 克。同年 12 月 5 日,公安人员抓获刘某,后从刘某在江苏省常州市租用的实验室查获芬太尼 5017.8 克、去甲西泮 3383.16 克、地西泮 41.9 克、阿普唑仑 5012.96 克等毒品及制毒设备、原

料，从刘某位于上海市的租住处查获芬太尼6554.6克及其他化学品、原料。

2016年11月以来，被告人王某玺、夏某玺成立公司并招聘被告人杨某萃、张某红、梁某丁、于某等人为业务员，通过互联网发布信息贩卖毒品。王某玺先后从被告人蒋某华处购买前述285.08克芬太尼，从被告人杨某处购买阿普唑仑991.2克，并从其他地方购买呋喃芬太尼等毒品。案发后，公安机关查获王某玺拟通过快递寄给买家的芬太尼211.69克、呋喃芬太尼25.3克、阿普唑仑991.2克；从杨某萃处查获王某玺存放的芬太尼73.39克、呋喃芬太尼14.23克、4-氯甲卡西酮8.33克、3，4-亚甲二氧基乙卡西酮1920.12克；从杨某住处查获阿普唑仑6717.4克。

【裁判结果】

本案由河北省邢台市中级人民法院一审，河北省高级人民法院二审。

法院认为，被告人刘某、蒋某华共谋制造芬太尼等毒品并贩卖，其行为均已构成贩卖、制造毒品罪。被告人王某玺、夏某玺、杨某、杨某萃、张某红、梁某丁、于某明知是毒品而贩卖或帮助贩卖，其行为均已构成贩卖毒品罪。刘某、蒋某华制造、贩卖芬太尼等毒品数量大，且在共同犯罪中均系主犯。刘某所犯罪行极其严重，根据其犯罪的事实、性质和具体情节，对其判处死刑，缓期二年执行，剥夺政治权利终身，并处没收个人全部财产；蒋某华作用相对小于刘某，对其判处无期徒刑，剥夺政治权利终身，并处没收个人全部财产。王某玺、夏某玺共同贩卖芬太尼等毒品数量大，王某玺系主犯，但具有如实供述、立功情节，对其判处无期徒刑，剥夺政治权利终身，并处没收个人全部财产；夏某玺系从犯，对其判处有期徒刑十年，并处罚金人民币10万元。杨某贩卖少量毒品，对其判处有期徒刑二年，并处罚金人民币6万元。杨某萃、张某红、梁某丁、于某参与少量毒品犯罪，且均系从犯，对4人分别判处有期徒刑一年八个月、一年六个月、一年四个月、六个月，并处罚金。

上述裁判已于2020年6月17日发生法律效力。

【典型意义】

芬太尼类物质滥用当前正成为国际社会面临的新毒品问题，此类犯罪在我国也有所发生。为防范芬太尼类物质犯罪发展蔓延，国家相关部门在以往明确管控25种芬太尼类物质的基础上，又于2019年5月1日将芬太尼类物质列入《非药用类麻醉药品和精神药品管制品种增补目录》进行整类列管。本案系国内第一起有影响的芬太尼类物质犯罪案件，涉及芬太尼、呋喃芬太尼、阿普唑仑、去甲西泮、4-氯甲卡西酮、3,4-亚甲二氧基乙卡西酮等多种新型毒品，部分属于新精神活性物质。人民法院根据涉案毒品的种类、数量、危害和被告人刘某、蒋某华、王某玺、夏某玺犯罪的具体情节，依法对4人从严惩处，特别是对刘某判处死刑缓期执行，充分体现了对此类犯罪的有力惩处。

祝某走私、运输毒品案
——通过手机网络接受他人雇用，走私、运输毒品数量大

《最高人民法院发布2020年十大毒品（涉毒）犯罪典型案例》案例4
2020年6月23日

【基本案情】

被告人祝某，男，汉族，1996年5月5日出生，无业。

2018年12月，被告人祝某因欠外债使用手机上网求职，在搜索到"送货"可以获得高额报酬的信息后，主动联系对方并同意"送货"。后祝某按照对方安排，从四川省成都市经云南省昆明市来到云南省孟连傣族拉祜族佤族自治县，乘坐充气皮艇偷渡出境抵达缅甸。

2019年1月下旬，被告人祝某从对方接取一个拉杆箱，在对方安排下回到国内，经多次换乘交通工具返回昆明市，并乘坐G286次列车前往山东省济南市。同月27日18时许，公安人员在列车上抓获祝某，当场从其携带的拉杆箱底部夹层内查获海洛因2包，净重2063.99克。

【裁判结果】

本案由济南铁路运输中级法院一审，山东省高级人民法院二审。

法院认为，被告人祝某将毒品从缅甸携带至我国境内并进行运输，其行为已构成走私、运输毒品罪。祝某对接受雇用后偷渡到缅甸等待一月之久、仅携带一个装有衣物的拉杆箱即可获取高额报酬、途中多次更换交通工具、

大多选择行走山路等行为不能作出合理解释，毒品又系从其携带的拉杆箱夹层中查获，可以认定其明知是毒品而走私、运输。祝某实施犯罪所涉毒品数量大，鉴于其系接受他人雇用走私、运输毒品，且具有初犯、偶犯等酌予从宽处罚情节，可从轻处罚。据此，依法对被告人祝某判处无期徒刑，剥夺政治权利终身，并处没收个人全部财产。

上述裁判已于2020年3月19日发生法律效力。

【典型意义】

毒品犯罪分子为逃避处罚，以高额回报为诱饵，通过网络招募无案底的年轻人从境外将毒品运回内地，此类案件近年来时有发生，已成为我国毒品犯罪的一个新动向。本案就是一起典型的无案底年轻人通过手机网络接受他人雇用走私、运输毒品的案例。被告人祝某为获取高额报酬，在网络上接受他人雇用走私、运输毒品，犯下严重罪行。祝某归案后辩解其不知晓携带的拉杆箱内藏有毒品，与在案证据证实的情况不符。人民法院根据祝某犯罪的事实、性质和具体情节，依法对其判处无期徒刑，体现了对毒品犯罪的严惩。

卞某晨等贩卖毒品、非法利用信息网络案
——非法种植、贩卖大麻，非法利用网络论坛发布种植大麻等信息

《最高人民法院发布2020年十大毒品（涉毒）犯罪典型案例》案例5
2020年6月23日

【基本案情】

被告人卞某晨，男，汉族，1995年2月20日出生，学生。

被告人卞某磊，男，汉族，1970年9月20日出生，务工人员。

2017年冬天，被告人卞某晨提供大麻种子给其父被告人卞某磊，卞某磊遂在其工厂宿舍及家中进行种植。自2018年1月起，卞某晨通过微信向他人贩卖大麻，后经与卞某磊合谋，由卞某晨联系贩卖并收款，卞某磊将成熟的大麻风干固化成大麻叶成品后通过快递寄给买家。至同年10月，卞某晨贩卖大麻至少18次共计294克，获利13530元，其中卞某磊参与贩卖至少11次共计241克。案发后，公安人员在卞某磊处查获大麻植株12株、大麻叶16根。

另查明,"园丁丁"是一个从事大麻种植经验交流、大麻种子及成品买卖、传授反侦查手段等非法活动的网络论坛。被告人卞某晨于 2015 年 1 月 7 日注册账号"白振业"加入"园丁丁"论坛,系该论坛版主,负责管理内部教程板块,共发布有关大麻知识及种植技术的主题帖 19 个,回帖交流大麻种植技术 164 次。

【裁判结果】

本案由浙江省诸暨市人民法院审理。

法院认为,被告人卞某晨、卞某磊明知大麻是毒品而种植、贩卖,其行为均已构成贩卖毒品罪。卞某晨、卞某磊多次贩卖大麻,属情节严重,且二人系共同犯罪,应当按照各自参与的全部犯罪处罚。卞某晨利用信息网络发布涉毒品违法犯罪信息,情节严重,其行为又构成非法利用信息网络罪。卞某晨、卞某磊归案后均能如实供述犯罪事实,且认罪认罚,可从轻处罚。对卞某晨所犯数罪,应依法并罚。据此,依法对被告人卞某晨以贩卖毒品罪判处有期徒刑四年,并处罚金人民币 25000 元,以非法利用信息网络罪判处有期徒刑一年四个月,并处罚金人民币 5000 元,决定执行有期徒刑四年九个月,并处罚金人民币 3 万元;对被告人卞某磊以贩卖毒品罪判处有期徒刑三年九个月,并处罚金人民币 25000 元。

宣判后,在法定期限内没有上诉、抗诉,上述裁判已于 2019 年 10 月 29 日发生法律效力。

【典型意义】

随着信息化时代的到来,各类网络平台、自媒体等发展迅速,在社会生活中扮演着十分重要的角色。同时,一些违法犯罪分子利用网络平台便于隐匿身份、信息传播迅速、不受地域限制等特点,创建或经营管理非法论坛、直播平台等,实施涉毒品违法犯罪活动。本案就是一起被告人种植、贩卖大麻并利用非法论坛发布相关违法犯罪信息的案例。被告人卞某晨指使其父卞某磊种植大麻,二人配合进行贩卖,卞某晨还长期管理传播种植大麻方法、贩卖成品大麻的非法论坛,同时犯两罪。人民法院依法对二被告人判处了相应刑罚。

刘某铄贩卖毒品案
——国家工作人员实施毒品犯罪,依法严惩

《最高人民法院发布2020年十大毒品(涉毒)犯罪典型案例》案例6
2020年6月23日

【基本案情】

被告人刘某铄,男,汉族,1985年9月15日出生,江苏省灌云县林牧业执法大队职工。

2019年八九月的一天晚上,被告人刘某铄在江苏省灌云县伊山镇王圩村卖给王某明甲基苯丙胺(冰毒)约0.5克。同年10月,刘某铄又在该县老供电公司门口卖给周某甲基苯丙胺约0.3克。

【裁判结果】

本案由江苏省灌云县人民法院审理。

法院认为,被告人刘某铄明知是毒品而进行贩卖,其行为已构成贩卖毒品罪。刘某铄身为国家工作人员贩卖少量毒品,属情节严重。鉴于其有如实供述、认罪认罚等情节,可从轻处罚。据此,对被告人刘某铄判处有期徒刑三年,并处罚金人民币1万元。

宣判后,在法定期限内没有上诉、抗诉,上述裁判已于2020年3月28日发生法律效力。

【典型意义】

国家工作人员本应更加自觉地抵制毒品,积极与毒品违法犯罪作斗争,但近年来出现了一些国家工作人员涉足毒品违法犯罪的情况,造成了不良社会影响。本案被告人刘某铄系灌云县自然资源和规划局下属事业单位职工,具有国家工作人员身份,根据《最高人民法院关于审理毒品犯罪案件适用法律若干问题的解释》第四条的规定,其属贩卖少量毒品"情节严重"。人民法院对刘某铄依法判处三年有期徒刑,体现了对此类犯罪的严惩。

李某峰走私、贩卖、运输毒品、组织越狱案
——缓刑考验期内实施毒品犯罪，数量特别巨大，
羁押期间组织越狱，罪行极其严重

《2021年十大毒品（涉毒）犯罪典型案例》案例1
2021年6月25日

【基本案情】

被告人李某峰，男，汉族，1974年2月19日出生，无业。2014年3月19日因犯非法买卖制毒物品罪被判处有期徒刑三年，缓刑四年，并处罚金人民币20万元，缓刑考验期至2018年9月2日止。

2017年1月，被告人李某峰在缅甸购得甲基苯丙胺片剂（俗称"麻古"），指使同乡李某林、邓某武（均系同案被告人，已判刑）与其共同重新包装后藏匿在事先改装的货车货厢底部夹层内，又雇用秦某胜（同案被告人，已判刑）运输毒品。同月23日，李某峰安排同乡刘某春（另案处理）将上述货车从缅甸偷开入境至云南省沧源县某偏僻处停放，又指使李某林将秦某胜送到该处。秦某胜接取上述藏有毒品的货车后，按照李某峰书写的车辆行驶路线，驾驶该车前往湖南省，同日17时许途经沧源县城时被公安人员抓获。公安人员在该货车夹层内查获甲基苯丙胺片剂38包，共计374544克。

被告人李某峰被抓获后，在看守所羁押期间产生越狱之念，纠集同监室在押人员朱某华、周某（均已另案判刑）参与，并自制塑料锐器等工具。2018年1月6日17时许，李某峰等三人准备越狱，因看守所值班民警发现异常而未实施。次日17时20分许，三人趁放风之机，使用事先准备的工具挟持值班民警，打开两道监区门，欲从送饭通道逃跑，但因通道铁门外部上锁而未果，后与值班民警发生打斗，被赶来的武警等抓获。

【裁判结果】

本案由云南省普洱市中级人民法院一审，云南省高级人民法院二审。最高人民法院对本案进行了死刑复核。

法院认为，被告人李某峰走私、贩卖、运输甲基苯丙胺片剂，其行为已

构成走私、贩卖、运输毒品罪；李某峰纠集在押人员越狱，其行为又构成组织越狱罪。李某峰走私、贩卖、运输毒品，数量特别巨大，社会危害极大，罪行极其严重，在羁押期间组织同监室在押人员自制工具、挟持管教人员，暴力越狱，主观恶性极深，人身危险性极大，应依法惩处。李某峰在走私、贩卖、运输毒品和组织越狱共同犯罪中均起组织、指挥作用，均系主犯，应当按照其所组织、指挥的全部犯罪处罚。李某峰曾因犯非法买卖制毒物品罪被判刑，在缓刑考验期内又犯罪，依法应撤销缓刑，数罪并罚。据此，依法对被告人李某峰以走私、贩卖、运输毒品罪判处死刑，剥夺政治权利终身，并处没收个人全部财产；以组织越狱罪判处有期徒刑七年；撤销缓刑，数罪并罚，决定执行死刑，剥夺政治权利终身，并处没收个人全部财产。

【典型意义】

我国毒品主要来自境外。云南是"金三角"毒品主要的渗透入境地和中转集散地，大宗走私、贩卖、运输毒品犯罪多发，是遏制境外毒品向内地扩散的前沿阵地。本案就是一起境外购毒、走私入境、境内贩运的典型案例。被告人李某峰在境外购毒，指使并伙同他人共同藏毒，安排他人将毒品走私入境，雇用司机运往内地，毒品数量特别巨大，羁押期间组织在押人员暴力越狱，且其曾因犯非法买卖制毒物品罪被判刑，缓刑考验期内又犯罪，主观恶性极深，人身危险性极大，不堪改造。人民法院依法对李某峰判处死刑，体现了对源头性毒品犯罪的严惩立场。

唐某东制造毒品案
——纠集多人大量制造毒品，罪行极其严重，且系累犯

《2021年十大毒品（涉毒）犯罪典型案例》案例2

2021年6月25日

【基本案情】

被告人唐某东，男，汉族，1973年11月24日出生，农民。2012年6月26日因犯抢劫罪被判处有期徒刑一年六个月，并处罚金人民币2000元，因患病暂予监外执行，刑期至2013年11月29日止。

2016年5月4日，被告人唐某东与郭某柏、蔡某炜（均系同案被告人，已判刑）在四川省成都市商议制毒事宜，唐某东安排郭某柏协助其制造甲基苯丙胺（冰毒），蔡某炜提供其在四川省资中县某村的住房作为制毒窝点并找人将制毒原料和工具送往该处。后蔡某炜、郭某柏分别纠集黄某良（同案被告人，已判刑）、郭某（另案处理）参与。同月8日，蔡某炜与黄某良、郭某驾车将从唐某东处接取的制毒原料、工具等运至制毒窝点。次日，唐某东提供制毒核心技术，负责配置制毒原料等，安排郭某柏、蔡某炜、黄某良、郭某制造甲基苯丙胺。同月10日，唐某东安排郭某柏、蔡某炜负责后期结晶、冷却等制毒工序后，与黄某良、郭某离开制毒窝点。同月13日，公安人员在制毒窝点将郭某柏、蔡某炜抓获，当场查获甲基苯丙胺8114克、含有甲基苯丙胺成分的固液混合物16970克以及大量制毒辅料和工具，并于当晚在成都市将唐某东抓获。

【裁判结果】

本案由四川省内江市中级人民法院一审，四川省高级人民法院二审。最高人民法院对本案进行了死刑复核。

法院认为，被告人唐某东非法制造甲基苯丙胺，其行为已构成制造毒品罪。唐某东伙同他人非法制造毒品，数量巨大，社会危害极大，罪行极其严重，且其曾因犯抢劫罪被判刑，在刑罚执行完毕后五年内又犯本罪，系累犯，主观恶性深，人身危险性大，应依法从重处罚。唐某东提供制毒原料、辅料、工具、技术并负责制毒关键环节，安排他人具体操作，在共同犯罪中起主要作用，系地位和作用最为突出的主犯，应按照其所参与的全部犯罪处罚。据此，依法对被告人唐某东判处死刑，剥夺政治权利终身，并处没收个人全部财产。

罪犯唐某东已于2021年5月24日被依法执行死刑。

【典型意义】

近年来，我国制造甲基苯丙胺等合成毒品犯罪突出，甲基苯丙胺已成为国内滥用人数最多的毒品，防控形势严峻。本案就是一起大量制造甲基苯丙胺的典型案例。被告人唐某东纠集多人制造甲基苯丙胺，不仅是制毒原料、工具、核心技术的提供者，还是制毒关键环节的操作者，对毒品的顺利制造起着决定性作用。本案查获的甲基苯丙胺成品达 8000 余克,另查获毒品半成品近 17 千克,社会危害极大,且唐某东系累犯,主观恶性深,人身危险性大。人民法院依法对唐某东判处死刑,体现了对制造类毒品犯罪的严厉惩处。

张某东等贩卖毒品案
——诊所医务人员向吸毒人员出售精神药品

《2021 年十大毒品(涉毒)犯罪典型案例》案例 3
2021 年 6 月 25 日

【基本案情】

被告人张某东,男,汉族,1969 年 11 月 13 日出生,乡村诊所经营者、医生。

被告人郭某聪、林某泉、刘某盛、江某勤、赖某辉、朱某伟、蔡某辉、叶某美、蔡某军、张某霞、林某如,均系诊所经营者、医务人员;被告人周某淳、陈某炜,均系农民。

2016 年至 2017 年 9 月间,被告人张某东在其经营的福建省平和县文峰镇文美村"文美卫生室",向被告人周某淳、陈某炜和罗某强、林某正、陈某辉等吸毒人员出售奥亭牌复方磷酸可待因口服溶液(以下简称可待因口服液,每包 10ml,含磷酸可待因 9mg)共计 375 次,得款 110957.8 元。

2015 年底至 2018 年 3 月间,被告人郭某聪等 11 名医务人员分别在福建省漳州市城区、乡镇、农村各自经营的诊所内,向被告人周某淳等吸毒人员出售可待因口服液,次数为 4 次至 267 次不等,得款在 2150 元至 82812 元之间。被告人周某淳将部分购得的可待因口服液向被告人陈某炜、罗某强、林某正等多名吸毒人员出售共计 91 次,得款 41420 元,陈某炜将部分购得的可待因口服液向陈某辉出售共计 12 次,得款 900 元。

【裁判结果】

本案由福建省平和县人民法院一审,福建省漳州市中级人民法院二审。

法院认为,被告人张某东等 14 人非法贩卖国家规定管制的能够使人形成瘾癖的精神药品,其行为均已构成贩卖毒品罪。张某东等 14 人多次向吸毒人员贩卖毒品,情节严重,应依法惩处。对于张某东,鉴于其认罪认罚,可从轻处罚,依法判处有期徒刑五年二个月,并处罚金人民币6万元。对于郭某聪等13名被告人,根据各自犯罪的事实、性质、情节和对社会的危害程度,依法判处有期徒刑四年七个月至有期徒刑三年,缓刑三年六个月不等的刑罚,并处罚金。

上述裁判已于2020年7月10日发生法律效力。

【典型意义】

国家列管的药用类精神药品和麻醉药品,具有药品与毒品双重属性,长期服用会形成瘾癖。近年来,该类药品流入非法渠道、被作为成瘾替代品滥用的情况时有发生,在一些农村地区尤为明显。本案就是一起诊所医务人员向吸毒人员出售精神药品的典型案例。被告人张某东作为乡村诊所医生,本应利用医学知识积极抵制毒品,却在日常诊疗中非法出售国家列管的精神药品复方磷酸可待因口服溶液,犯罪隐蔽性强,社会危害大。被告人郭某聪等人同是利用其在乡镇、农村等地经营诊所的便利,非法出售该类药品,影响恶劣。人民法院依法对张某东等人进行惩处,体现了对诊所医务人员非法贩卖精神药品犯罪的严厉打击。

谢某等贩卖毒品案

——利用网络联系订单,以比特币形式收取毒资,通过物流寄递毒品

《2021年十大毒品(涉毒)犯罪典型案例》案例4
2021年6月25日

【基本案情】

被告人谢某,男,汉族,1991年8月29日出生,无业。

被告人叶某骏,男,汉族,1993年5月12日出生,无业。

2020年5月,被告人谢某、叶某骏经预谋,在云南省租赁土地种植大麻。同年9月至10月,二人收获大麻后,由谢某通过telegram软件联系毒品订单,以比特币形式收取毒资,由叶某骏使用虚假姓名,通过快递将大麻邮寄给浙江等地的毒品买家。二人贩卖大麻约10次,非法获利4万余元。后公安人员

将二人抓获,并从叶某骏处查获大麻 3332.96 克。

【裁判结果】

本案由浙江省诸暨市人民法院审理。

法院认为,被告人谢某、叶某骏向他人贩卖大麻,其行为均已构成贩卖毒品罪。谢某、叶某骏多次贩卖毒品,情节严重,应依法惩处。二人结伙贩卖毒品,系共同犯罪,应当按照其所参与的犯罪处罚。鉴于二人归案后均如实供述犯罪事实,认罪认罚,可从轻处罚。据此,依法对被告人谢某判处有期徒刑三年六个月,并处罚金人民币 13000 元;对被告人叶某骏判处有期徒刑三年三个月,并处罚金人民币 1 万元。

宣判后,在法定期限内没有上诉、抗诉,上述判决已于 2021 年 5 月 11 日发生法律效力。

【典型意义】

随着互联网技术和物流业的发展,犯罪分子利用网络、物流实施毒品犯罪的情况日渐增多,毒品交易手法更趋隐蔽、多样化。本案就是一起犯罪分子使用"互联网+虚拟货币+物流寄递"手段贩卖毒品的典型案例。比特币是一种认可度较高的虚拟货币,具有匿名性等特点,在本案中被用于毒品交易支付。谢某、叶某骏利用网络联系毒品订单,以比特币形式收取毒资,使用虚假姓名寄递毒品,隐蔽性强。人民法院依法对二被告人判处了相应刑罚。

陈某豪贩卖毒品案
——利用微信在酒吧等处多次出售新型毒品

《2021 年十大毒品(涉毒)犯罪典型案例》案例 5

2021 年 6 月 25 日

【基本案情】

被告人陈某豪,男,汉族,1999 年 6 月 1 日出生,无业。

2018 年 3 月至 6 月,被告人陈某豪通过微信联系等方式,在江苏省苏州市姑苏区酒吧、酒店等处向吕某聪、宋某能、张某出售毒品氟硝西泮片剂

（俗称"蓝精灵"）24 次，共计 104 粒，违法所得 4110 元。陈某豪归案后，其亲属帮助退缴全部违法所得。

【裁判结果】

本案由江苏省苏州市姑苏区人民法院审理。

法院认为，被告人陈某豪非法贩卖国家规定管制的能够使人形成瘾癖的精神药品氟硝西泮，其行为已构成贩卖毒品罪。陈某豪多次在酒吧等地向他人贩卖毒品，情节严重，应依法惩处。鉴于陈某豪归案后如实供述犯罪事实，认罪认罚，且其亲属代为退缴全部违法所得，可从轻处罚。据此，依法对被告人陈某豪判处有期徒刑三年，并处罚金人民币 5000 元。

宣判后，在法定期限内没有上诉、抗诉。上述判决已于 2021 年 2 月 19 日发生法律效力。

【典型意义】

氟硝西泮是国家列管的精神药品，俗称"蓝精灵"，与酒精作用后危害更大。近年来，"蓝精灵"在酒吧等娱乐场所较为流行，青少年群体是其侵害的主要目标。本案就是一起利用微信在酒吧等地多次出售氟硝西泮的典型案例。被告人陈某豪明知吕某聪等人购买氟硝西泮片剂是提供给酒吧客人饮酒时使用，仍多次贩卖，情节严重。人民法院根据陈某豪犯罪的事实、性质、情节和对社会的危害程度，依法对其进行了惩处。

王某贩卖、制造毒品案
——将新型毒品伪装成饮料销往多地娱乐场所

《2021 年十大毒品（涉毒）犯罪典型案例》案例 6
2021 年 6 月 25 日

【基本案情】

被告人王某，男，汉族，1979 年 6 月 2 日出生，成都某贸易有限公司（以下简称某公司）法定代表人。

2013 年 7 月，被告人王某注册成立某公司并担任法定代表人。2016 年开始,王某多次以某公司名义购买γ-丁内酯,将γ-丁内酯与香精混合,命名为"香精CD123"。2016年5月,王某在隐瞒"香精CD123"含γ-丁内酯成分的情况下,委托广东某食品实业有限公司为"香精CD123"粘贴"果味香精CD123"商品标签,委托某食品饮料有限公司按照其提供的配方和技术标准,将水和其他辅料加入"果味香精CD123",制成"咔哇汎"饮料。后王某将"咔哇汎"饮料出售给总经销商四川某酒业有限公司,由该公司销往深圳、贵阳、广州等地的娱乐场所,各级经销商亦自行销售。至2017年8月,王某购买γ-丁内酯共计3575千克,某食品饮料有限公司收到"果味香精CD123"共计1853千克,王某销售"咔哇汎"饮料共计52355件(24瓶/件,275ml/瓶),销售金额11587040元。

2017年9月9日,公安人员将被告人王某抓获,从其家中及某公司租用的仓库查获"咔哇汎"饮料共计723件。各地亦陆续召回"咔哇汎"饮料18505件。经鉴定,从某食品饮料有限公司提供的"果味香精CD123"、在王某家中和仓库查获的以及召回的"咔哇汎"饮料中检出含量为80.3ug/ml至44000ug/ml不等的γ-羟丁酸成分。

【裁判结果】

本案由四川省成都市青羊区人民法院一审,成都市中级人民法院二审。

法院认为,被告人王某制造毒品γ-羟丁酸并销售,其行为已构成贩卖、制造毒品罪。王某明知使用γ-丁内酯作为生产原料会产生毒品γ-羟丁酸成分,购买并使用γ-丁内酯调制成混合原料,委托他人采用其指定的工艺和配比,加工制成含有γ-羟丁酸成分的饮料并对外销售,贩卖、制造毒品数量大,社会危害大。据此,依法对被告人王某判处有期徒刑十五年,并处没收个人财产人民币427万元。

上述裁判已于2020年9月28日发生法律效力。

【典型意义】

近年来,新型毒品犯罪呈上升趋势,与传统毒品犯罪相互交织。新型毒品形态各异,往往被伪装成饮料、饼干等形式,极具隐蔽性和迷惑性,易在青少年中传播。本案就是一起制造、贩卖新型毒品的典型案例。被告人王某批量制造含有国家列管精神药品γ-羟丁酸成分的饮料,大量销往全国多地娱乐场所，社会危害大。人民法院根据王某的犯罪事实、性质、情节和对社会的危害程度，依法对其判处了刑罚。

陈某龙等贩卖毒品、以危险方法危害公共安全案
——为抗拒缉毒警察抓捕，驾车肆意冲撞，危害公共安全

《2021年十大毒品（涉毒）犯罪典型案例》案例7
2021年6月25日

【基本案情】

被告人陈某龙，男，苗族，1981年3月12日出生，无业。2002年11月18日至2017年3月1日因犯贩卖毒品罪、故意伤害罪、容留他人吸毒罪、非法持有毒品罪，先后6次被判处有期徒刑六个月至四年不等的刑罚，2018年12月31日刑满释放。

被告人李某，男，汉族，1986年2月18日出生，无业。2013年5月20日因犯抢劫罪被判处有期徒刑三年，并处罚金人民币1000元；2018年9月25日因犯容留他人吸毒罪，被判处有期徒刑六个月，并处罚金人民币1000元，2018年12月12日刑满释放。

2019年6月至7月，被告人陈某龙四次向他人贩卖甲基苯丙胺5克、甲基苯丙胺片剂17颗。被告人李某明知陈某龙贩卖毒品，仍两次驾车陪同陈某龙贩卖。

同年7月22日12时许，被告人陈某龙乘坐被告人李某驾驶的车辆行至湖南省沅陵县沅陵镇某街道时，被前来抓捕的公安人员拦截。公安人员出示警官证，要求二人停车。陈某龙指挥李某倒车逃避抓捕，与其后方的出租车相撞。公安人员上前制止，陈某龙、李某拒绝停车，不顾周围群众安全多次冲撞，致3名公安人员轻微伤，并致一辆摩托车以及两户居民楼大门损坏，损失共计3189元。后公安人员抓获二人，当场从陈某龙身上查获甲基苯丙胺片剂0.5克，从其所乘车上查获甲基苯丙胺0.2克。

【裁判结果】

本案由湖南省沅陵县人民法院审理。

法院认为，被告人陈某龙、李某贩卖甲基苯丙胺、甲基苯丙胺片剂，其行为均已构成贩卖毒品罪；陈某龙、李某为逃避抓捕，驾驶机动车在公共场所肆意冲撞，危害公共安全，其行为均又构成以危险方法危害公共安全罪。对二人所犯数罪，均应依法并罚。陈某龙在贩卖毒品、以危险方法危害公共安全共同犯罪中，均起主要作用，系主犯，李某在贩卖毒品共同犯罪中系从犯，在以危险方法危害公共安全共同犯罪中系主犯，应按照二人所参与的犯罪处罚。陈某龙多次贩卖毒品，情节严重，且系累犯、毒品再犯，李某系累犯，均应依法从重处罚。二人均如实供述犯罪事实，具有坦白情节，可从轻处罚。据此，依法对被告人陈某龙以贩卖毒品罪判处有期徒刑四年，并处罚金人民币5000元，以以危险方法危害公共安全罪判处有期徒刑三年，决定执行有期徒刑六年，并处罚金人民币5000元；对被告人李某以贩卖毒品罪判处有期徒刑二年，并处罚金人民币2000元，以以危险方法危害公共安全罪判处有期徒刑三年，决定执行有期徒刑四年，并处罚金人民币2000元。

宣判后，在法定期限内没有上诉、抗诉，上述判决已于2020年9月15日发生法律效力。

【典型意义】

一些毒品犯罪分子为逃避法律制裁，不惜铤而走险，暴力抗拒抓捕，既增加了缉毒工作风险，也严重威胁人民群众生命财产安全。本案就是一起毒贩为抗拒抓捕而驾车冲撞，危害公共安全的典型案例。被告人陈某龙、李某为逃避制裁，在公共场所驾驶机动车肆意冲撞，造成多名缉毒民警受伤，多名群众受到惊吓、财产遭受损失，社会影响恶劣。人民法院依法对二人进行了惩处。

梁某景、黎某都制造毒品案

——纠集多人制造毒品，数量特别巨大，罪行极其严重

《最高人民法院发布2022年十大毒品（涉毒）犯罪典型案例》案例1

2022年6月25日

【基本案情】

被告人梁某景，男，壮族，1976年8月2日出生，无业。2010年1月8日因犯故意伤害罪被判处有期徒刑三年，缓刑五年。

被告人黎某都，男，壮族，1983年7月10日出生，农民。

2016年底，被告人梁某景、黎某都商定共同制造甲基苯丙胺（冰毒）。后黎某都伙同郑某纯（同案被告人，已判刑）租赁制毒场地，并与郑某纯、陈某武（同案被告人，已判刑）共同完成制毒前期准备工作；梁某景购买制毒原材料，安排黄某鹏（同案被告人，已判刑）检修制毒工具反应釜。2017年4月底至5月初，梁某景安排黎某都收集部分制毒出资，其中黎某都出资70万元，陈某武、梁某升（二审期间因病死亡）夫妇出资90万元，零某（同案被告人，已判刑）出资15万元。零某良、凌某（均系同案被告人，已判刑）等人在梁某景、黎某都指使下，前往广东省东莞市将毒资交给梁某景，将制毒辅料运至广西壮族自治区南宁市，又从广东省梅州市将梁某景组织购买的氯麻黄碱运至南宁市，由陈某武驾车运至制毒场地。同年5月28日，梁某景先后安排农某想、黄某贵（均系同案被告人，已判刑）前往位于南宁市经开区那洪街道古思村的制毒场地，与黎某都、陈某武、郑某纯共同制造甲基苯丙胺。同月31日，公安人员在制毒场地抓获黎某都等人，当场查获甲基苯丙胺419.2千克、含甲基苯丙胺成分的固液混合物143.92千克及氯麻黄碱148.42千克、反应釜等。

【裁判结果】

本案由广西壮族自治区南宁市中级人民法院一审，广西壮族自治区高级人民法院二审。最高人民法院对本案进行了死刑复核。

法院认为，被告人梁某景、黎某都伙同他人制造甲基苯丙胺，其行为均

已构成制造毒品罪。梁某景、黎某都共谋制造毒品,梁某景纠集多人参与,管理毒资,购买制毒原料,黎某都大额出资,租赁制毒场地,直接参与制造,二人在制造毒品共同犯罪中均起主要作用,系主犯,罪责突出。梁某景、黎某都制造甲基苯丙胺,数量特别巨大,社会危害大,罪行极其严重。据此,依法对被告人梁某景、黎某都均判处并核准死刑,剥夺政治权利终身,并处没收个人全部财产。

【典型意义】

制造毒品属于源头性毒品犯罪,历来是我国禁毒斗争的打击重点。近年来,广东等地的规模化制毒活动在持续严厉打击和有效治理之下,逐步得到遏制,但制毒活动出现了向周边省市转移的现象,国内其他地区分散、零星制毒犯罪仍时有发生,且犯罪手段呈现分段式、隐秘化等特点。本案是一起发生在广西的家族式重大制毒犯罪,参与人数多、制毒规模大,涉案人员大多具有亲属关系。同案人在梁某景、黎某都指挥下实施制毒犯罪,从广东购入制毒原料,跨省运输至广西农村地区进行制造。案发时在制毒场地查获甲基苯丙胺晶体419.2千克、含甲基苯丙胺成分的固液混合物143.92千克及制毒物品氯麻黄碱148.42千克,毒品数量特别巨大。梁某景、黎某都系该制毒团伙中罪责最为突出的主犯,罪行极其严重。人民法院依法对二人适用死刑,体现了突出打击重点、严惩源头性毒品犯罪的严正立场。

冯某国运输毒品案

——暴力抗拒检查,持刀捅刺致执法人员重伤,且系累犯,罪行极其严重

《最高人民法院发布2022年十大毒品(涉毒)犯罪典型案例》案例2
2022年6月25日

【基本案情】

被告人冯某国,男,汉族,1987年5月6日出生,农民。2012年12月26日因犯拐卖妇女罪被判处有期徒刑五年,并处罚金人民币3000元,2017年3月9日刑满释放。

2017年四五月,被告人冯某国与同村村民李某生、周某(均另案处理)

先后从贵州省来到云南省镇康县南伞镇,共谋实施毒品犯罪。同年 6 月 1 日,三人携带毒品驾乘摩托车由镇康县南伞镇前往云南省保山市,23 时许途经镇康县勐堆乡铜厂北路时发现前方设卡检查,冯某国遂将毒品丢弃在路边。执法人员经检查,发现三人形迹可疑,遂沿三人驶来方向搜查,在约 30 米远路边处查获海洛因 1777 克。冯某国见罪行败露,即持刀捅刺追捕的执法人员昝某后逃跑,致昝某肠破裂,构成重伤二级。2018 年 1 月 10 日,冯某国在贵州省贵阳市被抓获。

【裁判结果】

本案由云南省临沧市中级人民法院一审,云南省高级人民法院二审。最高人民法院对本案进行了死刑复核。

法院认为,被告人冯某国明知是毒品而伙同他人进行运输,其行为已构成运输毒品罪。冯某国从贵州省到云南省边境地区实施毒品犯罪,与另案被告人李某生、周某分工配合,共同运输毒品,应依法按照其所参与的全部犯罪处罚。冯某国运输海洛因数量大,并暴力抗拒检查,情节严重,社会危害大,罪行极其严重。冯某国曾因犯拐卖妇女罪被判处有期徒刑,刑罚执行完毕后五年内又实施本案犯罪,系累犯,应依法从重处罚。据此,依法对被告人冯某国判处并核准死刑,剥夺政治权利终身,并处没收个人全部财产。

【典型意义】

近年来,部分毒品犯罪分子为逃避法律制裁,不惜铤而走险,采用暴力手段抗拒检查、抓捕,增加了执法人员查缉毒品犯罪的风险,也对社会治安和人民群众的生命财产安全构成威胁。根据《刑法》第三百四十七条第二款的规定,走私、贩卖、运输、制造毒品,并具有以暴力抗拒检查、拘留、逮捕,情节严重情形的,处十五年有期徒刑、无期徒刑或者死刑。《最高人民法院关于审理毒品犯罪案件适用法律若干问题的解释》第三条第二款规定,以暴力抗拒检查、拘留、逮捕,情节严重,是指造成执法人员死亡、重伤、多人轻伤等情形。本案中,被告人冯某国在罪行被执法人员察觉后,为逃跑持刀连续捅刺执法人员致其重伤,属于暴力抗拒检查情节严重的情形。冯某国曾因犯拐卖妇女罪被判刑,刑满释放后短期内即再次实施本案犯罪,系累犯。冯某国对抗执法权威的行为及其前科情节,均反映出其较深的主观恶性和较大的人身危险性，依法应在法定量刑幅度内从重处罚。人民法院对其依法严惩并适用死刑，警示妄图以暴力对抗手段逃避法律追究的毒品犯罪分子，切勿心存侥幸。

邱某喜贩卖、运输毒品案
——通过非法手段获取他人犯罪线索并检举，不构成立功，且系毒品再犯，罪行极其严重

《最高人民法院发布2022年十大毒品（涉毒）犯罪典型案例》案例3
2022年6月25日

【基本案情】

被告人邱某喜，男，汉族，1976年5月5日出生，农民。2004年1月12日因犯走私毒品罪被判处有期徒刑七年，并处罚金人民币5万元。

2013年六七月，被告人邱某喜欲从广东省广州市一名毒贩（身份不明）处购买毒品进行贩卖，并将此事告知元某银（同案被告人，已判刑），让元某银为其准备30万元现金。元某银同意，并提出从中购买一块毒品。同年7月13日，邱某喜携带元某银提供的30万元毒资，前往广州市交易毒品。后邱某喜将购得的毒品藏匿于其驾驶的丰田汽车后排座椅内，驾车返回安徽省临泉县，途中被公安人员抓获，当场查获海洛因3481.4克。邱某喜被抓获后，其亲属通过贿买手段获取范某某贩卖毒品犯罪线索，交由其检举揭发。

【裁判结果】

安徽省阜阳市中级人民法院一审根据公安机关出具的立功材料，错误认定被告人邱某喜检举揭发他人犯罪属实，具有重大立功表现，据此从轻判处邱某喜无期徒刑。安徽省高级人民法院二审维持原判。裁判发生法律效力后，安徽省高级人民法院发现原审裁判认定事实和适用法律确有错误，经再审改判邱某喜死刑。最高人民法院对本案进行了死刑复核。

法院认为，被告人邱某喜明知是海洛因而伙同他人贩卖、运输，其行为已构成贩卖、运输毒品罪。在共同犯罪中，邱某喜提起犯意，纠集他人参与出资，自行完成购买、运输毒品行为，起主要作用，系主犯。邱某喜贩卖、

运输毒品数量大，社会危害大，罪行极其严重，且其曾因犯走私毒品罪被判处刑罚，系毒品再犯，应依法从重处罚。邱某喜检举范某某贩卖毒品的线索系通过贿买的非法手段获取，根据《最高人民法院关于处理自首和立功若干具体问题的意见》（以下简称《自首立功意见》）第四条的规定，不能认定为具有立功表现。据此，依法对被告人邱某喜改判并核准死刑，剥夺政治权利终身，并处没收个人全部财产。

【典型意义】

刑法设立立功制度，主要目的在于通过对犯罪分子承诺并兑现从宽处罚，换取其积极揭露他人罪行，以便司法机关及时发现、查处犯罪，节约司法资源。同时，检举揭发他人犯罪也在一定程度上反映出犯罪分子弃恶从善的愿望，有利于促成其悔过自新。但是，构成立功要求犯罪分子检举线索的来源必须合法，否则就背离了立功制度创设的初衷和价值取向，且违反相关法律法规，破坏公序良俗。《自首立功意见》第四条规定，犯罪分子通过贿买、暴力、胁迫等非法手段，获取他人犯罪线索并"检举揭发"的，不能认定为有立功表现。本案中，被告人邱某喜携款向上家求购大量毒品并跨省长途运输，罪行极其严重，且系毒品再犯，论罪应处死刑。邱某喜到案后检举揭发范某某贩卖毒品线索，公安机关据此侦破范某某贩毒一案，范某某被判处无期徒刑以上刑罚。经再审查明，上述检举线索系邱某喜亲属通过贿买的非法手段获取后交由邱某喜检举揭发，根据《自首立功意见》的规定，即便检举线索查证属实，邱某喜的行为也不构成立功。人民法院依法启动再审，对邱某喜改判死刑，彰显了对严重毒品犯罪绝不姑息的态度和实事求是、有错必纠的决心。

郑某涛等制造毒品、非法生产、买卖制毒物品案
——明知他人制造甲卡西酮而向其提供制毒原料;非法生产、买卖制毒物品,情节特别严重

《最高人民法院发布2022年十大毒品(涉毒)犯罪典型案例》案例4
2022年6月25日

【基本案情】

被告人郑某涛,曾用名郑某杰,男,汉族,1987年11月11日出生,农民。

被告人焦某波,男,汉族,1975年2月5日出生,个体经营者。

被告人李某龙,曾用名李某,男,汉族,1994年1月2日出生,无业。

被告人金某,男,汉族,1992年2月27日出生,农民。

被告人房某帅,男,汉族,1983年4月6日出生,无业。

被告人郑某,男,汉族,1979年3月18日出生,农民。

被告人郑某涛明知张某明、宋某斌(均另案处理)等购买溴代苯丙酮、苯丙酮等用于制造毒品,自2019年3月至10月间,在山东省滨州市、高青县、桓台县等地,多次向张某明等介绍购买或者贩卖溴代苯丙酮、苯丙酮等制毒原料,并介绍李某(另案处理)加入张某明等制毒、贩毒团伙。张某明等利用从郑某涛处购买的制毒原料生产甲卡西酮至少28.23千克。

2019年8月至11月,被告人郑某涛、金某、郑某在桓台县非法生产溴代苯丙酮、苯丙酮,并将生产的溴代苯丙酮分两次贩卖给陈某飞、王某毅(均另案处理)。2019年10月至2020年4月,被告人焦某波、李某龙、郑某涛、金某在山东省潍坊市非法生产溴代苯丙酮、苯丙酮,并交叉结伙多次向被告人房某帅和陈某飞、王某毅、韦某冰(另案处理)非法贩卖。其中,焦某波共计非法生产溴代苯丙酮1428千克、苯丙酮3700千克,李某龙共计非法生产溴代苯丙酮1428千克、苯丙酮2100千克,郑某涛共计非法生产、买卖溴代苯丙酮127.6千克,金某共计非法生产、买卖溴代苯丙酮54.2千克、苯丙酮21千克,郑某共计非法生产、买卖溴代苯丙酮17千克、苯丙酮21千克,房某帅共计非法买卖溴代苯丙酮24.3千克。

【裁判结果】

本案由山东省桓台县人民法院一审,山东省淄博市中级人民法院二审。

法院认为,被告人郑某涛明知他人制造毒品而提供用于制造毒品的原料,其行为已构成制造毒品罪;郑某涛伙同被告人焦某波、李某龙、金某非法生产、买卖用于制造毒品的原料,情节特别严重,被告人郑某非法生产、买卖用于制造毒品的原料,情节严重,其行为均已构成非法生产、买卖制毒物品罪;被告人房某帅非法买卖用于制造毒品的原料,情节严重,其行为已构成非法买卖制毒物品罪。对郑某涛所犯数罪,应依法并罚。在非法生产、买卖制毒物品共同犯罪中,郑某涛起主要作用,系主犯;金某、郑某起次要作用,系从犯,应依法减轻处罚。郑某涛、焦某波、李某龙、房某帅买卖溴代苯丙酮部分事实系犯罪未遂,可比照既遂犯从轻处罚。郑某涛到案后协助抓获房某帅,构成立功;焦某波、李某龙、郑某、金某到案后如实供述主要犯罪事实,均可依法从轻处罚。焦某波、李某龙、金某、郑某、房某帅自愿认罪认罚,可依法从宽处理。据此,依法对被告人郑某涛以制造毒品罪判处有期徒刑十五年,并处没收个人财产人民币20万元,以非法生产、买卖制毒物品罪判处有期徒刑七年,并处罚金人民币10万元,决定执行有期徒刑十九年,并处没收个人财产人民币20万元、罚金人民币10万元;对被告人焦某波、李某龙、金某、房某帅、郑某分别判处有期徒刑九年六个月、九年、五年、三年、一年九个月,并处数额不等罚金。

淄博市中级人民法院于2021年8月3日作出二审刑事裁定,现已发生法律效力。

【典型意义】

近年来,以制毒物品为原料,采用化学合成方法制造甲卡西酮等新型毒品的犯罪呈上升趋势。加大对制毒物品犯罪的打击力度,是从源头上遏制制造新型毒品犯罪的重要手段。本案是一起非法制造、买卖制毒物品,同时构成制造毒品共犯的典型案例。溴代苯丙酮、苯丙酮属于国家严格管控的制毒物品,被告人郑某涛等多次、大量非法生产、买卖溴代苯丙酮、苯丙酮等制毒物品,根据《最高人民法院关于审理毒品犯罪案件适用法律若干问题的解释》第八条第二款的规定,属于情节特别严重情形,人民法院依法对其判处七年以上有期徒刑。同时，当前制造毒品犯罪日益呈现团伙作案、分工精细、分段进行等特点，有必要予以全链条、全方位打击处理。明知他人制造毒品而向其提供制毒原料的，构成制造毒品罪的共犯，依法应予严惩。人民法院以制造毒品罪与非法生产、买卖制毒物品罪对郑某涛数罪并罚，决定执行有期徒刑十九年，并处以高额财产刑，体现了坚决遏制毒品来源、严厉惩治此类犯罪的一贯立场。同时，人民法院对本案中犯罪情节较轻，或者具有从犯、立功、坦白等法定从宽处罚情节的被告人依法从轻、减轻处罚，全面贯彻了宽严相济刑事政策。

万某能等贩卖毒品、洗钱案
——贩卖含有合成大麻素成分的电子烟油并"自洗钱"，依法数罪并罚

《最高人民法院发布2022年十大毒品（涉毒）犯罪典型案例》案例5
2022年6月25日

【基本案情】

被告人万某能，男，汉族，1998年1月2日出生，无业。

被告人黄某，男，汉族，2000年10月4日出生，无业。

被告人刘某勇，男，汉族，2001年8月14日出生，无业。

2021年7月1日至8月21日，被告人万某能在明知合成大麻素类物质已被列管的情况下，为牟取非法利益，通过微信兜售含有合成大麻素成分的电子烟油，先后6次采用雇请他人送货或者发送快递的方式向多人贩卖，得款共计4900元。被告人黄某两次帮助万某能贩卖共计600元含有合成大麻素成分的电子烟油，被告人刘某勇帮助万某能贩卖300元含有合成大麻素成分的电子烟油。为掩饰、隐瞒上述犯罪所得的来源和性质，万某能收买他人微信账号并使用他人身份认证，收取毒资后转至自己的微信账号，再将犯罪所得提取至银行卡用于消费等。同年8月23日，公安人员在万某能住处将其抓获，当场查获电子烟油15瓶，共计净重111.67克。次日，公安人员在万某能租赁的仓库内查获电子烟油94瓶，共计净重838.36克。经鉴定，上述烟油中均检出 ADB-BUTINACA 和 MDMB-4en-PINACA 合成大麻素成分。万某能、黄某到案后，分别协助公安机关抓捕吴某某（另案处理）、刘某勇。

【裁判结果】

本案由江西省南昌市西湖区人民法院一审，南昌市中级人民法院二审。

法院认为，被告人万某能、黄某、刘某勇向他人贩卖含有合成大麻素成分的电子烟油，其行为均已构成贩卖毒品罪。万某能为掩饰、隐瞒毒品犯罪所得的来源和性质，采取收买他人微信账号收取毒资后转至自己账号的支付结算方式转移资金，其行为又构成洗钱罪。对万某能所犯数罪，应依法并罚。万某能贩卖含有合成大麻素成分的电子烟油，数量大，社会危害大。万某能、黄某、刘某勇到案后如实供述自己的罪行，万某能、黄某协助抓捕其他犯罪嫌疑人，有立功表现，黄某、刘某勇自愿认罪认罚，均可依法从轻处罚。据此，依法对被告人万某能以贩卖毒品罪判处有期徒刑十五年，并处没收个人财产人民币6万元，以洗钱罪判处有期徒刑十个月，并处罚金人民币5万元，决定执行有期徒刑十五年，并处没收个人财产人民币6万元、罚金人民币5万元；对被告人黄某、刘某勇均判处有期徒刑八个月，并处罚金人民币1万元。

南昌市中级人民法院于2022年6月2日作出二审刑事裁定，现已发生法律效力。

【典型意义】

合成大麻素类物质是人工合成的化学物质，相较天然大麻能产生更为强烈的兴奋、致幻等效果。吸食合成大麻素类物质后，会出现头晕、呕吐、精神恍惚等反应，过量吸食会出现休克、窒息甚至猝死等情况，社会危害极大。2021年7月1日起，合成大麻素类物质被列入《非药用类麻醉药品和精神药品管制品种增补目录》进行整类列管，以实现对此类新型毒品犯罪的严厉打击。合成大麻素类物质往往被不法分子添加入电子烟油中或喷涂于烟丝等介质表面，冠以"上头电子烟"之名在娱乐场所等进行贩卖，因其外表与普通电子烟相似，故具有较强的迷惑性，不易被发现和查处，严重破坏毒品管制秩序，危害公民身体健康。本案被告人万某能6次向他人出售含有合成大麻素成分的电子烟油，被抓获时又从其住所等处查获大量用于贩卖的电子烟油。人民法院根据其贩卖毒品的数量、情节和对社会的危害程度，对其依法从严适用刑罚，同时警示社会公众自觉抵制新型毒品诱惑，切莫以身试毒。

毒品犯罪是洗钱犯罪的上游犯罪之一。洗钱活动在为毒品犯罪清洗毒资的同时，也为扩大毒品犯罪规模提供了资金支持，助长了毒品犯罪的蔓延。《中华人民共和国刑法修正案（十一）》将"自洗钱"行为规定为犯罪，加大了对从洗钱犯罪中获益最大的上游犯罪本犯的惩罚力度。本案中，被告人万某能通过收购的微信账号等支付结算方式，转移自身贩卖毒品所获毒资，掩饰、隐瞒贩毒违法所得的来源和性质，妄图"洗白"毒资和隐匿毒资来源。人民法院对其以贩卖毒品罪、洗钱罪数罪并罚，以同步惩治上下游犯罪，斩断毒品犯罪的资金链条，摧毁毒品犯罪分子再犯罪的经济基础。

梁某立走私、贩卖毒品案
——多次走私大麻入境，并向多名吸毒人员贩卖，情节严重

《最高人民法院发布2022年十大毒品（涉毒）犯罪典型案例》案例7
2022年6月25日

【基本案情】

被告人梁某立，男，汉族，1990年4月19日出生，公司职员。

自2021年3月起，被告人梁某立多次以每克50元至70元不等的价格，在网上向境外人员购买大麻，并通过国际邮包寄递入境。梁某立收到大麻后，以每克150元至180元不等的价格贩卖给吸毒人员朱某、何某某、梁某某、郑某某等人（均另案处理）。同年8月11日，梁某立准备向吸毒人员朱某等人贩卖大麻时，在其位于广东省广州市海珠区海康街的住处被抓获。公安人员当场查获梁某立用于贩卖的大麻361.43克及作案工具电子秤、包装袋等。

【裁判结果】

本案由广东省广州市荔湾区人民法院审理。

法院认为，被告人梁某立违反国家对毒品的管制规定，从境外购买大麻非法寄递入境，并贩卖给他人，其行为已构成走私、贩卖毒品罪。梁某立多次走私毒品并向多人贩卖，根据《最高人民法院关于审理毒品犯罪案件适用法律若干问题的解释》第四条第一项的规定，应认定为《刑法》第三百四十七条第四款规定的"情节严重"。梁某立到案后如实供述自己的罪行，可依法

从轻处罚；自愿认罪认罚，可依法从宽处理。据此，依法对被告人梁某立判处有期徒刑三年六个月，并处罚金人民币5万元。

荔湾区人民法院于2022年2月22日作出刑事判决。宣判后，在法定期限内没有上诉、抗诉。判决现已发生法律效力。

【典型意义】

大麻类毒品包括大麻植物干品、大麻树脂、大麻油等，最主要的活性成分为四氢大麻酚，对人体有麻醉、致幻等作用。大麻具有成瘾性，长期滥用可导致呼吸系统、免疫系统问题或精神疾病。我国将大麻类物质和四氢大麻酚分别列为麻醉药品和一类精神药品进行严格管制。近年来，受境外部分国家大麻"合法化"的影响，一些留学生、海外归国人员、文娱从业人员产生大麻类毒品成瘾性低、危害性小的错误认知，出于猎奇心理或追求感官刺激而吸食大麻。随着国内管制不断加强，犯罪分子利用互联网从境外购买大麻，通过国际邮包少量、多次、分散寄递入境后，贩卖给滥用群体。本案是一起典型的与境外卖家勾连交易，通过国际快递走私大麻入境后在国内贩卖的案件。被告人梁某立为牟取高额利润，多次走私大麻入境，并向多名吸毒人员贩卖，既系源头性犯罪，又直接导致毒品进入消费环节，情节严重，社会危害大。人民法院依法对其从严惩处，体现了厉行禁毒的坚定立场，同时也提醒广大群众，特别是青少年群体充分认识大麻的危害，提高对毒品的防范意识和鉴别能力。

周某伟贩卖、运输毒品案
——利用"互联网+物流寄递"手段多次向吸毒人员
贩卖麻精药品，情节严重

《最高人民法院发布2022年十大毒品（涉毒）犯罪典型案例》案例8
2022年6月25日

【基本案情】

被告人周某伟，男，汉族，1993年5月22日出生，务工人员。

2021年3月，被告人周某伟明知艾司唑仑片、泰勒宁（氨酚羟考酮片）

等系国家管制的精神药品，仍以牟利为目的，在微信、抖音、百度贴吧等网络社交平台寻找买家，通过闲鱼 App 3 次向吸毒人员贩卖，共计贩卖艾司唑仑片 1 盒（20 片）、泰勒宁 7 盒（70 片），并通过快递寄送上述精神药品。后公安人员将周某伟抓获，并从其租住处查获艾司唑仑片、酒石酸唑吡坦片、劳拉西泮片、佐匹克隆片等数百片。

【裁判结果】

本案由福建省石狮市人民法院审理。

法院认为，被告人周某伟明知是国家管制的能够使人形成瘾癖的精神药品仍向吸毒人员贩卖、运输，其行为已构成贩卖、运输毒品罪。周某伟多次贩卖毒品，根据《最高人民法院关于审理毒品犯罪案件适用法律若干问题的解释》第四条第一项的规定，应认定为《刑法》第三百四十七条第四款规定的"情节严重"。周某伟到案后如实供述自己的罪行，可依法从轻处罚。据此，依法对被告人周某伟判处有期徒刑三年，并处罚金人民币 3000 元。

石狮市人民法院于 2021 年 9 月 24 日作出刑事判决。宣判后，在法定期限内没有上诉、抗诉。判决现已发生法律效力。

【典型意义】

近年来，随着我国对海洛因、甲基苯丙胺等毒品犯罪的打击力度不断加强，部分常见毒品逐渐较难获得，一些吸毒人员转而通过非法手段获取处方麻精药品作为替代物滥用，以满足吸毒瘾癖，具有医疗用途的麻精药品流入非法渠道的情况时有发生。为加大监管力度，有关职能部门联合印发《关于将含羟考酮复方制剂等品种列入精神药品管理的公告》，规定自 2019 年 9 月 1 日起将含羟考酮的复方制剂（含泰勒宁）列入精神药品管理。《全国法院毒品犯罪审判工作座谈会纪要》明确规定，向吸食、注射毒品的人员贩卖国家规定管制的能够使人形成瘾癖的麻醉药品或者精神药品的，以贩卖毒品罪定罪处罚。同时，随着互联网技术、物流业的快速发展，犯罪分子依托互联网联络毒品交易并收取毒资、通过快递物流渠道交付毒品的现象日益突出。信息网络的跨地域性、匿名性特点，使得毒品犯罪手段愈趋隐蔽化、多样化，监管、打击难度不断加大。本案就是犯罪分子利用"互联网＋物流寄递"手段向吸毒人员贩卖国家规定管制的处方麻精药品的典型案例。被告人周某伟在微信、抖音、百度贴吧等网络社交平台寻找联系买家，明知买家购买麻精药品作为成瘾替代物，仍通过闲鱼交易平台下单结算，再通过物流方式向各地买家寄送，犯罪手段隐蔽，社会危害性大。周某伟多次向吸毒人员贩卖毒品，情节严重。除已售出的麻精药品外，公安人员还从周某伟租住处查获大量国家管制的精神药品。人民法院对周某伟依法适用刑罚，体现了对利用信息网络实施非法贩卖麻精药品犯罪的严厉打击。

何某安贩卖毒品案
——向吸毒人员贩卖氟胺酮，且系累犯，依法严惩

《最高人民法院发布2022年十大毒品（涉毒）犯罪典型案例》案例9
2022年6月25日

【基本案情】

被告人何某安，男，汉族，1974年6月27日出生，务工人员。2018年6月20日因犯盗窃罪被判处有期徒刑二年二个月，并处罚金人民币5000元，同年7月17日刑满释放。

2021年9月2日，被告人何某安在江西省萍乡市火车站一麻将馆内，以5000元的价格从"狗鸭"（身份不明）处购得约5克氟胺酮，后为增重将"消炎粉"掺杂到所购氟胺酮内形成混合物。次日，何某安在湖南省株洲市芦淞区将15克上述氟胺酮混合物贩卖给吸毒人员刘某、陈某，得款7500元。同月6日，何某安在萍乡市区密码酒店附近将约11克上述氟胺酮混合物贩卖给陈某，得款5500元。

【裁判结果】

本案由湖南省攸县人民法院审理。

法院认为，被告人何某安明知氟胺酮是国家管制的能够使人形成瘾癖的麻精药品仍贩卖给他人，其行为已构成贩卖毒品罪。何某安曾因犯盗窃罪被判处有期徒刑，在刑罚执行完毕后五年内又实施本案犯罪，系累犯，应依法从重处罚。何某安到案后如实供述自己的罪行，可依法从轻处罚；自愿认罪认罚，可依法从宽处理。据此，依法对被告人何某安判处有期徒刑一年九个

月,并处罚金人民币1万元。

攸县人民法院于2021年11月25日作出刑事判决。宣判后,在法定期限内没有上诉、抗诉。判决现已发生法律效力。

【典型意义】

氟胺酮是对氯胺酮(俗称"K粉")进行化学结构修饰得到的类似物,从外观看二者同为白色结晶粉末状,具有相似的麻醉、致幻等效果,长期吸食氟胺酮会引发对人体脏器的永久损害,滥用过量甚至会导致死亡。近年来,随着国家对涉氯胺酮犯罪的打击力度不断加大,不法分子逐渐将目标转向氟胺酮,将其作为氯胺酮的替代物非法吸食、贩卖,以逃避法律制裁。为防范氟胺酮等新精神活性物质蔓延,有关职能部门联合发布《关于将合成大麻素类物质和氟胺酮等18种物质列入〈非药用类麻醉药品和精神药品管制品种增补目录〉的公告》,决定从2021年7月1日起正式将氟胺酮纳入列管范围。该公告的施行为打击氟胺酮等新型毒品犯罪提供了依据。本案系一起典型的涉氟胺酮犯罪案件。被告人何某安曾因犯盗窃罪被判处刑罚,刑满释放后不思悔改,又2次向吸毒人员贩卖氟胺酮,系累犯,主观恶性深,人身危险性大。人民法院根据何某安的犯罪事实、性质、情节和对社会的危害程度,对其依法从严惩处,彰显了人民法院坚决打击新型毒品犯罪的严正立场。

张某川走私、运输毒品案
——犯罪集团首要分子组织、指挥数十人走私、
运输毒品,罪行极其严重

《依法严惩毒品犯罪和涉毒次生犯罪典型案例》案例一
2023年6月26日

【基本案情】

被告人张某川,男,汉族,1989年6月1日出生,无业。

2018年10月至2019年7月,以被告人张某川为首,田某攀、易某金(均系同案被告人,已判刑)等为骨干,多人参与的毒品犯罪集团盘踞在境外。该犯罪集团通过网络招募数十名人员,采取统一安排食宿、拍摄自愿运

毒视频等方式控制其人身自由，组织、指挥上述人员走私毒品入境后，采用乘车携带、物流寄递等方式，运往重庆市、辽宁省鞍山市、四川省遂宁市及云南省普洱市、昭通市等地，共计实施犯罪十余次。公安机关共计查获涉案甲基苯丙胺片剂（俗称"麻古"，下同）58694.14克、甲基苯丙胺（冰毒，下同）7473.14克、海洛因7423.40克。

【裁判结果】

本案由昆明铁路运输中级法院一审，云南省高级人民法院二审。最高人民法院对本案进行了死刑复核。

法院认为，被告人张某川组织、指挥他人走私、运输毒品，其行为已构成走私、运输毒品罪。张某川组织、领导多名骨干分子和一般成员走私、运输毒品，通过网络招募数十名人员，控制其人身自由，指挥、安排上述人员探路、邮寄或携带运输毒品，系毒品犯罪集团的首要分子，应按照集团所犯的全部罪行处罚。张某川组织、指挥他人走私、运输毒品数量巨大，社会危害极大，罪行极其严重，应依法惩处。张某川协助公安机关抓捕一名运毒人员，提供线索使得公安机关查获甲基苯丙胺片剂2593克，均已构成一般立功。虽然张某川归案后如实供述所犯罪行，且有立功情节，但根据其犯罪的事实、性质、情节和对于社会的危害程度，不足以从轻处罚。据此，依法对被告人张某川判处并核准死刑，剥夺政治权利终身，并处没收个人全部财产。

【典型意义】

走私毒品属于源头性毒品犯罪，人民法院在审理此类案件时始终严格贯彻从严惩处的政策要求，并将走私毒品犯罪集团中的首要分子、骨干成员作为严惩重点，对于其中符合判处死刑条件的，坚决依法判处。本案是一起典型的犯罪集团将大量毒品走私入境的跨国毒品犯罪案件。该案参与人员众多，涉案毒品数量巨大，仅查获在案的甲基苯丙胺片剂就达数万克、甲基苯丙胺和海洛因均达数千克。以被告人张某川为首要分子的毒品犯罪集团盘踞在境外，以高额回报为诱饵，通过网络招募人员，组织、指挥数十人将大量、多种毒品走私入境后运往全国多个省份。虽然张某川具有坦白、一般立功情节，但根据其犯罪性质、具体情节、危害后果、毒品数量及主观恶性、人身危险性，结合立功的类型、价值大小等因素综合考量，其功不足以抵罪，故依法不予从宽。人民法院对张某川判处死刑，体现了对走私毒品犯罪集团首要分子的严厉惩治，充分发挥了刑罚的威慑作用。同时，提醒社会公众特别是年轻人群体，不要为挣"快钱""大钱"铤而走险，应通过正规招聘渠道求职，自觉增强防范意识。

严某柱贩卖、制造毒品、董某震贩卖、运输毒品案
——组织多人制造新型毒品甲卡西酮，向社会大肆贩卖，罪行极其严重

《依法严惩毒品犯罪和涉毒次生犯罪典型案例》案例二

2023年6月26日

【基本案情】

被告人严某柱，男，汉族，1960年1月7日出生，无业。2002年4月2日因犯合同诈骗罪被判处有期徒刑十二年，2009年7月1日刑满释放。

被告人董某震，男，汉族，1981年11月20日出生，无业。

2016年春节后，被告人严某柱、董某震密谋由严某柱制造甲卡西酮，董某震负责收购。严某柱将制毒工艺流程交予潘某明（同案被告人，已判刑），指使潘某明制造甲卡西酮。潘某明与谭某兆、王某梅（均系同案被告人，已判刑）等人试验后成功制出甲卡西酮。同年10月初，潘某明与李某文（同案被告人，已判刑）商定在河南省新野县歪子镇李某文处制造甲卡西酮。同年12月底，李某文等人将制毒地点转移至该镇另一处所，直至2017年3月9日案发。制毒期间，严某柱提供主要原料，李某文购买辅料并负责日常管理，谭某兆、王某梅指导工人制毒。严某柱等人共制造甲卡西酮5126.4千克，其中451.4千克被公安机关在制毒现场查获。

2016年10月13日至2017年3月9日，被告人严某柱联系潘某明，将制造的甲卡西酮贩卖给被告人董某震九次，共计4675千克。毒品交易期间，董某震指使何某强（同案被告人，已判刑）向严某柱支付毒资，指使何某强、侯某利（同案被告人，已判刑）等人驾驶车辆接运毒品，后由董某震之弟董某磊（同案被告人，已判刑）安排董某波、葛某师（均系同案被告人，已判刑）将毒品转卖给他人。2017年3月9日，最后一次交易的1000千克甲卡西

酮被当场查获。

【裁判结果】

本案由河南省南阳市中级人民法院一审，河南省高级人民法院二审。最高人民法院对本案进行了死刑复核。

法院认为，被告人严某柱明知甲卡西酮是毒品而制造并出售，其行为已构成贩卖、制造毒品罪。被告人董某震明知甲卡西酮是毒品而贩卖、运输，其行为已构成贩卖、运输毒品罪。严某柱提起犯意，组织他人制造毒品并提供主要原料，负责贩卖制出的毒品，董某震指挥他人支付毒资、接运并销售毒品，二人在各自参与的共同犯罪中均起主要作用，均系罪责最为突出的主犯，应按照二人各自所参与和组织、指挥的全部犯罪处罚。严某柱制造、贩卖、董某震贩卖、运输毒品数量巨大，犯罪情节严重，社会危害大，罪行极其严重，应依法惩处。据此，依法对被告人严某柱、董某震均判处并核准死刑，剥夺政治权利终身，并处没收个人全部财产。

罪犯严某柱、董某震已于2022年8月19日被依法执行死刑。

【典型意义】

甲卡西酮于2005年在我国被列为第一类精神药品进行管制，但在国内不存在合法生产、经营，也没有任何合法用途。甲卡西酮作为新型毒品，对人体健康可产生较为严重的伤害，能导致急性健康问题和毒品依赖，过量使用易造成不可逆的永久脑部损伤甚至死亡。本案是一起大量制造、贩卖甲卡西酮的典型案例。被告人严某柱组织多人大量制造甲卡西酮，不仅提供制毒工艺和主要原料，还负责贩卖；被告人董某震出资购毒，指挥多人接运和交易毒品，并组织向外贩卖。二人在毒品制售链条中处于核心地位、发挥关键作用，致使3600余千克毒品流入社会，另查获甲卡西酮1400余千克，具有严重的社会危害。制造毒品和大宗贩卖毒品属于源头性毒品犯罪，历来是我国禁毒斗争的打击重点。人民法院依法对严某柱、董某震判处死刑，体现了对性质严重、情节恶劣、社会危害大的新型毒品犯罪惩处力度的不断加大。

阮某华贩卖、运输毒品案

——利用、教唆未成年人贩卖毒品，且系累犯，罪行极其严重

《依法严惩毒品犯罪和涉毒次生犯罪典型案例》案例三

2023 年 6 月 26 日

【基本案情】

被告人阮某华，男，汉族，1984 年 2 月 6 日出生，农民。2007 年 8 月 7 日因犯抢劫罪被判处有期徒刑十三年，剥夺政治权利三年，并处罚金人民币 1 万元，2016 年 2 月 4 日刑满释放。

2019 年 2 月，吴某（同案被告人，已判刑）经他人介绍，得知被告人阮某华有低价甲基苯丙胺出售及阮的联系方式，遂将上述信息告诉唐某凡（同案被告人，已判刑）。后阮某华与吴某、唐某凡约定交易甲基苯丙胺 1000 克，唐某凡向阮某华微信转账 5000 元。同月 18 日，阮某华将藏有约 1000 克甲基苯丙胺的包裹从云南省瑞丽市邮寄至湖南省平江县虹桥镇一超市，并通知吴某领取。同月 21 日，吴某伙同他人前往签收包裹并送至唐某凡处，后吴、唐二人向阮某华支付部分购毒款。

2019 年 3 月下旬，被告人阮某华与吴某、唐某凡再次约定交易甲基苯丙胺，唐某凡等人向阮某华支付定金 2 万元。同年 4 月 22 日，阮某华将藏有甲基苯丙胺的包裹从瑞丽市邮寄至江西省修水县一小区侧门商铺。同月 24 日、25 日，阮某华多次通过微信、电话联系阮某（时年 17 岁，另案处理）代收上述毒品，并让阮某准备透明塑料袋、电子秤分装毒品。后因阮某未买到上述物品，阮某华安排吴某前去取货。同月 26 日上午，唐某凡伙同他人来到修水县城，在该县一宾馆房间与吴某及其同伙会合。阮某华指使阮某到该宾馆，对当日进出人员进行拍照、录像以确认毒品买家情况。当日 11 时许，吴某与唐某凡到快递点签收包裹时被抓获，公安人员当场从包裹内查获甲基苯丙胺 1992.19 克。同年 8 月 18 日，阮某华被抓获。

【裁判结果】

本案由江西省九江市中级人民法院一审，江西省高级人民法院二审。最

高人民法院对本案进行了死刑复核。

法院认为，被告人阮某华明知甲基苯丙胺是毒品而贩卖、运输，其行为已构成贩卖、运输毒品罪。阮某华采用物流寄递方式跨省贩运甲基苯丙胺，并指使他人进行监视，在共同犯罪中起主要作用，系主犯，应按照其所参与的全部犯罪处罚。阮某华贩卖、运输甲基苯丙胺近3000克，社会危害大，罪行极其严重。阮某华利用、教唆未成年人贩卖毒品，且曾因犯抢劫罪被判处有期徒刑，刑罚执行完毕后五年内又实施本案犯罪，系累犯，应依法从重处罚。据此，依法对被告人阮某华判处并核准死刑，剥夺政治权利终身，并处没收个人全部财产。

罪犯阮某华已于2022年10月28日被依法执行死刑。

【典型意义】

未成年人心智不够成熟，分辨是非能力较弱，好奇心强，容易受到不良周边环境的影响，被不法分子利用、教唆参与毒品犯罪，或者成为被引诱、教唆、欺骗吸食毒品以及出售毒品的对象。本案是一起利用、教唆未成年人参与贩卖毒品的典型案例。被告人阮某华指使未成年人阮某代收毒品、准备工具分装毒品未果，后又指使阮某到宾馆拍照、录像确认毒品买家情况，将阮某引上歧途。阮某华曾因严重暴力犯罪被判处重刑，刑满释放之后五年内又实施严重毒品犯罪，系累犯，主观恶性深，人身危险性大。人民法院对阮某华依法从重处罚并适用死刑，突出了对毒品犯罪的打击重点，亦较好地体现了对未成年人的特殊保护。

蔡某雄、林某波贩卖、运输毒品案

——积极响应敦促投案自首通告，主动自境外回国自首，依法从轻处罚

《依法严惩毒品犯罪和涉毒次生犯罪典型案例》案例四

2023年6月26日

【基本案情】

被告人蔡某雄，男，汉族，1984年4月30日出生，务工人员。

被告人林某波，男，汉族，1985年4月24日出生，务工人员。

2017年5月,游某文(已另案判刑)联系被告人林某波购买毒品,林某波联系被告人蔡某雄,约定由蔡某雄向游某文提供甲基苯丙胺20千克。后游某文伙同李某时、徐某昌(均已另案判刑)来到广东省陆丰市,与林某波、蔡某雄商谈毒品交易事宜。同月27日上午,蔡某雄驾驶装有毒品的车辆与林某波到游某文所住酒店房间,蔡某雄将补齐重量的149.3克甲基苯丙胺交给游某文、李某时。后林某波驾驶上述车辆与李某时、徐某昌在高速公路服务区交接毒品。游某文确认毒品交接完成后,将60万元毒资交付给蔡某雄。当日20时,游某文、李某时、徐某昌在福建省泉州市一酒店房间被抓获,公安人员从游某文所租车辆后备箱及后备箱左侧夹层内查获甲基苯丙胺共计20.02千克。蔡某雄、林某波案发后潜逃境外,后于2020年12月1日主动到云南省孟连县孟连口岸向陆丰市公安局投案,到案后如实供述犯罪事实。

【裁判结果】

本案由广东省汕尾市中级人民法院一审,广东省高级人民法院二审。

法院认为,被告人蔡某雄、林某波结伙贩卖、运输甲基苯丙胺,其行为均已构成贩卖、运输毒品罪。蔡某雄、林某波贩卖、运输毒品数量巨大,罪行严重。在共同犯罪中,蔡某雄是毒品卖主,决定毒品交易的价格、方式,收取毒资;林某波在毒品交易、运输过程中行为积极,二人均起主要作用,均系主犯,应按照其所参与的全部犯罪处罚,林某波的作用相对小于蔡某雄。二人从境外自动回国投案,如实供述主要罪行,系自首,可依法从轻处罚,对蔡某雄判处死刑可不立即执行,对林某波的量刑应与蔡某雄有所区别。据此,依法对被告人蔡某雄判处死刑,缓期二年执行,剥夺政治权利终身,并处没收个人全部财产;对被告人林某波判处无期徒刑,剥夺政治权利终身,并处没收个人全部财产。

广东省高级人民法院于2022年11月14日作出二审刑事判决,现已发生法律效力。

【典型意义】

宽严相济是我国的基本刑事政策。人民法院在坚持整体从严惩处毒品犯罪、突出打击重点的同时,也注重全面、准确贯彻宽严相济刑事政策,做到以严为主、宽以济严、罚当其罪。对于罪行较轻,或者具有从犯、自首、立功、初犯等法定、酌定从宽处罚情节的毒品犯罪分子，体现区别对待，依法给予从宽处罚，以达到分化瓦解毒品犯罪分子、预防和减少毒品犯罪的效果。本案是一起犯罪分子自境外回国投案构成自首的重大毒品案件。二被告人系当地公检法三机关联合向社会发布的《关于敦促涉毒在逃人员投案自首的通告》中所列在逃犯罪嫌疑人，在境外看到该追逃通告后通过亲属与当地公安机关联系，主动要求投案，并在投案过程中克服地域、语言、交通等困难，投案意愿坚定，反映其良好的认罪悔罪态度，也节约了司法资源。人民法院充分考虑二被告人积极响应司法机关发布的敦促投案自首通告，主动自境外回国投案，并如实供述主要犯罪事实的情节，对二人予以从宽处罚，对其他在逃人员具有示范感召意义，实现了政治效果、社会效果、法律效果的有机统一。

韩某华走私、贩卖、运输毒品、强奸、传授犯罪方法、张某淼走私毒品、强奸案
—— 采用非接触式手段走私、贩运精神药品，情节严重；
利用精神药品迷奸他人，依法数罪并罚

《依法严惩毒品犯罪和涉毒次生犯罪典型案例》案例六

2023 年 6 月 26 日

【基本案情】

被告人韩某华，男，汉族，1992 年 3 月 30 日出生，KTV 服务人员。2012 年 1 月 12 日因犯盗窃罪被判处有期徒刑四年六个月，并处罚金人民币 1 万元，2015 年 4 月 28 日刑满释放。

被告人张某淼，男，汉族，2000 年 6 月 2 日出生，餐饮服务人员。

2021 年 7 月至 10 月，被告人韩某华明知三唑仑、溴替唑仑、咪达唑仑等为国家管制的精神药品，且他人系出于犯罪目的而购买，仍通过互联网联系境外卖家购买，通过支付宝转账或网络虚拟货币等方式支付钱款，采用改换包装等手段从境外寄递入境贩卖给全国多地买家，其中部分系韩某华收取后又联系他人在境内邮寄贩卖。韩某华走私、贩卖、运输精神药品 20 余次，共计三唑仑 150 片、溴替唑仑 120 片、咪达唑仑针剂 92 支。韩某华还以微信聊

天、发送视频等方式，向买家传授使用上述精神药品致人昏迷的具体操作方法，以及迷奸过程中的注意事项等内容。

被告人张某淼明知上述精神药品系从境外发货，仍向被告人韩某华购买，并提供境内收货地址，共计走私溴替唑仑 20 片、咪达唑仑针剂 15 支。张某淼购买三唑仑等后，欲对被害人梁某实施迷奸，于 2021 年 10 月 9 日欺骗梁某喝下溶解有三唑仑的奶茶，但梁某未完全昏迷。韩某华明知张某淼正在实施强奸行为，仍实时指导张某淼如何使用相关精神药品，张某淼根据韩某华的指导再次欺骗梁某服用三唑仑、注射咪达唑仑等，致梁某失去意识，进而对梁某实施奸淫。次日，张某淼与他人经预谋，欺骗被害人于某某服下三唑仑，又对失去意识的于某某注射咪达唑仑，后张某淼等二人轮流对于某某实施奸淫。

【裁判结果】

本案由江苏省苏州市中级人民法院审理。

法院认为，被告人韩某华明知是毒品而从境外购买并走私入境后贩卖、运输给他人，其行为已构成走私、贩卖、运输毒品罪；通过网络向他人传授犯罪方法，其行为已构成传授犯罪方法罪；明知他人正在实施强奸犯罪，仍实时传授迷奸手段提供帮助，其行为已构成强奸罪。被告人张某淼明知是毒品而走私，其行为已构成走私毒品罪；采用药物迷晕方式，违背妇女意志实施奸淫，其行为已构成强奸罪，且具有轮奸情节。对韩某华、张某淼所犯数罪，均应依法并罚。韩某华多次走私毒品入境并向多人贩卖，情节严重。韩某华有故意犯罪前科，酌情从重处罚。在强奸共同犯罪中，张某淼起主要作用，系主犯，应按照其所参与的全部犯罪处罚；韩某华起辅助作用，系从犯，应依法减轻处罚。韩某华、张某淼到案后均能如实供述所犯罪行，可依法从轻处罚；自愿认罪认罚，可依法从宽处理。据此，依法对被告人韩某华以走私、贩卖、运输毒品罪判处有期徒刑五年七个月，并处罚金人民币 4 万元，以强奸罪判处有期徒刑一年七个月，以传授犯罪方法罪判处有期徒刑二年五个月，决定执行有期徒刑七年，并处罚金人民币 4 万元；对被告人张某淼以走私毒品罪判处有期徒刑十一个月，并处罚金人民币 5000 元，以强奸罪判处有期徒刑十一年九个月，剥夺政治权利三年，决定执行有期徒刑十二年，剥夺政治权利三年，并处罚金人民币 5000 元。

苏州市中级人民法院于2023年4月12日作出刑事判决。宣判后，在法定期限内没有上诉、抗诉，现已发生法律效力。

【典型意义】

三唑仑、溴替唑仑、咪达唑仑均系国家管制的精神药品，具有镇静催眠等作用，长期服用易产生身体和心理依赖，在被作为成瘾替代物滥用或者被用于实施抢劫、强奸等犯罪时，均应认定为毒品。近年来，一些犯罪分子利用三唑仑等物质的催眠作用，诱骗女性服用，趁女性昏迷之际实施奸淫。因国内严管，犯罪分子难以购得，遂通过互联网联络境外卖家购买，经电子支付手段或者利用虚拟货币付款，伪装后利用国际快递走私入境并在境内贩卖扩散，有的引发严重次生犯罪。本案是一起利用走私入境的精神药品迷奸他人的典型案例。被告人韩某华以"迷奸药"作为售卖宣传点，采用"互联网+物流寄递+电子支付"手段实施走私、贩卖、运输毒品犯罪20余次，贩卖对象涉及全国多个省份，向买家传授具体使用方法，甚至实时指导他人用药实施迷奸，犯罪情节恶劣，社会危害大。被告人张某森购买走私入境的毒品，并用于实施迷奸，其强奸二人且有轮奸情节，犯罪性质恶劣，情节严重。本案表明，毒品不仅给吸食者本人带来严重危害，还可能危及他人人身安全，影响社会和谐稳定。人民法院对本案被告人依法严惩，彰显了坚决打击此类涉麻精药品犯罪和涉毒次生犯罪的严正立场。同时，提醒社会公众增强自我保护意识，对于不熟识的人给予的食品、饮品等应提高警惕。

马某根等贩卖毒品案

——伪造资质骗购大量麻醉药品出售给贩毒人员，依法惩处

《依法严惩毒品犯罪和涉毒次生犯罪典型案例》案例七

2023年6月26日

【基本案情】

被告人马某根，男，汉族，1977年7月17日出生，农民。

被告人段某霞，女，汉族，1984年8月8日出生，农民。

被告人石某艳，女，汉族，1985年4月6日出生，农民。

被告人方某娟，女，汉族，1988年5月14日出生，农民。

被告人沈某成，男，汉族，1985年4月27日出生，农民。

2017年2月，被告人马某根经与贩毒人员共谋，通过伪造癌症病人住院病案首页、身份证件等资料，在多家医院办理多张麻醉卡。马某根持麻醉卡以每片0.4元的价格从医院骗购哌替啶片（度冷丁），再以每片13元的价格出售给贩毒人员，并以给予一定报酬为诱惑，将麻醉卡提供给被告人段某霞，让段某霞为其到医院骗购哌替啶片及发展下线。2017年2月至2018年9月间，马某根及其直接或间接发展的下线被告人段某霞、石某艳、方某娟、沈某成，多次采用同样手段从医院骗购哌替啶片，均被马某根加价出售给贩毒人员。各被告人贩卖哌替啶的数量分别为：马某根744克、段某霞328.4克、石某艳124.6克、方某娟36.7克、沈某成26克。

【裁判结果】

本案由甘肃省合水县人民法院一审，甘肃省庆阳市中级人民法院二审。

法院认为，被告人马某根、段某霞、石某艳、方某娟、沈某成明知哌替啶是国家规定管制的能够使人形成瘾癖的麻醉药品，而骗购获取后出售给贩毒人员，其行为均已构成贩卖毒品罪。马某根、段某霞贩卖毒品数量大，石某艳贩卖毒品数量较大；方某娟、沈某成多次贩卖毒品，情节严重。在共同犯罪中，马某根与贩毒人员共谋，伪造资料办理麻醉卡从医院骗购哌替啶片，积极发展、指使下线使用其提供的麻醉卡从医院骗购哌替啶片，并出售给贩毒人员牟利，起主要作用，系主犯，应按照其所参与和组织、指挥的全部犯罪处罚；段某霞、石某艳、方某娟、沈某成直接或间接受马某根指使从医院骗购哌替啶片，起次要作用，系从犯，应依法从轻或减轻处罚。段某霞、方某娟有自首情节，可依法从轻处罚。段某霞、方某娟、沈某成认罪认罚，可依法从宽处理。方某娟、沈某成积极退赃，酌情从轻处罚。据此，依法对被告人马某根判处有期徒刑十五年，并处没收财产人民币2万元；对被告人段某霞、石某艳、方某娟、沈某成分别判处有期徒刑十年、七年、二年、一年九个月，并处数额不等罚金。

庆阳市中级人民法院于2022年10月17日作出二审刑事裁定，现已发生法律效力。

【典型意义】

近年来,一些犯罪分子通过伪造患者病历资料从医院套取国家管制的麻精药品并贩卖牟利的情况时有发生。本案系一起持伪造资料办理麻醉卡从医院骗购哌替啶出售给贩毒人员牟利的典型案例。被告人马某根经与贩毒人员共谋,伪造多份癌症患者资料,在多家医院办理麻醉卡骗购麻醉药品,发展多名下线采用同样手段实施犯罪,并将骗购的麻醉药品加价数倍出售给贩毒人员牟利,不但导致大量医疗用麻醉药品流入涉毒渠道,还严重扰乱了药品经营管理秩序。人民法院一体打击骗购麻精药品并向贩毒人员出售的犯罪团伙,认定马某根为团伙主犯并依法判处十五年有期徒刑,体现了严惩此类犯罪及其中起组织、指挥作用的主犯的坚定态度;同时,对本案中具有从犯、自首、认罪认罚、积极退赃等法定、酌定从宽处罚情节的其他被告人依法从轻或减轻处罚,体现了区别对待、宽以济严。

夏某欢贩卖毒品案
——医务人员多次向吸贩毒人员贩卖精神药品牟利,情节严重

《依法严惩毒品犯罪和涉毒次生犯罪典型案例》案例八

2023 年 6 月 26 日

【基本案情】

被告人夏某欢,男,汉族,1988 年 3 月 30 日出生,医务人员。

被告人夏某欢系重庆市某营利性戒毒医院医生,具有开具国家管制的第一类精神药品盐酸丁丙诺啡舌下片处方资格。2020 年 7 月至 2021 年 5 月,夏某欢冒用他人名义开具虚假处方,以每盒 170 元的价格从医院骗购盐酸丁丙诺啡舌下片,明知购买者系吸贩毒人员,仍多次以每盒 350 元至 450 元不等的价格向多人贩卖,且均未开具相应处方,共计出售 422 盒(10 片/盒)。

【裁判结果】

本案由重庆市万州区人民法院一审,重庆市第二中级人民法院二审。

法院认为,被告人夏某欢身为依法从事管理、使用国家管制的精神药品

的人员，向贩卖毒品的犯罪分子或者以牟利为目的向吸食、注射毒品的人提供国家规定管制的能够使人形成瘾癖的精神药品，其行为已构成贩卖毒品罪。夏某欢为谋取非法利益，多次向多名吸贩毒人员贩卖盐酸丁丙诺啡舌下片，情节严重。据此，依法对被告人夏某欢判处有期徒刑六年，并处罚金人民币12万元。

重庆市第二中级人民法院于2022年12月26日作出二审刑事裁定，现已发生法律效力。

【典型意义】

近年来，随着我国对毒品犯罪的打击力度持续加强，部分常见毒品逐渐较难获得，一些吸毒人员转而通过非法手段获取医疗用麻精药品作为替代物滥用，以满足吸毒瘾癖，具有医疗用途的麻精药品流入非法渠道的情况时有发生。本案系一起戒毒医院医生向吸贩毒人员贩卖国家管制的精神药品牟利的典型案例。盐酸丁丙诺啡舌下片属于国家管制的第一类精神药品，具有医疗用途，但被滥用极易形成瘾癖，兼具药品与毒品双重属性。被告人夏某欢身为戒毒医院执业医师，利用职业便利，冒用患者名义虚开处方套取盐酸丁丙诺啡舌下片，多次加价贩卖给多名吸贩毒人员牟利，犯罪情节严重。"医乃仁术，无德不立。"夏某欢的行为违背职业操守，扰乱正常医疗秩序，导致医疗用精神药品流入涉毒渠道，社会危害大。人民法院依法对夏某欢以贩卖毒品罪定罪处刑，并处以高额罚金，彰显了严惩此类犯罪的严正立场。对于推动强化麻精药品源头管控，促进加强相关机构和人员管理，严防医疗用麻精药品流入涉毒渠道具有积极意义。

纪某林贩卖毒品案

——违规购买精神药品出售给吸毒人员，依法严惩

《依法严惩毒品犯罪和涉毒次生犯罪典型案例》案例九

2023年6月26日

【基本案情】

被告人纪某林，男，汉族，1988年3月20日出生，跑腿代购员。

2020年至2021年，被告人纪某林在辽宁省辽阳市某医院使用多人多张就诊卡购买阿普唑仑片。2021年11月17日11时许，纪某林在该医院以11元的价格购买1盒阿普唑仑片后，明知陈某某系吸毒人员，仍以100元的价格出售给陈，被公安人员当场抓获，阿普唑仑片1盒（40片/盒）被查获。公安人员另从纪某林身上查扣阿普唑仑片1盒和就诊卡12张。

【裁判结果】

本案由辽宁省辽阳市白塔区人民法院审理。

法院认为，被告人纪某林明知阿普唑仑是国家规定管制的能够使人形成瘾癖的精神药品仍贩卖给吸毒人员，其行为已构成贩卖毒品罪。纪某林到案后如实供述自己的罪行，可依法从轻处罚；自愿认罪认罚，可依法从宽处理。据此，依法对被告人纪某林判处有期徒刑六个月，并处罚金人民币5000元。

辽阳市白塔区人民法院于2023年2月17日作出刑事判决。宣判后，在法定期限内没有上诉、抗诉。判决已发生法律效力。

【典型意义】

阿普唑仑是国家管制的第二类精神药品，直接作用于神经系统，长期服用易成瘾，突然减药或停用易出现戒断反应，严重时可危及生命。一些犯罪分子以牟利为目的，明知他人为滥用而购买，仍套购此类药品非法出售。本案是一起违规购买阿普唑仑后贩卖给吸毒人员的典型案例。被告人纪某林明知阿普唑仑是国家规定管制的精神药品，且他人购买系作为毒品滥用，仍加价近10倍向吸毒人员出售，应认定为贩卖毒品罪。在案证据显示，纪某林还曾使用多人多张就诊卡违规购买阿普唑仑片。纪某林的行为不仅违反了国家关于麻精药品的管理规定，还干扰、破坏了正常的医疗秩序，依法应予严惩。人民法院根据纪某林犯罪的事实、性质、情节和对于社会的危害程度，对其定罪处刑，体现了"涉毒必惩"的态度立场。同时，提醒广大公众切勿随意将自己的就诊凭证借予他人，防止被他人违法利用。

鲁某平非法生产制毒物品案
——非法生产邻氯苯基环戊酮，情节特别严重，依法惩处

《最高人民法院发布毒品犯罪及涉毒次生犯罪十大典型案例》第9号

2017年6月20日

【基本案情】

被告人鲁某平，男，汉族，1965年11月22日出生，无业。2005年11月15日因犯虚开增值税专用发票、用于骗取出口退税、抵扣税款发票罪被判处有期徒刑七年，并处罚金人民币20万元；2014年1月23日因犯非法买卖制毒物品罪被判处有期徒刑一年九个月，并处罚金人民币15000元，2015年1月24日刑满释放。

2016年5月，被告人鲁某平与周某（另案处理）共谋生产邻氯苯基环戊酮（以下简称邻酮），商定由周某提供资金，鲁某平负责联系工厂、组织人员。同年6月，鲁某平选定河南省平顶山市一生化公司车间作为生产邻酮的地点，并安排王某某（另案处理）做技术员。周某向王某某支付10万元定金，并安排蔡某某、陈某某参与生产邻酮。至同年7月25日被查获时，鲁某平等人利用该公司设备、人员生产邻酮4批次，共计231.5千克。

【裁判结果】

本案由江苏省建湖县人民法院审理。

法院认为，被告人鲁某平违反国家规定，非法生产国家管制的易制毒化学品邻酮，情节特别严重，其行为已构成非法生产制毒物品罪，应依法惩处。在共同犯罪中，鲁某平参与共谋非法生产制毒物品，选定生产场所，纠集、指挥他人进行生产，起主要作用，系主犯，应当按照其所指挥和参与的全部犯罪处罚。鲁某平曾因故意犯罪被判处有期徒刑，在刑罚执行完毕后五年内又犯罪，系累犯，应依法从重处罚。据此，依法对被告人鲁某平判处有期徒刑八年六个月，并处罚金人民币5万元。

宣判后，在法定期限内没有上诉、抗诉，上述裁判已于2017年1月17日发生法律效力。

【典型意义】

随着国内制造甲基苯丙胺、氯胺酮等合成毒品犯罪案件的增长,作为制造合成毒品原料的麻黄碱、羟亚胺、邻酮等制毒物品流入非法渠道被用于制造毒品的形势较为严峻。非法生产、买卖制毒物品案件频发。为从源头上遏制制毒物品犯罪,国家在立法、司法层面均加大了对制毒物品犯罪的打击力度。2015年11月1日起施行的《刑法修正案(九)》完善了制毒物品犯罪的规定,增加了非法生产、运输制毒物品罪,并提高了法定刑。2016年4月11日起施行的《最高人民法院关于审理毒品犯罪案件适用法律若干问题的解释》下调了制毒物品犯罪的定罪量刑标准。本案是一起比较典型的非法生产邻酮的案件。邻酮是生产羟亚胺的原料,而羟亚胺又可用于制造毒品氯胺酮。被告人鲁某平明知邻酮属于被管制的易制毒化学品,为牟取暴利伙同他人非法进行生产,至案发时产量达230余千克,属于情节特别严重,应当判处七年以上有期徒刑。人民法院根据鲁某平犯罪的事实及具体情节,依法对其判处了刑罚。

曾某华等非法生产制毒物品案
——非法生产麻黄碱,情节特别严重,依法惩处

《最高人民法院发布毒品犯罪及涉毒次生犯罪典型案例》第6号

2018年6月26日

【基本案情】

被告人曾某华,男,汉族,1979年11月8日出生,务工人员。

被告人吴某宝,男,汉族,1981年10月14日出生,工人。

被告人刘某余,男,汉族,1982年5月12日出生,工人。

被告人曾某胜,男,汉族,1971年7月10日出生,工人。

2015年10月至2016年1月间,被告人曾某华、曾某胜、吴某宝、刘某余等人先后在山东省兰陵县大仲村镇车庄村、临沂高新技术产业开发区马厂湖镇武德村租用厂房,并从临沂市化工市场及湖北省武汉市等地购买溴代苯丙酮、二甲苯、盐酸等原材料,在上述厂房内分别生产麻黄碱共计2000余千

克,其中在临沂高新技术产业开发区生产的976余千克麻黄碱被查获。

【裁判结果】

本案由山东省临沂高新技术产业开发区人民法院一审,山东省临沂市中级人民法院二审。

法院认为,被告人曾某华、曾某胜、吴某宝、刘某余违反国家规定,非法生产用于制造毒品的原料,情节特别严重,其行为均构成非法生产制毒物品罪。在共同犯罪中,曾某华组织、策划全部犯罪行为,系主犯,应当按照其所组织和参与的全部犯罪处罚;曾某胜、吴某宝、刘某余均起次要作用,系从犯,应当从轻处罚。吴某宝、刘某余如实供述自己及同案犯的罪行,可以从轻处罚。据此,依法对被告人曾某华、曾某胜、吴某宝、刘某余分别判处有期徒刑十二年、九年六个月、八年、八年,分别并处罚金人民币20万元、15万元、14万元、10万元。

上述裁判已于2018年1月24日发生法律效力。

【典型意义】

近年来国内制造毒品犯罪形势较为严峻,与此相应,非法生产麻黄碱、羟亚胺、邻酮等制毒原料的犯罪案件频发。为从源头上遏制制毒物品犯罪,2015年11月1日起施行的《刑法修正案(九)》完善了制毒物品犯罪的规定,增设了非法生产、运输制毒物品罪,并提高了法定刑。本案是一起比较典型的非法生产麻黄碱的案件。麻黄碱是制造甲基苯丙胺的主要原料。被告人曾某华等人明知麻黄碱属于制毒物品,为牟取暴利而非法生产,数量达2000余千克,属于情节特别严重,应当判处七年以上有期徒刑。人民法院根据曾某华等人犯罪的事实和具体情节,依法判处相应刑罚。

徐某福妙非法种植毒品原植物案
——非法种植罂粟数量较大，依法惩处

《最高人民法院发布毒品犯罪及涉毒次生犯罪典型案例》第7号
2018年6月26日

【基本案情】

被告人徐某福妙，男，汉族，1967年9月6日出生，无业。2003年6月3日因犯合同诈骗罪被判处有期徒刑十二年，并处罚金人民币10万元，2009年7月3日因病被暂予监外执行，2015年8月26日刑罚执行完毕。

2016年年底，被告人徐某福妙在浙江省永嘉县桥下镇徐山村一处田地种植罂粟。2017年4月8日，公安人员在上述地点查获该批罂粟，经清点、鉴定，共计2243株。在附近务农的徐某福妙在接受公安人员排查性询问时主动交代罂粟系其种植。

【裁判结果】

本案由浙江省永嘉县人民法院审理。

法院认为，被告人徐某福妙非法种植毒品原植物罂粟，数量较大，其行为已构成非法种植毒品原植物罪。徐某福妙曾因故意犯罪被判处有期徒刑，在刑罚执行完毕后五年内再次故意犯应当判处有期徒刑以上刑罚之罪，系累犯，应当从重处罚。徐某福妙具有自首情节，可以从轻处罚。据此，依法对被告人徐某福妙判处有期徒刑二年，并处罚金人民币8000元。

宣判后，在法定期限内没有上诉、抗诉，上述裁判已于2017年7月30日发生法律效力。

【典型意义】

《刑法》第三百五十一条第一款第一项规定，非法种植罂粟500株以上不满三千株的，即构成非法种植毒品原植物罪，应当判处五年以下有期徒刑、拘役或者管制，并处罚金。本案被告人徐某福妙非法种植罂粟达2243株，人民法院根据其犯罪的事实及具有累犯、自首等情节，依法判处刑罚，对此类非法种植毒品原植物行为具有重要警示作用。

吕某春等非法生产、买卖制毒物品案
——非法买卖溴代苯丙酮、生产麻黄素，情节特别严重

《最高人民法院发布 2020 年十大毒品（涉毒）犯罪典型案例》案例 9
2020 年 6 月 23 日

【基本案情】

被告人吕某春，男，汉族，1968 年 2 月 24 日出生，无业。2008 年 1 月 10 日因犯贩卖毒品罪被判处有期徒刑十五年，并处罚金人民币 10 万元，2015 年 7 月 6 日刑满释放。

被告人高某成，男，汉族，1981 年 12 月 2 日出生，务工人员。2014 年 6 月 30 日因犯运输、制造毒品罪被判处有期徒刑一年六个月，并处罚金人民币一万元，同年 11 月 23 日刑满释放。

被告人郑某，男，汉族，1982 年 5 月 25 日出生，农民。2003 年 11 月 11 日因犯抢劫罪被判处有期徒刑六年，并处罚金人民币 2000 元。

2017 年 3 月，被告人吕某春为生产麻黄素，通过网络联系被告人郑某购买 1－苯基－2－溴－1－丙酮（俗称溴代苯丙酮）200 千克。后吕某春雇用被告人高某成参与生产，并购买制毒工具和其他原材料。2018 年 1 月 20 日，公安人员在山东省青岛市市北区将吕某春、高某成抓获，并在该处查获麻黄素 5.65 千克、含有麻黄素的液体 104.65 千克及其他化学制剂。后郑某被抓获归案。

【裁判结果】

本案由山东省青岛市市北区人民法院一审，山东省青岛市中级人民法院二审。

法院认为，被告人吕某春非法购买、生产用于制造毒品的原料，情节特别严重，其行为已构成非法生产、买卖制毒物品罪；被告人高某成非法生产用于制造毒品的原料，情节特别严重，其行为已构成非法生产制毒物品罪；被告人郑某非法出售用于制造毒品的原料，情节特别严重，其行为已构成非

法买卖制毒物品罪。吕某春、高某成在共同犯罪中均系主犯,且均系累犯、毒品再犯,应依法从重处罚。三人均如实供述主要犯罪事实,酌予从轻处罚。据此,依法对被告人吕某春判处有期徒刑十年六个月,并处罚金人民币3万元;对被告人高某成判处有期徒刑九年六个月,并处罚金人民币2万元;对被告人郑某判处有期徒刑八年六个月,并处罚金人民币2万元。

上述裁判已于2019年7月3日发生法律效力。

【典型意义】

受多种因素影响,当前我国制毒物品违法犯罪问题较为突出。本案是一起比较典型的非法生产、买卖制毒物品的案例。溴代苯丙酮是合成麻黄素的重要原料,而麻黄素可用于制造毒品甲基苯丙胺,二者都是国家严格管控的易制毒化学品。根据《最高人民法院关于审理毒品犯罪案件适用法律若干问题的解释》第八条的规定,被告人吕某春、高某成、郑某三人实施制毒物品犯罪均属情节特别严重,人民法院依法判处相应刑罚,体现了对此类毒品犯罪的坚决惩处。

马某云等非法生产、买卖、运输制毒物品案
——非法生产、买卖、运输制毒物品,情节特别严重

《2021年十大毒品(涉毒)犯罪典型案例》案例8

2021年6月25日

【基本案情】

被告人马某云,男,汉族,1969年12月8日出生,个体户。1992年9月5日因犯盗窃罪被判处死刑,缓期二年执行,剥夺政治权利终身,2007年1月30日被假释,假释考验期至2008年6月20日止。

被告人刘某安,男,汉族,1968年6月6日出生,某公司法定代表人。2019年5月8日因犯污染环境罪被判处有期徒刑九个月,并处罚金人民币1万元,2019年6月28日刑满释放。

被告人胡某虎、周某珠,均系个体户;被告人李某龙、许某年、王某林、祁某刚,均无业。

2019年三四月，被告人马某云、胡某虎共谋出资生产制毒物品盐酸羟亚胺。马某云委托被告人李某龙寻找场地并负责生产，聘请被告人许某年作为技术员指导生产，胡某虎负责提供生产工艺图纸。后李某龙租用山西省介休市一公司作为生产窝点，与许某年等人组织工人生产盐酸羟亚胺。同年12月，马某云、胡某虎从被告人刘某安处购买易制毒化学品溴素5010千克及甲苯12000千克，运至上述窝点。马某云等人生产盐酸羟亚胺共计2723.67千克，出售1470千克，其中，马某云15次参与出售1470千克，胡某虎6次参与出售630千克，李某龙7次参与出售900千克，被告人周某珠4次参与出售615千克，被告人王某林4次参与出售300千克，被告人祁某刚2次参与出售100千克，马某云、胡某虎、李某龙、周某珠、王某林还参与运输盐酸羟亚胺。

2020年6月15日，公安人员在江苏省建湖县马某云岳父家查获马某云、胡某虎藏匿的盐酸羟亚胺1253.67千克、含有羟亚胺和邻氯苯基环戊酮成分的固液混合物260.69千克。

【裁判结果】

本案由江苏省盐城市亭湖区人民法院审理。

法院认为，被告人马某云、胡某虎、李某龙非法生产、买卖、运输制毒物品，情节特别严重，其行为均已构成非法生产、买卖、运输制毒物品罪。被告人许某年非法生产制毒物品，情节特别严重，其行为已构成非法生产制毒物品罪。被告人周某珠、王某林非法买卖、运输制毒物品，情节特别严重，其行为均已构成非法买卖、运输制毒物品罪。被告人刘某安、祁某刚非法买卖制毒物品，情节特别严重，其行为均已构成非法买卖制毒物品罪。在共同犯罪中，马某云、胡某虎、李某龙均系主犯，应按照其参与的全部犯罪处罚，许某年、周某珠、王某林、祁某刚系从犯，应依法从轻或者减轻处罚。刘某安系累犯，应依法从重处罚。8人均如实供述犯罪事实，可从轻处罚。除刘某安外，其余7人均退缴违法所得，可酌情从轻处罚。据此，依法对被告人马某云判处有期徒刑十二年，并处罚金人民币100万元；对被告人刘某安判处有期徒刑九年，并处罚金人民币40万元；对被告人胡某虎、李某龙、许某年、周某珠、王某林、祁某刚分别判处有期徒刑十年六个月至五年不等的刑罚，并处罚金。

宣判后，在法定期限内没有上诉、抗诉，上述判决已于 2021 年 2 月 11 日发生法律效力。

【典型意义】

近年来，受制造毒品犯罪增长影响，制毒物品流入非法渠道的形势十分严峻。本案就是一起非法生产、买卖、运输制毒物品的典型案例。溴素、甲苯可用于制造盐酸羟亚胺，盐酸羟亚胺可用于制造毒品氯胺酮，均是国家严格管控的易制毒化学品。根据《最高人民法院关于审理毒品犯罪案件适用法律若干问题的解释》第八条的规定，被告人马某云等 8 人实施制毒物品犯罪均属情节特别严重，人民法院依法判处相应刑罚，体现了对源头性毒品犯罪的坚决惩处。

吴某剡等非法生产制毒物品案
——组织多人非法生产制毒物品麻黄碱，情节特别严重

《依法严惩毒品犯罪和涉毒次生犯罪典型案例》案例五

2023 年 6 月 26 日

【基本案情】

被告人吴某剡，男，汉族，1982 年 3 月 2 日出生，务工人员。

被告人吴某雄，男，汉族，1970 年 12 月 28 日出生，无业。

被告人黄某昌，男，汉族，1978 年 11 月 4 日出生，务工人员。

被告人吴某凯，男，汉族，1995 年 12 月 11 日出生，无业。

被告人林某泉，男，汉族，1994 年 2 月 28 日出生，无业。

被告人黄某祥，男，汉族，1973 年 8 月 6 日出生，务工人员。2010 年 4 月 1 日因犯故意伤害罪被判处有期徒刑一年，缓刑一年。

2022 年 4 月底 5 月初，被告人吴某剡、吴某雄兄弟二人共谋生产麻黄碱并出售牟利。吴某雄联系被告人黄某昌，准备在福建省连城县黄某昌的养猪场生产麻黄碱，黄某昌同意，并以 2 万元出资和场地租金 1 万元入股。吴某剡联系他人购买约 500 千克含有麻黄碱成分的药片，并购买辅料及防腐手套等，委托他人运至连城县交接给吴某雄、黄某昌，再由黄某昌运至养猪场。

吴某剡、吴某雄联系被告人吴某凯生产麻黄碱,吴某凯邀约被告人林某泉参与。同年5月12日,吴某雄驾车将吴某凯、林某泉送至连城县,再由黄某昌驾车将二人载至养猪场。吴某凯、林某泉用粉碎机将含有麻黄碱成分的药片碾碎,加入辅料,采用化学方法加工、提炼麻黄碱。其间,黄某昌帮忙碾碎药片等,吴某雄安排被告人黄某祥帮其和黄某昌运送含有麻黄碱成分的药片,黄某祥还负责送饭及购买容器等。同月18日,公安人员现场查获含麻黄碱75844.37克的粉末等物质及生产麻黄碱的工具。

【裁判结果】

本案由福建省连城县人民法院一审,福建省龙岩市中级人民法院二审。

法院认为,被告人吴某剡、吴某雄、黄某昌、吴某凯、林某泉、黄某祥违反国家规定,非法生产用于制造毒品的原料麻黄碱,情节特别严重,其行为均已构成非法生产制毒物品罪。在共同犯罪中,吴某剡、吴某雄共谋生产麻黄碱并联系生产人员,吴某剡购买、运送主料和辅料,吴某雄联系生产场地,运送生产人员,指使他人运送主料;黄某昌出资入股,提供生产场地,参与运送主料、辅料及生产人员,在生产麻黄碱过程中提供帮助,三人均起主要作用,均系主犯,应按照其所参与的全部犯罪处罚,黄某昌的地位、作用相对较小。吴某凯、林某泉、黄某祥在共同犯罪中起次要作用,系从犯,应依法减轻处罚。六被告人均如实供述自己的罪行,可依法从轻处罚。吴某凯、林某泉、黄某祥认罪认罚,可依法从宽处理。吴某剡有吸毒劣迹,黄某祥有故意犯罪前科,酌情从重处罚。据此,依法对被告人吴某剡、吴某雄、黄某昌、吴某凯、林某泉、黄某祥分别判处有期徒刑八年、七年八个月、七年、三年十个月、三年七个月、三年二个月,并处数额不等罚金。

龙岩市中级人民法院于2023年2月17日作出二审刑事裁定,现已发生法律效力。

【典型意义】

制毒物品犯罪属于制造毒品的上游犯罪。为从源头上遏制毒品犯罪,我国不断加大对制毒物品犯罪的打击力度,不但在立法层面加大惩治力度,且始终坚持"打防并举、综合施治"方针,持续严格管控制毒物品。麻黄碱被列为第一类易制毒化学品,是制造甲基苯丙胺的主要原料。在利益驱使下,犯罪分子不惜铤而走险，购买可用于合成麻黄碱的化学品或者含麻黄碱成分的药品，非法生产麻黄碱贩卖以牟取暴利，导致制造毒品等犯罪的蔓延。本案系一起犯罪团伙组织生产麻黄碱的典型案例。涉案麻黄碱数量达75千克以上，根据相关司法解释已达情节特别严重标准。人民法院根据各被告人犯罪的事实、性质、情节和对于社会的危害程度及认罪悔罪表现，对三名主犯判处七年以上有期徒刑，对三名从犯依法从宽处罚，既体现了人民法院从严惩处制毒物品犯罪的鲜明立场，也全面贯彻了宽严相济刑事政策。

邹某生引诱他人吸毒、盗窃案
——引诱他人吸毒并唆使他人共同盗窃，依法惩处

《最高人民法院发布2020年十大毒品（涉毒）犯罪典型案例》案例7
2020年6月23日

【基本案情】

被告人邹某生，男，汉族，1987年10月9日出生，农民。

被告人邹某生系广东省化州市某村村民，意图引诱同村村民邹某某（另案处理）一起吸毒。2018年9月的一天，邹某生向邹某某借款购买海洛因后，当晚来到邹某某家，称吸食海洛因可消除邹某某腿部术后疼痛。邹某某表示其不会吸毒，邹某生便将海洛因放在锡纸上加热，让邹某某吸食烤出的烟雾。此后，邹某某遇腿部疼痛时便让邹某生购买海洛因一起吸食。

同年11月的一天晚上，被告人邹某生和邹某某毒瘾发作，但无钱购买毒品。经邹某生提议，二人潜入同村一村民家窃得一台液晶电视机。次日，邹某生将电视机销赃得款400元，用其中100元购买海洛因，与邹某某一起吸食。

【裁判结果】

本案由广东省化州市人民法院审理。

法院认为，被告人邹某生引诱他人吸食毒品，其行为已构成引诱他人吸毒罪；邹某生以非法占有为目的，伙同他人入户盗窃财物，其行为又构成盗窃罪。鉴于邹某生如实供述自己的罪行，并当庭认罪悔罪，可从轻处罚。对

邹某生所犯数罪，应依法并罚。据此，对邹某生以引诱他人吸毒罪判处有期徒刑一年二个月，并处罚金人民币 2000 元；以盗窃罪判处有期徒刑七个月，并处罚金人民币 1000 元，决定执行有期徒刑一年六个月，并处罚金人民币 3000 元。

宣判后，在法定期限内没有上诉、抗诉，上述裁判已于 2019 年 4 月 30 日发生法律效力。

【典型意义】

吸毒成瘾不仅损害身体健康，高额的支出也会造成经济困境，诱使吸毒者实施盗抢等侵财犯罪。我国《刑法》对引诱、教唆、欺骗他人吸毒罪没有设置数量、情节等入罪条件，故实施此类行为的一般均应追究刑事责任。本案就是一起引诱他人吸毒后又共同实施侵财犯罪的典型案例。被告人邹某生以吸毒可以消除病痛为由引诱同村村民吸食海洛因，为购买毒品又唆使其共同入户盗窃财物，较为突出地体现了吸毒诱发犯罪的危害。人民法院根据邹某生犯罪的事实、性质和具体情节，依法对其判处了刑罚。

张某国教唆他人吸毒案
——吸毒人员教唆他人吸毒，依法惩处

《最高人民法院发布5起毒品犯罪及吸毒诱发的
严重犯罪典型案例》第5号
2015 年 6 月 25 日

【基本案情】

被告人张某国，男，汉族，1988 年 5 月 22 日出生，无业。2014 年 3 月 4 日因犯诈骗罪被判处有期徒刑十个月，并处罚金人民币 5000 元。

被告人张某国因犯诈骗罪被判刑后，因患病未能交付执行。2014 年 12 月 8 日晚，张某国从邱某程（另案处理，已判刑）处购得毒品，当晚再次向邱某程购买毒品，并让其同学林某阳驾车去邱某程处接取。林某阳将毒品送至浙江省温州市某小区张某国家，张某国称该物品系冰毒，并向林某阳介绍吸食冰毒后的体验，邀其共同吸食。张某国当场演示如何吸毒，后林某阳仿效张某国的方法吸食冰毒。同月 11 日下午,林某阳在张某国家中通过上述方式再次吸食张某国提供的冰毒时,二人被公安人员抓获。张某国到案后协助公安人员抓获了邱某程。

【裁判结果】

本案由浙江省温州市龙湾区人民法院审理。

法院认为,被告人张某国向他人介绍毒品种类,宣扬吸毒体验,示范吸毒方法,邀约他人共同吸毒,其行为已构成教唆他人吸毒罪。张某国曾因犯诈骗罪被判刑,在刑罚执行完毕以前又犯教唆他人吸毒罪,对其所犯数罪,应依法并罚。张某国具有立功情节,且归案后如实供述罪行,依法可从轻处罚。据此,依法对被告人张某国以教唆他人吸毒罪判处有期徒刑八个月,与原犯诈骗罪尚未执行完毕的刑罚并罚,决定执行有期徒刑一年三个月。

宣判后,在法定期限内没有上诉、抗诉,上述裁判已于 2015 年 5 月 5 日发生法律效力。

高某容留他人吸毒案
——娱乐场所管理者容留多人吸食毒品,依法严惩

《最高人民法院公布毒品犯罪及吸毒诱发次生
犯罪十大典型案例》第 8 号
2016 年 6 月 24 日

【基本案情】

被告人高某,男,汉族,1977 年 6 月 20 日出生,广东省珠海市香洲区某会所经理。

2014 年 10 月 16 日,被告人高某应聘到珠海市香洲区南湾南路××××号某会所任经理,负责会所的经营、订房等全面工作。同年 12 月 1 日 0 时许,高某在明知有客人要在该会所内吸毒的情况下,仍然将两个房间提供给客人娱乐消费。当日 3 时许,公安人员在该会所的两个房间内查获 55 名吸毒人员。当日 16 时许,高某被抓获归案。

【裁判结果】

本案由广东省珠海市香洲区人民法院一审,珠海市中级人民法院二审。

法院认为,被告人高某容留他人吸食毒品,其行为已构成容留他人吸毒罪。高某归案后如实供述自己的罪行,认罪态度较好,依法可以从轻处罚。据此,依法对被告人高某判处有期徒刑二年,并处罚金人民币5万元。

上述裁判已于2015年6月26日发生法律效力。

【典型意义】

近年来,容留他人吸毒犯罪案件增长迅速。其中,一些娱乐场所的经营者、管理者为招揽生意而容留他人吸毒的案件时有发生。本案就是一起娱乐场所管理者容留多人吸毒的典型案例。被告人高某作为涉案娱乐场所的管理者,明知有顾客要在其会所包房内吸食毒品,但其为了增加营业收入,仍为他人提供吸食毒品的场所,且一次性容留55人吸毒,犯罪情节恶劣。人民法院根据其犯罪性质、情节、后果,依法对其从严惩处。该案例告诫娱乐场所的经营者、管理者,应当认真遵守国家禁毒法律法规,严格落实禁毒防范措施,预防毒品违法犯罪在本场所内发生,发现娱乐场所内有毒品违法犯罪活动的,应立即向公安机关报告,决不能为了招揽生意或者碍于情面而容留他人吸毒。禁绝毒品,人人有责。作为公共场所的经营者、管理者,更应提高防毒拒毒的责任意识。

利某青等容留他人吸毒案
——租赁娱乐场所容留多人吸毒,依法惩处

《最高人民法院发布毒品犯罪及涉毒次生犯罪十大典型案例》第8号
2017年6月20日

【基本案情】

被告人利某青,男,汉族,1974年7月14日出生,农民。2005年11月29日因犯聚众扰乱社会秩序罪被判处有期徒刑一年,2006年8月18日刑满释放。

被告人蔡某堂，男，汉族，1983年8月24日出生，无业。

被告人邬某泉，男，汉族，1971年1月19日出生，农民。

2016年1月，被告人利某青、蔡某堂等人出资租赁广东省东莞市长安镇一KTV的2间包房用于容留他人吸毒，被告人邬某泉等人负责包房的收费、记账等工作。同年2月29日18时许，陈某等数人来到上述包房吸食氯胺酮（俗称"K粉"），次日19时许公安人员到场抓获利某青、蔡某堂、邬某泉、陈某等十余人，当场缴获氯胺酮0.58克。经现场检测，利某青、蔡某堂、陈某等十五人均吸食了毒品。至案发时，上述2间包房营业约15天，收入约8万元。

【裁判结果】

本案由广东省东莞市第二人民法院审理。

法院认为，被告人利某青、蔡某堂、邬某泉结伙容留他人吸毒，其行为均已构成容留他人吸毒罪。利某青、蔡某堂伙同他人出资租赁包房，负责经营管理，在共同犯罪中起主要作用，均系主犯，应当按照其二人参与的全部犯罪处罚。邬某泉在共同犯罪中起次要作用，系从犯，依法应当从轻处罚。三被告人为牟取非法利益，利用娱乐场所容留他人吸毒，人数众多，可酌情从重处罚。蔡某堂、邬某泉归案后如实供述自己的罪行，认罪态度较好，依法可以从轻处罚；利某青当庭如实供述自己的罪行，可以酌情从轻处罚。据此，依法对被告人利某青、蔡某堂和邬某泉分别判处有期徒刑一年十个月、一年八个月和一年，并处罚金人民币1万元、1万元和3000元。

宣判后，在法定期限内没有上诉、抗诉，上述裁判已于2017年2月21日发生法律效力。

【典型意义】

聚众吸毒是当前毒品滥用方面较为突出的一种现象。娱乐场所的经营者、管理者为招揽生意而容留他人吸毒的案件时有发生，一些不法分子为牟取利益而将娱乐场所专门用于容留他人吸毒甚至聚众吸毒，犯罪性质较一般的容留吸毒行为更为严重。本案就是一起利用娱乐场所容留他人吸毒以牟取非法利益的案例。被告人利某青等人为容留他人吸毒赚取利润而租赁KTV的2间包房，安排人员为吸毒者提供服务，容留行为持续时间长，案发时一次性容留十余人吸毒,犯罪情节恶劣。人民法院根据利某青等人犯罪的事实、性质和具体情节,依法判处了刑罚。

陈某胜容留他人吸毒案
——容留多名未成年人吸毒,依法严惩

《最高人民法院发布 2020 年十大毒品(涉毒)犯罪典型案例》案例 8
2020 年 6 月 23 日

【基本案情】

被告人陈某胜,男,土家族,1999 年 9 月 14 日出生,在校学生。

2018 年 5 月 12 日晚,被告人陈某胜为给女朋友黄某某(未成年人)庆祝生日,在湖北省荆州市荆州区一音乐会所的房间内容留张某某、林某某及 14 名未成年人吸食氯胺酮(俗称"K 粉")。当日 22 时许,公安人员在该房间将陈某胜、黄某某及上述 16 名吸毒人员查获。经尿检,陈某胜及 16 名吸毒人员的检测结果均为氯胺酮阳性。

另查明,2017 年 12 月 18 日被告人陈某胜受他人邀约参加聚众斗殴犯罪。

【裁判结果】

本案由湖北省荆州市荆州区人民法院审理。

法院认为,被告人陈某胜容留多名未成年人吸食毒品,其行为已构成容留他人吸毒罪,并应从重处罚;陈某胜积极参加聚众斗殴,其行为又构成聚众斗殴罪。对其所犯数罪,应依法并罚。据此,依法对被告人陈某胜以容留他人吸毒罪判处有期徒刑三年,并处罚金人民币 1 万元;以聚众斗殴罪判处有期徒刑三年,决定执行有期徒刑五年六个月,并处罚金人民币 1 万元。

宣判后,在法定期限内没有上诉、抗诉,上述裁判已于 2019 年 8 月 3 日发生法律效力。

【典型意义】

毒品具有成瘾性,一旦沾染,极易造成身体和心理的双重依赖。近年来我国容留他人吸毒案件发案率较高,吸毒人员低龄化特点也较突出。未成年人心智尚未成熟，更易遭受毒品侵害。本案是一起容留多名未成年人吸毒的典型案例。被告人陈某胜系在校学生，为女朋友庆祝生日时容留前来聚会的多名未成年人一同吸毒，已从单纯的毒品滥用者转变为毒品犯罪实施者。人民法院根据陈某胜犯罪的事实、性质和具体情节，依法从严判处刑罚。

古某引诱、教唆他人吸毒、容留他人吸毒案
——引诱、教唆、容留未成年人吸毒，且系累犯，依法严惩

《最高人民法院发布2022年十大毒品（涉毒）犯罪典型案例》案例6

2022年6月25日

【基本案情】

被告人古某，男，汉族，1996年4月16日出生，无业。2016年12月20日因犯引诱、教唆他人吸毒罪被判处有期徒刑四年，并处罚金人民币5000元，2019年2月28日刑满释放。

2020年10月，被告人古某与严某某、李某某（均系未成年人）在四川省宜宾市南溪区罗龙镇严某某母亲家中居住，古某明知严某某、李某某没有吸毒史，在二人面前制作吸毒工具，询问二人是否愿意尝试吸毒，并示范吸毒方法，讲述吸毒后的体验，引诱、教唆二人吸食毒品，先后和严某某、李某某一起吸食了其提供的甲基苯丙胺（冰毒）。同年11月，古某多次在宜宾市南溪区南山一品二期其租住的房间内容留吸毒人员及严某某、李某某吸食甲基苯丙胺。

【裁判结果】

本案由四川省宜宾市南溪区人民法院一审，宜宾市中级人民法院二审。

法院认为，被告人古某通过向他人宣扬吸食毒品后的感受等方法，诱使、教唆他人吸食毒品，其行为已构成引诱、教唆他人吸毒罪。古某多次提供场所容留吸毒人员及未成年人严某某、李某某吸食毒品，其行为已构成容留他人吸毒罪。对古某所犯数罪，应依法并罚。古某引诱、教唆未成年人吸毒，且其曾因犯引诱、教唆他人吸毒罪被判处有期徒刑，刑满释放后五年内又实施本案犯罪，系累犯，应依法从重处罚。古某到案后如实供述自己的主要犯

罪事实，可依法从轻处罚。据此，依法对被告人古某以引诱、教唆他人吸毒罪判处有期徒刑二年六个月，并处罚金人民币3000元；以容留他人吸毒罪判处有期徒刑一年一个月，并处罚金人民币3000元，决定执行有期徒刑三年四个月，并处罚金人民币6000元。

宜宾市中级人民法院于2021年9月18日作出二审刑事裁定，现已发生法律效力。

【典型意义】

毒品具有较强的致瘾癖性，一旦沾染，极易造成身体和心理的双重依赖。未成年人好奇心强，心智发育尚不成熟，欠缺自我保护能力，更易遭受毒品危害。人民法院始终坚持将犯罪对象为未成年人以及组织、利用未成年人实施的毒品犯罪作为打击重点。本案是一起典型的引诱、教唆、容留未成年人吸毒案件。被告人古某在未成年人面前实施言语诱导、传授吸毒方法、宣扬吸毒感受的行为，造成两名本无吸毒意愿的未成年人吸食毒品的后果，且其多次提供场所容留未成年人吸毒，社会危害大。古某曾因引诱、教唆他人吸毒犯罪情节严重被判处有期徒刑四年，仍不思悔改，刑满释放后不足一年再次实施同类犯罪，系累犯，主观恶性深，人身危险性大。人民法院根据其犯罪事实、性质、情节和危害后果，依法对其从重处罚，贯彻了加大对末端毒品犯罪惩处力度的刑事政策，体现了对侵害未成年人毒品犯罪予以严惩的坚定立场。在通过刑罚手段阻断毒品危害殃及未成年人的同时，人民法院也呼吁广大青少年深刻认识毒品危害，守住心理防线，慎重交友，远离易染毒环境和人群。

（八）组织、强迫、引诱、容留、介绍卖淫罪

王某佳强迫卖淫案

《最高人民法院公布三起性侵害未成年人犯罪典型案例》第 1 号

2013 年 10 月 24 日

【基本案情】

被告人王某佳，化名"王某"，男，汉族，1986 年 8 月 28 日出生，初中文化，农民。

2010 年 6 月至 10 月，被告人王某佳分别伙同邹某、王某云（均为同案被告人，已判刑）等人共谋强迫他人卖淫，先后将被害人王某（女，时年 16 岁，亦是同案被告人）、周某某（女，时年 18 岁）、张某某（女，时年 20 岁）、王某某（女，殁年 17 岁）骗至广东省河源市，采用殴打、恐吓、逼写欠条、拍裸照等方式强迫上述被害人卖淫，卖淫所得全部由王某佳等人支配。其间，17 岁的王某某一直拒绝卖淫，并乘人不备给家人发短信求救被发现，王某佳等人用衣架、橡胶棍、皮带等工具殴打王某某，并采用罚跪、泼冷水、勒令头顶矿泉水瓶等方式虐待王某某。王某在王某佳的要求下参与看管王某某。同年 11 月 2 日，王某佳殴打王某某后，两次用皮带绑住王某某的双手将其吊在卫生间的横梁上。次日，王某某因创伤性休克死亡。强迫卖淫期间，王某佳等人还扣留了 4 名被害人的手机，从张某某处劫取现金 500 元，并劫取张某某、王某某的银行卡，从张某某的银行卡内取款 8400 元，从王某某的银行卡内取款 1300 元。

【裁判结果】

法院认为，被告人王某佳伙同他人使用暴力、威胁手段强迫被害人卖淫，其行为已构成强迫卖淫罪；王某佳以非法占有为目的，伙同他人采用暴力、胁迫手段劫取被害人财物，其行为又构成抢劫罪，应依法予以并罚。在强迫卖淫的共同犯罪中，王某佳提起犯意，纠集多人参与，殴打、虐待、控制多

名被害人,系主犯。王某佳等人强迫多人、多次卖淫,其中包括 2 名未成年少女,致一人死亡,犯罪情节特别恶劣,手段特别残忍,罪行极其严重,社会危害极大,应依法严惩。据此,依法认定被告人王某佳犯强迫卖淫罪,判处死刑,剥夺政治权利终身,并处没收个人全部财产;犯抢劫罪,判处有期徒刑七年,并处罚金人民币 2000 元,决定执行死刑,剥夺政治权利终身,并处没收个人全部财产。

史某阳强迫卖淫罪

《最高人民法院发布 98 起未成年人审判工作典型案例》第 59 号
2014 年 11 月 24 日

【基本案情】

2009 年 6 月至 8 月期间,被告人史某阳(男,汉族,1987 年 5 月生,初中文化,农民)以同他人谈恋爱为手段,诱骗刘某(15 岁)、徐某(16 岁)、王某某(16 岁)后,又以看管、殴打、恐吓等手段先后强迫上述 3 名少女多次卖淫,从中获利 2000 余元。

【裁判结果】

法院认为,被告人史某阳强迫未成年人多人、多次卖淫,其行为构成强迫卖淫罪。据此,依照相关法律规定,被告人史某阳犯强迫卖淫罪,判处有期徒刑十年,并处罚金人民币 2 万元。

【案例评析】

未成年人遭受性侵害,会给未成年人身心健康造成严重的伤害。本案中,审判人员一直坚持保护隐私和不伤害的原则,避免对未成年被害人造成二次伤害。对于受伤害的未成年人,审判人员对其进行心理辅导,帮助其克服心理障碍,促使其健康、阳光地回归社会。

刘某强迫卖淫及收买被拐卖妇女案

《最高人民法院发布98起未成年人审判工作典型案例》第22号

2014年11月24日

【基本案情】

2011年12月的一天，被告人刘某（1994年5月27日生）和其女朋友崔某某在江苏省徐州市一网吧内遇到被害人董某某（1995年9月30日出生）。董某某因当时急需用钱，被告人刘某借给董某某500元，以此为由要求被害人董某某跟随其卖淫。次日，被害人董某某在归还700元钱后，被告人刘某仍迫使被害人董某某跟随其卖淫，并将董某某带至徐州市朝阳公寓多次迫使其从事卖淫活动至2012年2月下旬。其间，被告人刘某扣留被害人董某某户口，并迫使被害人董某某向被告人刘某出具借款3万元的借据。

2012年2月14日，被告人刘某以卖淫为目的在江苏省徐州市朝阳公寓从他人处以人民币3500元的价格收买被拐卖妇女尚某某，并让尚某某出具向被告人刘某借款1500元的借据后迫使尚某某从事卖淫活动至2012年2月下旬。

【裁判结果】

徐州市云龙区人民法院经审理后认为，被告人刘某采用胁迫还钱等手段多次强迫妇女卖淫，并收买被拐卖的妇女且迫使其卖淫，其行为分别构成强迫卖淫罪和收买被拐卖的妇女罪，应数罪并罚。被告人刘某犯强迫卖淫罪，判处有期徒刑九年，并处罚金人民币3000元；犯收买被拐卖的妇女罪，判处有期徒刑一年四个月，决定执行有期徒刑九年八个月，并处罚金人民币3000元。

【案例评析】

对未成年被告人刘某而言，其父母经营一宾馆，家庭经济条件较好，但对刘某疏于管教。被告人法律意识淡薄，对于自己的犯罪行为产生的后果和对被害人身心造成的创伤缺乏必要的认识。

对未成年被害人而言，作为未成年女性，应慎重交友，在遭遇不法侵害的情况下，要机智应对，避免人身和财产遭受侵犯和损失。

刘某芳等介绍卖淫案

《最高人民法院发布惩治性侵害未成年人犯罪典型案例》第5号

2015年5月28日

【基本案情】

2012年暑假期间至2013年4月底，被告人刘某芳、杜某权、叶某、徐某某、刘某、秦某某、王某、陆某等8人，单独或交叉结伙，通过电话与嫖娼人约定之后，先后多次将周某、朱某、徐某、王某甲、沈某、陈某、陆某乙、黄某、庄某、李某、卢某等11人（除卢某外，其他被介绍人均未成年，周某、朱某未满14周岁）带至浙江省安吉县递铺镇、梅溪镇的多家酒店、宾馆或嫖娼人的住处等场所，介绍卖淫，从中牟取非法利益。其中，刘某芳介绍卖淫8次，叶某介绍卖淫10次，徐某某介绍卖淫8次，刘某介绍卖淫8次，杜某权介绍卖淫4次，秦某某介绍卖淫2次，陆某介绍卖淫1次，王某介绍卖淫1次。

【裁判结果】

浙江省安吉县人民检察院以被告人刘某芳、杜某权、叶某、徐某某、刘某、秦某某、王某、陆某犯介绍卖淫罪提起公诉。安吉县人民法院经审理认为，8名被告人的行为均已构成介绍卖淫罪，其中刘某芳、杜某权、叶某、徐某某、刘某多次介绍他人卖淫，且介绍未成年人卖淫，情节严重。鉴于杜某权有介绍卖淫的犯罪前科，酌情从重处罚；叶某、徐某某、刘某、秦某某、王某、陆某系未成年人，依法从轻或减轻处罚；刘某芳、杜某权、叶某、徐某某、刘某、秦某某、王某、陆某均自愿认罪，酌情从轻处罚。依照《中华人民共和国刑法》第三百五十九条第一款、第二十五条第一款、第十七条第一款、第三款、第七十二条第一款、第三款、第七十三条、第五十二条、第五十三条之规定，以介绍卖淫罪对刘某芳、杜某权分别判处有期徒刑六年，并处罚金人民币1万元；对叶某判处有期徒刑三年，缓刑四年，并处罚金人民币8000元；对徐某某、刘某分别判处有期徒刑三年，缓刑三年六个月，并处罚金人民币 8000 元；对秦某某判处拘役六个月，缓刑十个月，并处罚金人民币 5000 元；对王某、陆某分别判处拘役三个月，缓刑六个月，并处罚金人民币 3000 元。

宣判后，被告人杜某权提出上诉。湖州市中级人民法院经依法审理，裁定驳回上诉，维持原判。判决已发生法律效力。

【典型意义】

本案是一起介绍在校学生卖淫的典型案件，在当地造成了一定的社会影响。8 名被告人中，除刘某芳、杜某权已成年外，其他 6 名被告人均系未成年人。所介绍的 11 名卖淫者多为未成年在校女生，部分被介绍卖淫者属于未满 14 周岁的幼女。对于被介绍卖淫者的年龄，各被告人是知道或者应当知道的。依照刑法规定，介绍卖淫情节严重的，处五年以上有期徒刑，并处罚金。介绍未成年人卖淫，更易腐蚀其心灵，损害其身心发育，社会危害相对更大，构成犯罪的，因此，依照《最高人民法院、最高人民检察院、公安部、司法部关于依法惩治性侵害未成年人犯罪的意见》第二十六条规定应当从重处罚。安吉县人民法院对刘某芳、杜某权、叶某、徐某某、刘某 5 名具有多次介绍他人卖淫、介绍未成年人卖淫等犯罪情节的被告人，认定为"介绍卖淫情节严重"，并对其中 2 名已经成年且犯罪情节最为严重的刘某芳、杜某权，分别判处有期徒刑六年，并处罚金人民币 1 万元，较好地体现了从严惩处性侵害未成年人犯罪的刑事政策。

因本案涉及 6 名未成年被告人犯罪，在审理过程中，安吉县人民法院充分考虑了以下方面：一是依法通知法律援助中心为未成年被告人指定辩护人，并且通知法定代理人到庭，听取意见，开庭时不公开审理，以保护未成年人的合法权益。二是量刑时，注意贯彻惩罚与教育相结合的原则，对 6 名未成年被告人依法宣告缓刑，并在宣判的同时对其进行批评教育，依法告知缓刑考验期内应遵守的规定，以利于被告人改过自新。

近年来，类似本案介绍在校学生卖淫的案件在多地均有发生。对于这类案件，除了强调司法机关依法惩处介绍卖淫者外，广大家长和学校也应加强对未成年人的教育、管理，使涉世未深的孩子形成正确的价值观和金钱观，自觉抵制享乐思想的侵蚀，自尊自爱，谨慎交友，切勿为了追求奢靡生活而放纵自己，甚至不惜违法犯罪。只有把教育和预防工作做在前面，才能真正保护未成年人健康成长。

（九）制作、贩卖、传播淫秽物品罪

林某良、林某长、傅某孝制作、贩卖、传播淫秽物品牟利案

《手机淫秽色情信息犯罪典型案例》第 1 号
2010 年 1 月 12 日

【基本案情】

被告人林某良，男，汉族，1985 年 3 月 8 日出生，农民。

被告人林某长，男，汉族，1979 年 12 月 25 日出生，农民。

被告人傅某孝，男，汉族，1987 年 7 月 28 日出生，农民。

2009 年 1 月底开始，被告人林某良租赁北京某公司的网络服务器，开设了三个手机色情网站，网站上有淫秽色情图片 5389 张，淫秽色情小说 490 部。其通过在色情网站上为广告商提供手机广告服务，以收取广告商支付的费用非法牟利人民币 29690.14 元。

2008 年 6 月以来，被告人林某长伙同被告人傅某孝租赁北京某公司的网络服务器，合作开设了两个手机色情网站，并单独开设了一个手机色情网站，网站上有淫秽色情图片 2646 张，淫秽色情小说 452 部。其通过在色情网站上为广告商提供广告服务，以收取广告商支付的费用非法牟利 52435.5 元。此外，2008 年 8 月底林某长还自行编写了一套用于开设手机网站的建站程序，并在程序的数据库文件中添加色情小说，其通过向他人出售该程序非法牟利 45044 元。

被告人傅某孝与被告人林某长合作开设的两个色情网站中有淫秽色情图片 1246 张，淫秽色情小说 325 部，其主要负责日常维护和更新色情网站内容，非法牟利 58050.31 元。此外，傅某孝在明知林某长设计的手机网站建站程序中带有色情内容，仍然介绍他人向林某长购买该程序，收取了介绍费 2900 元。

综上所述，被告人林某良共开设了三个手机色情网站，内有淫秽色情图

片 5389 张，淫秽色情小说 490 部，非法牟利人民币 29690.14 元。被告人林某长共开设了三个手机色情网站，内有淫秽色情图片 2646 张，淫秽色情小说 452 部，并出售了带有色情内容的手机网站建站程序，共非法牟利人民币 97479.5 元。被告人傅某孝共开设了两个手机色情网站，内有淫秽色情图片 1246 张，淫秽色情小说 325 部，共非法牟利人民币 60950.31 元。

【裁判结果】

法院认为，被告人林某良、林某长、傅某孝通过开设手机色情网站为广告商提供手机广告服务，以收取广告商支付的费用非法牟利，传播淫秽物品，其中林某良传播的淫秽色情图片、小说数量达到情节特别严重的标准，林某长、傅某孝达到情节严重的标准，林某长还通过出售含有淫秽色情内容的手机网站建站程序牟利，林某良、傅某孝的行为均已构成传播淫秽物品牟利罪，林某长的行为已构成制作、贩卖、传播淫秽物品牟利罪。在林某长和傅某孝的共同犯罪中，两人分工配合，各得非法利益，不宜区分主从犯。据此，依法对被告人林某良判处有期徒刑十年三个月，并处罚金人民币 17 万元；林某长判处有期徒刑四年三个月，并处罚金人民币 12 万元；傅某孝判处有期徒刑三年，并处罚金人民币 10 万元。

唐某明制作、贩卖淫秽物品牟利案

《手机淫秽色情信息犯罪典型案例》第 2 号
2010 年 1 月 12 日

【基本案情】

被告人唐某明，男，汉族，1980 年 11 月 9 日出生，个体经营者。

2008 年 9 月，被告人唐某明自行编写了一套用于开设手机 WAP 网站的建站程序，并在该程序内添加了 95 部淫秽色情小说等内容。后唐某明通过网络联系，以 1500 元到 3000 元不等的价格将该程序出售给位于浙江省金华地区的施某源、金某晨、缪某杰、郑某、王某、郑某华、蒋某、胡某洋、曹某嘉、盛某寅、薛某乐（均另案处理）等人开设淫秽色情网站，非法获利 25500 元。

【裁判结果】

法院认为,被告人唐某明以牟利为目的,制作带淫秽内容的手机网站程序,出售给他人用于开设色情淫秽网站,其行为已构成了制作、贩卖淫秽物品牟利罪。据此,依法对被告人唐某明判处有期徒刑一年六个月,并处罚金人民币 65000 元。

罗某、杨某、丁某、袁某传播淫秽物品牟利案

《手机淫秽色情信息犯罪典型案例》第 3 号
2010 年 1 月 12 日

【基本案情】

被告人罗某,男,土家族,1980 年 9 月 28 日出生,北京某电信技术有限公司无线互联网业务部主管。

被告人杨某,男,汉族,1978 年 3 月 23 日出生,北京某电信技术有限公司无线互联网业务部产品经理。

被告人丁某,女,汉族,1979 年 2 月 28 日出生,北京某电信技术有限公司无线互联网产品编辑。

被告人袁某,女,汉族,1983 年 1 月 2 日出生,北京某电信技术有限公司无线互联网产品编辑。

北京某电信技术有限公司下设无线互联网业务部,为了提高手机 WAP 的点击率,增加公司收入,被告人罗某指使被告人杨某、丁某、袁某在本公司内通过手机 WAP 业务传播淫秽信息,经鉴定于 2007 年 1 月 1 日至 2007 年 5 月 9 日共上传 28 张淫秽图片,实际被点击次数为 82973 次。

【裁判结果】

法院认为,北京某电信技术有限公司无线互联网业务部,以公司牟利为目的,利用互联网及移动通信终端传播淫秽电子信息,妨害了社会管理秩序,情节严重,罗某、杨某作为部门主管和产品经理,授意并指使下属上传淫秽电子信息,系单位犯罪中的主管人员;丁某、袁某积极参与利用网络传播淫

秽电子信息，系单位犯罪中的直接责任人员，4人的行为均已构成传播淫秽物品牟利罪。据此，依据各自在单位犯罪中所起的作用，依法分别对被告人罗某判处有期徒刑五年，并处罚金人民币5000元；被告人杨某判处有期徒刑四年，并处罚金人民币4000元；被告人丁某判处有期徒刑三年，并处罚金人民币3000元；被告人袁某判处有期徒刑三年，并处罚金人民币3000元。

陈某明复制淫秽物品牟利案

《手机淫秽色情信息犯罪典型案例》第4号

2010年1月12日

【基本案情】

被告人陈某明，男，汉族，1985年7月30日出生，农民。2007年4月因犯收购赃物罪，被北京市海淀区人民法院判处有期徒刑十一个月，并处罚金人民币2000元，2007年5月14日刑满释放。

2009年3月10日22时许，被告人陈某明在北京市丰台区其经营的移动通信手机店内，以人民币12元的价格向修某新的手机存储卡内复制了淫秽视频文件35个，后被查获。公安机关当场从陈某明的电脑中查获淫秽视频文件559个。

【裁判结果】

法院认为，被告人陈某明以牟利为目的，复制、贩卖淫秽物品，情节严重，其行为已构成复制淫秽物品牟利罪，且系累犯，依法应予从重处罚。据此，依法对被告人陈某明判处有期徒刑三年六个月，并处罚金人民币3000元；与前罪尚未执行的罚金人民币2000元并罚，决定执行有期徒刑三年六个月，并处罚金人民币5000元。

杨某传播淫秽物品牟利案

《手机淫秽色情信息犯罪典型案例》第 5 号

2010 年 1 月 12 日

【基本案情】

被告人杨某，男，汉族，1983 年 8 月 16 日出生，教师。

被告人杨某从 2008 年 7 月开始在网上推销广告获取广告收入。同年 11 月 30 日，杨某利用互联网架设的手机 WAP，注册了两个域名，并以每年 250 元的租金租用了美国的两个服务器空间，后通过复制淫秽 WAP 网站上的源代码修改成自己的网站，再传到租用的空间上。2009 年 2 月，杨某在前述网站上设立"社区""图片导航""视频导航""帝国合作站点""小说导航"等版块，发布了大量淫秽图片、淫秽视频等淫秽电子信息。杨某在利用互联网和移动通信终端传播淫秽电子信息时，还加入广告联盟，将广告信息通过使用淫秽诱导性词语作为标识吸引浏览者点击的方式链接在自己所建的网站上，广告营运商根据广告点击数支付给杨某广告费 2000 余元。经勘验，截至 2009 年 6 月 3 日 18 时 15 分，杨某建立的其中一个网站上有淫秽电影 275 条，淫秽图片 2619 张。

【裁判结果】

法院认为，被告人杨某在其所建网站上链接大量淫秽电子信息，并在互联网和移动通信网络中传播，加入广告联盟后，将广告信息以淫秽诱导性词语为标识的方式链接在同一网站上，其利用淫秽电子信息增加广告点击量，从而实现牟利，行为已构成传播淫秽物品牟利罪。其在网站上链接的淫秽电影、图片数量已达到情节严重的标准，据此，依法对被告人杨某判处有期徒刑四年，并处罚金人民币 3000 元。

骆某衍、骆某顶传播淫秽物品牟利案

《手机淫秽色情信息犯罪典型案例》第 6 号

2010 年 1 月 12 日

【基本案情】

被告人骆某衍，男，汉族，1986 年 9 月 18 日出生，无业。

被告人骆某顶，男，汉族，1987 年 8 月 28 日出生，无业。

2008 年六七月，被告人骆某衍、骆某顶商量开设境外手机 WAP 淫秽色情网站。2008 年 8 月起，骆某衍相继开通了两个境外色情网站，其将从互联网上下载的 1000 多张色情图片中的 700 张上传到开设的网站，并通过视频连接将两部色情电影上传到网站后台。骆某顶也相继开通了两个境外色情网站，其通过 UBB 码将 900 多张从互联网上找到的淫秽色情图片及小说上传到开设的网站。二被告人利用淫秽电子信息共赚取广告费 2 万元。

【裁判结果】

法院认为，被告人骆某衍、骆某顶以牟利为目的，利用手机开设境外淫秽色情网站进行牟利，其行为已构成传播淫秽物品牟利罪。鉴于被告人系初犯，认罪态度较好，有悔罪表现，酌情从轻处罚。据此，依法对被告人骆某衍判处有期徒刑六个月，并处罚金人民币 3000 元；被告人骆某顶判处有期徒刑六个月，并处罚金人民币 3000 元。

魏某巍、戚某厚传播淫秽物品牟利案

《最高人民法院公布六起互联网和手机色情
信息犯罪典型案例》第 1 号

2010 年 11 月 4 日

被告人魏某巍，男，汉族，1981 年 10 月 23 日出生，无业。

被告人戚某厚，男，汉族，1981 年 2 月 23 日出生，无业。

被告人魏某巍为牟取利益，自2008年8月开始，在互联网上陆续开办了"色妹妹""乱伦熟女""就去色色""鹿城娱乐"等淫秽网站。魏某巍在其开办的上述网站为被告人戚某厚投放广告，获利3000元。经鉴定，前三个网站具有淫秽性，"鹿城娱乐"网站内的26个视频、792个图片和文章，具有淫秽性。

被告人戚某厚于2009年在互联网上开办"爱芝林成人用品"网站，为牟取利益，采取向淫秽网站投放广告的方式扩大成人用品销量。经鉴定："爱芝林成人用品"网站投放广告的32个网站具有淫秽性。戚某厚开办的该网站，除向上述32个淫秽网站投放广告外，还向具有淫秽性的"鹿城娱乐"网站投放广告。

法院认为，被告人魏某巍以牟利为目的，利用互联网传播淫秽视频26个、图片及文章792个，其行为已构成传播淫秽物品牟利罪。被告人戚某厚以牟利为目的，明知是淫秽网站，还向其投放广告，其行为已构成传播淫秽物品牟利罪。据此，依法对被告人魏某巍判处有期徒刑二年六个月，并处罚金人民币1万元；对戚某厚判处有期徒刑一年八个月，并处罚金人民币1万元。

索某木、王某美、罗某东、郭某宁传播淫秽物品牟利案

《最高人民法院公布六起互联网和手机色情
信息犯罪典型案例》第2号
2010年11月4日

被告人索某木，男，汉族，1976年5月9日出生，无业。
被告人王某美，女，汉族，1986年4月28日出生，无业。
被告人罗某东，男，汉族，1987年10月7日出生，无业。
被告人郭某宁，男，汉族，1991年2月28日出生，无业，2008年2月26日被广东省梅州市梅江区人民法院判处有期徒刑一年，缓刑二年。

2009年9月26日至2010年1月间，被告人索某木在被告人王某美的帮助下租赁虚拟主机，注册名称"女孩精选"的网站，后网站加入"八方广告联盟"，成为其正式会员网站。为通过提高网站中广告的点击率而获利，索某

木在"女孩精选"网站上投放具有淫秽性内容的电子信息,至案发时,该网站上共有视频文件204个、图片160张、文章72篇,经鉴定,上述文件均有淫秽性。在此期间,王某美帮助索某木下载淫秽图片供其更新网站内容,做该网站的推广,并提供其个人银行卡作为"八方广告联盟"为"女孩精选"网站结算使用。2009年9月间,"八方广告联盟"创建者被告人罗某东雇用被告人郭某宁,利用QQ聊天的方式为"八方广告联盟"招募具有淫秽性内容的网站成为会员网站。经鉴定,截至2010年2月,罗某东、郭某宁招募的"八方广告联盟"的会员网站中有27个网站的内容具有淫秽性,罗某东为其中的13个网站提供过费用结算服务。罗某东向13家网站共支付12490元,以10%收取费用,从中获利约1387元。

自2009年9月26日至2010年1月5日案发时,"女孩精选"网站内淫秽电子信息累计实际被点击数为775331,被告人罗某东为被告人郭某宁招募审核的被告人索某木、王某美的"女孩精选"网站结算3次,共支付479元。

法院认为,被告人索某木、王某美以牟利为目的,利用互联网传播淫秽电子信息,情节特别严重;被告人罗某东、郭某宁明知是淫秽网站,以牟利为目的,通过投放广告的方式,为淫秽网站提供费用结算服务,四被告人均构成传播淫秽物品牟利罪。且四被告人构成共同犯罪。根据被告人索某木、王某美、罗某东、郭某宁的犯罪事实,犯罪的性质、情节和对于社会的危害程度,以及罗某东、郭某宁家属主动预缴罚金刑的情节,依法对索某木判处有期徒刑十一年,并处罚金人民币2395元;对王某美判处有期徒刑十年,并处罚金人民币1437元;对罗某东判处有期徒刑一年六个月,并处罚金人民币6935元;撤销广东省梅州市梅江区人民法院(2008)梅区刑初字第31号刑事判决书判决第二项中被告人郭某宁犯抢劫罪,判处有期徒刑一年,缓刑二年,并处罚金人民币1万元的缓刑部分,对郭某宁判处有期徒刑一年,并处罚金人民币4161元,与所犯抢劫罪被判处刑罚并罚,决定执行有期徒刑二年,并处罚金人民币14161元。

陈某鹏、张某、张某1、陆某祥、安某成传播淫秽物品牟利案

《最高人民法院公布六起互联网和手机色情信息犯罪典型案例》第3号
2010年11月4日

被告人陈某鹏，男，汉族，1989年2月23日出生，四川省成都市某科技有限公司负责人、某色情网站经营者。

被告人张某，男，汉族，1980年10月1日出生，四川省成都市某科技有限公司职工。

被告人张某1，男，汉族，1987年3月23日出生，某色情网站职工。

被告人陆某祥，男，汉族，1979年11月5日出生，某色情网站职工。

被告人安某成，男，汉族，1986年11月7日出生，某科技公司经营者。

2008年1月，被告人陈某鹏从某科技公司被告人安某成处租用服务器建立一色情网站，安某成将相关服务器出租给陈某鹏用以建立该色情网站，并累计收取陈某鹏2万元以上服务费。2008年9月，陈某鹏采用被告人张某编写的新程序软件将上述网站更名，并通过出租该网站广告位、通过广告出售商品等方式牟取非法利益。陈某鹏为运营该色情网站，雇用被告人陆某祥为其从其他色情网站上下载色情图片、小说等资料并上传至网站，雇用张某1为网站进行维护、更新，并由张某为提供相关程序方面的服务。2009年六七月间，陈某荣租用该色情网站的广告位，并分2次汇付给陈某鹏人民币共计16万元，陈某鹏收取陈某荣支付的网站广告位租金人民币16万元。公安机关从陈某鹏所建网站提取图片进行鉴定，经鉴定，其中2046张图片为淫秽物品。

另查明，2009年7月26日晚至同年7月27日晚，托管于某电信股份有限公司常州分公司位于江苏省常州市武进区府东路武进IDC机房内的一台域名解析服务器遭受网络异常流量攻击，导致该域名解析服务器提供的域名解析服务失败，造成江苏电信部门DNS服务器访问量上升，引发江苏电信黑洞2000系统异常过滤机制启动，以致用户的正常域名解析请求被清洗，造成江苏省大量用户无法正常登录互联网。经查，该域名解析服务器为陈某鹏开办

的色情网站提供 DNS 域名解析。

法院认为,被告人陈某鹏、张某、张某1、陆某祥以牟利为目的,利用互联网传播淫秽图片,被告人安某成为淫秽网站提供互联网接入、服务器托管、网络存储空间、通信传输通道等服务,收取服务费数额在 2 万元以上,行为均已构成传播淫秽物品牟利罪,其中陈某鹏与安某成、陈某鹏与张某、张某1、陆某祥属共同犯罪。陈某鹏、张某、张某1、陆某祥传播淫秽图片达2046张,属情节严重。安某成明知是淫秽网站,仍为其提供服务器托管等服务,并收取服务费,应以传播淫秽物品牟利罪定罪处罚。陈某鹏在与安某成的共同犯罪及与张某、张某1、陆某祥的共同犯罪中起主要作用,是主犯,应对其所参与的全部犯罪进行处罚;安某成在与陈某鹏及张某、张某1、陆某祥在与陈某鹏的共同犯罪中起次要作用,均系从犯,对张某、张某1、陆某祥依法均应减轻处罚,对安某成依法应当从轻处罚。陈某鹏到案后,提供重要线索,协助公安机关抓捕其他犯罪嫌疑人,具有立功表现,依法可以减轻处罚。陈某鹏、张某、张某1、陆某祥、安某成到案后认罪态度较好,具有悔罪表现,可以酌情予以从轻处罚。据此,依法对被告人陈某鹏判处有期徒刑二年,并处罚金人民币 60 万元;张某判处有期徒刑一年二个月,并处罚金人民币 20 万元;张某1 判处有期徒刑一年二个月,并处罚金人民币 20 万元;陆某祥判处有期徒刑一年二个月,并处罚金人民币 20 万元;安某成判处有期徒刑一年一个月,并处罚金人民币 15 万元。

盛某松、程某、解某栓、解某、万某、杨东升、刘某传播淫秽物品牟利案

《最高人民法院公布六起互联网和手机色情信息犯罪典型案例》第 4 号
2010 年 11 月 4 日

被告人盛某松,男,汉族,1981 年 7 月 1 日出生,合肥某网络科技有限公司法定代表人。

被告人程某,男,汉族,1983 年 4 月 20 日出生,合肥某网络科技有限公司员工。

被告人解某栓,男,汉族,1980 年 5 月 7 日出生,合肥某网络科技有限

公司员工。

被告人解某，男，汉族，1987年4月8日出生，合肥某网络科技有限公司员工。

被告人万某，男，汉族，1986年5月9日出生，合肥某网络科技有限公司员工。

被告人杨某升，男，汉族，1988年10月14日出生，合肥某网络科技有限公司员工。

被告人刘某，男，汉族，1989年6月16日出生，合肥某网络科技有限公司员工。

2006年10月，被告人盛某松注册成立合肥某网络科技有限公司，先后在上海市及安徽省马鞍山市等地架设服务器，主要经营计算机软件开发、电子商务、信息咨询服务等业务。盛某松系该公司的法定代表人，负责该公司的经营管理。

为牟取非法利益，2008年5月至2009年5月，盛某松先后雇用了被告人程某、解某栓、解某、万某、杨某升、刘某等人在安徽省合肥市望江路某小区A2-519室该公司内，利用公司的网络资源，开设了多个手机色情网站，由程某、解某栓、解某、万某、杨某升等人分别进行操作、管理，网站提供色情淫秽的图片、文字，供他人浏览观看，以增加电子商务信息、广告的点击率等收取广告商支付的费用，非法所得由盛某松与程某、解某栓、解某、万某等人按7∶3比例分成。

被告人刘某于2009年5月初受雇于合肥某网络科技有限公司后，将41篇淫秽小说提供给杨某升，经杨某升管理的手机色情网站，供他人浏览观看。

案发后，经鉴定：程某负责管理的网站，有淫秽图片53366件、淫秽小说3368篇；解某栓负责管理的网站，有淫秽图片41287件、淫秽小说1413篇；解某负责管理的网站，有淫秽图片15528件、淫秽小说2287篇；万某负责管理的网站，有淫秽图片53224件、淫秽小说298篇；杨某升负责管理的网站，有淫秽图片40002件、淫秽小说97篇；刘某提供的41篇淫秽小说，在杨某升负责管理的网站上点击数总计为114814次。

法院认为，被告人盛某松作为合肥某网络科技有限公司的法定代表人，以公司牟利为目的，雇用被告人程某、解某栓、解某、万某、杨某升、刘某，利用互联网开设手机色情网站传播淫秽电子信息，盛某松系单位犯罪中直接负责的主管人员，其余各人均系单位犯罪中的直接责任人员，且盛某松、程某、解某栓、解某、万某、杨某升犯罪情节特别严重，刘某犯罪情节严重，其行为均已构成传播淫秽物品牟利罪。其中，盛某松在负责经营管理合肥某网络科技有限公司的过程中，先后雇用程某、解某栓等6人利用互联网开设手机色情网站传播淫秽电子信息，违法所得按7：3的比例分成，系共同犯罪中的主犯，依法应当按照其所参与的全部犯罪处罚；其余6人在共同犯罪中起次要作用，系从犯，依法均可减轻处罚。据此，依据各被告人在单位犯罪中的作用、情节、对于社会的危害程度及参与犯罪的时间、非法获利等情况，依法对被告人盛某松判处有期徒刑十一年六个月，并处罚金人民币10万元；程某判处有期徒刑六年六个月，并处罚金人民币2万元；解某栓判处有期徒刑五年，并处罚金人民币1万元；解某判处有期徒刑三年六个月，并处罚金人民币8000元；万某判处有期徒刑五年九个月，并处罚金人民币15000元；杨某升判处有期徒刑三年六个月，并处罚金人民币2000元；刘某判处有期徒刑一年，并处罚金人民币1000元。

苏某、邱某峰、沈某伟制作、贩卖淫秽物品牟利、猥亵儿童案

《最高人民法院公布六起互联网和手机色情
信息犯罪典型案例》第6号
2010年11月4日

被告人苏某，男，汉族，1983年6月20日出生，无业。

被告人邱某峰，男，汉族，1966年5月9日出生，某学院工作人员。

被告人沈某伟，男，汉族，1984年10月4日出生，某公司职工。

2008年至2009年3月间，被告人苏某为牟取非法利益，利诱程某、周某、万某、曾某等多名10岁至15岁的男孩，在上海市闵行地区的宾馆、酒店房间内拍摄淫秽片，并由苏某通过网络，以数十元至上百元不等的价格销售给被告人邱某峰、沈某伟等人。2008年8月间，苏某通过网络认识被告人邱某峰后，先后2次将程某（1995年6月出生）、周某（1997年8月出生）介绍给邱某峰，并将上述两人带至邱某峰入住的闵行饭店，由邱某峰对上述两名儿童实施猥亵，并从邱处收取人民币6000元。2009年二三月间，苏某通

过网络认识沈某伟后，将万某（1999年1月出生）介绍给沈某伟，并为其登记入住闵行区格林豪泰上海江川酒店，由沈某伟对万某实施猥亵，4次共收取人民币7400元。2009年3月29日，苏某被抓获，当场查获574张淫秽照片、78个淫秽视频。同日，沈某伟被抓获。2009年4月13日，邱某峰接到通知后主动向公安机关投案。

法院认为，被告人苏某以牟利为目的，制作、贩卖淫秽物品，其行为已构成制作、贩卖淫秽物品牟利罪。苏某利诱多名不满14周岁的儿童供被告人邱某峰、沈某伟猥亵，其行为均已构成猥亵儿童罪，属共同犯罪。苏某兼犯两罪，依法应当数罪并罚；3名被告人自愿认罪，可酌情从轻处罚；鉴于邱某峰系初犯，且具有自首情节，社会危害性较小，其所在单位也愿意留用察看，进行监管，对邱某峰适用缓刑不致再危害社会，故对其判处缓刑。据此，对被告人苏某以制作、贩卖淫秽物品牟利罪，判处有期徒刑二年，并处罚金人民币5000元；以猥亵儿童罪，判处有期徒刑二年五个月，决定执行有期徒刑三年十一个月，并处罚金人民币5000元。对邱某峰以猥亵儿童罪，判处有期徒刑一年，缓刑一年。对沈某伟以猥亵儿童罪，判处有期徒刑二年。

王某林等传播淫秽物品案

《最高人民法院公布三起涉黄涉非犯罪典型案例》第1号

2012年9月25日

【基本案情】

被告人王某林，男，汉族，1970年4月3日出生，某色情网站超级版主。

被告人杨某华，男，汉族，1959年10月29日出生，某色情网站超级版主。

被告人黄某，男，汉族，1989年10月31日出生，某色情网站超级版主。

被告人梁某，男，汉族，1991年9月28日出生，某色情网站超级版主。

被告人王某群，男，汉族，1975年12月21日出生，某色情网站版主。

被告人李某军，男，汉族，1990年9月13日出生，某色情网站超级版主。

被告人席某亮，男，汉族，1983年2月1日出生，某色情网站版主。

被告人叶某，男，汉族，1987年6月9日出生，某色情网站超级版主。

被告人郝某朋，男，汉族，1991年1月20日出生，某色情网站版主。

被告人韩某波，男，汉族，1988年5月3日出生，某色情网站版主。

2011年5月至12月期间，被告人王某林、杨某华、黄某、梁某、王某群、李某军、席某亮、叶某、郝某朋、韩某波明知他人创建的某色情网站为传播淫秽电子信息的网站，仍然先后申请为该网站的版主、超级版主，并分别对网站指定的版块进行管理，允许或放任他人在其管理的版块内发布淫秽电子信息。具体事实如下：2011年6月3日至2012年1月1日，王某林允许或放任他人在其管理的版块内发布淫秽电子图片计6597件，淫秽小说计2441件，共计9038件。2011年5月10日至2012年2月15日，杨某华允许或放任他人在其管理的版块内发布淫秽电子图片计8717件。2011年11月16日至2012年2月15日，黄某允许或放任他人在其管理的版块内发布淫秽电子图片计8406件。2011年7月11日至2012年2月15日，梁某允许或放任他人在其管理的版块内发布淫秽电子图片计8285件。2011年6月27日至同年12月31日，王某群允许或放任他人在其管理的版块内发布淫秽视频计565个。2011年11月11日至2012年1月1日，李某军允许或放任他人在其管理的版块内发布淫秽视频计349个。2011年6月13日至2012年2月15日，席某亮允许或放任他人在其管理的版块内发布淫秽小说计3359件。2011年7月14日至2012年2月17日，叶某允许或放任他人在其管理的版块内发布淫秽电子图片计3128件。2011年8月21日至同年12月29日，郝某朋允许或放任他人在其管理的版块内发布淫秽电子图片计2448件。2011年7月11日至2012年1月7日，韩某波允许或放任他人在其管理的版块内发布淫秽视频计121个。

【裁判结果】

本案由江苏省南京市江宁区人民法院依法作出判决。

法院认为，被告人王某林、杨某华、黄某、梁某、王某群、李某军、席某亮、叶某、郝某朋、韩某波在互联网上，允许、放任他人在自己管理的网站版块内发布淫秽电子信息，情节严重，其行为均已构成传播淫秽物品罪。各被告人归案后均能如实供述犯罪事实，自愿认罪，依法可以从轻处罚。据此，依法判决如下：被告人王某林犯传播淫秽物品罪，判处有期徒刑十个月；被告人杨某华犯传播淫秽物品罪，判处有期徒刑十个月；被告人黄某犯传播淫秽物品罪，判处有期徒刑十个月；被告人梁某犯传播淫秽物品罪，判处有期徒刑十个月；被告人王某群犯传播淫秽物品罪，判处有期徒刑九个月；被告人李某军犯传播淫秽物品罪，判处有期徒刑八个月；被告人席某亮犯传播淫秽物品罪，判处有期徒刑七个月；被告人叶某犯传播淫秽物品罪，判处有期徒刑七个月；被告人郝某朋犯传播淫秽物品罪，判处有期徒刑六个月，缓刑一年；被告人韩某波犯传播淫秽物品罪，判处拘役六个月，缓刑一年。

郑某、戴某焱、刘某松、张某、何某组织淫秽表演案

《最高人民法院公布六起互联网和手机色情
信息犯罪典型案例》第 5 号
2010 年 11 月 4 日

被告单位重庆甲科技有限公司。

被告单位重庆乙科技有限公司。

被告单位重庆市丙网络有限公司。

被告人郑某，男，汉族，1980 年 8 月 25 日出生，重庆甲科技有限公司法人代表。

被告人戴某焱，男，汉族，1981 年 11 月 19 日出生，重庆乙科技有限公司法人代表。

被告人刘某松，男，汉族，1973 年 5 月 23 日出生，重庆市丙网络有限公司法人代表。

被告人张某，男，汉族，1981 年 1 月 19 日出生，重庆甲科技有限公司总裁助理。

被告人何某，女，汉族，1983 年 6 月 10 日出生，无业。

2008 年 9 月，被告人郑某与被告人戴某焱商议合作建立视频聊天网站，随后二被告人找到重庆市丙网络有限公司法定代表人刘某松，要求被告人刘某松制作 FLASH 视频聊天软件。同年 10 月，郑某要求本公司技术部门开发一个视频聊天网站平台，后该公司技术负责人郑某甲与刘某松将 FLASH 视频聊天软件上传到视频聊天软件平台上，并于同年 11 月建立了两个视频聊天网站。2008 年 12 月 10 日，被告单位重庆甲科技有限公司、重庆乙科技有限公

司、重庆市丙网络有限公司签订《视频聊天项目合作协议》，协议约定由重庆乙科技有限公司、重庆甲科技有限公司合作经营视频聊天网站（收费型一对一聊天室形式），并负责视频聊天网站的日常运营及管理，重庆市丙网络有限公司负责视频聊天系统平台的视频聊天软件的开发以及持续维护更新。协议还约定，重庆乙科技有限公司、重庆甲科技有限公司必须向重庆市丙网络有限公司提供推广软件以使重庆市丙网络有限公司建立自有推广渠道，重庆市丙网络有限公司有权分享自行推广全部收入的65%等内容。此后，郑某、戴某焱、刘某松在原有一个聊天网站的基础上，又建立了三个网站，并进行推广，上述四网站最终都指向同一个后台数据库，该数据库由郑某管理。被告人何某在视频聊天网站中负责招募专职女主播小姐，并对其管理，其管理模式为，专职女主播小姐分三组，每组9人至12人，每组设组长一名，组长由何某管理，专职女主播小姐的收入为固定工资加网民消费提成的20%～27%；何某的收入为固定工资加专职女主播的提成或专项提成。被告人张某系重庆甲科技有限公司总裁助理，负责联系兼职女主播代理。专职女主播小姐由重庆甲科技有限公司提供固定办公场所及上网的电脑；兼职女主播小姐在家里或其他地方上网，其收入为网民消费提成。网民在网站上注册成为会员后，必须充值2元进入聊天室与女主播聊天，尔后，在网站上充值购买K币（虚拟货币1∶100）进入聊天室。网民按照女主播的要求给她在网站里用K币购买虚拟礼物（如"别墅""飞机"等），按礼物的大小可看见女主播在视频镜头前进行的各种淫秽表演。三被告单位和五被告人利用所招募和联系的女主播、兼职女主播小姐进行淫秽表演牟利。截至2009年6月，上述网站注册用户记录达5703830条，进入聊天室的网民向郑某、戴某焱在网站上提供的银行账户汇款达232320笔，金额为14931089.39元。

法院认为，被告单位重庆甲科技有限公司、重庆乙科技有限公司、重庆市丙网络有限公司通过《视频聊天项目合作协议》，由被告人张某、何某负责组织招募女主播和联系兼职女主播小姐，采取一对一收费型聊天室，在网络视频上多次组织淫秽表演活动，从中牟利，且持续时间长、观看人数多、社会影响极为恶劣，属情节严重。被告人郑某、戴某焱、刘某松、张某、何某是组织者，系直接负责的主管人员和其他直接责任人员。三被告单位及五被告人的行为均已构成组织淫秽表演罪。张某能主动到公安机关投案，并如实供述自己的犯罪事实，是自首，对其可减轻处罚。据此，依法对重庆甲科技有限公司判处罚金人民币 100 万元；重庆乙科技有限公司判处罚金人民币 80 万元；重庆市丙网络有限公司判处罚金人民币 50 万元；郑某判处有期徒刑六年，并处罚金人民币 50 万元；戴某焱判处有期徒刑五年六个月，并处罚金人民币 40 万元；刘某松判处有期徒刑五年，并处罚金人民币 35 万元；张某判处有期徒刑二年六个月，并处罚金人民币 10 万元；何某判处有期徒刑三年，并处罚金人民币 10 万元。

八、危害国防利益罪

周某破坏军事设施案

《全民国家安全教育典型案例及相关法律规定》第 2 号
2019 年 4 月 15 日

2016 年 4 月间，被告人周某先后 3 次采用破坏性手段盗窃中国人民解放军某部队油料转运站配电间内电缆线，致使配电间内的配电柜遭受破坏，配电间不能为库区油料转运输送泵房提供电力支撑，无法完成担负的战备油料转运任务。经鉴定，被盗电缆线共计价值人民币 409 元。

法院认为，被告人周某明知是军事设施而予以破坏，其行为已构成破坏军事设施罪。鉴于周某系未成年人，认罪、悔罪态度较好，社会危害性较小，依法可以宣告缓刑。依照《刑法》相关规定，对周某以破坏军事设施罪判处有期徒刑八个月，缓刑一年。

张某某破坏军事通信案

《全民国家安全教育典型案例及相关法律规定》第 3 号
2019 年 4 月 15 日

被告人张某某组织工人对某招待所楼顶太阳能进行拆除时，将中国人民解放军某部队的军事通信光缆损毁，造成军事通信阻断。随后部队维护人员赶到现场进行紧急抢修，并告知张某某待军事通信光缆损毁事宜处理完后再行施工。后张某某自行组织工人再次施工，并再次将同一位置的军事通信光缆损毁，造成军事通信阻断。张某某在明知是军事通信光缆且在未向部队报告取得同意的情况下，擅自对损毁的光缆进行熔接，造成国防通信线路中断120分钟，经鉴定两次损毁的军事光缆恢复费及线路中断造成的阻断费合计人民币294300元。

法院认为，被告人张某某作为施工管理人员，明知是军事通信设施，仍然违章作业，造成军事通信线路损毁，并私自熔接该通信线路，致使军事通信中断，其行为已构成破坏军事通信罪。鉴于张某某到案后如实供述自己的罪行，部队的经济损失已得到赔偿，故予以从轻处罚。依照《刑法》相关规定，对张某某以破坏军事通信罪判处拘役三个月。

王某某过失损坏军事通信案

《全民国家安全教育典型案例及相关法律规定》第 4 号
2019 年 4 月 15 日

被告人王某某在北京市海淀区某驾校停车场内，雇用铲车司机，在未告知铲车司机地下有国防光缆的情况下让其驾驶铲车施工，将中国人民解放军某总部某通信团埋在该驾校停车场地下的一根一级国防光缆挖断。

法院认为，被告人王某某过失损坏军事通信设施，造成严重后果，其行为已构成过失损坏军事通信罪。鉴于王某某到案后如实供述自己的罪行，认罪态度较好，且积极赔偿因犯罪行为而造成的经济损失，故酌情予以从轻处罚，并宣告缓刑。依照《刑法》相关规定，对王某某以过失损坏军事通信罪判处拘役六个月，缓刑六个月。

九、贪污贿赂罪

王某贪污案
——医疗保险局工作人员利用职务便利，采取虚报冒领等手段，套现国家医保资金

《人民法院依法惩处医保骗保犯罪典型案例》案例 5
2021 年 10 月 28 日

【基本案情】

被告人王某，男，汉族，1991 年 2 月 18 日出生，原系鄂州市某局聘用制员工。

2017 年 9 月至 2018 年 11 月，被告人王某在鄂州市某局窗口工作期间，利用负责医保基金报销复核、付款确认等职务便利，先后在市医保局医保系统查询到患者 42 人（次）之前报销的住院医疗费信息后，擅自使用同事的网银 U 盾和密码进入医保局内网系统，将上述患者住院医疗信息重新录入，再利用复核报销数据等权限对重复录入的报销信息进行审批复核和付款确认，套取医保基金 132.1 万余元。

2018 年 9 月至 10 月，被告人王某利用上述职务便利，在市医保局医保系统查询到有慢性病门诊特殊药费报销资格的患者 6 人（次）相关信息，后虚构该 6 人（次）报销重症慢性病门诊特殊药品费用的信息，擅自使用同事的网银 U 盾和密码进入医保局内网系统，将上述信息录入，再利用复核报销数据等权限对上述虚假录入的报销信息进行审批复核和付款确认，套取医保基金 38 万余元。

被告人王某将上述套取的医保基金用于网上赌博、偿还因网上赌博透支的信用卡等。后王某向公安机关投案。

【裁判结果】

本案由湖北省鄂州市鄂城区人民法院审理。宣判后，在法定期限内没有

上诉、抗诉，原判已发生法律效力。

法院审理认为，被告人王某身为国家工作人员，利用职务上的便利，采取虚报冒领等手段，套现国家医保基金用于非法活动，情节特别严重，其行为已构成贪污罪。王某具有自首情节，且当庭认罪认罚，可减轻处罚。据此，依法以贪污罪判处王某有期徒刑六年六个月，并处罚金人民币50万元。

【典型意义】

本案是医保局工作人员利用职务便利，贪污医疗保障基金的典型案例。本案被告人王某身为鄂州市医疗保险局工作人员，在医保局窗口工作期间，利用负责医保基金复核报销、付款确认等职务便利，将他人已经报销的住院医疗费重新报销或虚构他人医疗费用予以报销，套取国家医疗保障基金，并将赃款用于非法活动，情节特别严重，依法以贪污罪定罪处罚。本案的判处，警示从事医疗保障基金相关工作的国家工作人员依法履行职责，审慎行使权力，维护医疗保障基金安全。

蔡某辉受贿案

《最高人民法院发布五起因违法建设及相关行为被追究刑事责任典型案例》第5号

2017年2月14日

【基本案情】

2011年4月至2012年8月间，被告人蔡某辉担任龙海市某镇党委副书记。在整治违法占地、违法建设的"两违"工作过程中，他利用其工作职便，先后收受违法建设行为人7人11次贿送款项和购物卡，合计价值人民币60400元。

【裁判结果】

福建省龙海市人民法院经审理认为，被告人蔡某辉身为国家工作人员，利用职务上的便利，多次非法收受他人贿送的款项、购物卡，共计价值人民币60400元，为他人谋取利益，其行为已构成受贿罪，故依法判决蔡某辉有期徒刑五年三个月，并处没收财产 15000 元。宣判后，被告人不服提出上诉，福建省漳州市中级人民法院裁定维持原判。

【典型意义】

近年来，一些地方的违法建设行为人为逃避处罚，使用各种手段拉拢、腐蚀有关国家工作人员，而极少数国家工作人员丧失原则，为违法建设行为大开方便之门。此类行为以损害公共利益为代价，谋取一己私利，社会影响极坏。被告人蔡某辉身为国家工作人员，却为他人违法占地、违法建设行为充当"保护伞"，人民法院以受贿罪依法追究其刑事责任，对于惩治违法建设领域的腐败现象、纯洁干部队伍具有重要现实意义。

杨某昌行贿案
——依法严惩谋求黑恶势力"保护伞"行贿犯罪

《依法惩治行贿犯罪典型案例》案例一
2024 年 3 月 28 日

【基本案情】

被告人杨某昌组织、领导黑社会性质组织，多次实施违法犯罪活动，为非作恶，欺压、残害群众。2004 年至 2018 年，杨某昌为寻求非法保护，多次向某县副县长、公安局局长岳某，某市公安局某区分局副局长邓某某，某市公安局刑侦支队政委王某某（均另案处理）行贿，共计 100.6 万余元。

另查明，被告人杨某昌因犯组织、领导黑社会性质组织罪等 13 项罪名，已被四川省绵阳市中级人民法院定罪处刑。

【办理情况】

四川省绵阳市涪城区人民检察院指控被告人杨某昌犯行贿罪，向涪城区人民法院提起公诉。涪城区人民法院经审理认为，被告人杨某昌为谋取不正当利益，先后多次给予多名国家工作人员财物，情节严重，其行为已构成行贿罪。根据杨某昌的犯罪事实、性质、情节和对社会的危害程度，以行贿罪判处杨某昌有期徒刑五年六个月，并处罚金人民币 20 万元，与其已判决的组织、领导黑社会性质组织罪等进行并罚，决定执行有期徒刑二十五年，剥夺政治权利三年，并处没收个人全部财产。一审宣判后，杨某昌提出上诉。绵阳市中级人民法院裁定驳回上诉，维持原判。

【典型意义】

本案是人民法院、人民检察院依法严惩谋求黑恶势力"保护伞"行贿犯罪的典型案例。近年来，司法机关深入推进扫黑除恶常态化，依法严惩黑恶势力及其"保护伞"。杨某昌涉黑案是当地重大黑社会性质组织犯罪案件，其为寻求非法保护，逃避刑事追究，向多名公安人员行贿，导致该黑社会性质组织未被及时打击而长期欺压百姓、危害一方，严重破坏当地社会秩序和政治生态。人民检察院对杨某昌行贿漏罪依法提起公诉，人民法院依法从严惩处，并与已经判决的黑社会性质组织犯罪等进行并罚，体现了有黑必扫、有腐必惩的坚定决心。人民法院、人民检察院坚持把扫黑除恶与反腐败斗争结合起来，"打伞破网"，依法严惩谋求黑恶势力"保护伞"的行贿犯罪，坚决铲除黑恶势力和腐败滋生土壤。

谭某云、吴某莲行贿案
——依法严惩巨额行贿犯罪

《依法惩治行贿犯罪典型案例》案例二
2024年3月28日

【基本案情】

2014年至2018年，被告人谭某云、吴某莲夫妇在其实际控制的某文化公司股权出售过程中，为谋取不正当利益，先后就投资参股、提高收购价格等事项，请托某国有公司董事长廖某及下属公司某公司董事长程某某（均另案处理）帮忙。廖某、程某某接受请托，利用各自职权最终促成某公司以2.3亿元的高价收购某文化公司股东全部权益。为感谢廖某和程某某的帮助，谭某云、吴某莲共同给予廖某2002万元、程某某2万元，其中给予廖某的2000万元由吴某莲代为保管。谭某云另外单独给予程某某2万元。2018年上半年，谭某云、吴某莲与他人共同成立一家投资公司，廖某以吴某莲代为保管的

2000万元认缴出资，并由廖某指定的亲戚代持股份。经鉴定，谭某云、吴某莲在某文化公司股权出售过程中非法获利1.07亿余元。

【办理情况】

湖南省醴陵市人民检察院指控被告人谭某云、吴某莲犯行贿罪，向醴陵市人民法院提起公诉。醴陵市人民法院经审理认为，被告人谭某云、吴某莲为谋取不正当利益，给予国家工作人员财物，情节特别严重，其行为均构成行贿罪。谭某云、吴某莲在共同行贿犯罪中均积极主动，地位作用相当，故以行贿罪分别判处有期徒刑十一年，并处罚金人民币300万元；依法追缴谭某云、吴某莲的犯罪所得1.07亿余元。一审宣判后，谭某云、吴某莲提出上诉。湖南省株洲市中级人民法院裁定驳回上诉，维持原判。

【典型意义】

本案是人民法院、人民检察院依法严惩巨额行贿犯罪的典型案例。行贿人不择手段"围猎"国家工作人员，是当前腐败增量仍有发生的重要原因。巨额行贿是行贿人"围猎"国家工作人员的惯用手段，是依法惩处行贿犯罪的重点。本案中，被告人谭某云、吴某莲为谋取不正当利益，向某国有公司董事长廖某行贿2000余万元，并以代为保管、认缴股权等方式掩盖罪行，最终促成某溪公司高价收购某文化公司股权。人民检察院依法提起公诉，人民法院对二被告人均判处有期徒刑十一年，并处罚金人民币300万元，依法追缴行贿犯罪所得1.07亿余元，充分体现了司法机关依法严惩巨额行贿犯罪的鲜明态度和坚定决心。

李某行贿、诈骗案
——依法严惩社会保障领域行贿犯罪

《依法惩治行贿犯罪典型案例》案例三

2024年3月28日

【基本案情】

2015年5月至2018年12月，被告人李某向某市人力资源和社会保障局工作人员李某甲（另案处理）行贿176万元，为裴某某等30人违规办理提前退休，骗取国家巨额社保基金。2015年6月至12月，李某向某市社会保险事业管理中心工作人员孙某某（另案处理）行贿50万元，为周某某等23人违规办理补缴养老保险。综上，李某给予国家工作人员财物共计226万元。

另查明，被告人李某在被追诉前主动交代行贿行为，李某亲属退缴行贿犯罪所得，被骗取的社保基金已全部追回。

【办理情况】

山东省潍坊市潍城区人民检察院指控被告人李某犯行贿罪、诈骗罪，向潍城区人民法院提起公诉。潍城区人民法院经审理认为，被告人李某为谋取不正当利益，多次向国家工作人员行贿，情节严重，其行为已构成行贿罪；以非法占有为目的，伙同他人诈骗国家社保基金，数额特别巨大，其行为已构成诈骗罪。李某在被追诉前主动交代行贿行为，退缴行贿犯罪所得，依法可以从轻处罚。故以行贿罪判处李某有期徒刑五年二个月，并处罚金人民币20万元，与其所犯诈骗罪并罚，决定执行有期徒刑十一年，并处罚金人民币30万元。一审宣判后，李某提出上诉。潍坊市中级人民法院裁定驳回上诉，维持原判。

【典型意义】

本案是人民法院、人民检察院依法严惩社会保障领域行贿犯罪的典型案例。社保基金是我国社会保障体系的重要组成部分，是社会保障制度发挥作用的基本物质保障，管好、用好社保基金关乎大局稳定，关乎民生福祉。本案中，被告人李某为骗取社保基金和为他人违规补缴养老保险，向国家工作人员行贿226万元，严重侵害了国家工作人员职务行为的廉洁性，严重破坏了社保基金管理秩序，造成社保基金重大损失，具有严重的社会危害性。人民检察院依法提起公诉，人民法院对李某所犯行贿罪和诈骗罪进行并罚，决定执行有期徒刑十一年，并处罚金人民币30万元，充分体现了司法机关对社会保障领域行贿犯罪依法从严惩处的鲜明态度。

胡某亭行贿案
——依法严惩医药领域行贿犯罪

《依法惩治行贿犯罪典型案例》案例四

2024 年 3 月 28 日

【基本案情】

2013 年至 2018 年，被告人胡某亭在向某市中心医院销售医用胶片、一次性注射器、输液器等医用耗材过程中，为谋取不正当利益，先后多次给予该中心医院两任院长宋某某、孙某某好处费共计 532 万余元，给予设备部主任罗某好处费 17 万元，给予药学部主任曹某某好处费 13 万元，给予 CT 室主任王某某（均另案处理）好处费 18 万元，合计 580 万余元。

【办理情况】

辽宁省营口市站前区人民检察院指控被告人胡某亭犯行贿罪，向站前区人民法院提起公诉。站前区人民法院经审理认为，被告人胡某亭为谋取不正当利益，给予国家工作人员财物，情节特别严重，其行为已构成行贿罪。综合考虑胡某亭的犯罪事实、性质、情节和对社会的危害程度，以行贿罪判处胡某亭有期徒刑十年，并处罚金人民币 30 万元。一审宣判后，胡某亭提出上诉。营口市中级人民法院裁定驳回上诉，维持原判。

【典型意义】

本案是人民法院、人民检察院依法严惩医药领域行贿犯罪的典型案例。医药领域是维护人民群众健康的主阵地，关乎人民群众最关心、最直接、最现实的健康权益。依法严惩医药领域行贿犯罪，是净化医药行业生态、服务保障医药事业健康发展的必然要求。本案中，被告人胡某亭在销售医用胶片、一次性注射器、输液器等医用耗材过程中，为谋取不正当利益，向医院"一把手"和医学部、设备部等关键岗位上多名领导干部行贿，其行为破坏了医药市场的公平竞争秩序，影响了医疗服务的质量和效率，增加了患者治疗的费用，具有严重的社会危害性。人民检察院依法提起公诉，人民法院依法判处胡某亭有期徒刑十年，并处罚金人民币30万元，起到了良好的警示和震慑作用。

宋某毅行贿、受贿案
——依法严惩组织人事领域行贿犯罪

《依法惩治行贿犯罪典型案例》案例五

2024年3月28日

【基本案情】

被告人宋某毅原系某县委常委、副县长，2013年至2014年，宋某毅为在职务提拔等方面得到时任某市委副书记徐某（另案处理）的帮助，分两次让其弟宋某某通过银行转账给予徐某60万元。2016年某市进行县（区）换届时，宋某毅在徐某的帮助下，被提拔为某县政协主席。

另查明，2008年至2020年，被告人宋某毅利用职务上的便利，为他人谋取利益，非法收受财物667.9万元。

【办理情况】

广西壮族自治区钦州市钦南区人民检察院指控被告人宋某毅犯行贿罪、受贿罪，向钦南区人民法院提起公诉。钦南区人民法院经审理认为，被告人宋某毅为谋取不正当利益，给予国家工作人员财物，情节严重，其行为已构成行贿罪；非法收受财物，数额特别巨大，其行为已构成受贿罪。宋某毅为谋取职务提拔而行贿60万元，应认定为情节严重。宋某毅具有坦白等情节，依法可以从轻处罚。故以行贿罪判处宋某毅有期徒刑五年，与其所犯受贿罪进行并罚，决定执行有期徒刑十二年，并处罚金人民币60万元。一审宣判后，在法定期限内没有上诉、抗诉，一审判决已发生法律效力。

【典型意义】

本案是人民法院、人民检察院依法严惩组织人事领域行贿犯罪的典型案例。为谋取职务提拔而行贿，不仅严重侵害国家工作人员职务行为的廉洁性，而且将商品交换原则带到组织人事领域，严重破坏政治生态，应依法从严惩处。本案中，被告人宋某毅为谋取职务提拔而向某市委副书记徐某行贿60万元，人民检察院依法提起公诉，人民法院依法认定宋某毅行贿犯罪情节严重并判处刑罚，充分体现了司法机关对组织人事领域行贿犯罪严惩不贷、对跑官买官行贿犯罪决不姑息的鲜明态度。宋某毅为获职务提拔，向他人行贿，最终丢官去职、锒铛入狱，值得警醒。

杨某文行贿、偷越国（边）境案
——依法严惩向司法工作人员行贿犯罪坚决纠正行贿所获不正当利益

《依法惩治行贿犯罪典型案例》案例六

2024年3月28日

【基本案情】

2003年5月，被告人杨某文因犯组织他人偷越国境罪被判处有期徒刑十五年，同年10月被送入某监狱服刑。2005年以来，杨某文在明知其病情不符合暂予监外执行条件的情况下，为逃避服刑改造，多次给予某省政府外事办公室干部叶某某及某监狱医院管教大队副中队长林某某（均另案处理）财物，并通过叶某某、林某某给予某省监狱管理局、某监狱等多名司法工作人员（均另案处理）现金、购物卡等财物，共计63.6万元，多次违法获批暂予监外执行。截至刑满释放，杨某文被暂予监外执行的时间共计九年三个月二十日。杨某文在暂予监外执行期间，隐瞒罪犯身份多次乘机出入国（边）境74次。

【办理情况】

福建省莆田市城厢区人民检察院指控被告人杨某文犯行贿罪、偷越国（边）境罪，向城厢区人民法院提起公诉。城厢区人民法院经审理认为，被告人杨某文为逃避服刑改造，给予国家工作人员财物，情节严重，其行为已构成行贿罪；违反国（边）境管理法规，多次偷越国（边）境，情节严重，其行为已构成偷越国（边）境罪。杨某文行贿63.6万元，其中向司法工作人员行贿56.6万元，影响司法公正，应认定为情节严重。杨某文具有坦白情节，依法可以从轻处罚。故以行贿罪判处杨某文有期徒刑五年三个月，并处罚金人民币20万元，与其新犯偷越国（边）境罪和前犯组织他人偷越国境罪尚未执行完毕的刑期并罚，决定执行有期徒刑十二年三个月，并处罚金人民币21万元。一审宣判后，杨某文提出上诉。莆田市中级人民法院裁定驳回上诉，维持原判。

【典型意义】

　　本案是人民法院、人民检察院依法严惩司法领域行贿犯罪，坚决纠正行贿所获不正当利益的典型案例。通过行贿谋取减刑、假释、暂予监外执行，是滋生刑罚执行环节司法腐败的重要原因，严重危害法治权威和司法公信力。本案中，被告人杨某文为逃避服刑改造，拉拢腐蚀多名司法工作人员，多次违法获批暂予监外执行，"纸面服刑"达九年多，且在暂予监外执行期间，隐瞒罪犯身份74次偷越国（边）境，性质恶劣。人民检察院依法提起公诉，人民法院依法认定杨某文行贿犯罪情节严重，并纠正其获批暂予监外执行的不正当利益，将暂予监外执行的期间不计入执行刑期，与本案所判处的刑罚进行并罚，充分彰显了人民法院、人民检察院依法从严惩处司法领域行贿犯罪、深入纠治司法领域腐败、全力维护司法公正的鲜明态度和坚定决心。

高某梅行贿案
——加大对行贿犯罪所得的追缴力度

《依法惩治行贿犯罪典型案例》案例七
2024年3月28日

【基本案情】

　　2018年9月至2019年1月，某股权投资基金管理公司先后在某城投公司承接两笔定融业务。2019年1月，被告人高某梅在承销费率、综合成本明显高于某股权投资基金管理公司的情况下，为谋取不正当竞争优势，请托某城投公司董事长、总经理熊某某（另案处理）利用职权提前终止某股权投资基金管理公司在某城投公司的定融业务，擅自将定融业务交给其承接，并将承销费率提高到2.5%~2.8%。为感谢熊某某的帮助并确保能够在某城投公司独家承接定融业务，高某梅主动向熊某某提出按照定融产品备案金额的2‰给予好处费。后高某梅按照熊某某的要求，通过购买某城投公司发行的三年期定融产品形式，给予熊某某好处费共计1200万元。

2018年10月至2020年12月，被告人高某梅通过挂靠合作及实际控制的公司，承接某城投公司16个定融产品，备案金额累计57亿余元，承销费累计2亿余元，已结算承销费1.67亿余元。经审计，高某梅从某城投公司承销定融业务获得净利润为1.02亿余元。

【办理情况】

江苏省盱眙县人民检察院指控被告人高某梅犯行贿罪，向盱眙县人民法院提起公诉。盱眙县人民法院经审理认为，被告人高某梅为谋取不正当利益，给予国家工作人员财物，情节特别严重，其行为已构成行贿罪。综合考虑高某梅犯罪事实、性质、情节和对社会的危害程度，以行贿罪判处高某梅有期徒刑十年，并处罚金人民币120万元；依法追缴高某梅行贿犯罪所得1.02亿余元。一审宣判后，高某梅提出上诉。江苏省淮安市中级人民法院裁定驳回上诉，维持原判。

【典型意义】

本案是人民法院、人民检察院加大对行贿犯罪所得追缴力度的典型案例。持续发力、纵深推进反腐败斗争，必须坚持受贿行贿一起查，加大对行贿行为惩处力度，特别是加大对行贿所获不正当利益的追缴和纠正力度。地方城投公司承担着基础设施建设、发展资金保障、国有资产管理等重要职能，被告人高某梅为非法攫取巨额利润，通过行贿手段"围猎"城投公司董事长熊某某，不正当承接定融业务，增加融资成本，影响当地经济发展，具有严重的社会危害性。司法机关充分发挥职能作用，在依法严惩行贿犯罪的同时，加大对行贿所获不正当利益的追缴力度，全额追缴高某梅行贿犯罪所得1.02亿余元，坚决斩断"围猎"与甘于被"围猎"的利益链条，对行贿犯罪所得一查到底、一追到底，决不让犯罪分子从中获利。

张某虹行贿、对非国家工作人员行贿案
——二审阶段依法追缴行贿犯罪所得

《依法惩治行贿犯罪典型案例》案例八

2024年3月28日

【基本案情】

被告人张某虹原系某公司法定代表人。2012年至2017年，张某虹为确保能够顺利中标消防装备产品采购项目，请托某消防总队后勤部装备运输处处长林某某（另案处理）提供帮助。林某某通过修改招标文件参数等方式提供帮助。2012年至2018年，张某虹为表示感谢，给予林某某钱款、汽车等财物共计325.8万余元。

2014年4月至2016年10月，张某虹为获得区域独家代理权，向某非国有公司销售总监罗某某（另案处理）行贿510万元。

另查明，被告人张某虹犯罪所得1302.1万余元。

【办理情况】

福建省福州市鼓楼区人民检察院指控被告人张某虹犯行贿罪、对非国家工作人员行贿罪，向鼓楼区人民法院提起公诉。鼓楼区人民法院经审理认为，被告人张某虹为谋取不正当利益，给予国家工作人员财物，情节严重，其行为已构成行贿罪；给予公司、企业人员财物，数额巨大，其行为已构成对非国家工作人员行贿罪。张某虹具有坦白情节，依法可以从轻处罚。故以行贿罪判处张某虹有期徒刑七年，并处罚金人民币30万元；以对非国家工作人员行贿罪判处张某虹有期徒刑四年，并处罚金人民币20万元，决定执行有期徒刑九年六个月，并处罚金人民币50万元。

一审宣判后，被告人张某虹提出上诉。福州市中级人民法院经审理认为，原判事实清楚，证据确实充分，定罪准确，量刑适当，审判程序合法，唯遗漏追缴张某虹行贿犯罪所得，应予以纠正。故判决维持原审判决中对张某虹定罪处刑的判项，并追缴犯罪所得1302.1万余元。

【典型意义】

本案是二审阶段依法追缴行贿犯罪所得的典型案例。根据《刑法》第六十四条和《最高人民法院、最高人民检察院关于办理行贿刑事案件具体应用法律若干问题的解释》第十一条的规定，行贿犯罪取得的不正当利益应当予以追缴或者责令退赔。对于通过犯罪取得的不正当利益，犯罪分子自始不享有合法权利，人民法院审理过程中查明犯罪所得即应依法追缴。追缴犯罪所得旨在追赃挽损、修复法律关系，其本身并非刑罚，与剥夺犯罪分子合法财产的罚金刑、没收财产刑存在本质区别。本案中，一审判决遗漏追缴犯罪所得，二审法院在查明张某虹犯罪所得基础上增加追缴判项，不违反上诉不加刑原则。人民法院、人民检察院将追缴行贿犯罪所得贯穿办案全过程，不设时限，一追到底，永不清零。

十、渎职罪

王某团、杨某、王某明玩忽职守案

《最高人民法院公布危害食品安全犯罪典型案例》第 4 号
2011 年 11 月 24 日

【基本案情】

被告人王某团，男，汉族，1975 年 6 月 15 日出生，河南省沁阳市某动物防疫中心站防疫员，某动物检疫申报点检疫员。

被告人杨某，男，汉族，1979 年 9 月 20 日出生，河南省沁阳市某动物防疫中心站负责人、防疫员，某动物检疫申报点检疫员。

被告人王某明，女，汉族，1965 年 1 月 28 日出生，河南省沁阳市某动物防疫中心站防疫员，某动物检疫申报点检疫员。

被告人王某团、杨某、王某明作为沁阳市某动物防疫检疫中心站的工作人员，违反职责，疏于职守，违反《防疫法》和河南省有关规定，对出县境生猪应当检疫而未检疫，运输工具应当消毒而未消毒，且未进行盐酸克仑特罗（俗称"瘦肉精"）检测的情况下，违规出具《动物产地检疫合格证明》及《出县境动物检疫合格证明》《动物及动物产品运载工具消毒证明》《牲畜1号、5号病非疫区证明》（后三个证明，以下简称"三证"），致使3.8万头未经检测的生猪运往部分省市，其中部分生猪系使用"瘦肉精"饲养的生猪。此外，王某团、王某明委托或默许不具备检疫资格的牛某萍代开《动物产地检疫合格证明》和"三证"。

【裁判结果】

河南省沁阳市人民法院一审判决、河南省焦作市中级人民法院二审裁定认为，被告人王某团、杨某、王某明身为动物防疫、检疫工作人员，不履行职责，导致大量未经检疫、消毒和"瘦肉精"检测的生猪流入市场，危害消费者身体健康，扰乱食品市场秩序，造成恶劣的社会影响，其行为均已构成玩忽职守罪，且属于"情节特别严重"。根据各被告人职责大小，所开证明涉及生猪数量，判处被告人王某团有期徒刑六年，判处被告人杨某有期徒刑五年，判处被告人王某明有期徒刑五年。

周某平玩忽职守案

《最高人民法院发布五起因违法建设及相关行为被追究刑事责任典型案例》第4号

2017年2月14日

【基本案情】

2008年5月至2012年6月，被告人周某平在任孝昌县某镇国土资源所所长期间，对被告人周某甲及开发商周某癸等人非法占用农用地12.67亩建房的行为，不认真履行工作职责，未及时报告制止，从而导致违法占地建房成为事实，相关农用地种植条件严重毁坏，无法复垦。

【裁判结果】

湖北省孝昌县人民法院经审理认为，被告人周某平在担任孝昌县某镇国土资源所所长期间，对开发商周某癸、被告人周某甲违法建设的行为未能及时上报制止，致使国家和人民利益遭受重大损失，其行为已构成玩忽职守罪。鉴于周某平能够当庭认罪，且犯罪情节轻微，故判处其犯玩忽职守罪，免予刑事处罚。

【典型意义】

近年来，一些地方对违法建设行为负有监管、查处职责的少数国家工作人员，滥用职权或者玩忽职守，对违法建设行为疏于履行监管职责，对违法建设行为置若罔闻，致使国家和人民利益遭受重大损失。此类纵容违法建设的行为，既助长了违法者的"气焰"，又给守法者造成了误导，形成了违法建设的"攀比"效应。被告人周某平疏于履行职责，人民法院以玩忽职守罪依法追究其刑事责任，对于督促国家工作人员依法履行监管职责、积极查处违法建设行为，确保城乡规划法的全面落实具有重要现实意义。